Lingualism

Arabic Learner's Dictionary

Arabic-English

Matthew Aldrich

lingualism

ISBN-10: 0985816023

ISBN-13: 978-0-9858160-2-5

website: www.lingualism.com

photo and illustration credits: © Vasyl Torous/123rf.com (cover art)© Konstantinos Michail/123rf.com (p. 6),© pavalena/123rf.com (p. 8),© JOAT/shutterstock.com (p. 13),© pavalena/123rf.com (p. 15),© Paul Prescott/123rf.com (p. 16),© takepicsforfun/123rf.com (p. 24),© pavalena/123rf.com (p. 25),© dayzeren/123rf.com (p. 27),© Alan Lucas/123rf.com (p. 28),© Serdar Başak/123rf.com (p. 30),© Hend Khaled (p. 43),© pavalena/123rf.com (p. 45),© Amr Tamimi (p. 48),© Hend Khaled (p. 49),© Hend Khaled (p. 50),© Cathy Yeulet/123rf.com (p. 51),© Serdar Duran/123rf.com (p. 53), © pavalena/123rf.com (p. 57), © Styve Reineck/shutterstock.com (p. 58), © Pius Lee/123rf.com (p. 59), © Michele Alfieri/123rf.com (p. 62), © Ovidiu-Mihai Dancaescu/123rf.com (p. 68), © Philip Lange/123rf.com (p. 71), © Aidar Ayazbayev/123rf.com (p. 74), © Jasmin Merdan/123rf.com (p. 74), © Luisa Puccini/123rf.com (p. 84), © Mamoud Rahall/123rf.com (p. 95), © jackmalipan/123rf.com (p. 96), © Amr Tamimi (p. 97), © Vladimir Krovyakov/123rf.com (p. 101), © Pauliene Wessel/123rf.com (p. 102), © sophiejames/123rf.com (p. 105), © Saidin B Jusoh/123rf.com (p. 109), © Hend Khaled (p. 116), © Hend Khaled (p. 124), © Dudarev Mikhail/shutterstock.com (p. 124), © dbajurin/123rf.com (p. 128), © Wael Khalil Alfuzai/123rf.com (p. 128), © M. Aldrich (p. 132), © Mohamed Osama/123rf.com (p. 137), © Hend Khaled (p. 137), © Manuel Perez Medina/123rf.com (p. 138), © Tomas Hajek/123rf.com (p. 139), © ZouZou/shutterstock.com (p. 139), © Muharrem Zengin/123rf.com (p.140), © pavalena/123rf.com (p. 144), © pavalena/123rf.com (p. 151), © Steve Allen/123rf.com (p. 152), © pavalena/123rf.com (p. 152), © Jasmin Merdan/123rf.com (p. 153), © Wojciech Przybylski/123rf.com (p. 155), © HONGQI ZHANG/123rf.com (p. 163), © evgenia76/123rf.com (p. 164), © jackmalipan/123rf.com (p. 167), © Ratchanida Thippayos/123rf.com (p. 169), © Amr Tamimi (p. 173), © ZouZou/shutterstock.com (p. 175), © Michele Alfieri/123rf.com (p. 176), © pavalena/123rf.com (p. 177), © Peter Varga/123rf.com (p. 186), © rook76/123rf.com (p. 186), © Zubaida Abdallah/123rf.com (p. 189), © M. Aldrich (p. 195), public domain (p. 200), © pavalena/123rf.com (p. 202), © Dudarev Mikhail/shutterstock.com (p. 204), © M. Aldrich (p. 205), © Anna Yakimova/123rf.com (p. 214), © pavalena/123rf.com (p. 214), © David Hughes/123rf.com (p. 217), © jackmalipan/123rf.com (p. 219), © pavalena/123rf.com (p. 222), © Akhilesh Sharma/123rf.com (p. 237), © pavalena/123rf.com (p. 237), © jackmalipan/123rf.com (p. 239), © jvdwolf/123rf.com (p. 241), © ronen/123rf.com (p. 242), © Irina Belousa/123rf.com (p. 243), © Nikolay Neveshkin/123rf.com (p. 246), © Karol Kozlowski/123rf.com (p. 248), © pavalena/123rf.com (p. 250), © M. Aldrich (p. 253), public domain (p. 255), © jackmalipan/123rf.com (p. 255), © Vladimir Blinov/123rf.com (p. 258), © Jasmin Merdan/123rf.com (p. 263), © pavalena/123rf.com (p. 267), © Engin Korkmaz/123rf.com (p. 268), © pavalena/123rf.com (p. 273), © pavalena/123rf.com (p. 279), © pavalena/123rf.com (p. 288), © pavalena/123rf.com (p. 294), © Oguz Dikbakan/123rf.com (p. 296), © ttatty/123rf.com (p. 296), © Aidar Ayazbayev/123rf.com (p. 297), © Sastyphotos/123rf.com (p. 301), © Michele Alfieri/123rf.com (p. 308), © NASA (p. 316), © Mohamed Elsayyed/123rf.com (p. 319), © Pius Lee/123rf.com (p. 323), © Patrick Guenette/123rf.com (p. 325), © Francesco Gustincich/123rf.com (p. 328), © Sadik Gules/123rf.com (p. 334), © pavalena/123rf.com (p. 343)

Contents

Preface .... **ii**

Using the Dictionary .... **iii**

The Order of Entries iii

Dots, Squares, Diamonds, and Lines v

The Applicability of Information v

Nouns vi

Verbs vii

Adjectives viii

Pronunciation .... **ix**

Consonants ix

Vowels xi

Labels, Terms and Abbreviations .... **xii**

Q & A .... **xiv**

The Dictionary **1**

Notes **344**

Difficult to Find Roots **347**

Modern Standard Arabic Verbs **359**

Preface

The *Lingualism Arabic Learner's Dictionary* has been specifically designed for learners of Modern Standard Arabic. It presents the language from a descriptive, rather than prescriptive, standpoint as it is actually used by Arabs today. The dictionary includes recent additions to Modern Standard Arabic, as well as foreign borrowings. Care was taken to ensure that the vocabulary covered in the dictionary comes from a variety of sources, including words and phrases likely to appear in learners' Arabic course books, as well as modern literature and the media, for a total of over 17,000 Arabic words and phrases.

One of the significant advantages of this dictionary is its user-friendliness. Although entries are arranged according to their roots, which can prove challenging for learners, various aids and strategies are presented to assist in finding the sought entry efficiently. Entries contain a wealth of information related to the headword, including plural and elative forms, conjugations, grammatical structures, compound nouns, common phrases, idioms, and proverbs, as well as example sentences when required to make the usage or meaning clear. Dozens of photos illustrate cultural and religious concepts. The dictionary also contains geographical information, including maps for each Arabic-speaking country, as well as entries for most countries, their capitals, and large cities throughout the world.

The effort in preparing this dictionary took several years of relentless work. I wish to thank my family and friends for their patience and encouragement. I am also extremely grateful to Hend Khaled for proof-reading the dictionary, offering valuable feedback, and helping me with many of the example sentences throughout the book. Of course, any mistakes that remain are my own.

Matthew Aldrich
December 2013

Using the Dictionary

Taking a little time to familiarize yourself with the layout of the entries will enable you to make better use of the dictionary.

The Order of Entries

① **كتب** *kataba v.tr.* |*1s3* يكتب *yaktub*ᵘ | كتابة *kitāba*ᵗ| • write *sth* ∘ *to* لـ, write down ◊ كتبت له رسالة طويلة. *I wrote him a long letter.* ▪ كتب بالحروف اللاتينية *kataba bi-lḫurūf -llātīnīya*ᵗⁱ Romanize (lit. write in Latin letters) • write, author, compose, pen

② **كتابة** *kitāba*ᵗ *n.*↑ • script, writing • essay, (piece of) writing

كتابي *kitābīʸ adj.* • written, in writing, clerical ▪ امتحان كتابي *imtiḫān kitābīʸ* written test ▪ خطأ كتابي *xaṭa? kitābīʸ* clerical error

③ **كاتب** *kātib act. part. n.* |*pl.* كتاب *kuttāb*| • writer, author • clerk

④ **مكتوب** *maktūb pass. part. n.* • |*pl.* **dip.** مكاتيب *makātīb*| letter

كتاب *kitāb n.* |*pl.* كتب *kutub*| • book ▪ كتاب مدرسي *kitāb madrasīʸ* textbook

كتيب *kutayyib n. diminutive* • booklet, handbook

كتيبة *katība*ᵗ *n.* |*pl.* **dip.** كتائب *katā?ib*| • battalion

مكتب *maktab n.* |*pl.* **dip.** مكاتب *makātib*| • office ▪ في المكتب *fī -lmaktaba*ⁱⁱ in the office ▪ مكتب بريد *maktab · barīd* post office • desk ▪ على المكتب *Ɛalā -lmaktab*ⁱ on the desk

مكتبة *maktaba*ᵗ *n.* • library • bookstore

II **كتب** *kattaba v.tr.* |*2s* يكتب *yukattib*ᵘ | تكتيب *taktīb*| • make write

III **كاتب** *kātaba v.tr.* |*3s* يكاتب *yukātib*ᵘ | مكاتبة *mukātaba*ᵗ| • correspond *with*, write letters *to*

VI **تكاتب** *takātaba v.intr.* |*6s* يتكاتب *yatakātab*ᵘ | تكاتب *takātub*| • write to each other

Arabic dictionaries are traditionally arranged alphabetically by root, rather than by individual words. The example on this page is for the root ك ت ب. You can see that all of the entries contain words with these three radicals (consonants). Although many words contain additional vowels, prefixes or suffixes, they are all found together in a 'word family' in the dictionary. This is a great advantage for learners; when you look up a word, you can also learn related words and expand your vocabulary. You can see here that the root ك ت ب is used to express ideas related to *writing*. However, you will notice that one word's meaning may seem unrelated: كتيبة (battalion). This is typical of Arabic. A root may be used for more than one concept, *or* the logic behind the connection to the root's basic meaning may have become obscured over time.

The order of the entries *within* the 'word family' is less standardized in the tradition of Arabic dictionaries. In this dictionary, the entries are first grouped by their *measure*. Within each measure, the order is ①verb ②masdar ③active participle ④passive participle. Any other words follow these, first those which do not have vowels inserted between the radicals, then those which do, and finally those which have a prefix: _كتب, ك_تب, كت_ب, كتب_. 'Nisba' adjectives (i.e. adjectives formed from a noun with the suffix ـــي *-ī*) are listed as sub-entries after their respective nouns. This order is again repeated for derived verbs (measure II, III, etc.), the measure for each being clearly marked before the headword.

Note that **masdars, active participles,** and **passive participles** only have entries if they are lexicalized and require translations that cannot be predicted from the verb form. In the examples here, all three have their own entries. Otherwise, they are considered variant forms of the verb, the masdar for which is shown in the entry for the verb. The patterns for the participles can be found in the conjugation tables in the dictionary's companion book *Modern Standard Arabic Verbs.*

Words of foreign origin, which do not have roots, are listed in simple alphabetical order. It may not be immediately clear whether a word is root-based or not. If you cannot find a word by its root, try looking it up alphabetically.

Getting to the right page quickly. With practice, and an increased understanding of Arabic morphology (word formation), looking up words by their roots will become second nature, however daunting it may seem at first. Once the three (or, in some cases, four) radicals (root consonants) are determined, those radicals can be looked up alphabetically. Each page is headed with the first radical. In addition, a very useful **table** can be found on the back cover of the dictionary with which you can pinpoint the page number of the first entry on which any first two radicals appear. The word that you are looking up is bound to be, if not on that page, on the following pages.

Difficult cases. Weak roots (those which contain a و or ي) pose a special difficulty, as the weak radical is often absent from a word, making it problematic to determine the full root. For such cases, an **index** can be found at the back of the dictionary; it lists these difficult-to-look-up words alphabetically alongside their roots.

Final words on the order of entries. Many learners of Arabic feel frustrated by the root-ordering of dictionaries. This unfamiliar approach may seem counterproductive and overly cumbersome. However, besides the point mentioned on the previous page (i.e. that there is significant pedagogical value in browsing words which belong to the same 'word family'), there is another noteworthy advantage of having related words grouped together. Imagine, for instance, you come across تعلم and want to look it up. If you looked it up in an alphabetically-ordered dictionary under ت, you would find that تعلم *taƐallama*, a measure V verb, means *learn*, or in context, *he learned*. However, the تـ might be the imperfect prefix for *you* or *she*. In that case, you would have to look up the word *again* under ع. You would find the measure I verb علم (*Ɛalima* know) and the measure II علم (*Ɛallama* teach) side by side. But wait, it may be a measure IV verb, in which case you would have to look it up a third time, this time under ا. You would find that أعلم *ʔaƐlama* means *inform*. In a root-ordered dictionary, on the other hand, all four verbs would be found together under the root ع ل م. This example shows how the nature of Arabic makes root ordering a more sensible approach.

Dots, Squares, Diamonds, and Lines

كتب *kataba v.tr.* |*1s3* يكتب *yaktub*[u] | كتابة *kitāba*[t] | • write *sth* ه *to* لـ, write down ◊ كتبت له رسالة طويلة. *I wrote him a long letter.* ▪ كتب بالحروف اللاتينية *kataba bi-lḫurūf*[i] *-llātīnīya*[ti] Romanize (lit. write in Latin letters) • write, author, compose, pen

Instead of numbering senses, dots (•) have been used to aid in visual scanning. Train your eyes to jump to these dots, which are directly followed by the headword's English translation, when you are scanning over an entry. Squares (▪), likewise, are helpful in scanning and mark phrases, derived words, common expressions, idioms, and proverbs. Example sentences and phrases are marked with diamonds (◊). Information on verb conjugation, including the masdar, irregular plurals, elative adjectives, etc. appear bracketed between straight lines (|).

The Applicability of Information

برد *v.* • *baruda v.intr.* |*1s6* يبرد *yabrud*[u] | برود *burūd*| become cold • *barada v.tr.* |*1s3* يبرد *yabrud*[u] | برد *bard*| file (down)

عامل *Ɛāmil act. part.* • *adj.* active • *n.* |*pl.* عمال *Ɛummāl* or عاملون *Ɛāmilūn*[a]| laborer, worker • |*pl.* **dip.** عوامل *Ɛawāmil*| factor, element

The positioning of information in an entry shows whether it applies to all senses or only certain senses. In the entry for **كتب** above, the first sense is *preceded* by information about the verb, meaning this information applies to both senses in the entry. In the examples on the left, some of this information is found *after* dots. In the entry for **برد**, only *v.* precedes the first sense. This means both senses in the entry are verbs, but that is the only commonality the two senses share. They have different pronunciations, conjugations, and masdars. Also, the first sense is an intransitive verb (*v.intr.*), whereas the second sense is transitive (*v.tr.*)—more on this later. In entry for **عامل**, we can see that all three senses share the same pronunciation and are active participles—more on this later, as well. The first meaning is an adjective, and because no irregular plural has been introduced yet, we can assume its plural is regular. The second meaning is a noun. It has an irregular as well as a regular plural form. The more commonly used plural is listed first. The third meaning is also a noun; to avoid unnecessary repetitions, information from the previous sense applies, unless noted otherwise. In this case, we see that this meaning requires a different plural form from that of the previous sense. In other words, the singular noun **عامل** can mean either *worker* or *factor,* while their plurals are not as ambiguous.

Nouns

① **حيوان** *ɦayawān n.* • animal ▪ حيوان أليف *ɦayawān ʔalīf* pet

② **سيارة** *sayyāraᵗ n.* • car, automobile, vehicle ▪ سيارة أجرة *sayyārat · ʔujraᵗ* taxi

③ **بنت** *bint n.* ***f.*** |*pl.* بنات *banāt*| • girl • daughter

④ **معلم** *muƐallim act. part. n.* • teacher

⑤ **خادم** *xādim act. part. n.* |*pl.* خدام *xuddām* or خدم *xadam*| • servant, butler
خادمة *xādimaᵗ n.* • maid

⑥ **رسم** *rasm n.*↑ |*pl.* رسوم *rusūm*| • drawing, picture, illustration, painting

⑦ **شجر** *šajar coll. n.* |*sing.* شجرة *šajaraᵗ* | *pl.* أشجار *ʔašjār*| • trees

The **gender** of a noun is only listed when it is not predictable. ①A noun is assumed to be masculine, ②unless it ends in ـــة *-aᵗ*, in which case it is assumed to be feminine. ③Any nouns which deviate from this rule are labeled ***m.*** or ***f.*** ④For nouns which refer to humans, both a masculine and feminine form generally exist. The feminine is regularly formed by adding ـــة *-aᵗ* to the masculine. If the translation for both is the same in English, only the masculine is listed in the dictionary. ⑤If, however, the feminine translates differently, as is the case with **خادمة**, it is listed as a sub-entry.

If a noun's **plural** is not listed, it is regular and predictable. The regular plural for non-human nouns (①②) and feminine human nouns (⑤ **خادمة**) is ـات *-āt*. For masculine human nouns (④), it is ـــون *-ūnᵃ*. Irregular plurals in common use today are listed, the more commonly used one listed first. It is recommended that the learner always choose the first irregular plural for production, but memorize the second irregular plural for recognition.

⑥The arrow following *n.* (*n.*↑) points to the preceding entry, which is a verb. It lets you know that the noun is also used as a masdar for that verb. A masdar is a gerund, usually formed in English by adding -ing to the verb, in this case *drawing,* as in *'drawing is fun'* or *'I like drawing'*. Both English gerunds and Arabic masdars are always singular, as they are actions, and not countable nouns. However, رسم is also used as an ordinary noun in Arabic, meaning *a drawing, picture,* etc, which can be made plural: رسوم *rusūm drawings.* It therefore has its own entry. A masdar that does not double as an ordinary noun does not have its own entry; it is found in the entry for the verb only.

⑦Entries for collective nouns (*coll. n.*) list both the singular and plural forms.

②Idafa constructions (compound nouns) are preceded by squares (▪). In the pronunciation, a small dot (·) serves to show that the two nouns are bound in an idafa construction. If the term (noun) in the construction ends in ـــة, it is obligatorily pronounced with *-at* even in pausal form and relaxed spoken style. The transcription reflects this with a full *t* rather than the superscript *ᵗ*.

Verbs

① **كسر** *kasara v.tr.* |1s2 يكسر *yaksir*^{u} | كسر *kasr*|
• break

② VII **انكسر** *inkasara v.intr.* |7s ينكسر *yankasir*^{u} |
انكسار *inkisār*| • break, get broken

③ **بحث** *baɦata v.* |1s1 يبحث *yabɦat*^{u} | بحث *baɦt*|
• *v.intr.* search *for* عن, look, seek • research
عن • *v.tr.* discuss *sth* ∘ *with* مع

④ ⑤ ⑥
أكل *ʔakala v.tr.* |1s3(a) يأكل *yaʔkul*^{u} | أكل *ʔakl*|
• eat ▪ أكل الفطور *ʔakala alfuţūr* eat breakfast
⑦ ▪ لا يؤكل *lā yuʔkal*^{u} *pass. v.* inedible

⑧ X **استطاع** *istaţāƐa v.tr.* |10h يستطيع *yastaţīƐ*^{u} |
استطاعة *istiţāƐa*^{t}| • استطاع أنْ *istaţāƐa ʔan* be able to *(do)*, can *(do)* ◊ لا يستطيع الجري. *He can't run.* ◊ هل تستطيع أن تتحدث اللغة الإنجليزية؟ *Can you speak English?*

Verbs are labeled either as transitive (*v.tr.*) or intransitive (*v.intr.*). ①Transitive verbs are those which can take a direct object. ②Intransitive verbs, on the other hand, cannot take a direct object.

③Intransitive verbs are also those which can take objects, but these must be governed by a preposition, which is listed after the first English translation. It is understood that the preposition is always required before an object for this sense of the word, regardless of which English translation is preferred in the context. The English translation may not match up in transitivity with the Arabic. For instance, the English verbs *search for* and *look for* are both intransitive, requiring the preposition *for*, while *seek* is transitive. Notice also that *for* does not follow the translation *look* in this entry, as a speaker of English would already know to add the preposition *for* after *look*. In the second sense of this entry, the English translation *research* is transitive, but the Arabic requires the preposition عن for this sense, as well. The third sense **is** transitive in Arabic, allowing a direct object. For example, **يبحثوا عنه** could mean *they are looking for it* or *they are researching it*—which should be obvious from the surrounding context—while **يبحثوه**, having a direct object, is transitive and must be the third sense, translating *they're discussing it.*

Verb entries contain information in line brackets about a verb's conjugation. ④First listed is the table which models the verb's conjugation; the tables can be found in the dictionary's companion book ***Modern Standard Arabic Verbs (➡ p. 362).*** ⑤This is followed by the third-person masculine singular imperfect indicative verb form. ⑥Finally the masdar is given.

⑦The imperfect indicative passive verb would literally translate *it is not eaten,* but is better translated as the English adjective *inedible.*

⑧Some verb entries contain phrases with أنْ. The sukūn is written to distinguish it from أنّ. Unless noted, it can be assumed that أنْ is followed by a subjunctive verb. In most cases, it can also be replaced with a definite masdar, as shown in the phrase's first example.

Adjectives

① **جميل** *jamīl adj.* |*elat.* أجمل *ʔajmal*| • beautiful, handsome ▪ الفنون الجميلة *alfunūn aljamīlaᵗ n.* fine arts • nice, good • *man's name* Jamil, Gamil, Jamel, Djamel ▪ جميلة *jamīlaᵗ* **dip.** *woman's name* Jamila, Gamila

② **وسيم** *wasīm adj.* |*m. pl.* **dip.** وسماء *wusamāʔ* or وسام *wisām* | *elat.* أوسم *ʔawsam*| • attractive, good-looking

③ **قصير** *qaṣīr adj.* |*m. pl.* قصار *qiṣār* | *elat.* أقصر *ʔaqṣar*| • short ▪ قصير القامة *qaṣīr · alqāmaᵗⁱ* short of stature ▪ قصير النظر *qaṣīr · annaẓarⁱ* myopic, nearsighted

④ **غبي** *ɣabīʸ* |*pl.* **dip.** أغبياء *ʔaɣbiyāʔ*| • *adj.* |*elat.* **invar.** أغبى *ʔaɣbā*| stupid, idiotic, silly, foolish • *n.* idiot, fool

①Adjectives are listed in their most basic form, which is the masculine singular. The elative (comparative / superlative) form is listed next, except for adjectives which are rarely or never found in the elative. Keep in mind that elatives are diptotes, although they are not labeled as such. Some adjectives are used as personal names, in which case common English spellings for these names are listed as a separate sense.

②Many adjectives have irregular masculine plural forms. These precede the elative form(s). The more common plural is listed first.

③'False idafas' are, like idafas, marked with a small dot (·) in the pronunciation.

Any adjective can be used as a noun: **الجميلة** *the beautiful one*. ④When the noun form is more lexicalized (very commonly used as a noun) and has a separate translation in English, it is listed as a noun in a separate sense. In this case, the plural precedes both senses, as it applies to masculine plural of both the adjective and the noun. The elative form is listed inside the adjective sense.

Pronunciation

Consonants

The following sounds are also found in English and should pose no difficulties for the learner:

			examples
b	ب	[b] as in **b**ed	بنت *bint* girl
d	د	[d̪] as in **d**og, but with the tongue touching the back of the upper teeth	درس *dars* lesson
đ	ذ	[ð] as in **th**at	ذرة *đura*^{t} corn
f	ف	[f] as in **f**our	فم *fam* mouth
g	ج/غ	[g] as in **g**as (used for some foreign words; alternatively spelled ك or گ in some regions)	جولف *golf* golf غرام *grām* gram
h	ه	[h] as in **h**ouse	هو *huwa* he
j	ج	[ʤ] as in **j**am (commonly [ʒ] as in beige in the Levent and [g] as in **g**as in Egypt)	جد *jadd* grandfather
k	ك	[k] as in **k**id	كل *kull* every
l	ل	[l] as in **l**ove *(that is, a light **l**, and not a dark **l** as in yell)*	لبن *laban* milk
L	ل	[ɫ] as the dark ***l*** in ye**ll**, found only in the word الله *aLLāh*	الله *aLLāh* God
m	م	[m] as in **m**oon	مات *māta* die
n	ن	[n] as in **n**ice	نسي *nasiya* forget
p	ب	[p] as in **p**an (used for some foreign words and sometimes written as پ; pronounced [b] by some speakers)	بكين *pikīn* Beijing
s	س	[s] as in **s**un	سنة *sana*^{t} year
š	ش	[ʃ] as in **sh**ow	شك *šakk* doubt
t	ت	[t̪] as in **t**ie, but with the tongue touching the back of the upper teeth	تل *tall* hill
ŧ	ث	[θ] as in **th**ink	ثلث *ŧult* third
v	ف	[v] as in **v**alley (used for some foreign words and sometimes written as ڤ; pronounced [f] by some speakers)	فيروس *vayrūs* virus
w	و	[w] as in **w**ord	ود *wadd* wish
y	ي	[j] as in **y**es (when final, usually written without dots (ى) in Egypt)	يد *yad* hand
z	ز	[z] as in **z**oo	زار *zāra* visit

The following sounds have no equivalent in English and require special attention. However, some exist in other languages you may be familiar with.

r	ر	[ɾ] tapped (flapped) as in the Spanish ca**r**a or the Scottish pronunciation of t**r**ee	رجل *rajul* man
ɣ	غ	[ɣ] very similar to a guttural R as in the French Pa**r**is, or the German **r**ot	غرب *ɣarb* west
x	خ	[x] as in the German do**ch**, Spanish ro**j**o, or Scottish lo**ch**	خبر *xabar* news
q	ق	[q] like K but further back, almost in the throat, with the tongue touching the uvula	قدم *qadam* foot
ɧ	ح	[ħ] like a strong, breathy H, as if you were trying to fog up a window	حب *ɧubb* love
Ɛ	ع	[ʕ] a voiced glottal stop, as if you had opened your mouth under water and constricted your throat to prevent choking and then released the constriction with a sigh	عرف *Ɛarafa* know
ʔ	ء	[ʔ] an unvoiced glottal stop, as [ʕ] above, but with a wispy, unvoiced sigh; or more simply put, like the constriction separating the vowels in uh-oh	أب *ʔab* father

The following sounds also have no equivalent in English but are emphatic versions of otherwise familiar sounds. An emphatic consonant is produced by pulling the tongue back toward the pharynx (throat), spreading the sides of the tongue wide, as if you wanted to bite down on both sides of your tongue, and producing a good puff of air from the lungs.

ɖ	ض	[dˤ] emphatic version of [d]	ضرب *ɖaraba* hit
ʂ	ص	[sˤ] emphatic version of [s]	صدر *ʂadr* chest
ʈ	ط	[tˤ] emphatic version of [t]	طبيب *ʈabīb* doctor
ʐ	ظ	[ðˤ] or [zˤ] emphatic version of [ð] or [z]	ظن *ʐann* thought

Vowels

			examples
a	ـَ	[æ] normally as in **ca**t (but with the jaw not quite as lowered as in English); [a] as in h**o**t when in the same syllable with **ḩ** or **Ɛ** (with the tongue lower than [æ]); usually [ɑ] as in f**a**ther (but shorter) when in the same word as **q**, **ḑ**, **ş**, **ţ**, **ẓ**, or, in most cases, **r**	كتب *kataba* write حمام *ḩammām* bath ضرب *ḑaraba* hit
ā	ـَا/ـَى	[æ:] / [a:] / [ɑ:] as with **a** above but longer	نام *nāma* sleep جوع *jūƐ* hunger قاد *qāda* lead
i	ـِ	[ɪ] as in k**i**d; when in the same word as **q**, **ḑ**, **ş**, **ţ**, or **ẓ**, [ɨ] with the tongue pulled back a bit	بنت *bint* girl علم *Ɛilm* knowledge قصة *qişşa*^{t} story
ī	ـِي	[i:] as in sk**i**; when in the same word as **q**, **ḑ**, **ş**, **ţ**, or **ẓ**, [ɨ:] as with **i** above (but longer)	جزيرة *jazīra*^{t} island الصين *aşşīn* China
u	ـُ	[ʊ] as in b**oo**k	بد *budd* option
ū	ـُو	[u:] as in m**oo**n	تونة *tūna*^{t} tuna
e		[ɛ] as in b**e**d (used for some foreign words)	إسبرسو *ʔespresō* espresso
o/ō		[o]/[o:] as is b**oa**t, but without the glide to [w] (used for some foreign words)	فودكا *vodka* vodka بروتين *brōtīn* protein
-a^t	ـَة	[a] or [ah] in pausal form; when pronounced in full form with iƐrāb, the ^{t} is pronounced.	ذرة *đura*^{t} corn
-u/-a/-i *-un/-an/-in*		Transcription written in superscript (small and raised) represents vowels and nunation which belong to iƐrāb (grammatical declension). These vowels are often omitted from relaxed speech or before a pause (end of a sentence, etc.).	

Foreign Words

Modern Standard Arabic has borrowed numerous words from other languages, over the centuries, but especially in recent decades. For those more recently borrowed words, there exists little concensus on pronunciation, which largely depends on a speaker's knowledge of foreign languages. Acceptable pronunciations for foreign words have been given in the transcriptions in this dictionary; however, you will undoubtedly hear native speakers pronounce some of these words differently.

Most recent foreign borrowings are treated as invariable, taking no iƐrāb. But again, there is little concensus on this.

Labels, Terms and Abbreviations

Examples of equivalents in English are sometimes used for clarification.

abbreviation a shortened form or a word or phrase.

acc. (accusative) case used for the object of transitive verbs, as well as for creating adverbial expressions; marked by fatha.

act. part. (active participle) adjective or noun formed from verbs, often translated with -ing in English, as in *the singing bird.*

adj. (adjective) word which modifies or describes a noun.

adv. (adverb) refers to a wide range of words and phrases which describe manner, time, place, etc.

affirmative not negative.

article the prefix الـ al- in Arabic. English has a definite article *the* and an indefinite article *a(n).*

case refers to the form of a word and its role in a sentence: nominative, accusative, genitive.

coll. n. (collective noun)

conj. (conjunction): *because, when, after, as soon as, that.*

conjugation refers to the inflection of a verb to show tense, mood, and person.

declension changing a word's form (inflection) according to case.

def. (defective) noun or adjective which ends in an unwritten *(in)* when indefinite; this becomes a written ي *ī* when definite.

definite denotes nouns and adjectives not marked with nunation and generally taking the definite article or a possessive suffix or acting as the first term in an idafa construction.

demonstrative (demonstrative pronoun) equivalent to *this, that, these,* and *those* in English

diminutive noun which follows a pattern containing the vowels *u* and *ay* and implies smallness.

dip. (diptote) noun or adjective which behaves regularly when definite, but in the indefinite lacks nunation and uses fatha in the genitive.

dual denotes two people or things.

elat. (elative) equivalent to the comparative (*bigger*) and superlative of English adjectives (*the biggest*).

f. (feminine) denotes female humans, animals, as well as inanimate objects which are grammatically classified as feminine.

first-person the person or people speaking: *I, we.*

gen. (genitive) case used for nouns and adjectives governed by a preposition and those in the second term of an idafa construction; marked by kasra.

human denotes nouns which refer to humans (and also other beings which are highly sentient, such as God, jinns, angels, aliens, mythological creatures, and anthropomorphized animals).

iƐrāb the addition of suffixes to Arabic nouns and adjectives for declension in the three cases.

idiom lexicalized phrase the meaning of which is not deducible from its individual words.

imperative command: *Go!*

imperfect tense *not past tense.*

indecl. (indeclinable) noun or adjective which can take nunation in the indefinite, shown in the pronunciation with *(an)* but does not vary for case.

indefinite denotes nouns and adjectives marked with nunation (unless invariable).

indicative mood of the imperfect tense used to express unfinished actions when jussive or subjunctive is not required.

inflection changing the form of a noun or adjective (declension) or verb (conjugation) to express its grammatical function.

interjection word or phrase which does not fit into a sentence but is uttered in isolation and often shows emotion: *Oh!, Yes!, Welcome!, Okay!*

interrogative used in questions

invar. (invariable) noun or adjective which takes neither case suffix nor nunation.

jussive mood of the imperfect tense used for the negative imperative, negative past tense, etc.

m. (masculine) denotes male humans, animals, as well as inanimate objects which are grammatically classified as masculine.

m. or f. (masculine or feminine) indicates that a word is considered grammatically masculine by some native speakers, and feminine by others; either is considered correct.

masdar the nominal form of a verb, also known as gerund or verbal noun, often translated with -ing in English, as in *Singing is fun.*

n. (noun) word which denotes a person, place, or thing.

n.↑ (masdar) noun which is also used as a masdar. ➡ ***p. vi***⑥

nom. (nominative) case used for the subject, vocative, and citation form; marked by damma.

numeral number written as a digit rather than spelled out as a word.

nunation the addition of a short vowel and *n* in the declension of indefinite nouns and adjectives.

particle a short word or prefix that does not fit neatly into other parts of speech.

pass. part. (passive participle) adjective or noun formed from verbs: *the broken vase.*

pass. v. (passive verb) only listed when lexicalized and commonly found as passive verbs

perfect tense past tense.

personal pronoun: *I, me, you, he, him,* etc. In Arabic, subject person pronouns are words, while object personal pronouns are suffixes.

pl. (plural) denotes three or more people or things.

possessive pronoun: *my, our, your, his, her, its, their.*

prefix an addition to the beginning of a word.

preposition single word or phrase which must be followed by an object in the genitive case or a possessive suffix: *in, on, to, for, under, next to, in regards to.*

proverb a short well-known statement asserting a general truth or offering advice: *Practice what you preach.*

quadriliteral a root consisting of four radicals

radical *the root consonants*

relative pronoun *equivalent to who, which,* and *that* in English: *the man who lives there...*

root the three or four cosonants on which most Arabic words are based.

second-person the person or people being addressed: *you.*

sing. (singular) denotes one person or thing.

subjunctive mood of the imperfect tense used in subordinate clauses, for the negative future tense, etc.

suffix an addition to the end of a word.

third-person the person, people, thing, or things being referred to: *he, she, it, they.*

transcription *phonetic representation of a foreign alphabet*

triliteral a root consisting of three radicals

v. (verb) at the beginning of an entry, v. indicates that some senses are transitive and others are intransitive.

v.intr. (intransitive verb) ➡ ***p. vii***

v.tr. & intr. (transitive or intransitive verb) indicates that a verb can optionally take a direct object or an object governed by a preposition, which will be shown in parentheses.

v.tr. (transitive verb) ➡ ***p. vii***

Q & A

Q: Shouldn't the dictionary be oriented with its spine on the right side so that pages are turned from left to right?

A: If the dictionary were monoligual, it should. However, this dictionary is essentially a book written *in* English *about* Arabic, and not a book written in Arabic.

Q: Why isn't the Arabic vocalized (i.e. written with tashkeel)?

A: Learners may become accustomed to reading vocalized Arabic texts in learning materials. However, in the real world, Modern Standard Arabic is rarely ever written in this way. As vocalization of Arabic can become a crutch for learners, side-by-side phonemic transcription was opted for instead.

Q: The grammar terminology confuses me. Why isn't grammar explained in more detail?

A: Although grammatical information is included for entries throughout the dictionary, a comprehensive handling of grammar is outside the scope of the dictionary. It is expected that learners have some previous knowledge of grammar from their studies.

Q: A word I tried to look up is missing from the dictionary. Why?

A: This dictionary is a learner's dictionary, limited in scope to the most common and useful vocabulary. Although the dictionary contains thousands of entries, it is far from being a comprehensive dictionary. It is intended to be a stepping-stone to acclimate learners to using more comprehensive Arabic dictionaries in the future.

Q: Is there going to be an English-Arabic version of the dictionary?

A: There are no immediate plans for an English-Arabic dictionary. However, you can easily look up English words using the PDF eBook version of this book.

ا

(ء)

ء *hamza*ᵗ *n.* |همزة| • hamza

The Orthography of Hamza

As a student of Arabic, you have been (or will inevitably be) confronted with complex rules surrounding the orthography of hamza. Teachers and course books each have their own methods of laying out the rules, which can sometimes be more confusing than helpful. The table below serves as an alternative–a reference to check the correct orthography, which depends on what immediately precedes and follows the hamza.

		preceding									
		initial	*a*	*ā*	*i*	*ī*	*ay*	*u*	*ū*	*aw*	sukūn
following	*a*	أ	ـأ	ـاء	ـئـ	ـيئـ	ـيْئـ	ـؤ	ـوء	ـوْأ	ـْأ
	ā	آ	ـآ	ـاءا	ـئا	ـيئا	ـيْئا	ـؤا	ـوءا	ـوْآ	ـْآ
	i	إ	ـئـ	ـائـ	ـئـ	ـيئـ	ـيْئـ	ـئـ	ـوئـ	ـوْئـ	ـْئـ
	ī	إيـ	ـئيـ	ـائيـ	ـئيـ	ـيئيـ	ـيْئيـ	ـئيـ	ـوئيـ	ـوْئيـ	ـْئيـ
	ay	أيْـ	ـئيْـ	ـائيْـ	ـئيْـ	ـيئيْـ	ـيْئيْـ	ـئيْـ	ـوئيْـ	ـوْئيْـ	ـْئيْـ
	u	أ	ـؤ	ـاؤ	ـئـ	ـيئـ	ـيْئـ	ـؤ	ـوؤ	ـوْؤ	ـْؤ
	ū	أو	ـؤو	ـاؤو	ـئو	ـيئو	ـيْئو	ـؤو	ـوؤو ـوءو	ـوْؤو ـوْءو	ـْؤو ـْءو
	aw	أوْ	ـأوْ	ـاءوْ	ـئوْ	ـيئو	ـيْئو	ـؤو	ـوؤو ـوءو	ـوْؤو ـوْءو	ـْؤو ـْءو
	sukūn		ـأْ		ـئْـ			ـؤْ			
	final		ـأ	ـاء	ـئ	ـيء	ـيْء	ـؤ	ـوء	ـوْء	ـْء

ا *ʔalif n.* ***f.*** |ألف| • *(first letter of the Arabic alphabet)* alif ➡ **ألف p. 13** • *(numerical value)* 1 • *(point of information)* A., I. ➡ ***The Abjad Numerals p. 61***

Dagger Alif

A few common words contain an unwritten long ā. In a voweled text, they can be written with a small alif over the consonant.

الله *aLLāh* God

إله *ʔilāh* god

ذلك *đālika* that

رحمن *raħmān* merciful

لكن *lākin* but

هذا *hāđā* this

هذه *hāđihi* this

هكذا *hākađā* thus

هؤلاء *hāʔulāʔi* these

أولئك *ʔūlāʔika* those

أ *ʔa- particle prefix* • *interrogative (precedes yes/no question)* ◊ أأنت متأكد من ذلك؟ *Are you sure of that?* ◊ أتدري لماذا؟ *Do you know why?* ▪ ألا *ʔa-lā* [+ indicative] don't...?, doesn't...? ◊ ألا يريد أن يذهب؟ *Doesn't he want to go?* ▪ ألم *ʔa-lam* [+ jussive] didn't...? ◊ ألم تأكل الفطور هذا الصباح؟ *Didn't you eat breakfast this morning?* ▪ ألن *ʔa-lan* [+ subjunctive] won't...? ◊ ألن تشكرني؟ *Aren't you going to thank me?* ▪ أليس *ʔa-laysa* isn't...? ▪ أليس كذلك؟ *ʔa-laysa ka-đālika* Right?, Isn't that so? • *conj.* whether, if ◊ لا أدري أأريد أن أراها أم لا. *I don't know whether I want to see her or not.* ⓘ *In grammar, this particle is known as* ألف الاستفهام *ʔalif · alistifhām*ⁱ *(the question alif).*

ا

أ ʔa-/ʔu- *sing. first-person imperfect-tense prefix* • I (do), I am (do)ing ◊ .أكتب رسالة *I'm writing a letter.* ◊ .لا أريد أن أكون وحيدا *I don't want to be alone.*

ـا *-an suffix* • *(forms adverbs from adjectives)* -ly ◊ طبعا *of course, naturally* ◊ حقا *really* ◊ جيدا *well*

ـا *-ā dual* ***m.*** *third-person perfect-tense suffix* • they (did) ◊ فعلا *they did*

آب *ʔāb n.* ***dip.*** • August ➡ ***The Months p. 165***

إب *ʔibb n.* ***f. dip.*** • *(city in Yemen)* Ibb ➡ ***map on p. 342***

أبجدية *ʔabjadīyaᵗ n.* • alphabet ▪ الأبجدية العربية *alʔabjadīyaᵗ alƐarabīyaᵗ* the Arabic alphabet ▪ الأبجدية اللاتينية *alʔabjadīyaᵗ allātīnīyāᵗ* the Latin alphabet

أبد *ʔabad n.* |*pl.* آباد *ʔābād*| • eternity ▪ عاش أبد الدهر *Ɛāša ʔabadᵃ -ddahrⁱ v.* live forever ▪ أبدا *ʔabadan adv.* [negative + or in isolation] never, not at all ◊ .لن أحب غيرك ابدا *I'll never love anyone but you.* ◊ .لا أظن ذلك ابدا *I don't think that at all.* ▪ إلى الأبد *ʔilā -lʔabadⁱ adv.* forever ◊ .سوف أحبك الى الابد *I'll love you forever* ▪ إلى الأبد ودائما *ʔilā -lʔabadⁱ wa-dāʔiman adv.* forever and always

أبدي *ʔabadīʸ adj.* • eternal

II **أبد** *ʔabbada v.tr.* |*2s(a)* يؤبد *yuʔabbidᵘ* | تأبيد *taʔbīd*| • perpetuate, make permanent

تأبيد *taʔbīd n.*↑ • perpetuation

مؤبد *muʔabbad pass. part. adj.* • permanent ▪ سجن مؤبد *sajn muʔabbad n.* life imprisonment

أبر *ʔabara v.tr.* |*1s2(a)* يأبر *yaʔbirᵘ* | أبر *ʔabr*| • prick, sting

إبرة *ʔibraᵗ n.* |*pl.* إبر *ʔibar*| • needle ▪ إبرة حقنة *ʔibrat · ḥuqnaᵗ* hypodermic needle, syringe ▪ بحث عن إبرة في كومة قش *baḥata Ɛan ʔibraᵗⁱⁿ fī kawmatⁱ qaššⁱⁿ v. idiom* look for a needle in a haystack

إبراهيم *ʔibrāhīm* ***dip.*** *man's name* • Ibrahim, Abraham

أبريل *ʔabrīl n.* ***dip.*** • April ➡ ***The Months p. 165***

إبط *ʔibṭ n.* |*pl.* آباط *ʔābāṭ*| • armpit, underarm

إبل *ʔibil coll. n.* • camels

أبل *ʔapil n.* ***invar.*** • *(technology company)* Apple™

إبليس *ʔiblīs n.* |*pl.* أبالسة *ʔabālisaᵗ*| • Satan, devil

إبان *ʔibbān n.* • time

إبان *ʔibbāna prep.* • during ◊ إبان الحرب الاهلية *during the civil war*

II **أبن** *ʔabbana v.tr.* |*2s(a)* يؤبن *yuʔabbinᵘ* | تأبين *taʔbīn*| • eulogize, praise (a dead person)

تأبين *taʔbīn n.*↑ • eulogy, funeral oration ▪ حفل تأبين *ḥifl · taʔbīn* commemoration, memorial

أبنوس *ʔabanūs n.* • ebony

أبها *ʔabhā n.* ***f. invar.*** • *(city in Saudi Arabia)* Abha ➡ ***map on p. 144***

أب *ʔab n.* |*dual* أبوان *ʔabawānⁱ* | *pl.* آباء *ʔābāʔ*| • father, dad ⓘ *Notice how the dual and plural are used for referring to two and three (unrelated) people's fathers:* ◊ *(dual)* أبواهما *ʔabawāhumā their fathers* ◊ *(plural)* آباؤهم *ʔābāʔᵘhum their fathers* ⓘ *When the first term in an idafa construction, or when suffixed by a pronoun (except for the first-person singular possessive suffix), the case is marked with a long vowel:* ◊ *(nominative)* .أبوك هنا *Your father is here.* ◊ *(accusative)* .أرى أبا كريم *I see Kareem's father.* ◊ *(genitive)* مع أبي البنت *with the girl's father* ➡ ***table on p. 3*** ▪ أب لـ *ʔab li-* a father of ◊ أب لثلاثة أطفال *a father of three* ▪ أبوان *ʔabawānⁱ dual noun* parents ▪ أبو سيف *ʔabū · sayf* swordfish ▪ أبو الهول *abū · -lhawlⁱ* the Sphinx ▪ زوجة أب *zawjat · ʔab* stepmother

أبوي *ʔabawīʸ adj.* |*elat.* أكثر أبوية *ʔaktar ʔabawīyaᵗᵃⁿ*| • paternal

أبوظبي *ʔabūẓabī, also spelled* أبو ظبي *ʔabū ẓabī n.* ***f. invar.*** • *(capital of the U.A.E.)* Abu Dhabi ➡ ***map on p. 15***

أبوة *ʔubuwwaᵗ n.* • fatherhood

أبوجا *ʔabūjā n.* ***f. invar.*** • *(capital of Nigeria)* Abuja

أبى *ʔabā v.tr.* |*1d1(a)* يأبى *yaʔbā* | إباء *ʔibāʔ*| • refuse, reject ◊ .أبت حبه *She rejected his love.* ▪ أبى أنْ *ʔabā ʔan* refuse to (do) ◊ .رئيس الوزراء يأبى أن يقابلهم *The prime minister refuses to meet with them.* ▪ أبى إلا أنْ *ʔabā ʔillā ʔan* insist on (do)ing, insist that... ◊ .أبيت إلا أن أفعله بنفسي *I insisted on doing it by myself.*

إباء *ʔibāʔ n.*↑ • refusal, rejection

الأبيض *alʔubayyiḍ n.* ***f.*** • *(city in Sudan)* El Obeid, Al Ubayyid ➡ ***map on p. 151***

مأتم *maʔtam n.* |*pl.* ***dip.*** مآتم *maʔātim*| • funeral

أتون *ʔatūn* or *ʔattūn n.* |*pl.* ***dip.*** أتاتين *ʔatātīn*| • furnace, kiln

أتوبيس *ʔotobīs, also spelled* أوتوبيس *ʔotobīs n.* • bus

The Five Nouns

الاسماء الخمسة alʔasmāʔ alxamsa^{t} ('the five nouns') is a group of nouns which share a common peculiarity. Their case (nominative, accusative, or genitive) is marked with a long vowel when 1) suffixed with a possessive pronoun (except for the first-person singular possessive suffix), or 2) the first term in an idafa construction.

	nom.	acc.	gen.	
أب ʔab	أبو ʔabū-	أبا ʔabā-	أبي ʔabī-	father
أخ ʔax	أخو ʔaxū-	أخا ʔaxā-	أخي ʔaxī-	brother
حم ɦamm	حمو ɦammū-	حما ɦammā-	حمي ɦammī-	father-in-law
*	ذو đū-	ذا đā-	ذي đī-	possessor
فم fam	فو fū-	فا fā-	في fī-	mouth

* ➡ ***table on p. 112***

أتوماتيكي ʔotomātīkīʸ, *also spelled* أوتوماتيكي ʔotomātīkīʸ *adj.* • automatic

أتى ʔatā *v.* |1d2(a) يأتي yaʔtī | إتيان ʔityān| • *v.intr.* come *to* إلى ◊ أتى إلى القاهرة. *He came to Cairo.* ⓘ *أتى ʔatā can take a personal pronoun suffix as a direct object without a preposition:* ◊ أتاني وقال... *He came to me and said...* ▪ كما يأتي *ka-mā yaʔtī* as follows • bring بـ ◊ سوف آتي به من الجزائر. *I'll bring it from Algeria.* ◊ ما الذى أتى بك إلى هنا؟ *What brought you here?* • *v.tr.* have sex *with* ◊ يأتي زوجته. *He has sex with his wife.*

آت ʔāt(in) *act. part. adj.* ***def.*** • coming ▪ آتيا من *ʔātiyan min* (coming) from ◊ وصل إلى القاهرة آتيا من الإسكندرية. *He arrived in Cairo from Alexandria.* ▪ كل آت قريب. *kull^{u} ʔāt^{in} qarīb^{un}* *proverb* All awaited soon will come. •الآتي [definite noun +] the following, the next ◊ أجب عن السؤال الآتي. *Answer the following question.*

III **آتى** ʔātā *v.tr.* |3d(a) يؤاتي yuʔātī | مؤاتاة muʔātā^{t}| • give *sb* ∘ *sth* ∘ • be favorable *for*, be advantageous

مؤات muʔāt(in) *act. part. adj.* ***def.*** |*elat.* أكثر مؤاتاة ʔaktar muʔātā^{tan}| • favorable, advantageous ▪ غير مؤات *ɣayr · muʔāt(in)* unfavorable, disadvantageous

IV **آتى** ʔātā *v.tr.* |4d(a) يؤتي yuʔtī | إيتاء ʔītāʔ| • give *sb* ∘ *sth* ∘ ▪ آتى الزكاة *ʔātā azzakā^{t}* give zakat

أثاث ʔatāt *n.* • furniture

II **أثث** ʔattata *v.tr.* |2s(a) يؤثث yuʔattit^{u} | تأثيث taʔtīt| • furnish

أثر ʔatara *v.tr.* |1s3(a) يأثر yaʔtur^{u} | أثر ʔatr or أثارة ʔatāra^{t}| • cite, quote • report, transmit

أثر ʔatar *n.* |*pl.* آثار ʔātār| • influence, effect, impact, trace, sign ▪ له أثر *lahu ʔatar^{un}* have an effect *on* في *or* على, have an influence • ancient ruin ▪ آثار *ʔātār pl. n.* antiquities ▪ علم الآثار *Ɛilm · alʔātār^{i}* archeology

أثري ʔatarīʸ • *adj.* archeological, ancient, antique • *n.* archeologist

إثر ʔitra, في إثر *fī ʔitr^{i}*, على إثر *Ɛalā ʔitr^{i} prep.* • *(time)* following, right after ▪ إثر آخر ___ *ʔitra ʔāxar* [indefinite accusative noun +] one after another ▪ مرة إثر أخرى *marra^{tan} ʔitra ʔuxrā*, مرة إثر مرة *marra^{tan} ʔitra marra^{tin}* over and over

II **أثر** ʔattara *v.intr.* |2s(a) يؤثر yuʔattir^{u} | تأثير taʔtīr| • affect في *or* على, influence

تأثير taʔtīr *n.*↑ • effect *on* في *or* على, influence, impression

مؤثر muʔattir *act. part.* • *adj.* |*elat.* أكثر تأثيرا ʔaktar taʔtīran| impressive, effective • *n.* effect

IV **آثر** ʔātara *v.tr.* |4s(a) يؤثر yuʔtir^{u} | إيثار ʔītār| • prefer *sth* ∘ *to/over* على ◊ آثرت ابنها على ابنتها. *She preferred her son over her daughter.* ▪ آثر أنْ *ʔātara ʔan* prefer *(do)*ing ◊ يؤثر أن يعيش وحيدا. *He prefers living alone.*

إيثار ʔītār *n.*↑ • preference

V **تأثر** taʔattara *v.intr.* |5s(a) يتأثر yataʔattar^{u} | تأثر taʔattur| • be influenced *by* بـ *or* من, be impressed, be affected

أثم ʔatima *v.intr.* |1s4(a) يأثم yaʔtam^{u} | إثم ʔitm| • sin

إثم ʔitm *n.*↑ |*pl.* آثام ʔātām| • sin

آثم ʔātim *act. part.* |*pl.* آثمون ʔātimūn^{a} or أثمة ʔatama^{t}| • *adj.* |*elat.* أأثم ʔaʔtam or أكثر إثما ʔaktar ʔitman| sinful • *n.* criminal

أثيم ʔatīm |*pl.* ***dip.*** أثماء ʔutamāʔ| • *adj.* |*elat.* أأثم

ʔaʔtam or أكثر إثما *ʔaktar ʔitman* | sinful • *n.* criminal

أثينا *ʔatīnā n.* **f. invar.** • *(capital of Greece)* Athens

أثيوبيا *ʔatiyūbiyā n.* **f. invar.** • Ethiopia

أثيوبي *ʔatiyūbīʸ adj. & n.* • Ethiopian

II **أجج** *ʔajjaja v.tr.* |*2s(a)* يؤجج *yuʔajjiju* | تأجيج *taʔjīj* | • light, kindle

V **تأجج** *taʔajjaja v.intr.* |*5s(a)* يتأجج *yataʔajjaju* | تأجج *taʔajjuj* | • burn, catch fire

أجدابيا *ʔajdābiyā n.* **f. invar.** • *(city in Libya)* Ajdabiya ➡ ***map on p. 278***

أجر *ʔajara v.tr.* |*1s3(a)* يأجر *yaʔjuru* | أجر *ʔajr* | • reward, remunerate

أجر *ʔajr n.*↑ |*pl.* أجور *ʔujūr* | • wage, salary

أجرة *ʔujraᵗ n.* |*pl.* أجر *ʔujar* | • fee, fare, charge ▪ سيارة أجرة *sayyārat · ʔujraᵗ* taxi • wage ▪ أجرة أدنى *ʔujraᵗ ʔadnā* minimum wage

أجير *ʔajīr n.* |*pl.* **dip.** أجراء *ʔujarāʔ* | • laborer, worker

II **أجر** *ʔajjara v.tr.* |*2s(a)* يؤجر *yuʔajjiru* | تأجير *taʔjīr* | • rent out *to* sb ه *sth* ه ◊ أجرهم الشقة. *He rented the apartment to them.*

مؤجر *muʔajjir act. part. n.* • landlord

IV **آجر** *ʔājara v.tr.* |*4s(a)* يؤجر *yuʔjiru* | إيجار *ʔījār* | • rent out

إيجار *ʔījār n.*↑ • rent

X **استأجر** *istaʔjara v.tr.* |*10s(a)* يستأجر *yastaʔjiru* | استئجار *istiʔjār* | • rent (UK: *also* hire)

مستأجر *mustaʔjir act. part. n.* • tenant

أجل *ʔajila v.intr.* |*1s4(a)* يأجل *yaʔjalu* | أجل *ʔajal* | • hesitate, delay • be slow, be late

أجل *ʔajal n.*↑ |*pl.* آجال *ʔājāl* | • term, appointed time ▪ قصير الأجل *qaṣīr · alʔajalⁱ adj.* short-term ▪ متوسط الأجل *mutawassiṭ · alʔajal adj.* medium-term ▪ طويل الأجل *ṭawīl · alʔajalⁱ adj.* long-term • deadline • moment of death

آجل *ʔājil act. part. adj.* • later, delayed ▪ عاجلا أو آجلا *ɛājilan ʔaw ʔājilan*, آجلا أو عاجلا *ʔājilan ʔaw ɛājilan adv.* sooner or later

أجل *ʔajal interjection* • yes, indeed, sure, certainly

أجل *ʔajl* •من أجل *min ʔajlⁱ*, لأجل *li-ʔajlⁱ prep.* for, for the sake of ◊ ماذا فعلت لأجلي؟ *What have you done for me?* ◊ حرب من أجل السلام *war for the sake of peace* ▪ من أجل هذا *min ʔajlⁱ hāḏā adv.* therefore ▪ من أجل أنْ *min ʔajl ʔan*, لأجل أنْ *li-ʔajlⁱ ʔan conj.* in order to, so that ◊ سألت هذا السؤال من أجل أن أفهم بشكل أفضل. *I asked this question so that I can understand better.* ◊ ولأجل تحقيق أهدافي... *In order to achieve my aims,...*

II **أجل** *ʔajjala v.tr.* |*2s(a)* يؤجل *yuʔajjilu* | تأجيل *taʔjīl* | • postpone, delay, put off ▪ لا تؤجل عمل اليوم إلى الغد. *lā tuʔajjil ɛamalᵃ -lyawmⁱ ʔilā -lɣadⁱ proverb* Don't delay today's work until tomorrow.

تأجيل *taʔjīl n.*↑ • postponement, delay, deferment

الآجلة *alʔājilaᵗ act. part. n.* • the hereafter

أجندة *ʔajandaᵗ n.* • agenda, program, schedule • weekly planner, diary, appointment book

أخذ *ʔaxaḏa v.tr.* |*1s3(a)* يأخذ *yaʔxuḏu* | أخذ *ʔaxḏ* | • take ▪ أخذه في الاعتبار *ʔaxaḏahu fī -liɛtibārⁱ*, أخذه بعين الاعتبار *ʔaxaḏahu bi-ɛaynⁱ -liɛtibārⁱ*, أخذه بالاعتبار *ʔaxaḏahu bi-liɛtibārⁱ* take into consideration, take into account ▪ أخذ دوشا *ʔaxaḏa dūšan* take a shower ▪ أخذ صورة *ʔaxaḏa ṣūraᵗ* take a picture ▪ أخذ وقتا *ʔaxaḏa waqtan* take time ◊ الأمر سيأخذ وقتا طويلا. *It'll take a long time.* ▪ أخذ بيده *ʔaxaḏa bi-yadⁱhi* lend a hand *to sb with* في • *(used in perfect tense only)* [+ indicative] begin to *(do)* ◊ أخذ يبحث عنه في كل مكان. *He began to look for it everywhere.* • آخذ في *ʔāxiḏ fī* be *(do)ing* ▪ آخذ في الظهور *ʔāxiḏ fī -ẓẓuhūrⁱ* emerging ▪ آخذ في الارتفاع *ʔāxiḏ fī -lirtifāɛⁱ*, آخذ في الازدياد *ʔāxiḏ fī -lizdiyād* on the rise

مأخذ *maʔxaḏ n.* |*pl.* **dip.** مآخذ *maʔāxiḏ* | • electrical outlet, socket • criticism, complaint, objection

أخاذ *ʔaxxāḏ adj.* • captivating, gripping, engrossing

III **آخذ** *ʔāxaḏa v.tr.* |*3s(a)* يؤاخذ *yuʔāxiḏu* | مؤاخذة *muʔāxaḏaᵗ* | • blame, criticize

VIII **اتخذ** *ittaxaḏa v.tr.* |*8a1* يتخذ *yattaxiḏu* | اتخاذ *ittixāḏ* | • take up, adopt, pass, assume ▪ اتخذ اجراءات لـ *ittaxaḏa ijrāʔāt li-*, اتخذ خطوات نحو *ittaxaḏa xaṭawāt naḥw* take measures to, take steps toward ▪ اتخذ موقفا *ittaxaḏa mawqifan* take a position ▪ اتخذ قرارا *ittaxaḏa qarāran* make a decision

آخر *ʔāxar adj.* **dip.** |*f. sing.* **invar.** أخرى *ʔuxrā* | *f. dual* أخريان *ʔuxrayānⁱ* | *f. pl.* أخريات *ʔuxrayāt* | • other, another ◊ في كتاب آخر *in another book* ◊ أشخاص آخرون *other people* ◊ البنتان الأخريان *the other two girls* ▪ بعبارة أخرى *bi-ɛibāraᵗⁱⁿ ʔuxrā* in other words, that is ▪ مرة أخرى *marraᵗᵃⁿ ʔuxrā adv.* again, one more time • else ▪ شخص آخر

šaxṣ ʔāxar someone else ▪ شيء آخر *šayʔ ʔāxar* something else ▪ في مكان آخر *fī makān^{in} ʔāxar^{a}* *adv.* elsewhere, somewhere else

آخر *ʔāxir* **dip.** • *adj.* [+ indefinite genitive noun] last, final ◊ آخر رجل على الأرض *the last man on earth* ◊ متى آخر مرة رأيته فيها؟ *When was the last time you saw him?* ▪ آخر مولود *ʔāxir mawlūd^{in}* youngest (child) ▪ إلى آخره *ʔilā ʔāxir^{i}hi* |*abbreviated* إلخ *ʔilā ʔāxir^{i}hi*| etc., and so on ▪ في آخر لحظة *fī ʔāxir^{i} laḥẓa^{tin}* at the last minute; [+ definite genitive plural noun] the last of (the) ___ ▪ آخرهم *ʔāxir^{u}hum* the last of them ▪ آخر الداء الكي. *ʔāxir^{u} -ddāʔ^{i} -lkayy^{u} proverb* When there is no other cure, cauterization must be done. • latest ◊ آخر الأنباء *the latest news* ▪ على آخر طرز *ɛalā ʔāxir^{i} ṭarz^{in}* trendy • *n.* |*pl.* **dip.** أواخر *ʔawāxir*| end ◊ في آخر الشارع *at the end of the street; (often plural)* last part, latter part ◊ في أواخر العام ٢٠١٣ *in late 2013*

الآخرة *alʔāxira^{t} n.* • the hereafter

أخير *ʔaxīr adj.* • final, last ▪ أخيرا *ʔaxīran adv.* at last, finally • latest, last, recent ▪ أخيرا *ʔaxīran adv.* lately, recently

II **أخر** *ʔaxxara v.tr.* |*2s(a)* يؤخر *yuʔaxxir^{u}* | تأخير *taʔxīr*| • postpone, put off, delay, defer ▪ لا تؤخر عمل اليوم لغد. *lā tuʔaxxir ɛamal^{a} -lyawm^{i} li-ɣad^{in} proverb* Don't put off until tomorrow what you can do today.

تأخير *taʔxīr n.*↑ • postponement, delay

مؤخر *muʔaxxar pass. part. adj.* |*elat.* أكثر تأخرا *ʔakṯar taʔaxxuran*| • delayed ▪ مؤخرا *muʔaxxaran* *adv.* recently

مؤخرة *muʔaxxara^{t} n.* • *(body)* butt (UK: bum), backside, bottom, rear, behind • *(not front)* back, rear, backside ◊ على مؤخرة رأسه *on the back of his head* ◊ في مؤخرة السيارة *in the back of the car* ▪ نحو مؤخرة المسرح *naḥwa muʔaxxarat^{i} -lmasraḥ^{i} adv. (theater)* upstage

V **تأخر** *taʔaxxara v.intr.* |*5s(a)* يتأخر *yataʔaxxar^{u}* | تأخر *taʔaxxur*| • be late *for* عن ◊ لقد تأخر الوقت! *It's late!*

متأخر *mutaʔaxxir act. part. adj.* |*elat.* أكثر تأخرا *ʔakṯar taʔaxxuran*| • late, delayed ▪ متأخرا *mutaʔaxxiran adv.* late ▪ في وقت متأخر من الليل *fī waqt^{in} mutaʔaxxir^{in} min^{a} -llayl^{i}* late at night

أخطبوط *ʔuxṭubūṭ n.* • octopus

أخ *ʔax n.* |*dual* أخوان *ʔaxawān^{i}* | *pl.* إخوة *ʔixwa^{t}* or إخوان *ʔixwān*| • brother ▪ أخو زوج *ʔaxū · zawj (husband's brother)* brother-in-law ▪ أخو زوجة *ʔaxū · zawja^{t} (wife's brother)* brother-in-law ▪ أخوك من صدقك *ʔaxūka man ṣadaqaka proverb* Your true brother is the one who tells you the truth. ▪ رب أخ لم تلده والدة. *rubba ʔax^{in} lam talidh^{u} wālida^{tun} proverb* Some friends are closer than real brothers. (lit. Many of brother wasn't born of the same mother.) • إخوان *ʔixwān pl. n.* brotherhood ▪ جماعة الإخوان المسلمين *jamāɛat · alʔixwān^{i} -lmuslimīn^{a}*, الإخوان المسلمون *alʔixwān almuslimūn^{a}* the Muslim Brotherhood ⓘ *When the first term in an idafa construction, or when suffixed by a pronoun (except for the first-person singular pronoun suffix), the case is marked with a written long vowel:* ◊ *(nominative)* أخوك هنا. *Your brother is here.* ◊ *(accusative)* أرى أخا كريم. *I see Kareem's brother.* ◊ *(genitive)* مع أخي البنت *with the girl's brother* ➡ ***The Five Nouns p. 3***

أخوي *ʔaxawīʸ adj.* |*elat.* أكثر أخوية *ʔakṯar ʔaxawīyatan* or أكثر تآخيا *ʔakṯar taʔāxiyan*| • fraternal, brotherly

أخت *ʔuxt n.* ***f.*** |*pl.* أخوات *ʔaxawāt*| • sister ▪ أخت زوج *ʔuxt · zawj (husband's sister)* sister-in-law ▪ أخت زوجة *ʔuxt · zawja^{t} (wife's sister)* sister-in-law ▪ كان وأخواتها *kāna wa-ʔaxawāt^{u}hā* Kāna and her sisters

أخوة *ʔuxuwwa^{t} n.* • brotherhood

تآخى *taʔāxā v.intr.* |*6d(a)* يتآخى *yataʔāxā* | ***def.*** تآخ *taʔāx(in)*| • fraternize

أ.د. *ʔustād doktōr* |*abbreviation of* أستاذ دكتور| • professor, doctor

أدب *ʔadab n.* |*pl.* آداب *ʔādāb*| • literature • *(usually plural)* manners ▪ أدب المرء خير من ذهبه. *ʔadab^{u} -lmarʔ^{i} xayr^{un} min ḏahab^{i}h^{i} proverb* One's manners are better than all one's riches.

أدبي *ʔadabīʸ adj.* • literary • ethical, moral

أديب *ʔadīb* |*pl.* **dip.** أدباء *ʔudabāʔ*| • *n.* writer, author • *adj.* educated, cultured

مأدبة *maʔduba^{t} n.* |*pl.* **dip.** مآدب *maʔādib*| • banquet

II **أدب** *ʔaddaba v.tr.* |*2s(a)* يؤدب *yuʔaddib^{u}* | تأديب *taʔdīb*| • educate • discipline

تأديب *taʔdīb n.*↑ • discipline

تأديبي *taʔdībīʸ adj.* |*elat.* أكثر تأديبا *ʔakṯar taʔdīban*| • disciplinary

مؤدب *muʔaddib act. part. n.* • educator

مؤدب *muʔaddab pass. part. adj.* |*elat.* أكثر تأدبا *ʔakṯar taʔadduban*| • polite, cultured, well-behaved

أدرينالين *ʔadrīnālīn n.* • adrenaline

آدم *ʔādam* **dip.** *man's name* • Adam ▪ ابن آدم *ibn · ʔādam* human being

أديم *ʔadīm n.* |*pl.* أدم *ʔudum* or آدام *ʔādām*| • tanned hide, leather • surface ▪ أديم الأرض *ʔadīm · alʔarḍ^i* the surface of the Earth

أدميرال *ʔadmīrāl n.* • admiral

أداة *ʔadā^t n.* |*pl.* أدوات *ʔadawāt*| • tool, instrument, utensil, appliance ▪ أدوات طبخ *ʔadawāt · ṭabx* cooking utensils • *(grammar)* particle ▪ أداة تعريف *ʔadāt · taƐrīf* definite article ▪ أداة ربط *ʔadāt · rabṭ* conjunction, sentence connector

أداء *ʔadāʔ n.* • accomplishment, realization • performance

II **أدى** *ʔaddā v.intr.* |*2d(a)* يؤدي *yuʔaddī* | تأدية *taʔdiya^t* or أداء *ʔadāʔ*| • cause إلى, lead to • do, perform

مؤد *muʔadd(in) act. part. adj.* **def.** • causing إلى, leading to

أديس أبابا *ʔadīs ʔabābā n.* **f. invar.** • *(capital of Ethiopia)* Addis Ababa

إذ *ʔiđ(i) conj.* • إذ *ʔiđ(i)* [+ perfect] then, when (suddenly) ◊ تفاجأ اللص إذ رأى الشرطي. *The thief was surprised when he saw the policeman.* ▪ إذ ذاك *ʔiđ đāka adv.* then, at that time • إذ *ʔiđ(i)*, إذ أنّ *ʔiđ ʔanna* because, since, for

ـئذ *-ʔiđ^in suffix* • *(forms adverbs of time)* ▪ حينئذ *ḥīnaʔiđ^in*, وقتئذ *waqtaʔiđ^in*, آنئذ *ʔānaʔiđ^in*, عندئذ *ƐindaʔiĐ^in adv.* then, at that time ▪ يومئذ *yawmaʔiđ^in*, أيامئذ *ʔayyāmaʔiđ^in adv.* in those days, at that time ▪ ساعتئذ *sāƐataʔiđ^in adv.* then, at that time ▪ بعدئذ *baƐdaʔiđ^in adv.* after that ▪ ليلتئذ *laylaʔiđ^in adv.* (on) that night ➡ ***compare with*** **ذاك** ***-đāka p. 110***

إذا *ʔiđā conj.* • إذا *ʔiđā*, إذا ما *ʔiđā mā* [+ perfect] if ▪ إذا بـ *idā bi-*, وإذا *wa-ʔiđā*, فإذا *fa-ʔiđā* and then, and suddenly • [+ perfect] when ▪ حتى إذا *ḥattā ʔiđā* until; when ▪ إلا إذا *ʔillā idā*, إلا و *ʔillā wa- conj.* unless, except when ◊ لا أؤمن بشيء إلا إذ رأيت بعيني. *I don't believe anything unless I've seen it with my own two eyes.* • *conj.* whether, if ◊ لا أعرف إذا كان هذا صوابا أم خطأ. *I don't know whether this is right or wrong.*

إذن *ʔiđan*, إذا *ʔiđan adv.* • then, in that case • therefore, so

آذار *ʔāđār n.* **dip.** • *(month)* March ➡ ***The Months p. 165***

أذربيجان *ʔađirbayjān n.* **f. invar.** • Azerbaijan

أذري *ʔađirī^y*, أذربيجاني *ʔađirbayjānī^y adj. & n.* • Azeri, Azerbaijani

أذن *ʔađina v.intr.* |*1s4(a)* يأذن *yaʔđan^u* | إذن *ʔiđn*| • allow sb لـ sth بـ, authorize ▪ أذن له بأن *ʔađina lahu bi-ʔan* allow sb to (do), let sb (do) ◊ أذنت له بالجلوس. *She allowed him to sit down.* ◊ من أذن لك بأن تدخل مكتبي؟ *Who let you in my office?*

إذن *ʔiđn n.*↑ |*pl.* أذون *ʔuđūn*| • permission ▪ بإذن الله *bi-ʔiđn^i -LLāh^i* with God's permission, God willing ▪ عن إذنك *Ɛan ʔiđn^ika* with your permission

مأذون *maʔđūn pass. part.* • *adj.* legal, lawful • *n.* marriage official, marriage registrar

أذن *ʔuđun n.* **f.** |*pl.* آذان *ʔāđān*| • ear ⓘ *When referring to one person, 'ears' is dual. However, when referring to two or more people, 'ears' is plural:* ◊ أذناها *her ears* ◊ آذانهما *their ears* ▪ أذن وأنف وحنجرة *ʔuđn wa-ʔanf wa-ḥanjara^t* otolaryngology, ENT (ear, nose, and throat) ▪ طبيب أذن وأنف وحنجرة *ṭabīb · ʔuđn wa-ʔanf wa-ḥanjara^t* otolaryngologist

أذان *ʔađān n.* • call to prayer, adhan

Men gather for prayer in Dubai. A minaret rises above the mosque.

Sunni Call to Prayer

The following lines are repeated by the muezzin during the call to prayer:

الله أكبر *aLLāh/u ʔakbar^u* God is great (4x)

أشهد أن لا إله إلا الله *ʔašhad^u ʔan lā ʔilāh^a ʔillā -LLāh^u* I bear witness that there is no god but God (2x)

أشهد أن محمدا رسول الله *ʔašhad^u ʔan muħammadan rasūl^u -LLāh^i* I bear witness that Muhammad is the Messenger of God (2x)

حي على الصلاة *ħayya Ɛalā -ṣṣalāt^i* Hasten to the prayer (2x)

حي على الفلاح *ħayya Ɛalā -lfalāħ^i* Hasten to success (2x)

الله أكبر *aLLāh^u ʔakbar* God is great (2x)

لا إله إلا الله *lā ʔilāh^a ʔillā -LLāh^u* There is no God but God (1x)

Shiite Call to Prayer

The shiite call to prayer is similar to the Sunni call to prayer but contains two additional lines.

الله أكبر *aLLāh^u ʔakbar^u* God is great (4x)

أشهد أن لا إله إلا الله *ʔašhad^u ʔan lā ʔilāh^a ʔillā -LLāh^u* I bear witness that there is no god but God (2x)

أشهد أن محمدا رسول الله *ʔašhad^u ʔan muħammadan rasūl^u -LLāh^i* I bear witness that Muhammad is the Messenger of God (2x)

اشهد ان عليا ولي الله *ʔašhad^u ʔan Ɛalīyan walīy^u -LLāh^i* I bear witness that Ali is the wali of God (2x)

حي على الصلاة *ħayya Ɛalā -ṣṣalāt^i* Hasten to the prayer (2x)

حي على الفلاح *ħayya Ɛalā -lfalāħ^i* Hasten to success (2x)

حي على خير العمل *ħayya Ɛalā xayr^i -lƐamal^i* Hasten to the best deed (2x)

الله أكبر *aLLāh^u ʔakbar^u* God is great (2x)

لا إله إلا الله *lā ʔilāh^a ʔillā -LLāh^u* There is no God but God (2x)

مئذنة *miʔđana^t* n. |pl. **dip.** مآذن *maʔāđin*| • minaret ➡ ***picture on p. 6***

II **أذن** *ʔađđana* v.tr. |2s(a) يؤذن *yuʔađđin^u* | أذان *ʔađān* or تأذين *taʔđīn*| • call to prayer ◊ يؤذن المؤذن لصلاة الفجر. *The muezzin is calling the morning prayer.*

مؤذن *muʔađđin act. part. n.* • muezzin

X **استأذن** *istaʔđana* v.tr. |10s(a) يستأذن *yastaʔđin^u* | استئذان *istiʔđān*| • ask permission *from*

أذى *ʔađ(an)* n. **indecl.** |pl. أذيات *ʔađayāt*| • harm, damage

IV **آذى** *ʔāđā* v.tr. |4d(a) يؤذي *yuʔđī* | إيذاء *ʔīđāʔ*| • hurt, injure

إيذاء *ʔīđāʔ* n.↑ • harm, damage

مؤذ *muʔđ(in) act. part. adj.* **def.** |elat. أكثر إيذاء *ʔaktar ʔīđāʔan*| • harmful, malignant, adverse ▪ غير مؤذ *γayr · muʔđ(in)* harmless, safe, innocuous

مأرب *maʔrab* n. |pl. **dip.** مآرب *maʔārib*| • wish, desire • goal, purpose, aim

إربد *ʔirbid* n. **f. dip.** • *(city in Jordan)* Irbid ➡ ***map on p. 8***

أربيل *ʔarbīl, also spelled* اربل *ʔarbīl* n. **f. dip.** • *(city in Iraq)* Erbil, Arbil, Irbil ➡ ***map on p. 202***

إرتريا *ʔiritriyā* n. **f. invar.** • Eritrea

إرتري *ʔiritrīy* adj. & n. • Eritrean

أرجوحة *ʔurjūħa^t* n. |pl. **dip.** أراجيح *ʔarājīħ* or أرجوحات *ʔurjūħāt*| • *(hanging seat)* swing ◊ دفع الطفل في الأرجوحة. *He pushed the child in the swing.* • hammock

QII **تأرجح** *taʔarjaħa* v.intr. |12s(a) يتأرجح *yataʔarjaħ^u* | تأرجح *taʔarjuħ*| • rock, sway

الأرجنتين *alʔarjantīn* n. **f.** • Argentina

أرجنتيني *ʔarjantīnīy* adj. & n. • Argentinian

أرجواني *ʔurjuwānīy* adj. |elat. أكثر أرجوانية *ʔaktar ʔurjuwānīya^tan*| • purple

II **أرخ** *ʔarraxa* v.tr. |2s(a) يؤرخ *yuʔarrix^u* | تأريخ *taʔrīx*| • date (a letter, check, etc.) ▪ أرخ بتاريخ لاحق *ʔarraxa bi-tārīx^in lāħiq^in* postdate • chronicle لـ, write the history *of* ◊ أرخ لتاريخ البلد. *He chronicled the history of the country.*

تاريخ *tārīx* n. |pl. **dip.** تواريخ *tawārīx*| • date ◊ ما هو تاريخ ميلادك؟ *What's your date of birth?* ◊ ما التاريخ اليوم ؟ *What's today's date?* • history ◊ قرأت عن تاريخ الحرب العالمية الثانية. *I read about the history of World WarII.* ▪ ذو تاريخ قديم *đū tārīx^un qadīm^un* having a long history ⓘ تاريخ *tārīx is a corruption of the verbal noun* تأريخ *taʔrīx.*

تاريخي *tārīxīy*, تأريخي *taʔrīxīy* adj. • historical

مؤرخ *muʔarrix act. part. n.* • historian

الأردن *alʔurdunn n.* ***m.*** • Jordan
أردني *ʔurdūnnī^{y} adj. & n.* • Jordanian

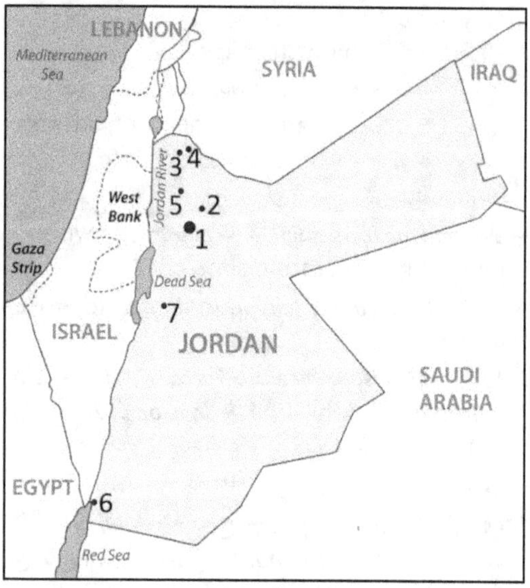

map of Jordan

1. عمّان *Ɛammān* Amman
2. الزرقاء *azzarqāʔ* Zarqa
3. إربد *ʔirbid* Irbid
4. الرمثا *arramtā* Ramtha
5. جرش *jaraš* Jerash
6. العقبة *alƐaqaba^{t}* Aqaba
7. الكرك *alkarak* Al Karak

أرز *ʔaruzz coll. n.* • rice
أرز *ʔarz coll. n.* |*sing.* أرزة *ʔarza^{t}*| • cedar
أرشيف *ʔaršīf n.* • archive
أرض *ʔarḍ n.* ***f.*** |*pl.* ***def.*** أراض *ʔarāḍ(in)*| • ground, land ▪ أراض زراعية *ʔarāḍ(in) zirāƐīya^{t}* farmland ▪ الأراضي المقدسة *alʔarāḍī -lmuqaddisa^{t}* the Holy Land ▪ مبدأ الأرض مقابل السلام *mabdaʔ · alʔarḍ^{i} muqābil^{a} -ssalām^{i}* the principle of land for peace ▪ قذيفة أرض-أرض *qadīfat · ʔarḍ-ʔarḍ* surface-to-surface missile ▪ قذيفة أرض-جو *qadīfat · ʔarḍ-jaww* surface-to-air missile • soil, earth • الأرض *alʔarḍ (planet)* Earth, the earth
أرضي *ʔarḍī^{y} adj.* • terrestrial • soil-, land- • ground- ▪ طابق أرضي *ṭābiq ʔarḍī^{y}* ground floor
أرضية *ʔarḍīya^{t} n.* • floor, basis • background
أرغن *ʔurɣun n.* |*pl.* ***dip.*** أراغن *ʔarāɣin*| • *(music)* organ

أرق *ʔariqa v.intr.* |*1s4(a)* يأرق *yaʔraq^{u}* | أرق *ʔaraq*| • suffer from insomnia
أرق *ʔaraq n.*↑ • sleeplessness, insomnia
آرق *ʔāriq act. part. adj.* |*elat.* أكثر أرقا *ʔaktar ʔaraqan*| • sleepless
II **أرق** *ʔarraqa v.tr.* |*2s(a)* يؤرق *yuʔarriq^{u}* | تأريق *taʔrīq*| • not let sleep
أركيد *ʔorkīd n.* • orchid
أركيلة *ʔargīla^{t}* • arghila (waterpipe for smoking), hookah
أرومة *ʔarūma^{t} n.* |*pl.* أروم *ʔurūm*| • root, origin, lineage ▪ طيب الأرومة *ṭayyib · alʔarūma^{ti}* of good lineage • *(tree)* stump
أرمينيا *ʔarmīniyā n.* ***f. invar.*** • Armenia
أرميني *ʔarmīnī^{y} adj. & n.* • Armenian
أرنب *ʔarnab n.* |*pl.* ***dip.*** أرانب *ʔarānib*| • rabbit, hare ▪ أرنب هندي *ʔarnab hindī^{y}* guinea pig
أريكة *ʔarīka^{t} n.* |*pl.* ***dip.*** أرائك *ʔarāʔik*| • couch, sofa
أزر *ʔazr n.* • capability, power, strength
إزار *ʔizār n.* |*pl.* أزر *ʔuzur*| • izaar (garment for men wrapped around the waist), wraparound, loincloth ▪ إزار إسكتلندي *ʔizār ʔiskotlandī^{y}* kilt
مئزر *miʔzar n.* |*pl.* ***dip.*** مآزر *maʔāzir*| • apron, smock
III **آزر** *ʔāzara v.tr.* |*3s(a)* يؤازر *yuʔāzir^{u}* | مؤازرة *muʔāzara^{t}*| • help, assist • support, back up
مؤازرة *muʔāzara^{t} n.* • assistance, help • support, backing
أز *ʔazza v.intr.* |*1g3(a)* يؤز *yaʔuzz^{u}* | أزيز *ʔazīz*| • whiz, hum, buzz, hiss
أزف *ʔazifa v.intr.* |*1s4(a)* يأزف *yaʔzaf^{u}* | أزف *ʔazaf*| • approach, draw near
مأزق *maʔziq n.* |*pl.* ***dip.*** مآزق *maʔāziq*| • dilemma, impasse, predicament
أزل *ʔazal*, أزلية *ʔazalīya^{t} n.* |*pl.* آزال *ʔāzāl*| • eternity
أزلي *ʔazalī^{y} adj.* • eternal
أزمة *ʔazma^{t} n.* |*pl.* أزمات *ʔaz(a)māt*| • crisis ▪ أزمة قلبية *ʔazma^{t} qalbīya^{t}* heart attack ▪ أزمة مالية *ʔazma^{t} mālīya^{t}* financial crisis ▪ أزمة اقتصادية *ʔazma^{t} iqtiṣādīya^{t}* economic crisis ▪ أزمة سياسية *ʔazma^{t} siyāsīya^{t}* political crisis
إزاء *ʔizāʔa*, بإزاء *bi-ʔizāʔ^{i}*, على إزاء *Ɛalā ʔizāʔ^{i} prep.* • regarding, in the face of, vis-à-vis ◊ ما رد فعلك إزاء الأحداث؟ *What is your reaction toward the events?* • *(direction)* toward

إسبانيا *ʔisbāniyā n.* ***f. invar.*** • Spain
إسباني *ʔisbānīy* |*pl.* إسبان *ʔisbān*| • *adj.* Spanish ▪ اللغة الإسبانية *alluɣat alʔisbānīyat n. (language)* Spanish • *n.* Spaniard

إسبرسو *ʔespresō n.* ***invar.*** • espresso

أسبرين *ʔasbirīn n.* ***invar.*** • aspirin

إستاد *ʔistād n.* • stadium, arena

أستاذ *ʔustāđ n.* |*pl.* أساتذة *ʔasātiđat*| • teacher, professor ▪ أستاذ جامعي *ʔustāđ jāmiƐīy* university professor ▪ أستاذ دكتور *ʔustāđ doktōr* |*abbreviated* أ.د.| professor, doctor ▪ أستاذ مشارك *ʔustāđ mušārik* associate professor • sir, mister

إستانبول *ʔistānbūl n.* ***f. dip.*** • *(city in Turkey)* Istanbul

إستراتيجي *ʔistrātījīy adj.* |*elat.* أكثر استراتيجية *ʔakṯar ʔistrātījīyatan*| • strategic
إستراتيجية *ʔistrātījīyat n.* • strategy

أستراليا *ʔusturāliyā n.* ***f. invar.*** • Australia
أسترالي *ʔusturālīy adj. & n.* • Australian

إسترليني *ʔistirlīnīy adj.* • sterling ▪ جنيه إسترليني *junayh istirlīnīy n.* pound sterling, English pound

إستوديو *ʔistūdiyō n.* |*pl.* إستوديوهات *ʔistūdiyōhāt*| • studio

إستونيا *ʔistōniyā n.* ***f. invar.*** • Estonia
إستوني *ʔistōnīy adj. & n.* • Estonian

إسحاق *ʔisḫāq* **dip.** *man's name* • Ishak, Isaac

أسد *ʔasad n.* |*pl.* أسود *ʔusūd*| • lion ▪ أسد بحر *ʔasad · baḫr* sea lion ▪ برج الأسد *burj · alʔasadi* *(astrology)* Leo ▪ أنا من برج الأسد. *ʔana min burji -lʔasadi* I'm a Leo.

أسر *ʔasara v.tr.* |*1s2(a)* يأسر *yaʔsiru* | أسر *ʔasr*| • capture, take prisoner

أسر *ʔasr n.*↑ • captivity ▪ بأسره *bi-ʔasrihi adv.* completely, all of ◊ العالم بأسره *the entire world*

أسرة *ʔusrat n.* |*pl.* أسر *ʔusar* or أسرات *ʔus(u)rāt*| • family, immediate family
أسري *ʔusrīy adj.* |*elat.* أكثر أسرية *ʔakṯar ʔusrīyatan*| • family-, domestic

أسير *ʔasīr n.* |*pl.* ***invar.*** أسرى *ʔasrā* | *pl.* ***invar.*** أسارى *ʔasārā*| • prisoner, detainee ▪ أسير حرب *ʔasīr · ḫarb n.* prisoner of war (P.O.W.)

إسرائيل *ʔisrāʔīl n.* ***f. dip.*** • Israel
إسرائيلي *ʔisrāʔīlīy adj. & n.* • Israeli

أساس *ʔasās n.* |*pl.* أسس *ʔusus*| • basis, foundation ▪ أسس *ʔusus pl. n.* essentials, principles ▪ أساسا *ʔasāsan*, في الأساس *fī -lʔasāsi adv.* primarily, essentially, basically ▪ على أساس *Ɛalā ʔasāsi prep.* on the basis of ◊ نرفض التمييز على أساس العرق. *We refuse discrimination on the basis of ethnicity.*
أساسي *ʔasāsīy adj.* |*elat.* أكثر أساسية *ʔakṯar ʔasāsīyatan*| • basic, primary, essential, fundamental ▪ أساسيات *ʔasāsīyāt pl. n.* fundamentals, basics

II **أسس** *ʔassasa v.tr.* |*2s(a)* يؤسس *yuʔassisu* | تأسيس *taʔsīs*| • establish, found, set up

تأسيس *taʔsīs n.*↑ • establishment, foundation
تأسيسي *taʔsīsīy adj.* • fundamental

مؤسس *muʔassis act. part. n.* • founder

مؤسسة *muʔassasat pass. part. n.* • establishment, foundation, organization

V **تأسس** *taʔassasa v.intr.* |*5s(a)* يتأسس *yataʔassasu* | تأسس *taʔassus*| • be established, be founded

إسطبل *ʔisṭabl n.* • stable, barn, stall

أسطوانة *ʔusṭuwānat n.* • disk, phonograph record, CD, DVD, CD-ROM • cylinder
أسطوني *ʔusṭūnīy adj.* • cylindrical

أسف *ʔasifa v.intr.* |*1s4(a)* يأسف *yaʔsafu* | أسف *ʔasaf*| • be sorry *for* على *or* لـ, regret ◊ لا يجد من يأسف على رحيله. *No one is sorry to see him go.*

أسف *ʔasaf n.*↑ • sorrow, regret ▪ للأسف *li-lʔasafi*, مع الأسف *maƐā -lʔasaf*, بكل أسف *bi-kulli ʔasafi*, بأسف شديد *bi-ʔasafin šadīdin adv.* unfortunately; *interjection* That's too bad! ▪ ببالغ الأسف *bi-bāliɣi -lʔasafi adv.* with profound regret

آسف *ʔāsif act. part. adj.* |*elat.* أكثر أسفا *ʔakṯar ʔasafan*| • sorry, regretful ▪ أنا آسف *ʔana ʔāsifun* I'm sorry!

IV **آسف** *ʔāsafa v.tr.* |*4s(a)* يؤسف *yuʔsifu* | إيساف *ʔīsāf*| • distress, make sorry

مؤسف *muʔsif act. part. adj.* • distressing, unfortunate

V **تأسف** *taʔassafa v.intr.* |*5s(a)* يتأسف *yataʔassafu* | تأسف *taʔassuf*| • regret على

تأسف *taʔassuf n.*↑ • regret

متأسف *mutaʔassif act. part.* |*elat.* أكثر تأسفا *ʔakṯar taʔassufan*| • *adj.* sorry • *interjection* Sorry!

أسفلت *ʔasfalt n.* ***invar.*** • asphalt

إسفنج *ʔisfanj coll. n.* |*sing.* إسفنجة *ʔisfanjat*| • *(material)* sponge ◊ هذا الفراش مصنوع من الإسفنج. *This mattress is made of sponge.* • *(marine animal)* sponge
إسفنجة *ʔisfanjat n.* • *(for cleaning)* sponge

إسفندان *ʔisfindān n.* • maple tree ▪ شراب إسفندان *šarāb · istifdān* maple syrup

آسفي *ʔāsfī n.* ***f. invar.*** • *(city in Morocco)* Safi
➡ ***map on p. 222***

أسقف *ʔusquf n.* |*pl.* أساقفة *ʔasāqifaᵗ*| • bishop ▪ رئيس أساقفة *raʔīs · ʔasāqifaᵗ* archbishop
أسقفي *ʔusqufīʸ adj.* • episcopal

إسكتلندا *ʔiskotlandā n.* ***f. invar.*** • Scotland
إسكتلندي *ʔiskotlandīʸ* • *adj.* Scottish ▪ اللغة الإسكتلندية *alluɣaᵗ alʔiskotlandīyaᵗ n. (language)* Scottish Gaelic • *n.* Scot

الإسكندرية *alʔiskandarīyaᵗ n.* • *(city in Egypt)* Alexandria ➡ ***map on p. 287***

إسكندنافيا *ʔiskandīnāfiyā n.* ***f. invar.*** • Scandinavia
إسكندنافي *ʔiskandīnāfīʸ adj. & n.* • Scandanavian

إسكواش *alʔiskwāš n.* ***invar.*** • *(sport)* squash

إسكيمو *ʔiskīmō n.* ***invar.*** • Eskimo

إسلام أباد *ʔislām ʔabād n.* ***f. invar.*** • Islamabad

إسماعيل *ʔismāƐīl* **dip.** *man's name* • Isma'il, Ishmael
الإسماعيلية *alʔismāƐīlīyaᵗ n.* • *(city in Egypt)* Ismaïlia ➡ ***map on p. 287***

إسمنت *ʔismant n.* ***invar.*** • cement, concrete

أسوان *ʔaswān n.* ***f. dip.*** • *(city in Egypt)* Aswan
➡ ***map on p. 287***

أسي *ʔasiya v.intr.* |*1d4(a)* يأسى *yaʔsā* | ***indecl.*** أسى *ʔas(an)*| • grieve

أسى *ʔas(an) n.*↑ ***indecl.*** • grief, sorrow

أسوة *ʔuswaᵗ n.* • model, pattern ▪ أسوة بـ *ʔuswatan bi- prep.* just as, just like ◊ أسوة بما حدث الشهر الماضي *just like what happened last month* ◊ التحق بالجيش أسوة بإخوته. *He joined the army, just like his brothers (did).* • concept

مأساة *maʔsāᵗ n.* |*pl.* ***def.*** مآس *maʔās(in)*| • tragedy
مأساوي *maʔsāwīʸ adj.* |*elat.* أكثر مأساوية *ʔaktar maʔsāwīyaᵗᵃⁿ*| • tragic

آسيا *ʔāsiyā n.* ***f. invar.*** • Asia ▪ آسيا الصغرى *ʔāsiyā -ṣṣuɣrā* Asia Minor
آسيوي *ʔāsiyawīʸ adj. & n.* • Asian

أسيوط *ʔasyūṭ n.* ***f. dip.*** • *(city in Egypt)* Asyut
➡ ***map on p. 287***

II **أشر** *ʔaššara v.tr.* |*2s(a)* يؤشر *yuʔašširᵘ* | تأشير *taʔšīr*| • stamp (a visa)

مؤشر *muʔaššir act. part. n.* • sign, indication • indicator, gauge needle • index ▪ مؤشر بورصة *muʔaššir · būrṣaᵗ* stock market index

تأشيرة *taʔšīraᵗ n.* • visa ▪ تأشيرة دخول *taʔšīrat · duxūl* entry visa

آشور *ʔāšūr n.* ***f. dip.*** • Assyria
آشوري *ʔāšūrīʸ adj. & n.* • Assyrian

إصطبل *ʔiṣṭabl n.* • stable, barn, stall

أصل *ʔaṣl n.* |*pl.* أصول *ʔuṣūl*| • source, origin ◊ كتاب أصل الأنواع لـ تشارلز داروين *On the Origin of Species by Charles Darwin* ▪ أصلا *ʔaṣlan adv.* originally; [negative +] not at all, by no means, never ◊ لم أذهب لتلك البلدة أصلا. *I've never been to that town.* ▪ الأصل ___ · *alʔaṣlⁱ* [adjective +] of __ origin ◊ مصري الأصل *of Egyptian origin* ▪ __ من أصل *min ʔaṣlⁱⁿ* __ [+ adjective] of __ origin ◊ من أصل عربي *of Arabic origin* ▪ في الأصل *fī -lʔaṣlⁱ adv.* in the beginning
أصلي *ʔaṣlīʸ adj.* |*elat.* أكثر أصلية *ʔaktar ʔaṣlīyaᵗᵃⁿ*| • original, authentic
أصولي *ʔuṣūlīʸ adj.* |*elat.* أكثر أصولية *ʔaktar ʔuṣūlīyaᵗᵃⁿ*| • fundamentalist
أصولية *ʔuṣūlīyaᵗ n.* • fundamentalism ▪ الأصولية الإسلامية *alʔuṣūlīyaᵗ alʔislāmīyaᵗ* Islamic fundamentalism

أصيل *ʔaṣīl* • *adj.* |*pl.* **dip.** أصلاء *ʔuṣalāʔ* | *elat.* أأصل *ʔaʔṣal*| original, authentic • *n.* |*pl.* آصال *ʔāṣāl*| late afternoon

إطار *ʔiṭār n.* |*pl.* إطارات *ʔiṭārāt* or أطر *ʔuṭur*| • frame ▪ إطار رسم *ʔiṭār · rasm* picture frame ▪ إطار نظارة *ʔiṭār · naẓāraᵗ* eyeglass frames • framework, context ▪ إطار خطة *ʔiṭār · xiṭṭaᵗ* framework of a plan ▪ في إطار *fī ʔiṭārⁱ prep.* in the framework of • *(wheel)* tire (UK: tyre)

إطارة *ʔiṭāraᵗ n.* • *(wheel)* rim

أطلس *ʔaṭlas n.* |*pl.* **dip.** أطالس *ʔaṭālis*| • atlas
أطلسي *ʔaṭlasīʸ adj.* • Atlantic ▪ المحيط الأطلسي *almuḥīṭ alʔaṭlasīʸ n.* the Atlantic Ocean ▪ منظمة حلف شمال الأطلسي *munaẓẓamat · ḥilf šamāl alʔaṭlasīʸ n.* NATO

أطلنطي *ʔaṭlanṭīʸ adj.* • Atlantic ▪ المحيط الأطلنطي *almuḥīṭ alʔaṭlanṭīʸ* the Atlantic Ocean

إغريقي *ʔiɣrīqīʸ adj. n.* |*m. pl.* إغريق *ʔiɣrīq*| • ancient Greek

أغسطس *ʔaɣusṭus n.* **dip.** • August ➡ ***The Months p. 165***

أفريقيا *ʔafrīqiyā*, إفريقيا *ʔifrīqiyā n.* ***f. invar.*** • Africa ▪ أفريقيا جنوب الصحراء الكبرى *ʔafrīqiyā janūb · aṣṣaḥrāʔⁱ -lkubrā* sub-Saharan Africa ▪ أفريقيا الجنوبية *ʔafrīqiyā -ljanūbīyaᵗ* southern Africa ▪ جنوب أفريقيا *janūb · ʔafrīqiyā* **m.** or **f.** South Africa ▪ جمهورية أفريقيا الوسطى *jumhūrīyat · ʔafrīqiyā -lwusṭā n.* Central African Republic ▪ الاتحاد الأفريقي *alittiḥād alʔafrīqīʸ n.* the African Union
أفريقي *ʔafrīqīʸ*, إفريقي *ʔifrīqīʸ adj. & n.* |*pl.* أفارقة

ʔafāriqa[t]| • African ▪ جنوب أفريقي *janūb ʔafrīqī[y]* *adj. & n.* South African

أفغانستان *ʔafyānistān n. **f. invar.*** • Afghanistan

أفغاني *ʔafyānī[y] adj. & n.* |*pl.* أفغان *ʔafyān*| • Afghan

أفق *ʔufuq n.* |*pl.* آفاق *ʔāfāq*| • horizon

أفقي *ʔufuqī[y] adj.* • horizontal

أفوكادو *ʔafōkādō n. **invar.*** • avocado

أفيون *ʔafyūn n. **invar.*** • opium

أقحوان *ʔuqḫuwān n.* • chrysanthemum

QI **أقلم** *ʔaqlama v.* |*11s(a)* يؤقلم *yuʔaqlim[u]* | أقلمة *ʔaqlama[t]*| • *v.tr.* acclimatize *sb* ∘ *to* مع ▪ أقلم نفسه مع acclimatize *oneself to*, adapt *to* • *v.intr.* acclimatize *oneself to* مع, adapt

إقليم *ʔiqlīm n.* |*pl.* ***dip.*** أقاليم *ʔaqālīm*| • region

إقليمي *ʔiqlīmī[y] adj.* • regional

QII **تأقلم** *taʔaqlama v.intr.* |*12s(a)* يتأقلم *yataʔaqlam[u]* | تأقلم *taʔaqlum*| • acclimatize *oneself to* مع, adapt

أكادير *ʔakādīr*, أڭادير *ʔagādīr n. **f. dip.*** • *(city in Morocco)* Agadir ➡ ***map on p. 222***

أكاديمية *ʔakādīmīya[t] n.* • academy

أكاديمي *ʔakādīmī[y]* • *adj.* academic • *n.* scholar

أكتوبر *ʔoktōbir n. **dip.*** • October ➡ ***The Months p. 165***

أكيد *ʔakīd adj.* • certain, sure ▪ أكيدا *ʔakīdan* Sure!, Definitely! • guaranteed, certain

II **أكد** *ʔakkada v.* |*2s(a)* يؤكد *yuʔakkid[u]* | تأكيد *taʔkīd*| • *v.tr.* confirm, assert, maintain ◊ يؤكد براءته. *He maintains his innocence.* ▪ أكد أن *ʔakkada ʔanna* confirm that... • *v.intr.* emphasize على, stress ◊ أكدوا على أهمية هذه فرصة. *They emphasized the importance of this opportunity.* ▪ أكد أن *ʔakkada ʔanna* emphasize that...

تأكيد *taʔkīd n.*↑ • confirmation, assertion, assurance ▪ بالتأكيد *bi-ttaʔkīd[i]* *adv.* absolutely, certainly, definitely, for sure, of course • emphasis *on* على, stress

مؤكد *muʔakkad pass. part. adj.* |*elat.* أكثر تأكدا *ʔaktar taʔakkudan*| • certain, definite ▪ من المؤكد أن *min[a] -lmuʔakkad[i] ʔanna* it is certain that...

V **تأكد** *taʔakkada v.intr.* |*5s(a)* يتأكد *yataʔakkad[u]* | تأكد *taʔakkud*| • be certain *of* من • verify من, ascertain

تأكد *taʔakkud n.*↑ • certainty • assurance

متأكد *mutaʔakkid act. part. adj.* |*elat.* أكثر تأكدا *ʔaktar taʔakkudan*| • certain *of/about* من, sure ▪ لست متأكدا. *lastu mutaʔakkidan* I'm not sure.

أكر *ʔakr n.* • acre

أكزيما *ʔakzīmā n. **invar.*** • eczema

أكسجين *ʔuksijīn n.* • oxygen

أكسسوار *ʔakseswār n.* • accessory

أكل *ʔakala v.tr.* |*1s3(a)* يأكل *yaʔ**ku**l[u]* | أكل *ʔakl*| • eat ▪ أكل الفطور *ʔakala alfuṭūr* eat breakfast ▪ لا يؤكل *lā yuʔkal[u]* *pass. v.* inedible

أكل *ʔakl n.*↑ • food ▪ صالح للأكل *ṣāliḫ li-lʔakl[i]*, قابل للأكل *qābil li-lʔakl[i]* *adj.* edible

آكل *ʔākil act. part. n.* |*pl.* أكلة *ʔakala(t)*| • eater ▪ آكل نمل *ʔākil · naml* anteater

مأكول *maʔkūl pass. part. adj.* • edible ▪ مأكولات *maʔkūlāt pl. n.* food

الإكوادور *alʔekwādōr n. **invar.*** • Ecuador

إكوادوري *ʔekwādōrī[y] adj. & n.* • Ecuadorian

الـ *al- article prefix* • the ⓘ *An attributive adjective agrees with its noun in definiteness:* ◊ السيارة الجديدة *assayyāra[t] aljadīda[t]* *the new car (lit. the-car the-new)* ⓘ *The article is not prefixed to the first term of an idafa construction:* ◊ رئيس البلد *raʔīs · albalad[i]* *the president of the country (lit. president the-country)*

Sun and Moon Letters

Assimilation occurs with the article prefix in certain cases. That is, the 'l' sound in the prefix الـ *al- (the) is not pronounced before certain consonants. Instead, the consonant is pronounced doubled. Such consonants are called* الحروف الشمسية *alḫurūf aššamsīya[t]* *(sun letters), and they are:* ت ث د ذ ر ز س ش ص ض ط ظ ل ن. ◊ الشمس *aššams* *the sun* ◊ الطاولة *aṭṭāwila[t]* *the table* ◊ النور *annūr* *the light*

Assimilation does not occur before other consonants, which are called الحروف القمرية *alḫurūf alqamarīya[t]* *(moon letters):* ء ب ج ح خ ع غ ف ق ك م ه و ي. ◊ القمر *alqamar* *the moon* ◊ الباب *albāb* *the door* ◊ الكتاب *alkitāb* *the book*

ألا *ʔalā particle* |< لا + أ *ʔa + lā*| • *(precedes yes/no question)* [+ indicative] don't...?, doesn't...? ◊ ألا يريد أن يذهب؟ *Doesn't he want to go?*

ألا *ʔallā conj.* |< لا + أن *ʔan + lā*| • that... not ◊ أتمنى ألا أكون قد أزعجتك. *I hope I'm not bothering you.*

ألا *ʔalā*, ألا إن *ʔalā ʔinna adv.* • indeed, verily

إلا *ʔillā*, وإلا *wa-ʔillā particle* |< لا + إن *ʔin(i)* + *lā*| • [+ noun in logical case] except (for), save ◊ ما من أحد منا إلا هو *no one among us but him* ▪ إلا أنّ *ʔillā ʔanna conj.* however, yet, but, nevertheless, nonetheless, still ◊ إلا أن هناك إشارات إيجابية. *Nevertheless, there are positive signs.* ▪ إلا إذا *ʔillā iđā*, إلا و *ʔillā wa- conj.* unless, except when ◊ لا أؤمن بشيء إلا إذ رأيته بعيني. *I don't believe anything unless I've seen it with my own two eyes.* ▪ وإلا *wa-ʔillā adv.* | و + إن + لا < *wa-* + *ʔin* + *lā*| otherwise, if not ◊ نظف غرفتك وإلا ستعاقب. *Clean your room or you'll be punished.* • [negative +] just, merely, only, nothing but ◊ ما هو إلا ولد. *He's just a boy.* ◊ لا إله إلا الله. *There is no god but God.* ◊ إن هي إلا مسألة وقت. *It is just a matter of time.* • *(time)* to ▪ إلا الثلث *ʔillā -ttultᵃ* [hour +] twenty to ◊ الساعة السادسة إلا الثلث *twenty to six (5:40)* ▪ إلا الربع *ʔillā -rrubƐᵃ* [hour +] a quarter to ◊ في الساعة الرابعة إلا الربع *at a quarter to four (3:45)* ▪ إلا خمس دقائق *ʔillā xamsᵃ daqāʔiqᵃ* [hour +] five to ◊ إنها الساعة الثالثة إلا خمس دقائق *It's five to three (2:55).*

ألبانيا *ʔalbāniyā n.* ***f. invar.*** • Albania

ألباني *ʔalbānīʸ adj. & n.* • Albanian

ألبوم *ʔalbūm n.* • album

التي *allatī sing.* ***f.*** *relative pronoun* • which, who, that • she who

Relative Pronouns

		masculine	feminine
singular		الذي *allađī*	التي *allatī*
dual	nom.	اللذان *allađāni*	اللتان *allatāni*
	acc./gen.	اللذين *allađayni*	اللتين *allatayni*
plural		الذين *allađīna*	اللاتي *allātī* اللائي *allāʔī* اللواتي *allawātī*

إلخ *ʔilā ʔāxirⁱhi* |*abbreviation of* إلى آخره| • etc. (et cetera), and so on

الذي *allađī sing.* ***m.*** *relative pronoun* • which, who, that • he who, what ➡ ***table below***

الذين *allađīnᵃ plural* ***m.*** *relative pronoun* • which, who, that • those who ➡ ***table below***

السلفادور *elsalvādōr n.* ***invar.*** • El Salvador ⓘ *The* الـ *is not the Arabic definite article, but rather the Spanish definite article, and is thus not assimilated.*

سلفادوري *salvādōrīʸ adj. & n.* • Salvadoran

ألف *ʔalifa v.tr.* |*1s4(a)* يألف *yaʔlafᵘ* | ألف *ʔalf*| • become accustomed to, get used to

مألوف *maʔlūf pass. part. adj.* |*elat.* أكثر ألفة *ʔaktar ʔulfatᵃⁿ*| • familiar, usual, typical, customary ▪ من المألوف... *minᵃ -lmaʔlūfⁱ* ...than usual

ألف *ʔalf number* |*pl.* آلاف *ʔālāf* or ألوف *ʔulūf* | *as numeral, written* ١٠٠٠| • [+ indefinite genitive singular noun] (one) thousand ▪ الآلاف من __ *alʔālāf min __* [+ definite genitive plural noun] thousands of __ ◊ شارك الآلاف من المتظاهرين في المسيرة. *Thousands of protestors partipated in the demonstration.* ▪ عشرات الآلاف من __ *Ɛašarāt alʔālāfⁱ min __* [+ definite genitive plural noun] tens of thousands of __ ◊ عشرات الآلاف من الأشخاص *tens of thousands of people* ▪ مئات الآلاف من __ *miʔāt alʔālāfⁱ min __* [+ definite genitive plural noun] hundreds of thousands of __ ◊ مئات الآلاف من الدولارات *hundreds of thousands of dollars* ▪ ألف ليلة وليلة *ʔalfᵘ laylaᵗⁱⁿ wa-laylaᵗⁱⁿ (book title)* 1001 Arabian Nights • *adj. (ordinal number)* [agrees for case but does not vary for gender] thousandth ◊ اليوم الألف *the one-thousandth day* ◊ المرة الألف *the one-thousandth time* ⓘ *When a noun immediately follows,* ألف *ʔalf (thousand) takes the indefinite genitive singular form. In compound numbers, the form of the noun is determined by the number which immediately precedes it:* ◊ ألف بيت *one thousand houses* ◊ ثلاثة آلاف بيت *three thousand houses* ◊ ألف وخمسة بيوت *one thousand and* ***five*** *houses* ◊ ألف وعشرون بيتا *one thousand and* ***twenty*** *houses*

ألفان *ʔalfānⁱ* |*acc. and gen.* ألفين *ʔalfaynⁱ* | *as numeral, written* ٢٠٠٠| • two thousand

ثلاثة آلاف *talātat ʔālāfⁱⁿ* |*as numeral, written* ٣٠٠٠| • three thousand

أحد عشر ألفا *ʔaḥadᵃ Ɛašrᵃ ʔalfan* |*as numeral,*

written ١١٠٠٠ | • eleven thousand
عشرون ألفا Ɛišrūn^{a} ʔalfan |as numeral, written ٢٠٠٠٠| • twenty thousand
مئة ألف miʔat ʔalf^{in}, |as numeral, written ١٠٠٠٠٠| • one hundred thousand
ألفية ʔalfīya^{t} n. • millennium

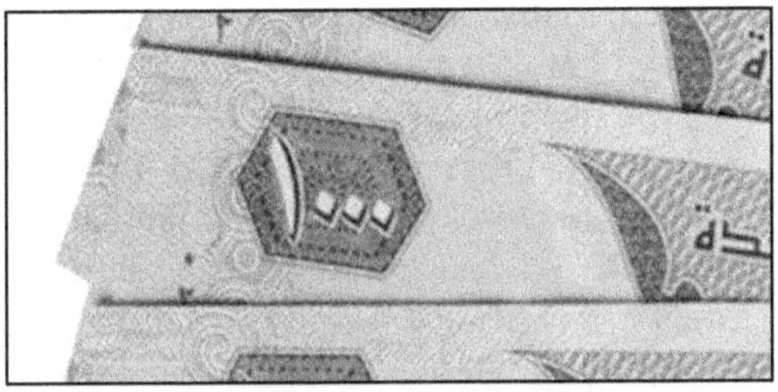

U.A.E. 1,000-dirham bills

ألف *ʔalif n.* • *(first letter of the Arabic alphabet)* alif ▪ ألف طويلة (ا) *ʔalif ṭawīla^{t}* regular alif ▪ ألف فاصلة *ʔalif fāṣila^{t}* separating alif (silent alif at end of some verb conjugations), otiose alif ▪ ألف قصيرة (ٰ) *ʔalif qaṣīra^{t}*, ألف خنجرية *ʔalif xanjarīya^{t}* *(diacritic representing a long ā and only occurring in a few words)* dagger alif **➡ Dagger Alif p. 1** ▪ ألف مدة (آ) *ʔalif madda^{t}* alif maddah ▪ ألف مقصورة (ى) *ʔalif maqṣūra^{t}* shortened alif

ألفة *ʔulfa^{t} n.* • familiarity, intimacy

أليف *ʔalīf adj.* |*m. pl.* ألفاء *ʔalfāʔ* | *elat.* آلف *ʔaʔlaf*| • domestic, tamed ▪ حيوان أليف *ḥayawān ʔalīf n.* pet • familiar, intimate • friendly, amicable

II **ألّف** *ʔallafa v.tr.* |*2s(a)* يؤلف *yuʔallif^{u}* | تأليف *taʔlīf*| • write, author, compose, pen • compile بين, put together

تأليف *taʔlīf n.*↑ • authorship ▪ __ :تأليف *taʔlīf* (written) by __

مؤلف *muʔallif act. part. n.* • author, writer • composer

مؤلَف *muʔallaf pass. part. n.* • *(music)* composition ▪ مؤلفات *muʔallafāt pl. n.* writings, publications

V **تألّف** *taʔallafa v.intr.* |*5s(a)* يتألف *yataʔallaf^{u}* | تألف *taʔalluf*| • consist *of* من, be composed *of*, be made up *of*

VI **تآلف** *taʔālafa v.intr.* |*6s(a)* يتآلف *yataʔālaf^{u}* | تآلف *taʔāluf*| • harmonize, get along well • work together, unite

متآلف *mutaʔālif act. part. adj.* |*elat.* أكثر تآلفا *ʔaktar taʔālufan*| • harmonious

VIII **ائتلف** *iʔtalafa v.tr.* |*8s(a)* يأتلف *yaʔtalif^{u}* | ائتلاف *iʔtilāf*| • form a coalition

ائتلاف *iʔtilāf n.*↑ • *(politics)* coalition, union

ألفباء *ʔalifbāʔ n.* • alphabet
ألفبائي *ʔalfabāʔī^{y} adj.* • alphabetical

V **تألّق** *taʔallaqa v.intr.* |*5s(a)* يتألق *yataʔallaq^{u}* | تألق *taʔalluq*| • shine, radiate

متألق *mutaʔalliq act. part. adj.* |*elat.* أكثر تألقا *ʔaktar taʔalluqan*| • shining, radiant

إلكترون *ʔelektrōn n.* • electron
إلكتروني *ʔelektrōnī^{y} adj.* • electronic ▪ جهاز إلكتروني *jihāz ʔelektrōnī^{y} n.* electronic appliance ▪ إلكترونيات *ʔelektrōnīyāt pl. n.* electronics

اللائي *allāʔī^{y} plural **f.** relative pronoun* • who, which, that **➡ Relative Pronouns p. 12**

اللاتي *allātī plural **f.** relative pronoun* • who, which, that **➡ Relative Pronouns p. 12**

اللتان *allatān^{i} dual **f.** relative pronoun* • who, which, that **➡ Relative Pronouns p. 12**

اللذان *allaḏān^{i} dual **m.** relative pronoun* • who, which, that **➡ Relative Pronouns p. 12**

اللواتي *allāwātī plural **f.** relative pronoun* • which, who, that **➡ Relative Pronouns p. 12**

ألم *ʔalam(i) particle* |< لم + أ *ʔa + lam(i)*| • [+ jussive] didn't...? ◊ ألم تتناول الفطور هذا الصباح؟ *Didn't you eat breakfast this morning?*

ألم *ʔalam n.* |*pl.* آلام *ʔālām*| • pain ▪ ألم في البطن *ʔalam fī -lbaṭan^{i}*, ألم في المعدة *ʔalam fī -lmaƐida^{ti}* stomach ache

أليم *ʔalīm adj.* |*elat.* أكثر إيلاما *ʔaktar ʔīlāman*| • sore, in pain

II **ألّم** *ʔallama v.tr.* |*2s(a)* يؤلم *yuʔallim^{u}* | تأليم *taʔlīm*| • hurt, cause pain

IV **آلم** *ʔālama v.tr.* |*3s(a)* يؤلم *yuʔlim^{u}* | إيلام *ʔīlām*| • hurt ◊ !هذا يؤلم كثيرا *It really hurts!*

مؤلم *muʔlim act. part. adj.* |*elat.* أكثر إيلاما *ʔaktar ʔīlāman*| • painful

V **تألّم** *taʔallama v.intr.* |*5s(a)* يتألم *yataʔallam^{u}* | تألم *taʔallum*| • be in pain, hurt

ألماس *ʔalmās coll. n.* |*sing.* ألماسة *ʔalmāsa^{t}*| • diamonds

ألمانيا *ʔalmāniyā n. **f. invar.*** • Germany
ألماني *ʔalmānī^{y} adj. & n.* |*pl.* ألمان *ʔalmān*| • German

ألن *ʔalan(i) particle* |< لن + أ *ʔa + lan(i)*| • [+ subjunctive] won't...? ◊ ألن تشكرني؟ *Aren't you going to thank me?* ⚠ **ألن ʔalan *(English name)* Alan, Allen**

ا

إله *Ɂilāh, also spelled* إلاه *Ɂilāh n.* |*pl.* آلهة *Ɂāliha^{t}*| • god, deity ▪ يا إلهي *yā Ɂilāhī* Oh my God!

إلاهة *Ɂilāha^{t} n.* • goddess

إلاهي *Ɂilāhīy adj.* • godly, divine

الله *aLLāh n.* • God, Allah ▪ لله *li-LLāh^{i}* |< لـ + الله *li-* + *aLLāh*| to God ⓘ *This irregular spelling is meant to avoid three adjacent* ل*'s.* ▪ الله أكبر *aLLāh^{u} Ɂakbar^{u}* God is great ➡ **تكبير** ***takbīr* p. 259** ▪ إن شاء الله *Ɂin šāɁa -LLāh^{u}*, بإذن الله *bi-Ɂiđn^{i} -LLāh^{i}* If God wishes, God willing ▪ بسم الله *bi-sm^{i} -llāh^{i}* in the name of God ▪ ما شاء الله *mā šāɁa -LLāh^{u}* Praise God! ▪ والله *wa-LLāh^{i}* I swear!, By God! ▪ يا الله *yā -LLāh^{u}*, اللهم *aLLāhumm^{a}* My God!, Oh, God! ▪ قضاء الله *qaḍāɁ · aLLāh^{i}* death ▪ الحمد لله *alħamd^{u} li-LLāh^{i}*, الله سبحانه وتعالى *aLLāh^{u} subħān^{a}hu wa-taƐālā*, سبحان الله *subħāna -LLāh^{i}* *(exclamation of surprise or wonder)* Praise (be to) God! ▪ في أمان الله *fī Ɂamān^{i} -LLāh^{i}* Goodbye! ▪ لا إله إلا الله. *lā Ɂilāh^{a} Ɂillā -LLāh^{u}* There is no god but God. ▪ سجد شكرا لله *sajada šukran li-LLāh^{i} v.* prostrate in thanks to God ▪ الله يعطيك العافية *aLLāh^{u} yuƐṭīka alƐāfiya^{ta}* May God give you good health! ▪ الله يعافيك *aLLāh^{u} yuƐāfīka* *(resposne)* Thank you! ▪ صلى الله عليه وسلم *ṣallā -LLāh^{u} Ɛalayh^{i} wa-sallama* *(following the name of the prophet Muhammad)* PBUH (peace be upon him) ▪ استودعك الله *istawdaƐaka aLLāh^{u}* May God be with you! ▪ أصلحه الله *Ɂaṣlaħahu aLLāh^{u}* may God grant *sb* prosperity ▪ بارك الله فيك *bāraka aLLāh^{u} fīka*, الله يبارك فيك *aLLāh^{u} yubārik^{u} fīka* God bless you! ▪ حماه الله *ħamāhu aLLāh^{u}*, ستره الله *satarahu aLLāh^{u}* may God protect *sb* ▪ رحمه الله *raħimahu aLLāh^{u}* *(for the deceased)* may God have mercy upon *sb*; may God bless *sb* ▪ رعاه الله *raƐāhu aLLāh^{u}* may God protect *sb* ◊ رعاك الله! *May God protect you!* ▪ سلمه الله *sallamahu aLLāh^{u}* may God bless *sb* ◊ سلمك الله! *God bless you!* ▪ طول الله عمره *ṭawwala aLLāh^{u} Ɛumr^{a}hu* may God prolong *sb's* life ▪ كرمه الله *karramahu aLLāh^{u}* may God honor *sb* ▪ قتله الله *qatalahu aLLāh^{u}* may God kill *sb* ▪ لعنه الله *laƐanahu aLLāh^{u}* may God damn *sb* ▪ نصره الله *naṣarahu aLLāh^{u}* may God help *sb* ▪ يسره الله *yassarahu aLLāh^{u}* may God pave *sb's* way ⓘ *Notice that the long ā of* الله *aLLāh is unwritten.* ➡ ***Dagger Alif* p. 1** ⓘ *The word* الله *aLLāh is unique in Arabic in that the* ل *is pronounced dark.* ➡ ***Pronunciation* p. ix** ⓘ *The word* الله *aLLāh is found in several Arab names:* ◊ عبد الله *Abdullah* ◊ نصر الله *Nasrallah*

آلو *Ɂālō interjection* • *(on telephone)* Hello?

ألومنيوم *Ɂalūminiyūm n.* • aluminum

إلى *Ɂilā prep.* • to ◊ ذهب من بيته إلى المدرسة بالحافلة. *He went from his home to school by bus.* ▪ إلى آخره *Ɂilā Ɂāxir^{i}hi* |*abbreviated* إلخ *Ɂilā Ɂāxir^{i}hi*| etc., and so on ▪ إلى ذلك *Ɂilā đālika adv.* in addition to that, additionally • *(time)* until ▪ إلى اللقاء *Ɂilā -lliqāɁ^{i}* Good-bye! ▪ إلى غد *Ɂilā ɣad^{in}* See you tomorrow! ▪ إلى أنْ *Ɂilā Ɂan conj.* [+ perfect or subjunctive] until ◊ انتظرت إلى أن انتهى من كلامه. *I waited until he was finished speaking.* ▪ إلى متى *Ɂilā matā* how long, until when ◊ إلى متى بقيت في بغداد؟ *When did you stay in Baghdad until?* ◊ إلى متى ستستمر الأحوال بهذا الشكل؟ *How long will things keep going like this?*

إلام *Ɂilāma* |< إلى + ما *Ɂilā* + *mā*| • how far, to what extent • to what

إلي *Ɂilayya*	إلينا *Ɂilaynā*	
إليك *Ɂilayka*	إليكما *Ɂilaykumā*	إليكم *Ɂilaykum*
إليك *Ɂilayki*		إليكن *Ɂilaykunna*
إليه *Ɂilayhi*	إليهما *Ɂilayhimā*	إليهم *Ɂilayhim*
إليها *Ɂilayhā*		إليهن *Ɂilayhinna*

ألية *Ɂalya^{t} n.* |*pl.* أليات *Ɂal(a)yāt*| • buttock

أليس *Ɂalaysa* |< أ + ليس *Ɂa* + *laysa*| • isn't...? ▪ أليس كذلك؟ *Ɂalaysa ka-đālika* Isn't that so?, Right?

أم *Ɂam(i) conj.* • *(introduces a second alternative in questions)* or ◊ هل تريد شايا أم قهوة؟ *Would you like tea or coffee?* ▪ أم أنّ *Ɂam Ɂanna* or (is it that...) ◊ أليس كذلك أم أني مخطئ؟ *Isn't that so, or am I wrong?* ▪ ... كان أم... *... kāna Ɂam...*, سواء... أم... *sawāɁan... Ɂam...* (regardless) whether... or..., be they... or... ◊ جديدا كان أم قديما *whether new or old* ◊ كل أحد رجلا كان أم امرأة *everyone, be they men or women* ◊ سواء أردت أم لم ترد *whether you want to or not* ➡ **compare with** أو

ʔaw p. 20

إما *ʔimmā conj.* • either ▪ إما... أو... *ʔimmā... ʔaw...*, إما... وإما *ʔimmā... wa-ʔimmā...* either... or... ◊ إما في بيتي أو بيتك *either at my house or yours* ▪ إما أن... أو أن... *ʔimmā ʔan... ʔaw ʔan...* either... or... ◊ إما أن تبقى هنا وإما أن تذهب إلى البيت. *Either you stay here or you go home.*

إمبراطور *ʔimbarāṭūr n.* |*pl.* أباطرة *ʔabāṭira^{t}*| • emperor

إمبراطورة *ʔimbarāṭūra^{t} n.* • empress

إمبراطوري *ʔimbarāṭūrī^{y} adj.* • imperial

إمبراطورية *ʔimbarāṭūrīya^{t} n.* • empire

إمبريالي *ʔimbiriyālī^{y} adj.* • imperial

إمبريالية *ʔimbiriyālīya^{t} n.* • imperialism

أمد *ʔamad n.* |*pl.* آماد *ʔāmād*| • period, duration ▪ طويل الأمد *ṭawīl · alʔamad^{i} adj.* long-term ▪ قصير الأمد *qaṣīr · alʔamad^{i}* short-term ▪ منذ أمد بعيد *munḏu ʔamad^{in} baʕīd^{in}*, منذ أمد طويل *munḏu ʔamad^{in} ṭawīl^{in} adv.* for a long time

أمر *ʔamara v.tr.* |*1s3(a)* يأمر *yaʔmur^{u}* | أمر *ʔamr*| • أمره بأن *ʔamara<u>hu</u> bi-ʔan* order *sb* to *(do)*, command that *sb (do)* ◊ أمر الرئيس بأن يكون الاجتماع في أقرب وقت. *The president ordered that the meeting be held as soon as possible.*

أمر *ʔamr n.*↑ • |*pl.* أمور *ʔumūr*| matter, issue, thing ▪ لأمر ما *li-ʔamr^{in} mā adv.* for some reason ▪ في بادئ الأمر *fī bādiʔ^{i} -lʔamr^{i}*, بادئ الأمر *bādiʔ^{a} -lʔamr^{i}*, في أول الأمر *fī ʔawwal^{i} -lʔamr^{i}*, أول الأمر *ʔawwal^{a} -lʔamr^{i} adv.* at first, in the beginning ▪ كيف الأمور؟ *kayfa -lʔumūr^{u}* How are things? • |*pl.* **dip.** أوامر *ʔawāmir*| order, command ▪ بأمر الله *bi-ʔamr^{i} -LLāh^{i} adv.* by God's command, God willing ▪ الأمر *alʔamr (grammar)* the imperative ▪ فعل أمر *fiʕl · ʔamr* imperative verb

مأمور *maʔmūr pass. part.* • *adj.* authorized, in charge • *n.* official, officer ▪ مأمور سجن *maʔmūr · sijn* prison warden

إمارة *ʔimāra^{t} n.* • emirate, principality ▪ الإمارات العربية المتحدة *alʔimārāt alʕarabīya^{t} almuttaḥida^{t}* the United Arab Emirates (the U.A.E.) ➡ ***map above***

إماراتي *ʔimārātī^{y} adj. & n.* • Emirati

أمير *ʔamīr n.* |*pl.* **dip.** أمراء *ʔumarāʔ*| • prince, emir, commander • *man's name* Amir, Ameer ⓘ *The English word 'admiral' has been borrowed from this Arabic word.*

أميرة *ʔamīra^{t} n.* • princess • ***dip.*** *woman's name* Amira, Ameera

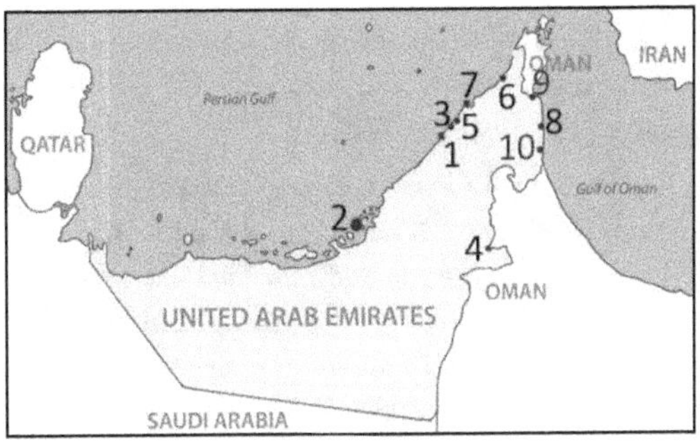

map of the U.A.E.

1. دبي *dubay^{y}* Dubai
2. أبوظبي *ʔabūẓabī* Abu Dhabi
3. الشارقة *aššāriqa^{t}* Sharjah
4. العين *alʕayn* Al Ain
5. عجمان *ʕajmān* Ajman
6. رأس الخيمة *raʔs alxayma^{t}* Ras al-Khaimah
7. أم القيوين *ʔumm alquwwayn* Umm al-Quwain
8. خورفكان *xawr fakkān* Khor Fakkan
9. دبا الحصن *dibbā -lḥiṣn* Dibba Al-Hisn
10. الفجيرة *alfujayra^{t}* Fujairah

III **آمر** *ʔāmara v.tr.* |*3s(a)* يؤامر *yuʔāmir^{u}* | مؤامرة *muʔāmara^{t}*| • consult, ask *sb's* opinion

مؤامرة *muʔāmara^{t} n.*↑ • conspiracy, plot

VI **تآمر** *taʔāmara v.intr.* |*6s(a)* يتآمر *yataʔāmar^{u}* | تآمر *taʔāmur*| • conspire *against* على, plot

تآمر *taʔāmur n.*↑ • plot, conspiracy

VIII **ائتمر** *iʔtamara v.intr.* |*8s(a)* يأتمر *yaʔtamir^{u}* | ائتمار *iʔtimār*| • confer *with* بـ, consult, discuss

مؤتمر *muʔtamar pass. part. n.* • conference ▪ مؤتمر صحفي *muʔtamar ṣuḥufī^{y}* press conference ▪ المؤتمر اليهودي العالمي *almuʔtamar alyahūdī^{y} alʕālamī^{y}* The World Jewish Congress (WJC)

X **استمارة** *istimāra^{t}*, استئمارة *istiʔmāra^{t} n.* • form, application ▪ ملأ استمارة *malaʔa istimāra^{t} v.tr.* fill out a form

أمريكا *ʔamrīkā n.* ***f. invar.*** • America ▪ أمريكا الجنوبية *ʔamrīkā -ljanūbīya^{t}* South America ▪ أمريكا الشمالية *ʔamrīkā -ššamālīya^{t}* North America ▪ أمريكا اللاتينية *ʔamrīkā -llātīnīya^{t}* Latin America ▪ أمريكا الوسطى *ʔamrīkā -lwusṭā* Central America

أمريكي *ʔamrīkī^{y}*, أمريكاني *ʔamrīkānī^{y} adj. & n.* • American

الأمريكان *alʔamrīkān pl. n.* • Americans

QI **أمرك** *ʔamraka v.tr.* |*11s(a)* يؤمرك *yuʔamrik^{u}* | أمركة *ʔamraka^{t}*| • Americanize

QII **تأمرك** *taʔamraka v.intr.* |*12s(a)* يتأمرك

yataʔamrakᵘ | تأمرك taʔamruk | • become Americanized

أمس ʔams n. **dip.** • yesterday ▪ أمس ʔamsⁱ, بالأمس bi-lʔamsⁱ, يوم أمس yawma ʔamsⁱ adv. yesterday ▪ أمس الأول ʔamsi -lʔawwalᵃ, أول أمس ʔawwalᵃ ʔamsⁱ, أول من أمس ʔawwalᵃ min ʔamsⁱ adv. the day before yesterday ▪ ليلة أمس laylatᵃ ʔamsⁱ adv. last night ▪ بالأمس القريب bi-lʔamsⁱ -lqarībⁱ adv. recently, not long ago

أمسية ʔumsīyaᵗ n. |pl. أمسيات ʔumsīyāt or **dip.**أماسي ʔamāsīʸ| • evening party, soiree

أمستردام ʔamsterdām n. **f. dip.** • *(capital of the Netherlands)* Amsterdam

أمل ʔamala v.tr. |*1s3(a)* يأمل yaʔmulᵘ | أمل ʔamal| • hope ▪ آمل ذلك. ʔāmulᵘ ḏālika I hope so. ▪ أمل أنْ ʔamala ʔan hope to *(do)*, hope that... ◊ آمل ألا تمطر. *I hope that it doesn't rain.* ◊ آمل أن أقيم في هذا الفندق مرة أخرى. *I hope to stay in this hotel again.* ◊ آمل أن تأتي إلى الحفلة. *I hope you'll come to the party.*

أمل ʔamal n.↑ |pl. آمال ʔāmāl| • hope

مأمول maʔmūl pass. part. adj. • hoped ▪ من المأمول أنْ minᵃ -lmaʔmūlⁱ ʔan it is hoped that...

V **تأمل** taʔammala v.intr. |*5s(a)* يتأمل yataʔammalᵘ | تأمل taʔammul| • contemplate في *or* بـ, ponder, meditate on

تأمل taʔammul n.↑ • contemplation, meditation

أم ʔumm n. **f.** |pl. أمهات ʔummahāt| • mother, mom ⓘ *Notice how the dual and plural are used for referring to two and three unrelated people's mothers:* ◊ *(dual)* أماهما ʔummāhumā *their mothers* ◊ *(plural)* أمهاتهم ʔummahātᵘhum *their mothers* ▪ أم لـ ʔumm li- a mother of ◊ أم لثلاثة أطفال *a mother of three* ▪ أم لؤلؤ ʔumm · luʔluʔ mother of pearl ▪ زوج أم zawj · ʔumm stepfather

أم درمان ʔumm · durmān n. **f.** • *(city in Sudan)* Omdurman ➡ **map on p. 151**

أم القيوين ʔumm · alquwwaynⁱ n. **f.** • *(city in the U.A.E.)* Umm al-Quwain ➡ **map on p. 15**

أمي ʔummīʸ adj. |elat. أكثر أمية ʔaktar ʔummīyaᵗᵃⁿ| • illiterate • maternal

أمية ʔummīyaᵗ n. • illteracy • motherhood

أمة ʔummaᵗ n. |pl. أمم ʔumam| • nation ▪ الأمم المتحدة alʔumam almuttaḥidaᵗ pl. n. the United Nations (the UN) • world, region ▪ الأمة الإسلامية alʔummaᵗ alʔislāmīyaᵗ the Muslim world ▪ الأمة العربية alʔummaᵗ alɛarabīyaᵗ the Arab world

أممي ʔumamīʸ adj. |elat. أكثر أممية ʔaktar ʔumamīyaᵗᵃⁿ| • global, universal • cosmopolitan • UN-

أمام ʔamām n. • front ▪ إلى الأمام ʔilā -lʔamāmⁱ adv. forward, ahead ▪ في الأمام fī -lʔamāmⁱ adv. in front

أمام ʔamāma prep. • in front of ◊ هناك سياج أمام بيتنا. *There's a fence in front of our house.* ▪ ليس أمامه إلا laysa ʔamāmahu ʔillā *(figuaratively)* only have __ ahead of *oneself* ◊ ليس أمامه إلا طريق واحد. *There's only one path ahead for him.* ▪ ليس أمامه إلا أنْ laysa ʔamāmahu ʔillā ʔan have no choice but to..., can only... ◊ ليس أمامها إلا إكمال ما بدأته. *She has no choice but to finish what she started.* ◊ ليس أمامهم إلا أن يقبلوا القرار. *They have no choice but to accept the decision.*

أمامي ʔamāmīʸ adj. • front-, fore- ▪ بوابة أمامية bawābaᵗ ʔamāmīyaᵗ n. front gate ▪ خط أمامي xaṭṭ ʔamāmīʸ n. front line

إمام ʔimām n. |pl. أئمة ʔaʔimmaᵗ| • imam

An imam leads prayer at a mosque.

أمومة ʔumūmaᵗ n. • maternity, motherhood

أمومي ʔumūmīʸ adj. |elat. أكثر أمومة ʔaktar ʔumūmīyaᵗᵃⁿ| • maternal

II **أمم** ʔammama v.tr. |*2s(a)* يؤمم yuʔammimᵘ | تأميم taʔmīm| • nationalize

تأميم taʔmīm n.↑ • nationalization

أمن v.intr. • ʔamina |*1s4(a)* يأمن yaʔmanᵘ | أمن ʔamn or أمان ʔamān| feel safe • ʔamuna |*1s6(a)* يأمن yaʔmunᵘ | أمانة ʔamānaᵗ| be faithful, be trustworthy

أمن ʔamn, أمان ʔamān n.↑ • security, safety ▪ رجل أمن rajul · ʔamn watchman, guard ▪ في أمان الله fī ʔamānⁱ -LLāhⁱ Goodbye! ▪ أمن قومي ʔamn qawmīʸ national security

أمني ʔamnīʸ adj. • security- ▪ فحص أمني faḥṣ ʔamnīʸ n. security check

أمانة *ʔamānaᵗ n.*↑ • faithfulness, integrity, loyalty, honesty • deposit, consignment ▪ خزانة أمانات *xizānat · ʔamānāt* (night) safe ▪ صندوق أمانات *ṣundūq · ʔamānāt* deposit box

آمن *ʔāmin act. part. adj.* |*elat.* أأمن *ʔaʔman*| • safe, secure

مأمون *maʔmūn pass. part. adj.* |*elat.* أأمن *ʔaʔman*| • safe, secure

أمين *ʔamīn* |*pl.* **dip.** أمناء *ʔumanāʔ*| • *adj.* |*elat.* أأمن *ʔaʔman*| safe, secure • *adj.* faithful, trustworthy, loyal, honest • *n.* trustee ▪ أمين عام *ʔamīn Ɛāmm* secretary general • *man's name* Amin ▪ أمينة *ʔamīnaᵗ* **dip.** *woman's name* Amina, Ameena

آمين *ʔāmīn interjection* • Amen!

II **أمّن** *ʔammana v.tr.* |*2s(a)* يؤمن *yuʔamminᵘ* | تأمين *taʔmīn*| • reassure *sb* ه *of* على, give assurance • insure

تأمين *taʔmīn n.*↑ • insurance, protection

إيمان *ʔīmān n.*↑ • faith, belief

IV **آمن** *ʔāmana v.intr.* |*4s(a)* يؤمن *yuʔminᵘ* | إيمان *ʔīmān*| • believe *in* بـ, have faith ▪ آمن بالله *ʔāmana bi-LLāhⁱ* believe in God

مؤمن *muʔmin act. part. n.* • believer

VIII **ائتمن** *iʔtamana v.tr.* |*8s(a)* يأتمن *yaʔtaminᵘ* | ائتمان *iʔtimān*| • entrust, credit

ائتمان *iʔtimān n.*↑ • credit ▪ بطاقة ائتمان *biṭāqat · iʔtimān* credit card

أموي *ʔumawīʸ adj.* |*m. pl.* أمية *ʔumayyaᵗ*| • Umayyad ▪ بنو أمية *banū · ʔumayyaᵗ n.* The Umayyads ▪ الخلافة الأموية *alxālifaᵗ alʔumawīyaᵗ n.* The Umayyad Caliphate ▪ الدولة الأموية *addawlaᵗ alʔumawīyaᵗ n.* The Ummayad Dynasty

أنني (أني) *ʔannanī (ʔannī)*	أننا (أنا) *ʔannanā (ʔannā)*	
أنك *ʔannaka*	أنكما *ʔannakumā*	أنكم *ʔannakum*
أنك *ʔannaki*		أنكن *ʔannakunna*
أنه *ʔannahu*	أنهما *ʔannahumā*	أنهم *ʔannahum*
أنها *ʔannahā*		أنهن *ʔannahunna*

أنّ *ʔanna conj.* [+ accusative noun or pronoun suffix] • that... ◊ أعتقد أنه جيد جدا. *I think it's really good.* ➡ ***table below left***

لأنّ *li-ʔanna conj.* • [+ accusative noun or pronoun suffix] because ◊ ذهبت إلى الطبيب لأني لا أشعر بخير. *I went to the doctor's because I don't feel well.* ➡ ***Inna and Her Sisters p. 18***

إن *ʔin(i) conj.* • [+ perfect] if ▪ إن شاء الله *ʔin šāʔa -LLāhᵘ* If God wishes!, God willing! ▪ ولئن *wa-laʔin*, لئن *laʔin* |< إن + لـ *la* + *ʔin*| if ◊ لئن لم تنته لأعاقبك. *If you don't stop, I will punish you.*; while, whereas ▪ (حتى) وإن *(ḥattā) wa-ʔin*, (و)حتى إن *(wa-)ḥattā ʔin* even if, even though ◊ سأحبك وإن لم تحبني. *I will love you even if you don't love me.* • *conj.* whether, if ◊ لا أعرف إن كنت في المكان الصحيح أم لا. *I didn't know whether I was in the right place or not.* • not ▪ إن هو إلا *ʔin huwa ʔillā one* is (nothing) but, *one* is no more than ◊ إن هي إلا مسألة وقت. *It was just a matter of time.*

إلا *ʔillā*, وإلا *wa-ʔillā conj.* |< لا + إن *ʔin(i)* + *lā*| • otherwise, if not ◊ أنه فروضك وإلا فأنت معاقب. *Finish your homework or you're grounded.* ➡ ***إلا ʔillā p. 12***

إنني (إني) *ʔinnanī (ʔinnī)*	إننا (إنا) *ʔinnanā (ʔinnā)*	
إنك *ʔinnaka*	إنكما *ʔinnakumā*	إنكم *ʔinnakum*
إنك *ʔinnaki*		إنكن *ʔinnakunna*
إنه *ʔinnahu*	إنهما *ʔinnahumā*	إنهم *ʔinnahum*
إنها *ʔinnahā*		إنهن *ʔinnahunna*

إنّ *ʔinna* • *conj.* [+ accusative noun or pronoun suffix] that... ▪ قال إن *qāla ʔinna* say that... ▪ إن وأخواتها *ʔinna wa-ʔaxawātᵘhā n. (grammar)* Inna and her sisters •إنه *ʔinnahu*, لـ إنه *ʔinnahu la- particle (usually untranslated in English)* truly, certainly ➡ ***table above***

إنما *ʔinnamā adv.* • only, just • however ▪ ... فقط، وإنما ... أيضا *... faqaṭ wa-ʔinnamā... ʔayḍan* [negative +] not only..., but also... ◊ ليس مفيدا فقط، وإنما مهما جدا أيضا. *It's not only useful, but*

also very important. ◊ هي مشكلة ليست في الغرب فقط، وإنما في جميع أنحاء العالم. *It's a problem not only in the West, but throughout the world.*

Inna and Her Sisters

These conjunctions (or 'accusative particles') require that the subject of the following clause be in the accusative case. In the absence of a noun subject, a pronoun suffix must be added to the conjunction.

أنّ *ʔanna* that...
إنّ *ʔinna* that...; truly
كأنّ *ka-ʔanna* as if
لأنّ *li-ʔanna* because
لعلّ *laɛalla* perhaps
لكنّ *lākinna* but
ليت *layta* I wish that...

أنْ *ʔan(i) conj.* • [+ subjunctive] that..., to *(do)* ◊ من الممكن أن يأتي. *It's possible that he'll come.* ◊ أريد أن أتزوج. *I want to get married.* ⓘ أنْ *ʔan is normally followed by a subjunctive verb but can be followed by a perfect-tense verb in some idiomatic structures:* ▪ سبق أنْ *sabaqa ʔan* [+ perfect] have *(done)* ◊ هل سبق أن قابلت أحد المشاهير؟ *Have you ever met anyone famous?* ▪ إلى أنْ *ʔilā ʔan conj.* [+ perfect or subjunctive] until ◊ انتظرت إلى أن انتهى من كلامه. *I waited until he was finished speaking.* ⓘ *In most situations,* أنْ *ʔan can be replaced by a definite masdar.* ➡ **p. xii**⑧

ألا *ʔallā,* أنْ لا *ʔan lā conj.* [+ subjunctive] • that... not ◊ من الممكن ألا يأتي. *It's possible that he won't come.* ◊ أطلب ألا تفعل ذلك. *I ask you not to do that.*

لأنْ *li-ʔan conj.* [+ subjunctive] • in order to *(do)*, so that... ◊ حان الوقت لأن يتغير العالم. *The time has come for the world to change.*

لئلا *li-ʔallā conj.* [+ subjunctive] • in order not to *(do)*, so as not to *(do)*, lest ◊ أراجع الدرس لئلا أنسى. *I'm reviewing the lesson so that I don't forget.*

أما *ʔammā particle* |< أن + ما *ʔan + mā*| • أما ___ فـ... *ʔammā ___fa-... (often untranslated)* as for ___, as far as ___ is concerned ◊ أما أنا فلا يفهمني أحد. *As far as I'm concerned, no one understands me.* ◊ أما الآن فأنا لا أعمل. *As for now, I'm not working.* ▪ أما و(قد) *ʔammā wa-(qad)* since, now that ◊ كنت أشعر بالقلق. أما وقد رأيتك فقد اطمأننت *I was worried. But now that I've seen you, I feel better.*

أنا *ʔana sing.* ***m. f.*** *first-person personal pronoun* • I ◊ أنا الذي فعلته. *I'm the one who did it.* ⓘ *Notice that the final vowel in* أنا *ʔana is pronounced short even though it is spelled with alif.*

أناني *ʔanānīʸ* • *adj.* |*elat.* أكثر أنانية *ʔaktar ʔanānīyaᵗᵃⁿ*| egotistic, self-centered, selfish ▪ غير أناني *ɣayr · ʔanānīʸ* selfless • *n.* egotist

أنانية *ʔanānīyaᵗ n.* • egotism, selfishness

أناناس *ʔanānās n.* ***invar.*** • pineapple

II **أنب** *ʔannaba v.tr.* |*2s(a)* يؤنب *yuʔannibᵘ* | تأنيب *taʔnīb*| • scold, berate, rebuke

أنتَ *ʔanta sing.* ***m.*** *second-person personal pronoun* • you

أنتِ *ʔanti sing.* ***f.*** *second-person personal pronoun* • you

أنتم *ʔantum(u) plural* ***m.*** *second-person personal pronoun* • you ⓘ أنتم *ʔantum can also be used to show deference to an individual in very formal situations:* ◊ وأنتم، السيد الرئيس؟ *And you, Mr. President?*

أنتما *ʔantumā dual* ***m. f.*** *second-person personal pronoun* • you, you two

أنتن *ʔantunna plural* ***f.*** *second-person personal pronoun* • you

أنتاركتيكا *ʔantārktīkā n.* ***f. invar.*** • Antarctica

إنترنت *ʔinternet n.* ***invar.*** • internet, web ▪ الإنترنت *alʔinternet* the internet ▪ على الإنترنت *ɛalā -lʔinternet adv.* on the internet, online ▪ موقع إنترنت *mawqiɛ · ʔinternet* website ▪ متصل بالإنترنت *muttaṣil bi-lʔinternet adj.* online

أنثى *ʔuntā n.* ***f. invar.*** |*pl.* إناث *ʔināt* or ***invar.***أناثى *ʔanātā*| • female

أنثوي *ʔuntawīʸ adj.* • female

أنوثة *ʔunūtaᵗ n.* • femininity

II **أنث** *ʔannata v.tr.* |*2s(a)* يؤنث *yuʔannitᵘ* | تأنيث *taʔnīt*| • *(grammar)* make feminine

مؤنث *muʔannat pass. part. adj.* |*elat.* أكثر تأنثا *ʔaktar taʔannutan*| • *(grammar)* feminine

إنجلترا *ʔingilterā, also spelled* إنكلترا *ʔingilterā n.* ***f. invar.*** • England

إنجليزي *ʔingilīzīʸ, also spelled* إنكليزي *ʔingilīzīʸ* |*pl.* إنجليز *ʔingilīz , also spelled* إنكليز *ʔingilīz*| • *adj.* English ▪ اللغة الإنجليزية *alluɣaᵗ alʔingilīzīyaᵗ n. (language)* English ▪ مفتاح إنجليزي *miftāḥ · ʔingilīzīʸ n.* wrench (UK: spanner) • *n.* English person, Englishman

إنجليزية *ʔingilīzīyaᵗ, also spelled* إنكليزية *ʔingilīzīyaᵗ*

• *n.* Englishwoman

إنجيل *ʔinjīl n.* |*pl.* **dip.** أناجيل *ʔanājīl*| • gospel

الأندلس *alʔandalus n.* ***f.*** • Al-Andalus (Islamic Iberia)

أندلسي *ʔandalusīy adj.* • Andalusian

إندونيسيا *ʔindūnīsiyā n.* ***f. invar.*** • Indonesia

إندونيسي *ʔindūnīsīy adj. & n.* • Indonesian

آنسة *ʔānisat n.* |*pl.* آنسات *ʔānisāt* or **dip.** أوانس *ʔawānis*| • miss, young lady ⓘ *Titles in Arabic can be followed by a person's first name or last name:* ▪ __ الآنسة *alʔānisat* __ *(talking about)* Miss __ ◊ من أين الآنسة زينب؟ *Where is Miss Zaynab from?* ▪ __ يا آنسة *yā ʔānisatu* __ *(talking to)* Miss __ ◊ كيف حالك، يا آنسة منصور؟ *How are you, Miss Mansour?*

إنسان *ʔinsān n.* |*pl.* ناس *nās*| • person, human ▪ إنسان عين *ʔinsān · Ɛayn (eye)* pupil ▪ الإنسان عبد الإحسان. *alʔinsānu Ɛabdu -lʔiħsāni proverb* Man is a slave of his good deeds. ▪ الناس أعداء ما جهلوا. *annāsu ʔaƐdāʔu mā jahilū proverb* People are enemies of the things they do not know. ⓘ *The plural* ناس *nās can take a singular feminine or plural masculine verb.*

إنساني *ʔinsānīy adj.* |*elat.* أكثر إنسانية *ʔaktar ʔinsānīyatan*| • human • humane, humanitarian ▪ غير إنساني *ɣayr · ʔinsānīy* inhumane

إنسانية *ʔinsānīyat n.* • humanity, humankind • humaneness, humanitarianism

نساء *nisāʔ plural* ***f.*** |*sing.* امرأة *imraʔat*| • women

نسائي *nisāʔīy adj.* • women's, for women ◊ ملابس نسائية *women's clothing* ◊ حلاق نسائي *hairdresser for women*

إنسولين *ʔinsūlīn n.* • insulin

أنغولا *ʔanɣōlā n.* ***f. invar.*** • Angola

أنغولي *ʔanɣōlīy adj. & n.* • Angolan

أنف *ʔanifa v.tr.* |*1s4(a)* يأنف *yanʔafu* | أنفة *ʔanafat*| • disdain, sneer *at*, regard with contempt

أنف *ʔanf n.* |*pl.* أنوف *ʔunūf*| • nose

أنفي *ʔanfīy adj.* • nasal

X **استأنف** *istaʔnafa v.tr.* |*10s(a)* يستأنف *yastaʔnifu* | استئناف *istiʔnāf*| • resume ▪ استأنف اجتماعا *istaʔnafa ijtimāƐan* resume a meeting • appeal ▪ استأنف حكما *istaʔnafa ħukman* appeal a judgment

استئناف *istiʔnāf n.*↑ • resumption • appeal

إنفلونزا *ʔinfluwanzā n.* ***invar.*** • influenza, flu ▪ إنفلونزا الخنازير *ʔinfluwanzā · -lxanāzīr* swine flu ▪ إنفلونزا الطيور *ʔinfluwanzā · -ṭṭuyūr* bird flu

أناقة *ʔanāqat n.* • elegance

أنيق *ʔanīq adj.* |*m. pl.* **dip.** أنقاء *ʔunaqāʔ* | *elat.* أكثر أناقة *ʔaktar ʔanāqatan*| • stylish, elegant

أنقرة *ʔanqarat n.* **dip.** • *(capital of Turkey)* Ankara

إنكلترا *ʔingilterā n.* ***f. invar.*** • England ➡ إنجلترا ***p. 18***

إنكليزي *ʔingilīzīy adj.* • English ➡ إنجليزي ***p. 18***

أن *ʔanna v.intr.* |*1g2(a)* يئن *yaʔinnu* | أنين *ʔanīn*| • moan

أنين *ʔanīn n.*↑ • moan

إناء *ʔināʔ n.* |*pl.* **def.** أوان *ʔawān(in)* or آنية *ʔānīyat*| • container, jar

V **تأنى** *taʔannā v.intr.* |*5d(a)* يتأنى *yataʔannā* | تأن *taʔann(in)*| • take *one's* time *with* في, *(do)* at a leisurely pace ◊ عليك أن تتأنى في النظر في الأمر. *You should take the time to look at the issue.* ▪ من تأنى أدرك ما تمنى. *man taʔannā ʔadraka mā tamannā proverb* He who takes his time (moves cautiously) will reach his goal.

ـاه *-āh suffix* • *(used for calling out for help in a dramatic manner)* oh __! ⓘ *This is often preceded by* يا *yā or* وا *wā:* ◊ وا أحمداه! *wā ʔaħmadāh Oh Ahmad!* ▪ رباه *rabbāh* Oh Lord! ▪ أبتاه *ʔabtāh* Oh father! ▪ أماه *ʔummāh* Oh mother!

آه *ʔāh interjection* • oh, ah

II **أهب** *ʔahhaba v.tr.* |*2s(a)* يؤهب *yuʔahhibu* | تأهيب *taʔhīb*| • make ready *for* لـ, prepare

V **تأهب** *taʔahhaba v.intr.* |*5s(a)* يتأهب *yataʔahhabu* | تأهب *taʔahhub*| • be ready *for* لـ, be prepared

متأهب *mutaʔahhib act. part. adj.* |*elat.* أكثر تأهبا *ʔaktar taʔahhuban*| • ready *for* لـ

أهل *ʔahl n.* |*pl.* **def.** أهال *ʔahāl(in)*| • relatives, kin, folk, family • *(belonging to a group)* [+ definite genitive noun] people of __, __ people, inhabitants of __, adherents of __ ◊ أهل نيويرك *New Yorkers* ▪ أهل السنة (والجماعة) *ʔahl · assunnati (wa-ljamāƐati) n.* Sunnis ▪ أهل الكتاب *ʔahl · alkitābi* people of the Book (Christians and Jews)

أهلا *ʔahlan interjection* • Hello! ▪ أهلا وسهلا *ʔahlan wasahlan* Welcome! ▪ أهلا بك *ʔahlan bi-ka* Welcome!

أهلي *ʔahlīy adj.* • family-, domestic, civil • national, domestic ▪ حرب أهلية *ħarb ʔahlīyat n.* ***f.*** civil war

أهلية *ʔahlīyat n.* • capacity, competence, aptitude ▪ كامل الأهلية *kāmil · alʔahlīyati adj.* competent ▪ عديم الأهلية *Ɛadīm · alʔahlīyati adj.*

incompetent

II **أهل** *ʔahhala v.tr.* |*2s(a)* يؤهل *yuʔahhilᵘ* | تأهيل *taʔhīl*| • qualify *sb* ه *for* لـ

تأهيل *taʔhīl n.*↑ • qualification, certification, training

مؤهلات *muʔahhilāt act. part. pl. n.* • qualifications, credentials

مؤهل *muʔahhal pass. part. adj.* |*elat.* أكثر تأهلا *ʔaktar taʔahhulan*| • qualified *for/to* لـ, eligible, competent, fit, suited

V **تأهل** *taʔahhala v.intr.* |*5s(a)* يتأهل *yataʔahhalᵘ* | تأهل *taʔahhul*| • be qualified *for* لـ, be suited, be fit

X **استأهل** *istaʔhala v.tr.* |*10s(a)* يستأهل *yastaʔhilᵘ* | استئهال *istiʔhāl*| • be worthy *of* , deserve

مستأهل *mustaʔhil act. part. adj.* • worthy, deserving

أو *ʔaw(i) conj.* • or; [negative +] nor ◊ لا يريد طعاما أو شرابا. *He wants neither food nor drink.*

➡ ***compare with*** أم ***ʔam p. 14***

آب *ʔāba v.intr.* |*1h3(a)* يؤوب *yaʔūbᵘ* | إياب *ʔiyāb*| • return, go back, come back

إياب *ʔiyāb n.*↑ • return ▪ تذكرة ذهاب وإياب *taḏkirat · ḏahāb wa-ʔiyāb* round-trip ticket ▪ ذهابا وإيابا *ḏahāban wa-ʔiyāban adv.* there and back, to and fro

أوبرا *ʔōberā n.* ***f. invar.*** • opera

أوبك *ōpek*, منظمة الدول المصدرة للبترول *munaẓẓamat · adduwalⁱ -lmuṣaddiratⁱ li-lbetrōlⁱ n.* • OPEC (Organization of the Petroleum Exporting Countries)

أوتوبيس *ʔotobīs n.* • bus

أوتوستراد *ʔōtōstrād n.* • expressway (UK: motorway), freeway, interstate

أوتوماتيكي *otomātīkīʸ adj.* • automatic

أورانوس *ʔūrānūs n.* • *(planet)* Uranus

أوركسترا *ʔorkestrā n.* ***f. invar.*** • orchestra

أوروبا *ʔūrūbbā* or *ʔūrūbā n.* ***f. invar.*** • Europe

أوروبي *ʔūrūb(b)īʸ adj. & n.* • European

إوز *ʔiwazz coll. n.* |*sing.* إوزة *ʔiwazzaᵗ*| • geese

أوساكا *ʔōsākā n.* ***f. invar.*** • *(city in Japan)* Osaka

أوسلو *ʔōslō n.* ***f. invar.*** • *(capital of Norway)* Oslo

أوغندا *ʔūɣandā n.* ***f. invar.*** • Uganda

أوغندي *ʔūɣandīʸ adj. & n.* • Ugandan

آفة *ʔāfaᵗ n.* • disease, affliction, malady, lesion ▪ آفة العلم النسيان. *ʔāfatᵘ -lɛilmⁱ -nnisyānᵘ proverb* Knowledge is afflicted by forgetfulness. ▪ آفة الحديث الكذب. *ʔāfatᵘ -lḥadīṯⁱ -kiḏbᵘ proverb* Communication is afflicted by lies.

أوف *ʔūff interjection* • *(annoyance)* Argh!

أوكازيون *ʔōkāzyōn n.* • sale

أوكرانيا *ʔūkrāniyā n.* ***f. invar.*** • Ukraine

أوكراني *ʔūkrānīʸ adj. & n.* • Ukrainian

أوكي *ʔokay interjection* • okay, OK

آل *ʔāl n.* • family, house, clan ▪ آل سعود *ʔāl · saʕūd* the House of Saud (ruling family of Saudi Arabia) ▪ آل صباح *ʔāl · ṣabāḥ* The House of Sabah (ruling family of Kuwait)

آلة *ʔālaᵗ n.* • machine, device, tool, instrument ▪ آلة تصوير (رقمية) *ʔālat · taṣwīr (raqmīyaᵗ)* (digital) camera ▪ آلة موسيقية *ʔālaᵗ mūsīqīyaᵗ* musical instrument ▪ اسم آلة *ism · ʔālaᵗ* *(grammar)* noun of instrument

آلي *ʔālīʸ adj.* • mechanical, automatic

آلية *ʔālīyaᵗ n.* • mechanism

أول *ʔawwal* ***dip.*** • *n.* |*pl.* ***dip.*** أوائل *ʔawāʔil*| *(often plural)* [+ definite genitive noun] beginning, early part ◊ في أول الخمسينات *at the beginning of the fifties* ◊ في أوائل القرن العشرين *in the early twentieth century* ▪ في أوائل الشهر *fī ʔawāʔilⁱ -ššahrⁱ adv.* at the beginning of the month ▪ أول الغضب جنون وآخره ندم. *ʔawwalᵘ -lɣaḍabⁱ junūnᵘⁿ wa-ʔāxiruʰhᵘ nadamᵘⁿ proverb* A rage begins with frenzy and ends in remorse.; *n.* [+ genitive indefinite (masculine or feminine) noun or pronoun suffix] first ▪ لأول مرة *li-ʔawwalⁱ marraᵗⁱⁿ* the first time ▪ من أوائل __ *min ʔawāʔilⁱ* __ [+ definite genitive plural noun] one of the first __, one of the top __ ◊ هو من أوائل الناس الذين... *he was one of the first people to...* • *adj.* |*f. sing.* ***invar.*** أولى *ʔūlā* | *m & f pl.* ***dip.*** أوائل *ʔawāʔil*| first ◊ المسلمون الأوائل *the first Muslims* ◊ اللاعبين الثلاثة الأوائل *the first three players* ▪ للمرة الأولى *li-lmarraᵗⁱ -lʔūlā adv.* for the first time ▪ أولا *ʔawwalan adv.* firstly, first of all, first

أول *ʔawwala prep.* • before ▪ أول الأمر *ʔawwala -lʔamrⁱ adv.* at first, in the beginning ◊ لم أكن سعيدا بالوظيفة أول الأمر. *I wasn't happy with the job at first.* ▪ أول أمس *ʔawwala ʔamsⁱ*, أول من أمس *ʔawwala min ʔamsⁱ adv.* the day before yesterday ▪ أول ما *ʔawwala mā conj.* as soon as

أولي *ʔawwalīʸ adj.* • primary, chief, main, principal

أولية *ʔawwalīyaᵗ*, أولوية *ʔawlawīyaᵗ n.* • priority

أولوية *ʔawlawīyaᵗ n.* • priority

أيل *ʔayyil n.* |*pl.* ***dip.*** أيائل *ʔayāʔil*| • deer

أولئك *ʔūlāʔika plural* ***m. f.*** *demonstrative* • those ◊ [+ animate indefinite plural noun] **أولئك** مدرسون. *Those are teachers.* ◊ أولئك بنات. *Those are girls.* ◊ [+ animate plural noun with definite article] أولئك الرجال *those men* ◊ أولئك البنات *those girls* ▪ أولئك هم *ʔūlāʔika hum* Those are (the) __ ◊ [+ animate plural noun with definite article] أولئك هم المدرسون الذين أخبرتك عنهم. *Those are the teachers I told you about.* ⓘ *Notice that the long ā of* أولئك *ʔūlāʔika is unwritten.* ⓘ *Demonstratives cannot precede an idafa construction. When* أولئك *ʔūlāʔika modifies the first term of an idafa construction, it must follow the entire construction:* ◊ رجال الأعمال أولئك *those businessmen* ⓘ *When modifying the second term of an idafa construction, it precedes the second term:* ◊ مدرسة أولئك الطلاب *those students' school* ➡ ***That and Those p. 111***

أولمبياد *ʔolimbiyād n.* • the Olympics

أولمبي *ʔolimbīʸ* • *adj.* Olympic ▪ الألعاب الأولمبية *alʔalƐāb alʔolimbīyaᵗ pl. n.* the Olympic Games, the Olympics • *n.* Olympian

آن *ʔāna v.intr.* |***1h3(a)*** يؤون *yaʔūnᵘ* | أون *ʔūn*| • *(time)* approach, arrive ▪ آن الأوان لـ *ʔāna alʔawānᵘ li-* the time has come for/to...

آن *ʔān n.* • moment ▪ الآن *alʔānᵃ adv.* now ▪ بعد الآن *baƐda -lʔānⁱ adv.* from now on, in the future ▪ حتى الآن *ḥattā -lʔānⁱ adv.* so far, until now ▪ في آن *fī ʔānⁱⁿ adv.* simultaneously, at the same time ▪ من الآن *minᵃ -lʔānⁱ adv.* [time +] from now ◊ سنوات من الآن *years from now* ▪ من الآن فصاعدا *minᵃ -lʔānⁱ faṣāƐidan adv.* from now on ▪ قبل الآن *qabla -lʔānⁱ adv.* formerly, previously

آني *ʔānīʸ adj.* • instant, immediate • present, current

آنذاك *ʔānaḏāka*, آنئذ *ʔānaʔiḏⁱⁿ adv.* • that day, at that time • in those days

أوان *ʔawān n.* |*pl.* آونة *ʔāwinaᵗ*| • time ▪ آن الأوان لـ *ʔāna alʔawānᵘ li- v.* the time has come for/to... ▪ بين الآونة والأخرى *bayna -lʔāwinaᵗⁱ wa-lʔuxrā adv.* from time to time, at times, sometimes ▪ سابق لأوانه *sābiq li-ʔawānⁱhi adj.* premature ▪ فات الأوان *fāta alʔawānᵘ v.* it is too late ▪ في الآونة الأخيرة *fī -lʔāwinaᵗⁱ -lʔaxīraᵗⁱ adv.* recently, lately ▪ في سالف العصر والأوان *fī sālifⁱ -lƐaṣrⁱ wa-lʔawānⁱ adv.* long ago, in the olden days

أونس *ʔawns n.* ***invar.*** • ounce

آه *ʔāh interjection* • *(surprise)* ah!, oh! • *(pain)* ouch!, ow!

آهة *ʔāhaᵗ n.* • sigh, moan

أوه *awwah interjection* • oh!, ah!

II **أوه** *ʔawwaha v.intr.* |***2s(a)*** يؤوه *yuʔawwihᵘ* | تأويه *taʔwīh*| • sigh, moan

V **تأوه** *taʔawwaha v.intr.* |***5s(a)*** يتأوه *yataʔawwahᵘ* | تأوه *taʔawwuh*| • sigh, moan

أوى *ʔawā v.intr.* |***1d2(a)*** يأوي *yaʔwī* | إيواء *ʔīwāʔ*| • take shelter *at/in* إلى • head toward ▪ أوى إلى الفراش *ʔawā ʔilā -lfirāšⁱ*, أوى إلى السرير *ʔawā ʔilā -ssarīrⁱ* go to bed

مأوى *maʔw(an) n.* ***indecl.*** |*dual* مأويان *maʔwayānⁱ* | *pl.* ***def.*** مآو *maʔāw(in)*| • shelter, accommodation

II **أوى** *ʔawwā v.tr.* |***2d(a)*** يؤوي *yuʔawwī* | تأوية *taʔwiyaᵗ*| • shelter, put up, accommodate

IV **آوى** *ʔāwā v.tr.* |***4d(a)*** يؤوي *yuʔwī* | إيواء *ʔīwāʔ*| • shelter, put up, accommodate

أي *ʔayⁱ particle* • namely, that is, i.e. ◊ بعد الساعة الثانية عشر مساء أي بعد منتصف الليل *after 12 a.m., that is, after midnight* ◊ عائلتي أي أمي وأبي *my family, namely my mom and dad*

أي *ʔayy pronoun* |*f.* أية *ʔayyaᵗ*| • *interrogative* [+ indefinite genitive singular noun] which ◊ أي ولد؟ *which boy?* ◊ أية بنت؟ *which girl?* ▪ أي (من) __ *ʔayy (min)* __ [+ definite genitive plural noun or pronoun suffix] which of (the) __ ◊ أي (من) الكتب؟ *which one of the books?* ◊ أيها؟ *which one of them?* • any ▪ أي شيء *ʔayy šayʔⁱⁿ n.* anything ▪ أي واحد *ʔayy wāḥidⁱⁿ*, أي شخص *ʔayy šaxṣⁱⁿ n.* anybody, anyone ▪ على أي حال *Ɛalā ʔayyⁱ ḥālⁱⁿ adv.* anyhow, in any case ▪ في أي مكان *fī ʔayyⁱ makānⁱⁿ adv.* anywhere ▪ في أي وقت *fī ʔayyⁱ waqtⁱⁿ adv.* (at) any time ▪ أي *ʔayyᵃ* [+ indefinite genitive noun] What (a)...! ◊ أي شرير أنت *What a naughty devil you are!* ▪ أيا كان *ʔayyan kāna* whatever... (may be); whoever... (may be) ▪ أيما *ʔayyᵘmā* [+ perfect] whichever, whatever ◊ أيما اخترت *whatever you choose*; [+ noun in same case] whichever ▪ أيما *ʔayyamā* [+ indefinite genitive masdar] *(for emphasis)* very much ▪ ابتهج أيما ابتهاج *ibtahaja ʔayyamā -btihājⁱⁿ v.* be very delighted ▪ يسرني أيما سرور أن *yasurrᵘnī ʔayyamā surūrⁱⁿ ʔan v.* I'm very pleased to *(do)* ▪ رحب أيما ترحيب بـ *raḥḥaba ʔayyamā tarḥībⁱⁿ bi- v.* welcome warmly ⓘ *The masculine form can precede a masculine or feminine noun. It can also precede a plural* *masculine or feminine pronoun suffix:* ◊ أي رجل؟ *which man?* ◊ أي مدينة؟ *which city?* ◊ أيهم؟ *which one of them?* ◊ أيهن؟ *which one of them?* ⓘ *The feminine form can only precede a feminine noun, not a pronoun:* ◊ أية مدينة؟ *which city?*

آية *ʔāyaᵗ n.* • *(Quran)* verse • sign, indication, miracle ▪ آية الله *ʔāyat · aLLāhⁱ* Ayatollah (Shi'a cleric)

إيا *ʔiyyā particle* • *(untranslated)* [verb + pronoun suffix (indirect object) + إيا *ʔiyyā* + pronoun suffix (direct object)] ◊ أعطاني إياه. *He gave me it.* ◊ سألتك إياه مرتين. *She asked you it twice.* ◊ سيهدينا إياها. *He'll send them to us.* ⓘ *A verb cannot take two pronoun suffixes. If both the direct and indirect objects of a verb are pronouns, the direct object is suffixed to* إيا *ʔiyyā. If either of the objects is a noun,* إيا *ʔiyyā is not required. Compare:* ◊ أعطيت لأحمد الهدية. *I gave Ahmad the present.* ◊ أعطيته الهدية. *I gave him the present.* ◊ أعطيتها لأحمد. *I gave it to Ahmad.* ◊ أعطيته إياها. *I gave him it. / I gave it to him.* ▪ وإياه *wa-ʔiyyāhu* together with sb ◊ أنا وإياهم *I together with them* • إياك (و) *ʔiyyā(ka) (wa)*, إياك من *ʔiyyāka min* beware of ◊ إياك والاقتراب منه. *Beware of getting to close to it.* ▪ إياك أن *ʔiyyāka ʔan* take care not to ◊ إياك أن تنسى ما قلت لك. *Take care not to forget what I told you.*

آيباد *ʔāypād n.* ***invar.*** • iPad™

II **أيد** *ʔayyada v.intr.* |*2s(a)* يؤيد *yuʔayyidᵘ* | تأييد *taʔyīd*| • support, stand up for, back up, advocate • corroborate, confirm

تأييد *taʔyīd n.*↑ • support, advocacy • corroboration, confirmation

مؤيد *muʔayyid act. part. n.* • supporter, advocate

أيدز *ʔaydz n.* • AIDS

أيار *ʔayyār n.* ***dip.*** • *(month)* May ➡ ***The Months p. 165***

إيران *ʔīrān n.* ***f. dip.*** • Iran

إيراني *ʔīrānīʸ adj. & n.* • Iranian

إيرلندا *ʔīrlandā*, أيرلندا *ʔayrlandā n.* ***f. invar.*** • Ireland

إيرلندي *ʔīrlandīʸ*, أيرلندي *ʔayrlandīʸ* • *adj.* Irish • *n.* Irishman

إيرلندية *ʔīrlandīyaᵗ*, أيرلندية *ʔayrlandīyaᵗ n.* • Irishwoman

آيس كريم *ʔāys krīm n.* • ice cream

آيسلندا *ʔāyslandā n.* ***f. invar.*** • Iceland

آيسلندي *ʔāyslandīʸ* • *adj.* Icelandic • *n.* Icelander

الإيسيسكو *alʔaysīskō n.* • ISESCO (Islamic Educational, Scientific and Cultural Organization)

أيضا *ʔayḍan adv.* • also, too, as well

إيطاليا *ʔīṭāliyā n.* ***f. invar.*** • Italy

إيطالي *ʔīṭālīʸ adj. & n.* • Italian

آيفون *ʔāyfōn n.* ***invar.*** • iPhone™

أيلول *ʔaylūl n.* ***dip.*** • September ➡ ***The Months p. 165***

إيميل *ʔīmayl n.* • e-mail

أين *ʔayna adv.* • *interrogative* where? ◊ أين تعيشون أنتم؟ *Where do you live?* ◊ أين تذهب؟ *Where are you going?* ▪ إلى أين *ʔilā ʔayna* where to? ◊ إلى أين تتجه الدولة؟ *Where is the country headed for?* ▪ من أين *min ʔayna* where from? ◊ من أين جاء ذلك الرجل؟ *Where did that man come from?* ▪ من أين له بـ *min ʔayna lahu bi-* where can one get...? ◊ من أين لي بدواء بالقرب من هنا؟ *Where can I get medicine around here?* ◊ من أين لك ذلك؟ *Where did you get that?* • *conj.* where ◊ لا أعرف أين يعيش. *I don't know where he lives.*

أينما *ʔaynamā conj.* [+ perfect] • wherever ◊ أينما ذهبت تجد الفوضى. *Wherever you go, you find chaos.* ◊ كان يقابلها أينما ذهب. *He saw her wherever he went.*

أيها *ʔayyuhā*, يا أيها *yā ʔayyuhā particle* |*f.* أيتها *ʔayyatuhā*| [+ nominative noun with definite article] • *(usually untranslated)* ◊ أيها السادة والسيدات! *Ladies and gentlemen!* ◊ لماذا تريد أن تفعل هذا أيها الأحمق؟ *Why do you want to do that, stupid?* ◊ أيها الإله! *O God!* ◊ شكراً أيتها الجميلة! *Thank you, beautiful!* ⓘ أيها *ʔiyyā is a vocative particle, used to address people. It agrees in gender with the following word. It is not used with names.* ➡ ***compare with*** **يا** ***yā p. 341***

الكوت *alkūt n.* ***f.*** • *(city in Iraq)* Kut ➡ ***map on p. 202***

ب

ب **bāʔ** *n.* ***f.*** |باء| • *(second letter of the Arabic alphabet)* • *(numerical value)* 2 • *(point of information)* B.,II. ➡ ***The Abjad Numerals p. 61***

بـ *bi- prep. prefix* • in, at ➡ ***table on the right; compare with*** **في** ***fī* p. 239** ◊ .يعيشون بالقاهرة *They live in Cairo.* ◊ من بالباب؟ *Who's at the door?* ▪ بالعربية *bi-lƐarabīya^u adv.* in Arabic ▪ بالليل *bi-llayl^i adv.* at night • by, with ◊ بالقطار *by train* ◊ .كتب رسالة بالقلم *He wrote a letter by hand.* • *(untranslated; prefixed to direct object in some instances)* ◊ .تعلم بكل هذا *You know all this.* • because of ▪ بذلك *bi-đālika adv.* because of that • with, having, in ◊ .أريد غرفة بسريرين *I want a room with two beds.* ◊ بملابس السباحة *dressed in swimwear* • *(with passive verbs and participles)* by • *(forms adverbs)* -ly, in, with ◊ ببطء *slowly* ◊ بخوف *in fear* ◊ بصعوبة *with difficulty* • [verb of motion +] take, bring ▪ جاء بـ *jāʔa bi- v.* bring

بأن *bi-ʔan* [+ subjunctive] • by *(do)*ing ◊ "أحيانا يساعدنا الآخرون بأن يكونوا في حياتنا فحسب." (أحمد خالد توفيق) *"Sometimes others help us just by being in our lives." (Ahmed Khaled Tawfik, Egyptian writer)*

بلا *bi-lā*, بدون *bi-dūna prep.* • without ▪ بلا تردد *bi-lā taraddud^in* without hesitation ▪ بلا جدوى *bi-lā jadwā adv.* worthless, useless, of no use; in vain ▪ بلا شك *bi-lā šakk^in*, بلا ريب *bi-lā rayb^in adv.* without a doubt, definitely, undoubtedly ▪ بلا عقاب *bi-lāa Ɛiqāb^in adv.* unpunished

بما *bi-mā conj.* • with what, in what ◊ أنا فخور بما فعلت؟ *I'm proud of what I did.* ▪ بما أنّ *bi-mā ʔanna conj.* since, because, in view of the fact that... ◊ .بما أنك أنت مشغول سأفعله أنا *Since you are busy, I'll do it.* ▪ بما فيها *bi-mā fīhā*, بما في ذلك *bi-mā fī đālika* including ◊ هناك مشاكل كثيرة، بما في ذلك التلوث وزحام السيارات. *There are many problems, including pollution and traffic.*

بؤبؤ *buʔbuʔ n.* |*pl.* **dip.** بآبئ *baʔābiʔ*| • *(eye)* pupil

بئر *biʔr n.* ***f.*** |*pl.* آبار *ʔābār*| • well, spring ▪ بئر نفطية *biʔr · nafṭīya^t* oil well

بؤرة *buʔra^t n.* |*pl.* بؤر *buʔar*| • focus, focal point ▪ نظارة ثنائية البؤرة *naẓāra^t tunāʔīyat · albuʔra^ti* bifocals, bifocal glasses

بي *bī*	بنا *binā*	
بك *bika*	بكما *bikumā*	بكم *bikum*
بك *biki*		بكن *bikunna*
به *bihi*	بهما *bihimā*	بهم *bihim*
بها *bihā*		بهن *bihinna*

بئس *baʔisa v.intr.* |1s4(b) يبأس *yabʔas^u* | بؤس *buʔs*| • become miserable

بؤس *baʔusa v.intr.* |1s6(b) يبؤس *yabʔus^u* | بأس *baʔs*| • be brave, be strong

بأس *baʔs n.*↑ |*pl.* أبؤس *ʔabʔus*| • bravery, strength • damage, harm ▪ لا بأس *lā baʔs^a* Not bad!; Never mind!, It doesn't matter! • dread, fear

بؤس *buʔs n.*↑ • misery

بائس *bāʔis act. part. adj.* |*m. pl.* **dip.** بؤساء *buʔasāʔ* | *elat.* أكثر بؤسا *ʔaktar buʔsan*| • miserable

بئس *biʔsa interjection* • [+ definite nominative noun] what a horrible...! ◊ !بئس الرجال أنتم *What horrible men you are!* ◊ !بئس الكذب *What a horrible lie!* ▪ بئس ما *biʔsa mā* it is horrible what... ◊ !بئس ما قلت *That's a horrible thing to say!* ◊ ألا بئس ما نفعل؟ *Isn't what we're doing horrible?*

بنات بئس *banāt · biʔs pl. n.* • adversities, misfortunes

باء *bāʔ n.* ***f.*** ➡ ب ***above***

بابا *bābā n.* **invar.** |*pl.* بابوات *bābawāt* or باباوات *bābāwāt*| • pope

بابوي *bābawīʸ adj.* • papal

بابل *bābil n.* ***f.*** **dip.** • Babylon

باتنة *bātna^t n.* **dip.** • *(city in Algeria)* Batna ➡ ***map on p. 57***

باذنجان *bāđinjān coll. n.* |*sing.* باذنجانة *bāđinjāna^t*|

• eggplants (UK: aubergines)

بار *bār n.* • bar (UK: pub)

بارود *bārūd n.* • gunpowder

بارودة *bārūdaᵗ n.* |*pl.* **dip.** بواريد *bawārīd*| • rifle

باروكة *bārūkaᵗ n.* |*pl.* **dip.** بواريك *bawārīk*| • wig

باريس *bārīs n.* **f. dip.** • *(capital of France)* Paris

باستا *bāstā n.* **invar.** • pasta

باشا *bāšā n.* **invar.** |*pl.* باشاوات *bāšāwāt*| • pasha

باص *bāṣ n.* • bus

باكستان *bākistān n.* **f. invar.** • Pakistan

باكستاني *bākistānīʸ adj. & n.* • Pakistani

بالون *bālūn n.* • balloon

باليه *bālayh n.* • ballet ▪ راقص باليه *rāqis · bālayh* danseur ▪ راقصة باليه *rāqiṣat · bālayh* ballerina

بامية *bāmiyaᵗ n.* • okra

بانجو *bāngo n.* • banjo • marijuana, cannabis

بانكوك *bānkōk n.* **f. invar.** • *(capital of Thailand)* Bangkok

باوند *bāwnd n.* • *(sterling)* pound

باي *bāy interjection* • Bye!

بايت *bāyt n.* **invar.** • byte

باينت *bāynt n.* **invar.** • pint

ببر *babr n.* |*pl.* ببور *bubūr*| • tiger

ببغاء *babbaγāʔ n.* |*dual* ببغاوان *babbaγāwānⁱ* | *pl.* ببغاوات *babbaγawāt*| • parrot

بت *batta v.tr. & intr.* |*1g3* يبت *yabuttᵘ* | بت *batt*| • decide *on* (في), determine ◊ بت القاضى فى أمر القضية. *The judge decided on the case.*

بتة *battaᵗ n.* • decision ▪ كلا البتة *ka-lā -lbattaᵗᵃ* [negative +] *adv.* not at all, absolutely not ◊ هل يمكن أن نتخلى عن أهدافنا؟ كلا البتة! *Can we give up our goals? Absolutely not!*

بتر *batara v.tr.* |*1s3* يبتر *yabutrᵘ* | بتر *batr*| • amputate

البتراء *albatrāʔ n.* **f.** • Petra (archaeological site in Jordan) ➡ ***picture to the right***

بترول *betrōl n.* • petroleum, oil

بترولي *betrōlīʸ adj.* • petroleum-, oil-based

بث *batta v.tr.* |*1g3* يبث *yabuttᵘ* | بث *batt*| • spread • broadcast

بث *batt n.*↑ • transmission, broadcast ▪ بث حي *batt ḥayy*, بث مباشر *batt mubāšir* live broadcast

بثرة *batr coll. n.* |*sing.* بثرة *batraᵗ* | *pl.* بثور *butūr*| • pimples • blisters

VII **انبثق** *inbataqa v.intr.* |*7s* ينبثق *yanbatiqᵘ* | انبثاق *inbitāq*| • spring *from* عن

بجع *bajaƐ coll. n.* |*sing.* بجعة *bajaƐaᵗ*| • pelicans

بحت *baḥt adj.* **m. f.** • pure, exclusive ▪ بحتا *baḥtan adv.* purely, exclusively, merely, only, just

بحث *baḥata v.intr.* |*1s1* يبحث *yabḥatᵘ* | بحث *baḥt*| • search *for* عن, look, seek ▪ بحث عن إبرة في كومة قش *baḥata Ɛan ʔibraᵗⁱⁿ fī kawmatⁱ qaššⁱⁿ v. idiom* look for a needle in a haystack • research عن • discuss *sth* ∘ *with* مع

بحث *baḥt n.*↑ |*pl.* بحوث *buḥūt* or أبحاث *ʔabḥāt*| • search ▪ في بحث عن *fī baḥtⁱⁿ Ɛan*, بحثا عن *baḥtan Ɛan* in search of, on the look for ◊ سافر المغامرون بحثا عن الذهب. *The adventurers traveled in search of gold.* • research, study, dissertation

Camels in front of the treasury in Petra

باحث *bāḥit act. part. n.* |*pl.* باحثون *bāḥitūnᵃ* or بحاث *buḥḥāt*| • researcher

بحاثة *baḥḥātaᵗ n.* **m.** • eminent scholar

III **باحث** *bāḥata v.tr.* |*3s* يباحث *yubāḥitᵘ* | مباحثة *mubāḥataᵗ*| • discuss *sth* ∘ *with* مع, talk

مباحثة *mubāḥataᵗ n.*↑ • conversation, discussion, dialog, talk ▪ مباحثات *mubāḥatāt pl. n.* talks

VI **تباحث** *tabāḥata v.intr.* |*6s* يتباحث *yatabāḥatᵘ* | تباحث *tabāḥut*| • discuss together *sth* حول *with*

مع, talk together

تباحث *tabāḥut n.*↑ • discussion, conversation

بحر *baḥr n.* |*pl.* بحور *buḥūr* or بحار *biḥār*| • sea ▪ بحرا *baḥran adv.* by sea ▪ البحر الأبيض المتوسط *albaḥr alʔabyaḍ almutawassiṭ* the Mediterranean Sea ▪ البحر الأحمر *albaḥr alʔaḥmar* the Red Sea ▪ بحر العرب *baḥr · alƐarab*ⁱ the Arabian Sea ▪ البحر الميت *albaḥr almayyit* the Dead Sea ▪ فواكه بحر *fawākih · baḥr pl. n.* seafood • *(poetry and music)* measure, meter •في بحر *fī baḥr*ⁱ *prep.* within ◊ سأنهي هذا العمل في بحر ساعة. *I will finish this work within an hour.*

بحري *baḥrīʸ adj.* • marine, sea-, seaside • naval • *n.* sailor, seaman

بحرية *baḥrīyaᵗ n.* • navy

البحرين *albaḥrayn n. **f.*** • Bahrain ▪ مملكة البحرين *mamlakat · albaḥraynⁱ n.* the Kingdom of Bahrain

بحريني *baḥraynīʸ adj. & n.* • Bahraini

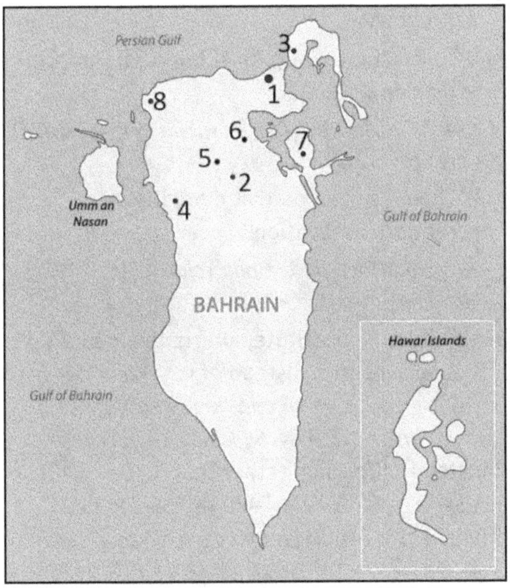

map of Bahrain

1. المنامة *almanāmaᵗ* Manama
2. الرفاع *arrifāƐ* Riffa
3. المحرق *almuḥarraq* Muharraq
4. مدينة حمد *madīnat · ḥamad* Hamad Town
5. عالي *Ɛālī* A'ali
6. مدينة عيسى *madīnat · Ɛīsā* Isa Town
7. سترة *sitraᵗ* Sitra
8. البديع *albudayƐ* Budaiya

بحار *baḥḥār n.* |*pl.* بحارة *baḥḥāraᵗ*| • sailor, seaman

بحيرة *buḥayraᵗ n. diminutive* • lake

II **بحر** *baḥḥara v.intr.* |*2s* يبحر *yubaḥḥirᵘ* | تبحير *tabḥīr*| • sail, travel by sea

IV **أبحر** *ʔabḥara v.intr.* |*4s* يبحر *yubḥirᵘ* | إبحار *ʔibḥār*| • sail, travel by sea

بخار *buxār n.* |*pl.* أبخرة *ʔabxiraᵗ* or بخارات *buxārāt*| • steam, vapor

بخور *baxūr n.* • incense

باخرة *bāxiraᵗ n.* |*pl.* ***dip.*** بواخر *bawāxir*| • ocean liner • steamboat

II **بخر** *baxxara v.tr.* |*2s* يبخر *yubaxxirᵘ* | تبخير *tabxīr*| • vaporize

V **تبخر** *tabaxxara v.intr.* |*5s* يتبخر *yatabaxxarᵘ* | تبخر *tabaxxur*| • evaporate

تبخر *tabaxxur n.*↑ • evaporation

بخل *baxula v.intr.* |*1s6* يبخل *yabx**u**lᵘ* | بخل *buxl*| • be tightfisted *toward* على *or* عن *with* بـ, be stingy ◊ كان يبخل عليها بالمال. *He was tightfisted toward her with his money.* • be greedy *with* بـ

بخل *buxl n.*↑ • tightfistedness, stinginess • greed, avarice

بخيل *baxīl* |*pl.* ***dip.*** بخلاء *buxalāʔ*| • *adj.* |*elat.* أبخل *ʔabxal*| stingy, tightfisted, miserly, cheap; greedy • *n.* miser

بدأ *badaʔa v.* |*1s1(b)* يبدأ *yabd**a**ʔᵘ* | بدء *badʔ*| • *v.intr.* begin, start, commence ◊ متى بدأت الحرب العالمية الاولى؟ *When did World War One begin?* • *v.tr. & intr.* begin (بـ), start, commence ◊ لنبدأ حياة جديدة معا. *Let's start a new life together.* ◊ لم يبدأ عمله بعد. *He still hasn't started his job.* • [+ indicative or masdar] begin to *(do)*, start to *(do)*, commence *(do)*ing ◊ بدأت تشعر بالندم. *She has started to have feelings of regret.* ◊ بدأ القراءة بلا صوت. *He began reading silently.* ▪ بدأ الكلام *badaʔa alkalām* begin speaking, start talking

بدء *badʔ n.*↑ • beginning, start, commencement ▪ بدءا من *badʔan min*, بدءا بـ *badʔan bi- prep.* starting, from ◊ بدءا من اليوم *starting today* ▪ في البدء *fī -lbadʔ*ⁱ, في بدء الأمر *fī badʔ*ⁱ *-lʔamr*ⁱ *adv.* at first, in the beginning

بادئ *bādiʔ act. part. n.* • beginning ▪ في بادئ الأمر *fī bādiʔ*ⁱ *-lʔamr*ⁱ, بادئ الأمر *bādiʔᵃ -lʔamr*ⁱ *adv.* at first, in the beginning

بداية *bidāyaᵗ n.* • beginning, start ▪ منذ البداية *munḏu -lbidāyaᵗⁱ adv.* from the beginning, all

along ▪ في البداية *fī -lbidāyaⁱⁱ adv.* at first, in the beginning
بدائي *bidāʔīʸ adj.* |*elat.* أكثر بدائية *ʔaktar bidāʔīyaᵗᵃⁿ*| • primitive

مبدأ *mabdaʔ n.* |*pl.* **dip.** مبادئ *mabādiʔ*| • principle, rule, basis
مبدئي *mabdaʔīʸ adj.* • basic, fundamental ▪ مبدئيا *mabdaʔīyan adv.* in principle; originally • original

VIII **ابتدأ** *ibtadaʔa v.* |*8s(c)* يبتدئ *yabtadiʔᵘ* | ابتداء *ibtidāʔ*| • *v.intr.* begin, start ◊ يبتدئ عرض الفيلم في الساعة السابعة. *The movie starts at seven o'clock.* • *v.tr.* begin, start ◊ ابتدأت عملي من ستة أشهر. *I started my work six months ago.*

ابتداء *ibtidāʔ n.*↑ • beginning, start, commencement ▪ ابتداء من *ibtidāʔan min prep.* starting, from ◊ ابتداء من اليوم *starting today*
ابتدائي *ibtidāʔīʸ adj.* • initial, primary, elementary ▪ مدرسة ابتدائية *madrasaᵗ ibtidāʔīyaᵗ n.* elementary school

مبتدئ *mubtadiʔ act. part. n.* • beginner, novice

مبتدأ *mubtadaʔ pass. part. n.* • *(grammar)* subject (of a nominal sentence)

بد *budd n.* • option, choice • way out, escape ▪ لا بد له من أنْ *la buddᵃ lahu min ʔan*, لا بد وأنْ *lā buddᵃ wa-ʔan*, لا بد أنْ *lā buddᵃ ʔan* be necessary to *(do)*, must *(do)*, have to *(do)* ◊ لا بد من أن تفعل شيئا. *You must do something.* ◊ كان لا بد لها أن تذهب معه. *She had to go with him.* ◊ أولا لا بد من أن أشكركم كلكم. *First of all, I have to thank all of you.* ◊ لا بد وأن يعني ذلك شيئا! *That has to mean something!* ◊ لا بد أنك تمزح! *You must be kidding!* ◊ لا بد من الانتظار أكثر من سنة. *One has to wait over a year.* ◊ لا بد لي من القول، ... *I have to say, ...* ◊ كان لا بد له من الذهاب إلى المستشفى. *He had to go to the hospital.* ⓘ *The subject of the English verbs 'must' and 'have to' is expressed as the object of the preposition* لـ *li-:* ◊ لا بد لي أن أذهب إلى البيت فورا. *I have to go home immediately.* ◊ لا بد له أن يذهب إلى البيت فورا. *He has to go home immediately.* ; [+ negative] must not ◊ لا بد من أن لا ننسى هذا أبدا. *We mustn't ever forget this.*; [+ perfect] must have (done) ◊ لابد أنه فقد عقله! *He must have lost his mind!* ◊ لا بد وأني أكثرت من النبيذ. *I must have had too much wine to drink.* ▪ لا بد منه أنْ *lā buddᵃ minhu ʔan* it is inevitable that...

II **بدد** *baddada v.tr.* |*2s* يبدد *yubaddidᵘ* | تبديد *tabdīd*| • scatter, disperse • waste, squander

تبديد *tabdīd n.*↑ • dispersal • waste

مبدد *mubaddid act. part.* • *adj.* |*elat.* أكثر تبديدا *ʔaktar tabdīdan*| wasteful, extravagant • *n.* spendthrift, squanderer

X **استبد** *istabadda v.intr.* |*10g* يستبد *yastabiddᵘ* | استبداد *istibdād*| • overpower بـ, overwhelm ◊ استبد به التعب. *Tiredness overcame him.*

استبداد *istibdād n.*↑ • dictatorship, despotism

مستبد *mustabidd act. part.* • *adj.* |*elat.* أكثر استبدادا *ʔaktar istibdādan*| autocratic, tyrannical • *n.* tyrant

بادرة *bādiraᵗ n.* |*pl.* **dip.** بوادر *bawādir*| • sign, indication, gesture

III **بادر** *bādara v.intr.* |*3s* يبادر *yubādirᵘ* | مبادرة *mubādaraᵗ*| • hurry, rush, hasten • embark *on* إلى, set out, begin

مبادرة *mubādaraᵗ n.*↑ • initiative

بدروم *badrūm*, بدرون *badrūn n.* • basement

بديع *badīɛ adj.* |*elat.* أبدع *ʔabdaɛ*| • wonderful, magnificent

البديع *albudayɛ n.* ***f.*** • *(city in Bahrain)* Budaiya
➡ ***map on p. 25***

IV **أبدع** *ʔabdaɛa v.tr.* |*4s* يبدع *yubdiɛᵘ* | إبداع *ʔibdāɛ*| • create

إبداع *ʔibdāɛ n.*↑ • creativity, originality • creation, innovation

مبدع *mubdiɛ act. part.* • *adj.* |*elat.* أكثر إبداعا *ʔaktar ʔibdāɛan*| creative • *n.* innovator

بدل *badal n.* • substitute, alternative ▪ بدلا من *badalan min prep.* instead of ◊ بإمكانك أن تذهب بدلا مني إذا رغبت. *You can go instead of me if you want.* ▪ بدلا من أنْ *badalan min ʔan conj.* instead of *(do)*ing, rather than ◊ أذهب إلى العمل سيرا على الأقدام بدلا من الذهاب بالسيارة. *I walk to work rather than go by car.* ◊ بقيت في البيت لأصلي معهم بدلا من أن أذهب إلى المسجد. *I stayed home to pray with them rather than go to the mosque.* • *(grammar)* apposition
بدل *badala prep.* • instead of ◊ قررت المغادرة بدل الإنتظار بلا طائل. *I decided to leave instead of waiting in vain.*

بدلة *badlaᵗ n.* |*pl.* بدل *bidal*| • suit

بديل *badīl n.* |*pl.* **dip.** بدلاء *budalāʔ*| • alternative, substitute, replacement, spare

II **بدل** *baddala v.tr.* |*2s* يبدل *yubaddilᵘ* | تبديل *tabdīl*| • change, switch, substitute

تبديل *tabdīl n.*↑ • replacement, substitution

III **بادل** *bādala v.tr.* |*3s* يبادل *yubādilᵘ* | مبادلة

mubādala^{t} | • exchange *sb/sth* ∘ *for* بـ

مبادلة *mubādala^{t} n.*↑ • exchange

VI **تبادل** *tabādala v.tr.* |*6s* يتبادل *yatabādal^{u}* | تبادل *tabādul* | • exchange ▪ تبادل آراء حول *tabādala ʔārāʔ ḥawla* share opinions about, exchange views on

تبادل *tabādul n.*↑ • exchange

متبادل *mutabādal pass. part. adj.* • mutual, reciprocal ▪ بشكل متبادل *bi-šakl^{in} mutabādal^{in}*, بصورة متبادلة *bi-ṣūra^{tin} mutabādala^{tin} adv.* mutually

X **استبدل** *istabdala v.tr.* |*10s* يستبدل *yastabdil^{u}* | استبدال *istibdāl* | • exchange *sth* ∘ *for* بـ, replace

استبدال *istibdāl n.*↑ • replacement, substitution

بدن *baduna v.intr.* |*1s6* يبدن *yabdun^{u}* | بدانة *badāna^{t}* | • become fat

بدن *badan n.* |*pl.* أبدان *ʔabdān* | • body

بدني *badaniy adj.* • physical, bodily, corporal

بدانة *badāna^{t} n.*↑ • obesity

بدين *badīn adj.* |*m. pl.* **dip.** بدناء *budunāʔ* or بدن *budun* | *elat.* أبدن *ʔabdan* | • fat, obese, overweight

بدا *badā v.intr.* |*1d3* يبدو *yabdū* | بدو *budū^{w}* | • seem, appear, look ▪ يبدو أنّ *yabdu ʔanna*, يبدو وكأن *yabdū wa-ka-ʔanna*, يبدو كما لو أنّ *yabdū ka-mā law ʔanna* it seems that..., it appears as if... ◊ بدت راقصة الباليه كما لو أنها تطير *The ballerina looked as though she was flying.* ▪ يبدو لي أنّ *yabdū lī ʔanna*, يبدو لي كما لو أنّ *yabdū lī ka-mā law ʔanna* it seems to me that... ◊ يبدو لي كما لو أن الضيف لن يأتي. *It seems to me that the guest is not coming.* ▪ على ما يبدو *ɛalā mā yabdū adv.* so it seems, apparently

بدوي *badawiy* |*pl.* بدو *badw* | • *adj.* Bedouin, nomadic • *n.* Bedouin, nomad

Bedouins and the Giza Pyramids

بداوة *badāwa^{t} n.* • Bedouin life, desert life, nomadism

بادية *bādiya^{t} n.* |*pl.* **def.** بواد *bawād(in)* | • steppe, desert, wilderness

بيداء *baydāʔ n. f.* **dip.** |*pl.* بيد *bīd* or بيداوات *baydāwāt* | • steppe, desert, wilderness

IV **أبدى** *ʔabdā v.tr.* |*4d* يبدي *yubdī* | إبداء *ʔibdāʔ* | • show, demonstrate • express, voice ▪ أبدى رأيه في *ʔabdā raʔy^{a}hu fī* express *one's* opinion on

بذر *badara v.tr.* |*1s3* يبذر *yabdur^{u}* | بذر *badr* | • sow, disseminate

بذر *badr coll. n.* |*sing.* بذرة *badra^{t}* | *pl.* بذور *budūr* | • seeds

II **بذّر** *baddara v.tr.* |*2s* يبذّر *yubaddir^{u}* | تبذير *tabdīr* | • waste, squander

تبذير *tabdīr n.*↑ • waste

مبذّر *mubaddir act. part.* • *adj.* |*elat.* أكثر تبذيرا *ʔaktar tabdīran* | wasteful, extravagant • *n.* spendthrift, squanderer

بذل *badala v.tr.* |*1s2/1s3* يبذل *yabdil^{u}* or *yabdul^{u}* | بذل *badl* | • exert, expend ▪ بذل جهدا *badala juhdan* make an effort ▪ بذل قصارى جهده *badala qaṣārā juhd^{a}hi* go to great pains

بذل *badl n.*↑ • effort, exertion, expenditure

مبذول *mabdūl pass. part.* • *adj.* exerted • *n.* effort, exertion, expenditure

بذلة *badla^{t} n.* |*pl.* بذل *bidal* | • suit

بذاء *badāʔ n.* • obscenity

برأ *baraʔa v.tr.* |*1s1(b)* يبرأ *yabraʔ^{u}* | برء *barʔ* | • create ◊ برأ اللـه الكون. *God created the universe.*

برئ *bariʔa v.intr.* |*1s4(c)* يبرأ *yabraʔ^{u}* | براءة *barāʔa^{t}* | • be innocent *of* من • be acquitted *of* من, be cleared (of wrongdoing) • be cured *of* من, get better, recover ◊ تناول الدواء لكي تبرأ من المرض. *Take the medication so that you get better.*

براءة *barāʔa^{t} n.*↑ • innocence • acquittal • patent, license

بريء *barīʔ adj.* |*m. pl.* **dip.** أبرياء *ʔabriyāʔ* | *elat.* أكثر براءة *ʔaktar barāʔa^{tan}* | • innocent, naive

II **برّأ** *barraʔa v.tr.* |*2s(c)* يبرّئ *yubarriʔ^{u}* | تبرئة *tabriʔa^{t}* | • acquit *sb* ∘ *of* من, exonerate

تبرئة *tabriʔa^{t} n.*↑ • acquittal, exoneration

البرازيل *albrāzīl n. f.* • Brazil

برازيلي *brāzīliy adj. & n.* • Brazilian

ب

براغ *brāɣ n.* ***f. dip.*** • *(capital of the Czech Republic)* Prague

برافو *brāvō interjection* • Bravo!, Well done!

بربري *barbarīʸ adj. & n.* • |*pl.* بربر *barbar* or برابرة *barābiraᵗ*| Berber (ethnic group in northern Africa) • barbarian

بربرية *barbarīyaᵗ n.* • barbarianism

بربرة *barbaraᵗ n.* ***dip.*** • *(city in Somalia)* Berbera ➡ ***map on p. 177***

برتغال *burtuɣāl n.* ***f. dip.*** • Portugal

برتغالي *burtuɣālīʸ adj. & n.* • Portuguese

برتقال *burtuqāl coll. n.* |*sing.* برتقالة *burtuqālaᵗ*| • oranges

برتقالي *buruqālīʸ adj.* • *(color)* orange

برج *burj n.* |*pl.* أبراج *ʔabrāj*| • tower ▪ برج العرب *burj · alƐarabⁱ* Burj Al Arab (luxury hotel in Dubai) • sign of the zodiac ▪ دائرة الأبراج *dāʔirat · alʔabrājⁱ* zodiac ▪ ما هو برجك؟ *mā huwa burjᵘka* What's your sign? ▪ أنا من برج __. *ʔana min burjⁱ · __* I'm a __. • constellation

Burj Al Arab hotel in Dubai

برجل *barjal n.* |*pl.* ***dip.*** براجل *barājil*| • *(for inscribing circles)* compass

البارحة *albāriḩaᵗᵃ adv.* • yesterday

برد *v.* • *baruda v.intr.* |*1s6* يبرد *yabrudᵘ* | برود *burūd*| become cold • *barada v.tr.* |*1s3* يبرد *yabrudᵘ* | برد *bard*| file (down)

بارد *bārid act. part. adj.* |*elat.* أبرد *ʔabrad*| • cold • silly, stupid

برد *bard n.* • coldness, cold • *(sickness)* cold

برد *barad coll. n.* |*sing.* بردة *baradaᵗ*| • hail

بردي *bardīʸ n.* • *(plant)* papyrus ▪ ورق البردي *waraq · albardīʸⁱ* papyrus paper

بردية *bardīyaᵗ n.* • papyrus paper

برادة *burādaᵗ n.* • filings, shavings

برودة *burūdaᵗ n.* • cold

بريد *barīd n.* • mail ▪ بريد جوي *barīd jawwīʸ* airmail ▪ بريد إلكتروني *barīd ʔelektrōnīʸ* e-mail ▪ بريد عادي *barīd Ɛādīʸ* standard mail ▪ بريد مسجل *barīd musajjal* registered mail ▪ بريد مستعجل *barīd mustaƐjil* express mail ▪ ساعي بريد *sāƐī · barīd n.* mail carrier (UK: postman) ▪ صندوق بريد *ṣundūq · barīd* mailbox (UK: letter box) ▪ مكتب بريد *maktab · barīd* post office

بريدي *barīdīʸ adj.* • postal

مبرد *mibrad n.* |*pl.* ***dip.*** مبارد *mabārid*| • *(tool)* file, rasp ▪ مبرد أظافر *mibrad · ʔaẓāfir* nail file

II **برد** *barrada v.tr.* |*2s* يبرد *yubarridᵘ* | تبريد *tabrīd*| • cool, chill

IV **أبرد** *ʔabrada v.intr.* |*4s* يبرد *yubridᵘ* | إبراد *ʔibrād*| • أبردت السماء *ʔabradat assamāʔᵘ* hail ◊ تبرد السماء. *It's hailing. (lit. The sky is hailing.)*

بريدة *buraydaᵗ n.* • *(city in Saudi Arabia)* Buraidah ➡ ***map on p. 144***

بر *barr n.* • land, ground ▪ برا *barran adv.* by land, overland

بري *barrīʸ adj.* • land-, terrestrial

بر *birr n.* • charity • piety, righteousness

برمائي *barmāʔīʸ* |< بر + ماء *barr + māʔ*| • *adj.* amphibious • *n.* amphibian

II **برر** *barrara v.tr.* |*2s* يبرر *yubarrirᵘ* | تبرير *tabrīr*| • justify, warrant

تبرير *tabrīr n.*↑ • justification, excuse

مبرر *mubarrir act. part. n.* • justification, excuse ▪ لا مبرر له *lā mubarrirᵃ lahu* unjustifiable

برز *baraza v.intr.* |*1s3* يبرز *yabruzᵘ* | بروز *burūz*| • stand out, be prominent, emerge

بروز *burūz n.*↑ • prominence, emergence

بارز *bāriz act. part. adj.* |*elat.* أبرز *ʔabraz*| • outstanding, remarkable, prominent

براز *birāz n.* • feces, excrement

III **بارز** *bāraza v.tr.* |*3s* يبارز *yubārizᵘ* | مبارزة

mubāraza^{t}| • duel, fence

مبارزة *mubāraza^{t} n.*↑ • fencing, sword fighting

مبارز *mubāriz act. part. n.* • competitor, contender

IV **أبرز** *ʔabraza v.tr.* |*4s* يبرز *yubriz^{u}* | إبراز *ʔibrāz*| • highlight, accentuate • expose • present, show

إبراز *ʔibrāz n.*↑ • accentuation • exposure

برسيم *birsīm n.* • clover

برشلونة *baršilōna^{t} n.* ***invar.*** • *(city in Spain)* Barcelona

برص *burṣ n.* |*pl.* أبراص *ʔabrāṣ*| • gecko

برطمان *barṭamān n.* • jar

برع *baraƐa v.intr.* |*1s1* يبرع *yabra**Ɛ**^{u}* | براعة *barāƐa^{t}*| • be proficient *in* في, be skillful

براعة *barāƐa^{t} n.*↑ • skill, efficiency, proficiency

بارع *bāriƐ act. part. adj.* |*elat.* أبرع *ʔabraƐ*| • skilled, skillful

V **تبرع** *tabarraƐa v.tr.* |*5s* يتبرع *yatabarraƐ^{u}* | تبرع *tabarruƐ*| • donate *to* ه *sth* بـ, contribute

تبرع *tabarruƐ n.*↑ • donation, contribution

متبرع *mutabarriƐ act. part. n.* • donor

QI **برعم** *barƐama v.intr.* |*11s* يبرعم *yubarƐim^{u}* | برعمة *barƐama^{t}*| • bud, sprout

برعم *burƐum n.* |*pl.* ***dip.*** براعم *barāƐim*| • bud, sprout, shoot

برغوث *burɣūṯ n.* |*pl.* ***dip.*** براغيث *barāɣīṯ*| • flea

برغي *burɣī^{y} n.* |*pl.* ***dip.*** براغي *barāɣī^{y}*| • screw

برق *baraqa v.intr.* |*1s3* يبرق *yabru**q**^{u}* | برق *barq*| • flash

برق *barq n.*↑ |*pl.* بروق *burūq*| • lightning ▪ أسرع من البرق *ʔasraƐ min^{a} -lbarq^{i} idiom* faster than lightning (i.e. very fast)

برقية *barqīya^{t} n.* • telegram, telegraph

براق *barrāq adj.* |*elat.* أكثر بريقا *ʔakṯar barīqan*| • flashing, twinkling

بريق *barīq n.* |*pl.* ***dip.*** بارائق *barāʔiq*| • shine, luster

إبريق *ʔibrīq n.* |*pl.* ***dip.*** أباريق *ʔabārīq*| • jug, kettle ▪ إبريق شاي *ʔibrīq · šāy* teapot

برقع *burqaƐ n.* |*pl.* ***dip.*** براقع *barāqiƐ*| • burka (veil covering a woman's entire body, with netting covering the eyes), burqa

برقوق *barqūq coll. n.* |*sing.* برقوقة *barqūqa^{t}*| • plums

برك *baraka v.intr.* |*1s3* يبرك *yabru**k**^{u}* | بروك *burūk*| • *(of camels)* kneel down

مبروك *mabrūk pass. part.* • *adj.* |*elat.* أبرك *ʔabrak* or أكثر بركة *ʔakṯar barka^{tan}*| blessed, happy •مبروك *mabrūk*, ألف مبروك *ʔalf^{a} mabrūk* Congratulations!

بركاء *barkāʔ n.* ***f. dip.*** • *(city in Oman)* Barka

➡ ***map on p. 214***

بركة *baraka^{t} n.* • blessing

بركة *birka^{t} n.* |*pl.* برك *birak*| • pool, pond, puddle

II **برك** *barraka v.* |*2s* يبرك *yubarrik^{u}* | تبريك *tabrīk*| • *v.intr.* bless *fii* في • *v.tr.* make (a camel) kneel down

تبريك *tabrīk n.*↑ • blessing

III **بارك** *bāraka v.intr.* |*3s* يبارك *yubārik^{u}* | مباركة *mubāraka^{t}*| • *(of God)* bless في ▪ بارك الله فيك *bāraka aLLāh^{u} fīka*, الله يبارك فيك *aLLāh^{u} yubārik^{u} fīka* God bless you!

مبارك *mubārak pass. part. adj.* |*elat.* أكثر مباركة *ʔakṯar mubāraka^{tan}*| • fortunate, lucky • blessed

بركان *burkān n.* |*pl.* ***dip.*** براكين *barākīn*| • volcano

بركاني *burkānī^{y} adj.* • volcanic ▪ حمم بركانية *ḥumam burkānīya^{t}* lava

برلمان *barlamān n.* • parliament

برلماني *barlamānī^{y} adj.* • parliamentary

برلين *barlīn n.* ***f. dip.*** • *(capital of Germany)* Berlin

برم *barama v.intr.* |*1s3* يبرم *yabru**m**^{u}* | برم *barm*| • spin, twist, curl, wind

بريمة *barrīma^{t}*, برامة *barrāma^{t} n.* |*pl.* ***dip.*** برائم *barāʔim*| • drill

V **تبرم** *tabarrama v.intr.* • |*5s* يتبرم *yatabarram^{u}* | تبرم *tabarrum*| get bored *with* بـ, bemoan

برمائي *barmāʔī^{y}* |< ماء + بر *barr + māʔ*| • *adj.* amphibious • *n.* amphibian

QI **برمج** *barmaja v.tr.* |*11s* يبرمج *yubarmij^{u}* | برمجة *barmaja^{t}*| • *(computers)* program

برمجة *barmaja^{t} n.*↑ • programing

مبرمج *mubarmij act. part. n.* • programmer

برنامج *barnāmaj n.* |*pl.* ***dip.*** برامج *barāmij*| • *(plan)* program, campaign, schedule ▪ نفذ برنامجا *naffaḏa barnāmajan v.* implement a program • *(TV, radio)* program • *(computer)* program, app

برميل *birmīl* or *barmīl n.* |*pl.* ***dip.*** براميل *barāmīl*| • barrel, keg, vat, drum

برن *bern n.* ***f. dip.*** • *(capital of Switzerland)* Bern

ب

برهة *burha^t n.* |*pl.* برهات *bur(u)hāt*| • moment, instant ▪ برهة *burhatan adv.* for a little while

QI **برهن** *barhana v.intr.* |*11s* يبرهن *yubarhin^u* | برهنة *barhana^t*| • prove على, demonstrate

برهنة *barhana^t n.*↑ • demonstration

برهان *burhān n.* |*pl.* **dip.** براهين *barāhīn*| • proof

بروتستانتي *brotostāntīy adj. & n.* • Protestant

بروتستانتية *brotostāntīya^t n.* • Protestantism

بروتين *brōtīn n.* • protein

بروستاتة *brostāta^t*, **invar.** بروستاتا *brostātā*, بروستات *brostāt n.* • prostate

بروفسور *brofisōr n.* • professor

بروكسل *brōksel n.* **f. dip.** • *(capital of Belgium)* Brussels

بروناي *brūnāy n.* **f. invar.** • Brunei

برونز *bronz n.* • bronze

برونزي *bronzīy adj.* • bronze-, bronzen

برى *barā v.tr.* |*1d2* يبري *yabrī* | بري *bary*| • sharpen, trim, shape

براية *barrāya^t n.* • pencil sharpener

مبراة *mibrāʔ n.* |*pl.* **def.** مبار *mabār(in)*| • pencil sharpener

III **بارى** *bārā v.tr.* |*3d* يباري *yubārī* | مباراة *mubārā^t*| • compete *with*

مباراة *mubārā^t n.*↑ |*pl.* مباريات *mubārayāt*| • contest, competition, match, game

VI **تبارى** *tabārā v.intr.* |*6d* يتبارى *yatabārā* | **def.** تبار *tabār(in)*| • compete *against* مع

بريطانيا *barīṭāniyā* or *brīṭāniyā n.* **f. invar.** • Britain ▪ بريطانيا العظمى *barīṭāniyā -lƐuẓmā* Great Britain

بريطاني *barīṭānīy* • *adj.* British • *n.* Briton

بزر *bizr coll. n.* |*sing.* بزرة *bizra^t* | *pl.* بزور *buzūr*| • seeds

بزة *bizza^t n.* • attire, uniform

VIII **ابتز** *ibtazza v.tr.* |*8g1* يبتز *yabtazz^u* | ابتزاز *ibtizāz*| • blackmail, extort

ابتزاز *ibtizāz n.*↑ • blackmail, extortion

بزغ *bazaɣa v.intr.* |*1s3* يبزغ *yabzuɣ^u* | بزوغ *buzūɣ*| • dawn • teethe

بزوغ *buzūɣ n.*↑ • dawn ▪ مع بزوغ الفجر *maƐa buzūɣ^i -lfajr^i adv.* at the crack of dawn

بازلاء *bāzillāʔ*, بازلا *bāzillā coll. n.* • peas

إبزيم *ʔibzīm n.* |*pl.* أبازيم *ʔabāzīm*| • buckle, clasp

QI **بستن** *bastana v.intr.* |*11s* يبستن *yubastin^u* | بستنة *bastana^t*| • garden

بستنة *bastana^t n.*↑ • gardening

بستان *bustān n.* |*pl.* **dip.** بساتين *basātīn*| • orchard, garden

بستاني *bustānīy* • *adj.* garden-, horticultural • *n.* gardener

بسر *busr coll. n.* |*sing.* بسرة *busra^t* or إبسار *ʔibsār*| • unripe dates

VIII **ابتسر** *ibtasara v.tr.* |*8s* يبتسر *yabtasir^u* | ابتسار *ibtisār*| • begin prematurely

مبتسر *mubtasir act. part. adj.* • premature

بسط *v.* • *basaṭa v.tr.* |*1s3* يبسط *yabsuṭ^u* | بسط *basṭ*| extend, spread • unroll, unfold • clarify, lay out, set out • please, delight, make happy • *basuṭa v.intr.* |*1s6* يبسط *yabsuṭ^u* | بساطة *basāṭa^t*| be simple

بسط *basṭ n.*↑ • extension, spread • *(mathematics)* numerator

بساطة *basāṭa^t n.*↑ • simplicity ▪ ببساطة *bi-basāṭa^tin adv.* simply (speaking)

بساط *bisāṭ n.* |*pl.* بسط *busuṭ* or أبسطة *ʔabsiṭa^t*| • carpet ▪ بساط ريح *bisāṭ · rīḥ* flying carpet

بسيط *basīṭ adj.* |*m. pl.* **dip.** بسطاء *busaṭāʔ* | *elat.* أبسط *ʔabsaṭ*| • simple, basic

II **بسط** *bassaṭa v.tr.* |*2s* يبسط *yubassiṭ^u* | تبسيط *tabsīṭ*| • simplify, streamline

تبسيط *tabsīṭ n.*↑ • simplification

بسكويت *baskawīt n.* • cookie (UK: biscuit)

بسمة *basma^t n.* |*pl.* بسمات *bas(a)māt*| • smile

VIII **ابتسم** *ibtasama v.intr.* |*8s* يبتسم *yabtasim^u* | ابتسام *ibtisām*| • smile

مبتسم *mubtasim act. part. adj.* |*elat.* أكثر ابتساما *ʔaktar ibtisāman*| • smiling, smiley

ابتسامة *ibtisāma^t n.* • smile

QI **بسمل** *basmala v.intr.* |*11s* يبسمل *yubasmil^u* | بسملة *basmala^t*| • say "In the name of God, the Most Gracious, the Most Merciful" ⓘ *This verb is an abbreviation derived from the first part of the utterance* بسم الله الرحمن الرحيم

The Basmalah written in calligraphy

بسملة *basmala^t n.*↑ • basmalah (saying "In the

name of God, the Most Gracious, the Most Merciful") ➡ **picture on p. 30**

بشت *bišt n.* • bisht (men's overcoat worn over a thobe)

بشر *bašara v.tr.* |1s3 يبشر *yabšur^u* | بشر *bašar*| • grate

بشر *bašar coll. n.* • humankind, humans

بشري *bašarīy adj.* • human-

بشرية *bašarīya^t n.* • humankind, human race

بشرة *bašara^t n.* • complexion, skin ▪ أسمر البشرة *ʔasmar · albašara^ti*, أسود البشرة *ʔaswad · albašara^ti*, داكن البشرة *dākin · albašara^ti* dark(-skinned), tanned ▪ فاتح البشرة *fātiḥ · albašara^ti* fair(-skinned)

بشار *baššār man's name* • Bashar

بشيرة *bušayra^t n.* • cuticle

مبشرة *mibšara^t n.* • grater ▪ مبشرة جبنة *mibšarat · jubna^t* cheese grater

II **بشر** *baššara v.tr.* |2s يبشر *yubaššir^u* | تبشير *tabšīr*| • preach *to sb* ه *sth* بـ, propagate, spread (good news)

مبشر *mubaššir act. part. n.* • evangelist, missionary

III **باشر** *bāšara v.tr.* |3s يباشر *yubāšir^u* | مباشرة *mubāšara^t*| • undertake, carry out, pursue, practice

مباشرة *mubāšara^t n.*↑ • pursuit ▪ مباشرة *mubāšaratan adv.* directly, immediately

مباشر *mubāšir act. part. adj.* • direct ▪ غير مباشر *ɣayr · mubāšir* indirect ▪ بشكل غير مباشر *bi-šakl^in ɣayr^i mubāšir^in*, بصورة غير مباشرة *bi-ṣūra^tin ɣayr^i mubāšira^tin adv.* indirectly • *(broadcast)* live ◊ يذاع البرنامج على الهواء مباشر. *The program is being broadcast live.*

X **استبشر** *istabšara v.intr.* |10s يستبشر *yastabšir^u* | استبشار *istibšār*| • rejoice *at* بـ, be cheerful *about*

بشروش *bašarūš coll. n.* |*sing.* بشروشة *bašarūša^t*| • flamingos

بشوش *bašūš adj.* |*elat.* أكثر بشاشة *ʔaktr bašāšatan*| • cheerful

بشع *bašiɛa v.intr.* |1s4 يبشع *yabšaɛ^u* | بشاعة *bašāɛa^t*| • be ugly, be hideous, be unsightly

بشاعة *bašāɛa^t n.*↑ • ugliness, unsightliness

بشع *bašiɛ*, بشيع *bašīɛ adj.* |*elat.* أبشع *ʔabšaɛ*| • ugly, hideous, unsightly • horrible, disgusting

بشكير *baškīr n.* |*pl.* **dip.** بشاكير *bašākīr*| • towel

بصر *baṣura v.intr.* |1s6 يبصر *yabṣur^u* | بصر *baṣr*| • perceive (clearly) بـ, comprehend

بصر *baṣar n.*↑ |*pl.* أبصار *ʔabṣār*| • perception • vision, eyesight, sight

بصري *baṣarīy adj.* • visual, optical

بصير *baṣīr adj.* |*elat.* أبصر *ʔabṣar*| • having a good eye *for* بـ, discerning, discriminating

البصرة *albaṣra^t n.* • *(city in Iraq)* Basra ➡ **map on p. 202**

بصيرة *baṣīra^t n.* |*pl.* **dip.** بصائر *baṣāʔir*| • insight, foresight, perception

بصق *baṣaqa v.intr.* |1s3 يبصق *yabṣuq^u* | بصق *baṣq*| • spit *on* على

بصقة *baṣqa^t n.* • spit

بصل *baṣal coll. n.* |*sing.* بصلة *baṣala^t* | *pl.* أبصال *ʔabṣāl*| • onions ▪ لا تدخل بين البصلة وقشرتها. *lā tadxul bayna -lbaṣla^ti wa-qišrat^ihā proverb* Mind your own business. (lit. Don't get between an onion and its peel.)

بصم *baṣama v.tr.* |1s3 يبصم *yabṣum^u* | بصم *baṣm*| • imprint

بصمة *baṣma^t n.* |*pl.* بصمات *baṣ(a)māt*| • print, impression ▪ بصمة إصبع *baṣmat · ʔisbaɛ* fingerprint

بضع *biḍɛ n.* • [+ indefinite genitive plural feminine noun] some, several ◊ بضع نساء *several women* ◊ بعد بضع الساعات *after several hours*

بضعة *biḍɛa^t n.* • [+ indefinite genitive plural masculine noun] some, several ◊ بضعة أشخاص *several people* ◊ لبضعة أيام *for several days*

بضاعة *biḍāɛa^t n.* |*pl.* **dip.** بضائع *baḍāʔiɛ*| • commodity ▪ بضائع *baḍāʔiɛ pl. n.* merchandise, goods

بطؤ *baṭuʔa v.intr.* |1s6(c) يبطؤ *yabṭuʔ^u* | بطء *buṭʔ*| • be slow

بطء *buṭʔ n.*↑ • slowness ▪ ببطء *bi-buṭʔ^in adv.* slowly

بطيء *baṭīʔ adj.* |*m. pl.* بطاء *biṭāʔ* | *elat.* أبطأ *ʔabṭaʔ*| • slow ▪ بطيء الحركة *baṭīʔ · alḥaraka^ti adj.* slow-moving ▪ أبطأ من سلحفاة *ʔabṭaʔ min sulḥafā^tin idiom* slower than a turtle (i.e. very slow)

II **بطأ** *baṭṭaʔa v.tr.* |2s(c) يبطئ *yubaṭṭiʔ^u* | تبطيء *tabṭīʔ*| • slow down, delay

IV **أبطأ** *ʔabṭaʔa v.* |4s(c) يبطئ *yubṭiʔ^u* | إبطاء *ʔibṭāʔ*| • *v.tr.* slow down, delay • *v.intr.* be late *for* عن

بطارية *baṭṭārīya^t n.* • battery

بطاطس *baṭāṭis coll. n.* |*sing.* ثمرة بطاطس *tamarat ·*

baṭāṭis| • potatoes ▪ بطاطس بالفرن *baṭāṭis bi-lfurn^i* baked potatoes ▪ بطاطس مقلية *baṭāṭis maqlīya^t*, بطاطس محمرة *baṭāṭis muħammara^t* French fries (UK: chips)

بطيخ *baṭṭīx coll. n.* |*sing.* بطيخة *baṭṭīxa^t*| • watermelons

بطرس *buṭrus* **dip.** *man's name* • Butrus, Peter

بط *baṭṭ coll. n.* |*sing.* بطة *baṭṭa^t*| • ducks

بطاقة *biṭāqa^t n.* |*pl.* **dip.** بطائق *baṭāʔiq*| • card ▪ بطاقة بريدية *biṭāqa^t barīdīya^t* postcard ▪ بطاقة ائتمان *biṭāqat · iʔtimān* credit card

بطل *baṭal n.* |*pl.* أبطال *ʔabṭāl*| • hero • champion • star (of a movie, etc.)

بطلة *baṭala^t n.* • heroine

بطال *baṭṭāl adj.* • unemployed

بطالة *baṭāla^t* or *biṭāla^t n.* • unemployment

بطولة *buṭūla^t n.* • heroism

باطل *bāṭil act. part.* • *adj.* absurd, baseless, false, invalid • *n.* falsehood, lie

IV **أبطل** *ʔabṭala v.tr.* |4s يبطل *yubṭil^u* | إبطال *ʔibṭāl*| • cancel, annul, void

إبطال *ʔibṭāl n.*↑ • cancellation, annulment

بطن *baṭn n.* |*pl.* بطون *buṭūn*| • abdomen, belly, stomach ▪ بطن ساق *baṭn · sāq (anatomy)* calf

بطانة *biṭāna^t n.* • inside lining

بطانية *baṭṭānīya^t n.* • blanket

باطن *bāṭin* |*pl.* **dip.** بواطن *bawāṭin*| • *n.* interior, inside • *n.* bottom, underside ▪ باطن يد *bāṭin · yad (hand)* palm ▪ باطن قدم *bāṭin · qadam (foot)* sole • *adj.* |*elat.* أبطن *ʔabṭan*| hidden, covert

باطني *bāṭinī^y* • internal, interior- ▪ الطب الباطني *aṭṭibb albāṭinī^y n.* internal medicine

بظر *baẓr n.* |*pl.* بظور *buẓūr*| • clitoris

بعث *baƐata v.tr. & intr.* |1s1 يبعث *yabƐat^u* | بعث *baƐt*| • send (بـ) *to* إلى

بعث *baƐt n.*↑ |*pl.* بعوث *buƐūt*| • expedition, mission • revival, resurrection

باعث *bāƐit act. part. n.* |*pl.* **dip.** بواعث *bawāʔit*| • motive, incentive

مبعوث *mabƐūt pass. part. n.* • envoy, delegate, representative

بعثة *baƐta^t n.* |*pl.* بعثات *baƐ(a)tāt*| • mission, expedition, delegation ▪ في بعثة *fī baƐta^tin adv.* on a mission, on an expedition ▪ أوفد بعثة إلى *ʔawfada baƐta^t ʔilā v.* send a delegation to

بعثي *baƐtī^y adj. n.* • Baathist

مبعث *mabƐat n.* |*pl.* **dip.** مباعث *mabāƐit*| • cause, factor

QI **بعثر** *baƐtara v.tr.* |11s يبعثر *yubaƐtir^u* | بعثرة *baƐtara^t*| • scatter

بعد *baƐuda v.intr.* |1s6 يبعد *yabƐud^u* | بعد *buƐd*| • be far *from* عن

بعد *buƐd n.*↑ |*pl.* أبعاد *ʔabƐād*| • distance ▪ بعد النظر *buƐd · annaẓar^i* hyperopia, farsightedness ▪ عن بعد *Ɛan buƐd^in adv.* from afar, at a distance, remotely ▪ على بعد *Ɛalā buƐd^i prep.* at a distance of • dimension

بعد *baƐda prep.* • *(time)* after ▪ بعد الظهر *baƐda -ẓẓuhr^i adv.* in the afternoon ▪ بعد ذلك *baƐda đālika*, بعدئذ *baƐdaʔiđ^in*, بعدها *baƐdahā adv.* after that, afterward, then ▪ بعد __ بـ *baƐda __ bi- prep.* [+ length of time] ...after __ ◊ بعد عودته بيومين *two days after his return* ▪ مرة بعد مرة *marra^tan baƐda marra^tin adv.* again and again ▪ الواحد بعد الآخر *alwāħid baƐda -lʔāxar^i* one after another ▪ ما بعد *mā baƐda (lit. that which is after)* after, post- ◊ ليبيا ما بعد الثورة *post-revolutionary Libya* ◊ ما بعد الاستعمارية *post-colonialism*; *(referring to past, present, or future)* [+ masdar] after *(do)*ing ◊ سأبدأ حياتي المهنية بعد التخرج من الجامعة. *I'll start my career after finishing college.* ◊ بعد انتهاء الدروس، تتناول المعلمة الغداء في مكتبها. *After the lessons finish, the teacher has lunch in her office.* ▪ بعد أن *baƐda ʔan*, بعدما *baƐdamā conj. (referring to past)* [+ perfect] after *(do)*ing, after having *(done)* ◊ بعد أن تناولت العشاء ذهبت إلي النوم. *After she had dinner, she went to bed.*; *(referring to present or future)* [+ subjunctive] after *(do)*ing ◊ بعد أن أتخرج من الجامعة سأبدأ حياتي المهنية. *After I finish college, I'll start my career.* • in, away, off, from now, later ◊ بعد أيام *a few days later / in a few days* ▪ بعد الآن *baƐd^a -lʔān^i* from now on • *(location)* beyond, after ◊ بعد الجبال *beyond the mountains*

بعد *baƐdu adv.* • yet ◊ هل وصلنا بعد؟ *Are we there yet?* ▪ فيما بعد *fīmā baƐdu*, من بعد *min baƐdu adv.* later, subsequently ◊ أراك فيما بعد! *See you later!*; [negative past +] haven't *(done)* yet, still haven't *(done)* ◊ أنا لم أفعله بعد. *I haven't done it yet.* ▪ ليس بعد *laysa baƐdu* not yet

بعيد *baƐīd adj.* |*m. pl.* بعاد *biƐād* | *elat.* أبعد *ʔabƐad*| • far *from* عن, distant, remote ▪ بعيدا *baƐīdan adv.* far (away) ▪ بعيد النظر *baƐīd · annaẓr^i* clairvoyant, farsighted, shrewd, wise

IV **أبعد** *ʔabƐada v.tr.* |4s يبعد *yubƐid^u* | إبعاد *ʔibƐād*| • remove *sth* ه *from* عن, keep away • exile, deport

إبعاد *ʔibƐād n.*↑ • removal • exile, deportation

VIII **ابتعد** *ibtaƐada v.intr.* |8s يبتعد *yabtaƐidᵘ* | ابتعاد *ibtiƐād*| • stay away *from* عن, avoid, keep away, move away, distance *oneself* • be away *from* عن, be far

X **استبعد** *istabƐada v.tr.* |10s يستبعد *yastaƐbidᵘ* | استبعاد *istibƐād*| • deem unlikely, regard as improbable, rule out ▪ لا يُستبعد *lā yustabƐadᵘ pass. v.* not inconceivable ◊ لا تستبعد الحرب بين البلدين. *War between the two countries is not inconceivable.*

مستبعد *mustabƐad pass. part. adj.* |*elat.* أكثر استبعادا *ʔaktar istibƐādan*| • unlikely, improbable, far-fetched ▪ من المستبعد أنْ *minᵃ -lmustabƐadⁱ ʔan* it is improbable that... ◊ من المستبعد أن يعلن الرئيس حالة الطوارئ. *It's unlikely that the president will declare a state of emergency.* ▪ من غير المستبعد أنْ *min ɣayrⁱ -lmustabƐadⁱ ʔan* it cannot be ruled out that...

بعير *baƐīr n.* |*pl.* أبعرة *ʔabƐiraᵗ*| • camel

بعض *baƐḍ n.* • portion, part •__ بعض من *baƐḍ min* __ [+ definite genitive noun or pronoun suffix] some (of the) __ ◊ بعض الناس *some people* ◊ بعض الدول *some (of the) countries* ▪ البعض *albaƐḍ* some (people) ◊ يقول البعض إن... *some say that...* ▪ بعض __ ... البعض الأخر... *baƐḍ* __ ... *albaƐḍ alʔaxar* some __..., others... ▪ بعض الأحيان *baƐḍᵃ -lʔaḥyānⁱ adv.* sometimes ▪ بعض الشيء *baƐḍᵃ -ššayʔⁱ adv.* a little, a bit ◊ ابتعدت عنه بعض الشيء. *She moved a bit away from him.* ◊ انتظر بعض الشيء. *Wait a little.*; [adjective +] rather, somewhat ◊ ربما يكون هذا السؤال غريبا بعض الشيء، لكن *Maybe this question is somewhat strange, but...* ▪ بعض الوقت *baƐḍᵃ -lwaqtⁱ adv.* for some time, for a while

بعضهم *baƐḍᵘhum*, بعضهم البعض *baƐḍᵘhum albaƐḍ*, بعضهم بعضا *baƐḍᵘhum baƐḍan n.* • each other

بعوض *baƐūḍ coll. n.* |*sing.* بعوضة *baƐūḍaᵗ*| • mosquitoes

بغتة *baɣtaᵗ n.* • surprise, unexpected event ▪ بغتة *baɣtatan*, على بغتة *Ɛalā baɣtaᵗⁱⁿ adv.* surprisingly, unexpectedly

بغداد *baɣdād n. f. dip.* • *(capital of Iraq)* Baghdad

بغدادي *baɣdādīʸ adj. & n.* • Baghdadi ➡ ***map on p. 202***

بغيض *baɣīḍ adj.* |*elat.* أبغض *ʔabɣaḍ*| • dreadful, hated

IV **أبغض** *ʔabɣaḍa v.tr.* |4s يبغض *yubɣiḍᵘ* | إبغاض *ʔibɣāḍ*| • detest, hate, loathe

بغل *baɣl n.* |*pl.* بغال *biɣāl*| • mule

بغى *baɣā v.tr.* • |1d2 يبغي *yabɣī* | بغاء *buɣāʔ*| long for, wish for • |1d2 يبغي *yabɣī* | بغي *baɣy*| wrong, oppress • |1d2 يبغي *yabɣī* | بغاء *biɣāʔ*| work as a prostitute, whore; fornicate, commit adultery

بغاء *biɣāʔ n.*↑ • prostitution

بغي *baɣīʸ* |*pl.* ***invar.*** بغايا *baɣāyā*| • *adj.* |*elat.* ***invar.*** أبغى *ʔabɣā*| promiscuous, sexually immoral ⓘ *This adjective does not vary for gender:* ▪ امرأة بغي *imraʔaᵗ baɣīʸ n.* prostitute • *n. f.* prostitute, whore

بغية *buɣyaᵗ n.* • wish, object of desire

بغية *buɣyata prep.* • for the purpose of, with a view to, with the aim of, so that, in order to ◊ ذاكر الطالب بغية النجاح. *The student studied in order to succeed.*

VII **انبغى** *inbaɣā v.intr.* |7d ينبغي *yanbaɣī* | انبغاء *inbiɣāʔ*| • ينبغي (عليه) أنْ *yanbaɣī (alayhi) ʔan*, ينبغي له أنْ *yanbaɣī lahu ʔan* (impersonal verb) should *(do)*, ought to *(do)* ◊ ينبغى أن تتحدث معها. *You ought to talk to her.* ◊ هل ينبغي علي القلق؟ *Should I worry?* ◊ أخبرهم بأنه ينبغي عليهم الذهاب إلى دمشق. *He told them they should go to Damascus.* ⓘ *Notice that the above examples have pronoun subjects in English. A noun subject should precede the verb:* ◊ النساء ينبغي عليهن أن... *Women should...* ▪ لا ينبغي (عليه) أن *lā yanbaɣī (alayhi) ʔan*, ينبغي (عليه) ألا *yanbaɣī (Ɛalayhi) ʔallā* must not *(do)*, should not *(do)* ◊ ينبغي ألا ننسى هذا أبدا! *We mustn't ever forget this!* ◊ لا ينبغي عليك قول كلام كهذا. *You shouldn't say things like that.* ◊ ينبغي عليك عدم الذهاب. *You mustn't go.* ▪ كان ينبغي (عليه) *kāna yanbaɣī (alayhi)* should have (done) ◊ كان ينبغي عليك أن تقوم بإضافة القليل من الملح إلى الطعام. *You should have added a little salt to the food.* ▪ لم يكن ينبغي (عليه) *lam yakun yanbaɣī (alayhi)* should not have (done) ◊ لم يكن ينبغي أن تفعل هذا. *She shouldn't have done that.*

VIII **ابتغى** *ibtaɣā v.tr.* |8d1 يبتغي *yabtaɣī* | ابتغاء *ibtiɣāʔ*| • strive *for*

QI **بقبق** *baqbaqa v.intr.* |11s يبقبق *yubaqbiqᵘ* | بقبقة *baqbaqaᵗ*| • bubble, gurgle

بقر *baqar coll. n.* |*sing.* بقرة *baqaraᵗ* | *pl.* أبقار *ʔabqār*| • cows, cattle

بقشيش *baqšīš n.* |*pl.* ***dip.*** بقاشيش *baqāšīš*| • tip, gratuity

ب

II **بقّع** *baqqaƐa v.tr.* |*2s* يبقّع *yubaqqiƐ*[u] | تبقيع *tabqīƐ*| • stain

بقعة *buqƐa*[t] *n.* • |*pl.* بقع *buqaƐ*| stain, spot • |*pl.* بقاع *biqāƐ*| *(land)* plot, lot, tract

بقلة *baqla*[t] *n.* |*pl.* بقول *buqūl*| • cress, garden cress

بقّال *baqqāl n.* • (green)grocer

بقالة *biqāla*[t] *n.* • groceries • grocery store

بقي *baqiya v.intr.* |*1d4* يبقى *yabqā* | بقاء *baqāʔ*| • stay, remain ◊ بقيت في البيت طوال عطلة نهاية الاسبوع. *I stayed home all weekend.* ▪ بقي على قيد الحياة *baqiya Ɛalā qayd*[i] *-lħayāt*[i] survive, continue to live • [+ imperfect] continue to *(do)*, keep *(do)*ing ◊ بقي يدرس في الجامعة مدة طويلة. *He continued studying in college for a long time.* • [+ predicate in the accusative] continue (to be), remain ◊ بقي عازبا طوال حياته. *He remained a bachelor throughout his life.* ▪ بقي بدون تغيير *baqiya bi-dūn*[i] *taɣyīr*[in] remain unchanged, stay the same

بقاء *baqāʔ n.*↑ • continuance, survival ▪ صراع من أجل البقاء *ṣirāƐ min ʔajl*[i] *-lbaqāʔ*[i] struggle for survival

باق *bāq(in) act. part.* ***def.*** |*elat.* ***invar.*** أبقى *ʔabqā*| • *adj.* remaining • *n. (money back)* change • *n.* remainder, rest ▪ باقي الـ__ *bāqī -l-*__ the rest of __, other ◊ مقارنة بباقي العام *compared to the rest of the year* ◊ مثل باقي الناس *like other people*

بقية *baqīya*[t] *n.* |*pl.* ***invar.*** بقايا *baqāyā*| • remainder, rest ▪ بقية الـ__ *baqīyat · al-*__ the rest of __, other ◊ مقارنة ببقية الطلاب *compared to the rest of the students* ◊ مثل بقية العالم *like the rest of the world* ▪ بقايا *baqāyā pl. n.* remains

IV **أبقى** *ʔabqā v.tr.* |*4d* يبقي *yubqī* | إبقاء *ʔibqāʔ*| • leave (behind), make stay, leave be • keep على, maintain, conserve

إبقاء *ʔibqāʔ n.*↑ • maintenance *of* على, conservation

V **تبقّى** *tabaqqā v.intr.* |*5d* يتبقّى *yatabaqqā* | ***def.*** تبقّ *tabaqq(in)*| • remain, be left (over)

متبقّ *mutabaqq(in) act. part. adj.* ***def.*** • left over, remaining

X **استبقى** *istabqā v.tr.* |*10d* يستبقي *yastabqī* | استبقاء *istibqāʔ*| • retain, detain, keep

بكالوريوس *bakālōriyūs*, بكالوريا *bakālōriyā n.* • bachelor's degree

بكتيريا *baktīriyā n.* ***invar.*** • bacteria

بكتيري *baktīrīy adj.* • bacterial

باكر *bākir adj.* |*elat.* أبكر *ʔabkar*| • early ▪ صباح باكر *ṣabāħ bākir n.* early morning ▪ باكرا *bākiran adv.* early; early in the morning

II **بكّر** *bakkara v.intr.* |*2s* يبكّر *yubakkir*[u] | تبكير *tabkīr*| • [+ masdar] be early *(do)ing* في, *(do)* early ◊ بكرت في الوصول إلى المدرسة. *She got to school early.*

مبكّر *mubakkir act. part.* |*elat.* أبكر *ʔabkar*| • *adj.* early, premature ▪ مبكرا *mubakkiran adv.* early, prematurely

VIII **ابتكر** *ibtakara v.tr.* |*8s* يبتكر *yabtakir*[u] | ابتكار *ibtikār*| • devise, innovate

ابتكار *ibtikār n.*↑ • innovation • creativity

مبتكِر *mubtakir act. part. adj.* |*elat.* أكثر ابتكارا *ʔaktar ibtikāran*| • *(of people)* innovative, creative

مبتكَر *mubtakar pass. part. adj.* |*elat.* أكثر ابتكارا *ʔaktar ibtikāran*| • *(of things)* innovative, creative, original

أبكم *ʔabkam adj.* ***dip.*** |*m. pl.* بكم *bukm* | *f. sing.* ***dip.*** بكماء *bakmāʔ* | *f. dual* بكماوان *bakmāwān*[i] | *f. pl.* بكماوات *bakmāwāt*| • mute, dumb

بكى *bakā v.intr.* |*1d2* يبكي *yabkī* | بكاء *bukāʔ*| • cry *over/about* على, weep ▪ بكى بحرارة *bakā bi-ħarāra*[tin] cry buckets

IV **أبكى** *ʔabkā v.tr.* |*4d* يبكي *yubkī* | إبكاء *ʔibkāʔ*| • make cry, bring to tears

مبك *mubk(in) act. part. adj.* ***def.*** |*elat.* أكثر إبكاء *ʔaktar ʔibkāʔan*| • saddening, lamentable

بكين *pikīn n.* ***f. dip.*** • *(capital of China)* Beijing, Peking

بل *bal(i) conj.* • [negative clause +] but, rather, but rather ◊ مريم ليست بنتي بل بنت أخي. *Maryam isn't my daughter; she's my niece.* ▪ ... فحسب بل... أيضا *... faħasb*[u] *bal... ʔayḍan*, ... فقط بل ... كذلك *... faqaṭ bal... kađālika* not only... but also... ◊ إنه لا يتكلم العربية فحسب بل يتكلم الإنجليزية أيضا. *Not only does he speak Arabic, but he speaks English also.* • *(after misspeaking)* or rather, ..., no,... ◊ هذا الولد بل الرجل... *this boy, no, man...*

بلا *bi-lā prep.* • without ➡ بـ *bi-* ***p. 23*** ◊ عاشت يومين بلا طعام. *She lived for two days without food.* ◊ كان هو الأفضل بلا شك. *Without a doubt, he was the best.*

بلاستر *blāstir n.* • bandage

بلاستيك *blāstīk n.* • plastic

بلاستيكي *blāstīkīʸ adj.* • plastic-

بلبل *bulbul n.* |*pl.* **dip.** *n.* بلابل *balābil*| • nightingale

IV **أبلج** *ʔablaja* |*4s* يبلج *yublijᵘ* | إبلاج *ʔiblāj*| • *v.intr.* shine ▪ .الحق أبلج والباطل لجلج *alḥaqqᵘ ʔablaja wa-lbāṭilᵘ lajlaja proverb* Truth glitters and falsehood falters.

بلجيكا *beljīkā n.* **f. invar.** • Belgium

بلجيكي *beljīkīʸ adj. & n.* • Belgian

بلح *balaḥ coll. n.* |*sing.* بلحة *balaḥaᵗ*| • dates

بلد *balad n.* **m.** *or* **f.** |*pl.* بلاد *bilād* or بلدان *buldān*| • *(nation)* country • town

بلد وين *balad · wayn n.* **f.** • *(city in Somalia)* Beledweyne ➥ **map on p. 177**

بلدي *baladīʸ adj.* • municipal ▪ مجلس بلدي *majlis baladīʸ n.* city council

بلدية *baladīyaᵗ n.* • municipality ▪ مبنى بلدية *mabnā · baladīyaᵗ* city hall

بلدة *baldaᵗ n.* • town

بلادة *balādaᵗ n.* • stupidity

بليد *balīd adj.* |*pl.* **dip.** بلداء *buladāʔ* | *elat.* أبلد *ʔablad*| • stupid, idiotic ◊ !أيها البليد *You idiot!*

بليدة *bulaydaᵗ n. diminutive* • small town

البليدة *albulaydaᵗ* or *blīdaᵗ n.* **dip.** • *(city in Algeria)* Blida ➥ **map on p. 57**

بلطة *baltaᵗ n.* • axe

بلاط *balāṭ* • *coll. n.* |*sing.* بلاطة *balāṭaᵗ*| floor tiles ▪ بلاطة سقف *balāṭat · saqf (roof)* shingle • *n. (royal)* court

بلوط *ballūṭ coll. n.* |*sing.* بلوطة *ballūṭaᵗ*| • oaks ▪ جوز بلوط *jawz · balūṭ* acorns

II **بلط** *ballaṭa v.tr.* |*2s* يبلط *yuballiṭᵘ* | تبليط *tablīṭ*| • tile

بلع *balaƐa v.tr.* |*1s1* يبلع *yablaƐᵘ* | بلع *balƐ*| • swallow

بلاعة *ballāƐaᵗ n.* |*pl.* **dip.** بلاليع *balālīƐ* or بلاعات *ballāƐāt*| • drain • sewer

بالوعة *bāllūƐaᵗ n.* |*pl.* **dip.** بواليع *bawālīƐ*| • drain • sewer

VIII **ابتلع** *ibtalaƐa v.tr.* |*8s* يبتلع *yabtaliƐᵘ* | ابتلاع *ibtilāƐ*| • swallow

بلعوم *bulƐūm n.* • pharynx

بلغ *balaɣa v.tr.* |*1s3* يبلغ *yabluɣᵘ* | بلوغ *bulūɣ*| • reach

بالغ *bāliɣ act. part.* • *adj.* |*elat.* أكثر بلوغا *ʔaktar bulūɣan*| adult, of age, grown up ▪ بالغ سن الرشد *bāliɣ sinnᵃ · -rrušdⁱ* of age • *adj.* |*elat.* أبلغ *ʔablaɣ*| extreme, utmost ▪ بالغ الأهمية *bāliɣ · alʔahammiyaᵗⁱ* of the utmost importance, extremely important ▪ ببالغ الأسف *bi-bāliɣⁱ -lʔasafⁱ adv.* with profound regret • *n.* adult, grown-up • amount ▪ البالغ عددهم *albāliɣ Ɛadadᵘhum* [+ number] which number... ◊ سكان المدينة البالغ عددهم ٩ مليون نسمة... *the inhabitants of the city, who number 9 million,...*

بلاغ *balāɣ n.* • notification, notice, announcement

بلاغة *balāɣaᵗ n.* • eloquence

بليغ *balīɣ adj.* |*m. pl.* **dip.** بلغاء *bulaɣāʔ* | *elat.* أبلغ *ʔablaɣ* or أكثر بلاغة *ʔaktar balāɣaᵗᵃⁿ*| • eloquent, well-spoke • intense, lasting

مبلغ *mablaɣ n.* |*pl.* **dip.** مبالغ *mabāliɣ*| • sum, amount

II **بلغ** *ballaɣa v.tr.* |*2s* يبلغ *yuballiɣᵘ* | تبليغ *tablīɣ*| • report *to* ∘ *about* بـ *or* عن, inform • communicate, tell ▪ بلغ تحياته لـ *ballaɣa taḥīyātᵃhu li-* give *sb's* regards to ◊ .بلغ تحياتي لها *Say hi to her for me.*

III **بالغ** *bālaɣa v.tr.* |*3s* يبالغ *yubāliɣᵘ* | مبالغة *mubālaɣaᵗ*| • exaggerate

مبالغة *mubālaɣaᵗ n.*↑ • exaggeration

IV **أبلغ** *ʔablaɣa v.tr.* |*4s* يبلغ *yubliɣᵘ* | إبلاغ *ʔiblāɣ*| • inform *sb* ∘ *about* بـ *or* عن, report ◊ أبلغوا الشرطة بالتفاصيل. *They reported the details to the police.*

بلوغ *bulūɣ n.*↑ • puberty

بلغاريا *bulɣāriyā n.* **f. invar.** • Bulgaria

بلغاري *bulɣārīʸ adj. & n.* • Bulgarian

بلكونة *balkōnaᵗ*, بلكون *balkōn n.* • balcony

بل *balla v.tr.* |*1g3* يبل *yabullᵘ* | بلل *balal*| • moisten, make wet, wet

مبلول *mablūl pass. part. adj.* |*elat.* أكثر بللا *ʔaktar balalan*| • wet

بلال *bilāl man's name* • Bilal

II **بلل** *ballala v.tr.* |*2s* يبلل *yuballilᵘ* | تبليل *tablīl*| • moisten, make wet, wet ▪ بلل السرير *ballala assarīrᵃ* wet the bed

مبلل *muballal pass. part. adj.* |*elat.* أكثر تبللا *ʔaktar taballulan*| • wet

V **تبلل** *taballala v.intr.* |*5s* يتبلل *yataballalᵘ* | تبلل *taballul*| • become wet ◊ .تبللت من المطر *I got wet in the rain.*

بلاهة *balāhaᵗ n.* • foolishness, stupidity, idiocy

أبله *ʔablah* **dip.** |*m. pl.* بله *bulh* | *f. sing.* **dip.** بلهاء *balhāʔ* | *f. dual* بلهاوان *balhāwānⁱ* | *f. pl.* بلهاوات *balhāwāt* | *elat.* أكثر بلاهة *ʔaktar balāhaᵗᵃⁿ*| • *adj.*

foolish, stupid, idiotic • *n.* fool, idiot

بلي *baliya v.intr.* |*1d4* يبلى *yablā* | **indecl.** بلى *bil(an)* | • wear out, become worn out

بلاء *balāʔ n.* • misfortune, affliction

III **بالى** *bālā v.tr. & intr.* |*3d* يبالي *yubālī* | مبالاة *mubālāᵗ* | • care *about* (بـ), be concerned

مبالاة *mubālāᵗ n.*↑ • care, concern, attention, consideration, regard ▪ لامبالاة *lāmubālāᵗ* indifference, disregard

مبال *mubāl(in) act. part. adj.* **def.** • concerned *about* بـ, mindful ▪ لامبال *lāmubāl(in)* indifferent *to* بـ, unconcerned

بلور *ballūr* or *billawr n.* • crystal

بلوري *ballūrīʸ* or *billawrīʸ adj.* • crystal-

QII **تبلور** *tabalwara v.intr.* |*12s* يتبلور *yatabalwarᵘ* | تبلور *tabalwur* | • crystalize

البلوز *alblūz n.* **invar.** • *(music)* the blues

بلوزة *blūzaᵗ n.* • blouse

بلى *balā interjection* • *(affirmative answer to a negative quesiton)* yes, indeed, certainly ◊ ألا توافق على ذلك؟ - بلى إني أوافق تماما. *You don't agree? - Yes, I do. I completely agree.* • *(contradicts a negative statement)* yes ◊ لا أعرف. - بلى تعرفين! *I don't know. - Yes, you do!*

بلياردو *bilyārdō n.* • billiards

بليون *bilyūn n. number* |*pl.* **dip.** بلايين *balāyīn* | • [+ indefinite genitive singular] billion ◊ أكثر من ثلاثة بلايين نسمة *more than three billion people*

بن *bnᵘ n.* • *(used in names)* son of ◊ الشيخ حمد بن خليفة آل ثاني *Sheikh Hamad bin Khalifa Al Thani (emir of Qatar 1995-2013)*

بنو *banū n.* • [+ genitive noun] sons of ▪ بنو إسرائيل *banū · ʔisrāʔīl* Israelites, sons of Israel

بنت *bint n.* |*pl.* بنات *banāt* | • girl • daughter ▪ بنت أخ *bint · ʔax (brother's daughter)* niece ▪ بنت أخت *bint · ʔuxt (sister's daughter)* niece ▪ بنت خال *bint · xāl (maternal uncle's daughter)* cousin ▪ بنت خالة *bint · xālaᵗ (maternal aunt's daughter)* cousin ▪ بنت عم *bint · ɛamm (paternal uncle's daughter)* cousin ▪ بنت عمة *bint · ɛammaᵗ (paternal aunt's daughter)* cousin

بنات بئس *banāt · biʔs pl. n.* • adversities, misfortunes

ابن *ibn n.* |*pl.* أبناء *ʔabnāʔ* or بنون *banūnᵃ* | • son ▪ أبناء *ʔabnāʔ pl. n.* children ▪ ابن أخ *ibn · ʔax (brother's son)* nephew ▪ ابن أخت *ibn · ʔuxt (sister's son)* nephew ▪ ابن بالتبني *ibn bi-ttabannī* adopted son ▪ ابن خال *ibn · xāl (maternal uncle's son)* cousin ▪ ابن خالة *ibn · xālaᵗ (maternal aunt's son)* cousin ▪ ابن عم *ibn · ɛamm (paternal uncle's son)* cousin ▪ ابن عمة *ibn · ɛammaᵗ (paternal aunt's son)* cousin ▪ زوجة ابن *zawjat · ibn* daughter-in-law ▪ ابن آدم *ibn · ʔādam* human being • member ▪ ابن أقلية *ibn · ʔaqalliyaᵗ* member of a minority ▪ أبناء المجتمع *ʔabnāʔ · almujtamaɛᶦ pl. n.* members of society

بنوي *banawīʸ adj.* • filial

ابنة *ibnaᵗ n.* |*pl.* بنات *banāt* | • daughter ▪ ابنة أخ *ibnat · ʔax (brother's daughter)* niece ▪ ابنة أخت *ibnat · ʔuxt (sister's daughter)* niece ▪ ابنة بالتبني *ibnaᵗ bi-ttabannī* adopted daughter ▪ ابنة خال *ibnat · xāl (maternal uncle's daughter)* cousin ▪ ابنة خالة *ibnat · xālaᵗ (maternal aunt's daughter)* cousin ▪ ابنة عم *ibnat · ɛamm (paternal uncle's daughter)* cousin ▪ ابنة عمة *ibnat · ɛammaᵗ (paternal aunt's daughter)* cousin ▪ زوج ابنة *zawj · ibnaᵗ* son-in-law

V **تبنى** *tabannā v.tr.* |*5d* يتبنى *yatabannā* | **def.** تبن *tabann(in)* | • adopt ◊ تبنوا طفلين. *They adopted two children.* • take up, embrace, adopt ◊ تبنت رؤية مستنيرة. *She's adopted an enlightened view.*

تبن *tabann(in) n.*↑ **def.** • adoption ▪ والدان بالتبني *wālidānᶦ bi-ttabannī* adoptive parents

البنتاغون *albentāgōn n.* • the Pentagon

بنج *banj n.* • anesthetic

II **بنج** *bannaja v.tr.* |*2s* يبنج *yubannijᵘ* | تبنيج *tabnīj* | • anesthesize, drug

بنجر *banjar coll. n.* |*sing.* بنجرة *banjaraᵗ* | • beetroot

بند *band n.* |*pl.* بنود *bunūd* | • *(legal)* article, clause

بندق *bunduq coll. n.* |*sing.* بندقة *bunduqaᵗ* | • hazelnuts

بندقية *bunduqīyaᵗ n.* |*pl.* **dip.** بنادق *banādiq* | • gun ▪ البندقية *albunduqīyaᵗ n. (city in Italy)* Venice

بندورة *banadōraᵗ n.* • tomato

بنزرت *binzart n.* **f. dip.** • *(city in Tunisia)* Bizerte ➡ **map on p. 45**

بنزين *benzīn n.* **invar.** • gasoline (UK: petrol), gas ▪ دواسة بنزين *dawwāsat · benzīn* gas pedal (UK: accelerator)

بنسيون *bansiyōn n.* • pension, lodging house

بنصر *binṣir n.* **f.** |*pl.* **dip.** بناصر *banāṣir* | • ring finger

بنطلون *banṭalūn n.* • (a pair of) pants, trousers

بنغازي *banγāzī n.* ***f. invar.*** • *(city in Libya)* Benghazi ➡ ***map on p. 278***

بنغلاديش *bangladeš n.* ***f. invar.*** • Bangladesh
 بنغلاديشي *bangladešīʸ adj. & n.* • Bangladeshi

بنفسج *banafsaj coll. n.* |*sing.* بنفسجة *banafsajaᵗ*| • violets
 بنفسجي *banafsajīʸ adj.* • *(color)* violet, purple

بنك *bank n.* |*pl.* بنوك *bunūk*| • bank
 بنكي *bankīʸ adj.* • bank-

بنكرياس *bankriyās n.* • pancreas

بنما *banamā n.* ***f. invar.*** • Panama ▪ مدينة بنما *madīnat · banamā (capital of Panama)* Panama City ▪ قناة بنما *qanāt · banamā* the Panama Canal
 بنماني *banamānīʸ adj. & n.* • Panamanian

بن *bunn n.* • coffee beans
 بني *bunnīʸ adj.* • brown

بنوم بنه *b(i)nōm b(i)nah n.* ***f. invar.*** • *(capital of Cambodia)* Pnom Penh

بنى *banā v.tr.* |*1d2* يبني *yabnī* | بناء *banāʔ*| • build, construct

بناء *bināʔ n.* |*pl.* أبنية *ʔabniyaᵗ*| • building, edifice, structure • construction ▪ بناء على *bināʔan Ɛalā prep.* on the basis of ▪ بناء على طلبه *bināʔan Ɛalā ṭalabⁱhi* on *sb's* request
 بنائي *bināʔīʸ adj.* • structural

مبني *mabnīʸ pass. part. adj.* • based *on* على

بناء *bannāʔ* • *n.* builder • *adj.* constructive, positive

بناية *bināyaᵗ n.* • building, edifice, structure

بنيان *bunyān n.* • construction • building, edifice, structure

بنية *binyaᵗ* or *bunyaᵗ n.* |*pl.* ***indecl.*** بنى *bin(an)* or *bun(an)*| • structure ▪ بنية تحتية *binyaᵗ taḥtīyaᵗ* infrastructure ▪ بنية جسم *binyat · jism* physique, build

مبنى *mabn(an) n.* ***indecl.*** |*dual* مبنيان *mabnayānⁱ* | *pl.* ***def.*** مبان *mabān(in)*| • building, structure ▪ مبنى بلدية *mabnā · baladīyaᵗ* city hall

بني سويف *banī swayf n.* ***f. dip.*** • *(city in Egypt)* Beni Suef ➡ ***map on p. 287***

باهت *bāhit adj.* |*elat.* أبهت *ʔabhat*| • faint, dull, faded, pale

بهجة *bahjaᵗ n.* • delight, joy

بهيج *bahīj adj.* |*elat.* أبهج *ʔabhaj*| • delightful • magnificent, splendid

IV **أبهج** *ʔabhaja v.tr.* |*4s* يبهج *yubhijᵘ* | إبهاج *ʔibhāj*| • make happy, delight

مبهج *mubhij act. part. adj.* |*elat.* أكثر إبهاجا *ʔaktar ʔibhājan*| • delightful, cheerful

VIII **ابتهج** *ibtahaja v.intr.* |*8s* يبتهج *yabtahijᵘ* | ابتهاج *ibtihāj*| • be happy *about* بـ, rejoice ▪ ابتهج أيما ابتهاج *ibtahaja ʔayyamā -btihājⁱⁿ* be very delighted

مبتهج *mubtahij act. part. adj.* |*elat.* أكثر ابتهاجا *ʔaktar ibtihājan*| • happy

بهر *bahara v.tr.* |*1s1* يبهر *yabharᵘ* | بهر *bahr*| • overwhelm

باهر *bāhir act. part. adj.* |*elat.* أبهر *ʔabhar* or أكثر إبهارا *ʔaktar ʔibhāran*| • wonderful, splendid, marvelous

مبهور *mabhūr pass. part. adj.* |*elat.* أكثر انبهارا *ʔaktar inbihāran*| • overwhelmed • out of breath

بهار *bahār n.* • herb, spice

بهلوان *bahlawān n.* |*pl.* بهلوانات *bahlawānāt*| • clown
 بهلواني *bahlawānīʸ adj.* • acrobatic

بهيمة *bahīmaᵗ n.* |*pl.* ***dip.*** بهائم *bahāʔim*| • four-legged animal ▪ بهائم *bahāʔim pl. n.* livestock

IV **أبهم** *ʔabhama v.tr.* |*4s* يبهم *yubhimᵘ* | إبهام *ʔibhām*| • obscure, make ambiguous

إبهام *ʔibhām n.*↑ • |*pl.* ***dip.*** أباهيم *ʔabāhīm*| thumb ▪ إبهام قدم *ʔibhām · qadam*, إبهام رجل *ʔibhām · rijl* big toe • obscurity, vagueness, ambiguity

بهي *bahīʸ adj.* |*elat.* ***invar.*** أبهى *ʔabhā*| • radiant, splendid, beautiful, lovely ▪ في أبهى حلة *fī ʔabhā ḥullaᵗⁱⁿ adv.* in *one's* best attire

III **باهى** *bāhā v.intr.* |*3d* يباهي *yubāhī* | مباهاة *mubāhāᵗ*| • boast *about* بـ

بيئة *bīʔaᵗ n.* • environment, surroundings ▪ رفيق بالبيئة *rafīq bi-lbīʔaᵗⁱ adj.* environmentally friendly
 بيئي *bīʔīʸ adj.* • environmental

باب *bāb n.* |*pl.* أبواب *ʔabwāb*| • door ▪ على الأبواب *Ɛalā -lʔabwābⁱ adv.* imminent, close at hand ◊ الانتخابات على الأبواب. *Elections are right around the corner.*

بواب *bawwāb n.* • doorman, porter

بوابة *bawwābaᵗ n.* • gate ▪ بوابة أمامية *bawwābaᵗ ʔamāmīyaᵗ* front gate ▪ بوابة مغادرة *bawwābat · muγādaraᵗ* departure gate

بوتسوانا *bōtswānā n.* ***f. invar.*** • Botswana
 بوتسواني *bōtswānīʸ adj. & n.* • Botswanan

باح *bāḥa v.tr.* |*1h3* يبوح *yabūḥᵘ* | بوح *bawḥ*|

• disclose, reveal

بوح *bawḫ n.*↑ • disclosure *of* بـ, revelation

IV **أباح** *ʔabāḫa v.tr.* |*4h* يبيح *yubīḫᵘ* | إباحة *ʔibāḫaᵗ*| • disclose, reveal

مباح *mubāḫ pass. part. adj.* • permitted, lawful, halal, kosher

إباحي *ʔibāḫīʸ adj.* |*elat.* أكثر إباحية *ʔaktar ʔibāḫīyaᵗᵃⁿ*| • indecent, lewd, immoral, obscene, pornographic

إباحية *ʔibāḫīyaᵗ n.* • pornography

باحة *bāḫaᵗ n.* • courtyard

بودرة *būdraᵗ n.* • powder

بودكاست *bodkast n.* ***invar.*** • podcast

بوذا *būđā n.* ***invar.*** • Buddha

بوذي *būđīʸ adj. & n.* • Buddhist

البوذية *albūđīyaᵗ n.* • Buddhism

بورسعيد *būrsaƐīd n.* ***f. dip.*** • *(city in Egypt)* Port Said ➡ ***map on p. 287***

بور سودان *bōr · sūdān n.* ***f.*** • *(city in Sudan)* Port Sudan ➡ ***map on p. 151***

بورصة *būrṣaᵗ n.* • stock market, stock exchange

بورما *būrmā n.* ***f. invar.*** • Burma

بورماوي *būrmāwīʸ adj. & n.* • Burmese

II **بوز** *bawwaza* |*2s* يبوز *yubawwizᵘ* | تبويز *tabwīz*| • *v.intr.* pout, sulk

باس *bāsa v.tr.* |*1h3* يبوس *yabūsᵘ* | بوس *baws*| • kiss

بوسة *bawsaᵗ n.* |*pl.* بوسات *baw(a)sāt*| • kiss

بوساسو *bōsāso n.* ***f. invar.*** • *(city in Somalia)* Bosaso ➡ ***map on p. 177***

بوسطن *bosṭon n.* ***f. invar.*** • *(city in the U.S.)* Boston

البوسنة *albōsnaᵗ n.* ***f. invar.*** • Bosnia

بوسني *bōsnīʸ adj. & n.* • Bosnian

بوشار *būšār n.* • popcorn

بوص *būṣ coll. n.* • |*sing.* بوصة *būṣaᵗ*| reeds

بوصة *būṣaᵗ n.* • inch

بوصلة *būṣulaᵗ n.* • *(navigation)* compass

بوظة *būẓaᵗ n.* • ice cream sundae

بوفيه *būfayh n.* ***invar.*** • buffet

باقة *bāqaᵗ n.* • bouquet, bunch ▪ باقة زهور *bāqat · zuhūr* bouquet of flowers

بوق *būq n.* |*pl.* أبواق *ʔabwāq*| • trumpet, horn

بوكر *bōkar* or *pōker n.* ***invar.*** • poker

بال *bāla v.intr.* |*1h3* يبول *yabūlᵘ* | بول *bawl*| • urinate

بول *bawl n.*↑ |*pl.* أبوال *ʔabwāl*| • urine, urination

بولي *bawlīʸ adj.* • urinary ▪ جهاز بولي *jihāz bawlīʸ n.* urinary system

بال *bāl n.* • heart, mind

مبولة *mibwalaᵗ n.* • urinal

بولندا *bōlandā n.* ***f. invar.*** • Poland

بولندي *bōlandīʸ* • *adj.* Polish • *n.* Pole

بوليس *būlīs n.* • police

بوليفيا *bōlīviyā n.* ***f. invar.*** • Bolivia

بوليفي *bōlīvīʸ adj. & n.* • Bolivian

بوم *būm coll. n.* |*sing.* بومة *būmaᵗ* | *pl.* أبوام *ʔabwām*| • owls

بيانو *biyānō n.* |*pl.* بيانوهات *biyānōhāt*| • piano

بيب *bīb n.* ***invar.*** • pipe, tube

بيبة *bībaᵗ n.* • *(smoking)* pipe

بات *bāta v.intr.* |*1h2* يبيت *yabītᵘ* | مبيت *mabīt*| • spend the night ◊ بتنا في فندق صغير. *We spent the night in a small hotel.* • [+ predicate in the accusative] become ➡ ***Kāna and Her Sisters p. 268*** ◊ لقد بات النهار مظلما. *The days are growing darker.* • [+ indicative] begin to *(do)* ◊ باتت الحكومة تفهم الخطر. *The government has begun to understand the danger.*

مبيت *mabīt n.*↑ • spending the night ◊ هل لديك مكان للمبيت الليلة؟ *Do you have a place to spend the night?* ▪ حفلة مبيت *ḫaflat · mubīt* slumber party

بيت *bayt n.* • |*pl.* بيوت *buyūt*| house ▪ البيت الأبيض *albayt alʔabyaḍ* the White House ▪ بيت عنكبوت *bayt · Ɛankabūt* spider web ▪ بيت لحم *baytalaḫm* ***f. dip.*** *(city in Palestine)* Bethlehem ➡ ***map on p. 237*** ▪ بيت المقدس *bayt · almaqdisⁱ* Jerusalem ➡ ***map on p. 237*** ▪ بيتا بيتا *baytan baytan adv.* house by house, door to door • |*pl.* أبيات *ʔabyāt*| verse

بيتزا *bītzā*, بيتسا *bītsā n.* ***f. invar.*** • pizza ▪ بيتزا هات *bītzā hāt* Pizza Hut™

بيج *bayj adj.* |*f.* بيج *bayj*| • beige ▪ اللون البيج *allawn albayj n.* beige (color)

بيجامة *bījāmaᵗ*, بيجاما *bījāmā n.* • pajamas

بيد *bayda conj.* •بيد أن *bayda ʔanna* but, however, nevertheless

IV **أباد** *ʔabāda v.tr.* |*4h* يبيد *yubīdᵘ* | إبادة *ʔibādaᵗ*| • exterminate, annihilate

إبادة *ʔibādaᵗ n.*↑ • extermination, annihilation ▪ إبادة جماعية *ʔibādaᵗ jamāƐīyaᵗ* genocide

مبيد *mubīd act. part.* • *adj.* |*elat.* أكثر إبادة *ʔaktar ʔibādaᵗᵃⁿ*| destructive, deadly, lethal • *n.*

pesticide ▪ مبيد حشري *mubīd ħašarī^y* insecticide ▪ مبيد أعشاب *mubīd · ʔaƐšāb*, مبيد عشبي *mubīd Ɛašabī^y* herbicide

بيدق *baydaq n.* |*pl.* **dip.** بيادق *bayādiq*| • *(chess)* pawn

بيدوا *baydawā n.* ***f. invar.*** • *(city in Somalia)* Baidoa ➡ ***map on p. 177***

بيرة *bīra^t n.* • beer

بيرق *bayraq n.* |*pl.* **dip.** بيارق *bayāriq*| • banner

بيرو *bayrū n.* ***f. invar.*** • Peru

بيروفي *bayrūfī^y adj. & n.* • Peruvian

بيروت *bayrūt n.* ***f. dip.*** • *(capital of Lebanon)* Beirut ➡ ***map on p. 272***

بيروتي *bayrūtī^y adj. & n.* |*m. pl.* بيارتة *bayārita^t*| • Beiruti

بيروقراطي *bīrūqrāṭī^y adj.* • bureaucratic

بيروقراطية *bīrūqrāṭīya^t n.* • bureaucracy

بيسة *baysa^t n.* • baisa (1000 baisa = 1 Omani rial)

بيسبول *baysbōl n.* ***invar.*** • baseball ▪ مضرب بيسبول *miḍrab · baysbōl* baseball bat ▪ قبعة بيسبول *qubbaƐat · baysbōl* baseball cap

باض *bāḍa v.intr.* |*1h2* يبيض *yabīḍ^u* | بيض *bayḍ*| • lay an egg

بيض *bayḍ coll. n.* |*sing.* بيضة *bayḍa^t*| • eggs

بيضي *bayḍī^y*, بيضوي *bayḍawī^y* • *adj.* egg-shaped, oval

بياض *bayāḍ n.* • white, whiteness

بويضة *buwayḍa^t*, بييضة *buyayḍa^t n. diminutive* • ovum, egg

بيضاوي *bayḍāwī^y* • *adj.* oval • *adj. & n.* Casablancan

أبيض *ʔabyaḍ* **dip.** |*m & f pl.* بيض *bīḍ* | *f. sing.* **dip.** بيضاء *bayḍāʔ* | *f. dual* بيضاوان *bayḍāwān^i* | *f. pl.* بيضاوات *bayḍāwāt*| • *adj.* |*elat.* أكثر بياضا *ʔaktar bayāḍan*| white • *(hair)* gray • *n.* white person

البيضاء *albayḍāʔ n.* ***f.*** • *(city in Libya)* Baida ➡ ***map on p. 278***

الدار البيضاء *addār albayḍāʔ n.* ***f.*** • *(city in Morocco)* Casablanca ➡ ***map on p. 222***

مبيض *mibyaḍ n.* |*pl.* **dip.** مبايض *mabāyiḍ*| • ovary

II **بيّض** *bayyaḍa v.tr.* |*2s* يبيض *yubayyaḍ^u* | تبييض *tabyīḍ*| • whiten, bleach ▪ مادة تبييض *māddat · tabyīḍ n.* bleach

IV **أباض** *ʔabāḍa v.intr.* |*4h* يبيض *yubīḍ^u* | إباضة *ʔibāḍa^t*| • ovulate

إباضة *ʔibāḍa^t n.*↑ • ovulation

IX **ابيضّ** *ibyaḍḍa v.intr.* |*9s* يبيض *yabyaḍḍ^u* | ابيضاض *ibyiḍāḍ*| • become white, turn white

بيطرة *bayṭara^t n.* • veterinary medicine

بيطري *bayṭarī^y adj. & n.* • veterinarian

باع *bāƐa v.tr.* |*1h2* يبيع *yabīƐ^u* | بيع *bayƐ*| • sell

بيع *bayƐ n.*↑ • sale ▪ للبيع *li-lbayƐ^i adv.* for sale

بائع *bāʔiƐ act. part. n.* |*pl.* باعة *bāƐa^t* or بائعون *bāʔiƐūn^a*| • salesperson, merchant ▪ بائع زهور *bāʔiƐ · zuhūr* florist ▪ بائع سمك *bāʔiƐ · samak n.* fishmonger ▪ بائع سيارات *bāʔiƐ · sayyārāt* car salesperson ▪ بائع كتب *bāʔiƐ · kutub* bookseller

بيّاع *bayyāƐ n.* • salesperson, merchant

مبيع *mabīƐ n.* • sale ▪ مدير مبيعات *mudīr · mabīƐāt* sales manager

بيلاروسيا *baylārūsiyā n.* ***f. invar.*** • Belarus

بيلاروسي *baylārūsī^y adj. & n.* • Belarusian

بان *bāna v.intr.* |*1h2* يبين *yabīn^u* | بيان *bayān*| • become evident, become clear, become obvious

بيان *bayān n.*↑ • announcement, statement • clearness, obviousness

بائن *bāʔin act. part. adj.* • clear, evident, obvious

بين *bayna*, من بين *min bayn^i*, ما بين *mā bayna prep.* • between ◊ بين القاهرة والإسكندرية *between Cairo and Alexandria* ◊ بين المدن *between the cities* ⓘ بين *bayna is repeated when followed by a pronoun:* ◊ بينك وبين أبيك *between you and your dad* ▪ بين يديه *bayna yadayhi adv.* before, in front of *sb*; in *sb's* arms ▪ بيني وبينك *baynī wa-baynaka* between me and you ▪ بينه وبين نفسه *baynahu wabayna nafsihi adv.* to oneself ◊ .ضحكت بيني وبين نفسي *He laughed to himself.* • among ▪ من بينها *min baynahā* from among which..., including ◊ زرنا بضع دول من بينها الصين واليابان. *We visited several countries, including China and Japan.* ▪ ليس من بينها *laysa min baynahā* excluding, except ◊ دول عربية ليس من بينها سوريا... *Arab countries, except Syria,...*

بينما *baynamā conj.* • *(simultaneous actions)* while ◊ .دخل لص منزلي بينما كنت نائما *A thief entered my house while I was asleep.* • *(contrast)* whereas, while ◊ أنا أحب القراءة بينما هي تكرهها. *I love reading, whereas she hates it.*

بيّن *bayyin adj.* |*elat.* أبين *ʔabyan*| • clear, evident, obvious

II **بيّن** *bayyana v.tr.* |*2s* يبين *yubayyin^u* | تبيين *tabyīn*| • show, display

IV **أبان** *ʔabāna v.tr.* |*4h* يبين *yubīn^u* | إبانة *ʔibāna^t*| • explain, make clear

ب

إبانة *ʔibānaᵗ n.* • explanation

مبين *mubīn act. part.* • clear, obvious, evident

V **تبين** *tabayyana v.intr.* |5s يتبين *yatabayyanᵘ* | تبين *tabayyun*| • become clear, become evident • see clearly,

بيولوجي *bīyūlūjīʸ adj.* • biological

بيولوجية *bīyūlūjīyaᵗ n.* • biology

ت

ت *tāʔ n.* ***f.*** *|*تاء*|* • *(third letter of the Arabic alphabet)* taa • *(numerical value)* 400 ➡ ***The Abjad Numerals p. 61***

ة *tāʔ marbūṭaᵗ n.* ***f.*** *|*تاء مربوطة*|* • taa marbuta

ت. *tilifōn |abbreviation of* تلفون*|* • tel. (telephone)

تـ *ta-/tu-* • *sing.* ***m.*** *second-person imperfect-tense prefix* you *(do)* ◊ تفعل ***tafƐal****ᵘ you do* ◊ تحب ***tuḫibb****ᵘ you like* • *sing.* ***f.*** *third-person imperfect-tense prefix* she *(does)* ◊ تفعل ***tafƐal****ᵘ she does* ◊ تحب ***tuḫibb****ᵘ she likes*

ـت *-at(i) sing.* ***f.*** *third-person perfect-tense suffix* • she *(did)* ◊ فعلت *faƐal****at*** *she did* ◊ سكتت *sakat****at*** *she became quiet*

ـت *-tᵃ sing.* ***m.*** *second-person perfect-tense suffix* • you *(did)* ◊ فعلت *faƐal****tᵃ*** *you did* ⓘ *If the final radical of the verb is* ت*, only one* ت *is written.* ◊ سكت *saka****ttᵃ*** *you became quiet*

ـت *-ti sing.* ***f.*** *second-person perfect-tense suffix* • you *(did)* ◊ فعلت *faƐal****ti*** *you did* ⓘ *If the final radical of the verb is* ت*, only one* ت *is written.* ◊ سكت *saka****tti*** *you became quiet*

ـت *-tᵘ sing.* ***m. f.*** *first-person perfect-tense suffix* • I *(did)* ◊ فعلت *faƐal****tᵘ*** *I did* ⓘ *If the final radical of the verb is* ت*, only one* ت *is written.* ◊ سكت *saka****ttu*** *I became quiet*

ـتا *-atā dual* ***f.*** *third-person perfect-tense suffix* • they *(did)* ◊ سكتتا *sakat****atā*** *they were quiet*

تـ ـان *ta-/tu- -ānⁱ |jussive subjunctive* تـ ـا *ta-/tu- -ā|* • *dual* ***m. f.*** *second-person imperfect-tense prefix suffix* you *(do)* ◊ تفعلان ***tafƐalān****ⁱ you do* ◊ تحبان ***tuḫibbān****ⁱ you like* • *dual* ***f.*** *third-person imperfect-tense prefix suffix* they *(do)* ◊ تفعلان ***tafƐalān****ⁱ they do* ◊ تحبان ***tuḫibbān****ⁱ they like*

تـ ـن *ta-/tu- -na plural* ***f.*** *second-person imperfect-tense prefix suffix* • you *(do)* ◊ تفعلن ***tafƐalna*** *you do* ◊ تحببن ***tuḫbibna*** *you like*

تـ ـون *ta-/tu- -ūnᵃ plural* ***m.*** *second-person imperfect-tense prefix suffix |jussive subjunctive* تـ ـوا *ta-/tu- -ū|* • you *(do)* ◊ تفعلون ***tafƐalūn****ᵃ you do* ◊ تحبون ***tuḫibbūn****ᵃ you like*

تـ ـين *ta-/tu- -īnᵃ sing.* ***f.*** *second-person imperfect-tense prefix suffix |jussive subjunctive* تـ ـي *ta-/tu- -ī|* • you *(do)* ◊ تفعلين ***tafƐalīn****ᵃ you do* ◊ تحبين ***tuḫibbīn****ᵃ you like*

توأم *tawʔam n. |pl.* ***dip.*** توائم *tawāʔim|* • twin ▪ توأمان *tawʔamānⁱ dual noun (a set of)* twins

تاء *tāʔ n.* ***f.*** ➡ ***ت above***

تابوت *tābūt n. |pl.* ***dip.*** توابيت *tawābīt|* • coffin, casket, sacrophagus

تاكسي *tāksī n.* ***invar.*** *|pl.* تاكسيات *taksīyāt|* • taxi

تانك *tānika dual* ***f.*** *demonstrative |acc. and gen.* تينك *taynika|* • those (two), both of those ◊ [+ indefinite dual feminine noun] **تانك** مدرستان. *Both of those (women) are teachers.* ◊ [+ dual feminine noun with definite article] تانك المدرستان *those two teachers* ◊ تانك البنتان *those two girls* ▪ تانك هما *tānika humā* Those (women) are (the) __ ◊ [+ animate plural feminine noun with definite article] تانك هما المدرستان اللتان أخبرتك عنهما. *Those are the (two) teachers I told you about.* ⓘ *Demonstratives cannot precede an idafa construction. When* تانك *tānika modifies the first term of an idafa construction, it must follow the entire construction:* ◊ طبيبتا الأسنان تانك *those two dentists* ⓘ *When modifying the second term of an idafa construction, it precedes the second term. Remember that both the second term of an idafa construction and its demonstrative take the genitive:* ◊ مدرسة تينك الطالبتين *those two students' school* ➡ ***That and Those p. 111***

تايلند *tāyland,* تايلندا *tāylandā,* تايلاندا *tāylāndā n.* ***f. invar.*** • Thailand

تايلندي *tāylandīʸ adj. & n.* • Thai

تايوان *tāywān n.* ***f. invar.*** • Taiwan

تايواني *tāywānīʸ adj. & n.* • Taiwanese

تبع *tabiƐa v.tr. |1s4* يتبع *yatbaƐᵘ |* تبع *tabaƐ|* • pursue, follow • come after, follow, succeed • obey

تبع *tabaƐ n.*↑ • succession ▪ تبعا لـ *tabaƐan li- prep.* according to • *|pl.* أتباع *ʔatbāƐ|* follower, adherent

تابع *tābiƐ act. part.* • *adj. |pl.* تبعة *tabaƐaᵗ|* following, subsequent • belonging *to* لـ, attached • *n. |pl.* أتباع *ʔatbāƐ|* subject, follower, subordinate, adherent

ت

تباعا *tibāƐan adv.* • in succession, consecutively

تبعة *tabiƐat n.* • consequence, responsibility

III **تابع** *tābaƐa v.tr.* |3s يتابع *yutābiƐu* | متابعة *mutābaƐat*| • track, observe, follow, monitor •تابع أن *tābaƐa ʔan* continue *(do)*ing ◊ وتابع يقول:... *And he went on to say...*

متابعة *mutābaƐat n.*↑ • continuation • tracking, observation

VI **تتابع** *tatābaƐa v.intr.* |6s يتتابع *yatatābaƐu* | تتابع *tatābuƐ*| • follow in succession, be consecutive

تتابع *tatābuƐ n.*↑ • succession ▪ بالتتابع *bi-ttatābuƐi* *adv.* in succession, consecutively

متتابع *mutatābiƐ act. part. adj.* • successive, consecutive

VIII **اتبع** *ittabaƐa v.tr.* |8a1 يتبع *yattabiƐu* | اتباع *ittibāƐ*| • pursue, follow • come after, follow • comply *with*, observe, follow, abide *by*

تبغ *tibɣ n.* |*pl.* تبوغ *tubūɣ*| • tobacco

تابل *tābil n.* |*pl.* **dip.** توابل *tawābil*| • coriander, cilantro ▪ توابل *tawābil pl. n.* spices

II **تبل** *tabbala v.tr.* |2s يتبل *yutabbilu* | تتبيل *tatbīl*| • spice, marinate

متبل *mutabbal pass. part. adj.* • spicy

تبوك *tabūk n.* ***f.* dip.** • *(city in Saudi Arabia)* Tabuk ➡ ***map on p. 144***

تجارة *tijārat n.* • trade, business, commerce ▪ لا تجارة كالعمل الصالح. *lā tijārata ka-lƐamali -ṣṣāliḩi* *proverb* There's no deal better than a good deed.

تجاري *tijārīy adj.* • commercial, business-

تاجر *tājir n.* |*pl.* تجار *tujjār*| • merchant, trader, seller

متجر *matjar n.* |*pl.* **dip.** متاجر *matājir*| • shop, store

III **تاجر** *tājara v.intr.* |3s يتاجر *yutājiru* | متاجرة *mutājarat*| • deal *in* بـ, do business

VIII **اتجر** *ittajara v.intr.* |8a1 يتجر *yattajiru* | اتجار *ittijār*| • deal *in* بـ, do business

اتجار *ittijār n.*↑ • trade, business

تحت *taḩt n.* • bottom

تحت *taḩta prep.* • under, below, beneath ▪ تحت الصفر *taḩta -ṣṣifri adv.* below zero Celsius, below freezing

تحت *taḩtu adv.* • below, beneath

تحتي *taḩtīy* • sub- ▪ بنية تحتية *binyat taḩtīyat n.* infrastructure

متحف *matḩaf n.* |*pl.* **dip.** متاحف *matāḩif*| • museum

تخم *taxm n.* |*pl.* تخوم *tuxūm*| • boundary, border, limit

III **تاخم** *tāxama v.tr.* |3s يتاخم *yutāximu* | متاخمة *mutāxamat*| • be adjacent *to*, border, neighbor

متاخم *mutāxim act. part. adj.* • adjacent *to* لـ

تراكتور *trāktōr n.* • tractor

ترام *trām,* ترامواي *trāmwāy n.* • tram, street car

تربة *turbat n.* |*pl.* ترب *turab*| • dust, soil, dirt, ground

تراب *turāb n.* |*pl.* أتربة *ʔatribat*| • dust, soil, dirt, ground

ترابي *turābīy* • *adj.* dusty

ترتر *tirtir n.* • sequins

QI **ترجم** *tarjama v.tr.* |11s يترجم *yutarjimu* | ترجمة *tarjamat*| • translate *from* من *or* عن *to* إلى ◊ يترجم النص من العربية إلى الفرنسية. *He's translating the text from Arabic to French.* • subtitle

ترجمة *tarjamat n.*↑ |*pl.* **dip.** تراجم *tarājim*| • translation • subtitle

مترجم *mutarjim act. part. n.* • translator

ترس *tirs n.* |*pl.* تروس *turūs*| • gear, cog

ترس *turs n.* |*pl.* أتراس *ʔatrās*| • shield

ترسة *tarsat n.* • sea turtle

متراس *mitrās n.* |*pl.* **dip.** متاريس *matārīs*| • barricade

ترف *taraf n.* • luxury

IV **مترف** *mutraf pass. part. adj.* |*elat.* أكثر ترفا *ʔaktar tarafan*| • luxurious

ترك *taraka v.tr.* |1s3 يترك *yatruku* | ترك *tark*| • leave, depart ▪ ترك جانبا *taraka jāniban* put aside • quit, abandon, leave ◊ لا تتركني! *Don't leave me!* • [+ indicative] let *(do)*, allow to *(do)* ◊ يتركها تفعل ما تشاء. *He lets her do what she wants.*

تركيا *turkiyā n.* ***f.* invar.** • Turkey

تركي *turkīy* |*pl.* أتراك *ʔatrāk*| • *adj.* Turkish • *n.* Turk

ترمومتر *termōmitr n.* • thermometer

تسعة *tisƐat* ***f.*** *number* |*m.* تسع *tisƐ* | *as numeral, written* ٩| • [+ indefinite genitive plural noun] nine ⓘ *The number 9 requires reverse gender agreement.* ◊ *(feminine form with masculine noun)* تسعة بيوت *tisƐat buyūtin nine houses* ◊ *(masculine form with feminine noun)* تسع سيارات *tisƐ sayyārātin nine cars* ; [definite plural noun +] the nine ◊ الرجال التسعة *the nine men* ◊ النساء التسع *the nine women*

تسعة عشر *tisƐa^{ta} Ɛašr^{a} **f.** number |m.* تسع عشرة *tisƐ^{a} Ɛašara^{ta} | as numeral, written* ١٩ | • [+ indefinite accusative singular noun] nineteen ⓘ *The number 19 is a compound number. Neither word in the compound reflects the case required by the grammar of the sentence; both always take the definite accusative. The first word in the compound requires reverse gender agreement, while the second agrees in gender with the counted noun: ◊ (with masculine noun)* تسعة عشر بيتا *tisƐa^{ta} Ɛašar^{a} baytan* nineteen houses *◊ (with feminine noun)* تسع عشرة سيارة *tisƐ^{a} Ɛašara^{ta} sayyāra^{tan}* nineteen cars • [definite plural noun +] the nineteen ◊ الرجال التسعة عشر *the nineteen men* ◊ النساء التسع عشرة *the nineteen women*

'9.00 L.E.': Fruit for sale in Egypt

تسع *tusƐ n. |pl.* أتساع *ʔatsāƐ* | • *(fraction)* ninth ◊ تسعان *two ninths* ◊ ثمانية أتساع *eight ninths*

تساع *tusāƐa adv.* • nine at a time, in nines

تساعي *tusāƐī^{y}* • *adj.* ninefold, nona- • *n.* nonagon

تسعون *tisƐūn^{a} number |acc. and gen.* تسعين *tisƐīn^{a} | as numeral, written* ٩٠ | • [+ indefinite accusative singular noun] ninety ◊ تسعون سيارة *tisƐūn^{a} sayyāra^{tan}* ninety cars ◊ من تسعين بيتا *min tisƐīn^{a} baytan* from ninety houses ▪ التسعينات *attisƐīnāt pl. n.* the nineties, the (19)90s • *adj.* ninetieth

تسعيني *tisƐīnī^{y} adj.* • ninety-something-year-old, in *one's* nineties

تاسع *tāsiƐ adj.* • *(ordinal number)* ninth ▪ الساعة التاسعة *assāƐa^{t} attāsiƐa^{t}* nine o'clock (9:00)

التاسع عشر *attāsiƐ^{a} Ɛašr^{a} adj. |f.* التاسعة عشرة *attāsiƐa^{ta} Ɛašara^{ta}* | • [always accusative] the nineteenth ◊ اليوم التاسع عشر *the nineteenth day* ◊ المرة التاسعة عشرة *the nineteenth time*

تسونامي *tsūnāmī* or *sūnāmī n.* • tsunami

تشاد *tšād* or *tašād n.* ***f. invar.*** • Chad

تشادي *tšādī^{y}* or *tašādī^{y} adj. & n.* • Chadian

تشرين *tišrīn n.* ***dip.*** • تشرين الأول *tišrīn alʔawwal* October ▪ تشرين الثاني *tišrīn attānī* November ***➥ The Months p. 165*** ▪ التشرين *attišrīn n.* ***f.*** Tishreen (Syrian newspaper)

التشيك *attšayk n.* ***f. invar.*** • the Czech Republic

تشيكي *tšaykī^{y} adj. & n.* • Czech

تطوان *teṭwān n.* ***f. dip.*** • *(city in Morocco)* Tétouan ***➥ map on p. 222***

تعب *taƐiba v.intr.* |1s4 يتعب *yatƐab^{u}* | تعب *taƐab* | • become tired *of* من

تعب *taƐab n.*↑ • fatigue, tiredness • |*pl.* ***dip.*** متاعب *matāƐib* | trouble, difficulty, hardship

تعب *taƐib adj.* |*elat.* أكثر تعبا *ʔaktar taƐaban* or أتعب *ʔatƐab* | • tired, weary

تعبان *taƐbān adj.* |*elat.* أكثر تعبا *ʔaktar taƐaban* or أتعب *ʔatƐab* | • tired, weary

IV **أتعب** *ʔatƐaba v.tr.* |4s يتعب *yutƐib^{u}* | إتعاب *ʔitƐāb* | • tire, make tired

متعب *mutƐib act. part. adj.* |*elat.* أكثر إتعابا *ʔaktar ʔitƐāban* | • tiring

متعب *mutƐab pass. part. adj.* |*elat.* أكثر تعبا *ʔaktar taƐaban* | • tired

تعز *taƐizz n.* ***f. dip.*** • *(city in Yemen)* Ta'izz ***➥ map on p. 342***

تعس *taƐasa v.intr.* |1s1 يتعس *yatƐas^{u}* | تعاسة *taƐāsa^{t}* | • become miserable

تعاسة *taƐāsa^{t} n.*↑ • misery, misfortune

تعيس *taƐīs adj.* |*m. pl.* ***dip.*** تعساء *tuƐasāʔ* | *elat.* أتعس *ʔatƐas* | • miserable, unfortunate

تفاح *tuffāḥ coll. n.* |*sing.* تفاحة *tuffāḥa^{t}* | • apples

تفه *tafiha v.intr.* |1s4 يتفه *yatfah^{u}* | تفاهة *tafāha^{t}* | • be trivial, be insignificant

تفاهة *tafāha^{t} n.*↑ • triviality, insignificance

تافه *tāfih act. part. adj.* |*elat.* أتفه *ʔatfah* | • trivial, insignificant

تقني *tiqnīʸ adj.* • technical, technological

تقنية *tiqnīyaᵗ n.* • technology • technique

IV **أتقن** *ʔatqana v.tr.* |4s يتقن *yutqinᵘ* | إتقان *ʔitqān*| • be proficient *in*, master

إتقان *ʔitqān n.*↑ • proficiency, mastery

تقوى *taqwā n.* ***invar.*** • devoutness, piety

تقي *taqīʸ adj.* |*m. pl.* ***dip.*** أتقياء *ʔatqiyāʔ* | *elat.* ***invar.*** أتقى *ʔatqā*| • devout, pious

QI **تكتك** *taktaka v.intr.* |11s يتكتك *yutaktikᵘ* | تكتكة *taktakaᵗ*| • tick, tick-tock

تكتكة *taktakaᵗ n.*↑ • ticking, tick-tock

تكتيك *taktīk n.* ***invar.*** • tactic

تكتيكي *taktīkīʸ adj.* • tactical

تكنولوجيا *teknōlōjiyā n.* ***f. invar.*** • technology

تكنولوجي *teknōlōjīʸ adj.* • technological

تل *tall n.* |*pl.* تلال *tilāl*| • hill ▪ تل سفحي *tall safḥīʸ* foothill

تل أبيب *tall ʔabīb n.* ***f.*** • *(city in Israel)* Tel Aviv

تلسكوب *tiliskūb n.* • telescope

تلف *talifa v.intr.* |1s4 يتلف *yatlafᵘ* | تلف *talaf*| • be destroyed, be ruined, be damaged

تلف *talaf n.*↑ • destruction, ruin, damage

IV **أتلف** *ʔatlafa v.tr.* |4s يتلف *yutlifᵘ* | إتلاف *ʔitlāf*| • destroy, ruin, damage

إتلاف *ʔitlāf n.*↑ • destruction, damage

QI **تلفز** *talfaza v.tr.* |11s يتلفز *yutalfizᵘ* | تلفزة *talfazaᵗ*| • televise, broadcast (on TV)

تلفاز *tilfāz n.* • television, TV set

QI **تلفن** *talfana v.tr.* |11s يتلفن *yutalfinᵘ* | تلفنة *talfanaᵗ*| • telephone, call

تليفون *telīfōn n.* • telephone

تليفوني *telīfōnīʸ adj.* • telephone-

تلك *tilka sing.* ***f.*** *demonstrative* • that ◊ [+ indefinite singular feminine noun] تلك سيارة. *That is a car.* ◊ [+ singular feminine noun with definite article] تلك السيارة *that car* ◊ تلك البنت *that girl* ◊ [singular feminine noun with pronoun suffix +] صديقتي تلك *that friend of mine* ▪ تلك هي *tilka hiya* That is (the) __ ◊ [+ singular feminine noun with definite article] تلك هي المدرسة التي أخبرتك عنها. *That is the teacher I told you about.* • these ◊ [+ inanimate indefinite plural noun] تلك سيارات. *Those are cars.* ◊ [+ inanimate plural noun with definite article] تلك البيوت *those houses* ◊ تلك السيارات *those cars* ◊ [inanimate plural noun with pronoun suffix +] في كتبه تلك *in those books of his* ▪ تلك هي *tilka hiya* Those are (the) __ ◊ [+ inanimate plural noun with definite article] تلك هي الكتب التي أخبرتك عنها. *Those are the books I told you about.* ⓘ *When* تلك *tilka modifies the first term of an idafa construction, it must follow the entire construction. Compare:* ◊ تلك الطبيبة *that doctor* ◊ طبيبة الأسنان تلك *that dentist* ⓘ *When modifying the second term of an idafa construction, it precedes the second term.* ◊ صاحب تلك السيارة *the owner of that car*

➡ ***That and Those p. 111***

تلميذ *tilmīḏ n.* |*pl.* ***dip.*** تلاميذ *talāmīḏ*| • student

تلمسان *tilimsān n.* ***f. dip.*** • *(city in Algeria)* Tlemcen ➡ ***map on p. 57***

تلا *talā v.tr.* • |1d3 يتلو *yatlū* | تلو *tulūʷ*| follow, result *from* • |1d3 يتلو *yatlū* | تلاوة *talāwaᵗ*| recite, read ▪ تلا القرآن الكريم *talā -lqurʔānᵃ -lkarīmᵃ* recite the holy Quran

تلاوة *tilāwaᵗ n.*↑ • recital

تال *tāl(in) act. part. adj.* ***def.*** • following, next, subsequent ▪ بالتالي *bi-ttālīyⁱ adv.* therefore, thus, consequently, accordingly; subsequently, later, then

تلو *tilwa prep.* • after, followed by ▪ الواحد تلو الآخر *alwāḥid tilwa -lʔāxarⁱ adv.* one after another ◊ يوم تلو الآخر *day after day* ◊ *(or by repeating noun)* يوم تلو يوم *day after day* ▪ المرة تلو المرة *almarrata tilwa -lmarraᵗⁱ adv.* time after time, time and again

VI **تتالى** *tatālā v.intr.* |6d يتتالى *yatatālā* | ***def.*** تتال *tatāl(in)*| • be successive

متتال *mutatāl(in) act. part.* ***def.*** • consecutive, successive

ـتم *-tum(u) plural* ***m.*** *second-person perfect-tense suffix* • you (did) ◊ فعلتم *faƐaltum you did* ⓘ *If the final radical of the verb is* ت*, only one* ت *is written.* ◊ سكتم *sakattum you became quiet* ⓘ *When a pronoun suffix is added,* و *-ū- is inserted:* ◊ فعلتموه *faƐaltūhᵘ you did it* ⓘ ـتم *-tum can also be used to show deference to an individual in very formal situations.* ◊ ماذا قلتم، سيدي الرئيس. *What did you say, Mr. President?*

ـتما *-tumā dual* ***m. f.*** *second-person perfect-tense suffix* • you (did) ◊ فعلتما *faƐaltumā you did* ◊ سكتما *sakattumā you became quiet*

تمر *tamr coll. n.* |*sing.* تمرة *tamraᵗ* | *pl.* تمور *tumūr*| • dates ▪ تمر هندي *tamr hindīʸ* tamarinds ⓘ *The English word 'tamarind' has been borrowed from this Arabic word.*

تم *tamma v.intr.* |*1g2* يتم *yatimmᵘ* | تمام *tamām*| • be complete, be done • *(equivalent to passive structure)* [+ masdar] be carried out, take place ◊ تمت ترجمة الكتاب إلى أكثر من عشرين لغة. *The book has been translated into more than twenty languages. (lit. the translation of the book has been carried out...)*

تمام *tamām* • *n.*↑ completeness ◊ في تمام الثالثة ظهرا *at three o'clock sharp* • *adj.* |*elat.* أتم *ʔatamm*| complete, entire; precise, exact ▪ تماما *tamāman adv.* completely, entirely; precisely, exactly ▪ تماما مثل *tamāman mitla*, تماما كـ *tamāman ka-* just like, exactly like ◊ تماما كوالده *just like his father* ◊ وتماما كما قرأت في الجريدة *just like what I read in the newspaper*

تام *tāmm act. part. adj.* |*elat.* أتم *ʔatamm*| • complete, thorough, full, entire

تميمة *tamīmaᵗ n.* |*pl.* **dip.** تمائم *tamāʔim*| • amulet

IV **أتم** *ʔatamma v.tr.* |*4g* يتم *yutimmᵘ* | إتمام *ʔitmām*| • finish, complete • achieve, reach ▪ أتم الـ__ من عمره *ʔatamma -l-__ min ɛumrⁱhi* [with accusative definite feminine ordinal number] turn __ years old ◊ سيتم التاسعة من عمره غدا. *He'll turn nine tomorrow.* ◊ أتممت الثلاثين من عمري. *I turned thirty years old.*

إتمام *ʔitmām n.*↑ • completion, conclusion, realization

تموز *tammūz n.* **dip.** • July ➡ ***The Months p. 165***

تن *-tunna plural* ***f.*** *second-person perfect-tense suffix* • you (did) ◊ فعلتن *faɛaltunna* you did ◊ سكتن *sakattunna* you became quiet

تنس *tenis n.* ***invar.*** • tennis ▪ تنس طاولة *tenis · ṭāwilaᵗ* table tennis ▪ مضرب تنس *miḍrab · tenis* tennis racket

تن *tunn n.* • tuna

تنين *tinnīn n.* |*pl.* **dip.** تنانين *tanānīn*| • dragon

تنورة *tannūraᵗ n.* |*pl.* **dip.** تنانير *tanānīr*| • skirt

تاب *tāba v.intr.* |*1h3* يتوب *yatūbᵘ* | توبة *tawbaᵗ*| • repent

توبة *tawbaᵗ n.*↑ • repentance, penance

تائب *tāʔib act. part. adj.* • repentant

توت *tūt coll. n.* |*sing.* توتة *tūtaᵗ*| • mulberries ▪ توت أرضي *tūt ʔarḍīʸ* strawberries ▪ توت أسود *tūt ʔaswad* blackberries ▪ توت أزرق *tūt ʔazraq* blueberries ▪ توت شوكي *tūt šawkīʸ* raspberries

تاج *tāj n.* |*pl.* تيجان *tījān*| • crown ▪ تاج أسنان *tāj · ʔasnān (tooth)* crown

II **توج** *tawwaja v.tr.* |*2s* يتوج *yutawwijᵘ* | تتويج *tatwīj*| • crown

تتويج *tatwīj n.*↑ • coronation

V **تتوج** *tatawwaja v.intr.* |*5s* يتتوج *yatatawwajᵘ* | تتوج *tatawwuj*| • be crowned

تارة *tāratan adv.* • sometimes, at times ▪ تارة... وتارة... *tāratan... wa-tāratan...* sometimes... and sometimes..., either... or... ◊ كان يجيب على الأسئلة تارة بالإيجاب وتارة بالسلب. *He answered the questions sometimes with affirmation and sometimes with denial.* • once

تورتة *turtaᵗ n.* • cake

تورونتو *tōrōntō n.* ***f. invar.*** • *(city in Canada)* Toronto

توليب *tūlīb*, تيوليب *tyūlīb n.* • tulip

تونة *tūnaᵗ n.* • tuna

تونس *tūnis n.* ***f. dip.*** • Tunisia • *(capital of Tunisia)* Tunis

تونسي *tūnisīʸ adj. & n.* • Tunisian ▪ الجمهورية التونسية *aljumhūrīyaᵗ attūnisīyaᵗ n.* the Republic of Tunisia

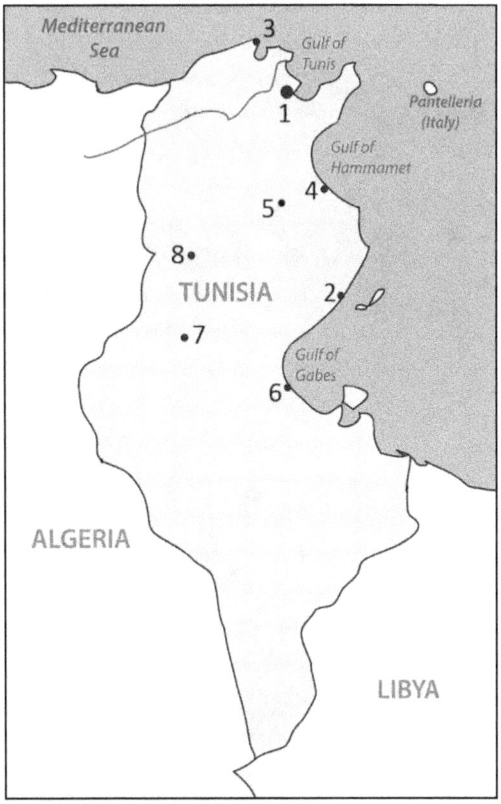

map of Tunisia

1. تونس *tūnis* Tunis
2. صفاقس *ṣafāqis* Sfax

3. بنزرت *binzart* Bizerte
4. سوسة *sūsa*ᵗ Sousse
5. القيروان *alqayrawān* Kairouan
6. قابس *qābis* Gabès
7. قفصة *qafṣa*ᵗ Gafsa
8. القصرين *alqaṣrayn* Kasserine

تاه *tāha v.intr.* |*1h2* يتيه *yatīh*ᵘ | توه *tawh*| • get lost ◊ تهت في السوق ليوم كامل. *I got lost in the market for a whole day.*

توا *tawwan*, في التو *fī -ttaww*ⁱ, للتو *li-ttaww*ⁱ, لتوه *li-taww*ⁱ*hi adv.* • [+ perfect tense or active participle] just, just now ◊ عاد للتو من العمل. *He just returned from work.* ◊ هي قادمة لتوها من لبنان. *She's just come from Lebanon.* ◊ ماذا قلت توا؟ *What did you just say?* • right away, immediately, directly ◊ سأحضر في التو واللحظة. *I'll be there right away.*

تي شيرت *tī širt n.* • t-shirt

IV **أتاح** *ʔatāḥa v.tr.* |*4h* يتيح *yutīḥ*ᵘ | إتاحة *ʔitāḥa*ᵗ| • provide *sb* لـ *with* ه, grant, allow, permit ▪ أتاح له الفرصة لأن *ʔatāḥa lahu alfurṣa*ᵗᵃ *li-ʔan* give *sb* the opportunity to *(do)* ◊ سيتيح لي الفرصة للتعبير عن رأيي *It will give me the opportunity to express my opinion.*

متاح *mutāḥ pass. part. adj.* • accessible, available

تيار *tayyār n.* • current, stream, flow ▪ تيار كهربائي *tayyār kahrabāʔīʸ* electric current • movement

تيرابايت *terābāyt n.* ***invar.*** • terabyte

تيك أواي *tayk ʔawāy n.* ***invar.*** • takeout (UK: takeaway)

تيكيلا *tikīlā n.* ***invar.*** • tequila

تين *tīn coll. n.* |*sing.* تينة *tīna*ᵗ| • figs

تائه *tāʔih act. part. adj.* • lost ◊ أنا تائه تماما. *I'm completely lost.* • absent-minded, distracted

تيوليب *tyūlīb n.* • tulip

ث

ث *tāʔ n.* ***f.*** |ثاء| • *(fourth letter of the Arabic alphabet)* • *(numerical value)* 500 ➡ ***The Abjad Numerals p. 61***

VI **تثاءب** *tatāʔaba v.intr.* |6s(b) يتثاءب *yatatāʔab^u* | تثاؤب *tatāʔub*| • yawn

تثاؤب *tatāʔub n.*↑ • yawn

ثأر *taʔara v.intr.* |1s1(a) يثأر *yatʔar^u* | ثأر *taʔr*| • avenge لـ, get revenge *on* من ◊ ثأر لأخيه من الثعبان. *He took revenge on the snake for his brother.*

ثأر *taʔr n.*↑ • vengeance, revenge, retaliation ▪ أخذ بـثأره من *ʔaxada bi-taʔr^i hi min* take *one's* revenge on

ثاء *tāʔ n.* ***f.*** ➡ ث ***above***

ثبت *tabata* or *tabuta v.intr.* • |1s3/1s6 يثبت *yatbut^u* | ثبوت *tabūt*| be proven • be confirmed, be established • |1s3/1s6 يثبت *yatbut^u* | ثبات *tabāt*| be fixed, be stationary

ثبات *tabāt n.*↑ • proof • confirmation

ثابت *tābit act. part. adj.* |*elat.* أثبت *ʔatbat*| • stable, steady, established ▪ من الثابت أنّ *min^a -ttābit^i ʔanna* it is well established that... ▪ أثبت من الوشم *ʔatbat min^a -lwašm^i idiom* more permanent than a tattoo (i.e. absolutely permanent)

ثابتة *tābita^t n.* |*pl.* **dip.** ثوابت *tawābit*| • principle, rule, constant

ثبوت *tubūt n.* • certainty

ثبوتي *tubūtī^y adj.* • probative, substantiating ▪ أوراق ثبوتية *ʔawrāq tubūtīya^t*, وثائق ثبوتية *watāʔiq tubūtīya^t* identity documents • affirmative

II **ثبّت** *tabbata v.tr.* |2s يثبّت *yutabbit^u* | تثبيت *tatbīt*| • fix, fasten • stabilize

تثبيت *tatbīt n.*↑ • stabilization

IV **أثبت** *ʔatbata v.tr.* |4s يثبت *yutbit^u* | إثبات *ʔitbāt*| • prove • verify, confirm

إثبات *ʔitbāt n.*↑ • proof • verification, confirmation

III **ثابر** *tābara v.intr.* |3s يثابر *yutābir^u* | مثابرة *mutābara^t*| • persist *in* على, persevere

مثابرة *mutābara^t n.*↑ • persistence, perseverance

مثابر *mutābir act. part. adj.* |*elat.* أكثر مثابرة *ʔaktar mutābara^tan*| • persistent

ثدي *tady n.* **m.** or **f.** |*pl.* أثداء *ʔatdāʔ*| • breast, bust ◊ *(dual when referring to one person)* ثدياها *tadyāhā her breasts* ◊ *(plural when referring to more than one person)* أثداؤهما *ʔatdāʔ^uhumā their breasts* • udder

ثديي *tadyī^y* • *adj.* mammalian • *n.* mammal

QI **ثرثر** *tartara v.intr.* |11s يثرثر *yutartir^u* | ثرثرة *tartara^t*| • chatter, babble

ثرثرة *tartara^t n.*↑ • chatter, babble

ثرثار *tartār* • *adj.* |*elat.* أكثر ثرثرة *ʔaktar tartara^tan*| chatty • *n.* chatterbox, blabbermouth, babbler

ثراء *tarāʔ n.* • wealth, affluence, prosperity

ثريا *turayā n.* ***f.* invar.** | *plural* ثريات *turayāt*| • chandelier

ثروة *tarwa^t n.* |*pl.* ثروات *tar(a)wāt*| • wealth, riches, fortune

ثري *tarī^y adj.* |*m. pl.* **dip.** أثرياء *ʔatriyāʔ* | *elat.* أكثر ثراء *ʔaktar tarāʔan* or أثرى *ʔatrā*| • wealthy, rich, prosperous

ثعبان *tuƐbān n.* |*pl.* **dip.** ثعابين *taƐābīn*| • snake ▪ ثعبان بحر *tuƐbān · baḥr*, ثعبان ماء *tuƐbān · māʔ* eel

ثعلب *taƐlab n.* |*pl.* **dip.** ثعالب *taƐālib*| • fox

ثقب *taqaba v.tr.* |1s3 يثقب *yatqub^u* | ثقب *taqb*| • pierce, puncture, drill, bore

ثقب *tuqb n.* |*pl.* ثقوب *tuqūb*| • puncture, hole

ثقاب *tiqāb n.* •عود ثقاب *Ɛūd · tiqāb* match

مثقب *mitqab n.* |*pl.* **dip.** مثاقب *matāqib*| • drill

ثقافة *taqāfa^t n.* • culture

ثقافي *taqāfī^y adj.* • cultural

II **ثقّف** *taqqafa v.tr.* |2s يثقّف *yutaqqif^u* | تثقيف *tatqīf*| • educate, culture

مثقّف *mutaqqaf pass. part. n.* • intellectual

ثقل *taqula v.intr.* |1s6 يثقل *yatqul^u* | ثقالة *taqāla^t* or ثقل *tiql*| • become heavy

ثقل *tiql n.*↑ |*pl.* أثقال *ʔatqāl*| • heaviness, weightiness • *(for exercise, etc.)* weight ▪ رفع أثقال *rafƐ · ʔatqāl* weight lifting

ثقيل *taqīl adj.* |*m. pl.* **dip.** ثقلاء *tuqalāʔ* or ثقال *tiqāl* | *elat.* أثقل *ʔatqal*| • heavy ▪ ثقيل الدم *taqīl · addam^i*, ثقيل الظل *taqīl · azẓill^i* insufferable, unbearable, unpleasant, a pain in the neck ▪ ثقيل السمع *taqīl · assamƐ^i* hard of hearing ▪ ثقيل الفهم *taqīl ·alfahm^i* thick in the head, stupid, slow

ث

IV **أثقل** *ʔatqala v.tr.* |*4s* يثقل *yutqil*^{u} | إثقال *ʔitqāl*| • make heavier • burden

ثكنة *tukna*^{t} *n.* |*pl.* ثكنات *tuk(u)nāt* or ثكن *tukan*| • barracks, garrison

ثلث *tult n.* |*pl.* أثلاث *ʔatlāt*| • *(fraction)* third ◊ ثلثان *two thirds* ▪ والثلث *wa-ttult* [hour +] *(time)* twenty past ◊ الساعة الخامسة والثلث *twenty past five (5:20)* ▪ إلا الثلث *ʔillā -ttult*^{a} [hour +] *(time)* twenty to ◊ الساعة السادسة إلا الثلث *twenty to six (5:40)*

ثلاث *tulāta adv.* • three at a time, in threes

ثلاثي *tulātī*^{y} *adj.* • threefold, tri-, trilateral, tripartite ▪ فعل ثلاثي *fiƐl tulātī*^{y} *n. (grammar)* triliteral verb ▪ قمة ثلاثية *qimma*^{t} *tulātīya*^{t} *n.* trilateral summit

ثلاثية *tulātīya*^{t} *n.* • trilogy

ثلاثة *talāta*^{t} ***f.*** *number* |*m.* ثلاث *talāt* | *as numeral, written* ٣| • [+ indefinite genitive plural noun] three ⓘ *The number 3 requires reverse gender agreement:* ◊ *(feminine form with masculine noun)* ثلاثة بيوت *talāta*^{t} *buyūt*^{in} *three houses* ◊ *(masculine form with feminine noun)* ثلاث سيارات *talāt sayyārāt*^{in} *three cars* • [definite plural noun +] the three ◊ الرجال الثلاثة *the three men* ◊ النساء الثلاث *the three women*

ثلاثة عشر *talāta*^{ta} *Ɛašr*^{a} ***f.*** *number* |*m.* ثلاث عشرة *talāt*^{a} *Ɛašara*^{ta} | *as numeral, written* ١٣| • [+ indefinite accusative singular noun] thirteen ⓘ *The number 13 is a compound number. Neither word in the compound reflects the case required by the grammar of the sentence; both always take the definite accusative. The first word in the compound requires reverse gender agreement, while the second agrees in gender with the counted noun:* ◊ *(with masculine noun)* ثلاثة عشر بيتا *talāta*^{ta} *Ɛašar*^{a} *baytan thirteen houses* ◊ *(with feminine noun)* ثلاث عشرة سيارة *talāt*^{a} *Ɛašara*^{ta} *sayyāra*^{tan} *thirteen cars* • [definite plural noun +] the thirteen ◊ الرجال الثلاثة عشر *the thirteen men* ◊ النساء الثلاث عشرة *the thirteen women*

ثلاثة وعشرون *talāta*^{tun} *wa-Ɛišrūn*^{a} ***f.*** *number* |*m.* ثلاث وعشرون *talāt*^{un} *wa-Ɛišrūn*^{a} | *as numeral, written* ٢٣| • [+ indefinite accusative singular noun] twenty-three ◊ ثلاثة وعشرون بيتا *twenty-three houses* ◊ ثلاث وعشرون سيارة *twenty-three cars* ⓘ *In compounds with twenty, thirty, etc., both numbers reflect the case required by the grammar of the sentence:* ◊ زرت ثلاثة وعشرين بلدا. *zurt*^{u} *talāta*^{tan} *wa-Ɛišrīn*^{a} *baladan I visited 23 countries.* ◊ في ثلاثة وعشرين بلدا *fī talāta*^{tin} *wa-Ɛišrīn*^{a} *baladan in 23 countries*

'33' on a sign in Yemen

ثلاثاء *tulātāʔ n.* • Tuesday ◊ في أول ثلاثاء من كل شهر *on the first Tuesday of every month* ▪ الثلاثاء *attulātāʔ*^{a}, يوم الثلاثاء *yawm*^{a} · *-ttulātāʔ*^{i} *adv.* (on) Tuesday(s) ▪ كل ثلاثاء *kull*^{a} *tulātāʔ*^{in} *adv.* every Tuesday

ثلاثون *talātūn*^{a} *number* |*acc. and gen.* ثلاثين *talātīn*^{a} | *as numeral, written* ٣٠| • [+ indefinite accusative singular noun] thirty ◊ ثلاثون بيتا *talātūn*^{a} *baytan thirty houses* ◊ من ثلاثين بيتا *min talātīn*^{a} *baytan from thirty houses* ▪ الثلاثينات *attalātīnāt pl. n.* the thirties, the (19)30s • *adj.* thirtieth ◊ في اليوم الثلاثون *fī -lyawm*^{i} *-ttalātīn*^{a} *the thirtieth day*

ثلاثيني *talātīnī*^{y} *adj.* • thirty-something-year-old, in *one's* thirties

ثالث *tālit adj.* • *(ordinal number)* third ⓘ *Unlike cardinal numbers, ordinal numbers have logical gender agreement:* ◊ اليوم الثالث *the third day* ◊ المرة الثالثة *the third time* ▪ ثالثا *tālitan adv.* thirdly, third ▪ الساعة الثالثة *assāƐa*^{t} *attālita*^{t} three o'clock

الثالث وعشرون *attālit wa-Ɛišrūn*^{a} |*f.* الثالثة وعشرون *attālita*^{t} *wa-Ɛišrūn*^{a}| [always accusative] • *(ordinal number)* the twenty-third ◊ اليوم الثالث وعشرون *the twenty-third day* ◊ المرة الثالثة وعشرون *the twenty-third time*

الثالث عشر *attālit*^{a} *Ɛašr*^{a} |*f.* الثالثة عشرة *attālita*^{ta} *Ɛašara*^{ta}| [always accusative] • *(ordinal number)* the thirteenth ◊ اليوم الثالث عشر *the thirteenth day* ◊ المرة الثالثة عشرة *the thirteenth time* ⓘ *Notice that 'thirteenth' is always accusative. Only the first word of a compound number takes the definite article.*

II **ثلث** *tallata v.tr.* |*2s* يثلث *yutallit*^{u} | تثليث *tatlīt*| • triple

مثلث *mutallat pass. part.* • *n.* triangle • *adj.* triangular

ثلج *talj n.* |*pl.* ثلوج *tulūj*| • ice • snow ▪ نزل الثلج *nazala attalj*^{u} *v.* snow

ثلجي *taljī*^{y} *adj.* |*elat.* أثلج *ʔatlaj*| • icy • snowy

ثلج *talij adj.* |*elat.* أثلج *ʔatlaj*| • icy, snowy

ثلاجة *tallāja*^{t} *n.* • refrigerator

IV **أثلج** *ʔatlaja v.intr.* |*4s* يثلج *yutlij*^{u} | إثلاج *ʔitlāj*| • snow ▪ أثلجت السماء *ʔatlajat assamāʔ*^{u} snow ◊ أثلجت السماء هذا الصباح. *It snowed this morning. (lit. The sky snowed this morning.)* • أثلج صدره *ʔatlaja ṣadr*^{a}*hu* please, make happy

مثلج *mutlij act. part. adj.* |*elat.* أثلج *ʔatlaj*| • snowy

ثمر *tamar* • *coll. n.* |*sing.* ثمرة *tamara*^{t} | *pl.* ثمار *timār* or أثمار *ʔatmār*| fruit, produce ⓘ ثمرة *tamara*^{t} *is also used for counting certain fruit and other produce:* ◊ ثمرة بطاطس *a potato* • ثمر *tamar*, ثمرة *tamra*^{t} or *tamara*^{t} *n.* |*pl.* ثمار *timār*| result, product

IV **أثمر** *ʔatmara v.tr.* |*4s* يثمر *yutmir*^{u} | إثمار *ʔitmār*| • bear fruit, produce, yield ◊ تثمر الشجرة ثمرا حلوا. *The tree produces sweet fruit.* • return, pay off ◊ أثمرت السياسة نتائج ايجابية كثيرة. *The policy has returned many positive results.*

مثمر *mutmir act. part. adj.* |*elat.* أكثر إثمارا *ʔaktar ʔitmāran*| • fruitful, profitable, productive

X **استثمر** *istatmara v.intr.* |*10s* يستثمر *yastatmir*^{u} | استثمار *istitmār*| • invest *in* في

استثمار *istitmār n.*↑ • investment

استثماري *istitmārī*^{y} *adj.* • investment- ▪ مصرف استثماري *maṣrif istitmārī*^{y} *n.* investment bank

مستثمر *mustatmir act. part. n.* • investor

ثم *tumma adv.* • then, after that, later on ▪ ثم إن *tumma ʔinna* moreover, furthermore

ثمة *tamma*^{ta} *adv.* • there is, there are, there was, there were ▪ ليس ثمة *laysa tamma*^{ta} there isn't, there aren't, there wasn't, there weren't

ثمن *taman n.* |*pl.* أثمان *ʔatmān*| • price

ثمن *tumn n.* |*pl.* أثمان *ʔatmān*| • *(fraction)* eighth ◊ سبعة أثمان *seven eighths*

ثمان *tumāna adv.* • eight at a time, in eights

ثماني *tumānī*^{y} *adj.* • eightfold, octa-

'Alexandria 8 km'

ثمانية *tamāniya*^{t} ***f.*** number |*m.* ***def.*** ثمان *tamān(in)* | *as numeral, written* ٨| • [+ indefinite genitive plural noun] eight ⓘ *The number 8 requires reverse gender agreement:* ◊ *(feminine form with masculine noun)* ثمانية بيوت *tamāniya*^{t} *buyūt*^{in} *eight houses* ◊ ثماني سيارات *tamānī sayārāt*^{in} *eight cars* ➡ ***picture above***

ثمانية عشر *tamaniya*^{ta} *Ɛašr*^{a} *number* |*m.* ثماني عشرة *tamāniya Ɛašara*^{ta} | *as numeral, written* ١٨| • [+ indefinite accusative singular noun] eighteen ⓘ *The number 18 is a compound number. Neither word in the compound reflects the case required by the grammar of the sentence; both always take the definite accusative. The first word in the compound requires reverse gender agreement, while the second agrees in gender with the counted noun:* ◊ *(with masculine noun)* ثمانية عشر بيتا *tamāniya*^{ta} *Ɛašar*^{a} *baytan eighteen houses* ◊ *(with feminine noun)* ثماني عشرة سيارة

tamāniya Ɛašara^ta sayyāra^tan **eighteen cars** • [definite plural noun +] the eighteen ◊ الرجال ثمانية عشر *the eighteen men* ◊ النساء الثماني عشرة *the eighteen women*

ثمانون *tamānūn^a* number |*acc. and gen.* ثمانين *tamānīn^a* | *as numeral, written* ٨٠ | • [+ indefinite accusative singular noun] eighty ◊ ثمانون كتابا *tamānūn^a kitāban* **eighty books** ◊ من ثلاثين كتابا *min talātīn^a baytan* **from thirty houses** ▪ الثمانينات *attamānīnāt pl. n.* the eighties, the (19)80s • *adj.* eightieth ◊ في صفحة الثمانين *fī ṣafḥa^tin attamānīn^a* **on page eighty**

ثمانيني *tamānīnī^y adj.* • eighty-something-year-old, in *one's* eighties

ثمين *tamīn adj.* |*pl.* أثمان *ʔatmān* | *elat.* أثمن *ʔatman*| • valuable, precious

ثامن *tāmin adj.* • *(ordinal number)* eighth ▪ الساعة الثامنة *assāƐa^t attāmina^t* eight o'clock (8:00)

الثامن عشر *attāmin^a Ɛašr^a* |*f.* الثامنة عشرة *attāmina^ta Ɛašara^ta*| • [always accusative] the eighteenth ◊ اليوم الثامن عشر *the eighteenth day* ◊ المرة الثامنة عشرة *the eighteenth time*

II **ثمن** *tammana v.tr.* |*2s* يثمن *yutammin^u* | تثمين *tatmīn*| • value, appreciate • estimate, evaluate, assess, appraise ▪ لا يُثمن *lā yutamman^u pass. v.* priceless

تثمين *tatmīn n.*↑ • evaluation, assessment, appraisal

مثمن *mutamman pass. part.* • *n.* octagon • *adj.* precious, valuable

ثنى *tanā v.tr.* |*1d2* يثني *yatnī* | ثني *tany*| • bend, fold, flex

ثناء *tanāʔ n.* • praise, commendation

ثنائي *tunāʔī^y adj.* • bi-, twofold, bilateral, two-sided ▪ علاقات ثنائية *Ɛalāqāt tunāʔīya^t pl. n.* bilateral relations ▪ نظام عد ثنائي *niẓām · Ɛadd tunāʔī^y n.* binary numeral system

ثني *tiny n.* |*pl.* أثناء *ʔatnāʔ*| • bend • fold, pleat

أثناء *ʔatnāʔa prep.* • during ▪ أثناء ذلك *ʔatnāʔ^a đālika adv.* in the meantime ▪ وفي هذه الأثناء *wa-fī hāđihi -lʔatnāʔ^i adv.* In the meantime,..., Meanwhile,... ▪ في أثناء ذلك *fī ʔatnāʔ^i đālika adv.* for the time being, in the interim ▪ في أثناء *fī ʔatnāʔ^i prep.* during • [+ masdar] while

ثنية *tanīya^t n.* |*pl.* ***invar.*** ثنايا *tanāyā*| • incisor ▪ في ثنايا *fī tanāyā*, بين ثنايا *bayna tanāyā prep.* In, within ◊ وجدت الإجابة في ثنايا الكتاب. *I found the answer in the book.*

ثان *tān(in) adj.* ***def.*** |*m. pl.* ***def.*** ثوان *tawān(in)*| • *(ordinal number)* second, 2nd ▪ ثانيا *tāniyan*, ثانية *tāniyatan adv.* secondly, second of all; again, once more • another • following, next

الثاني عشر *attāniy^a Ɛašr^a adj.* |*f.* الثانية عشرة *attāniya^ta Ɛašara^ta*| • [always accusative] the twelfth ◊ اليوم الثاني عشر *the twelfth day* ◊ المرة الثانية عشرة *the twelfth time* ▪ الساعة الثانية عشرة *assāƐa^t attāniya^ta Ɛašara^ta (time)* twelve o'clock (12:00)

ثانوي *tānawī^y adj.* • secondary, minor • *(school)* secondary

ثانوية *tānawīya^t n.* • high school, secondary school

ثانية *tāniya^t n.* |*pl.* ***def.*** ثوان *tawān(in)*| • *(1/60 minute)* second

'October 2, 2013': desk calendar

اثنان *itnān^i* **m.** *number* |*f.* اثنتان *itnatān^i* | *as numeral, written* ٢| • two ▪ اثنين اثنين *itnayn^i -tnayn^i adv.* two at a time, in pairs, by twos ▪ __ اثنان من *itnān min* __ [+ definite genitive plural noun or pronoun suffix] two of (the) __ ◊ اثنان من البيوت *two of the houses* ◊ اثنتان منهن *two of them* • Monday ◊ في أول اثنين من كل شهر *on the first Monday of every month* ▪ الاثنين *alitnayn^i*, يوم الاثنين *yawm^a · -litnayn^i adv.* (on) Monday(s) ▪ كل اثنين *kull^a -lʔitnayn^i adv.* every Monday ➡ ***picture above*** ⓘ *Because Arabic uses dual suffixes to* *express the notion of 'two', it is only necessary to use* اثنان *itnān*[i] *for emphasis or to avoid ambiguity. When the number is used with a noun, it behaves as an adjective and follows the noun, agreeing in case, gender, and definiteness:* ◊ بيتان *two houses* ◊ بيتان اثنان ***two** houses* ◊ السيارتان *the two cars, both cars* ◊ السيارتان الاثنتان *the **two** cars, **both** cars*

Two

	masculine	feminine
nom.	**اثنان** *itnān*[i]	**اثنتان** *itnatān*[i]
acc./gen.	**اثنين** *itnayn*[i]	**اثنتين** *itnatayn*[i]

اثنا عشر *itnā Ɛašr*[a] **m.** *number* |*f.* اثنتا عشرة *itnatā Ɛašara*[ta] | *as numeral, written* ١٢ | • [+ indefinite accusative singular noun] twelve ◊ اثنا عشر بيتا *itnā Ɛašr*[a] *baytan twelve houses* ◊ اثنتا عشرة سيارة *itanatā Ɛašara*[ta] *sayyāra*[tin] *twelve cars* • [definite plural noun +] the twelve ⓘ *Both numbers in the number 'twelve' are always accusative when indefinite, but when definite, the first word reflects the case of the noun and takes the definite article:* ◊ جاء الرجال الاثنا عشر. رأيت الرجال الاثني عشر. *The twelve men came. I saw the twelve men.* ◊ جاءت النساء الاثنتا عشرة. رأيت النساء الاثنتي عشرة. *The twelve women came. I saw the twelve women.*

Twelve

	masculine	feminine
nom.	**اثنا عشر** *itnā Ɛašr*[a]	**اثنتا عشرة** *itnatā Ɛašara*[ta]
acc./gen.	**اثني عشر** *itnay Ɛašr*[a]	**اثنتي عشرة** *itnatay Ɛašara*[ta]

مثنى *matnan adv.* • two at a time, in twos, in pairs

II **ثنى** *tannā v.tr.* |*2d* يثني *yutannī* | تثنية *tatniya*[t] | • double

مثنى *mutann(an) pass. part. adj.* ***indecl.*** • double, twofold • *(grammar)* dual

IV **أثنى** *ʔatnā v.intr.* |*4d* يثني *yutnī* | إثناء *ʔitnāʔ*| • praise على, commend

V **تثنى** *tatannā v.intr.* |*5s* يتثنى *yatatannā* | ***def.*** تثن *tatann(in)* | • double, be doubled • swing, sway, shimmy ◊ تثنت الراقصة مع الموسيقى. *The belly dancer shimmied to the music.*

X **استثنى** *istatnā v.tr.* |*10d* يستثني *yastatnī* | استثناء *istitnāʔ*| • make an exception *of*, exclude

استثناء *istitnāʔ n.*↑ • exception ◊ والاستثناء الوحيد هو... *the only exception is...* ▪ باستثناء *bi-stitnāʔ*[i] *prep.* with the exception of ▪ دون استثناء *dūna -stitnāʔ*[i], بلا استثناء *bi-lā -stitnāʔ*[i] *adv.* without exception ◊ كل شخص دون استثناء *every single person / every last one of them*

استثنائي *istitnāʔīy adj.* |*elat.* أكثر استثنائية *ʔaktar istitnāʔīya*[tan]| • exceptional, extraordinary ▪ بشكل استثنائي *bi-šakl*[i] *-stitnāʔīy*[i], بصورة استثنائية *bi-ṣūra*[tin] *istitnāʔīya*[tin] *adv.* exceptionally, extraordinarily • *(grammar)* irregular

ثوب *tawb n.* |*pl.* ثياب *tiyāb* or أثواب *ʔatwāb*| • garment, robe ▪ ثوب سباحة *tawb · sibāḥa*[t] bathing suit, swimsuit • thobe (long, loose-fitting garment worn by men in the Gulf region), thawb

Businessmen wearing thobes (dishdashas) in the U.A.E.

ث

ثواب *tawāb n.* • recompense, reward

مثابة *matāba^t n.* • manner, mode ▪ بمثابة *bi-matābat^i prep.* equivalent to, tantamount to, like

ثار *tāra v.intr.* |*1h3* يثور *yatūr^u* | ثورة *tawra^t*| • revolt *against* على, rebel, rise up, rage

ثورة *tawra^t n.*↑ |*pl.* ثورات *taw(a)rāt*| • revolution, revolt, uprising ▪ الثورة *attawra^t* Al-Thawra (Yemeni newspaper); Al-Thawra (Syrian newspaper)

ثوري *tawrīy adj.* |*elat.* أكثر ثورية *ʔaktar tawrīya^tan*| • revolutionary

ثائر *tāʔir act. part.* |*pl.* ثوار *tuwwār*| • *adj.* revolutionary, rebellious • *n.* insurgent, rebel

ثور *tawr n.* |*pl.* ثيران *tīrān*| • bull • برج الثور *burj attawr^i* *(astrology)* Taurus ▪ أنا من برج الثور. *ʔana min burj^i -ttawr^i* I'm a Taurus.

IV **أثار** *ʔatāra v.tr.* |*4h* يثير *yutīr^u* | إثارة *ʔitāra^t*| • excite, thrill • agitate, stir up, provoke • bring up, raise, pose, introduce ▪ أثار شكوكا حول *ʔatāra šukūkan ḥawla* raise doubts about

إثارة *ʔitāra^t n.*↑ • excitement, thrill • agitation

مثير *mutīr act. part. adj.* |*elat.* أكثر إثارة *ʔaktar ʔitāra^tan*| • exciting • sexy

مثار *mutār pass. part. adj.* |*elat.* أكثر إثارة *ʔaktar ʔitāra^tan*| • excited, provoked • upset, nervous • aroused

ثوم *tūm coll. n.* |*sing.* ثومة *tūma^t*| • garlic

مثوى *matw(an) n.* ***indecl.*** |*dual* مثويان *matwayān^i* | *pl.* ***def.*** مثاو *matāw(in)*| • abode, resting place ▪ حمله إلى مثواه الأخير *ḥamalahu ʔilā matwāhu alʔaxīr* lay *sb* to rest (lit. carry to *sb's* final resting place)

ج

ج *jīm n.* ***f.*** |جيم| • *(fifth letter of the Arabic alphabet)* • *(numerical value)* 3 • *(point of information)* C.,III. ➡ ***The Abjad Numerals p. 61***

جاكارتا *jākārtā n.* ***f. invar.*** • *(capital of Indonesia)* Jakarta

جاكيت *jākayt n.* • jacket

جالكعيو *gālkaƐyo n.* ***f. invar.*** • *(city in Somalia)* Galkayo ➡ ***map on p. 177***

جامايكا *jāmaykā n.* ***f. invar.*** • Jamaica

جامايكي *jāmaykī^{y} adj. & n.* • Jamaican

جاموس *jāmūs n.* |*pl.* ***dip.*** جواميس *jawāmīs*| • water buffalo

جبة *jubba^{t} n.* |*pl.* جباب *jibāb*| • jubbah (loose garment)

جبر *jabara v.tr.* |*1s3* يجبر *yajbur^{u}* | جبر *jabr*| • force *sb* ∘ *to (do)* على, make, coerce, compel • fix, mend ▪ جبر عظما مكسورا *jabara Ɛaẓman maksūran* set a broken bone, splint a broken bone

جبر *jabr n.*↑ • coercion, compulsion • might, power, force • algebra ⓘ *The English word 'algebra' has been borrowed from this Arabic word.*

مجبور *majbūr pass. part. adj.* • compelled *to* على, forced

جبار *jabbār adj.* |*m. pl.* جبابرة *jabābira^{t}*| • mighty, magnificent • giant, gigantic, huge

جبيرة *jabīra^{t} n.* |*pl.* ***dip.*** جبائر *jabāʔir*| • splint

IV **أجبر** *ʔajbara v.tr.* |*4s* يجبر *yujbir^{u}* | إجبار *ʔijbār*| • force *sb* ∘ *to (do)* على, make, coerce, compel

إجبار *ʔijbār n.*↑ • compulsion, coercion

إجباري *ʔijbārī^{y} adj.* • compulsory, mandatory ▪ دورة إجبارية *dawra^{t} ʔijbārīya^{t} n.* compulsory course

مجبر *mujbar pass. part. adj.* • compelled *to* على, forced

جبريل *jabrīl* ***dip.*** *man's name* • Gabriel

جبس *jibs n.* • plaster • *(orthopedic)* cast

II **جبس** *jabbasa v.tr.* |*2s* يجبس *yujabbis^{u}* | تجبيس *tajbīs*| • set in plaster

جبل *jabal n.* |*pl.* جبال *jibāl*| • mountain ▪ جبل موسى *jabal mūsā* Mount Sinai

جبلي *jabalī^{y} adj.* • mountainous, hilly

الجبيل *aljubayl n.* ***f.*** • *(city in Saudi Arabia)* Jubail ➡ ***map on p. 144***

جبن *jubn,* جبنة *jubna^{t} n.* |*pl.* أجبان *ʔajbān*| • cheese

جبان *jabān* |*pl.* ***dip.*** جبناء *jubanāʔ*| • *adj.* |*elat.* أجبن *ʔajban*| cowardly • *n.* coward

جبين *jabīn n.* |*pl.* أجبنة *ʔajbina^{t}*| • forehead

جبهة *jabha^{t} n.* |*pl.* جبهات *jab(a)hāt*| • forehead • front line ▪ على الجبهة *Ɛalā -ljabha^{ti}* on the front line • *(weather)* front

جث *jatta v.tr.* |*1g3* يجث *yajutt^{u}* | جث *jatt*| • uproot *sth* ∘ *from* من

جثة *jutta n.* |*pl.* جثث *jutat*| • corpse, body, carcass

VIII **اجتث** *ijtatta v.tr.* |*8g1* يجتث *yajtatt^{u}* | اجتثاث *ijtitāt*| • uproot *sth* ∘ *from* من

جثمان *jutmān n.* |*pl.* ***dip.*** جثامين *jatāmīn*| • corpse, body, carcass

جحا *juḥā* ***invar.*** *man's name* • Juha (fictional character in humorous anecdotes)

Juha riding a donkey

جحد *jaḥada v.tr.* |*1s1* يجحد *yajḥad^{u}* | جحد *jaḥd* or جحود *juḥūd*| • renounce, deny

جحود *juḥūd,* جحد *jaḥd n.*↑ • disbelief, infidelity, denial •جحود الجميل *juḥūd · aljamīl^{i}* ingratitude

ج

جاحد *jāḥid act. part.* • *adj.* |*elat.* أجحد *ʔajḥad*| denying ▪ جاحد للجميل *jāḥid li-ljamīl^{i} adj.* ungrateful, thankless • *n.* unbeliever, infidel

جحيم *jaḥīm n.* • hell, inferno ▪ الجحيم *aljaḥīm* Hell ▪ أحال حياته إلى جحيم *ʔaḥāla ḥayāt^{a}hu ʔilā jaḥīm* give *sb* hell, make *sb's* life a living hell

جدجد *judjud n.* |*pl.* **dip.** جداجد *jadājid*| • cricket

جد *jadda v.intr.* |1g2 يجد *yajidd^{u}* | جد *jidd*| • be serious • work hard, do *one's* best ▪ من جد وجد. *man jadda wajada proverb* He who works hard will find (what he is looking for). • have happened recently

جد *jidd n.*↑ • seriousness • hard work, diligence ▪ بجد *bi-jidd^{in} adv.* diligently, hard ◊ يعمل بجد ليلا ونهارا. *He works hard day and night.* ▪ جدا *jiddan adv.* [adjective +] very ◊ جيد جدا *very good*

جدية *jiddīya^{t} n.* • seriousness ▪ بمنتهى الجدية *bi-muntahā -ljiddīya^{ti} adv.* extremely serious, in all earnest

جدي *jiddī^{y} adj.* |*elat.* أكثر جدية *ʔakṯar jiddiya^{tan}*| • serious, earnest ▪ جديا *jiddīyan adv.* in earnest

جاد *jādd act. part. adj.* |*elat.* أكثر جدية *ʔakṯar jiddiya^{tan}*| • *(not joking)* serious, earnest

جد *jadd n.* |*pl.* أجداد *ʔajdād* or جدود *judūd*| • grandfather, grandpa • ancestor

جدة *jadda^{t} n.* • grandmother

جدة *jadda^{t} n.* **dip.** • *(city in Saudi Arabia)* Jeddah ➡ **map on p. 144**

جديد *jadīd adj.* |*m. pl.* جدد *judud* | *elat.* أجدد *ʔajdad*| • new ▪ من جديد *min jadīd^{in} adv.* again, anew

الجديدة *aljadīda^{t} n.* • *(city in Morocco)* El Jadida ➡ **map on p. 222**

جادة *jādda^{t} n.* |*pl.* جواد *jawādd*| • road

II **جدد** *jaddada v.tr.* |2s يجدد *yujaddid^{u}* | تجديد *tajdīd*| • renew, update • modernize

تجديد *tajdīd n.*↑ • renewal, update

مجدد *mujaddad pass. part. adj.* • renewed ▪ مجددا *mujaddadan adv.* again ◊ لن أراها مجددا. *I will not see her again.*

IV **أجد** *ʔajadda v.intr.* |4g يجد *yujidd^{u}* | إجداد *ʔijdād*| • be determined *to (do)* في • be hardworking, be industrious, be diligent

مجد *mujidd act. part. adj.* |*elat.* أكثر جدا *ʔakṯar jiddan*| • hardworking, industrious, diligent

V **تجدد** *tajaddada v.intr.* |5s يتجدد *yatajaddad^{u}* | تجدد *tajaddud*| • be renewed

متجدد *mutajaddid act. part. adj.* • renewable ▪ طاقة متجددة *ṭāqa^{t} mutajaddida^{t} n.* renewable energy

X **استجد** *istajadda v.intr.* |10g يستجد *yastajidd^{u}* | استجداد *istijdād*| • be new

مستجد *mustajidd act. part. adj.* • new ▪ مستجدات *mustajiddāt pl. n.* innovations; developments ▪ المستجدات الأخيرة *almustajiddāt alʔaxīra^{t} pl. n.* the latest news, recent developments

جدر *jadura v.intr.* |1s6 يجدر *yajdur^{u}* | جدارة *jadāra^{t}*| • be worthy *of* بـ

جدارة *jadāra^{t} n.*↑ • worth, merit, aptitude

جدرة *judara^{t} n.* • keloid

جدري *judarī^{y} n.* • smallpox ▪ جدري ماء *judarī^{y} · māʔ* chicken pox

جدار *jidār n.* |*pl.* جدران *judrān* or جدر *judur*| • wall

جدير *jadīr adj.* |*m. pl.* **dip.** جدراء *judarāʔ* | *elat.* أجدر *ʔajdar*| • worthy *of* بـ, deserving, suitable ▪ من الجدير بالذكر أنّ *min^{a} -ljadīr^{i} bi-ḏḏikr^{i} ʔanna* it is worth mentioning that... ▪ جدير بالاهتمام *jadīr bi-lihtimām^{i}* worthwhile ▪ جدير بالملاحظة *jadīr bi-lmulāḥaẓa^{ti}* notable, noteworthy ▪ جدير بالاحترام *jadīr bi-liḥtirām^{i}* respectable, deserving of respect ▪ جدير بالثقة *jadīr bi-ttiqa^{ti}* trustworthy ▪ من الأجدر أنْ *min^{a} -lʔajdar^{i} ʔan* it is more suitable that...

مجداف *mijdāf n.* |*pl.* **dip.** مجاديف *majādīf*| • oar

II **جدف** *jaddafa v.* |2s يجدف *yujaddif^{u}* | تجديف *tajdīf*| • *v.tr.* row (a boat) • *v.intr.* blaspheme على

تجديف *tajdīf n.*↑ • blasphemy, heresy

جدل *jadala v.tr.* |1s2 يجدل *yajdil^{u}* | جدل *jadl*| • twist, braid

جدل *jadal n.* • *(hair)* braid • controversy

جدلي *jadalī^{y} adj.* |أكثر جدلا *ʔakṯar jadalan* or أكثر إثارة للجدل *ʔakṯar ʔiṯāratan liljadal^{i}*| • controversial

جدال *jidāl n.* • quarrel, argument, dispute

III **جادل** *jādala v.tr.* |3s يجادل *yujādil^{u}* | مجادلة *mujādala^{t}*| • quarrel *with*, argue

مجادلة *mujādala^{t} n.*↑ • quarrel, argument, dispute

جدوى *jadwā n.* **invar.** • advantage, benefit ▪ بلا جدوى *bi-lā jadwā*, دون جدوى *dūna jadwā adv.* worthless, useless, of no use; in vain ▪ دراسة جدوى *darāsat · jadwā* feasibility study

IV **أجدى** *ʔajdā v.intr.* |4d يجدي *yujdī* | إجداء *ʔijdāʔ*| • be useful, be helpful

مجد *mujd(in) act. part. adj.* **def.** |*elat.* **invar.** أجدى *ʔajdā*| • useful, helpful

QI **جدول** *jadwala v.tr.* |11s يجدول *yujadwil*^{u} | جدولة *jadwala*^{t}| • catalog, list, arrange

جدول *jadwal n.* |pl. **dip.** جداول *jadāwil*| • schedule ▪ جدول أعمال *jadwal · ʔaƐmāl* ***(work)*** calendar, agenda ▪ جدول دراسي *jadwal dirāsī*^{y} class schedule; curriculum • chart, table, index

جدولة *jadwala*^{t} *n.*↑ • arrangement

جدي *jidy n.* |pl. جديان *jidyān*| • ***(young goat)*** kid •برج الجدي *burj · aljidy*^{i} ***(astrology)*** Capricorn ▪ أنا من برج الجدي. *ʔana min burj*^{i} *-ljidy*^{i} I'm a Capricorn.

جذب *jađaba v.tr.* |1s2 يجذب *yajđib*^{u} | جذب *jađb*| • attract

جذب *jađb n.*↑ • attraction, appeal • gravitation

جذاب *jađđāb adj.* |elat. أكثر جاذبية *ʔaktar jāđibīya*^{tan} or أجذب *ʔajđab*| • attractive • sexy

جاذبية *jāđibīya*^{t} *n.* • gravity • attraction, charm

جذر *jiđr* or *jađr n.* |pl. جذور *juđūr*| • root, stem ▪ جذر نبات *jiđr · nabāt* ***(plant)*** root ▪ جذر أسنان *jiđr · ʔasnān* ***(tooth)*** root ▪ عميق الجذر *Ɛamīq · aljiđr*^{i} *adj.* deep-rooted • ***(grammar)*** root

جذري *jiđrī*^{y} or *jađrī*^{y} *adj.* • radical, fundamental • ***(grammar)*** root-, radical

جذع *jiđƐ n.* |pl. جذوع *juđūƐ*| • trunk, torso ▪ جذع شجرة *jiđƐ · šajara*^{t} tree trunk ▪ جذع مخ *jiđƐ · muxx* brain stem

II **جذف** *jađđafa v.tr.* |2s يجذف *yujađđif*^{u} | تجذيف *tajđīf*| • row (a boat)

مجذاف *mijđāf n.* |pl. **dip.** مجاذيف *majāđīf*| • oar

جذام *juđām n.* • leprosy

جرؤ *jaruʔa v.intr.* |1s6 يجرؤ *yajruʔ*^{u} | جرأة *jurʔa*^{t}| • have the courage *to* على, dare, venture

جرأة *jurʔa*^{t} *n.*↑ • courage, boldness, bravery

جريء *jarīʔ adj.* |m. pl. **dip.** أجرياء *ʔajriyāʔ* | elat. أجرأ *ʔajraʔ*| • courageous, brave, bold

جراج *garāj n.* • garage

جراب *jirāb n.* |pl. أجربة *ʔajriba*^{t}| • sheath, scabbard • case, cover ▪ جراب جوال *jirāb · jawāl* cell phone case

II **جرب** *jarraba v.tr.* |2s يجرب *yujarrib*^{u} | تجريب *tajrīb* or تجربة *tajriba*^{t}| • try, try on, taste, sample

تجربة *tajriba*^{t} *n.*↑ |pl. **dip.** تجارب *tajārib*| • experience • attempt, try • experiment, trial

مجرب *mujarrib act. part. adj.* • experimental

جرثوم *jurtūm coll. n.* |sing. جرثومة *jurtūma*^{t} | pl. **dip.** جراثيم *jarātīm*| • bacteria, germs

QI **جرجر** *jarjara v.tr.* |11s يجرجر *yujarjir*^{u} | جرجرة *jarjara*^{t}| • drag, tow

جرجير *jirjīr n.* • watercress

جرجس *jurjus* or *girgis* **dip.** *man's name* • George

جرح *jaraħa v.tr.* |1s1 يجرح *yajraħ*^{u} | جرح *jarħ*| • injure, wound, hurt ▪ جرح شعوره *jaraħa šuƐūr*^{a}*hu* hurt *sb's* feelings ▪ جُرِح *juriħa pass. v.* get hurt, be wounded

جارح *jāriħ act. part. adj.* • painful

مجروح *majrūħ pass. part. adj.* |m. pl. **dip.** مجاريح *majārīħ*| • wounded, injured, hurt

جرح *jurħ n.* |pl. جراح *jirāħ* or جروح *jurūħ*| • wound, injury, scar

جراح *jarrāħ n.* • surgeon ▪ جراح عظام *jarrāħ · Ɛaẓām* orthopedist, orthopedic surgeon ▪ جراح تجميل *jarrāħ · tajmīl* plastic surgeon

جراحة *jirāħa*^{t} *n.* • surgery, operation ▪ جراحة عظام *jirāħat · Ɛiẓām* orthopedics, orthopedic surgery ▪ جراحة تجميل *jirāħat · tajmīl* plastic surgery

جراحي *jirāħī*^{y} *adj.* • surgical ▪ خيط جراحي *xayṭ jirāħī*^{y} *n.* suture, stitch

جريح *jarīħ adj.* |m. pl. **invar.** جرحى *jarħā*| • injured, wounded, hurt

جراد *jarād coll. n.* |sing. جرادة *jarāda*^{t}| • locusts, grasshoppers ▪ جراد بحر *jarād · baħr* lobster

جريدة *jarīda*^{t} *n.* |pl. **dip.** جرائد *jarāʔid*| • newspaper

II **جرد** *jarrada v.tr.* |2s يجرد *yujarrid*^{u} | تجريد *tajrīd*| • peel • strip

مجرد *mujarrad pass. part. adj.* • bare, naked ▪ فعل مجرد *fiƐl mujarrad* ***(grammar)*** non-derived verb, form I verb ▪ بالعين المجردة *bi-lƐayn*^{i} *-lmujarrada*^{ti} with the naked eye ▪ في مرمى العين المجردة *fī marmā -lƐayn*^{i} *-lmujarrada*^{ti} visible with the naked eye • [+ genitive noun] pure, merely, just ◊ أنا مجرد المساعد. *I'm merely the assistant.* ◊ كانت مجرد مزحة. *It was just a joke.* ▪ بمجرد أن *bi-mujarrad*^{i} *ʔan*, بمجرد ما *bi-mujarrad*^{i} *mā conj.* as soon as, once ◊ بمجرد أن أصل إلى المنزل *as soon as I get home* ◊ بمجرد أن خرجت من البيت *just as I was leaving the house*

جردل *jardal n.* |pl. **dip.** جرادل *jarādil*| • bucket, pail

جرذ *jurađ n.* |pl. جرذان *jurđān* or *jirđān*| • rat

جر *jarra v.tr.* |1g3 يجر *yajurr*^{u} | جر *jarr*| • pull, drag, draw, haul, tow • *(grammar)* make genitive

جر *jarr n.*↑ • *(grammar)* genitive case ▪ حرف جر *ḥarf · jarr* preposition

مجرور *majrūr pass. part. adj.* • genitive, governed by a preposition

جراء *jarrāʔa*, من جراء *min jarrāʔi prep.* • due to, because of, as a result of ◊ تضرر المنزل من جراء الزلزال. *The house was damaged because of the earthquake.*

جرار *jarrār*, جرارة *jarrārat n.* • tractor

جرس *jaras n.* |*pl.* أجراس *ʔajrās*| • bell ▪ جرس باب *jaras · bāb* door bell ▪ دق جرس هاتف *daqqa jarasu · hātif v.* a phone rings

جرش *jaraš n. **f. dip.*** • *(city in Jordan)* Jerash ➡ ***map on p. 8***

جرع *jaraƐa v.tr.* |1s1 يجرع *yajraƐu* | جرع *jarƐ*| • swallow, gulp

جرعة *jurƐat n.* |*pl.* جرع *juraƐ*| • dose, dosage ▪ جرعة مفرطة *jurƐat mufriṭat*, جرعة زائدة *jurƐat zāʔidat* overdose • gulp

جرف *jarafa v.tr.* |1s3 يجرف *yajrufu* | جرف *jarf*| • sweep away, wash away ◊ جرف الفيضان منزلهم. *The flood swept away their house.* • shovel • dredge ◊ جرفوا البحيرة. *They dredged the lake.*

جرف *jurf n.* |*pl.* أجراف *ʔajrāf*| • cliff

جرافة *jarrāfat n.* • bulldozer

مجرفة *mijrafat n.* |*pl.* ***dip.*** مجارف *majārif*| • shovel • backhoe

VIII **اجترف** *ijtarafa v.tr.* |8s يجترف *yajtarifu* | اجتراف *ijtirāf*| • shovel

II **جرف** *jarrafa v.tr.* • bulldoze • dredge

جرم *jirm n.* |*pl.* أجرام *ʔajrām*| • جرم سماوي *jirm samāwīy* celestial body

جرم *jurm n.* |*pl.* أجرام *ʔajrām*| • crime

جريمة *jarīmat n.* |*pl.* ***dip.*** جرائم *jarāʔim*| • crime, felony ▪ جريمة قتل *jarīmat · qatl* homicide

IV **أجرم** *ʔajrama v.intr.* |4s يجرم *yujrimu* | إجرام *ʔijrām*| • commit a crime

إجرام *ʔijrām n.*↑ • criminality, crime, culpability
إجرامي *ʔijrāmīy adj.* |أكثر إجراما *ʔaktar ʔijrāman*| • criminal

مجرم *mujrim act. part. n.* • criminal, felon

جرو *jarw n.* |*pl.* جراء *jirāʔ*| • puppy

جرى *jarā v.intr.* |1d2 يجري *yajrī* | جري *jary*| • run ▪ جرى وراء *jarā warāʔa* chase after, pursue • flow ▪ تجري الرياح بما لا تشتهي السفن. *tajrī -rriyāḥu bi-mā lā taštahī -ssufuna proverb* When the wind blows, it favors no ship. • happen ▪ الذي جرى هو... *allaḏī jarā huwa...* what happened was... • happen *to* لـ, befall ◊ ماذا جرى لك يا أخي؟ *What's happened to you, brother?*

جار *jār(in) adj. **def.*** • current, present ▪ الشهر الجاري *aššahr aljārīy* the current month

جراء *jarrāʔ n.* • runner, racer

ماجريات *mājarayāt pl. n.* • course of events

مجرى *majr(an) n. **indecl.*** |*dual* مجريان *majrayāni* | *pl. **def.*** مجار *majār(in)* or مجريات *majrayāt*| • course, track, path ▪ مجريات *majrayāt pl. n.* events ▪ مجار *majār(in) pl. n.* sewerage • stream

IV **أجرى** *ʔajrā v.tr.* |4d يجري *yujrī* | إجراء *ʔijrāʔ*| • perform *sth* ه *on* لـ, do, carry out, make, conduct ▪ أجرى اتصالا هاتفيا بـ *ʔajrā ittiṣālan hātifīyan bi-* make a phone call to ▪ أجرى تحقيقا *ʔajrā taḥqīqan* carry out an investigation ▪ أجرى تحليلا *ʔajrā taḥlīlan* run an analysis ▪ أجرى عملية *ʔajrā Ɛamalīyat* perform an operation ▪ أجرى فحصا *ʔajrā faḥṣan* run a test ▪ أجرى مقابلة *ʔajrā muqābalat* have a meeting *with* مع

إجراء *ʔijrāʔ n.*↑ • procedure, measure ▪ اتخذ إجراءات *ittaxaḏa ʔijrāʔāt* take measures ▪ إجراء أمني *ʔijrāʔ ʔamanīy* security measure

جرينلاند *grīnland n. **f. invar.*** • Greenland
جرينلاندي *grīnlandīy adj. & n.* • *adj.* Greenlandic • *n.* Greenlander

جرينيتش *grīnītš n. **invar.*** • Greenwich ▪ بتوقيت جرينيتش *bi-tawqīti · grīnītš adv.* Greenwich Mean Time (GMT)

جزء *juzʔ n.* |*pl.* أجزاء *ʔajzāʔ*| • part, portion, section, piece
جزئي *juzʔīy adj.* • partial, incomplete ▪ جزئيا *juzʔīyan adv.* partially, partly, in part

جزيء *juzayʔ n. diminutive* |*pl.* جزيئات *juzayʔāt*| • molecule
جزيئي *juzayʔīy adj.* • molecular

II **جزأ** *jazzaʔa v.tr.* |2s(c) يجزئ *yujazziʔu* | تجزيء *tajzīʔ* or تجزئة *tajziʔat*| • divide, separate, partition

تجزئة *tajziʔat n.*↑ • separation, division

V **تجزأ** *tajazzaʔa v.intr.* |5s(c) يتجزأ *yatajazzaʔu* | تجزؤ *tajazzuʔ*| • divide, be divided, be partitioned

جزر *jazara v.* |*1s3* يجزر *yajzuru* | جزر *jazr*| • *v.tr.* butcher, slaughter • *v.intr.* *(of tidewater)* ebb

جزر *jazr n.*↑ • slaughter • ebb ▪ مد وجزر *madd wa-jazr* tide

جزر *jazar coll. n.* |*sing.* جزرة *jazarat*| • carrots

جزر القمر *juzur · alqumuri n.* ***f.*** • the Comoros

قمري *qumurīy adj. & n.* • Comorian

جزار *jazzār n.* • butcher

جزارة *jizārat n.* • butcher shop

جزيرة *jazīrat n.* |*pl.* ***dip.*** جزر *juzur* or جزائر *jazāʔir*| • island ▪ الجزيرة *aljazīrat* *(news network)* Aljazeera ▪ شبه جزيرة *šibh · jazīrat* peninsula ▪ شبه الجزيرة العربية *šibh · jazīrati -lƐarabīyati*, الجزيرة العربية *aljazīrat alƐarabīyat*, جزيرة العرب *jazīrat · alƐarabi* the Arabian Peninsula

جزري *jazarīy* • *adj.* island-, insular • *n.* islander

جزر القمر *juzur · alqumuri n.* ***f.*** • the Comoros

➡ ***map on p. 253***

الجزائر *aljazāʔir n.* ***f.*** • Algeria • *(capital of Algeria)* Algiers

جزائري *jazāʔirīy adj. & n.* • Algerian

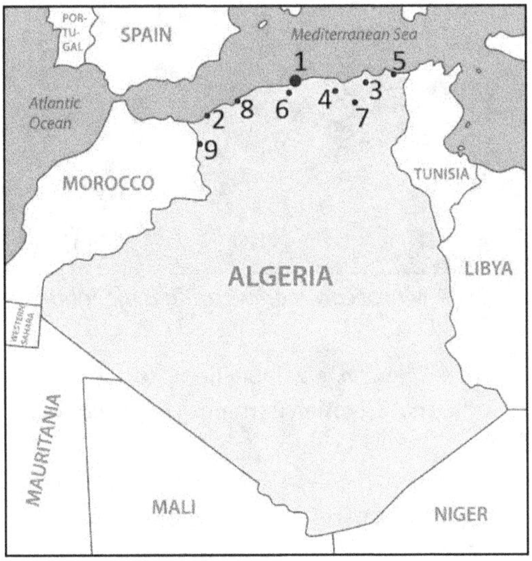

map of Algeria

1. الجزائر *aljazāʔir* Algiers
2. وهران *wahrān* Oran
3. قسنطينة *qusanṭīnat* Constantine
4. سطيف *saytīf* Setif
5. عنابة *Ɛannābat* Annaba
6. البليدة *albulaydat* Blida
7. باتنة *bātnat* Batna
8. الشلف *aššlef* Chlef
9. تلمسان *tilimsān* Tlemcen

مجزر *majzir n.* |*pl.* ***dip.*** مجازر *majāzir*| • slaughterhouse

مجزرة *majzarat n.* |*pl.* ***dip.*** مجازر *majāzir*| • massacre

جز *jazza v.tr.* |*1g3* يجز *yajuzzu* | جز *jazz*| • cut, clip, mow

جزازة *jazzāzat*, جزازة عشب *jazzāzat · Ɛušb n.* • lawnmower

جزيل *jazīl adj.* |*m. pl.* جزال *jizāl* | *elat.* أجزل *ʔajzal*| • abundant, ample ▪ شكرا جزيلا *šukran jazīlan*, أشكرك جزيل الشكر *ʔaškuruka jazīla -ššukri* Thank you very much!

جزمة *jazmat n.* |*pl.* جزم *jizam*| • pair of boots ▪ فردة جزمة *fardat · jazmat* boot

مجزوم *majzūm pass. part. adj.* • *(grammar)* jussive ▪ المضارع المجزوم *almuḍāriƐ almajzūm n.* the jussive mood

جزى *jazā v.tr.* |*1d2* يجزي *yajzī* | جزاء *jazāʔ*| • punish *sb* ∘ *for* بـ, fine • reward *sb* ∘ *for* بـ, compensate ▪ جزاه الله خيرا *jazāhu aLLāhu xayran* may God reward *sb*

جزاء *jazāʔ n.*↑ • punishment, penalty ▪ جزاء نقدي *jazāʔ naqdīy* fine ▪ ركلة جزاء *raklat · jazāʔ* *(soccer)* penalty kick • compensation, reward ▪ الجزاء من جنس العمل. *aljazāʔu min jinsi -lƐamali* proverb A reward should match the deed.

جزائي *jazāʔīy adj.* • penal

جسد *jasad n.* |*pl.* أجساد *ʔajsād*| • body

جسدي *jasadīy adj.* • physical, bodily

II **جسد** *jassada v.tr.* |*2s* يجسد *yujassidu* | تجسيد *tajsīd*| • embody, personify

جسر *jisr n.* |*pl.* جسور *jusūr*| • bridge • beam, bar

جسارة *jasārat n.* • boldness • insolence

جسور *jasūr adj.* |جسر *jusur* or *jusr* | *elat.* أجسر *ʔajsar*| • bold, daring • insolent, forward

جاسوس *jāsūs n.* |*pl.* ***dip.*** جواسيس *jawāsīs*| • spy

V **تجسس** *tajassasa v.intr.* |*5s* يتجسس *yatajassasu* | تجسس *tajassus*| • spy on على

تجسس *tajassus n.*↑ • espionage

جسم *jism n.* |*pl.* أجسام *ʔajsām*| • body • form, mass

جسمي *jismīy adj.* • physical, corporal, bodily

جسمان *jusmān n.* • torso

جسماني *jusmānīy adj.* • physical, corporal, bodily

جسامة *jasāmat n.* • size, volume, enormity

جسيم *jasīm adj.* |*m. pl.* جسام *jisām* | *elat.* أجسم *ʔajsam*| • great, enormous

ج

جسيم *jusaym n. diminutive* • *(physics)* particle

جشع *jašiƐ adj.* |*elat.* أجشع *ʔajšaƐ*| • greedy, covetous

جص *jiṣṣ n.* • plaster, gyspum

II **جصص** *jaṣṣaṣa v.tr.* |*2s* يجصص *yujaṣiṣṣᵘ* | تجصيص *tajṣīṣ*| • plaster

جعة *jiƐaᵗ n.* • beer

II **جعد** *jaƐƐada v.tr.* |*2s* يجعد *yujaƐƐidᵘ* | تجعيد *tajƐīd*| • *(skin)* wrinkle • *(hair)* curl

تجعيدة *tajƐīdaᵗ pl. n.* **dip.** |*pl.* **dip.** تجاعيد *tajāƐīd*| • wrinkle

مجعد *mujaƐƐad pass. part. adj.* |*elat.* أكثر تجعدا *ʔaktar tajaƐƐudan*| • *(hair)* curly, curled, wavy

V **تجعد** *tajaƐƐuda v.intr.* |*5s* يتجعد *yatajaƐƐadᵘ* | تجعد *tajaƐƐud*| • become wrinkled

متجعد *mutajaƐƐid act. part. adj.* |*elat.* أكثر تجعدا *ʔaktar tajaƐƐudan*| • wrinkled • *(hair)* curly, curled, wavy

جعل *jaƐala v.tr.* |*1s1* يجعل *yajƐalᵘ* | جعل *jaƐl*| • [+ object + indicative] make, cause, let ◊ هو جعلهم يفعلون ذلك. *He made them do it.* ◊ حسين جعلني أدخل. *Hussein let me in.* • [+ accusative adjective] make ◊ ذلك جعلني جائعا. *That made me hungry.* • [+ accusative object + accusative object] make ◊ جعل المرأة ملكته. *He made the woman his queen.* • put ◊ جعلت فوق الطاولة كتابين. *She put two books on the table.* • *(used in perfect tense only)* [+ indicative] begin to *(do)*, start *(do)ing* ◊ جعلت آكل. *I began to eat.*

جعالة *jaƐālaᵗ n.* |*pl.* **dip.** جعائل *jaƐāʔil*| • pay, royalty

جغرافيا *joɣrāfiyā n.* **invar.** • geography

جغرافي *joɣrāfīʸ adj.* • geographic

جف *jaffa v.intr.* |*1g2* يجف *yajiffᵘ* | جفاف *jafāf*| • dry, dry up, dry out, become dry

جفاف *jafāf n.*↑ • dryness, drought ▪ ضرب جفاف *ḍaraba jafāfᵘⁿ* drought struck • *(medical)* dehydration, dryness ▪ جفاف جلد *jafāf · jild* skin dryness ▪ جفاف عينين *jafāf · Ɛaynaynⁱ* dryness of the eyes

جاف *jāff act. part. adj.* |*elat.* أجف *ʔajaff*| • dry

II **جفف** *jaffafa v.tr.* |*2s* يجفف *yujaffifᵘ* | تجفيف *tajfīf*| • dry, make dry

مجفف *mujaffif,* مجففة *mujaffifaᵗ act. part. n.* • dryer ▪ مجفف شعر *mujaffif · šaƐr* hair dryer ▪ مجفف ملابس *mujaffif · malābis* clothes dryer

جفن *jafn n.* |*pl.* جفون *jufūn* or أجفان *ʔajfān*| • eyelid ◊ جفناها ناعسان. *Her eyelids are heavy. (She's drowsy.)*

جلب *jalaba v.tr.* |*1s2/1s3* يجلب *yajlibᵘ* or *yajlubᵘ* | جلب *jalb*| • fetch, bring

جلابة *jalābaᵗ n.* • djellaba (long, loose-fitting traditional Moroccan garment with a hood)

A Moroccan man wearing a djellaba

جلابية *jallābīyaᵗ n.* • galabia (long, loose-fitting traditional Egyptian garment) ➡ ***picture on p. 59***

جلباب *jilbāb n.* |*pl.* جلابيب *jalabīb*| • jilbab (long, loose-fitting garment for women) ➡ ***picture on p. 195***

جلد *v.* • *jalida v.intr.* |*1s4* يجلد *yajladᵘ* | جلد *jalad*| be frozen, freeze • *jalada v.tr.* |*1s3* يجلد *yajludᵘ* | جلد *jald*| whip, flog

جلد *jild n.* |*pl.* جلود *julūd*| • skin ▪ جلد رأس *jild · raʔs* scalp ▪ طب الجلد *ṭibb · aljildⁱ* dermatology • leather ▪ من الجلد *minᵃ -ljildⁱ* leather- ◊ حزام من الجلد *a leather belt*

جلاد *jallād n.* • whipper • executioner

جليد *jalīd n.* • ice ▪ جبل جليدي *jabal jalīdīʸ* iceberg

جليدي *jalīdīʸ adj.* • icy

II **جلد** *jallada v.tr.* |*2s* يجلد *yujallidᵘ* | تجليد *tajlīd*|

• freeze • bind (a book)

مجلد *mujallad pass. part.* • *adj.* frozen, icy • *n.* volume; *adj.* bound

An Egyptian man wearing a galabia

جلس *jalasa v.intr.* |*1s2* يجلس *yajlisu* | جلوس *julūs*| • sit ▪ جلس أمام طاولة *jalasa ʔamāma ṭāwilat* sit at a table

جلسة *jalsat n.* |*pl.* جلسات *jal(a)sāt*| • session, hearing

جليس *jalīs n.* |*pl.* جلساء *julasāʔ*| • companion, comrade

مجلس *majlis n.* |*pl.* **dip.** مجالس *majālis*| • parliament, assembly, council, board ▪ مجلس شيوخ *majlis · šuyūx* senate ▪ مجلس أمن الأمم المتحدة *majlis · ʔamni -lʔumami -lmuttaḥidati* The United Nations Security Council (UNSC) ▪ مجلس إدارة *majlis · ʔidārat* board of directors ▪ رئيس مجلس إدارة *raʔīs · majlis · ʔidārat* chairman of the board • session, sitting

جلطة *jalṭat* or *julṭat n.* |*pl.* جلطات *jal(a)ṭāt* or *jul(u)ṭāt*| • clot ▪ جلطة دموية *jalṭat damawīyat* blood clot • stroke ▪ جلطة دماغية *jalṭat dimāɣīyat* brain stroke ▪ جلطة قلبية *jalṭat qalbīyat* heart stroke

جلف *jilf adj.* |*m. pl.* أجلاف *ʔajlāf* | *elat.* أجلف *ʔajlaf*| • rude, impolite

جل *jalla v.intr.* |*1g2* يجل *yajillu* | جلال *jalāl*| • *(of God)* be majestic, be exalted, be lofty

جلال *jalāl n.*↑ • loftiness

جل *jull n.* • majority

جلالة *jalālat n.* • majesty ▪ صاحب الجلالة *ṣāḥib · aljalālati* His Majesty

جليل *jalīl adj.* |*m. pl.* **dip.** أجلاء *ʔajillāʔ* | *elat.* أجل *ʔajall*| • lofty, important, venerable, glorious, great

مجلة *majallat n.* • magazine, journal

IV **أجل** *ʔajalla v.tr.* |*4g* يجل *yujillu* | إجلال *ʔijlāl*| • admire • glorify, exalt, honor

إجلال *ʔijlāl n.*↑ • admiration • glorification, exaltation, honor

جلا *jalā v.tr.* |*1d3* يجلو *yajlū* | جلي *jaly*| • polish

جلي *jalīy adj.* |*elat.* **invar.** أجلى *ʔajlā*| • obvious, evident, clear ▪ جليا *jalīyan adv.* obviously, evidently

جالية *jāliyat n.* • community, colony ▪ جالية السود *jāliyat · assūdi* the Black community

II **جلى** *jallā v.tr.* |*2d* يجلي *yujallī* | تجلية *tajliyat*| • reveal, expose • clarify, explain

IV **أجلى** *ʔajlā v.tr.* |*4d* يجلي *yujlī* | إجلاء *ʔijlāʔ*| • evacuate

إجلاء *ʔijlāʔ n.*↑ • evacuation

V **تجلى** *tajallā v.intr.* |*5d* يتجلى *yatajallā* | **def.** تجل *tajall(in)*| • become obvious, become evident

ج.م *junayh miṣrīy* |*abbreviation of* جنيه مصري| • Egyptian pound

جمجمة *jumjumat n.* |*pl.* **dip.** جماجم *jamājim*| • skull

جمد *jamuda* or *jamada v.intr.* |*1s6/1s3* يجمد *yajmudu* | جمود *jumūd*| • freeze • become rigid

جامد *jāmid act. part. adj.* |*elat.* أجمد *ʔajmad* or أكثر تجمدا *ʔaktar tajammudan*| • rigid • frozen

جمادى *jumādā n.* **m. invar.** • جمادى الأولى *jumādā -lʔūlā* Jumada Al Ula (fifth month of the Islamic calendar) ▪ جمادى الثانية *jamādā -ttāniyat*, جمادى الآخرة *jumādā -lʔāxirat* Jumada Al Thaniya (sixth month of the Islamic calendar) ➡ ***The Islamic Calendar p. 315***

II **جمد** *jammada v.tr.* |*2s* يجمد *yujammidu* | تجميد *tajmīd*| • freeze ▪ جمد دينه *jammada daynahu* freeze *sb's* debt • harden, make rigid

V **تجمد** *tajammada v.intr.* |*5s* يتجمد *yatajammadu* | تجمد *tajammud*| • freeze, become frozen • harden, solidify

ج

جمر *jamr coll. n.* |*sing.* جمرة *jamra^{t}* | *pl.* جمرات *jam(a)rāt*| • embers

جمرك *jumruk n.* |*pl.* **dip.** جمارك *jamārik*| • customs, tariff

جمركي *jumrukī^{y}* • customs- ▪ رسوم جمركية *rusūm jumrukīya^{t} pl. n.* customs duty

جمع *jamaƐa v.tr.* |*1s1* يجمع *yajma**Ɛ**^{u}* | جمع *jamƐ*| • collect, gather • unite *sth* ه *with* بـ, bring together, combine ◊ جمعت الطفل بأبويه. *She united the child with his parents.* • add up, sum • *(grammar)* pluralize, put in the plural

جمع *jamƐ n.*↑ |*pl.* جموع *jumūƐ*| • collection • crowd • *(grammar)* plural ▪ جمع تكسير *jamƐ · taksīr*, جمع مكسر *jamƐ mukassar* broken plural ▪ جمع الجمع *jamƐ · aljamƐ^{i}* plural of the plural ▪ جمع صحيح *jamƐ ṣaħīħ*, جمع سالم *jamƐ sālim* sound plural

جامع *jāmiƐ act. part. n.* |*pl.* **dip.** جوامع *jawāmiƐ*| • mosque ▪ جامع الأزهر *jāmiƐ · alʔazhar^{i}* Al-Azhar Mosque

جامعة *jāmiƐa^{t} act. part. n.* • university, college • league, union, organization ▪ الجامعة العربية *aljāmiƐa^{t} alƐarabīya^{t}* the Arab League ▪ جامعة الدول العربية *jāmiƐat · adduwal^{i} -lƐarabīya^{ti}* the League of Arab States

جامعي *jāmiƐī^{y} adj.* • university-, college-, collegiate ▪ طالب جامعي *ṭālib jāmiƐī^{y} n.* university student, college student

مجموع *majmūƐ pass. part. n.* |*pl.* **dip.** مجاميع *majāmīƐ*| • whole, sum, total • [+ genitive noun] the total __, all of __ ◊ مجموع عدد السكان *the total number of inhabitants* ◊ في مجموع الدول العربية *in all of the Arab countries*

مجموعة *majmūƐa^{t} pass. part. n.* • group, collection, conglomerate ▪ مجموعة الثماني *majmūƐat · attamānī* the G8 ▪ مجموعة العشرين *majmūƐat · alƐišrīn^{a}* the G20 ▪ المجموعة الشمسية *almajmūƐa^{t} aššamsīya^{t}* the solar system

جمعة *jumƐa^{t} n.* • Friday ◊ في أول جمعة من كل شهر *on the first Friday of every month* ▪ الجمعة *aljumƐa^{ta}*, يوم الجمعة *yawm^{a} · -ljumƐa^{ti} adv.* (on) Friday(s) ▪ كل جمعة *kull^{a} jumƐa^{tin} adv.* every Friday ▪ صلاة الجمعة *ṣalāt · aljumƐa^{ti}* Jum'ah, Friday prayer

جماعة *jamāƐa^{t} n.* • group, party ▪ جماعة الإخوان المسلمين *jamāƐat · alʔixwān^{i} -lmuslimīn^{a}* the Muslim Brotherhood

جماعي *jamāƐī^{y} adj.* • mass, collective ▪ إبادة جماعية *ʔibāda^{t} jamāƐīya^{t} n.* genocide

جميع *jamīƐ n.* • totality, whole • [+ definite genitive noun or pronoun suffix] all of __ ◊ جميع اللاعبين *all of the players* ◊ جميعهم *all of them* ▪ جميعا *jamīƐan*, جميعه *jamīƐ^{u}hu*, بجميعه *bi-jamīƐhi* [personal pronoun or plural definite noun +] all of __ ◊ أنتم جميعا *all of you* ◊ المدرسون جميعهم *all of the teachers* ◊ فأين يذهب بجميعهم؟ *Where are they all going?* ▪ جميع من *jamīƐ man* everyone who... ▪ الجميع *aljamīƐ* [requires masculine singular verb agreement] everyone, everybody ◊ الجميع يعرف أن... *Everyone knows that...*

جمعية *jamƐīya^{t} n.* • association, society, assembly ▪ الجمعية العامة *aljamƐīya^{t} alƐāmma^{t}* *(UN)* The General Assembly ▪ جمعية الصليب والهلال الأحمر *jamƐīyat · aṣṣalīb^{i} wa-lhilāl^{i} -lʔaħmar^{i}* the International Red Cross and Red Crescent

جماع *jimāƐ n.* • sexual intercourse

أجمع *ʔajmaƐ adj.* **dip.** |*f.* **dip.** جمعاء *jamƐāʔ*| • whole, entire • أجمع *ʔajmaƐ^{u}*, أجمعه *ʔajmaƐ^{u}hu*, بأجمعه *bi-ʔajmaƐhi (always accusative)* [definite singular noun +] the whole __, the entire __, all of __ ◊ العالم أجمع *the whole world* ◊ فلسطين بأجمعها *all of Palestine*; [definite plural noun +] all of __ ◊ الناس أجمعين *all the people* ◊ كل المتظاهرين بأجمعهم *every single one of the protestors*

مجمع *majmaƐ n.* |*pl.* **dip.** مجامع *majāmiƐ*| • assembly, meeting place • academy

II **جمع** *jammaƐa v.tr.* |*2s* يجمع *yujammiƐ^{u}* | تجميع *tajmīƐ*| • gather, put together, assemble

مجمع *mujammaƐ pass. part. n.* • shopping mall

III **جامع** *jāmaƐa v.tr.* |*3s* يجامع *yujāmiƐ^{u}* | مجامعة *mujāmaƐa^{t}*| • have sexual intercourse *with*, copulate

IV **أجمع** *ʔajmaƐa v.intr.* |*4s* يجمع *yujmiƐ^{u}* | إجماع *ʔijmāƐ*| • reach a consensus *on* على, agree unanimously

إجماع *ʔijmāƐ n.*↑ • consensus, unanimity • ijma (the consensus of the followers of Islam)

إجماعي *ʔijmāʔī^{y} adj.* • unanimous

V **تجمع** *tajammaƐa v.intr.* |*5s* يتجمع *yatajammaƐ^{u}* | تجمع *tajammuƐ*| • gather, assemble, come together

تجمع *tajammuƐ n.*↑ • gathering, assembly, crowd

VIII **اجتمع** *ijtamaƐa v.intr.* |*8s* يجتمع *yajtamiƐ^{u}* | اجتماع *ijtimāƐ*| • assemble, gather • meet *with*

اجتمع سويا • مع or بـ *ijtamaƐa sawīyan* get together, meet up

اجتماع *ijtimāƐ n.↑* • meeting • social life, being part of society

اجتماعي *ijtimāƐī^y adj.* • social, societal • اجتماعيات *ijtimāƐīyāt plural* social activities

مجتمع *mujtamaƐ pass. part. n.* • society, community • المجتمع العربي *almujtamaƐ alƐarabī^y* Arab society • المجتمع الدولي *almujtamaƐ adduwalī^y* the international community

مجتمعي *mujtamaƐī^y adj.* • social, societal

جمل *v.* • *jamula v.intr.* |*1s6* يجمل *yajmul^u* | جمال *jamāl*| become beautiful • *jamala v.tr.* |*1s3* يجمل *yajmul^u* | جمل *jaml*| summarize

جمال *jamāl n.↑* • beauty • ملكة جمال *malikat · jamāl* beauty queen • *man's name* Jamal

جمالي *jamālī^y adj.* • aesthetic

جمل *jamal n.* |*pl.* جمال *jimāl*| • camel

جمل *jummal n.* •حساب الجمل *ḥisāb · aljummal^i* *(alphanumeric system)* the Abjad numerals

The Abjad Numerals

Letters were used in mathematics before the development of Arabic numerals. Their mathematical values are listed below. Today, however, they are used primarily in the following (not alphabetical) order as points of information in lists (as A., B., C. or I.II.III. in English).

1	ا	10	ى	100	ق
2	ب	20	ك	200	ر
3	ج	30	ل	300	ش
4	د	40	م	400	ت
5	ه	50	ن	500	ث
6	و	60	س	600	خ
7	ز	70	ع	700	ذ
8	ح	80	ف	800	ض
9	ط	90	ص	900	ظ
				1000	غ

جملة *jumla^t n.* |*pl.* جمل *jumal*| • *(grammar)* sentence, clause • جملة اسمية *jumla^t ismīya^t* nominal sentence • جملة فعلية *jumla^t fiƐlīya^t* verbal sentence • جملة شرطية *jumla^t šarṭīya^t* conditional sentence • جملة حالية *jumla^t ḥālīya^t* circumstantial clause • sum, whole • جملة *jumlatan adv.* altogether, in total ◊ رفض المبدأ جملة وتفصيلا. *He refused the concept altogether.* • group, crowd

جملي *jumlī^y adj.* • mass

جمال *jammāl n.* • camel driver

جميل *jamīl adj.* |*elat.* أجمل *ʔajmal*| • beautiful, handsome • الفنون الجميلة *alfunūn aljamīla^t n.* fine arts • nice, good • *man's name* Jamil, Gamil, Jamel, Djamel • جميلة *jamīla^t* **dip.** *woman's name* Jamila, Gamila

II **جمل** *jammala v.tr.* |*2s* يجمل *yujammil^u* | تجميل *tajmīl*| • beautify, make beautiful

تجميل *tajmīl n.↑* • beautification, embellishment, decoration • جراحة تجميل *jirāḥat · tajmīl* plastic surgery • جراح تجميل *jarrāḥ · tajmīl* plastic surgeon

تجميلي *tajmīlī^y adj.* • cosmetic

III **جامل** *jāmala v.tr.* |*3s* يجامل *yujāmil^u* | مجاملة *mujāmala^t*| • compliment, flatter

مجاملة *mujāmala^t n.* • compliment, flattery • courtesy

IV **أجمل** *ʔajmala v.tr.* |*4s* يجمل *yujmil^u* | إجمال *ʔijmāl*| • generalize • add up, total up

إجمال *ʔijmāl n.↑* • generalization • إجمالا *ʔijmālan*, بالإجمال *bi-lʔijmāl^i adv.* in general, on the whole

إجمالي *ʔijmālī^y adj.* |*elat.* أكثر إجمالا *ʔakṯar ʔijmālan*| • general, overall, gross, total • comprehensive, full

مجمل *mujmal pass. part. n.* • summary • total, full amount

X **استجم** *istajamma v.intr.* |*10g* يستجم *yastajimm^u* | استجمام *istijmām*| • take a break *from* عن, seek recreation

استجمام *istijmām n.↑* • recreation

جمهور *jumhūr n.* |*pl.* **dip.** جماهير *jamāhīr*| • crowd • audience • the public • الجماهير *aljamāhīr pl. n.* the people, the masses

جمهوري *jumhūrī^y adj.* • republican

جمهورية *jumhūrīya^t n.* • republic

جماهيري *jamāhīrī^y adj.* • mass, public • إعلام جماهيري *ʔiƐlām jamāhīrī^y n.* mass media

جماهيرية *jamāhīrīya^t n.* • *(term coined by Gaddafi)* state of the masses, people's republic, jamahiriya • الجماهيرية العربية الليبية الشعبية الإشتراكية العظمى *aljamāhīrīya^t alƐarabīya^t*

allībīya^t aššaƐbīya^t alʔištirākīya^t alƐuẓmā ***(former official name of Libya under Gaddafi's rule)*** Great Socialist People's Libyan Arab Jamahiriya ▪ الجماهيرية الليبية *aljamāhīriya^t allībīya^t* The Jamahiriya of Libya

جنب *janb n.* |*pl.* أجناب *ʔajnāb*| • side ▪ على جنب *Ɛalā janb^{in} adv.* apart, aside, to the side ▪ جنبا إلى جنب *janban ʔilā janb^{in} adv.* side by side
جنب *janba prep.* • next to

جنب *junub adj.* • ritually impure due to sexual intercourse

جنوب *janūb n.* • south ◊ في جنوب لبنان *in the south of Lebanon / in southern Lebanon* ▪ جنوبا *janūban adv.* south, southward ▪ جنوب شرقي *janūb šarqīy* southeast ◊ في جنوب شرقي آسيا *in Southeast Asia* ◊ منزلي في جنوب شرقي المدينة. *My house is in the southeast of the city.* ▪ في الجنوب الشرقي من *fī -ljanūb^i -ššarqīy min prep.* to the southeast of ◊ القرية في الجنوب الشرقي من المدينة. *The village is (to the) southeast of the city.* ▪ جنوب غربي *janūb ɣarbīy* southwest
جنوب *janūba*, جنوبي *janūbīya prep.* • to the south of
جنوبي *janūbīy adj.* • southern, south- ▪ جنوبي شرقي *janūbīy šarqīy* southeastern ▪ جنوبي غربي *janūbīy ɣarbīy* southwestern ▪ القطب الجنوبي *alquṭb aljanūbīy n.* the South Pole • *n.* southerner

جانب *jānib n.* |*pl.* **dip.** جوانب *jawānib*| • side ▪ بجانب *bi-jānib^i*, إلى جانب *ʔilā jānib^i prep.* next to; besides, in addition to ▪ إلى جانب هذا *wa-ʔilā jānib^i hāđā*, إلى جانب ذلك *wa-ʔilā jānib^i đālika adv.* besides, moreover ▪ على جانب كبير من الأهمية *Ɛalā jānib^{in} kabīr^{in} min^a -lʔahammīya^{ti}* of great importance ▪ على الجانب الآخر من *Ɛalā -ljānib^i -lʔāxar^i min prep.* across from ▪ من جانب آخر *min jānib^{in} ʔāxar^a adv.* on the other hand
جانبي *jānibīy adj.* • lateral, side-

أجنبي *ʔajnabīy* |*pl.* **dip.** أجانب *ʔajānib*| • *adj.* foreign • *n.* foreigner ▪ كره الأجانب *kurh alʔajānib^i* xenophobia

V **تجنب** *tajannaba v.tr.* |*5s* يتجنب *yatajannab^u* | تجنب *tajannub*| • avoid

تجنب *tajannub n.*↑ • avoidance

جنبية *janbīya^t n.* |*pl.* **dip.** جنابي *janābīy*| • janbiya (Yemeni dagger) ➡ ***picture above***

Yemeni man sporting a janbiya

جناح *janāḥ n.* |*pl.* أجنحة *ʔajniḥa^t*| • wing

جنحة *junḥa^t n.* |*pl.* جنح *junaḥ*| • misdemeanor

جندي *jundīy n.* |*pl.* جنود *junūd*| • soldier ▪ جنود *junūd pl. n.* army, troops
جندية *jundīya^t n.* • military service

II **جند** *jannada v.tr.* |*2s* يجند *yujannid^u* | تجنيد *tajnīd*| • recruit, enlist, draft

تجنيد *tajnīd n.*↑ • recruitment, enlistment, draft

مجند *mujannad pass. part. n.* • recruit

جنرال *jenrāl n.* • *(military)* general

جنازة *janāza^t* or *jināza^t n.* |*pl.* جنائز *janāʔiz*| • funeral
جنازي *janāzīy* or *jināzīy adj.* • funeral-

جنس *jins n.* |*pl.* أجناس *ʔajnās*| • gender, sex ▪ مشتهي الجنسين *muštahī -ljinsayn^i adj. & n.* bisexual • sex ▪ جنس آمن *jins ʔāmin* safe sex ▪ مارس الجنس *mārasa aljins^a v.* have sex *with* مع • race ▪ الجنس البشري *aljins albašarīy* the human race • kind, sort, category, class
جنسي *jinsīy adj.* • sexual ▪ مرض منقول جنسيا *maraḍ manqūl jinsīyan n.* sexually transmitted disease • sexy
جنسية *jinsīya^t n.* • nationality, citizenship • sexuality ▪ لاجنسية *lā-jinsīya^t* asexuality

II **جنس** *jannasa v.tr.* |*2s* يجنس *yujannis^u* | تجنيس *tajnīs*| • naturalize

V **تجنس** *tajannasa v.intr.* |*5s* يتجنس *yatajannas^u* | تجنس *tajannus*| • be naturalized, become a citizen

تجنس *tajannus n.*↑ • naturalization

جنساني *jinsānīy adj.* • gender-, sexual

جنسانية *jinsānīyaᵗ n.* • sexuality

جن *janna v.intr.* |*1g3* يجن *yajunnᵘ* | جنون *junūn*| • *(night)* become dark ▪ جن الليل *janna allaylᵘ* night fell, it got dark • *(of demons, etc.)* possess ▪ جُن *junna pass. v.* go crazy ◊ هل جننت؟ *Are you crazy?*; be possessed

جنون *junūn n.*↑ • insanity, madness ▪ الجنون فنون. *aljunūnᵘ funūnᵘⁿ* Madness comes in all shapes and forms. ▪ تصرف بجنون *taṣarrafa bi-junūnⁱⁿ v.* act crazy

مجنون *majnūn pass. part. adj.* |*m. pl.* **dip.** مجانين *majānīn* | *elat.* أجن *ʔajann* or أكثر جنونا *ʔakṯar junūnan*| • crazy, insane • crazy *for* بـ, mad, infatuated • possessed (by demons, etc.)

جنة *jannaᵗ n.* |*pl.* جنان *jinān* or جنات *jannāt*| • heaven, paradise • **dip.** *woman's name* Jannah

جني *jinnīʸ n.* |*pl.* جن *jinn*| • jinn, genie ⓘ *The English word 'genie' has been borrowed from this Arabic word.*

جنين *janīn n.* |*pl.* أجنة *ʔajinnaᵗ*| • fetus, embryo

جنينة *junaynaᵗ n. diminutive* |*pl.* **dip.** جنائن *janāʔin*| • garden, yard

الجنينة *aljunaynaᵗ n.* • *(city in Sudan)* Geneina ➡ **map on p. 151**

II **جنّن** *jannana v.tr.* |*2s* يجنن *yujanninᵘ* | تجنين *tajnīn*| • madden, drive crazy

IV **أجن** *ʔajanna v.tr.* |*4g* يجن *yujinnᵘ* | إجنان *ʔijnān*| • madden, drive crazy

جنين *jinīn n.* ***f.*** • *(city in Palestine)* Jenin ➡ **map on p. 237**

جنى *janā v.tr.* |*1d2* يجني *yajnī* | جناية *jināyaᵗ*| • inflict *sth* ه *on* على, harm, hurt, wrong ▪ جنى جناية على *janā jināyaᵗ ɛalā* commit a crime against

جناية *jināyaᵗ n.*↑ • felony ▪ جنى جناية *janā jināyaᵗ v.* commit a crime ▪ محكمة جنايات *maḥkamat· jināyāt* criminal court

جنائي *jināʔīʸ adj.* • criminal, penal

جان *jān(in) n.* **def.** |*pl.* جناة *junāᵗ*| • criminal, delinquent

جنيه *junayh n.* • pound ▪ جنيه سوداني *junayh sūdānīʸ* |*abbreviated* ج.س| Sudanese pound (SDG) ▪ جنيه مصري *junayh miṣrīʸ* |*abbreviated* ج.م| Egyptian pound (LE) ▪ جنيه إسترليني *junayh ʔistirlīnīʸ* pound sterling (GBP)

جهد *jahada v.* |*1s1* يجهد *yajhadᵘ* | جهد *jahd*| • *v.intr.* endeavor, strive • *v.tr.* exhaust, wear out ▪ جهد جهده *jahada jahdᵃhu* do *one's* best

جهد *jahd n.*↑ |*pl.* جهود *juhūd*| • effort, toil, hard work, exertion

جاهد *jāhid act. part. adj.* • strenuous, vigorous ▪ جاهدا *jāhidan adv.* hard, diligently ◊ يعمل جاهدا. *He works hard.*

مجهود *majhūd pass. part. n.* • hard work, effort, toil, trouble, pains • voltage

جهد *juhd n.* • hard work, effort, toil, trouble, pains • voltage

جهد *juhda prep.* • to the extent of ▪ جهد امكانه *juhda -mkānⁱhi* to the extent of *one's* abilities

جهاد *jihād n.* • jihad, holy war

III **جاهد** *jāhada v.intr.* |*3s* يجاهد *yujāhidᵘ* | مجاهدة *mujāhadaᵗ*| • strive, endeavor • wage holy war

مجاهد *mujāhid act. part. n.* • warrior

VIII **اجتهد** *ijtahada v.intr.* |*8s* يجتهد *yajtahidᵘ* | اجتهاد *ijtihād*| • work hard *at* بـ *or* في, strive, try hard, do *one's* best ▪ اجتهد أنْ *ijtahada ʔan* do *one's* best to *(do)* ◊ اجتهدوا أن تتعلموا اللغة العربية جيدا. *Do your best to learn Arabic well.*

اجتهاد *ijtihād n.*↑ • hard work, diligence, industriousness

مجتهد *mujtahid act. part. adj.* |*elat.* أكثر اجتهادا *ʔakṯar ijtihādan*| • hardworking, diligent, industrious

جهر *jahara v.intr.* • |*1s1* يجهر *yajharᵘ* | جهر *jahr* or جهار *jihār*| be revealed, be made public; reveal بـ, make public • |*1s3* يجهر *yajhurᵘ* | جهارة *jahāraᵗ*| be loud

جهر *jahr n.*↑ • publicness ▪ جهرا *jahran adv.* in public, publicly

جهار *jihār n.*↑ • publicness ▪ جهارا *jihāran adv.* in public, publicly

جهارة *jahāraᵗ n.*↑ • loudness, volume

جهير *jahīr adj.* |*elat.* أجهر *ʔajhar*| • *(voice)* loud

مجهر *mijhar n.* |*pl.* **dip.** مجاهر *majāhir*| • microscope

مجهري *mijharīʸ adj.* • microscopic

مجهار *mijhār n.* • loudspeaker

III **جاهر** *jāhara v.intr.* |*3s* يجاهر *yujāhirᵘ* | مجاهرة *mujāharaᵗ*| • reveal بـ, make public • speak frankly

مجاهرة *mujāharaᵗ n.*↑ • frankness, candor

جهاز *jihāz n.* |*pl.* أجهزة *ʔajhizaᵗ*| • appliance, apparatus, device ▪ أجهزة *ʔajhizaᵗ pl. n.* machinery, equipment ▪ جهاز استنشاق *jihāz· istinšāq* inhaler ▪ جهاز إلكتروني *jihāz ʔelektrōnīʸ*

electronic appliance ▪ جهاز صراف آلي *jihāz · ṣarrāf ʔālīʸ* automatic teller machine (ATM) • system, mechanism ▪ جهاز بولي *jihāz bawlīʸ* urinary system ▪ جهاز تكاثري *jihāz takāturīʸ*, جهاز تناسلي *jihāz tanāsulīʸ* reproductive system ▪ جهاز تنفسي *jihāz tanaffusīʸ* respiratory system ▪ جهاز عصبي *jihāz Ɛaṣabīʸ* nervous system ▪ جهاز قلبي وعائي *jihāz qalbīʸ wiƐāʔīʸ* cardiovascular system ▪ جهاز هضمي *jihāz haḍmīʸ* digestive system

جاهز *jāhiz adj.* |*elat.* أجهز *ʔajhaz*| • ready, prepared • equipped

II **جهز** *jahhaza v.tr.* |*2s* يجهز *yujahhizᵘ* | تجهيز *tajhīz*| • prepare, make ready • equip *with* بـ, supply, provide

تجهيز *tajhīz n.*↑ • preparation • equipment

تجهيزي *tajhīzīʸ adj.* • preparatory

V **تجهز** *tajahhaza v.intr.* |*5s* يتجهز *yatajahhazᵘ* | تجهز *tajahhuz*| • get ready لـ, prepare *oneself* • be equipped *with* بـ

IV **أجهض** *ʔajhaḍa v.tr.* |*4s* يجهض *yujhiḍᵘ* | إجهاض *ʔijhāḍ*| • *(medical)* miscarry • abort

إجهاض *ʔijhāḍ n.*↑ • miscarriage • abortion ▪ قام بإجهاض *qāma bi-ʔijhāḍ* have an abortion ▪ أجرى عملية إجهاض *ʔajrā Ɛamalīyat · ʔijhāḍ* perform an abortion

جهل *jahila v.tr. & intr.* |*1s4* يجهل *yajhalᵘ* | جهل *jahl* or جهالة *jahālaᵗ*| • not know (بـ), be ignorant *of* • not be acquainted with, not know

جهل *jahl*, جهالة *jahālaᵗ n.*↑ • ignorance, unawareness

جاهل *jāhil act. part. adj.* |*m. pl.* **dip.** جهلاء *juhalāʔ* or جهلة *jahalaᵗ* | *elat.* أجهل *ʔajhal*| • ignorant, uneducated

جاهلي *jāhilīʸ adj.* • pre-Islamic ▪ الأدب الجاهلي *alʔadab aljāhilīʸ n.* pre-Islamic literature

جاهلية *jāhilīyaᵗ n.* • pre-Islamic era

مجهول *majhūl pass. part. adj.* • unknown ▪ مجهول الاسم *majhūl · alismⁱ* anonymous • *(grammar)* passive voice ▪ فعل مجهول *fiƐl majhūl n.* passive verb

VI **تجاهل** *tajāhala v.tr.* |*6s* يتجاهل *yatajāhalᵘ* | تجاهل *tajāhul*| • ignore, disregard

تجاهل *tajāhul n.*↑ • disregard

V **تجهم** *tajahhama v.intr.* |*5s* يتجهم *yatajahhamᵘ* | تجهم *tajahhum*| • frown, scowl

جهنم *jahannam n.* **f.** • hell

جوافة *guwāfaᵗ n.* • guava

جاب *jāba v.tr.* |*1h3* يجوب *yajūbᵘ* | جوب *jawb*| • explore, traverse

جواب *jawāb n.* |*pl.* أجوبة *ʔajwibaᵗ*| • answer, response

III **جاوب** *jāwaba v.* |*3s* يجاوب *yujāwibᵘ* | مجاوبة *mujāwabaᵗ*| • *v.tr. & intr.* answer *sb* (على), reply, respond • *v.intr.* answer *sth* عن *or* على

IV **أجاب** *ʔajāba v.* |*4h* يجيب *yujībᵘ* | إجابة *ʔijābaᵗ*| • *v.tr. & intr.* answer *sb* (على), reply, respond ◊ أجابني بالعربية. *He answered me in Arabic.* • *v.intr.* answer *sth* عن *or* على ▪ أجاب عن سؤال *ʔajāba Ɛan suʔāl* answer a question ◊ شكرا لإجابتك عن أسئلتي. *Thank you for answering my questions.*

إجابة *ʔijābaᵗ n.*↑ • answer, reply, response

مجيب *mujīb act. part. n.* • respondent

VI **تجاوب** *tajāwaba v.intr.* |*6s* يتجاوب *yatajāwabᵘ* | تجاوب *tajāwub*| • agree *with* مع, conform *to* • respond *to* مع ◊ تجاوبت حالة المريض مع العلاج. *The patient's condition responded to the treatment.* ◊ تجاوب الجمهور مع الخطيب. *The audience responded (positively) to the orator.*

تجاوب *tajāwub n.*↑ • responsiveness, rapport • agreement, conformity

X **استجاب** *istajāba v.intr.* |*10h* يستجيب *yastajībᵘ* | استجابة *istijābaᵗ*| • respond *to* لـ, react, answer ◊ لقد استجاب الله لصلاتي! *God has answered my prayer!* ▪ استجاب اتصالا *istajāba ittiṣālan* return a phone call ▪ استجاب رسالة *istajāba risālaᵗ* answer a letter • accept, comply

استجابة *istijābaᵗ n.*↑ • response, reaction ▪ استجابة لـ *istijābatan li- prep.* in response to ◊ أعاد الشرح استجابة للطلبة. *He repeated the explanation in response to the students.* • acceptance, compliance

X **استجوب** *istajwaba v.tr.* |*10s* يستجوب *yastajwibᵘ* | استجواب *istijwāb*| • interrogate, question

استجواب *istijwāb n.*↑ • interrogation, questioning

VIII **اجتاح** *ijtāḫa v.tr.* |*8h1* يجتاح *yajtāḫᵘ* | اجتياح *ijtiyāḫ*| • strike, invade • overrun, ravage, infest

اجتياح *ijtiyāḫ n.*↑ • strike, invasion

جودة *jawdaᵗ n.* • goodness, excellence • quality

جواد *jawād n.* |*pl.* أجواد *ʔajwād*| • race horse ▪ لكل جواد كبوة ولكل عالم هفوة. *li-kullⁱ jawādⁱⁿ kabwaᵗᵘⁿ wa-li-kullⁱ Ɛālimⁱ hafwaᵗᵘⁿ proverb* Every race horse (sometimes) stumbles, and every expert errs.

جيد *jayyid adj.* |*m. pl.* جيدون *jayyidūn^a* or جياد *jiyād* | *elat.* أجود *ʔajwad*| • good ⓘ *The elative form* أجود *ʔajwad is relatively rare. More common are the elatives of the synonyms* أحسن *ʔaħsan and* أفضل *ʔafḍal.* ▪ جيدا *jayyidan adv.* well

II **جود** *jawwada v.tr.* |*2s* يجود *yujawwid^u* | تجويد *tajwīd*| • improve, make better • recite (the Quran)

تجويد *tajwīd n.*↑ • tajweed (elocution concerning recitation of the Quran)

IV **أجاد** *ʔajāda v.tr.* |*4h* يجيد *yujīd^u* | إجادة *ʔijāda^t*| • master, excel, be proficient, *(do)* well ◊ لا تجيد الكذب. *You're not a good liar.* ◊ هل تجيدين الألمانية؟ *How's your German?* ▪ أجاد التعامل مع الكلمات *ʔajāda attaƐāmul maƐa -lkalimāt^i* have a way with words ▪ أجاد لغة *ʔajāda luɣa^t* master a language

جار *jāra v.tr.* |*1h3* يجور *yajūr^u* | جور *jawr*| • oppress على, wrong, tyrannize, bully

جور *jawr n.*↑ • oppression, injustice

جائر *jāʔir act. part.* |*pl.* جورة *jawara^t* or جارة *jāra^t*| • oppressor, tyrant • *adj.* oppressive, tyrannical; wrongful, unjust, unfair ▪ حكم جائر *ħakm jāʔir n.* unjust sentence

جار *jār n.* |*pl.* جيران *jīrān*| • neighbor ▪ الجار قبل الدار والرفيق قبل الطريق *aljār^u qabla -ddār^i wa-rrafīq^u qabla -ṭṭarīq^i proverb* (Choose) the neighbor before the house and the companion before the trip.

جوار *jiwār n.* • vicinity, neighborhood ▪ بجوار *bi-jiwār^i prep.* near, in the vicinity of

III **جاور** *jāwara v.tr.* |*3s* يجاور *yujāwir^u* | مجاورة *mujāwara^t*| • neighbor, live next door *to* • border, be close *to*

مجاور *mujāwir act. part. adj.* • adjacent *to* لـ, next to

X **استجار** *istajāra v.intr.* |*10h* يستجير *yastajīr^u* | استجارة *istijāra^t*| • seek refuge *from* من

جورب *jawrab n.* |*pl.* **dip.** جوارب *jawārib*| • sock ◊ *(often dual)* لمن هذان الجوربان؟ *Whose socks are these?* ▪ زوج من جوارب *zawj min jawārib^in* pair of socks

جورجيا *jōrjiyā n.* ***f. invar.*** • Georgia

جورجي *jōrjī^y adj. & n.* • Georgian

جاز *jāza v.intr.* |*1h3* يجوز *yajūz^u* | جواز *jawāz*| • be allowed, be permitted • be conceivable, be thinkable

جواز *jawāz n.*↑ • permission, authorization • permit ▪ جواز سفر *jawāz · safr* passport

جائز *jāʔiz act. part. adj.* • permissible • conceivable, thinkable

جائزة *jāʔiza^t act. part. n.* |*pl.* **dip.** *n.* جوائز *jawāʔiz*| • prize, reward, award ▪ جائزة نوبل *jāʔizat · nōbel* Nobel Prize

جوز *jawz* • *coll. n.* |*sing.* جوزة *jawza^t*| nuts, walnuts ▪ جوز بلوط *jawz · ballūṭ* acorns ▪ جوز هند *jawz · hind* coconuts ▪ جوز طيب *jawz · ṭīb* nutmeg • *n.* |*pl.* أجواز *ʔajwāz*| heart, middle ▪ في أجواز الفضاء *fī ʔajwāz^i -lfaḍāʔ^i adv.* in outer space

جوزاء *jawzāʔ n.* •برج الجوزاء *burj · aljawzāʔ^i (astrology)* Gemini ▪ أنا من برج الجوزاء. *ʔana min burj^i -ljawzāʔ^i* I'm a Gemini.

مجاز *majāz n.* • metaphor ▪ مجازا *majāzan adv.* metaphorically, figuratively

مجازي *majāzī^y adj.* • metaphorical, figurative

III **جاوز** *jāwaza v.tr.* |*3s* يجاوز *yujāwiz^u* | مجاوزة *mujāwaza^t*| • exceed, pass, surpass

IV **أجاز** *ʔajāza v.tr.* |*4h* يجيز *yujīz^u* | إجازة *ʔijāza^t*| • allow, permit, authorize

إجازة *ʔijāza^t n.*↑ • permission, leave ▪ أخذ إجازة *ʔaxaḏa ʔijāza^t* take leave • vacation (UK: holiday) ▪ إجازة صيفية *ʔijāza^t ṣayfiya^t* summer vacation (UK: summer holiday) ▪ في إجازة *fī ʔijāza^tin adv.* on vacation (UK: on holiday)

VI **تجاوز** *tajāwaza v.tr.* |*6s* يتجاوز *yatajāwaz^u* | تجاوز *tajāwuz*| • pass, surpass, exceed, go beyond ◊ يتجاوز عمره الثمنين عاما. *He's over eighty years old. (lit. His age exceeds eighty years.)* ▪ تجاوز حدود السرعة *tajāwaza ħudūd^a -ssurƐa^ti* speed, go over the speed limit

تجاوز *tajāwuz n.*↑ • violation ▪ تجاوز حدود السرعة *tajāwuz ħudūd^i -ssurƐa^t* speeding

VIII **اجتاز** *ijtāza v.tr.* |*8h1* يجتاز *yajtāz^u* | اجتياز *ijtiyāz*| • cross, traverse ▪ اجتاز حدودا *ijtāza ħudūdan* cross a border • undergo, experience, go through ▪ اجتاز امتحانا *ijtāza imtiħānan* take a test

جاع *jāƐa v.intr.* |*1h3* يجوع *yajūƐ^u* | جوع *jūƐ*| • become hungry, feel hungry

جوع *jūƐ n.*↑ • hunger ▪ مات جوعا *māta jūƐan v.* starve to death

جائع *jāʔiƐ act. part. adj.* |*m. pl.* جياع *jiyāƐ* | *elat.* أكثر جوعا *ʔaktar jūƐan* or أجوع *ʔajwaƐ*| • hungry, starving

جوعان *jawƐān adj.* **dip.** |*m & f pl.* جياع *jiyāƐ* | *f.*

sing. **invar.** جوعى *jawƐā* | *elat.* أكثر جوعا *ʔaktar jūƐan* or أجوع *ʔajwaƐ*| • hungry

مجاعة *majāƐa^t n.* • famine

II **جوع** *jawwaƐa v.tr.* |2s يجوع *yujawwiƐ^u* | تجويع *tajwīƐ*| • keep hungry, starve

تجويع *tajwīƐ n.*↑ • starvation

جوف *jawf n.* |*pl.* أجواف *ʔajwāf*| • cavity, hole • abdomen, belly

أجوف *ʔajwaf adj.* **dip.** |*f.* **dip.** جوفاء *jawfāʔ* | جوف *jūf*| • hollow, empty, pointless ▪ فعل أجوف *fiƐl ʔjūf n. (grammar)* hollow verb

II **جوف** *jawwafa v.tr.* |2s يجوف *yujawwif^u* | تجويف *tajwīf*| • hollow out

مجوف *mujawwaf pass. part. adj.* • hollow

جوقة *jawqa^t n.* |*pl.* أجواق *ʔajwāq*| • choir

جال *jāla v.tr.* |1h3 يجول *yajūl^u* | جول *jawl* or تجوال *tajwāl*| • roam around, wander

تجوال *tajwāl n.*↑ • roaming, wandering ▪ حظر تجوال *ḥaẓr tajwāl* curfew

جولة *jawla^t n.* • tour • round, session ▪ جولة الباطل ساعة , وجولة الحق إلى قيام الساعة. *jawlat^u -lbāṭil^i sāƐa^{tun}, wa-jawla^{tu} -ḥaqq^i ʔilā qiyām^i -ssāƐa^{ti} proverb* Falsehood has a short life, but truth will endure forever. • patrol • flight

جوال *jawwāl adj.* • wandering, roaming ▪ هاتف جوال *hātif jawwāl n.* cell phone

جوال *jiwāl n.* |*pl.* أجولة *ʔajwila^t*| • large sack

مجال *majāl n.* • area, sector, field, domain

V **تجول** *tajawwala v.intr.* |5s يتجول *yatajawwal^u* | تجول *tajawwul*| • stroll, go for a walk

تجول *tajawwul n.*↑ • stroll, walk

جولف *golf n.* **invar.** • golf ▪ مضرب جولف *miḍrab · golf* golf club

جونية *jūniya^t n.* **dip.** • *(city in Lebanon)* Jounieh ➡ **map on p. 272**

جوهر *jawhar n.* |*pl.* **dip.** جواهر *jawāhir*| • substance, essence

جوهري *jawharī^y adj.* • essential, core, central

جوهرة *jawhara^t n.* |*pl.* **dip.** جواهر *jawāhir*| • jewel ▪ تاجر جواهر *tājir · jawāhir* jeweler

جوهري *jawharī^y*, جواهري *jawāhirī^y n.* • jeweler

مجوهرات *mujawharāt pl. n.* • jewelry, jewels ▪ صندوق مجوهرات *ṣundūq · mujawharāt n.* jewelry box

جو *jaww n.* |*pl.* أجواء *ʔajwāʔ*| • weather, climate ◊ كيف حال الجو؟ *How's the weather?* ⓘ جو *jaww is often translated 'it':* ◊ الجو حار. *It's hot. (lit. The weather is hot.)* ◊ الجو مشمس. *It's sunny. (lit. The weather is sunny.)* • air ▪ جوا *jawwan adv.* by air • atmosphere, surroundings

جوي *jawwī^y adj.* • weather-(related), climatic, atmospheric • air-, aerial ▪ خطوط جوية *xuṭūṭ jawwīya^t pl. n.* airline, airways ▪ قوات جوية *quwāt jawwīya^t pl. n.* air force

جاء *jāʔa v.tr. & intr.* |1h2(a) يجيء *yajīʔ^u* | مجيء *majīʔ*| • come to إلى ◊ جاء إلى الأردن منذ عامين. *He came to Jordan two years ago.* ◊ كيف جئت هنا؟ *How did you get here?* • be received by ◊ جاءتني رسالة. *I received a letter. (lit. A letter came to me.)* • bring بـ ◊ جئنا بها إلى المستشفى. *We brought her to the hospital.*

جيئة *jayʔa^t* or *jīʔa^t n.* • arrival ▪ جيئة وذهابا *jayʔatan wađahāban adv.* to and fro

جيب *jayb n.* |*pl.* جيوب *juyūb*| • pocket

جيبوتي *jībūtī n.* ***f.* invar.** • Djibouti • *(capital of Djibouti)* Djibouti

جيتار *gītār n.* • guitar

جيجابايت *gigabāyt*, جيجا *gigā n.* **invar.** • gigabyte

الجيزة *aljīza^t n.* • *(city in Egypt)* Giza ➡ **map on p. 287**

جيش *jayš n.* |*pl.* جيوش *juyūš*| • army, military

II **جيش** *jayyaša v.tr.* |2s يجيش *yujayyiš^u* | تجييش *tajyīš*| • mobilize

جيل *jīl n.* |*pl.* أجيال *ʔajyāl*| • generation

جيل *jel n.* **invar.** • gel

جيم *jīm n.* **invar.** • gym • ***f.*** ➡ ج **p. 53**

الجيمات *aljīmāt n.* **invar.** • *(exam)* GMAT

جين *jīn n.* **invar.** • gene

جينز *jīnz n.* **invar.** • jeans

جيولوجيا *jiyolōjiyā n.* **invar.** • geology

جيولوجي *jiyolōjiy^y adj.* • geological

ح

ح *ḫāʔ* n. f. |حاء| • *(sixth letter of the Arabic alphabet)* • *(numerical value)* 8 • *(point of information)* H.,VIII. ➡ ***The Abjad Numerals p. 61***

حاء *ḫāʔ* n. f. ➡ **ح above**

حاخام *ḫāxām* n. • rabbi

حب *ḫabb* coll. n. |sing. حبة *ḫabbaᵗ* | pl. حبوب *ḫubūb*| • grains, seeds, beans ⓘ حبة *ḫabbaᵗ is also used for counting certain fruit and other produce:* ◊ حبة بطاطس *a potato* ▪ حب صنوبر *ḫabb · ṣanawbar* pine nuts • pimples •حب دواء *ḫabb · dawāʔ (medicine)* pills, tablets

حبذا *ḫabbađā*, يا حبذا *yā ḫabbađā interjection* [+ nominative noun] • ... would be nice ◊ ويا حبذا بعض الشاي. *Some tea would be nice.* ▪ حبذا لو *ḫabbađā law* [+ perfect] it would be nice if..., I wish... ◊ يا حبذا لو كنت مشهورا. *I wish I were famous.*

حب *ḫubb* n. • love ▪ وقع في الحب *waqaεa fī -lḫubbⁱ* fall in love *with* مع ▪ حبا بـ *ḫubban bi-* out of love for ◊ تغنى حبا بوطنه. *He sang out of love for his country.* ▪ الحب أعمى. *alḫubbᵘ ʔaεmā proverb* Love is blind.

محبوب *maḫbūb pass. part. adj.* |elat. أحب *ʔaḫabb*| • beloved, loved, well-liked, popular

حبيب *ḫabīb* |pl. أحبة *ʔaḫibbaᵗ* or أحباب *ʔaḫbāb*| • *adj.* |elat. أحب *ʔaḫabb*| dear, beloved • *n.* boyfriend, lover, loved one ▪ حبيبي *ḫabībī*, يا حبيبي *yā ḫabībī (to one's lover, male or female)* darling, honey; *(to a man, friend or stranger)* my friend, buddy; *(to a relative)* my dear; *(to a child)* sweetie ▪ يا حبيبي *yā ḫabībī* Oh my! • *man's name* Habib

حبيبة *ḫabībaᵗ* n. |pl. **dip.** حبيبات *ḫabībāt* or حبائب *ḫabāʔib*| • girlfriend, lover, loved one • ***dip.*** *woman's name* Habiba

أحب *ʔaḫabb adj. elat.* • preferable *to* إلى, favorite ◊ ما أحب شيء لديك في الدنيا؟ *What's your favorite thing in the world?*

محبة *maḫabbaᵗ* n. • love, affection

IV **أحب** *ʔaḫabba v.tr.* |4g يحب *yuḫibbᵘ* | إحباب *ʔiḫbāb*| • love *(sb)* ◊ أحبك. *I love you.* • like *(sth)* ◊ أنا أحب الرياضة. *I like sports.* ▪ أحب أن *ʔaḫabba ʔan* want to *(do)*, would like to *(do)* ◊ أحب أن أعرف كل شيء. *I want to know everything.*; like to *(do)* ◊ هل تحبون شرب القهوة؟ *Do you like to drink coffee?* ◊ لا أحب الإنتظار. *I don't like waiting.*

محب *muḫibb act. part.* • *n.* fan, admirer • *adj.* loving; *n.* lover

حبر *ḫabr* n. |pl. أحبار *ʔaḫbār* or حبور *ḫubūr*| • rabbi, Jewish priest

حبر *ḫibr* n. |pl. أحبار *ʔaḫbār*| • ink

حبار *ḫabbār* n. • ink seller • squid, cuttlefish

محبرة *miḫbaraᵗ* n. |pl. **dip.** محابر *maḫābir*| • inkwell

حبس *ḫabasa v.tr.* |1s2 يحبس *yaḫbisᵘ* | حبس *ḫabs*| • imprison, detain, hold in custody • restrict *sb* ∘ *from* عن, confine, restrain, hold back, withhold ▪ حبس رهنا *ḫabasa rahnan* foreclose

حبس *ḫabs* n.↑ • imprisonment, detention • restriction, withholding ▪ حبس رهن *ḫabs · rahn* foreclosure

محبوس *maḫbūs pass. part. n.* • prisoner, inmate

محبس *miḫbas* n. |pl. **dip.** محابس *maḫābis*| • valve, spigot, stopcock

VIII **احتبس** *iḫtabasa v.tr.* |8s يحتبس *yaḫtabisᵘ* | احتباس *iḫtibās*| • retain, withhold

IV **أحبط** *ʔaḫbaṭa v.tr.* |4s يحبط *yuḫbiṭᵘ* | إحباط *ʔiḫbāṭ*| • frustrate • foil, thwart

إحباط *ʔiḫbāṭ* n.↑ • frustration

حبق *ḫabaq* n. • basil

حبل *ḫabila v.intr.* |1s4 يحبل *yaḫbalᵘ* | حبل *ḫabal*| • become pregnant, conceive

حبل *ḫabal* n.↑ • conception

حبل *ḫabl* n. |pl. حبال *ḫibāl* or أحبال *ʔaḫbāl*| • rope, cable, cord ▪ أحبال صوتية *ʔaḫbāl ṣawtīyaᵗ pl. n.* vocal cords ▪ حبل سري *ḫabl surrīʸ* umbilical cord ▪ حبل غسيل *ḫabl · ɣasīl* clothes line ▪ حبل وريد *ḫabl · warīd* jugular vein

حبلى *ḫublā adj. f. invar.* |*f. dual* حبليان *ḫubalānⁱ* | *f. pl.* حبليات *ḫubalāt* or ***invar.*** حبالى *ḫabālā*| • pregnant

II **حبل** *ḫabbala v.tr.* |2s يحبل *yuḫabbilᵘ* | تحبيل *taḫbīl*| • impregnate, make pregnant

حتف *ḫatf* n. |pl. حتوف *ḫutūf*| • doom, death ▪ لقي حتفه *laqiya ḫatfᵃhu v.* die, meet *one's* end

ح

حتم *ḫatama v.tr.* |*1s2* يحتم *yaḫtim^u* | حتم *ḫatm*| • make indispensable *sth* ◦ *for* على, make necessary

حتم *ḫatm n.*↑ |*pl.* حتوم *ḫutūm*| • decision, resolution ▪ حتما *ḫatman adv.* definitely, certainly, undoubtedly, inevitably

حتمي *ḫatmīy adj.* |*elat.* أكثر حتمية *ʔaktar ḫatmīyatan* or أحتم *ʔaḫtamm*| • inevitable, unavoidable

محتوم *maḫtūm pass. part. adj.* |*elat.* أكثر حتمية *ʔaktar ḫatmīyatan* or أحتم *ʔaḫtamm*| • inevitable, definitive

II **حتم** *ḫattama v.tr.* |*2s* يحتم *yuḫattim^u* | تحتيم *taḫtīm*| • make indispensable *sth* ◦ *for* على, make necessary

محتم *muḫattam pass. part. adj.* |*elat.* أكثر حتمية *ʔaktar ḫatmīyatan* or أحتم *ʔaḫtamm*| • inevitable, definitive

حتى *ḫattā* • *prep. (time)* until, up to ▪ حتى الآن *ḫattā -lʔān^i adv.* until now, so far ▪ حتى متى *ḫattā matā interrogative* until when, how long ◊ حتى متى ستبقى هنا؟ *Until when will you stay here?*; *(place, extent)* to, as far as ▪ حتى الجنون *ḫattā -ljunūn^i adv.* madly, insanely ⓘ حتى *ḫattā, although a preposition, cannot take pronoun suffixes.* • *conj. (time)* [+ perfect] until ◊ حتى تخرجت من الثانوية *until I graduated from high school* ▪ ما أنْ... حتى... *mā ʔan... ḫattā...* no sooner... than... ◊ ما أن وصلت المنزل حتى انهمرت الأمطار. *No sooner had I arrived home than it started pouring rain.*; [+ subjunctive] until ◊ انتظر حتى نصل إلى البيت. *Wait until we get home.*; *(extent)* [+ perfect] to the extent of, so... that... ◊ هل أنت أحمق حتى تصدق هذا؟ *Are you so foolish as to believe that?*; [+ subjunctive] in order to, so that ◊ حتى يمكنك معرفة الحقيقة *so that I can know the truth* ◊ ذهب إلى لندن حتى يدرس الطب. *He went to London to study medicine.* ▪ حتى لا *ḫattā lā*, كيلا *kaylā*, لكي لا *li-kay lā*, لكيلا *li-kaylā* in order not to, lest ◊ وضعت الكتاب في حقيبتي حتى لا أنساه غدا. *I put the book in my bag so I don't forget it tomorrow.* • *adv.* even, including ◊ حتى أنت *even you* ◊ لم يكن هذا حتى أسوأ جزء منه. *That wasn't even the worst part of it.* ◊ ولكنها حتى لا تحبه. *But she doesn't even like him.* ▪ حتى لو *ḫattā law* even if ◊ حتى لو أردت ذلك *even if I wanted that*

حث *ḫatta v.tr.* |*1g3* يحث *yaḫutt^u* | حث *ḫatt*| • حثه على أنْ *ḫattahu Ɛalā ʔan* urge *sb* to *(do)*, incite, induce ◊ حثوه على الكتابة حول تجاربه. *They urged him to write about his experiences.* ▪ حث مخاضا *hatta maxāḏan* induce labor

حجب *ḫajaba v.tr.* |*1s3* يحجب *yaḫjub^u* | حجب *ḫajb*| • veil *sth* ◦ *from* على, cover, screen, block • conceal *sth* ◦ *from* عن, hide ◊ حجبت الستائر ضوء الشمس عن عيني. *The curtains concealed the sunlight from my eyes.*

حاجب *ḫājib act. part. n.* |*pl.* **dip.** حواجب *ḫawājib*| • eyebrow ▪ مصحح حواجب *muṣaḫḫiḫ · ḫawājib* eyebrow pencil

محجوب *maḫjūb pass. part. adj.* • covered, veiled

حجاب *ḫijāb n.* |*pl.* أحجبة *ʔaḫjiba^t* or حجب *ḫujub*| • modest dress for women • hijab (scarf covering a woman's hair), headscarf, veil ➡ ***also picture on p. 96*** • cover, screen ▪ حجاب حاجز *ḫijāb · ḫājiz (anatomy)* diaphragm; *(contraceptive)* diaphragm • amulet, talisman

حجابي *ḫijābīy adj.* • *(derogatory word used to refer to women wearing hijab)* hijabi

Egyptian women wearing hijab

II **حجب** *ḫajjaba v.tr.* |*2s* يحجب *yuḫajjib^u* | تحجيب *taḫjīb*| • veil, cover, put a veil on • conceal *sth* ◦ *from* عن, hide

محجب *muḫajjab pass. part. adj.* • covered, veiled, wearing a headscarf ▪ امرأة محجبة *imraʔa^t muḫajjaba^t* covered woman, woman wearing a hijab

حج *ḫajja v.intr.* |*1g3* يحج *yaḫujj^u* | حج *ḫajj*| • make a pilgrimage

حج *ḫajj n.* • pilgrimage, hajj

حاج *ḫājj act. part. n.* |*pl.* حجاج *ḫujjāj* or حجيج *ḫajīj*| • pilgrim

حجة *ḫujja^t n.* |*pl.* حجج *ḫujaj*| • argument, proof,

evidence • pretext, pretense, excuse ▪ بحجة أنّ *bi-ḫujja^tin ʔanna* under the pretense that...

III **حاجّ** *ḫājja v.tr.* |*3g* يحاجّ *yuḫājj^u* | محاجة *muḫājja^t*| • debate *with*, argue *with*,

VIII **احتجّ** *iḫtajja v.intr.* |*8g1* يحتج *yaḫtajj^u* | احتجاج *iḫtijāj*| • protest *against* على, object *to*

احتجاج *iḫtijāj n.*↑ • protest

محتجّ *muḫtajj act. part. n.* • protester, demonstrator

حجر *ḫajar n.* |*pl.* حجارة *ḫijāra^t* or أحجار *ʔaḫjār*| • rock, stone ▪ أحجار نرد *ʔaḫjār · nard pl. n.* dice ▪ حجر كريم *ḫajar karīm* precious stone, gemstone

حجري *ḫajarī^y adj.* • rocky, stone-

حجر *ḫijr n.* |*pl.* حجور *ḫujūr* or أحجار *ʔaḫjār*| • *(anatomy)* lap

حجرة *ḫujra^t n.* |*pl.* حجر *ḫujar* or حجرات *ḫuj(u)rāt*| • room

محجر *maḫjir* or *miḫjar n.* |*pl.* **dip.** محاجر *maḫājir*| • quarry ▪ محجر عين *maḫjir · Ɛayn* *(anatomy)* eye socket

حجز *ḫajaza v.tr.* |*1s2/1s3* يحجز *yaḫjiz^u* or *yaḫjuz^u* | حجز *ḫajz*| • reserve, book • restrain, limit

حجز *ḫajz n.*↑ • reservation, booking • restraint, limitation

حاجز *ḫājiz act. part. n.* |*pl.* **dip.** حواجز *ḫawājiz*| • barrier, obstacle ▪ حجاب حاجز *ḫijāb · ḫājiz* *(anatomy)* diaphragm; *(contraceptive)* diaphragm

VIII **احتجز** *iḫtajaza v.tr.* |*8s* يحتجز *yaḫtajiz^u* | احتجاز *iḫtijāz*| • arrest, detain

احتجاز *iḫtijāz n.*↑ • arrest, detention

حجم *ḫajm n.* |*pl.* أحجام *ʔaḫjām*| • size, volume

IV **أحجم** *ʔaḫjama v.intr.* |*4s* يحجم *yuḫjim^u* | إحجام *ʔiḫjām*| • abstain *from* عن, refrain

أحجية *ʔuḫjīya^t n.* |*pl.* أحاجي *ʔaḫājī^y*| • puzzle, riddle

أحدب *ʔaḫdab adj.* **dip.** |*m & f pl.* حدب *ḫudb* | *f. sing.* حدباء *ḫadbāʔ* | *f. dual* حدباوان *ḫadbāwān^i* | *f. pl.* حدباوات *ḫadbāwāt*| • hunchbacked ▪ حوت أحدب *ḫūt ʔaḫdab* humpback whale ▪ أحدب نوتردام *ʔaḫdab · notr dām n.* the Hunchback of Notre Dame

حدث *ḫadata v.intr.* |*1s3* يحدث *yaḫdut^u* | حدوث *ḫudūt*| • happen, occur, take place ◊ ماذا حدث؟ *What happened?* ▪ ...الذي حدث هو *allāđī ḫadata huwa...* what happened was...

حدوث *ḫudūt n.*↑ • happening, occurrence ▪ وارد الحدوث *wārid · alḫudūt^i adj.* possible

حدث *ḫadat* |*pl.* أحداث *ʔaḫdāt*| • *n.* innovation, phenomenon • event, incident ▪ الأحداث المغربية *alʔaḫdāt almaɣribīya^t n. **f.*** Al Ahdath Al Maghribia (Moroccan newspaper) ▪ أحداث 11 سبتمبر *ʔaḫdāt · alḫādī^ya Ɛašr^a sibtambir^a* 9/11 (lit. the events of September 11th) • *adj. & n.* juvenile

حادث *ḫādit*, حادثة *ḫādita^t act. part. n.* |*pl.* **dip.** حوادث *ḫawādit*| • accident, incident ▪ حادث سيارة *ḫādit · sayyāra^t*, حادث مرور *ḫādit · murūr*, حادث طرق *ḫādit · ṭuruq*, حادث طريق *ḫādit · ṭarīq* car accident, traffic accident ▪ .لكل حادث حديث *li-kull^i ḫādit^in ḫadīt^un proverb* For every situation, there is a Hadith.

حداثة *ḫadāta^t n.* • modernity, newness

حديث *ḫadīt* • *adj.* |*pl.* **dip.** حداث *ḫidāt* | *elat.* أحدث *ʔaḫdat*| modern, recent, new ▪ حديثا *ḫadītan adv.* recently • *n.* |*pl.* **dip.** أحاديث *ʔaḫādīt*| conversation, discussion ▪ .الحديث ذو شجون *alḫadīt^u đū šujūn^in proverb* Conversation can sometimes lead to serious topics.; interview; Hadith (prophetic tradition)

II **حدّث** *ḫaddata v.tr.* |*2s* يحدث *yuḫaddit^u* | تحديث *taḫdīt*| • speak *to* ∘ *about* عن *or* في, tell • update

تحديث *taḫdīt n.*↑ • update

III **حادث** *ḫādata v.tr.* |*3s* يحادث *yuḫādit^u* | محادثة *muḫādata^t*| • converse *with*, speak

محادثة *muḫādata^t n.*↑ • conversation, talk, discussion ▪ محادثات *muḫādatāt pl. n.* talks ▪ أجرى محادثات *ʔajrā muḫādatāt* hold talks *with* مع *about* حول ◊ أجرى الرئيس محادثات مع القادة السياسيين حول المشاكل في البلد. *The president held talks with political leaders about the problems in the country.*

IV **أحدث** *ʔaḫdata v.tr.* |*4s* يحدث *yuḫdit^u* | إحداث *ʔiḫdāt*| • cause, bring about, implement

إحداث *ʔiḫdāt n.*↑ • implementation

V **تحدّث** *taḫaddata v.* |*5s* يتحدث *yataḫaddat^u* | تحدث *tahaddut*| • *v.tr.* speak (a language) ◊ هل تتحدث العربية؟ *Do you speak Arabic?* • *v.intr.* talk *with* مع *about* عن *or* حول, speak ◊ .لا أريد التحدث عنه *I don't want to talk about it.*

تحدّث *taḫaddut n.*↑ • discussion

متحدث *mutaḫaddit act. part. n.* • speaker, spokesperson

حدّ *ḫadda v.* • *v.tr.* |*1g3* يحد *yaḫudd^u* | حد *ḫadd*|

limit, curb, reduce, put a stop *to*; sharpen (a knife, etc.) • *v.intr.* |*1g2/1g3* يحد *yaḫidd*[u] or *yaḫudd*[u] | حداد *ḫidād*| mourn *(over)* على

حد *ḫadd n.*↑ |*pl.* حدود *ḫudūd*| • limit ▪ حدود *ḫudūd pl. n.* border ▪ حدود سرعة *ḫudūd · surƐa*[t] *pl. n.* speed limit ▪ لا حد له *lā ḫadd*[a] *lahu* unlimited; infinite • extent, degree, point ▪ إلى حد كبير *ʔilā ḫadd*[in] *kabīr*[in] *adv.* [adjective +] extremely ◊ هذا سؤال هام إلى حد كبير. *It's an extremely important question.*; [verb +] to a great extent, pretty much ◊ يشبه والده إلى حد كبير. *He closely resembles his father.* ▪ إلى حد ما *ʔilā ḫadd*[in] *ma adv.* [adjective +] quite, somewhat ◊ أنا مشغول إلى حد ما مع العمل. *I'm quite busy with work.*; [verb +] to some extent ◊ هذا صحيح إلى حد ما، لكن... *This is true to some extent, but...* ▪ على حد سواء *Ɛalā ḫadd*[i] *· sawāʔ adv.* equally, evenly, alike ▪ لحد *li-ḫadd*[i], إلى حد *ʔilā ḫadd*[i] *prep.* until, up to, as far as ▪ لحد الآن *li-ḫadd*[i] *-lʔān*[i] *adv.* so far, until now; [negative +] not... yet, still... not ◊ أنا لا أعرف لحد الآن. *I still don't know.*

حدودي *ḫudūdī*[y] *adj.* • border-

حداد *ḫidād n.*↑ • mourning

حاد *ḫādd act. part. adj.* |*elat.* أحد *ʔaḫadd*| • sharp ▪ غير حاد *ɣayr · ḫādd* blunt • acute ▪ زاوية حادة *zāwiya*[t] *ḫādda*[t] *n.* acute angle • intense ▪ حاد الذهن *ḫādd · aḋḋihn*[i] sharp-witted, perceptive ▪ حاد المزاج *ḫādd · almizāj*[i] hot-headed, ill-tempered

محدود *maḫdūd pass. part. adj.* • limited *by* بـ, bound, finite ▪ غير محدود *ɣayr · maḫdūd* unlimited, infinite ▪ دخل محدود *daxl maḫdūd n.* limited income • determined, definite

حدة *ḫidda*[t] *n.* • sharpness • intensity, violence ▪ بحدة *bi-ḫidda*[tin] *adv.* intensely, heatedly

حداد *ḫaddād n.* • blacksmith, ironsmith

حديد *ḫadīd n.* • *n.* |*pl.* **dip.** حدائد *ḫadāʔid*| iron ▪ سكة حديد *sikkat · ḫadīd* railroad (UK: railway) ▪ إن الحديد بالحديد يفلح. *ʔinna -lḫadīd*[a] *bi-lḫadīd*[i] *yuflaḫ*[u] *proverb* Only iron can dent iron. • *adj.* |*pl.* **dip.** أحداء *ʔaḫiddāʔ* or حداد *ḫidād* | *elat.* أحد *ʔaḫadd*| sharp

حديدي *ḫadīdī*[y] *adj.* • iron-

الحديدة *alḫudayda*[t] *n.* • *(city in Yemen)* Al Hudaydah, Hudaida ➡ ***map on p. 342***

II **حدد** *ḫaddada v.tr.* |*2s* يحدد *yuḫaddid*[u] | تحديد *taḫdīd*| • specify, assign • determine, define

تحديد *taḫdīd n.*↑ • specification, assignment ▪ بالتحديد *bi-ttaḫdīd*[i], تحديدا *taḫdīdan* precisely, to be exact, specifically • determination, definition

محدد *muḫaddid act. part. adj.* |*elat.* أكثر تحديدا *ʔaktar taḫdīddan*| • specific, determined, definite, set

محدد *muḫaddad pass. part. adj.* |*elat.* أكثر تحددا *ʔaktar taḫaddudan*| • specific, determined, definite, set

III **حاد** *ḫādda v.tr.* |*3g* يحاد *yuḫādd*[u] | محادة *muḫādda*[t]| • diverge *from*, deviate *from*, depart *from*

V **تحدد** *taḫaddada v.intr.* |*5s* يتحدد *yataḫaddad*[u] | تحدد *taḫaddud*| • be determined, be defined

VII **انحدر** *inḫadara v.intr.* |*7s* ينحدر *yanḫadir*[u] | انحدار *inḫidār*| • slope, decline, descend

انحدار *inḫidār n.*↑ • slope, decline, descent

حديقة *ḫadīqa*[t] *n.* |*pl.* **dip.** حدائق *ḫadāʔiq*| • garden, park ▪ حديقة حيوانات *ḫadīqat · ḫayawānāt* zoo ▪ حديقة عامة *ḫadīqa*[t] *Ɛāmma*[t] public park

II **حدق** *ḫaddaqa v.intr.* |*2s* يحدق *yuḫaddiq*[u] | تحديق *taḫdīq*| • stare *at* في

حدقة *ḫadaqa*[t] *n.* |*pl.* أحداق *ʔaḫdāq* or حداق *ḫidāq*| • *(eye)* pupil

VIII **احتدم** *iḫtadama v.intr.* |*8s* يحتدم *yaḫtadim*[u] | احتدام *iḫtidām*| • erupt, break out, flare up

محتدم *muḫtadim act. part. adj.* |*elat.* أكثر احتداما *ʔaktar iḫtidāman*| • heated, angry, violent, intense ▪ جدل محتدم *jadal muḫtadim* heated debate

حدوة *ḫidwa*[t] *n.* |*pl.* حدوات *ḫid(i)wāt*| • horseshoe

V **تحدى** *taḫaddā v.tr.* |*5d* يتحدى *yatahaddā* | **def.** تحد *taḫadd(in)*| • challenge, provoke

تحد *taḫadd(in) n.*↑ **def.** |*pl.* تحديات *taḫaddiyāt*| • challenge, provocation

متحد *mutaḫadd(in) act. part. adj.* **def.** |*elat.* أكثر تحديا *ʔaktar taḫaddiyan*| • challenging, defiant

حذر *ḫaḋira v.intr.* |*1s4* يحذر *yaḫḋar*[u] | حذر *ḫiḋr* or حذر *ḫaḋar*| • beware *of* من, be careful, be cautious ◊ عليك أن تحذر من النشالين. *You have to beware of pickpockets.* ▪ حذر أن *ḫaḋira ʔan* take care not to *(do)*, be sure not to *(do)* ◊ احذر أن تنسى يوم ميلادها. *Be sure not to forget her birthday.*

حذر *ḫiḋr* or *ḫaḋar n.*↑ • caution, care ▪ أخذ حذره *ʔaxaḋa ḫiḋr*[a]*hu* be careful *of* من, be cautious ◊ خذ حذرك من ذلك الرجل! *Be careful of that man!* ▪ في حذر *fī ḫiḋr*[in], بحذر *bi-ḫiḋr*[in] cautiously, carefully

محذور *maɧđūr pass. part. n.* |*pl.* **dip.** محاذير *maɧāđīr*| • danger • trouble, problem

حذر *ɧađir*, حذير *ɧađīr adj.* |*elat.* أكثر حذرا *ʔaktar ɧiđran*| • careful, cautious

حذار *ɧađār(i) interjection* • beware *of* من, be careful, be cautious, watch out ◊ حذار! *Watch out!* ▪ حذار أن *ɧađār ʔan* take care not to *(do)*, be sure not to *(do)* ◊ حذار أن تفعل ذلك! *Take care not to do that!*

II **حذّر** *ɧađđara v.tr.* |*2s* يحذر *yuɧađđir^u* | تحذير *taɧđīr*| • warn *sb* ◦ *about* من

تحذير *taɧđīr n.*↑ • warning

تحذيري *taɧđīrīʸ adj.* • warning-, cautionary ▪ إشارة تحذيرية *ʔišāraᵗ taɧđīrīyaᵗ n.* warning sign

III **حاذر** *ɧāđara v.intr.* |*3s* يحاذر *yuɧāđir^u* | محاذرة *muɧāđaraᵗ*| • beware *of* من, be careful, be cautious •حاذر من أنْ *ɧāđara min ʔan* take care not to *(do)*, be sure not to *(do)* ◊ حاذر من أن تقول أي كلمة في الموضوع. *Take care not to say a word on the subject.*

محاذرة *muɧāđaraᵗ n.*↑ • caution, care

VIII **احتذر** *iɧtađara v.intr.* |*8s* يحتذر *yaɧtađir^u* | احتذار *iɧtiđār*| • beware *of* من, be careful, be cautious

حذف *ɧađafa v.tr.* |*1s2* يحذف *yaɧđif^u* | حذف *ɧađf*| • omit, elide, delete

حذف *ɧađf n.*↑ • omission, elision, deletion ▪ مفتاح حذف *miftāɧ · ɧađf* delete key

بحذافيره *bi-ɧađāfīrⁱ<u>hi</u> adv.* • in full, in its entirety

حذاء *ɧiđāʔ n.* |*pl.* أحذية *ʔaɧđiyaᵗ*| • (pair of) shoes ▪ فردة حذاء *fardat · ɧiđāʔ* shoe ▪ حذاء رياضي *ɧiđāʔ riyāḍīʸ* sneakers (UK: trainers), tennis shoes

VIII **احتذى** *iɧtađā v.intr.* |*8d1* يحتذي *yaɧtađī* | احتذاء *iɧtiđāʔ*| • emulate *sb/sth* بـ *or* في *or* على ◊ احتذى بأسلافه. *He emulated his predecessors.* ▪ احتذى على مثاله *iɧtađā Ɛalā mitālᵃ<u>hu</u>* follow in *sb's* footsteps, follow *sb's* example

حرب *ɧarb n.* ***f.*** |*pl.* حروب *ɧurūb*| • war ▪ حرب أهلية *ɧarb ʔahlīyaᵗ* civil war ▪ الحرب العالمية الأولى *alɧarb alƐālamīyaᵗ alʔūlā* World War I ▪ الحرب العالمية الثانية *alɧarb alƐālamīyaᵗ attāniyaᵗ* World WarII ▪ في حرب مع *fī ɧarbⁱⁿ maƐa adv.* at war *with* ▪ الحرب خدعة. *alɧarbᵘ xudƐaᵗᵘⁿ proverb* War is deception.

حربي *ɧarbīʸ adj.* • war-, military-

محراب *miɧrāb n.* |*pl.* **dip.** محاريب *maɧārīb*| • mihrab (niche in the wall of a mosque which indicates the direction to face while praying) ➡ ***also picture on p. 295***

The mihrab inside the Sheikh Zayed Mosque in Abu Dhabi

III **حارب** *ɧāraba v.tr.* |*3s* يحارب *yuɧārib^u* | محاربة *muɧārabaᵗ*| • fight, wage war against

محاربة *muɧārabaᵗ n.*↑ • fight, struggle, combat

محارب *muɧārib act. part. n.* • warrior

حرث *ɧarata v.tr.* |*1s2/1s3* يحرث *yaɧrit^u* or *yaɧrut^u* | حرث *ɧart*| • plow, till

محراث *miɧrāt n.* |*pl.* **dip.** محاريث *maɧārīt*| • plow

حرج *ɧarija v.intr.* |*1s4* يحرج *yaɧraj^u* | حرج *ɧaraj*| • be narrow, be tight

حرج *ɧaraj n.*↑ • impediment, difficulty, critical situation • |*pl.* أحراج *ʔaɧrāj*| woodland, forest

حرج *ɧarij adj.* |*elat.* أحرج *ʔaɧraj*| • narrow, tight • embarrassing • delicate, sensitive • critical, crucial

IV **أحرج** *ʔaɧraja v.tr.* |*4s* يحرج *yuɧrij^u* | إحراج *ʔiɧrāj*| • embarrass

محرج *muɧrij act. part. adj.* |*elat.* أكثر إحراجا *ʔaktar ʔiɧrājan*| • embarrassing, uncomfortable

محرج *muɧraj pass. part. adj.* |*elat.* أكثر إحراجا *ʔaktar ʔiɧrājan*| • embarrassed, uncomfortable

V **تحرج** *taɧarraja v.intr.* |*5s* يتحرج *yataɧarraj^u* | تحرج *taɧarruj*| • refrain *from* من, avoid ◊ لا تتحرج من الاتصال بي في أي وقت. *Don't hesitate to call me any time.*

حر *ɧarra v.intr.* |*1g2/1g3* يحر *yaɧirr^u* or *yaɧurr^u* | حر *ɧarr* or حرارة *ɧarāraᵗ*| • be hot

حر *ɧarr n.*↑ • heat, warmth

حرارة *ɧarāraᵗ n.*↑ • heat, warmth ▪ درجة حرارة *darajat · ɧarāraᵗ* temperature • warmth, kindness ▪ بحرارة *bi-ɧarāraᵗⁱⁿ adv.* warmly ◊ سلم علينا بحرارة. *He greeted us warmly.*

حراري *ɧarārīʸ adj.* • thermal, caloric

ح

حار *ḫārr act. part. adj.* |*elat.* أحر *ʔaḫarr*| • hot ▪ أحر من الجمر *ʔaḫarr^u min^a -ljamr^i idiom* hotter than embers (i.e. very restless) • spicy, hot • warm, kind

حر *ḫurr adj.* |*m. pl.* أحرار *ʔaḫrār* | *elat.* أكثر حرية *ʔaktar ḫurrīya^tan*| • free, liberated

حرية *ḫurrīya^t n.* • freedom, liberty ▪ حرية اختيار *ḫurrīyat · ixtiyār* freedom of choice ▪ حرية تجمع *ḫurrīyat · tajammuƐ* freedom of assembly ▪ حرية تعبير *ḫurrīyat · taƐbīr* freedom of expression ▪ حرية رأي *ḫurrīyat · raʔy* freedom of opinion ▪ حرية شخصية *ḫurrīya^t šaxṣīya^t* personal freedom ▪ حرية صحافة *ḫurrīyat · ṣaḫāfa^t* freedom of the press ▪ حرية عبادة *ḫurrīyat · Ɛibāda^t* freedom of worship ▪ حرية فكر *ḫurrīyat · fikr*, حرية تفكير *ḫurrīyat · tafkīr* freedom of thought ▪ حرية قول *ḫurrīyat · qawl*, حرية تحدث *ḫurrīyat · taḫaddut* freedom of speech

حرير *ḫarīr n.* |*pl.* **dip.** *adj.* حرائر *ḫarāʔir*| • silk
حريري *ḫarīrī^y* |*elat.* أكثر حريرية *ʔaktar ḫarīrīya^tan*| • silk-, made of silk • silky

محرار *miḫrār n.* • thermometer

II **حرر** *ḫarrara v.tr.* |*2s* يحرر *yuḫarrir^u* | تحرير *taḫrīr*| • liberate, free • edit

تحرير *taḫrīr n.*↑ • liberation • editing ▪ رئيس تحرير *raʔīs · taḫrīr* editor-in-chief
تحريري *taḫrīrī^y adj.* • editorial

محرر *muḫarrir act. part. n.* • editor

V **تحرر** *taḫarrara v.intr.* |*5s* يتحرر *yataḫarrar^u* | تحرر *taḫarrur*| • be freed, be liberated

تحرر *taḫarrur n.*↑ • freedom, liberty • liberation

VIII **احتر** *iḫtarra v.intr.* |*8g1* يحتر *yaḫtarr^u* | احترار *iḫtirār*| • become warm, heat up

احترار *iḫtirār n.*↑ • احترار عالمي *iḫtirār Ɛālamī^y* global warming

IV **أحرز** *ʔaḫraza v.tr.* |*4s* يحرز *yuḫriz^u* | إحراز *ʔiḫrāz*| • attain, acquire

إحراز *ʔiḫrāz n.*↑ • attainment, acquisition

حرس *ḫarasa v.tr.* |*1s3* يحرس *yaḫrus^u* | حراسة *ḫirāsa^t*| • guard

حراسة *ḫirāsa^t n.*↑ • protection ▪ كلب حراسة *kalb · ḫirāsa^t* guard dog

حارس *ḫāris act. part. n.* |*pl.* حراس *ḫurrās*| • guard, warden ▪ حارس مرمى *ḫāris · marmā* goalkeeper, goalie

حرس *ḫaras n.* • bodyguard, guard ▪ حرس وطني *ḫaras waṭanī^y* national guard

VIII **احترس** *iḫtarasa v.intr.* |*8s* يحترس *yaḫtaris^u* | احتراس *iḫtirās*| • be vigilant *of* من, be wary, beware

احتراس *iḫtirās n.*↑ • vigilance

محترس *muḫtaris act. part. adj.* |*elat.* أكثر احتراسا *ʔaktar iḫtirāsan*| • vigilant *of* من, wary

V **تحرش** *taḫarraša v.intr.* |*5s* يتحرش *yataḫarraš^u* | تحرش *taḫarruš*| • harass بـ, provoke

تحرش *taḫarruš n.*↑ • harassment ▪ تحرش جنسي *taḫarruš jinsī^y* sexual harassment

حريش *ḫarīš n.* • unicorn

حرشف *ḫaršaf coll. n.* |*sing.* حرشفة *ḫaršafa^t* | *pl.* **dip.** حراشف *ḫarāšif*| • *(fish, reptile)* scales
حرشفي *ḫaršafī^y adj.* • scaly, flaky

QII **تحرشف** *taḫaršafa v.intr.* |*12s* يتحرشف *yataḫaršaf^u* | تحرشف *taḫaršuf*| • be scaly

متحرشف *mutaḫaršif act. part. adj.* • scaly, flaky

حرص *ḫariṣa v.intr.* |*1s4* يحرص *yaḫraṣ^u* | حرص *ḫirṣ*| • desire على, wish, crave, covet

حرص *ḫirṣ n.*↑ • desire, wish, craving • stinginess, thrift, greed

حريص *ḫarīṣ adj.* |*m. pl.* **dip.** حرصاء *ḫuraṣāʔ* or حراص *ḫirāṣ* | *elat.* أحرص *ʔaḫraṣ*| • desirous, wishful • stingy, thrifty, frugal

II **حرض** *ḫarraḍa v.tr.* |*2s* يحرض *yuḫarriḍ^u* | تحريض *taḫrīḍ*| • حرضه على أنْ *ḫarraḍahu Ɛalā ʔan* incite *sb to (do)*, provoke, motivate, induce ◊ حرضني الكتاب على التفكير. *The book got me to think.*

تحريض *taḫrīḍ n.* • incitement, provocation

حرف *ḫarf n.* • |*pl.* حروف *ḫurūf*| *(alphabet)* letter ▪ حرف شمسي *ḫarf šamsī^y* sun letter ▪ حرف قمري *ḫarf qamarī^y* moon letter ➡ ***Sun and Moon Letters p. 11*** ▪ حروف الهجاء *ḫurūf · alhijāʔ^i pl. n.* the letters of the alphabet • *(grammar)* particle ▪ حرف جر *ḫarf · jarr* preposition ▪ حرف نصب *ḫarf · naṣb* accusative particle ➡ ***Inna and Her Sisters p. 18*** • |*pl.* حرف *ḫiraf*| edge
حرفي *ḫarfī^y adj.* • literal ▪ حرفيا *ḫarfīyan adv.* literally

حرفة *ḫirfa^t n.* |*pl.* حرف *ḫiraf*| • craft, trade

II **حرف** *ḫarrafa v.tr.* |*2s* يحرف *yuḫarrif^u* | تحريف *taḫrīf*| • pervert, corrupt • distort

VII **انحرف** *inḫarafa v.intr.* |*7s* ينحرف *yanḫarif^u* | انحراف *inḫirāf*| • become perverted, become corrupted, become deliquent • become distorted

انحراف *inḫirāf n.*↑ • perversion, corruption, delinquency • distortion

منحرف *munħarif act. part.* • *adj.* |*elat.* أكثر انحرافا *ʔaktar inħirāfan*| perverted, corrupted • distorted • *n.* pervert

VIII **احترف** *iħtarafa v.tr.* |*8s* يحترف *yaħtarif^{u}* | احتراف *iħtirāf*| • be professional *about*, do professionally

احتراف *iħtirāf n.*↑ • professionalism

محترف *muħtarif act. part. adj.* |*elat.* أكثر احترافا *ʔaktar iħtirāfan*| • professional ▪ غير محترف *ɣayr · muħtarif* amateur

حرق *ħaraqa v.tr.* |*1s2* يحرق *yaħri**q**^{u}* | حرق *ħarq*| • burn, set fire *to* • *(injury)* burn ◊ حرقت الشمس وجهي. *The sun burned my face.*

حرق *ħarq n.*↑ |*pl.* حروق *ħurūq*| • burn ▪ حروق شمس *ħurūq · šams pl. n.* sunburn

حارق *ħāriq act. part. adj.* |*elat.* أكثر حرقة *ʔaktar ħurqa^{tan}*| • fiery, burning ▪ حارق للدهون *ħāriq li-ddahūn^{i}* fat-burning ▪ زجاجة حارقة *zajāja^{t} ħāriqa^{t} n.* Molotov cocktail

حرقة *ħurqa^{t} n.* |*pl.* حرقات *ħur(u)qāt*| • desire, longing • burning

حريق *ħarīq n.* |*pl.* **dip.** حرائق *ħarāʔiq*| • fire ◊ أنقذوها من الحريق. *They saved her from the fire.* ▪ حريق هائل *ħarīq hāʔil* wildfire ▪ أشعل حريقا *ʔašʕala ħarīqan* set fire *to* بـ, start a fire ◊ أشعل حريقا بالأوراق. *He set fire to the papers.* ▪ أطفأ حريقا *ʔatfaʔa ħarīqan* put out a fire

II **حرق** *ħarraqa v.tr.* |*2s* يحرق *yuħarriq^{u}* | تحريق *taħrīq*| • burn, set fire to

المحرق *almuħarraq pass. part. n.* ***f.*** • *(city in Bahrain)* Muharraq ➡ ***map on p. 25***

IV **أحرق** *ʔaħraqa v.tr.* |*4s* يحرق *yuħriq^{u}* | إحراق *ʔiħrāq*| • burn, set fire to

V **تحرق** *taħarraqa v.intr.* |*5s* يتحرق *yataħarraq^{u}* | تحرق *taħarruq*| • burn, catch fire ▪ تحرق شوقا لـ *taħarraqa šawqan li-* cannot wait for ◊ أتحرق شوقا للقياك. *I can't wait to meet you.*

VIII **احترق** *iħtaraqa v.intr.* |*8s* يحترق *yaħtariq^{u}* | احتراق *iħtirāq*| • burn, catch fire • burn, overcook • *(injury)* burn, be burned ◊ احترقت يده. *He burned his hand. (lit. His hand was burned.)*

حرقدة *ħarqada^{t} n.* |*pl.* **dip.** حراقد *ħarāqid*| • Adam's apple

حركة *ħaraka^{t} n.* • movement, motion ▪ حركة سياسية *ħaraka^{t} siyāsīya^{t}* political movement • action, activity, movement • *(grammar)* short vowel

حراك *ħarāk n.* • movement, motion ▪ دون حراك *dūna ħarāk^{in}* motionless ▪ وقف دون حراك *waqafa dūna ħarāk^{in} v.* stand still, not move

II **حرك** *ħarraka v.tr.* |*2s* يحرك *yuħarrik^{u}* | تحريك *taħrīk*| • move • activate, stimulate • *(grammar)* vowelize, mark with diacritics

تحريك *taħrīk n.*↑ • movement • stimulation, activation

محرك *muħarrik n.* • engine, motor

V **تحرك** *taħarraka v.intr.* |*5s* يتحرك *yataħarrak^{u}* | تحرك *taħarruk*| • move • set out, depart ◊ سنتحرك إلى الجبال مبكرا. *We'll set out for the mountains early.* • *(grammar)* be vowelized

تحرك *taħarruk n.*↑ • movement, motion

متحرك *mutaħarrik act. part. adj.* |*elat.* أكثر تحركا *ʔaktar taħarrukan*| • mobile

حرم *v.* • *ħaruma v.intr.* |*1s6* يحرم *yaħ**rum**^{u}* | حرمة *ħurma^{t}*| be forbidden *for* على, be prohibited, be unlawful • *ħarama v.tr.* |*1s2* يحرم *yaħri**m**^{u}* | حرمان *ħirmān*| deprive *sb* ∘ *of* من, refuse, deny

حرمة *ħurma^{t} n.*↑ • |*pl.* حرمات *ħur(u)māt*| sanctity; taboo • |*pl.* حرم *ħuram*| wife, married woman

حرمان *ħirmān n.*↑ • prohibition *on* على, deprivation • prevention *of* من

محروم *maħrūm pass. part. adj.* |*elat.* أكثر حرمانا *ʔaktar ħirmānan*| • deprived, needy

حرم *ħaram* |*pl.* أحرام *ʔaħrām*| • *n.* holy site ▪ الحرمان *alħaramān^{i} dual noun* Mecca and Medina (lit. the Two Holy Sites) • campus ▪ حرم جامعة *ħaram · jāmiʕa^{t}* university campus • *adj.* sacred, holy • taboo, prohibited

حرام *ħarām adj.* |*m. pl.* حرم *ħurum* | *elat.* أكثر حرمة *ʔaktar ħurma^{tan}*| • prohibited, unauthorized, forbidden, taboo ▪ حرام شرعا *ħarām šarʕan* forbidden under Islamic law • holy ▪ المسجد الحرام *almasjid alħarām* the Grand Mosque (in Mecca) ➡ ***picture on p. 74 top*** ▪ البيت الحرام *albayt alħarām* the Sacred House (the Kaaba)

حريم *ħarīm n.* |*pl.* حرم *ħurum*| • harem • women

حريمي *ħarīmī^{y} adj.* • female, women's ▪ ملابس حريمية *malābis ħarīmīya^{t} pl. n.* women's clothing

II **حرم** *ħarrama v.tr.* |*2s* يحرم *yuħarrim^{u}* | تحريم *taħrīm*| • ban, prohibit, outlaw, forbid

تحريم *taħrīm n.*↑ • ban, prohibition

محرم *muħarram pass. part. n.* • taboo ▪ المحرم *almuħarram* Muharram (first month of the Islamic calendar) ➡ ***The Islamic Calendar p. 315***

The Grand Mosque in Mecca

IV **أحرم** *ʔaḫrama v.intr.* |*4s* يحرم *yuḫrimᵘ* | إحرام *ʔiḫrām*| • enter a state of ritual consecration for hajj

إحرام *ʔiḫrām n.*↑ • ihram (state of ritual consecration for hajj) • clothing worn during hajj

Pilgrims wearing ihram

VIII **احترم** *iḫtarama v.tr.* |*8s* يحترم *yaḫtarimᵘ* | احترام *iḫtirām*| • respect

احترام *iḫtirām n.*↑ • respect ▪ احترام الذات *iḫtirām · aḏḏātⁱ* self-worth, self-esteem ▪ احتراما لـ *iḫtirāman li- prep.* out of respect for ◊ وقفوا احتراما لمعلمهم. *They stood up out of respect for their teacher.*

محترم *muḫtaram pass. part. adj.* |*elat.* أكثر احتراما *ʔaktar iḫtirāman*| • respectable, respected

حري *ḫarīʸ adj.* |*elat.* ***invar.*** أحرى *ʔaḫrā*| • suitable *for* بـ, worthy ▪ بالأحرى *bi-lʔaḫrā adv.* rather, to be more exact, more precisely

V **تحرى** *taḫarrā v.tr.* |*5d* يتحرى *yataḫarrā* | ***def.*** تحر *taḫarr(in)*| • examine, investigate

تحر *taḫarr(in) n.*↑ ***def.*** • examination, investigation • detective

حزب *ḫizb n.* |*pl.* أحزاب *ʔaḫzāb*| • *(political)* party ▪ حزب الله *ḫizb · aLLāhⁱ* Hezbollah ▪ حزب حاكم *ḫizb ḫākim* ruling party ▪ الحزب الجمهوري *alḫizb aljumhūrīʸ* the Republican Party ▪ الحزب الديموقراطي *alḫizb addīmūqrāṭīʸ* the Democratic Party

حزبي *ḫizbīʸ adj.* • party-, partisan

حزيران *ḫazīrān* or *ḫuzayrān n.* ***dip.*** • June ➡ ***The Months p. 165***

حزم *ḫazama v.* • *v.intr.* |*1s3* يحزم *yaḫzumᵘ* | حزم *ḫazm*| be resolute, be determined • *v.tr.* |*1s2* يحزم *yaḫzimᵘ* | حزم *ḫazm*| bind, tie up • pack, wrap

حزم *ḫazm n.*↑ • resolution, determination

حازم *ḫāzim act. part. adj.* |*elat.* أحزم *ʔaḫzam* or أكثر حزما *ʔaktar ḫazman*| • resolute, determined, strong-willed

حزمة *ḫuzmaᵗ n.* |*pl.* حزم *ḫuzam*| • bundle, bunch

حزام *ḫizām n.* |*pl.* أحزمة *ʔaḫzimaᵗ*| • belt ▪ حزام أمان *ḫizām · ʔamān* seat belt, safety belt ▪ حزام ناسف *ḫizām nāsif* suicide belt, explosive belt

حزن *ḫazina v.intr.* |*1s4* يحزن *yaḫzanᵘ* | حزن *ḫuzn*| • become sad • mourn *over* على

حزن *ḫuzn n.* |*pl.* أحزان *ʔaḫzān*| • grief, sorrow, sadness ▪ حزنا *ḫuznan adv.* out of grief *for* على, in sadness ◊ بكت حزنا على زوجها. *She cried out of grief for her husband.*

حزين *ḫazīn adj.* |*m. pl.* ***dip.*** حزناء *ḫuzanāʔ* or ***invar.*** حزانى *ḫazānā* | *elat.* أحزن *ʔaḫzan*| • sad, unhappy, sorrowful

II **حزن** *ḫazzana v.tr.* |*2s* يحزن *yuḫazzinᵘ* | تحزين *taḫzīn*| • sadden, make sad

IV **أحزن** *ʔaḫzana v.tr.* |*4s* يحزن *yuḫzinᵘ* | إحزان *ʔiḫzān*| • sadden, make sad

محزن *muḫzin act. part. adj.* |*elat.* أحزن *ʔaḫzan* or أكثر إحزانا *ʔaktar ʔiḫzānan*| • saddening, distressing

حسب *v.tr.* • *ḫasaba* |*1s3* يحسب *yaḫsubᵘ* | حساب *ḫisāb* or حسب *ḫasb*| calculate, compute

• *ḫasiba* |1s4/1s5 يحسب *yaḫsab*ᵘ or *yaḫsib*ᵘ | حسبان *ḫisbān*| consider *sb/sth* ﻩ *(to be) sb/sth* ﻩ, regard ◊ تحسبه أمرا صعبا. *She considers it (to be) a difficult matter.*

حسب *ḫasb n.*↑ • calculation • sufficiency
• *ḫasba*, فحسب *fa-ḫasb*ᵘ, وحسب *wa-ḫasb*ᵘ *adv.* only, just, and that is all ▪ ... ... فحسب بل... أيضا *fa-ḫasb*ᵘ *bal... ʔayḍan*, ... فحسب إنما أيضا... *fa-ḫasb*ᵘ *ʔinnamā ʔayḍan...* not only... but also... ◊ إنه لا يتكلم العربية فحسب بل يتكلم الإنجليزية أيضا. *Not only does he speak Arabic, but he speaks English also.*

حساب *ḫisāb n.*↑ • calculation ▪ حساب الجمل *ḫisāb · aljummal*ⁱ *(alphanumeric system)* the Abjad numerals ➡ ***The Abjad Numerals p. 61*** • bill ▪ كم الحساب؟ *kam*ᵘ *-lḫisāb*ᵘ How much is the bill? • account ▪ حساب بنك *ḫisāb · bank* bank account

حسبان *ḫisbān* or *ḫusbān n.*↑ • consideration

حاسب *ḫāsib act. part. n.* • computer

حاسبة *ḫāsiba*ᵗ *act. part. n.* • calculator

حسب *ḫasab n.* • noble descent ▪ بحسب *bi-ḫasab*ⁱ *prep.* , على حسب *ɛalā ḫasab*ⁱ according to, depending on ◊ على حسب الظروف *depending on circumstances*
حسب *ḫasaba prep.* • according to, depending on ▪ حسبما *ḫas(a)bamā* according to what... ▪ __ حسبما ذكر *ḫasabamā đakara* __ according to __ ◊ حسبما ذكرت مصادر رسمية *according to official sources*

حاسوب *ḫāsūb n.* |*pl.* ***dip.*** حواسيب *ḫawāsīb*| • computer
حاسوبي *ḫāsūbīʸ adj.* • computer-

III **حاسب** *ḫāsaba v.tr.* |3s يحاسب *yuḫāsib*ᵘ | محاسبة *muḫāsaba*ᵗ| • settle an account *with* • call to account, hold responsible

محاسبة *muḫāsaba*ᵗ *n.*↑ • accounting, bookkeeping

محاسب *muḫāsib act. part. n.* • accountant

VIII **احتسب** *iḫtasaba v.tr.* |8s يحتسب *yaḫtasib*ᵘ | احتساب *iḫtisāb*| • calculate, take into account • do bookkeeping

حسد *ḫasada v.tr.* |1s3 يحسد *yaḫsud*ᵘ | حسد *ḫasad*| • envy *because of* على, be envious of ◊ يحسدونه على شهرته. *They're jealous of his fame.*

حسد *ḫasad n.*↑ • envy

حاسد *ḫāsid act. part. adj.* |*m. pl.* حساد *ḫussād* | *elat.* أكثر حسدا *ʔaktar ḫasadan* or أحسد *ʔaḫsad*| • envious

حسود *ḫasūd adj.* |*m. pl.* حساد *ḫussād* | *elat.* أكثر حسدا *ʔaktar ḫasadan* or أحسد *ʔaḫsad*| • envious

حسر *ḫasar n.* • weakness ▪ حسر البصر *ḫasar · albaṣr*ⁱ myopia, nearsightedness

حسرة *ḫasra*ᵗ *n.* |*pl.* حسرات *ḫas(a)rāt*| • sorrow, sadness, grief ▪ يا حسرة *yā ḫasra*ᵗᵘ, يا حسرتي! *yā ḫasratī* What a pity!

حسير *ḫasīr adj.* |*elat.* أحسر *ʔaḫsar*| • tired, weak, fatigued ▪ حسير البصر *ḫasīr · albaṣr*ⁱ myopic, short-sighted

حاسر *ḫāsir adj.* |*elat.* أحسر *ʔaḫsar*| • bare ▪ حاسر الرأس *ḫāsir · arraʔs*ⁱ bareheaded

حس *ḫiss* or *ḫass n.* • sense, sensation, feeling • sound, noise

حساس *ḫassās adj.* |*elat.* أكثر حساسية *ʔaktar ḫassāsīya*ᵗᵃⁿ| • sentimental, sensitive • delicate, sensitive
حساسي *ḫassāsīʸ adj.* |*elat.* أكثر حساسية *ʔaktar ḫassāsīya*ᵗᵃⁿ| • allergic
حساسية *ḫassāsīya*ᵗ *n.* • allergy, sensitivity

حاسة *ḫāssa*ᵗ *n.* |*pl.* ***dip.*** حواس *ḫawāss*| • sense ▪ حاسة شم *ḫāsat · šamm* sense of smell ▪ الحواس الخمس *alḫawās alxams pl. n.* the five senses

IV **أحس** *ʔaḫassa v.intr.* |4g يحس *yuḫiss*ᵘ | إحساس *ʔiḫsās*| • feel بـ ◊ يمكن أن أحس بذلك. *I can feel it.* ⓘ *In English, the complement of 'feel' is an adjective, whereas in Arabic it is a noun governed by the preposition* بـ *bi-*: ◊ أحس بالبرد. *I feel cold. (lit. I feel with coldness.)* ◊ أحس بالملل. *I feel bored. (lit. I feel with boredom.)* ▪ أحس بتحسن *ʔaḫassa bi-taḫassun*ⁱⁿ feel better ▪ أحس أن *ʔaḫassa ʔanna*, أحس بأن *ʔaḫassa bi-ʔanna* feel that..., think that...

إحساس *ʔiḫsās n.*↑ |*pl.* ***dip.*** أحاسيس *ʔaḫāsīs* or إحساسات *ʔiḫsāsāt*| • feeling, sense, sensation

الحسكة *alḫasaka*ᵗ *n.* • *(city in Syria)* Al-Hasakah ➡ ***map on p. 152***

حسم *ḫasama v.tr.* |1s2 يحسم *yaḫsim*ᵘ | حسم *ḫasm*| • sever, cut off • discount • decide, make up *one's* mind

حسم *ḫasm n.*↑ • discount, deduction

حاسم *ḫāsim act. part. adj.* |*elat.* أحسم *ʔaḫsam*| • conclusive, decisive, definitive

حسام *ḫusām n.* • sword • *man's name* Hossam

حسن *ḫasuna v.intr.* |1s6 يحسن *yaḫsun*ᵘ | حسن *ḫusn*| • become beautiful, become handsome • become good, become nice

حسن *ḫusn n.*↑ • goodness ▪ حسن الحظ *ḫusn ·*

alḫaẓẓⁱ (good) luck, fortune ▪ لحسن الحظ *li-ḫusnⁱ -lḫaẓẓⁱ*, من حسن الحظ *min ḫusnⁱ -lḫaẓẓⁱ adv.* fortunately ▪ حسن سلوك *ḫusn · sulūk* politeness, good behavior ▪ حسن تمييز *ḫusn · tamyīz* discernment, sound judgment ▪ هذا من حسن أخلاقك. *hāḏā min ḫusnⁱ · ʔaxlāqⁱka* That's very kind of you.

حسني *ḫusnīʸ man's name* • Hosni, Husni

حسن *ḫasan adj.* |*m. pl.* حسان *ḫisān* | *elat.* أحسن *ʔaḫsan*| • good ▪ حسنا *ḫasanan adv.* okay, very well then, all right, fine ▪ حسن الحظ *ḫasan · alḫaẓẓⁱ* lucky, fortunate ▪ حسن المظهر *ḫasan · almaẓharⁱ* good-looking • *man's name* Hassan, Hasan

أحسن *ʔaḫsan elat.* **dip.** |*m. pl.* **dip.** أحاسن *ʔaḫāsin* | *f.* **invar.** حسنى *ḫusnā* | *f. dual* حسنيان *ḫusnayānⁱ* | *f. pl.* حسنيات *ḫusnayāt*| • better, best ▪ من الأحسن أنْ *minª -lʔaḫsanⁱ ʔan* had better *(do)*, it would be best to *(do)*, it is best that...

حسناء *ḫasnāʔ n.* **f.** |*pl.* حسان *ḫisān*| • beauty, beautiful woman

حسنة *ḫasanaᵗ n.* • good deed, merit

حسان *ḫassān man's name* • Hassan

حسين *ḫusayn man's name diminutive* • Hussein

II **حسن** *ḫassana v.tr.* |*2s* يحسن *yuḫassinᵘ* | تحسين *taḫsīn*| • improve, make better

تحسين *taḫsīn n.*↑ • improvement

IV **أحسن** *ʔaḫsana v.tr.* |*4s* يحسن *yuḫsinᵘ* | إحسان *ʔiḫsān*| • be good *at*, excel, do well ◊ يحسن القراءة والكتابة. *He's good at reading an writing.* ▪ أحسنت *ʔaḫsantª* Good job! • give charity *to* إلى ◊ أحسنًا إلى الفقراء. *We gave charity to the poor.*

إحسان *ʔiḫsān n.*↑ • charity, kind act

محسن *muḫsin act. part. adj.* |*elat.* أكثر إحسانا *ʔakṯar ʔiḫsānan*| • charitable

V **تحسن** *taḫassana v.intr.* |*5s* يتحسن *yataḫassanᵘ* | تحسن *taḫassun*| • improve, get better ◊ تحسنت صحتها. *Her health has improved.* ◊ تتحسن لغته الإنجليزية. *His English is getting better.*

تحسن *taḫassun n.*↑ • improvement

X **استحسن** *istaḫsana v.tr.* |*10s* يستحسن *yastaḫsinᵘ* | استحسان *istiḫsān*| • recommend, have a good opinion of

استحسان *istiḫsān n.*↑ • approval, consent

مستحسن *mustaḫsan pass. part. adj.* |*elat.* أكثر استحسانا *ʔakṯar istiḫsānan*| • advisable, recommended ▪ من المستحسن أنْ *minª -lmustaḫsanⁱ ʔan* it is advisable that..., it is better to *(do)*

حساء *ḫasāʔ n.* • soup

حشد *ḫašada v.tr.* |*1s3* يحشد *yaḫšudᵘ* | حشد *ḫašd*| • gather, concentrate • *(military)* mobilize

حشد *ḫašd n.*↑ |*pl.* حشود *ḫušūd*| • crowd

حاشد *ḫāšid act. part. adj.* |*elat.* أكثر حشدا *ʔakṯar ḫašdan*| • mass, crowded ▪ مظاهرة حاشدة *muẓāharaᵗ ḫāšidaᵗ n.* mass protest

حشر *ḫašara v.tr.* |*1s2/1s3* يحشر *yaḫširᵘ* or *yaḫšurᵘ* | حشر *ḫašr*| • wedge *sth* ∘ *into* في, cram ▪ حشر أنفه في *ḫašara ʔanfªhu fī* stick *one's* nose into, meddle in

حشرة *ḫašaraᵗ n.* • insect

حشري *ḫašarīʸ adj.* • insect- ▪ مبيد حشري *mabīd ḫašarīʸ n.* insecticide

حشيش *ḫašīš coll. n.* |*pl.* **dip.** حشائش *ḫašāʔiš*| • hashish • حشائش *ḫašāʔiš pl. n.* grass; dry herbs ⓘ *The English word 'hashish' has been borrowed from this Arabic word.*

VIII **احتشم** *iḫtašama v.intr.* |*8s* يحتشم *yaḫtašimᵘ* | احتشام *iḫtišām*| • become modest, become reserved

احتشام *iḫtišām n.*↑ • modesty, decency

محتشم *muḫtašim act. part. adj.* |*elat.* أكثر احتشاما *ʔakṯar iḫtišāman*| • modest, decent

حشا *ḫašā v.tr.* |*1d3* يحشو *yaḫšū* | حشو *ḫašw*| • stuff, fill ▪ حشا سنا *ḫašā sinnan* fill a tooth

حشو *ḫašw n.*↑ • *(tooth)* filling

حاشية *ḫāšiyaᵗ n.* |*pl.* **def.** حواش *ḫawāš(in)*| • hem, seam

أحشاء *ʔaḫšāʔ pl. n.* • guts, entrails

حصبة *ḫaṣbaᵗ n.* • measles

حصد *ḫaṣada v.tr.* |*1s2/1s3* يحصد *yaḫṣidᵘ* or *yaḫṣudᵘ* | حصاد *ḫaṣād*| • harvest

حصاد *ḫaṣād n.*↑ • harvest

حصر *ḫaṣara v.tr.* |*1s2/1s3* يحصر *yaḫṣirᵘ* or *yaḫṣurᵘ* | حصر *ḫaṣr*| • limit, restrict, confine

حصر *ḫaṣr n.*↑ • limitation, restriction, confinement ▪ لا حصر له *lā ḫasrª lahu* countless

حصري *ḫaṣrīʸ adj.* • exclusive, sole

حصار *ḫiṣār n.* • siege • blockade, embargo

حصير *ḫaṣīr n.* |*pl.* حصر *ḫuṣur*| • mat

III **حاصر** *ḫāṣara v.tr.* |*3s* يحاصر *yuḫāṣirᵘ* | محاصرة *muḫāṣaraᵗ*| • besiege, blockade

محاصرة *muḫāṣaraᵗ n.*↑ • siege, blockade

حصة *ḫiṣṣaᵗ n.* |*pl.* حصص *ḫiṣaṣ*| • share, quota • *(school)* lesson, period, hour

حصل *ḥaṣala v.intr.* |*1s3* يحصل *yaḥṣulᵘ* | حصول *ḥuṣūl*| • happen, occur, take place ▪ الذي حصل هو... *allaḏī ḥaṣala huwa...* what happened was... ▪ ماذا حصل؟ *māḏā ḥaṣala* What happened? • obtain على, receive, get ▪ حصل على جائزة *ḥaṣala Ɛalā jāʔizaᵗ* receive a prize ▪ حصل على شهادة *ḥaṣala Ɛalā šahādaᵗ* get a diploma ▪ حصل على موافقة *ḥaṣala Ɛalā muwāfaqaᵗ* obtain approval ▪ حصل على وظيفة *ḥaṣala Ɛalā waẓīfaᵗ* get a job

حصول *ḥuṣūl n.*↑ • happening, occurrence • obtainment

حاصل *ḥāṣil act. part. n.* |*pl.* **dip.** حواصل *ḥawāṣil*| • product

محصول *maḥṣūl pass. part. n.* |*pl.* **dip.** محاصيل *maḥāṣīl*| • crop, yield • result, outcome

حصيلة *ḥaṣīlaᵗ n.* |*pl.* حصائل *ḥaṣāʔil*| • result, outcome

II **حصّل** *ḥaṣṣala v.tr.* |*2s* يحصّل *yuḥaṣṣilᵘ* | تحصيل *taḥṣīl*| • collect

تحصيل *taḥṣīl n.*↑ • collection

حصن *ḥiṣn n.* |*pl.* حصون *ḥuṣūn*| • fort, citadel

حصان *ḥiṣān n.* |*pl.* أحصنة *ʔaḥṣinaᵗ*| • horse ▪ حصان بحر *ḥiṣān · baḥr* seahorse • *(chess)* knight

حصانة *ḥaṣānaᵗ n.* • immunity, impunity ▪ حصانة دبلوماسية *ḥaṣānaᵗ diblōmāsīyaᵗ* diplomatic immunity

II **حصّن** *ḥaṣṣana v.tr.* |*2s* يحصّن *yuḥaṣṣinᵘ* | تحصين *taḥṣīn*| • immunize *sb* ه *against* ضد, make immune • insulate • entrench, fortify

V **تحصّن** *taḥaṣṣana v.intr.* |*5s* يتحصّن *yataḥaṣṣanᵘ* | تحصّن *tahaṣṣun*| • become immune *to* ضد • become entrenched, become fortified

IV **أحصى** *ʔaḥṣā v.tr.* |*4d* يحصي *yuḥṣī* | إحصاء *ʔiḥṣāʔ*| • count, enumerate, calculate ▪ لا يُحصى *lā yuḥṣā pass. v.* countless, innumerable

إحصاء *ʔiḥṣāʔ n.*↑ • enumeration, calculation ▪ إحصاء سكان *ʔiḥṣāʔ · sukkān* census

إحصائي *ʔiḥṣāʔīʸ adj.* • statistical

إحصائية *ʔiḥṣāʔīyaᵗ n.* • statistic

حصى لبان *ḥaṣā · lubān*, حصالبان *ḥaṣālubān n.* • rosemary

حضر *ḥaḍara v.* |*1s3* يحضر *yaḥḍurᵘ* | حضور *ḥuḍūr*| • *v.intr.* come *to* إلى, go • *v.tr.* attend, be present ▪ حضر لقاء *ḥaḍara liqāʔ*, حضر اجتماعا *ḥaḍara ijtimāƐan* attend a meeting

حضور *ḥuḍūr n.*↑ • arrival • attendance, presence ▪ حضور طاغ *ḥuḍūr ṭāɣ(in)* strong presence, charisma ◊ لديه حضور طاغ. *He's very charismatic*

حاضر *ḥāḍir act. part.* • *adj.* present, current ▪ حاضر *ḥāḍir* Right away!, Coming right up! ▪ الحاضر *alḥāḍir n.* the present • present, attending • *n.* attendant

حضري *ḥaḍarīʸ n.* • city dweller

حضارة *ḥaḍāraᵗ n.* • civilization, culture

حضاري *ḥaḍārīʸ adj.* |*elat.* أكثر حضارية *ʔaktar ḥaḍārīyaᵗᵃⁿ*| • civilized, cultural

محضر *maḥḍar n.* • attendance • report, minutes (of a meeting)

II **حضّر** *ḥaḍḍara v.tr.* |*2s* يحضّر *yuḥaḍḍirᵘ* | تحضير *taḥḍīr*| • prepare, make ready • civilize

تحضير *taḥḍīr n.*↑ • preparation

III **حاضر** *ḥāḍara v.tr.* |*3s* يحاضر *yuḥāḍirᵘ* | محاضرة *muḥāḍaraᵗ*| • *(school)* lecture

محاضرة *muḥāḍaraᵗ n.*↑ • lecture, presentation, class ▪ ألقى محاضرة *ʔalqā muḥāḍaraᵗ v.* give a lecture ▪ قاعة محاضرات *qāƐat · muḥāḍarāt* lecture hall

محاضر *muḥāḍir act. part. n.* • lecturer

IV **أحضر** *ʔaḥḍara v.tr.* |*4s* يحضر *yuḥḍirᵘ* | إحضار *ʔiḥḍār*| • bring

V **تحضّر** *taḥaḍḍara v.intr.* |*5s* يتحضّر *yataḥaḍḍarᵘ* | تحضّر *tahaḍḍur*| • get ready, be prepared • be civilized

X **استحضر** *istaḥḍara v.tr.* |*10s* يستحضر *yastaḥḍirᵘ* | استحضار *istiḥḍār*| • send *for* • bring to mind

حضن *ḥaḍana v.tr.* |*1s3* يحضن *yaḥḍunᵘ* | حضن *ḥiḍn*| • hug, embrace • nurse, raise, bring up

حضن *ḥiḍn n.*↑ |*pl.* أحضان *ʔaḥḍān*| • arms, embrace, bosom, lap

حضانة *ḥiḍānaᵗ n.*↑ • childcare ▪ دار حضانة *dār · ḥiḍānaᵗ* nursery school, preschool, kindergarten

حاضنة *ḥāḍinaᵗ act. part. n.* • incubator

VIII **احتضن** *iḥtaḍana v.tr.* |*8s* يحتضن *yaḥtaminᵘ* | احتضان *iḥtiḍān*| • hug, embrace

حطب *ḥaṭab n.* |*pl.* أحطاب *ʔaḥṭāb*| • firewood

حطّ *ḥaṭṭa v.* • *v.tr.* |*1g3* يحطّ *yaḥuṭṭᵘ* | حطّ *ḥaṭṭ*| put, place, lay down • *v.intr.* |*1g3* يحطّ *yaḥuṭṭᵘ* | حطوط *ḥuṭūṭ*| land, touch down ◊ حطّ الطائر على كتفه. *The bird landed on his shoulder.*

محطة *maḥaṭṭaᵗ n.* • station ▪ محطة قطار *maḥaṭṭat · qiṭār* train station ▪ محطة بنزين *maḥaṭṭat · benzīn* gas station (UK: petrol station) ▪ محطة تلفاز

maħaţţat · tilfāz television station ▪ محطة إذاعة *maħaţţat · ʔiđāƐa^t* radio station

II **حطم** *ħaţţama v.tr.* |*2s* يحطم *yuħaţţim^u* | تحطيم *taħţīm*| • smash, break, demolish, destroy ▪ حطم رقما قياسيا *ħaţţama raqman qiyāsīyan v.* break a record

تحطيم *taħţīm n.*↑ • demolition, destruction

V **تحطم** *taħaţţama v.intr.* |*5s* يتحطم *yataħaţţam^u* | تحطم *taħaţţum*| • break, be broken • crash

تحطم *taħaţţum n.*↑ • crash

حظر *ħaẓara v.tr.* |*1s3* يحظر *yaħẓur^u* | حظر *ħaẓr*| • ban, prohibit, forbid

حظر *ħaẓr n.*↑ • prohibition, ban ▪ حظر تجوال *ħaẓr tajwāl* curfew

حظيرة *ħaẓīra^t n.* |*pl.* **dip.** حظائر *ħaẓāʔir*| • corral, pen, enclosure ▪ حظيرة ماشية *ħaẓīrat · māšiya^t* barn ▪ حظيرة طائرات *ħaẓīrat · ţāʔirāt* hangar • x

حظ *ħaẓẓ n.* |*pl.* حظوظ *ħuẓūẓ*| • luck ▪ يا حظك *yā ħaẓẓ^uka* Lucky you! ▪ حسن الحظ *ħusn · alħaẓẓⁱ* (good) luck, fortune ▪ لحسن الحظ *li-ħusnⁱ -lħaẓẓⁱ adv.* fortunately ▪ حظا سعيدا *ħaẓẓan saƐīdan* Good luck!

محظوظ *maħẓūẓ pass. part. adj.* |*elat.* أكثر حظا *ʔaktar ħaẓẓan*| • lucky, fortunate

حظي *ħaẓiya v.* |*1d4* يحظى *yaħẓā* | حظوة *ħiẓwa^t*| • *v.tr.* enjoy, receive, be honored with • *v.intr.* gain بـ, win ◊ حظي بالمركز الأول. *He won first place.*

حفيد *ħafīd n.* |*pl.* أحفاد *ʔaħfād*| • grandson, grandchild

حفيدة *ħafīda^t n.* • granddaughter

حفر *ħafara v.tr.* |*1s2* يحفر *yaħfir^u* | حفر *ħafr*| • dig, burrow ▪ حفر بئرا *ħafara biʔran* dig a well ▪ حفر حفرة *ħafara ħufra^t* dig a hole ▪ من حفر حفرة لأخيه وقع فيها. *man ħafara ħufra^{tan} li-ʔaxīhⁱ waqaƐa fīhā proverb* People always stumble into the pitfalls they dig for others (lit. their brothers). • excavate

حفر *ħafr n.*↑ • excavation

حافر *ħāfir act. part. n.* |*pl.* **dip.** حوافر *ħawāfir*| • hoof

حفرة *ħufra^t n.* |*pl.* حفر *ħufar*| • hole • crater, pit

حفر الباطن *ħafar · albāţinⁱ n.* **f.** • *(city in Saudi Arabia)* ➡ **map on p. 144**

حافز *ħāfiz n.* |*pl.* **dip.** حوافز *ħawāfiz*| • incentive *to (do)* على, motivation, motive, drive

حفاض *ħifāđ n.* • diaper (UK: nappy)

حفظ *ħafiẓa v.tr.* |*1s4* يحفظ *yaħfaẓ^u* | حفظ *ħifẓ*| • memorize, learn by heart • keep, preserve, store ▪ احفظ قرشك الأبيض ليومك الأسود. *iħfaẓ qirš^aka -lʔabyađ^a li-yawmⁱka -lʔaswadⁱ proverb* A penny saved is a penny earned. (lit. Save your white piastre for your black day.) • *(computers)* save ▪ حفظ إلى ملف *ħafiẓa ʔilā milaff* save to file

حفظ *ħifẓ n.*↑ • memorization

حافظ *ħāfiẓ act. part. n.* |*pl.* حفاظ *ħuffāẓ*| • guardian, caretaker, custodian • someone who has completely memorized the Quran

حافظة *ħāfiẓa^t act. part. n.* |*pl.* **dip.** حوافظ *ħawāfiẓ*| • container, case, cover ▪ حافظة نقود *ħāfiẓat · nuqūd* wallet

حفاظ *ħifāẓ n.* • defense, protection

محفظة *maħfaẓa^t* or *miħfaẓa^t n.* |*pl.* **dip.** محافظ *maħāfiẓ*| • wallet

III **حافظ** *ħāfaẓa v.intr.* |*3s* يحافظ *yuħāfiẓ^u* | محافظة *muħāfaẓa^t*| • maintain على, keep, preserve ◊ تحافظ الشرطة على سلامة الجمهور. *The police maintain public peace.* • observe, comply with

محافظة *muħāfaẓa^t n.*↑ • province, governorate • protection, defense

محافظ *muħāfiẓ act. part.* • *adj.* conservative • *n.* mayor, governor

V **تحفظ** *taħaffaẓa v.intr.* |*5s* يتحفظ *yataħaffaẓ^u* | تحفظ *taħaffuẓ*| • be reserved • be cautious, be conservative

تحفظ *taħaffuẓ n.*↑ • caution, conservatism

متحفظ *mutaħaffiẓ act. part. adj.* |*elat.* أكثر تحفظا *ʔaktar taħaffuẓan*| • sedate, reserved • cautious, alert

VIII **احتفظ** *iħtafaẓa v.intr.* |*8s* يحتفظ *yaħtafiẓ^u* | احتفاظ *iħtifāẓ*| • preserve بـ, maintain, keep, remain ▪ احتفظ بهدوئه *iħtafaẓa bi-hudūʔhi* remain calm

احتفاظ *iħtifāẓ n.*↑ • preservation, maintenance

حف *ħaffa v.tr.* |*1g3* يحف *yaħuff^u* | حف *ħaff*| • surround, enclose ◊ تحفه المخاطر. *Dangers surround him.* • *(hair)* trim, clip

حفل *ħafala v.intr.* |*1s2* يحفل *yaħfil^u* | حفل *ħafl*| • gather, assemble • be full *of* بـ, be filled

حفل *ħafl n.*↑ • gathering ▪ حفل عقد قران *ħafl · Ɛaqd · qirān* wedding reception ▪ حفل عيد ميلاد *ħafl · Ɛīd · mīlād* birthday party

حافل *ħāfil act. part. adj.* |*elat.* أحفل *ʔaħfal*| • full *of* بـ, filled

حافلة *ħāfila^t act. part. n.* • bus (UK: coach)

حفلة *ɧafla*^{t} *n.* • party ▪ حفلة زفاف *ɧaflat · zifāf* wedding reception ▪ حفلة عيد ميلاد *ɧaflat · Ɛīd · milād* birthday party ▪ حفلة مبيت *ɧaflat · mubīt* slumber party ▪ حفلة وداع *ɧaflat · wadāƐ* farewell party ▪ أقام حفلة *ʔaqāma ɧafla*^{t} *v.* hold a party, throw a party

محفل *maɧfil n.* |*pl.* **dip.** محافل *maɧāfil*| • gathering, assembly

VIII **احتفل** *iɧtafala v.intr.* |*8s* يحتفل *yaɧtafil*^{u} | احتفال *iɧtifāl*| • celebrate بـ

احتفال *iɧtifāl n.*↑ • celebration

حفنة *ɧafna*^{t} *n.* |*pl.* حفنات *ɧaf(a)nāt*| • handful

حاف *ɧāf(in) act. part. adj.* **def.** |*m. pl.* حفاة *ɧufā*^{t} | *elat.* **invar.** أحفى *ʔaɧfā*| • barefoot ▪ مشى على قدمين حافيين *mašā Ɛalā qadamayn*^{i} *ɧāfiyayn*^{i} *v.* walk barefoot

VIII **احتفى** *iɧtafā v.intr.* |*8d1* يحتفي *yaɧtafī* | احتفاء *iɧtifāʔ*| • celebrate بـ, welcome

احتفاء *iɧtafāʔ n.*↑ • celebration ▪ في احتفاء بـ *fī -ɧtifāʔ*^{i} *bi- prep.* in celebration of ◊ أقاموا حفلة احتفاء بنجاحه. *They held a party in celebration of his success.*

حقبة *ɧiqba*^{t} *n.* |*pl.* حقب *ɧiqab*| • long time, period, era, age

حقيبة *ɧaqība*^{t} *n.* |*pl.* **dip.** حقائب *ɧaqāʔib*| • bag ▪ حقيبة دبلوماسية *ɧaqība*^{t} *diblōmāsīya*^{t} diplomatic pouch ▪ حقيبة ظهر *ɧaqībat · ẓahr* backpack ▪ حقيبة ملابس *ɧaqībat · malābis* suitcase ▪ حقيبة يد *ɧaqībat · yad* handbag ▪ حقيبة وثائق *ɧaqībat · waṯāʔiq* briefcase ▪ حقائب *ɧaqāʔib pl. n.* luggage

حقد *ɧaqada v.intr.* |*1s2* يحقد *yaɧqid*^{u} | حقد *ɧaqd*| • be spiteful *toward* على, bear a grudge, resent

حقد *ɧiqd n.*↑ |*pl.* أحقاد *ʔaɧqād*| • spite, grudge, malice, resentment

حاقد *ɧāqid act. part. adj.* |*elat.* أحقد *ʔaɧqad*| • spiteful, malicious, resentful

حقود *ɧaqūd adj.* |*elat.* أحقد *ʔaɧqad*| • spiteful, malicious, resentful

حقير *ɧaqīr adj.* |*m. pl.* **dip.** حقراء *ɧuqarāʔ* | *elat.* أحقر *ʔaɧqar*| • lowly, menial, despicable

VIII **احتقر** *iɧtaqara v.tr.* |*8s* يحتقر *yaɧtaqir*^{u} | احتقار *iɧtiqār*| • despise, regard with contempt

احتقار *iɧtiqār n.*↑ • contempt

حق *ɧaqqa v.intr.* |*1g2* يحق *yaɧiqq*^{u} | حق *ɧaqq*| • be true, right, correct ▪ يحق له أن *yaɧiqq*^{u} *la<u>hu</u> ʔan (impersonal verb)* have the right to *(do)*, be entitled to *(do)* ◊ هل يحق لي الحصول على تعويض؟ *Am I entitled to receive compensation?* ◊ لا يحق لأحد أن... *no one has the right to...*

حق *ɧaqq* |*pl.* حقوق *ɧuqūq*| • *n.*↑ right ▪ حقوق الإنسان *ɧuqūq · alʔinsān*^{i} human rights ▪ حقوق المرأة *ɧuqūq · almarʔa*^{ti} women's rights ▪ معه حق *maƐa<u>hu</u> ɧaqq*, على حق *Ɛalā ɧaqq*^{in} right, in the right ◊ معك حق. *You're right.* • truth ▪ حق يضر خير من باطل يسر. *ɧaqq*^{un} *yaḍurr*^{u} *xayr*^{un} *min bāṭil*^{in} *yasurr*^{u} *proverb* A truth that displeases is better than a lie that pleases. • *adj.* |*elat.* أحق *ʔaɧaqq*| true, right ▪ حقا *ɧaqqan adv.* really, indeed; right, in the right ▪ بحق *bi-ɧaqq*^{in} *adv.* truly, in reality, actually, indeed

حقيق *ɧaqīq adj.* |*m. pl.* **dip.** أحقاء *ʔaɧiqqāʔ* | *elat.* أحق *ʔaɧaqq*| • worthy *of* بـ, deserving

حقيقة *ɧaqīqa*^{t} *n.* |*pl.* **dip.** حقائق *ɧaqāʔiq*| • truth, reality, fact ▪ حقيقة *ɧaqīqatan*, في الحقيقة *fī -lɧaqīqa*^{ti} *adv.* actually, in reality, as a matter of fact

حقيقي *ɧaqīqī*^{y} *adj.* • real, authentic

II **حقق** *ɧaqqaqa v.tr.* |*2s* يحقق *yuɧaqqiq*^{u} | تحقيق *taɧqīq*| • achieve, accomplish, realize, fulfill • interrogate, question • investigate

تحقيق *taɧqīq n.*↑ • achievement, accomplishment, realization • interrogation, questioning • investigation

محقق *muɧaqqiq act. part. n.* • investigator

V **تحقق** *taɧaqqaqa v.intr.* |*5s* يتحقق *yataɧaqqaq*^{u} | تحقق *taɧaqquq*| • prove to be true, become reality • verify من

X **استحق** *istaɧaqqa v.tr.* |*10g* يستحق *yastaɧiqq*^{u} | استحقاق *istiɧqāq*| • deserve, be worthy *of* ◊ يستحق الاحترام. *He deserves respect.*

استحقاق *istiɧqāq n.* • worthiness

حقل *ɧaql n.* |*pl.* حقول *ɧuqūl*| • field ▪ حقل نفط *ɧaql · nafṭ* oilfield

حقن *ɧaqana v.tr.* |*1s2/1s3* يحقن *yaɧqin*^{u} or *yaɧqun*^{u} | حقن *ɧaqn*| • inject

حقنة *ɧuqna*^{t} *n.* |*pl.* حقن *ɧuqan*| • injection, shot ▪ إبرة حقن *ʔibrat · ɧuqna*^{t} hypodermic needle, syringe ▪ أعطاه حقنة *ʔaƐṭā<u>hu</u> ɧuqna*^{t} *v.* give *sb* an injection, give *sb* a shot ▪ أخذ حقنة *ʔaxaḏa ɧuqna*^{t} *v.* get a shot

محقنة *miɧqana*^{t} *n.* |*pl.* **dip.** محاقن *maɧāqin*| • syringe

VIII **احتقن** *iɧtaqana v.intr.* |*8s* يحتقن *yaɧtaqin*^{u} | احتقان *iɧtiqān*| • be congested

احتقان *iɧtiqān n.*↑ • congestion ▪ احتقان أنف *iɧtiqān*

· *ʔanf* nasal congestion

حكر *ḫakar n.* • monopoly *of* على, (exclusive) domain *of* ◊ .الحرية ليست حكرا على أمة واحدة *Freedom is not given exclusively to one nation.*

VIII **احتكر** *iḫtikara v.tr.* |*8s* يحتكر *yaḫtakir*ᵘ | احتكار *iḫtikār*| • monopolize, hold a monopoly *over* • hoard, buy up

احتكار *iḫtikār n.*↑ • monopoly

احتكاري *iḫtikārīʸ adj.* • monopolistic

حك *ḫakka v.intr.* |*1g3* يحك *yaḫukk*ᵘ | حك *ḫakk*| • rub, chafe, scratch ▪ .ما حك جلدك مثل ظفرك *mā ḫakka jildᵃka mitla ẓufrⁱka proverb* Nothing scratches an itch like your own finger nails.

IV **أحك** *ʔaḫakka v.tr.* |*4g* يحك *yuḫikk*ᵘ | إحكاك *ʔiḫkāk*| • itch

VIII **احتك** *iḫtakka v.intr.* |*8g1* يحتك *yaḫakk*ᵘ | احتكاك *iḫtikāk*| • be in contact *with* بـ, be in touch, contact

احتكاك *iḫtikāk n.*↑ • contact, friction

حكم *ḫakama v.tr.* |*1s3* يحكم *yaḫkum*ᵘ | حكم *ḫukm*| • rule, govern • sentence *sb* على *to* بـ, judge ▪ حُكم عليه بـ *ḫukima Ɛalayhi bi- pass. v.* be sentenced to ◊ .حُكم عليه بالسجن مدى الحياة *He was sentenced to life in prison.*

حكم *ḫukm n.*↑ |*pl.* أحكام *ʔaḫkām*| • rule, government ▪ حكم ذاتي *ḫukm ḏātīʸ* self-rule, autonomy • judgment, sentence ▪ حكم بالسجن *ḫukm bi-ssijn*ⁱ prison sentence ▪ أصدر حكما *ʔaṣdara ḫukman v.* issue a judgment

حاكم *ḫākim n.* |*pl.* حكام *ḫukkām*| • ruler, chief • *man's name* Hakem

حكم *ḫakam n.* |*pl.* حكام *ḫukkām*| • arbitrator, arbiter, referee

حكمة *ḫikmaᵗ n.* |*pl.* حكم *ḫikam*| • wisdom • proverb

حكيم *ḫakīm* |*pl.* **dip.** حكماء *ḫukamāʔ*| • *adj.* |*elat.* أحكم *ʔaḫkam*| wise • *n.* wise man; doctor, physician • *man's name* Hakeem

حكومة *ḫukūmaᵗ n.* • government ▪ حكومة مؤقتة *ḫukūmaᵗ muʔaqqataᵗ* interim government, caretaker government ▪ حكومة انتقالية *ḫukūmaᵗ intiqālīyaᵗ* transitional government, provisional government

حكومي *ḫukūmīʸ adj.* • governmental, state, public ▪ موظف حكومي *muwaẓẓaf ḫukūmīʸ n.* civil servant

محكمة *maḫkamaᵗ n.* |*pl.* **dip.** محاكم *maḫākim*| • court, tribunal ▪ محكمة جنايات *maḫkamat · jināyāt* criminal court ▪ محكمة دستورية *maḫkamaᵗ dustūrīyaᵗ* constitutional court ▪ محكمة العدل الدولية *maḫkamat · alƐadlⁱ -dduwalīyaᵘ* the International Court of Justice (ICJ) ▪ محكمة عليا *maḫkamaᵗ Ɛulyā* high court, supreme court ▪ محكمة مدنية *maḫkamaᵗ madanīyaᵗ* civil court ▪ قاعة محكمة *qāƐat · maḫkamaᵗ* courtroom

II **حكم** *ḫakkama v.tr.* |*2s* يحكم *yuḫakkim*ᵘ | تحكيم *taḫkīm*| • make *sb* a ruler • appoint *sb* as judge, make *sb* an arbiter

تحكيم *taḫkīm n.*↑ • arbitration

III **حاكم** *ḫākama v.tr.* |*3s* يحاكم *yuḫākim*ᵘ | محاكمة *muḫākamaᵗ*| • prosecute, try (in court)

محاكمة *muḫākamaᵗ n.*↑ • trial

V **تحكم** *taḫakkama v.intr.* |*5s* يتحكم *yataḫakkam*ᵘ | تحكم *taḫakkum*| • be in control *of* في, govern, rule, control, dominate

تحكم *taḫakkum n.* • rule, control

حكى *ḫakā v.tr.* |*1d2* يحكي *yaḫkī* | حكاية *ḫikāyaᵗ*| • tell, narrate ▪ حكى حكاية *ḫakā ḫikāyaᵗ* tell a story *to* لـ

حكاية *ḫikāyaᵗ n.*↑ • story, tale, narration

III **حاكى** *ḫākā v.tr.* |*3d* يحاكي *yuḫākī* | محاكاة *muḫākāᵗ*| • imitate, mimic

محاكاة *muḫākāᵗ n.*↑ • imitation, mimicry ▪ محاكاة ساخرة *muḫākāᵗ sāxiraᵗ* parody

محاك *muḫāk(in) act. part. adj.* **def.** |*elat.* **invar.** أحكى *ʔaḫkā*| • imitative ▪ أحكى من قرد *ʔaḫkā min qirdⁱⁿ idiom* more imitative than a monkey (i.e. very imitative)

حلب *ḫalaba v.tr.* |*1s3* يحلب *yaḫlub*ᵘ | حلب *ḫalb*| • milk

حلب *ḫalab n.* ***f.*** **dip.** • *(city in Syria)* Aleppo

➡ ***map on p. 152***

حلبة *ḫalbaᵗ n.* |*pl.* حلبات *ḫal(a)bāt*| • race track, race circuit

حلبة *ḫulbaᵗ n.* • fenugreek

حليب *ḫalīb n.* • milk

حلزون *ḫalzūn n.* • snail

حلزوني *ḫalzūnīʸ adj.* • spiral

حلف *ḫalafa v.tr.* |*1s2* يحلف *yaḫlif*ᵘ | حلف *ḫalf*| • swear ▪ حلف يمينا *ḫalafa yamīnan* take an oath

حلف *ḫilf n.* |*pl.* أحلاف *ʔaḫlāf*| • alliance, pact, treaty ▪ منظمة حلف شمال الأطلسي *munaẓẓamat · ḫilfⁱ · šamālⁱ · -lʔaṭlasīʸⁱ* NATO ▪ حلف وارسو *ḫilf · wārsō* Warsaw Pact

حليف *ḫalīf n.* |*pl.* **dip.** حلفاء *ḫulafāʔ*| • ally

II **حلّف** *ḫallafa v.tr.* |*2s* يحلف *yuḫallif^u* | تحليف *taḫlīf*| • swear in

محلف *muḫallaf pass. part. n.* • juror ▪ هيئة محلفين *hayʔat · muḫallifīn* jury

III **حالف** *ḫālafa v.tr.* |*3s* يحالف *yuḫālif^u* | محالفة *muḫālafa^t*| • enter into an alliance *with* ▪ حالفه الحظ *ḫālafa<u>hu</u> alḫazz^u* be lucky, have good luck ▪ حالفك التوفيق *ḫālafaka -ttawfīq^u* Good luck! ▪ حالفه التوفيق *ḫālafa<u>hu</u> attawfīq^u*, حالفه النجاح *ḫālafa<u>hu</u> annajāḫ^u* be successful ▪ حالفه الصواب *ḫālafa<u>hu</u> aṣṣawāb^u* be right ◊ لقد حالفك الصواب. *You were right.*

محالفة *muḫālafa^t n.*↑ • alliance

VI **تحالف** *taḫālafa v.intr.* |*6s* يتحالف *yataḫālaf^u* | تحالف *taḫāluf*| • form an alliance *with* مع

تحالف *taḫāluf n.*↑ • alliance

حلق *ḫalaqa v.tr.* |*1s2* يحلق *yaḫliq^u* | حلاقة *ḫilāqa^t* or حلق *ḫalq* | • *(hair)* shave ▪ حلق ذقنه *ḫalaqa điqn^a<u>hu</u>* shave *one's* beard

حلاقة *ḫilāqa^t n.*↑ • shave • haircut, hairstyle

حلق *ḫalq n.* |*pl.* حلوق *ḫulūq*| • throat

حلق *ḫalaq coll. n.* |*sing.* حلقة *ḫal(a)qa^t*| • earrings

حلاق *ḫallāq n.* • hairdresser, barber

II **حلّق** *ḫallaqa v.intr.* |*2s* يحلق *yuḫalliq^u* | تحليق *taḫlīq*| • circle, hover

حلقة *ḫalqa^t n.* |*pl.* حلقات *ḫal(a)qāt*| • circle, ring, loop • *(TV)* episode, part • *(people)* clique, part, group

حل *ḫalla v.* • *v.tr.* |*1g3* يحل *yaḫull^u* | حل *ḫall*| solve, decode; resolve; dissolve • |*1g2* يحل *yaḫill^u* | حل *ḫill*| occupy ▪ حل محله *ḫalla maḫall^a<u>hu</u>*, حل مكانه *ḫalla makān^a<u>hu</u>* take *one's* place ◊ لا أحد يستطيع أن يحل مكانك. *No one can replace you.* • *v.intr.* |*1g2* يحل *yaḫill^u* | حلول *ḫulūl*| befall, happen *to* بـ ◊ حلت به مصيبة. *A disaster befell him.* • *(of time)* begin, arrive ▪ لقد حل وقت *la-qad ḫalla waqt* · __ [+ masdar] the time has come for ◊ لقد حل وقت التغيير. *The time has come for change.*

حل *ḫall n.*↑ |*pl.* حلول *ḫulūl*| • solution ▪ حل وسط *ḫall · wasaṭ* compromise ▪ وجد حلا لـ *wajada ḫallan li- v.* find a solution for, figure out • resolution

حلول *ḫulūl n.*↑ • advent, arrival ▪ بحلول *bi-ḫulūl^i prep.* by ◊ بحلول منتصف التسعينات *by the mid-90s* ▪ بحلول ذلك الوقت *bi-ḫulūl^i đālika -lwaqt^i adv.* by then

محلول *maḫlūl pass. part. n.* |*pl.* **dip.** محاليل *maḫālīl*| • *(liquid)* solution

حلة *ḫalla^t n.* |*pl.* حلل *ḫilal*| • cooking pot

حلة *ḫulla^t n.* |*pl.* حلل *ḫulal*| • attire, suit ▪ في أبهى حلة *fī ʔahbā ḫulla^tin adv.* in *one's* best attire

حلال *ḫalāl adj.* • permitted, lawful, halal

إحليل *ʔiḫlīl n.* • urethra

محل *maḫall n.* |*pl.* **dip.** محال *maḫāll* or محلات *maḫallāt*| • store, shop ▪ محل مجوهرات *maḫall · mujawharāt* jewelry shop • site, location, place ▪ حل محله *ḫalla maḫall^a<u>hu</u> v.* take *one's* place

محلي *maḫallīy adj.* • local, native ▪ محليا *maḫallīyan adv.* locally

محلة *maḫalla^t n.* • quarter, district

المحلة الكبرى *almaḫalla^t alkubrā n.* • *(city in Egypt)* Al-Mahalla Al-Kubra ➡ ***map on p. 287***

II **حلّل** *ḫallala v.tr.* |*2s* يحلل *yuḫallil^u* | تحليل *taḫlīl*| • analyze • dissolve

تحليل *taḫlīl n.*↑ |*pl.* **dip.** تحاليل *taḫālīl*| • analysis

تحليلي *taḫlīlīy adj.* • analytical

محلل *muḫallil act. part. n.* • analyst

IV **أحلّ** *ʔaḫalla v.tr.* |*4g* يحل *yuḫill^u* | إحلال *ʔiḫlāl*| • replace *with* ∘ *sb/sth* محله *or* مكانه, substitute • declare lawful

إحلال *ʔiḫlāl n.*↑ • replacement, substitute

VIII **احتل** *iḫtalla v.tr.* |*8g1* يحتل *yaḫtall^u* | احتلال *iḫtilāl*| • occupy, take over, seize, hold ▪ احتل مكانة مرموقة في *iḫtalla makāna^t marmūqa^t fī* hold a significant place in • fill (a post)

احتلال *iḫtilāl n.*↑ • *(military)* occupation

محتل *muḫtall act. part. n.* • occupier

حلم *ḫalama v.intr.* • |*1s3* يحلم *yaḫlum^u* | حلم *ḫulm*| dream *about* بـ *or* في • |*1s3* يحلم *yaḫlum^u* | حلم *ḫilm*| be patient, be mild, be gentle

حلم *ḫulm n.*↑ |*pl.* أحلام *ʔaḫlām*| • dream ▪ أحلام سعيدة *ʔaḫlām saƐīda^t* Sweet dreams!

حلم *ḫilm n.*↑ |*pl.* حلوم *ḫulūm*| • gentleness, mildness, patience

حلمة *ḫalama^t n.* • nipple

حليم *ḫalīm adj.* |*m. pl.* **dip.** حلماء *ḫulamāʔ*| • patient, mild, gentle ▪ اتق شر الحليم إذا غضب *ittaqi šarr^a -lḫalīm^i ʔiđā ɣaḍaba proverb* Beware of the anger of a patient man. • *man's name* Halim, Haleem

حلا *ḫalā v.intr.* |*1d3* يحلو *yaḫlū* | حلاوة *ḫalāwa^t*| • be sweet • حلا له *ḫalā la<u>hu</u> (lit. be sweet to) one enjoys* ◊ يحلو لي أن أقول... *It pleases me to say that...* ▪ كما يحلو له *ka-mā yaḫlū la<u>hu</u>* as *one* pleases, as *one* likes, at *one's* discretion

ح

◊ .حسنا، كما يحلو لك *Alright, whatever you'd like.* ▪ ما يحلو له *mā yaḫlū lahu* what one wants ◊ إفعل ما يحلو لك! *Suit yourself!*

حلاوة *ḫalāwa^t n.*↑ |*pl.* حلويات *ḫalawīyāt*| • candy, sweets

حلو *ḫulw adj.* |*elat.* **invar.** أحلى *ʔaḫlā*| • sweet • cute, nice, sweet

حلوى *ḫalwā n.* **f. invar.** |*pl.* **invar.** حلاوى *ḫalāwā*| • dessert, pastry

حلواني *ḫalwānī n.* • confectioner • cake shop

II **حلى** *ḫallā v.tr.* |2s يحلي *yuḫallī* | تحلية *taḫliya^t*| • sweeten ▪ حلى مياه *ḫallā miyāh* desalinize water

تحلية *taḫliya^t n.*↑ • تحلية مياه *taḫliyat · miyāh* desalination, desalinization ▪ محطة تحلية مياه *maḫaṭṭat · taḫliyat · miyāh* desalination plant • dessert

حم *ḫam n.* |*pl.* أحماء *ʔaḫmāʔ*| • father-in-law
ⓘ *When the first term in an idafa construction, or when suffixed by a pronoun (except for the first person singular pronoun suffix), the case is marked with a written long vowel:* ◊ .حموك هنا *Your father-in-law is here.* ◊ .أرى حما كريم *I see Kareem's father-in-law.* ◊ مع حمي المرأة *with the woman's father-in-law*
➡ ***The Five Nouns p. 3***

حماة *ḫamā^t n.* |*pl.* حموات *ḫamawāt*| • mother-in-law

حماة *ḫamā^t n.* **dip.** • *(city in Syria)* Hama ➡ ***map on p. 152***

QI **حمحم** *ḫamḫama v.intr.* |11s يحمحم *yuḫamḫim^u* | حمحمة *ḫamḫama^t*| • whinny, neigh

حمد *ḫamida v.tr.* |1s4 يحمد *yaḫmad^u* | حمد *ḫamd*| • glorify, praise • applaud
أحمد *ʔaḫmad* **dip.** *man's name* • *(lit. 'I praise')* Ahmad, Ahmed
الأحمدي *alʔaḫmadī n.* **f.** • *(city in Kuwait)* Al Ahmadi ➡ ***map on p. 267***

حمد *ḫamd n.*↑ • praise ▪ الحمد لله *alḫamd^u li-LLāh^i* Praise God!, thank God *for* على, fortunately ◊ !الحمد لله على ذلك *Thank God for that!* ▪ الحمد لله على السلامة *alḫamd^u liLLāh^i Ɛalā -ssalāma^ti* Thank God you're safe! ▪ الحمد لله أن *alḫamd^u li-LLāh^i ʔanna* thank God that... ◊ !الحمد لله انك بخير *Thank God you're alright!* ▪ بحمد الله *bi-ḫamd^i -LLāh^i adv.* by the grace of God

حامد *ḫāmid act. part. man's name* • Hamid

محمود *maḫmūd pass. part. adj.* • praiseworthy, laudable • *man's name* Mahmood, Mahmoud

مدينة حمد *madīnat · ḫamad n.* • *(city in Bahrain)* Hamad Town ➡ ***map on p. 25***

حميد *ḫamīd adj.* |*elat.* أحمد *ʔaḫmad*| • laudable, praiseworthy • benign, harmless

II **حمد** *ḫammada v.* |2s يحمد *yuḫammid^u* | تحميد *taḫmīd*| • *v.tr.* praise highly • *v.intr.* say "Praise God"

محمد *muḫammad pass. part. adj.* • highly praiseworthy, highly laudable • *man's name* Muhammad, Mohamed ▪ محمد صلى الله عليه وسلم *muḫammad^un ṣallā -LLāh^u Ɛalayh^i wa-sallama* Muhammad, peace be upon him
المحمدية *almuḫammadīya^t n.* • *(city in Morocco)* Mohammedia ➡ ***map on p. 222***

حمرة *ḫumra^t n.* • red, redness ▪ حمرة شفاه *ḫumrat · šifāh* lipstick

حمار *ḫimār n.* |*pl.* حمير *ḫamīr*| • donkey, ass ▪ حمار وحشي *ḫimār waḫšī*, حمار نرد *ḫimār · nard* zebra

أحمر *ʔaḫmar adj.* **dip.** |*m & f pl.* حمر *ḫumr* | *f. sing.* **dip.** حمراء *ḫamrāʔ* | *f. dual* حمراوان *ḫamrāwān^i* | *f. pl.* حمراوات *ḫamrāwāt*| • red ▪ أحمر شفاه *ʔaḫmar · šifāh n.* lipstick

II **حمر** *ḫammara v.tr.* |2s يحمر *yuḫammir^u* | تحمير *taḫmīr*| • roast • fry

IX **احمر** *iḫmarra v.intr.* |9s يحمر *yaḫmarr^u* | احمرار *iḫmirār*| • turn red ▪ احمر وجهه *iḫmarra wajh^uhu* blush

حمز *ḫamuza v.intr.* |1s6 يحمز *yaḫmuz^u* | حمازة *ḫamāza^t*| • be strong, be steadfast

حمزة *ḫamza^t* **dip.** *man's name* • Hamza, Hamzah

حمس *ḫamisa v.intr.* |1s4 يحمس *yaḫmas^u* | حماس *ḫamās*| • be zealous, be enthusiastic

حماس *ḫamās n.* •, حماسة *ḫamāsa^t* enthusiasm, zeal • *(Palestinian political party)* Hamas

V **تحمس** *taḫammasa v.intr.* |5s يتحمس *yataḫammas^u* | تحمس *taḫammus*| • be enthusiastic

متحمس *mutaḫammis act. part. adj.* • enthusiastic, eager

حمص *ḫimmaṣ coll. n.* |*sing.* حمصة *ḫimmaṣa^t*| • chickpeas • hummus

حمص *ḫimṣ n.* **f. dip.** • *(city in Syria)* Homs ➡ ***map on p. 152***

II **حمص** *ḫammaṣa v.tr.* |2s يحمص *yuḫammiṣ^u* | تحميص *taḫmīṣ*| • toast, broil, roast, grill

حمض *ḫamuḍa v.intr.* |1s6 يحمض *yaḫmuḍ^u* | حموضة *ḫumūḍa^t*| • be sour

حموضة *ḫumūḍa^t n.*↑ • sourness • acidity

• heartburn

حامض *ḫāmiḍ act. part.* • *adj.* sour ▪ كريمة حامضة *krīmaᵗ ḫāmiḍaᵗ* sour cream • *n.* lemon

حمض *ḫamḍ n.* |*pl.* أحماض *ʔaḫmāḍ*| • acid

حمضي *ḫamḍīʸ adj.* • citrus- ▪ فواكه حمضية *fawākih ḫamḍīyaᵗ pl. n.* citrus fruit

حماقة *ḫamāqaᵗ n.* • stupidity, idiocy, foolishness

أحمق *ʔaḫmaq* **dip.** |*m. pl.* حمقى *ḫamqā* or **invar.** حمق *ḫumq* | *f. sing.* **dip.** حمقاء *ḫamqāʔ* | *f. dual* حمقاوان *ḫamqāwānⁱ* | *f. pl.* حمقاوات *ḫamqāwāt*| • *adj.* stupid, idiotic, foolish • *n.* idiot, fool

حمل *ḫamala v.* |*1s2* يحمل *yaḫmilᵘ* | حمل *ḫaml*| • *v.tr.* lift, carry, hold • cause *sb/sth* ∘ *to (do)* على, make, urge ◊ حمله على الموافقة. *He urged him to agree.* • *v.intr.* become pregnant *by* من

حمل *ḫaml n.*↑ |*pl.* أحمال *ʔaḫmāl*| • pregnancy • load, cargo

حامل *ḫāmil act. part.* • *adj.* **f.** |*f. pl.* **dip.** حوامل *ḫawāmil*| pregnant ◊ هي حامل في الشهر السادس. *She's in her sixth month.* ◊ يمكن إعطاء هذا الدواء لأي شخص فيما عدا الحوامل. *This medication can be prescribed to anyone except pregnant women.* • *n.* |*pl.* حملة *ḫamlaᵗ*| *(person)* carrier

حاملة *ḫāmilaᵗ act. part. n.* • *(vehicle)* carrier ▪ حاملة طائرات *ḫāmilat · ṭāʔirāt* aircraft carrier

محمول *maḫmūl pass. part. adj.* • portable, mobile ▪ هاتف محمول *hātif maḫmūl n.* cell phone

حمل *ḫamal n.* • *(animal)* lamb • برج الحمل *burj · alḫamalⁱ (astrology)* Aries ▪ أنا من برج الحمل. *ʔana min burjⁱ -lḫamalⁱ* I'm an Aries.

حملة *ḫamlaᵗ n.* |*pl.* حملات *ḫam(a)lāt*| • campaign ▪ حملة انتخابية *ḫamlaᵗ intixābīyaᵗ* election campaign ▪ حملة تسويق *ḫamlat · taswīq* marketing campaign • attack, raid

حمال *ḫammāl n.* • porter, transporter

حمالة *ḫammālaᵗ n.* • strap, brace, girder • stretcher • *(female)* porter

حمولة *ḫumūlaᵗ n.* • load, cargo

II **حمل** *ḫammala v.tr.* |*2s* يحمل *yuḫammilᵘ* | تحميل *taḫmīl*| • load • *(computers)* upload • download

تحميل *taḫmīl n.*↑ • *(computers)* upload • download

تحميلة *taḫmīlaᵗ n.* |*pl.* **dip.** تحاميل *taḫāmīl*| • suppository

V **تحمل** *taḫammala v.tr.* |*5s* يتحمل *yataḫammalᵘ* | تحمل *taḫammul*| • endure, bear, stand ▪ تحملت كفاية. *taḫammaltu kifāyaᵗ* I've had enough!

تحمل *taḫammul n.*↑ • endurance

VIII **احتمل** *iḫtamala v.intr.* |*8s* يحتمل *yaḫtamilᵘ* | احتمال *iḫtimāl*| • be possible, be likely, be probable • hold, bear ▪ لا يحتمل *la yuḫtamalᵘ* unbearable, intolerable

احتمال *iḫtimāl n.*↑ • possibility, probability, likelihood, prospect

احتمالي *iḫtimālīʸ adj.* • potential

محتمل *muḫtamal pass. part. adj.* • possible, probable, likely ▪ غير محتمل *ɣayr · muḫtamal* unlikely, improbable ▪ من المحتمل *minᵃ -lmuḫtamalⁱ adv.* probably ▪ من المحتمل أن *minᵃ -lmuḫtamalⁱ ʔan* it is possible that..., it is probable that... • bearable, tolerable ▪ غير محتمل *ɣayr · muḫtamal* unbearable, intolerable

حمم *ḫumam*, حمم بركانية *ḫumam burkānīyaᵗ n.* **f.** • lava

حمام *ḫamām coll. n.* |*sing.* حمامة *ḫamāmaᵗ*| • pigeons, doves

حمام *ḫammām n.* • bathroom, restroom (UK: WC) • bath ▪ حمام سباحة *ḫammām · sibāḫaᵗ* swimming pool ▪ حمام عام *ḫammām Ɛāmm* public bath, sauna

حمى *ḫummā n.* **f. invar.** |*pl.* حميات *ḫummayāt*| • fever ▪ حمى دريس *ḫummā · darīs* hay fever

حميم *ḫamīm adj.* • close, intimate ▪ صديق حميم *ṣadīq ḫamīm n.* a close friend

X **استحم** *istaḫamma v.intr.* |*10g* يستحم *yastaḫimmᵘ* | استحمام *istiḫmām*| • bathe, take a bath

حمي *ḫamiya v.intr.* |*1d4* يحمى *yaḫmā* | حمو *ḫamw*| • become hot • become furious *at* على

حمى *ḫamā v.tr.* |*1d2* يحمي *yiḫmī* | حماية *ḫimāyaᵗ*| • protect *sb/sth* ∘ *from* من, defend ▪ حماه الله *ḫamāhu aLLāhᵘ* may God protect *sb*

حمو *ḫamw n.*↑ • heat

حماية *ḫimāyaᵗ n.*↑ • protection, defense

حام *ḫām(in) act. part.* **def.** • *adj.* heated, violent • *n.* |*pl.* حماة *ḫumāᵗ*| protector, guardian

حمية *ḫimyaᵗ n.* • diet ▪ اتبع حمية *ittabaƐa ḫimyaᵗ v.* follow a diet, be on a diet, diet

محمية *maḫmīyaᵗ n.* • protectorate • reserve ▪ محمية طبيعية *maḫmīyaᵗ ṭabīƐīyaᵗ* nature reserve

III **حامى** *ḫāmā v.intr.* |*3d* يحامي *yuḫāmī* | محاماة *muḫāmāᵗ*| • defend *sb/sth* عن, protect

محاماة *muḫāmāᵗ n.*↑ • legal field, being a lawyer ◊ أشتغل بالمحاماة منذ 1990. *I've been working in the legal field since 1990.* ▪ مكتب محاماة *maktab · muḫāmāᵗ* law firm

محام *muḥām(in) act. part. n.* **def.** |*pl.* محامون *muḥāmūnᵃ*| • lawyer, attorney

IV **أحمى** *ʔaḥmā v.tr.* |*4d* يحمي *yuḥmī* | إحماء *ʔiḥmāʔ*| • heat, warm up

VIII **احتمى** *iḥtamā v.intr.* |*8d1* يحتمي *yaḥtamī* | احتماء *iḥtimāʔ*| • protect *oneself from* من

حناء *ḥinnāʔ n.* • henna

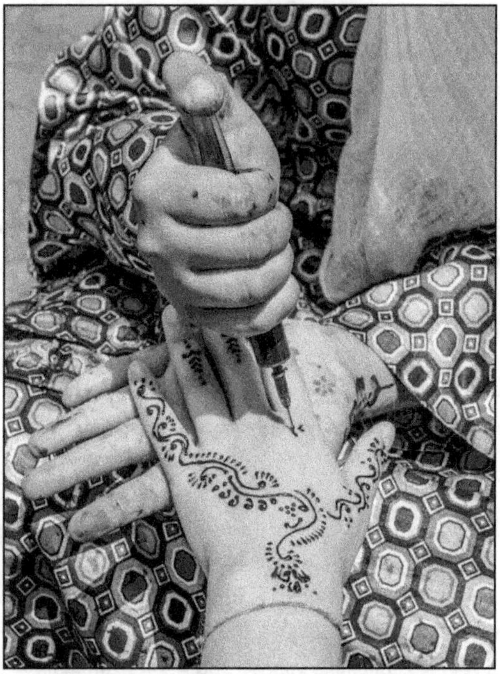

Henna being painted on a hand in Morocco

II **حنأ** *ḥannaʔa v.tr.* |*2s(c)* يحنئ *yuḥanniʔᵘ* | تحنئة *taḥniyaᵗ*| • dye with henna

حانوتي *ḥānūtīy n.* • mortician, funeral director

حنجرة *ḥanjaraᵗ n.* |*pl.* **dip.** حناجر *ḥanājir*| • larynx, throat

II **حنط** *ḥannaṭa v.tr.* |*2s* يحنط *yuḥanniṭᵘ* | تحنيط *taḥnīṭ*| • embalm, mummify

تحنيط *taḥnīṭ n.* • embalmment, mummification

V **تحنط** *taḥannaṭa v.intr.* |*5s* يتحنط *yataḥannaṭᵘ* | تحنط *taḥannuṭ*| • be embalmed, be mummified

تحنط *taḥannuṭ n.*↑ • mummification

حنفية *ḥanafīyaᵗ n.* • faucet (UK: tap)

حنيف *ḥanīf adj.* |*m. pl.* **dip.** حنفاء *ḥunafāʔ*| • orthodox, true ▪ الدين الحنيف *addīn alḥanīf* *(Islam)* the True Faith • *n.* true believer

II **حنك** *ḥannaka v.tr.* |*2s* يحنك *yuḥannikᵘ* | تحنيك *taḥnīk*| • sophisticate

محنك *muḥannak pass. part. adj.* • sophisticated, worldly

حن *ḥanna v.intr.* • |*1g2* يحن *yaḥinnᵘ* | حنان *ḥanān* or حنة *ḥannaᵗ*| sympathize *with* على • |*1g2* يحن *yaḥinnᵘ* | حنين *ḥanīn*| long *for* إلى, miss

حنان *ḥanān n.*↑ • sympathy, compassion, tenderness

حنين *ḥanīn n.*↑ • longing, yearning ▪ حنين إلى الماضي *ḥanīn ʔilā -lmāḍī* nostalgia ▪ حنين إلى الوطن والأهل *ḥanīn ʔilā -lwaṭanⁱ wa-lʔahlⁱ* homesickness

حنون *ḥanūn adj.* • sympathetic, compassionate, tender

II **حنن** *ḥannana v.tr.* |*2s* يحنن *yuḥanninᵘ* | تحنين *taḥnīn*| •حنن قلبه *ḥannana qalbᵃhu* move, touch

حنا *ḥanā v.tr.* |*1d3* يحنو *yaḥnū* | حنو *ḥanw*| • bend

حنو *ḥinw n.*↑ |*pl.* أحناء *ʔaḥnāʔ*| • bend, curve

VII **انحنى** *inḥanā v.intr.* |*7d* ينحني *yanḥanī* | انحناء *inḥināʔ*| • bend, curve

منحنى *munḥan(an) pass. part. n.* **indecl.** |*pl.* منحنيان *munḥanayānⁱ* | *pl.* منحنيات *munḥanayāt*| • curve, bend, slope

حوت *ḥūt n.* |*pl.* حيتان *ḥītān*| • whale ▪ حوت عنبر *ḥūt · ɛanbar* sperm whale •برج الحوت *burj · alḥūtⁱ (astrology)* Pisces ▪ .أنا من برج الحوت *ʔana min burjⁱ -lḥūtⁱ* I'm a Pisces.

حاجة *ḥājaᵗ n.* |*pl.* **dip.** حوائج *ḥawāʔij*| • necessity, need ▪ في حاجة إلى *fī ḥājaᵗⁱⁿ ʔilā*, بحاجة لـ *bi-ḥājaᵗⁱⁿ li-* in need *of* ◊ .هم في حاجة إلى مساعدتنا *They need our help.* ◊ .أنا بحاجة لحديث معك *I need to talk to you.* ◊ .لسنا في حاجة لأن نذهب بعيدا *We don't need to go far.* ▪ لا حاجة لـ *lā ḥājaᵗᵃ li-* There is no need *for* ◊ .لا حاجة لأن تفهم كل هذا *There's no need for you to understand all of this.* ▪ شعر بالحاجة إلى أنْ *šaɛara bi-lḥājaᵗ ʔilā ʔan* feel the need to *(do)* ▪ الحاجة أم الاختراع *alḥājaᵗᵘ ʔummᵘ -lixtirāɛⁱ proverb* Necessity is the mother of invention.

VIII **احتاج** *iḥtāja v.intr.* |*8h1* يحتاج *yaḥtājᵘ* | احتياج *iḥtiyāj*| • need لـ *or* إلى, be in need *of* ◊ أحتاج .كان يحتاج إلى لمزيد من الوقت *I need more time.* ◊ .نقود *He needed money.* ◊ .أحتاج إليك *I need you.* ▪ احتاج إلى أنْ *iḥtāja ʔilā ʔan* need to *(do)* ◊ .تحتاجين إلى أن تدرسي *You need to study.* ◊ .أحتاج أن أتحدث معك *I need to speak with you.* ◊ .لا أحتاج إلى تعلم اللغة الإنجليزية *I don't need to learn English.* ▪ كم تحتاج من الوقت لـ...؟ *kam taḥtājᵘ minᵃ -lwaqtⁱ li-* how long does it take (you) to *(do)*? • require لـ *or* إلى, call for

احتياج *iḥtiyaj n.*↑ • need, requirement

محتاج *muḫtāj act. part. adj.* |*elat.* أحوج *ʔaḫwaj*| • in need *of* لـ • needy

حارة *ḫāraᵗ n.* |*pl.* **def.** حوار *ḫawār(in)*| • quarter, district • lane, alley

حوار *ḫiwār n.* • conversation, discussion, dialog, talk

محار *maḫār coll. n.* |*sing.* محارة *maḫāraᵗ*| • oysters, mussels

محور *miḫwar n.* |*pl.* **dip.** محاور *maḫāwir*| • axis, hub ▪ محور عجلة *miḫwar · Ɛajalaᵗ* axle ▪ محور الشر *miḫwar · aššarrⁱ* the Axis of Evil

محوري *miḫwarīʸ adj.* • pivotal

III **حاور** *ḫāwara v.tr.* |*3s* يحاور *yuḫāwirᵘ* | محاورة *muḫāwaraᵗ*| • have a conversation *with*, talk *with*

محاورة *muḫāwaraᵗ n.*↑ • conversation, talk

حوزة *ḫawzaᵗ n.* • possession, custody ▪ في حوزته *fī ḫawzatⁱhi* in *one's* possession

حيز *ḫayyiz n.* |*pl.* أحياز *ʔaḫyāz*| • extent, reach, range • field, area, domain

VII **انحاز** *inḫāza v.intr.* |*7h* ينحاز *yanḫārᵘ* | انحياز *inḫiyār*| • be biased in favor *of* إلى *or* لـ, side, take *sb's* side

انحياز *inḫiyāz n.*↑ • bias

منحاز *munḫāz pass. part. adj.* • biased

حوض *ḫawḍ n.* |*pl.* أحواض *ʔaḫwāḍ*| • sink, basin • pool, tank ▪ حوض سمك *ḫawḍ · samak* fish tank, aquarium ▪ حوض سباحة *ḫawḍ · sibāḫaᵗ* swimming pool ▪ حوض استحمام *ḫawḍ · istiḫmām* bathtub • *(geography)* basin • pelvis

حائط *ḫāʔiṭ n.* |*pl.* حيطان *ḫīṭān* or حوائط *ḫawāʔiṭ*| • wall

IV **أحاط** *ʔaḫāṭa v.tr.* |*4h* يحيط *yuḫīṭᵘ* | إحاطة *ʔiḫāṭaᵗ*| • surround بـ, encircle

محيط *muḫīṭ act. part. n.* • ocean ▪ المحيط الهادئ *almuḫīṭ alhādiʔ* the Pacific Ocean ▪ المحيط الأطلسي *almuḫīṭ alʔaṭlasīʸ*, المحيط الأطلنطي *almuḫīṭ alʔaṭlanṭīʸ* the Atlantic Ocean ▪ المحيط الهندي *almuḫīṭ alhindīʸ* the Indian Ocean ▪ المحيط المتجمد الشمالي *almuḫīṭ almutajammid aššamālīʸ* the Arctic Ocean ▪ المحيط المتجمد الجنوبي *almuḫīṭ almutajammid aljunūbīʸ* the Southern Ocean • environment, surroundings • perimeter ▪ محيط دائرة *muḫīṭ · dāʔiraᵗ* circumference

VIII **احتاط** *iḫtāṭa v.intr.* |*8h1* يحتاط *yaḫtāṭᵘ* | احتياط *iḫtiyāṭ*| • be cautious, be careful

احتياط *iḫtiyāṭ n.*↑ • caution, carefulness • precaution, safeguard • reserve, spare

احتياطي *iḫtiyāṭīʸ adj.* • precautionary • reserve-

حافة *ḫāfaᵗ n.* |*pl.* حافات *ḫāfāt* or **def.**حواف *ḫawāf(in)*| • edge, border

QI **حوقل** *ḫawqala v.intr.* |*11s* يحوقل *yuḫawqilᵘ* | حوقلة *ḫawqalaᵗ*| • say "There is no power nor strength except in God."

حوقلة *ḫawqalaᵗ n.*↑ • saying "There is no power nor strength except in God."

حوقل *lā ḫawlᵃ wa-lā quwwaᵗᵃ ʔillā bi-LLāhⁱ* |*abbreviation of* لا حول ولا قوة إلا بالله| • There is no power nor strength except in God.

حاك *ḫāka v.tr.* |*1h3* يحوك *yaḫūkᵘ* | حياكة *ḫiyākaᵗ*| • knit

حال *ḫāla v.intr.* |*1h3* يحول *yaḫūlᵘ* | حيلولة *ḫaylūlaᵗ*| • prevent دون ◊ .عمل على الحيلولة دون وقوع الكارثة *He tried to prevent the disaster.* • stand between بين *and* و, keep *sb/sth* بين *apart from* ◊ .حالت النزاعات بينه وبين أخيه *Disputes stood between him and his brother.*

حيلولة *ḫaylūlaᵗ n.*↑ • prevention

حائل *ḫāʔil act. part.* |*pl.* **dip.** حوائل *ḫawāʔil*| • *adj.* obstructive *to* دون • *n.* obstacle *to* دون

حائل *ḫāʔil n.* **f. dip.** • *(city in Saudi Arabia)* Ha'il ➡ **map on p. 144**

محال *muḫāl pass. part. adj.* • preposterous, absurd

حال *ḫāl n.* **m.** *or* **f.** |*pl.* أحوال *ʔaḫwāl*| • case, situation, state ▪ كيف حالك؟ *kayfa ḫālᵘka*, كيف الحال؟ *kayfa -lḫāl* How are you? ▪ على أي حال *Ɛalā ʔayyⁱ ḫālⁱⁿ*, على كل حال *Ɛalā kullⁱ ḫālⁱⁿ adv.* anyhow, in any case • present ▪ الحال *alḫāl* the present ▪ حالا *ḫālan*, في الحال *fī -lḫālⁱ adv.* immediately, at once, right away ◊ .سأعود حالا *I'll be right back.* • *(grammar)* circumstantial accusative

حال *ḫāla prep.* • right after; [+ masdar] as soon as ▪ حالما *ḫālamā conj.* as soon as ◊ سآتي حالما أنتهي. *I'll come as soon as I finish up.*

حالي *ḫālīʸ adj.* • present, present-day, current ▪ حاليا *ḫālīyan adv.* presently, at present, currently • circumstantial ▪ جملة حالية *jumlaᵗ ḫālīyaᵗ* circumstantial clause

حالة *ḫālaᵗ n.* • condition, state ▪ حالة طوارئ *ḫālat · ṭawāriʔ* emergency, state of emergency ▪ في حالة جيدة *fī ḫālaᵗⁱⁿ jadīdaᵗⁱⁿ adv.* in good condition ▪ في حالة سيئة *fī ḫālaᵗⁱⁿ sayyiʔaᵗⁱⁿ adv.* in bad condition • case

حول *ḫawl n.* |*pl.* أحوال *ʔaḫwāl*| • power, might ▪ لا حول ولا قوة إلا بالله *lā ḫawlᵃ wa-lā quwwaᵗᵃ ʔillā*

bi-LLāh^i There is no power nor strength except in God. ➡ **حوقل** ***ḫawqala* p. 85** ▪ من حول *min ḫawl^i prep.* around, enclosing ◊ انفض الناس من حوله. *People moved away from him.*

حول *ḫawla prep.* • around, enclosing ◊ هناك سياج حول الجنينة. *There's a fence around the yard.* • about, regarding, concerning

حيلة *ḫīla^t n.* |*pl.* حيل *ḫiyal*| • trick, deceit

حيال *ḫiyāla prep.* • concerning, regarding, about ◊ ما رد فعلك حيال الموقف؟ *What's your reaction toward the situation?*

حوالة *ḫawāla^t n.* • transfer, remittance ▪ حوالة مالية *ḫawāla^t mālīya^t* money transfer

حوالي *ḫawālay(i)*, حوالى *ḫawālā adv.* • [+ number] approximately, around, about ◊ استغرقت الرحلة حوالي عشر ساعات. *The trip took about ten hours.*

محالة *maḫāla^t n.* • *(water well)* draw wheel ▪ لا محالة *lā maḫāla^ta adv.* absolutely, by all means, without fail

II **حول** *ḫawwala v.tr.* |*2s* يحول *yuḫawwil^u* | تحويل *taḫwīl*| • transform *sth* ه *into* إلى, change • send, remit

تحويل *taḫwīl n.*↑ • change, transformation, conversion

محول *muḫawwil act. part. n.* • transformer

III **حاول** *ḫāwala v.tr.* |*3s* يحاول *yuḫāwil^u* | محاولة *muḫāwala^t*| • try, attempt ◊ لم أحاول ذلك. *I didn't try that.* ▪ حاول أن *ḫāwala ʔan* try to *(do)*, attempt to *(do)* ◊ كنت أحاول أن أشرحه لهم. *I've been trying to explain it to them.*

محاولة *muḫāwala^t n.*↑ • attempt, try ▪ محاولة اغتيال *muḫāwalat · iɣtiyāl* assassination attempt ▪ محاولة انقلابية *muḫāwala^t inqilābīya^t* attempted coup ▪ في محاولة لـ *fī muḫāwala^tin li- prep.* in an attempt to

IV **أحال** *ʔaḫāla v.tr.* |*4h* يحيل *yuḫīl^u* | إحالة *ʔiḫāla^t*| • refer *to* إلى *or* على, send, forward ▪ أحاله إلى المعاش *ʔaḫālah̲u̲ ʔilā -lmaƐāš^i*, أحاله إلى التقاعد *ʔaḫālah̲u̲ ʔilā -ttaqāƐud^i* make *sb* retire ▪ أحيل إلى المعاش *ʔuḫīla A ʔilā -lmaƐāš^i*, أحيل إلى التقاعد *ʔuḫīla ʔilā -ttaqāƐud^i pass. v.* retire

V **تحول** *taḫawwala v.intr.* |*5s* يتحول *yataḫawwal^u* | تحول *taḫawwul*| • change *into* إلى, be changed, become, be converted, turn

تحول *taḫawwul n.*↑ • change, conversion

VIII **احتال** *iḫtāla v.intr.* |*8h1* يحتال *yaḫtāl^u* | احتيال *iḫtiyāl*| • trick على, deceive, cheat, defraud

احتيال *iḫtiyāl n.*↑ • deception, trickery, fraud

X **استحال** *istaḫāla v.intr.* |*10h* يستحيل *yastaḫīl^u* | استحالة *istiḫāla^t*| • be impossible *for* على, be inconceivable

استحالة *istiḫāla^t n.*↑ • impossibility

مستحيل *mustaḫīl act. part. adj.* |*elat.* أكثر استحالة *ʔaktar istḫāla^tan*| • impossible, inconceivable ▪ من المستحيل أن *min^a -lmustaḫīl^i ʔan* it is impossible to..., it is inconceivable that...

حوى *ḫawā v.tr.* |*1d2* يحوي *yaḫwī* | حواية *ḫawāya^t*| • contain, include

حاو *ḫāw^in act. part. n.* **def.** |*pl.* حواة *ḫuwā^t*| • snake charmer

VIII **احتوى** *iḫtawā v.intr.* |*8d1* يحتوي *yaḫtawī* | احتواء *iḫtiwāʔ*| • contain على, include

محتوى *muḫtaw(an) n.*↑ **indecl.** |*pl.* محتويات *muḫtawayāt*| • content ▪ محتويات *muḫtawayāt pl. n.* contents, table of contents

حيث *ḫaytu* • *relative adverb* where, in which ◊ هناك حيث نذهب كل سنة. *That's where we go every year.* ◊ ولدت في بيروت حيث أعيش وأعمل. *I was born in Beirut, where I live and work.* ▪ إلى حيث *ʔilā ḫaytu* to where ▪ من حيث *min ḫaytu* from where; when ◊ وصلوا في اليوم التالي حيث كان الجميع بالانتظار. *They arrived the next day when everyone was waiting.* •بحيث *bi-ḫaytu*, بحيث أن *bi-ḫaytu ʔanna conj.* to the point where, to the extent that ◊ هل أنت أحمق بحيث تصدق هذا؟ *Are you so foolish as to believe that?*; so that, in such a way that ◊ البرنامج مصمم بحيث أن... *The program is designed to...* •من حيث *min ḫaytu prep.* as regards, in terms of ◊ السودان هو أكبر دولةعربية من حيث المساحة. *Sudan is the largest Arab country in terms of area.*; because of •حيث أنّ *ḫaytu ʔanna*, حيث إن *ḫaytu ʔinna*, من حيث أنّ *min ḫaytu ʔanna conj.* because, since ◊ لم يحضر الامتحان حيث إنه كان مريضا. *He didn't attend the exam because he was sick.*

حيثما *ḫaytumā conj.* [+ perfect] • wherever ◊ تذكرها حيثما ذهب. *He remembered her wherever he went.* • whenever

حيثية *ḫaytīya^t n.* • aspect, standpoint, point of view

حياد *ḫiyād n.* • *(politics)* neutrality

حيادي *ḫiyādī^y adj.* • neutral

III **حايد** *ḫāyada v.tr.* |*3s* يحايد *yuḫāyid^u* | محايدة *muḫāyada^t*| • stay away *from*, avoid

محايدة *muḫāyada^t n.*↑ • *(politics)* neutrality

محايد *muḫāyid act. part. adj.* • *(politics)* neutral

حار *ḫāra v.intr.* |*1h1* يحار *yaḫāru* | حيرة *ḫayrat* | • be confused, be at a loss

حيرة *ḫayrat* or *ḫīrat n.*↑ • confusion, embarrassment

حائر *ḫāʔir act. part. adj.* • confused, puzzled, baffled, at a loss

حيران *ḫayrān adj.* |*m & f pl.* **invar.** حيارى *ḫayārā* | *f.* **invar.** حيرى *ḫayrā*| • confused, puzzled, baffled

II **حير** *ḫayyara v.tr.* |*2s* يحير *yuḫayyiru* | تحيير *taḫyīr*| • confuse, puzzle, baffle

V **تحير** *taḫayyara v.intr.* |*5s* يتحير *yataḫayyaru* | تحير *taḫayyur*| • be confused, be at a loss

VIII **احتار** *iḫtāra v.intr.* |*8h1* يحتار *yaḫtāru* | احتيار *iḫtiyār*| • be confused, be at a loss

محتار *muḫtār act. part. adj.* • confused, puzzled, baffled

حاض *ḫāḍa v.intr.* |*1h2* يحيض *yaḫīḍu* | حيض *ḫayḍ*| • menstruate

حيض *ḫayḍ*, حيضة *ḫayḍat*, حياض *ḫiyāḍ n.*↑ • menstruation, period

حائض *ḫāʔiḍ adj.* ***f.*** • menstruating, on *one's* period ⓘ *does not vary for number.*

حيفا *ḫayfā n.* ***f. invar.*** • *(city in Israel)* Haifa

حان *ḫāna v.intr.* |*1h2* يحين *yaḫīnu* | حين *ḫayn* or حينونة *ḫaynūnat*| • approach, draw near, arrive ▪ حان الوقت لأنّ *ḫāna alwaqtu li-ʔan* the time has come ◊ لقد حان الوقت لأن يتغير العالم. *The time has come for the world to change.*

حانة *ḫānat n.* • bar (UK: pub)

حين *ḫīn n.* |*pl.* أحيان *ʔaḫyān*| • time ▪ أحيانا *ʔaḫyānan adv.* sometimes ▪ بين الحين والحين *bayna -lḫīni wa-lḫīni*, من حين إلى حين *min ḫīnin ʔilā ḫīnin*, بين حين وآخر *bayna ḫīnin wa-ʔāxara adv.* sometimes, from time to time, now and again ▪ إلى حين *ʔilā ḫīni prep.* until ▪ في حين أنّ *fī ḫīnin ʔanna conj.* whereas, while ◊ تظاهر بالانتباه في حين أنه كان شاردا. *He pretended to pay attention while he was (actually) absent-minded.*

حينما *ḫīnamā*, حين *ḫīna conj.* • [+ perfect] when ◊ تفاجأت حينما رأيتك. *I was surprised when I saw you.* ◊ حين كنا صغارا ... *when we were young...* • whenever ◊ اتصل بي حينما تستيقظ. *Call me when you wake up.*

حينئذ *ḫīnaʔiḏin*, حينذاك *ḫīnaḏāka adv.* • at that time, then, back then ◊ كنت ساذجا حينئذ. *I was naive back then.*

حي *ḫayya*, حيي *ḫayiya v.intr.* |*1d4(b)* يحيا *yaḫyā* | حياة *ḫayāt*| • live ◊ يحيا الملك! *Long live the king!*

حيي *ḫayiya v.intr.* |*1d4* يحيا *yaḫyā* | حياء *ḫayāʔ*| • be shy • be ashamed

حياة *ḫayāt n.*↑ |*pl.* حيوات *ḫayawāt*| • life ▪ حياة عامة *ḫayāt Ɛāmmat* public life ▪ الحياة *alḫayāt* al-Hayat (international Arabic language newspaper headquartered in London)

حياتي *ḫayātī*, حيوي *ḫayawī adj.* • *everyday-* • vital, lively, active, animated • biological

حيوية *ḫayawīyat* • *n.* vitality

حياء *ḫayāʔ n.*↑ • shyness, modesty • shame

حي *ḫayy adj.* • |*m. pl.* أحياء *ʔaḫyāʔ* | *elat.* أحيى *ʔaḫyā*| alive, living ▪ حيا أو ميتا *ḫayyan ʔaw mayyitan* dead or alive ▪ حيا *ḫayyan adv.* live • vivid, vibrant • *n.* |*pl.* أحياء *ʔaḫyāʔ*| district, quarter, neighborhood ▪ حي راق *ḫayy rāq(in)* upscale neighborhood ▪ حي شعبي *ḫayy šaƐbī* working-class neighborhood, poorer district

حية *ḫayyat n.* • snake, serpent

حيي *ḫayyī adj.* • modest, shy

حيوان *ḫayawān n.* • animal ▪ حيوان أليف *ḫayawān ʔalīf* pet

حيواني *ḫayawānī adj.* • animal-, zoological

II **حيا** *ḫayyā v.tr.* |*2d* يحيي *yuḫayyī* | تحية *taḫīyat*| • greet, salute

تحية *taḫīyat n.*↑ |*pl.* تحيات *taḫīyāt* or **invar.** تحايا *taḫāyā*| • greeting, salutation ▪ تحياتي لك *taḫīyātī laka* Greetings! ▪ مع تحياتي *maƐa taḫīyātī* Sincerely, ..., Best regards, ... ▪ بلغ تحياته لـ *ballaγa taḫīyātahu li-*, أهدى تحياته إلى *ʔahdā taḫīyātahu Ɛalā v.* give *sb's* regards to ◊ بلغ تحياتي لها. *Say hi to her for me.* ◊ إهد تحياتي إلى أسرتك. *Give my regards to your family.*

IV **أحيا** *ʔaḫyā v.tr.* |*4d* يحيي *yuḫyī* | إحياء *ʔiḫyāʔ*| • revive • animate, give life, bring to life

إحياء *ʔiḫyāʔ n.*↑ • revival • animation

X **استحيا** *istaḫyā v.tr.* |*10d* يستحيي *yastaḫyī* | استحياء *istiḫyāʔ*| • let live, spare *sb's* life • be embarrassed *by* من • be ashamed *of* من • be shy

مستح *mustaḫ(in) act. part. adj.* ***def.*** • embarrassed • ashamed • shy

خ

خ *xāʔ n.* ***f.*** |خاء| • *(seventh letter of the Arabic alphabet)* • *(numerical value)* 600 ➡ ***The Abjad Numerals p. 61***

خاء *xāʔ n.* ***f.*** ➡ ***خ above***

خان *xān n.* • inn, hostel, caravanserai
  خان يونس *xān · yūnis n.* ***f.*** • *(city in Palestine)* Khan Yunis ➡ ***map on p. 237***

خانة *xānaᵗ n.* • field, cell (in a spreadsheet, etc.)

مخبأ *maxbaʔ n.* |*pl.* ***dip.*** مخابئ *maxābiʔ*| • hiding place, hideout

II **خبأ** *xabbaʔa v.tr.* |*2s(c)* يخبئ *yuxabbiʔᵘ* | تخبئة *taxbiʔaᵗ*| • hide, conceal, keep secret

VIII **اختبأ** *ixtabaʔa v.intr.* |*8s(c)* يختبئ *yaxtabiʔᵘ* | اختباء *ixtibāʔ*| • hide, disappear, vanish

خبث *xabuta v.intr.* |*1s6* يخبث *yaxbutᵘ* | خبث *xubt* or خباثة *xabātaᵗ*| • be malicious

خبيث *xabīt adj.* |*m. pl.* ***dip.*** خبثاء *xabatāʔ* or خبث *xubut* | *elat.* أخبث *ʔaxbat*| • malignant • malicious

خبر *xabara v.tr.* |*1s3* يخبر *yaxburᵘ* | خبرة *xibraᵗ*| • test, try • experience

خبرة *xibraᵗ n.*↑ |*pl.* خبرات *xib(a)rāt*| • experience, expertise

خبر *xabar n.* |*pl.* أخبار *ʔaxbār*| • news, piece of news, news report ▪ الأخبار *alʔaxbār pl. n.* the news; ***f.*** *n.* El Khabar (Algerian newspaper) ▪ خبر عاجل *xabar Ɛājil* breaking news ▪ أخبار جوية *ʔaxbār jawwīyaᵗ* weather forecast ▪ نشرة أخبار *našarat · ʔaxbār* news broadcast • message, notification • *(grammar)* predicate (of a nominal sentence)

خبير *xabīr n.* |*pl.* ***dip.*** خبراء *xubarāʔ*| • expert *in* بـ *or* في, specialist ▪ خبير في الشؤون المالية *xabīr fī -ššuʔūnⁱ -lmālīyaᵗⁱ* financial expert ▪ خبير قانوني *xabīr qānūnīʸ* legal expert

مخبر *maxbar n.* |*pl.* ***dip.*** مخابر *maxābir*| • laboratory

II **خبر** *xabbara v.tr.* |*2s* يخبر *yuxabbirᵘ* | تخبير *taxbīr*| • tell *sb* ∘ *sth* عن *or* بـ

III **خابر** *xābara v.tr.* |*3s* يخابر *yuxābirᵘ* | مخابرة *muxābaraᵗ*| • call, telephone

مخابرة *muxābaraᵗ n.*↑ • communication ▪ مخابرة هاتفية *muxābaraᵗ hātifīyaᵗ* phone call ▪ مخابرات *muxābarāt pl. n.* intelligence ▪ وكالة المخابرات المركزية *wikālat · almuxtābarātⁱ -lmarkazīyaᵗⁱ* Central Intelligence Agency (CIA)

IV **أخبر** *ʔaxbara v.tr.* |*4s* يخبر *yuxbirᵘ* | إخبار *ʔixbār*| • tell *sb* ∘ *(about)* بـ, inform, notify

إخبار *ʔixbār n.*↑ • information, notification
  إخباري *ʔixbārīʸ adj.* • news-

مخبر *muxbir act. part. n.* • informant • detective

VIII **اختبر** *ixtabara v.tr.* |*8s* يختبر *yaxtabirᵘ* | اختبار *ixtibār*| • experiment

اختبار *ixtibār n.*↑ • experiment, trial, test ▪ اختبار نظر *ixtibār · naẓar* eye test ▪ اختبار حمل *ixtibār · ḥaml* pregnancy test
  اختباري *ixtibārīʸ adj.* • experimental

مختبر *muxtabar pass. part. n.* • laboratory

X **استخبر** *istaxbara v.tr.* |*10s* يستخبر *yastaxbirᵘ* | استخبار *istixbār*| • ask *sb* ∘ *about* عن, inquire

استخبار *istixbār n.*↑ • inquiry ▪ استخبارات *istixbārāt pl. n.* *(military)* intelligence

خبز *xabaza v.tr.* |*1s2* يخبز *yaxbizᵘ* | خبز *xabz*| • bake (bread)

خبز *xubz n.* |*pl.* أخباز *ʔaxbāz*| • bread ▪ أعط الخبز لخبازه ولو أكل نصفه *ʔaƐṭi -lxubzᵃ li-xabbāzⁱhⁱ wa-law ʔakala naṣfᵃhᵘ proverb* Give the bread to the baker even if he eats half of it. (i.e. Give the job to a person who knows how to do it best even if it costs you.)

خباز *xabbāz n.* • baker

مخبز *maxbaz n.* |*pl.* ***dip.*** مخابز *maxābiz*| • bakery

خبط *xabaṭa v.tr.* |*1s2* يخبط *yaxbiṭᵘ* | خبط *xabṭ*| • knock, bang, hit

ختم *xatama v.tr.* • |*1s2* يختم *yaxtimᵘ* | ختم *xatm*| stamp • |*1s2* يختم *yaxtimᵘ* | ختام *xitām*| conclude

ختم *xatm n.*↑ |*pl.* أختام *ʔaxtām*| • stamp, seal

ختام *xitām n.*↑ • conclusion, end ▪ في ختام *fī xitāmⁱ prep.* at the end of
  ختامي *xitāmīʸ adj.* • final, concluding, closing

خاتم *xātim* or *xātam act. part. n.* |*pl.* ***dip.*** خواتم *xawātim*| • ring ▪ خاتم زواج *xātim · zawāj* wedding ring

خاتمة *xātimaᵗ act. part. n.* |*pl.* ***dip.*** خواتيم *xawātīm*| • end, conclusion ▪ العبرة بالخواتيم. *alƐibraᵗ bi-lxawātīmⁱ proverb* All's well that ends well.

VIII **اختتم** *ixtatama v.tr.* |*8s* يختتم *yaxtatim^u* | اختتام *ixtitām*| • end, conclude, complete, finalize

اختتام *ixtitām n.*↑ • conclusion, completion

ختن *xatana v.tr.* |*1s2* يختن *yaxtin^u* | ختان *xitān*| • circumcise

ختان *xitān n.*↑ • circumcision

خجل *xajila v.intr.* |*1s4* يخجل *yaxjal^u* | خجل *xajal*| • be shy, be bashful • be ashamed *of* من

خجل *xajal n.*↑ • shyness, bashfulness • shame

خجل *xajil adj.* • shy, bashful, embarrassed • ashamed

خجلان *xajlān adj.* • shy, bashful • ashamed

خجول *xajūl adj.* • shy, bashful • ashamed

II **خجّل** *xajjala v.tr.* |*2s* يخجل *yuxajjil^u* | تخجيل *taxjīl*| • embarrass • shame

IV **أخجل** *ʔaxjala v.tr.* |*4s* يخجل *yuxjil^u* | إخجال *ʔixjāl*| • embarrass • shame

مخجل *muxjil act. part. adj.* • shameful

خخخ *xaxaxa interjection* • *(laughter)* ha-ha, lol

خديجة *xadīja^t* **dip.** *woman's name* • Kahdijah

خد *xadd n.* |*pl.* خدود *xudūd*| • cheek

أخدود *ʔuxdūd n.* |*pl.* **dip.** أخاديد *ʔaxādīd*| • trench, groove

مخدة *mixadda^t n.* |*pl.* **dip.** مخدات *mixaddāt* or مخاد *maxādd*| • pillow, cushion ▪ غطاء مخدة *ɣiṭāʔ · mixadda^t*, كيس مخدة *kīs · mixadda^t* pillowcase

خدر *xadira v.intr.* |*1s4* يخدر *yaxdar^u* | خدر *xadar*| • be numb, tingle

خدر *xadar n.*↑ • numbness

خدر *xadir adj.* • numb

II **خدّر** *xaddara v.tr.* |*2s* يخدر *yuxaddir^u* | تخدير *taxdīr*| • drug, numb, anesthetize

تخدير *taxdīr n.*↑ • anesthetization

مخدر *muxaddir act. part.* • *n.* drug, narcotic • anesthetist • *adj.* anesthetic

خدع *xadaƐa v.tr.* |*1s1* يخدع *yaxdaƐ^u* | خدعة *xudƐa^t*| • deceive, defraud, fool, cheat

خدعة *xudƐa^t n.*↑ |*pl.* خدع *xudaƐ*| • deception, fraud

خداع *xidāƐ n.* • fraud, deception

خداع *xaddāƐ adj.* • deceptive

III **خادع** *xādaƐa v.tr.* |*3s* يخادع *yuxādiƐ^u* | مخادعة *muxādaƐa^t*| • deceive, fool, cheat

خدم *xadama v.tr.* |*1s2/1s3* يخدم *yaxdim^u* or *yaxdum^u* | خدمة *xidma^t*| • serve, wait on

خدمة *xidma^t n.*↑ |*pl.* خدمات *xadamāt* or خدم *xidam*| • service ▪ خدمة عسكرية *xidma^t Ɛaskarīya^t* military service ▪ أي خدمة؟ *ʔayyu xidma^tin* How can I help you? ▪ في خدمتك *fī xidmat^ika* At your service!

خادم *xādim act. part. n.* |*pl.* خدام *xuddām* or خدم *xadam*| • servant, butler ▪ خادم الحرمين الشريفين *xādim · alḥaramayn^i -ššarīfayn^a* *(King of Saudi Arabia)* Custodian of the Two Holy Mosques • *(computers)* server • *man's name* Khadim

خادمة *xādima^t n.* • maid

خدام *xaddām n.* • servant

X **استخدم** *istaxdama v.tr.* |*10s* يستخدم *yastaxdim^u* | استخدام *istixdām*| • use, utilize, employ

استخدام *istixdām n.*↑ • use, usage

مستخدم *mustaxdim act. part. n.* • user (of a product, etc.) • employer

مستخدم *mustaxdam pass. part.* • *adj.* used, second-hand • used, in use • *n.* employee

خذل *xađala v.tr.* |*1s3* يخذل *yaxđul^u* | خذلان *xiđlān*| • disappoint, let down, forsake

خذلان *xiđlān n.*↑ • disappointment

خربة *xirba^t n.* |*pl.* خرب *xirab*| • ruins

خراب *xarāb n.* |*pl.* أخربة *ʔaxriba^t*| • ruin, destruction ▪ أخربة *ʔaxriba^t pl. n.* ruins

خرابة *xarāba^t n.* |*pl.* **dip.** خرائب *xarāʔib*| • ruins

II **خرّب** *xarraba v.tr.* |*2s* يخرب *yuxarrib^u* | تخريب *taxrīb*| • destroy, ruin, lay to waste, sabotage ▪ الله يخرب بيتك *aLLāh yuxarrib^u bayt^aka* May God destroy your home.

تخريب *taxrīb n.*↑ • destruction, sabotage

مخرب *muxarrib act. part. n.* • vandal

QI **خربش** *xarbaša v.tr.* |*11s* يخربش *yuxarbiš^u* | خربشة *xarbaša^t*| • scratch • scribble, scrawl

خربشة *xarbaša^t n.*↑ • scratch • scribble, scrawl

خرتيت *xartīt n.* • rhinoceros

خرج *xaraja v.intr.* |*1s3* يخرج *yaxruj^u* | خروج *xurūj*| • exit من, go out, come out • deviate *from* عن

خروج *xurūj n.*↑ • exit

خارج *xārij act. part. n.* • exterior ▪ في الخارج *fī -lxārij^i*, خارجا *xārijan adv.* outside ◊ كان الأطفال يلعبون في الخارج. *The children were playing outside.* • overseas ▪ في الخارج *fī -lxārij^i adv.* *(location)* abroad, overseas ◊ يدرس الطالب في الخارج. *The student is studying abroad.* ▪ إلى الخارج *ʔilā -lxārij^i*, للخارج *li-lxārij^i adv.* *(direction)* abroad, overseas ◊ سافروا للخارج. *They went abroad.*

خارج *xārija prep.* • out of, outside ▪ خارج البلاد *xārija -lbilād^i adv.* abroad, overseas

خ

خارجي *xārijīʸ adj.* • external, outer • foreign ▪ وزير خارجية *wazīr · xārijīyaᵗ n.* foreign minister, secretary of state

مخرج *maxraj n.* |*pl.* **dip.** مخارج *maxārij*| • exit ▪ مخرج كهرباء *maxraj · kahrabāʔ* electrical outlet

خريج *xirrīj n.* • graduate

IV **أخرج** *ʔaxraja v.tr.* |*4s* يخرج *yuxrijᵘ* | إخراج *ʔixrāj*| • take out, get out, extract, make exit ▪ أخرج ريحا *ʔaxraja rīḥan* pass gas • expel *sb/sth* ∘ *from* عن, kick out, eject • *(cinema)* direct

إخراج *ʔixrāj n.*↑ • expulsion, extraction • *(cinema)* direction

مخرج *muxrij act. part. n.* • *(cinema)* director

V **تخرج** *taxarraja v.intr.* |*5s* يتخرج *yataxarrajᵘ* | تخرج *taxarruj*| • graduate *from* من

تخرج *taxarruj n.*↑ • graduation

X **استخرج** *istaxraja v.tr.* |*10s* يستخرج *yastaxrijᵘ* | استخراج *istixrāj*| • mine, extract

استخراج *istixrāj n.*↑ • extraction

الخرج *alxarj n.* **f.** • *(city in Saudi Arabia)* Al-Kharj ➡ **map on p. 144**

QI **خرخر** *xarxara v.intr.* |*11s* يخرخر *yuxarxirᵘ* | خرخرة *xarxaraᵗ*| • purr

خردة *xurdaᵗ n.* |*pl.* خردوات *xurdawāt*| • scrap metal

خرز *xaraz coll. n.* |*sing.* خرزة *xarazaᵗ*| • beads

خرس *xarisa v.intr.* |*1s4* يخرس *yaxrasᵘ* | خرس *xaras*| • be quiet, shut up ▪ اخرس خالص *ixras xāliṣ* Shut up!

أخرس *ʔaxras adj.* **dip.** |*m & f pl.* خرس *xurs* | *f. sing.* **dip.** خرساء *xarsāʔ* | *f. dual* خرساوان *xarsāwānⁱ* | *f. pl.* خرساوات *xarsāwāt*| • mute

IV **أخرس** *ʔaxrasa v.tr.* |*4s* يخرس *yuxrisᵘ* | إخراس *ʔixrās*| • make quiet, silence

خرشوف *xaršūf coll. n.* |*sing.* خرشوفة *xaršūfaᵗ*| • artichokes

خريطة *xarīṭaᵗ*, خارطة *xāriṭaᵗ n.* |*pl.* **dip.** خرائط *xarāʔiṭ*| • map

مخروط *maxrūṭ n.* |*pl.* **dip.** مخاريط *maxārīṭ*| • cone

مخروطي *maxrūṭīʸ adj.* • conical

II **خرط** *xarraṭa v.tr.* |*2s* يخرط *yuxarriṭᵘ* | تخريط *taxrīṭ*| • chop

خرطوم *xurṭūm n.* |*pl.* **dip.** خراطيم *xarāṭīm*| • hose • *(elephant)* trunk

الخرطوم *alxarṭūm n.* **f.** • *(capital of Sudan)* Khartoum ➡ **map on p. 151** ▪ الخرطوم بحري *alxarṭūm albaḥrīʸ* Bahri (a.k.a. Khartoum North)

خرطومي *xarṭūmīʸ adj. & n.* • Khartoumese

VIII **اخترع** *ixtaraƐa v.tr.* |*8s* يخترع *yaxtariƐᵘ* | اختراع *ixtirāƐ*| • invent

اختراع *ixtirāƐ n.*↑ • invention

مخترع *muxtariƐ act. part. n.* • inventor

مخترع *muxtaraƐ pass. part. n.* • invention

خرف *xaraf n.* • dementia, senility

خرف *xarif adj.* • senile

خرفان *xarfān adj.* • senile

خرافة *xurāfaᵗ n.* • superstition

خرافي *xurāfīʸ adj.* • superstitious

خروف *xarūf n.* |*pl.* خرفان *xirfān* or خراف *xirāf*| • sheep, lamb

خريف *xarīf n.* • autumn, fall

خرق *xaraqa v.tr.* |*1s2/1s3* يخرق *yaxriqᵘ* or *yaxruqᵘ* | خرق *xarq*| • pierce, penetrate • violate (a law)

خرق *xarq n.*↑ |*pl.* خروق *xurūq*| • tear • hole

خارق *xāriq act. part. adj.* • supernatural • خارق *xāriq*, خارق للعادة *xāriq li-lƐādaⁱ* unusual, extraordinary

أخرق *ʔaxraq adj.* **dip.** |*m & f pl.* خرق *xurq* | *f. sing.* **dip.** خرقاء *xarqāʔ* | *f. dual* خرقاوان *xarqāwānⁱ* | *f. pl.* خرقاوات *xarqāwāt*| • clumsy, awkward

VIII **اخترق** *ixtaraqa v.tr.* |*8s* يخترق *yaxtariqᵘ* | اختراق *ixtirāq*| • penetrate, pierce • cross, travel through • *(computers)* hack

اختراق *ixtirāq n.*↑ • penetration • breakthrough

خرم *xarama v.tr.* |*1s2* يخرم *yaxrimᵘ* | خرم *xarm*| • pierce, bore, punch (a hole)

خرم *xurm n.* |*pl.* خروم *xurūm*| • hole, perforation

خروع *xirwaƐ n.* • castor oil

خزف *xazaf n.* • ceramics, pottery, china

خزفي *xazafīʸ adj.* • ceramic, porcelain

خزن *xazana v.tr.* |*1s3* يخزن *yaxzunᵘ* | خزن *xazn*| • store

خزن *xazn n.*↑ • storage

مخزون *maxzūn pass. part. adj.* • in stock, stored, warehoused ▪ مخزونات *maxzūnāt pl. n.* stock, supplies, reserves

خزان *xazzān n.* |*pl.* **dip.** خزانات *xazzānāt* or خزازين *xazāzīn*| • tank

خزانة *xizāna n.* |*pl.* **dip.** خزائن *xazāʔin*| • closet, wardrobe, case, cupboard ▪ خزانة ملابس *xizānat · milābis* closet, wardrobe ▪ خزانة كتب *xizānat · kutub* bookcase ▪ خزانة مطبخ *xizānat · maṭbax* kitchen cabinet • chest, safe • treasury

خزينة *xazīnaᵗ n.* |*pl.* **dip.** خزائن *xazāʔin*| • treasury

▪ خزينة دولة *xazīnat · dawla* national treasury

مخزن *maxzan n.* |*pl.* **dip.** مخازن *maxāzin*| • warehouse, depot ⓘ *The English word 'magazine' has been borrowed from this Arabic word.*

II **خزّن** *xazzana v.tr.* |*2s* يخزّن *yuxazzin^u* | تخزين *taxzīn*| • store •خزن قاتا *xazzana qātan (Yemeni)* chew qat ➡ ***picture on p. 255***

تخزين *taxzīn n.*↑ • storage

خزي *xizy n.* • disgrace, shame ▪ شعر بالخزي *šaƐara bi-lxizy^i* feel ashamed

خسأ *xasaʔa v.tr.* |*1s1(b)* يخسأ *yaxsaʔ^u* | خسء *xasʔ* or خسوء *xusūʔ*| • drive out, chase away

خسر *xasira v.tr.* |*1s4* يخسر *yaxsar^u* | خسر *xusr*| • lose (a game, someone's friendship, a loved one) ▪ خسر وزنه *xasira wazn^ahu* lose weight

خاسر *xāsir act. part. n.* • loser

خسارة *xasāra^t n.* |*pl.* **dip.** خسائر *xasāʔir*| • loss ▪ خسائر *xasāʔir pl. n.* losses, casualties ▪ يا خسارة *yā xasāra^t* What a pity!, That's too bad!

خس *xass n.* • lettuce ▪ رأس خس *raʔs · xass* head of lettuce

خسيس *xasīs adj.* |*m. pl.* **dip.** أخسة *ʔaxissāʔ*| • lowly, despicable

خسوف *xusūf n.* • lunar eclipse

خشب *xašab coll. n.* |*sing.* خشبة *xašaba^t* | *pl.* أخشاب *ʔaxšāb*| • wood ▪ خشبة *xašaba^t sing.* piece of wood, board ▪ على خشبة المسرح *Ɛalā xašabat^i -lmasraḥ^i adv.* on stage

خشبي *xašabī^y adj.* • wooden

QI **خشخش** *xašxaša v.tr.* |*11s* يخشخش *yuxašxiš^u* | خشخشة *xašxaša^t*| • rattle

خشن *xašin adj.* |*m. pl.* خشان *xišān*| • course, rough

خشي *xašiya v.intr.* |*1d4* يخشى *yaxšā* | خشية *xašya^t*| • be afraid *of* من, fear ▪ خشي من أنْ *xašiya min ʔan* be afraid that... • fear *for* على, worry

خشية *xašya^t n.*↑ • fear ▪ خشية من *xašyatan min*, خشية *xašyata prep.* for fear of ◊ ذاكر خشية من الامتحان. *He studied for fear of the exam.* ▪ خشية أنْ *xašyata ʔan conj.* lest, in order to avoid ◊ هرب اللص خشية أن يراه الضابط. *The thief ran away to avoid the police officer seeing him.* • anxiety

خصب *xaṣaba* or *xaṣiba v.intr.* |*1s2/1s4* يخصب *yaxṣib^u* or *yaxṣab^u* | خصب *xiṣb*| • be fertile

خصب *xiṣb n.*↑ • fertility

خصوبة *xuṣūba^t n.* • fertility • fertilization

خصيب *xaṣīb*, خصب *xaṣib adj.* |*elat.* أخصب *ʔaxṣab* or أكثر خصوبة *ʔaktar xuṣūba^tan*| • fertile, productive ▪ أرض خصبة *ʔarḍ xaṣiba^t* fertile land

II **خصّب** *xaṣṣaba v.tr.* |*2s* يخصّب *yuxaṣṣib^u* | تخصيب *taxṣīb*| • fertilize • enrich ▪ خصب اليورانيوم *xaṣṣaba alyūrāniyūm v.* enrich uranium

تخصيب *taxṣīb n.*↑ • fertilization, conception • enrichment ▪ تخصيب اليورانيوم *taxṣīb · alyūrāniyūm^i* uranium enrichment

QI **خصخص** *xaṣxaṣa v.tr.* |*11s* يخصخص *yuxaṣxiṣ^u* | خصخصة *xaṣxaṣa^t*| • privatize

خصخصة *xaṣxaṣa^t n.*↑ • privatization

خصر *xaṣr n.* |*pl.* خصور *xuṣūr*| • waist

III **خاصر** *xāṣara v.tr.* |*3s* يخاصر *yuxāṣir^u* | مخاصرة *muxāṣara^t*| • put *one's* arm around *sb's* waist

VIII **اختصر** *ixtaṣara v.tr.* |*8s* يختصر *yaxtaṣir^u* | اختصار *ixtiṣār*| • shorten, abbreviate

اختصار *ixtiṣār n.*↑ • abbreviation ▪ باختصار *bi-xtiṣār^in*, بالاختصار *bi-lixtiṣār^i adv.* in brief, in short, briefly

مختصر *muxtaṣar pass. part. adj.* • concise, abridged

خص *xaṣṣa v.tr.* |*1g3* يخص *yaxuṣṣ^u* | خصوص *xuṣūṣ*| • be characteristic *of*, be particular • concern, have relevance, relate ▪ هذا أمر لا يخصك. *hāḏā ʔamr^un lā yaxuṣṣ^uka* That's none of your business.

خصوص *xuṣūṣ n.*↑ • specialness ▪ خصوصا *xuṣūṣan adv.* especially, particularly, in particular ▪ على وجه الخصوص *Ɛalā wajh^i -lxuṣūṣ^i adv.* mainly • concern, relation ▪ بهذا الخصوص *bi-hāḏā -lxuṣūṣ^i adv.* in this respect • matter, problem, issue

خصوصي *xuṣūṣī^y adj.* |*elat.* أكثر خصوصية *ʔaktar xuṣūṣīyatan* or أخص *ʔaxaṣṣ*| • special, particular • private, personal

خصوصية *xuṣūṣīya^t n.* • characteristic, peculiarity • privacy, secrecy

خاص *xāṣṣ act. part. adj.* |*elat.* أخص *ʔaxaṣṣ*| • special • specific, particular ▪ بشكل خاص *bi-šakl^in xāṣṣ^in*, بصورة خاصة *bi-ṣūra^tin xāṣṣa^tin adv.* especially, in particular • private • concerning بـ, related *to*

خاصة *xāṣṣa^t act. part. n.* |*pl.* **dip.** خواص *xawāṣṣ*| • specialty, speciality, particularity ▪ خاصة *xāṣṣatan*, بخاصة *bi-xāṣṣa^tin adv.* especially, particularly, in particular ▪ خاصة (و)أنّ *xāṣṣatan (wa-)ʔanna* especially since...

خ

خاصية *xāṣṣīyaᵗ*, خصيصة *xaṣīṣaᵗ n.* |*pl.* **dip.** خصائص *xaṣāʔiṣ*| • character • characteristic, attribute

خصيصا *xiṣṣīṣan adv.* • especially, particularly, in particular

إخصائي *ʔixṣāʔīʸ n.* • specialist, expert ▪ اخصائي العلاج الطبيعي *ixṣāʔīʸ · Ɛilāj ṭabīƐīʸ n.* physiotherapist

II **خصص** *xaṣṣaṣa v.tr.* |*2s* يخصص *yuxaṣṣiṣᵘ* | تخصيص *taxṣīṣ*| • devote *sth* ∘ *to* لـ, dedicate • designate *sb/sth* ∘ *as* لـ, mark, set aside, assign, allocate, earmark • specify, itemize, customize

تخصيص *taxṣīṣ n.*↑ • allotment, allocation, designation, appropriation

V **تخصص** *taxaṣṣaṣa v.intr.* |*5s* يتخصص *yataxaṣṣaṣᵘ* | تخصص *taxaṣṣuṣ*| • specialize *in* بـ *or* في, major

تخصص *taxaṣṣuṣ n.*↑ • specialization, major

متخصص *mutaxaṣṣiṣ act. part.* • *adj.* |*elat.* أكثر تخصصا *ʔaktar taxaṣṣuṣan*| specialized *in* بـ • *n.* expert, specialist

VIII **اختص** *ixtaṣṣa v.intr.* |*8g1* يختص *yaxtaṣṣᵘ* | اختصاص *ixtiṣāṣ*| • be marked *by* بـ, be distinguished • concern بـ, have to do with • be qualified *in* بـ, have jurisdiction

اختصاص *ixtiṣāṣ n.*↑ • jurisdiction

اختصاصي *ixtiṣāṣīʸ n.* • specialist, expert

مختص *muxtaṣṣ pass. part. adj.* • |*elat.* أكثر اختصاصا *ʔaktar ixtiṣāṣan*| authorized, responsible, having jurisdiction ▪ جهات مختصة *jihāt muxtaṣṣaᵗ pl. n.* relevant authorities

خصم *xaṣm n.* |*pl.* خصوم *xuṣūm*| • discount • opponent, adversary

خصومة *xuṣūmaᵗ n.* • feud

VI **تخاصم** *taxāṣama v.intr.* |*6s* يتخاصم *yataxāṣamᵘ* | تخاصم *taxāṣum*| • quarrel *with* مع, argue, fight

متخاصم *mutaxāṣim act. part. n.* • adversary

خصية *xuṣyaᵗ n.* |*pl.* **indecl.** خصى *xuṣ(an)*| • testicle

خضرة *xuḍraᵗ n.* |*pl.* خضروات *xaḍrawāt* or خضر *xuḍar*| • green, greenness ▪ خضروات *xaḍ(a)rawāt*, خضر *xuḍar pl. n.* vegetables, greens

خضري *xuḍarīʸ n.* • greengrocer

خضار *xaḍār coll. n.* • vegetables

أخضر *ʔaxḍar adj.* **dip.** |*m & f pl.* خضر *xuḍr* | *f. sing.* **dip.** خضراء *xaḍraʔ* | *f. dual* خضراوان *xaḍrāwānⁱ* | *f. pl.* خضراوات *xaḍrāwāt* | *elat.* أكثر اخضرارا *ʔaktar ixḍirāran*| • green ▪ أخضر ليموني *ʔaxḍar laymūnīʸ* lime-green • fresh (not dry)

IX **اخضر** *ixḍarra v.intr.* |*9s* يخضر *yaxḍarrᵘ* | اخضرار *ixḍirār*| • turn green

خضع *xaḍaƐa v.intr.* |*1s1* يخضع *yaxḍaƐᵘ* | خضوع *xuḍūƐ*| • submit *to* إلى, obey

خضوع *xuḍūƐ n.*↑ • submissiveness, submission

خضوع *xaḍūƐ adj.* |*m. pl.* خضع *xuḍuƐ* | *elat.* أكثر خضوعا *ʔaktar xuḍūƐan*| • submissive

خضم *xiḍamm n.* • ocean ▪ في خضم *fī xiḍammⁱ prep.* in the middle of

خطئ *xaṭiʔa v.intr.* |*1s4(c)* يخطأ *yaxṭaʔᵘ* | خطأ *xaṭaʔ*| • be mistaken, be wrong

خطأ *xaṭaʔ*, خطاء *xaṭāʔ* |*pl.* أخطاء *ʔaxṭāʔ*| • *adj.* |*elat.* أكثر خطأ *ʔaktar xaṭaʔan*| wrong, incorrect, false ◊ هل هذا خطأ؟ *Is that wrong?* • *n.*↑ mistake, error ▪ خطأ *xaṭaʔan adv.* by mistake ▪ على خطأ *Ɛalā xaṭaʔⁱⁿ adv.* wrong, mistaken

خاطئ *xāṭiʔ act. part. adj.* • *(of people)* mistaken, wrong, erring, at fault ▪ بشكل خاطئ *bi-šaklⁱⁿ xāṭiʔⁱⁿ*, بصورة خاطئة *bi-ṣūraᵗⁱⁿ xāṭiʔaᵗⁱⁿ adv.* mistakenly • *(of things)* wrong, incorrect, false

خطيئة *xaṭīʔaᵗ n.* |*pl.* **invar.** خطايا *xaṭāyā*| • sin, misdeed • blunder, mistake

IV **أخطأ** *ʔaxṭaʔa v.intr.* |*4s(c)* يخطئ *yuxṭiʔᵘ* | إخطاء *ʔixṭāʔ*| • make a mistake, be wrong

مخطئ *muxṭiʔ act. part. adj.* |*elat.* أكثر خطأ *ʔaktar xaṭaʔan*| • *(of people)* mistaken, wrong, erring, at fault

خطب *xaṭaba v.tr.* • |*1s3* يخطب *yaxṭubᵘ* | خطبة *xiṭbaᵗ*| propose *to (a woman)*, get engaged • |*1s3* يخطب *yaxṭubᵘ* | خطبة *xuṭbaᵗ*| address, deliver a speech

خطبة *xiṭbaᵗ n.*↑ • engagement

خطبة *xuṭbaᵗ n.*↑ |*pl.* خطب *xuṭab*| • speech • sermon ▪ خطبة جمعة *xuṭbat · jumƐaᵗ* khutbah, Friday sermon

خاطب *xāṭib act. part. n.* • matchmaker

مخطوب *maxṭūb pass. part. adj.* • engaged *to* لـ ▪ مخطوبان *maxṭūbānⁱ dual noun* engaged couple

مخطوبة *maxṭūbaᵗ n.* • fiancée

خطاب *xiṭāb n.* • letter ▪ أرسل خطابا *ʔarsala xiṭāban v.* send a letter • speech ▪ ألقى خطابا *ʔalqā xiṭāban v.* deliver a speech

خطوبة *xaṭūbaᵗ n.* • engagement

خطيب *xaṭīb n.* |*pl.* **dip.** خطباء *xuṭabāʔ*| • fiancé • preacher • orator, speaker

خطيبة *xaṭībaᵗ n.* • fiancée

III **خاطب** *xāṭaba v.tr.* |*3s* يخاطب *yuxāṭib^u* | مخاطبة *muxāṭaba^t*| • address, talk *to*

مخاطبة *muxāṭaba^t n.*↑ • address, speech • conversation

VI **تخاطب** *taxāṭaba v.intr.* |*6s* يتخاطب *yataxāṭab^u* | تخاطب *taxāṭub*| • have a conversation *with* مع, talk to each other

خطر *xaṭara v.intr.* |*1s2/1s3* يخطر *yaxṭir^u* or *yaxṭur^u* | خطور *xuṭūr*| • occur *to* لـ, dawn *upon*, come to *sb's* mind

خاطر *xāṭir act. part. n.* |*pl.* ***dip.*** خواطر *xawāṭir*| • thought, idea, notion

خطر *xaṭar n.* |*pl.* أخطار *ʔaxṭār*| • danger ▪ في خطر *fī xaṭar^in adv.* in danger

خطر *xaṭir adj.* |*elat.* أخطر *ʔaxṭar*| • dangerous, risky • serious, grave

خطورة *xuṭūra^t n.* • seriousness, gravity, importance ▪ في منتهى الخطورة *fī muntahā -lxuṭūra^ti adv.* extremely serious, in all earnest

خطير *xaṭīr adj.* |*m. pl.* خطر *xuṭr* | *elat.* أخطر *ʔaxṭar*| • serious, grave, important ▪ غير خطير *ɣayr · xaṭīr* minor

III **خاطر** *xāṭara v.intr.* |*3s* يخاطر *yuxāṭir^u* | مخاطرة *muxāṭara^t*| • risk بـ

مخاطرة *muxāṭara^t n.*↑ |*pl.* ***dip.*** مخاطر *maxāṭir* or مخاطرات *muxāṭarāt*| • risk, hazard ▪ مخاطر *maxāṭir pl. n.* dangers

خط *xaṭṭa v.tr.* |*1g3* يخط *yaxuṭṭ^u* | خط *xaṭṭ*| • write, write down

خط *xaṭṭ n.*↑ |*pl.* خطوط *xuṭūṭ*| • line ▪ خط باص *xaṭṭ · bāṣ* bus line ▪ خط قطري *xaṭṭ quṭrī^y* diagonal line ▪ شركة خطوط جوية *šarikat · xuṭūṭ jawwīya^t pl. n.* airline ▪ خط هاتف *xaṭṭ · hātif* telephone line ▪ خط استواء *xaṭṭ · istiwāʔ* equator • writing, handwriting, script, calligraphy, penmanship ⓘ *In Arabic, Naskh (➡ **picture on p. 300**) is to Ruq'ah (➡ **picture on p. 124**) as print is to cursive in English.*

خطي *xaṭṭī^y adj.* • handwritten, in writing ▪ رسالة خطية *risāla^t xaṭṭīya^t* handwritten letter

خطة *xiṭṭa^t* or *xuṭṭa^t n.* |*pl.* خطط *xiṭaṭ* or *xuṭaṭ*| • plan

خطاط *xaṭṭāṭ n.* • calligrapher ▪ قلم خطاط *qalam · xaṭṭāṭ* marker pen, felt-tip pen

II **خطط** *xaṭṭaṭa v.tr.* |*2s* يخطط *yuxaṭṭiṭ^u* | تخطيط *taxṭīṭ*| • plan

تخطيط *taxṭīṭ n.*↑ • design

تخطيطي *taxṭīṭī^y adj.* • design-

مخطط *muxaṭṭaṭ pass. part.* • *n.* plan, blueprint, manuscript, sketch • *adj.* planned; striped

خطف *xaṭafa v.tr.* |*1s2* يخطف *yaxṭif^u* | خطف *xaṭf*| • kidnap, abduct, snatch • hijack

خطف *xaṭf n.*↑ • kidnapping, abduction • hijacking

خاطف *xāṭif act. part. n.* |*pl.* ***dip.*** خاطفون *xāṭifūn^a* or خواطف *xawāṭif*| • kidnapper

VIII **اختطف** *ixtaṭafa v.tr.* |*8s* يختطف *yaxtaṭif^u* | اختطاف *ixtiṭāf*| • kidnap, abduct • hijack

اختطاف *ixtiṭāf n.*↑ • kidnapping, abduction • hijacking

مختطف *muxtaṭif act. part. n.* • kidnapper • hijacker

خطمي *xaṭmī^y n.* • hibiscus

خطا *xaṭā v.intr.* |*1d3* يخطو *yaxṭū* | خطو *xaṭw*| • step ▪ خطا خطوة نحو *xaṭā xaṭwa^t naḥwa* take a step *toward* ◊ البلد خطا خطوات كبيرة نحو الديمقراطية. *The country has made big strides toward democracy.*

خطوة *xaṭwa^t* or *xuṭwa^t n.* |*pl.* خطوات *xaṭ(a)wāt* or *xuṭ(u)wāt* or ***indecl.*** خطى *xuṭ(an)*| • step, footstep ▪ خطوة خطوة *xaṭwatan xaṭwatan adv.* step by step ▪ في خطوة نحو *fī xuṭwa^tin naḥwa* in a step toward ▪ بخطى ثابتة *bi-xuṭ(an) ṯābita^tin adv.* at a steady pace

V **تخطى** *taxaṭṭā v.tr.* |*5d* يتخطى *yataxaṭṭā* | ***def.*** تخط *taxaṭṭ(in)*| • cross, traverse

مخفر *maxfar*, مخفر شرطة *maxfar · šurṭa^t n.* |*pl.* ***dip.*** مخافر *maxāfir*| • police station

خفاش *xuffāš n.* |*pl.* ***dip.*** خفافيش *xafāfīš*| • *(animal)* bat

خفض *xafaḍa v.tr.* |*1s2* يخفض *yaxfiḍ^u* | خفض *xafḍ*| • lower, decrease, reduce

خفض *xafḍ n.*↑ • decrease, reduction

II **خفض** *xaffaḍa v.tr.* |*2s* يخفض *yuxaffiḍ^u* | تخفيض *taxfīḍ*| • lower, decrease, reduce ▪ خفض الوزن *xaffaḍa alwazan* lose weight ▪ خفض الضرائب *xaffaḍa aḍḍarāʔib* lower taxes ▪ خفض العجز في ميزانية *xaffaḍa alʕajz^a fī mīzānīya^t* reduce a budget deficit ▪ خفض سعرا *xaffaḍa siʕran* reduce a price • discount

تخفيض *taxfīḍ n.*↑ • reduction *in* على, decrease ◊ تخفيض على الرسوم الجمركية *reduction in customs duties* ▪ تخفيض وزن *taxfīḍ · wazn* weight-loss • discount *on* على

VII **انخفض** *inxafaḍa v.intr.* |*7s* ينخفض *yanxafiḍ^u* |

خ

انخفاض *inxifāḍ*| • decrease, reduce

انخفاض *inxifāḍ n.*↑ • decrease, reduction

منخفض *munxafiḍ act. part. adj.* |*elat.* أكثر انخفاضا *ʔaktar inxifāḍan* or أخفض *ʔaxfaḍ*| • low, reduced

خفيض *xafīḍ adj.* |*elat.* أخفض *ʔaxfaḍ*| • low • faint, dim, subdued

خفة *xiffaᵗ n.* • lightness

خفيف *xafīf adj.* |*m. pl.* خفاف *xifāf* | *elat.* أخف *ʔaxaff*| • *(weight)* light ▪ خفيف الحركة *xafīf · alḥarakaᵗⁱ* agile, nimble, deft ▪ خفيف الدم *xafīf · addamⁱ* witty, funny, humorous ▪ خفيف اليد *xafīf · alyadⁱ* dexterous, adroit

II **خفف** *xaffafa v.tr.* |*2s* يخفف *yuxaffifᵘ* | تخفيف *taxfīf*| • lighten, reduce in weight ▪ خفف الوزن *xaffafa alwaznᵃ* lose weight • dilute • lessen, mitigate, ease

X **استخف** *istaxaffa v.tr.* |*10g* يستخف *yastaxiffᵘ* | استخفاف *istixfāf*| • look down *on* بـ, disdain, underestimate

خفق *xafaqa v.* • *v.tr.* |*1s2/1s3* يخفق *yaxfiqᵘ* or *yaxfuqᵘ* | خفق *xafq*| beat, whip ◊ اخفق البيض جيدا. *Beat the eggs well.* • *v.intr. (heart)* |*1s2/1s3* يخفق *yaxfiqᵘ* or *yaxfuqᵘ* | خفقان *xafaqān*| beat, palpitate

IV **أخفق** *ʔaxfaqa v.intr.* |*4s* يخفق *yufiqᵘ* | إخفاق *ʔixfāq*| • fail *at* في, be unsuccessful

إخفاق *ʔixfāq n.*↑ • failure

مخفق *muxfiq act. part. adj.* |*elat.* أكثر إخفاقا *ʔaktar ʔixfāqan*| • unsuccessful

خفي *xafiya v.intr.* |*1d4* يخفى *yaxfā* | خفاء *xafāʔ*| • be hidden ▪ لا يخفى *lā yaxfā* be obvious • be unknown *to* على

خفاء *xafāʔ n.*↑ • secrecy ▪ في الخفاء *fī -lxafāʔⁱ adv.* secretly, in secret

خفي *xafīʸ adj.* |*elat.* **invar.** أخفى *ʔaxfā*| • hidden, invisible

IV **أخفى** *ʔaxfā v.tr.* |*4d* يخفي *yuxfī* | إخفاء *ʔixfāʔ*| • hide *sth* ∘ *from* عن, keep secret

VIII **اختفى** *ixtafā v.intr.* |*8d1* يختفي *yaxtafī* | اختفاء *ixtifāʔ*| • hide, disappear, vanish

اختفاء *ixtifāʔ n.*↑ • disappearance

مختفى *muxtaf(an) n.* **indecl.** |*dual* مختفيان *muxtafayānⁱ* | *pl.* مختفيات *muxtafayāt*| • hiding place

خلاب *xallāb adj.* • attractive

مخلب *mixlab n.* |*pl.* **dip.** مخالب *maxālib*| • claw

خليج *xalīj n.* |*pl.* خلجان *xuljān*| • gulf, bay ▪ الخليج (العربي) *alxalīj (alƐarabīʸ)* The Persian Gulf ▪ خليج عمان *xalīj · Ɛumān* the Gulf of Oman ▪ خليج العقبة *xalīj · alƐaqabaᵘ* the Gulf of Aqaba ▪ خليج السويس *xalīj · assuwaysⁱ* the Gulf of Suez ▪ الخليج *alxalīj n.* ***f.*** Al Khaleej (Emirati newspaper)

خليجي *xalījīʸ adj.* • Gulf-

VIII **اختلج** *ixtalaja v.intr.* |*8s* يختلج *yaxtalijᵘ* | اختلاج *ixtilāj*| • convulse, quiver

اختلاجة *ixtilājaᵗ n.* • convulsion

خلخال *xalxāl n.* |*pl.* **dip.** خلاخيل *xalāxīl*| • anklet

خالد *xālid adj.* • immortal, eternal • *man's name* Khalid, Khaled

خلود *xulūd n.* • immortality, eternity

VIII **اختلس** *ixtalasa v.tr.* |*8s* يختلس *yaxtalisᵘ* | اختلاس *ixtilās*| • embezzle, misappropriate

اختلاس *ixtilās n.*↑ • embezzlement, misappropriation

خلص *xalaṣa v.intr.* • |*1s3* يخلص *yaxluṣᵘ* | خلوص *xulūṣ*| arrive *at (a result)* إلى • |*1s3* يخلص *yaxluṣᵘ* | خلاص *xalāṣ*| become pure, be free *of or from* من; be saved, be rescued *from* من

خلاص *xalāṣ n.*↑ • salvation, redemption

خالص *xāliṣ act. part. adj.* |*m. pl.* خلص *xullaṣ* | *elat.* أخلص *ʔaxlaṣ*| • clear, pure • sincere, frank

خلاصة *xulāṣaᵗ n.* • excerpt, extract • synopsis, summary

خليص *xalīṣ act. part. adj.* |*m. pl.* خلصاء *xulaṣāʔ* | *elat.* أخلص *ʔaxlaṣ*| • clear, pure • sincere, frank

II **خلص** *xallaṣa v.tr.* |*2s* يخلص *yuxalliṣᵘ* | تخليص *taxlīṣ*| • save, free *sb* ∘ *from* من • purify

IV **أخلص** *ʔaxlaṣa v.intr.* |*4s* يخلص *yuxliṣᵘ* | إخلاص *ʔixlāṣ*| • be loyal, devote, dedicate *to* لـ

إخلاص *ʔixlāṣ n.*↑ • sincerity, honesty, loyalty, devotion, dedication

مخلص *muxliṣ act. part. adj.* |*elat.* أخلص *ʔaxlaṣ* or أكثر إخلاصا *ʔaktar ʔixlāṣan*| • sincere, honest • loyal *to* لـ

V **تخلص** *taxallaṣa v.intr.* |*5s* يتخلص *yataxallaṣᵘ* | تخلص *taxalluṣ*| • be free *of*, get rid *of*, free oneself *from* من

تخلص *taxalluṣ n.*↑ • escape, freedom

خلط *xalaṭa v.tr.* |*1s2* يخلط *yaxliṭᵘ* | خلط *xalṭ*| • mix, blend • mix up, confuse *sb/sth* ∘ *with* بـ

خلط *xalṭ n.*↑ • mixture, blend

خلاط *xallāṭ n.* • blender

خليط *xalīṭ n.* |*pl.* **dip.** خلائط *xalāʔiṭ*| • blend, mixture *of* من

VIII **اختلط** *ixtalaṭa v.intr.* |8s يختلط *yaxtaliṭᵘ* | اختلاط *ixtilāṭ*| • mix, be mixed *with* بـ • become confused *with* بـ • be on intimate terms *with* بـ

اختلاط *ixtilāṭ n.*↑ • confusion

خلع *xalaƐa v.tr.* |1s1 يخلع *yaxlaƐᵘ* | خلع *xalƐ*| • take off (clothes) • take out, extract, remove ▪ خلع سنا *xalaƐa sinnan* pull a tooth

خلف *xalafa v.intr.* |1s3 يخلف *yaxlufᵘ* | خلافة *xilāfaᵗ*| • be the successor *of*, succeed

خلافة *xilāfaᵗ n.*↑ • succession • caliphate ▪ الخلافة *alxilāfaᵗ* the Caliphate

خلف *xalf n.* • back ▪ إلى الخلف *ʔilā -lxalfⁱ adv.* back, backward(s)

خلف *xalfa prep.* • behind ▪ جرى خلف *jarā xalfa v.* run after

خلف *xalfu*, من خلف *min xalfu adv.* • in the back

خلفي *xalfīʸ adj.* • back-, posterior-, rear-, hind- ▪ جزء خلفي *juzʔ xalfīʸ n.* back ▪ عجلات خلفية *Ɛajalāt xalfīyaᵗ pl. n.* rear tires

خلفية *xalfīyaᵗ n.* • *(opp. foreground)* background • history, background

خلف *xalaf n.* |*pl.* أخلاف *ʔaxlāf*| • successor • descendant

خلاف *xilāf n.* • conflict, disagreement, difference, dispute ▪ خلافا لـ *xilāfan li- prep.* contrary to ◊ كان مجتهدا خلافا لأخيه. *Unlike his brother, he was a hard worker.* ▪ بخلاف *bi-xilāfⁱ prep.* other than, besides ▪ خلافا لذلك *xilāfan li-ḏālika adv.* otherwise ▪ خلافا للقانون *xilāfan li-lqanūnⁱ adv.* unlawfully

خليفة *xalīfaᵗ n.* **m.** |*pl.* **dip.** خلفاء *xulafāʔ*| • successor • caliph ▪ برج خليفة *burj · xalīfaᵗ* Burj Khalifa (163 stories / 2,722 ft. (830 m) tall)

➡ picture on the right

II **خلف** *xallafa v.tr.* |2s يخلف *yuxallifᵘ* | تخليف *taxlīf*| • leave behind

مخلفات *muxallafāt pass. part. pl. n.* • leftovers, scraps

III **خالف** *xālafa v.tr.* |3s يخالف *yuxālifᵘ* | مخالفة *muxālafaᵗ*| • violate, breach, break ▪ خالف قانونا *xālafa qānūnan* break a law ▪ خالف قائدة *xālafa qāʔidaᵗ* break a rule • differ *from*, disagree *with*

مخالفة *muxālafaᵗ n.*↑ • violation, offense, infraction • *(sports)* foul

مخالف *muxālif act. part.* • *adj.* contrary *to* لـ, conflicting *with* ▪ مخالف القانون *muxālif alqānūn* against the law • *adj.* in violation *of* لـ • *n.* violator

V **تخلف** *taxallafa v.intr.* |5s يتخلف *yataxallafᵘ* | تخلف *taxalluf*| • fall behind, be left behind

تخلف *taxalluf n.*↑ • backwardness

متخلف *mutaxallif act. part. adj.* |*elat.* أكثر إخلاصا *ʔaktar ʔixlāṣan*| • backward, undeveloped, underdeveloped ▪ متخلف عقليا *mutaxallif Ɛaqlīyan* mentally retarded ▪ دولة متخلفة *dawlaᵗ mutaxallifaᵗ* underdeveloped country

Burj Khalifa building in Dubai

VIII **اختلف** *ixtalafa v.intr.* |8s يختلف *yaxtalifᵘ* | اختلاف *ixtilāf*| • differ *from* عن *or* من ◊ ما قلته لا يختلف عما قلته أنا. *What you said doesn't differ from what I said.* • disagree *with* مع *about* في, differ ▪ اختلف معه في الرأي عن *ixtalafa maƐāhu fī -rraʔyⁱ Ɛan* differ in opinion with *sb* on • frequent إلى, patronize

اختلاف *ixtilāf n.*↑ • difference • disagreement, difference (of opinion)

مختلف *muxtalif act. part.* • different *from* عن • [+ definite genitive plural noun] various ◊ في مختلف المجالات *in various fields*

X **استخلف** *istaxlafa v.tr.* |10s يستخلف *yastaxlifᵘ* | استخلاف *istixlāf*| • appoint as successor

خلق *xalaqa v.tr.* |1s3 يخلق *yaxluqᵘ* | خلق *xalq*| • create

خلق *xalq n.*↑ • creation

خلقي *xalqīʸ adj. & n.* • creationist

خلقية *xalqīya^{t} n.* • creationism

خالق *xāliq act. part.* • *n.* creator • *adj.* creative

مخلوق *maxlūq pass. part.* • *adj.* created • *n.* creature

خلق *xulq* or *xuluq n.* |*pl.* أخلاق *ʔaxlāq*| • character, nature, disposition ▪ أخلاق *ʔaxlāq pl. n.* morals, ethics

أخلاقي *ʔaxlāqī^{y} adj.* • moral

أخلاقية *ʔaxlāqīya^{t} n.* • morality

خلقي *xilqī^{y} adj.* • congenital ▪ عيب خلقي *ɛayb xilqī^{y} n.* congenital deformity

خل *xall n.* • vinegar

خلل *xalal n.* |*pl.* خلال *xilāl*| • defect, flaw • gap, interval ▪ في خلال *fī xilāl^{i} prep.* within, during, over ◊ سآتي في خلال ساعة. *I'll come within an hour.* ▪ من خلال *min xilāl^{i} adv.* by means of, via ◊ عرفته من خلال الإنترنت. *I met him on the Internet.*; through

خلال *xilāla prep.* • within, during, over ◊ خلال ساعة *within an hour* ◊ خلال الشهور الستة الماضية *in the past six months*

V **تخلل** *taxallala v.tr.* |*5s* يتخلل *yataxallal^{u}* | تخلل *taxallul*| • penetrate, permeate, be located between ◊ يتخلل النهر المدينة. *The river runs through the city.*

خليل *xalīl n.* |*pl.* ***dip.*** أخلاء *ʔaxillāʔ*| • boyfriend, lover, loved one

خليلة *xalīla^{t} n.* • girlfriend, mistress

الخليل *alxalīl n.* ***f.*** • *(city in Palestine)* Hebron ➡ ***map on p. 237***

خلا *xalā v.intr.* |*1d4* يخلو *yaxlū* | خلاء *xalāʔ*| • be free *of* من

خلاء *xalāʔ n.*↑ • emptiness, vacancy

خال *xāl(in) act. part. adj.* ***def.*** • empty, vacant

خلية *xalīya^{t} n.* |*pl.* ***invar.*** خلايا *xalāyā*| • cell ▪ خلية نحل *xalīyat · naḥl* beehive

خلوي *xalawī^{y} adj.* • cellular ▪ (هاتف) خلوي *(hātif) xalawī^{y} n.* cell phone

II **خلى** *xallā v.tr.* |*2d* يخلي *yuxallī* | تخلية *taxliya^{t}*| • vacate

V **تخلى** *taxallā v.intr.* |*5d* يتخلى *yataxallā* | ***def.*** تخل *taxall(in)*| • give up *on* عن, quit, renounce, relinquish, abandon عن ◊ أبدا لن تتخلى عن أطفالها. *She'll never abandon her children.*

تخل *taxall(in) n.*↑ ***def.*** • renouncement, relinquishment • abandonment

خمد *xamada v.intr.* |*1s3* يخمد *yaxmud^{u}* | خمود *xumūd*| • *(of fire)* go out, die • become quiet, die down • *(of volcanoes)* become dormant

IV **أخمد** *ʔaxmada v.tr.* |*4s* يخمد *yuxmid^{u}* | إخماد *ʔixmād*| • extinguish, put out

خمر *xamr n.* |*pl.* خمور *xumūr*| • alcohol

خمار *ximār n.* |*pl.* خمر *xumur*| • *(scarf covering head, face, neck, and bosom)* khimar, headscarf ➡ ***also picture on p. 68***

Headscarves for sale in Damascus

خميرة *xamīra^{t} n.* |*pl.* ***dip.*** خمائر *xamāʔir*| • yeast

مخمور *maxmūr adj.* • intoxicated, drunk

V **تخمر** *taxammara v.intr.* |*5s* يتخمر *yataxammar^{u}* | تخمر *taxammur*| • ferment • *(of bread)* rise

خمس *xums n.* |*pl.* أخماس *ʔaxmās*| • *(fraction)* fifth ◊ ثلاثة أخماس *three fifths*

خمسة *xamsa^{t}* ***f.*** *number* |*m.* خمس *xams* | *as numeral, written* ٥| • [+ indefinite genitive plural noun] five ⓘ *The number 5 requires reverse gender agreement:* ◊ *(feminine form with masculine noun)* خمسة بيوت *xamsa^{t} buyūt^{in} five houses* ◊ *(masculine form with feminine noun)* خمس سيارات *xams sayyārāt^{in} five cars* ▪ وخمس دقائق *wa-xams^{a} daqāʔiq^{a}* [hour +] *(time)* five past, oh five ◊ إنها الساعة الثالثة و خمس دقائق *It's five past three (3:05).* • [definite plural noun +] the five ◊ الرجال الخمسة *the five men* ◊ النساء الخمس *the five women*

خمسة عشر *xamsa^{ta} ɛašr^{a}* ***f.*** *number* |*m.* خمس عشرة *xams^{a} ɛašara^{ta}* | *as numeral, written* ١٥| • [+ indefinite accusative singular noun] fifteen

ⓘ *The number 15 is a compound number. Neither word in the compound reflects the case required by the grammar of the sentence; both always take the definite accusative. The first word in the compound requires reverse gender agreement, while the second agrees in gender with the counted noun:* ◊ *(with masculine noun)* خمسة عشر بيتا *xamsa^{ta} Ɛašr^{a} baytan fifteen houses* ◊ *(with feminine noun)* خمس عشرة سيارة *xams^{a} Ɛašara^{ta} sayyārāt^{an} fifteen cars* • [definite plural noun +] the fifteen ◊ الرجال الخمسة عشر *the fifteen men* ◊ النساء الخمس عشرة *the fifteen women*

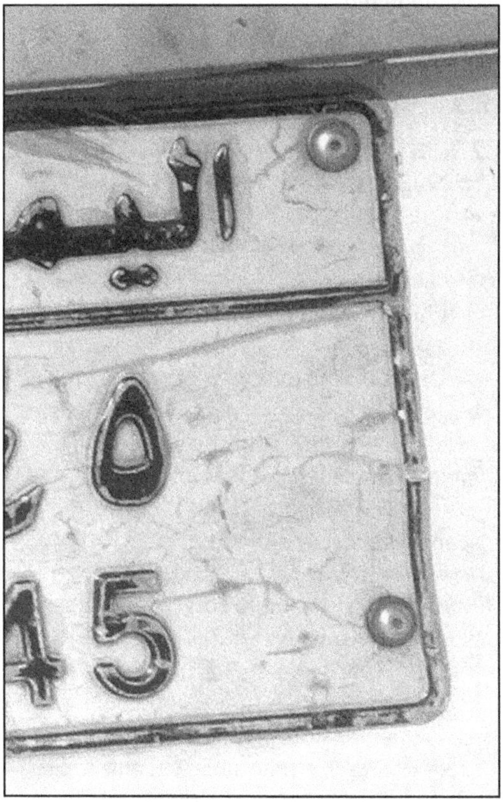

'5': License plate in Yemen

خمسون *xamsūn^{a} number* |*acc. and gen.* خمسين *xamsīn^{a}* | *as numeral, written* ٥٠ | • [+ indefinite accusative singular noun] fifty ◊ خمسون بيتا *xamsūn^{a} baytan fifty houses* ◊ من خمسون بيتا *min xamsīn^{a} baytan from fifty houses* ▪ الخمسينات *alxamsīnāt pl. n.* the fifties, the (19)50s • *adj.* fiftieth ◊ في اليوم الخمسين *fī -lyawm^{i} -lxamsīn^{a} the fiftieth day*

خمسيني *xamsīnī^{y} adj.* • fifty-something-year-old, in *one's* fifties

رياح الخماسين *rīḫ · alxamāsīn^{a} pl. n.* • khamseen (seasonal dust storms)

خماس *xumāsa adv.* • five at a time, in fives

خماسي *xumāsī^{y} adj.* • fivefold, penta-

خميس *xamīs n.* • Thursday ◊ في أول خميس من كل شهر *on the first Thursday of every month* ▪ الخميس *alxamīs^{a}*, يوم الخميس *yawm^{a} · -lxamīs^{i} adv.* (on) Thursday(s) ▪ كل خميس *kull^{a} xamīs^{in} adv.* every Thursday

خميس مشيط *xamīs · mušayṭ n.* ***f.*** • *(city in Saudi Arabia)* Khamis Mushait ➡ ***map on p. 144***

خامس *xāmis adj.* • *(ordinal number)* fifth ▪ الساعة الخامسة *assāƐa^{t} alxāmisa^{t}* five o'clock (5:00)

الخامس عشر *alxāmis^{a} Ɛašr^{a} adj.* |*f.* الخامسة عشرة *alxāmisa^{ta} Ɛašara^{ta}*| • [always accusative] the fifteenth ◊ اليوم الخامس عشر *the fifteenth day* ◊ المرة الخامسة عشرة *the fifteenth time*

II **خمس** *xammasa v.tr.* |*2s* يخمس *yuxammis^{u}* | تخميس *taxmīs*| • multiply by five, increase fivefold

مخمس *muxammas pass. part. n.* • pentagon

أخمص *ʔaxmaṣ n.* ***dip.*** |*pl.* ***dip.*** أخامص *ʔaxāmiṣ*| • *(foot)* sole ▪ من قمة رأسه حتى أخمص قدميه *min qimmat raʔs^{i}hi ḫattā ʔaxmaṣ^{i} qadamayhi adv.* from head to toe • rifle butt

خمول *xumūl n.* • lethargy, sluggishness

II **خمن** *xammana v.tr.* |*2s* يخمن *yuxammin^{u}* | تخمين *taxmīn*| • guess

تخمين *taxmīn n.*↑ • guess

خنجر *xanjar n.* |*pl.* ***dip.*** خناجر *xanājir*| • dagger

خنجري *xanjarī^{y} adj.* • dagger- ▪ ألف خنجرية *ʔalif xanjarīya^{t}* dagger alif

خندق *xandaq n.* |*pl.* ***dip.*** خنادق *xanādiq*| • ditch, trench

خنزير *xinzīr n.* |*pl.* ***dip.*** خنازير *xanāzīr*| • pig, hog, swine ▪ لحم خنزير *laḫm · xinzīr* pork ▪ إنفلونزا الخنازير *ʔinfluwanzā -lxanāzīr* swine flu

خنصر *xinṣir n.* |*pl.* ***dip.*** خناصر *xanāṣir*| • little finger, pinky

خنع *xanaƐa v.intr.* |*1s1* يخنع *yaxn**a**Ɛ^{u}* | خنوع *xunūƐ*| • be meek, be humble • yield *to* لـ, cringe *before*, bow *to*

خنوع *xanūƐ adj.* |*pl.* خنع *xunuƐ* | *elat.* أخنع *ʔaxnaƐ*| • meek, humble • submissive

خنفساء *xunfusāʔ n.* |*pl.* ***dip.*** خنافس *xanāfis*| • beetle

خنق *xanaqa v.tr.* |*1s3* يخنق *yaxn**u**q^{u}* | خنق *xanq*| • strangle, choke, suffocate

خنق *xanq n.*↑ • strangulation

خ

VIII **اختنق** *ixtanaqa v.intr.* |*8s* يختنق *yaxtaniqᵘ* | اختناق *ixtināq*| • choke • suffocate

اختناق *ixtināq n.*↑ • suffocation ◊ مات بفعل الاختناق. *He died of suffocation.*

خوخ *xawx coll. n.* |*sing.* خوخة *xawxaᵗ*| • peaches, plums

خوذة *xūđaᵗ n.* |*pl.* خوذات *xūđāᵗ* or خوذ *xuwađ*| • helmet

خار *xāra v.intr.* |*1h3* يخور *yaxūrᵘ* | خوار *xuwār*| • moo

الخور *alxawr n. f.* • *(city in Qatar)* Al Khor
➡ **map on p. 250**

خورفكان *xawr fakkān* • *n. f. (city in the U.A.E.)* Khor Fakkan ➡ **map on p. 15**

خوص *xūṣ coll. n.* |*sing.* خوصة *xūṣaᵗ*| • palm leaves

خاض *xāḍa v.tr.* |*1h3* يخوض *yaxūḍᵘ* | خوض *xawḍ*| • wade • wage, carry out (war, campaign)

خاف *xāfa v.intr.* |*1h1* يخاف *yaxāfᵘ* | خوف *xawf*| • be afraid *of* من, fear ▪ خاف من أنْ *xāfa min ʔan* be afraid that..., be afraid to *(do)* ◊ كنت أخاف أن يموت بين يدي. *I was afraid that he would die in my arms.* ◊ تخاف أن تخرج من البيت. *She's afraid to leave the house.* • worry *about* على ◊ أخاف عليك. *I'm worried about you.*

خوف *xawf n.*↑ • fear ▪ خوفا من أنْ *xawfan min ʔan* lest, for fear that... ◊ اختبأ خوفا من أن يراه أحد. *He hid fearing that someone would see him.* ▪ بخوف *bi-xawfⁱⁿ* in fear • worry

خائف *xāʔif act. part. adj.* |*m. pl.* خوف *xuwwaf* | *elat.* أكثر خوفا *ʔaktar xawfan* or أخوف *ʔaxwaf*| • afraid *of* من, frightened, scared • worried *about* على

مخافة *maxāfaᵗ n.* |*pl.* **dip.** مخاوف *maxāwif*| • fear, anxiety ▪ مخافة أنْ *muxāfata ʔan conj.* lest, for fear that... • worry

II **خوف** *xawwafa v.tr.* |*2s* يخوف *yuxawwifᵘ* | تخويف *taxwīf*| • frighten, scare, intimidate

تخويف *taxwīf n.*↑ • intimidation

IV **أخاف** *ʔaxāfa v.tr.* |*4h* يخيف *yuxīfᵘ* | إخافة *ʔixāfaᵗ*| • frighten, scare

مخيف *muxīf act. part. adj.* |*elat.* أكثر إخافة *ʔaktar ʔixāfatan* or أخوف *ʔaxwaf*| • dreadful, frightening

V **تخوف** *taxawwafa v.intr.* |*5s* يتخوف *yataxawwafᵘ* | تخوف *taxawwuf*| • be afraid *of* من, fear

خال *xāl n.* • |*pl.* أخوال *ʔaxwāl*| *(maternal)* uncle ▪ ابن خال *ibn · xāl (maternal uncle's son)* cousin ▪ ابنة خال *ibnat · xāl (maternal uncle's daughter)* cousin • |*pl.* خيلان *xīlān*| mole

خالة *xālaᵗ n.* • *(maternal)* aunt ▪ ابن خالة *ibn · xālaᵗ (maternal aunt's son)* cousin ▪ ابنة خالة *ibnat · xālaᵗ (maternal aunt's daughter)* cousin

خان *xāna v.tr.* |*1h3* يخون *yaxūnᵘ* | خيانة *xiyānaᵗ*| • betray

خيانة *xiyānaᵗ n.*↑ • betrayal, treason ▪ خيانة عظمى *xiyānaᵗ Ɛuẓmā* high treason

خائن *xāʔin act. part. n.* |*pl.* خونة *xawanaᵗ*| • traitor

خاب *xāba v.intr.* |*1h2* يخيب *yaxībᵘ* | خيبة *xaybaᵗ*| • fail, be unsuccessful ▪ خاب أمله *xāba ʔamalᵘhu* be disappointed ◊ خاب أملي. *I was disappointed.*

خيبة *xaybaᵗ n.*↑ • failure, frustration ▪ خيبة أمل *xaybat · ʔamal* disappointment

خائب *xāʔib act. part. adj.* |*elat.* أخيب *ʔaxyab*| • unsuccessful

II **خيب** *xayyaba v.tr.* |*2s* يخيب *yuxayyibᵘ* | تخييب *taxyīb*| • cause to fail • disappoint ▪ خيب أمله *xayyaba ʔamalᵃhu* disappoint

خير *xayr* • *adj.* |*pl.* أخيار *ʔaxyār* | *elat.* خير *xayr* or أخير *ʔaxyar*| good • [+ genitive noun] the best ◊ وخير وسيلة للسلام هي الحوار. *The best way to peace is through dialog.* ▪ خير من *xayr min* better than ▪ خير الأمور أوساطها. *xayrᵘ -lʔumūrⁱ ʔawsāṭᵘhā proverb* The best course is the middle course. ▪ خير الكلام ما قل ودل. *xayrᵘ -lkalāmⁱ mā qalla wa-dalla proverb* The best speech is short and to the point. ▪ خير العفو ما كان عند المقدرة. *xayrᵘ -lƐafwⁱ mā kāna Ɛinda -lmaqdaratⁱ proverb* Forgiveness is best when one is mighty. • *n.* |*pl.* خيور *xuyūr*| good, blessing, charity ▪ الخير والشر *alxayr wa-ššarr* good and evil ▪ بخير *bi-xayrⁱⁿ* good, fine ◊ كيف حالك؟ بخير، شكرا. *How are you? Fine, thank you.*

خيري *xayrīʸ adj.* • charitable, philanthropic ▪ منظمة خيرية *munaẓẓamaᵗ xayrīyaᵗ* charity, charitable organization

خيرة *xayraᵗ* or *xīraᵗ n.* • choice, pick, elite, top, best • good deed ▪ خيرات *xayrāt pl. n.* wealth

خيار *xiyār* • *n.* choice, option ▪ لا خيار له *lā xiyārᵃ lahu* have no choice • *coll. n.* |*sing.* خيارة *xiyāraᵗ*| cucumbers

خياري *xiyārīʸ adj.* • optional

VIII **اختار** *ixtāra v.tr.* |*8h1* يختار *yaxtārᵘ* | اختيار *ixtiyār*| • choose, select

اختيار *ixtiyār n.*↑ • choice, selection

اختياري *ixtiyārīʸ adj.* • optional, elective ▪ دورة

اختيارية *dawraᵗ ixtiyārīyaᵗ n.* elective course

مختار *muxtār pass. part.* |*pl.* ***dip.*** مخاتير *maxātīr*| • *n.* mukhtar • *adj.* chosen; having free will ▪ مختارا *muxtāran adv.* voluntarily

خيزران *xayzurān n.* • bamboo

خيط *xayṭ n.* |*pl.* خيوط *xuyūṭ*| • string, thread ▪ خيط جراحي *xayṭ jirāḥīʸ* suture, stitch ▪ خيط للأسنان *xayṭ li-lʔasnānⁱ* dental floss ▪ نظف الأسنان بالخيط *naẓẓafa alʔasnānᵃ bi-lxayṭⁱ v.* floss

خياط *xayyāṭ n.* • tailor, dress maker

خياطة *xayyāṭaᵗ n.* • seamstress

II **خيط** *xayyaṭa v.tr.* |*2s* يخيط *yuxayyiṭᵘ* | تخييط *taxyīṭ*| • sew, tailor

خيل *xayl coll. n.* |*sing.* حصان *ḥisān* | *pl.* خيول *xuyūl*| • horses ▪ ركب خيلا *rakiba xaylan v.* ride a horse

خيال *xayāl n.* |*pl.* أخيلة *ʔaxyilaᵗ*| • imagination, fantasy

خيالي *xayālīʸ adj.* • imaginary, fictitious

خيلاء *xuyalāʔ n.* ***dip.*** • arrogance, conceit

II **خيل** *xayyala v.tr.* |*2s* يخيل *yuxayyilᵘ* | تخييل *taxyīl*| • cause to believe ▪ خيل إليه أنَّ *xuyyila ʔilayhi ʔanna,* خُيل لـه أنَّ *xuyyila lahu ʔanna pass. v.* imagine that...

V **تخيل** *taxayyala v.tr.* |*5s* يتخيل *yataxayyalᵘ* | تخيل *taxayyul*| • imagine, visualize, picture

تخيل *taxayyul n.*↑ • imagination, fiction

خام *xām adj.* |*f. sing.* خام *xām*| • unprocessed, crude, raw ▪ مواد خام *muwādd xām pl. n.* raw materials • inexperienced

خيمة *xaymaᵗ n.* |*pl.* خيم *xiyam* or خيام *xiyām*| • tent

II **خيم** *xayyama v.intr.* |*2s* يخيم *yuxayyimᵘ* | تخييم *taxyīm*| • camp • reign, be completely __ ◊ خيم الظلام. *It was completely dark.* ◊ خيم الصمت. *It was completely silent.*

مخيم *muxayyam pass. part. n.* • camp, campground

د

د *dāl n.* **f.** |دال| • *(eighth letter of the Arabic alphabet)* • *(numerical value)* 4 ➡ ***The Abjad Numerals p. 61*** • *(point of information)* D.,IV.

دأب *daʔaba v.intr.* |*1s1(a)* يدأب *yadʔab*ᵘ | دأب *daʔb*| • persist *in* على, persevere *in*, be tireless *in*, apply *oneself to*

دأب *daʔab n.*↑ • persistence, perseverance, tirelessness

دائب *dāʔib act. part. adj.* |*elat.* أدأب *ʔadʔab*| • persistent, diligent, tireless

دأب *daʔb n.*↑ |*pl.* أدؤب *ʔadʔub*| • habit ▪ كدأبه *ka-daʔbⁱhi* as *one* usually does

دؤوب *daʔūb adj.* |*elat.* أدأب *ʔadʔab*| • persistent, diligent, tireless

دارفور *dārfūr n.* ***f. dip.*** • *(region in Sudan)* Darfur

دال *dāl n.* ***f.*** ➡ ***د above***

داود *dāwūd*, داوود *dāwūd* **dip.** *man's name* • Daud, Dawud, David

دب *dabba v.intr.* |*1g2* يدب *yadibb*ᵘ | دبيب *dabīb*| • creep, crawl • spread *into/over* في, fill

دابة *dābbaᵗ n.* |*pl.* **dip.** دواب *dawābb*| • animal used for riding (horse, camel, donkey, etc.)

دب *dubb n.* |*pl.* دببة *dibabaᵗ*| • bear

دبابة *dabbābaᵗ n.* • *(military)* tank

II **دبب** *dabbaba v.tr.* |*2s* يدبب *yudabbib*ᵘ | تدبيب *tadbīb*| • grind, sharpen

مدبب *mudabbab pass. part. adj.* |*elat.* أكثر تدببا *ʔaktar tadabbuban*| • sharp, pointed

دبا الحصن *dibbā -lḥiṣn n.* ***f.*** • *(city in the U.A.E.)* Dibba Al-Hisn ➡ ***map on p. 15***

دبدوب *dabdūb n.* |*pl.* **dip.** دبادیب *dabādīb*| • teddy bear

II **دبر** *dabbara v.tr.* |*2s* يدبر *yudabbir*ᵘ | تدبير *tadbīr*| • arrange, organize, manage, run

تدبير *tadbīr n.*↑ • arrangement, organization, administration, management ▪ تدبير منزلي *tadbīr manzalīʸ* housekeeping • |*pl.* **dip.** تدابير *tadābīr*| measure, step, procedure

دبور *dabbūr n.* |*pl.* **dip.** دبابير *dabābīr*| • hornet, wasp

دباسة *dabbāsaᵗ n.* • stapler

دبوس *dabbūs n.* |*pl.* **dip.** دبابيس *dabābīs*| • pin • staple

II **دبس** *dabbasa v.tr.* |*2s* يدبس *yudabbis*ᵘ | تدبيس *tadbīs*| • staple

دبغ *dabaɣa v.tr.* |*1s1* يدبغ *yadbaɣ*ᵘ | دبغ *dabɣ*| • tan (leather) ▪ دبغ جلدا *dabaɣa jildan* tan a hide

مدبغة *madbaɣaᵗ n.* |*pl.* **dip.** مدابغ *madābiɣ*| • tannery

دبلن *dablin n.* ***f. dip.*** • *(capital of Ireland)* Dublin

دبلوم *diblōm*, دبلومة *diblōmaᵗ n.* • diploma

دبلوماسي *diblōmāsīʸ* • *adj.* diplomatic • *n.* diplomat

دبلوماسية *diblōmāsīyaᵗ n.* • diplomacy

دبي *dubayʸ n.* ***f. dip.*** • *(city in the U.A.E.)* Dubai ➡ ***map on p. 15,*** ➡ ***picture on p. 95***

دثار *ditār n.* |*pl.* دثر *dutur*| • jacket • *(geology)* mantle

دجاج *dajāj coll. n.* |*sing.* دجاجة *dajājaᵗ*| • chickens ▪ دجاجة *dajājaᵗ sing. n.* hen, chicken ➡ ***compare with*** دواجن ***dawājin under*** داجن ***dawājin below***

الدجلة *addajlaᵗ* or *addijlaᵗ n.* • *(river)* the Tigris (flows from Turkey through Iraq) ➡ ***map on p. 202***

داجن *dājin adj.* |*m. pl.* **dip.** دواجن *dawājin* | *elat.* أدجن *ʔadjan*| • domesticated ▪ دواجن *dawājin pl. n.* poultry, fowl

دخس *duxas n.* • dolphin

دخل *daxala v.tr. & intr.* |*1s3* يدخل *yadxul*ᵘ | دخول *duxūl*| • enter (في), go *in*, come *in* ▪ دخل حيز التنفيذ *daxala ḥayyizᵃ -ttanfīḏⁱ* go into effect ▪ لا تدخل بين البصلة وقشرتها. *lā tadxul bayna -lbaṣlaᵗⁱ wa-qišratⁱhā proverb* Mind your own business. (lit. Don't get between an onion and its peel.)

دخول *duxūl n.*↑ • entrance, admission

دخل *daxl n.* |*pl.* دخول *duxūl*| • income ▪ ذو الدخل المنخفض *ḏū addaxl almunxafiḍ* (having a) low-income • concern, business ▪ لا دخل فيه *lā daxla fīhi sth* is no concern *of* لـ ◊ هذا الأمر لا دخل لك فيه. *This matter does not concern you.*

داخل *dāxil act. part. n.* |*pl.* **dip.** دواخل *dawāxil*| • interior, inside ▪ داخلا *dāxilan*, في الداخل *fī -ddāxilⁱ adv.* inside ▪ في داخل *fī dāxilⁱ prep.* inside ▪ من داخل *min dāxilⁱ prep.* from within ◊ ناداه من داخل الغرفة. *He called him from inside*

the room.

داخل *dāxila prep.* • in, inside, within

داخلي *dāxilīʸ adj.* • internal • domestic

داخلية *dāxilīyaᵗ n.* • interior, homeland ▪ وزارة داخلية *wizārat · dāxilīyaᵗ* ministry of interior, (US) department of homeland security

دخلة *duxlaᵗ n.* • soul • consummation of marriage ▪ ليلة دخلة *laylat · duxlaᵗ* wedding night

مدخل *madxal n.* |*pl.* **dip.** مداخل *madāxil*| • entrance

IV **أدخل** *ʔadxala v.tr.* |4s يدخل *yudxilᵘ* | إدخال *ʔidxāl*| • admit *sb* ∘ *into* في, let *in* • insert *sth* ∘ *into* في, put *in*

إدخال *ʔidxāl n.*↑ • insertion • admission • input

V **تدخل** *tadaxxala v.intr.* |5s يتدخل *yatadaxxalᵘ* | تدخل *tadaxxul*| • interfere *in* في, intervene *in*, meddle *in*

تدخل *tadaxxul n.*↑ • interference *in* في, intervention

VI **تداخل** *tadāxala v.intr.* |6s يتداخل *yatadāxalᵘ* | تداخل *tadāxul*| • intertwine *with* مع

دخن *daxana v.intr.* |1s3 يدخن *yadxunᵘ* | دخن *daxan*| • smoke, emit fumes

دخان *duxān n.* |*pl.* أدخنة *ʔadxinaᵗ*| • smoke, fume

مدخنة *madxanaᵗ n.* |*pl.* **dip.** مداخن *madāxin*| • chimney

II **دخن** *daxxana v.tr.* |2s يدخن *yudaxxinᵘ* | تدخين *tadxīn*| • smoke (cigarettes, etc.)

تدخين *tadxīn n.* • smoking ▪ ممنوع التدخين *mamnūƐ attadxīn* no smoking

مدخن *mudaxxin act. part. n.* • smoker ▪ غير مدخن *ɣayr · mudaxxin* non-smoker

درأ *daraʔa v.tr.* |1s1(b) يدرأ *yadraʔᵘ* | درء *darʔ* or دروء *durūʔ*| • ward off, repel

دراما *drāmā n.* ***invar.*** • drama

درامي *drāmīʸ adj.* • dramatic

درب *darb n.* |*pl.* دروب *durūb*| • track, trail, path

II **درب** *darraba v.tr.* |2s يدرب *yudarribᵘ* | تدريب *tadrīb*| • train *sb* ∘ *in* في *or* على, coach, drill

تدريب *tadrīb n.*↑ • exercise, practice, drill

تدريبي *tadrībīʸ adj.* • training-, practice-

مدرب *mudarrib act. part. n.* • trainer, coach

V **تدرب** *tadarraba v.intr.* |5s يتدرب *yatadarrabᵘ* | تدرب *tadarrub*| • practice في *or* على, train

دربوكة *darbūkkaᵗ n.* • darbuka (drum) ➡ ***picture on the right***

درج *durj n.* |*pl.* أدراج *ʔadrāj*| • drawer ▪ درج نقود *durj · nuqūd* cash register, till ▪ مقود دراجة *miqwad · darrājaᵗ* handlebars

درج *daraj n.* |*pl.* أدراج *ʔadrāj*| • stairs, staircase

درجة *darajaᵗ n.* • degree, grade ▪ درجة حرارة *darajat · ɧarāraᵗ* temperature ▪ لدرجة *li-darajatⁱ*, إلى درجة *ʔilā darajatⁱ prep.* to the point of ▪ إلى درجة الموت *ʔilā darajatⁱ -lmawtⁱ adv.* to death ▪ لدرجة أنَ *li-darajatⁱ ʔanna* to the extent that, so (much so)... that ◊ هو صغير لدرجة أننا نحتاج إلى مجهر لكي نراه. *It's so small that we need a microscope to see it.* ▪درجة سلم *darajat · sullam* stair step • class ▪ درجة أولى *darajaᵗ ʔūlā* first class ▪ درجة سياحية *darajaᵗ siyāɧīyaᵗ* tourist class

دراج *darrāj n.* • cyclist, rider ▪ دراج ناري *darrāj nārīʸ* motorcyclist

دراجة *darrājaᵗ n.* • bicycle ▪ دراجة نارية *darrājaᵗ nārīyaᵗ* motorcycle

دارج *dārij adj.* |*elat.* أدرج *ʔadraj*| • popular, in fashion, in vogue

مدرج *madraj*, مدرج هبوط *madraj hubūṭ n.* |*pl.* **dip.** مدارج *madārij*| • runway, tarmac

II **درج** *darraja v.tr.* |2s يدرج *yudarrijᵘ* | تدريج *tadrīj*| • gradate, divide into steps

A darbuka drum

تدريج *tadrīj n.*↑ • gradation ▪ تدريجا *tadrījan*, بالتدريج *bi-ttadrīj*^{i} *adv.* gradually, little by little
تدريجي *tadrījīʸ adj.* |*elat.* أكثر تدريجا *ʔaktar tadrījan*| • gradual ▪ بشكل تدريجي *bi-šakl*^{in} *tadrījīʸ*^{in} *adv.* gradually, little by little
مدرج *mudarraj pass. part. n.* • stadium • auditorium
VII **اندرج** *indaraja v.intr.* |*7s* يندرج *yandarij*^{u} | اندراج *indirāj*| • be included *in* ضمن *or* في • be categorized *under* تحت
V **تدرج** *tadarraja v.intr.* |*5s* يتدرج *yatadarraj*^{u} | تدرج *tadarruj*| • be gradated, be divided into steps
QI **دردش** *dardaša v.intr.* |*11s* يدردش *yudardiš*^{u} | دردشة *dardiša*^{t}| • chat
دردشة *dardaša*^{t} *n.*↑ • chat, chatting
در *durr coll. n.* |*sing.* درة *durra*^{t}| • pearls
درز *daraza v.tr.* |*1s3* يدرز *yadruz*^{u} | درز *darz*| • stitch, sew
درز *darz n.*↑ |*pl.* دروز *durūz*| • stitch, seam
درس *darasa v.tr.* |*1s3* يدرس *yadrus*^{u} | درس *dars*| • study (in school) • examine, study (carefully), consider
درس *dars n.*↑ |*pl.* دروس *durūs*| • lesson
دارس *dāris act. part. n.* • researcher, scholar • learner, student
دراسة *dirāsa*^{t} *n.* • studies, education
دراسي *dirāsīʸ adj.* • academic
مدرسة *madrasa*^{t} *n.* |*pl.* **dip.** مدارس *madāris*| • school ▪ مدرسة ابتدائية *madrasa*^{t} *ibtidāʔīya*^{t} elementary school, primary school ▪ مدرسة إعدادية *madrasa*^{t} *ʔiƐdādīya*^{t}, مدرسة متوسطة *madrasa*^{t} *mutawassiṭa*^{t} middle school, junior high school ▪ مدرسة ثانوية *madrasa*^{t} *ṯānawīya*^{t} high school ▪ مدرسة خاصة *madrasa*^{t} *xāṣṣa*^{t} private school (UK: public school) ▪ مدرسة عامة *madrasa*^{t} *Ɛāmma*^{t} public school (UK: state school)
مدرسي *madrasīʸ adj.* • academic, school-
II **درس** *darrasa v.tr.* |*2s* يدرس *yudarris*^{u} | تدريس *tadrīs*| • teach *sb* ٥ *sth* ٥ ◊ درسني العربية. *He taught me Arabic.* ▪ درس أن *darrasa ʔanna* teach that...
تدريس *tadrīs n.*↑ • instruction, pedagogy
مدرس *mudarris act. part. n.* • teacher, instructor
درع *dirƐ n.* |*pl.* دروع *durūƐ*| • armor, shield • plaque
II **درع** *darraƐa v.tr.* |*2s* يدرع *yudarriƐ*^{u} | تدريع *tadrīƐ*| • armor
درفة *darfa*^{t} *n.* |*pl.* درف *diraf*| • shutter, door (of cabinet)
دراق *durrāq coll. n.* • peaches
IV **أدرك** *ʔadraka v.tr.* |*4s* يدرك *yudrik*^{u} | إدراك *ʔidrāk*| • realize, become aware of, perceive, grasp ▪ أدرك أن *ʔadraka ʔanna* realize that... • reach, attain
إدراك *ʔidrāk n.*↑ • realization, grasp, awareness, perception • attainment
مدرك *mudrik act. part. adj.* |*elat.* أكثر إدراكا *ʔaktar ʔidrākan*| • aware
VI **تدارك** *tadāraka v.tr.* |*6s* يتدارك *yatadārak*^{u} | تدارك *tadāruk*| • rectify, make up for, set right
X **استدرك** *istadraka v.tr.* |*10s* يستدرك *yastadrik*^{u} | استدراك *istidrāk*| • rectify, make up for, set right
درن *daran n.* • tuberculosis
درنة *darana*^{t} *n.* • *(root plant)* tuber, tuberous root
درنة *darna*^{t} *n.* **dip.** • *(city in Libya)* Derna ➡ ***map on p. 278***
درهم *dirham n.* |*pl.* **dip.** دراهم *darāhim*| • dirham ▪ درهم إماراتي *dirham ʔimārātīʸ* |*abbreviated* د.م| U.A.E. dirham (DH/AED) ▪ درهم مغربي *dirham maɣrabīʸ* |*abbreviated* د.م| Moroccan dirham (MD) ▪ درهم قطري *dirham qaṭarīʸ* Qatari dirham (100 dirham = 1 Qatari rial)

Moroccan dirham

درى *darā v.tr. & intr.* |*1d2* يدري *yadrī* | دراية *dirāya*^{t}| • know (بـ) ◊ هل تدري لماذا أحبك؟ *Do you know why I love you?* ▪ لست أدري. *lastu ʔadrī*, لا أدري *lā ʔadrī* I don't know. ◊ لا أدري شيئا عن هذا الأمر. *I don't know anything about that.* ▪ لا أدري هل... *lā ʔadrī hal* I don't know whether...

لا أدري هل سأبقى أم سأذهب. ◊ *I don't know whether I'll stay or go.* ▪ درى أنّ *darā ʔanna* know that...

دار *dār(in) act. part. adj.* **def.** |*elat.* **invar.** أدرى *ʔadrā*| • aware *of* بـ

دزينة *dazzīnaᵗ n.* • dozen ◊ دزينة من ورود *a dozen roses*

دستور *dustūr n.* |*pl.* **dip.** دساتير *dasātīr*| • constitution ▪ الدستور *addustūr n.* **f.** Ad-Dustour (Jordanian newspaper)

دستوري *dustūrīʸ adj.* • constitutional ▪ غير دستوري *ɣayr · dustūrīʸ* unconstitutional ▪ محكمة دستورية *maḥkamaᵗ dustūrīyaᵗ n.* constitutional court

ديسكو *dīskō n.* **invar.** • *(music)* disco

دشداشة *dišdāšaᵗ n.* • dishdasha (long, loose-fitting garment worn by men in the Gulf region) ➡ **picture on p. 51**

III **داعب** *dāƐaba v.tr.* |*3s* يداعب *yudāƐibᵘ* | مداعبة *mudāƐabaᵗ*| • tease, make fun *of*

دعر *daƐira v.intr.* |*1s4* يدعر *yadƐarᵘ* | دعر *daƐar*| • be indecent, be lewd, be immoral, be obscene

داعر *dāƐir act. part. adj.* |*m. pl.* دعار *duƐƐār*| • indecent, lewd, immoral, obscene

داعرة *dāƐiraᵗ n.* • prostitute

دعارة *daƐāraᵗ n.* • prostitution

دعس *daƐasa v.intr.* |*1s1* يدعس *yadƐasᵘ* | دعس *daƐs*| • tread *on* على, trample

دعسوقة *duƐsūqaᵗ n.* |*pl.* **dip.** دعاسيق *daƐāsīq*| • ladybug (UK: ladybird)

دعم *daƐama v.tr.* |*1s1* يدعم *yadƐamᵘ* | دعم *daƐm*| • support, prop up • back, support

دعم *daƐm n.*↑ • support *for* لـ ▪ دعم حكومي *daƐm ḥukūmīʸ* subsidy, government assistance

دعامة *diƐāmaᵗ n.* |*pl.* **dip.** دعائم *daƐāʔim* or دعامات *diƐāmāt*| • support, buttress • stent

II **دعّم** *daƐƐama v.tr.* |*2s* يدعّم *yudaƐƐimᵘ* | تدعيم *tadƐīm*| • support, prop up • back, support

دعا *daƐā v.tr.* |*1d3* يدعو *yadƐū* | دعاء *duƐāʔ*| • invite *sb* ∘ *to* إلى ◊ دعانا إلى حفلة عيد ميلاده. *He invited us to his birthday party.* • call *for* إلى, summon • call *for* إلى, demand ▪ دعا إلى إضراب *daƐā ʔilā ʔiḍrābⁱⁿ* call for a strike • name *sb* ∘ *sth* ∘ *or* بـ, call ◊ كل الناس تدعوها أمي. *Everyone calls her 'mom'.*

دعاء *duƐāʔ n.*↑ |*pl.* أدعية *ʔadƐiyaᵗ*| • prayer

داعٍ *dāƐ(in) act. part. n.* **def.** |*pl.* **def.** دواعٍ *dawāƐ(in)*| • cause, reason ▪ لا داعي لأن *lā dāƐiyᵃ li-ʔan* There is no need for/to *(do)* ◊ لا داعي للاعتذار. *There's no need to apologize.* • inviter

مدعو *madƐū pass. part.* • *n.* guest • *adj.* called, named, by the name of

دعوة *daƐwaᵗ n.* |*pl.* دعوات *daƐ(a)wāt*| • call *to* إلى, invitation ▪ بدعوة من *bi-daƐwaᵗⁱⁿ min prep.* at the invitation of • missionary work

دعوي *daƐwīʸ adj.* • missionary-

دعوى *daƐwā n.* **f. invar.** |*pl.* **invar.** دعاوى *daƐāwā* or **def.** دعاوٍ *daƐāw(in)*| • claim • lawsuit, case ▪ رفع دعوى ضد *rafaƐa daƐwā ḍidda* bring a case against

دعاية *diƐāyaᵗ n.* • publicity, advertisement • propaganda

دعائي *diƐāʔīʸ adj.* • publicity- • propaganda-

VI **تداعى** *tadāƐā v.intr.* |*6d* يتداعى *yatadāƐā* | **def.** تداعٍ *tadāƐ(in)*| • evoke each other, call each other • collapse, break down

تداعٍ *tadāƐ(in) n.*↑ **def.** • collapse, breakdown

VIII **ادعى** *iddaƐā v.* |*8d3* يدعي *yaddaƐī* | ادعاء *iddiƐāʔ*| • *v.tr. & intr.* allege (بـ), claim ▪ ادعى بأنّ *iddaƐā bi-ʔanna* allege that..., claim to *(do)* ◊ تدعي أنها تعرفك. *She claims to know you.* • *v.intr.* accuse *sb* على *of* بـ

ادعاء *iddiƐāʔ n.*↑ • claim, allegation, accusation • *(lawyers)* prosecution

مدعٍ *muddaƐ(in) act. part. n.* **def.** |*pl.* مدعون *muddaƐūnᵃ*| • alleger, plaintiff, claimant ▪ مدعٍ عام *muddaƐ(in) Ɛāmm* public prosecutor

مدعى *muddaƐ(an) pass. part. n.* **indecl.** • claim ▪ مدعى عليه *muddaƐ(an) Ɛalay<u>hi</u>* |*pl.* مدعى عليهم *muddaƐ(an) Ɛalayhim*| defendant

X **استدعى** *istadƐā v.tr.* |*10d* يستدعي *yastadƐī* | استدعاء *istidƐāʔ*| • summon, call *for*, invoke

استدعاء *istidƐāʔ n.*↑ • summons, call, appeal

QI **دغدغ** *daɣdaɣa v.tr.* |*11s* يدغدغ *yudaɣdiɣᵘ* | دغدغة *daɣdaɣaᵗ*| • tickle

دغل *daɣl n.* |*pl.* أدغال *ʔadɣāl*| • jungle

دفئ *dafiʔa v.intr.* |*1s4(c)* يدفأ *yadfaʔᵘ* | دفاء *difāʔ*| • become warm, warm up ◊ متى سوف يبدأ الجو يدفأ؟ *When will it start to get warm?*

دافئ *dāfiʔ act. part. adj.* |*elat.* أدفأ *ʔadfaʔ*| • warm

دفء *difʔ n.* • warmth ◊ دفء أشعة الشمس *the warmth of the sun's rays* ◊ دفء الشعب العراقي *the warmth of the Iraqi people*

دفاية *daffāyaᵗ n.* • heater

مدفأة *midfaʔaᵗ n.* |*pl.* **dip.** مدافئ *madāfiʔ*| • heater • fireplace

II **دفأ** *daffaʔa v.tr.* |*2s(c)* يدفئ *yudaffiʔᵘ* | تدفئة *tadfiʔaᵗ*| • make warm, warm up

تدفئة *tadfiʔaᵗ n.*↑ • heating ▪ تدفئة مركزية *tadfiʔaᵗ markazīyaᵗ* central heating

دفتر *daftar n.* |*pl.* **dip.** دفاتر *dafātir*| • notebook

دفع *dafaƐa v.tr.* |*1s1* يدفع *yadf**a**Ɛᵘ* | دفع *dafƐ*| • push • pay • urge • move forward, push forward ▪ دفع عملية *dafaƐa Ɛamalīyaᵗ* move a process forward

دفع *dafƐ n.*↑ • payment

دافع *dāfiƐ n.* |*pl.* **dip.** دوافع *dawāfiƐ*| • motive, incentive ▪ دوافع *dawāfiƐ pl. n.* grounds

مدفوع *madfūƐ pass. part.* • *adj.* paid ▪ غير مدفوع *ɣayr · madfūƐ* outstanding, unpaid • *n.* payment

دفعة *dafƐaᵗ n.* |*pl.* دفعات *daf(a)Ɛāt*| • push, shove • payment, installment • fee

دفعة *dufƐaᵗ n.* |*pl.* دفعات *duf(u)Ɛāt*| • batch, group ▪ دفعة واحدة *dufƐatan wāḥidaᵗᵃⁿ*, في دفعة واحدة *fī dufƐaᵗⁱⁿ wāḥidaᵗⁱⁿ adv.* all at once, in one go; simultaneously

دفاع *difāƐ n.* • *(sports, military, legal)* defense

دفاعي *difāƐīʸ adj.* • defensive, protective

مدفع *midfaƐ n.* |*pl.* **dip.** مدافع *madāfiƐ*| • cannon

مدفعية *madfaƐīyaᵗ n.* • artillery

III **دافع** *dāfaƐa v.intr.* |*3s* يدافع *yudāfiƐᵘ* | مدافعة *mudāfaƐaᵗ*| • defend *sb/sth* عن *from* من, protect

مدافع *mudāfiƐ act. part. n.* • defender *of* عن, activist ▪ مدافع عن حقوق الإنسان *mudāfiƐ Ɛan ḥuqūqⁱ -lʔinsānⁱ* human rights activist

VII **اندفع** *indafaƐa v.intr.* |*7s* يندفع *yundafiƐᵘ* | إندفاع *ʔindifāƐ*| • rush *toward* إلى, hurry *to*

V **تدفق** *tadaffaqa v.intr.* |*5s* يتدفق *yatadaffaqᵘ* | تدفق *tadaffuq*| • flow, stream

تدفق *tadaffuq n.*↑ • flow, stream

دفن *dafana v.tr.* |*1s2* يدفن *yadfinᵘ* | دفن *dafn*| • bury

دفن *dafn n.*↑ • burial

مدفن *madfan n.* |*pl.* **dip.** مدافن *madāfin*| • cemetery, graveyard, burial ground

دق *daqqa v.* |*1g3* يدق *yad**u**qqᵘ* | دق *daqq*| • *v.tr. & intr.* knock (على), beat ▪ دق على باب *daqqa Ɛalā bāb* knock on a door • *v.tr.* ring (a bell, etc.) ▪ دق جرس باب *daqqa jaras · bāb* ring a door bell ▪ دق جرس هاتف *daqqa jarasᵘ · hātif* a phone rings

دقة *daqqaᵗ n.* • knock

دقة *diqqaᵗ n.* • accuracy, precision ▪ بدقة *bi-diqqaᵗⁱⁿ*, على وجه الدقة *Ɛalā wajhⁱ · ddiqqaᵗⁱ adv.* exactly, accurately, precisely, meticulously

دقيق *daqīq* • *n.* flour • *adj.* |*pl.* دقاق *diqāq* | *elat.* أدق *ʔadaqq*| accurate, precise

دقيقة *daqīqaᵗ n.* |*pl.* **dip.** دقائق *daqāʔiq*| • *(time)* minute ▪ وخمس دقائق *wa-xamsᵃ daqāʔiqᵃ* five past, oh five (hour +) ◊ إنها الساعة الثالثة وخمس دقائق *It's five past three (3:05).* ▪ إلا خمس دقائق *ʔillā xamsᵃ daqāʔiqᵃ* five to (hour +) ◊ إنها الساعة الثالثة إلا خمس دقائق *It's five to three (2:55).*

II **دقق** *daqqaqa v.tr.* |*2s* يدقق *yudaqqiqᵘ* | تدقيق *tadqīq*| • examine, scrutinize

تدقيق *tadqīq n.*↑ • examination, scrutiny ▪ بتدقيق *bi-tadqīqⁱⁿ adv.* precisely, exactly

دكتاتور *diktātūr n.* • dictator

دكتاتورية *diktātūrīyaᵗ n.* • dictatorship

دكتور *doktōr n.* |*pl.* دكاترة *dakātiraᵗ*| • doctor ▪ __ الدكتور *addoktōr* __ Dr. __ ▪ أستاذ دكتور *ʔustāđ doktōr* |*abbreviated* .أ.د| professor, doctor

دكتوراه *duktūrāh*, دكتوراة *duktūrāᵗ n.* ***f.*** • doctorate

دكة *dakkaᵗ n.* |*pl.* دكاك *dikāk*| • bench

دكان *dukkān n.* |*pl.* **dip.** دكاكين *dakākīn*| • store, shop

داكن *dākin adj.* |*elat.* أدكن *ʔadkan*| • dark ▪ داكن البشرة *dākin · albašaraᵗⁱ* dark(-skinned) ▪ أزرق داكن *ʔazraq dākin* dark blue ▪ لون داكن *lawn dākin* dark color

دلتا *daltā n.* ***f.* invar.** • delta ▪ دلتا النيل *daltā -nnīl* the Nile Delta

II **دلع** *dallaƐa v.tr.* |*2s* يدلع *yudalliƐᵘ* | تدليع *tadlīƐ*| • spoil, pamper

VII **اندلع** *indalaƐa v.intr.* |*7s* يندلع *yandaliƐᵘ* | اندلاع *indilāƐ*| • *(of fire, war, etc.)* break out, flare up, erupt

دلفين *dalfīn n.* |*pl.* **dip.** دلافين *dalāfīn*| • dolphin

II **دلك** *dallaka v.tr.* |*2s* يدلك *yudallikᵘ* | تدليك *tadlīk*| • massage, rub

تدليك *tadlīk n.*↑ • massage

دل *dalla v.tr.* |*1g3* يدل *yad**u**llᵘ* | دلالة *dalālaᵗ*| • show *sth* على *to* ه, indicate, tell ▪ دل على أن *dalla Ɛalā ʔanna* imply that..., indicate that... ◊ يدل ذلك على أنك مذنب. *That would imply that you're guilty.*

دلالة *dalālaᵗ n.*↑ • sign *of* على, meaning, significance, implication

دلة *dallaᵗ n.* • dallah (Arabic coffee pot)

A dallah with coffee cups

دلال *dallāl n.* • broker, agent, middleman

دليل *dalīl n.* |*pl.* **dip.** دلائل *dalāʔil* or أدلة *ʔadillaᵗ*| • sign *of* على, evidence ▪ بدليل *bi-dalīlⁱ prep.* as proved by ▪ نقص أدلة *naqṣ · ʔadillaᵗ* lack of evidence • guide book ▪ دليل هاتف *dalīl · hātif* phone book, telephone directory

II **دلل** *dallala v.* |2s يدلل *yudallilᵘ* | تدليل *tadlīl*| • *v.intr.* prove على • *v.tr.* indulge, pamper, spoil

دلو *dalw n.* **f.** |*pl.* دلاء *dilāʔ* or **def.**أدل *ʔadl(in)*| • bucket, pail •برج الدلو *burj · addalwⁱ* *(astrology)* Aquarius ▪ أنا من برج الدلو. *ʔana min burjⁱ -ddalwⁱ* I'm an Aquarius.

دلاية *dallāyaᵗ n.* • pendant

II **دلى** *dallā v.tr.* |2d يدلي *yudallī* | تدلية *tadliyaᵗ*| • dangle, suspend

IV **أدلى** *ʔadlā v.* |4d يدلي *yudlī* | إدلاء *ʔidlāʔ*| • *v.intr.* express بـ, declare, announce ▪ أدلى بأقواله *ʔadlā bi-ʔiqwālⁱhi* testify, give testimony ▪ أدلى بتصريح *ʔadlā bi-taṣrīḥⁱⁿ*, أدلى ببيان *ʔadlā bi-bayānⁱⁿ* make a statement ▪ أدلى بصوته *ʔadlā bi-ṣawtⁱhi* cast a vote ▪ أدلى بدلوه في موضوع *ʔadlā bi-dalwⁱhi fī mawḍūɛⁱⁿ* give *one's* opinion about a subject • *v.tr.* dangle, suspend

الدمازين *addamāzīn n.* **f.** • *(city in Sudan)* Ad Damazin ➡ ***map on p. 151***

دمث *damit adj.* |*m. pl.* دماث *dimāt* | **elat.** أدمث *ʔadmat* or أكثر دماثة *ʔaktar damātaᵗᵃⁿ*| •دمث الخلق *damit · alxuluqⁱ*, دمث الأخلاق *damit · alʔaxlāqⁱ* gentle, good-tempered

دماثة *damātaᵗ n.* • gentleness

دمج *damaja v.intr.* |1s3 يدمج *yadmujᵘ* | دموج *dumūj*| • integrate *into* في, merge *with*

دمج *damj n.* • integration, merger

IV **أدمج** *ʔadmaja v.tr.* |4s يدمج *yudmijᵘ* | إدماج *ʔidmāj*| • integrate *sth* ه *into* في, incorporate, merge

إدماج *ʔidmāj n.*↑ • integration, incorporation

مدمج *mudmaj pass. part. adj.* • compact ▪ قرص مدمج *qurṣ mudmaj* compact disc (CD)

VII **اندمج** *indamaja v.intr.* |7s يندمج *yandamijᵘ* | اندماج *indimāj*| • integrate *into* في, merge *with*

اندماج *indimāj n.*↑ • integration *into* في, merger

مندمج *mundamij act. part. adj.* • compact, integrated

دمار *damār n.* • destruction

II **دمر** *dammara v.tr.* |2s يدمر *yudammirᵘ* | تدمير *tadmīr*| • destroy, demolish

تدمير *tadmīr n.*↑ • destruction, demolition

مدمرة *mudammiraᵗ act. part. n.* • *(naval)* destroyer

دمشق *dimašq n.* **f. dip.** • *(capital of Syria)* Damascus ➡ ***map on p. 152***

دمشقي *dimašqīʸ adj. & n.* • Damascene

دمياط *dumyāṭ n.* **f. dip.** • *(city in Egypt)* Damietta ➡ ***map on p. 287***

دمع *damaɛa v.intr.* |1s1 يدمع *yadmaɛᵘ* | دمع *damɛ*| • *(of eyes)* water

دمع *damɛ coll. n.* |*sing.* دمعة *damɛaᵗ* | *pl.* دموع *dumūɛ*| • *(eye)* tears

دمغ *damaɣa v.tr.* |1s3 يدمغ *yadmuɣᵘ* | دمغ *damɣ*| • stamp

دمغة *damɣaᵗ n.* • stamp

دماغ *dimāɣ n.* |*pl.* أدمغة *ʔadmiɣaᵗ*| • brain

دماغي *dimāɣīʸ adj.* • cerebral

دمل *dummal n.* |*pl.* **dip.** دمامل *damāmil*| • abscess, boil

مدمة *midammaᵗ n.* • rake

الدمام *addammām n.* **f.** • *(city in Saudi Arabia)* Dammam ➡ ***map on p. 144***

IV **أدمن** *ʔadmana v.intr.* |4s يدمن *yudminᵘ* | إدمان *ʔidmān*| • be addicted *to* على

إدمان *ʔidmān n.*↑ • addiction

مدمن *mudmin act. part.* • *adj.* addicted *to* على • *n.* addict

دمنهور *damanhūr* • *n. **f. dip.** (city in Egypt)* Damanhur ➡ ***map on p. 287***

دمي *damiya v.intr.* |1d4 يدمى *yadmā* | **indecl.** دمى *dam(an)*| • bleed

دام *dām(in) act. part. adj.* **def.** |*elat.* أدوم *ʔadwam*| • bloody

دم *dam n.* |*pl.* دماء *dimāʔ*| • blood ▪ ثقيل الدم *taqīl · addamⁱ adj.* unpleasant ▪ خفيف الدم *xafīf · addamⁱ adj.* witty, funny, humorous, light-hearted ▪ إراقة دماء *ʔirāqat · dimāʔ*, سفك دماء *safk · dimāʔ* bloodshed

دموي *damawīʸ adj.* |*elat.* أكثر دموية *ʔaktar damawīyaᵗᵃⁿ*| • bloody-

IV **أدمى** *ʔadmā v.tr.* |4s يدمي *yudmī* | إدماء *ʔidmāʔ*| • make bleed

دمية *dumyaᵗ n.* |*pl.* **indecl.** دمى *dum(an)*| • doll

دنتلة *dantillaᵗ n.* • lace

الدنمارك *addanmārk n.* • Denmark

دنماركي *danmārkīʸ* • *adj.* Danish • *n.* Dane

دني *danīʸ adj.* |*m. pl.* **dip.** أدنياء *ʔadniyāʔ* | *elat.* **invar.** أدنى *ʔadnā*| • low • near • lowly, despicable

أدنى *ʔadnā adj. elat.* |*m. pl.* **def.** أدان *ʔadān(in)* | *f.* **invar.** دنيا *dunyā* | *f. pl.* **indecl.** دنى *dun(an)*| • lower, lowest ▪ أدناه *ʔadnāhu adv.* below ◊ كما في الصورة أدناه *as in the picture below* • nearer, nearest ▪ الشرق الأدنى *aššarq alʔadnā n.* the Near East ▪ أدنى من حبل الوريد *ʔadnā min ḥablⁱ -lwarīdⁱ idiom* closer than *one's* jugular vein (i.e. very close) • minimum ▪ أجرة أدنى *ʔujraᵗ ʔadnā* minimum wage

دنيا *dunyā n.* **f.** |*pl.* **indecl.** دنيا *dun(an)*| • world

V **تدنى** *tadannā v.intr.* |5d يتدنى *yatadannā* | **def.** تدن *tadann(in)*| • sink, decline

تدن *tadann(in) n.*↑ **def.** • decline

دهر *dahr n.* |*pl.* دهور *duhūr*| • long time • fate, fortune ▪ الدهر يومان، يوم لك ويوم عليك. *addahrᵘ yawmānⁱ, yawmᵘⁿ laka wa-yawmᵘⁿ ʕalayka proverb* Sometimes you win, and sometimes you lose.

دهش *dahiša v.intr.* |1s4 يدهش *yadhašᵘ* | دهش *dahaš*| • be amazed *at* بـ, be surprised

دهشة *dahšaᵗ n.* • amazement, surprise

IV **أدهش** *ʔadhaša v.tr.* |4s يدهش *yudhišᵘ* | إدهاش *ʔidhāš*| • surprise, amaze, astonish

مدهش *mudhiš act. part. adj.* |*elat.* أكثر إدهاشا *ʔaktar ʔidhāšan* or أدهش *ʔadhaš*| • surprising, amazing • wonderful, great

VII **اندهش** *indahaša v.intr.* |7s يندهش *yandahišᵘ* | اندهاش *indihāš*| • be amazed, be surprised

III **داهم** *dāhama v.tr.* |3s يداهم *yudāhimᵘ* | مداهمة *mudāhamaᵗ*| • raid, attack by surprise

مداهمة *mudāhamaᵗ n.*↑ • raid, attack

دهن *dahana v.tr.* |1s3 يدهن *yadhunᵘ* | دهن *dahn*| • paint

دهن *duhn n.* |*pl.* دهون *duhūn*| • fat, grease

دهني *duhnīʸ adj.* • greasy, fatty, oily

دهان *dihān n.* |*pl.* دهانات *dihānāt* or أدهنة *ʔadhinaᵗ*| • paint

دهان *dahhān n.* • painter

QI **دهور** *dahwara v.tr.* |11s يدهور *yudahwirᵘ* | دهورة *dahwaraᵗ*| • cause to deteriorate • throw down, drop

QII **تدهور** *tadahwara v.intr.* |12s يتدهور *yatadahwarᵘ* | تدهور *tadahwur*| • deteriorate, decline • fall

تدهور *tadahwur n.*↑ • deterioration, downfall, decline, slump

دهي *dahiya v.intr.* |1d4 يدهى *yadhā* | دهاء *dahāʔ*| • be resourceful, be shrewd, be cunning

دهى *dahā v.tr.* |1d1 يدهى *yadā* | دهي *dahy*| • befall, happen to, affect ◊ ماذا دهاك ؟ *What happened to you? / What's wrong with you?*

دهاء *dahāʔ n.*↑ • resourcefulness, shrewdness, cunning

داه *dāh(in) act. part. adj.* **def.** |*m. pl.* دهاة *duhāᵗ* | *elat.* **invar.** أدهى *ʔadhā*| • resourceful, cunning, shrewd

داء *dāʔ n.* |*pl.* أدواء *ʔadwāʔ*| • sickness, ailment, disease ▪ آخر الداء الكي. *ʔāxirᵘ -ddāʔⁱ -lkayyᵘ proverb* When there is no other cure, cauterization must be done.

دواليك *dawālayka adv.* • alternately ▪ وهكذا دواليك *wa-hākadā dawālayka* etc., and so on

الدوحة *addawḥaᵗ n.* • *(capital of Qatar)* Doha ➡ ***map on p. 250***

دوخة *dawxaᵗ n.* • dizziness, nausea ▪ شعر بالدوخة *šaʕara bi-ddawxaᵗⁱ v.* feel dizzy

دائخ *dāʔix adj.* |*elat.* أدوخ *ʔadwax*| • dizzy, nauseous

دود *dūd coll. n.* |*sing.* دودة *dūdaᵗ* | *pl.* ديدان *dīdān*| • worms, maggots, larvae

دار *dāra v.intr.* |1h3 يدور *yadūrᵘ* | دوران *dawarān* or دور *dawr*| • revolve *around* حول, turn, go around • happen, occur, go on • focus *on* على,

deal *with* ◊ .دارالحوار على الإقتصاد *The conversation focused on the economy.*

دور *dawr n.*↑ |pl. أدوار *ʔadwār*| • role, function ▪ لعب دورا في *laƐiba dawran fī v.* play a role in • turn, round ◊ .جاء دورك *It's your turn.* ▪ دور نصف نهائي *dawr niṣf · nihāʔīʸ* semi-final round ▪ انتظر دوره *intaẓara dawᵃhu v.* wait *one's* turn • floor, story

دائرة *dāʔiraᵗ act. part. n.* |pl. **dip.** دوائر *dawāʔir*| • circle ▪ محيط دائرة *muḥīṭ · dāʔiraᵗ* circumference • office, department, section

دائري *dāʔirīʸ adj.* • circular

دار *dār n. f.* |pl. ديار *diyār* or دور *dūr*| • house, home, building ▪ الدار البيضاء *addār albayḍāʔ* *(city in Morocco)* Casablanca ➡ **map on p. 222** ▪ دار مسنين *dār · musinnīnᵃ* nursing home ▪ دار سينما *dār sīnemā* cinema, movie theater

دارة *dāraᵗ n.* • ring, loop, circuit ▪ دارة إلكترونية *dāraᵗ ʔelektrōnīyaᵗ* electrical circuit • halo

دورة *dawraᵗ n.* • turn, revolution • tour • round, session • cycle, circulation ▪ دورة مياة *dawrat · miyāh* restroom (UK: WC) • match, tournament • *(school)* course ▪ دورة إجبارية *dawraᵗ ʔijbārīyaᵗ* compulsory course ▪ دورة اختيارية *dawraᵗ ixtiyārīyaᵗ* elective course

دوري *dawrīʸ adj.* • cyclic, recurring, periodic

دورية *dawrīyaᵗ n.* • periodical, journal • patrol • patrol car

دوري *dūrīʸ n.* • sparrow

دوار *duwār n.* • dizziness, vertigo, nausea ▪ شعر بالدوار *šaƐara bi-dduwārⁱ v.* feel dizzy

دوار *dawwār* • *adj.* revolving, rotary ▪ باب دوار *bāb dawwār* revolving door • *n.* |pl. **dip.** دواوير *dawāwīr*| roundabout

مدار *madār n.* • orbit, cycle ▪ على مدار الساعة *Ɛalā madārⁱ -ssāƐaᵗⁱ adv.* around the clock, at all hours ▪ على مدار السنة *Ɛalā madārⁱ -ssanaᵗⁱ*, على مدار العام *Ɛalā madārⁱ -lƐāmⁱ adv.* year round, throughout the year • circuit, circuitry • axis, pivot • topic, theme

مداري *madārīʸ adj.* • tropical ▪ المنطقة المدارية *almintaqaᵗ almadārīyaᵗ* the tropics • orbital

II **دور** *dawwara v.tr.* |2s يدور *tudawwirᵘ* | تدوير *tadwīr*| • turn, rotate, spin • make round

تدوير *tadwīr n.*↑ • تدوير النفايات *tadwīr · annufāyātⁱ* recycling ▪ أعاد تدويره *ʔaƐāda tadwīrᵃhu v.* recycle *sth* ◊ .علينا أن نعيد تدوير كل هذا الورق *We should recycle all this paper.* ▪ قابل للتدوير *qābil li-ttadwīrⁱ*, قابل لإعادة التدوير *qābil li-ʔiƐādatⁱ -ttadwīrⁱ adj.* recyclable

مدور *mudawwar pass. part. adj.* • round, circular

IV **أدار** *ʔadāra v.tr.* |4h يدير *yudīrᵘ* | إدارة *ʔidāraᵗ*| • direct, manage, run, administer • start (a motor, etc.)

إدارة *ʔidāraᵗ n.*↑ • administration, management ▪ سوء إدارة *sūʔ · ʔidāraᵗ* mismanagement • department

إداري *ʔidārīʸ adj.* • administrative

مدير *mudīr act. part. n.* |pl. **dip.** مدراء *mudarāʔ*| • manager, director ▪ مدير عام *mudīr Ɛām* managing director, director general

مديري *mudīrīʸ adj.* • executive, management-

مديرية *mudīrīyaᵗ n.* • directorate, department, office, division • district, province, county, canton

X **استدار** *istadāra v.intr.* |10h يستدير *yastadīrᵘ* | استدارة *istidāraᵗ*| • turn *toward* نحو, turn around • be round, be circular

مستدير *mustadīr act. part. adj.* |elat. أكثر استدارة *ʔaktar istidāraᵗᵃⁿ*| • round, circular

داس *dāsa v.tr. & intr.* |1h3 يدوس *yadūsᵘ* | دوس *daws*| • tread *on* (على), step *on*

دواسة *dawwāsaᵗ n.* • pedal ▪ دواسة بنزين *dawwāsat · benzīn* gas pedal (UK: accelerator) ▪ دواسة فرملة *dawwāsat · farmalaᵗ*, دواسة كبح *dawwāsat · kabḥ* brake pedal ▪ دواسة قابض *dawwāsat · qābiḍ* clutch pedal

دوش *dūš n.* • shower ▪ أخذ دوشا *ʔaxaḏa dūšan v.* take a shower

دولة *dawlaᵗ n.* |pl. دول *duwal*| • nation, country, state ▪ دولة نامية *dawlaᵗ nāmiyaᵗ* developing country ▪ دول الخليج *duwal · alxalījⁱ pl. n.* the Gulf States

دولي *duwalīʸ adj.* • international

II **دول** *dawwala v.tr.* |2s يدول *yudawwilᵘ* | تدويل *tadwīl*| • internationalize

تدويل *tadwīl n.*↑ • internationalization

VI **تداول** *tadāwala v.intr.* |6s يتداول *yatadāwalᵘ* | تداول *tadāwul*| • circulate, be in circulation • trade • deliberate

تداول *tadāwul n.*↑ • circulation • trade ▪ تداول يومي *tadāwul yawmīʸ* day trading • deliberation

دولاب *dūlāb n.* |pl. **dip.** دواليب *dawālīb*| • cupboard ▪ دولاب ملابس *dūlāb · malābis* wardrobe • wheel

دولار *dōlār n.* • dollar ▪ دولار أمريكي *dōlār ʔamrīkīʸ* US dollar

دام *dāma v.intr.* |*1h3* يدوم *yadūm*ᵘ | دوام *dawām* or دوم *dawm*| • continue, last ▪ ما دام *mā dāma conj.* as long as, because, since, as ◊ ما دمت حيًا. *as long as I'm alive*; [+ indefinite accusative active participle] keep *(do)*ing ◊ دام سائرا. *He kept walking.*

دوم *dawm n.*↑ • continuation, continuance ▪ دوما *dawman adv.* continually, constantly, always, all the time

دوام *dawām n.*↑ • continuation, continuance ▪ على الدوام *Ɛalā -ddawām*ⁱ *adv.* always, continually •دوام *dawām*, ساعات دوام *sāƐāt · dawām*, أوقات دوام *ʔawqāt · dawām* business hours, working hours ▪ دوام كامل *dawām kāmil* full-time ▪ دوام جزئي *dawām juzʔīʸ* part-time

دائم *dāʔim act. part. adj.* • continuous, permanent, lasting, perpetual, everlasting ▪ دائما *dāʔiman adv.* always

دوامة *duwwāma*ᵗ *n.* • spiral, whirlpool, vortex • *(toy)* top

X **استدام** *istadāma v.tr.* |*10h* يستديم *yastadīm*ᵘ | استدامة *istidāma*ᵗ| • continue, go on *with*

مستديم *mustadīm act. part. adj.* |*elat.* أكثر استدامة *ʔaktar istidāma*ᵗᵃⁿ| • constant, continuous, continual

مستدام *mustadām pass. part. adj.* |*elat.* أكثر استدامة *ʔaktar istidāma*ᵗᵃⁿ| • sustainable

دوموني *dōmōnī n.* ***f. invar.*** •*(city in the Comoros)* Domoni ➡ ***map on p. 253***

جمهورية الدومينيكان *jumhūrīyat · addōmīnīkān n.* • the Dominican Republic
دومينيكاني *dōmīnīkānīʸ adj. & n.* • Dominican

دون *dūna*, بدون *bi-dūn*ⁱ, من دون *min dūn*ⁱ, دونما *dūnamā prep.* • without ◊ إثنين شاي، بدون سكر، من دون فضلك. *Two teas, no sugar, please.* ◊ من دون أي شيء *without anything* ▪ بدن شك *bi-dūn*ⁱ *šakk*ⁱⁿ *adv.* without a doubt ▪ بدون استثناء *bi-dūn*ⁱ *-stitnāʔ*ⁱⁿ *adv.* without exception ▪ دون أنْ *dūna ʔan*, بدون أن *bi-dūn*ⁱ *ʔan*, من دون أن *min dūn*ⁱ *ʔan conj.* without *(do)*ing ◊ دون أن يدري أحد *without anyone knowing* ▪ دون أنْ تحس بالوقت *dūna ʔan tuḥiss*ᵃ *bi-lwaqt*ⁱ before you know it (lit. without you feeling the time) • under, below ◊ هو دون الثلاثين من عمره. *He's under the age of 30.* • against ▪ أغلق الباب دونه *ʔaɣlaqa albāb*ᵃ *dūnahu v.* close the door on *sb*

ديوان *dīwān n.* |*pl.* ***dlp.*** دواوين *dawāwīn*| • diwan, council, office, ministry, department ▪ ديوان رئاسة *dīwān · riʔāsa*ᵗ presidential cabinet • diwan (collection of poems)
الديوانية *addīwānīya*ᵗ *n.* • *(city in Iraq)* Al Diwaniyah ➡ ***map on p. 202***

II **دون** *dawwana v.tr.* |*2s* يدون *yudawwin*ᵘ | تدوين *tadwīn*| • record, write down, enter ▪ دون شرطا *dawwana šarṭan* stipulate a condition • blog

تدوين *tadwīn n.*↑ • entry

مدون *mudawwin act. part. n.* • blogger

مدونة *mudawwana*ᵗ *pass. part. n.* • record • blog

دواة *dawā*ᵗ *n.* |*pl.* دويات *dawayāt*| • inkwell

دواء *dawāʔ n.* |*pl.* أدوية *ʔadwiya*ᵗ| • medicine, medication, remedy
دوائي *dawāʔīʸ adj.* • medicinal

VI **تداوى** *tadāwā v.intr.* |*6d* يتداوى *yatadāwā* | ***def.*** تداو *tadāw(in)*| • be treated, undergo medical treatment

تداو *tadāw(in) n.*↑ ***def.*** • treatment, medication

ديبلوماسي *diblōmāsīʸ* • *adj.* diplomatic • *n.* diplomat
ديبلوماسية *diblōmāsīya*ᵗ • *n.* diplomacy

دير الزور *dayr · azzawr*ⁱ *n.* ***f. dip.*** • *(city in Syria)* Deir ez-Zor ➡ ***map on p. 152***

ديزل *dīzal n.* ***invar.*** • diesel

ديسمبر *dīsembir n.* ***dip.*** • December ➡ ***The Months p. 165***

ديك *dīk n.* |*pl.* ديوك *duyūk* or ديكة *dīka*ᵗ| • rooster (UK: cock) ▪ ديك رومي *dīk rūmīʸ* turkey

ديكور *dīkōr n.* ***invar.*** • decor, decoration

ديموقراطي *dīmūqrāṭīʸ* |*elat.* أكثر ديمقراطية *ʔaktar dīmūqrāṭīya*ᵗᵃⁿ| • *adj.* democratic • *n.* democrat
ديموقراطية *dīmūqrāṭīya*ᵗ *n.* • democracy

دان *dāna v.tr.* • |*1h2* يدين *yadīn*ᵘ | دين *dayn*| lend; owe *sth* بـ *sb* لـ, be indebted *to*; condemn, pass judgment *on*, accuse • |*1h2* يدين *yadīn*ᵘ | دين *dīn* or ديانة *diyāna*ᵗ| profess بـ, follow, adopt, believe *in* ▪ دان بالإسلام *dāna bi-lʔislām*ⁱ profess Islam

دين *dayn n.*↑ |*pl.* ديون *duyūn*| • debt ▪ سدد دينا *saddada daynan v.* pay off a debt

دين *dīn n.*↑ |*pl.* أديان *ʔadyān*| • religion, creed ▪ يوم الدين *yawm · addīn*ⁱ the Day of Judgment
ديني *dīnīʸ adj.* • religious

ديانة *diyāna*ᵗ *n.*↑ • religion, creed

دائن *dāʔin act. part. n.* • creditor, lender

مديون *madyūn*, مدين *madīn pass. part.* • *adj.* in debt • *n.* debtor

دين *dayyin adj.* • pious, devout, religious

IV **أدان** *ʔadāna v.tr.* |*4h* يدين *yudīnᵘ* | إدانة *ʔidānaᵗ*| • condemn, denounce • convict *sb* ه *of* بـ, find guilty • lend *sb* ه *sth* ه

إدانة *ʔidānaᵗ n.*↑ • condemnation, denunciation • conviction

مدان *mudān pass. part.* • *adj.* |*elat.* أكثر إدانة *ʔaktar ʔidānaᵗᵃⁿ*| guilty *of* بـ, convicted • *n.* convict

V **تدين** *tadayyana v.intr.* |*5s* يتدين *yatadayyanᵘ* | تدين *tadayyun*| • profess *sth* بـ, follow, believe *in* • owe money *to* لـ, be in debt

تدين *tadayyun n.*↑ • piety, religiousness

متدين *mutadayyin act. part. adj.* |*elat.* أكثر تدينا *ʔaktar tadayyunan*| • pious, devout, religious

دينار *dīnār n.* |*pl.* ***dip.*** دنانير *danānīr*| • dinar ▪ دينار أردني *dīnār ʔurdunnīʸ* |*abbreviated* د.أ| Jordanian dinar (JD) ▪ دينار بحريني *dīnār baḥraynīʸ* |*abbreviated* د.ب| Bahraini dinar (BD) ▪ دينار تونسي *dīnār tūnisīʸ* |*abbreviated* د.ت| Tunisian dinar (DT) ▪ دينار جزائري *dīnār jazāʔirīʸ* |*abbreviated* د.ج| Algerian dinar (DA) ▪ دينار كويتي *dīnār kuwaytīʸ* |*abbreviated* د.ك| Kuwaiti dinar (KD) ▪ دينار ليبي *dīnār lībīʸ* |*abbreviated* د.ل| Libyan dinar (LD) ▪ دينار عراقي *dīnār ɛirāqīʸ* |*abbreviated* د.ع| Iraqi dinar (IQD) ➡ ***picture on the right***

Iraqi dinar

ديناصور *dīnāṣūr n.* • dinosaur

ديناميت *dīnāmīt n.* • dynamite

ديناميكي *dīnāmīkīʸ adj.* |*elat.* أكثر ديناميكية *ʔaktar dīnāmīkīyaᵗᵃⁿ*| • dynamic

ذ

ذ *đāl n.* **f.** |ذال| • *(ninth letter of the Arabic alphabet)* • *(numerical value)* 700 ➡ ***The Abjad Numerals p. 61***

ذئب *điʔb n.* |*pl.* ذئاب *điʔāb*| • wolf

ذا *đā sing.* **m.** *demonstrative* |*pl.* أولاء *ʔulāʔⁱ*| • this ▪ كذا *ka-đā adv.* so, thus ◊ ثم قال كذا وكذا. *Then he said so and so.* ▪ لذا *li-đā adv.* therefore, so, that's why... ◊ كان مريضا، لذا زرته. *He was sick. That's why I visited him.*

ذات *đāt* **f.** *possessive pronoun* • having, with, of ◊ المرأة ذات الشعر المتجعد *the woman with curly hair* ➡ ***The Independent Possessive Pronouns p. 112***

ذاك *đāka sing.* **m.** *demonstrative* • that ▪ إذ ذاك *ʔiđ đāka adv.* then, at that time

ـذاك *-đāka suffix* • *(forms adverbs)* then, at that time ▪ بعدذاك *baƐdađāka adv.* after that ▪ حينذاك *ḥīnađāka*, وقتذاك *waqtađāka*, آنذاك *ʔānađāka*, عندذاك *Ɛindađāka adv.* then, at that time ▪ ساعتذاك *sāƐatađāka adv.* then, at that time ▪ ليلتذاك *laylađāka adv.* (on) that night ▪ يومذاك *yawmađāka*, أيامذاك *ʔayyāmađāka adv.* in those days ➡ ***compare with* ـئذ *-ʔiđin* p. 6**

ذال *đāl n.* **f.** ➡ **ذ above**

ذانك *đānika dual* **m.** *demonstrative* |*acc. and gen.* ذينك *đaynika*| • those (two), both of those ◊ [+ indefinite dual masculine noun] **ذانك** مدرسان. *Both of those (people) are teachers.* ◊ [+ dual masculine noun with definite article] ذانك المدرسان *those two teachers* ◊ ذانك الرجلان *those two men* ▪ ذانك هما __ *đānika humā* __ Those (people) are (the) __ ◊ [+ animate plural masculine noun with definite article] ذانك هما المدرسان اللذان أخبرتك عنهما. *Those are the (two) teachers I told you about.* ⓘ *Demonstratives cannot precede an idafa construction. When* ذانك *đānika modifies the first term of an idafa construction, it must follow the entire construction:* ◊ رجلا الأعمال ذانك *those two businessmen* ⓘ *When modifying the second term of an idafa construction, it precedes the second term. Remember that the second term of an idafa construction (and its demonstrative) take the genitive:* ◊ مدرسة ذينك الطالبين *those two students' school* ➡ ***That and Those p. 111***

ذباب *đubāb coll. n.* |*sing.* ذبابة *đubābaᵗ* | *pl.* ذبان *đibbān*| • flies

ذبح *đabaḥa v.tr.* |**1s1** يذبح *yađbaḥᵘ* | ذبح *đabḥ*| • slaughter, massacre

ذبح *đabḥ n.*↑ • slaughter, massacre

مذبحة *mađbaḥaᵗ n.* |*pl.* **dip.** مذابح *mađābiḥ*| • massacre, blood bath

ذبذبة *đabđabaᵗ n.* • vibration, convulsion

QII **تذبذب** *tađabđaba v.intr.* |**12s** يتذبذب *yatađabđabᵘ* | تذبذب *tađabđub*| • fluctuate, vibrate

تذبذب *tađabđub n.*↑ • fluctuation, vibration

ذبل *đabala* or *đabula v.intr.* |**1s1/1s6** يذبل *yađbulᵘ* | ذبول *đubūl*| • wilt, wither

ذابل *đābil act. part. adj.* |*elat.* أكثر ذبولا *ʔaktar đubūlan* or أذبل *ʔađbal*| • wilted, withered

ذخيرة *đaxīraᵗ n.* |*pl.* **dip.** ذخائر *đaxāʔir*| • ammunition

VIII **ادخر** *iddaxara v.intr.* |**8a2** يدخر *yaddaxirᵘ* | ادخار *iddixār*| • store, accumulate, save, keep

ادخار *iddixār n.*↑ • storage, accumulation

مدخرات *muddaxarāt pass. part. pl. n.* • savings

ذر *đarr coll. n.* |*sing.* ذرة *đarraᵗ*| • atoms, particles

ذري *đarrīʸ adj.* • atomic

ذرور *đarūr n.* • powder

ذرع *đarƐ n.* • capacity ▪ ضاق ذرعا بـ *ḍāqa đarƐan bi- v.* become fed up with

ذراع *điraƐ n.* **f.** |*pl.* أذرع *ʔađruƐ*| • arm

ذريعة *đarīƐaᵗ n.* |*pl.* **dip.** ذرائع *đarāʔiƐ*| • pretext, excuse

ذرة *đuraᵗ n.* • corn, maize

ذروة *đirwaᵗ* or *đurwaᵗ n.* |*pl.* **indecl.** ذرى *đurᵃⁿ*| • summit, peak, climax ▪ ساعة ذروة *sāƐat · đirwaᵗ* peak time; rush hour

ذعر *đuƐr n.* • panic, scare, alarm

IV **أذعر** *ʔađƐara v.tr.* |**4s** يذعر *yuđƐirᵘ* | إذعار *ʔiđƐār*| • alarm, scare

مذعر *muđƐir act. part. adj.* • alarming, dreadful

ذقن *đaqan n.* |*pl.* ذقون *đuqūn*| • chin • beard ▪ حلق الذقن *ḥalaqa ađđaqan v.* shave (one's beard)

ذكر *đakara v.tr.* • |*1s3* يذكر *yađkurᵘ* | تذكار *tađkār* or ذكر *đikr*| remember ▪ على ما أذكر *Ɛalā mā ʔađkurᵘ* as far as I remember • |*1s3* يذكر *yađkurᵘ* | ذكر *đikr*| report, mention, cite ▪ ذكر أنّ *đakara ʔanna* report that... ▪ ذكر أوصافه *đakara ʔawṣāfᵃhu* give a description *of sb* ▪ حسبما ذكر __ *ḥasabamā đakara* __ according to __ ◊ حسبما ذكرت مصادر رسمية *according to official sources*

ذكر *đikr n.*↑ • mention, citation ▪ سالف الذكر *sālif · ađđikrⁱ adj.* aforementioned ▪ من الجدير بالذكر أنّ *minᵃ -ljadīrⁱ bi-đđikrⁱ ʔanna* it is worth mentioning that... • |*pl.* أذكار *ʔađkār*| invocation (of God through recitation) • *n.* memory, recollection

تذكار *tađkār n.*↑ • reminder, memento, commemoration • souvenir, keepsake

تذكاري *tađkārīʸ adj.* • memorial

ذاكرة *đākiraᵗ act. part. n.* • *(human, computer)* memory ▪ فقد ذاكرة *faqd · đākiraᵗ* amnesia

ذكر *đakar n.* |*pl.* ذكور *đukūr*| • male ▪ ذكورا وأناثا *đukūran wa-ʔanātā* regardless of gender, both males and females

ذكري *đakarīʸ adj.* • male ▪ عضو ذكري *Ɛuḍw đakarīʸ n.* penis ▪ عازل ذكري *Ɛāzil đakarīʸ*, واق ذكري *wāq(in) đakarīʸ n.* condom

ذكرى *đikrā n. **f. invar.*** |*pl.* ذكريات *đikrayāt*| • memory, remembrance ▪ ذكرى سنوية *đikrā sanawīyaᵗ* anniversary ▪ ذكرى وفاة *đikrā wifāᵗ* memorial service

ذكور *đakūr adj.* • having a good memory ▪ كن ذكورا إذا كنت كذوبا. *kun đakūran ʔiđā kunta kađūban proverb* Have a good memory if you're a (habitual) liar.

ذكورة *đukūraᵗ n.* • masculinity

تذكرة *tađkaraᵗ* or *tađkiraᵗ n.* |*pl. **dip.*** تذاكر *tađākir*| • ticket ▪ تذكرة طائرة *tađkarat · ṭāʔiraᵗ* plane ticket ▪ تذكرة ذهاب *tađkarat · đahāb* one-way ticket ▪ تذكرة ذهاب وإياب *tađkarat · đahāb wa-ʔiyāb* round-trip ticket

II **ذكّر** *đakkara v.tr.* |*2s* يذكّر *yuđakkirᵘ* | تذكير *tađkīr*| • remind *sb* ه *sth* بـ • *(grammar)* make masculine

تذكير *tađkīr n.*↑ • reminder *of* بـ

مذكرة *muđakkiraᵗ act. part. n.* • reminder, note, memorandum ▪ مذكرات *muđakkirāt pl. n.* diary; autobiography, memoir • warrant

مذكر *muđakkar pass. part. adj.* • *(grammar)* masculine

III **ذاكر** *đākara v.tr.* |*3s* يذاكر *yuđākirᵘ* | مذاكرة *muđākaraᵗ*| • study, do *one's* homework

V **تذكر** *tađakkara v.tr.* |*5s* يتذكر *yatađakkarᵘ* | تذكر *tađakkur*| • remember ◊ هل تتذكرني؟ *Do you remember me?* ▪ تذكر أنّ *tađakkara ʔanna* remember *(do)*ing, remember that... ◊ أتذكر أنني أغلقت الباب. *I remember locking the door.* ▪ تذكر أنْ *tađakkara ʔan* remember to *(do)* ◊ تذكر أن تغلق الباب عندما تغادر. *Remember to lock the door when you leave.*

X **استذكر** *istađkara v.tr.* |*10s* يستذكر *yastađkirᵘ* | استذكار *istiđkār*| • memorize, learn by heart

استذكار *istiđkār n.*↑ • memorization

ذكي *đakīʸ adj.* |*m. pl. **dip.*** أذكياء *ʔađkiyāʔ* | *elat. **invar.*** أذكى *ʔađkā*| • intelligent, clever ▪ يا ذكي *yā đakīʸ (sarcastically)* Real smart!

ذكاء *đakāʔ n.*↑ • intelligence, cleverness

That and Those

		masculine	feminine
singular		ذلك *đālika*	تلك *tilka*
dual	nom.	ذانك *đānika*	تانك *tānika*
dual	acc./gen.	ذينك *đaynika*	تينك *taynika*
plural		أولئك *ʔūlāika*	

ذلك *đālika sing. **m.** demonstrative* • that ➡ ***table above*** ◊ ما ذلك؟ *What's that?* ◊ [+ indefinite singular masculine noun] ذلك نجم. *That is a star.* ◊ ذلك رجل. *That is a man.* ◊ [singular masculine noun with definite article +] ذلك الكتاب *that book* ◊ ذلك الرجل *that man* ⓘ *Notice that the long ā of* ذلك *đālika is unwritten.* ⓘ *When* ذلك *đālika modifies the first term of an idafa construction, it must follow the entire construction:* ◊ رجل الأعمال ذلك *that businessman* ⓘ *When modifying the second term of an idafa construction, it precedes the second term:* ◊ صاحب ذلك البيت *the owner of that house* ▪ ذلك هو *đālika huwa* That is (the) __ ◊ [+ singular masculine noun with definite article] ذلك هو الفيلم الذي أخبرتك عنه. *That is the* *movie I told you about.* ▪ كذلك *ka-đālika*, وكذلك *wa-ka-đālika adv.* so, thus, that way; also, as well, additionally, likewise ▪ وأنت كذلك. *wa-ʔanta ka-đālika* Same to you. ▪ لذلك *li-đālika adv.* therefore, so, That's why... ▪ إلى ذلك *ʔilā đālika adv.* in addition to that, additionally ▪ مع ذلك *maƐa đālika adv.* nevertheless, despite this ▪ وذلك *wa-đālika (untranslated; precedes a dependent clause and adds emphasis)* ◊ نجحنا، وذلك بفضل مساعدتكم. *We have succeeded, thanks to your help.* ▪ وذلك لأنّ *wa-đālika li-ʔanna* and that's because, since

ذل *đalla v.intr.* |*1g2* يذل *yađillᵘ* | ذل *đull*| • be submissive, be humble

ذل *đull n.*↑ • submissiveness, humility

ذليل *đalīl adj.* |أذلة *ʔađillaᵗ* or **dip.**أذلاء *ʔađillāʔ* | *elat.* أذل *ʔađall*| • despicable

II **ذلل** *đallala v.tr.* |*2s* يذلل *yuđallilᵘ* | تذليل *tađlīl*| • overcome (an obstacle, difficulty)

IV **أذل** *ʔađalla v.tr.* |*4g* يذل *yuđillᵘ* | إذلال *ʔiđlāl*| • humiliate, degrade

إذلال *ʔiđlāl n.*↑ • humiliation, degradation

V **تذمر** *tađammara v.intr.* |*5s* يتذمر *yatađammarᵘ* | تذمر *tađammur*| • complain *about* من, grumble

ذمة *đimmaᵗ n.* |*pl.* ذمم *đimam*| • protection, security ▪ على ذمة التحقيق *Ɛalā đimmatⁱ · -ttaħqīqⁱ* in custody, in confinement • responsibility, accountability, obligation • liability, debt

ذنب *đanb n.* |*pl.* ذنوب *đunūb*| • misdeed, crime, offense

IV **أذنب** *ʔađnaba v.intr.* |*4s* يذنب *yuđnibᵘ* | إذناب *ʔiđnāb*| • be guilty, be culpable

مذنب *muđnib act. part. adj.* |*elat.* أكثر إذنابا *ʔaktar ʔiđnāban*| • guilty, culpable

ذهب *đahaba v.intr.* |*1s1* يذهب *yađhabᵘ* | ذهاب *đahāb*| • go *to* إلى

ذهاب *đahāb* or *đihāb n.*↑ • departure ▪ ذهابا وإيابا *đahāb wa-ʔiyāb adv.* back and forth ▪ تذكرة ذهاب وإياب *tađkarat · đahāb wa-ʔiyāb*, تذكرة ذهاب وعودة *tađkarat · đahāb wa-Ɛawdaᵗ* round-trip ticket

ذهب *đahab n.* • gold ▪ ذهب أسود *đahab ʔaswad* black gold, oil ▪ الوقت من ذهب *alwaqtᵘ min đahabⁱⁿ* *proverb* Time is money.

ذهبي *đahabīʸ adj.* • gold-, made of gold • golden, gold-colored

مذهب *mađhab n.* |*pl.* **dip.** مذاهب *mađāhib*| • ideology, doctrine, path • faith, creed

مذهبي *mađhabīʸ adj.* • sectarian, doctrinal

مذهبية *mađhabīyaᵗ n.* • sectarianism

ذهل *đahila v.intr.* |*1s4* يذهل *yađhalᵘ* | ذهول *đuhūl*| • be amazed, be astonished

ذهول *đuhūl n.*↑ • amazement, astonishment • numbness, indifference

IV **أذهل** *ʔađhala v.tr.* |*4s* يذهل *yuđhilᵘ* | إذهال *ʔiđhāl*| • amaze, astonish

مذهل *muđhil act. part. adj.* |*elat.* أكثر إذهالا *ʔaktar ʔiđhālan*| • spectacular, amazing, astonishing

ذهن *đihn n.* |*pl.* أذهان *ʔađhān*| • mind, intellect

ذهني *đihnīʸ adj.* • mental, intellectual

ذهنية *đihnīyaᵗ n.* • mentality

ذو *đū* **m.** *possessive pronoun* • [+ genitive noun] with, having, of ◊ الرجل ذو القبعة السوداء *the man in the black hat* ◊ المرأة ذات الشعر المتجعد *the woman with curly hair* ▪ ذووه *đawūhu pl. n. one's* relatives ▪ ذو خبرة *đū xibraᵗⁱⁿ* experienced ▪ ذو الدخل المنخفض *đū -ddaxlⁱ -lmunxafiđⁱ* (having a) low-income ▪ ذو شعر طويل *đū šaƐrⁱⁿ ţawīlⁱⁿ* long-haired ▪ ذو قيمة *đū qīmaᵗⁱⁿ* of value

The Independent Possessive Pronouns

		masculine	feminine
sing.	nom.	ذو *đū*	ذات *đātᵘ*
	acc.	ذا *đā*	ذات *đātᵃ*
	gen.	ذي *đī*	ذات *đātⁱ*
dual	nom.	ذوا *đawā*	ذواتا (ذاتا) *đawātā (đātā)*
	acc./gen.	ذوي *đaway*	ذواتي (ذاتي) *đawātay (đātay)*
plural	nom.	ذوو *đawū*	ذوات *đawātᵘ*
	acc.	ذوي *đawī*	ذوات *đawātᵃ*
	gen.		ذوات *đawātⁱ*

ذات *đāt n.* • [+ pronoun suffix] the same ▪ في الوقت ذاته *fī -lwaqt^i đāt^ihi adv.* at the same time ▪ بالذات *bi-đđāt^i* none other than, that very, in particular ◊ في هذا البيت بالذات *in this very house* ◊ هذا بالذات ما كنت سأقوله. *That's precisely what I was going to say.* • |*pl.* ذوات *đawāt*| ego, self ▪ وعى الذات *waƐy · ađđāt^i* self-awareness ▪ احترام الذات *iħtirām · ađđāt^i* self-worth, self-esteem • *(for emphasis)* [+ pronoun suffix] *oneself* ◊ هو ذاته *he himself* • *đāta* [+ time word in genitive] one ▪ ذات يوم *đāta yawm^in* one day ▪ ذات مرة *đāta marra^ti* once, one time ▪ ذات مساء *đāta masāʔ^in* one evening • *đāta* ▪ ذات اليسار *đāta -lyasār^i* to the left ▪ ذات اليمين *đāta -lyamīn^i* to the right

ذاتي *đātīy adj.* • auto-, self ▪ سيرة ذاتية *sīra^t đātīya^t* resumé, C.V.

ذاب *đāba v.intr.* |*1h3* يذوب *yađūb^u* | ذوبان *đawabān* or ذوب *đawb*| • melt • dissolve, liquefy

ذوبان *đawabān n.*↑ • melting ▪ قابل للذوبان *qābil li-đđawabān^i* soluble

II **ذوب** *đawwaba v.tr.* |*2s* يذوب *yuđawwib^u* | تذويب *tađwīb*| • melt • dissolve

IV **أذاب** *ʔađāba v.tr.* |*4h* يذيب *yuđīb^u* | إذابة *ʔiđāba^t*| • dissolve

ذاق *đāqa v.tr.* |*1h3* يذوق *yađūq^u* | ذوق *đawq*| • taste

ذوق *đawq n.*↑ |*pl.* أذواق *ʔađwāq*| • taste • taste, preference ▪ عديم الذوق *Ɛadīm · ađđawq^i adj.* tasteless

مذاق *mađāq n.* • taste, flavor

V **تذوق** *tađawwaqa v.tr.* |*5s* يتذوق *yatađawwaq^u* | تذوق *tađawwuq*| • taste • savor, relish

تذوق *tađawwuq n.*↑ • sense of taste

ذوى *đawā v.intr.* |*1d2* يذوي *yađwī* | ذو *đawy*| • fade, wither

مذياع *miđyāƐ n.* |*pl.* **dip.** مذاييع *mađāyīƐ*| • *(receiver)* radio

IV **أذاع** *ʔađāƐa v.tr.* |*4h* يذيع *yuđīƐ^u* | إذاعة *ʔiđāƐa^t*| • broadcast

إذاعة *ʔiđāƐa^t n.*↑ • broadcast, transmission • radio

إذاعي *ʔiđāƐīy adj.* • broadcast-, radio-

مذيع *muđīƐ act. part. n.* • announcer, broadcaster, reporter

ذيل *đayl n.* |*pl.* ذيول *đuyūl* or أذيال *ʔađyāl*| • tail ▪ ذيل فرس *đayl · faras (hair)* ponytail

V **تذيل** *tađayyala v.tr.* |*5s* يتذيل *yatađayyal^u* | تذيل *tađayyul*| • tail, be last *in/on*

ر

ر *rāʔ n.* **f.** |راء| • *(tenth letter of the Arabic alphabet)* • *(numerical value)* 200 ➡ ***The Abjad Numerals p. 61***

مرأب *mirʔab n.* |*pl.* **dip.** مرائب *marāʔib*| • garage, repair shop

رأس *raʔasa v.tr.* |*1s1(a)* يرأس *yarʔasᵘ* | رئاسة *riʔāsaᵗ*| • head, lead, chair

رئاسة *riʔāsaᵗ n.*↑ • presidency ▪ برئاسة *bi-riʔāsatⁱ prep.* under the leadership of

رئاسي *riʔāsīʸ adj.* • presidential

رأس *raʔs n.* **m.** or **f.** |*pl.* رؤوس *ruʔūs*| • head ▪ جلد رأس *jild · raʔs* scalp ▪ عيد رأس السنة *Ɛīd · raʔsⁱ · -ssanaᵗⁱ* New Year's Day ▪ رأسا *raʔsan adv.* directly ▪ رأسا على عقب *raʔsan Ɛalā Ɛaqbⁱⁿ adv.* upside down ▪ على رأس *Ɛalā raʔsⁱ prep.* at the top of ▪ كأن على رأسه الطير *kaʔanna Ɛalā raʔsⁱhi aṭṭayrᵘ (idiom)* as still as a stone (lit. as if there were birds on *one's* head)

رأس الخيمة *raʔs alxaymaᵗ n.* **f.** • *(city in the U.A.E.)* Ras al-Khaimah ➡ ***map on p. 15***

رئيس *raʔīs n.* |*pl.* **dip.** رؤساء *ruʔasāʔ*| • president, chief, leader, chair, boss ▪ رئيس تحرير *raʔīs · taḥrīr* editor-in-chief ▪ رئيس جمهورية *raʔīs · jumhūrīyaᵗ* president (of a republic) ▪ رئيس مجلس إدارة *raʔīs · majlis · ʔidāraᵗ* chairman of the board ▪ رئيس وزراء *raʔīs · wuzarāʔ* prime minister

رئيسي *raʔīsīʸ adj.* • main, principal, fundamental

رأسمال *raʔsmāl n.* |< رأس + مال *raʔs + māl*| • *(finance)* capital

رأسمالي *raʔsmālīʸ adj.* |*elat.* أكثر رأسمالية *ʔaktar raʔsmālīyaᵗᵃⁿ*| • capitalist

رأسمالية *raʔsmālīyaᵗ n.* • capitalism

II **رأس** *raʔʔasa v.tr.* |*2s(b)* يرئس *yuraʔissᵘ* | ترئيس *tarʔīs*| • make president, appoint as leader

V **ترأس** *taraʔʔasa v.tr.* |*5s(b)* يترأس *yataraʔʔasᵘ* | ترؤس *taraʔʔus*| • head, lead, chair

رأفة *raʔfaᵗ n.* • clemency, leniency

X **استرأف** *istarʔafa v.tr.* |*10s(b)* يسترئف *yastarʔifᵘ* | استرآف *istirʔāf*| • beg for mercy

رأى *raʔā v.tr.* |*1d1(b)* يرى *yarā* | رؤية *ruʔyaᵗ*| • see ▪ أراك غدا *ʔarāka ɣadan* See you tomorrow! ▪ لا يُرى *lā yurā pass. v.* invisible • consider *sb/sth* ∘ *(to be) sb/sth* ∘, regard ◊ أراه مخطئا. *I consider him to be wrong.*

رؤية *ruʔyaᵗ n.*↑ |*pl.* **indecl.** رؤى *ruʔ(an)*| • vision, eyesight • view, opinion ◊ تبنت رؤية مستنيرة. *She's adopted an enlightened view.* • visibility

مرئي *marʔīʸ pass. part. adj.* • visible ▪ غير مرئي *ɣayr · marʔīʸ* invisible • visual

رئة *riʔaᵗ n.* • lung ▪ رئتان *riʔatānⁱ dual noun* lungs

رأي *raʔy n.* |*pl.* آراء *ʔārāʔ*| • opinion, view ▪ في رأيي *fī raʔyī* in my opinion ▪ ما رأيك في __؟ *mā raʔyᵘka fī* __ What's your opinion about __?, How about __? ▪ على رأي لـ *Ɛalā raʔyⁱⁿ li-* in *one's* opinion ▪ الرأي *arraʔy n.* **f.** Alrai (Jordanian newspaper)

رؤيا *ruʔyā n.* **f. invar.** |*pl.* **indecl.** رؤى *ruʔ(an)*| • dream

راية *rāyaᵗ n.* • banner, flag

مرآة *mirʔāᵗ n.* |*pl.* **invar.** مرايا *marāyā*| • mirror

مرأى *marʔ(an) n.* **indecl.** |*dual* مرأيان *marʔayānⁱ* | *pl.* **def.** مراء *marāʔ(in)*| • sight, view ▪ على مرأى منه *Ɛalā marʔan minhu* within *one's* view ◊ كانت الجزيرة على مرأى منه. *The island was within his view.*

IV **أرى** *ʔarā v.tr.* |*4d(c)* يري *yurī* | إراءة *ʔirāʔaᵗ*| • show *sb* ∘ *sth* ∘ ▪ يا ترى *yā turā* **invar.** [positioned freely in sentence] I wonder, tell me, ... do you think..., in your opinion ◊ *(hearing a knock at the door)* من يا ترى سيكون هذا الشخص؟ *Who might that be?* ▪ ترى *turā*, تراني *turānī* [at beginning of sentence; often untranslated] I wonder ◊ ترى هل فهمت سؤالك جيداً. *I wonder if I've understood your question correctly.* ◊ تراني أين ذهب كل هؤلاء الناس؟ *Where did all those people go, I wonder?*

راء *rāʔ n.* **f.** ➡ ر ***above***

رادار *rādār n.* • radar

راديكالي *rādīkālīʸ adj.* |*elat.* أكثر راديكالية *ʔaktar rādīkālīyaᵗᵃⁿ*| • radical

راديو *rādiyō n.* **invar.** |*pl.* راديوهات *rādiyōhāt*| • radio

رام الله *rām · aLLāhⁱ n.* **f.** • *(city in Palestine)* Ramallah ➡ ***map on p. 237***

رانيا *rāniyā* **f. invar.** *woman's name* • Rania

رب *rabb n.* |*pl.* أرباب *ʔarbāb*| • lord, master ▪ الرب *arrabb (God)* the Lord ▪ رب عمل *rabb · Ɛamal* boss ▪ رب أسرة *rabb · ʔusraᵗ* head of the household

ربة *rabbaᵗ n.* • lady, mistress ▪ ربة بيت *rabbat · bayt*, ربة منزل *rabbat · manzil* |*pl.* ربات بيوت *rabbāt buyūt* or ربات منازل *rabbāt · manāzil*| housewife

رب *rubba* • [+ indefinite genitive singular noun] many a __, some __ ▪ رب أخ لم تلده والدة. *rubba ʔaxⁱⁿ lam talidhᵘ wālidaᵗᵘⁿ* *proverb* Some friends are closer than real brothers. (lit. Many of brother wasn't born of the same mother.) ▪ رب سكوت أغلب من كلام. *rubba sukūtⁱⁿ ʔaɣlabᵘ min kalāmⁱⁿ* *proverb* Some silence is more eloquent than words.

ربما *rubbamā*, لربما *la-rubbamā adv.* • maybe, perhaps

II **ربت** *rabbata v.tr.* |*2s* يربت *yurabbitᵘ* | تربيت *tarbīt*| • pat ▪ ربت على كتفه/خده *rabbata Ɛalā katfʰhi/xaddʰhi* pat *sb* on the shoulder/cheek

ربح *rabiħa v.tr.* |*1s5* يربح *yarbiħᵘ* | ربح *ribħ*| • gain, profit

ربح *ribħ n.*↑ |*pl.* أرباح *ʔarbāħ*| • gain, profit ▪ ربح اجمالي *ribħ ijmālīʸ* gross profit ▪ ربح صاف *ribħ ṣāf(in)* net profit ▪ الربح والخسارة *arribħ wa-lxisāraᵗ* profits and losses ▪ ربح مادي *ribħ mādīʸ* material gain

رابح *rābiħ act. part. adj.* |*elat.* أربح *ʔarbaħ*| • lucrative, profitable

IV **أربح** *ʔarbaħa v.tr.* |*4s* يربح *yurbiħᵘ* | إرباح *ʔirbāħ*| • let gain *sb* ∘ *sth* ∘, cause to profit

مربح *murbiħ act. part. adj.* • profitable

ربط *rabaṭa v.* |*1s2/1s3* يربط *yarbiṭᵘ* or *yarbuṭᵘ* | ربط *rabṭ*| • *v.tr.* tie *sth* ∘ *to* بـ *or* مع, bind, connect ◊ ربط العملة بالدولار أدى لاستقرار. *Tying the currency to the dollar has lead to stability.* • bandage • *v.intr.* connect *sth* بين *to* و, link, unite

ربط *rabṭ n.*↑ • connection

رابط *rābiṭ act. part. n.* • *(internet)* link

رابطة *rābiṭaᵗ act. part. n.* |*pl.* **dip.** روابط *rawābiṭ*| • bond, connection, tie • *(chemistry)* bond • association, organization, league, federation

ربطة *rabṭaᵗ n.* |*pl.* ربطات *rab(a)ṭāt*| • tie, bow, wrap ▪ ربطة عنق *rabṭat · Ɛun(u)q* necktie ▪ ربطة حجاب *rabṭat · ħijāb* hijab wrap

رباط *ribāṭ n.* |*pl.* أربطة *ʔarbiṭaᵗ*| • ligament • bandage, dressing (of a wound) • union, connection, bond ▪ في رباط *fī ribāṭⁱⁿ adv.* together, united ◊ كافحت لتبقى أسرتها في رباط. *She struggled to keep her family together.*

الرباط *arribāṭ* or *arrabāṭ* • *(capital of Morocco)* Rabat ➡ ***map on p. 222***

رباطي *ribāṭīʸ adj. & n.* • Rabati

VI **ترابط** *tarābaṭa v.intr.* |*6s* يترابط *yatarābaṭᵘ* | ترابط *tarābuṭ*| • be interrelated, be interlinked ◊ التنمية الاقتصادية والاجتماعية مترابطة بشكل وثيق. *Economic and social development are closely linked.*

VIII **ارتبط** *irtabaṭa v.intr.* |*8s* يرتبط *yartabiṭᵘ* | ارتباط *irtibāṭ*| • be connected *to* بـ, be linked, be tied

ارتباط *irtibāṭ n.*↑ • connection, tie

ربع *rabƐ n.* |*pl.* ربوع *rubūƐ*| • housing, residence • region, area

ربع *rubƐ n.* |*pl.* أرباع *ʔarbāƐ*| • *(fraction)* fourth, quarter ◊ ثلاثة أرباع *three fourths, three quarters* ▪ والربع *wa-rrubƐ (time)* [hour +] a quarter past ◊ الساعة الثالثة والربع *a quarter past three (3:15)* ▪ إلا الربع *ʔillā -rrubƐᵘ (time)* [hour +] a quarter to ◊ الساعة الرابعة إلا الربع *a quarter to four (3:45)*

ربعي *rubƐīʸ adj.* • quarterly

رباع *rubāƐa adv.* • four at a time, in fours

رباعي *rubāƐīʸ* • *adj.* fourfold, quadri- ▪ فعل رباعي *fiƐl rubāƐīʸ n. (grammar)* quadriliteral verb • *n.* quartet

ربيع *rabīƐ*, فصل ربيع *faṣl · rabīƐ n.* • spring ▪ في الربيع *fī -rrabīƐⁱ* in the spring ▪ الربيع العربي *arrabīƐ alƐarabīʸ* the Arab Spring ▪ ربيع الأول *rabīƐ alʔawwal* Rabi' Al Awwal (third month of the Islamic calendar) ▪ ربيع الثاني *rabīƐ attānī*, ربيع الآخر *rabīƐ alʔāxir* Rabi' Al Thani (fourth month of the Islamic calendar) ➡ ***The Islamic Calendar p. 315***

ربيعي *rabīƐīʸ adj.* • spring-

رابع *rābiƐ adj.* • *(ordinal number)* fourth ▪ الساعة الرابعة *assāƐaᵗ arrābiƐaᵗ* four o'clock (4:00)

الرابع عشر *arrābiƐᵃ Ɛašrᵃ* |*f.* الرابعة عشرة *arrābiƐaᵗᵃ Ɛašaraᵗᵃ*| • [always accusative] the fourteenth ◊ اليوم الرابع عشر *the fourteenth day* ◊ المرة الرابعة عشرة *the fourteenth time*

أربعة *ʔarbaƐaᵗ* **f.** *number* |*m.* أربع *ʔarbaƐ* | *as numeral, written* ٤| • [+ indefinite genitive plural noun] four ⓘ *The number 4 requires reverse gender agreement:* ◊ *(feminine form*

with masculine noun) أرتبعة بيوت *ʔarbaƐat buyūtin four houses ◊ (masculine form with feminine noun)* أربع سيارات *ʔarbaƐ sayyārātin four cars* • [definite plural noun +] the four ◊ الرجال الأربعة *the four men* ◊ النساء الأربع *the four women*

أربعة عشر *ʔarbaƐata Ɛašra* ***f.*** *number* |*m.* أربع عشرة *ʔarbaƐa Ɛašarata* | *as numeral, written* ١٤ | [+ indefinite accusative singular noun] • fourteen ⓘ *The number 14 is a compound number. Neither word in the compound reflects the case required by the grammar of the sentence; both always take the definite accusative. The first word in the compound requires reverse gender agreement, while the second agrees in gender with the counted noun: ◊ (with masculine noun)* أربعة عشر بيتا *ʔarbaƐata Ɛašara baytan fourteen houses ◊ (with feminine noun)* أربع عشرة سيارة *ʔarbaƐa Ɛašarata sayyāratan fourteen cars* • [definite plural noun +] the fourteen ◊ الرجال الأربعة عشر *the fourteen men* ◊ النساء الأربع عشرة *the fourteen women*

'4.00 L.E.': Fruit for sale in Egypt

أربعاء *alʔarbaƐāʔ* or *alʔarbiƐāʔ* or *alʔarbuƐāʔ n.* • Wednesday ◊ في أول أربعاء من كل شهر *on the first Wednesday of every month* ▪ الأربعاء *alʔarbaƐāʔa*, يوم الأربعاء *yawma · -lʔarbaƐāʔi adv.* (on) Wednesday(s) ▪ كل أربعاء *kulla ʔarbaƐāʔin adv.* every Wednesday

أربعون *ʔarbaƐūna number* |*acc. and gen.* أربعين *ʔarbaƐīna* | *as numeral, written* ٤٠ | • [+ indefinite accusative singular noun] forty ◊ أربعون بيتا *ʔarbaƐūna baytan forty houses* ◊ من أربعين بيتا *min ʔarbaƐīna baytan from forty houses* ▪ الأربعينات *alʔarbaƐīnāt pl. n.* the forties, the (19)40s • *adj.* fortieth ◊ اليوم الأربعون *the fortieth day*

أربعيني *ʔarbƐīnīy adj.* • forty-something-year-old, in *one's* forties

II **ربع** *rabbaƐa v.tr.* |*2s* يربع *yurabbiƐu* | تربيع *tarbīƐ*| • square

مربع *murabbaƐ pass. part. adj. & n.* • square ▪ متر مربع *mitr murabbaƐ* square meter ▪ كيلومتر مربع *kīlūmitr murabbaƐ* square kilometer

IV **أربك** *ʔarbaka v.tr.* |*4s* يربك *yurbiku* | إرباك *ʔirbāk*| • confuse, upset

VIII **ارتبك** *irtabaka v.intr.* |*8s* يرتبك *yartabiku* | ارتباك *irtibāk*| • be confused, be embarrassed

ارتباك *irtibāk n.*↑ • confusion, embarrassment, bewilderment

مرتبك *murtabik act. part. adj.* |*elat.* أكثر ارتباكا *ʔaktar irtibākan*| • confused

ربا *rabā v.intr.* |*1d3* يربو *yarbū* | ربو *rubūw*| • exceed على, be more *than*

ربو *rabw n.* • asthma

II **ربى** *rabbā v.tr.* |*2d* يربي *yurabbī* | تربية *tarbiyat*| • raise, bring up • educate, school

تربية *tarbiyat n.*↑ • upbringing • education, schooling, pedagogy

تربوي *tarbawīy adj.* • educational, pedagogical

مرب *murabb(in) act. part. n.* ***def.*** |*pl.* مربون *murabbūna*| • educator ▪ مربية أطفال *murabbiyat · ʔaṭfāl* nanny, babysitter

مربى *murabb(an) pass. part.* ***indecl.*** • *adj.* raised, brought-up • *adj.* educated • *n.* |*pl.* مربيات *murabbayāt*| jam, jelly

V **تربى** *tarabbā v.intr.* |*5d* يتربى *yatarabbā* | ***def.*** ترب *tarabb(in)*| • be raised, be brought up, grow up • be educated, be schooled

ربوت *robōt n.* ***invar.*** • robot

رتبة *rutbat n.* |*pl.* رتب *rutab*| • *(military)* rank

راتب *rātib n.* |*pl.* ***dip.*** رواتب *rawātib*| • salary

مرتبة *martabat n.* |*pl.* ***dip.*** مراتب *marātib*| • level, rank • *(bed)* mattress

II **رتب** *rattaba v.tr.* |*2s* يرتب *yurattib*[u] | ترتيب *tartīb*| • arrange, organize

ترتيب *tartīb n.*↑ • arrangement, organization • rank, ranking, standing

مرتب *murattab pass. part.* • *adj.* |*elat.* أكثر ترتيبا *ʔaktar tartīban*| tidy, neat, orderly • *n.* salary

V **ترتب** *tarattaba v.intr.* |*5s* يترتب *yatarattab*[u] | ترتب *tarattub*| • derive *from* على, be caused *by*

رتق *rataqa v.tr.* |*1s3* يرتق *yartuq*[u] | رتق *ratq*| • darn, mend

رث *ratt adj.* |*m. pl.* رثاث *ritāt*| • worn-out, scruffy, shabby

رثا *ratā v.tr.* |*1d3* يرثو *yartū* | رثو *ratw*| • lament • mourn *for* لـ

IV **أرجأ** *ʔarjaʔa v.tr.* |*4s(c)* يرجئ *yurjiʔ*[u] | إرجاء *ʔirjāʔ*| • postpone *sth* ∘ *to* إلى, put off, defer

إرجاء *ʔirjāʔ n.*↑ • postponement, deferment

رجب *rajab n.* • Rajab (seventh month of the Islamic calendar) • *man's name* Rajab ➡ ***The Islamic Calendar p. 315***

رج *rajja v.tr.* |*1g3* يرج *yarujj*[u] | رج *rajj*| • jar, jolt

VIII **ارتج** *irtajja v.intr.* |*8g1* يرتج *yartajj*[u] | ارتجاج *irtijāj*| • jar, jolt

ارتجاج *irtijāj n.*↑ • jarring, jolt ▪ ارتجاج في المخ *irtijāj fi -lmuxx*[i], ارتجاج في الدماغ *irtijāj fi -ddimāγ*[i], ارتجاج في الرأس *irtijāj fi -rraʔs*[i] concussion

رجح *rajaħa v.intr.* |*1s1* يرجح *yarjaħ*[u] | رجوح *rujūħ* or رجحان *rujħān*| • outweigh على, exceed

راجح *rājiħ act. part. adj.* |*elat.* أرجح *ʔarjaħ*| • preferable, probable, likely ▪ تفكير راجح *tafkīr rājiħ* sound thinking

مرجوحة *marjūħa*[t] *pass. part. n.* |*pl.* **dip.** مراجيح *marājīħ*| • *(hanging seat)* swing

أرجح *ʔarjaħ adj.* **dip.** • preferable, probable, likely ▪ على الأرجح *Ɛalā -lʔarjaħ*[i] *adv.* probably ▪ من الأرجح أنْ *min*[a] *-lʔarjaħ*[i] *ʔan* it's likely that..., in all probability

II **رجح** *rajjaħa v.tr.* |*2s* يرجح *yurajjiħ*[u] | ترجيح *tarjīħ*| • prefer *sth* ∘ *to* على

ترجيح *tarjīħ n.*↑ • preference

مرجح *murajjaħ pass. part. adj.* • probable, likely ▪ من المرجح أنْ *min*[a] *-lmurajjaħ*[i] *ʔan* it is likely that..., in all probability • favorite, preferred

رجع *rajaƐa v.intr.* |*1s2* يرجع *yarjiƐ*[u] | رجوع *rujūƐ*| • return *to* إلى, go back, come back ▪ رجع إلى الوراء *rajaƐa ʔilā -lwarāʔ*[i] back up, reverse • revert *to* إلى, regress • stem *from* إلى, be traced back *to* ◊ ترجع أسباب الثورة إلى انتشار الفقر والمرض. *The reasons behind the revolution can be traced back to the spread of poverty and illness.* • resume إلى, continue

رجوع *rujūƐ n.*↑ • return

رجعة *rajƐa*[t] *n.* • resumption, continuation ▪ إلى غير رجعة *ʔilā γayr*[i] *rajƐa*[tin] *adv.* never to return ◊ غادر أسرته إلى غير رجعة *He left his family, never to return.* • regression, reversion

مرجع *marjiƐ n.* |*pl.* **dip.** مراجع *marājiƐ*| • reference, resource, authoritative work, reference book

مرجعي *marjiƐī*[y] *adj.* • authoritative

مرجعية *marjiƐīya*[t] *n.* • authority ▪ مرجعية إسلامية *marjiƐīya*[t] *ʔislāmīya*[t] Islamic authority

II **رجع** *rajjaƐa* |*2s* يرجع *yurajjiƐ*[u] | ترجيع *tarjīƐ*| • *v.tr.* return, give back

III **راجع** *rājaƐa v.tr.* |*3s* يراجع *yurājiƐ*[u] | مراجعة *murājaƐa*[t]| • review, look over, check, revise

مراجعة *murājaƐa*[t] *n.*↑ • review, revision

مراجع *murājiƐ act. part. n.* • reviewer, checker, reviser

IV **أرجع** *ʔarjaƐa v.tr.* |*4s* يرجع *yurjiƐ*[u] | إرجاع *ʔirjāƐ*| • return, give back

VI **تراجع** *tarājaƐa v.intr.* |*6s* يتراجع *yatarājaƐ*[u] | تراجع *tarājuƐ*| • retreat *from* عن, back off, withdraw, retract • regress, recede, decline, wane

تراجع *tarājuƐ n.*↑ • retreat, withdrawal, retraction • regression

X **استرجع** *istarjaƐa v.tr.* |*10s* يسترجع *yastarjiƐ*[u] | استرجاع *istirjāƐ*| • retrieve, recover

استرجاع *istirjāƐ n.*↑ • retrieval, recovery

رجف *rajafa v.intr.* |*1s3* يرجف *yarjuf*[u] | رجف *rajf* or رجفان *rajafān*| • convulse, shake, tremble ◊ قد رجفت الأرض *The ground trembled.*

رجفان *rajafān n.*↑ • convulsion, tremor

رجفة *rajfa*[t] *n.* • convulsion, tremor

VIII **ارتجف** *irtajafa v.intr.* |*8s* يرتجف *yartajif*[u] | ارتجاف *irtijāf*| • tremble, quake

رجل *rajul n.* |*pl.* رجال *rijāl*| • man ▪ رجل إطفاء *rajul · ʔitfāʔ* fire fighter ▪ رجل أعمال *rajul · ʔaƐmāl* businessman ▪ رجل أمن *rajul · ʔamn* watchman, guard ▪ رجل دين *rajul · dīn* cleric, man of religion ▪ رجل شارع *rajul · šāriƐ* layperson, man in the street ▪ رجل الشرطة *rajul · šurṭa*[t] policeman, police officer ▪ رجل عصابة *rajul · Ɛiṣāba*[t] gangster ▪ رجل فضاء *rajul · faḍāʔ* astronaut

ر

رجالي *rijālīʸ adj.* • men's -, for men ▪ ملابس رجالية *malābis rijālīyaᵗ pl. n.* men's clothing ▪ حلاق رجالي *ħalāq rijālīʸ n.* men's hairdresser, barber

رجل *rijl n.* **f.** |*pl.* أرجل *ʔarjul*| • leg ◊ *(often dual)* رجلاه طويلتان. *His legs are long.* ▪ إبهام رجل *ʔibhām · rijl* big toe

رجولة *rujūlaᵗ n.* • virility, masculinity

رجم *rajama v.tr.* |*1s3* يرجم *yarjumᵘ* | رجم *rajm*| • stone, pelt with stones

رجم *rajm n.*↑ |*pl.* رجوم *rujūm*| • stoning

رجا *rajā v.tr.* |*1d3* يرجو *yarjū* | رجاء *rajāʔ*| • ask *for* ∘ *from* من, request ▪ رجا منه أن *rajā minhu ʔan* ask *sb* to *(do)* ▪ أرجوك *ʔarjūka* Please,..., I beg you,... ◊ أرجوك يا صديقي، لا تفعل ذلك. *Please, my friend, don't do that.* • hope ▪ أرجو ذلك. *ʔarjū đālika* I hope so. ▪ رجا أن *rajā ʔan* hope that... ◊ أرجو أن تكون بخير. *I hope that you are well.*

رجاء *rajāʔ n.*↑ • request ▪ الرجاء *arrajāʔa*, رجاء *rajāʔan adv.* please..., it is requested that... ◊ الرجاء ارسال أسئلتك على ... *Please send your questions to ...* • hope, wish

رجا *raj(an) n.* **indecl.** |*dual* رجيان *rajayānⁱ* | *pl.* أرجاء *ʔargāʔ*| • side, direction, area ▪ في أرجاء *fī ʔarjāʔⁱ prep.* all over ◊ في أرجاء العالم *all over the world*

رجيم *rijīm n.* • diet

رحبة *raħbaᵗ n.* |*pl.* رحاب *riħāb* or رحبات *raħ(a)bāt*| • open area, expanse • vastness

رحيب *raħīb adj.* |*elat.* أرحب *ʔarħab*| • vast, wide, spacious

مرحبا *marħaban interjection* • Hello!, Welcome! ▪ أهلا ومرحبا *ʔahlan wa-marħaban* Hello!, Welcome!

II **رحب** *raħħaba v.intr.* |*2s* يرحب *yuraħħibᵘ* | ترحيب *tarħīb*| • welcome بـ ▪ رحب أيما ترحيب بـ *raħħaba ʔayyamā tarħībⁱⁿ bi-* welcome warmly

ترحيب *tarħīb n.*↑ • welcome, greeting

مرحب *muraħħab pass. part. adj.* •مرحب به *muraħħab bi-hi* welcome

مرحاض *mirħāḍ n.* |*pl.* **dip.** مراحيض *marāħīḍ*| • toilet

رحيق *raħīq n.* • nectar

رحل *raħala v.intr.* |*1s1* يرحل *yarħalᵘ* | رحيل *raħīl*| • travel • go away *from* عن, leave, depart ◊ لا بد أن أرحل. *I have to go.* • *(die)* pass away

رحيل *raħīl n.*↑ • departure • death

راحل *rāħil act. part. adj.* |*m. pl.* راحلون *rāħilūnᵃ* or رحل *ruħħal*| • deceased, late ◊ الكاتب الراحل نجيب محفوظ (١٩١١-٢٠٠٦) *the late writer Naguib Mahfouz (1911-2006)*

رحلة *riħlaᵗ n.* |*pl.* رحلات *riħ(a)lāt*| • journey, trip ▪ رحلة بحرية *riħlaᵗ baħrīyaᵗ* cruise ▪ ذهب في رحلة إلى *đahaba fī riħlaᵗⁱⁿ ʔilā v.* take a trip to ▪ رحلة سعيدة *riħlaᵗᵃⁿ saƐīdaᵗᵃⁿ* Have a good trip!

رحالة *raħħālaᵗ n.* **m.** • explorer

مرحلة *marħalaᵗ n.* |*pl.* **dip.** مراحل *marāħil*| • phase, step, stage, level ▪ في هذه المرحلة *fī hāđihi -lmarħalaᵗⁱ adv.* at this stage ▪ في المرحلة الثالثة *fī -lmarħalaᵗⁱ -ttālitaᵗⁱ adv.* *(pregancy)* in the third trimester

II **رحل** *raħħala v.tr.* |*2s* يرحل *yuraħħilᵘ* | ترحيل *tarħīl*| • make leave, deport, send away

ترحيل *tarħīl n.*↑ • deportation

رحم *raħima v.tr.* |*1s4* يرحم *yarħamᵘ* | رحمة *raħmaᵗ*| • have mercy *upon*, spare, bless ▪ رحمه الله *raħimahu aLLāhᵘ* may God have mercy upon *sb*, may God bless *sb* ▪ يرحمك الله *yarħamᵘka aLLāh* Bless you!, Gesundheit! ▪ لا يرحم *lā yarħamᵘ* ruthless ▪ ارحم من دونك، يرحمك من فوقك. *irħam man dūnaka, yarħamᵘka man fawqaka proverb* Have mercy on those below you, and you'll have mercy from those above you. ▪ ارحموا من في الأرض، يرحمكم من في السماء. *irħamū man fī -lʔarḍⁱ, yarħamᵘkum man fī -ssamāʔⁱ proverb* Have mercy on those on earth, and he in heaven will have mercy on you.

رحمة *raħmaᵗ n.*↑ |*pl.* رحمات *raħ(a)māt*| • mercy, compassion, pity ▪ رحمة بـ *raħmatan bi- prep.* out of pity for

مرحوم *marħūm pass. part. n.* • deceased ◊ زوجة المرحوم *the widow of the deceased* ▪ المرحوم *almarħūm* [+ person] the late ◊ المرحوم الملك الحسين *the late King Hussein*

رحم *raħim n.* **f.** |*pl.* أرحام *ʔarħām*| • uterus, womb ▪ عنق رحم *Ɛun(u)q · raħim* cervix, neck of the uterus

رحمان *raħmān, also spelled* رحمٰن *raħmān adj.* |*elat.* أرحم *ʔarħam*| • *(of God)* merciful

رحيم *raħīm adj.* |*m. pl.* **dip.** رحماء *ruħamāʔ* | *elat.* أرحم *ʔarħam*| • *(of God)* compassionate

رخ *ruxx n.* • *(chess)* rook

رخصة *ruxṣaᵗ n.* |*pl.* رخص *ruxaṣ*| • permit, license

رخيص *raxīṣ adj.* |*pl.* **dip.** رخائص *raxāʔiṣ* | *elat.* أرخص *ʔarxaṣ*| • cheap, inexpensive

II **رخص** *raxxaṣa v.* |*2s* يرخص *yuraxxiṣᵘ* | ترخيص

tarxīṣ| • *v.intr.* permit *sb* لـ *to (do)* في, license • *v.tr.* lower the price *of*, make cheaper

ترخيص *tarxīṣ n.*↑ |*pl.* **dip.** تراخيص *tarāxīṣ*| • permission, license, authorization • price reduction

رخام *ruxām n.* • marble

IV **أرخى** *ʔarxā v.tr.* |*4d* يرخي *yurxī* | إرخاء *ʔirxāʔ*| • loosen, relax

إرخاء *ʔirxāʔ n.*↑ • relaxation

X **استرخى** *istarxā v.intr.* |*10d* يسترخي *yastarxī* | استرخاء *istirxāʔ*| • become loose, become relaxed

استرخاء *istirxāʔ n.*↑ • relaxation

مسترخ *mustarx(in) act. part. adj.* **def.** |*elat.* أكثر استرخاء *ʔaktar istirxāʔan*| • relaxed

رديء *radīʔ adj.* |*m. pl.* **dip.** أردياء *ʔardiyāʔ* | *elat.* أردأ *ʔardaʔ*| • bad, low-quality

رد *radda v.* |*1g3* يرد *yarudd^u* | رد *radd*| • *v.intr.* reply *to* على, answer • *v.tr.* return *sth* ه *to* إلى, take back, send back

رد *radd n.*↑ |*pl.* ردود *rudūd*| • answer, reply ▪ رد فعل *radd · fiʕl* reaction ▪ كان رد فعله *kāna radd · fiʕl^i hi* react *to* على ▪ ردا على *raddan ʕalā* in reply to

مردود *mardūd pass. part. n.* • returns, revenue, yield

ردة *radda^t n.* • echo, reverberation ▪ ردة فعل *raddat · fiʕl* reaction

II **ردد** *raddada v.tr.* |*2s* يردد *yuraddid^u* | ترديد *tardīd*| • repeat, reiterate, *(do)* over and over • reverberate, echo

ترديد *tardīd n.*↑ • repetition, reiteration

V **تردد** *taraddada v.intr.* |*5s* يتردد *yataraddad^u* | تردد *taraddud*| • hesitate *in* في ▪ تردد في أنْ *taraddada fī ʔan* hesitate *to (do)* في • frequent *a place* على ◊ .تردد على المقهى بانتظام *He visited the café regularly.* • reverberate, echo

تردد *taraddud n.*↑ • hesitation ▪ بلا تردد *bi-lā taraddud^in adv.* without hesitation

متردد *mutaraddid act. part. adj.* |*elat.* أكثر ترددا *ʔaktar taraddudan*| • hesitant, undecided

VIII **ارتد** *irtadda v.intr.* |*8g1* يرتد *yartadd^u* | ارتداد *irtidād*| • reverse, withdraw, retreat • renounce عن

ارتداد *irtidād n.*↑ • withdrawal, retreat • renunciation

X **استرد** *istaradda v.tr.* |*10g* يسترد *yastaridd^u* | استرداد *istirdād*| • retrieve, recover

استرداد *istirdād n.*↑ • retrieval, recovery

ردف *ridf n.*↑ |*pl.* أرداف *ʔardāf*| • buttock

III **رادف** *rādafa v.tr.* |*3s* يرادف *yurādif^u* | مرادفة *murādafa^t*| • be synonymous *with*

مرادف *murādif act. part. n.* • synonym

ردهة *radha^t n.* • hall, foyer, atrium

رداء *ridāʔ n.* |*pl.* أردية *ʔardiya^t*| • cape • costume, attire, outfit

VIII **ارتدى** *irtadā v.tr.* |*8d1* يرتدي *yartadī* | ارتداء *irtidāʔ*| • wear, put on ◊ !ارتدي ملابسك *Get dressed!* ◊ .كان يرتدي حذاء جديدا *He was wearing new shoes.* ◊ ?لماذا ترتدي الأسود *Why are you dressed in black?*

رذل *rađala v.tr.* |*1s3* يرذل *yarđul^u* | رذل *rađl*| • reject, discard

رذيل *rađīl adj.* |*m. pl.* رذلاء *ruđalāʔ* | *elat.* أرذل *ʔarđal*| • depraved, despicable, immoral ▪ أرذل العمر *ʔarđal alʕumr^i* decrepit old age

رذيلة *rađīla^t n.* |*pl.* **dip.** رذائل *rađāʔil*| • vice, immoral behavior

رزق *razaqa v.tr.* |*1s3* يرزق *yarzuq^u* | رزق *razq*| • bless *sb* ه *with* ه, bestow ▪ رُزق بمولود *ruziqa bi-mawlūd^in*, رُزق مولودا *ruziqa mawlūdan pass. v.* have a baby (lit. be blessed with a baby)

رزق *rizq n.* |*pl.* أرزاق *ʔarzāq*| • sustenance, livelihood

VIII **ارتزق** *irtazaqa v.intr.* |*8s* يرتزق *yartaziq^u* | ارتزاق *irtizāq*| • live *on* من, make a living *with*

مرتزق *murtaziq act. part. n.* • mercenary

رزمة *rizma^t n.* |*pl.* رزم *rizam*| • bundle, packet

ⓘ *The English word 'ream' has been borrowed from this Arabic word.*

رسب *rasaba v.intr.* |*1s3* يرسب *yarsub^u* | رسوب *rusūb*| • fail في, flunk ▪ رسب في امتحان *rasaba fī imtiḥān* fail a test

رسوب *rusūb n.*↑ • failure

الرستاق *arrustāq n.* **f.** • *(city in Oman)* Rustaq

➡ ***map on p. 214***

راسخ *rāsix adj.* |*elat.* أرسخ *ʔarsax*| • stable

II **رسخ** *rassaxa v.tr.* |*2s* يرسخ *yurassix^u* | ترسيخ *tarsīx*| • reinforce, bolster

رسغ *rusɣ n.* |*pl.* أرساغ *ʔarsāɣ* or أرسغ *ʔarsuɣ*| • wrist

رسالة *risāla^t n.* |*pl.* **dip.** رسائل *rasāʔil*| • letter, message ▪ رسالة نصية *risāla^t naṣṣīya^t* text message, SMS ▪ رسالة إلكترونية *risāla^t ʔelektrōnīya^t* e-mail ▪ رسالة شخصية *risāla^t šaxṣīya^t*

personal letter ▪ رسالة رسمية *risālaᵗ rasmīyaᵗ* formal letter

رسول *rasūl n.* |*pl.* رسل *rusul*| • prophet, messenger • courier, messenger • envoy, emissary

III **راسل** *rāsala v.tr.* |*3s* يراسل *yurāsilᵘ* | مراسلة *murāsalaᵗ*| • exchange letters *with*, correspond *with*, be in contact *with*

مراسلة *murāsalaᵗ n.*↑ • correspondence ▪ صديق مراسلة *ṣadīq · murāsalaᵗ* pen friend, pen pal

مراسل *murāsil act. part. n.* • correspondent, reporter

IV **أرسل** *ʔarsala v.tr.* |*4s* يرسل *yursilᵘ* | إرسال *ʔirsāl*| • send *sth* ∘ *to* لـ, transmit

إرسال *ʔirsāl n.*↑ • transmission

مرسل *mursil act. part. n.* • sender

مرسل *mursal pass. part. adj.* • sent ▪ مرسل إليه *mursal ʔilayhi n.* receiver (of a letter)

VI **تراسل** *tarāsala v.intr.* |*6s* يتراسل *yatarāsalᵘ* | تراسل *tarāsul*| • exchange *letters, etc.* بـ, write to each other

رسم *rasama v.tr.* |*1s3* يرسم *yarsumᵘ* | رسم *rasm*| • draw, illustrate, paint

رسم *rasm n.*↑ |*pl.* رسوم *rusūm*| • drawing, picture, illustration, painting ▪ رسوم متحركة *rusūm mutaḥarrikaᵗ pl. n.* cartoons • fee, charge, toll ▪ رسوم جمركية *rusūm jumrukīyaᵗ pl. n.* customs duty

رسمي *rasmīʸ adj.* • official, formal ▪ غير رسمي *ɣayr · rasmīʸ* casual, unofficial ▪ رسميا *rasmīyan adv.* officially

رسمية *rasmīyaᵗ n.* • formality

مرسوم *marsūm pass. part. n.* |*pl.* **dip.** مراسيم *marāsīm*| • act, decree

رسام *rassām n.* • illustrator, painter

روسم *rawsam n.* |*pl.* **dip.** رواسم *rawāsim*| • cliché

مرسم *marsam n.* |*pl.* **dip.** مراسم *marāsim*| • workshop, studio ▪ مراسم *marāsim pl. n.* ritual, ceremony; protocol

II **رسم** *rassama v.tr.* |*2s* يرسم *yurassimᵘ* | ترسيم *tarsīm*| • delimit, demarcate, delineate ▪ رسم حدودا *rassama ḥudūdan* demarcate a border

ترسيم *tarsīm n.*↑ • delimitation, demarcation, delineation

مرساة *mirsāᵗ n.* |*pl.* **def.** مراس *marās(in)*| • *(boat)* anchor

مرسى *mars(an) n.* **indecl.** |*pl.* **def.** مراس *marās(in)*| • anchorage, port

مرسى مطروح *marsā maṭrūḥ n.* • *(city in Egypt)* Mersa Matruh ➡ ***map on p. 287***

رشح *rašḥ n.* • (common) cold

II **رشح** *raššaḥa v.tr.* |*2s* يرشح *yuraššiḥᵘ* | ترشيح *taršīḥ*| • nominate *sb* ∘ *for* لـ

ترشيح *taršīḥ n.*↑ • nomination

مرشح *muraššaḥ pass. part.* • *adj.* nominated • *n.* candidate

V **ترشح** *taraššaḥa v.intr.* |*5s* يترشح *yataraššaḥᵘ* | ترشح *taraššuḥ*| • be nominated, become a candidate

رشد *rašada v.intr.* |*1s3* يرشد *yaršudᵘ* | رشد *rušd*| • be grown up, reach adulthood

رشد *rušd n.*↑ • maturity, adulthood ▪ سن رشد *sinn · rušd* legal age, age of consent ▪ بلغ سن الرشد *balaɣa sinnᵃ -rrušdⁱ v.* come of age

راشد *rāšid act. part.* |*elat.* أرشد *ʔaršad*| • *adj.* orthodox • *adj. & n.* adult, grown-up • *man's name* Rashid

رشيد *rašīd* |*elat.* أرشد *ʔaršad*| • *adj.* adult, grown-up • wise, sage • on the right path • *man's name* Rashid, Rasheed • *n.* ***f.* dip.** *(city in Egypt)* Rosetta ➡ ***map on p. 287***

IV **أرشد** *ʔaršada v.tr.* |*4s* يرشد *yuršidᵘ* | إرشاد *ʔiršād*| • guide, lead, direct, advise

إرشاد *ʔiršād n.*↑ • guidance, direction ▪ إرشادات *ʔiršādāt pl. n.* directions, instructions

إرشادي *ʔiršādīʸ adj.* • informative

مرشد *muršid act. part. n.* • guide

رش *rašša v.tr.* |*1g3* يرش *yaruššᵘ* | رش *rašš*| • spray

رشاش *raššāš n.* • automatic weapon, machine gun

رشاشة *raššāšaᵗ n.* • spray

رشق *v.* • *rašaqa v.tr.* |*1s3* يرشق *yaršuqᵘ* | رشق *rašq*| pelt *sb* ∘ *with* بـ • *rašuqa v.intr.* |*1s3* يرشق *yaršuqᵘ* | رشاقة *rašāqaᵗ*| be agile, be graceful

رشاقة *rašāqaᵗ n.*↑ • agility, gracefulness

رشيق *rašīq adj.* |*elat.* أرشق *ʔaršaq*| • agile, graceful • slender, shapely

رشوة *rašwaᵗ* or *rišwaᵗ* or *rušwaᵗ n.* |*pl.* **indecl.** رشا *riš(an)* or *ruš(an)*| • bribe ▪ أعطى رشوة *ʔaƐṭā rašwaᵗ v.* give a bribe

VIII **ارتشى** *irtašā v.intr.* |*8d1* يرتشي *yartašī* | ارتشاء *irtišāʔ*| • take bribes, be corrupt

ارتشاء *irtišāʔ n.* • bribery, corruption

مرتش *murtaš(in) act. part.* **def.** • *adj.* corrupt,

dishonest • *n.* |*pl.* مرتشون *murtašūn^a*| person who accepts bribes

رصد *raṣada v.tr.* |*1s3* يرصد *yarṣud^u* | رصد *raṣd*| • observe, track

رصد *raṣd n.*↑ |*pl.* أرصاد *ʔarṣād*| • observation

رصيد *raṣīd n.* |*pl.* أرصدة *ʔarṣida^t*| • balance, available funds • *(supplies)* stock

مرصد *marṣad n.* |*pl.* **dip.** مراصد *marāṣid*| • observatory

مرصاد *mirṣād n.* • lookout, ambush ▪ وقف بالمرصاد لـ *waqafa bi-lmirṣād^i li-* lie in ambush for

رصاص *raṣāṣ* • *n. (metal)* lead ▪ قلم رصاص *qalam · raṣāṣ* pencil • *coll. n.* |*sing.* رصاصة *raṣāṣa^t*| bullets

رصيف *raṣīf n.* |*pl.* أرصفة *ʔarṣifa^t*| • sidewalk (UK: pavement), curb ▪ رصيف ميناء *raṣīf · mīnāʔ* dock, wharf, quay, jetty ▪ رصيف محطة قطار *raṣīf · maḥaṭṭat · qiṭār* (train station) platform

رصف *raṣafa v.tr.* |*1s3* يرصف *yarṣuf^u* | رصف *raṣf*| • pave

رض *raḍḍa v.tr.* |*1g3* يرض *yaruḍḍ^u* | رض *raḍḍ*| • bruise

رض *raḍḍ n.*↑ |*pl.* رضوض *ruḍūḍ*| • bruise

رضع *raḍaɛa* or *raḍiɛa v.tr.* |*1s1/1s4* يرضع *yarḍaɛ^u* | رضاعة *raḍāɛa^t*| • suckle *on*

رضيع *raḍīɛ n.* |*pl.* **dip.** رضعاء *ruḍaɛāʔ*| • baby, infant

IV **أرضع** *ʔarḍaɛa v.tr.* |*4s* يرضع *yurḍiɛ^u* | إرضاع *ʔirḍāɛ*| • nurse, breast-feed

مرضعة *murḍiɛa^t act. part. n.* • wet nurse

رضي *raḍiya v.intr.* |*1d4* يرضى *yarḍā* | **indecl.** رضى *riḍ(an)* or رضاء *riḍāʔ*| • be satisfied *with* بـ *or* عن *or* على ▪ رضي الله عنه *raḍiya -LLāh^u ɛanhu* may God be pleased with *sb* • consent *to* بـ *or* على, agree ▪ رضي على أن *raḍiya ɛalā ʔan* agree *to (do)*

رضاء *riḍāʔ*, **indecl.** رضا *riḍ(an)*, **indecl.** رضى *riḍ(an) n.*↑ • satisfaction ▪ رضا الناس غاية لا تدرك. *raḍā -nnās^i ɣāya^tun lā tudrak^u proverb* Pleasing everyone is an unobtainable aim. • consent ▪ السكوت علامة الرضا. *assukūt^u ɛalāmat^u -rriḍā proverb* Silence is consent.

راض *rāḍ(in) act. part. adj.* **def.** |*elat.* أكثر رضى *ʔaktar riḍan*| • satisfied, content

IV **أرضى** *ʔarḍā v.tr.* |*4d* يرضي *yurḍī* | إرضاء *ʔirḍāʔ*| • satisfy, appease

مرض *murḍ^in act. part. adj.* |*elat.* أكثر إرضاء *ʔaktar ʔirḍāʔan*| • satisfactory

رطب *raṭb adj.* |*elat.* أرطب *ʔarṭab*| • humid, moist

رطوبة *ruṭūba^t n.* • humidity, moisture

II **رطب** *raṭṭaba v.tr.* |*2s* يرطب *yuraṭṭib^u* | ترطيب *tarṭīb*| • moisturize, moisten

مرطب *muraṭṭib act. part. n.* • moisturizer ▪ مرطب شفاه *muraṭṭib · šifāh* lip balm ▪ مرطبات *muraṭṭibāt pl. n.* refreshments

رطل *raṭl n.* |*pl.* أرطال *ʔarṭāl*| • *(weight)* pound

رعب *raɛaba v.* |*1s1* يرعب *yarɛab^u* | رعب *ruɛb*| • *v.tr.* terrify, scare • *v.intr.* be terrified, be scared

رعب *ruɛb n.*↑ • fright, terror

مرعوب *marɛūb pass. part. adj.* |*elat.* أكثر رعبا *ʔaktar ruɛban*| • terrified, frightened, afraid, scared

IV **أرعب** *ʔarɛaba v.tr.* |*4s* يرعب *yurɛib^u* | إرعاب *ʔirɛāb*| • terrify, horrify, alarm, scare

مرعب *murɛib act. part. adj.* |*elat.* أكثر إرعابا *ʔaktar ʔirɛāban*| • dreadful, terrifying

VIII **ارتعب** *irtaɛaba v.intr.* |*8s* يرتعب *yartaɛib^u* | ارتعاب *irtiɛāb*| • be terrified, be scared

مرتعب *murtaɛib act. part. adj.* |*elat.* أكثر ارتعابا *ʔaktar irtiɛāban*| • terrified, frightened, afraid, scared

رعد *raɛada v.intr.* |*1s1/1s3* يرعد *yarɛad^u* or *yarɛud^u* | رعد *raɛd*| •رعدت السماء *raɛadat assamāʔ^u (of thunder)* clap, rumble, roar, thunder ◊ كانت السماء ترعد طوال الليل. *It was thundering all night. (lit. The sky was thundering all night.)*

رعد *raɛd n.*↑ |*pl.* رعود *ruɛūd*| • thunder

رعشة *riɛša^t n.* • shiver, tremor

VIII **ارتعش** *irtaɛaša v.intr.* |*8s* يرتعش *yartaɛiš^u* | ارتعاش *irtiɛāš*| • shiver, shake

مرتعش *murtaɛiš act. part. adj.* |*elat.* أكثر ارتعاشا *ʔaktar irtiɛāšan*| • shaky

رعى *raɛā v.tr.* |*1d1* يرعى *yarɛā* | رعي *raɛy* or رعاية *riɛāya^t*| • guard, protect, tend (a herd, flock) ▪ رعاه الله *raɛāhu aLLāh^u* may God protect *sb* ◊ رعاك الله! *May God protect you!* • sponsor

راع *rāɛ(in) act. part. n.* **def.** |*pl.* رعاة *ruɛā^t*| • guardian, protector, shepherd ▪ راعي بقر *rāɛī · baqar* cowboy ▪ راعي السلام *rāɛī · -ssalām* defender of peace ▪ راعي غنم *rāɛī · ɣanam* shepherd ▪ راعي كنيسة *rāɛī · kanīsa^t* pastor, minister • sponsor

رعاية *riɛāya^t n.*↑ • care, protection ▪ رعاية صحية

riƐāyaᵗ ṣiḥḥīyaᵗ healthcare

مرعى *marƐ(an) n.* **indecl.** |*dual* مرعيان *marƐayānⁱ* | *pl.* **def.** مراع *marāƐ(in)* | • pasture, grassland

III **راعى** *rāƐā v.tr.* |*3d* يراعي *yurāƐī* | مراعاة *murāƐāᵗ* | • observe, comply *with* • guard, protect, tend (a herd, flock) • keep an eye *on*, supervise, watch • sponsor

مراعاة *murāƐāᵗ n.*↑ • observance *of*, compliance *with*

رغب *raɣiba v.intr.* |*1s4* يرغب *yarɣabᵘ* | رغبة *raɣbaᵗ* | • desire في, want ◊ لا أرغب في البقاء هنا. *I don't want to stay here.* ◊ أرغب في شرب قهوة، من فضلك. *I'd like some coffee, please.* ▪ رغب في أنْ *raɣiba fī ʔan* want *to (do)*, wish that... ◊ أرغب (في) أن أكون مثلك. *I wish I were like you.* ▪ رغبه في أنْ *raɣibahu fī ʔan* want *sb to (do)*, wish that *sb*... • avoid عن, refrain *from*, not want, dislike ◊ يرغب عن ذلك الكاتب. *He dislikes that author.*

رغبة *raɣbaᵗ n.*↑ |*pl.* رغبات *raɣ(a)bāt* | • desire, wish

مرغوب *marɣūb pass. part. adj.* •مرغوب فيه *marɣūb fīhi* desirable

رغيف *raɣīf n.* |أرغفة *ʔarɣifaᵗ* | • pita bread • loaf ➡ ***picture on p. 219***

رغم •رغم *raɣma*, برغم *bi-raɣmⁱ*, رغما عن *raɣman Ɛan*, بالرغم من *bi-rraɣmⁱ min*, على الرغم من *Ɛalā -rraɣmⁱ min*, على رغم *Ɛalā raɣmⁱ prep.* despite, in spite of ◊ كان يتمتع باللياقة على الرغم من كبر سنه. *He was fit in spite of his old age.* ▪ على رغم ذلك *Ɛalā raɣmⁱ ḏālika adv.* despite this, in spite of that ▪ رغم أنَّ *raɣma ʔanna*, برغم من أن *bi-raɣmⁱ min ʔanna*, على رغم أن *Ɛalā raɣmⁱ ʔanna*, على الرغم من أن *Ɛalā -rraɣmⁱ min ʔanna conj.* although, in spite of the fact that, despite *(do)*ing ◊ سأحضر، رغم أني مريض. *I will attend even though I'm sick.* ◊ لم يجزع رغم علمه بخطورة الموقف. *He didn't panic despite knowing the danger of the situation.* ▪ رغم أنفه *raɣma ʔanfⁱhi* against *one's* will

IV **أرغم** *ʔarɣama v.tr.* |*4s* يرغم *yurɣimᵘ* | إرغام *ʔirɣām* | • make *sb* ∘ *(do)* على, force ◊ أرغمه أبوه على غسل السيارة. *His father made him wash the car.*

رغا *raɣā v.intr.* |*1d3* يرغو *yarɣū* | رغو *raɣw* | • foam, froth

رغوة *raɣwaᵗ n.* |*pl.* **def.** رغاو *raɣāw(in)* | • foam, froth, lather ▪ رغوة حلاقة *raɣwat · ḥalāqaᵗ* shaving foam

رغوي *raɣwīʸ adj.* • foamy, frothy, sudsy

رفاء *rifāʔ n.* • harmony, unity ▪ بالرفاء والبنين *bi-rrifāʔⁱ wa-lbanīnᵃ (congratulations for newlyweds)* (Wishing you) harmony and offspring.

مرفأ *marfaʔ n.* |*pl.* **dip.** مرافئ *marāfiʔ* | • port, harbor

رفح *rafaḥ n.* **f. dip.** • *(city in Palestine)* Rafah ➡ ***map on p. 237***

رافد *rāfid n.* |*pl.* **dip.** روافد *rawāfid* | • tributary

QI **رفرف** *rafrafa v.intr.* |*11s* يرفرف *yurafrifᵘ* | رفرفة *rafrafaᵗ* | • flutter

رفرف *rafraf n.* |*pl.* **dip.** رفارف *rafārif* | • fender

رفس *rafasa v.tr.* |*1s2/1s3* يرفس *yarfisᵘ* or *yarfusᵘ* | رفس *rafs* | • kick

رفسة *rafsaᵗ n.* • kick

رفض *rafaḍa v.tr.* |*1s3/1s2* يرفض *yarfuḍᵘ* or *yarfiḍᵘ* | رفض *rafḍ* | • reject, refuse, decline ◊ رفضت مساعدتي. *She refused my help.* ▪ رفض أنْ *rafaḍa ʔan* refuse *to (do)* ◊ رفض أن يصدق ذلك. *He refused to believe it.* ◊ نحن نرفض الموافقة على تلك الخطة. *We refuse to consent to that plan.*

رفض *rafḍ n.*↑ • rejection, refusal ◊ هل تريد القبول أم الرفض؟ *Do you want to accept or reject?*

مرفوض *marfūḍ pass. part. adj.* • unacceptable

رفع *rafaƐa v.tr.* |*1s1* يرفع *yarfaƐᵘ* | رفع *rafƐ* | • raise, lift ▪ رفع الأثقال *rafaƐa alʔaṯqāl* lift weights ▪ رفع الضرائب *rafaƐa aḍḍarāʔibᵃ* raise taxes ▪ رفع رأسه *rafaƐa raʔsᵃhu* raise *one's* head ▪ رفع رأسه *rafaƐa raʔsᵃhu* raise *one's* head • remove *sth* ∘ *from* عن, eliminate, lift ▪ رفع عقوبات *rafaƐa Ɛuqūbāt* lift sanctions *on* عن ▪ رفع قيود حكومية *rafaƐa quyūd ḥukūmīyaᵗ* deregulate • *(computers)* upload

رفع *rafƐ n.*↑ • raise, elevation • removal, elimination • *(grammar)* nominative case • *(computers)* upload

رافعة *rāfiƐaᵗ act. part. n.* |*pl.* **dip.** روافع *rawāfiƐ* | • lever • crane ▪ رافعة شوكية *rāfiƐaᵗ šawkīyaᵗ* forklift

مرفوع *marfūƐ pass. part. adj.* • *(grammar)* nominative • *(grammar)* indicative ▪ المضارع المرفوع *almuḍāriƐ almarfūƐ n.* the indicative mood

الرفاع *arrifāƐ n.* **f.** • *(city in Bahrain)* Riffa ➡ ***map on p. 25***

رفيع *rafīƐ adj.* |*elat.* أرفع *ʔarfaƐ* | • high, superior ▪ رفيع المستوى *rafīƐ · almustawā* high-level ▪ رفيع

الذوق rafiƐ · aððawq^i adj. tasteful • thin, slender ◊ رجل ذو شارب رفيع a man with a thin mustache

II **رفّع** raffaƐa v.tr. |2s يرفع yuraffiƐ^u | ترفيع tarfiƐ| • raise, elevate

VIII **ارتفع** irtafaƐa v.intr. |8s يرتفع yartafiƐ^u | ارتفاع irtifāƐ| • rise, go up, ascend • increase, grow

ارتفاع irtifāƐ n.↑ • elevation, altitude, height • increase, rise

مرتفع murtafiƐ act. part. adj. |elat. أكثر ارتفاعا ʔaktar irtifāƐan| • high, elevated ▪ بصوت مرتفع bi-ṣawt^in murtafiƐ^in adv. loudly

مرتفع murtafaƐ pass. part. n. • height, elevation

رفّ raffa v.intr. |1g2 يرف yariff^u | رفيف rafīf| • twitch, quiver • (of birds) flap wings

رفّ raff n. |pl. رفوف rufūf| • shelf

رفق rafaqa v.intr. |1s3 يرفق yarfuq^u | رفق rafq| • be nice to بـ, treat with kindness

رفقة rufqa^t n. |pl. رفاق rifāq| • company, group ▪ برفقة bi-rufqat^i prep. in the company of

رفيق rafīq |pl. رفاق rifāq or **dip.** رفقاء rufaqāʔ| • n. companion, pal ▪ الجار قبل الدار والرفيق قبل الطريق aljār^u qabla -ddār^i wa-rrafīq^u qabla -ṭṭarīq^i proverb (Choose) the neighbor before the house and the companion before the trip. • boyfriend, partner ▪ رفيقان rafīqān^i dual noun couple, boyfriend and girlfriend • date • adj. |elat. أرفق ʔarfaq or أكثر رفقا ʔaktar rafqan| merciful toward بـ, forgiving, kind, nice ◊ كان الولد أرفق بالقطة من أخته. The boy was nicer to the cat than his sister. ▪ رفيق بالبيئة rafīq bi-lbīʔa^ti environmentally friendly

رفيقة rafīqa^t n. • girlfriend, partner

مرفق mirfaq n. |pl. **dip.** مرافق marāfiq| • elbow • utility, facility, convenience

III **رافق** rāfaqa v.tr. |3s يرافق yurāfiq^u | مرافقة murāfaqa^t| • accompany, escort

IV **أرفق** ʔarfaqa v.tr. |4s يرفق yurfiq^u | إرفاق ʔirfāq| • attach, enclose

مرفقات murfaqāt pass. part. pl. n. • attachments

V **ترفّق** taraffaqa v.intr. |5s يترفق yataraffaq^u | ترفق taraffuq| • be friendly toward بـ, be nice

رفاهية rafāhīya^t n. • welfare, well-being ◊ رفع مستوى الرفاهية الاقتصادية والاجتماعية raise the level of economic and social welfare

II **رفّه** raffaha v.intr. |2s يرفه yuraffih^u | ترفيه tarfīh| • entertain عن, amuse

ترفيه tarfīh n.↑ • entertainment, amusement

ترقوة tarquwa^t n. |pl. **def.** تراق tarāq(in)| • collarbone, clavicle

رقب raqaba v.tr. |1s3 يرقب yarqub^u | رقابة raqāba^t| • observe, watch, keep an eye on, monitor, supervise

رقابة raqāba^t n.↑ • supervision, control • censorship

رقبة raqaba^t n. |pl. رقاب riqāb| • neck

رقيب raqīb n. |pl. **dip.** رقباء ruqabāʔ| • inspector, supervisor • sergeant • observer

مرقاب mirqāb n. |pl. **dip.** مراقب marāqib| • monitor

III **راقب** rāqaba v.tr. |3s يراقب yurāqib^u | مراقبة murāqaba^t| • observe, watch, keep an eye on, monitor, supervise • censor

مراقبة murāqaba^t n.↑ • supervision, observation • censorship

مراقب murāqib act. part. n. • observer, supervisor • censor

VIII **ارتقب** irtaqaba v.tr. |8s يرتقب yartaqib^u | ارتقاب irtiqāb| • anticipate, expect

ارتقاب irtiqāb n.↑ • anticipation, expectation

رقص raqaṣa v.intr. |1s3 يرقص yarquṣ^u | رقص raqṣ| • dance

رقص raqṣ n.↑ • dancing, dance ▪ رقص شرقي raqṣ šarqīy^ give belly dance, oriental dance, Middle Eastern dance

راقص rāqiṣ act. part. n. • dancer

رقصة raqṣa^t n. |pl. رقصات raq(a)ṣāt| • dance

مرقص marqaṣ n. |pl. **dip.** مراقص marāqiṣ| • dance hall

رقطة ruqṭa^t n. |pl. رقط ruqaṭ| • spot

أرقط ʔarqaṭ adj. **dip.** |m & f pl. رقط ruqṭ | f. sing. **dip.** رقطاء raqṭāʔ | f. dual رقطاوان ruqṭāwān^i | f. pl. رقطاوات ruqṭāwāt| • spotted

II **رقّط** raqqaṭa v.tr. |2s يرقط yuqarriṭ^u | ترقيط tarqīṭ| • spot, mark with spots

مرقط muraqqaṭ pass. part. adj. • spotted ▪ نمر مرقط namir muraqqaṭ n. leopard (lit. spotted panther)

رقعة ruqƐa^t n. |pl. رقع ruqaƐ| • خط الرقعة xaṭṭ · arruqƐa^ti Ruq'ah script (the most commonly used style for Arabic handwriting.) ➡ **picture on p. 124** • patch ▪ رقعة قماش ruqƐat · qumāš patch (on cloth) • plot of land • board ▪ رقعة شطرنج ruqƐat · šaṭranj chess board ▪ رقعة طاولة ruqƐat · ṭāwila^t backgammon board • extent, coverage, portion ▪ وسع رقعة wassaƐa ruqƐat ·

__ *v.* expand, enlarge, broaden

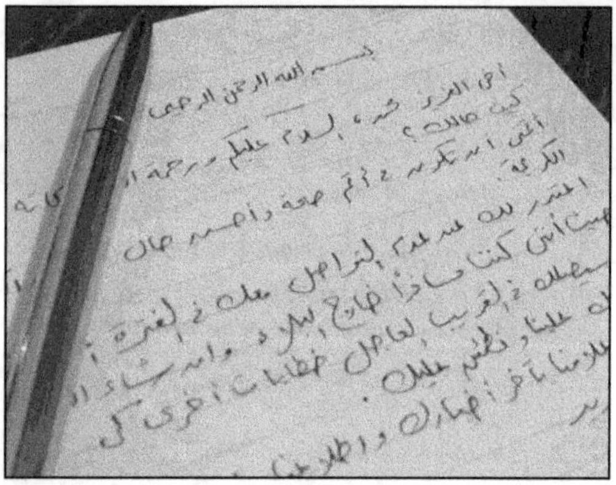

A handwritten letter in Ruq'ah script

رقة *riqqa^t n.* • thinness • delicacy, gentleness

رقاقة *ruqāqa^t n.* |*pl.* ***dip.*** رقائق *raqāʔiq*| • chip, strip ▪ رقاقة بطاطس *raqāqat · baṭāṭis* potato chip (UK: crisp)

رقيق *raqīq adj.* |*m. pl.* رقاق *riqāq* | *elat.* أرق *ʔaraqq*| • thin ◊ شاشة رقيقة *thin screen* • light, delicate, gentle ▪ مكياج رقيق *mikyāj raqīq n.* light makeup

الرقة *arraqqa^t n.* • *(city in Syria)* Ar-Raqqah ➥ ***map on p. 152***

رقم *raqm n.* |*pl.* أرقام *ʔarqām*| • number, numeral ▪ رقم قياسي *raqm qiyāsīʸ* record ▪ رقم هاتف *raqm · hātif* telephone number ▪ رقم عربي *raqm ɛarabīʸ* Arabic numeral (0 1 2 3 4 5 6 7 8 9) ▪ رقم هندي *raqm hindīʸ* Indian numeral, Eastern Arabic numeral (٩ ٨ ٧ ٦ ٥ ٤ ٣ ٢ ١ ٠) ➥ ***picture on the right***

رقمي *raqmīʸ* • *adj.* digital, numerical

II **رقّم** *raqqama v.tr.* |*2s* يرقم *yuraqqim^u* | ترقيم *tarqīm*| • punctuate • number

ترقيم *tarqīm n.*↑ • punctuation

رقية *ruqya^t n.* |*pl.* ***indecl.*** رقى *ruq(an)*| • spell, charm

راق *rāq(in) adj.* ***def.*** |*elat.* ***invar.*** أرقى *ʔarqā*| • advanced, developed • high-class, upmarket, upscale

II **رقّى** *raqqā v.tr.* |*2d* يرقي *yuraqqī* | ترقية *tarqiya^t*| • advance, upgrade • *(job)* promote ▪ رُقي *ruqqiya pass. v.* be promoted, get a promotion

ترقية *tarqiya^t n.*↑ • advancement, upgrade • *(job)* promotion

VIII **ارتقى** *irtaqā v.intr.* |*8d1* يرتقي *yartaqī* | ارتقاء *irtiqāʔ*| • ascend, rise

ارتقاء *irtiqāʔ n.*↑ • ascent

ركب *rakiba v.tr.* |*1s4* يركب *yarkab^u* | ركوب *rukūb*| • ride, get in, take, get on ▪ ركب سيارة أجرة *rakiba sayyārat · ʔujra^t* take a taxi ▪ ركب خيلا *rakiba xaylan* ride a horse ▪ ركب دراجة *rakiba darrāja^t* ride a bicycle

راكب *rākib act. part. n.* |*pl.* ركاب *rukkāb*| • passenger

ركبة *rukba^t n.* |*pl.* ركب *rukab* or ركبات *rukabāt*| • knee

مركب *markab n.* |*pl.* ***dip.*** مراكب *marākib*| • boat

مركبة *markaba^t n.* • vehicle ▪ مركبة فضائية *markaba^t faḍāʔīya^t* space ship

II **ركّب** *rakkaba v.tr.* |*2s* يركب *yurakkib^u* | تركيب *tarkīb*| • make ride • install, assemble ▪ ركب برنامج حاسوب *rakkaba barnāmaj · ḥāsūb* install a computer program • construct

تركيب *tarkīb n.*↑ |*pl.* ***dip.*** تراكيب *tarākīb*| • installation, assembly • combination ◊ تركيب قاتل *a deadly combination* • *(grammar)* compound noun ⓘ *Compound nouns in Arabic are formed using the 'idafa construction'.*

تركيبة *tarkība^t n.* • composition, structure, combination

مركب *murakkab pass. part. adj.* • compound, complex

Clock with Eastern Arabic Numerals

VIII **ارتكب** *irtakaba v.tr.* |*8s* يرتكب *yartakib^u* | ارتكاب *irtikāb*| • commit, perpetrate ▪ ارتكب جريمة *irtakaba jarīma^t* commit a crime

ركد *rakada v.intr.* |*1s3* يركد *yarkud^u* | ركود *rukūd*| • be stagnant, be still

ركود *rukūd n.*↑ • stagnation ▪ ركود اقتصادي *rukūd iqtiṣādī^y* recession

راكد *rākid act. part. adj.* |*elat.* أركد *ʔarkad* or أكثر ركودا *ʔakṯar rukūdan*| • stagnant

مركز *n.* |*pl.* **dip.** مراكز *marākiz*| • center ▪ مركز اتصال *markaz · ittiṣāl* call center ▪ مركز تسوق *markaz · tasawwuq* shopping center, shopping mall ▪ مركز رياضي *markaz riyāḍī^y* health club, gym ▪ مركز شرطة *markaz · šurṭa^t* police station ⓘ *The word* مركز *markaz has spawned the quadriliteral stem* م ر ك ز *upon which other words are built.* ➡ **p. 286**

مركزي *markazī^y adj.* • central ▪ لا مركزي *lā markazī^y* decentralized ▪ الجهاز العصبي المركزي *aljihāz alƐaṣbīy almarkazīy* the central nervous system

II **ركز** *rakkaza v.intr.* |*2s* يركز *yurakkiz^u* | تركيز *tarkīz*| • focus *on* على, concentrate *on*, emphasize

تركيز *tarkīz n.*↑ • focus, concentration, emphasis

V **تركز** *tarakkaza v.intr.* |*5s* يتركز *yatarakkaz^u* | تركز *tarakkuz*| • be focused *on* على *or* في

VIII **ارتكز** *irtakaza v.intr.* |*8s* يرتكز *yartakiz^u* | ارتكاز *irtikāz*| • be focused *on* على *or* في, be centered

ركض *rakaḍa v.intr.* |*1s3* يركض *yarkuḍ^u* | ركض *rakḍ*| • jog, run ▪ ركض وراء *rakaḍa warāʔa* chase after, pursue

راكض *rākiḍ act. part. n.* • runner

ركع *rakaƐa v.intr.* |*1s1* يركع *yarkaƐ^u* | ركوع *rukūƐ*| • kneel

ركل *rakala v.tr.* |*1s3* يركل *yarkul^u* | ركل *rakl*| • kick

ركلة *rakla^t n.* |*pl.* ركلات *rak(a)lāt*| • kick

ركم *rakama v.tr.* |*1s3* يركم *yarkum^u* | ركم *rakm*| • accumulate

VI **تراكم** *tarākama v.intr.* |*6s* يتراكم *yatarākam^u* | تراكم *tarākum*| • accumulate, build up

تراكم *tarākum n.* • accumulation, build-up

ركن *rakana v.tr.* |*1s3* يركن *yarkun^u* | ركون *rukūn*| • park

ركن *rukn n.* |*pl.* أركان *ʔarkān*| • corner ▪ في الركن *fī -rrukn^i* in the corner • *(military)* chief of staff ▪ أركان *ʔarkān pl. n.* military staff

الرمثا *arramtā n.* **f.** • *(city in Jordan)* Ramtha ➡ ***map on p. 8***

رمح *rumḥ n.* |*pl.* رماح *rimāḥ*| • spear

رماد *ramād n.* |*pl.* أرمدة *ʔarmida^t*| • ash

رمادي *ramādī^y adj.* • gray ▪ الرمادي *arramādī^y n.* **f.** *(city in Iraq)* Ramadi ➡ ***map on p. 202***

رمز *ramz n.* |*pl.* رموز *rumūz*| • symbol, sign, code ▪ رمز بريدي *ramz barīdiy* zip code (UK: post code)

رمزي *ramzī^y adj.* • symbolic

رمش *rimš n.* |*pl.* رموش *rumūš*| • eyelash

رمضاء *ramḍāʔ* • *n.* oppressive heat, midday heat

رمضان *ramaḍān n.* • Ramadan (ninth month of the Islamic calendar) ▪ رمضان كريم *ramaḍān karīm* Happy Ramadan! ▪ الله أكرم *aLLāh^u ʔakram (reply to 'Happy Ramadan!')* Happy Ramadan! ➡ ***The Islamic Calendar p. 315***

رمق *ramaqa v.tr.* |*1s3* يرمق *yarmuq^u* | رمق *ramq*| • regard, look *at*

رمق *ramq n.*↑ • في الرمق الأخير *fī -ramq^i -lʔaxīr^i adv.* in the throes of death, on one's last leg

مرموق *marmūq pass. part. adj.* • remarkable, outstanding, significant, renowned

رمل *raml n.* |*pl.* رمال *rimāl*| • sand ▪ رمال متحركة *rimāl mutaḥarrika^t pl. n.* quicksand

رملي *ramlī^y adj.* • sandy

أرمل *ʔarmal n.* **dip.** |*pl.* **dip.** أرامل *ʔarāmil*| • widower

أرملة *ʔarmala^t n.* |*pl.* **dip.** أرامل *ʔarāmil*| • widow

رمة *rumma^t n.* • piece of worn-out rope ▪ برمته *bi-rummat^ihi* in (its) entirety, all of ◊ أوروبا برمتها *all of Europe*

II **رمم** *rammama v.tr.* |*2s* يرمم *yurammim^u* | ترميم *tarmīm*| • restore, renovate, rebuild

ترميم *tarmīm n.*↑ • restoration, renovation

رمان *rummān coll. n.* |*sing.* رمانة *rummāna^t*| • pomegranates

رمى *ramā v.tr.* |*1d2* يرمي *yarmī* | رمي *ramy* or رماية *rimāya^t*| • throw *sth* ∘ *to* لـ, throw *sth* ∘ *at* على • shoot *sb* ∘ *with* بـ, fire • aim *at* إلى

رمي *ramy*, رماية *rimāya^t n.*↑ • throwing, shooting ▪ الرمي بالسهام *arramy bi-ssihām^i* archery ▪ رماية بندقية *rimāyat · bunduqīya^t* gun fire

مرمى *marm(an) n.* **indecl.** |*dual* مرميان *marmayān^i* | *pl.* **def.** مرام *marām(in)*| • goal, target ▪ حارس مرمى *ḥāris · marm(an)* goalkeeper, goalie

• extent, range ▪ في مرمى العين المجردة *fī marmā -lƐaynⁱ -lmujarradatⁱ* visible with the naked eye

رن *ranna v.intr.* |*1g2* يرن *yarinnᵘ* | رنين *ranīn*| • *(of bells, phones, alarms, etc.)* ring, clink, resonate, sound ◊ لم ترن ساعتي المنبهة هذا الصباح. *My alarm clock didn't go off this morning.* ▪ رن جرس هاتف *ranna jarasᵘ · hātif* a phone rang

رنة *rannaᵗ n.* • ring, clink, resonance

رهاب *ruhāb n.* • phobia ▪ رهاب اجتماعي *ruhāb ijtimāƐīʸ* social anxiety disorder ▪ رهاب احتجاز *ruhāb · iḫtijāz* claustrophobia ▪ رهاب أجانب *ruhāb · ʔajānib* xenophobia ▪ رهاب مثلية *ruhāb · mitlīyaᵗ* homophobia

رهيب *rahīb adj.* |*elat.* أرهب *ʔarhab*| • terrible, awful

راهب *rāhib n.* |*pl.* رهبان *ruhbān*| • monk
  راهبة *rāhibaᵗ n.* • nun

IV **أرهب** *ʔarhaba v.tr.* |*4s* يرهب *yurhibᵘ* | إرهاب *ʔirhāb*| • terrorize

إرهاب *ʔirhāb n.*↑ • terrorism
  إرهابي *ʔirhābīʸ adj. & n.* • terrorist

V **ترهب** *tarahhaba v.* |*5s* يترهب *yatarahhabᵘ* | ترهب *tarahhub*| • *v.tr.* threaten • *v.intr.* become a monk, become a nun

III **راهق** *rāhaqa v.intr.* |*3s* يراهق *yurāhiqᵘ* | مراهقة *murāhaqaᵗ*| • reach puberty, become a teenager, become an adolescent

مراهقة *murāhaqaᵗ n.*↑ • adolescence

مراهق *murāhiq act. part. n.* • teenager, adolescent

IV **أرهق** *ʔarhaqa v.tr.* |*4s* يرهق *yurhiqᵘ* | إرهاق *ʔirhāq*| • exhaust, tire out • burden *sb* ∘ *with* بـ, encumber, oppress, ask too much *of*

إرهاق *ʔirhāq n.*↑ • exhaustion • heavy load

مرهق *murhiq act. part. adj.* |*elat.* أكثر إرهاقا *ʔaktar ʔirhāqan* or أرهق *ʔarhaq*| • oppressive • exhausting

مرهق *murhaq pass. part. adj.* |*elat.* أكثر إرهاقا *ʔaktar ʔirhāqan* or أرهق *ʔarhaq*| • exhausted, very tired

مرهم *marham n.* |*pl.* **dip.** مراهم *marāhim*| • ointment, cream

رهن *rahana v.tr.* |*1s1* يرهن *yarhanᵘ* | رهن *rahn*| • pawn • mortgage

رهن *rahn n.*↑ |*pl.* رهون *ruhūn*| • mortgage ▪ حبس رهن *ḫabs · rahn* foreclosure • رهن بـ *rahnᵘⁿ bi- prep.* conditional on ▪ وذلك رهن بـ *wa-ḋālika rahnᵘⁿ bi-* but that depends on...
  رهن *rahna prep.* • pending ▪ رهن التحقيق *rahna -ttaḫqīqⁱ* pending investigation ▪ رهن المحكمة *rahna -lmaḫkamatⁱ* pending trial • subject to ▪ رهن إشارته *rahna ʔišāratⁱhi* at *one's* disposal, at *one's* service ▪ وُجد رهن الاعتقال *wujida rahna -liƐtiqālⁱ*, وُجد رهن الاحتجاز *wujida rahna -liḫtijāzⁱ*, وُجد رهن الحبس *wujida rahna -lḫabsⁱ pass. v.* be held in custody

راهن *rāhin act. part. adj.* • present, current, status quo

رهان *rihān n.* • bet, wager

رهينة *rahīnaᵗ n.* **m.** |*pl.* **dip.** رهائن *rahāʔin*| • hostage

III **راهن** *rāhana v.tr.* |*3s* يراهن *yurāhinᵘ* | مراهنة *murāhanaᵗ*| • bet *sth* ∘ *on* على, wager

مراهنة *murāhanaᵗ n.*↑ • bet, wager

روب *rōb n.* |*pl.* أرواب *ʔarwāb*| • robe, dressing gown

روبوت *rōbōt n.* • robot

روبيان *rūbiyān n.* • shrimp

روتين *rūtīn n.* • routine ▪ روتين حكومي *rūtīn ḫukūmīʸ* red tape, bureaucracy
  روتيني *rūtīnīʸ adj.* • routine- ▪ عمل روتيني *Ɛamal rūtīnīʸ n.* chore, routine work

روث *rawt coll. n.* |*sing.* روثة *rawtaᵗ* | *plural* أرواث *ʔarwāt*| • dung

راج *rāja v.intr.* |*1h3* يروج *yarūjᵘ* | رواج *rawāj*| • be in circulation • become popular, become widespread

رواج *rawāj n.*↑ • circulation, distribution

رائج *rāʔij act. part. adj.* |*elat.* أروج *ʔarwaj*| • popular, best-selling, in demand

II **روج** *rawwaja v.tr.* |*2s* يروج *yurawwijᵘ* | ترويج *tarwīj*| • launch, put on the market • promote, market

ترويج *tarwīj n.*↑ • promotion, marketing
  ترويجي *tarwījīʸ adj.* • promotional, marketing-

مروج *murawwij act. part. n.* • promoter

راح *rāḫa v.intr.* |*1h3* يروح *yarūḫᵘ* | رواح *rawāḫ*| • go to إلى • *(used in perfect tense only)* [+ indicative] begin to *(do)* ◊ راح يتحدث عن حياته. *He began to speak about his life.*; go to *(do)* ◊ راحت تدرس في ألمانيا. *She went to study in Germany.*

رائحة *rāʔiḫaᵗ n.* |*pl.* **dip.** روائح *rawāʔiḫ*| • smell, odor, fragrance ▪ له رائحة جميلة *lahu rāʔiḫaᵗᵘⁿ jamīlaᵗᵘⁿ*, رائحته جيدة *rāʔiḫatᵘhu jayyidaᵗ* it smells nice

راحة *rāħa^t* n. • rest, relaxation • راحة يد *rāħat · yad* palm of the hand

روح *rūħ* n. **f.** |pl. أرواح *ʔarwāħ*| • spirit, soul

روحي *rūħī^y*, روحاني *rūħānī^y* adj. |elat. أكثر روحانية *ʔaktar rūħānīya^{tan}*| • spiritual

روحانية *rūħānīya^t* n. • spirituality

ريح *rīħ* n. **f.** |pl. رياح *riyāħ*| • wind ▪ أخرج ريحا *ʔaxraja rīħan* v. pass gas ▪ أسرع من الريح *ʔasraƐ min^a -rrīħⁱ* idiom faster than the wind (i.e. very fast)

ريحان *rayħān* coll. n. • basil

مروحة *mirwaħa^t* n. |pl. **dip.** مراوح *marāwiħ*| • fan (for ventilation) • propeller

مروحية *mirwaħīya^t* n. • helicopter

II **روح** *rawwaħa* v. |2s يروح *yurawwiħ^u* | ترويح *tarwīħ*| • v.tr. fan, ventilate • v.intr. amuse *sb* عن, cheer up ▪ روح عن نفسه *rawwaħa Ɛan nafsⁱhi* relax; amuse *oneself*

III **راوح** *rāwaħa* v.intr. |3s يراوح *yurāwiħ^u* | مراوحة *murāwaħa^t*| • fluctuate *between* بين, sway

IV **أراح** *ʔarāħa* v.tr. |4h يريح *yurīħ^u* | إراحة *ʔirāħa^t*| • relieve, calm, soothe

مريح *murīħ* act. part. adj. |elat. أكثر إراحة *ʔaktar ʔirāħa^{tan}* or أريح *ʔaryaħ*| • comfortable, pleasant, easy ◊ الكراسي مريحة. *The seats are comfortable.*

VI **تراوح** *tarāwaħa* v.intr. |6s يتراوح *yatarāwaħ^u* | تراوح *tarāwuħ*| • range *between* بين *and* و, vary, fluctuate

تراوح *tarāwuħ* n.↑ • variation, fluctuation

VIII **ارتاح** *irtāħa* v.intr. |8h1 يرتاح *yartāħ^u* | ارتياح *irtiyāħ*| • take a break *from* من, rest, relax • be happy *about* إلى *or* لـ, be satisfied *with*

ارتياح *irtiyāħ* n.↑ • satisfaction, relief

مرتاح *murtāħ* act. part. adj. • relaxed, calm, comfortable, at ease

X **استراح** *istarāħa* v.intr. |10h يستريح *yastarīħ^u* | استراحة *istirāħa^t*| • relax, become calm

استراحة *istirāħa^t* n. • rest, relaxation • intermission, break ▪ وقت استراحة *waqt · istirāħa^t* break time

مستريح *mustarīħ* act. part. adj. • relaxed, calm

راد *rāda* v.tr. |1h3 يرود *yarūd^u* | رود *rawd*| • explore, pioneer

رائد *rāʔid* act. part. |pl. رواد *ruwwād*| • n. explorer, pioneer ▪ رائد فضاء *rāʔid · faḍāʔ* astronaut • adj. leading (company, role)

رويدا *ruwaydan*, رويدا رويدا *ruwaydan ruwaydan* adv. • gradually • slowly, leisurely ▪ رويدك *ruwaydaka* Slow down!, Take your time!

IV **أراد** *ʔarāda* v.tr. |4h يريد *yurīd^u* | إرادة *ʔirāda^t*| • want ▪ أراد أنْ *ʔarāda ʔan* want *to (do)* ◊ أريد الذهاب إلى هناك. *I want to go there.* ◊ أريد أن أذهب إلى هناك. *I want to go there.* ◊ يريد الزواج منها. *He wants to marry her.* ◊ كنت أريد أن أتكلم معك. *I wanted to talk to you.* ◊ لم تكن تريد الذهاب إلى فرانسا. *She didn't want to go to France.* ▪ أراده أنْ *ʔarādahu ʔan*, أراد منه أنْ *ʔarāda minhu ʔan* want *sb* to (do) ⓘ *The following four constructions are in order of frequency of usage, the last one rare:* ◊ أريد أن تذهب معي. *I want you to go with me.* ◊ أريد منك أن تذهب معي. *I want you to go with me.* ◊ أريد منك الذهاب معي. *I want you to go with me.* ◊ أريد ذهابك معي. *I want you to go with me.*

إرادة *ʔirāda^t* n.↑ • want, desire, will

إرادي *ʔirādī^y* adj. • willful, intentional, voluntary ▪ غير إرادي *ɣayr · ʔirādī^y* involuntary

مريد *murīd* act. part. n. • adherent, follower, disciple

مراد *murād* pass. part. n. • purpose, intention • *man's name* Murad, Mourad

VIII **ارتاد** *irtāda* v.tr. |8h1 يرتاد *yartād^u* | ارتياد *irtiyād*| • frequent, visit regularly

مرتاد *murtād* adj. n. • regular, frequent visitor

روسيا *rūsiyā* n. **f. invar.** • Russia

روسي *rūsī^y* adj. & n. |m. pl. روس *rūs*| • Russian

روصو *roṣṣo* n. **f. invar.** • *(city in Mauritania)* Rosso ➡ **map on p. 293**

روضة *rawḍa^t* n. |pl. رياض *riyāḍ*| • garden ▪ روضة أطفال *rawḍat · ʔaṭfāl* kindergarten, nursery school, pre-school

الرياض *arriyāḍ* n. **f.** • *(capital of Saudi Arabia)* Riyadh (lit. the Gardens) ➡ **map on p. 144** • Al Riyadh (Saudi newspaper)

رياضة *riyāḍa^t* n. • sports, exercise

رياضي *riyāḍī^y* • adj. |elat. أكثر رياضي *riyāḍī^y ʔaktar*| athletic, sports- ▪ لعبة رياضية *luƐba^t riyāḍīya^t* sport ◊ هو رياضي أكثر من أخيه. *He's more athletic than his brother.* • n. athlete • adj. mathematical

رياضيات *riyāḍīyāt* pl. n. • mathematics, arithmetic

راع *rāƐa* v.tr. |1h3 يروع *yarūƐ^u* | روع *rawƐ*| • delight, thrill

روع *rawƐ* n.↑ • awe, wonder • fear, dread ▪ هدأ

من روعه *hadaʔa min rawƐhi* v. calm down, chill out

رائع *rāʔiƐ act. part. adj.* |*elat.* أروع *ʔarwaƐ*| • wonderful, excellent, terrific, splendid, magnificent

روعة *rawƐa*^{t} *n.* • excellence, splendor, magnificence

II **روّع** *rawwaƐa v.tr.* |*2s* يروّع *yurawwiƐ*^{u} | ترويع *tarwīƐ*| • terrify, frighten

مروّع *murawwiƐ act. part. adj.* |*elat.* أكثر ترويعا *ʔaktar tarwīƐan*| • frightening, dreadful, terrifying

III **راوغ** *rāwaɣa v.tr.* |*3s* يراوغ *yurāwiɣ*^{u} | مراوغة *murāwaɣa*^{t}| • dodge, evade • deceive, cheat

راق *rāqa v.tr.* |*1h3* يروق *yarūq*^{u} | روق *rawq*| • please, delight, appeal *to*

رواق *riwāq n.* |*pl.* أروقة *ʔarwiqa*^{t}| • portico, porch (with columns) • tent

Portico of a mosque in Morocco

IV **أراق** *ʔarāqa v.tr.* |*4h* يريق *yurīq*^{u} | إراقة *ʔirāqa*^{t}| • spill, shed, pour out

إراقة *ʔirāqa*^{t} *n.*↑ • إراقة دماء *ʔirāqat · dimāʔ* bloodshed

رام *rāma v.tr.* |*1h3* يروم *yarūm*^{u} | روم *rawm*| • crave, desire ▪ على ما يرام *Ɛalā mā yurām*^{u} *(verb in passive)* to *one's* expectations, leaving nothing to be desired ◊ كل شيء على ما يرام. *Everything's fine.*

روما *rōmā n. **f. invar.*** • *(capital of Italy)* Rome

روميّ *rūmī*^{y} *adj.* |*pl.* روم *rūm* or أروام *ʔarwām*| • Roman • Byzantine ▪ ديك رومي *dīk rūmī*^{y} *n.* turkey • Greek Ortohodox ▪ ديك رومي *dīk rūmī*^{y} *n.* turkey

رومانيّ *rūmānī*^{y} *adj. & n.* • |*pl.* رومان *rūmān*| Roman

رومانسيّ *rūmānsī*^{y} *adj.* • |*elat.* أكثر رومانسية *ʔaktar rūmānsīya*^{tan}| romantic

رومانسية *rūmānsīya*^{t} *n.* • romanticism

رومانيا *rūmāniyā n. **f. invar.*** • Romania

رومانيّ *rūmānī*^{y} *adj. & n.* • Romanian

QI **رومن** *rawmana v.tr.* |*11s* يرومن *yurawmin*^{u} | رومنة *rawmana*^{t}| • Romanize, transliterate (using the Latin alphabet)

رومنة *rawmana*^{t} *n.*↑ • Romanization ▪ رومنة العربية *rawmanat · alƐarabīya*^{ti} Romanization of Arabic

روى *rawā v.tr.* |*1d2* يروي *yarwī* | رواية *riwāya*^{t}| • narrate ▪ روى رواية *rawā riwāya*^{t} tell a story

رواية *riwāya*^{t} *n.*↑ • novel • story, narration

روائيّ *riwāʔī*^{y} • *adj.* narrative • *n.* novelist

راو *rāw(in) act. part. n. **def.*** |*pl.* رواة *ruwā*^{t}| • narrator, storyteller

مروى *marwā pass. part. **f. invar.** woman's name* • Marwa

ريّ *riyy* or *rayy n.* • irrigation

الريان *arrayyān n. **f.*** • *(city in Qatar)* Al Rayyan

➡ ***map on p. 250***

أروى *ʔarwā **f. invar.** woman's name* • Arwa

II **روّى** *rawwā v.tr.* |*2d* يروّي *yurawwī* | تروية *tarwiya*^{t}| • irrigate

ريال *riyāl n.* • *(currency)* riyal, rial ▪ ريال سعودي *riyāl suƐūdī*^{y} |*abbreviated* ر.س| Saudi riyal (SR) ▪ ريال عماني *riyāl Ɛumānī*^{y} |*abbreviated* ر.ع| Omani rial (OMR) ▪ ريال قطري *riyāl qaṭarī*^{y} |*abbreviated* ر.ق| Qatari riyal (QR) ▪ ريال يمني *riyāl yamanī*^{y} |*abbreviated* ر.ي| Yemeni rial (YER)

Saudi 500-riyal bills

ريال مدريد *rayāl madrīd n.* • *(soccer team)* Real Madrid

ريب *rayb*, ريبة *rība*^{t} *n.* • doubt, uncertainty ▪ بلا ريب *bi-lā rayb*^{in}, ولا ريب *wa-lā rayb*^{a} *adv.* without a doubt, definitely, undoubtedly ▪ لا ريب في *lā raybᵃ fī* There's no doubt about ▪ لا ريب (في) أنّ *lā raybᵃ (fī) ʔanna* There's no doubt that...

IV **أراب** *ʔarāba v.tr.* |*4h* يريب *yurībᵘ* | إرابة *ʔirābaᵗ*| • make feel suspicious

مريب *murīb act. part. adj.* |*elat.* أكثر ريبة *ʔaktar rībaᵗᵃⁿ*| • dubious, questionable, suspicious, doubtful

VIII **ارتاب** *irtāba v.intr.* |*8h1* يرتاب *yartābᵘ* | ارتياب *irtiyāb*| • mistrust, suspect, be suspicious *of* في *or* بـ

ارتياب *irtiyāb n.*↑ • mistrust, suspicion

ريثما *raytamā conj.* • until • as long as, while

ريختر *rīxtar n.* ***invar.*** • مقياس ريختر *miqyās rīxtar* the Richter scale

ريش *rīš coll. n.* |*sing.* ريشة *rīšaᵗ*| • feathers

ريف *rīf n.* |*pl.* أرياف *ʔaryāf*| • country, countryside, rural area ▪ في الريف *fī -rrīf* in the country(side)

ريفي *rīfīʸ adj.* • rural, provincial, country-

ريق *rīq n.* • saliva

مريلة *maryalaᵗ n.* • apron, bib

مريول *maryūl n.* • apron

ريم *rīm n.* • addax, white antelope • ***f. dip.*** *woman's name* Reem, Rim

ريو دي جانيرو *riyo di jānīro n.* ***f. invar.*** • *(city in Brazil)*

ز

ز *zāʔ* or *zāy* n. **f.** |زاء or زاي| • *(eleventh letter of the Arabic alphabet)* • *(numerical value)* 7 • *(point of information)* G.,VII. ➡ ***The Abjad Numerals p. 61***

زأر *zaʔara v.intr.* |1s1(a) يزأر *yazʔar*ᵘ | زئير *zaʔīr* or زأر *zaʔr*| • roar

زاء *zāʔ*, زاي *zāy n.* **f.** ➡ ز ***above***

زان *zān n.* • beech

زبيب *zabīb coll. n.* |*sing.* زبيبة *zabībaᵗ*| • raisins

زبدة *zubdaᵗ*, زبد *zubd n.* |*pl.* زبد *zubad*| • butter

زبدية *zubdīyaᵗ n.* • bowl

زبد *zabad n.* |*pl.* أزباد *ʔazbād*| • foam, froth ▪ زبد بحر *zabad · baħr* sea foam

زبادي *zabādīʸ n.* • yoghurt

زبالة *zubālaᵗ n.* • garbage (UK: rubbish), trash ▪ كيس زبالة *kīs · zubālaᵗ* garbage bag (UK: bin bag)

زبال *zabbāl n.* • garbage collector (UK: bin man) • scavenger

مزبلة *mazbalaᵗ n.* |*pl.* **dip.** مزابل *mazābil*| • garbage dump (UK: rubbish dump)

زبون *zabūn n.* |*pl.* **dip.** زبائن *zabāʔin*| • customer, client

زج *zajja v.intr.* |1g3 يزج *yazujj*ᵘ | زج *zajj*| • throw بـ, toss ▪ زج به في السجن *zajja bi-hi fī-ssijn*ⁱ throw *sb* in jail

زجاج *zujāj n.* • glass ◊ زجاج مكسور *broken glass* ▪ زجاج أمامي *zujāj ʔamāmīʸ* windshield (UK: windscreen)

زجاجة *zujājaᵗ n.* • bottle • piece of glass

QI **زحزح** *zaħzaħa v.tr.* |11s يزحزح *yuzaħziħ*ᵘ | زحزحة *zaħzaħaᵗ*| • displace, remove, dislodge

زحف *zaħafa v.intr.* |1s1 يزحف *yazħaf*ᵘ | زحف *zaħf*| • crawl, creep

زاحف *zāħif act. part. n.* |*pl.* **dip.** زواحف *zawāħif*| • reptile

زحل *zuħal n.* • *(planet)* Saturn

زحلة *zaħlaᵗ n.* **dip.** • *(city in Lebanon)* Zahleh ➡ ***map on p. 272***

QI **زحلق** *zaħlaqa v.tr.* |11s يزحلق *yuzaħliq*ᵘ | زحلقة *zaħlaqaᵗ*| • make slip, slide

QII **تزحلق** *tazaħlaqa v.intr.* |12s يتزحلق *yatazaħlaq*ᵘ | تزحلق *tazaħluq*| • slip, slide

زحمة *zaħmaᵗ n.* • crowd, congestion ▪ زحمة سير *zaħmat · sayr* traffic jam, traffic congestion

زحام *ziħām n.* • crowd, congestion ◊ في الشوارع زحام. *The streets are crowded.* ▪ زحام سير *ziħām · sayr*, زحام مروري *ziħām murūrīʸ*, زحام مرور *ziħām · murūr* traffic jam, traffic congestion

VIII **ازدحم** *izdaħama v.intr.* |8a4 يزدحم *yazdaħim*ᵘ | ازدحام *izdiħām*| • be crowded, be overcrowded, be congested

ازدحام *izdiħām n.*↑ • crowd, congestion, overcrowding ▪ ازدحام مرور *izdiħām · murūr* traffic jam ▪ ساعة ازدحام *sāεat · izdiħām* rush hour

مزدحم *muzdaħim act. part. adj.* |*elat.* أزحم *ʔazħam* or أكثر ازدحاما *ʔaktar izdiħāman*| • crowded

زخر *zaxara v.intr.* |1s1 يزخر *yazxar*ᵘ | زخر *zaxr*| • abound *in* بـ, be teeming *with*, be full *of*

زاخر *zāxir act. part. adj.* |*elat.* أزخر *ʔazxar* | *pl.* **dip.** زواخر *zawāxir*| • teeming *with* بـ, alive *with*

QI **زخرف** *zaxrafa v.tr.* |11s يزخرف *yuzaxrif*ᵘ | زخرفة *zaxrafaᵗ*| • decorate, adorn, embellish

مزخرف *muzaxrif act. part. n.* • decorator

مزخرف *muzaxraf pass. part. adj.* |*elat.* أكثر زخرفة *ʔaktar zaxrafa*ᵗᵃⁿ| • ornamental, fancy ▪ غير مزخرف *ɣayr · muzaxraf* plain

زخرف *zuxruf*, زخرفة *zaxrafaᵗ n.* |*pl.* **dip.** زخارف *zaxārif*| • decoration, ornamentation

زخرفي *zuxrufīʸ adj.* |*elat.* أكثر زخرفة *ʔaktar zaxrafa*ᵗᵃⁿ| • ornamental

زريبة *zarībaᵗ n.* |*pl.* **dip.** زرائب *zarāʔib*| • pen, corral

مزراب *mizrāb n.* |*pl.* **dip.** مزاريب *mazārīb*| • spout, rain gutter

زردية *zaradīyaᵗ n.* • pliers

زر *zirr n.* |*pl.* أزرار *ʔazrār*| • *(clothing)* button • *(electronic)* key, button

زرع *zaraεa v.tr.* |1s1 يزرع *yazraε*ᵘ | زرع *zarε*| • plant, sow ▪ كما يزرع يحصد. *ka-mā yazraε*ᵘ *yaħṣid*ᵘ *proverb* You reap what you sow. ▪ من يزرع الشوك لا يحصد به عنبا. *man yazraε*ᵘ *-ššawk*ᵘ *lā yaħṣid*ᵘ *bihi εinaban proverb* He who plants a thorn bush will not harvest grapes.

زراعة *zirāƐa^t n.* • agriculture, farming
زراعي *zirāƐī^y adj.* • agricultural
مزرع *mazraƐ n.* • arable land
مزرعة *mazraƐa^t n.* |*pl.* **dip.** مزارع *mazāriƐ*| • farm, plantation
III **زارع** *zāraƐa v.intr.* |*3s* يزارع *yuzāriƐ^u* | مزارعة *muzāraƐa^t*| • farm, work in agriculture
مزارع *muzāriƐ act. part. n.* • farmer
زرافة *zarāfa^t n.* |*pl.* **dip.** زرائف *zarāʔif*| • giraffe
ⓘ *The English word 'giraffe' has been borrowed from this Arabic word.*
زرقة *zurqa^t n.* • blue, blueness
أزرق *ʔazraq adj.* **dip.** |*m & f pl.* زرق *zurq* | *f. sing.* **dip.** زرقاء *zarqāʔ* | *f. dual* زرقاوان *zarqāwān^i* | *f. pl.* زرقاوات *zarqāwāt*| • blue ▪ أزرق سماوي *ʔazraq samāwī^y* sky blue
الزرقاء *azzarqāʔ n.* **f.** • *(city in Jordan)* Zarqa
➡ ***map on p. 8***
IX **ازرق** *izraqqa v.intr.* |*9s* يزرق *yazraqq^u* | ازرقاق *izriqāq*| • turn blue
QI **زركش** *zarkaša v.tr.* |*11s* يزركش *yuzarkiš^u* | زركشة *zarkaša^t*| • adorn, decorate, embroider
زعتر *zaƐtar n.* • thyme
IV **أزعج** *ʔazƐaja v.tr.* |*4s* يزعج *yuzƐij^u* | إزعاج *ʔizƐāj*| • disturb, annoy, bother, harass
إزعاج *ʔizƐāj n.*↑ • disturbance, annoyance, harassment
مزعج *muzƐij act. part. adj.* |*elat.* أكثر إزعاجا *ʔaktar ʔizƐājan*| • disturbing, annoying, bothersome
VII **انزعج** *inzaƐaja v.intr.* |*7s* ينزعج *yanzaƐij^u* | انزعاج *inziƐāj*| • be annoyed *with* من, be uneasy
منزعج *munzaƐij act. part. adj.* |*elat.* أكثر انزعاجا *ʔaktar inziƐājan*| • disturbed, annoyed
QI **زعزع** *zaƐzaƐa v.tr.* |*11s* يزعزع *yuzaƐziƐ^u* | زعزعة *zaƐzaƐa^t*| • shake ▪ زعزع استقرارا *zaƐzaƐa istiqrāran* destabilize
QII **تزعزع** *tazaƐzaƐa v.intr.* |*12s* يتزعزع *yatazaƐzaƐu* | تزعزع *tazaƐzuƐ*| • shake, wobble
متزعزع *mutazaƐziƐ act. part. adj.* |*elat.* أكثر تزعزعا *ʔaktar tazaƐzuƐan*| • shaky, wobbly
زعفران *zaƐfarān n.* • saffron
زعل *zaƐila v.intr.* |*1s1* يزعل *yazƐal^u* | زعل *zaƐal*| • become upset *about* من, become angry
II **زعل** *zaƐƐala v.tr.* |*2s* يزعل *yuzaƐƐil^u* | تزعيل *tazƐīl*| • upset, anger
زعلان *zaƐlān adj.* |*elat.* أكثر زعلا *ʔaktar zaƐalan*| • upset, angry
زعم *zaƐama v.tr.* |*1s3* يزعم *yazƐum^u* | زعم *zaƐm*| • claim, maintain, allege ▪ زعم أنّ *zaƐama ʔanna*
زعم *zaƐm n.*↑ • claim, allegation
مزعوم *mazƐūm pass. part. adj.* • so-called, alleged
زعامة *zaƐāma^t n.* • leadership ▪ بزعامة *bi-zaƐāmat^i prep.* under the leadership of
زعيم *zaƐīm n.* |*pl.* **dip.** زعماء *zuƐamāʔ*| • leader ▪ زعيم حزب *zaƐīm · ḥizb (politics)* party leader
V **تزعم** *tazaƐƐama v.tr.* |*5s* يتزعم *yatazaƐƐam^u* | تزعم *tazaƐƐum*| • lead, command ▪ تزعم حركة *tazaƐƐama ḥaraka^t* lead a movement
زعنفة *ziƐnifa^t n.* |*pl.* **dip.** زعانف *zaƐānif*| • fin
QI **زغرد** *zaɣrada v.intr.* |*11s* يزغرد *yuzaɣrid^u* | زغردة *zaɣrada^t*| • ululate
زغردة *zaɣrada^t n.*↑ |*pl.* **dip.** زغاريد *zaɣārīd*| • ululation (trilling howl to express celebration)
زفت *zift n.* • tar, pitch, asphalt
زفر *zafara v.intr.* |*1s2* يزفر *yazfir^u* | زفير *zafīr*| • exhale, breathe out, heave a sigh
زفير *zafīr n.*↑ • exhalation
زفاف *zifāf n.* • wedding ceremony ▪ حفلة زفاف *ḥaflat · zifāf* wedding reception ▪ فستان زفاف *fustān · zifāf* wedding dress
QI **زقزق** *zaqzaqa v.intr.* |*11s* يزقزق *yuzaqziq^u* | زقزقة *zaqzaqa^t*| • chirp, tweet, twitter, peep
الزقازيق *azzaqāzīq n.* **f.** • *(city in Egypt)* Zagazig
➡ ***map on p. 287***
زقاق *zuqāq n.* |*pl.* أزقة *ʔaziqqa^t*| • alley, side street
زكام *zukām n.* • (common) cold
مزكوم *mazkūm adj.* • *(of noses)* congested
زكاة *zakā^t n.* |*pl.* زكوات *zakawāt*| • zakat, charity, alms, tithe ▪ آتى الزكاة *ʔātā azzakā^t v.* give zakat
زكي *zakī^y adj.* |*m. pl.* **dip.** أزكياء *ʔazkiyāʔ* | *elat.* **invar.** أزكى *ʔazkā*| • pure, sinless • fragrant ▪ رائحة زكية *rāʔiḥa^t zakīya^t* fragrant smell • *man's name* Zaki
IV **أزكى** *ʔazkā v.tr.* |*4d* يزكي *yuzkī* | إزكاء *ʔizkāʔ*| • increase, develop ▪ أزكى الوعي بـ *ʔazkā alwaƐy^a bi-* raise awareness about
زلاجة *zallāja^t n.* • *(playground)* slide • sled • ski
مزلج *mizlaj n.* |*pl.* **dip.** مزالج *mazālij*| • skate
مزلاج *mizlāj n.* |*pl.* **dip.** مزاليج *mazālīj*| • *(door)* bolt

ز

V **تزلج** *tazallaja v.intr.* |*5s* يتزلج *yatazallaj*^{u} | تزلج *tazalluj*| • ski, skate, sled ▪ تزلج على الأمواج *tazallaja Ɛalā -lʔamwāj*^{i} surf ▪ تزلج على الثلج *tazallaja Ɛalā -ttalj*^{i} *(snow)* ski ▪ تزلج على الجليد *tazallaja Ɛalā -ljalīd*^{i} ice skate ▪ تزلج على الرمال *tazallaja Ɛalā -rrimāl*^{i} sand board ▪ تزلج على العجلات *tazallaja Ɛalā -lƐajalāt*^{i} roller skate, inline skate ▪ تزلج على اللوح *tazallaja Ɛalā -llawḥ*^{i} skate board ▪ تزلج على الماء *tazallaja Ɛalā -lmāʔ*^{i} *(water)* ski

متزلج *mutazallij act. part. n.* • skier, skater

QI **زلزل** *zalzala v.tr.* |*11s* يزلزل *yuzalzil*^{u} | زلزلة *zalzala*^{t}| • shake

زلزال *zilzāl n.* |*pl.* ***dip.*** زلازل *zalāzil*| • earthquake, tremor

زلزالي *zilzālī*^{y} *adj.* • seismic

زلق *zaliq adj.* |*elat.* أزلق *ʔazlaq*| • slippery

زلاقة *zallāqa*^{t} *n.* • *(playground)* slide • sled • ski

VII **انزلق** *inzalaqa v.intr.* |*7s* ينزلق *yanzaliq*^{u} | انزلاق *inzilāq*| • slide, slip

زليتن *zlītan n.* ***f. dip.*** • *(city in Libya)* Zliten

➡ ***map on p. 278***

مزمار *mizmār n.* |*pl.* ***dip.*** مزامير *mazāmīr*| • mizmar, flute

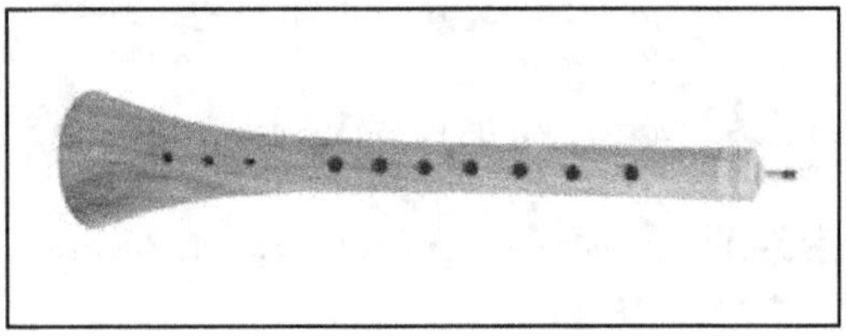

An Egyptian mizmar

II **زمر** *zammara v.tr.* |*2s* يزمر *yuzammir*^{u} | تزمير *tazmīr*| • blow (a wind instrument) • honk (a car horn)

زمار *zammār n.* • flutist

زمرد *zumurrud coll. n.* |*sing.* زمردة *zumurruda*^{t}| • emeralds

زمردي *zumurrudī*^{y} *adj.* • emerald-

IV **أزمع** *ʔazmaƐa v.intr.* |*4s* يزمع *yuzmiƐ*^{u} | إزماع *ʔizmāƐ*| • be determined *to* على, intend *to*

مزمع *muzmaƐ pass. part. adj.* • forthcoming, prospective

زميل *zamīl n.* |*pl.* ***dip.*** زملاء *zumalāʔ*| • colleague, coworker, associate • classmate, schoolmate

III **زامل** *zāmala v.tr.* |*3s* يزامل *yuzāmil*^{u} | مزاملة *muzāmala*^{t}| • be an associate *of*, be a colleague *of*

زمام *zimām n.* |*pl.* أزمة *ʔazimma*^{t}| • *(piercing)* nose stud ▪ زمام منزلق *zimām munzaliq* zipper (UK: zip)

زمن *zaman n.* |*pl.* أزمان *ʔazmān*| • time ▪ في زمن ما *fī zamanin mā adv.* at one time (in the past) ▪ منذ زمن طويل *munḏu zaman*^{in} *ṭawīl*^{in} *adv.* a long time ago; for a long time

زمني *zamanī*^{y} *adj.* • temporal • chronological

زمان *zamān n.* |*pl.* أزمنة *ʔazmina*^{t}| • time ▪ من زمان *min zamān*^{in} *adv.* a long time ago; for quite a while

IV **أزمن** *ʔazmana v.intr.* |*4s* يزمن *yuzmin*^{u} | إزمان *ʔizmān*| • last a long time, be chronic

مزمن *muzmin act. part. adj.* • enduring, chronic ▪ صداع مزمن *ṣudāƐ muzmin n.* chronic headache

VI **تزامن** *tazāmana v.intr.* |*6s* يتزامن *yatazāman*^{u} | تزامن *tazāmun*| • coincide *with* مع, be simultaneous

متزامن *mutazāmin act. part. adj.* • simultaneous

زنبرك *zunburuk n.* |*pl.* ***dip.*** زنابك *zanābik*| • *(metal)* spring

زنبق *zanbaq coll. n.* |*sing.* زنبقة *zanbaqa*^{t} | *pl.* ***dip.*** زنابق *zanābiq*| • lily, iris

زنجبيل *zanjabīl n.* • ginger

زند *zand n.* |*pl.* زنود *zunūd*| • forearm ▪ عظم زند *Ɛaẓm · zand* ulna

زناد *zinād n.* |*pl.* أزندة *ʔaznida*^{t}| • trigger

زندقة *zandaqa*^{t} *n.* • atheism

زنديق *zindīq n.* |*pl.* زنادقة *zanādiqa*^{t}| • atheist, unbeliever, heretic

زنزانة *zinzāna*^{t} *n.* |*pl.* ***dip.*** زنازين *zanāzīn*| • *(prison)* cell

زنك *zink n.* • zinc

زنى *zanā v.intr.* |*1d2* يزني *yaznī* | ***indecl.*** زنى *zin(an)* or زناء *zināʔ*| • fornicate, commit adultery

زناء *zināʔ*, ***indecl.*** زنى *zin(an) n.*↑ • fornication, adultery

زان *zān(in) act. part. n.* ***def.*** |*pl.* ***dip.*** زناة *zunā*^{t}| • fornicator, adulterer

زانية *zāniya*^{t} *n.* |*pl.* ***def.*** زوان *zawān(in)*| • adulteress, promiscuous woman • whore

زهر *zahara v.intr.* |*1s1* يزهر *yazhar*^{u} | زهور *zuhūr*| • be radiant, be brilliant

زاهر *zāhir act. part. adj.* |*elat.* أزهر *ʔazhar*| • radiant, brilliant

زهر *zahr coll. n.* |*sing.* زهرة *zahraᵗ* | *pl.* زهور *zuhūr*| • flowers ▪ زهر لؤلؤ *zahr · luʔluʔ* daisies ▪ زهر نرد *zahr · nard* dice ⓘ *The English word 'hazard' has been borrowed from this Arabic word, referring to dice used in games of chance.*

زهري *zahrīʸ adj.* • pink

الزهرة *azzuharaᵗ n.* • *(planet)* Venus

زهيرة *zuhayraᵗ n. diminutive* • small flower

أزهر *ʔazhar adj. elat.* • radiant, brilliant ▪ جامع الأزهر *jāmiƐ · alʔazharⁱ n.* Al-Azhar Mosque ▪ جامعة الأزهر *jāmiƐat · alʔazharⁱ* Al-Azhar University

أزهري *ʔazharīʸ n.* • student of Al-Azhar University

مزهرية *mazharīyaᵗ n.* • vase

IV **أزهر** *ʔazhara v.intr.* |*4s* يزهر *yuzhirᵘ* | إزهار *ʔizhār*| • bloom, blossom, flower

مزهر *muzhir act. part. adj.* • in bloom

VIII **ازدهر** *izdahara v.intr.* |*8a4* يزدهر *yazdahirᵘ* | ازدهار *izdihār*| • flourish, prosper, blossom

ازدهار *izdihār n.*↑ • prosperity ▪ في ازدهار *fī- zdihārⁱⁿ adv.* prosperous, flourishing

مزدهر *muzdahir act. part. adj.* |*elat.* أكثر ازدهارا *ʔaktar izdihāran*| • prosperous

زهق *zahaqa v.intr.* |*1s1* يزهق *yazhaqᵘ* | زهق *zahq* or زهوق *zuhūq*| • become bored *with* من, get fed up • vanish, disappear • die, pass away

زاه *zāh(in) adj.* ***def.*** |*elat.* ***invar.*** أزهى *ʔazhā*| • bright, vivid, lively ▪ زاهي اللون *zāhī · -llawn* bright-colored

مزهو *mazhūʷ adj.* |*elat.* أكثر زهوا *ʔaktar zahwan*| • proud *of* بـ • arrogant

زوج *zawj n.* |*pl.* أزواج *ʔazwāj*| • husband, spouse ▪ زوجان *zawjānⁱ dual noun* couple, husband and wife ▪ زوج ابنة *zawj · ibnaᵗ* son-in-law ▪ زوج أخت *zawj · ʔuxt (sister's husband)* brother-in-law ▪ زوج أم *zawj ʔumm* stepfather ▪ أخت زوج *ʔuxt · zawj (husband's sister)* sister-in-law ▪ أخو زوج *ʔaxū · zawj (husband's brother)* brother-in-law • wife • [+ plural noun] pair of __ ▪ زوج من الأحذية *zawj minᵃ -lʔaḥḏiyaᵗⁱ* pair of shoes ▪ زوج من القفازات *zawj minᵃ -lquffāzāt* pair of gloves

زوجة *zawjaᵗ n.* • wife ▪ زوجة أب *zawjat · ʔab* stepmother ▪ زوجة ابن *zawjat · ibn* daughter-in-law ▪ زوجة أخ *zawjat · ʔax (brother's wife)* sister-in-law ▪ أخت زوجة *ʔuxt · zawjaᵗ (wife's sister)* sister-in-law ▪ أخو زوجة *ʔaxū · zawjaᵗ (wife's brother)* brother-in-law

زوجي *zawjīʸ adj.* • marital • paired, coupled • *(not odd)* even

زواج *zawāj n.* • marriage

II **زوج** *zawwaja v.tr.* |*2s* يزوج *yuzawwijᵘ* | تزويج *tazwīj*| • marry off *sb* ∘ *to* من *or* بـ

V **تزوج** *tazawwaja v.intr.* |*5s* يتزوج *yatazawwajᵘ* | تزوج *tazawwuj*| • get married *to* من, marry

متزوج *mutazawwij adj.* • married *to* من

VI **تزاوج** *tazāwaja v.intr.* |*6s* يتزاوج *yatazāwajᵘ* | تزاوج *tazāwuj*| • intermarry • be doubled, double

VIII **ازدوج** *izdawaja v.intr.* |*8a4* يزدوج *yazdawijᵘ* | ازدواج *izdiwāj*| • be doubled, double

مزدوج *muzdawij act. part. adj.* • double

II **زود** *zawwada v.tr.* |*2s* يزود *yuzawwidᵘ* | تزويد *tazwīd*| • equip *sb/sth* ∘ *with* بـ, supply, provide ◊ زود السيارة بالوقود. *He filled the car with gas.*

مزود *muzawwid act. part. n.* • supplier, provider ▪ مزود خدمة الإنترنت *muzawwid · xidmat · alʔinternet* internet service provider (ISP)

زار *zāra v.tr.* |*1h3* يزور *yazūrᵘ* | زيارة *ziyāraᵗ*| • visit

زيارة *ziyāraᵗ n.*↑ • visit ▪ زيارة رسمية *ziyāraᵗ rasmīyaᵗ* official visit, state visit ▪ قام بزيارة إلى *qāma bi-ziyāraᵗⁱⁿ ʔilā v.* pay a visit to

زائر *zāʔir act. part. n.* |*pl.* زوار *zuwwār*| • visitor, guest

مزار *mazār n.* • shrine, sanctuary

II **زور** *zawwara v.tr.* |*2s* يزور *yuzawwirᵘ* | تزوير *tazwīr*| • falsify, forge, counterfeit

تزوير *tazwīr n.*↑ • falsification, forgery, counterfeiting

مزور *muzawwar act. part. adj.* • phony, false, counterfeit

زورق *zawraq n.* |*pl.* ***dip.*** زوارق *zawāriq*| • boat

زال *zāla v.intr.* • |*1h3* يزول *yazūlᵘ* | زوال *zawāl*| disappear, come to an end

زوال *zawāl n.*↑ • disappearance • noon, midday ▪ بعد الزوال *baƐda -zzawālⁱ adv.* in the afternoon

زائل *zāʔil act. part. adj.* |*elat.* أكثر زوالا *ʔaktar zawālan*| • ephemeral, fleeting

II **زول** *zawwala v.tr.* |*2s* يزول *yuzawwilᵘ* | تزويل *tazwīl*| • remove, eliminate, get rid of

III **زاول** *zāwala v.tr.* |*3s* يزاول *yuzāwilᵘ* | مزاولة *muzāwalaᵗ*| • practice (a profession, activity)

مزاولة *muzāwala^t n.*↑ • practice (of a profession, activity)

IV **أزال** *ʔazāla v.tr.* |4h يزيل *yuzīl^u* | إزالة *ʔizāla^t* | • remove, eliminate, get rid of • *(computers)* uninstall

إزالة *ʔizāla^t n.*↑ • elimination, removal

مزيل *muzīl act. part.* • *n.* ▪ مزيل عرق *muzīl · Ɛirq* antiperspirant ▪ مزيل رائحة *muzīl · rāʔiħa^t* deodorant

زاوية *zāwiya^t n.* |*pl.* **invar.** زوايا *zawāyā* | • angle, corner • *(street)* corner ▪ زاوية شارع *zāwiyat · šāriƐ* street corner ▪ زاوية غرفة *zāwiyat · ɣurfa^t* corner of a room ▪ في الزاوية *fī -zzāwiya^ti* in the corner (of a room); on the (street) corner

الزاوية *azzāwiya^t n.* • *(city in Libya)* Zawiya

➡ ***map on p. 278***

زيت *zayt n.* |*pl.* زيوت *zuyūt* | • oil ▪ زيت نباتي *zayt nabātī^y* vegetable oil ▪ زيت زيتون *zayt · zaytūn* olive oil

زيتي *zaytī^y adj.* • oily

زيتون *zaytūn coll. n.* |*sing.* زيتونة *zaytūna^t* | • olives

زيتونة *zaytūna^t n.* • olive tree

زيتوني *zaytūnī^y adj.* • olive-colored

IV **أزاح** *ʔazāħa v.tr.* |4h يزيح *yuzīħ^u* | إزاحة *ʔizāħa^t* | • pull back (a curtain, etc.) *from* عن ▪ أزاح الستار عن *ʔazāħa -ssitār^a Ɛan* unveil

زاد *zāda v.* |1h2 يزيد *yazīd^u* | زيادة *ziyāda^t* | • *v.tr.* increase • add *sth* ∘ *to* على • *v.intr.* be more *than* على *or* عن, exceed, surpass ▪ ما يزيد على *mā yazīd^u Ɛalā prep.* more than, over, in excess of • increase ▪ زاد وزنه *zāda wazn^uhu* gain weight ◊ زاد وزني خمسة كيلو. *I gained five kilos.*

زيادة *ziyāda^t n.*↑ • increase • addition ▪ زيادة *ziyādatan*, زيادة على ذلك *ziyādatan Ɛalā đālika adv.* additionally ▪ زيادة على *ziyādatan Ɛalā prep.* in addition to • excess

زائد *zāʔid act. part. adj.* |*m. pl.* **dip.** زوائد *zawāʔid* | *elat.* أزيد *ʔazyad* | • additional, extra, surplus • excessive, high, over- ▪ وزن زائد *wazn · zāʔid* being overweight ▪ سرعة زائدة *surƐa^t zāʔida^t* high speed • plus ◊ واحد زائد واحد يساوي اثنين. *One plus one equals two.*

زائدة *zāʔida^t n.*↑ |*pl.* **dip.** زوائد *zawāʔid* | • appendage, nodule ▪ زائدة دودية *zāʔida^t dūdīya^t* *(anatomy)* appendix

مزاد *mazād n.* • auction ▪ قاعة مزادات *qāƐat · mazādāt* auction hall

مزيد *mazīd pass. part. adj.* • [+ definite genitive noun] utmost, extreme ◊ مع مزيد الاحترام *with the utmost respect* ▪ المزيد *almuzīd n.* more ◊ هل تريد المزيد؟ *Do you want more?* ▪ مزيد من __ *mazīd min* __, المزيد من __ *almuzīd min* __ [+ definite genitive noun] more __ ◊ أحتاج إلى مزيد من الوقت. *I need more time.* ◊ هل تريد المزيد من الشاي؟ *Do you want more tea?* ▪ لا مزيد من __ *lā muzīd^a min* __ no more __ ◊ لا مزيد من الأعذار. *No more excuses.* • *(grammar)* derived ▪ فعل مزيد *fiƐl mazīd n.* derived verb

III **زايد** *zāyada v.tr.* |3s يزايد *yuzāyid^u* | مزايدة *muzāyada^t* | • outbid

VI **تزايد** *tazāyada v.intr.* |6s يتزايد *yatazāyad^u* | تزايد *tazāyud* | • increase, grow, rise ◊ تزايد عدد السكان. *The population has increased.* •تزايد في الكلام *tazāyada fī -lkalām^i* exaggerate, embellish

تزايد *tazāyud n.*↑ • increase, growth, rise ▪ في تزايد *fī tazāyud^in* be increasing, be on the rise ◊ عدد السكان في تزايد مستمر. *The population is continually on the rise.* • exaggeration, embellishment

VIII **ازداد** *izdāda v.intr.* |8h2 يزداد *yazdād^u* | ازدياد *izdiyād* | • increase, grow, rise ◊ ازداد عدد السكان. *The population has increased.* ◊ سيزداد الطلب على البترول. *The demand for oil will rise.*

ازدياد *izdiyād n.*↑ • increase, growth, rise ▪ في ازدياد *fī -zdiyād^in* be increasing, be on the rise ◊ الأعداد فى ازدياد. *The numbers are increasing.*

زاف *zāfa v.intr.* |1h2 يزيف *yazīf^u* | زيف *zayf* | • be fake, be false

زيف *zayf n.*↑ |*pl.* زيوف *zuyūf* | • fake, falsehood

زائف *zāʔif act. part.* |*elat.* أزيف *ʔazyaf* | • false, mock, pseudo- ▪ إله زائف *ʔilāh zāʔif* false god, idol

II **زيف** *zayyafa v.tr.* |2s يزيف *yuzayyif^u* | تزييف *tazyīf* | • counterfeit, falsify, forge

تزييف *tazyīf n.*↑ • falsification, forgery

مزيف *muzayyaf pass. part. adj.* • fake, counterfeit

زال *zāla v.intr.* |1h1 يزال *yazāl^u* | زيل *zayl* | • cease, stop ▪ لا يزال *lā yazāl^u*, ما زال *mā zāla*, لا زال *lā zāla*, ما يزال *mā yazāl^u*, لم يزل *lam yazal* [+ indicative] still *(do)* ◊ ما زلت أقرأ الكتاب. *I'm still reading the book.*; [+ predicate in the accusative] still be ◊ هل ما زلت غاضبا؟ *Are you still angry?* ◊ لا تزال في الجامعة. *She's still in college.* ▪ كان وما زال *kāna wa-mā zāla* was and still is

زين *zayn adj.* |*elat.* أزين *ʔazyan* | • lovely, pretty

زينة *zīna^t n.* • ornament, decoration

II **زين** *zayyana v.tr.* |*2s* يزين *yuzayyinᵘ* | تزيين *tazyīn*| • decorate, adorn, embellish

تزيين *tazyīn n.*↑ • decoration, adornment

مزين *muzayyin act. part.* • *adj.* |*elat.* أكثر تزيينا *ʔaktar tazyīnan*| decorative • *n.* hairdresser

زينب *zaynab **f. dip.** woman's name* • Zaynab

زي *zīy n.* |*pl.* أزياء *ʔazyāʔ*| • uniform, clothes, garment ▪ زي مدرسي *zīy madrasīy* school uniform

س

س *sīn n.* ***f.*** |سين| • *(twelfth letter of the Arabic alphabet)* • *(numerical value)* 60 ➡ ***The Abjad Numerals p. 61*** • *(mathematics)* x ◊ س للقوة ص *x to the power of y* ▪ محور س *miḥwar · sīn* X-axis

سـ *sa- particle prefix* [+ affirmative indicative] • will, is going to ➡ ***compare with*** **سوف** ***sawfa p. 152*** ◊ سيزورون بورسعيد قريبا. *They'll visit Port Said soon.* ◊ هل ستذهب إلى النوم؟ *Are you going to go to bed?* ⓘ *سـ sa- forms the affirmative future.* ➡ ***compare with*** **لن** ***lan p. 277*** ⓘ *In a series of verbs, سـ sa- need only precede the first verb.* ◊ سأجلس وأشاهد التلفاز. *I'll sit and watch TV.*

سائر *sāʔir n.* • rest, remainder • [+ definite genitive noun] remaining, all other ◊ في سائر الدول *in all other countries*

سؤرة *suʔrat n.* |*pl.* سؤر *suʔar*| • rest, remaining part, leftovers ◊ السؤرة من الماء *what little water remained*

سأل *saʔala v.tr.* |*1s1(a)* يسأل *yasʔal*ᵘ | سؤال *suʔāl*| • ask *sb* ∘ *sth* ∘ ▪ سأل سؤالا *saʔala suʔālan* ask a question ◊ سألني أسئلة كثيرة. *He asked me a lot of questions.* • ask *sb* ∘ *about* عن, inquire ◊ لماذا تسألنا عن رأينا؟ *Why are you asking us about our opinion?* • سأله أنْ *saʔala ʔan* ask *sb* ∘ *to (do)*, request ◊ سألته أن يساعدها. *She asked him to help her.*

سؤال *suʔāl n.*↑ |*pl.* أسئلة *ʔasʔilat*| • question ▪ ألقى سؤالا *ʔalqā suʔālan v.* pose a question

مسؤول *masʔūl, also spelled* مسئول *masʔūl pass. part.* • *adj.* |*elat.* أكثر مسئولية *ʔaktar masʔūlīyatan*| responsible *for* عن, in charge *of* • *n.* official ▪ مسؤول حكومي *masʔūl ḥukūmīy* public official ▪ كبير مسؤولين *kabīr · masʔūlīna* high-ranking official • supervisor

مسؤولية *masʔūlīyat, also spelled* مسئولية *masʔūlīyat n.* • responsibility *for* عن, liability ▪ شركة ذات مسؤولية محدودة *šarikat ḏāt masʔūlīyat maḥdūdat* limited liability company (LLC)

III **ساءل** *sāʔala* |*3s(b)* يسائل *yusāʔil*ᵘ | مساءلة *musāʔalat*| • *v.tr.* call to account, hold responsible

مسألة *masʔalat n.* |*pl.* ***dip.*** مسائل *masāʔil*| • issue, matter ▪ مسألة حياة أو موت *masʔalat · ḥayāt ʔaw mawt* a matter of life or death • *(mathematics)* problem, question

VI **تساءل** *tasāʔala v.intr.* |*6s(b)* يتساءل *yatasāʔal*ᵘ | تساؤل *tasāʔul*| • wonder, ask *oneself* ◊ كنت أتساءل هل تريدين شيئا. *I was wondering if you wanted anything.* ◊ أتساءل متى سأراه مرة أخرى. *I wonder when I'll see him again.*

تساؤل *tasāʔul n.*↑ • question, doubt

سئم *saʔima v.tr.* |*1s4(b)* يسأم *yasʔam*ᵘ | سأم *saʔm* or سآمة *saʔāmat*| • be fed up *with*, be tired *of*, be bored *with*

سارايفو *sārāyayvō n.* ***f. invar.*** • *(capital of Bosnia and Herzegovina)* Sarajevo

سارة *sārat* ***dip.*** *woman's name* • Sara, Sarah

سامراء *sāmarrāʔ n.* ***f. dip.*** • *(city in Iraq)* Samarra ➡ ***map on p. 202***

سامي *sāmīy* • *adj.* Semitic • *n.* Semite

سامية *sāmīyat n.* • Semitism ▪ معاداة السامية *muʕādāt · assāmīyati* anti-Semitism

سان فرانسيسكو *sān frānsīskō n.* ***f. invar.*** • *(city in the U.S.)* San Francisco

سانت بطرسبرغ *sānt biṭirsburg n.* ***f. invar.*** • *(city in Russia)* Saint Petersburg

ساو باولو *sāw bāwlō n.* ***f. invar.*** • *(city in Brazil)* Sao Paulo

سبانخ *sabānix n.* • spinach

سب *sabba v.tr.* |*1g3* يسب *yasubb*ᵘ | سب *sabb*| • insult, slander, curse, swear *at*

سب *sabb n.*↑ • insult, libel

سبب *sabab n.* |*pl.* أسباب *ʔasbāb*| • reason, cause ▪ بسبب *bi-sababi prep.* because of, as a result of ▪ لسبب ما *li-sababin mā adv.* for some reason ▪ بدون سبب *bi-dūna sababin adv.* for no reason

سبابة *sabbābat n.* • index finger, pointer finger

II **سبب** *sabbaba v.tr.* |*2s* يسبب *yusabbib*ᵘ | تسبيب *tasbīb*| • cause, bring about

V **تسبب** *tasabbaba v.intr.* |*5s* يتسبب *yatasabbab*ᵘ | تسبب *tasabbub*| • cause في, result *in*

سبت *sabt n.* • Saturday ◊ في أول سبت من كل شهر *on the first Saturday of every month* ▪ السبت *assabta*, يوم السبت *yawma · -ssabti adv.* (on) Saturday(s) ▪ كل سبت *kulla sabtin adv.* every Saturday • |*pl.* سبوت *subūt*| sabbath

سبتمبر *sibtambir n.* ***dip.*** • September ▪ أحداث ١١ سبتمبر *ʔaḫdāt · alḫādiy*^{a} *Ɛašr*^{a} *sibtambir*^{a} 9/11 (lit. the events of September 11th) ➡ ***The Months p. 165***

سبح *sabaḫa v.intr.* |*1s1* يسبح *yasbaḫ*^{u} | سباحة *sibāḫa*^{t}| • swim

سباحة *sibāḫa*^{t} *n.*↑ • swimming ▪ ثوب سباحة *tawb · sibāḫa*^{t} bathing suit, swimsuit ▪ حمام سباحة *ḫammām · sibāḫa*^{t}, حوض سباحة *ḫawḍ · sibāḫa*^{t} swimming pool

سبحان *subḫān n.* •سبحان الله *subḫāna -LLāh*^{i}, الله سبحانه وتعالى *aLLāh*^{u} *subḫānahu wa-taƐālā* *(exclamation of surprise or wonder)* Praise (be to) God!

سبحة *subḫa*^{t}, مسبحة *misbaḫa*^{t} *n.* |*pl.* سبح *subaḫ* or سبحات *sub(u)ḫāt*| • rosary, prayer beads

Prayer beads lying on the Quran

سباح *sabbāḫ n.* • swimmer

مسبح *masbaḫ n.* |*pl.* ***dip.*** مسابح *masābiḫ*| • swimming pool

سبخة *sabxa*^{t} *n.* |*pl.* سباخ *sibāx*| • bog, marsh

سبورة *sabbūra*^{t} *n.* • whiteboard, chalkboard

سبع *subƐ n.* |*pl.* أسباع *ʔasbāƐ*| • *(fraction)* seventh ◊ خمسة أسباع *five sevenths*

سبعة *sabƐa*^{t} ***f.*** *number* |*m.* سبع *sabƐ* | *as numeral, written* ٧| • [+ indefinite genitive plural noun] seven ⓘ *The number 7 requires reverse gender agreement:* ◊ *(feminine form with masculine noun)* سبعة بيوت *sabƐa*^{t} *buyūt*^{in} *seven houses* ◊ سبع سيارات *sabƐ sayyārāt*^{in} *seven cars*

سبعة عشر *sabƐa*^{ta} *Ɛašr*^{a} ***f.*** *number* |*m.* سبع عشرة *sabƐ*^{a} *Ɛašara*^{ta} | *as numeral, written* ١٧| • [+ indefinite accusative singular noun] seventeen ⓘ *The number 17 is a compound number. Neither word in the compound reflects the case required by the grammar of the sentence; both always take the definite accusative. The first word in the compound requires reverse gender agreement, while the second agrees in gender with the counted noun:* ◊ *(with masculine noun)* سبعة عشر بيتا *sabƐa*^{ta} *Ɛašr*^{a} *baytan seventeen houses* ◊ *(with feminine noun)* سبع عشرة سيارة *sabƐ*^{a} *Ɛašara*^{ta} *sayyāra*^{tan} *seventeen cars* • [definite plural noun +] the seventeen ◊ الرجال السبعة عشر *the seventeen men* ◊ النساء السبع عشرة *the seventeen women*

'7' on an Arabic computer keyboard

سبعون *sabƐūn*^{a} *number* |*acc. and gen.* سبعين *sabƐīn*^{a} | *as numeral, written* ٧٠| • [+ indefinite accusative singular masculine] seventy ◊ سبعون بيتا *sabƐūn*^{a} *baytan seventy houses* ◊ من سبعين بيتا *min sabƐīn*^{a} *baytan from seventy houses* ▪ السبعينات *assabƐīnāt pl. n.* the seventies, the (19)70s • *adj.* seventieth

سبعيني *sabƐīnīy adj.* • seventy-something-year-old, in *one's* seventies

سباع *subāƐa adv.* • seven at a time, in sevens

سباعي *subāƐīy adj.* • sevenfold, hepta-

سابع *sābiƐ adj.* • *(ordinal number)* seventh ▪ الساعة السابعة *assāƐa*^{t} *assābiƐa*^{t} seven o'clock (7:00)

السابع عشر *assābiƐ*^{a} *Ɛašr*^{a} |*f.* السابعة عشرة *assābiƐa*^{ta} *Ɛašara*^{ta}| • [always accusative] the seventeenth ◊ اليوم السابع عشر *the seventeenth day* ◊ المرة السابعة عشرة *the seventeenth time*

أسبوع *ʔusbūƐ n.* |*pl.* ***dip.*** أسابيع *ʔasābīƐ*| • week ▪ الأسبوع الماضي *alʔusbūƐ almāḍīy adv.* last week

أسبوعي *ʔusbūƐīy adj.* • weekly ▪ أسبوعيا

ʔusbūƐīyan adv. weekly

سبق *sabaqa v.tr.* |1s2/1s3 يسبق *yasbiq*ᵘ or *yasbuq*ᵘ | سبق *sabq* | • precede ◊ خلال الأسبوع الذي يسبق العيد *during the week that precedes the holiday* ▪ سبق أن *sabaqa ʔan*, سبق له أن *sabaqa lahu ʔan* [+ perfect] have *(done)* previously ◊ وكما سبق لي أن قلت لك... *As I already told you, ...* ◊ هل سبق أن قابلت أحد المشاهير؟ *Have you ever met anyone famous?* ▪ لم يسبق له أنْ *lam yasbiq lahu ʔan* [+ perfect] have never *(done)* previously ◊ لم يسبق لي أن شاهدت شيئا مثل هذا. *I've never seen anything like this before.* ▪ لم يسبق له *lam yasbiq lahu* [+ masdar] have never *(done)* previously ◊ لم يسبق لي اللقاء به. *I'd never met him before.*

سبق *sabq n.*↑ • precedence ▪ سبق صحفي *sabq ṣuḫufīy* scoop

سابق *sābiq act. part. adj.* |*m. pl.* سابقون *sābiqūn*ᵃ or سباق *subbāq* | *elat.* أسبق *ʔasbaq*| • previous, former, ex- ▪ سابقا *sābiqan*, في السابق *fī -ssābiq*ⁱ *adv.* previously, formerly, before, at one time

أسبق *ʔasbaq adj. elat.* • previous, former, ex- ◊ الرئيس الأسبق *the ex-president*

سابقة *sābiqa*ᵗ *act. part. n.* |*pl.* **dip.** سوابق *sawābiq*| • precedent ▪ سوابق *sawābiq pl. n.* history, record ▪ صحيفة سوابق *ṣaḫīfat · sawābiq* criminal record ▪ ذو سوابق *đū sawābiq*ᵃ with a criminal record; with a history *of* ▪ بلا سوابق *bi-lā sawābiq*ᵃ *adv.* having no priors, having no criminal record; having no history *of*

مسبوق *masbūq pass. part. adj.* • having precedent ▪ غير مسبوق *ɣayr · masbūq* unprecedented

سباق *sibāq n.* • race, competition ▪ سباق خيل *sibāq · xayl* horse race

أسبقية *ʔasbaqīya*ᵗ *n.* • priority ▪ أعطى الأسبقية لـ *ʔaƐṭā -lʔasbaqīya*ᵗᵃ *li- v.* give priority to

II **سبق** *sabbaqa v.tr.* |2s يسبق *yusabbiq*ᵘ | تسبيق *tasbīq*| • do ahead of time, do early

مسبق *musabbaq pass. part. adj.* • prior, advance-, pre-, early ▪ تصريح مسبق *taṣrīḫ musabbaq* prior authorization ▪ اقتراع مسبق *iqtirāƐ musabbaq* early voting ▪ شرط مسبق *šarṭ musabbaq* prerequisite ▪ مسبقا *musabbaqan adv.* in advance, beforehand

III **سابق** *sābaqa v.tr.* |3s يسابق *yusābiq*ᵘ | مسابقة *musābaqa*ᵗ| • race *against*, compete *with*

مسابقة *musābaqa*ᵗ *n.*↑ • race, competition, contest

VI **تسابق** *tasābaqa v.intr.* |6s يتسابق *yatasābaq*ᵘ | تسابق *tasābuq*| • race *against each other*, compete

متسابق *mutasābiq act. part. n.* • contestant, competitor

VIII **استبق** *istabaqa v.tr.* |8s يستبق *yastabiq*ᵘ | استباق *istibāq*| • be premature *in* ▪ استبق الجدول *istabaqa aljadwal*ᵃ be ahead of schedule ▪ استبق الأمور *istabaqa alʔumūr*, استبق الأحداث *istabaqa alʔaḫdāt* get ahead of *oneself* • try to beat, strive to outdo, beat to the punch

سباك *sabbāk n.* • plumber

سبيل *sabīl n.* • |*pl.* سبل *subul*| way, method, means ▪ لا سبيل إلى أنْ *lā sabīl*ᵃ *ʔilā ʔan* there is no way to *(do)* ▪ لا سبيل للخروج *lā sabīl*ᵃ *li-lxurūj*ⁱ there's no way out ▪ لا سبيل إلا... *lā sabīl*ᵃ *ʔillā ...* is the only way ◊ لا سبيل إلا السلام. *Peace is the only answer.* ▪ على سبيل *Ɛalā sabīl*ⁱ *prep.* for, by way of ▪ على سبيل المثال *Ɛalā sabīl*ⁱ *-lmitāl*ⁱ *adv.* for example, for instance ▪ على سبيل المبادلة *Ɛalā sabīl*ⁱ *-mubādalat*ⁱ *prep.* in exchange (for) ▪ على سبيل المجاملة *Ɛalā sabīl*ⁱ *-lmujāmala*ᵗⁱ *adv.* as a courtesy ▪ على سبيل المزاح *Ɛalā sabīl*ⁱ *-mizāḫ*ⁱ for fun, in jest • pathway, tract ▪ في سبيل الله *fī sabīl*ⁱ *-LLāh*ⁱ *adv.* in the cause of God ▪ استشهاد في سبيل الله *istišhād fī sabīl*ⁱ *-LLāh*ⁱ martyrdom • |*pl.* أسبلة *ʔasbila*ᵗ| sebil (public water fountain)

A man gets water from a sebil in Morocco.

ست *sitt n.* • lady

ستة *sitta*ᵗ ***f.*** *number* • |*m.* ست *sitt* | *as numeral, written* ٦| [+ indefinite genitive plural noun]

six ⓘ *The number 6 requires reverse gender agreement: ◊ (feminine form with masculine noun)* ستة بيوت *sitta^{t} buyūt^{in}* six houses ◊ *(masculine form with feminine noun)* ست سيارات *sitt sayyārāt^{in}* six cars

ستة عشر *sitta^{ta} Ɛašr^{a}* number |*m.* ست عشرة *sitt^{a} Ɛašara^{ta}* | *as numeral, written* ١٦ | • [+ indefinite accusative singular noun] sixteen ⓘ *The number 16 is a compound number. Neither word in the compound reflects the case required by the grammar of the sentence; both always take the definite accusative. The first word in the compound requires reverse gender agreement, while the second agrees in gender with the counted noun: ◊ (with masculine noun)* ستة عشر بيتا *sitta^{ta} Ɛašar^{a} baytan* sixteen houses ◊ *(with feminine noun)* ست عشرة سيارة *sitt^{a} Ɛašara^{ta} sayyāra^{tan}* sixteen cars • [definite plural noun +] the sixteen ◊ الرجال الستة عشر *the sixteen men* ◊ النساء الست عشرة *the sixteen women* ➡ **compare with p. 141**

'6' marks he beginning of a verse from the Quran

ستون *sittūn^{a}* number |*acc. and gen.* ستين *sittīn^{a}* | *as numeral, written* ٦٠ | • [+ indefinite accusative singular noun] sixty ◊ ستون بيتا *sittūn^{a} baytan* sixty houses ◊ من ستين بيتا *min sittīn^{a} baytan* from sixty houses ▪ الستينات *alsittīnāt* *pl. n.* the sixties, the (19)60s • *adj.* sixtieth

ستيني *sittīnī^{y}* *adj.* • sixty-something-year-old, in one's sixties

است *ist* *n.* |*pl.* أستاه *ʔastāh*| • buttocks, backside

ستر *satara* *v.tr.* |*1s3/1s2* يستر *yastur^{u}* or *yastir^{u}* | ستر *satr*| • veil, cover, hide • shield, protect ▪ ستره الله *satara<u>hu</u> aLLāhu* may God protect sb

ساتر *sātir* *act. part. n.* |*pl.* **dip.** سواتر *sawātir*| • screen • mound, embankment

سترة *sutra^{t}* *n.* |*pl.* ستر *sutar*| • jacket, anorak • vest ▪ سترة مضادة للرصاص *sutra^{t} muḍādda^{t} li-rraṣāṣ*

سترة *sitra^{t}* *n.* **dip.** • *(island and city in Bahrain)* Sitra ➡ **map on p. 25**

ستار *sitār* *n.* |*pl.* **dip.** ستر *sutur*| • curtain, veil ▪ الستار الحديدي *assitār alḥadīdī^{y}* the Iron Curtain • pretext, excuse ▪ تحت ستار *taḥta sitār^{i}* *prep.* under the guise of

ستارة *sitāra^{t}* *n.* |*pl.* **dip.** ستائر *satāʔir*| • curtain, drape

ستوكهولم *stōkholm* *n.* ***f.* dip.** • *(capital of Sweden)* Stockholm

سجد *sajada* *v.intr.* |*1s3* يسجد *yasj**u**d^{u}* | سجود *sujūd*| • prostrate, bow down ▪ سجد شكرا لله *sajada šukran li-LLāh^{i}* prostate in thanks to God

سجود *sujūd* *n.*↑ • prostration

سجادة *sajjāda^{t}*, سجاد *sajjād* *n.* |*pl.* **dip.** سجاجيد *sajājīd*| • carpet, rug ▪ سجادة صلاة *sajjādat · ṣalā^{t}* prayer rug • mat ▪ سجادة يوجا *sajjādat · yōgā* yoga mat ▪ سجادة باب *sajjādat · bāb* doormat

A boy prays on a prayer rug.

س

مسجد *masjid n.* |*pl.* ***dip.*** مساجد *masājid*| • mosque ▪ مسجد قبة الصخرة *masjid · qubbat^i · -ṣṣuxra^u* the Dome of the Rock (in Jerusalem) ▪ المسجد الاقصى *almasjid alʔaqṣā* Al-Aqsa Mosque (in Jerusalem) ▪ المسجد الحرام *almasjid alḥarām* the Grand Mosque (in Mecca) ▪ مسجد القبلتين *masjid · alqiblatayn^i* Mosque of the two Qiblas ▪ المسجد النبوي *almasjid annabawīʸ*, مسجد النبوي *masjid · annabawīʸⁱ* Al-Masjid an-Nabawi, the Prophet's Mosque (in Medina)

A small Ottoman-style mosque

سجق *sujuq coll. n.* • sausage(s)

سجل *sijill n.* • register, log, list ▪ سجلات *sijillāt pl. n.* records, archives

II **سجل** *sajjala v.tr.* |*2s* يسجل *yusajjil^u* | تسجيل *tasjīl*| • register, check in • record, document, write down, make a note *of*

تسجيل *tasjīl n.*↑ • registration • documentation

مسجل *musajjil act. part. n.* • recorder ▪ مسجل صوت *musajjil · ṣawt* voice recorder

V **تسجل** *tasajjala v.intr.* |*5s* يتسجل *yatasajjal^u* | تسجل *tasajjul*| • sign up *for* في, register *in*, check in *to*

VII **انسجم** *insajama v.intr.* |*7s* ينسجم *yansajim^u* | انسجام *insijām*| • get along *with* مع, be compatible, harmonize, be in agreement

انسجام *insijām n.*↑ • harmony, agreement ▪ انسجاما مع *insijāman maʕa prep.* in line with ◊ انسجاما مع مبادئ القانون الدولي *in line with the principles of international law*

منسجم *munsajim act. part. adj.* |*elat.* أكثر انسجاما *ʔakṯar insijāman*| • compatible, harmonious

سجن *sajana v.tr.* |*1s3* يسجن *yasjun^u* | سجن *sajn*| • imprison

سجن *sajn n.*↑ • imprisonment ▪ سجن مؤبد *sajn muʔabbad*, سجن مدى الحياة *sajn · madā -lḥayā^t* life imprisonment

مسجون *masjūn pass. part. n.* |*pl.* ***dip.*** مساجين *masājīn*| • prisoner, inmate, convict

سجن *sijn n.* |*pl.* سجون *sujūn*| • prison, jail ▪ في السجن *fī -ssijn^i adv.* in prison

سجان *sajjān n.* • prison guard, warden

سجين *sajīn n.* |*pl.* ***dip.*** سجناء *sujanāʔ*| • prisoner, inmate, convict ▪ مسجون سياسي *masjūn siyāsīʸ* political prisoner

سحب *saḥaba v.tr.* |*1s1* يسحب *yasḥab^u* | سحب *saḥb*| • pull ◊ *(on a door)* إسحب *pull* ◊ سحب كرسيا وجلس. *He pulled out a chair and sat down.* • withdraw *from* من, pull out, take out ◊ قد سحبت القوات العسكرية من المدن. *The military forces have withdrawn from the cities.* ◊ سحبت نقودا من البنك. *I withdrew money from the bank.* • draw (a sword, knife, dagger), take out

سحب *saḥb n.*↑ • withdrawal • سحب اليانصيب *saḥb · alyānaṣīb^i* lottery drawing

سحاب *saḥāb coll. n.* |*sing.* سحابة *saḥāba^t* | *pl.* سحب *suḥub*| • *coll. n.* clouds

سحاب *saḥḥāb n.* • zipper (UK: zip)

VII **انسحب** *insaḥaba v.intr.* |*7s* ينسحب *yansaḥib^u* | انسحاب *insiḥāb*| • withdraw *from* من, back out *of*, retreat *from*

انسحاب *insiḥāb n.*↑ • withdrawal, retreat

سحج *saḥaja v.tr.* |*1s1* يسحج *yasḥaj^u* | سحج *saḥj*| • scrape, graze • scrape off, rub off

سحج *saḥj n.*↑ • scrape, graze

سحر *saḥara v.tr.* |*1s1* يسحر *yasḥar^u* | سحر *siḥr*| • enchant, bewitch • charm

سحر *siḥr n.*↑ • magic, sorcery, witchcraft • enchantment

سحري *siḥrīʸ adj.* • magical

ساحر *sāḥir act. part.* • *adj.* enchanting, magical • charming, fascinating • *n.* |*pl.* سحرة *saḥara^t*| magician, sorcerer, wizard

ساحرة *ṣāḥira^t n.* • magician, sorceress, witch

سحر *saḥar n.* • *(time before daybreak)* early dawn • ***f. dip.*** *woman's name* Sahar

سحور *suḥūr* or *saḥūr n.* • suhoor (meal eaten before dawn during Ramadan) ➡ ***compare with*** **إفطار** ***ʔifṭār p. 235***

مسحر *musaḥḥir*, مسحراتي *musaḥḥirātīʸ* • musaharati (Ramadan drummer) ⓘ *Traditionally, during Ramadan a*

musaharati will go up and down the streets beating a drum to wake people so they can eat suhoor before fasting begins.

سحق *saḫaqa v.tr.* |1s1 يسحق *yasḫaqu* | سحق *saḫq* | • crush, pulverize, grind • overwhelm, suppress, stifle, crush

ساحق *sāḫiq act. part. adj.* |elat. أكثر سحقا *ʔaktar saḫqan* or أسحق *ʔasḫaq* | • overwhelming

مسحوق *masḫūq pass. part. n.* |pl. **dip.** مساحيق *masāḫīq* | • powder ▪ مسحوق بن *masḫūq · bunn* coffee grounds

سحاق *siḫāq n.* • lesbianism

سحاقي *siḫāqīy adj.* • lesbian

سحاقية *siḫāqīya n.* • lesbian

ساحل *sāḫil n.* |pl. **dip.** سواحل *sawāḫil* | • coast, shore ▪ ساحل العاج *sāḫil · alƐāj* ***f.*** Ivory Coast

ساحلي *sāḫilīy adj.* • coastal

سحلية *siḫlīya n.* |pl. **def.** سحال *saḫāl(in)* | • lizard • vile woman

مسحاة *misḫā n.* |pl. **def.** مساح *masāḫ(in)* | • shovel, spade

سخر *saxira v.intr.* |1s4 يسخر *yasxaru* | سخرية *suxrīya* | • mock من, ridicule, make fun *of*

ساخر *sāxir act. part. adj.* |elat. أكثر سخرية *ʔaktar suxrīyatan* | • satirical, sarcastic ▪ ساخرا *sāxiran adv.* sarcastically

سخري *suxrīy adj.* |elat. أكثر سخرية *ʔaktar suxrīyatan* | • sarcastic, ironic

سخرية *suxrīya n.* • sarcasm, irony • mockery, ridicule

II **سخر** *saxxara v.tr.* |2s يسخر *yusaxxiru* | تسخير *tasxīr* | • utilize *sth* ه *for* لـ, exploit

تسخير *tasxīr n.*↑ • exploitation, utilization

سخط *saxiṭa v.intr.* |1s4 يسخط *yasxaṭu* | سخط *saxaṭ* or *suxṭ* | • resent على

سخط *saxaṭ* or *suxṭ n.*↑ • resentment, indignation

سخافة *saxāfa n.* • stupidity, silliness ◊ سخافة السؤال *the stupidity of the question*

سخيف *saxīf adj.* |m. pl. **dip.** سخفاء *suxafāʔ* or سخاف *sixāf* | elat. أسخف *ʔasxaf* | • silly, stupid ◊ هذا سؤال سخيف *That's a stupid question.* ◊ لا تكن سخيفا! *Don't be silly!*

سخن *saxana v.intr.* |1s3 يسخن *yasxunu* | سخونة *suxūna* or سخانة *saxāna* | • become hot

ساخن *sāxin act. part. adj.* |m. pl. سخان *suxxān* | elat. أسخن *ʔasxan* | • hot

سخن *saxin adj.* |elat. أسخن *ʔasxan* | • hot

سخان *saxxān n.* • heater ▪ سخان ماء *saxxān · māʔ* water heater, boiler

II **سخن** *saxxana v.tr.* |2s يسخن *yusaxxinu* | تسخين *tasxīn* | • heat (up)

سخا *saxā v.intr.* |1d3 يسخو *yasxū* | سخاء *saxāʔ* | • be generous *with* بـ *toward* على

سخاء *saxāʔ n.*↑ • generosity

سخي *saxīy adj.* |m. pl. **dip.** أسخياء *ʔasxiyāʔ* | elat. **invar.** أسخى *ʔasxā* | • generous

سد *sadda v.* • v.tr. |1g3 يسد *yasuddu* | سد *sadd* | block, plug; pay, settle ▪ سد دينا *sadda daynan* settle a debt • v.intr. |1g2 يسد *yasiddu* | سدود *sudūd* | be appropriate, be right; do the right thing

سدود *sudūd n.*↑ • appropriateness, relevancy

سد *sadd* or *sudd n.* |pl. سدود *sudūd* | • dam ▪ السد العالي *assadd alƐālī* the Aswan Dam (lit. the High Dam)

سداد *sadād n.* • payment, settlement

سدادة *sidāda n.* • plug, cork ▪ سدادة أذن *sidādat · ʔuđn* earplug

سديد *sadīd adj.* |elat. أسد *ʔasadd* | • appropriate, right, proper, relevant

II **سدد** *saddada v.tr.* |2s يسدد *yusaddidu* | تسديد *tasdīd* | • pay, settle (a bill, debt, etc.), cover (a bill)

تسديد *tasdīd n.*↑ • payment, settlement

VII **انسد** *insadda v.intr.* |7g ينسد *yansaddu* | انسداد *insidād* | • be obstructed, be congested, be blocked

انسداد *insidād n.*↑ • *(medical)* obstruction, congestion

سدس *suds n.* |pl. أسداس *ʔasdās* | • *(fraction)* sixth ◊ خمسة أسداس *five sixths*

سداس *sudāsa adv.* • six at a time, in sixes

سداسي *sudāsīy adj.* • sixfold, hexa- ▪ محادثات سداسية *muḫādatāt sudāsīya pl. n.* the six-party talks

سادس *sādis adj.* • *(ordinal number)* sixth ▪ الساعة السادسة *assāƐa assādisa* six o'clock (6:00)

السادس عشر *assādisa Ɛašra adj.* |f. السادسة عشرة *assādisata Ɛašarata* | • [always accusative] the sixteenth ◊ اليوم السادس عشر *the sixteenth day* ◊ المرة السادسة عشرة *the sixteenth time*

II **سدس** *saddasa v.tr.* |2s يسدس *yusaddisu* | تسديس *tasdīs* | • multiply by six, make sixfold

مسدس *musaddas pass. part. n.* • gun, pistol, revolver ▪ مسدس لعبة *musaddas · luƐba* toy gun • hexagon

سديم *sadīm n.* |pl. سدم *sudum* | • mist • nebula

س

سذاجة *sađāja^t n.* • naivety, naiveté

ساذج *sāđij adj.* |*m. pl.* سذج *suđđaj* | *elat.* أسذج *ʔasđaj* or أكثر سذاجة *ʔakṯar sađāja^tan*| • naive, simple, inexperienced

سرب *sariba v.intr.* |*1s4* يسرب *yasrab^u* | سرب *sarab*| • leak

سرب *sirb n.* |*pl.* أسراب *ʔasrāb*| • group, herd, flock, swarm

سراب *sarāb n.* • mirage, illusion

V **تسرب** *tasarraba v.intr.* |*5s* يتسرب *yatasarrab^u* | تسرب *tasarrub*| • leak

تسرب *tasarrub n.*↑ • leak

سرت *sirt n. **f. dip.*** • *(city in Libya)* Sirte ➡ ***map on p. 278***

سرج *sarj n.* |*pl.* سروج *surūj*| • saddle

سراح *sarāḥ n.* • release ▪ أطلق سراحه *ʔaṭlaqa sarāḥ^a__hu__* release *sb/sth*, let go ◊ أطلق سراح الطائر. *He let the bird go.*

مسرح *masraḥ n.* |*pl.* ***dip.*** مسارح *masāriḥ*| • theater ▪ في المسرح *fī -lmasraḥ^i adv.* at the theater • stage ▪ على المسرح *Ɛalā -lmasraḥ^i*, على خشبة المسرح *Ɛalā xašabat^i · -lmasraḥ^i adv.* on stage • scene ▪ مسرح جريمة *masraḥ · jarīma^t* crime scene

مسرحي *masraḥī^y adj.* • theatrical, stage-, dramatic

مسرحية *masraḥīya^t n.* • play, theater performance

II **سرح** *sarraḥa v.tr.* |*2s* يسرح *yusarriḥ^u* | تسريح *tasrīḥ*| • *(hair)* style, comb • dispatch, lay off, dismiss ▪ سرح من الخدمة العسكرية *sarraḥa min^a -lxidma^ti lƐaskarīya^ti* discharge (from the military) • demobilize

تسريحة *tasrīḥa^t n.* • hairstyle, hairdo

سرد *sarada v.tr.* |*1s3* يسرد *yasrud^u* | سرد *sard*| • enumerate, list

سرد *sard n.*↑ • enumeration

سرداب *sirdāb n.* |*pl.* ***dip.*** سراديب *sarādīb* or سرادب *sarādib*| • basement, cellar, crypt

سردين *sardīn coll. n.* |*sing.* سردينة *sardīna^t*| • sardines

سر *sarra v.tr.* |*1g3* يسر *yasurr^u* | سرور *surūr*| • please, delight, make happy ▪ يسرني أنْ *yasurr^unī ʔan (impersonal verb)* I'm please to *(do)* ▪ سُر *surra pass. v.* be delighted *with* لـ *or* بـ, be happy ◊ سررت بالحديث معك. *It has been nice talking to you.*

سرور *surūr n.*↑ • pleasure, delight ▪ بكل سرور *bi-kull^i surūr^in* With pleasure!

سار *sārr act. part. adj.* • pleasing, nice ▪ نبأ سار *nabaʔ sār(in)* good news

مسرور *masrūr pass. part. adj.* |*elat.* أكثر سرورا *ʔakṯar surūran*| • happy *with* بـ, glad

سر *sirr n.* |*pl.* أسرار *ʔasrār*| • secret ▪ سرا *sirran adv.* secretly, in secret ▪ كلمة سر *kalimat · sirr* password

سري *sirrī^y adj.* |*elat.* أكثر سرية *ʔakṯar sirrīya^tan*| • secret, confidential

سرية *sirrīya^t n.* • secrecy

سرة *surra^t n.* • navel, belly button

سرير *sarīr n.* |*pl.* أسرة *ʔasirra^t* or سرر *surur*| • bed ▪ سرير نقال *sarīr naqqāl*, سرير متحرك *sarīr mutaḥarrik* gurney ▪ أوى إلى السرير *ʔawā ʔilā -ssarīr^i* go to bed

IV **أسر** *ʔasarra v.tr.* |*4g* يسر *yusirr^u* | إسرار *ʔisrār*| • please • confide *to* إلى *sth* بـ, entrust to, tell in confidence

مسر *musirr act. part. adj.* • pleasant

سرطان *saraṭān n.* • *(medical)* cancer ▪ سرطان البروستاتا *saraṭān · albrostātā* prostate cancer ▪ سرطان الثدي *saraṭān · attady^i* breast cancer ▪ سرطان الجلد *saraṭān · aljild^i* skin cancer ▪ سرطان الرئة *saraṭān · arriʔa^ti* lung cancer •برج السرطان *burj · assaraṭān^i (astrology)* Cancer ▪ أنا من برج السرطان. *ʔana min burj^i -ssaraṭān^i* I'm a Cancer. • crab

سرعان ما *surƐāna mā adv.* • soon, it wasn't long before, in no time, quickly

سرعة *surƐa^t n.* • speed ▪ بسرعة *bi-surƐa^tin adv.* quickly, fast

سريع *sarīƐ adj.* |*m. pl.* سراع *sirāƐ* or سرعان *surƐān* | *elat.* أسرع *ʔasraƐ*| • quick, fast ▪ سريعا *sarīƐan*, في أسرع وقت *fī ʔasraƐ^i waqt^in adv.* quickly; soon, immediately ▪ سريع الاشتعال *sarīƐ · alištiƐāl^i* flammable, inflammable ▪ سريع الانتشار *sarīƐ · alintišār^i* quick-spreading ▪ سريع التأثير *sarīƐ · attaʔṯīr^i* fast-acting ▪ سريع التغير *sarīƐ · attaɣayyur^i* volatile ▪ سريع الحركة *sarīƐ · alḥaraka^ti* swift, nimble ▪ سريع الزوال *sarīƐ · azzawāl^i* fleeting, ephemeral ▪ سريع العطب *sarīƐ · alƐaṭab^i* fragile ▪ سريع الغضب *sarīƐ · alɣaḍab^i* short-tempered, hot-headed ▪ في أسرع وقت ممكن *fī ʔasraƐ^i waqt^in mumkin^in*, في أسرع ما يمكن *fī ʔasraƐ^i mā yumkin^u adv.* as fast as possible, as soon as possible ▪ أسرع من البرق *ʔasraƐ min^a -lbarq^i idiom* faster than lightning (i.e. very fast) ▪ أسرع من الريح *ʔasraƐ min^a -rrīḥ^i idiom* faster than the wind

(i.e. very fast)

II **سرّع** *sarraƐa v.tr.* |2s يسرّع *yusarriƐ*[u] | تسريع *tasrīƐ*| • accelerate, speed up • hurry

III **سارع** *sāraƐa v.intr.* |3s يسارع *yusāriƐ*[u] | مسارعة *musāraƐa*[t]| • hurry, rush, be quick

IV **أسرع** *ʔasraƐa v.* |4s يسرع *yusriƐ*[u] | إسراع *ʔisrāƐ*| • *v.intr.* hurry, rush, be quick • *v.tr.* accelerate, speed up

إسراع *ʔisrāƐ n.*↑ • acceleration

مسرع *musriƐ act. part. adj.* |*elat.* أسرع *ʔasraƐ* or أكثر إسراعا *ʔaktar ʔisrāƐan*| • fast, quick

V **تسرّع** *tasarraƐa v.intr.* |5s يتسرّع *yatasarraƐ*[u] | تسرّع *tasarruƐ*| • be hasty *in* في *or* بـ ▪ تسرّع في الحكم *tasarraƐa fī -lḥukm*[i] rush to judgment • speed up, become fast

VI **تسارع** *tasāraƐa v.intr.* |6s يتسارع *yatasāraƐ*[u] | تسارع *tasāruƐ*| • hurry, rush

IV **أسرف** *ʔasrafa v.tr.* |4s يسرف *yusrif*[u] | إسراف *ʔisrāf*| • waste, squander ▪ أسرف في الماء *ʔasrafa fī -lmāʔ*[i] waste water ▪ أسرف في المال *ʔasrafa fī -lmāl*[i] waste money • [+ masdar or noun] *(do)* in excess في ▪ أسرف في شرب الخمر *ʔasrafa fī šurb*[i] *· lxamr* drink too much (alcohol) ▪ أسرف في الطعام *ʔasrafa fī -ṭṭaƐām*[i] overeat

مسرف *musrif act. part. adj.* |*elat.* أكثر إسرافا *ʔaktar ʔisrāfan*| • wasteful, excessive

سرق *saraqa v.tr.* |1s2 يسرق ***yasriq***[u] | سرقة *sariqa*[t]| • steal, rob ▪ .يسرق الكحل من العين *yasriq*[u] *-lkuḥl*[a] *min*[a] *-lƐayn*[i] *proverb* (He's so deft that) he can steal the kohl off a woman's eyes.

سرقة *sariqa*[t] *n.*↑ • theft, robbery

سارق *sāriq act. part. n.* |*pl.* سارقون *sāriqūn*[a] or سرّاق *surrāq*| • thief, robber

مسروق *masrūq pass. part. adj.* • stolen ▪ مسروقات *masrūqāt pl. n.* stolen goods

سرك *sirk, also spelled* سيرك *sirk n.* • circus

سرو *sarw coll. n.* |*sing.* سروة *sarwa*[t]| • cypress trees

سروال *sirwāl n.* |*pl.* ***dip.*** سراويل *sarāwīl*| • (pair of) pants ▪ سروال سباحة *sirwāl · sibāḥa*[t] swim trunks ▪ سروال قصير *sirwāl qaṣīr* shorts

سرى *sarā v.intr.* |1d2 يسري ***yasrī*** | سريان *sarayān*| • hold true *for* على, be applicable *to* ◊ تسري القواعد على الجميع. *The rules apply to everyone.*

سريّة *sarīya*[t] *n.* |*pl.* ***invar.*** سرايا *sarāyā*| • squadron

سريلانكا *sirīlānkā n.* ***f. invar.*** • Sri Lanka

سريلانكي *sirīlānkī*[y] *adj. & n.* • Sri Lankan

سطح *saṭḥ n.* • |*pl.* سطوح *suṭūḥ*| surface, plane • |*pl.* سطوح *suṭūḥ* or أسطحة *ʔasṭiḥa*[t]| roof

سطحي *saṭḥī*[y] *adj.* |*elat.* أكثر سطحية *ʔaktar saṭ-ḥīya*[tan]| • superficial, shallow ▪ سطح مكتب *saṭḥ · maktab (on computer)* desktop

سطيح *saṭīḥ adj.* |*pl.* ***dip.*** سطحاء *suṭaḥāʔ*| • flat

II **سطّح** *saṭṭaḥa v.tr.* |2s يسطّح *yusaṭṭiḥ*[u] | تسطيح *tasṭīḥ*| • flatten, make level

مسطّح *musaṭṭaḥ pass. part. adj.* |*elat.* أكثر تسطحا *ʔaktar tasaṭṭuḥan*| • flat ▪ مسطح الشكل *musaṭṭaḥ · aššakl*[i] flat-shaped

سطر *saṭr n.* |*pl.* سطور *suṭūr*| • line, row

أسطورة *ʔusṭūra*[t] *n.* |*pl.* ***dip.*** أساطير *ʔasāṭīr*| • legend, myth, fable ▪ علم الأساطير *Ɛilm · alʔasāṭīr*[i] mythology

أسطوري *ʔusṭūrī*[y] *adj.* • legendary, mythical

مسطرة *misṭara*[t] *n.* |*pl.* ***dip.*** مساطر *masāṭir*| • *(for measuring)* ruler

II **سطّر** *saṭṭara v.tr.* |2s يسطّر *yusaṭṭir*[u] | تسطير *tasṭīr*| • line, rule, draw lines *on*

سطع *saṭƐ n.* • brightness, brilliance

ساطع *sāṭiƐ adj.* |*m. pl.* ***dip.*** سواطع *sawāṭiƐ* | *elat.* أسطع *ʔasṭaƐ*| • bright, brilliant

أسطول *ʔusṭūl n.* |*pl.* ***def.*** أساطيل *ʔasāṭīl*| • fleet • navy

مسطول *masṭūl adj.* • intoxicated, high

سطا *saṭā v.intr.* |1d3 يسطو ***yasṭū*** | سطو *saṭw*| • burglarize على, break into • attack على, assault

سطو *saṭw n.*↑ • burglary, robbery ▪ سطو مسلح *saṭw musallaḥ* armed robbery

سطيف *saṭīf n.* ***f. dip.*** • *(city in Algeria)* Setif

➡ ***map on p. 57***

سعد *saƐida v.intr.* |1s4 يسعد *yasƐad*[u] | سعادة *saƐāda*[t]| • be happy *about* بـ ◊ سعدت جدا بالحديث معك. *It was nice talking to you.*

سعادة *saƐāda*[t] *n.*↑ • happiness

سعد *saƐd n.* |*pl.* سعود *suƐūd*| • happiness ▪ آل سعود *ʔāl · suƐūd* the House of Saud, the Saudi royal family

سعودي *suƐūdī*[y] *adj. & n.* • Saudi (Arabian) ▪ (المملكة العربية) السعودية *(almamlaka*[t] *alƐarabīya*[t]*) assuƐūdīya*[t] (the Kingdom of) Saudi Arabia

➡ ***map on p. 144***

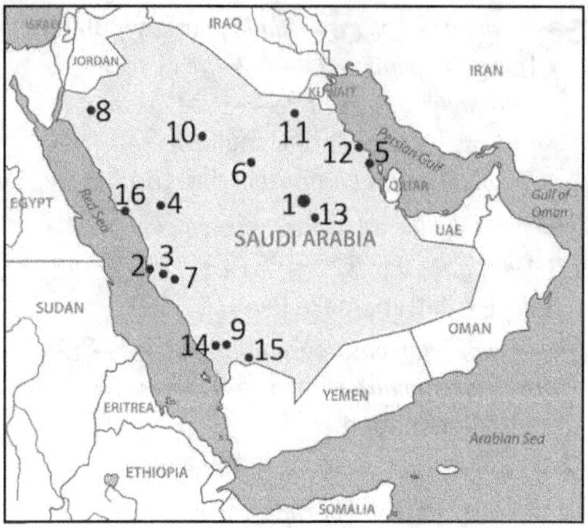

map of Saudi Arabia

1. الرياض *arriyāḍ* Riyadh
2. جدة *jaddat* Jeddah
3. مكة *makkat* Mecca
4. المدينة المنورة *almadīnat almunawwarat* Medina
5. الدمام *addammām* Dammam
6. بريدة *buraydat* Buraidah
7. الطائف *aṭṭāʔif* Ta'if
8. تبوك *tabūk* Tabuk
9. خميس مشيط *xamīs · mušayṭ* Khamis Mushait
10. حائل *ħāʔil* Ha'il
11. حفر الباطن *ħafar · albāṭini* Hafar Al-Batin
12. الجبيل *aljubayl* Jubail
13. الخرج *alxarj* Al-Kharj
14. أبها *ʔabhā* Abha
15. نجران *najrān* Najran
16. ينبع البحر *yanbuƐ · albaħri* Yanbu

سعاد *suƐād* ***f. dip.*** *woman's name* • Suad

سعيد *saƐīd adj.* |*m. pl.* سعداء *suƐadāʔ* | *elat.* أسعد *ʔasƐad* or أكثر سعادة *ʔaktar saƐādatan*| • happy *with* بـ ▪ سعيد بلقائك *saƐīd bi-liqāʔika* Glad to meet you! • *man's name* Said, Saeed ▪ سعيدة *saƐīdat* ***dip.*** *woman's name* Saida, Saeeda

ساعد *sāƐid n.* |*pl.* ***dip.*** سواعد *sawāƐid*| • forearm

III **ساعد** *sāƐada v.tr.* |*3s* يساعد *yusāƐidu* | مساعدة *musāƐadat*| • help *sb* ه *with* في *or* بـ *or* على, assist

مساعدة *musāƐadat n.*↑ • help, assistance, aid

مساعد *musāƐid act. part. n.* • helper, assistant

IV **أسعد** *ʔasƐada v.tr.* |*4s* يسعد *yusƐidu* | إسعاد *ʔisƐād*| • make happy, please ▪ يسعدني أنّ *yusƐidunī ʔan* *(impersonal verb)* it pleases me that... ◊ يسعدني أن أكتب لك هذه الرسالة *I'm pleased to be writing you this letter.*

سعر *siƐr n.* |*pl.* أسعار *ʔasƐār*| • price • rate ▪ سعر صرف *siƐr · ṣarf* exchange rate

سعرة *suƐrat n.* • calorie

مسعور *masƐūr adj.* • crazy, crazed, frenzied, rabid ▪ كلب مسعور *kalb masƐūr* mad dog, rabid dog

II **سعر** *saƐƐara v.tr.* |*2s* يسعر *yusaƐƐiru* | تسعير *tasƐīr*| • price

IV **أسعف** *ʔasƐafa v.tr.* |*4s* يسعف *yusƐifu* | إسعاف *ʔisƐāf*| • relieve, help, aid

إسعاف *ʔisƐāf n.*↑ • relief, help, aid ▪ سيارة إسعاف *sayyārat · ʔisƐāf* ambulance ▪ إسعافات أولية *ʔisƐāfāt ʔawwalīyat pl. n.* first aid ▪ صندوق إسعافات أولية *ṣundūq · ʔisƐāfāt ʔawwalīyat* first aid kit

سعل *saƐala v.intr.* |*1s3* يسعل *yasƐulu* | سعال *suƐāl*| • cough

سعال *suƐāl n.*↑ • cough

سعى *saƐā v.intr.* |*1d1* يسعى *yasƐā* | سعي *saƐy*| • head *for* إلى, move *toward* • lead *to* إلى • endeavor *to (do)* إلى, strive *for/to (do)*

سعي *saƐy n.*↑ • endeavor, pursuit

ساع *sāƐ(in) n.* ***def.*** |*pl.* سعاة *suƐāt* or ساعون *sāƐūna*| • courier, messenger ▪ ساعي بريد *sāƐī · barīd* mailman

مسعى *masƐan n.* ***indecl.*** |*dual* مسعيان *masƐayāni* | *pl.* ***def.*** مساع *masāƐ(in)*| • effort, endeavor ▪ في مسعى لـ *fī masƐan li- adv.* in an effort to *(do)*

سفح *safħ n.* |*pl.* سفوح *sufūħ*| • foot (of a mountain)

سفحي *safħīy adj.* • foot- ▪ تل سفحي *tall safħīy n.* foothill

سفاح *saffāħ* • *adj.* bloodthirsty, cutthroat • *n.* serial killer, slasher, butcher

سفر *safar n.* |*pl.* أسفار *ʔasfār*| • travel, journey, trip ⓘ *The English word 'safari' has been indirectly borrowed from this Arabic word via Swahili.*

سفرة *safrat n.* |*pl.* سفرات *saf(a)rāt*| • travel, journey, trip

سفرة *sufrat n.* |*pl.* سفر *sufar*| • table spread, dining table and the food on it, board (as in 'room and board') ▪ طاولة سفرة *ṭāwilat · sufrat* dining table ▪ غرفة سفرة *ɣurfat · sufrat* dining room

سفارة *sifārat n.* • embassy

سفير *safīr n.* |*pl.* ***dip.*** سفراء *sufarāʔ*| • ambassador ▪ السفير *assafīr n. **f.*** As-Safir (Lebanese newspaper)

III **سافر** *sāfara v.intr.* |3s يسافر *yusāfir^u* | مسافرة *musāfara^t*| • travel ◊ سافرت حول العالم *I've traveled around the world.* • depart *from* عن, leave ◊ أنا مسافرة. *I'm leaving.*

مسافر *musāfir act. part.* • *adj.* traveling, on the road • *n.* traveler; passenger

IV **أسفر** *ʔasfara v.intr.* |4s يسفر *yusfir^u* | إسفار *ʔisfār*| • disclose عن • result *in* عن, cause

سفرجل *safrajal coll. n.* |*sing.* سفرجلة *safrajala^t* | *pl.* **dip.** سفارج *safārij*| • quinces

سفع *safaƐa v.tr.* |1s1 يسفع *yasfaƐ^u* | سفع *safƐ*| • scorch, burn

أسفع *ʔasfaƐ adj.* **dip.** |*m & f pl.* سفع *sufƐ* | *f. sing.* **dip.** سفعاء *safƐāʔ* | *f. dual* سفعاوان *safƐāwān^i* | *f. pl.* سفعاوات *safƐāwāt*| • dark brown, chocolate brown

سفك *safaka v.tr.* |1s2/1s3 يسفك *yasfik^u* or *yasfuk^u* | سفك *safk*| •سفك دماء *safaka dimāʔ* shed blood

سفك *safk n.*↑ •سفك دماء *safk · dimāʔ* bloodshed

سفل *sufl n.* • bottom, lowest part ▪ إلى السفل *ʔilā -ssufl^i* down, downward

سفلي *suflīʸ adj.* • lower- ▪ جزء سفلي *juzʔ suflīʸ* lower part

سفالة *safāla^t n.* • lowness, lowliness • despicableness

سافل *sāfil adj.* |*m. pl.* سفلة *safala^t* | *elat.* أسفل *ʔasfal*| • low • lowly, mean, despicable

أسفل *ʔasfal adj. elat.* |*m. pl.* **dip.** أسافل *ʔasāfil* | *f.* **invar.** سفلى *suflā* | *f. dual* سفليان *suflayān^i* | *f. pl.* سفليات *suflayāt*| • *adj.* lower, lowest • *n.* bottom, lowest part

سفينة *safīna^t n.* |*pl.* سفن *sufun*| • ship

سقط *saqaṭa v.intr.* |1s3 يسقط *yasquṭ^u* | سقوط *suqūṭ*| • fall • fail في, flunk

سقوط *suqūṭ n.*↑ • fall • collapse, fall ◊ سقوط الإمبراطورية الرومانية *the fall of the Roman Empire* • *(aircraft)* crash

مسقط *masqaṭ* or *masqiṭ n.* |*pl.* **dip.** مساقط *masāqiṭ*| • place ▪ مسقط أفقي *masqaṭ ʔufqīʸ* floor plan ▪ مسقط رأس *masqaṭ · raʔs* birthplace

مسقط *masqaṭ n. **f. dip.*** • *(capital of Oman)* Muscat ➡ ***map on p. 214***

IV **أسقط** *ʔasqaṭa v.tr.* |4s يسقط *yusqiṭ^u* | إسقاط *ʔisqāṭ*| • drop • revoke, abrogate ▪ أسقط جنسيته *ʔasqaṭa jinsīyat^ahu* abrogate *sb's* citizenship • topple ▪ أسقط نظاما *ʔasqaṭa niẓāman* topple a regime • rule out, exclude ▪ أسقط خيارا *ʔasqaṭa xiyāran* rule out an option

VI **تساقط** *tasāqaṭa v.intr.* |6s يتساقط *yatasāqaṭ^u* | تساقط *tasāquṭ*| • collapse, fall down

سقف *saqf n.* |*pl.* سقوف *suqūf* or أسقف *ʔasquf*| • roof • ceiling

سقى *saqā v.tr.* |1d2 يسقي *yasqī* | سقي *saqy*| • water, irrigate

سقي *saqy n.*↑ • irrigation

ساقية *sāqiya^t n.* |*pl.* **def.** سواق *sawāq(in)*| • water wheel

سكب *sakaba v.tr.* |1s3 يسكب *yaskub^u* | سكب *sakb*| • spill ▪ بكى على اللبن المسكوب *bakā Ɛalā -llaban^i -lmaskūb^i* cry over spilled milk • pour ◊ سكب الماء على رأسه. *He poured water over his head.*

سكت *sakata v.intr.* |1s3 يسكت *yaskut^u* | سكوت *sukūt*| • become quiet, become silent, shut up

سكوت *sukūt n.*↑ • silence, calm ▪ رب سكوت أغلب من كلام. *rubba sukūt^in ʔaɣlab^u min kalām^in* proverb Some silence is more eloquent than words.

ساكت *sākit act. part. adj.* |*elat.* أسكت *ʔaskat*| • silent, quiet

سكتة *sakta^t*, سكتة دماغية *sakta^t dimāɣīya^t n.* |*pl.* سكتات *sak(a)tāt*| • *(medical)* stroke ▪ سكتة قلبية *sakta^t qalbīya^t* heart stroke

IV **أسكت** *ʔaskata v.tr.* |4s يسكت *yuskit^u* | إسكات *ʔiskāt*| • silence, hush

سكر *sakira v.intr.* |1s4 يسكر *yaskar^u* | سكر *sukr*| • get drunk, become intoxicated

سكر *sukkar n.* • sugar ▪ سكاكر *sakākir pl. n.* sweets, confections ▪ قصب سكر *qaṣab · sukkar* sugarcane ▪ مرض السكر *maraḍ · assukkar^i* diabetes ⓘ *The English word 'sugar' has been borrowed from this Arabic word.*

سكري *sukkarīʸ* • *adj.* sugary • *n.* diabetes

سكران *sakrān adj.* |*m. pl.* **invar.** سكارى *sakārā* | *f.* سكرى *sakrā* or سكرانة *sakrāna^t* | *elat.* أكثر سكرا *ʔakṯar sukran* or أسكر *ʔaskar*| • drunk, intoxicated ▪ غير سكران *ɣayr · sakrān* sober

IV **أسكر** *ʔaskara v.tr.* |4s يسكر *yuskir^u* | إسكار *ʔiskār*| • make drunk, intoxicate

سكرتير *sekretayr n.* • secretary ▪ سكرتير عام *sekreter Ɛām* secretary-general

سكرتيرة *sekretayra^t n.* • *(female)* secretary

سك *sakka v.tr.* |1g3 يسك *yasukk^u* | سك *sakk*| • mint, coin

سكة *sikka^t n.* |*pl.* سكك *sikak*| • way, road, lane ▪ سكة حديد *sikkat · ḥadīd* railroad (UK: railway)

سكن *sakana v.intr.* • |1s3 يسكن *yaskun^u* | سكن

س

sakan| live • |*1s3* يسكن *yaskun*^{u} | سكون *sukūn*| become calm

سكن *sakan n.*↑ • housing, dwelling, residence ▪ سكن طلاب *sakan · ṭullāb* dormitory

سكني *sakanī*^{y} *adj.* • residential

سكون *sukūn n.*↑ • quiet, calm, silence • *(grammar)* sukun

ساكن *sākin act. part.* • *n.* |*pl.* سكان *sukkān*| resident, inhabitant ▪ سكان *sukkān pl. n.* population ▪ كثير السكان *katīr · assukkān*^{i} *adj.* populous ◊ الصين الدولة الأكثر سكانا في العالم. *China is the most populous country in the world.* • *adj.* |*pl.* **dip.** سواكن *sawākin*| motionless, still • *(grammar)* consonantal, vowelless ▪ حرف ساكن *ḥarf sākin n.* ***f.*** consonant

سكاني *sukkānī*^{y} *adj.* • population-, demographic

مسكون *maskūn pass. part. adj.* • haunted

سكين *sikkīn n.* ***m.*** *or* ***f.*** |*pl.* **dip.** سكاكين *sakākīn*| • knife

مسكن *maskan n.* |*pl.* **dip.** مساكن *masākin*| • residence, domicile

مسكين *miskīn adj.* |*m. pl.* **dip.** مساكين *masākīn*| • poor, miserable

II **سكن** *sakkana v.tr.* |*2s* يسكن *yusakkin*^{u} | تسكين *taskīn*| • calm, tranquilize

مسكن *musakkin act. part. n.* • tranquilizer, sedative, painkiller

IV **أسكن** *ʔaskana v.tr.* |*4s* يسكن *yuskin*^{u} | إسكان *ʔiskān*| • house, allocate housing *to*

إسكان *ʔiskān n.*↑ • housing, lodging

سكي *skī n.*↑ • skiing

سلب *salaba v.tr.* |*1s3* يسلب *yaslub*^{u} | سلب *salb*| • deprive • plunder, loot

سلب *salb n.*↑ • deprivation • negation ▪ أجاب بالسلب *ʔajāba bi-ssalb*^{i} answer in the negative, give a negative answer ▪ أثر بالسلب على *ʔatara bi-ssalb*^{i} *Ɛalā* negatively affect

سلبي *salbī*^{y} *adj.* • |*elat.* أكثر سلبية *ʔaktar salbīya*^{tan}| negative

سلبية *salbīya*^{t} *n.* • negativity

أسلوب *ʔuslūb n.* |*pl.* **dip.** أساليب *ʔasālīb*| • style, technique, method

سلاح *silāḥ n.* |*pl.* أسلحة *ʔasliḥa*^{t}| • weapon ▪ أسلحة *ʔasliḥa*^{t} *pl. n.* arms ▪ سلاح بيولوجي *silāḥ bīyūlūjī*^{y} biological weapon ▪ سلاح نووي *silāḥ nawawī*^{y} nuclear weapon

II **سلح** *sallaḥa v.tr.* |*2s* يسلح *yusalliḥ*^{u} | تسليح *taslīḥ*| • arm

تسليح *taslīḥ n.*↑ • armament

مسلح *musallaḥ pass. part. n.* • gunman ▪ مسلح ملثم *musallaḥ mulattam* masked gunman

V **تسلح** *tasallaḥa v.intr.* |*5s* يتسلح *yatasallaḥ*^{u} | تسلح *tasalluḥ*| • arm *oneself*

سلحفاة *sulḥafā*^{t} *n.* |*pl.* **dip.** سلاحف *salāḥif*| • turtle, tortoise ▪ سلحفاة بحرية *sulḥafā*^{t} *baḥrīya*^{t} sea turtle

سلخ *salaxa v.tr.* |*1s3* يسلخ *yaslux*^{u} | سلخ *salx*| • skin, flay

مسلخ *maslax n.* |*pl.* **dip.** مسالخ *masālix*| • slaughterhouse

سلس *salis adj.* |*elat.* أسلس *ʔaslas*| • smooth, fluent, flowing • docile, obedient

سلاسة *salāsa*^{t} *n.* • smoothness, fluency ▪ بسلاسة *bi-salāsa*^{tin} *adv.* smoothly • docility, obedience

QI **سلسل** *salsala v.tr.* |*11s* يسلسل *yusalsil*^{u} | سلسلة *salsala*^{t}| • sequence, arrange in order

مسلسل *musalsal pass. part.* • *adj.* sequenced, arranged in order •مسلسل *musalsal*, مسلسلة *musalsala*^{t} *n. (TV program)* series, drama, soap opera

سلسلة *silsila*^{t} *n.* |*pl.* **dip.** سلاسل *salāsil*| • chain ▪ سلسلة أحداث *silsilat · ʔaḥdāt* chain of events • series

QII **تسلسل** *tasalsala v.intr.* |*12s* يتسلسل *yatasalsal*^{u} | تسلسل *tasalsul*| • follow in order, be sequenced

تسلسل *tasalsul n.*↑ • sequence, order

سلطة *salaṭa*^{t} *n.* • salad

سلطة *sulṭa*^{t} *n.* |*pl.* سلطات *sul(u)ṭāt*| • authority, jurisdiction, power ▪ السلطات *assuluṭāt pl. n.* the authorities

سلطان *sulṭān n.* |*pl.* **dip.** سلاطين *salāṭīn*| • sultan • power, might

سلطنة *salṭana*^{t} *n.* • sultanate

سلعة *silƐa*^{t} *n.* |*pl.* سلع *silaƐ*| • commodity, article ▪ سلع *silaƐ pl. n.* goods, merchandise

سلف *salaf n.* |*pl.* أسلاف *ʔaslāf*| • ancestor • predecessor ▪ سلفا *salafan adv.* in advance, beforehand • advance payment

سلفة *sulfa*^{t} *n.* |*pl.* سلف *sulaf*| • advance, loan

سالف *sālif adj.* |*m. pl.* **dip.** سوالف *sawālif* | *elat.* أسلف *ʔaslaf*| • former, bygone, of old, past ▪ سالف الذكر *sālif · aððikr*^{i} aforementioned

II **سلف** *sallafa v.tr.* |*2s* يسلف *yusallif*^{u} | تسليف *taslīf*| • advance *sth* ه *to* ه, lend

VIII **استلف** *istalafa v.tr.* |*8s* يستلف *yastalif*^{u} | استلاف *istilāf*| • borrow *sth* ه *from* من

سلق *salaqa v.tr.* |*1s3* يسلق *yasluqu* | سلق *salq* | • boil

سلق *salq n.* • chard

V **تسلق** *tasallaqa v.tr.* |*5s* يتسلق *yatasallaqu* | تسلق *tasalluq* | • climb

متسلق *mutasalliq act. part. n.* • climber ▪ متسلق جبال *mutasalliq · jabāl* mountaineer

سلك *salaka v.intr.* |*1s3* يسلك *yasluku* | سلوك *sulūk* | • behave, act

سلوك *sulūk n.*↑ • behavior, manners, conduct

سلوكي *sulūkīy adj.* • behavioral

سلك *silk n.* |*pl.* أسلاك *ʔaslāk* | • wire, cable, cord ▪ أسلاك شائكة *ʔaslāk šāʔikat* barbed wire

II **سلك** *sallaka v.tr.* |*2s* يسلك *yusalliku* | تسليك *taslīk* | • unclog (a drain, pipe, etc.), clear

سلة *sallat n.* |*pl.* سلال *silāl* | • basket

سلالة *sulālat n.* • pedigree, breed • race • offspring, descendants

سليل *salīl n.* • descendant

مسلة *misallat n.* • obelisk

V **تسلل** *tasallala v.intr.* |*5s* يتسلل *yatasallalu* | تسلل *tasallul* | • sneak away *from* من • sneak *into* إلى, infiltrate

تسلل *tasallul n.*↑ • infiltration

سلم *salima v.intr.* |*1s4* يسلم *yaslamu* | سلامة *salāmat* | • be safe and sound, be unharmed

سلامة *salāmat n.*↑ • safety ▪ مع السلامة *maƐa -ssalāmati* Goodbye! • health ▪ سلامتك *salāmataka* Get well soon!

سلم *silm n.* • peace

سلمي *silmīy adj.* |*elat.* أسلم *ʔaslam* | • peaceful

سالم *sālim act. part. adj.* |*elat.* أسلم *ʔaslam* | • safe, sound ▪ سالما *sāliman adv.* safely • *man's name* Salem

السالمية *assālimīyat n.* • *(city in Kuwait)* Salmiyah ➡ ***map on p. 267***

سلمى *salmā **f. invar.** woman's name* • Salma

سلام *salām n.* • peace • greeting ▪ سلاما *salāman* Greetings! ▪ السلام عليكم *assalāmu Ɛalaykum* *(greeting)* Hello! ▪ وعليكم السلام *wa-Ɛalaykumu -ssalāmu* *(reply)* Hello! ▪ يا سلام *yā salāmu* *(pleasant surprise)* Oh wow! ▪ السلام عليكم ورحمة الله وبركاته *assalāmu Ɛalaykum wa-raḥmatu -LLāhi wa-barakātuhu* Greetings! (lit. May the peace and blessings of God be upon you; used at the beginning of letters, etc.)

سليم *salīm adj.* |*m. pl.* ***dip.*** سلماء *sulamāʔ* | *elat.* أسلم *ʔaslam* | • healthy, fit, all right, uninjured • safe, sound • *man's name* Salim, Selim

II **سلم** *sallama v.* |*2s* يسلم *yusallimu* | تسليم *taslīm* | • *v.intr.* greet على ◊ .سلم لي على والديك *Give my regards to your parents.* • *v.tr.* deliver, hand over ◊ .سلم اللص نفسه للشرطة *The thief turned himself in to the police.* ▪ سلم السلطة لـ *sallama assulṭata li-* hand over power to • *v.tr.* bless, preserve ▪ سلمه الله *sallamahu aLLāhu* May God bless *sb* ◊ .سلمك الله *God bless you!*

تسليم *taslīm n.*↑ • greeting • delivery

سلم *sullam n.* |*pl.* ***dip.*** سلالم *salālim* | • stairs, staircase ▪ سلم متحرك *sullam mutaḥarrik* escalator • ladder

IV **أسلم** *ʔaslama v.intr.* |*4s* يسلم *yuslimu* | إسلام *ʔislām* | • surrender • profess Islam

إسلام *ʔislām n.*↑ • submission ▪ الإسلام *alʔislām* Islam ▪ إسلام أباد *ʔislām ʔabād n. **f.** (capital of Pakistan)* Islamabad

إسلامي *ʔislāmīy adj.* • Islamic

مسلم *muslim act. part. n.* • Muslim ▪ غير مسلم *ɣayr · muslim* non-Muslim

V **تسلم** *tasallama v.tr.* |*5s* يتسلم *yatasallamu* | تسلم *tasallum* | • receive, obtain

تسلم *tasallum n.*↑ • receipt, reception, obtainment

VIII **استلم** *istalama v.tr.* |*8s* يستلم *yastalimu* | استلام *istilām* | • receive, obtain

استلام *istilām n.*↑ • receipt, reception, obtainment

مستلم *mustalim act. part. n.* • receiver, recipient

X **استسلم** *istaslama v.intr.* |*10s* يستسلم *yastaslimu* | استسلام *istislām* | • surrender *to* لـ, submit, yield

استسلام *istislām n.* • surrender, submission

سلمون *salamūn n.* • salmon

II **سلى** *sallā v.tr.* |*2d* يسلي *yusallī* | تسلية *tasliyat* | • entertain, amuse

تسلية *tasliyat n.*↑ • entertainment, amusement

مسل *musall(in) act. part. adj. **def.*** |*elat.* أكثر تسلية *ʔakṯar tasliyatan* | • entertaining, amusing

V **تسلى** *tasallā v.intr.* |*5d* يتسلى *yatasallā* | ***def.*** تسل *tasall(in)* | • have a good time, have fun, enjoy oneself

سلوفاكيا *slōvākiyā n. **f. invar.*** • Slovakia

سلوفاكي *slōvākīy adj. & n.* • Slovakian

سلوفينيا *slōvayniyā n. **f. invar.*** • Slovenia

سلوفيني *slōvaynīy adj. & n.* • Slovenian, Slovene

سليمان *sulaymān **dip.** man's name* • Sulayman, Solomon

س

السليمانية *assulaymānīya*ᵗ *n.* • *(city in Iraq)* Sulaymaniyah, Slemani ➥ ***map on p. 202***

سمح *samaḥa v.intr.* |*1s1* يسمح *yasmaḥ*ᵘ | سماح *samāḥ*| • allow *sb* لـ *sth* بـ, permit, let ◊ لن أسمح بذلك. *I won't allow it.* ▪ لو سمحت *law samaḥt*ᵃ Please!; Excuse me! ▪ سمح له بأن *samaḥa lahu bi-ʔan* allow *sb* to *(do)* ◊ لم يسمحوا لنا بأن نفعل ما نريد. *They didn't let us do what we wanted.* ◊ اسمح لي أن أقدم لك نفسي. *Allow me to introduce myself.*

سماح *samāḥ n.*↑ • permission

مسموح *masmūḥ pass. part. adj.* •مسموح به *masmūḥ bi-hi* allowable, permissible, admissible ▪ غير مسموح به *ɣayr · masmūḥ bi-hi* inadmissible

سمح *samḥ adj.* • generous, lenient, forgiving

III **سامح** *sāmaḥa v.tr.* |*3s* يسامح *yusāmiḥ*ᵘ | مسامحة *musāmaḥa*ᵗ| • forgive, excuse

VI **تسامح** *tasāmaḥa v.intr.* |*6s* يتسامح *yatasāmaḥ*ᵘ | تسامح *tasāmuḥ*| • be tolerant *of* مع *or* في, tolerate

تسامح *tasāmuḥ n.*↑ • tolerance

متسامح *mutasāmiḥ act. part. adj.* |*elat.* أكثر تسامحا *ʔaktar tasāmuḥan*| • tolerant

سماد *samād n.* |*pl.* أسمدة *ʔasmida*ᵗ| • manure, dung

أسمر *ʔasmar adj.* **dip.** |*m & f pl.* سمر *sumr* | *f. sing.* **dip.** سمراء *samrāʔ* | *f. dual* سمراوان *samrāwān* | *f. pl.* سمراوات *samrāwāt* | *elat.* أكثر اسمرارا *ʔaktar ismirāran*| • *(skin)* tan, brown, dark • *(hair)* brown

سمراء *samrāʔ n.* ***f.*** • brunette

سمرة *sumra*ᵗ *n.* |*pl.* سمرات *sum(u)rāt*| • brownness, brown

سمير *samīr n.* |*pl.* **dip.** سمراء *sumarāʔ*| • conversationalist • friend • *man's name* Samir

مسمار *mismār n.* |*pl.* **dip.** مسامير *masāmīr*| • nail

II **سمر** *sammara v.tr.* |*2s* يسمر *yusammir*ᵘ | تسمير *tasmīr*| • nail

IX **اسمر** *ismarra v.intr.* |*9s* يسمر *yasmarr*ᵘ | اسمرار *ismirār*| • turn brown

سمسار *simsār n.* |*pl.* سماسرة *samāsara*ᵗ| • agent, broker ▪ سمسار بورصة *simsār · būrṣa*ᵗ stockbroker

سمسم *simsim n.* • sesame

سمع *samiƐa v.* |*1s4* يسمع *yasmaƐ*ᵘ | سماع *samāƐ* or سمع *samƐ*| • *v.tr.* hear ◊ عفوا، لم أسمعك جيدا. *Sorry, I didn't catch that.* • *v.intr.* hear *of/about* بـ ▪ سمع بخبر *samiƐa bi-xabar* hear news ▪ ليس من سمع كمن رأى. *laysa man samiƐa ka-man raʔā proverb* Seeing is better than hearing. (lit. He who hears is not like he who sees.)

سمع *samƐ n.*↑ • sense of hearing ▪ ثقيل السمع *taqīl · assamƐ*ⁱ *adj.* hard of hearing • |*pl.* أسماع *ʔasmāƐ*| ear ▪ شاهد سمع *šāhid samƐ* ear witness ▪ تناهى إلى سمعه *tanāhā ʔilā samƐ*ⁱ*hi* come to the knowledge of (lit. come to *one's* ear)

مسموع *masmūƐ pass. part. adj.* • audible ▪ غير مسموع *ɣayr · masmūƐ* inaudible

سمعة *sumƐa*ᵗ *n.* • reputation

سماعة *sammāƐa*ᵗ *n.* • speaker ▪ سماعة رأس *sammāƐat · raʔs* headphones, earphones ▪ سماعة طبية *sammāƐa*ᵗ *ṭibbīya*ᵗ stethoscope • *(telephone)* receiver

VIII **استمع** *istamaƐa v.intr.* |*8s* يستمع *yastamiƐ*ᵘ | استماع *istimāƐ*| • listen *to* إلى

مستمع *mustamiƐ act. part. n.* • listener, audience member

مسمع *mismaƐ n.* |*pl.* مسامع *masāmiƐ*| • ear ▪ تناهى إلى مسمعه *tanāhā ʔilā mismaƐ*ⁱ*hi* come to the knowledge of (lit. come to *one's* ear)

سمك *samak coll. n.* |*sing.* سمكة *samaka*ᵗ | *pl.* أسماك *ʔasmāk*| • fish

سماك *sammāk n.* • fishmonger

سميك *samīk adj.* |*elat.* أسمك *ʔasmak*| • thick

سم *summ* or *samm n.* |*pl.* سموم *sumūm*| • poison, toxin

سمي *summīʸ adj.* |*elat.* أكثر سمية *ʔaktar summīya*ᵗᵃⁿ| • poisonous, toxic

سموم *samūm n.* ***f.*** |*pl.* **dip.** سمائم *samāʔim*| • simoom (hot, dry dust cyclone)

سام *sāmm adj.* |*elat.* أكثر سمية *ʔaktar summīya*ᵗᵃⁿ| • poisonous, toxic

مسام *masāmm n.* • pore

مسامي *masāmmīʸ adj.* |*elat.* أكثر مسامية *ʔaktar masāmiya*ᵗᵃⁿ| • porous

II **سمم** *sammama v.tr.* |*2s* يسمم *yusamim*ᵘ | تسميم *tasmīm*| • poison

V **تسمم** *tasammama v.intr.* |*5s* يتسمم *yatasammam*ᵘ | تسمم *tasammum*| • be poisoned

تسمم *tasammum n.*↑ • poisoning ▪ تسمم غذائي *tasammum ɣidāʔīʸ* food poisoning

سمن *samina v.intr.* |*1s4* يسمن *yasman*ᵘ | سمن *simn* or سمانة *samāna*ᵗ| • become fat

سمنة *simna*ᵗ *n.* • obesity

سمين *samīn adj.* |*m. pl.* سمان *simān* | *elat.* أسمن *ʔasman*| • fat, overweight

سما *samā v.intr.* |*1d3* يسمو *yasmū* | سمو *sumūʷ*| • be high, be lofty

سمو *sumūʷ n.*↑ • loftiness

سام *sām(in) act. part. adj.* ***def.*** |*m. pl.* سماة *sumāᵗ* | *elat.* ***invar.*** أسمى *ʔasmā*| • high, lofty, exalted •سامي *sāmī* ***invar.*** *man's name* Sami ▪ سامية *sāmiyaᵗ* ***dip.*** *woman's name* Samia

سماء *samāʔ n.* ***f.*** |*pl.* سماوات *samāwāt* or سموات *samawāt*| • sky ▪ أمطرت السماء *ʔamṭaratⁱ -ssamāʔᵘ v.* rain ◊ ستمطر السماء غدا. *It's going to rain tomorrow. (lit. The sky is going to rain tomorrow.)* ▪ أبردت السماء *ʔabradat assamāʔᵘ v.* hail ◊ تبرد السماء. *It's hailing.* ▪ أثلجت السماء *ʔatlajat assamāʔᵘ v.* snow ◊ أثلجت السماء هذا الصباح. *It snowed this morning.* ▪ رعدت السماء *raƐadat assamāʔᵘ v.* thunder ◊ كانت السماء ترعد طوال الليل. *It was thundering all night.*

سماوي *samāwīʸ*, سمائي *samāʔīʸ adj.* • celestial • sky blue

سمي *samīʸ adj.* |*elat.* ***invar.*** أسمى *ʔasmā*| • high, lofty, exalted

اسم *ism n.* |*pl.* أسماء *ʔasmāʔ*| • name ▪ ما اسمك؟ *mā -smᵘka* What's your name? ▪ اسم مستخدم *ism mustaxdim* ***(computers)*** user name ▪ اسم دخول *ism · duxūl* ***(computers)*** log-in name ▪ بسم الله *bi-smⁱ -llāhⁱ* in the name of God ▪ اسم أسرة *ism · ʔusraᵗ*, اسم عائلة *ism · ƐāʔilaᵗƐ* last name, family name • ***(grammar)*** noun ▪ اسم استفهام *ism · istifhām* interrogative ▪ اسم آلة *ism · ʔālaᵗ* noun of instrument (begins with mi-) ▪ اسم إشارة *ism · ʔišāraᵗ* demonstrative pronoun ➡ ***This and These p. 317***, ➡ ***That and Those p. 111*** ▪ اسم تفضيل *ism · tafḍīl* elative ▪ اسم جمع *ism · jamƐ* plurale tantum (plural noun not derived from a singular noun) ▪ اسم جنس *ism · jins* collective noun ▪ اسم فاعل *ism fāƐil* active participle ▪ اسم فعل *ism · fiƐl* imperative verbal noun ▪ اسم كيفية *ism · kayfīyaᵗ* noun of quality ▪ اسم مرة *ism · marraᵗ* noun of single occurrence ▪ اسم مفعول *ism mafƐūl* passive participle ▪ اسم موصول *ism mawṣūl* relative pronoun ▪ اسم وحدة *ism · waḩdaᵗ* unit noun (singular form of collective noun) ▪ اسم وعاء *ism · wiƐāʔ* noun of vessel

اسمي *ismīʸ adj.* • nominal, face ▪ قيمة اسمية *qīmaᵗ ismīyaᵗ n.* nominal value

بسملة *basmalaᵗ n.* • saying "In the name of God, the Most Gracious, the Most Merciful" ➡ بسمل ***basmala p. 30***

II **سمى** *sammā v.tr.* |*2d* يسمي *yusammī* | تسمية *tasmiyaᵗ*| • call *sb* ∘ *sth* بـ, name, designate ▪ سُمّي *summiya pass. v.* be called *sth* بـ, be named

تسمية *tasmiyaᵗ n.*↑ • designation

مسمى *musamm(an) pass. part.* ***indecl.*** • *adj.* named, called • *n.* |*pl.* مسميات *musammayāt*| name, designation

IV **أسمى** *ʔasmā v.tr.* |*4d* يسمي *yusmī* | إسماء *ʔismāʔ*| • call, name

سنت *sent n.* • *(money)* cent ▪ سنت صومالي *sent ṣūmālīʸ* Somali cent (100 cents = 1 Somali shilling)

سنتيم *santīm n.* • *(money)* santim, centime ▪ سنتيم مغربي *santīm maɣrabīʸ* Moroccan santim (100 santimat = 1 Moroccan dirham)

سنجاب *sinjāb n.* |*pl.* ***dip.*** سناجب *sanājib*| • squirrel

سند *sanada v.tr.* |*1s3* يسند *yasnudᵘ* | سنود *sunūd*| • support

سند *sanad n.* • |*pl.* أسناد *ʔasnād*| support, backing ▪ سند قانوني *sanad qānūnīʸ* legal backing • |*pl.* سندات *sanadāt*| bond ▪ سند حكومي *sanad ḩukūmīʸ* government bond

III **ساند** *sānada v.tr.* |*3s* يساند *yusānidᵘ* | مساندة *musānadaᵗ*| • support, back

مساندة *musānadaᵗ n.*↑ • support

VIII **استند** *istanada v.intr.* |*8s* يستند *yastanidᵘ* | استناد *istinād*| • depend *on* إلى, rely *on*

استناد *istinād n.*↑ • dependence ▪ استنادا إلى *istinādan ʔilā prep.* on the basis of

مستند *mustanad pass. part. n.* • document ▪ وقع مستندا *waqqaƐa mustanadan v.* sign a document

سندويش *sandwīš*, سندويتش *sandwitš n.* ***invar.*** • sandwich

سنديان *sindiyān coll. n.* |*sing.* سنديانة *sindiyānaᵗ*| • oaks ▪ ثمر سنديان *tamar · sindiyān coll. n.* acorns

سنط *sanṭ n.* • acacia

سنغافورة *sinɣāfōraᵗ n.* ***invar.*** • Singapore

سن *sanna v.tr.* |*1g3* يسن *yasunnᵘ* | سن *sann*| • sharpen, whet • legislate ▪ سن قنونا *sanna qanūnan* issue a law

سن *sinn n.* ***f.*** |*pl.* أسنان *ʔasnān*| • age ▪ سن رشد *sinn · rušd*, سن بلوغ *sinn · bulūɣ* legal age, age of consent ▪ في سن مبكرة *fī sinnⁱⁿ mubakkiraᵗⁱⁿ adv.* at an early age ▪ في سن الشباب *fī sinnⁱⁿⁱ -ššabābⁱ adv.* in *one's* youth ▪ في مثل سنه *fī mitl sinnⁱhi adv.* of *one's* age • tooth ▪ طب الأسنان *ṭibb · alʔasnānⁱ* dentistry ▪ طبيب أسنان *ṭabīb ʔasnān* dentist ▪ فرشاة أسنان *furšāt · ʔasnān* toothbrush ▪ معجون أسنان *maƐjūn · ʔasnān* toothpaste

أسناني *ʔasnānīy adj.* • dental

سنة *sunna^t n.* |*pl.* سنن *sunan*| • Sunna, custom, tradition ▪ أهل السنة (والجماعة) *ʔahl · assunna^{ti} (wa-ljamāƐa^{ti})* Sunnis • Sunnis

سني *sunnīy adj. & n.* |*pl.* سنة *sunna^t*| • Sunni

مسن *musinn adj.* • elderly, advanced in years ▪ دار مسنين *dār · musinnīn^a n.* nursing home

مسن *misann n.* • sharpener, whetstone ▪ مسن سكين *misann · sikkīn* knife sharpener

سنا *sanā v.intr.* |*1d3* يسنو *yasnū* | سناء *sanāʔ*| • shine, radiate

سناء *sanāʔ n.*↑ • radiance, splendor • ***dip.*** *woman's name* Sana

سنة *sana^t n.* |*pl.* سنوات *sanawāt* or سنون *sinūn^a*| • year ▪ سنة ضوئية *sana^t ḍawʔīya^t* light year ▪ في السنة *fī -ssana^{ti} adv.* per year, yearly, annually ▪ كل سنة وأنت بخير *kulla sana^{tin} wa-ʔanta bi-xayr^{in}* Happy birthday!, Happy anniversary!, Happy new year! ▪ في سنة *fī sanat^i*, سنة *sanata* [+ genitive number] in the year ◊ في سنة ألفين وثلاث *in the year 2003* ⓘ *The less common plural* سنون *sinūn^a mimics the masculine sound plural* ـون *-ūn^a, becoming* سنين *sinīn^a in the accusative and genitive.* ◊ منذ مئات السنين *for hundreds of years*

سنوي *sanawīy adj.* • annual, yearly ▪ سنويا *sanawīyan adv.* annually, yearly

V **تسنى** *tasannā v.intr.* |*5d* يتسنى *yatasannā* | ***def.*** تسن *tasann(in)*| • be feasible, be possible

سنونو *sunūnū n.* ***invar.*** |*pl.* سنونوات *sunūnuwāt*| • *(bird)* swallow

سهد *sahida v.intr.* |*1s4* يسهد *yashad^u* | سهاد *suhād* or سهد *sahad*| • have insomnia, be sleepless

سهاد *suhād n.*↑ • insomnia, sleeplessness

سهر *sahira v.intr.* |*1s4* يسهر *yashar^u* | سهر *sahar*| • stay up all night • have insomnia, be sleepless

سهر *sahar n.*↑ • insomnia, sleeplessness

IV **أسهر** *ʔashara v.tr.* |*4s* يسهر *yushir^u* | إسهار *ʔishār*| • keep awake

سهرة *sahra^t n.* |*pl.* سهرات *sah(a)rāt*| • evening party, soirée

سهل *sahula v.intr.* |*1s6* يسهل *yashul^u* | سهولة *suhūla^t*| • become easy, become convenient

سهولة *suhūla^t n.*↑ • ease ▪ بسهولة *bi-suhūla^{tin} adv.* with ease, easily

سهل *sahl* • *adj.* |*elat.* أسهل *ʔashal*| easy *for* على ◊ كان سهلا عليه. *It was easy for him.* ▪ من السهل أن *min^a -ssahl^i ʔan* it is easy to… ▪ أهلا وسهلا *ʔahlan wa-sahlan* Welcome! ▪ سهل الاستخدام *sahl · alistixdām^i* easy to use • *adj.* flat, level, even • *n.* |*pl.* سهول *suhūl*| plain, flatlands

II **سهل** *sahhala v.tr.* |*2s* يسهل *yusahhil^u* | تسهيل *tashīl*| • make easy, ease, facilitate

تسهيل *tashīl n.*↑ • facilitation ▪ تسهيلات *tashīlāt pl. n.* facilities

متساهل *mutasāhil act. part. adj.* • tolerant, lenient

IV **أسهل** *ʔushila pass. v.* |*4s* يسهل *yushil^u* | إسهال *ʔishāl*| • have diarrhea

إسهال *ʔishāl n.*↑ • diarrhea

V **تسهل** *tasahhala v.intr.* |*5s* يتسهل *yatasahhal^u* | تسهل *tasahhul*| • become easy

VI **تساهل** *tasāhala v.intr.* |*6s* يتساهل *yatasāhal^u* | تساهل *tasāhul*| • be tolerant *of* مع, be lenient

سهم *sahm n.* • |*pl.* أسهم *ʔashum*| share, stock • |*pl.* سهام *sihām*| arrow

III **ساهم** *sāhama v.intr.* |*3s* يساهم *yusāhim^u* | مساهمة *musāhama^t*| • participate *in* في, contribute *to*

مساهمة *musāhama^t n.*↑ • participation, contribution

مساهم *musāhim act. part. n.* • shareholder, stockholder ▪ شركة مساهمة *šarika^t musāhima^t n.* corporation

IV **أسهم** *ʔashama v.intr.* |*4s* يسهم *yushim^u* | إسهام *ʔishām*| • participate *in* في

إسهام *ʔishām n.*↑ • participation, contribution

سهى *suhā* ***f. invar.*** *woman's name* • Suha

ساء *sāʔa v.intr.* |*1h3(b)* يسوء *yasūʔ^u* | سوء *sūʔ* or *sawʔ*| • become bad, worsen

سوء *sūʔ n.*↑ |*pl.* أسواء *ʔaswāʔ*| • badness, evil ▪ سوء حظ *sūʔ · ḥaẓẓ* bad luck, misfortune ▪ لسوء الحظ *li-sūʔ^i -lḥaẓẓ*, سوء بخت *sūʔ · baxt* unfortunately ▪ سوء *sūʔ* [+ genitive noun] mis-, mal- ▪ سوء استخدام *sūʔ · istixdām* misuse ▪ سوء تغذية *sūʔ · taɣḏiya^t* malnourishment ▪ سوء فهم *sūʔ · fahm*, سوء تفاهم *sūʔ · tafāhum* misunderstanding ▪ سوء معاملة *sūʔ · muƐāmala^t* maltreatment, mistreatment

سيئ *sayyiʔ, also spelled* سيء *sayyiʔ adj.* |*elat.* أسوأ *ʔaswaʔ*| • bad ▪ سيئ الحظ *sayyiʔ · alḥaẓẓ^i adj.* unlucky

أسوأ *ʔaswaʔ elat.* • worse, the worst ▪ من سيئ

من سيّئٍ إلى أسوأ *min sayyiʔ^{in} ʔilā ʔaswaʔ^{a} adv.* from bad to worse

IV **أساء** *ʔasāʔa v.* |*4h(a)* يسيء *yusīʔ^{u}* | إساءة *ʔisāʔa^{t}* | • *v.tr.* harm ▪ أساء معاملته *ʔasāʔa muƐāmalat^{a}<u>hu</u>* mistreat *sb* • *v.intr.* insult إلى *or* لـ, offend, wrong

إساءة *ʔisāʔa^{t} n.*↑ • harm, abuse ▪ إساءة معاملة *ʔisāʔat · muƐāmala^{t}* mistreatment ▪ إساءة للأطفال *ʔismāʔa^{t} li-lʔaṭfāl* child abuse ▪ إساءة استخدام *ʔisāʔat · istixdām* abuse, misuse • insult, offense, injustice

مسيء *musīʔ act. part. adj.* |*elat.* أكثر إساءة *ʔaktar ʔisāʔa^{tan}*| • harmful • offensive, insulting

VIII **استاء** *istāʔa v.intr.* |*8h1(a)* يستاء *yastāʔ^{u}* | استياء *istiyāʔ*| • be displeased *with* من

استياء *istiyāʔ n.*↑ • dissatisfaction

سوبرماركت *sūpermarket n.* • supermarket

ساح *sāħa v.intr.* |*1h3* يسوح *yasūħ^{u}* | سياحة *siyāħa^{t}*| • tour, roam

سياحة *siyāħa^{t} n.*↑ • tourism

سياحي *siyāħī^{y} adj.* • touristic

سائح *sāʔiħ act. part. n.* |*pl.* سوّاح *suwwāħ*| • tourist

ساحة *sāħa^{t} n.* • domain, field, sphere, area

ساد *sāda v.tr.* |*1h3* يسود *yasūd^{u}* | سيادة *siyāda^{t}*| • become master *of*, rule, reign *over*, dominate

سيادة *siyāda^{t} n.*↑ • sovereignty ▪ يا سيادة الرئيس *yā siyādat^{u} -rraʔīs^{i}* Mr. President!

سائد *sāʔid act. part. adj.* |*elat.* أسيد *ʔasyad*| • dominant, prevailing

السودان *assūdān n.* ***m.*** • Sudan ➡ ***map on the right***

سوداني *sūdānī^{y} adj. & n.* • Sudanese ▪ السوداني *assudānī^{y} n.* ***f.*** Al-Sudani (Sudanese newspaper) ▪ فول سوداني *fūl sūdānī^{y}* peanuts

سواد *sawād n.* • black, blackness

سيد *sayyid n.* |*pl.* سادة *sāda^{t}*| • sir, gentleman

ⓘ *Titles in Arabic can be followed by a person's first name or last name:* ▪ السيد __ *assayyid* __ ***(talking about)*** Mr. __ ◊ من أين السيد مصطفى؟ *Where is Mr. Mustafa from?* ▪ يا سيد __ *yā sayyid^{u}* __ ***(talking to)*** Mr. __ ◊ كيف حالك، يا سيد منصور؟ *How are you, Mr. Mansour?* ▪ أيها السيدات والسادة *ayyuhā -ssayyidāt^{u} wa-ssāda^{tu}* ladies and gentlemen ▪ يا سيدي الرئيس *yā sayyidī -rraʔīs^{u}* Mr. President, Mr. Chairman ▪ سيد القوم أشقاهم. *sayyid^{u} -lqawm^{i} ʔašqāhum proverb* The man in charge is the most miserable of them all.

سيدة *sayyida^{t} n.* • madam, ma'am, lady ▪ السيدة __ *assayyida^{t}* __ ***(talking about)*** Mrs. __ ▪ يا سيدة __ *yā sayyida^{tu}* __ ***(talking to)*** Mrs. __ ▪ سيدة أعمال *sayyidat · ʔaƐmāl* businesswoman

أسود *ʔaswad* **dip.** |*m & f pl.* سود *sūd* or سودان *sūdān* | *f. sing.* **dip.** سوداء *sawdāʔ* | *f. dual* سوداوان *sawdāwān^{i}* | *f. pl.* سوداوات *sawdāwāt* | *elat.* أكثر سوادا *ʔaktar sawādan*| • *adj.* black • *n.* black person

II **سوّد** *sawwada v.tr.* |*2s* يسود *yusawwid^{u}* | تسويد *taswīd*| • blacken • make an outline *of*, make a rough draft

مسوّدة *musawwada^{t} pass. part. n.* • rough draft

IX **اسودّ** *iswadda v.intr.* |*9s* يسودّ *yaswadd^{u}* | اسوداد *iswidād*| • turn black

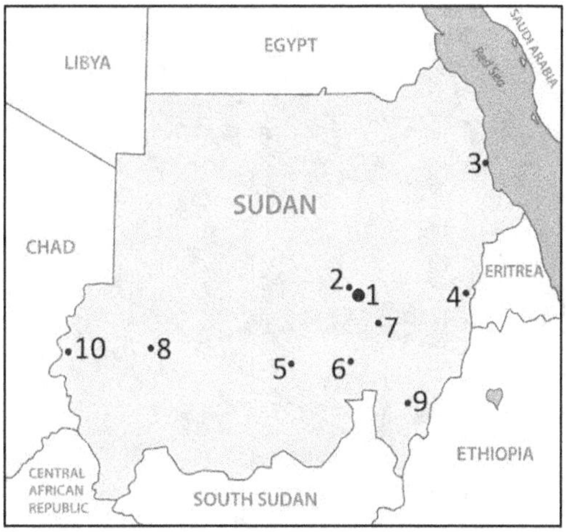

map of Sudan

1. الخرطوم *alxarṭūm* Khartoum
2. أم درمان *ʔumm · durmān* Omdurman
3. بورسودان *bōr sūdān* Port Sudan
4. كسلا *kasalā* Kassala
5. الأبيض *alʔubayyiḍ* El Obeid
6. كوستي *kostī* Kosti
7. ودمدني *wad madanī* Wad Madani
8. الفاشر *alfāšir* Al Fashir
9. الدمازين *addamāzīn* Ad Damazin
10. الجنينة *aljunayna^{t}* Geneina

سور *sūr n.* |*pl.* أسوار *ʔaswār*| • fence, wall

سورة *sūra^{t} n.* |*pl.* سور *suwar*| • surah (Quranic chapter), surat, chapter ➡ ***picture on p. 152***

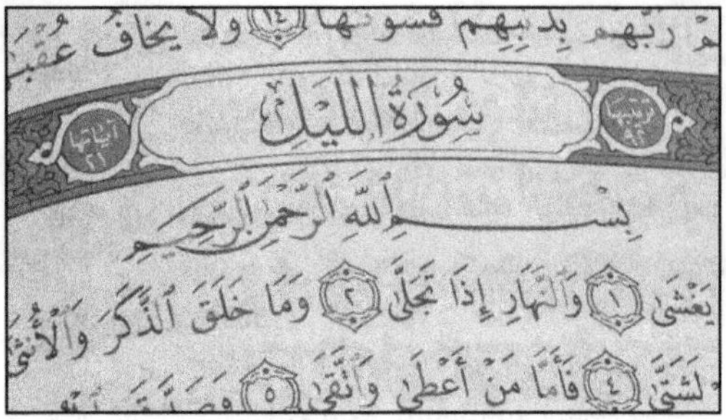

'The Night': Chapter 92 of the Quran

سوار *siwār n.* |*pl.* ***dip.*** أساور *ʔasāwir* or أسورة *ʔaswira*^{t}| • bracelet

سوريا *sūriyā n.* ***f. invar.*** • Syria

سوري *sūrī*^{y} *adj. & n.* • Syrian

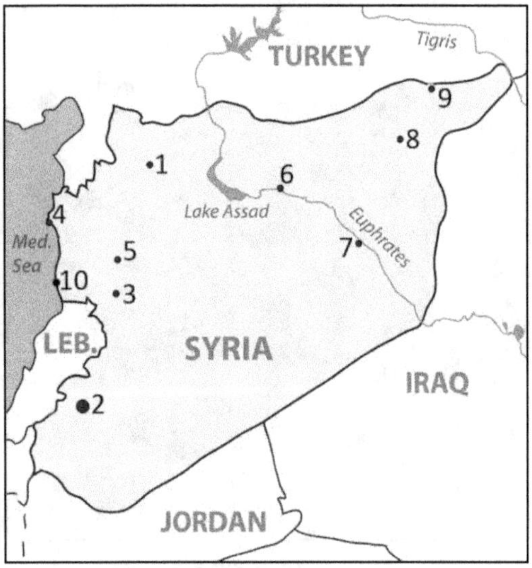

map of Syria

1. حلب *ḥalab* Aleppo
2. دمشق *dimašq* Damascus
3. حمص *ḥimṣ* Homs
4. اللاذقية *allāđiqīya*^{t} Latakia
5. حماة *ḥamā*^{t} Hama
6. الرقة *arraqqa*^{t} Ar-Raqqah
7. دير الزور *dayr · azzawr*^{i} Deir ez-Zor
8. الحسكة *alḥasaka*^{t} Al-Hasakah
9. قامشلي *qāmišlī* Qamishli
10. طرطوس *tartūs* Tartus

ساس *sāsa v.tr.* |*1h3* يسوس *yasūs*^{u} | سياسة *siyāsa*^{t}| • rule, govern, administer

سياسة *siyāsa*^{t} *n.*↑ • politics • policy

سياسي *siyāsī*^{y} • *adj.* political • *n.* politician

سوس *sūs* • *n.* licorice ▪ عرق سوس *ʔaraq · sūs* licorice root • *coll. n.* |*sing.* سوسة *sūsa*^{t}| woodworm, weevil, mite

II **سيس** *v.tr.* |*2s* يسيس *yusayyis*^{u} | تسييس *tasyīs*| • politicize

V **تسوس** *tasawwasa v.intr.* |*5s* يتسوس *yatasawwas*^{u} | تسوس *tasawwus*| • *(of teeth, bones)* decay, rot

تسوس *tasawwus n.*↑ • *(tooth, bone)* decay ▪ تسوس سني *tasawwus sinnī*^{y} cavity, tooth decay

سوسة *sūsa*^{t} *n.* ***dip.*** • *(city in Tunisia)* Sousse

➡ ***map on p. 45***

سوسن *sawsan n.* • *(flower)* iris

سوشي *sūšī n.* ***invar.*** • sushi

سوط *sawṭ n.* |*pl.* أسواط *ʔaswāṭ* or سياط *siyāṭ*| • whip

ساعة *sāɛa*^{t} *n.* • hour ▪ كم الساعة؟ *kam*^{i} *-ssāɛa*^{tu} What time is it? ▪ إنها الساعة __ *ʔinnahā -ssāɛa*^{tu} [+ ordinal number] It's __ (o'clock). ◊ إنها الساعة الثالثة. *It's three o'clock.* • clock, watch ▪ ساعة توقيت *sāɛat · tawqīt* stopwatch ▪ ساعة حائط *sāɛat · ḥāʔiṭ* wall clock ▪ ساعة شمسية *sāɛa*^{t} *šamsīya*^{t} sundial ▪ ساعة منبه *sāɛat · munabbih* alarm clock ▪ ساعة يد *sāɛat · yad* wrist watch • time ▪ من ساعته *min sāɛat*^{i}*hi* *adv.* immediately **ساعتئذ** *sāɛataʔiđin*, ساعتذاك *sāɛatađāka*, ساعتها *sāɛatahā adv.* • then, at that time

X **استساغ** *istasāɣa v.tr.* |*10h* يستسيغ *yastasīɣ*^{u} | استساغة *istisāɣa*^{t}| • approve of, find agreeable, commend

مستساغ *mustasāɣ pass. part. adj.* |*elat.* أكثر استساغة *ʔaktar istisāɣa*^{tan}| • acceptable ▪ غير مستساغ *ɣayr · mustasāɣ* unsavory

سوف *sawfa*, لسوف *la-sawfa particle* [+ indicative] • *(forms future tense)* will, is going to

➡ ***compare with*** ـسـ ***sa- p. 136*** ⓘ سوف *sawfa* *forms the affirmative future tense. The negative,* سوف لا *sawfa lā, is rare; instead, the negative future is formed with* لن *lan.*

مسافة *masāfa*^{t} *n.* • distance

سوفيتي *sūfyatī*^{y}, سوفييتي *sūfyaytī*^{y} *adj.* • Soviet ▪ الاتحاد السوفيتي *alittiḥād assūfiyatī*^{y} *n.* the Soviet Union

ساق *sāqa v.tr.* |*1h3* يسوق *yasūq*^{u} | سياقة *siyāqa*^{t} or سوق *sawq*| • drive (a car, etc.) • transport, carry, deliver

سوق *sawq n.*↑ • transport, delivery

سوقي *sawqī*^{y} *adj.* • logistic

سوقيات *sawqīyāt pl. n.* • logistics

سائق *sāʔiq act. part. n.* • driver

سواق *suwwāq n.* • driver

ساق *sāq n.* ***f.*** |*pl.* سيقان *sīqān* or سوق *sūq*| • (lower) leg, shank ▪ بطن ساق *baṭn · sāq* calf ▪ طويل الساقين *ṭawīl · assāqaynⁱ* long-legged • stem, stalk

سوق *sūq n.* ***f.*** |*pl.* أسواق *ʔaswāq*| • market, bazaar ▪ سوق أوراق مالية *sūq · ʔawrāq mālīyaᵗ*, سوق أسهم *sūq · ʔašum* stock market, equity market ▪ سوق سوداء *sūq sawdāʔ* black market ▪ سوق عمل *sūq · Ɛamal* labor market ▪ سوق حرة *sūq ḥurraᵗ* free market

سوقي *sūqīʸ adj.* • market- ▪ قيمة سوقية *qīmaᵗ sūqīyaᵗ* market value

سياق *siyāq n.* • sequence, thread ▪ في سياق *fī siyāqⁱ prep.* during (the course of) • context ▪ ...وفي هذا السياق، *wa-fī hāđā -ssiyāqⁱ* in this context, in this regard

II **سوق** *sawwaqa v.tr.* |*2s* يسوق *yusawwiqᵘ* | تسويق *taswīq*| • market

V **تسوق** *tasawwaqa v.intr.* |*5s* يتسوق *yatasawwaqᵘ* | تسوق *tasawwuq*| • go shopping

سواك *siwāk n.* |*pl.* مساويك *masāwīk*| • siwak (twig used as a toothbrush), miswak

مسواك *miswāk n.* |*pl.* سوك *sūk*| • siwak (twig used as a toothbrush), miswak

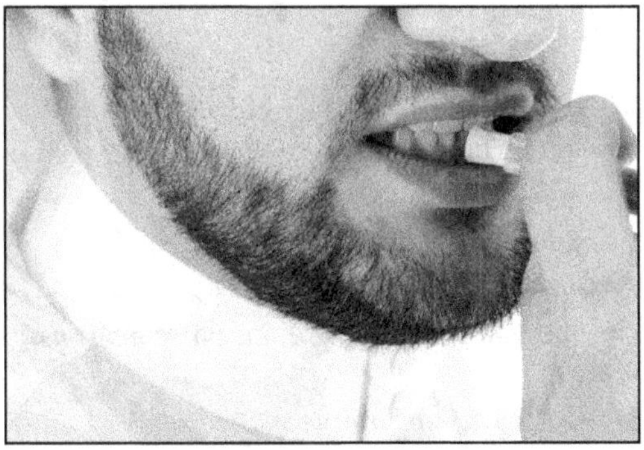

A man using a siwak to clean his teeth

V **تسول** *tasawwala v.tr.* |*5s* يتسول *yatasawwalᵘ* | تسول *tasawwul*| • beg *sb* ∘ *for* ∘

متسول *mutasawwil act. part. n.* • beggar

III **ساوم** *sāwama v.tr.* |*3s* يساوم *yusāwimᵘ* | مساومة *musāwamaᵗ*| • haggle *with* ∘ *over* على, bargain

VI **تساوم** *tasāwama v.intr.* |*6s* يتساوم *yatasāwamᵘ* | تساوم *tasāwum*| • argue (with each other) over a price

سوهاج *sūhāj n.* ***f. dip.*** • *(city in Egypt)* Sohag
➥ ***map on p. 287***

سواء *sawāʔ n.* • equality, sameness ▪ على سواء *Ɛalā sawāʔⁱⁿ adv.* alike, as well ▪ على حد سواء *Ɛalā ḥaddⁱ sawāʔⁱⁿ adv.* both, all the same, without distinction ◊ أصاب المرض الرجال والنساء على حد سواء. *The disease infected both men and women.* ▪ سواء... أو... *sawāʔan... ʔaw...*, سواء... أم... *sawāʔan... ʔam...* (regardless) whether... or... ◊ سواء أردت أم لم ترد *whether you want to or not* ◊ سواء كان رجلا أو امرأة *whether a man or woman*

سوى *siwā prep.* • [negative +] except, besides, only, nothing but ◊ لا يظهر شيء سوى شاشة سوداء. *All that appears is a black screen.* ◊ لا أعرف عن الرجل سوى اسمه. *I don't know anything about the man besides his name.* ◊ لن آخذ من وقتك سوى دقيقة. *I'll only take a minute of your time.* ▪ وسواه *wa-siwā<u>hu</u>* and so on, et cetera ▪ ليس لديه خيار سوى *laysa laday<u>hi</u> xiyār siwā* [+ masdar] have no choice but to *(do)* ◊ ليس لدي خيار سوي الذهاب. *I have no choice but to go.* ▪ ليس أمامه سوى *laysa ʔamāma<u>hu</u> siwā* only have ◊ ليس أمامنا سوى عشرة دقائق. *We only have ten minutes.*

سوي *sawīʸ adj.* |*m. pl.* ***dip.*** أسوياء *ʔaswiyāʔ*| • straight, correct, proper • typical, usual, regular ▪ سويا *sawīyan*, سوية *sawīyatan adv.* together ◊ لنخرج سويا. *Let's go out (together).* ▪ اجتمع سويا *ijtamaƐa sawīyan v.* get together, meet up; in common

سيما *siyyamā adv.* •لا سيما *lā siyyamā* especially, in particular, particularly ◊ ولا سيما في هذا الوقت من السنة *especially this time of the year*

II **سوى** *sawwā v.tr.* |*2d* يسوي *yusawwī* | تسوية *taswiyaᵗ*| • settle, put in order • smooth out, straighten out, flatten • equalize, level

تسوية *taswiyaᵗ n.*↑ • settlement ▪ تسوية سلمية *taswiyaᵗ silmīyaᵗ* peace settlement ▪ تحت التسوية *tahta -ttaswiyaᵗⁱ* unsettled, unpaid ◊ حسابات تحت التسوية *unpaid bills*

III **ساوى** *sāwā v.tr.* |*3d* يساوي *yusāwī* | مساواة *musāwāᵗ*| • equal, be equivalent *to* ◊ واحد زائد واحد يساوي اثنين. *One plus one equals two.* • equalize, make equal

مساواة *musāwāᵗ n.*↑ • equality, equal rights ▪ لا مساواة *lā musāwāᵗ* inequality

مساو *musāw(in) act. part. adj.* ***def.*** • equivalent *to* لـ, equal

VI **تساوى** *tasāwā v.intr.* |*6d* يتساوى *yatasāwā* | ***def.*** تساو *tasāw(in)*| • be even, be equal

س

متساو *mutasāw(in) act. part. adj.* ***def.*** • equal, even

VIII **استوى** *istawā v.intr.* |*8d1* يستوي *yastawī* | استواء *istiwāʔ*| • be even, be equal, be straight • be regular, be steady

استواء *istiwāʔ n.*↑ • equality, straightness ▪ خط استواء *xaṭṭ · istiwāʔ* equator • normalcy, normality, regularity

استوائي *istiwāʔīy adj.* • equatorial, tropical

مستو *mustaw(in) act. part. adj.* ***def.*** |*elat.* أكثر استواء *ʔaktar istiwāʔan*| • even, level

مستوى *mustaw(an) pass. part. n.* ***indecl.*** |*dual* مستويان *mustawayānⁱ* | *pl.* مستويات *mustawayāt*| • level ▪ مستوى ابتدائي *mustaw(an) ibtidāʔīy* elementary level ▪ مستوى متوسط *mustaw(an) mutawassiṭ* intermediate level ▪ مستوى متقدم *mustaw(an) mutaqaddim* advanced level

السويد *assuwīd n.* ***f.*** • Sweden

سويدي *suwīdīy* • *adj.* Swedish • *n.* Swede

السويس *assuways n.* ***f.*** • *(city in Egypt)* Suez ▪ خليج السويس *xalīj · assuways* the Gulf of Suez ▪ قناة السويس *qanāt · assuwaysⁱ* the Suez Canal ➥ **map on p. 287**

سويسرا *suwīsrā n.* ***f. invar.*** • Switzerland

سويسري *suwīsrīy adj. & n.* • Swiss

سياتيل *siyātil n.* ***f. invar.*** • *(city in the U.S.)* Seattle

السيب *assīb n.* ***f.*** • *(city in Oman)* Seeb ➥ **map on p. 214**

سياج *siyāj n.* |*pl.* أسيجة *ʔasījaᵗ*| • fence

سيجار *sījār n.* • cigar

سيجارة *sījāraᵗ* or *sīgāraᵗ n.* |*pl.* ***dip.*** سجائر *sajāʔir* or *sagāʔir*| • cigarette

سيدني *sīdnī n.* ***f. invar.*** • *(city in Australia)* Sydney

سار *sāra v.intr.* |*1h2* يسير *yasīrᵘ* | سير *sayr*| • march, move, walk

سير *sayr n.*↑ • march, motion, walking ▪ سيرا *sayran adv.* on foot • traffic

سيرة *sīraᵗ n.* |*pl.* سير *siyar*| • behavior • biography ▪ سيرة ذاتية *sīraᵗ ḏātīyaᵗ* resumé, C.V.

سيارة *sayyāraᵗ n.* • car, automobile, vehicle ▪ سيارة أجرة *sayyārat · ʔujraᵗ* taxi ▪ سيارة إسعاف *sayyārat · ʔisʕāf* ambulance ▪ سيارة إطفاء *sayyārat · ʔiṭfāʔ* fire engine

مسار *masār n.* • path, route, trajectory

مسيرة *masīraᵗ n.* • march, demonstration, rally

II **سير** *sayyara v.tr.* |*2s* يسير *yusayyirᵘ* | تسيير *tasyīr*| • start, run (a car, machine, etc.) • steer, drive, pilot

تسيير *tasyīr n.*↑ • propulsion

III **ساير** *sāyara v.tr.* |*3s* يساير *yusāyirᵘ* | مسايرة *musāyaraᵗ*| • comply *with*

سيرك *sirk, also spelled* سرك *sirk n.* • circus

QI **سيطر** *sayṭara v.intr.* |*11s* يسيطر *yusayṭirᵘ* | سيطرة *sayṭaraᵗ*| • dominate على, control, rule

سيطرة *sayṭaraᵗ n.*↑ • domination, control, rule

مسيطر *musayṭir act. part. adj.* |*elat.* أكثر سيطرة *ʔaktar sayṭaraᵗᵃⁿ*| • dominant

سيف *sayf n.* |*pl.* سيوف *suyūf*| • sword ▪ أبو سيف *ʔabū · sayf* swordfish

سياف *sayyāf n.* • swordsman • executioner

سال *sāla v.intr.* |*1h2* يسيل *yasīlᵘ* | سيلان *sayalān*| • flow

سائل *sāʔil act. part.* |*pl.* ***dip.*** سوائل *sawāʔil*| • *n.* liquid, fluid • *adj.* |*elat.* أكثر سيولة *ʔaktar suyūlaᵗᵃⁿ*| fluid

سيل *sayl n.* |*pl.* سيول *suyūl*| • flood

سيولة *suyūlaᵗ n.* • liquidity ▪ سيولة مالية *suyūlaᵗ mālīyaᵗ* cash flow

II **سيل** *sayyala v.tr.* |*2s* يسيل *yusayyilᵘ* | تسييل *tasyīl*| • liquefy, make flow

سيليكون *sīlīkōn n.* ***invar.*** • silicone

سين *sīn n.* ***f.*** ➥ **س p. 136**

سيناء *sīnāʔ n.* ***dip.*** • Sinai ▪ شبه جزيرة سيناء *šibh · jazīrat · sīnāʔ* the Sinai Peninsula ➥ **map on p. 287**

سيناريو *senaryo n.* ***invar.*** • scenario

سينما *sīnemā*, دار سينما *dār · sīnemā n.* ***f.*** *adv.* ***invar.*** |*pl.* سينماهات *sīnemāhāt*| • cinema, movie theater

سينمائي *sīnemāʔīy adj.* • cinematic

سيول *siyūl n.* ***f. invar.*** • *(capital of South Korea)* Seoul

ش

ش *šīn n.* ***f.*** |شين| • *(thirteenth letter of the Arabic alphabet)* • *(numerical value)* 300
➡ The Abjad Numerals p. 61

مشؤوم *mašʔūm adj.* |*m. pl.* ***dip.*** مشائيم *mašāʔīm* | *elat.* أكثر شؤما *ʔaktar šuʔman* or أشأم *ʔašʔam*| • ominous, unlucky

VI **تشاءم** *tašāʔama v.intr.* |*6s(b)* يتشاءم *yatašāʔamᵘ* | تشاؤم *tašāʔum*| • be pessimistic

تشاؤم *tašāʔum n.*↑ • pessimism

تشاؤمي *tašāʔumīʸ adj.* |*elat.* أكثر تشاؤما *ʔaktar tašāʔuman* or أشأم *ʔašʔam*| • pessimistic

متشائم *mutašāʔim act. part.* • *adj.* |*elat.* أكثر تشاؤما *ʔaktar tašāʔuman* or أشأم *ʔašʔam*| pessimistic • *n.* pessimist

شأن *šaʔn n.* |*pl.* شؤون *šuʔūn*| • matter, affair ▪ بشأن *bi-šaʔnⁱ prep.* concerning, in regard to

شادور *šādūr n.* • chador

شال *šāl n.* • scarf ▪ لف عنقه بشال *laffa Ɛunqᵃhu bi-šāl v.* wrap a scarf around *one's* neck

الشام *aššām*, بلاد الشام *balād · aššāmⁱ n.* • the Levant, Greater Syria, the Eastern Mediterranean

شامي *šāmīʸ adj.* • Levantine, Syrian

شامبانيا *šāmbāniyā n.* ***invar.*** • champagne

شامبو *šāmbū n.* ***invar.*** • shampoo

شانغهاي *šanghāy n.* ***f. invar.*** • *(city in China)* Shanghai

شاي *šāy n.* • tea ▪ شاي أحمر *šāy ʔaḩmar* black tea ▪ شاي أخضر *šāy ʔaxḑar* green tea ▪ شاي ثقيل *šāy taqīl* strong tea ▪ شاي خفيف *šāy xafīf* weak tea ▪ شاي نعناع *šāy · naƐnāƐ* mint tea ***➡ picture on the right, ➡ picture on p. 243***

شب *šabba v.intr.* |*1g2* يشب *yašibbᵘ* | شبوب *šubūb*| • break out, erupt ▪ شبت حرب *šabbat ḩarbᵘⁿ* war breaks out ▪ شب نار *šabba nārᵘⁿ* fire broke out

شباب *šabāb n.* • youth, youthfulness ▪ في شبابه *fī šabābⁱhi* in *one's* youth, when one was young

شاب *šābb*, شب *šabb n.* |*pl.* شباب *šabāb* or شبان *šubbān*| • *n.* young man, youth • *adj.* youthful, young

شابة *šābbaᵗ n.* • young lady

شبح *šabaḩ n.* |*pl.* أشباح *ʔašbāḩ*| • ghost

شبر *šibr n.* |*pl.* أشبار *ʔašbār*| • *(from tip of thumb to tip of little finger)* hand span

شبرا الخيمة *šubrā -lxaymaᵗ n.* ***f.*** • *(city in Egypt)* Shubra El-Kheima, Shubra al-Khaymah ***➡ map on p. 287***

شبشب *šibšib n.* |*pl.* ***dip.*** شباشب *šabāšib*| • slippers ▪ شبشب شاطئ *šibšib šāṭiʔ* flip-flops, thongs

شباط *šubāṭ n.* ***dip.*** • February ***➡ The Months p. 165***

شبع *šabiƐa v.intr.* |*1s4* يشبع *yašbaƐᵘ* | شبع *šabƐ*| • *(appetite)* become full

شبعان *šabƐān adj.* |*m. pl.* شباع *šibāƐ* or ***invar.*** شباعى *šabāƐā* | *f. sing.* ***invar.*** شبعى *šabƐā* | *elat.* أكثر شبعا *ʔaktar šabƐan*| • satiated, full

شبكة *šabakaᵗ n.* • net ▪ شبكة صيد *šabakat · ṣayd* fishing net • network ▪ شبكة حاسوب *šabakat · ḩāsūb*, شبكة كمبيوتر *šabakat · kombyūtar* computer network ▪ الشبكة العالمية *aššabakaᵗ alƐālamīyaᵗ* the World Wide Web (WWW) ▪ CNN شبكة *šabakat · sī ʔen ʔen (news network)* CNN

Tea being prepared

شبكية *šabakīyaᵗ n.* • retina

شباك *šubbāk n.* |*pl.* ***dip.*** شبابيك *šabābīk*| • window ▪ شباك بيع تذاكر *šubbāk · bayƐ · tađākir* ticket window

مشبك *mišbak n.* |*pl.* ***dip.*** مشابك *mašābik*| • clip,

ش

clasp, pin ▪ مشبك شعر mišbak · šaƐr hairpin ▪ مشبك ملابس mišbak · malābis clothes pin ▪ مشبك ورق mišbak · waraq paper clip ▪ مشابك أسنان mašābik · ʔasnān *pl. n.* *(dental)* braces

VIII **اشتبك** ištabaka *v.intr.* |8s يشتبك yaštabik^u | اشتباك ištibāk| • clash, skirmish

اشتباك ištibāk *n.*↑ • clash, skirmish, scuffle

شبل šibl *n.* |*pl.* أشبال ʔašbāl| • lion cub

شبه šibh *n.* |*pl.* أشباه ʔašbāh| • similarity • |*elat.* أشبه ʔašbah| [+ genitive noun] similar to, like • [+ genitive noun or adjective] semi-, half-, quasi-, sub- ▪ شبه جزيرة šibh · jazīra^t peninsula ▪ شبه ظلمة šibh · ẓulma^t semidarkness ▪ شبه قارة šibh · qāra^t ▪ شبه رسمي šibh rasmīy *adj.* semi-official

شبهة šubha^t *n.* |*pl.* شبهات šub(a)hāt| • suspicion, doubt

شبيه šabīh *adj.* |*m. pl.* شباه šibāh | *elat.* أشبه ʔašbah| • similar *to* بـ, like

مشبوه mašbūh *adj.* • suspicious, doubtful

II **شبه** šabbaha *v.tr.* |2s يشبه yušabbih^u | تشبيه tašbīh| • liken *sb/sth* ه *to* بـ, compare ▪ شُبه šubbiha *pass. v.* be suspicious *to* على, be dubious

تشبيه tašbīh *n.*↑ • comparison

III **شابه** šābaha *v.intr.* |3s يشابه yušābih^u | مشابهة mušābaha^t| • resemble, be similar *to*

مشابهة mušābaha^t *n.*↑ • resemblance, similarity, likeness

مشابه mušābih *act. part. adj.* |*elat.* أشبه ʔašbah| • similar

IV **أشبه** ašbaha *v.intr.* |4s يشبه yušbih^u | إشباه ʔišbāh| • resemble بـ, look like

VI **تشابه** tašābaha *v.intr.* |6s يتشابه yatašābah^u | تشابه tašābuh| • be similar to each other, resemble each other ▪ تشابه في tašābaha fī have in common ◊ نحن الاثنان نتشابه في أشياء كثيرة. *We have a lot in common.*

تشابه tašābuh *n.*↑ • similarity

متشابه mutašābih *act. part. adj.* • similar, alike

VIII **اشتبه** ištabaha *v.intr.* |8s يشتبه yaštabih^u | اشتباه ištibāh| • suspect في

اشتباه ištibāh *n.*↑ • suspicion

مشتبه muštabah *pass. part.* •مشتبه فيه muštabah fīhi *n.* suspect

شبين الكوم šibīn alkawm *n. f.* **dip.** • *(city in Egypt)* Shibin Al Kawm ➡ ***map on p. 287***

شتات šatāt *adj.* • dispersed, scattered

شتيت šatīt *adj.* |*m. pl.* **invar.** شتى šattā| • dispersed, scattered ▪ شتى šattā *pl. n.* [+ indefinite genitive plural noun] various ◊ شتى أنواع šattā ʔanwāƐ^in *various kinds*

II **شتت** šattata *v.tr.* |2s يشتت yušattit^u | تشتيت taštīt| • scatter, disperse

V **تشتت** tašattata *v.intr.* |5s يتشتت yatašattat^u | تشتت tašattut| • scatter, be dispersed

شتم šatama *v.tr.* |1s2/1s3 يشتم yaštim^u or yaštum^u | شتم šatm| • abuse • verbally attack, curse *at*, insult

شتم šatm *n.*↑ • abuse

شتيمة šatīma^t *n.* |*pl.* **dip.** شتائم šatāʔim| • swearword, insult, abusive language

شتاء šitāʔ *n.* |*pl.* أشتية ʔaštiya^t| • winter

شتوي šatawīy, شتائي šitāʔīy *adj.* • winter-

مشتى mašt(an) *n.* **indecl.** |*dual* مشتيان maštayān^i | *pl.* **def.** مشات mašāt(in)| • winter residence, winter resort

شجب šajaba *v.tr.* |1s3 يشجب yašjub^u | شجب šajb| • denounce, condemn

II **شجب** šajjaba *v.tr.* |2s يشجب yušajjib^u | تشجيب tašjīb| • denounce, condemn

شجر šajar *coll. n.* |*sing.* شجرة šajara^t | *pl.* أشجار ʔašjār| • trees

شجار šijār *n.* • fight, brawl • quarrel, argument

شجيرة šujayra^t *n. diminutive* • bush, shrub

III **شاجر** šājara *v.tr.* |3s يشاجر yušājir^u | مشاجرة mušājara^t| • fight *(with)*

مشاجرة mušājara^t *n.*↑ • fight, brawl

VI **تشاجر** tašājara *v.intr.* |6s يتشاجر yatašājar^u | تشاجر tašājur| • fight with each other, brawl

شجاع šujāƐ, شجيع šajīƐ *adj.* |*m. pl.* شجعان šujƐān | *elat.* أشجع ʔašjaƐ| • courageous, brave ▪ أشجع من ليث ʔašjaƐ min layt^in *idiom* braver than a lion (i.e. very brave)

شجاعة šajāƐa^t *n.* • courage, bravery

أشجع ʔašjaƐ *adj.* **dip.** |*f.* **dip.** شجعاء šajƐāʔ| • brave, courageous

II **شجع** šajjaƐa *v.tr.* |2s يشجع yušajjiƐ^u | تشجيع tašjīƐ| • encourage *sb* ه *to (do)* على

تشجيع tašjīƐ *n.*↑ • encouragement

مشجع mušajjiƐ *act. part. n.* • supporter

شجن šajan *n.* |*pl.* شجون šujūn| • grief, heartache, melancholy

IV **أشجى** ʔašjā *v.tr.* |4d يشجي yušjī | إشجاء ʔišjāʔ| • move, touch

مشج *mušj(in) act. part. adj.* ***def.*** |*elat.* أكثر تشجيعا *ʔaktar tašjīƐan*| • moving, touching

شاحب *šāɧib adj.* |*elat.* أشحب *ʔašɧab*| • pale, faded

شحذ *šaɧađa v.tr.* |*1s1* يشحذ *yašɧađ^u* | شحذ *šaɧđ*| • sharpen, whet ▪ شحذ همته *šaɧađa himmat^a hu* energize *sb*, strengthen • beg

شحاذ *šaɧɧāđ n.* • beggar

شحم *šaɧm coll. n.* |*sing.* شحمة *šaɧma^t* | *pl.* شحوم *šuɧūm* or شحمات *šuɧūmāt*| • fat, grease ▪ شحمة *šaɧma^t n.* piece of fat ▪ شحمة أذن *šaɧmat · ʔuđun* earlobe

شحمي *šaɧmī^y adj.* • fatty

II **شحم** *šaɧɧama v.tr.* |*2s* يشحم *yušaɧɧim^u* | تشحيم *tašɧīm*| • grease, lubricate

تشحيم *tašɧīm n.*↑ • lubrication

شحن *šaɧana v.tr.* |*1s1* يشحن *yašɧan^u* | شحن *šaɧn*| • ship, send

شحن *šaɧn n.*↑ • shipment, shipping, freight

شاحنة *šāɧina^t act. part. n.* • truck (UK: lorry)

شحنة *šaɧna^t n.* |*pl.* شحنات *šaɧ(a)nāt*| • load, cargo

شخر *šaxara v.intr.* |*1s2* يشخر *yašxir^u* | شخير *šaxīr*| • snore

شخص *šaxṣ n.* • |*pl.* أشخاص *ʔašxāṣ*| person ▪ شخص ما *šaxṣ mā* someone; anyone ▪ شخص آخر *šaxṣ ʔāxar* someone else • |*pl.* شخوص *šuxūṣ*| character ▪ شخص رواية *šaxṣ · riwāya^t* character in a novel

شخصي *šaxṣī^y adj.* • personal ▪ شخصيا *šaxṣīyan adv.* personally, in person

شخصية *šaxṣīya^t n.* • personality, character

II **شخص** *šaxxaṣa v.tr.* |*2s* يشخص *yušaxxiṣ^u* | تشخيص *tašxīṣ*| • identify, diagnose

تشخيص *tašxīṣ n.*↑ • diagnosis

شد *šadda v.* • *v.tr.* |*1g2/1g3* يشد *yašidd^u* or *yašudd^u* | شد *šadd*| pull taut, tighten • *v.intr.* |*1g2* يشد *yašidd^u* | شدة *šidda^t*| be intense, be severe

شدة *šidda^t n.*↑ • intensity, severity

مشدود *mašdūd pass. part. adj.* • taut, tight, tense

شدة *šadda^t* • *(grammar)* shadda (diacritic indicating a double consonant)

شديد *šadīd adj.* |*m. pl.* شداد *šidād* or ***dip.*** أشداء *ʔašiddāʔ* | *elat.* أشد *ʔašadd*| • intense, extreme, severe, strong ▪ شديد الحساسية *šadīd · alɧassasīya^ti* high-strung ▪ شديد الحرارة *šadīd · alɧarāra^ti* intensely hot ▪ في أشد الحاجة الى *fī ʔašadd^i -lɧāja^ti ʔilā* in dire need of ⓘ *Many adjectives, especially those which do not have their own elative forms, use* أشد *ʔašadd + indefinite accusative masdar to form elatives.* ◊ الأشد تأثيرا *the most effective* ◊ أشد فقرا *poorer*

➡ ***compare with*** **أكثر** ***ʔaktar p. 260***

مشد *mišadd n.* • corset, girdle ▪ مشد صدر *mišadd · ṣadr* brassiere, bra

II **شدد** *šaddada v.tr.* |*2s* يشدد *yušaddid^u* | تشديد *tašdīd*| • emphasize على, intensify ▪ شدد على أن *šaddada Ɛalā ʔanna* emphasize that... • geminate, double (a consonant)

تشديد *tašdīd n.*↑ • emphasis • *(grammar)* gemination, consonant doubling

V **تشدد** *tašaddada v.intr.* |*5s* يتشدد *yatašaddad^u* | تشدد *tašaddud*| • be harsh, be strict, be unrelenting, be intolerant

تشدد *tašaddud n.*↑ • intolerance, inflexibility

متشدد *mutašaddid act. part.* • *adj.* |*elat.* أكثر تشددا *ʔaktar tašaddadan*| harsh, strict • *n.* zealot, bigot • hardliner, militant

VIII **اشتد** *ištadda v.intr.* |*8g1* يشتد *yaštadd^u* | اشتداد *ištidād*| • become stronger, intensify

شدق *šidq n.* |*pl.* أشداق *ʔašdāq*| • corner of the mouth ▪ ضحك ملء شدقيه *ḍaɧika malʔ^a šidqayhi* grin from ear to ear

شذوذ *šuđūđ n.* • perversion, deviation, abnormality

شاذ *šāđđ adj.* |*m. pl.* شذاذ *šuđđāđ* | *elat.* أكثر شذوذا *ʔaktar šuđūđan*| • perverted, unnatural, deviant

QIII **اشرأب** *išraʔabba v.intr.* |*13s(a)* يشرئب *yašraʔibb^u* | اشرئباب *išriʔbāb*| • crane *one's* neck

شرب *šariba v.tr.* |*1s4* يشرب *yašrab^u* | شرب *šurb*| • drink

شارب *šārib act. part.* |*pl.* ***dip.*** شوارب *šawārib*| • mustache

مشروب *mašrūb pass. part. n.* |*pl.* ***dip.*** مشاريب *mašārīb*| • drink, beverage ▪ مشروب غازي *mašrūb ɣāzī^y* carbonated beverage, soft drink

شراب *šarāb n.* |*pl.* أشربة *ʔašriba^t*| • syrup ▪ شراب إسفندان *šarāb · isfindān* maple syrup • drink ⓘ *The English word 'syrup' has been borrowed from this Arabic word.*

شربة *šurba^t n.* • soup • drink, sip ▪ شرب شربة ماء *šariba šurbat · māʔ* take a drink of water

مشربية *mašrabīya^t n.* • mashrabiya (projecting oriel window with latticework) ➡ ***pic. p. 164***

ش

شرج *šaraj n.* |*pl.* أشراج *ʔašrāj*| • anus

شرجي *šarajīʸ adj.* • anal

شرح *šaraħa v.tr.* |*1s1* يشرح *yašraħᵘ* | شرح *šarħ*| • explain *sth* ∘ *to* لـ

شرح *šarħ n.*↑ • explanation

شريحة *šarīħaᵗ n.* |*pl.* **dip.** شرائح *šarāʔiħ*| • slice, section • *(computers)* chip

مشرحة *mašraħaᵗ n.* • morgue, mortuary

II **شرّح** *šarraħa v.tr.* |*2s* يشرّح *yušarriħᵘ* | تشريح *tašrīħ*| • slice, dissect

تشريح *tašrīħ n.*↑ • dissection

شرخ *šarx n.* |*pl.* شروخ *šurūx*| • crack, fissure

شرد *šarada v.intr.* |*1s3* يشرد *yašrudᵘ* | شرود *šurūd*| • stray, roam, wander

شارد *šārid act. part. adj.* • absent-minded, distracted, engrossed (in something and not listening) ◊ تظاهر بالانتباه في حين أنه كان شاردا. *He pretended to pay attention while he was (actually) absent-minded.*

II **شرّد** *šarrada v.tr.* |*2s* يشرّد *yušarridᵘ* | تشريد *tašrīd*| • displace, force to emigrate, make homeless, evict

تشريد *tašrīd n.*↑ • displacement, eviction

مشرّد *mušarrad pass. part. adj.* |*elat.* أكثر تشردا *ʔaktar tašarrudan*| • homeless

V **تشرّد** *tašarrada v.intr.* |*5s* يتشرّد *yatašarradᵘ* | تشرد *tašarrud*| • be displaced, be made homeless, become homeless

متشرّد *mutašarrid act. part. adj.* |*elat.* أكثر تشردا *ʔaktar tašarrudan*| • homeless

شرّ *šarr* • *adj.* |*pl.* أشرار *ʔašrār* | *elat.* شر *šarr*| bad, evil ▪ شر من *šarr min* worse than, more evil than • *n.* |*pl.* شرور *šurūr*| badness, evil ▪ الخير والشر *alxayr wa-ššarr* good and evil ▪ شر البلية ما يضحك. *šarrᵘ -lbalīyaᵗ mā yadħakᵘ proverb* The worst of disasters make us laugh. (i.e. when the irony of a disaster is beyond belief)

شرارة *šarāraᵗ n.* • spark

شرير *šarīr adj.* |*m. pl.* أشرة *ʔaširraᵗ* | *elat.* شر *šarr*| • wicked, evil

شرس *šaris adj.* |*elat.* أشرس *ʔašras*| • ferocious, fierce, vicious, aggressive ◊ منافسة شرسة *fierce competition*

شرط *šarṭ n.* |*pl.* شروط *šurūṭ*| • condition, stipulation ▪ بشرط أنْ *bi-šarṭⁱⁿ ʔan*, شرط أنْ *šarṭᵃ ʔan*, على شرط أنْ *Ɛalā šarṭⁱⁿ ʔan* on condition that..., provided that... ▪ دون شرطا *dawwana šarṭan v.* stipulate a condition

شرطي *šarṭīʸ adj.* • conditional ▪ جملة شرطية *jumlaᵗ šarṭīyaᵗ n. (grammar)* conditional sentence

شرطة *šurṭaᵗ n.* • police ▪ شرطة عسكرية *šurṭaᵗ Ɛaskarīyaᵗ* military police ▪ رجل الشرطة *rajul · šurṭaᵗ*, ضابط شرطة *ḍābiṭ · šurtaᵗ* police officer, policeman

شرطي *šurṭīʸ n.* • police officer

شريط *šarīṭ n.* |*pl.* أشرطة *ʔašriṭaᵗ* or شرائط *šarāʔiṭ*| • band, ribbon, tape ▪ شريط حذاء *šarīṭ · ħiđāʔ* shoelace ▪ شريط لاصق *šarīṭ lāṣiq* adhesive tape

شريطة *šarīṭaᵗ n.* |*pl.* **dip.** شرائط *šarāʔiṭ*| • condition, stipulation ▪ شريطة أنْ *šarīṭata ʔan* provided that...

VIII **اشترط** *ištaraṭa v.tr.* |*8s* يشترط *yaštariṭᵘ* | اشتراط *ištirāṭ*| • stipulate *sth* ∘ *to* على, make a condition upon

شرع *šaraƐa v.intr.* |*1s1* يشرع *yašraƐᵘ* | شروع *šurūƐ*| • [+ masdar] begin to *(do)* في, start *(do)*ing ◊ شرع الطفل في البكاء. *The child started to cry.*; [+ indicative] begin to *(do)*, start *(do)*ing ◊ الآن شرعت أتعلم الفرنسية. *Now I've started learning French.*

شارع *šāriƐ act. part. n.* |*pl.* **dip.** شوارع *šawāriƐ*| • street ◊ في هذا الشارع *on this street* ◊ في آخر الشارع *at the end of the street* ▪ شارع رئيسي *šāriƐ raʔīsīʸ* main street, thoroughfare

مشروع *mašrūƐ pass. part.* |*pl.* **dip.** مشاريع *mašārīƐ* or مشروعات *mašrūƐāt*| • *adj.* |*elat.* أكثر مشروعية *ʔaktar mašrūƐīyaᵗᵃⁿ*| legitimate • *n.* project, plan, draft ▪ مشروع قانون *mašrūƐ · qānūn* bill, draft legislation

مشروعية *mašrūƐīyaᵗ* • legality

شرعة *širƐaᵗ n.* • law

شرعي *šarƐīʸ adj.* |*elat.* أكثر شرعية *ʔaktar šarƐīyaᵗᵃⁿ*| • legal ▪ غير شرعي *ɣayr · šarƐīʸ* illegal • forensic

شرعية *šarƐīyaᵗ n.* • legality

شراع *širāƐ n.* |*pl.* أشرعة *ʔašriƐaᵗ*| • sail

الشريعة *aššarīƐaᵗ n.* |*pl.* الشرائع *aššarāʔiƐ*| • Sharia law

II **شرّع** *šarraƐa v.tr.* |*2s* يشرّع *yušarriƐᵘ* | تشريع *tašrīƐ*| • legislate

تشريع *tašrīƐ n.*↑ • legislation

تشريعي *tašrīƐīʸ adj.* • legislative

شرف *šaraf n.* • honor

شرفة *šurfaᵗ n.* |*pl.* شرفات *šur(u)fāt*| • balcony, terrace

شريف *šarīf adj.* |*m. pl.* ***dip.*** شرفاء *šurafāʔ* | *elat.* أشرف *ʔašraf*| • honorable ▪ أشرف *ʔašraf* ***dip.*** *man's name* Ashraf

مشرف *mašraf n.* |*pl.* ***dip.*** مشارف *mašārif*| • elevated place, height ▪ __ على مشارف *Ɛalā mašārif*^{i} __ *prep.* on the brink of _, at the edge of __, at the beginning of __, on the outskirts of __ ◊ على مشارف الموت *on the brink of death* ◊ على مشارف القرن *at the turn of the century* ◊ على مشارف المدينة *on the outskirts of the city*

II **شرّف** *šarrafa v.tr.* |*2s* يشرف *yušarrif*^{u} | تشريف *tašrīf*| • honor

مشرّف *mušarraf pass. part. adj.* |*elat.* أشرف *ʔašraf*| • honorable, noble

IV **أشرف** *ʔašrafa v.intr.* |*4s* يشرف *yušrif*^{u} | إشراف *ʔišrāf*| • supervise على, oversee

إشراف *ʔišrāf n.*↑ • supervision

مشرف *mušrif act. part. n.* • supervisor

V **تشرّف** *tašarrafa v.intr.* |*5s* يتشرف *yatašarraf*^{u} | تشرف *tašarruf*| • be honored *with* بـ ▪ تشرفنا *tašarrafnā* Pleased to meet you!

شرق *šarq n.* • east ▪ الشرق الأوسط *aššarq alʔawsaṭ* the Middle East; *f. n.* Asharq Al-Awsat (international Arabic language newspaper headquartered in London) ▪ الشرق الأدنى *aššarq alʔadnā* the Near East ▪ الشرق الأقصى *aššarq alʔaqṣā* the Far East ▪ في شرق *fī šarq*^{i} *prep.* in the east of ◊ يسكن في شرق البلد. *He lives in the east of the country.* ▪ في الشرق من *fī -ššarq*^{i} *min prep.* to the east of ◊ البحر في الشرق من المدينة. *The sea is (to the) east of the city.* ▪ شرقا *šarqan adv.* east, eastward

شرق *šarqa*, شرقي *šarqīya prep.* • to the east of

شرقي *šarqīy* • *adj.* eastern, east- ▪ شمالي شرقي *šamālīy šarqīy* northeastern ▪ شمالي غربي *šamālīy ɣarbīy* northwestern • *n.* easterner

شروق *šurūq n.* • *(sun, moon)* rise ▪ شروق شمس *šurūq · šams* sunrise ▪ الشروق *aššurūq n.* ***f.*** El Shorouk (Egyptian newspaper)

مشرق *mašriq n.* |*pl.* ***dip.*** مشارق *mašāriq*| • east, where the sun rises ▪ المشرق *almašriq* The Mashriq (Arab countries east of Egypt)

مشرقي *mašriqīy adj.* |*pl.* مشارقة *mašāriqa*^{t}| • eastern, oriental

الشارقة *aššāriqa*^{t} *n.* • *(city in the U.A.E.)* Sharjah ➡ ***map on p. 15***

IV **أشرق** *ʔašraqa v.intr.* |*4s* يشرق *yušriq*^{u} | إشراق *ʔišrāq*| • *(sun, moon)* rise ◊ تشرق الشمس من الشرق. *The sun rises in the east.* • shine

إشراق *ʔišrāq n.*↑ • radiance

مشرق *mušriq act. part. adj.* |*elat.* أكثر إشراقا *ʔaktar ʔišrāqan*| • brilliant, bright, splendid

X **مستشرق** *mustašriq act. part. n.* |*10s* يستشرق *yastašriq*^{u} | استشراق *istišrāq*| • orientalist

شركة *šarika*^{t} *n.* • company, firm ▪ شركة أم *šarikat · ʔumm* parent company ▪ شركة تابعة *šarika*^{t} *tābiƐa*^{t} subsidiary ▪ شركة ذات مسؤولية محدودة *šarika*^{t} *ḏāt masʔūlīya*^{tin} *maḥdūda*^{tin} limited liability company (LLC) ▪ شركة مساهمة *šarika*^{t} *musāhima*^{t} corporation ▪ شركة ناشئة *šarika*^{t} *nāšiʔa*^{t} startup company • partnership

شراكة *širāka*^{t} *n.* • partnership

شريك *šarīk n.* |*pl.* ***dip.*** شركاء *šurakāʔ*| • partner, associate ▪ شريك أعمال *šarīk · ʔaƐmāl* business partner

III **شارك** *šāraka v.intr.* |*3s* يشارك *yušārik*^{u} | مشاركة *mušāraka*^{t}| • participate *with* مع *in* في

مشاركة *mušāraka*^{t} *n.*↑ • participation

مشارك *mušārik act. part.* • *adj.* associate ▪ أستاذ مشارك *ʔustāḏ mušārik n.* associate professor • *n.* participant • partner, associate

VI **تشارك** *tašāraka v.intr.* |*6s* يتشارك *yatašārak*^{u} | تشارك *tašāruk*| • participate together *in* في

VIII **اشترك** *ištaraka v.intr.* |*8s* يشترك *yaštarik*^{u} | اشتراك *ištirāk*| • participate *in* في

اشتراك *ištirāk n.*↑ • participation

اشتراكي *ištirākīy adj. & n.* • socialist

اشتراكية *ištirākīya*^{t} *n.* • socialism

مشترك *muštarik act. part. n.* • participant

مشترك *muštarak pass. part. adj.* • common, joint, collective

شركسي *šarkasīy adj.* |*m. pl.* شراكسة *šarākisa*^{t}| • *(ethnic group)* Circassian, Adyghe ▪ الشركس *aššarkas pl. n.* the Circassians

شرم *šarm n.* |*pl.* شروم *šurūm*| • inlet, bay

شرم الشيخ *šarm · aššayx*^{i} *n.* ***f.*** • *(city in Egypt)* Sharm el-Sheikh ➡ ***map on p. 287***

شروال *širwāl n.* |*pl.* ***dip.*** شراويل *šarāwīl*| • Punjabi pants (baggy pants tapered at the ankle), seroual trousers

شراء *širāʔ n.* • purchase

شريان *širyān n.* |*pl.* ***dip.*** شرايين *šarāyīn*| • artery

شار *šār(in) n.* ***def.*** |*pl.* شارون *šārūn*^{a}| • buyer

VIII **اشترى** *ištarā v.tr.* |*8d1* يشتري *yaštarī* | إشتراء *ʔištirāʔ*| • buy, purchase

اشتراء *ištirāʔ n.*↑ • purchase

ش

مشتر *muštar(in) act. part. n.* **def.** |*pl.* مشترون *muštarūn*[a]| • client, customer, purchaser, buyer • المشتري *almuštarī (planet)* Jupiter

مشترى *muštar(an) pass. part. n.* **indecl.** |*dual* مشتريان *muštarayān*[i] | *pl.* مشتريات *muštarayāt*| • purchase ▪ مشتريات *muštarayāt pl. n.* shopping, goods

شاسع *šāsiƐ adj.* • huge, enormous, extensive

شاطئ *šāṭiʔ n.* |*pl.* **def.** شواطئ *šawāṭiʔ*| • beach, seaside

شطب *šaṭaba v.tr.* |*1s3* يشطب *yašṭub*[u] | شطب *šaṭb*| • cross out, erase, scratch off ▪ شطب دينا *šaṭaba daynan* cancel a debt, forgive a debt • eliminate, remove

شطر *šaṭara v.tr.* |*1s3* يشطر *yašṭur*[u] | شطر *šaṭr*| • halve, split

شطر *šaṭr n.*↑ |*pl.* أشطر *ʔašṭar* or شطور *šuṭūr*| • half

شاطر *šāṭir act. part. adj.* |*m. pl.* شطار *šuṭṭār* | *elat.* أشطر *ʔašṭar*| • clever, smart

شطرنج *šiṭranj* or *šaṭranj n.* • chess

شطف *šaṭafa v.tr.* |*1s3* يشطف *yašṭuf*[u] | شطف *šaṭf*| • rinse

شظي *šaẓiya v.intr.* |*1d4* يشظى *yašẓā* | **indecl.** شظى *šaẓ(an)*| • splinter

شظية *šaẓīya*[t] *n.* |*pl.* **invar.** شظايا *šaẓāyā*| • splinter, sliver

شعب *šaƐb n.* |*pl.* شعوب *šuƐūb*| • people ◊ الشعب الفلسطيني *the Palestinian people* ▪ مجلس شعب *majlis · šaƐb* parliament, people's council

شعبي *šaƐbī*[y] *adj.* |*elat.* أكثر شعبية *ʔaktar šaƐbīya*[tan]| • common, lower-class, working class ▪ حي شعبي *ḥayy šaƐbī*[y] *n.* working-class neighborhood, poorer district • folk-, popular

شعبية *šaƐbīya*[t] *n.* • popularity

شعب *šiƐb n.* |*pl.* شعاب *šiƐāb*| • mountain pass, gorge, ravine • reef ▪ شعب مرجاني *šiƐb marjānī*[y] coral reef

شعبة *šuƐba*[t] *n.* |*pl.* شعب *šuƐab*| • branch, division

شعبان *šaƐbān n.* • Sha'aban (eighth month of the Islamic calendar) ➡ ***The Islamic Calendar p. 315***

V **تشعب** *tašaƐƐaba v.intr.* |*5s* يتشعب *yatašaƐƐab*[u] | تشعب *tašaƐƐub*| • branch out, diverge, separate, split

متشعب *mutašaƐƐib act. part. adj.* |*elat.* أكثر تشعبا *ʔaktar tašaƐƐuban*| • divergent

شعر *šaƐara v.intr.* |*1s3* يشعر *yašƐur*[u] | شعور *šuƐūr*| • [+ masdar] feel بـ, sense ⓘ *In English, the complement of 'feel' is an adjective, whereas in Arabic it is a noun governed by the preposition* بـ *bi-*: ◊ أشعر بالبرد. *I feel cold. (lit. I feel with coldness.)* ◊ أشعر بالملل. *I feel bored. (lit. I feel with boredom.)* ▪ شعر بالتعب *šaƐara bi-ttaƐab* feel tired ▪ شعر بالسعادة *šaƐara bi-ssaƐāda*[ti] feel happy ▪ شعر بالقلق *šaƐara bi-lqalaq*[i] feel worried ▪ شعر بالملل *šaƐara bi-lmalal*[i] feel bored ▪ شعر بالوحدة *šaƐara bi-lwaḥda*[ti] feel lonely ▪ شعر بالحاجة إلى *šaƐara bi-lḥāja*[ti] *ʔilā* [+ masdar] feel the need to *(do)* ▪ شعر بالألم *šaƐara bi-lʔalam*[i] feel pain ▪ شعر بأن *šaƐara bi-ʔanna* feel that... • be conscious *of* بـ, be aware ◊ شعر بوجودها في الغرفة. *He was aware of her presence in the room.*

شعور *šuƐūr n.*↑ • feeling, emotion, sense, sensation • consciousness, awareness

شعوري *šuƐūrī*[y] *adj.* • emotional, sensory • conscious ▪ لا شعوري *lā šuƐūrī*[y] subconscious, unconscious

شاعر *šāƐir act. part. n.* |*pl.* **dip.** شعراء *šuƐarāʔ*| • poet

شاعري *šāƐirī*[y] *adj.* |*elat.* أكثر شاعرية *ʔaktar šāƐirīya*[tan]| • poetic, romantic

شعر *šaƐr coll. n.* |*sing.* شعرة *šaƐra*[t] | *pl.* شعور *šuƐūr*| • hair ▪ شعرة *šaƐra*[t] a hair

شعر *šiƐr n.* |*pl.* أشعار *ʔašƐār*| • poetry

شعري *šiƐrī*[y] *adj.* • poetic

شعار *šiƐār n.* • slogan, motto • logo

شعير *šaƐīr coll. n.* |*sing.* شعيرة *šaƐīra*[t]| • barley

شعيرة *šaƐīra*[t] *n.* |*pl.* **dip.** شعائر *šaƐāʔir*| • ritual, ceremony

شعيرة *šuƐayra*[t] *n. diminutive* |*pl.* **dip.** شعيرات *šuƐayrāt* or شعائر *šaƐāʔir*| • capillary

مشعر *mašƐar n.* |*pl.* **dip.** مشاعر *mašāƐir*| • *(usually plural)* feeling, sense, emotion

IV **أشعر** *ʔašƐara v.tr.* |*4s* يشعر *yušƐir*[u] | إشعار *ʔišƐār*| • notify *sb* ∘ *of* بـ, inform

إشعار *ʔišƐār n.*↑ • notification ▪ حتى إشعار آخر *ḥattā ʔišƐār*[in] *ʔāxar*[a] until further notice

X **استشعر** *istašƐara v.intr.* |*10s* يستشعر *yastašƐir*[u] | استشعار *istišƐār*| • perceive في *or* بـ, be aware *of*, sense ▪ استشعر بأن *istašƐara bi-ʔanna* perceive that..., sense that...

استشعار *istišƐār n.*↑ • perception, awareness, sensory

QI **شعشع** *šaƐšaƐa v.tr.* |*11s* يشعشع *yušaƐšiƐ*[u] | شعشعة

šaƐšaƐa| • dilute, water down

شعاع *šuƐāƐ* |pl. أشعة *ʔašiƐƐa*ᵗ| • *n.* radius, spoke • *coll. n.* |sing. شعاعة *šuƐāƐa*ᵗ| rays, beams ▪ صورة أشعة *ṣūrat · ʔašiƐƐa*ᵗ, أشعة إكس *ʔašiƐƐat · ʔiks* x-ray ▪ شعاع ليزر *šuƐāƐ · layzer* laser beam ▪ علم الأشعة *Ɛilm · alʔašiƐƐa*ⁱⁱ radiology ▪ عالم أشعة *Ɛālim · ʔašiƐƐa*ᵗ radiologist

مشعاع *mišƐāƐ n.* • radiator

IV **أشع** *ʔašaƐƐa v.* |4g يشع *yušiƐƐ*ᵘ | إشعاع *ʔišƐāƐ*| • *v.tr.* emit • *v.intr.* radiate

إشعاع *ʔišƐāƐ n.*↑ • radiation

إشعاعي *ʔišƐāƐī*ʸ *adj.* • radioactive

مشع *mušiƐƐ act. part. adj.* |elat. أكثر إشعاعا *ʔaktar ʔišƐāƐan*| • radiant • radioactive

شعلة *šuƐla*ᵗ *n.* |pl. شعل *šuƐal*| • torch, flame

مشعل *mišƐal* or *mašƐal n.* |pl. **dip.** مشاعل *mašāƐil*| • torch

IV **أشعل** *ʔašƐala v.tr.* |4s يشعل *yušƐil*ᵘ | إشعال *ʔišƐāl*| • set on fire, burn, light ▪ أشعل سيجارة *ʔašƐala sīgāra*ᵗ • *(light, etc.)* turn on, switch on

VIII **اشتعل** *ištaƐala v.intr.* |8s يشتعل *yaštaƐil*ᵘ | اشتعال *ištiƐāl*| • catch on fire, burn

شغب *šaɣb* or *šaɣab n.* • unrest, riot ▪ أعمال شغب *ʔaƐmāl · šaɣb* disturbances, riots

III **شاغب** *šāɣaba v.intr.* |3s يشاغب *yušāɣib*ᵘ | مشاغبة *mušāɣaba*ᵗ| • riot, make trouble

مشاغب *mušāɣib act. part.* • *adj.* riotous, troublemaking • *n.* rioter, troublemaker

شغر *šaɣara v.intr.* |1s3 يشغر *yašɣur*ᵘ | شغور *šuɣūr*| • become vacant, become free, become unoccupied

شغور *šuɣūr n.*↑ • vacancy

شاغر *šāɣir act. part. adj.* |pl. **dip.** شواغر *šawāɣir*| • vacant, free, unoccupied

شغف *šaɣaf n.* • passion

شغف *šaɣif adj.* |elat. أكثر شغفا *ʔaktar šaɣafan*| • passionate *about* بـ, infatuated *with*

شغوف *šaɣūf adj.* |elat. أكثر شغفا *ʔaktar šaɣafan*| • passionate *about* بـ, infatuated *with*

شغل *šaɣala v.tr.* |1s1 يشغل *yašɣal*ᵘ | شغل *šuɣl*| • fill (a position, etc.) • occupy, busy, distract

شغل *šuɣl n.*↑ • occupation, filling • |pl. أشغال *ʔašɣāl*| work, job ▪ عندي شغل. *Ɛindī šuɣl* Something's come up., I have something to do.

مشغول *mašɣūl pass. part. adj.* |elat. أكثر انشغالا *ʔaktar inšiɣālan*| • busy ◊ كنت مشغولا جدا الأسبوع الماضي. *I was really busy last week.* ◊ *(telephone)* الخط مشغول. *The line is busy.* ▪ مشغول بـ *mašɣūl bi-* busy with ◊ أنا مشغول بالدراسة هذه الأيام. *I'm busy studying these days.* ▪ مشغول عن *mašɣūl Ɛan* too busy for ◊ هي دائما مشغولة عني. *She's always too busy for me.*

شغال *šaɣɣāl adj.* • busy, occupied • *(of machines)* running, in operation

مشغل *mašɣal n.* |pl. **dip.** مشاغل *mašāɣil*| • workshop, atelier

II **شغل** *šaɣɣala v.tr.* |2s يشغل *yušaɣɣil*ᵘ | تشغيل *tašɣīl*| • employ, hire • work, operate, run • play (music) ◊ كان يشغل الموسيقى بصوت عال في سيارته. *He was playing music loudly in his car.*

تشغيل *tašɣīl n.*↑ • employment • operation

مشغل *mušaɣɣil act. part. n.* • operator

مشغل *mušaɣɣal pass. part. n.* • employee

IV **أشغل** *ʔašɣala v.tr.* |4s يشغل *yušɣil*ᵘ | إشغال *ʔišɣāl*| • occupy, fill, take up • distract *sb* ∘ *from* عن

VII **انشغل** *inšaɣala v.intr.* |7s ينشغل *yanšaɣil*ᵘ | انشغال *inšiɣāl*| • be busy *with* بـ *or* في, be (pre)occupied, be engaged

VIII **اشتغل** *ištaɣala v.* |8s يشتغل *yaštaɣil*ᵘ | اشتغال *ištiɣāl*| • *v.tr.* work ◊ ماذا تشتغل؟ *What do you do?* • *v.intr. (music)* play ◊ كانت الموسيقى تشتغل بصوت عال. *The music was playing loudly.*

شفر *šafr n.* |pl. أشفار *ʔašfār*| • edge, rim • labium

شفرة *šafra*ᵗ *n.* |pl. شفرات *šaf(a)rāt*| • blade ▪ شفرة حلاقة *šafrat · ḥalāqa*ᵗ razor blade

شفرة *šifra*ᵗ *n.* |pl. شفرات *šifrāt*| • code

شفاطة *šaffāṭa*ᵗ *n.* • drinking straw • pump

شفاف *šaffāf adj.* |elat. أكثر شفافية *ʔaktar šafāfīya*ᵗᵃⁿ| • transparent

شفافية *šafāfīya*ᵗ *n.* • transparency

شفق *šafaq n.* • twilight

شفقة *šafaqa*ᵗ *n.* • pity, sympathy, compassion

شفوق *šafūq adj.* • sympathetic, compassionate

IV **أشفق** *ʔašfaqa v.intr.* |4s يشفق *yušfiq*ᵘ | إشفاق *ʔišfāq*| • sympathize *with* على, pity

إشفاق *ʔišfāq n.*↑ • sympathy, compassion

شفة *šafa*ᵗ *n.* |pl. شفاه *šifāh*| • lip ▪ أحمر شفاه *ʔaḥmar · šifāh* lipstick

شفوي *šafawī*ʸ, شفهي *šifhī*ʸ, شفاهي *šifāhī*ʸ *adj.* • oral, labial

شفا *šafā(an) n.* **indecl.** |dual شفوان *šafawān*ⁱ | pl. أشفاء *ʔašfāʔ*| • rim, edge, brink

شفى *šafā v.tr.* |1d2 يشفي *yašfī* | شفاء *šifāʔ*| • cure, heal ▪ شفي *šufiya pass. v.* recover, get better

ش

شفاء *šifāʔ n.*↑ • cure, remedy • recovery

X **استشفى** *istašfā v.intr.* |10d يستشفي *yastašfī* | استشفاء *istišfāʔ*| • seek medical treatment

استشفاء *istišfāʔ n.*↑ • medical treatment

مستشفى *mustašf(an) n.* **indecl.** |dual مستشفيان *mustašfayān*[i] | plural مستشفيات *mustašfayāt*| • hospital

أشقر *ʔašqar adj.* **dip.** |m & f pl. شقر *šuqr* | f. sing. **dip.** شقراء *šaqrāʔ* | f. dual شقراوان *šaqrāwān*[i] | f. pl. شقراوات *šaqrāwāt*| • *(hair)* blond • *(skin)* fair

شقراء *šaqrāʔ n.* **f.** • blonde

IX **اشقر** *išqarra v.intr.* |9s يشقر *yašqarr*[u] | اشقرار *išqirār*| • turn golden brown • *(skin)* turn red

شق *šaqqa v.* |1g3 يشق *yašuqq*[u] | شق *šaqq*| • *v.tr.* split, crack • *v.intr.* be troublesome *for* على, be burdensome • لا يشق له غبار *lā yušaqq*[u] *lahu ɣubār*[un] *pass. v.* unparalleled, unrivaled

شق *šaqq n.*↑ |pl. شقوق *šuqūq*| • split, crack, slot, incision

شاق *šāqq act. part. adj.* |elat. أشق *ʔašaqq*| • difficult, hard, tough, troublesome, burdensome

شقة *šaqqa*[t] *n.* |pl. شقق *šiqaq*| • apartment (UK: flat)

شقاق *šiqāq n.* • disharmony, discord

شقيق *šaqīq n.* |pl. **dip.** أشقاء *ʔašiqqāʔ*| • brother, sibling

شقيقة *šaqīqa*[t] *n.* • sister • *(headache)* migraine

مشقة *mašaqqa*[t] *n.* |pl. **dip.** مشاق *mašāqq* or مشقات *mašaqqāt*| • difficulty, hardship, trouble

II **شقق** *šaqqaqa v.tr.* |2s يشقق *yušaqqiq*[u] | تشقيق *tašqīq*| • split, crack

VII **انشق** *inšaqqa v.intr.* |7g ينشق *yanšaqq*[u] | انشقاق *inšiqāq*| • split off *from* عن, secede, become split • renounce عن

انشقاق *inšiqāq n.*↑ • dissent, dissension, schism

منشق *munšaqq act. part. adj. & n.* • dissident

شقاء *šaqāʔ n.* • misery

شقي *šaqī*[y] |pl. **dip.** أشقياء *ʔašqiyāʔ*| • *adj.* |elat. **invar.** أشقى *ʔašqā*| naughty, mischievous; miserable, despondent • سيد القوم أشقاهم. *sayyid*[u] *-lqawm*[i] *ʔašqāhum proverb* The man in charge is the most miserable of them all. • *n.* rascal, scoundrel

شكر *šakara v.tr.* |1s3 يشكر *yaškur*[u] | شكر *šukr*| • thank *sb* ه *or* لـ *for* على

شكر *šukr n.*↑ |pl. شكور *skukūr*| • thanks, thankfulness • شكرا *šukran* Thank you! • شكرا جزيلا *šukran jazīlan*, أشكرك جزيل الشكر *ʔaškur*[u]*ka jazīl*[a] *-ššukr*[i] Thank you very much! • لا شكر على واجب *lā šukr*[a] *ɛalā wājib*[in] You're welcome! • عيد الشكر *ɛīd · aššukr*[i] Thanksgiving • وجه الشكر لـ *wajjaha aššukr*[a] *li- v.* extend *one's* thanks to

شاكر *šākir act. part. adj.* • grateful, thankful

مشكور *maškūr pass. part.* • *adj.* praiseworthy, worthy of thanks • تفضل مشكورا بـ *tafaḍḍala maškūran bi- v.* [+ masdar] be so kind as to *(do)* • Thanks!

شك *šakka v.intr.* |1g3 يشك *yašukk*[u] | شك *šakk*| • doubt في, suspect • أشك في ذلك. *ʔašukk*[u] *fī ḏālika* I doubt it.

شك *šakk n.*↑ |pl. شكوك *šukūk*| • doubt, suspicion • لا شك *lā šakk*[a] no doubt • بلا شك *bi-lā šakk*[in], ولا شك *wa-lā šakk*[a], من دون شك *min dūna šakk*[a] *adv.* without a doubt, definitely, undoubtedly • لا شك أنّ *lā šakk*[a] *ʔanna* There is no doubt that...

شاك *šākk act. part. adj.* |m. pl. شكاك *šukkāk* | elat. أكثر شكا *ʔaktar šakkan*| • doubtful, suspicious, in doubt

مشكوك *maškūk pass. part. adj.* •مشكوك فيه *maškūk fīhi* dubious, doubtful

شكل *šakala v.tr.* |1s3 يشكل *yaškul*[u] | شكل *šakl*| • mark with diacritics, vowel, vocalize

شكل *šakl n.*↑ |pl. أشكال *ʔaškāl*| • shape • الشكل __ __ · *aššakl*[i] [adjective +] *(forms adjectives)* __-shaped • كروي الشكل *kurawīy · aššakl*[i] *adj.* ball-shaped, spherical • مكعب الشكل *mukaɛɛab · aššakl*[i] *adj.* cube-shaped, cubiform • على شكل __ *ɛalā šakl*[i] __ in the shape of __, in __ form ◊ نشرت رسائلها على شكل كتاب. *Her letters were published in book form.* • جلس على شكل حلقة *jalasa ɛalā šakl*[i] *· ḥalqa*[tin] *v.* sit in a circle • manner, way • __ بشكل *bi-šakl*[in] __ [+ adjective] *(forms adverbs)* in a __ way, __-ly • بشكل عادي *bi-šakl*[in] *ɛādīy*[in] usually • بشكل مباشر *bi-šakl*[in] *mubāšir*[in] *adv.* directly • بشكل طبيعي *bi-šakl*[in] *ṭabīɛīy*[in] *adv.* naturally, in a natural way • بشكل متوقع *bi-šakl*[in] *mutawaqqaɛ*[in] *adv.* expectedly, in an expected way • بشكل نظامي *bi-šakl*[in] *niẓāmīy*[in] *adv.* in an organized way • بشكل تدريجي *bi-šakl*[in] *tadrījīy*[in] *adv.* gradually • بشكل عام *bi-šakl*[in] *ɛāmm*[in] *adv.* generally • vowelization

مشكول *maškūl pass. part. adj.* • marked with diacritics, voweled, vocalized

مشكلة *muškila*[t] *n.* |pl. **dip.** مشاكل *mašākil*| • problem ◊ ليست مشكلة. *It's not a problem.*

▪ في مشكلة *fī muškila^{tin} adv.* in trouble ▪ ما من مشكلة *mā min muškila^{tin}* no problem

II **شكّل** *šakkala v.tr.* |2s يشكّل *yušakkil^{u}* | تشكيل *taškīl*| • form, establish • constitute, make up, be composed of • mark with diacritics, vowel, vocalize

تشكيل *taškīl n.*↑ • formation, establishment • vowelization ▪ علامة تشكيل *Ɛalāmat · taškīl* vowel mark, diacritic

تشكيلي *taškīlīy adj.* • visual, graphic ▪ فنون تشكيلية *fanūn taškīlīya^{t} pl. n.* visual arts

تشكيلة *taškīla^{t} n.* • formation • selection, assortment

V **تشكّل** *tašakkala v.intr.* |5s يتشكّل *yatašakkal^{u}* | تشكّل *tašakkul*| • be formed, take shape

شكا *šakā v.intr.* |1d3 يشكو *yaškū* | شكوى *šakwā* or شكاية *šikāya^{t}*| • complain *about* من *to* إلى

شكوى *šakwā*, شكاية *šikāya^{t} n.*↑ **invar.** |pl. **invar.** شكاوى *šakāwā*| • complaint

شكوة *šakwa^{t} n.* |pl. شكوات *šak(a)wāt*| • complaint

VIII **اشتكى** *ištakā v.intr.* |8d1 يشتكي *yaštakī* | اشتكاء *ištikāʔ*| • complain *about* من *to* إلى

V **تشكّى** *tašakkā v.intr.* |5d يتشكّى *yatašakkā* | **def.** تشكّ *tašakk(in)*| • complain *about* من

الشلف *aššlef n. f.* • *(city in Algeria)* Chlef ➡ ***map on p. 57***

شلّ *šalla v.tr.* • |1g3 يشلّ *yašull^{u}* | شلل *šalal*| paralyze ▪ شُلّ *šulla pass. v.* become paralyzed

شلل *šalal n.*↑ • paralysis

شلّال *šallāl n.* • waterfall

IV **أشلّ** *ʔašalla v.tr.* |4g يشلّ *yušill^{u}* | إشلال *ʔišlāl*| • cripple, paralyze

شلن *šil(i)n n.* • shilling ▪ شلن صومالي *šil(i)n ṣūmālīy* |*abbreviated* ش.ص| Somali shilling (Sh.So.)

شلو *šilw n.* |pl. أشلاء *ʔašlāʔ*| • corpse

شم النسيم *šam annasīm n.* • Sham el-Nessim (Egyptian holiday)

QIII **اشمأزّ** *išmaʔazza v.intr.* |13s(a) يشمئزّ *yašmaʔizz^{u}* | اشمئزاز *išmiʔzāz*| • be disgusted *by* من, abhor

اشمئزاز *išmiʔzāz n.*↑ • disgust, abhorrence ▪ أثار الإشمئزاز *ʔatāra alʔišmiʔzāz^{i} v.* disgust ▪ مثير للاشمئزاز *mutīr li-lišmiʔzāz^{i} adj.* disgusting

مشمئزّ *mušmaʔizz act. part. adj.* |*elat.* أكثر اشمئزازا *ʔaktar išmiʔzāzan*| • averse *to* من

شمس *šams n. f.* |pl. شموس *šumūs*| • sun ▪ الشمس *aššams* the Sun ▪ شروق شمس *šurūq · šams* sunrise ▪ غروب شمس *ɣurūb · šams* sunset ▪ ضربة شمس *ḍarbat · šams* heat stroke

شمسي *šamsīy adj.* • solar, sun- ▪ حرف شمسي *ḥarf šamsīy n.* sun letter ➡ ***Sun and Moon Letters p. 11*** ▪ طاقة شمسية *ṭāqa^{t} šamsīya^{t} n.* solar energy ▪ المجموعة الشمسية *almajmūƐa^{t} aššamsīya^{t} n.* the solar system

شمسية *šamsīya^{t} n.* • umbrella

IV **أشمس** *ʔašmasa v.intr.* |4s يشمس *yušmis^{u}* | إشماس *ʔišmās*| • be sunny

مشمس *mušmis act. part. adj.* • sunny

V **تشمّس** *tašammasa v.intr.* |5s يتشمّس *yatašammas^{u}* | تشمّس *tašammus*| • bask in the sun

شمع *šamƐ coll. n.* • |*sing.* شمعة *šamƐa^{t}* | pl. شموع *šumūƐ* or شمعات *šam(a)Ɛāt*| candles • wax

شمعي *šamƐīy adj.* • waxy

شمّاعة *šammāƐa^{t} n.* • clothes hanger, coat hanger • coat rack

II **شمّع** *šammaƐa v.tr.* |2s يشمّع *yušammiƐ^{u}* | تشميع *tašmīƐ*| • wax, treat with wax

مشمّع *mušammaƐ pass. part. n.* • linoleum

شماغ *šamāɣ n.* |pl. أشمغة *ʔašmiɣa^{t}*| • shemagh (head cover worn by men), scarf

A young man wearing a shemagh (also: ghutra, keffiyeh) with an agal (cord)

شمل *šamala v.tr.* |1s1/1s3 يشمل *yašmal^{u}* or *yašmul^{u}* | شمل *šaml* or *šamal* or شمول *šumūl*| • include, contain, incorporate

شمل *šaml n.*↑ • inclusion • unification, combination ▪ حفلة لم الشمل *ḥaflat · lamm^{i} -ššaml^{i} (party)* reunion

شمول *šumūl n.*↑ • containment, inclusion • comprehensiveness, wholeness

ش

شمولي *šumūlīy adj.* |*elat.* أكثر شمولية *ʔaktar šumūlīyatan* or أكثر شمولا *ʔaktar šumūlan*| • comprehensive, holistic • totalitarian
شمولية *šumūlīyaᵗ n.* • totalitarianism

شامل *šāmil act. part. adj.* |*elat.* أشمل *ʔašmal*| • comprehensive, complete

شمال *šamāl n.* • north ◊ بشمال العاصمة *in the north of the capital* ▪ شمالا *šamālan adv.* north, northward, to the north ▪ شمال شرقي *šamāl šarqīy* northeast ◊ في الشمال الشرقي *in the northeast* ▪ شمال غربي *šamāl ɣarbīy* northwest ◊ منزلي في شمال غربي دمشق. *My house is in the northwest of Damascus.* ▪ في الشمال الغربي من *fī -ššamālⁱ -lɣarbīy min prep.* to the northwest of ◊ القرية في الشمال الغربي من دمشق. *The village is (to the) northwest of Damascus.*
شمال *šamāla prep.* • to the north of
شمالي *šamālīy adj.* • northern, north- ▪ شمالي شرقي *šamālīy šarqīy* north-eastern ▪ شمالي غربي *šamālīy ɣarbīy* north-western ▪ شمالي *šamālīya prep.* to the north of ▪ القطب الشمالي *alquṭb aššamālīy n.* the North Pole • *n.* northerner

شمال *šimāl n.* • *(not right)* left ▪ شمالا *šamālan adv.* to the left ▪ يمينا وشمالا *yamīnan wa-šimālan adv.* to the left and right ▪ على الشمال *Ɛalā -ššimālⁱ*, عن الشمال *Ɛanⁱ -ššimālⁱ adv.* on the left (side)
شمال *šimāla prep.* • to the left of

VIII **اشتمل** *ištamala v.intr.* |*8s* يشتمل *yaštamilᵘ* | اشتمال *ištimāl*| • contain على, include

اشتمال *ištimāl n.*↑ • containment, inclusion • comprehensiveness, wholeness

شم *šamma v.tr.* |*1g3* يشم *yašummᵘ* | شم *šamm*| • smell

شمم *šamm n.*↑ • smell ▪ حاسة شم *ḥāsat · šamm* sense of smell

شمام *šammām coll. n.* |*sing.* شمامة *šammāmaᵗ*| • cantaloupes, muskmelons

VIII **اشتم** *ištamma v.tr.* |*8g1* يشتم *yaštammᵘ* | اشتمام *ištimām*| • smell

شمندر *šamandar coll. n.* |*sing.* شمندرة *šamandaraᵗ*| • beetroot

شناشيل *šanāšīl n.* • shanasheel (projecting oriel window with latticework) ➡ ***picture on the right***

شنب *šanb n.* |*pl.* أشناب *ʔašnāb*| • mustache

شنطة *šanṭaᵗ n.* |*pl.* شنط *šunaṭ*| • bag

شنيع *šanīƐ adj.* |*m. pl.* شنعاء *šunaƐāʔ* | *elat.* أشنع *ʔašnaƐ*| • awful, heinous, abominable

شنق *šanaqa v.tr.* |*1s3* يشنق *yašnuqᵘ* | شنق *šanq*| • hang, lynch

مشنقة *mišnaqaᵗ* or *mašnaqaᵗ n.* |*pl.* ***dip.*** مشانق *mašāniq*| • gallows

شن *šanna v.tr.* |*1g3* يشن *yašunnᵘ* | شن *šann*| • launch *an attack, etc.* ∘ *against* على ▪ شن حربا *šanna ḥarban* wage war ▪ شن هجوما *šanna hujūman* launch an attack ▪ شن حملة عسكرية *šanna ḥamlaᵗ Ɛaskarīyaᵗ* launch a military campaign

شهاب *šihāb n.* |*pl.* شهب *šuhub*| • meteor, meteoroid, falling star, shooting star

شهد *šahida v.* • *v.tr.* |*1s4* يشهد *yašhadᵘ* | شهود *šuhūd*| witness • *v.intr.* |*1s4* يشهد *yašhadᵘ* | شهادة *šahādaᵗ*| testify *against* على

شاهد *šāhid act. part. n.* • |*pl.* شهود *šuhūd*| witness ▪ شاهد عيان *šāhid · Ɛiyān* eyewitness • |*pl.* ***dip.*** شواهد *šawāhid*| quotation, citation • |*pl.* ***dip.*** شواهد *šawāhid*| evidence, proof ◊ كل الشواهد تشير إلى القاتل. *All the pieces of evidence lead to the murderer.*

شهادة *šahādaᵗ n.* • diploma, degree, certificate ▪ حصل على شهادة في *ḥaṣala Ɛalā šahādaᵗⁱⁿ fī* get a degree in ▪ شهادة ميلاد *šahādat · mīlād* birth certificate • testimony ▪ الشهادتان *aššahādatānⁱ* the two testimonies ('There is no God but God' and 'Muhammad is the messenger of God), the shahadahs

A shanasheel (also: mashrabiya) in Tunisia

شهيد *šahīd n.* |*pl.* ***dip.*** شهداء *šuhadāʔ*| • martyr

مشهد *mašhad n.* |*pl.* **dip.** مشاهد *mašāhid*| • scene, sight, view, spectacle

III **شاهد** *šāhada v.tr.* |*3s* يشاهد *yušāhid*^{u} | مشاهدة *mušāhada*^{t}| • watch, observe, view, see, witness

مشاهدة *mušāhada*^{t} *n.*↑ • observation

مشاهد *mušāhid act. part. n.* • viewer, spectator

X **استشهد** *istašhada v.tr.* |*10s* يستشهد *yastašhid*^{u} | استشهاد *istišhād*| • martyr ▪ أستشهد *ustušhida pass. v.* be martyred, become a martyr

استشهاد *istišhād n.*↑ • martyrdom

شهر *šahr n.* |*pl.* شهور *šuhūr* or أشهر *ʔašhur*| • month ▪ شهر عسل *šahr · ʕasal* honeymoon

شهري *šahrī*^{y} *adj.* • monthly ▪ شهريا *šahrīyan adv.* monthly ➡ ***Islamic Calendar p. 315***

Months of the Year

The Eastern names for months are used in Iraq, Jordan, Lebanon, Palestine, and Syria. The Western names are used in Bahrain, Egypt, Kuwait, Libya, Oman, Qatar, Saudi Arabia, Sudan, the U.A.E., and Yemen. Other variations are used in Algeria, Morocco, and Tunisia.

	Eastern	Western
January	**كانون الثاني** *kanūn attānī*	**يناير** *yanāyir*
February	**شباط** *šubāṭ*	**فبراير** *fabrāyir*
March	**آذار** *ʔāđār*	**مارس** *māris*
April	**نيسان** *nīsān*	**أبريل** *ʔabrīl*
May	**أيار** *ʔayyār*	**مايو** *māyū*
June	**حزيران** *ḫazīrān* (*ḫuzayrān*)	**يونيو** *yūnyū*
July	**تموز** *tammūz*	**يوليو** *yūlyū*
August	**آب** *ʔāb*	**أغسطس** *ʔaɣusṭus*
September	**أيلول** *ʔaylūl*	**سبتمبر** *sibtambir*
October	**تشرين الأول** *tišrīn alʔawwal*	**أكتوبر** *ʔoktōbir*
November	**تشرين الثاني** *tišrīn attānī*	**نوفمبر** *novembir*
December	**كانون الأول** *kānūn alʔawwal*	**ديسمبر** *dīsembir*

شهرة *šuhra*^{t} *n.* • fame, celebrity

شهير *šahīr adj.* |*elat.* أشهر *ʔašhar*| • famous, renowned ▪ أشهر من الشمس *ʔašhar min*^{a} *-ššams*^{i} *idiom* more noticeable than the sun (i.e. very noticeable)

مشهور *mašhūr* |*pl.* **dip.** مشاهير *mašāhīr*| • *adj.* |*elat.* أشهر *ʔašhar*| famous, renowned • *n.* celebrity, personality

IV **أشهر** *ʔašhara v.tr.* |*4s* يشهر *yušhir*^{u} | إشهار *ʔišhār*| • announce, make public • draw (a weapon)

إشهار *ʔišhār n.*↑ • announcement, declaration

VIII **اشتهر** *ištahara v.intr.* |*8s* يشتهر *yaštahir*^{u} | اشتهار *ištihār*| • be famous *for* بـ, be well known

اشتهار *ištihār n.*↑ • reputation, fame, celebrity, notoriety

شهق *šahiqa v.intr.* |*1s4* يشهق *yašhaq*^{u} | شهيق *šahīq*| • inhale, breathe in

شهيق *šahīq n.*↑ • inhalation

شهوة *šahwa*^{t} *n.* |*pl.* شهوات *šah(a)wāt*| • lust, desire

شهوي *šahwī*^{y} *adj.* • lustful

شهية *šahīya*^{t} *n.* • appetite

شهي *šahī*^{y} |*elat.* **invar.** أشهى *ʔašhā*| • appetizing, mouthwatering

VIII **اشتهى** *ištahā v.tr.* |*8d1* يشتهي *yaštahī* | اشتهاء *ištihāʔ*| • desire, crave

اشتهاء *ištihāʔ n.*↑ • desire

مشته *muštah(in) act. part. adj.* **def.** |*elat.* أكثر اشتهاء *ʔaktar ištihāʔan*| • desirous *of* لـ

شائبة *šāʔiba*^{t} *n.* |*pl.* **dip.** شوائب *šawāʔib*| • blemish, spot

شارة *šāra*^{t} *n.* • badge, emblem

شورى *šūrā n.* **invar.** • consultation, advice • Shura

مشوار *mišwār n.* |*pl.* **dip.** مشاوير *mišāwīr*| • errand

III **شاور** *šāwara v.tr.* |*3s* يشاور *yušāwir*^{u} | مشاورة *mušāwara*^{t}| • consult, seek advice *from*

مشاورة *mušāwara*^{t} *n.*↑ • consultation

IV **أشار** *ʔašāra v.intr.* |*4h* يشير *yušīr*^{u} | إشارة *ʔišāra*^{t}| • indicate إلى, point out, point *to*, cite, refer *to* ▪ أشار إلى أنّ *ʔašāra ʔilā ʔanna* point out that..., indicate that... • advise *sb* على *on* بـ ◊ سأجرب حلا مما أشرت علي به. *I'll try one of the solutions you advised me about.*

إشارة *ʔišāra*^{t} *n.*↑ • sign, mark, signal ▪ إشارة إنذار *ʔišārat · ʔinđār* warning signal ▪ إشارة مرور

ش

ʔišārat · murūr traffic light, traffic signal ▪ إشارة يد *ʔišārat · yad* gesture ▪ لغة إشارة *luɣat · ʔišāraᵗ* sign language

مشير *mušīr act. part.* • *n.* advisor, counselor • *adj.* indicative

مشار *mušār pass. part. adj.* • cited ▪ المشار إليه *almušār ʔilayhi* the aforementioned

VI **تشاور** *tašāwara v.intr.* |*6s* يتشاور *yatašāwarᵘ* | تشاور *tašāwur*| • consult *with* مع *about* في, deliberate, discuss

تشاور *tašāwur n.*↑ • consultation, deliberation

X **استشار** *istašāra v.tr.* |*10h* يستشير *yastašīrᵘ* | استشارة *istišāraᵗ*| • consult, ask for advice ▪ أصاب من استشار. *ʔaṣāba manⁱ -stašāra proverb* He who seeks advice will be correct.

استشارة *istišāraᵗ n.*↑ • consultation

استشاري *istišārīʸ* • *adj.* advisory, consultative • *n.* consultant, advisor

مستشار *mustašār act. part. n.* • consultant, advisor, counselor

شورت *šort n.* ***invar.*** • shorts

شاش *šāš n.* • gauze ⓘ *The English word 'sash' has been borrowed from this Arabic word.*

شاشة *šāšaᵗ n.* • screen • monitor

II **شوش** *šawwaša v.tr.* |*2s* يشوش *yušawwišᵘ* | تشويش *tašwīš*| • confuse, muddle, mix up

تشويش *tašwīš n.*↑ • confusion, mix-up

V **تشوش** *tašawwaša v.intr.* |*5s* يتشوش *yatašawwašᵘ* | تشوش *tašawwuš*| • become confused, become muddled, become mixed up

شوط *šawṭ n.* |*pl.* أشواط *ʔašwāṭ*| • round, quarter, half, stage ◊ في الشوط الثاني *in the second round/quarter/half* ▪ قطع شوطا كبيرا/طويلا/بعيدا *qaṭaƐa šawṭan kabīran/ṭawīlan/baƐīdan* make progress, make strides

شوفان *šūfān n.* • oats ▪ دقيق شوفان *daqīq · šūfān* oatmeal

شوق *šawq n.* |*pl.* أشواق *ʔašwāq*| • longing, desire ▪ تحرق شوقا لـ *taḥarraqa šawqan li- v.* cannot wait for ◊ أتحرق شوقا للقياك. *I can't wait to meet you.* ▪ مات شوقا لـ *māta šawqan li- v.* be dying to *(do)* ◊ إني أموت شوقا للقياك. *I'm dying to meet you.*

شيق *šayyiq adj.* • |*elat.* أكثر تشويقا *ʔaktar tašwīqan*| interesting ◊ حكى لي قصة شيقة جدا. *He told me a very interesting story.*

II **شوق** *šawwaqa v.tr.* |*2s* يشوق *yušawwiqᵘ* | تشويق *tašwīq*| • interest, fascinate • thrill, excite

مشوق *mušawwiq act. part. adj.* |*elat.* أكثر تشويقا *ʔaktar tašwīqan*| • interesting, fascinating • exciting

VIII **اشتاق** *ištāqa v.intr.* |*8h1* يشتاق *yaštāqᵘ* | اشتياق *ištiyāq*| • long *for* إلى *or* لـ, yearn *for*

مشتاق *muštāq act. part. adj.* |*elat.* أكثر اشتياقا *ʔaktar ištiyāqan*| • missing, longing *for* إلى *or* لـ, covetous ◊ أنا مشتاق إليك. *I miss you.* ◊ هو مشتاق للسلطة. *He's hungry for power.*

شائق *šāʔiq act. part. adj.* |*elat.* أكثر تشويقا *ʔaktar tašwīqan*| • interesting

شوك *šawk coll. n.* |*sing.* شوكة *šawkaᵗ* | *pl.* أشواك *ʔašwāk*| • thorns

شوكي *šawkīʸ adj.* • thorny, prickly

شوكة *šawkaᵗ n.* |*pl.* شوك *šuwak*| • fork • pitchfork

شائك *šāʔik adj.* • barbed, thorny ▪ أسلاك شائكة *ʔaslāk šāʔikaᵗ* barbed wire ▪ موضوع شائك *mawḍūƐ šāʔik* controversial topic

شوكولاتة *šūkūlātaᵗ n.* • chocolate

شوال *šawwāl n.* • Shawwal (tenth month of the Islamic calendar) ➡ ***The Islamic Calendar p. 315***

شاة *šāᵗ n.* • ewe

II **شوه** *šawwaha v.tr.* |*2s* يشوه *yušawwihᵘ* | تشويه *tašwīh*| • disfigure, deface, distort ▪ شوه سمعته *šawwaha sumƐatᵃhu* slander *sb*

تشويه *tašwīh n.* • disfigurement, defacement, distortion

شوى *šawā v.tr.* |*1d2* يشوي *yašwī* | شي *šayy*| • roast, grill, barbecue

مشوي *mašwīʸ pass. part. adj.* • roasted, grilled, barbecued

شوي *šawīʸ adj.* • roasted, grilled, barbecued

شواية *šawwāyaᵗ n.* • grill

مشواة *mišwāᵗ n.* • barbecue

شاء *šāʔa v.tr.* |*1h1(a)* يشاء *yašāʔᵘ* | مشيئة *mašīʔaᵗ*| • want ▪ إن شاء الله *ʔin šāʔa -LLāhᵘ* God willing! ▪ ما شاء *mā šāʔa*, كما شاء *ka-mā šāʔa* as one wants, as one pleases ▪ ما شاء الله *mā šāʔa -LLāhᵘ* Praise God! ▪ شاء أنْ *šāʔa ʔan* want *to (do)*

مشيئة *mašīʔaᵗ n.*↑ • will, volition

شيء *šayʔ n.* |*pl.* ***dip.*** أشياء *ʔašyāʔ*| • thing ▪ أشياء *ʔašyāʔ pl. n.* stuff ▪ شيئا فشيئا *šayʔan fa-šayʔan adv.* little by little, gradually ▪ بعض الشيء *baƐḍa -ššayʔⁱ adv.* somewhat, rather, to some extent • [affirmative +] something ◊ حدث شيء غريب. *Something strange happened.* ▪ كل شيء *kull · šayʔⁱⁿ* everything ▪ شيء ما *šayʔ mā* a certain something ▪ أي شيء *ʔayy · šayʔⁱⁿ* anything ◊ سافعل أي شيء. *I'll do anything.*;

[negative +] nothing, not anything ◊ لا أفهم شيئا. *I don't understand anything.* ▪ لا شيء *lā šay?ᵘ* nothing; [interrogative +] anything ◊ هل تريد شيئا؟ *Do you want anything?*

شيب *šayb n.* • *(hair)* grayness

أشيب *?ašyab adj.* **dip.** |*m. pl.* شيب *šīb* | *f.* **dip.** شيباء *šaybā?* | *elat.* أكثر شيبا *?aktar šayban*| • *(hair)* gray

شيخ *šayx n.* |*pl.* شيوخ *šuyūx* or **dip.**مشايخ *mašāyix*| • sheikh, elderly man, man of stature, leader, master, noble man ⓘ *While the exact definition of may vary from region to region,* شيخ *šayx it is essentially a title of respect.* • senator ▪ مجلس شيوخ *majlis · šuyūx* senate • elderly man ▪ شيوخ *šuyūx pl. n.* old people

شيخة *šayxaᵗ n.* • elderly woman, matron, noble woman

شيخوخة *šayxūxaᵗ n.* • old age, seniority

IV **أشاد** *?ašāda v.intr.* |*4h* يشيد *yušīdᵘ* | إشادة *?išādaᵗ*| • praise بـ, commend

إشادة *?išādaᵗ n.*↑ • praise, commendation

شيشة *šīšaᵗ n.* |*pl.* شيش *šiyaš*| • shisha (waterpipe for smoking), hookah

Men smoking hookahs at a café in Egypt

X **استشاط** *istašāṭa v.intr.* |*10h* يستشيط *yastašīṭᵘ* | استشاطة *istišāṭaᵗ*| • become angry ▪ استشاط غضبا *istašāṭa ɣaḍaban* explode with anger

شيطان *šayṭān n.* |*pl.* **dip.** شياطين *šayāṭīn*| • devil ▪ الشيطان *aššayṭān* the devil, Satan

شيطاني *šayṭānīy adj.* • devilish, satanic

شاع *šāɛa v.intr.* |*1h2* يشيع *yašīɛᵘ* | شيوع *šuyūɛ*| • become public, spread

شيوع *šuyūɛ n.*↑ • publicity, spread, circulation

شيوعي *šuyūɛīy adj. & n.* • communist

شيوعية *šuyūɛīyaᵗ n.* • communism

شائع *šā?iɛ act. part. n.* • widespread, well-known

شائعة *šā?iɛaᵗ act. part. n.* • rumor

شيعة *šīɛaᵗ n.* | *plural* شيع *šiyaɛ*| • party, faction, group ▪ الشيعة *aššīɛaᵗ* Shi'a Islam, Shiism

شيعي *šīɛīy adj. & n.* |*pl.* شيعة *šīɛaᵗ*| • Shiite ▪ شيعة *šīɛaᵗ pl. n.* Shiites, Shi'a

II **شيع** *šayyaɛa v.tr.* |*2s* يشيع *yušayyiɛᵘ* | تشييع *tašyīɛ*| • escort, accompany ▪ شيع جنازة *šayyaɛa janāzaᵗ* attend a funeral

IV **أشاع** *?ašāɛa v.tr.* |*4h* يشيع *yušīɛᵘ* | إشاعة *?išāɛaᵗ*| • spread, circulate, publicize, make public

إشاعة *?išāɛaᵗ n.*↑ • publication, circulation • rumor

شيك *šayk n.* • check ▪ شيك سياحي *šayk siyāḥīy* traveler's check ▪ صرف شيكا *ṣarafa šaykan* cash a check

شيكاغو *šīkāgō n.* ***f.* invar.** • *(city in the U.S.)* Chicago

شيكولاتة *šīkūlātaᵗ n.* • chocolate

شامة *šāmaᵗ n.* |*pl.* شام *šām*| • *(skin)* mole

مشيمة *mašīmaᵗ n.* |*pl.* **dip.** مشايم *mašāyim*| • placenta

شيماء *šaymā? **f. dip.** woman's name* • Shaimaa, Chaima

شين *šīn n. **f.*** ➡ ش **p. 155**

شان *šāna v.tr.* |*1h2* يشين *yašīnᵘ* | شين *šayn*| • disgrace, dishonor, discredit

مشين *mašīn pass. part. adj.* • disgraceful, shameful, dishonorable

ص

ص *ṣād n.* ***f.*** |صاد| • *(fourteenth letter of the Arabic alphabet)* • *(numerical value)* 90 **➡ The Abjad Numerals p. 61** • *(mathematics)* y ◊ س للقوة ص *x to the power of y* ▪ محور ص *miħwar · ṣād* Y-axis

ص • *ṣabāħan* |*abbreviation of* صباحا| a.m. ◊ من الساعة العاشرة ص إلى الثامنة م *from ten a.m. until eight p.m.* • *saffħa^t* |*abbreviation of* صفحة| page (p.) ◊ في ص ١٢ *on p. 12* •(ص) *ṣallā -LLāh^u Ɛalayh^i wa-sallama* |*abbreviation of* صلى الله عليه وسلم| PBUH **➡ صلعم p. 174** ◊ رسول الله (ص) *the messenger of God (PBUH)*

صاد *ṣād n.* ***f.*** **➡ ص above**

صالة *ṣāla^t n.* • hall, auditorium ▪ صالة ألعاب *ṣālat · ʔalƐāb* recreation room, gym ▪ صالة رقص *ṣālat · raqṣ* ballroom; dance floor ▪ صالة سينما *ṣālat · sīnemā* movie auditorium, screen ▪ صالة عرض *ṣālat · Ɛarḍ* showroom ▪ صاصة وصول *ṣālat · wuṣūl (airport)* arrival hall • living room

صالون *ṣālūn n.* • salon, parlor ▪ صالون تجميل *sālūn · tajmīl* beauty parlor • living room, sitting room

ص ب *ṣundūq albarīd* |*abbreviation of* صندوق البريد| • P.O. Box

صب *ṣabba v.* |*1g3* يصب *yaṣubb^u* | صب *ṣabb*| • *v.tr.* pour ◊ صبت القهوة في الفناجين. *She poured the coffee into the cups.* • *v.intr.* flow *into* في ◊ يصب النهر في البحر. *The river flows into the sea.*

مصب *maṣabb n.* • river mouth

صبح *ṣubħ n.* |*pl.* أصباح *ʔaṣbāħ*| • dawn, daybreak ▪ صلاة الصبح *ṣalāt · aṣṣubħ^i* the morning prayer

صباح *ṣabāħ n.* • morning ▪ صباح باكر *ṣabāħ bākir* early morning ▪ صباح الخير *ṣabāħ^a -lxayr (greeting)* Good morning! ▪ صباح النور *ṣabāħ^a -nnūr (reply)* Good morning! ▪ صباح *ṣabāħ^a adv.* [+ genitive] (on) __ morning ◊ صباح الخميس *Thursday morning* ▪ صباح مساء *ṣabāħa masāʔa adv.* from morning to evening ▪ في الصباح *fī -ṣṣabāħ^i adv.* in the morning ▪ هذا الصباح *hāḏā -ṣṣabāħ^a adv.* this morning ▪ صباحا *ṣabāħan adv.* in the morning, a.m. ▪ صباح أمس *ṣabāħ^a · ʔams^i adv.* yesterday morning ▪ صباح الخميس *ṣabāħ^a · -lxamīs^i adv.* on Thursday morning

صباح السالم *ṣabāħ · assālim^i n.* ***f.*** • *(city in Kuwait)* Sabah Al Salem **➡ map on p. 267**

آل صباح *ʔāl · ṣabāħ n.* • The House of Sabah (ruling family of Kuwait)

مصباح *miṣbāħ n.* |*pl.* ***dip.*** مصابيح *maṣābīħ*| • light bulb • lamp, light ▪ مصباح يدوي *maṣbāħ yadawī^y* flashlight (UK: torch)

IV **أصبح** *ʔaṣbaħa v.intr.* |*4s* يصبح *yuṣbiħ^u* | إصباح *ʔiṣbāħ*| • [+ predicate in the accusative] become ◊ أتمنى أن أصبح محاميا. *I hope to become a lawyer.* • [+ indicative] begin to *(do)* • wake up ▪ تصبح على خير *tuṣbiħ Ɛalā xayr^in (greeting)* Good night! ▪ وأنت من أهله *wa-ʔanta min ʔahlih^i (reply)* Good night! **➡ Kāna and Her Sisters p. 268**

صبر *ṣabara v.intr.* |*1s2* يصبر *yaṣbir^u* | صبر *ṣabr*| • tolerate على, put up *with*, be patient

صبر *ṣabr n.*↑ • patience *with* على, tolerance *for* ▪ لا صبر له *lā ṣabr^a lahu* be unable to stand على ◊ لا صبر لي على ذلك. *I can't stand that.* ▪ الصبر مفتاح الفرج. *aṣṣabr^u miftāħ^u -lfaraj^i proverb* Patience is the key to relief.

صابر *ṣābir act. part. adj.* |*elat.* أصبر *ʔaṣbar*| • patient

صبور *ṣabūr adj.* |*m. pl.* صبر *ṣubur* | *elat.* أصبر *ʔaṣbar*| • patient

صبار *ṣabbār* or *ṣubbār coll. n.* |*pl.* صبارة *ṣabbāra^t* or *ṣubbāra^t*| • cacti

إصبع *ʔiṣbaƐ n.* |*pl.* ***dip.*** أصابع *ʔaṣābiƐ*| • finger, digit **➡ picture on p. 169** ▪ إصبع يد *ʔiṣbaƐ · yad* finger ▪ إصبع قدم *ʔiṣbaƐ · qadam*, إصبع رجل *ʔiṣbaƐ · rijl* toe ▪ إصبع كبير *ʔiṣbaƐ kabīr* big toe ▪ إصبع صغير *ʔiṣbaƐ ṣaɣīr* little toe

صبغ *ṣabaɣa v.tr.* |*1s3* يصبغ *yaṣbuɣ^u* | صبغ *ṣabɣ*| • dye

صباغ *ṣibāɣ n.* |*pl.* أصبغة *ʔaṣbiɣa^t*| • dye

صبغة *ṣibɣa^t n.* • dye • tiny, shade, hue

صابون *ṣābūn coll. n.* |*sing.* صابونة *ṣābūna^t*| • soap ▪ صابونة *ṣābūna^t* bar of soap ▪ صابون حلاقة *ṣabūn · ħalāqa^t* shaving cream

صابوني *ṣābūnī^y adj.* • soapy

صباء *ṣabāʔ*, ***indecl.*** صبا *ṣib(an) n.* • childhood

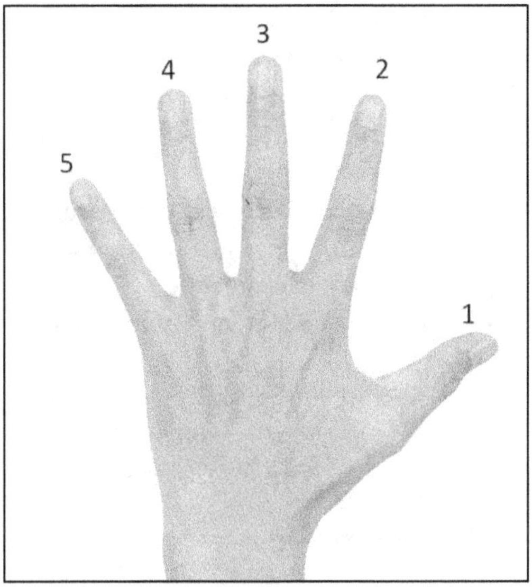

The Fingers

1. إبهام *ʔibhām* thumb
2. سبابة *sabbāba*^{t} index finger
3. وسطى *wusṭā* middle finger
4. بنصر *binṣir* ring finger
5. خنصر *xinṣir* little finger

صبي *ṣabīʸ n.* |*pl.* صبيان *ṣibyān* or صبية *ṣibya*^{t}|
• boy, young man, youth
صبية *ṣabīya*^{t} *n.* |*pl.* ***invar.*** صبايا *ṣabāyā*| • girl, young lady

صحبة *ṣuḥba*^{t} *n.* • companionship, company ▪ بصحبة *bi-ṣuḥbat*^{i}, في صحبة *fī ṣuḥbat*^{i} *prep.* accompanied by
صحبة *ṣuḥbata prep.* • accompanied by

صحابي *ṣaḥābīʸ n.* |*pl.* صحابة *ṣaḥāba*^{t}|
• companion of the prophet Muhammad

صاحب *ṣāḥib n.* |*pl.* أصحاب *ʔaṣḥāb*| • owner ▪ صاحب عمل *ṣāḥib · ɛamal* boss; business owner ▪ صاحب الجلالة *ṣāḥib · aljalāla*^{ti} His Majesty ▪ صاحب شقة *ṣāḥib · šaqqa*^{t} landlord • friend, companion

III **صاحب** *ṣāḥaba v.tr.* |*3s* يصاحب *yuṣāḥib*^{u} | مصاحبة *muṣāḥaba*^{t}| • befriend, become friends with • accompany, escort

مصاحبة *muṣāḥaba*^{t} *n.*↑ • accompaniment

VI **تصاحب** *taṣāḥaba v.intr.* |*6s* يتصاحب *yataṣāḥab*^{u} | تصاحب *taṣāḥub*| • become friends (with each other)

VIII **اصطحب** *iṣṭaḥaba v.tr.* |*8a5* يصطحب *yaṣṭaḥib*^{u} | اصطحاب *iṣṭiḥāb*| • accompany

صح *ṣaḥḥa v.intr.* |*1g2* يصح *yaṣiḥḥ*^{u} | صحة *ṣiḥḥa*^{t}|
• be correct, be true • be healthy, be in good health

صحة *ṣiḥḥa*^{t} *n.* • health, wellness ▪ بصحة جيدة *bi-ṣiḥḥa*^{tin} *jadīda*^{tin}, في صحة جيدة *fī ṣiḥḥa*^{tin} *jadīda*^{tin} *adv.* in good health, healthy ▪ بصحتك *bi-ṣiḥḥat*^{i}*ka* *(toasting someone)* Cheers! ▪ صحة وعافية *ṣiḥḥa*^{t} *wa-ɛāfiya*^{t} Enjoy your meal! • authenticity, truth, correctness ◊ تأكد من صحة الخبر. *Verify the authenticity of the news.*
صحي *ṣiḥḥīʸ adj.* |*elat.* أصح *ʔaṣaḥḥ* or أكثر صحة *ʔaktar ṣiḥḥa*^{tan}| • healthful, healthy • sanitary ▪ فوطة صحية *fūṭa*^{t} *ṣiḥḥīya*^{t} *n.* sanitary pad, menstrual pad

صحيح *ṣaḥīḥ adj.* |*elat.* أصح *ʔaṣaḥḥ*| • true, right, correct ◊ هل هذا صحيح؟ *Is that correct?* ▪ صحيح؟ *ṣaḥīḥ* Really? ▪ بالأصح *bi-lʔaṣaḥḥ*^{i}, على الأصح *ɛalā -lʔaṣaḥḥ*^{i} *adv.* more correctly, more properly speaking • healthy, in good health • authentic

II **صحح** *ṣaḥḥaḥa v.tr.* |*2s* يصحح *yuṣaḥḥiḥ*^{u} | تصحيح *taṣḥīḥ*| • correct

تصحيح *taṣḥīḥ n.*↑ • correction

مصحح *muṣaḥḥiḥ act. part. n.* • marker pen ▪ مصحح حواجب *muṣaḥḥiḥ · ḥawājib* eyebrow pencil

صحراء *ṣaḥrāʔ n.* ***f. dip.*** |*dual* صحراوان *ṣaḥrāwān*^{i} | *pl.* ***def.*** صحار *ṣaḥār(in)* or ***invar.*** صحارى *ṣaḥārā* | *pl.* صحراوات *ṣaḥrāwāt*| • desert ▪ الصحراء الكبرى *aṣṣaḥrāʔ alkubrā* The Sahara Desert
صحراوي *ṣaḥrāwīʸ adj.* • desert-

صحار *ṣuḥār n.* ***f. dip.*** • *(city in Oman)* Sohar
➡ ***map on p. 214***

صحافة *ṣiḥāfa*^{t} *n.* • journalism, press
صحافي *ṣiḥāfīʸ* • *adj.* journalistic, press- • *n.* journalist, reporter

صحيفة *ṣaḥīfa*^{t} *n.* |*pl.* صحف *ṣuḥuf*| • newspaper • record, report ▪ صحيفة سوابق *ṣaḥīfat · sawābiq* criminal record
صحفي *ṣuḥufīʸ* • *adj.* journalistic, press- • *n.* journalist, reporter

مصحف *muṣḥaf*, المصحف الشريف *almuṣḥaf aššarīf n.* |*pl.* ***dip.*** مصاحف *maṣāḥif*| • copy of the Quran

صحم *ṣaḥam n.* ***f. dip.*** • *(city in Oman)* Saham
➡ ***map on p. 214***

صحن *ṣaḥn n.* |*pl.* صحون *ṣuḥūn*| • plate, dish ▪ غسل الصحون *yašala aṣṣuḥūn*^{a} *v.* do the dishes ▪ صحن طائر *ṣaḥn ṭāʔir* flying disc, Frisbee™; *(UFO)* flying saucer

ص

صحا *şaħā v.intr.* |*1d3* يصحو *yaşħū* | صحو *şaħw*| • wake up

صاح *şāħ(in) act. part.* **def.** |*elat.* أكثر صحوا *ʔaktar şaħwan*| • awake, up • *(weather)* clear, cloudless

صحو *şaħw* • *adj.* |*elat.* أكثر صحوا *ʔaktar şaħwan*| *(weather)* clear, cloudless • clarity, cloudlessness

صحوة *şaħwa^t n.* |*pl.* صحوات *şaħ(a)wāt*| • revival, resurgence • awakening

II **صحى** *şaħħā v.tr.* |*2s* يصحي *yuşaħħī* | تصحية *taşħiya^t*| • wake up, awaken

IV **أصحى** *ʔaşħā v.tr.* |*4d* يصحي *yuşħī* | إصحاء *ʔişħāʔ*| • wake up, awaken

صخر *şaxr coll. n.* |*sing.* صخرة *şaxra^t* | *pl.* صخور *şuxūr*| • rocks ▪ مسجد قبة الصخرة *masjid · qubbat · aşşaxra^ti* the Dome of the Rock

صخري *şaxrī^y adj.* • rocky

صدئ *şadiʔa v.intr.* |*1s4(c)* يصدأ *yaşdaʔ^u* | صدأ *şadaʔ*| • rust, oxidize ▪ تصدأ القلوب كما يصدأ الحديد. *taşdaʔ^u -lqulūb^u ka-mā yaşdaʔ^u -lħadīd^u proverb* Like iron, a human heart also rusts.

صدئ *şadiʔ adj.* |*elat.* أصدأ *ʔaşdaʔ*| • rusty

صد *şadda v.tr.* |*1g3* يصد *yaşudd^u* | صد *şadd*| • repel, drive away

صدد *şadad n.* • respect, regard ▪ في صدد *fī şadad^i*, بصدد *bi-şadad^i prep.* with regard to, in regard to ▪ في هذا الصدد *fī hāðā -şşadad^i*, بهذا الصدد *bi-hāðā -şşadad^i adv.* in this respect, with regard to this

صدر *şadara v.intr.* |*1s2/1s3* يصدر *yaşdir^u* or *yaşdur^u* | صدور *şudūr* or صدر *şadr*| • be published, be issued, come out, appear

صدور *şudūr n.*↑ • publication, appearance

صادرات *şādirāt act. part. pl. n.* • exports, exported goods ▪ الصادرات والواردات *aşşādirāt wa-lwāridāt* imports and exports

صدر *şadr n.* |*pl.* صدور *şudūr*| • *(anatomy)* chest

صدري *şadrī^y adj.* • pectoral, chest- ▪ عضلات صدرية *ɛaḍalāt şadrīya^t pl. n.* pectoral muscles, pecs

صدرة *şudra^t n.* |*pl.* صدر *şudar*| • vest

صدرية *şadrīya^t n.* • brassiere, bra • vest

صدارة *şadāra^t n.* • chairmanship

مصدر *maşdar n.* |*pl.* **dip.** مصادر *maşādir*| • source • *(grammar)* masdar, verbal noun, gerund, infinitive verb

II **صدر** *şaddara v.tr.* |*2s* يصدر *yuşaddir^u* | تصدير *taşdīr*| • export

تصدير *taşdīr n.*↑ • export

مصدر *muşaddir act. part. n.* • exporter

III **صادر** *şādara v.tr.* |*3s* يصادر *yuşādir^u* | مصادرة *muşādara^t*| • confiscate, seize

مصادرة *muşādara^t n.*↑ • confiscation, seizure

IV **أصدر** *ʔaşdara v.tr.* |*4s* يصدر *yuşdir^u* | إصدار *ʔişdār*| • publish, issue, release

إصدار *ʔişdār n.*↑ • publication, issuance, release

X **استصدر** *istaşdara v.tr.* |*10s* يستصدر *yastaşdir^u* | استصدار *istişdār*| • *(legal)* issue ▪ استصدر تصريحا *istaşdara taşrīħan* issue a statement ▪ استصدر حكما *istaşdara ħukman* issue an judgment ▪ استصدر قانونا *istaşdara qānūnan* issue a law ▪ استصدر قرارا *istaşdara qarāran* issue a decision ▪ استصدر مرسوما *istaşdara marsūman* issue an ordinance

استصدار *istişdār n.*↑ • issuance

صداع *şudāɛ n.* • headache ▪ صداع نصفي *şudāɛ nişfī^y* migraine ▪ شعر بصداع *šaɛara bi-şudāɛ^in v.* have a headache ▪ صداع كحول *şudāɛ · kuħūl* hangover

صدغ *şudɣ n.* |*pl.* أصداغ *ʔaşdāɣ*| • *(anatomy)* temple

صدف *şadaf coll. n.* |*sing.* صدفة *şadafa^t* | *pl.* أصداف *ʔaşdāf*| • shells

صدفة *şudfa^t n.* |*pl.* صدف *şudaf*| • coincidence, chance ▪ صدفة *şudfatan*, بالصدفة *bi-şşudfa^tin adv.* by coincidence, by chance, accidentally

III **صادف** *şādafa v.tr.* |*3s* يصادف *yuşādif^u* | مصادفة *muşādafa^t*| • meet by chance, run into, come across • صادف أنْ *şādafa ʔan* happen (by chance) *to (do)*

مصادفة *muşādafa^t n.*↑ • coincidence, chance ▪ مصادفة *muşādafatan adv.* coincidentally, by accident

VI **تصادف** *taşādafa v.intr.* |*6s* يتصادف *yataşādaf^u* | تصادف *taşāduf*| • تصادف أنْ *taşādafa ʔan* happen (by chance) *to (do)*

صدق *şadaqa v.intr.* |*1s3* يصدق *yaşduq^u* | صدق *şidq*| • be truthful, speak the truth • be correct

صدق *şidq n.* • honesty, sincerity, candor ▪ بصدق *bi-şidq^in*, صدقا *şidqan adv.* honestly, truly

صادق *şādiq act. part. adj.* |*elat.* أصدق *ʔaşdaq*| • honest, truthful, sincere

صدقة *şadaqa^t n.* • alms, charity

صداق *şadāq n.* |*pl.* صدق *şuduq*| • dowry

صداقة *ṣadāqa^t n.* • friendship

صديق *ṣadīq n.* |*pl.* ***dip.*** أصدقاء *ʔaṣdiqāʔ*| • friend ▪ صديق مراسلة *ṣadīq · murāsala^t* pen friend, pen pal • boyfriend

صديقة *ṣadīqa^t n.* • friend • girlfriend

II **صدّق** *ṣaddaqa v.tr.* |*2s* يصدق *yuṣaddiq^u* | تصديق *taṣdīq*| • believe, trust ▪ لا أصدق. *lā ʔuṣaddiq^u* I don't believe it. ▪ لا يُصدق. *lā yuṣaddaq^u pass. v.* incredible, unbelievable • agree *to* على, approve *of*, ratify, authenticate ◊ صدقت الحكومة على الاتفاقية. *The government ratified the treaty.*

III **صادق** *ṣādaqa v.* |*3s* يصادق *yuṣādiq^u* | مصادقة *muṣādaqa^t*| • *v.tr.* befriend, become friends *with* • *v.intr.* endorse على, approve *of*, legalize

مصادقة *muṣādaqa^t n.*↑ • endorsement, approval, legalization

VI **تصادق** *taṣādaqa v.intr.* |*6s* يتصادق *yataṣādaq^u* | تصادق *taṣāduq*| • become friends (with each other)

صدم *ṣadama v.tr.* |*1s2* يصدم *yaṣdim^u* | صدم *ṣadm*| • hit, strike • *(vehicle)* hit, run over ◊ لقد صدمته حافلة. *A bus hit him.* ◊ صدمهم بسيارته. *He ran them over with his car.* • shock ▪ صُدم *ṣudima pass. v.* be shocked *by* من; [+ masdar] be shocked *to (do)* لـ ◊ صدمت لسماع الخبر. *I was shocked to hear the news.*

مصدوم *maṣdūm pass. part. adj.* • wrecked ◊ سيارة مصدومة *a wrecked car* • shocked *by* من ◊ كان مصدوما من تصرفها. *He was shocked by her behavior.*

صدمة *ṣadma^t n.* |*pl.* صدمات *ṣad(a)māt*| • hit, blow • shock ▪ صدمة كهربائية *ṣadma^t kahrabāʔīya^t* electric shock ▪ أصابه بصدمة *ʔaṣābahu bi-ṣadma^tin* *v.* shock ▪ أصيب بصدمة *ʔuṣība bi-ṣadma^tin pass. v.* be shocked ◊ أصبت بصدمة لسماع الخبر. *I was shocked to hear the news.*

III **صادم** *ṣādama v.tr.* |*3s* يصادم *yuṣādim^u* | مصادمة *muṣādama^t*| • collide *with*, run *into*, bump, knock

VI **تصادم** *taṣādama v.intr.* |*6s* يتصادم *yataṣādam^u* | تصادم *taṣādum*| • collide, run into each other

تصادم *taṣādum n.*↑ • collision

VIII **اصطدم** *iṣṭadama v.intr.* |*8a5* يصطدم *yaṣṭadim^u* | اصطدام *iṣṭidām*| • collide *with* بـ, crash *into* ◊ لن يصطدم الكويكب بالأرض. *The asteroid will not collide with the earth.*

اصطدام *iṣṭidām n.*↑ • collision, crash

صدى *ṣad(an) n.* ***indecl.*** |*dual* صديان *ṣadayān^i* | *pl.* أصداء *ʔaṣdāʔ*| • echo

IV **أصدى** *ʔaṣdā v.intr.* |*4d* يصدي *yuṣdī* | إصداء *ʔiṣdāʔ*| • echo

V **تصدى** *taṣaddā v.intr.* |*5d* يتصدى *yataṣaddā* | ***def.*** تصد *taṣadd(in)*| • confront لـ, face

تصد *taṣadd(in) n.*↑ ***def.*** • confrontation

صربيا *ṣirbiyā n.* ***f. invar.*** • Serbia

صربي *ṣirbīʸ adj. & n.* • Serbian

صرح *ṣarḥ n.* |*pl.* صروح *ṣurūḥ*| • high building, castle, palace

صراحة *ṣarāḥa^t n.* • candor, frankness ▪ بصراحة *bi-ṣarāḥa^tin*, صراحة *ṣarāḥatan adv.* candidly, frankly; to be honest, frankly

صريح *ṣarīḥ adj.* |*m. pl.* ***dip.*** صرحاء *ṣuraḥāʔ* ***dip.*** | *elat.* أصرح *ʔaṣraḥ*| • candid, frank, direct

II **صرّح** *ṣarraḥa v.tr.* |*2s* يصرح *yuṣarriḥ^u* | تصريح *taṣrīḥ*| • declare بـ, state, announce ▪ صرح بأنّ *ṣarraḥa bi-ʔanna* declare that...

تصريح *taṣrīḥ n.*↑ • declaration, statement, announcement

صرخ *ṣaraxa v.intr.* |*1s3* يصرخ *yaṣrux^u* | صراخ *ṣurāx*| • shout, yell, cry, scream

صرخة *ṣarxa^t n.* • shout, scream, cry

صاروخ *ṣārūx n.* |*pl.* ***dip.*** صواريخ *ṣawārīx*| • missile, rocket ▪ أطلق صاروخا *ʔaṭlaqa ṣārūxan* *v.* launch a missile, launch a rocket

X **استصرخ** *istaṣraxa v.tr.* |*10s* يستصرخ *yastaṣrix^u* | استصراخ *istiṣrāx*| • cry for help *from* ه

IV **أصرّ** *ʔaṣarra v.intr.* |*4g* يصر *yuṣirr^u* | إصرار *ʔiṣrār*| • insist *on* على ▪ أصر على حكم *ʔaṣarra Ɛalā ḥukm (of judges)* make a ruling ▪ أصر عليه أنْ *ʔaṣarra Ɛalay<u>hi</u> ʔan* insist that sb...

إصرار *ʔiṣrār n.*↑ • insistence

مصر *muṣirr act. part. adj.* |*elat.* أكثر إصرارا *ʔaktar ʔiṣrāran*| • insistent

صرصور *ṣurṣūr n.* |*pl.* ***dip.*** صراصير *ṣarāṣīr*| • cockroach

صرع *ṣaraƐa v.intr.* |*1s1* يصرع *yaṣraƐ^u* | صرع *ṣarƐ*| • knock down ▪ صُرع *suriƐa pass. v.* be epileptic, have an epileptic fit

صرع *ṣarƐ n.*↑ • epilepsy

صرعة *ṣarƐa^t n.* |*pl.* صرعات *ṣar(a)Ɛāt*| • fashion, fad, what's in

صراع *ṣirāƐ n.* • conflict, struggle

مصرع *maṣraƐ n.* |*pl.* ***dip.*** مصارع *maṣāriƐ*| • death, fatality ▪ لقي مصرعه *laqiya maṣraƐ^u<u>hu</u> v.*

ص

die, meet *one's* end

III **صارع** *ṣāraƐa v.tr.* |*3s* يصارع *yuṣāriƐ^u* | مصارعة *muṣāƐara^t* | • struggle *with*, wrestle *with* • *(sport)* wrestle *with*

مصارعة *muṣāraƐa^t n.*↑ • wrestling

صرف *ṣarafa v.tr.* |*1s2* يصرف *yaṣrif^u* | صرف *ṣarf*| • spend (money) • exchange ▪ صرف شيكا *ṣarafa šaykan* cash a check • *(employment)* dismiss, fire, lay off • distract *from* من *or* عن

صرف *ṣarf n.*↑ • exchange ▪ سعر صرف *siƐr · ṣarf* exchange rate • dismissal, firing ▪ بصرف النظر عن *bi-ṣarf^i -nnaẓar^i Ɛan prep.* without regard for, regardless of • drainage, discharge • *(grammar)* morphology

مصروف *maṣrūf pass. part. n.* |*pl.* **dip.** مصاريف *maṣārīf*| • expense, expenditure

صراف *ṣarrāf n.* • bank teller, money changer, cashier ▪ جهاز صراف آلي *jihāz · ṣarrāf ʔālī^y* automatic teller machine (ATM)

صرافة *ṣirāfa^t n.* • exchange ▪ مكتب صرافة *maktab · ṣirāfa^t* exchange office

صيرفة *ṣayrafa^t n.* • exchange • banking

مصرف *maṣrif n.* |*pl.* **dip.** مصارف *maṣārif*| • bank • drain

مصرفي *maṣrifī^y adj.* • bank-, banking-

II **صرف** *ṣarrafa v.tr.* |*2s* يصرف *yuṣarrif^u* | تصريف *taṣrīf*| • exchange • *(grammar)* inflect, conjugate, decline • drain

تصريف *taṣrīf n.* • *(grammar)* inflection, conjugation, declension • drainage

V **تصرف** *taṣarrafa v.intr.* |*5s* يتصرف *yataṣarraf^u* | تصرف *taṣṣaruf*| • act, behave ▪ تصرف كأن *taṣarrafa kaʔanna* act as if... ◊ تصرف وكأنك فى بيتك! *Make yourself at home! (lit. Behave as if you were at home.)* • take independent action, act without restriction

تصرف *taṣarruf n.*↑ • action, behavior, conduct

VII **انصرف** *inṣarafa v.intr.* |*7s* ينصرف *yanṣarif^u* | انصراف *inṣirāf*| • depart *from* عن, leave

انصراف *inṣirāf n.*↑ • departure

صرم *ṣaruma v.intr.* |*1s3* يصرم *yaṣrum^u* | صرامة *ṣarāma^t*| • be strict, be harsh, be severe

صرامة *ṣarāma^t n.*↑ • strictness, severity

صارم *ṣārim act. part. adj.* |*elat.* أكثر صرامة *ʔaktar ṣarāma^tan*| • strict, harsh, severe

VII **انصرم** *inṣaruma v.intr.* |*7s* ينصرم *yanṣarim^u* | انصرام *inṣirām*| • *(of time)* pass, go by, elapse

صعب *ṣaƐuba v.intr.* |*1s6* يصعب *yaṣƐub^u* | صعوبة *ṣuƐūba^t*| • be difficult *for* على

صعوبة *ṣuƐūba^t n.*↑ • difficulty ▪ بصعوبة *bi-ṣuƐūba^tin adv.* with difficulty

صعب *ṣaƐb adj.* |*pl.* صعاب *ṣiƐāb* | *elat.* أصعب *ʔaṣƐab*| • difficult *for* على, hard ▪ من الصعب أنْ *min^a -ṣṣaƐb^i ʔan* it is difficult to *(do)* ◊ من الصعب عليّ أن أنسى ما حدث. *It is hard for me to forget what happened.*

مصاعب *maṣāƐib pl. n.* **dip.** • difficulties, hardships

X **استصعب** *istaṣƐaba v.tr.* |*10s* يستصعب *yastaṣƐib^u* | استصعاب *istiṣƐāb*| • consider difficult, find difficult

صعد *ṣaƐida v.intr.* |*1s4* يصعد *yaṣƐad^u* | صعود *ṣuƐūd*| • rise, ascend, go up

صعود *ṣuƐūd n.*↑ • rise, ascent, ascension, takeoff ▪ صعود وهبوط *ṣuƐūd wa-habūṭ* rise and fall

صاعد *ṣāƐid act. part. adj.* |*elat.* أكثر صعودا *ʔaktar ṣuƐūdan*| • rising, ascending ▪ فصاعدا *faṣāƐidan adv.* onward, forward ▪ من الآن فصاعدا *min^a -lʔān^i fa-ṣāƐidan adv.* from now on, henceforth

صعدة *ṣaƐda^t n.* |*pl.* صعدات *ṣaƐ(a)dāt*| • rise, slope

صعيد *ṣaƐīd n.* |*pl.* أصعدة *ʔaṣƐida^t*| • domain, field ▪ على صعيد *Ɛalā ṣaƐīd^i prep.* in the domain of ▪ على صعيد آخر *Ɛalā ṣaƐīd^in ʔāxar^a* In a separate development,..., In other news,...; on the other hand • level, plane • highland, plateau ▪ صعيد مصر *ṣaƐīd · miṣr^a* Upper Egypt

مصعد *miṣƐad n.* |*pl.* **dip.** مصاعد *maṣāƐid*| • elevator (UK: lift)

II **صعد** *ṣaƐƐada v.tr.* |*2s* يصعد *yuṣaƐƐid^u* | تصعيد *taṣƐīd*| • escalate, intensify

تصعيد *taṣƐīd n.*↑ • escalation, intensification

VI **تصاعد** *taṣāƐada v.intr.* |*6s* يتصاعد *yataṣāƐad^u* | تصاعد *taṣāƐud*| • climb, increase, rise, ascend, escalate

تصاعد *taṣāƐud n.*↑ • climb, increase, rise, ascent

مصعوق *maṣƐūq pass. part. adj.* • dumbfounded, stupefied

صغر *ṣiɣar n.* • smallness ▪ متناه في الصغر *mutanāh(in) fī -ṣṣiɣar^i*, متناهي الصغر *mutanāhī -ṣṣiɣar^i* minute, extremely small, tiny ◊ دكان متناه في الصغر *a tiny little shop*; micro-, nano- ▪ تكنولوجيا متناهية الصغر *teknōlōjiyā mutanāhīyat · aṣṣiɣar^i* nanotechnology

صغير *ṣaɣīr adj.* |*m. pl.* صغار *ṣiɣār* | *m. sing. elat.* أصغر *ʔaṣɣar* | *f. sing. elat.* **invar.** صغرى *ṣuɣrā* |

m. pl. elat. أصاغر *ʔaṣāɣir* | *f. pl. elat.* صغريات *ṣuɣrayāt* | • small, little • young, minor, child ▪ صغارا وكبارا *ṣiɣāran wa-kibāran* young and old, regardless of age ▪ صغير السن *ṣaɣīr · assinn*^{i} young • junior

II **صغّر** *ṣaɣɣara v.tr.* |*2s* يصغر *yuṣaɣɣir*^{u} | تصغير *taṣɣīr* | • make smaller, reduce (in size)

تصغير *taṣɣīr n.*↑ • reduction (in size) ▪ اسم تصغير *ism · taṣɣīr* diminutive noun

مصغر *muṣaɣɣar pass. part. adj.* • miniature, mini-, minor ▪ اسم مصغر *ism muṣaɣɣar n.* diminutive noun

صفاقس *ṣafāqis n.* ***f. dip.*** • *(city in Tunisia)* Sfax ➡ ***map on p. 45***

صفحة *ṣafḥa*^{t} *n.* |*pl.* صفحات *ṣaf(a)ḥāt* | • page ◊ في الصفحة الأولى *on the first page*

صفيح *ṣafīḥ n.* • tin

صفيحة *ṣafīḥa*^{t} *n.* |*pl.* ***dip.*** صفائح *ṣafāʔiḥ* | • sheet, plate, leaf

III **صافح** *ṣāfaḥa v.tr.* |*3s* يصافح *yuṣāfiḥ*^{u} | مصافحة *muṣāfaḥa*^{t} | • shake hands *with*

مصافحة *muṣāfaḥa*^{t} *n.*↑ • handshake

V **تصفح** *taṣaffaḥa v.tr.* |*5s* يتصفح *yataṣaffaḥ*^{u} | تصفح *taṣaffuḥ* | • skim (through), leaf (through) ◊ تصفح المقالة. *He skimmed through the article.*

VI **تصافح** *taṣāfaḥa v.intr.* |*6s* يتصافح *yataṣāfaḥ*^{u} | تصافح *taṣāfuḥ* | • shake hands

صفد *ṣafad n.* |*pl.* أصفاد *ʔaṣfād* | • handcuffs

صفر *ṣafara v.intr.* |*1s2* يصفر *yaṣfir*^{u} | صفير *ṣafīr* | • whistle, chirp

صفر *ṣifr number* |*pl.* أصفار *ʔaṣfār* | *as numeral, written* ٠ | • zero ➡ ***picture to the right*** ▪ تحت الصفر *taḥta -ṣṣifr*^{i} below zero Celsius, below freezing ⓘ *The English word 'zero' has indirectly been borrowed from this Arabic word via Latin languages.*

صفر *ṣafar n.* • Safar (second month of the Islamic calendar) ➡ ***The Islamic Calendar p. 315***

صفرة *ṣufra*^{t} *n.* |*pl.* صفرات *ṣuf(u)rāt* | • yellow, yellowness

صفارة *ṣaffāra*^{t} *n.* • siren ▪ صفارة إنذار *ṣaffārat · ʔinḏār* alarm • whistle ▪ صفارة للبط *ṣaffāra*^{t} *li-lbaṭṭ*^{i} *(tool)* duck call

أصفر *ʔaṣfar adj.* ***dip.*** |*m & f pl.* صفر *ṣufr* | *f. sing.* ***dip.*** صفراء *ṣafrāʔ* | *f. dual* صفراوان *ṣafrāwān*^{i} | *elat.* أكثر اصفرارا *ʔakṯar iṣfirāran* | • yellow ▪ أصفر ليموني *ʔaṣfar laymūnī*^{y} lemon-yellow

IX **اصفر** *iṣfarra v.intr.* |*9s* يصفر *yaṣfarr*^{u} | اصفرار *iṣfirār* | • turn yellow

صفع *ṣafaɛa v.tr.* |*1s1* يصفع ***yaṣfaɛ***^{u} | صفع *ṣafɛ* | • slap

صفعة *ṣafɛa*^{t} *n.* • slap

صف *ṣaff n.* |*pl.* صفوف *ṣufūf* | • row ▪ صف أمامي *ṣaff ʔamāmī*^{y} front row ▪ صف خلفي *ṣaff xalfī*^{y} back row • *(school)* class, grade, classroom • *(classification)* rank, class, grade

II **صفف** *ṣaffafa v.tr.* |*2s* يصفف *yuṣaffif*^{u} | تصفيف *taṣfīf* | • line up, align

صفق *ṣafaqa v.tr.* |*1s2* يصفق *yaṣfiq*^{u} | صفق *ṣafq* | • slam (shut)

صفقة *ṣafqa*^{t} *n.* |*pl.* صفقات *ṣaf(a)qāt* | • transaction, deal

II **صفق** *ṣaffaqa v.intr.* |*2s* يصفق *yuṣaffiq*^{u} | تصفيق *taṣfīq* | • applaud, clap

تصفيق *taṣfīq n.*↑ • applause

صفن *ṣafan n.* |*pl.* أصفان *ʔaṣfān* | • scrotum

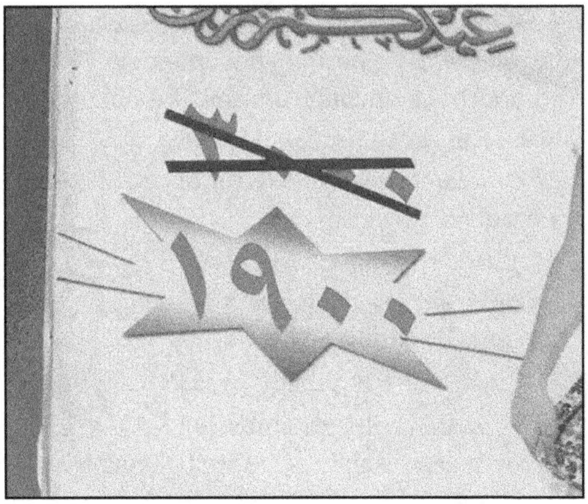

Zeros: '19.00 marked down from 20.00'

صفا *ṣafā v.intr.* |*1d3* يصفو ***yaṣfū*** | صفو *ṣafw* or صفاء *ṣafāʔ* | • become pure, become clear

صفو *ṣafw*, صفاء *ṣafāʔ n.*↑ • purity, clarity • liquidation, clearance sale

صاف *ṣāf(in) act. part. adj.* ***def.*** |*elat.* ***invar.*** أصفى *ʔaṣfā* | • pure, clear

مصفاة *miṣfā*^{t}, ***indecl.*** مصفى *miṣf(an) n.* |*dual* مصفيان *maṣfayān*^{i} | *pl.* ***def.*** مصاف *maṣāf(in)* | • refinery • filter, strainer ▪ مصفاة قهوة *miṣfāt · qahwa*^{t} coffee filter

II **صفى** *ṣaffā v.tr.* |*2d* يصفي *yuṣaffī* | تصفية *taṣfiya*^{t} | • purify, filter, strain

تصفية *taṣfiya*^{t} *n.*↑ • purification, filtration

VIII **اصطفى** *iṣṭafā v.tr.* |*8d4* يصطفي *yaṣṭafī* | اصطفاء

iṣṭifāʔ| • choose

مصطفى *muṣṭaf(an) pass. part. adj.* ***indecl.*** • chosen • *man's name* Mustafa, Mostafa, Moustafa

صقر *ṣaqr n.* |*pl.* صقور *ṣuqūr*| • hawk

صلب *v.* • *ṣaluba v.intr.* |*1s6* يصلب *yaṣlub^u* | صلابة *ṣalāba^t*| become stiff, become rigid, harden • *ṣalaba v.tr.* |*1s2* يصلب *yaṣlib^u* | صلب *ṣalb*| crucify

صلب *ṣalb n.*↑ • crucifixion

صلابة *ṣalāba^t n.*↑ • hardness, rigidity, stiffness

صلب *ṣulb* • *adj.* |*elat.* أصلب *ʔaṣlab*| hard, rigid, stiff, solid • *n.* steel

صليب *ṣalīb n.* |*pl.* صلبان *ṣulbān*| • cross, crucifix ▪ الصليب الأحمر *aṣṣalīb alʔaḥmar* The Red Cross ▪ صليب معقوف *ṣalīb maɛqūf*

صليبي *ṣalībīʸ* • *adj.* cross-shaped • *n.* crusader

II **صلب** *ṣallaba v.tr.* |*2s* يصلب *yuṣallib^u* | تصليب *taṣlīb*| • harden, make rigid

V **تصلب** *taṣallaba v.intr.* |*5s* يتصلب *yataṣallab^u* | تصلب *taṣallub*| • harden, become rigid • be stubborn, be uncompromising, be obstinate

متصلب *mutaṣallib act. part. adj.* |*elat.* أكثر تصلبا *ʔaktar taṣalluban*| • stiff • stubborn, inflexible • hardline, hawkish

صلح *ṣaluḥa* or *ṣalaḥa v.intr.* |*1s6/1s3* يصلح *yaṣluḥ^u* | صلاحية *ṣalāḥīya^t* or صلاح *ṣalāḥ*| • be suitable, be fitting

صلاح *ṣalāḥ n.*↑ • suitability • *man's name* Salah

صلاحية *ṣalāḥīya^t n.*↑ • suitability ▪ تاريخ صلاحية *tārīx · ṣalāḥīya^t* expiration date (UK: expiry date) • validity

صالح *ṣāliḥ act. part.* • *adj.* |*elat.* أصلح *ʔaṣlaḥ*| [+ masdar] fit *for* لـ, -able, -ible ▪ صالح للأكل *ṣāliḥ li-lʔakl^i* edible ▪ صالح للشرب *ṣāliḥ li-ššurb^i* drinkable, potable ▪ صالح للاستخدام *ṣāliḥ li-listixdām^i* usable, suitable for use ▪ غير صالح للعمل *ɣayr · ṣāliḥ li-lɛamal^i* broken-down • valid • *n.* |*pl.* ***dip.*** صوالح *ṣawāliḥ*| favor, interest, advantage ▪ في صالح *fī ṣāliḥ^i prep.* in the interest of ▪ الوقت ليس في صالحه *alwaqt^u laysa fī ṣāliḥ^i<u>hi</u>* time is not on *one's* side • *man's name* Saleh

صلح *ṣulḥ n.* • peace, reconciliation

مصلحة *maṣlaḥa^t n.* |*pl.* ***dip.*** مصالح *maṣāliḥ*| • welfare, benefit • department, government agency, administration

II **صلح** *ṣallaḥa v.tr.* |*2s* يصلح *yuṣalliḥ^u* | تصليح *taṣlīḥ*| • repair, fix • restore, overhaul

III **صالح** *ṣālaḥa v.tr.* |*3s* يصالح *yuṣāliḥ^u* | مصالحة *muṣālaḥa^t*| • make peace *with*, make up *with*

مصالحة *maṣālaḥa^t n.*↑ • peace agreement, conciliation

IV **أصلح** *ʔaṣlaḥa v.tr.* |*4s* يصلح *yuṣliḥ^u* | إصلاح *ʔiṣlāḥ*| • repair • restore, overhaul, reform • make prosper, grant prosperity to ▪ أصلحه الله *ʔaṣlaḥa<u>hu</u> aLLāh^u* may God grant *sb* prosperity

إصلاح *ʔiṣlāḥ n.*↑ • repair • reform

VI **تصالح** *taṣālaḥa v.intr.* |*6s* يتصالح *yataṣālaḥ^u* | تصالح *taṣāluḥ*| • make peace (with each other), make up (with each other)

VIII **اصطلح** *iṣṭalaḥa v.intr.* |*8a5* يصطلح *yaṣṭaliḥ^u* | اصطلاح *iṣṭilāḥ*| • agree *on* على

اصطلاح *iṣṭilāḥ n.*↑ • agreement

مصطلح *muṣṭalaḥ pass. part. n.* • technical term

X **استصلح** *istaṣlaḥa v.tr.* |*10s* يستصلح *yastaṣliḥ^u* | استصلاح *istiṣlāḥ*| • consider useful, deem suitable • ***(agriculture)*** reclaim ▪ استصلح أراض *istaṣlaḥa ʔarāḍ(in)* reclaim land

صلصة *ṣalṣa^t n.* • sauce

صلصال *ṣalṣāl n.* • clay

صلع *ṣalaɛ n.* • baldness

صلعة *ṣalɛa^t n.* • bald patch • baldness

أصلع *ʔaṣlaɛ adj.* ***dip.*** |*m & f pl.* صلع *ṣulɛ* | *f. sing.* ***dip.*** صلعاء *ṣalɛāʔ* | *f. dual* صلعاوان *ṣalɛāwān^i* | *f. pl.* صلعاوات *ṣalɛāwāt* | *elat.* أكثر صلعا *ʔaktar ṣalaɛan*| • bald

صلعم *ṣallā -LLāh^u ɛalayh^i wa-sallama* |*abbreviation of* صلى الله عليه وسلم| • *(following the name of the prophet Muhammad)* PBUH (peace be upon him)

أم صلال *ʔumm · ṣalāl n.* ***f.*** • *(city in Qatar)* Umm Salal Mohammed ➡ ***map on p. 250***

صلالة *ṣalāla^t n.* ***dip.*** • *(city in Oman)* Salalah ➡ ***map on p. 214***

صلاة *ṣallā^t n.* |*pl.* صلوات *ṣallawāt*| • prayer, Salah ➡ ***picture on p. 175*** ▪ صلاة الفجر *ṣalāt · alfajr* the Fajr prayer, the dawn prayer ▪ صلاة الظهر *ṣalāt · aẓẓuhr^i* the Dhuhr prayer, the midday prayer ▪ صلاة العصر *ṣalāt · alɛaṣr^i* the Asr prayer, the afternoon prayer ▪ صلاة المغرب *ṣalāt · almaɣrib^i* the Maghrib prayer, the sunset prayer ▪ صلاة العشاء *ṣalāt · alɛišāʔ^i* the Isha prayer, the night prayer

II **صلى** *ṣallā v.intr.* |*2d* يصلي *yuṣallī* | تصلية *taṣliyaᵗ*| • pray ▪ صلى من أجل *ṣallā min ʔajlⁱ* pray for • bless على ▪ صلى الله عليه وسلم *ṣallā -LLāhᵘ Ɛalayhⁱ wa-sallamᵃ* *(follows a mentioning of the prophet Muhammad)* PBUH (peace be upon him) ⓘ *This phrase is sometimes expressed as a typographical ligature:* ﷺ

مصل *muṣall(in) act. part. n.* ***def.*** • praying person

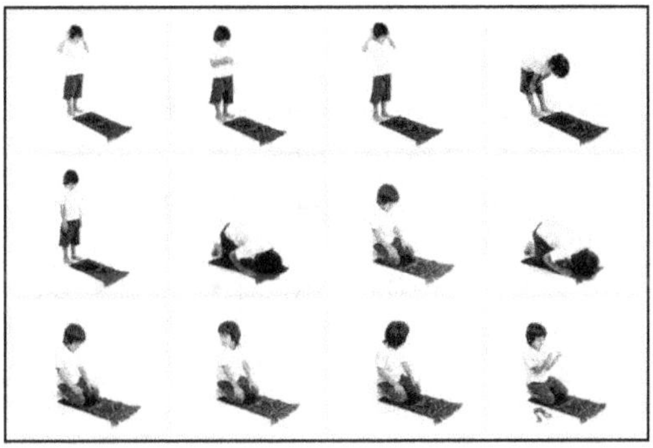

A boy demonstrates the positions in salah.

صمت *ṣamata v.intr.* |*1s3* يصمت *yaṣmutᵘ* | صمت *ṣamt*| • be quiet, be silent

صمت *ṣamt n.*↑ |*pl.* صموت *ṣumūt*| • silence ▪ في صمت *fī ṣamtⁱⁿ*, بصمت *bi-ṣamtⁱⁿ adv.* in silence, silently

صامت *ṣāmit act. part. adj.* |*m. pl.* صموت *ṣumūt* | *elat.* أصمت *ʔaṣmat* or أكثر صمتا *ʔaktar ṣamtan*| • silent ▪ فيلم صامت *film ṣāmit* silent movie

IV **أصمت** *ʔaṣmata v.tr.* |*4s* يصمت *yuṣmitᵘ* | إصمات *ʔiṣmāt*| • silence

مصمت *muṣmat pass. part. adj.* • solid, plain, blank

صمد *ṣamada v.* |*1s3* يصمد *yaṣmudᵘ* | صمود *ṣumūd*| • *v.intr.* be steadfast, be determined • *v.tr.* resist, withstand

صمود *ṣumūd n.*↑ • steadfastness, determination • resistance

صمغ *ṣamɣ n.* |*pl.* صموغ *ṣumūɣ*| • gum, resin

صمام *ṣimām n.* • valve ▪ صمام أمان *ṣimām · ʔamān* safety valve

صميم *ṣamīm n.* • core, essence

أصم *ʔaṣamm adj.* ***dip.*** |*m & f pl.* صم *ṣumm* | *f. sing.* ***dip.*** صماء *ṣammāʔ* | *f. dual* صماوان *ṣammāwānⁱ* | *f. pl.* صماوات *ṣammāwāt*| • deaf ▪ لغة صم *luɣat · ṣumm* sign language • solid, hard • endocrine ▪ غدد صماء *ɣudad ṣamāʔ pl. n.* endocrine glands ▪ علم الغدد الصماء *Ɛilm · alɣudadⁱ -ṣṣamāʔⁱ* endocrinology ▪ عالم غدد صماء *Ɛālim · ɣudad ṣammāʔ* endocrinologist

II **صمم** *ṣammama v.tr.* |*2s* يصمم *yuṣammimᵘ* | تصميم *taṣmīm*| • design, lay out ◊ .يصمم ملابس *He designs clothes.* • be determined *to* على, be intent *on*

تصميم *taṣmīm n.*↑ |*pl.* ***dip.*** تصاميم *taṣāmīm*| • design, layout, styling • determination

مصمم *muṣammim act. part.* • *n.* designer ▪ مصمم أزياء *muṣammim · ʔazyāʔ* fashion designer • *adj.* |*elat.* أكثر تصميما *ʔaktar taṣmīman*| determined *to* على

IV **أصم** *ʔaṣamma v.* |*4g* يصم *yuṣimmᵘ* | إصمام *ʔiṣmām*| • *v.intr.* go deaf • *v.tr.* deafen, make deaf

صنارة *ṣinnāraᵗ n.* |*pl.* ***dip.*** صنانير *ṣanānīr*| • hook, needle ▪ صنارة صيد *ṣinnārat · ṣayd* fishing rod; fish hook ▪ صنارة كروشيه *ṣinnārat · krōšāy* crochet needle

صنبور *ṣunbūr n.* |*pl.* ***dip.*** صنابير *ṣanābīr*| • faucet (UK: tap)

صندوق *ṣundūq n.* |*pl.* ***dip.*** صناديق *ṣanādīq*| • box ▪ صندوق بريد *ṣandūq · barīd* mailbox, P.O. box ▪ صندوق سيارة *ṣundūq · sayyāraᵗ* *(car)* trunk (UK: boot) ▪ صندوق مجوهرات *ṣundūq · mujawharāt* jewelry box

صندل *ṣandal n.* • |*pl.* ***dip.*** صنادل *ṣanādil*| sandal • sandalwood

صنع *ṣanaƐa v.tr.* |*1s1* يصنع *yaṣnaƐᵘ* | صنع *ṣanƐ* or *ṣunƐ*| • manufacture, produce, make

صنع *ṣunƐ n.*↑ • production

صنعي *ṣunƐīʸ adj.* • artificial, synthetic, man-made

صانع *ṣāniƐ act. part. n.* |*pl.* صناع *ṣunnāƐ*| • manufacturer

مصنوع *maṣnūƐ pass. part. adj.* • manufactured, made ▪ __ مصنوع من *maṣnūƐ min* __ made of __ ◊ مصنوع من الخشب *made of wood* ▪ __ مصنوع في *maṣnūƐ fī* __ made in __ ◊ مصنوع في الصين *made in China* ▪ مصنوعات *maṣnūƐāt pl. n.* manufactured goods

صنعاء *ṣanƐāʔ n.* ***f. dip.*** • *(capital of Yemen)* Sana'a ➡ **map on p. 342** ▪ مدينة صنعاء القديمة *madīnat · ṣanƐāʔⁱ -lqadīmaᵗ* the Old City of Sana'a (UNESCO world heritage site) ➡ ***picture on p. 176***

ص

The Old City of Sana'a

صناعة *ṣināƐa^t n.* • industry
صناعي *ṣināƐīy adj.* • industrial • artificial, synthetic, man-made
مصنع *maṣnaƐ n.* |pl. **dip.** مصانع *maṣāniƐ*| • factory
VIII **اصطنع** *iṣṭanaƐa v.tr.* |8s يصطنع *yaṣṭaniƐ^u* | اصطناع *iṣṭināƐ*| • produce, create
اصطناع *iṣṭināƐ n.*↑ • production, creation
اصطناعي *iṣṭināƐīy adj.* • artificial, synthetic
مصطنع *muṣṭanaƐ pass. part. adj.* • artificial, synthetic, man-made
صنف *ṣanf* or *ṣinf n.* |pl. أصناف *ʔaṣnāf*| • kind, sort • category, class
II **صنف** *ṣannafa v.tr.* |2s يصنف *yuṣannif^u* | تصنيف *taṣnīf*| • classify, categorize, sort
تصنيف *taṣnīf n.*↑ • classification, categorization
صنم *ṣanam n.* |pl. أصنام *ʔaṣnām*| • idol
صنوبر *ṣanawbar* • *n.* pine • *coll. n.* pine nuts
صهريج *ṣahrīj n.* |pl. **dip.** صهاريج *ṣahārīj*| • tanker truck
صهيون *ṣahyūn n.* • Zion
صهيوني *ṣahyūnīy adj. & n.* |m. pl. صحاينة *ṣaḥāyina^t*| • Zionist
صهيونية *ṣahyūnīya^t n.* • Zionism
صوب *ṣawb n.* • direction
صوب *ṣawba prep.* • toward, in the direction of ◊ تحرك صوب الباب. *He moved toward the door.*
صواب *ṣawāb adj.* |elat. أصوب *ʔaṣwab*| • *adj.* right, correct, true ▪ صواب أم خطأ؟ *ṣawāb ʔam xaṭaʔ* true or false? • *n.* rightness, correctness
II **صوب** *ṣawwaba v.intr.* |2s يصوب *yuṣawwib^u* | تصويب *taṣwīb*| • aim *at* نحو
IV **أصاب** *ʔaṣāba v.* |4h يصيب *yuṣīb^u* | إصابة *ʔiṣāba^t*| • *v.tr.* hit, strike, afflict, befall, happen *to* ▪ أصاب هدفا *ʔaṣāba hadafan (soccer)* score a goal ▪ أصيب *ʔuṣība pass. v.* be stricken *by* بـ, be afflicted *with*, suffer *from* • *v.intr.* be correct ▪ أصاب من استشار. *ʔaṣāba man^i -stašāra proverb* He who seeks advice will be correct.
إصابة *ʔiṣāba^t n.*↑ • injury, affliction, accident ▪ أصيب إصابة بليغة *ʔuṣība ʔiṣāba^tan balīɣa^tan pass. v.* be badly hurt • *(sports)* score ▪ سجل إصابة *sajjala ʔiṣāba^t v.* score
مصيبة *muṣība^t act. part. n.* |pl. **dip.** مصائب *maṣāʔib*| • disaster, misfortune, tragedy ▪ مصائب قوم عند قوم فوائد. *maṣāʔib^u qawm^in Ɛinda qawm^in fawāʔid^un proverb* The misfortunes of some are blessings for others.
مصاب *muṣāb pass. part.* • *adj.* |elat. أكثر إصابة *ʔakṯar ʔiṣāba^tan*| stricken *by* بـ, afflicted *with*, suffering *from* • *n.* casualty, victim, wounded person
صوت *ṣawt n.* |pl. أصوات *ʔaṣwāt*| • sound • voice ▪ بصوت عال *bi-ṣawt^in Ɛāl(in)*, بصوت مرتفع *bi-ṣawt^in murtafiƐ^in adv.* aloud, loudly ▪ بلا صوت *bi-lā ṣawt^in adv.* silently ◊ قرأت الرسالة بلا صوت. *She silently read the letter.*
صوتي *ṣawtīy adj.* • vocal
II **صوت** *ṣawwata v.tr.* |2s يصوت *yuṣawwit^u* | تصويت *taṣwīt*| • vote *for* لـ
تصويت *taṣwīt n.*↑ • vote ▪ بطاقة تصويت *biṭāqat · taṣwīt* ballot
صورة *ṣūra^t n.* |pl. صور *ṣuwar*| • picture, image • photograph *of* لـ ◊ هذه صورة لي وأنا في الجامعة. *This is a picture of me when I was in college.* • photocopy • reflection *of* لـ ▪ أمام هذه الصورة *ʔamāma hāḏihi -ṣṣūra^ti* in light of this • light, way ▪ __ بصورة *bi-ṣūrat^in* __ [+ adjective] *(forms adverbs)* in a __ way, -ly ▪ بصورة غير متعمدة *bi-ṣūra^tin ɣayr^i mutaƐammida^tin adv.* unintentionally ▪ بصورة مثالية *bi-ṣūra^tin miṯālīya^tin adv.* unchanged, the same as previously ▪ بصورة واضحة *bi-ṣūra^tin wāḍiḥa^tin adv.* frankly, honestly ▪ بصورة سيئة *bi-ṣūra^tin sayyiʔa^tin adv.* in a bad light
II **صور** *ṣawwara v.tr.* |2s يصور *yuṣawwir^u* | تصوير *taṣwīr*| • photograph • photocopy
تصوير *taṣwīr n.*↑ • photography ▪ آلة تصوير *ʔālat · taṣwīr* camera
مصور *muṣawwir act. part. n.* • photographer
V **تصور** *taṣawwara v.tr.* |5s يتصور *yataṣawwar^u* | تصور *taṣawwur*| • imagine *sb/sth* ه *to be sth* or *that sb is...* ه, conceive, envision ◊ أتصورهم مجرمين. *I imagine them to be criminals.* • be

photographed, be photocopied

تصور *taṣawwur n.*↑ • imagination ▪ لا يمكن تصوره *lā yumkinu taṣawwuru<u>hu</u>* unimaginable ▪ في تصوري *fī taṣawwurī* in my opinion

صاغ *ṣāɣa v.tr.* |*1h3* يصوغ *yaṣūɣu* | صياغة *ṣiyāɣat*| • shape, form, mold, fashion • formulate • coin (a word)

صياغة *ṣiyāɣat n.*↑ • formation • formulation • wording, phrasing

صائغ *ṣāʔiɣ act. part. n.* |*pl.* صاغة *ṣāɣat*| • jeweler, goldsmith

صيغة *ṣīɣat n.* |*pl.* صيغ *ṣiyaɣ*| • formula

صوف *ṣūf n.* |*pl.* أصواف *ʔaṣwāf*| • wool ▪ من الصوف *mina -ṣṣūfi adv.* woolen, (made) of wool

صوفي *ṣūfīy* • *adj.* woolen • *adj. & n.* Sufi

الصوفية *aṣṣūfīyat n.* • Sufism

V **تصوف** *taṣawwuf n.* |*5s* يتصوف *yataṣawwafu* | تصوف *taṣawwuf*| • mysticism, Sufism

صوفيا *ṣōfiyā n.* ***f. invar.*** • *(capital of Bulgaria)* Sofia

صام *ṣāma v.intr.* |*1h3* يصوم *yaṣūmu* | صوم *ṣawm* or صيام *ṣiyām*| • fast

صوم *ṣawm,* صيام *ṣiyām n.*↑ • fasting

صائم *ṣāʔim act. part. n.* • person who is fasting, faster ◊ هل أنت صائم؟ *Are you fasting?*

الصومال *aṣṣūmāl n.* ***f.*** • Somalia

صومالي *ṣūmālīy adj. & n.* • Somali

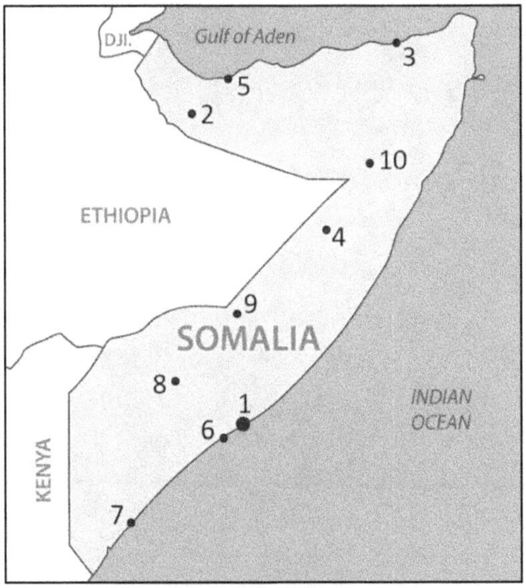

map of Somalia

1. مقديشو *maqadīšū* Mogadishu
2. هرجيسا *hargaysā* Hargeisa
3. بوساسو *bōsāso* Bosaso
4. جالكعيو *gālkaƐyo* Galkayo
5. بربرة *barbarat* Berbera
6. مركة *markat* Merca
7. كيسمايو *kīsmāyū* Kismayo
8. بيدوا *baydawā* Baidoa
9. بلد وين *balad · wayn* Beledweyne
10. غاروي *gārōway* Garowe

صان *ṣāna v.tr.* |*1h3* يصون *yaṣūnu* | صيانة *ṣiyānat*| • maintain, keep

صيانة *ṣiyānat n.*↑ • maintenance, upkeep

صوان *ṣawwān n.* • granite

صاح *ṣāḥa v.intr.* |*1h2* يصيح *yaṣīḥu* | صياح *ṣiyāḥ*| • shout *at* على, cry out, shriek • *(animals)* cry, crow, whoop, squeal, moo (etc.)

صيحة *ṣayḥat n.* |*pl.* صيحات *ṣay(a)ḥāt*| • shout, cry ▪ آخر صيحة *ʔāxir ṣayḥatin* the latest fad, the latest rage ◊ آخر صيحة في موضة *the latest rage in fashion*

صاد *ṣāda v.tr.* |*1h2* يصيد *yaṣīdu* | صيد *ṣayd*| • hunt, catch, trap ▪ صاد سمكا *ṣāda samakan* fish, go fishing

صيد *ṣayd n.*↑ • hunting ▪ صيد سمك *ṣayd · samak* fishing ▪ صيد ثمين *ṣayd tamīn* a good catch

صياد *ṣayyād n.* • hunter ▪ صياد سمك *ṣayyād · samak* fisherman

مصيدة *miṣyadat n.* |*pl.* ***dip.*** مصايد *maṣāyid*| • trap, snare

VIII **اصطاد** *iṣṭāda v.tr.* |*8h3* يصطاد *yaṣṭādu* | اصطياد *iṣṭiyād*| • hunt, go hunting *for* ▪ اصطاد سمكا *iṣṭāda samakan* fish, go fishing

صيدا *ṣaydā n.* ***f. invar.*** • *(city in Lebanon)* Sidon, Saida ➡ ***map on p. 272***

صيدلة *ṣaydala n.* • pharmacology

صيدلي *ṣaydalīy* • *adj.* pharmaceutical • *n.* |*pl.* صيادلة *ṣayādilat*| pharmacist

صيدلية *ṣaydalīyat n.* • pharmacy

صار *ṣāra v.intr.* |*1h2* يصير *yaṣīru* | صيرورة *ṣayrūrat* or صير *ṣayr*| • [+ predicate in the accusative] become ◊ .صار الأمر سهلا علي *It has become easy for me.* • [+ imperfect] begin to *(do)*, start *(do)*ing, come to *(do)*, get to the point of *(do)*ing ◊ .صرت أعرف الحقيقة *I have come to know the truth.* ➡ ***Kāna and Her Sisters p. 268***

مصير *maṣīr n.* |*pl.* ***dip.*** مصاير *maṣāyir*| • outcome, result • fate, destiny

II **صير** *ṣayyara v.tr.* |*2s* يصير *yuṣayyiru* | تصيير

taṣyīr| • cause to be, make, render ◊ صيرت البيت بيتي. *I made the house my home.* ◊ هذا التحول في حياتها صيرها سعيدة جدا. *This change in her life made her very happy.*

صيف *ṣayf n.* |*pl.* أصياف *ʔaṣyāf*| • summer

صيفي *ṣayfīy adj.* • summer- ▪ عطلة صيفية *Ɛuṭlaᵗ ṣayfīyaᵗ* summer vacation

مصيف *maṣīf n.* |*pl.* **dip.** مصايف *maṣāyif*| • summer residence, summer resort

VIII **اصطاف** *iṣṭāfa v.intr.* |*8h3* يصطاف *yaṣṭāfᵘ* | اصطياف *iṣṭiyāf*| • spend the summer ◊ يصطافون في لبنان. *They summer in Lebanon.*

الصين *aṣṣīn n.* ***f.*** • China

صيني *ṣīnīy* • *adj.* Chinese • *n.* Chinese person

صينية *ṣīnīyaᵗ n.* |*pl.* ***invar.*** صواني *ṣawānī*| • tray

ض

ض *ḍād n.* ***f.*** |ضاد| • *(fifteenth letter of the Arabic alphabet)* • *(numerical value)* 800
➡ ***The Abjad Numerals p. 61***

ضؤل *ḍaʔula v.intr.* |*1s6(b)* يضؤل *yaḍʔ**ul**^{u}* | ضآلة *ḍaʔāla^t*| • be scanty, be meager, be sparse

ضآلة *ḍaʔāla^t n.*↑ • scantiness, meagerness, sparseness

ضئيل *ḍaʔīl adj.* |*m. pl.* ضئال *ḍiʔāl* | *elat.* أضأل *ʔaḍʔal*| • scanty, meager, sparse, slight

VI **تضاءل** *taḍāʔala v.intr.* |*6s(b)* يتضاءل *yataḍāʔal^u* | تضاؤل *taḍāʔul*| • diminish, fade, dwindle

ضأن *ḍaʔn coll. n.* |*sing.* ضأنة *ḍaʔna^t*| • *(animal)* sheep • *(meat)* lamb, mutton ▪ ضأني *ḍaʔnī^y n.* lamb, mutton

ضاد *ḍād n.* ***f.*** ➡ ض ***above***

ضباب *ḍabāb n.* • fog, mist
ضبابي *ḍabābī^y* • foggy, misty

ضبط *ḍabaṭa v.tr.* |*1s2/1s3* يضبط *yaḍbi**ṭ**^{u}* or *yaḍbu**ṭ**^{u}* | ضبط *ḍabṭ*| • adjust, regulate, control

ضبط *ḍabṭ n.*↑ • accuracy, precision ▪ بالضبط *bi-ḍḍabṭ^i adv.* exactly, precisely

ضابط *ḍābiṭ act. part. n.* • |*pl.* ضباط *ḍubbāṭ*| officer ▪ ضابط شرطة *ḍābiṭ · šurṭa^t* police officer ▪ ضابط أمن *ḍābiṭ · ʔamn* security officer • |*pl.* ***dip.*** ضوابط *ḍawābiṭ*| regulation, rule, statute, law, control, principle

مضبوط *maḍbūṭ pass. part. adj.* • accurate ▪ غير مضبوط *ɣayr · maḍbūṭ* inaccurate

VII **انضبط** *inḍabaṭa v.intr.* |*7s* ينضبط *yanḍabiṭ^u* | انضباط *inḍibāṭ*| • be disciplined

انضباط *inḍibāṭ n.*↑ • discipline
انضباطي *inḍibāṭī^y adj.* |أكثر انضباطا *ʔakṯar inḍibāṭan*| • disciplinary

ضبع *ḍabƐ n.* |*pl.* ضباع *ḍibāƐ*| • hyena

ضج *ḍajja v.intr.* |*1g2* يضج *yaḍijj^u* | ضج *ḍajj* or ضجيج *ḍajīj*| • be noisy ▪ ضج بالضحك *ḍajja bi-ḍḍaħk^i* roar with laughter

ضجيج *ḍajīj n.*↑ • noise

ضاج *ḍājj act. part.* • noisy

ضجة *ḍajja^t n.* |*pl.* ضجيج *ḍajīj*| • noise, clamor, commotion

ضجر *ḍajira v.intr.* |*1s4* يضجر *yaḍjar^u* | ضجر *ḍajar*| • be fed up *with* من, be tired *of*

ضجر *ḍajir adj.* |*elat.* أضجر *ʔaḍjar*| • fed up *with* من, tired *of*

ضحك *ḍaħika v.intr.* |*1s4* يضحك *yaḍħak^u* | ضحك *ḍaħk*| • laugh ▪ ضحك ملء شدقيه *ḍaħika malʔ^a šidqayhi* grin from ear to ear • make fun *of* على, laugh *at*

ضحك *ḍaħk n.*↑ • laughter

ضاحكة *ḍāħika^t act. part. n.* |*pl.* ***dip.*** ضواحك *ḍawāħik*| • premolar

ضحكة *ḍaħka^t* or *ḍiħka^t n.* |*pl.* ضحكات *ḍaħ(a)kāt* or *ḍiħ(a)kāt*| • laugh

III **ضاحك** *ḍāħaka v.tr.* |*3s* يضاحك *yuḍāħik^u* | مضاحكة *muḍāħaka^t*| • laugh *with*, banter *with*

IV **أضحك** *ʔaḍħaka v.tr.* |*4s* يضحك *yuḍħik^u* | إضحاك *ʔiḍħāk*| • make laugh

مضحك *muḍħik act. part. adj.* |*elat.* أكثر إضحاكا *ʔakṯar ʔiḍ-ħākan* or أضحك *ʔaḍħak*| • funny • ridiculous

VI **تضاحك** *taḍāħaka v.intr.* |*6s* يتضاحك *yataḍāħak^u* | تضاحك *taḍāħuk*| • laugh together

ضحل *ḍaħl adj.* |*pl.* ضحال *ḍiħāl* or أضحال *ʔaḍ-ħāl* | *elat.* أضحل *ʔaḍħal*| • shallow

ضحى *ḍuħ(an) n.* ***indecl.*** • forenoon, morning

ضحية *ḍaħīya^t n.* |*pl.* ***invar.*** ضحايا *ḍaħāyā*| • victim

ضاحية *ḍāħiya^t n.* |*pl.* ***def.*** ضواح *ḍawāħ(in)*| • suburb

أضحى *ʔaḍħ(an) n.* ***indecl.*** • animal sacrifice ▪ عيد الأضحى *Ɛīd · alʔaḍħā* Eid al-Adha, Greater Eid, Greater Bairam, Festival of the Sacrifice ▪ عيد أضحى مبارك *Ɛīd · ʔaḍħā mubārak*, عيد أضحى سعيد *Ɛīd · ʔaḍħā saƐīd* happy Eid al-Adha!

أضحية *ʔuḍħīya^t n.* |*pl.* ***dip.*** أضاحي *ʔaḍāħī^y*| • sacrificial animal

II **ضحى** *ḍaħħā v.tr.* |*2s* يضحي *yuḍaħħī* | تضحية *taḍħiya^t*| • sacrifice

تضحية *taḍħiya^t n.*↑ • sacrifice

IV **أضحى** *ʔaḍħā v.tr.* |*4d* يضحي *yuḍħī* | إضحاء *ʔiḍħāʔ*| • [+ predicate in the accusative] become ◊ الطبيب أيضا أضحى مريضا. *The doctor got sick, too.* • [+ imperfect] begin to *(do)*, start *(do)*ing, come to *(do)*, get to the point of *(do)*ing ◊ أضحى يشكل جزءا مهما من حياتهم. *It came to be an important part of their lives.* ➡ ***Kāna***

ض

and Her Sisters p. 268

ضخ *ḍaxxa v.tr.* |*1g3* يضخ *yaḍuxx^u* | ضخ *ḍaxx*| • pump

مضخة *miḍaxxa^t n.* • pump

ضخم *ḍaxm adj.* |*m. pl.* ضخام *ḍixām* | *elat.* أضخم *ʔaḍxam*| • huge, enormous

II **ضخم** *ḍaxxama v.tr.* |*2s* يضخم *yuḍaxxim^u* | تضخيم *taḍxīm*| • inflate, blow up

V **تضخم** *taḍaxxama v.intr.* |*5s* يتضخم *yataḍaxxam^u* | تضخم *taḍaxxum*| • become inflated, swell

تضخم *taḍaxxum n.*↑ • *(economics)* inflation

ضد *ḍidd n.* |*pl.* أضداد *ʔaḍdād*| • opposite

ضد *ḍidda prep.* • against, in opposition to

مضاد *muḍādd adj.* • against لـ, anti-, counter- ▪ مضاد للسامية *muḍādd li-ssāmīya^ti* anti-Semitic ▪ مضاد للطائرات *muḍādd li-ṭṭāʔirāt^i* anti-aircraft ▪ أدوية مضادة للسرطان *ʔadwiya^t muḍādda^t li-ssaraṭān^i pl. n.* cancer-fighting drug ▪ مضاد حيوي *muḍād ḥayawīy* antibiotic

VI **تضاد** *taḍādda v.intr.* |*6g* يتضاد *yataḍādd^u* | تضاد *taḍādd*| • contradict each other

ضرب *ḍaraba v.tr.* |*1s2* يضرب *yaḍrib^u* | ضرب *ḍarb*| • hit, strike ◊ لا تضربني بالكرة. *Don't hit me with the ball.* ◊ ضرب زلزال شديد المنطقة. *A strong earthquake hit the region.* • multiply *a number* ه by في ◊ إذا ضربت واحد في نفسه يكون الناتج ايضاً واحد. *If you multiply one by itself, the product is also one. (1 x 1 = 1)*

ضرب *ḍarb n.*↑ • |*pl.* ضروب *ḍurūb*| kind, sort ▪ ضرب من ضروب الجنون *ḍarb min ḍurūb^i -ljunūn^i* absolute madness • *(mathematics)* multiplication

مضروب *maḍrūb pass. part. adj.* • مضروب في *maḍrūb fī prep.* multiplied by, times

ضربة *ḍarba^t n.* |*pl.* ضربات *ḍar(a)bāt*| • hit, strike, blow ▪ ضربة شمس *ḍarbat · šams* sunstroke ▪ ضربة حرارة *ḍarbat · ḥarāra^t* heat stroke

ضريبة *ḍarība^t n.* |*pl.* **dip.** ضرائب *ḍarāʔib*| • tax ▪ ضريبة دخل *ḍarībat · daxl* income tax ▪ دفع ضريبة إلى *dafaƐa ḍarība^t ʔilā* pay tax to

مضرب *maḍrib n.* |*pl.* **dip.** مضارب *maḍārib*| • large tent, marquee ▪ مضرب مثل *maḍrib · maṯal* exemplary, cited as an example, proverbial

مضرب *miḍrab n.* |*pl.* **dip.** مضارب *maḍārib*| • bat, racket, club ▪ مضرب بيسبول *miḍrab · baysbōl* baseball bat ▪ مضرب تنس *miḍrab · tenis* tennis racket ▪ مضرب جولف *miḍrab · golf* golf club ▪ كرة مضرب *kurat · miḍrab* tennis

III **ضارب** *ḍāraba v.tr.* |*3s* يضارب *yuḍārib^u* | مضاربة *muḍāraba^t*| • speculate

مضاربة *muḍāraba^t n.*↑ • speculation

مضارب *muḍārib act. part.* • *adj.* speculative • *n. (stock market)* speculator

IV **أضرب** *ʔaḍraba v.intr.* |*4s* يضرب *yuḍrib^u* | إضراب *ʔiḍrāb*| • abandon عن, desert ▪ أضرب عن العمل *ʔaḍraba Ɛan^i -lƐamal^i* strike, be on strike ▪ أضرب عن الطعام *ʔaḍraba Ɛan^i -ṭṭaƐām^i* be on hunger strike

إضراب *ʔiḍrāb n.*↑ • strike ▪ إضراب عن العمل *ʔiḍrāb Ɛan^i -lƐamal^i* strike ▪ إضراب عن الطعام *ʔiḍrāb Ɛan^i -ṭṭaƐām^i* hunger strike

مضرب *muḍrib act. part. adj.* • on strike, striking ▪ عامل مضرب *Ɛāmil muḍrib n.* striker

VI **تضارب** *taḍāraba v.intr.* |*6s* يتضارب *yataḍārab^u* | تضارب *taḍārub*| • fight each other • conflict, clash, be incompatible

تضارب *taḍārub n.*↑ • conflict, clash

متضارب *mutaḍārib act. part. adj.* |*elat.* أكثر تضاربا *ʔakṯar taḍāruban*| • incompatible

VIII **اضطرب** *iḍṭaraba v.intr.* |*8a6* يضطرب *yaḍṭarib^u* | اضطراب *iḍṭirāb*| • be disturbed, be upset

اضطراب *iḍṭirāb n.*↑ • disorder, disturbance

مضطرب *muḍṭarib act. part. adj.* |*elat.* أكثر اضطرابا *ʔakṯar iḍṭirāban*| • upset, anxious, unsettled

ضريح *ḍarīḥ n.* |*pl.* أضرحة *ʔaḍriḥa^t*| • mausoleum

ضر *ḍarra v.tr. & intr.* |*1g3* يضر *yaḍurr^u* | ضر *ḍarr*| • harm (بـ), hurt, injure • damage (بـ)

ضار *ḍārr act. part. adj.* |*elat.* أضر *ʔaḍarr*| • harmful

ضرر *ḍarar n.* |*pl.* أضرار *ʔaḍrār*| • damage, harm

ضرورة *ḍarūra^t n.* • necessity, requirement ▪ بالضرورة *bi-ḍḍarūra^tin adv.* necessarily ▪ لا ضرورة لـ *lā ḍarūra^ta li-* there is no need *for* ◊ لا ضرورة لقانون جديد. *There is no need for a new law.* ▪ لا ضرورة لأنْ *lā ḍarūra^ta li-ʔan* there is no need *to (do)* ◊ ضرورة للبحث عن طرق جديدة. *There is no need to research new methods.*

ضروري *ḍarūrī^y adj.* |*elat.* أكثر ضرورة *ʔakṯar ḍarūra^tan*| • necessary, mandatory ▪ ضروريا *ḍarūrīyan adv.* necessarily ▪ من الضروري أنْ *min^a -ḍḍarūrī^yi ʔan* it is necessary to *(do)*, it is necessary that... ◊ من الضروي أن أسألك عن الأسباب. *I need to ask you about the reasons.*

II **ضرر** *ḍarrara v.tr.* |*2s* يضرر *yuḍarrir^u* | تضرير *taḍrīr*| • harm, hurt, injure • damage

IV **أضر** *ʔaḍarra v.tr. & intr.* |*4g* يضر *yuḍirr^u* | إضرار

ʔiḍrār| • harm (بـ), hurt, injure • damage (بـ)

مضر muḍirr act. part. adj. |elat. أضر ʔaḍarr| • harmful

V **تضرر** taḍarrara v.intr. |5s يتضرر yataḍarrar^u| تضرر taḍarrur| • be hurt, be injured • be damaged, be harmed

VIII **اضطر** iḍṭarra v.tr. |8g2 يضطر yaḍṭarr^u| اضطرار iḍṭirār| •اضطره إلى أنْ iḍṭarrahu ʔilā ʔan force *sb* to *(do)*, compel, cause, make ◊ اضطرتهم الحرب إلى مغادرة بيوتهم. *The war forced them to leave their homes.* ▪ أضطر إلى أنْ uḍṭurra ʔilā ʔan pass. v. be compelled to *(do)*, have no choice but to *(do)*, must *(do)*, have to *(do)*

مضطر muḍṭarr pass. part. adj. |elat. أكثر اضطرارا ʔakṯar iḍṭirāran| • compelled, forced ▪ مضطر أنْ muḍṭarr ʔan have to *(do)* ◊ آسف، أنا مضطر أن أذهب الآن. *Sorry, I have to go now.*

ضرس ḍirs n. |pl. أضراس ʔaḍrās or ضروس ḍurūs| • molar ▪ ضرس عقل ḍirs · Ɛaql wisdom tooth

ضرط ḍaraṭa v.intr. |1s2 يضرط yaḍriṭ^u| ضراط ḍurāṭ or ضرط ḍarṭ| • fart loudly

ضرطة ḍarṭa^t n. |pl. ضرطات ḍar(a)ṭāt| • (loud) fart

III **ضارع** ḍāraƐa v.tr. |3s يضارع yuḍāriƐ^u| مضارعة muḍāraƐa^t| • be similar *to*

مضارع muḍāriƐ act. part. adj. • *(grammar)* imperfect, present-tense ▪ مضارع للمستقبل muḍāriƐ li-lmustaqbal^i future-tense ▪ فعل مضارع fiƐl muḍāriƐ imperfect-tense verb ▪ المضارع almuḍāriƐ the imperfect tense ▪ المضارع المجزوم almuḍāriƐ almajzūm the jussive mood ▪ المضارع المرفوع almuḍāriƐ almarfūƐ the indicative mood ▪ المضارع المنصوب almuḍāriƐ almanṣūb the subjunctive mood, the conjunctive mood

II **ضرم** ḍarrama v.tr. |2s يضرم yuḍarrim^u| تضريم taḍrīm| • light, kindle ▪ ضرم النار في ḍarrama annār^a fī set fire to

IV **أضرم** ʔaḍrama v.tr. |4s يضرم yuḍrim^u| إضرام ʔiḍrām| • light, kindle ▪ أضرم النار في ʔaḍrama annār^a fī set fire to

ضراوة ḍarāwa^t n. • ferocity, violence

QI **ضعضع** ḍaƐḍaƐa v.tr. |11s يضعضع yuḍaƐḍiƐ^u| ضعضعة ḍaƐḍaƐa^t| • undermine, weaken, debilitate

QII **تضعضع** taḍaƐḍaƐa v.intr. |12s يتضعضع yataḍaƐḍaƐ^u| تضعضع taḍaƐḍuƐ| • become dilapidated

ضعف ḍaƐufa v.intr. |1s6 يضعف yaḍƐuf^u| ضعف ḍaƐf or ḍuƐf| • become weak

ضعف ḍaƐf or ḍuƐf n.↑ • weakness

ضعف ḍiƐf n. |pl. أضعاف ʔaḍƐāf| • multiple, double ▪ __ ضعف ḍaƐf __, dual __ ضعفي ḍiƐfay __ twice the __ ▪ __ ثلاثة أضعاف ṯalāṯa^t ʔaḍƐāf three times the __ ◊ تبلغ مساحة إيران ضعف مساحة تركيا وثلاثة أضعاف مساحة فرنسا *Iran covers an area twice that of Turkey, and three times the area of France.* • [elative +] times as ▪ بضعفين bi-ḍiƐfayn^i twice as __ ◊ هذا العدد أكبر بضعفين مما كان يعتقد من قبل. *This number is twice as big as previously believed.* ▪ بثلاثة أضعاف bi-ṯalāṯa^t ʔaḍƐāf three times as __ ◊ هذا أغلى بثلاثة أضعاف من ذلك. *This one is three times as expensive as that one.*

ضعيف ḍaƐīf adj. |m. pl. **dip.** ضعفاء ḍuƐafāʔ | elat. أضعف ʔaḍƐaf| • weak

II **ضعف** ḍaƐƐafa v.tr. |2s يضعف yuḍaƐƐif^u| تضعيف taḍƐīf| • double

مضعف muḍaƐƐaf pass. part. adj. • *(grammar)* doubled, geminate ▪ فعل مضعف fiƐl muḍaƐƐaf n. geminate verb

III **ضاعف** ḍāƐafa v.tr. |3s يضاعف yuḍāƐif^u| مضاعفة muḍāƐafa^t| • double, multiply ▪ ضاعف ثلاث مرات ḍāƐafa ṯalāṯ^a marrāt^{in} triple

مضاعفة muḍāƐafa^t n.↑ • *(medical)* complication

مضاعف muḍāƐaf act. part. adj. • doubled ▪ فعل مضاعف fiƐl muḍāƐaf *(grammar)* geminate verb

IV **أضعف** ʔaḍƐafa v.tr. |4s يضعف yuḍƐif^u| إضعاف ʔiḍƐāf| • weaken

VI **تضاعف** taḍāƐafa v.intr. |6s يتضاعف yataḍāƐaf^u| تضاعف taḍāƐuf| • be doubled, double ▪ تضاعف ثلاث مرات taḍāƐafa ṯalāṯ^a marrāt^{in} be tripled, triple

ضغط ḍaɣaṭa v. |1s1 يضغط yaḍɣaṭ^u| ضغط ḍaɣṭ| • v.tr. & intr. press (على), push, click *on* ◊ اضغط (على) الزر. *Push the button.* • v.intr. squeeze على, put pressure *on* ◊ لا بد أن تضغط على الجرح. *You have to put pressure on the wound.* ▪ ضغط عليه لأنْ ḍaɣaṭa Ɛalayhi liʔan, ضغط عليه لكي ḍaɣaṭa Ɛalayhi li-kay put pressure on *sb* to *(do)*, pressure, lobby ◊ أسرتاهما بدأتا تضغطان عليهما للزواج. *Their families began to put pressure on them to get married.*

ضغط ḍaɣṭ n.↑ |pl. ضغوط ḍuɣūṭ| • pressure *on* على ▪ ضغط دم ḍaɣṭ · dam blood pressure ▪ ضغط جوي ḍaɣṭ jawwī^y air pressure • stress, tension

ض

ضفدع *ḍifdaƐ*, ضفدعة *ḍifdiƐa*^{t} *n.* |*pl.* **dip.** ضفادع *ḍafādiƐ*| • frog

ضفيرة *ḍafīra*^{t} *n.* |*pl.* **dip.** ضفائر *ḍafāɁir*| • braid

ضفة *ḍiffa*^{t} *n.* |*pl.* ضفاف *ḍifāf*| • *(river)* bank ▪ الضفة الغربية *aḍḍiffa*^{t} *-lγarbīya*^{t} The West Bank

ضلع *ḍalaƐa v.intr.* |*1s1* يضلع *yaḍlaƐ*^{u} | ضلع *ḍalƐ*| • side *with* مع, sympathize *with* • be involved *with* مع, have a hand *in*, participate *in*, partake *in*

ضلع *ḍalƐ n.*↑ |*pl.* ضلوع *ḍulūƐ*| • sympathy • involvement, participation

ضالع *ḍāliƐ act. part. n.* • participant, partaker ◊ الخادم ضالع في الجريمة. *The servant was involved in the crime.*

ضلع *ḍilƐ n.* |*pl.* أضلاع *Ɂaḍlā*Ɛ| • rib

VIII **اضطلع** *iḍṭalaƐa v.intr.* |*8s* يضطلع *yaḍṭaliƐ*^{u} | اضطلاع *iḍṭilā*Ɛ| • take upon *oneself* بـ

ضل *ḍalla v.* |*1g2* يضل *yaḍill*^{u} | ضلال *ḍalāl*| • *v.intr.* stray *from* عن, go astray, become immoral •ضل طريقه *ḍalla ṭarīq*^{a}<u>*hu*</u>, ضل سبيله *ḍalla sabīl*^{a}<u>*hu*</u> *v.tr.* lose *one's* way, get lost

ضال *ḍāll act. part. adj.* |*m. pl.* **dip.** ضوال *ḍawāll* | *elat.* أضل *Ɂaḍall*| • astray, lost

II **ضلل** *ḍallala v.tr.* |*2s* يضلل *yuḍallil*^{u} | تضليل *taḍlīl*| • lead astray, misguide

QIII **اضمحل** *iḍmaḥalla v.intr.* |*13s* يضمحل *yaḍmaḥill*^{u} | اضمحلال *iḍmiḥlāl*| • fade away, vanish, evanesce

V **تضمخ** *taḍammaxa v.tr.* |*5s* يتضمخ *yataḍammax*^{u} | تضمخ *taḍammux*| • perfume *sb* ∘ *with* بـ, anoint

ضمادة *ḍimāda*^{t}, ضماد *ḍimād n.* • bandage, dressing

II **ضمد** *ḍammada v.tr.* |*2s* يضمد *yuḍammid*^{u} | تضميد *taḍmīd*| • bandage, dress (a wound)

ضمير *ḍamīr n.* |*pl.* **dip.** ضمائر *ḍamāɁir*| • conscience • *(grammar)* personal pronoun ▪ ضمير متصل *ḍamīr muttaṣil* suffixed (object or possessive) pronoun ▪ ضمير ملكي *ḍamīr mulkīy* suffixed possessive pronoun ➡ ***table bottom right*** ▪ ضمير منفصل *ḍamīr munfaṣil* independent personal pronoun ➡ ***table top right*** ▪ ضمير نصب *ḍamīr · naṣb* suffixed object pronoun

مضمار *miḍmār n.* |*pl.* **dip.** مضامير *maḍāmīr*| • racetrack

ضم *ḍamma v.tr.* |*1g3* يضم *yaḍumm*^{u} | ضم *ḍamm*| • attach *sth* ∘ *to* إلى • contain, include • embrace, hug

مضموم *maḍmūm pass. part. adj.* • pronounced with a short **u** (damma)

Independent Personal Pronouns

أنا *Ɂana*	نحن *naḥnu*	
أنت *Ɂanta*	أنتما *Ɂantumā*	أنتم *Ɂantum*
أنتِ *Ɂanti*		أنتن *Ɂantunna*
هو *huwa*	هما *humā*	هم *hum*
هي *hiya*		هن *hunna*

Suffixed Personal Pronouns

A personal pronoun may be suffixed to a verb, preposition, or noun. Suffixed to a verb or preposition, they are objects; suffixed to a noun, they are possessive. Only the first-person singular pronoun has a separate form when suffixed to a verb. The voweling varies for all but one of the third-person pronouns depending on the preceding vowel.

ـني / ـي *-nī / -ī*	ـنا *-nā*	
ـك *-ka*	ـكما *-kumā*	ـكم *-kum*
ـكِ *-ki*		ـكن *-kunna*
ـه *-hu / -hi*	ـهما *-humā / -himā*	ـهم *-hum / -him*
ـها *-hā*		ـهن *-hunna / -hinna*

ضمة *ḍamma*^{t} *n.* • *(grammar)* damma (diacritic representing a short **u**)

و

VII **انضم** *inḍamma v.intr.* |*7g* ينضم *yanḍamm*^{u} | انضمام *inḍimām*| • join إلى *or* لـ, enter

ضمن *ḍamina v.tr.* |1s4 يضمن *yaḍman^u* | ضمان *ḍamān*| • guarantee, ensure

ضمان *ḍamān n.*↑ • guarantee ▪ ضمان إضافي *ḍamān ʔiḍāfīy* collateral

مضمون *maḍmūn pass. part.* |*elat.* أضمن *ʔaḍman*| • *n.* |*pl.* **dip.** مضامين *maḍāmīn*| contents • *adj.* guaranteed

ضمن *ḍimna prep.* • inside of, within, among

II **ضمن** *ḍammana v.tr.* |2s يضمن *yuḍammin^u* | تضمين *taḍmīn*| • include, contain

تضمين *taḍmīn n.*↑ • inclusion

V **تضمن** *taḍammana v.tr.* |5s يتضمن *yataḍamman^u* | تضمن *taḍammun*| • include, contain

تضمن *taḍammun n.*↑ • inclusion

VI **تضامن** *taḍāmana v.intr.* |6s يتضامن *yataḍāman^u* | تضامن *taḍāmun*| • combine forces *with* مع, be united in solidarity

تضامن *taḍāmun n.*↑ • solidarity

متضامن *mutaḍāmin act. part. adj.* |*elat.* أكثر تضامنا *ʔakṯar taḍāmunan*| • united in solidarity *with* مع, solidary

VIII **اضطهد** *iḍṭahada v.tr.* |8s يضطهد *yaḍṭahid^u* | اضطهاد *iḍṭihād*| • persecute

اضطهاد *iḍṭihād n.*↑ • persecution

ضهر *ḍahr n.* |*pl.* ضهور *ḍuhūr*| • summit, peak

ضوء *ḍawʔ n.* |*pl.* أضواء *ʔaḍwāʔ*| • light

ضوئي *ḍawʔīy adj.* • light-, luminary, photo- ▪ سنة ضوئية *sana^t ḍawʔīya^t n.* light year

ضياء *ḍiyāʔ n.* • light, glow

IV **أضاء** *ʔaḍāʔa v.tr.* |4h(a) يضيء *yuḍīʔ^u* | إضاءة *ʔiḍāʔa^t*| • illuminate, light up

إضاءة *ʔiḍāʔa^t n.*↑ • illumination, lighting

X **استضاء** *istaḍāʔa v.intr.* |10h(a) يستضيء *yastaḍīʔ^u* | استضاءة *istiḍāʔa^t*| • be enlightened *by* بـ

ضوضاء *ḍawḍāʔ n.* • noise

ضاع *ḍāʕa v.intr.* |1h2 يضيع *yaḍīʕ^u* | ضياع *ḍayāʕ*| • get lost, lose *one's* way

ضياع *ḍayāʕ n.*↑ • loss

ضائع *ḍāʔiʕ act. part. adj.* |*m. pl.* ضياع *ḍiyāʕ* | *elat.* أضيع *ʔaḍyaʕ* or أكثر ضياعا *ʔakṯar ḍayāʕan*| • lost, missing

II **ضيع** *ḍayyaʕa v.tr.* |2s يضيع *yuḍayyiʕ^u* | تضييع *taḍyīʕ*| • waste, squander, miss, let go by ▪ ضيع وقتا *ḍayyaʕa waqtan* waste time ▪ ضيع فرصة *ḍayyaʕa furṣa^t* miss an opportunity • lose ◊ ضيعت محفظتي اليوم في السوق. *I lost my wallet in the market today.*

IV **أضاع** *ʔaḍāʕa v.tr.* |4h يضيع *yuḍīʕ^u* | إضاعة *ʔiḍāʕa^t*| • lose, misplace ◊ أضاع محفظته في القطار. *He lost his wallet on the train.* ▪ أضاع سبيله *ʔaḍāʕa sabīl^ahu* lose *one's* way • waste, squander ▪ أضاع وقتا *ʔaḍāʕa waqtan* waste time • destroy

إضاعة *ʔiḍāʕa^t n.*↑ • loss

ضيف *ḍayf n.* |*pl.* ضيوف *ḍuyūf*| • guest ▪ ضيف شرف *ḍayf · šaraf* guest of honor ▪ ضيف على لغة *ḍayf ʕalā luɣa^t* non-native speaker (of a language)

ضيافة *ḍiyāfa^t n.* • hospitality

II **ضيف** *ḍayyafa v.tr.* |2s يضيف *yuḍayyif^u* | تضييف *taḍyīf*| • entertain, host, have as a guest

IV **أضاف** *ʔaḍāfa v.tr.* |4h يضيف *yuḍīf^u* | إضافة *ʔiḍāfa^t*| • add *sth* ∘ *to* إلى ▪ أضاف أنّ *ʔaḍāfa ʔanna* add that...

إضافة *ʔiḍāfa^t n.*↑ • addition ▪ بالإضافة إلى *bi-lʔiḍāfa^ti ʔilā*, إضافة إلى *ʔiḍāfatan ʔilā prep.* in addition to, as well as ▪ بالإضافة إلى ذلك *bilʔiḍāfa^ti ʔilā ḏālika conj.* in addition to that, additionally • *(grammar)* idafa construction, compound noun ▪ إضافة حقيقية *ʔiḍāfa^t ḥaqīqīya^t* real idafa ▪ إضافة غير حقيقية *ʔiḍāfa^t ɣayr · ḥaqīqīya^t* false idafa

إضافي *ʔiḍāfīy adj.* • additional, further, extra

مضيف *muḍīf act. part. n.* • host ▪ مضيف جوي *muḍīf jawwīy*, مضيف طيران *muḍīf · ṭayrān* flight attendant

مضاف *muḍāf pass. part.* • *adj.* added ▪ ضريبة القيمة المضافة *ḍarībat · alqīma^ti -lmuḍāfa^ti* value added tax (VAT), sales tax • المضاف *almuḍāf n. (grammar)* first term in a compound noun ▪ المضاف إليه *almuḍāf ʔilayh^i* second term in a compound noun

X **استضاف** *istaḍāfa v.tr.* |10h يستضيف *yastaḍīf^u* | استضافة *istiḍāfa^t*| • host, entertain

ضاق *ḍāqa v.intr.* |1h2 يضيق *yaḍīq^u* | ضيق *ḍīq*| • become narrow ▪ ضاق ذرعا بـ *ḍāqa ḏarʕan bi-* become fed up with

ضيق *ḍīq n.*↑ • narrowness, tightness

ضيق *ḍayyiq adj.* |*elat.* أضيق *ʔaḍyaq*| • narrow, tight ▪ ضيق الأفق *ḍayyiq · alʔufuq^i* narrow-minded

مضيق *maḍīq n.* |*pl.* **dip.** مضايق *maḍāyiq*| • strait ▪ مضيق هرمز *maḍīq · hurmūz* the Strait of Hormuz ▪ مضيق جبل طارق *maḍīq · jabal ṭāriq* the Strait of Gibraltar

ض

II **ضيق** *ḍayyaqa v.tr.* |*2s* يضيق *yuḍayyiqᵘ* | تضييق *taḍyīq* | • make narrower, tighten • restrict

تضييق *taḍyīq n.*↑ • restriction

III **ضايق** *ḍāyaqa v.tr.* |*3s* يضايق *yuḍāyiqᵘ* | مضايقة *muḍāyaqaᵗ* | • disturb, bother, annoy, inconvenience

مضايقة *muḍāyaqaᵗ n.*↑ • annoyance, inconvenience

مضايق *muḍāyiq act. part. adj.* • disturbing, bothersome, annoying

VI **تضايق** *taḍāyaqa v.intr.* |*6s* يتضايق *yataḍāyaqᵘ* | تضايق *taḍāyuq* | • be disturbed *by* من, be annoyed *by*

متضايق *mutaḍāyiq act. part. adj.* • annoyed *by* من, uncomfortable

ط

ط *ṭāʔ n. f.* |طاء| • *(sixteenth letter of the Arabic alphabet)* • *(numerical value)* 9 • *(point of information)* I.,IX. ➡ ***The Abjad Numerals p. 61***

طاء *ṭāʔ n. f.* ➡ ط

الطائف *aṭṭāʔif n. f.* • *(city in Saudi Arabia)* Taif, Ta'if ➡ ***map on p. 144***

طابور *ṭābūr n.* |*pl.* **dip.** طوابير *ṭawābīr*| • line (UK: queue) ▪ اقتحم طابورا *iqtaḥama ṭābūran v.* cut in line (UK: jump queue) ▪ وقف في طابور *waqafa fī ṭābūr v.* wait in line (UK: stand in queue), stand in line

طازج *ṭāzaj adj.* • fresh ▪ غير طازج *ɣayr · ṭāzaj* stale

طاووس *ṭāwūs n.* |*pl.* **dip.** طواويس *ṭawāwīs*| • peacock

طباشير *ṭabāšīr n.* **dip.** • chalk

طب *ṭibb n.* • medicine, medical treatment, medical science ▪ طب أسنان *ṭibb · ʔasnān* dentistry ▪ طب الأطفال *ṭibb · alʔaṭfālⁱ* pediatrics ▪ الطب الباطني *aṭṭibb albāṭinīʸ* internal medicine ▪ طب الجلد *ṭibb · aljildⁱ* dermatology ▪ طب العيون *ṭibb · alƐuyūnⁱ* ophthalmology ▪ طب القلب (والأوعية الدموية) *ṭibb · alqalbⁱ (wa-lʔawƐīyaᵗⁱ addamawīyaᵗⁱ)* cardiology ▪ طب الأمراض العصبية *ṭibb · alʔamrāḍⁱ -lƐaṣabīyaᵗⁱ* neurology ▪ طب النساء والتوليد *ṭibb · annisāʔⁱ wa-ttawlīdⁱ* obstetrics and gynecology ▪ طب نفسي *ṭibb nafsīʸ* psychiatry

طبي *ṭibbīʸ adj.* • medical

طبيب *ṭabīb n.* |*pl.* **dip.** أطباء *ʔaṭibbāʔ*| • doctor, physician ▪ طبيب أذن وأنف وحنجرة *ṭabīb · ʔuḏn wa-ʔanf wa-ḥanjaraᵗ* otolaryngologist ▪ طبيب أسنان *ṭabīb · ʔasnān* dentist ▪ طبيب أطفال *ṭabīb · ʔaṭfāl* pediatrician ▪ طبيب أمراض عصبية *ṭabīb · ʔamrāḍ Ɛaṣabīyaᵗ* neurologist ▪ طبيب عيون *ṭabīb · Ɛuyūn* ophthalmologist ▪ طبيب قلب (وأوعية دموية) *ṭabīb qalb (wa-ʔawƐīyaᵗ damawīyaᵗ)* cardiologist ▪ طبيب نساء وتوليد *ṭabīb · nisāʔ wa-tawlīd* OB/GYN (obstetrician-gynecologist) ▪ طبيب نفسي *ṭabīb nafsīʸ*, طبيب نفساني *ṭabīb nafsānīʸ* psychiatrist

مطب *maṭabb n.* • speed bump • pothole

طبخ *ṭabaxa v.tr.* |*1s1/1s3* يطبخ *yaṭbaxᵘ* or *yaṭbuxᵘ* | طبخ *ṭabx*| • cook

طبخ *ṭabx n.*↑ • cuisine, cooking

طباخ *ṭabbāx n.* • cook, chef

مطبخ *maṭbax n.* |*pl.* **dip.** مطابخ *maṭābix*| • kitchen

طبرق *ṭubruq* • *n. f.* **dip.** *(city in Libya)* Tobruk ➡ ***map on p. 278***

طبع *ṭabaƐa v.tr.* |*1s1* يطبع *yaṭbaƐᵘ* | طبع *ṭabƐ*| • print • make an impression, impress

طبع *ṭabƐ n.*↑ • |*pl.* طباع *ṭibāƐ*| impression, print • |*pl.* طباع *ṭibāƐ* or أطباع *ʔaṭbāƐ*| nature, disposition ▪ طبعا *ṭabƐan*, بالطبع *bi-ṭṭabƐⁱ adv.* of course, naturally ▪ الطبع أغلب *aṭṭabƐᵘ ʔaɣlabᵘ proverb* One's true nature will always prevail.

طابعة *ṭābiƐaᵗ act. part. n.* • *(machine)* printer ▪ طابعة حاسوبية *ṭābiƐaᵗ ḥāsūbīyaᵗ* computer printer

طبعة *ṭabƐaᵗ n.* • edition, issue

طباع *ṭabbāƐ n.* • *(person)* printer

طباعة *ṭibāƐaᵗ n.* • printing, press, typography

طبيعة *ṭabīƐaᵗ n.* |*pl.* **dip.** طبائع *ṭabāʔiƐ*| • nature

طبيعي *ṭabīƐīʸ adj.* • natural ▪ من الطبيعي *minᵃ -ṭṭabīƐīʸⁱ* it is natural that..., of course, naturally ▪ من الطبيعي أنْ *minᵃ -ṭṭabīƐīʸⁱ ʔan* it is natural that...

طابع *ṭābaƐ n.* |*pl.* **dip.** طوابع *ṭawābiƐ*| • stamp ▪ طابع بريد *ṭābaƐ · barīd* postage stamp • mark, feature, character, characteristic ▪ طابع حسن *ṭābaƐ · ḥusn* mole, beauty mark

مطبعة *maṭbaƐaᵗ n.* |*pl.* **dip.** مطابع *maṭābiƐ*| • printing press, print shop • *(computers)* printer

مطبعي *maṭbaƐīʸ adj.* • print-, typographical

II **طبع** *ṭabbaƐa v.tr.* |*2s* يطبع *yuṭabbiƐᵘ* | تطبيع *taṭbīƐ*| • normalize

تطبيع *taṭbīƐ n.*↑ • normalization ▪ تطبيع علاقات *taṭbīƐ · Ɛalāqāt* normalization of relations

VII **انطبع** *inṭabaƐa v.intr.* |*7s* ينطبع *yanṭabiƐᵘ* | انطباع *inṭibāƐ*| • be printed • be impressed

انطباع *inṭibāƐ n.*↑ • impression *of* عن ◊ كيف انطباعك عن الشركة؟ *What is your impression of the company?* ▪ أول انطباع *ʔawwal inṭibāƐ* first impression

طبق *ṭabaq n.* |*pl.* أطباق *ʔaṭbāq*| • plate, dish ▪ طبق طائر *ṭabaq ṭāʔir* flying saucer, UFO

طبق *ṭibqa prep.* • according to ▪ طبقا لـ *ṭibqan li-* according to, in accordance with, in conformity with ▪ صورة طبق الأصل *ṣūraᵗ ṭibqa -lʔaṣliⁱ* exact replica

طبقة *ṭabaqaᵗ n.* |*pl.* طباق *ṭibāq*| • class, degree ▪ الطبقة العاملة *aṭṭabaqaᵗ alƐāmilaᵗ* the working class ▪ الطبقة الوسطى *aṭṭabaqaᵗ alwusṭā*, الطبقة المتوسطة *aṭṭabaqaᵗ almutawassiṭaᵗ* the middle class ▪ الطبقة العليا *aṭṭabaqaᵗ alƐulyā* the upper class • layer ▪ طبقة أوزون *ṭabaqat · ʔozōn* the ozone layer

طابق *ṭābiq n.* |*pl.* **dip.** طوابق *ṭawābiq*| • floor, story ◊ في الطابق الثاني *on the second floor* ◊ مبنى من عشرين طابقا *a twenty-story building* ▪ طابق أرضي *ṭābiq ʔarḍī* ground floor ⓘ *In North America, the street level floor of a building is called the 1st floor, while the next floor up is the 2nd, and so on. Arab countries, however, follow the European convention of referring to the street level floor as the ground floor, and the next floor up as the 1st floor, and so on.*

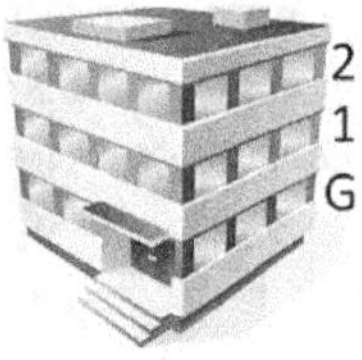

The numbering of floors

G. الطابق الأرضي *aṭṭābiq alʔarḍī* the ground floor
1. الطابق الأول *aṭṭābiq alʔawwal* the first floor
2. الطابق الثاني *aṭṭābiq attānī* the second floor

II **طبق** *ṭabbaqa v.tr.* |*2s* يطبق *yuṭabbiqᵘ* | تطبيق *taṭbīq*| • apply *sth* ه *to* على, implement, put into practice

تطبيق *taṭbīq n.*↑ • application, implementation • *(computers)* app

III **طابق** *ṭābaqa v.tr.* |*3s* يطابق *yuṭābiqᵘ* | مطابقة *muṭābaqaᵗ*| • agree *with*, correspond *to*

مطابقة *muṭābaqaᵗ n.*↑ • *(grammar)* noun concord, verb agreement ⓘ *This refers to agreement or concord of gender, number, case, and definiteness.*

VII **انطبق** *inṭabaqa v.intr.* |*7s* ينطبق *yanṭabiqᵘ* | انطباق *inṭibāq*| • be applicable *to* على, apply *to*, pertain *to* ◊ وهذا ينطبق عليك أيضا. *And that goes for you, too.*

طبل *ṭabl n.* |*pl.* طبول *ṭubūl*| • drum

طبلة *ṭablaᵗ n.* • goblet drum, tablah, darbuka ➡ ***picture on p. 101*** ▪ طبلة أذن *ṭablat · ʔuđn* ear drum

طبال *ṭabbāl n.* • drummer

II **طبل** *ṭabbala v.intr.* |*2s* يطبل *yuṭabbilᵘ* | تطبيل *taṭbīl*| • drum, hit a drum

طاجن *ṭājin n.* |*pl.* **dip.** طواجن *ṭawājin*| • clay pot

طحن *ṭaḫana v.tr.* |*1s1* يطحن *yaṭḫanᵘ* | طحن *ṭaḫn*| • grind

طاحن *ṭāḫin*, طاحنة *ṭāḫinaᵗ act. part. n.* |*pl.* **dip.** طواحن *ṭawāḫin*| • molar

طحينة *ṭaḫīnaᵗ n.* • tahina

طاحونة *ṭāḫūnaᵗ n.* |*pl.* **dip.** طواحين *ṭawāḫīn*| • mill ▪ طاحونة مائية *ṭāḫūnaᵗ māʔīyaᵗ* watermill ▪ طاحونة هوائية *ṭāḫūnaᵗ hawāʔīyaᵗ* windmill, wind turbine

طرأ *ṭaraʔa v.intr.* |*1s1(b)* يطرأ *yaṭraʔᵘ* | طرء *ṭarʔ*| • happen *to* على, befall ◊ ماذا طرأ عليك؟ *What happened to you?*

طارئ *ṭāriʔ act. part. adj.* |*pl.* **dip.** طوارئ *ṭawāriʔ*| • unexpected, unforeseen, emergency- ▪ اجتماع طارئ *ijtimāƐ ṭāriʔ* emergency meeting

طارئة *ṭāriʔaᵗ act. part. n.* |*pl.* **dip.** طوارئ *ṭawāriʔ*| • emergency, unexpected event ▪ غرفة طوارئ *ɣurfat · ṭawāriʔ* emergency room

طرابلس *ṭarābulus n. f. dip.* • *(capital of Libya)* Tripoli ➡ ***map on p. 278***, • *(city in Lebanon)* Tripoli ➡ ***map on p. 272***

IV **أطرب** *ʔaṭraba v.intr.* |*4s* يطرب *yuṭribᵘ* | إطراب *ʔiṭrāb*| • sing, chant

مطرب *muṭrib act. part. n.* • singer, vocalist

طربوش *ṭarbūš n.* • tarboosh (flat-topped red hat with a tassel), fez

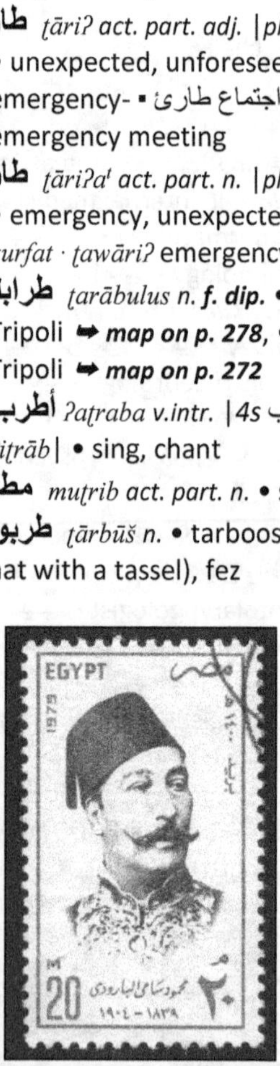

Stamp showing Egyptian politician and poet Mahmoud Sami Baroudi wearing a tarboosh

طربيد *ṭurbīd n.* • torpedo

طرح *ṭaraḥa v.tr.* |*1s1* يطرح *yaṭraḥ^u* | طرح *ṭarḥ*| • subtract, deduct • put forward *sth* ∘ *to* على, raise, bring up, pose, present ▪ طرحه على طاولة الحوار *ṭaraḥahu Ɛalā ṭāwilat^i -lḥiwār^i*, طرحه على مائدة بحث *ṭaraḥahu Ɛalā māʔidat^i -lbaḥt^i* put *sth* on the discussion table

طرح *ṭarḥ n.*↑ • subtraction, deduction

مطروح *maṭrūḥ pass. part. adj.* • up for debate, on the table, up for discussion

طرحة *ṭarḥa^t n.* |*pl.* طرح *ṭuraḥ* or طرحات *ṭar(a)ḥāt*| • veil ▪ طرحة عروس *ṭarḥat · Ɛarūs* bridal veil • pretext, cover, front (for illegal activities)

أطروحة *ʔuṭrūḥa^t n.* • dissertation, thesis

مطرح *maṭraḥ n. **f. dip.*** • *(city in Oman)* Muttrah
➡ ***map on p. 214***

طرد *ṭarada v.tr.* |*1s3* يطرد *yaṭrud^u* | طرد *ṭard*| • expel, drive out

طرد *ṭard n.*↑ • expulsion • |*pl.* طرود *ṭurūd*| package, parcel

طراد *ṭarrād n.* • *(ship)* cruiser

طريد *ṭarīd n.* • fugitive, outlaw

III **طارد** *ṭārada v.tr.* |*3s* يطارد *yuṭārid^u* | مطاردة *muṭārada^t*| • chase, pursue, run after

مطاردة *muṭārada^t n.*↑ • chase, pursuit

X **استطرد** *istaṭrada v.intr.* |*10s* يستطرد *yastaṭrid^u* | استطراد *istiṭrād*| • go on (to say) ▪ استطرد قائلا *istaṭrada qāʔilan*, استطرد يقول *istaṭrada yaqūl^u* go on to say

طراز *ṭirāz n.* |*pl.* طرز *ṭuruz*| • style, type, model

II **طرز** *ṭarraza v.tr.* |*2s* يطرز *yuṭarriz^u* | تطريز *taṭrīz*| • embroider *sth* ∘ *with* بـ, stitch ◊ طرزت الحقيبة باسمها. *She embroidered her name on the bag.* • garnish

أطرش *ʔaṭraš adj. **dip.*** |*m & f pl.* طرش *ṭurš* | *f. sing.* طرشاء *ṭaršāʔ* | *f. dual* طرشاوان *ṭaršāwān^i* | *f. pl.* طرشاوات *ṭaršāwāt*| • deaf

طرطوس *ṭarṭūs n. **f. dip.*** • *(city in Syria)* Tartus
➡ ***map on p. 152***

طرف *ṭarafa v.intr.* |*1s2* يطرف *yaṭrif^u* | طرف *ṭarf*| •طرف بعينيه *ṭarafa bi-Ɛaynayhi* blink

طرف *ṭaraf n.* |*pl.* أطراف *ʔaṭrāf*| • side, edge ▪ طرف مدينة *ṭaraf · madīna^t* outskirts of town • party, side • *(body)* limb, extremity • tip, point

طرفة *ṭarfa^t n.* |*pl.* طرفات *ṭar(a)fāt*| • blink ▪ في طرفة عين *fī ṭarfat^i Ɛayn^in* in the blink of an eye, instantly

طرفة *ṭurfa^t n.* |*pl.* طرف *ṭuraf*| • novelty, curiosity • quip, witty remark

طريف *ṭarīf adj.* |*elat.* أطرف *ʔaṭraf*| • outstanding • novel, uncommon, unique

V **تطرف** *taṭarrafa v.intr.* |*5s* يتطرف *yataṭarraf^u* | تطرف *taṭarruf*| • be extreme, be excessive • be an extremist, have radicals opinions

تطرف *taṭarruf n.*↑ • extremism, radicalism

متطرف *mutaṭarrif act. part.* • *adj.* |*elat.* أكثر تطرفا *ʔaktar taṭarrufan*| extreme, excessive • *adj. & n.* extremist, radical

طرق *ṭaraqa v.tr.* |*1s3* يطرق *yaṭruq^u* | طرق *ṭarq*| • knock *on*, bang *on* ▪ طرق بابا *ṭaraqa bāban* knock on a door

طارق *ṭāriq act. part. n.* • person knocking (on the door) ◊ من الطارق؟ *Who is it? (lit. Who is the knocker?)* • *man's name* Tariq, Tarek ▪ مضيق جبل طارق *maḍīq · jabal ṭāriq* the Strait of Gibraltar

طرقة *ṭarqa^t n.* |*pl.* طرقات *ṭar(a)qāt*| • knock

طريق *ṭarīq n. **m.** or **f.*** |*pl.* طرق *ṭuruq* or طرقات *ṭuruqāt*| • road, way ▪ في الطريق إلى *fī -ṭṭarīq^i ʔilā* on the way to ▪ __ في طريق عودته من *fī ṭarīq^i Ɛawdat^ihi min* __ on *one's* way back from __ ▪ طريق سريع *ṭarīq sarīƐ* expressway (UK: motorway), freeway, interstate • manner, way, method, procedure ▪ عن طريق *Ɛan ṭarīq^i prep.* through, by (means of), via ◊ تواصلا عن طريق الإنترنت. *They corresponded on the Internet.* ◊ استقللت طائرة من القاهرة متجها إلى طوكيو عن طريق دبي. *I took a flight from Cairo to Tokyo via Dubai.* ▪ بطريق الخطأ *bi-ṭarīq^i -lxaṭaʔ^i adv.* by mistake

طريقة *ṭarīqa^t n.* |***dip.*** طرائق *ṭarāʔiq* or طرق *ṭuruq*| • manner, way, method, procedure ▪ بطريقة *bi-ṭarīqa^tin* [+ adjective] *(forms adverbs)* in a __ way ▪ بطريقة ديموقراطية *bi-ṭarīqa^tin dīmūqrāṭīya^tin adv.* in a democratic manner ▪ بطريقة غير مباشرة *bi-ṭarīqa^tin ɣayr^i mubāšira^tin adv.* indirectly

مطرقة *miṭraqa^t n.* |*pl. **dip.*** مطارق *maṭāriq*| • hammer ▪ مطرقة باب *miṭraqat · bāb* door knocker ▪ مطرقة خشبية *miṭraqa^t xašabīya^t* wooden mallet

V **تطرق** *taṭarraqa v.intr.* |*5s* يتطرق *yataṭarraq^u* | تطرق *taṭarruq*| • touch on إلى, go into

طري *ṭarīy adj.* |*elat. **invar.*** أطرى *ʔaṭrā*| • soft

طز *ṭuz interjection* • Whatever!, Who cares! ▪ __ طز في *ṭuz fī* __ To hell *with*__!

ط

طظ *ṭuz,* طز *ṭuz interjection* • Whatever!, Who cares!

طعم *ṭaƐm n.* |*pl.* طعوم *ṭuƐūm*| • taste, flavor ▪ طعمه جيد *ṭaƐm^u hu jayyid^un* *it tastes good*

طعم *ṭuƐm n.* |*pl.* طعوم *ṭuƐūm*| • bait, lure

طعام *ṭaƐām n.* |*pl.* أطعمة *ʔaṭƐima^t*| • food ▪ غرفة طعام *ɣurfat · ṭaƐām* dining room ▪ قائمة طعام *qāʔimat · ṭaƐām* menu ▪ طعام إفطار *ṭaƐām · ʔifṭār* iftar ▪ طعام فطور *ṭaƐām · fuṭūr* breakfast ▪ طعام غداء *ṭaƐām · ɣadāʔ* lunch ▪ طعام عشاء *ṭaƐām · Ɛašāʔ* dinner

مطعم *maṭƐam n.* |*pl.* **dip.** مطاعم *maṭāƐim*| • restaurant

II **طعّم** *ṭaƐƐama v.tr.* |*2s* يطعم *yuṭaƐƐim^u* | تطعيم *taṭƐīm*| • vaccinate *sb* ∘ *against* ضد, inoculate, immunize

تطعيم *taṭƐīm n.*↑ • vaccination, inoculation, immunization

IV **أطعم** *ʔaṭƐama v.tr.* |*4s* يطعم *yuṭƐim^u* | إطعام *ʔiṭƐām*| • feed *to* ∘ *sth* ∘ ◊ أطعمت الفأر قليلا من الجبن. *I fed the mouse a little cheese.*

طعن *ṭaƐana v.* |*1s1/1s3* يطعن *yaṭƐan^u* or *yaṭƐun^u* | طعن *ṭaƐn*| • *v.tr.* stab, pierce • *v.intr.* refute في, appeal, contest • slander في, speak ill *of* • طعن في السن *ṭaƐana fī -ssinn^i* grow old

طعن *ṭaƐn n.*↑ |*pl.* طعون *ṭuƐūn*| • appeal *against* في • libel, slander, defamation

طعنة *ṭaƐna^t n.* |*pl.* طعنات *ṭaƐ(a)nāt*| • stab, stabbing • stab wound

طغي *ṭaɣiya,* طغى *ṭaɣā v.intr.* |*1d4* يطغى *yaṭɣā* | طغي *ṭaɣy* or طغيان *ṭuɣyān*| • tyrannize على, oppress

طغيان *ṭuɣyān n.*↑ • tyranny

طاغ *ṭāɣ(in) act. part.* **def.** |*pl.* طغاة *ṭuɣā^t*| • *n.* tyrant • widespread, common

طاغية *ṭāɣiya^t* **m.** |*pl.* طغاة *ṭuɣā^t*| tyrant

مطفأة *miṭfaʔa^t n.* |*pl.* **dip.** مطافئ *maṭāfiʔ*| • fire extinguisher ▪ رجل مطافئ *rajul · maṭāfiʔ* fire fighter, fireman

IV **أطفأ** *ʔaṭfaʔa v.tr.* |*4s(c)* يطفئ *yuṭfiʔ^u* | إطفاء *ʔiṭfāʔ*| • put out (a fire), extinguish • turn off (a light, etc.), switch off

إطفاء *ʔiṭfāʔ n.*↑ • extinguishment, fire fighting ▪ إدارة إطفاء *ʔidārat · ʔiṭfāʔ* fire department ▪ رجل إطفاء *rajul · ʔiṭfāʔ* fire fighter, fireman ▪ سيارة إطفاء *sayyārat · ʔiṭfāʔ* fire engine ▪ فوج إطفاء *fawj · ʔiṭfāʔ* fire brigade

إطفائي *ʔiṭfāʔī^y n.* • fire fighter

إطفائية *ʔiṭfāʔīya^t n.* • fire brigade

مطفأة *miṭfaʔa^t n.* |*pl.* **dip.** مطافئ *maṭāfiʔ*| • extinguisher ▪ مطفأة حريق *miṭfaʔat · ḥarīq* fire extinguisher ▪ مطفأة سجائر *miṭfaʔat · sajāʔir* ashtray

VII **انطفأ** *inṭafaʔa v.intr.* |*7s(a)* ينطفئ *yanṭafiʔ^u* | انطفاء *inṭifāʔ*| • go out, be extinguished

طفحة *ṭafḥa^t,* طفح *ṭafaḥ n.* • *(skin)* rash

طفرة *ṭafra^t n.* |*pl.* طفرات *ṭaf(a)rāt*| • jump, spring, upswing

طفيف *ṭafīf adj.* • slight, negligible

طفل *ṭifl n.* |*pl.* أطفال *ʔaṭfāl*| • (small) child ▪ طفل بالتبني *ṭifl bi-ttabannī* adopted child ▪ طب الأطفال *ṭibb · ʔaṭfāl^i* pediatrics ▪ طبيب أطفال *ṭabīb · ʔaṭfāl* pediatrician • (small) boy

طفلة *ṭifla^t n.* • (small) girl

طفولة *ṭufūla^t n.* • childhood

طفولي *ṭufūlī^y adj.* |*elat.* أكثر طفولية *ʔaktar ṭufūlīya^tan*| • infantile, child- • childish

طفيل *ṭufayl n. diminutive* • small child

طفيلي *ṭufaylī^y* • *adj.* parasitic • *n.* parasite

V **تطفل** *taṭaffala v.tr.* |*5s* يتطفل *yataṭaffal^u* | تطفل *taṭafful*| • intrude

تطفل *taṭafful n.*↑ • intrusion

تطفلي *taṭaffulī^y adj.* |*elat.* أكثر تطفلا *ʔaktar taṭaffulan*| • intrusive

طقس *ṭaqs n.* • weather • |*pl.* طقوس *ṭuqūs*| rite, ritual

طقم *ṭaqm n.* |*pl.* طقوم *ṭuqūm* or أطقم *ʔaṭqam*| • set, kit ▪ طقم إسعافات أولية *ṭaqm · istiƐāfāt ʔawwalīya^t* first aid kit ▪ طقم أسنان *ṭaqm · ʔisnān* dentures ▪ طقم شاي *ṭaqm · šāy* tea set • *(fashion)* outfit

طاقم *ṭāqim n.* |*pl.* أطقم *ʔaṭqum* | *pl.* **dip.** طواقم *ṭawāqim*| • crew ▪ طاقم حكام *ṭāqim · ḥukkām* *(sports)* referee crew ▪ طاقم سفينة *ṭāqim · safīna^t* ship crew ▪ طاقم طائرة *ṭāqim · ṭāʔira^t* *(airplane)* cabin crew ▪ عضو طاقم *Ɛuḍw · ṭāqim* crew member • staff ▪ طاقم مكتب *ṭāqim · maktab* office staff • set, kit ▪ طاقم أسنان *ṭāqim · ʔasnān* dentures

طاقية *ṭāqīya^t n.* |*pl.* **def.** طواق *ṭawāq(in)*| • taqiyah (short, rounded cap), skull cap, prayer cap ➡ ***picture on p. 189***

طلب *ṭalaba v.tr.* |*1s3* يطلب *yaṭlub^u* | طلب *ṭalab*| • request *sth* ∘ *from* من, ask *for*, demand ▪ طلب منه أنْ *ṭalaba minhu ʔan,* طلب إليه أنْ *ṭalaba ʔilayhi ʔan* tell *sb to (do)*, ask *sb to (do)* ◊ قد طلب منه المعلم أن يقرأ شيئا أمام الفصل. *The teacher asked him to read something to the class.*

• order *sth* ∘ *from* من ◊ طلبنا بيتزا من المطعم. *We ordered pizza from the restaurant.*

طلب *ṭalab n.*↑ • request, favor ◊ ممكن أطلب منك طلبا؟ *Can I ask you for a favor?* • order • application ▪ قدم طلبا لـ *qaddama ṭalaban li-* apply *for/to* (a job, school, etc.)

طالب *ṭālib act. part. n.* |*pl.* طلاب *ṭullāb* or طلبة *ṭalaba^{t}*| • student

طلابي *ṭullābīy adj.* • student-

مطلوب *maṭlūb pass. part.* • *adj.* wanted, in demand, sought after, needed, required ◊ مطلوب مهندس *Wanted: Engineer* ▪ مطلوب حيا أو ميتا *maṭlūb ḥayyan ʔaw mayyitan* wanted dead or alive • *n.* |*pl.* **dip.** مطاليب *maṭālīb*| wish, desire

مطلب *maṭlab n.* |*pl.* **dip.** مطالب *maṭālib*| • demand, claim, call

III **طالب** *ṭālaba v.intr.* |*3s* يطالب *yuṭālib^{u}* | مطالبة *muṭālaba^{t}*| • demand *from* ∘ *sth* بـ, request, ask, call for

مطالبة *muṭālaba^{t} n.*↑ • demand, claim

V **تطلب** *taṭallaba v.tr.* |*5s* يتطلب *yataṭallab^{u}* | تطلب *taṭallub*| • require, demand

متطلب *mutaṭallib act. part. adj.* • demanding, high-maintenance

متطلب *mutaṭallab pass. part. n.* • requirement, demand

طلع *ṭalaƐa v.intr.* |*1s3* يطلع *yaṭluƐ^{u}* | طلوع *ṭulūƐ*| • rise, ascend

طلوع *ṭulūƐ n.*↑ • rise, ascent ▪ طلوع شمس *ṭulūƐ · šams* sunrise ▪ طلوع فجر *ṭulūƐ · fajr* dawn

مطلع *maṭlaƐ n.* |*pl.* **dip.** مطالع *maṭāliƐ*| • beginning, dawn (of an era)

III **طالع** *ṭālaƐa v.tr.* |*3s* يطالع *yuṭāliƐ^{u}* | مطالعة *muṭālaƐa^{t}*| • read

IV **أطلع** *ʔaṭlaƐa v.tr.* |*4s* يطلع *yuṭliƐ^{u}* | إطلاع *ʔiṭlāƐ*| • tell *sb* ∘ *sth* على, inform

V **تطلع** *taṭallaƐa v.intr.* |*5s* يتطلع *yataṭallaƐ^{u}* | تطلع *taṭalluƐ*| • look forward *to* إلى

تطلع *taṭalluƐ n.*↑ • aspiration, hope

VIII **اطلع** *iṭṭalaƐ v.intr.* |*8a3* يطلع *yaṭṭaliƐ^{u}* | اطلاع *iṭṭilāƐ*| • become acquainted *with* على, get to know • be informed *of* على, know *about*

اطلاع *iṭṭilāƐ n.*↑ • inspection

X **استطلع** *istaṭlaƐa v.tr.* |*10s* يستطلع *yastaṭliƐ^{u}* | استطلاع *istiṭlāƐ*| • investigate, probe

استطلاع *istiṭlāƐ n.*↑ • investigation, probe • poll • study, research

طلقة *ṭalqa^{t} n.* |*pl.* طلقات *ṭal(a)qāt*| • *(gun)* shot

A man wearing a taqiyah

طلاق *ṭalāq n.* • divorce ▪ طلاق بالثلاثة *ṭalāq bi-ttalāta^{ti}* triple talaq (divorce by uttering the phrase "I divorce you" three times), triple divorce

طلاقة *ṭalāqa^{t} n.* • unrestraint, casualness, freeness • fluency ▪ بطلاقة *bi-ṭalāqa^{tin} adv.* fluently ◊ تتكلم اللغة العربية بطلاقة. *She speaks fluent Arabic.*

طليق *ṭalīq adj.* |*m. pl.* **dip.** طلقاء *ṭulaqāʔ*| • loose, free

طالق *ṭāliq adj.* ***f.*** • divorced ⓘ طالق *ṭāliq refers to women only but does not vary for gender or number:* ▪ امرأة طالق *imraʔa^{t} ṭāliq* divorced woman

II **طلق** *ṭallaqa v.tr.* |*2s* يطلق *yuṭalliq^{u}* | تطليق *taṭlīq*| • divorce (a woman)

مطلقة *muṭallaqa^{t} pass. part. adj.* • *(woman)* divorced *from* من ◊ إمرأة مطلقة *a divorced woman*

IV **أطلق** *ʔaṭlaqa v.tr.* |*4s* يطلق *yuṭliq^{u}* | إطلاق *ʔiṭlāq*| • release, discharge, launch ▪ أطلق نارا *ʔaṭlaqa nāran (gun)* shoot, fire ▪ أطلق صاروخا *ʔaṭlaqa ṣārūxan* launch a missile, launch a rocket ▪ أطلق تنهيدة *ʔaṭlaqa tanhīda^{t}* sigh, let out a sigh

• ___ أطلق عليه اسم ___ *ʔaṭlaqa Ɛalayhi ismᵃ* ___ call *sb* ___ ◊ أطلق المصريون القدماء على بلادهم اسم كيميت. *The Ancient Egyptians called their country 'Kemet'.*

إطلاق *ʔiṭlāq n.*↑ • release ▪ إطلاق نار *ʔiṭlāq · nār* gunfire ▪ إطلاق صواريخ *ʔiṭlāq · ṣawārīx* shelling ▪ إطلاقا *ʔiṭlāqan*, على الإطلاق *Ɛalā -lʔiṭlāqⁱ* [negative +] *adv.* not at all, absolutely not, without exception, under no circumstances ◊ هل رأيت اللص؟ - إطلاقا. *Did you see the thief? - No, not at all.* ◊ لا أحد على الإطلاق يريد الحرب. *Without exception, no one wants war.*

مطلق *muṭlaq pass. part. adj.* • unrestricted, unconditional, absolute ▪ مطلقا *muṭlaqan adv.* [negative +] absolutely (not), never ◊ لم أره مطلقا. *I never saw him.* ◊ هل رأيته ؟ - مطلقا. *Did you see him? - Absolutely not.*

VII **انطلق** *inṭalaqa v.tr.* |*7s* ينطلق *yanṭaliqᵘ* | انطلاق *inṭilāq*| • depart *from* من, set out • launch, take off • *(used in perfect tense only)* [+ indicative] begin to *(do)* ◊ انطلقا يضحكان. *They began to laugh.*

انطلاق *inṭilāq n.*↑ • launch, takeoff

منطلق *munṭalaq pass. part. n.* • premise, starting point

IV **أطل** *ʔṭalla v.intr.* |*4g* يطل *yuṭillᵘ* | إطلال *ʔiṭlāl*| • overlook على, look down *upon* ◊ يطل مكتبي على حديقة جميلة. *My office overlooks a beautiful garden.*

طلمبة *ṭulumbaᵗ n.* • pump

طلى *ṭalā v.tr.* |*1d2* يطلى *yaṭlī* | طلي *ṭaly*| • paint *sth* ∘ *with* بـ

طلاء *ṭilāʔ n.* • paint

QI **طمأن** *ṭamʔana v.tr.* |*11s(b)* يطمئن *yuṭamʔinᵘ* | طمأنة *ṭamʔanaᵗ*| • reassure, set *one's* mind at rest ▪ طمأنه أن *ṭamʔanahu ʔanna* reassure *sb* that...

QIII **اطمأن** *iṭmaʔanna v.intr.* |*13s(a)* يطمئن *yaṭmaʔinnᵘ* | اطمئنان *iṭmiʔnān*| • be calm, be at ease • be sure *of* إلى *or* من, be certain *of* • reassure *oneself of* على

اطمئنان *iṭmiʔnān n.*↑ • calm, serenity • reassurance • peace of mind

مطمئن *muṭmaʔinn act. part. adj.* |*elat.* أكثر اطمئنانا *ʔaktar iṭmiʔnānan*| • calm • confident, sure

طمأنينة *ṭumaʔnīnaᵗ* • calm, serenity • reassurance, security ▪ عدم طمأنينة *Ɛadam · ṭumaʔnīnaᵗ* insecurity • peace of mind

طماطة *ṭumāṭaᵗ n.* • tomato

طماطم *ṭamāṭim coll. n.* |*sing.* طماطمة *ṭamāṭimaᵗ*| • tomatoes

طمح *ṭamaḥa v.intr.* |*1s1* يطمح *yaṭmaḥᵘ* | طموح *ṭumūḥ*| • aspire *to* إلى

طموح *ṭumūḥ n.*↑ • ambition

طموح *ṭamūḥ adj.* |*elat.* أكثر طموحا *ʔaktar ṭumūḥan*| • ambitious

طمع *ṭamiƐa v.intr.* |*1s4* يطمع *yaṭmaƐᵘ* | طمع *ṭamaƐ*| • covet بـ *or* في, desire • aspire *to* بـ *or* في, be ambitious

طمع *ṭamaƐ n.*↑ |*pl.* أطماع *ʔaṭmāƐ*| • greed • ambition

طماع *ṭammāƐ adj.* |*elat.* أكثر طمعا *ʔaktar ṭamaƐan*| • covetous, greedy

طنجة *ṭanjaᵗ n.* **dip.** • *(city in Morocco)* Tangier
➡ ***map on p. 222***
ⓘ *The English word 'tangerine' has been borrowed from this Arabic word.*

طنطا *ṭanṭā n.* ***f. invar.*** • *(city in Egypt)* Tanta
➡ ***map on p. 287***

طن *ṭanna v.intr.* |*1g2* يطن *yaṭinnᵘ* | طنين *ṭanīn*| • hum, buzz

طن *ṭunn n.* |*pl.* أطنان *ʔaṭnān*| • ton

طنان *ṭannān n.* • hummingbird

طه *ṭāhā* ***invar.*** *man's name* • Taha

طهر *ṭahura v.intr.* |*1s6* يطهر *yaṭhurᵘ* | طهارة *ṭahāraᵗ*| • be clean, be pure

طهارة *ṭahāraᵗ n.*↑ • purity

طاهر *ṭāhir act. part. adj.* |*m. pl.* أطهار *ʔaṭhār* | *elat.* أطهر *ʔaṭhar*| • pure

II **طهر** *ṭahhara v.tr.* |*2s* يطهر *yuṭahhirᵘ* | تطهير *taṭhīr*| • cleanse, purify

تطهير *taṭhīr n.*↑ • purification ▪ تطهير عرقي *taṭhīr Ɛirqīʸ* ethnic cleansing

مطهر *muṭahhir act. part. adj. & n.* • antiseptic, disinfectant

طهران *ṭahrān n.* ***f.*** **dip.** • *(capital of Iran)* Tehran

طوب *ṭūb coll. n.* |*sing.* طوبة *ṭūbaᵗ*| • bricks ⓘ *The English word 'adobe' has been borrowed from this Arabic word.*

VII **انطاد** *inṭāda v.intr.* |*7h* ينطاد *yanṭādᵘ* | انطياد *inṭiyād*| • go up in the air

منطاد *munṭād act. part. n.* |*pl.* **dip.** مناطيد *manāṭīd*| • hot air balloon

طور *ṭawr n.* |*pl.* أطوار *ʔaṭwār*| • phase, stage ▪ طورا بعد طور *ṭawran baƐda ṭawr adv.* time after time, again and again, repeatedly ▪ خرج عن طوره *xaraja Ɛan ṭawrⁱhi v.* lose one's temper, become upset

II **طوّر** *ṭawwara v.tr.* |*2s* يطوّر *yuṭawwirᵘ* | تطوير *taṭwīr*| • develop, further, enhance ▪ طوّر علاقات بين *ṭawwara Ɛalāqāt bayna* further relations between

تطوير *taṭwīr n.*↑ • development, enhancement ▪ تطوير وتحديث *taṭwīr wa-taḥdīt* development and modernization

تطويري *taṭwīrīʸ adj.* |*elat.* أكثر تطويرا *ʔaktar taṭwīran*| • developmental

V **تطوّر** *taṭawwara v.intr.* |*5s* يتطوّر *yataṭawwarᵘ* | تطوّر *taṭawwur*| • develop • *(biology)* evolve

تطوّر *taṭawwur n.*↑ • development, progress ▪ تطورات *taṭawwurāt pl. n.* events ▪ آخر التطورات *ʔāxir · attaṭawwurātⁱ* the latest developments • *(biology)* evolution

متطوّر *mutaṭawwir act. part. adj.* |*elat.* أكثر تطورا *ʔaktar taṭawwuran*| • developed, advanced, modern ▪ غير متطور *ɣayr · mutaṭawwir* underdeveloped

طاعة *ṭāƐaᵗ n.* • obedience, compliance

طوع *ṭawƐ n.* • voluntariness

طوعي *ṭawƐīʸ adj.* • *(not automatic)* voluntary ▪ طوعيا *ṭawƐīyan adv.* voluntarily

II **طوّع** *ṭawwaƐa v.tr.* |*2s* يطوّع *yuṭawwiƐᵘ* | تطويع *taṭwīƐ*| • subdue, subjugate

IV **أطاع** *ʔaṭāƐa v.tr.* |*4h* يطيع *yuṭīƐᵘ* | إطاعة *ʔiṭāƐaᵗ*| • obey, comply *with*, observe ▪ من أطاع غضبه أضاع أدبه. *proverb* He who yields to his anger has lost his manners.

إطاعة *ʔiṭāƐaᵗ n.*↑ • obedience, compliance

مطيع *muṭīƐ act. part. adj.* |*elat.* أطوع *ʔaṭwaƐ*| • obedient, compliant ▪ أطوع له من يمينه *ʔaṭwaƐ lahu min yamīnⁱhi idiom* more obedient to him than his own right hand. (i.e. very obedient)

V **تطوّع** *taṭawwaƐa v.intr.* |*5s* يتطوّع *yataṭawwaƐᵘ* | تطوّع *taṭawwuƐ*| • volunteer *for* في *or* بـ

متطوّع *mutaṭawwiƐ act. part. n.* • volunteer

X **استطاع** *istaṭāƐa v.tr.* |*10h* يستطيع *yastaṭīƐᵘ* | استطاعة *istiṭāƐaᵗ*| •استطاع أنْ *istaṭāƐa ʔan* be able to *(do)*, can *(do)* ◊ لا يستطيع الجري. *He can't run.* ◊ هل تستطيع أن تتحدث اللغة الإنجليزية؟ *Can you speak English?*

استطاعة *istiṭāƐaᵗ n.*↑ • ability ▪ باستطاعته *bi-stiṭāƐatⁱhi*, في استطاعته أنْ *fī -stiṭāƐatⁱhi ʔan* be able to, can ◊ كيف باستطاعتي نسيانك؟ *How could I forget you?* ◊ أنا قد كان باستطاعتي أن أتكلم اللغة الفرنسية عندما كنت طفلا. *I could speak French when I was a child.*

مستطاع *mustaṭāƐ pass. part. adj.* • possible, feasible

طائفة *ṭāʔifaᵗ n.* |*pl.* **dip.** طوائف *ṭawāʔif*| • sect, denomination ▪ الطائفتان الشيعة والسنة *aṭṭāʔifatānⁱ -ššīƐaᵗ wa-ssunnaᵗ* The Shiite and Sunni sects

طائفي *ṭāʔifīʸ adj.* • sectarian

طائفية *ṭāʔifīyaᵗ n.* • sectarianism

طوفان *ṭūfān n.* • flood

مطاف *maṭāf n.* • finale, conclusion ▪ في نهاية المطاف *fī nihāyatⁱ -lmaṭāfⁱ* finally • consequence, outcome

II **طوّف** *ṭawwafa v.* |*2s* يطوّف *yuṭawwifᵘ* | تطويف *taṭwīf* or تطواف *taṭwāf*| • *v.intr.* roam around, wander • *v.tr. & intr.* show around (بـ)

طاقة *ṭāqaᵗ n.* • energy, power ▪ طاقة شمسية *ṭāqaᵗ šamsīyaᵗ* solar energy

IV **أطاق** *ʔaṭāqa v.tr.* |*4h* يطيق *yuṭīqᵘ* | إطاقة *ʔiṭāqaᵗ*| • be able to stand, bear, endure ◊ لا أطيق هذا الرجل. *I can't stand this guy.* ▪ أطاق أنْ *ʔaṭāqa ʔan* stand *(do)*ing, bear *to (do)* ◊ كيف أطاق أن يضرب ولده؟ *How could he beat his child?* ▪ لم يطق صبرا على أنْ *lam yuṭiq ṣabran Ɛalā ʔan* can hardly wait *to (do)* ◊ لا أطيق صبرا على لقائك. *I cannot wait to see you.* ▪ لا يُطاق *lā yuṭāqᵘ pass. v.* unbearable

طوكيو *ṭōkyō n.* **f. invar.** • *(capital of Japan)* Tokyo

طال *ṭāla v.intr.* |*1h3* يطول *yaṭūlᵘ* | طول *ṭūl*| • become long, be lengthy • last a long time, take a while

طول *ṭūl n.*↑ |*pl.* أطوال *ʔaṭwāl*| • length, height ▪ طول نظر *ṭūl · naẓar* hyperopia ▪ كم طولك؟ *kam ṭūlᵘka* How tall are you? ▪ متوسط الطول *mutawassiṭ · aṭṭūlⁱ* of average height ▪ على طول *Ɛalā ṭūlⁱ prep.* along ◊ يمشي على طول الطريق. *He's walking along the road.*; *adv.* straight (ahead) ▪ أطول من ليل الشتاء *ʔaṭwal min laylⁱ -ššitāʔⁱ idiom* longer than a winter night (i.e. very long)

طول *ṭūla* • *prep.* throughout, (all) during

طائل *ṭāʔil act. part.* • *adj.* great, large, enormous • *n.* benefit, use, avail ▪ بلا طائل *bi-lā ṭāʔilⁱ*, لا طائل *lā ṭāʔilᵃ adv.* in vain, to no avail

طالما *ṭālamā*, لطالما *la-ṭālamā adv.* • [+ perfect] often, frequently ◊ لطالما انتظرته. *I waited for him all the time.* • as long as ▪ طالما أنّ *ṭālamā ʔanna conj.* since, as ◊ طالما أنك موجود، هلا ساعدتني؟ *Since you're here, would you please*

help me?

طوال *ṭawāla* or *ṭiwāla prep.* • throughout, (all) during, all along ◊ طوال السنوات الأربع السابقة *over the last four years* ▪ طوال الوقت *ṭawāla -lwaqtⁱ adv.* all the time, at all times ▪ طوال العام *ṭawāla -lƐāmⁱ adv.* all year ▪ طوال عمره *ṭawāla Ɛumrⁱhi adv.* all *one's* life ▪ طوال النهار *ṭawāla -nnahārⁱ adv.* all afternoon

طويل *ṭawīl adj.* |*m. pl.* طوال *ṭiwāl* | *elat.* أطول *ʔaṭwal* | *f. elat.* **invar.** طولى *ṭūlā*| • long, tall ▪ طويل اللسان *ṭawīl · allisānⁱ* insolent, sharp-tongued ▪ طويل النظر *ṭawīl · annaẓarⁱ* hyperopic, farsighted ▪ طويلا *ṭawīlan adv.* long, for a long time ▪ تحدث طويلا *taḥaddata ṭawīlan v.* speak at length

طيلة *ṭīlata prep.* • throughout, during

طاولة *ṭāwilaᵗ n.* • table ▪ (لعبة) الطاولة *(luƐbat ·) aṭṭāwilaᵗ*, طاولة النرد *ṭāwilat · annardⁱ* backgammon ▪ تنس طاولة *tenis · ṭāwilaᵗ* table tennis • counter

II **طول** *ṭawwala v.tr.* |*2s* يطول *yuṭawwilᵘ* | تطويل *taṭwīl*| • lengthen • prolong ▪ طول الله عمره *ṭawwala -LLāhᵘ Ɛumrᵃhu* may God prolong *sb's* life

IV **أطال** *ʔaṭāla v.tr.* |*4h* يطيل *yuṭīlᵘ* | إطالة *ʔiṭālaᵗ*| • lengthen, make long • hold *sb* up, take *sb's* time ◊ على أية حال، لا أريد أن أطيل عليك. *Anyway, I'll let you go.*

X **استطال** *istaṭāla v.intr.* |*10h* يستطيل *yastaṭīlᵘ* | استطالة *istiṭālaᵗ*| • become long

مستطيل *mustaṭīl act. part.* • *n.* rectangle • *adj.* rectangular

طوى *ṭawā v.tr.* |*1d2* يطوي *yaṭwī* | طي *ṭayy*| • fold (up), roll up

طي *ṭayy n.*↑ • fold, increase

VII **انطوى** *inṭawā v.intr.* |*7d* ينطوي *yanṭawī* | انطواء *inṭiwāʔ*| • contain على, include • become introverted

انطواء *inṭiwāʔ n.*↑ • introversion

انطوائي *inṭiwāʔī* • *adj.* introverted, withdrawn, unsociable • *n.* introvert

طاب *ṭāba v.intr.* |*1h2* يطيب *yaṭībᵘ* | طيبة *ṭībaᵗ*| • delight لـ, please, be to *one's* liking • ripen

طيبة *ṭībaᵗ n.*↑ • kindness, goodness

طيب *ṭayyib adj.* |*elat.* أطيب *ʔaṭyab*| • good, fine, okay ▪ طيب القلب *ṭayyib · alqalbⁱ* kind-hearted ▪ شيء طيب أنّ *šayʔ ṭayyib ʔanna* It's good that...

II **طيب** *ṭayyaba v.tr.* |*2s* يطيب *yuṭayyibᵘ* | تطييب *taṭyīb*| • make pleasant ▪ طيب الله ثراه *ṭayyaba aLLāhᵘ tarāhu* may God have mercy upon *sb's* soul

طار *ṭāra v.intr.* |*1h2* يطير *yaṭīrᵘ* | طيران *ṭayarān*| • fly

طيران *ṭayarān n.*↑ • aviation ▪ شركة طيران *šarikat · ṭayarān* airline

طائرة *ṭāʔiraᵗ act. part. n.* • airplane, plane ▪ طائرة ورقية *ṭāiʔraᵗ waraqīyaᵗ* kite

طير *ṭayr coll. n.* |*sing.* طائر *ṭāʔir* | *pl.* طيور *ṭuyūr*| • birds ▪ طير جارح *ṭayr jāriḥ* birds of prey ▪ الطيور على أشكالها تقع. *aṭṭuyūrᵘ Ɛalā ʔaškālⁱhā taqaƐᵘ proverb* Birds of a feather flock together.

طيار *ṭayyār n.* • pilot

مطار *maṭār n.* • airport

طاش *ṭāša v.intr.* |*1h2* يطيش *yaṭīšᵘ* | طيشان *ṭayašān*| • become heedless, become reckless

طيشان *ṭayašān n.*↑ • heedlessness, recklessness

طائش *ṭāʔiš act. part. adj.* |*elat.* أطيش *ʔaṭyaš*| • heedless, reckless

طيف *ṭayf n.* |*pl.* أطياف *ʔaṭyāf*| • ghost • *(physics)* spectrum

طين *ṭīn n.* |*pl.* أطيان *ʔaṭyān*| • mud, clay ▪ أطيان *ʔaṭyān pl. n.* land property

ظ

ظ *ẓāʔ* n. **f.** |ظاء| • *(seventeenth letter of the Arabic alphabet)* • *(numerical value)* 900
➡ ***The Abjad Numerals p. 61***

ظاء *ẓāʔ* n. **f.** ➡ **ظ**

ظبي *ẓaby* n. |pl. ظباء *ẓibāʔ*| • antelope, gazelle

ظرف *ẓarf* n. |pl. ظروف *ẓurūf*| • envelope • circumstance ▪ ظروف حادث *ẓurūf · ḥādit* pl. n. circumstances of an incident • *(grammar)* adverb ▪ ظرف زمان *ẓarf · zamān* adverb of time ▪ ظرف مكان *ẓarf · makān* adverb of place
ظرفي *ẓarfīy* adj. • *(grammar)* adverbial

ظرافة *ẓarāfaᵗ* n. • wit, wittiness

ظريف *ẓarīf* adj. |m. pl. **dip.** ظرفاء *ẓurafāʔ* | elat. أظرف *ʔaẓraf*| • *(of people or things)* witty, funny, humorous • elegant, graceful

مظروف *maẓrūf* n. |pl. **dip.** مظاريف *maẓārīf*| • envelope

ظفر *ẓafira* v.intr. |1s4 يظفر *yaẓfar*ᵘ | ظفر *ẓafar*| • win بـ, obtain

ظفر *ẓafar* n.↑ • victory, triumph

ظافر *ẓāfir* act. part. • adj. |elat. أظفر *ʔaẓfar*| victorious • n. victor

ظفر *ẓufr* n. |pl. **dip.** أظافر *ʔaẓāfir* or أظفار *ʔaẓfār*| • *(anatomy)* nail ▪ ظفر إصبع يد *ẓufr · ʔiṣbaɛ · yad* fingernail ▪ ظفر إصبع قدم *ẓufr · ʔiṣbaɛ · qadam* toenail ▪ منذ نعومة أظفاره *mundu nuɛūmatⁱ ʔaẓfārⁱ<u>hi</u>* adv. since *one's* early childhood • claw

ظل *ẓalla* v.intr. |1g1 يظل *yaẓall*ᵘ | ظل *ẓall*| • continue, go on ▪ ظل إلى اليوم *ẓalla ʔilā -lyawmⁱ* continue until today • [+ predicate in the accusative] remain, continue • [+ indicative] continue *(do)*ing, keep *(do)*ing ◊ ظل يكتب لفترة طويلة. *He continued to write for a long time.* ◊ ظل يلومها باستمرار. *He constantly kept blaming her.* ➡ ***Kāna and Her Sisters p. 268***

ظل *ẓill* n. |pl. ظلال *ẓilāl*| • shade, shadow ▪ في ظل *fī ẓillⁱ* prep. under, in ◊ في ظل الظروف الراهنة *under the current circumstances* • *(color)* hue, shade ▪ ظل عيون *ẓill · ɛuyūn* eye shadow

ظلة *ẓullaᵗ* n. |pl. ظلال *ẓulāl*| • awning, canopy, sunshade

مظلة *miẓallaᵗ* n. • umbrella ▪ تحت مظلة *taḥta miẓallatⁱ* prep. under the umbrella of, under the protection of • parasol • parachute
مظلي *miẓallīy* n. • parachutist

II **ظلل** *ẓallala* v.tr. |2s يظلل *yuẓallil*ᵘ | تظليل *taẓlīl*| • shade • protect, shelter

مظلل *muẓallil* act. part. adj. |elat. أظلل *ʔaẓlal*| • shadowy

IV **أظل** *ʔaẓalla* v.tr. |4g يظل *yuẓill*ᵘ | إظلال *ʔiẓlāl*| • shade

V **تظلل** *taẓallala* v.intr. |5s يتظلل *yataẓallal*ᵘ | تظلل *taẓallul*| • be shaded *by* بـ

ظلم *ẓalama* v.tr. |1s2 يظلم *yaẓlim*ᵘ | ظلم *ẓulm*| • wrong, oppress, tyrannize

ظلم *ẓulm* n.↑ • oppression, tyranny, injustice ▪ ظلما *ẓulman* adv. wrongly, unjustly

ظالم *ẓālim* act. part. • adj. |elat. أظلم *ʔaẓlam* or أكثر ظلما *ʔaktar ẓulman*| wrongful, oppressive, tyrannical • n. tyrant

ظلمة *ẓulmaᵗ* n. |pl. ظلمات *ẓul(u)māt*| • darkness, gloom

ظلام *ẓalām* n. • darkness, gloom ▪ في الظلام *fī -ẓẓalāmⁱ* adv. in the dark

IV **أظلم** *ʔaẓlama* v.intr. |4s يظلم *yuẓlim*ᵘ | إظلام *ʔiẓlām*| • get dark, darken

مظلم *muẓlim* act. part. adj. |elat. أظلم *ʔaẓlam* or أكثر ظلما *ʔaktar ẓulman*| • dark, gloomy ▪ أظلم من الليل *ʔaẓlam minᵃ -llaylⁱ* idiom darker than night (i.e. very dark)

ظن *ẓanna* v.tr. |1g3 يظن *yaẓunn*ᵘ | ظن *ẓann*| • think, believe ◊ أظنه حزينا. *I think he's sad.* ▪ أظن ذلك. *ʔaẓunn*ᵘ *ḏālika* I think so., I guess so. ▪ ظن أن *ẓanna ʔanna* think that... ◊ لا أظن أنك تفهم. *I don't think you understand.* • consider *sb/sth* ∘ *(to be) sb/sth* ∘, think *of sb* ∘ *as* ∘ ◊ كنت أظنه صديقا. *I thought of him as a friend.*

ظن *ẓann* n.↑ |pl. ظنون *ẓunūn*| • thought, idea ▪ في أغلب الظن *fī ʔaylaba -ẓẓannⁱ* adv. in all probability, most probably, very likely ▪ ظنا منه أن *ẓannan min<u>hu</u> ʔanna* since *one* believed that... ◊ سرق حقيبتها ظنا منه أن فيها نقودا. *He stole her bag, thinking there was money in it.*

ظهر *ẓahara* v.intr. |1s1 يظهر *yaẓhar*ᵘ | ظهور *ẓuhūr*| • appear, seem ▪ يظهر لي أن *yaẓhar*ᵘ *lī ʔanna* *(impersonal verb)* it seems to me that...

• appear, come out, be visible, emerge

ظهور *ẓuhūr n.*↑ • appearance, occurrence

ظاهر *ẓāhir act. part. adj.* |*elat.* أظهر *ʔaẓhar*| • evident, apparent, obvious

ظاهرة *ẓāhira*[t] *act. part. n.* |*pl.* ***dip.*** ظواهر *ẓawāhir*| • phenomenon

ظاهري *ẓāhirīʸ* • *adj.* outward, external, apparent

ظهر *ẓahr n.* |*pl.* ظهور *ẓuhūr*| • *(anatomy)* back

ظهر *ẓuhr n.* • noon, midday ▪ ظهرا *ẓuhran*, بعد الظهر *baƐda -ẓẓuhr*[i] *adv.* in the afternoon, p.m., after noon ▪ الظهر *aẓẓuhr*[a] *adv.* this afternoon ▪ في الظهر *fī -ẓẓuhr*[i] *adv.* at noon, at midday ▪ صلاة الظهر *ṣalāt · aẓẓuhr*[i] the Dhuhr prayer, the midday prayer

ظهيرة *ẓahīra*[t] *n.* • noon, midday

مظهر *maẓhar n.* |*pl.* ***dip.*** مظاهر *maẓāhir*| • appearance, looks • manifestation

III **ظاهر** *ẓāhara v.tr.* |*3s* يظاهر *yuẓāhir*[u] | مظاهرة *muẓāhara*[t]| • support, back

مظاهرة *muẓāhara*[t] *n.*↑ • demonstration, rally

IV **أظهر** *ʔaẓhara v.tr.* |*4s* يظهر *yuẓhir*[u] | إظهار *ʔiẓhār*| • show, demonstrate, present ◊ يظهر الحب ويكن الكراهية. ***He shows love and conceals hatred.***

إظهار *ʔiẓhār n.*↑ • presentation

VI **تظاهر** *taẓāhara v.intr.* |*6s* يتظاهر *yataẓāhar*[u] | تظاهر *taẓāhur*| • demonstrate, protest • تظاهر بأنْ *taẓāhara bi-ʔan* pretend *to (do)*, feign ◊ تظاهر بعدم المعرفة. ***He pretended not to know.*** ◊ تظاهر بالانتباه في حين أنه كان شاردا. ***He pretended to pay attention while he was (actually) absent-minded.*** ▪ تظاهر بالموت *taẓāhara bi-lmawt*[i] play dead

تظاهر *taẓāhur n.*↑ • demonstration, rally

تظاهرة *taẓāhura*[t] *n.* • demonstration, rally

متظاهر *mutaẓāhir act. part. n.* • demonstrator, protester

ع

ع *Ɛayn n.* ***f.*** |عين| • *(eighteenth letter of the Arabic alphabet)* • *(numerical value)* 70
➥ The Abjad Numerals p. 61

عبء *Ɛibʔ n.* |*pl.* أعباء *ʔaƐbāʔ*| • burden, load ▪ عبء إثبات *Ɛibʔ · ʔitbāt* burden of proof

عباءة *Ɛabāʔa^{t} n.* • abaya (long, loose-fitting garment for women), cloak

Women in Cairo wearing abaya (jilbab)

II **عبأ** *Ɛabbaʔa v.tr.* |*2s(c)* يعبئ *yuƐabbiʔ^{u}* | تعبئة *taƐbiʔa^{t}*| • load *sth* ∘ *with* بـ, charge • mobilize (troops, etc.)

تعبئة *taƐbiʔa^{t} n.*↑ • *(military)* mobilization

عبث *Ɛabita v.intr.* |*1s4* يعبث *yaƐbat^{u}* | عبث *Ɛabat*| • play around, horse around • misuse بـ, abuse • tamper *with* بـ, tinker *with*, mess around *with*

عبث *Ɛabat n.*↑ • amusement, play • nonsense ▪ عبثا *Ɛabatan adv.* in vain

عبد *Ɛabada v.tr.* |*1s3* يعبد *yaƐbud^{u}* | عبادة *Ɛibāda^{t}*| • worship

عبادة *Ɛibāda^{t} n.*↑ • worship

معبود *maƐbūd pass. part. n.* • idol

عبد *Ɛabd n.* • |*pl.* عبيد *Ɛabīd*| slave • |*pl.* عباد *Ɛibād*| servant (of God), devotee ▪ عبد الله *Ɛabdullāh man's name* Abdullah ▪ عبد الرحمن *Ɛabdurraħmān man's name* Abdul Rahman ▪ عبد القادر *Ɛabdulqādir man's name* Abdulkader ▪ عبد المسيح *Ɛabdulmasīħ* Abdulmasih

عباد *Ɛabbād n.* • عباد شمس *Ɛabbād · šams* sunflower

عبودية *Ɛubūdīya^{t} n.* • slavery, servitude

معبد *maƐbad n.* |*pl.* ***dip.*** معابد *maƐābid*| • temple ▪ معبد يهودي *maƐbad yuhūdī^{y}* synagogue

II **عبد** *Ɛabbada v.tr.* |*2s* يعبد *yuƐabbid^{u}* | تعبيد *taƐbīd*| • pave (a street)

X **استعبد** *istaƐbada v.tr.* |*10s* يستعبد *yastaƐbid^{u}* | استعباد *istiƐbād*| • enslave

استعباد *istiƐbād n.*↑ • enslavement

عبر *Ɛabara v.tr.* |*1s3* يعبر *yaƐbur^{u}* | عبور *Ɛubūr*| • cross (the street, etc.)

عبور *Ɛubūr n.*↑ • crossing ▪ عبور مشاة *Ɛubūr · mušāʔ* crosswalk (UK: zebra crossing)

عابر *Ɛābir act. part. adj.* • fleeting, transient ▪ لحظة عابرة *laħẓa^{t} Ɛābira^{t}* fleeting moment, snapshot

عبر *Ɛabra prep.* • via, by way of • across, over, through ◊ اضطر إلى السباحة عبر النهر. *He had to swim across the river.*

عبرة *Ɛibra^{t} n.* |*pl.* عبر *Ɛibar*| • lesson, moral, example

عبري *Ɛibrī^{y} adj. & n.* • Hebrew

عبري *Ɛibrī n.* ***f. invar.*** • *(city in Oman)* Ibri
➥ map on p. 214

عبارة *Ɛibāra^{t} n.* • expression, phrase, term, idiom, utterance ▪ عبارة عن *Ɛibāra^{t} Ɛan* tantamount to, consisting of

عبارة *Ɛabbāra^{t} n.* • ocean liner

عبير *Ɛabīr n.* • aroma, fragrance, scent • ***f. dip.*** *woman's name* Abeer

معبر *maƐbar n.* |*pl.* ***dip.*** معابر *maƐābir*| • crossing point, passage

II **عبر** *Ɛabbara v.tr.* |*2s* يعبر *yuƐabbir^{u}* | تعبير *taƐbīr*| • express عن

تعبير *taƐbīr n.*↑ |*pl.* ***dip.*** تعابير *taƐābīr*| • expression *of* عن, wording ▪ بتعبير آخر *bi-taƐbīr^{in} ʔāxar^{a}* in other words ▪ حرية تعبير *ħurriyat · taƐbīr* freedom of expression
تعبيري *taƐbīrī^{y} adj.* • expressive • *(art)* expressionist

معبر *muƐabbir act. part. adj.* |*elat.* أكثر تعبيرا *ʔaktar taƐbīran*| • expressive, eloquent ▪ بشكل معبر

bi-šaklin muƐabbirin, بصورة معبرة *bi-ṣūratin muƐabbiratin adv.* eloquently

VIII **اعتبر** *iƐtabara v.tr.* |*8s* يعتبر *yaƐtabiru* | اعتبار *iƐtibār*| • consider *sb/sth* ه *(to be) sb/sth* ه, regard *sb/sth* ه *as* ه ◊ اعتبره أمرا منتهيا. *Consider it done.* ▪ أعتبر *uƐtabara pass. v.* be considered

اعتبار *iƐtibār n.*↑ • consideration, regard ▪ أخذه في الاعتبار *ʔaxađahu fī -liƐtibāri*, أخذ بعين الاعتبار *ʔaxađa bi-Ɛayni -liƐtibāri*, أخذ بالاعتبار *ʔaxađa bi-liƐtibāri v.* take *sth* into consideration, take *sth* into account

اعتباري *iƐtibārīy adj.* • subjective

عبس *Ɛabasa v.intr.* |*1s2* يعبس *yaƐbisu* | عبس *Ɛabs* or عبوس *Ɛubūs*| • frown

عابس *Ɛābis act. part. adj.* |*elat.* أعبس *ʔaƐbas* or أكثر عبوسا *ʔaktar Ɛubūsan*| • sullen, sulky

عبوسة *Ɛabūsat n.* • frown

عباسي *Ɛabbāsīy adj. & n.* • Abbasid ▪ الدولة العباسية *addawlat alƐabbāsīyat* the Abbasid Caliphate

عبيط *Ɛabīṭ adj.* |*m. pl.* **dip.** عبطاء *ʔubaṭāʔ* | *elat.* أعبط *ʔaƐbaṭ*| • foolish, simple-minded

عبقري *Ɛabqarīy adj. & n.* |*pl.* عباقرة *Ɛabāqirat*| • *(person)* genius

عبقرية *Ɛabqarīyat n.* • *(intellect)* genius

عبوة *Ɛubuwwat n.* • container ▪ عبوة صفيح *Ɛubuwwat · ṣafīḥ* tin can • bomb ▪ عبوة ناسفة *Ɛubuwwat nāsifat* improvised explosive device (IED), makeshift explosive

عتبة *Ɛatabat n.* |*pl.* أعتاب *ʔaƐtāb*| • threshold

III **عاتب** *Ɛātaba v.tr.* |*3s* يعاتب *yuƐātibu* | معاتبة *muƐātabat*| • blame *sb* ه *for* على, reprimand ▪ معاتبا *muƐātiban adv.* in reprimand

عتاد *Ɛatād n.* |*pl.* أعتدة *ʔaƐtidat* or أعتد *ʔaƐtud*| • equipment ▪ عتاد حاسوب *Ɛatād · ḥāsūb* computer hardware • ammunition

عتيق *Ɛatīq adj.* |*elat.* أعتق *ʔaƐtaq*| • ancient, antique

عاتق *Ɛātiq n.* |*pl.* **dip.** عواتق *Ɛawātiq*| • shoulder

IV **أعتق** *ʔaƐtaqa v.tr.* |*4s* يعتق *yuƐtiqu* | إعتاق *ʔiƐtāq*| • free, emancipate, liberate

إعتاق *ʔiƐtāq n.*↑ • emancipation, liberation

VII **انعتق** *inƐataqa v.intr.* |*7s* ينعتق *yanƐatiqu* | انعتاق *inƐitāq*| • free oneself *of* من

عتال *Ɛattāl n.* • porter, carrier

عتمة *Ɛatamat n.* • dark, darkness, gloom

II **عتم** *Ɛattama v.tr.* |*2s* يعتم *yuƐattimu* | تعتيم *taƐtīm*| • darken

IV **أعتم** *ʔaƐtama v.intr.* |*4s* يعتم *yuƐtimu* | إعتام *ʔiƐtām*| • get dark

معتم *muƐtim act. part. adj.* |*elat.* أعتم *ʔaƐtam*| • dim

معتوه *maƐtūh* |*pl.* **dip.** معاتيه *maƐātīh*| • *adj.* |*elat.* أعته *ʔaƐtah*| idiotic • *n.* idiot

عثر *Ɛatara v.intr.* |*1s3* يعثر *yaƐturu* | عثور *Ɛutūr*| • find على, come across, discover

عثور *Ɛutūr n.*↑ • discovery

عثمان *Ɛutmān* **dip.** *man's name* • Othman, Uthman

عثماني *Ɛutmānīy adj. & n.* • Ottoman ▪ الإمبراطورية العثمانية *alʔimbarāṭūrīyat alƐutmānīyat n.* the Ottoman Empire

عجب *Ɛajiba v.intr.* |*1s1* يعجب *yaƐjabu* | عجب *Ɛajab*| • be amazed *at* من, wonder

عجب *Ɛajab n.* |*pl.* أعجاب *ʔaƐjāb*| • amazement, wonder ▪ عجبا *Ɛajaban* How wonderful!; How strange! ▪ ولا عجب *wa-lā Ɛajaba* No wonder! ▪ لا عجب أن *lā Ɛajaba ʔanna* it is no wonder that…

عجيب *Ɛajīb adj.* |*elat.* أعجب *ʔaƐjab*| • marvelous, wonderful, amazing • unusual, strange

عجيبة *Ɛajībat n.* |*pl.* **dip.** عجائب *Ɛajāʔib*| • marvel, wonder

أعجوبة *ʔuƐjūbat n.* |*pl.* **dip.** أعاجيب *ʔaƐājīb*| • marvel, wonder

IV **أعجب** *ʔaƐjaba v.tr.* |*4s* يعجب *yuƐjibu* | إعجاب *ʔiƐjāb*| • please ◊ هل يعجبك؟ *Do you like it? (lit. Does it please you?)* ◊ يعجبني. *I like it. (lit. It pleases me.)* ▪ أعجب *ʔuƐjiba pass. v.* admire (lit. be pleased *by*) بـ *or* في, like

إعجاب *ʔiƐjāb n.*↑ • admiration

معجب *muƐjab pass. part.* • *adj.* |*elat.* أكثر إعجابا *ʔaktar ʔiƐjāban*| fond *of* بـ • proud *of* بـ, pleased *with* • *n.* fan *of* بـ

V **تعجب** *taƐajjaba v.intr.* |*5s* يتعجب *yataƐajjabu* | تعجب *taƐajjub*| • be surprised *at* من, be amazed *at*

تعجب *taƐajjub n.*↑ • surprise, amazement ▪ علامة تعجب *Ɛalāmat · taƐajjub* exclamation mark

تعجبي *taƐajjubīy adj.* |*elat.* أكثر تعجبا *ʔaktar taƐajjuban*| • exclamatory ▪ عبارة تعجبية *Ɛibārat taƐajjubīyat n.* exclamation, interjection

متعجب *mutaƐajjib act. part. adj.* |*elat.* أكثر تعجبا *ʔaktar taƐajjuban*| • surprised

عجز *Ɛajaza v.intr.* |*1s2* يعجز *yaƐjizu* | عجز *Ɛajz*| • be incapable *of* عن, fall short *of*, fail to achieve

عجز *Ɛajz n.*↑ • inability, deficiency, deficit ▪ عجز جنسي *Ɛajz jinsī^y* impotence, erectile dysfunction ▪ عجز في موازنة *Ɛajz fī muwāzana^t*, عجز موازنة *Ɛajz · muwāzana^t* budget deficit ▪ عجز ميزان تجاري *Ɛajz mīzān tijārī^y*, عجز تجاري *Ɛajz tijārī^y* trade deficit ▪ عجز كلوي *Ɛajz kulwī^y* kidney failure

عاجز *Ɛājiz act. part. adj.* |*m. pl.* **dip.** عواجز *Ɛawājiz* | *elat.* أعجز *ʔaƐjaz*| • incapable *of* عن, powerless, helpless

عجوز *Ɛajūz* |*f. sing.* عجوز *Ɛajūz* | *m & f pl.* **dip.** عجائز *Ɛajāʔiz*| • *adj.* |*elat.* أعجز *ʔaƐjaz*| *(of people)* old ▪ رجل عجوز *rajul Ɛajūz* old man ▪ امرأة عجوز *imraʔa^t Ɛajūz* old woman • *n.* **m.** old man • *n.* **f.** old woman ⓘ *The adjective* عجوز *Ɛajūz is invariable for gender.*

IV **أعجز** *ʔaƐjaza v.tr.* |*4s* يعجز *yuƐjiz^u* | إعجاز *ʔiƐjāz*| • weaken, make weak • be impossible *for*

إعجاز *ʔiƐjāz n.*↑ • miracle, marvel

إعجازي *ʔiƐjāzī^y adj.* • miraculous

معجزة *muƐjiza^t act. part. n.* • miracle

عجل *Ɛajila v.intr.* |*1s4* يعجل *yaƐjal^u* | عجلة *Ɛajala^t* or عجل *Ɛajal*| • hurry (up), rush, be in a hurry

عجل *Ɛajal n.*↑ • haste ▪ على عجل *Ɛalā Ɛajal^in* *adv.* hurriedly, hastily, in a hurry

عجلة *Ɛajala^t n.*↑ • haste • wheel ▪ عجلة فيريس *Ɛajalat · fayrīs* Ferris wheel ▪ عجلة قيادة *Ɛajalat · qiyāda^t* steering wheel

عاجل *Ɛājil act. part. adj.* |*elat.* أعجل *ʔaƐjal*| • immediate, urgent ▪ عاجلا *Ɛājilan adv.* soon ▪ آجلا أو عاجلا *ʔājilan ʔaw Ɛājilan adv.* sooner or later

عجل *Ɛijl n.* |*pl.* عجول *Ɛujūl*| • *(animal)* calf ▪ عجل بحر *Ɛijl · baḥr* *(animal)* seal

II **عجل** *Ɛajjala v.tr.* |*2s* يعجل *yuƐajjil^u* | تعجيل *taƐjīl*| • hurry, hasten, rush

X **استعجل** *istaƐjala v.* |*10s* يستعجل *yastaƐjil^u* | استعجال *istiƐjāl*| • *v.tr.* hurry, hasten, rush • *v.intr.* hurry (up), rush, be in a hurry

مستعجل *mustaƐjil act. part.* • in a hurry, rushed

عجمي *Ɛajamī^y n.* |*pl.* عجم *Ɛajam* or أعجام *ʔaƐjām*| • non-Arab • Persian

أعجم *ʔaƐjam* **dip.** |*m & f pl.* **dip.** أعاجم *ʔaƐājim* or عجم *Ɛujum* | *f.* **dip.** عجماء *Ɛajmāʔ* | *f. dual* عجماوان *Ɛajmāwān^i* | *f. pl.* عجماوات *Ɛajmāwāt*| • *adj.* speaking (Arabic) incorrectly • *n.* non-Arab • Persian

أعجمي *ʔaƐjamī^y n.* • non-Arab • Persian

IV **أعجم** *ʔaƐjama v.tr.* |*4s* يعجم *yuƐjim^u* | إعجام *ʔiƐjām*| • dot (an Arabic consonant)

معجم *muƐjam pass. part.* • *adj. (Arabic consonant)* dotted • *n.* |*pl.* **dip.** معاجم *maƐājim*| dictionary

معجمي *muƐjamī^y* • *adj.* lexicographic, lexical • *n.* lexicographer

معجمية *muƐjamīya^t n.* • lexicography

عجمان *Ɛajmān* **f. dip.** • *(city in the U.A.E.)* Ajman

➡ **map on p. 15**

عجن *Ɛajana v.tr.* |*1s2/1s3* يعجن *yaƐjin^u* or *yaƐjun^u* | عجن *Ɛajn*| • knead

معجون *maƐjūn pass. part. n.* |*pl.* **dip.** معاجين *maƐājīn*| • paste ▪ معجون أسنان *maƐjūn · ʔasnān* toothpaste

عجين *Ɛajīn coll. n.* |*sing.* عجينة *Ɛajīna^t* | *pl.* **dip.** عجائن *Ɛajāʔin*| • dough, batter ▪ عجينة *Ɛajīna^t* piece of dough • pasta

عجيني *Ɛajīnī^y adj.* • doughy, pasty

عد *Ɛadda v.tr.* |*1g3* يعد *yaƐudd^u* | عد *Ɛadd*| • count ▪ لا يُعد *lā yuƐadd^u pass. v.* countless • consider *sb/sth* ه *(to be) sb/sth* ه, regard *sb/sth* ه *as* ه ◊ كنت أعده صديقا حميما. *I considered him a close friend.* ▪ عُد *Ɛudda pass. v.* be considered ◊ تعد الأهرامات من عجائب الدنيا السبع. *The pyramids are considered one of the seven wonders of the world.*

معدود *maƐdūd pass. part. adj.* • countable, limited (in number)

عدة *Ɛidda^t n.* • [+ genitive plural noun or pronoun suffix] a number of __, several ▪ عدة مرات *Ɛiddat^a marrāt^in* several times

عدد *Ɛadad n.* |*pl.* أعداد *ʔaƐdād*| • number ▪ عدد __ *Ɛadad* __ [+ definite genitive plural] the number of __ ◊ ارتفع عدد الشركات من خمس شركات إلى عشرين شركة. *The number of companies has risen from five to twenty.* ▪ عدد من __ *Ɛadad min* __ [+ definite genitive plural] a number of __, several ◊ عدد من الشركات *a number of companies* ▪ عدد أصلي *Ɛadad ʔaṣlī^y* cardinal number ▪ عدد ترتيبي *Ɛadad tartībī^y* ordinal number ▪ عدد سكان *Ɛadad · sukkān* population, number of inhabitants

عددي *Ɛadadī^y adj.* • numerical

عديد *Ɛadīd adj.* |*elat.* أكثر عددا *ʔakṯar Ɛadadan*| • numerous ◊ لأسباب عديدة *for a number of reasons* ▪ العديد من __ *alƐadīd min* __ [+ definite genitive plural] a number of __, various, many ◊ العديد من الشركات

عداد *Eaddād n.* • meter, counter, gauge ▪ عداد سرعة *Eaddād · surEa^t* speedometer

II **عدد** *Eaddada v.tr.* |2s يعدد *yuEaddid^u* | تعديد *taEdīd*| • enumerate, list

تعديد *taEdīd n.*↑ • enumeration

IV **أعد** *ʔaEadda v.tr.* |4g يعد *yuEidd^u* | إعداد *ʔiEdād*| • prepare *sb/sth* ∘ *for* لـ, make ready

إعداد *ʔiEdād n.*↑ • preparation

إعدادي *ʔiEdādī^y adj.* • preparatory

معد *muEadd pass. part. adj.* • prepared, ready ▪ معدات *muEaddāt pl. n.* equipment, gear

V **تعدد** *taEaddada v.intr.* |5s يتعدد *yataEaddad^u* | تعدد *taEaddud*| • be numerous

تعدد *taEaddud n.*↑ • variety, diversity, multitude • multi-, poly- ▪ تعدد الزوجات *taEaddud · azzawjātⁱ* polygamy ▪ تعدد الثقافات *taEaddud · attaqāfāt* multiculturalism

تعددية *taEaddudīya^t n.* • multiplicity, pluralism

متعدد *mutaEaddid act. part. adj.* |elat. أكثر تعددا *ʔaktar taEaddudan*| • numerous, various, diverse • multi-, poly- ▪ متعدد الاعراق *mutaEaddid · alʔaErāqⁱ* biracial, multiracial, mixed-race ▪ متعدد الجنسيات *mutaEaddid · aljinsīyātⁱ* multinational

VIII **اعتد** *iEtadda v.intr.* |8g1 يعتد *yaEtadd^u* | اعتداد *iEtidād*| • become proud, become arrogant

اعتداد *iEtidād n.*↑ • pride, arrogance

معتد *muEtadd act. part.* • proud, arrogant

X **استعد** *istaEadda v.intr.* |10g يستعد *yastaEidd^u* | استعداد *istiEdād*| • get ready *for* لـ, prepare oneself *for*

استعداد *istiEdād n.*↑ • preparation ▪ استعدادا لـ *istiEdādan li- prep.* in preparation for

مستعد *mustaEidd act. part. adj.* |elat. أكثر استعدادا *ʔaktar istiEdādan*| • ready *for* لـ, prepared, willing

عدس *Eadas coll. n.* |sing. عدسة *Eadasa^t*| • lentils

عدسة *Eadasa^t n.* • lens ▪ عدسة لاصقة *Eadasa^t lāṣiqa^t* contact lens ▪ عدسة مكبرة *Eadasa^t mukabbira^t* magnifying glass

عدل *v.intr.* • *Eadula* |1s6 يعدل *yaEdul^u* | عدالة *Eadāla^t*| be fair, be just • *Eadala* |1s2 يعدل *yaEdil^u* | عدول *Eudūl*| relinquish عن, give up, abandon

عدالة *Eadāla^t n.*↑ • justice, fairness

عدول *Eudūl n.*↑ • relinquishment, abandonment

عادل *Eādil act. part. adj.* |elat. أعدل *ʔaEdal*| • fair, just ▪ أعدل من ميزان *ʔaEdal min mīzānⁱⁿ idiom* more just than a scale

عدل *Eadl* • justice, fairness ▪ العدل والمساواة *alEadl wa-lmusāwā^t* justice and equality ▪ محكمة العدل الدولية *maḥkamat · alEadlⁱ -dduwalīya^{ti}* The International Court of Justice

عديل *Eadīl n.* |pl. **dip.** عدائل *Eadāʔil*| • *(sister's husband)* brother-in-law

II **عدل** *Eaddala v.tr.* |2s يعدل *yuEaddil^u* | تعديل *taEdīl*| • modify, adjust, amend

تعديل *taEdīl n.*↑ • modification, adjustment, amendment ▪ تعديل وزاري *taEdīl wizārī^y* cabinet reshuffle ▪ تعديل دستور *taEdīl · dustūr* constitutional amendment

معدل *muEaddal pass. part. n.* • rate ▪ معدل ضربات قلب *muEaddal · ḍarabātⁱ · qalb* heart rate ▪ معدل فائدة *muEaddal · fāʔida^t* interest rate • average

III **عادل** *Eādala v.tr.* |3s يعادل *yuEādil^u* | معادلة *muEādala^t*| • equal, equate • counterbalance, compensate *for*

معادلة *muEādala^t n.*↑ • equation • balance, counterbalance

VI **تعادل** *taEādala v.intr.* |6s يتعادل *yataEādal^u* | تعادل *taEādul*| • tie, draw ◊ تعادل الفريقان ٤-٤. *The teams tied 4-4.* • be balanced

تعادل *taEādul n.*↑ • tie, draw • balance, be equal

VIII **اعتدل** *iEtadala v.intr.* |8s يعتدل *yaEtadil^u* | اعتدال *iEtidāl*| • become moderate • stand up straight, sit up straight

اعتدال *iEtidāl n.*↑ • moderation

معتدل *muEtadil act. part. adj.* |elat. أكثر اعتدالا *ʔaktar iEtidālan*| • moderate, mild

عدم *Eadima v.tr.* |1s4 يعدم *yaEdam^u* | عدم *Eadam*| • lack, not have

عدم *Eadam n.*↑ • [+ masdar] non-, un-, lack of, not to *(do)*, not *(do)*ing ▪ عدم استقرار *Eadam · istiqrār* instability ▪ عدم اهتمام *Eadam · ihtimām* indifference, lack of interest ▪ عدم وجود *Eadam · wujūd* nonexistence, absence ▪ عدم قدرة على أنْ *Eadam · qudra^t Ealā ʔan* inability *to (do)* ▪ عدم قدرة على الانتقال *Eadam · qudra^t Ealā -lintiqālⁱ* immobility, inability to move

عديم *Eadīm adj.* • [+ definite genitive noun] non-, un-, -less, lacking, without ▪ عديم الجدوى *Eadīm · aljadwā*, عديم الفائدة *Eadīm · alfāʔida^{ti}* worthless, useless, of no use ▪ عديم اللون *Eadīm · allawnⁱ* colorless ▪ عديم المعنى *Eadīm · almaEnā* meaningless

IV **أعدم** *ʔaƐdama v.tr.* |*4s* يعدم *yuƐdim*^{u} | إعدام *ʔiƐdām*| • execute, put to death

إعدام *ʔiƐdām n.*↑ • execution ▪ عقوبة إعدام *Ɛuqūbat · ʔiƐdām* capital punishment, death penalty

VII **انعدم** *inƐadama v.intr.* |*7s* ينعدم *yanƐadim*^{u} | انعدام *inƐidām*| • be non-existent, be absent, be lacking

انعدام *inƐidām n.*↑ • nonexistence, absence, lack

عدن *Ɛadan n.* ***f. dip.*** • *(city in Yemen)* Aden

➡ ***map on p. 342***

معدن *maƐdin n.* |*pl.* ***dip.*** معادن *maƐādin*| • mineral • metal

معدني *maƐdinīʸ adj.* • metal-, metalic ▪ نقد معدني *naqd maƐdinīʸ n.* coin • mineral- ▪ ماء معدني *māʔ maƐdinīʸ n.* mineral water

II **عدن** *Ɛaddana v.tr.* |*2s* يعدن *yuƐaddin*^{u} | تعدين *taƐdīn*| • mine

تعدين *taƐdīn n.*↑ • mining

معدن *muƐaddin act. part. n.* • miner

عدنان *Ɛadnān* ***dip.*** *man's name* • Adnan

عدا *Ɛadā v.intr.* |*1d3* يعدو *yaƐdū* | عدو *Ɛadw*| • gallop, dash, run, race • remain ▪ لا يعدو أنّ يكون *lā yaƐdū ʔan yakūn*^{a} is no more than, is merely ▪ لم يعد *lam yaƐd*^{u} is no longer ◊ الدولة لم تعد دولة. *This country is no longer a country.* • عداء *Ɛadā*, ما عدا *mā Ɛadā*, فيما عدا *fīmā Ɛadā particle* [+ accusative] except (for) ▪ عداي *Ɛadāya* except me ▪ ما عدا أنّ *mā Ɛadā ʔanna* except that...

عداء *Ɛadāʔ n.* • hostility, animosity

عداء *Ɛaddāʔ n.* • runner, racer

عدو *Ɛaduʷ n.* |*pl.* أعداء *ʔaƐdāʔ*| • enemy, foe

عدوان *Ɛudwān n.* • aggression, hostility, belligerence

عدواني *Ɛudwānīʸ adj.* |*elat.* أكثر عدوانية *ʔaktar Ɛudwānīya*^{tan}| • aggressive, hostile, belligerent

عدوى *Ɛadwā n.* ***invar.*** • infection, contagion

معدية *maƐdiyaᵗ n.* • ferry

III **عادى** *Ɛādā v.tr.* |*3d* يعادي *yuƐādī* | معاداة *muƐādāᵗ*| • show animosity *for*

معاداة *muƐādāᵗ n.*↑ • animosity, resentment, dislike, hatred, anti-___-ism, -phobia ▪ معاداة السامية *muƐādāt · assāmīya*^{ti} anti-Semitism ▪ معاداة الإسلام *muƐādāt · alʔislām*^{i} Islamophobia

عدائي *Ɛadāʔīʸ adj.* |*elat.* أكثر عدائية *ʔaktar Ɛadāʔīya*^{tan}| • hostile

معاد *muƐād(in) act. part. adj.* ***def.*** |أكثر معاداة *ʔaktar muƐādā*^{tan}| • hostile

IV **أعدى** *ʔaƐdā v.tr.* |*4d* يعدي *yuƐdī* | إعداء *ʔiƐdāʔ*| • infect

إعداء *ʔiƐdāʔ n.*↑ • infection, contagion

معد *muƐd(in) act. part. adj.* ***def.*** • infectious, contagious

V **تعدى** *taƐaddā v.intr.* |*5d* يتعدى *yataƐaddā* | ***def.*** تعد *taƐadd(in)*| • exceed, go beyond • *(grammar)* be transitive

متعد *mutaƐadd(in) act. part. adj.* ***def.*** • *(grammar)* transitive ▪ فعل متعد *fiƐl mutaƐadd(in)* transitive verb

VIII **اعتدى** *iƐtadā v.intr.* |*8d1* يعتدي *yaƐtadī* | اعتداء *iƐtidāʔ*| • trespass على • assault على, violate

اعتداء *iƐtidāʔ n.*↑ • assault, violation, attack

معتد *muƐtad(in) act. part.* ***def.*** • *adj.* |*elat.* أكثر اعتداء *ʔaktar iƐtidāʔan*| aggressive • *n.* aggressor, violator

X **استعدى** *istaƐdā v.tr.* |*10d* يستعدي *yastaƐdī* | استعداء *istiƐdāʔ*| • ask *sb* for help

عذب *Ɛađb adj.* |*m. pl.* عذاب *Ɛiđāb* | *elat.* أعذب *ʔaƐđab*| • sweet • *(water)* fresh ▪ ماء عذب *māʔ Ɛađb* fresh water

عذاب *Ɛađāb n.* |*pl.* عذابات *Ɛađābāt* or أعذبة *ʔaƐđibaᵗ*| • agony, suffering, torture

II **عذب** *Ɛađđaba v.tr.* |*2s* يعذب *yuƐađđib*^{u} | تعذيب *taƐđīb*| • torture, torment

تعذيب *taƐđīb n.*↑ • torture

عذر *Ɛađara v.tr.* |*1s2* يعذر *yaƐđir*^{u} | عذر *Ɛuđr* or معذرة *maƐđiraᵗ*| • excuse, forgive ▪ قد

عذر *Ɛuđr n.*↑ |*pl.* أعذار *ʔaƐđār*| • excuse ▪ عذرا *Ɛuđran* Excuse me!

معذرة *maƐđiraᵗ n.*↑ |*pl.* ***dip.*** معاذر *maƐāđir*| • forgiveness ▪ معذرة *maƐđiratan*, المعذرة *almaƐđira*^{ta} Excuse me!, Forgive me!, Sorry!

عذراء *Ɛađrāʔ n.* ***f. dip.*** |*pl.* ***invar.*** عذارى *Ɛađārā*| • virgin ▪ مريم العذراء *maryam alƐađrāʔ* The Virgin Mary • برج العذراء *burj · alʔađrāʔ*^{i} *(astrology)* Virgo ▪ أنا من برج العذراء. *ʔana min burj*^{i} *-lʔađrāʔ*^{i} I'm a Virgo.

عذرة *Ɛuđraᵗ*, عذرية *Ɛuđrīyaᵗ n.* • virginity

IV **أعذر** *ʔaƐđara v.intr.* |*4s* يعذر *yuƐđir*^{u} | إعذار *ʔiƐđār*| • have an excuse, be excused ▪ أعذر من أنذر. *ʔaƐđara man ʔanđara proverb* He who warns is excused.

V **تعذر** *taƐađđara v.intr.* |*5s* يتعذر *yataƐađđar*^{u} | تعذر *taƐađđur*| • be impossible *for* على, be unfeasible

تعذر *taƐađđur n.*↑ • impossibility, unfeasibility

ع

متعذر *mutaƐađđir act. part. adj.* • impossible, unfeasible ▪ متعذر شرحه *mutaƐađđir · šarḫ^i hi* unexplainable, inexplicable ▪ قروض متعذر تحصيلها *qurūḍ mutaƐađđir · taḫṣīl^i hā pl. n.* irrecoverable debt

VIII **اعتذر** *iƐtađara v.intr.* |*8s* يعتذر *yaƐtađir^u* | اعتذار *iƐtiđār*| • apologize *to* لـ *for* عن ◊ أعتذر عن تأخيري. *I apologize for being late.* ◊ اعتذرت لي عن عدم الرد على رسالتي. *She apologized to me for not responding to my letter.* • excuse *oneself from* عن, not attend ◊ اعتذر عن حضور الاجتماع. *He didn't attend the meeting.*

اعتذار *iƐtiđār n.*↑ • apology *for* عن • excusing *oneself from* عن, absence *from*

عربة *Ɛaraba^t n.* • cart, wagon ▪ عربة أطفال *Ɛarabat · ʔaṭfāl* baby carriage, stroller ▪ عربة قطار *Ɛarabat · qiṭār* railroad car (UK: railway carriage)

عربي *Ɛarabīy adj. & n.* |*pl.* عرب *Ɛarab*| • Arab, Arabian ▪ العرب *alƐarab pl. n.* Arabs, the Arab people; *f. n.* Al-Arab (Arabic language newspaper headquartered in London) ▪ الأمة العربية *alʔumma^t alƐarabīya^t* the Arab world ▪ الجامعة العربية *aljāmiƐa^t alƐarabīya^t* the Arab League ▪ جامعة الدول العربية *jāmiƐat · adduwal^i -lƐarabīya^ti* the League of Arab States ➡ ***map on the right*** • *(language)* Arabic ▪ باللغة العربية *bi-lluɣa^t alƐarabīya^t adv.* in Arabic

عراب *Ɛarrāb n.* • godfather

عرابة *Ɛarrāba^t n.* • godmother

عروبة *Ɛurūba^t n.* • (Pan-)Arabism, Arabness

أعرابي *ʔaƐrābīy n.* |*pl.* أعراب *ʔaƐrāb*| • desert Arab, Bedouin

II **عرب** *Ɛarraba v.tr.* |*2s* يعرب *yuƐarrib^u* | تعريب *taƐrīb*| • Arabicize, make Arabic, conform to the rules of the Arabic language • Arabize

تعريب *taƐrīb n.*↑ • Arabization • Arabicization

IV **أعرب** *ʔaƐraba v.* |*4s* يعرب *yuƐrib^u* | إعراب *ʔiƐrāb*| • *v.intr.* express عن, make clear • *v.tr.* Arabicize, make Arabic, conform to the rules of the Arabic language • *(grammar)* write Arabic case endings (on a noun), decline (a noun)

إعراب *ʔiƐrāb n.*↑ • *(grammar)* declension

إعرابي *ʔiƐrābīy adj.* • *(grammar)* declensional

عرج *Ɛaraj n.* • limp

أعرج *ʔaƐraj* **dip.** |*m & f pl.* عرج *Ɛurj* | *f. sing.* **dip.** عرجاء *Ɛarjāʔ* | *f. dual* عرجاوان *Ɛarjāwān^i* | *f. pl.* عرجاوات *Ɛarjāwāt*| • *adj.* lame, limping • *n.* cripple

عرس *Ɛurs n.* |*pl.* أعراس *ʔaƐrās*| • wedding

عروس *Ɛarūs*, عروسة *Ɛarūsa^t n.* ***f.*** |*pl.* **dip.** عرائس *Ɛarāʔis*| • bride

عريس *Ɛarīs n.* |*pl.* عرسان *Ɛirsān*| • groom, bridegroom

عرش *Ɛarš n.* |*pl.* عروش *Ɛurūš*| • throne

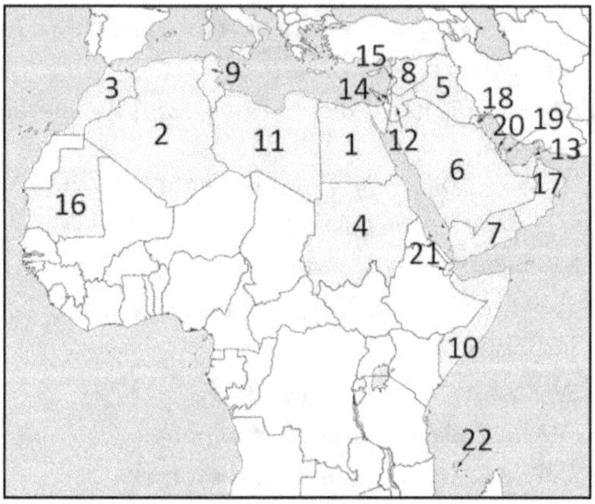

map of member states of the Arab League

1. مصر *miṣr* Egypt ➡ ***map on p. 287***
2. الجزائر *aljazāʔir* Algeria ➡ ***map on p. 57***
3. المغرب *almaɣrib* Morocco ➡ ***map on p. 222***
4. السودان *assūdān* Sudan ➡ ***map on p. 151***
5. العراق *alƐirāq* Iraq ➡ ***map on p. 202***
6. السعودية *assuƐūdīya^t* Saudi Arabia ➡ ***p. 144***
7. اليمن *alyaman* Yemen ➡ ***map on p. 342***
8. سوريا *sūriyā* Syria ➡ ***map on p. 152***
9. تونس *tūnis* Tunisia ➡ ***map on p. 45***
10. الصومال *aṣṣūmāl* Somalia ➡ ***map on p. 177***
11. ليبيا *lībiyā* Libya ➡ ***map on p. 278***
12. الأردن *alʔurdunn* Jordan ➡ ***map on p. 8***
13. الإمارات *alʔimārāt* the U.A.E. ➡ ***map p. 15***
14. فلسطين *filasṭīn* Palestine ➡ ***map on p. 237***
15. لبنان *lubnān* Lebanon ➡ ***map on p. 272***
16. موريتانيا *mawrītāniyā* Mauritania ➡ ***p. 293***
17. عمان *Ɛumān* Oman ➡ ***map on p. 214***
18. الكويت *alkuwayt* Kuwait ➡ ***map on p. 267***
19. قطر *qaṭar* Qatar ➡ ***map on p. 250***
20. بحرين *albaḥrayn* Bahrain ➡ ***map on p. 25***
21. جيبوتي *jībūtī* Djibouti
22. جزر القمر *juzur · alqumur^i* Comoros ➡ ***p. 253***

عرض *v.* • *Ɛaraḍa v.tr.* |*1s2* يعرض *yaƐriḍ^u* | عرض *Ɛarḍ*| show *sth* ∘ *to* على, demonstrate, exhibit, display • offer *sth* ∘ *to* على, present • *v.intr.* be shown, play ◊ يعرض الفيلم في الساعة السابعة. *The movie is at 7 o'clock.* • *Ɛaruḍa v.intr.* |*1s6* يعرض *yaƐruḍu* | عرض *Ɛarḍ* | be wide, be broad

عرض *Ɛarḍ n.*↑ |*pl.* عروض *Ɛurūḍ* | • exhibition, display • offer, sale • show • width, breadth

عارض *Ɛāriḍ act. part. n.* • model, exhibitor ▪ عارض أزياء *Ɛāriḍ · ʔazyāʔ* fashion model • |*pl.* **dip.** عوارض *Ɛawāriḍ* | fit, attack, incident

عارضة *Ɛāriḍa^t act. part. n.* |*pl.* **dip.** عوارض *Ɛawāriḍ* | • rafter, beam

معروض *maƐrūḍ n.*↑ |*pl.* **dip.** معروضات *maƐrūḍāt* or معاريض *maƐārīḍ* | • proposal

عرض *Ɛaraḍ n.* |*pl.* أعراض *ʔaƐrāḍ* | • symptom ▪ عرض جانبي *Ɛaraḍ jānibīy* side-effect

عرض *Ɛirḍ n.* |*pl.* أعراض *ʔaƐrāḍ* | • honor, dignity

عرضة *Ɛurḍa^t n.* |*pl.* عرضات *Ɛur(u)ḍāt* | • target, object (of criticism)

عريض *Ɛarīḍ adj.* |*m. pl.* عراض *Ɛirāḍ* | *elat.* أعرض *ʔaƐraḍ* | • wide, broad ▪ عريض الكتفين *Ɛarīḍ · alkatifayn^i* broad-shouldered

عريضة *Ɛarīḍa^t n.* |*pl.* **dip.** عرائض *Ɛarāʔiḍ* | • petition

معرض *maƐriḍ n.* |*pl.* **dip.** معارض *maƐāriḍ* | • exhibition, fair, gallery ▪ معرض كتاب *maƐriḍ · kitāb* book fair

II **عرّض** *Ɛarraḍa v.tr.* |*2s* يعرض *yuƐarriḍu* | تعريض *taƐrīḍ* | • subject *sb/sth* ه *to* إلى *or* لـ, make susceptible *to*, expose *to* • widen, broaden

III **عارض** *Ɛāraḍa v.tr.* |*3s* يعارض *yuƐāriḍu* | معارضة *muƐāraḍa^t* | • oppose, object *to*, be against

معارضة *muƐāraḍa^t n.*↑ • opposition

معارض *muƐāriḍ act. part. n.* • opponent

V **تعرّض** *taƐarraḍa v.intr.* |*5s* يتعرض *yataƐarraḍu* | تعرض *taƐarruḍ* | • be subjected *to* إلى *or* لـ, be confronted *with*, be exposed *to*, be susceptible *to*

متعرض *mutaƐarriḍ act. part. adj.* |*elat.* أكثر عرضة *ʔaktar Ɛurḍa^tan* or أكثر تعرضا *ʔakhar taƐarruḍan* | • susceptible *to* إلى *or* لـ ◊ الشيوخ أكثر عرضة للمرض. *Old people are more susceptible to disease.*

VI **تعارض** *taƐāraḍa v.intr.* |*6s* يتعارض *yataƐāraḍu* | تعارض *taƐāruḍ* | • be incompatible *with* مع, conflict *with*, oppose

تعارض *taƐāruḍ n.*↑ • incompatibility, conflict, opposition ▪ تعارض في المصالح *taƐāruḍ fī -lmaṣāliḥ^i* conflict of interests

VIII **اعترض** *iƐtaraḍa v.intr.* |*8s* يعترض *yaƐtariḍu* | اعتراض *iƐtirāḍ* | • object *to* على

اعتراض *iƐtirāḍ n.*↑ • objection

X **استعرض** *istaƐraḍa v.tr.* |*10s* يستعرض *yastaƐriḍu* | استعراض *istiƐrāḍ* | • study, review, examine, survey • display, exhibit, show off ◊ استعرض مهارته في كرة القدم. *He was showing off his soccer skills.* ▪ استعرض عضلاته *istaƐraḍa Ɛaḍalāt^ihi* flex *one's* muscles

استعراض *istiƐrāḍ n.*↑ • study, review, examination • show, performance ▪ في استعراض للقوة *fī -stiƐrāḍ^in li-lquwwa^ti adv.* in a show of strength, in a show of force

عرف *Ɛarafa v.tr.* |*1s2* يعرف *yaƐrifu* | معرفة *maƐrifa^t* | • know ▪ عرف أنّ *Ɛarafa ʔanna* know that... ▪ عرف عن *Ɛarafa Ɛan* know about ▪ لا يعرف الكوع من البوع. *lā yaƐrifu -lkūƐa mina -lbūƐa* *proverb* (He's so stupid that) he doesn't know his elbow from his foot. • recognize

معرفة *maƐrifa^t n.*↑ |*pl.* **dip.** معارف *maƐārif* | • knowledge, information ▪ معرفة القراءة والكتابة *maƐrifat · alqirāʔa^ti wa-lkitāba^ti* literacy • acquaintance

معرفي *maƐrifīy adj.* • cognitive

معروف *maƐrūf pass. part. adj.* • known, well known ▪ من المعروف أنّ *mina -lmaƐrūf^i ʔanna* it is well known that...

عرف *Ɛurf n.* • custom, convention

عرفي *Ɛurfīy adj.* • customary, conventional

عرفان *Ɛirfān n.* • acknowledgment, gratitude

عرّاف *Ɛarrāf n.* • fortune teller

عرافة *Ɛirāfa^t n.* • fortune telling

عريف *Ɛarīf n.* |*pl.* **dip.** عرفاء *Ɛurafāʔ* | • sergeant, corporal

II **عرّف** *Ɛarrafa v.tr.* |*2s* يعرف *yuƐarrifu* | تعريف *taƐrīf* | • introduce *sb* ه *to* بـ • define • notify, inform

تعريف *taƐrīf n.*↑ |*pl.* **dip.** تعاريف *taƐārīf* | • introduction • definition ⓘ *The English word 'tariff' has been borrowed from this Arabic word.*

V **تعرّف** *taƐarrafa v.intr.* |*5s* يتعرف *yataƐarrafu* | تعرف *taƐarruf* | • become acquainted *with* على, get to know

VI **تعارف** *taƐārafa v.intr.* |*6s* يتعارف *yataƐārafu* | تعارف *taƐāruf* | • get to know each other

VIII **اعترف** *iƐtarafa v.intr.* |*8s* يعترف *yaƐtarifu* | اعتراف *iƐtirāf* | • confess بـ, admit • recognize بـ, accept, concede, acknowledge

ع

اعتراف *iƐtirāf n.*↑ • confession, admission

عرق *Ɛariqa v.intr.* |*1s4* يعرق *yaƐraq*^{u} | عرق *Ɛaraq*| • sweat, perspire

عرق *Ɛaraq n.*↑ • sweat, perspiration • araq (anise-flavored distilled alcoholic drink), arak

عرق *Ɛirq n.* • |*pl.* أعراق *ʔaƐrāq*| race, ethnicity • |*pl.* عروق *Ɛurūq*| root, stem ▪ عرق اللؤلؤ *Ɛirq · luʔluʔ* mother of pearl • vein

عرقي *Ɛirqī*^{y} • *adj.* racial, ethnic ▪ تطهير عرقي *taṭhīr Ɛirqī*^{y} ethnic cleansing • *adj. & n.* racist

عرقية *Ɛirqīya*^{t} *n.* • racism

العراق *alƐirāq n.* **m.** • Iraq

عراقي *Ɛirāqī*^{y} *adj. & n.* • Iraqi

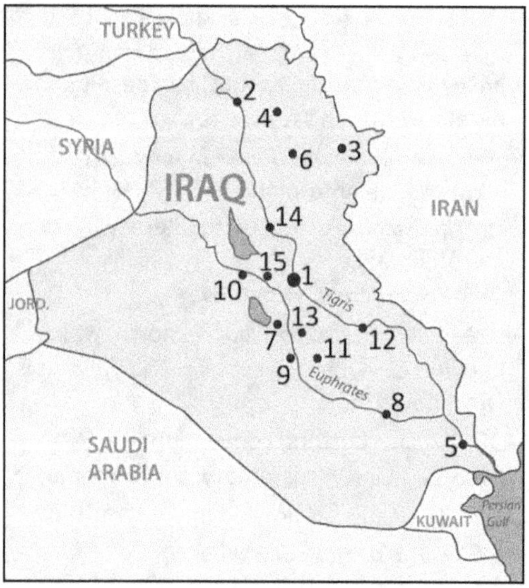

map of Iraq

1. بغداد *baɣdād* Baghdad
2. الموصل *almawṣil* Mosul
3. السليمانية *assulaymānīya*^{t} Sulaymaniyah
4. أربيل *ʔarbīl* Erbil
5. البصرة *albaṣra*^{t} Basra
6. كركوك *kirkūk* Kerkuk
7. كربلاء *karbalāʔ* Karbala
8. الناصرية *annāṣirīya*^{t} Nasiriyah
9. النجف *annajaf* Najaf
10. الرمادي *ramādī*^{y} Ramadi
11. الديوانية *addīwānīya*^{t} Al Diwaniyah
12. الكوت *alkūt* Kut
13. الحلة *alḫilla*^{t} Hillah
14. سامراء *sāmarrāʔ* Samarra
15. الفلوجة *alfalūja*^{t} Fallujah

عريق *Ɛarīq adj.* |*elat.* أعرق *ʔaƐraq*| • noble, aristocratic

V **تعرق** *taƐarraqa v.intr.* |*5s* يتعرق *yataƐarraq*^{u} | تعرق *taƐarruq*| • sweat, perspire

تعرق *taƐarruq n.*↑ • perspiration

عرقوب *Ɛurqūb n.* • hamstring ▪ وتر عرقوب *watar · Ɛurqūb* Achilles tendon

QI **عرقل** *Ɛarqala v.tr.* |*11s* يعرقل *yuƐarqil*^{u} | عرقلة *Ɛarqala*^{t}| • hamper, obstruct • *(sports)* tackle

عرقلة *Ɛarqala*^{t} *n.*↑ |*pl.* **dip.** عراقيل *Ɛarāqīl*| • hindrance, obstacle

عرك *Ɛaraka v.tr.* |*1s3* يعرك *yaƐruk*^{u} | عرك *Ɛark*| • injure badly, damage severely

عراك *Ɛirāk n.* • fight, battle, combat

معركة *maƐraka*^{t} *n.* |*pl.* **dip.** معارك *maƐārik*| • fight, battle, combat

III **عارك** *Ɛāraka v.tr.* |*3s* يعارك *yuƐārik*^{u} | معاركة *muƐāraka*^{t}| • fight *with*, battle *against*

VI **تعارك** *taƐāraka v.intr.* |*6s* يتعارك *yataƐārak*^{u} | تعارك *taƐāruk*| • fight with each other مع, engage in battle with each other

عارم *Ɛārim adj.* • vicious, vehement • tremendous, immense

عروة *Ɛurwa*^{t} *n.* |*pl.* **indecl.** عرى *Ɛur(an)*| • buttonhole • loop, noose • *(cup, etc.)* handle

عري *Ɛariya v.intr.* |*1d4* يعرى *yaƐrā* | عري *Ɛury*| • undress, strip, get naked • lack عن *or* من, be devoid *of*

عري *Ɛury n.*↑ • nudity

عار *Ɛār(in) act. part. adj.* **def.** |*m. pl.* عراة *Ɛurā*^{t} | *elat.* أكثر عريا *ʔaktar Ɛuryan*| • naked, nude, bare ▪ عاري القدمين *Ɛārī -lqadamayn*^{i} barefoot • lacking عن *or* من, devoid *of* ▪ عار عن الصحة *Ɛār(in) Ɛan*^{i} *-ṣṣiḫa*^{ti} untrue, baseless, unfounded

عريان *Ɛuryān adj.* |*m. pl.* **invar.** عرايا *Ɛarāyā* | *elat.* أكثر عريا *ʔaktar Ɛuryan*| • naked, nude, bare

II **عرى** *Ɛarrā v.tr.* |*2d* يعري *yuƐarrī* | تعرية *taƐriya*^{t}| • undress, strip • erode, corrode, wear away

تعرية *taƐriya*^{t} *n.*↑ • erosion, corrosion

عزبة *Ɛizba*^{t} *n.* |*pl.* عزب *Ɛizab*| • estate

عزوبية *Ɛuzūbiyya*^{t} *n.* • bachelorhood

عازب *Ɛāzib* • *adj.* single, unmarried • *n.* bachelor

أعزب *ʔaƐzab* **dip.** |*m & f pl.* عزب *Ɛuzb* | *f. sing.* **dip.** عزباء *Ɛazbāʔ* | *f. dual* عزباوان *Ɛazbāwān*^{i} | *f. pl.* عزباوات *Ɛazbāwāt*| • *adj.* single, unmarried • *n.*

bachelor

عزباء *Ɛazbāʔ n.* **f. dip.** |*dual* عزباوان *Ɛazbāwān^{i}* | *pl.* عزباوات *Ɛazbāwāt*| • bachelorette

عز *Ɛazza v.intr.* |*1g2* يعز *yaƐizz^{u}* | عز *Ɛizz* or عزة *Ɛizza^{t}*| • become strong • become precious, become scarce

عز *Ɛizz*, عزة *Ɛizza^{t} n.*↑ • prestige, honor, glory

عزيز *Ɛazīz adj.* |*m. pl.* **dip.** أعزاء *ʔaƐizzāʔ* | *elat.* أعز *ʔaƐazz*| • dear, beloved ◊ *(salutation in a personal letter)* صديقي العزيز أحمد *Dear Ahmad,* • *man's name* Aziz ▪ عزيزة *Ɛazīza^{t}* **dip.** *woman's name* Aziza

II **عزز** *Ɛazzaza v.tr.* |*2s* يعزز *yuƐazziz^{u}* | تعزيز *taƐzīz*| • reinforce, strengthen

تعزيز *taƐzīz n.*↑ • reinforcement

IV **أعز** *ʔaƐazza v.tr.* |*4g* يعز *yuƐizz^{u}* | إعزاز *ʔiƐzāz*| • value, esteem

عزف *Ɛazafa v.* • *v.intr. (music)* |*1s2* يعزف *yaƐzif^{u}* | عزف *Ɛazf*| play (an instrument) على ◊ لا أستطيع العزف على البيانو. *I cannot play the piano.* • *v.tr.* |*1s2* يعزف *yaƐzif^{u}* | عزوف *Ɛuzūf*| refrain *from* عن, abstain, avoid

عازف *Ɛāzif act. part. n.* • player (of an instrument) ▪ عازف بيانو *Ɛāzif · biyānō* pianist ▪ عازف غيتار *Ɛāzif · gītār* guitarist

عزل *Ɛazala v.tr.* |*1s2* يعزل *yaƐzil^{u}* | عزل *Ɛazl*| • remove *sb/sth* ∘ *from* عن *or* من, separate ▪ عزله من منصبه *Ɛazalahu min manṣib^{i}hi* dismiss, fire • excommunicate • isolate, seclude • insulate

عزل *Ɛazl n.*↑ • removal, separation ▪ عزل عن المنصب *Ɛazl Ɛan^{i} -lmanṣib^{i}* dismissal, firing • insulation • isolation • excommunication

عازل *Ɛāzil n.* |*pl.* **dip.** عوازل *Ɛawāzil*| • *(electricity)* insulator ▪ عازل ذكري *Ɛāzil ḏakarī^{y}* condom

معزول *maƐzūl pass. part. adj.* |*elat.* أكثر انعزالا *ʔakṯar inƐizālan*| • remote, isolated

عزلة *Ɛuzla^{t} n.* • solitude, privacy, isolation

أعزل *ʔaƐzal adj.* **dip.** |*m & f pl.* عزل *Ɛuzl* | *f. sing.* **dip.** عزلاء *Ɛazlāʔ* | *f. dual* عزلاوان *Ɛazlāwān^{i}* | *f. pl.* عزلاوات *Ɛazlāwāt*| • unarmed, unprotected

VII **انعزل** *inƐazala v.intr.* |*7s* ينعزل *yanƐazil^{u}* | انعزال *inƐizāl*| • become isolated *from* عن

انعزال *inƐizāl n.*↑ • isolation

انعزالي *inƐizālī^{y} adj.* |*elat.* أكثر انعزالا *ʔakṯar inƐizālan*| • isolationist

انعزالية *inƐizālīya^{t} n.* • isolationism

VIII **اعتزل** *iƐtazala v.tr. & intr.* |*8s* يعتزل *yaƐtazil^{u}* | اعتزال *iƐtizāl*| • isolate *oneself from* (عن), withdraw *oneself*, separate *oneself* • retire *from* (عن), quit ◊ اعتزل العمل السياسي منذ عدة سنوات. *He got out of politics years ago.* ◊ اعتزل كرة السلة في نهاية موسم. *He retired from basketball at the end of the season.*

معزل *maƐzil n.* |*pl.* **dip.** معازل *maƐāzil*| • ghetto, enclave

عزم *Ɛazama v.intr.* |*1s2* يعزم *yaƐzim^{u}* | عزم *Ɛazm*| • decide *on* على, be intent *on*

عزيمة *Ɛazīma^{t} n.* |*pl.* **dip.** عزائم *Ɛazāʔim*| • charm, spell

VIII **اعتزم** *iƐtazama v.intr.* |*8s* يعتزم *yaƐtazim^{u}* | اعتزام *iƐtizām*| • be determined *to* على, be resolved

اعتزام *iƐtizām n.*↑ • determination, resolution

عزاء *Ɛazāʔ n.* • consolation, solace

عسر *Ɛusr n.* • difficulty

عسير *Ɛasīr adj.* |*elat.* أعسر *ʔaƐsar*| • difficult, hard

أعسر *ʔaƐsar adj.* **dip.** |*m & f pl.* عسر *Ɛusr* | *f. sing.* **dip.** عسراء *Ɛasrāʔ* | *f. dual* عسراوان *Ɛasrāwān^{i}* | *f. pl.* عسراوات *Ɛasrāwāt*| • left-handed • more difficult, harder

عسكر *Ɛaskar n.* |*pl.* **dip.** عساكر *Ɛasākir*| • army

عسكري *Ɛaskarī^{y}* • *adj.* military- • *n.* |*pl.* **dip.** عساكر *Ɛasākir*| soldier

معسكر *muƐaskar n.* • camp

عسل *Ɛasal n.* |*pl.* أعسال *ʔaƐsāl*| • honey ▪ شهر عسل *šahr · Ɛasal* honeymoon

عسلي *Ɛasalī^{y} adj.* • honey- ▪ أشقر عسلي *ʔašqar ʔasalī^{y}* honey blond

عسى *Ɛasā adv.* •عسى *Ɛasā*, عسى أن *Ɛasā ʔan* [(+ accusative noun or object pronoun suffix) + subjunctive] perhaps, maybe, possibly ◊ عساني أستطيع المساعدة. *Maybe I can help.* ▪ لعل وعسى *laƐalla wa-Ɛasā*, لعله وعساه *laƐallahu wa-Ɛasāhu* [(+ accusative noun or object pronoun suffix) + subjunctive] perhaps, maybe, possibly ◊ ساعدته في الدراسة، لعله وعساه ينجح. *I helped him study; hopefully he'll pass.* • hopefully, may *(do)* ◊ عسى أن يكون درسا لك. *May that be a lesson to you.* ▪ عسى الله يرحمه *Ɛasā -LLāh^{u} yarḥam^{u}hu* May God have mercy upon *sb* • *(in rhetorical questions)* may, can, could, who knows... ◊ ومن عساه يستطيع أن ينساك؟ *Who could ever forget you?* ◊ فكر في الكتابة إليها،

ع

لكن ماذا عساه يكتب؟ *He thought about writing her, but what could he write?* ◊ فماذا عسى الحكومة أن تفعل؟ *But what can the government do?* ⓘ عسى *Ɛasā is originally a verb, and as such takes the first-person singular object suffix* ـني *-nī rather than the possessive suffix.* ـي *-ī:* ◊ ماذا عساني أن أقول؟ *What can I say?*

عشب *Ɛušb coll. n.* | *sing.* عشبة *Ɛušbat* | *pl.* أعشاب *ʔaƐšāb* | • grass ▪ أعشاب ضارة *ʔaƐšāb ḍārrat pl. n.* weeds • fresh herb

عشبي *Ɛušbīy adj.* • grassy, herbi- ▪ مبيد عشبي *mubīd Ɛušbīy n.* herbicide

عشر *Ɛušr n.* |*pl.* أعشار *ʔaƐšār*| • *(fraction)* tenth ◊ ثلاثة أعشار *three tenths*

عشري *Ɛušrīy adj.* • decimal ▪ نظام عد عشري *niẓām · Ɛadd Ɛušrīy n.* decimal numeral system

عشرة *Ɛašarat* ***f.*** *number* |*m.* عشر *Ɛašr* | *as numeral, written* ١٠ | • [+ indefinite genitive plural noun] ten ▪ __ عشرات *Ɛašarāt* __ , العشرات من __ *alƐašarāt min* __ [+ definite genitive plural noun] dozens of __ ◊ العشرات من السيارات *dozens of houses* ◊ عشرات الأشخاص *dozens of people* ⓘ *The number 10 requires reverse gender agreement:* ◊ *(feminine form with masculine noun)* عشرة بيوت *Ɛašarat buyūtin* *ten houses* ◊ *(masculine form with feminine noun)* عشر سيارات *Ɛašr sayyārātin* *ten cars* ; [definite plural noun +] the ten ◊ الرجال العشرة *the ten men* ◊ النساء العشر *the ten women*

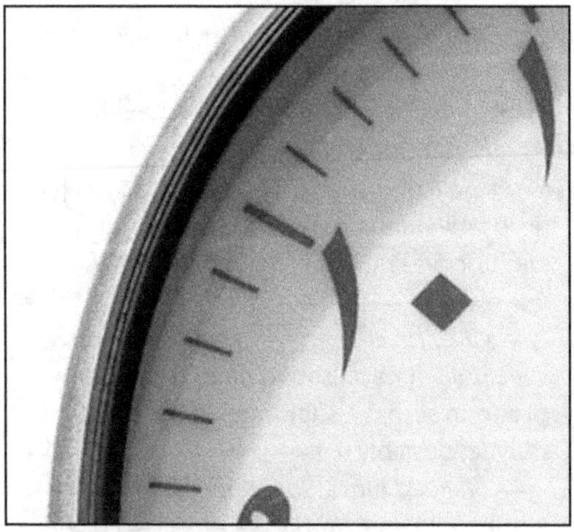

'10': Clock face

عشار *Ɛušāra adv.* • ten at a time, in tens

عشاري *Ɛušārīy adj.* • tenfold, deca-

عشيرة *Ɛašīrat n.* |*pl.* ***dip.*** عشائر *Ɛašāʔir*| • clan, tribe

عشرون *Ɛišrūna number* |*acc. and gen.* عشرين *Ɛišrīna* | *as numeral, written* ٢٠ | • [+ indefinite accusative singular noun] twenty ◊ عشرون بيتا *Ɛašrūna baytan* *twenty houses* ◊ من عشرين بيتا *min Ɛašrīna baytan* *from twenty houses*
▪ العشرينات *alƐišrīnāt pl. n.* the twenties, the 19(20s) • *adj.* twentieth ◊ الدرس العشرون *the twentieth lesson*

عشريني *Ɛišrīnīy adj.*
• twenty-something-year-old, in *one's* twenties

عاشر *Ɛāšir adj.* • *(ordinal number)* tenth ▪ الساعة العاشرة *assāƐat alƐāširat* ten o'clock (10:00)

عاشوراء *Ɛāšūrāʔ n.* • The Day of Ashura (10th day of Muharram in the Islamic calendar)

معشر *maƐšar n.* |*pl.* ***dip.*** معاشر *maƐāšir*| • community

عش *Ɛušš n.* |*pl.* أعشاش *ʔaƐšāš*| • nest

II **عشش** *Ɛaššaša v.intr.* |*2s* يعشش *yuƐaššišu* | تعشيش *taƐšīš*| • nest

عشق *Ɛašiqa v.tr.* |*1s4* يعشق *yaƐšaqu* | عشق *Ɛišq*| • love (passionately), adore (wholeheartedly)

عشق *Ɛišq n.*↑ • love, fondness

عاشق *Ɛāšiq act. part.* |*pl.* عشاق *Ɛuššāq*| • *adj.* |*elat.* أكثر عشقا *ʔaktar Ɛišqan*| in love *with* • *n.* lover, boyfriend • fan *of* ـلـ, admirer, -phile ▪ عاشق للقراءة *Ɛāšiq li-lqirāʔati* bookworm, avid reader

عاشقة *Ɛāšiqat n.* • girlfriend, mistress

معشوق *maƐšūq pass. part.* • *adj.* beloved • lover, sweetheart

عشيق *Ɛašīq n.* • boyfriend, lover

عشيقة *Ɛašīqat n.* • girlfriend, mistress

عشي *Ɛašiya v.intr.* |*1d4* يعشى *yaƐšā* | ***invar.*** عشا *Ɛašā*| • عشي بصره *Ɛašiya baṣruhu* have poor eyesight

عشاء *Ɛašāʔ n.* |*pl.* أعشية *ʔaƐšiyat*| • dinner

عشاء *Ɛišāʔ n.* • evening ▪ صلاة العشاء *ṣalāt · alƐišāʔi* the Isha prayer, the night prayer

أعشى *ʔaƐšā adj.* ***invar.*** |*m & f pl.* عشو *Ɛušw* | *f.* ***dip.*** عشواء *Ɛašwāʔ*| • night-blind, poor-sighted

عشوائي *Ɛašwāʔīy adj.* |*elat.* أكثر عشوائية *ʔaktar Ɛašwāʔīyatan*| • random ▪ عشوائيا *Ɛašwāʔīyan adv.* at random, randomly

عشوائية *Ɛašwāʔīyat n.* • randomness ▪ عشوائيات *Ɛašwāʔīyāt pl. n.* slums

عشية *Ɛašīyat n.* |*pl.* ***invar.*** عشايا *Ɛašāyā*|

• evening, eve ▪ عشية عيد القديسين *Ɛašīyat · Ɛīd*^{i} *· -lqiddīsīn*^{a} Halloween

V **تعشى** *taƐaššā v.intr.* |*5d* يتعشى *yataƐaššā* | **def.** تعش *taƐašš(in)*| • eat dinner, have dinner

عصب *Ɛaṣab n.* |*pl.* أعصاب *ʔaƐṣāb*| • nerve ▪ عصب بصري *Ɛaṣab baṣarīy* optic nerve

عصبي *Ɛaṣabīy adj.* |*elat.* أكثر عصبية *ʔaktar Ɛaṣabīya*^{tan}| • neural, nervous ▪ جهاز عصبي *jihāz Ɛaṣabīy* nervous system ▪ طب الأمراض العصبية *ṭibb · alʔamrāḍ*^{i} *-lƐaṣabīya*^{ti} neurology ▪ طبيب أمراض عصبية *ṭabīb · ʔamrāḍ Ɛaṣabīya*^{t} neurologist • nervous, on edge • angry, nervous ▪ عصبي المزاج *Ɛaṣabīy · almizāj*^{i} *adj.* high-strung

عصبية *Ɛaṣabīya*^{t} *n.* • nervousness

عصابة *Ɛiṣāba*^{t} *n.* |*pl.* **dip.** عصائب *Ɛiṣābāt* or عصائب *Ɛaṣāʔib*| • gang ▪ رجل عصابة *rajul · Ɛiṣāba*^{t}, عضو عصابة *Ɛuḍw · Ɛiṣāba*^{t} gangster, gang member, gangbanger • band ▪ عصابة رأس *Ɛiṣābat · raʔs*

V **تعصب** *taƐaṣṣaba v.intr.* |*5s* يتعصب *yataƐaṣṣab*^{u} | تعصب *taƐaṣṣub*| • become intolerant *toward* على, become bigoted

تعصب *taƐaṣṣub n.*↑ • intolerance, bigotry

عصر *Ɛaṣara v.tr.* |*1s2* يعصر *yaƐṣir*^{u} | عصر *Ɛaṣr*| • squeeze, press ▪ لا تكن لينا فتعصر ولا يابسا فتكسر. *lā takun layyinan fa-tuƐṣar*^{u} *wa-lā yābisan fa-tukassar*^{u} *proverb* Don't be soft or you'll be squeezed; and don't be hard or you'll be broken.

عصر *Ɛaṣr n.*↑ |*pl.* عصور *Ɛuṣūr* or أعصار *ʔaƐṣār*| • era, period, age ▪ العصر الحاضر *alƐaṣr alḥāḍir* present day, modern times ▪ العصر الحجري *alƐaṣr alḥajarīy* the Stone Age ▪ العصور المظلمة *alƐuṣūr almuẓlima*^{t} *pl. n.* the Dark Ages ▪ العصور الوسطى *alƐuṣūr alwusṭā pl. n.* the Middle Ages ▪ عصر ذهبي *Ɛaṣr ḏahabīy* golden age • afternoon ▪ العصر *alƐaṣr*^{a} *adv.* this afternoon ▪ عصرا *Ɛaṣran adv.* in the afternoon ▪ صلاة العصر *ṣalāt · alƐaṣr*^{i} the Asr prayer, the afternoon prayer

عصري *Ɛaṣrīy adj.* |*elat.* أكثر عصرية *ʔaktar Ɛaṣrīya*^{tan}| • modern, up-to-date, contemporary

عصير *Ɛaṣīr n.* • juice

إعصار *ʔiƐṣār n.* |*pl.* **dip.** أعاصير *ʔaƐāṣīr*| • cyclone, hurricane, typhoon • tornado

معصرة *miƐṣara*^{t} *n.* |*pl.* **dip.** معاصر *maƐāṣir*| • press, mill ➡ ***picture above***

A camel turns a mill in Yemen.

III **عاصر** *Ɛāṣara v.tr.* |*3s* يعاصر *yuƐāṣir*^{u} | معاصرة *muƐāṣara*^{t}| • be contemporaneous *with*

معاصر *muƐāṣir act. part. adj.* |*elat.* أكثر معاصرة *ʔaktar muƐāṣara*^{tan}| • contemporary, modern, up-to-date

عصعص *ƐaṣƐaṣ* or *ƐuṣƐuṣ n.* |*pl.* **dip.** عصاعص *ƐaṣāƐiṣ*| • tailbone, coccyx

عصف *Ɛaṣafa v.intr.* |*1s2* يعصف *yaƐṣif*^{u} | عصف *Ɛaṣf*| • storm, rage

عصف *Ɛaṣf n.*↑ • storming ▪ عصف ذهني *Ɛaṣf ḏihnīy* brainstorming

عاصفة *Ɛāṣifa*^{t} *act. part. n.* |*pl.* **dip.** عواصف *Ɛawāṣif*| • storm ▪ عاصفة ثلجية *Ɛāṣifa*^{t} *taljīya*^{t} snow storm ▪ عاصفة رملية *Ɛāṣifa*^{t} *ramlīya*^{t} sand storm

عصفور *Ɛuṣfūr n.* |*pl.* **dip.** عصافير *Ɛaṣāfīr*| • small bird, sparrow ▪ عصفور في اليد خير من عشرة على الشجرة. *Ɛuṣfūr*^{un} *fī -lyad*^{i} *xayr*^{un} *min Ɛašara*^{ti} *Ɛalā -ššajara*^{ti} *proverb* A bird in the hand is worth more than two in the bush.

عصم *Ɛaṣama v.tr.* |*1s2* يعصم *yaƐṣim*^{u} | عصم *Ɛaṣm*| • protect, safeguard

عاصمة *Ɛāṣima*^{t} *act. part. n.* |*pl.* **dip.** عواصم *Ɛawāṣim*| • capital city

معصوم *maƐṣūm pass. part. adj.* • infallible, sinless, unerring

معصم *miƐṣam n.* |*pl.* **dip.** معاصم *maƐāṣim*| • wrist

VIII **اعتصم** *iƐtaṣama v.intr.* |*8s* يعتصم *yaƐtaṣim*^{u} | اعتصام *iƐtiṣām*| • adhere *to* بـ

اعتصام *iƐtiṣām n.*↑ • adherence • sit-in, strike

عصا *Ɛaṣ(an) n.* ***f. indecl.*** |*dual* عصوان *Ɛaṣawān*^{i} | *pl.* عصي *Ɛuṣīy*| • stick, rod, cane, baton

عصى *Ɛaṣā v.tr.* |*1d2* يعصي *yaƐṣī* | معصية *maƐṣiya*^{t} or عصيان *Ɛiṣyān*| • disobey, rebel *against*, revolt

عصيان *Εiṣyān*, معصية *maΕṣiya*ᵗ *n.*↑ • rebellion, revolt, disobedience

عاص *Εāṣ(in) act. part. adj.* ***def.*** |*m. pl.* عصاة *Εuṣāᵗ* | *elat.* ***invar.*** أعصى *ʔaΕṣā*| • rebellious, disobedient

عصي *Εaṣīʸ* |*pl.* ***dip.*** أعصياء *ʔaΕṣiyāʔ*| • *n.* rebel • *adj.* difficult ▪ عصي على التدبير *Εaṣīʸ Εalā -ttadbīrⁱ* unmanageable ▪ عصي على التغيير *Εaṣīʸ Εalā -ttaɣyīrⁱ* resistant to change ▪ عصي على الحل *Εaṣīʸ Εalā -lḥalⁱ* unresolvable ▪ عصي على الفهم difficult to understand

عضد *Εaḍud n.* |*pl.* أعضاد *ʔaΕḍād*| • upper arm ▪ عظم عضد *Εaẓm · Εaḍud* humerus

عض *Εaḍḍa v.tr.* |*1g1* يعض *yaΕaḍḍᵘ* | عض *Εaḍḍ*| • bite

عضة *Εaḍḍaᵗ n.* • bite

عضلة *Εaḍalaᵗ n.* • muscle ▪ عضلة ذات الرأسين *Εaḍalaᵗ ḏātᵘ -rraʔsaynⁱ* bicep ▪ عضلة ثلاثية الرؤوس *Εaḍalaᵗ ṯulāṯīyat · arruʔūsⁱ* tricep ▪ عضلات بطنية *Εaḍalāt baṭanīyaᵗ pl. n.* abdominal muscles, abs

عضلي *Εaḍalīʸ adj.* • muscular

عضال *Εuḍāl n.* • incurable, chronic

IV **أعضل** *ʔaΕḍala v.intr.* |*4s* يعضل *yuΕḍilᵘ* | إعضال *ʔiΕḍāl*| • become puzzling, become problematic

معضلة *muΕḍilaᵗ act. part. n.*↑ |*pl.* معضلات *muΕḍilāt* or ***dip.*** معاضل *muΕāḍil*| • dilemma, problem, difficulty

عضو *Εuḍw n.* |*pl.* أعضاء *ʔaΕḍāʔ*| • member • *(anatomy)* limb, member • *(anatomy)* organ ▪ عضو تناسلي *Εuḍw tanāsulīʸ*, عضو جنسي *Εuḍw jinsīʸ* sexual organ

عضوي *Εuḍwīʸ adj.* • organic ▪ غذائية عضوية *ɣiḏāʔīyaᵗ Εuḍwīyaᵗ n.* organic food

عضوية *Εuḍwīyaᵗ n.* • membership

V **متعض** *mutaΕaḍḍ(in) act. part. n.* ***def.*** • organism

عطارد *Εuṭārid n.* • *(planet)* Mercury

عطر *Εaṭir adj.* |*elat.* أعطر *ʔaΕṭar*| • aromatic, fragrant

عطر *Εiṭr n.* |*pl.* عطور *Εuṭūr*| • perfume, cologne

عطري *Εiṭrīʸ adj.* |*elat.* أعطر *ʔaΕṭar*| • aromatic, fragrant

عطار *Εaṭṭār n.* • perfume seller • spice seller

II **عطر** *Εaṭṭara v.tr.* |*2s* يعطر *yuΕaṭṭirᵘ* | تعطير *taΕṭīr*| • perfume, scent

عطس *Εaṭasa v.intr.* |*1s2/1s3* يعطس *yaΕṭisᵘ* or *yaΕṭusᵘ* | عطس *Εaṭs*| • sneeze

عطسة *Εaṭsaᵗ n.* • sneeze

عطش *Εaṭiša v.intr.* |*1s4* يعطش *yaΕṭašᵘ* | عطش *Εaṭaš*| • become thirsty

عطشان *Εaṭšān adj.* |*m. pl.* عطاش *Εiṭāš* | *f.* ***invar.*** عطشى *Εaṭšā* | *elat.* أكثر عطشا *ʔakṯar Εaṭašan*| • thirsty

V **تعطش** *taΕaṭṭaša v.intr.* |*5s* يتعطش *yataΕaṭṭašᵘ* | تعطش *taΕaṭṭuš*| • thirst *for* إلى, long *for*, yearn *for*

عطف *Εaṭf n.* • affection, kindness, tenderness

عاطفة *Εāṭifaᵗ n.* |*pl.* ***dip.*** عواطف *Εawāṭif*| • affection, emotion

عاطفي *Εāṭifīʸ adj.* • affectionate, emotional, sentimental

معطف *miΕṭaf n.* |*pl.* ***dip.*** معاطف *maΕāṭif*| • coat ▪ معطف مطر *miΕṭaf · maṭar* raincoat

VI **تعاطف** *taΕāṭafa v.intr.* |*6s* يتعاطف *yataΕāṭafᵘ* | تعاطف *taΕāṭuf*| • sympathize *with* مع

تعاطف *taΕāṭuf n.*↑ • sympathy

متعاطف *mutaΕāṭif act. part.* • *adj.* |*elat.* أكثر تعاطفا *ʔakṯar taΕāṭufan*| sympathetic *toward* مع • *n.* sympathizer

VII **انعطف** *inΕaṭafa v.intr.* |*7s* ينعطف *yanΕaṭifᵘ* | انعطاف *inΕiṭāf*| • turn, bend

منعطف *munΕaṭaf pass. part. n.* • bend, turn

عطل *Εaṭila v.intr.* |*1s5* يعطل *yaΕṭilᵘ* | عطل *Εaṭal*| • be unemployed

عطل *Εaṭal n.*↑ • unemployment

عاطل *Εāṭil act. part. adj.* • unemployed ▪ عاطل عن العمل *Εāṭil Εanⁱ -lΕamalⁱ* unemployed, out of work

عطل *Εuṭl n.* |*pl.* أعطال *ʔaΕṭāl*| • failure, breakdown

عطلان *Εaṭlān adj.* • out of order, broken

عطلة *Εuṭlaᵗ n.* |*pl.* عطل *Εuṭal*| • vacation, holiday ▪ عطلة نهاية أسبوع *Εuṭlat · nihāyat · ʔusbūΕ*, عطلة أسبوع *Εuṭlat · ʔusbūΕ* weekend • day off

II **عطل** *Εaṭṭala v.tr.* |*2s* يعطل *yuΕaṭṭilᵘ* | تعطيل *taΕṭīl*| • break down • disrupt, interrupt, hinder

تعطيل *taΕṭīl n.*↑ • interruption, hindrance, disruption

معطل *muΕaṭṭal pass. part. adj.* • out of order, broken

V **تعطل** *taΕaṭṭala v.intr.* |*5s* يتعطل *yataΕaṭṭalᵘ* | تعطل *taΕaṭṭul*| • break down, go out of order, stop working ◊ .تعطل المصعد *The elevator stopped working.* ◊ .تعطلت المفاوضات *The negotiations* *broke down.* • be disrupted ▪ تعطل مرور *taƐaṭṭala murūr^uⁿ* traffic is disrupted

متعطل *mutaƐaṭṭil act. part. adj.* |*elat.* أكثر تعطلا *ʔaktar taƐaṭṭulan*| • out of order, broken

عطاء *Ɛaṭāʔ n.* |*pl.* أعطية *ʔaƐṭiyaᵗ*| • gift, present

III **معاطاة** *muƐāṭāᵗ n.* • practice, pursuit

IV **أعطى** *ʔaƐṭā v.tr.* |*4d* يعطي *yuƐṭī* | إعطاء *ʔiƐṭāʔ*| • give *sb* ه or ـل *sth* ه ◊ أعطاني الكتاب. *He gave me the book.* ◊ أعطى لي الكتاب. *He gave the book to me.* ▪ الله يعطيك العافية *ʔaLLāhᵘ yuƐṭīka alƐāfiyaᵗ* May God give you strength! ▪ أعط الخبز لخبازه ولو أكل نصفه *ʔaƐṭi -lxubzᵃ li-xabbāzⁱhⁱ wa-law ʔakala naṣfᵃhᵘ proverb* Give the bread to the baker even if he eats half of it. (i.e. Give the job to a person who knows how to do it best even if it costs you.)

إعطاء *ʔiƐṭāʔ n.*↑ • offer, donation

معطى *muƐṭ(an) pass. part.* ***indecl.*** • *adj.* given • *n.* |*dual* معطيان *muƐṭayānⁱ* | *pl.* معطيات *muƐṭayāt*| fact, factor ▪ معطيات *muƐṭayāt pl. n.* data, information

VI **تعاطى** *taƐāṭā v.* |*6d* يتعاطى *yataƐāṭā* | تعاط *taƐāṭ(in)* ***def.***| • *v.tr.* practice, pursue, undertake • *v.intr.* deal *with* مع ◊ يتعين على الحكومة التعاطي مع الأزمة. *The government must deal with the crisis.* • consume, take ▪ تعاطى المخدرات *taƐāṭā muxaddirāt* take drugs

عظم *Ɛaẓm n.* |*pl.* عظام *Ɛiẓām* or أعظم *ʔaƐẓum*| • bone ▪ جراحة عظام *jirāḥat · Ɛaẓām* orthopedics, orthopedic surgery ▪ جراح عظام *jarrāḥ · Ɛaẓām* orthopedist, orthopedic surgeon

عظمة *Ɛaẓmaᵗ n.* • bone

عظمة *Ɛaẓamaᵗ n.* • greatness, majesty

عظيم *Ɛaẓīm adj.* |*m. pl.* عظام *Ɛiẓām* or ***dip.***عظماء *Ɛuẓamāʔ* | *m. elat.* أعظم *ʔaƐẓam* | *f. elat.* ***invar.*** عظمى *Ɛuẓmā* | *m & f pl. elat.* ***dip.*** أعاظم *ʔaƐāẓim*| • great, mighty, grand

II **عظم** *Ɛaẓẓama v.tr.* |*2s* يعظم *yuƐaẓẓimᵘ* | تعظيم *taƐẓīm*| • glorify, venerate, make great

IV **أعظم** *ʔaƐẓama v.tr.* |*4s* يعظم *yuƐẓimᵘ* | إعظام *ʔiƐẓām*| • regard as remarkable, regard as tremendous

معظم *muƐẓam pass. part. n.* • [+ definite genitive plural noun or pronoun suffix] most (of) __ ◊ معظم الناس *most people*

عفريت *Ɛifrīt n.* |*pl.* عفاريت *Ɛafārīt*| • demon

عفن *Ɛafina v.intr.* |*1s4* يعفن *yaƐfanᵘ* | عفن *Ɛafan*| • rot, decay

عفن *Ɛafan n.*↑ • rot, decay

عفن *Ɛafin adj.* |*elat.* أعفن *ʔaƐfan*| • rotten, decayed

II **عفن** *Ɛaffana v.tr.* |*2s* يعفن *yuƐaffinᵘ* | تعفين *taƐfīn*| • rot, decay

V **تعفن** *taƐaffana v.intr.* |*5s* يتعفن *yataƐaffanᵘ* | تعفن *taƐaffun*| • rot, decay

تعفن *taƐaffun n.*↑ • rot, decay

متعفن *mutaƐaffin act. part. adj.* |*elat.* أعفن *ʔaƐfan* or أكثر تعفنا *ʔaktar taƐaffunan*| • rotten, moldy

عفا *Ɛafā v.* |*1d3* يعفو *yaƐfū* | عفو *Ɛafw*| • *v.tr. & intr.* pardon (عن), forgive • *v.intr.* erase عن, wipe out, get rid *of* ▪ عفا عليه الزمن *Ɛafā Ɛalayhi azzaman*, عفا عنه الزمن *Ɛafā Ɛanhu azzaman* be a thing of the past, be out of date

عفو *Ɛafw n.*↑ • pardon, forgiveness, amnesty ▪ عفوا *Ɛafwan* Excuse me!; You're welcome!

عفوي *Ɛafwīʸ adj.* |*elat.* أكثر عفوية *ʔaktar Ɛafwīyaᵗᵃⁿ*| • spontaneous, impromptu

عفوية *Ɛafwīyaᵗ n.* • spontaneity

عافية *Ɛāfiyaᵗ act. part. n.* • health ▪ الله يعطيك العافية *aLLāh yuƐṭīka alƐāfiyaᵗᵃ* May God give you good health! ▪ الله يعافيك *aLLāh yuƐāfīka (resposne)* Thank you! ▪ صحة وعافية *ṣiḥḥaᵗ wa-Ɛāfiyaᵗ* Enjoy your meal!

III **عافى** *Ɛāfā v.tr.* |*3d* يعافي *yuƐāfī* | معافاة *muƐāfāᵗ*| • heal, cure ▪ الله يعافيك *aLLāhᵘ yuƐāfīka* Thank you (for wishing me good health)

IV **أعفى** *ʔaƐfā v.intr.* |*4d* يعفي *yuƐfī* | إعفاء *ʔiƐfāʔ*| • release من, free, exempt ▪ أعفاه من دين *ʔaƐfāhu min daynⁱⁿ* write off *sb's* debt, cancel *sb's* debt

إعفاء *ʔiƐfāʔ n.*↑ • exemption

معفى *muƐf(an) pass. part. adj.* ***indecl.*** • exempt ▪ معفى من الرسوم *muƐfā minᵃ -rrusūmⁱ* duty free

VI **تعافى** *taƐāfā v.tr.* |*6d* يتعافي *yataƐāfā* | ***def.*** تعاف *taƐāf(in)*| • recover *from* من, get well

عقب *Ɛaqb* or *Ɛaqib n.* |*pl.* أعقاب *ʔaƐqāb*| • heel, end ▪ في أعقاب *fī ʔaƐqābⁱ prep.* immediately after, following, in the wake of, in the aftermath of ▪ رأسا على عقب *raʔsan Ɛalā Ɛaqbⁱⁿ* upside down

عقب *Ɛaqiba prep.* • on the heels of, immediately after, right after

عقب *Ɛuqb n.* |*pl.* أعقاب *ʔaƐqāb*| • consequence, outcome

عقبة *Ɛaqabaᵗ n.* |*pl.* عقاب *Ɛiqāb* | *pl.* عقبات *Ɛaqabāt*| • obstacle, burden

ع

العقبة *alƐaqabaᵗ n.* • *(city in Jordan)* Aqaba
➥ **map on p. 8**

عقاب *Ɛiqāb n.* • punishment ▪ بلا عقاب *bi-lāa Ɛiqābⁱⁿ adv.* unpunished
 عقابي *Ɛiqābīʸ adj.* • punitive, penal

عقاب *Ɛuqāb n. f.* |*pl.* عقبان *Ɛiqbān*| • eagle

عقوبة *Ɛuqūbaᵗ n.* • punishment, sanction ▪ عقوبة إعدام *Ɛuqūbat · ʔiƐdām* capital punishment, death penalty

عاقبة *Ɛāqibaᵗ n.* |*pl.* **dip.** عواقب *Ɛawāqib*| • consequence, outcome

II **عقب** *Ɛaqqaba v.* |*2s* يعقب *yuƐaqqibᵘ* | تعقيب *taƐqīb*| • *v.tr.* follow, track, trail • *v.intr.* comment *on* على

III **عاقب** *Ɛāqaba v.intr.* |*3s* يعاقب *yuƐāqibᵘ* | معاقبة *muƐāqabaᵗ*| • punish على, discipline

معاقبة *muƐāqabaᵗ n.*↑ • punishment

IV **أعقب** *ʔaƐqaba v.tr.* |*4s* يعقب *yuƐqibᵘ* | إعقاب *ʔiƐqāb*| • come after, follow, succeed

V **تعقب** *taƐaqqaba v.tr.* |*5s* يتعقب *yataƐaqqabᵘ* | تعقب *taƐaqqub*| • pursue, chase, follow, track

VI **تعاقب** *taƐāqaba v.intr.* |*6s* يتعاقب *yataƐāqabᵘ* | تعاقب *taƐāqub*| • be consecutive, occur in turn

متعاقب *mutaƐāqib act. part. adj.* • consecutive

عقد *Ɛaqada v.tr.* |*1s2* يعقد *yaƐqidᵘ* | عقد *Ɛaqd*| • hold (a meeting, etc.) ▪ عقد اجتماعا *Ɛaqada ijtimāƐan* hold a meeting ▪ عقد مؤتمرا *Ɛaqada muʔtamaran* hold a conference • make, enter into ▪ عقد اتفاقا *Ɛaqada ittifāqan* come to an agreement, strike a deal ▪ عقد صداقة مع *Ɛaqada ṣadāqaᵗᵃⁿ maƐa* make friends with • tie

عقد *Ɛaqd n.*↑ |*pl.* عقود *Ɛuqūd*| • contract, legal document ▪ عقد زواج *Ɛaqd · zawāj*, عقد القرآن *Ɛaqd · alqurʔānⁱ* marriage contract ▪ وقع عقدا *waqqaƐa Ɛaqdan*, وقع على عقد *waqqaƐa Ɛalā Ɛaqd v.* sign a contract • decade

عقد *Ɛiqd n.* |*pl.* عقود *Ɛuqūd*| • necklace

عقدة *Ɛuqdaᵗ n.* |*pl.* عقد *Ɛuqad*| • knot • puzzle

عقيد *Ɛaqīd n.* |*pl.* **dip.** عقداء *Ɛuqadāʔ*| • colonel

عقيدة *Ɛaqīdaᵗ n.* |*pl.* **dip.** عقائد *Ɛaqāʔid*| • belief, faith • ideology, doctrine, dogma
 عقائدي *Ɛiqāʔidīʸ adj.* • ideological, dogmatic

II **عقد** *Ɛaqqada v.tr.* |*2s* يعقد *yuƐaqqidᵘ* | تعقيد *taƐqīd*| • complicate

تعقيد *taƐqīd n.*↑ • complication

معقد *muƐaqqad pass. part. adj.* |*elat.* أكثر تعقيدا *ʔaktar taƐqīdan*| • complicated, complex, intricate

V **تعقد** *taƐaqqada v.intr.* |*5s* يتعقد *yataƐaqqadᵘ* | تعقد *taƐaqqud*| • become complicated

تعقد *taƐaqqud n.*↑ • complication

VI **تعاقد** *taƐāqada v.intr.* |*6s* يتعاقد *yataƐāqadᵘ* | تعاقد *taƐāqud*| • make a contract

تعاقد *taƐāqud n.*↑ • contract, mutual agreement

VII **انعقد** *inƐaqada v.intr.* |*7s* ينعقد *yanƐaqidᵘ* | انعقاد *inƐiqād*| • be held, convene

VIII **اعتقد** *iƐtaqada v.tr.* |*8s* يعتقد *yaƐtaqidᵘ* | اعتقاد *iƐtiqād*| • believe, think ▪ أعتقد ذلك. *ʔaƐtaqidᵘ đālika* I believe so., I think so. ▪ اعتقد بأن *iƐtaqada bi-ʔanna* believe that..., think that...

اعتقاد *iƐtiqād n.*↑ • belief ▪ في اعتقادي *fī -Ɛtiqādī* in my opinion

معتقد *muƐtaqad pass. part. n.* • belief, conviction

معتقد *muƐtaqad pass. part.* • *adj.* believed ▪ من المعتقد أنّ *minᵃ -lmuƐtaqadⁱ ʔanna* it is believe that... • *n.* belief, conviction

عقار *Ɛaqār n.* • real estate, property ▪ صاحب عقار *ṣāḩib · Ɛiqār* landlord
 عقاري *Ɛaqārīʸ adj.* • real estate-

عقار *Ɛaqqār n.* |*pl.* **dip.** عقاقير *Ɛaqāqīr*| • medicine, drug

عاقر *Ɛāqir adj. f.* • barren, infertile, sterile
ⓘ عاقر *Ɛāqir* *does not vary for gender or number.*

عقرب *Ɛaqrab n.* |*pl.* **dip.** عقارب *Ɛaqārib*| • scorpion • برج العقرب *burj · alƐaqrabⁱ* *(astrology)* Scorpio ▪ أنا من برج العقرب. *ʔana min burjⁱ -lƐaqrabⁱ* I'm a Scorpio.

معقوف *maƐqūf adj.* • crooked, bent

عقل *Ɛaqala v.tr.* |*1s2* يعقل *yaƐqilᵘ* | عقل *Ɛaql*| • comprehend, understand ▪ عقل أنْ *Ɛuqila ʔan pass. v. (usually interrogative or negative)* be reasonable to *(do)*, be reasonable that... ▪ لا يُعقل *lā yuƐqalᵘ pass. v.* it is unconceivable, it does not make sense, there is no way ▪ كيف يعقل هذا؟ *kayfa yuƐqalᵘ hāđā* How is this possible?

عقل *Ɛaql n.*↑ |*pl.* عقول *Ɛuqūl*| • mind, intellect
 عقلي *Ɛaqlīʸ adj.* • mental, intellectual
 عقلية *Ɛaqlīyaᵗ n.* • mentality, way of thinking

عاقل *Ɛāqil act. part. adj.* |*m. pl.* **dip.** عقلاء *Ɛuqalāʔ* | *elat.* أعقل *ʔaƐqal*| • intelligent, rational, sensible

معقول *maƐqul pass. part. adj.* |*elat.* أكثر معقولية *ʔaktar maƐqūlīyaᵗᵃⁿ*| • believable, reasonable, rational, sensible, feasible, plausible ▪ من

من المعقول أن *min^a -lmaƐqūl^i ʔan* [+ subjunctive] it is reasonable that..., it stands to reason that... ▪ غير معقول *γayr · maƐqūl* unreasonable

عقلة *Ɛuqla^t n.* |*pl.* عقل *ʔuqal*| • knuckle

عقال *Ɛiqāl n.* |*pl.* عقل *Ɛuqul*| • agal (black cord worn around a shemagh) ➥ ***picture on p. 163***

معقل *maƐqil n.* |*pl.* **dip.** معاقل *maƐāqil*| • stronghold

VIII **اعتقل** *iƐtaqala v.tr.* |*8s* يعتقل *yaƐtaqil^u* | اعتقال *iƐtiqāl*| • arrest, detain

اعتقال *iƐtiqāl n.*↑ • arrest, detention

معتقل *muƐtaqal pass. part. n.* • detainee, prisoner • detention camp

عقيم *Ɛaqīm adj.* |*m. pl.* عقام *Ɛiqām* or عقم *Ɛuqum* | *elat.* أعقم *ʔaƐqam*| • sterile • useless, ineffective

II **عقم** *Ɛaqqama v.tr.* |*2s* يعقم *yuƐaqqim^u* | تعقيم *taƐqīm*| • sterilize, disinfect

تعقيم *taƐqīm n.*↑ • sterilization, disinfection

معقم *muƐaqqam pass. part. adj.* |*elat.* أكثر تعقيما *ʔaktar taƐqīman*| • sterile

عكر *Ɛakar n.* • muddiness, cloudiness

عكر *Ɛakir adj.* |*elat.* أعكر *ʔaƐkar*| • muddy, cloudy, turbid

عكس *Ɛakasa v.tr.* |*12s* يعكس *yaƐkis^u* | عكس *Ɛaks*| • reflect

عكس *Ɛaks n.*↑ • opposite ▪ بعكس *bi-Ɛaks^i prep.* in contrast to/with ▪ على العكس *Ɛalā -lʔaks^i*, بالعكس *bi-lƐaks^i adv.* on the contrary ▪ بعكس الاتجاه *bi-Ɛaks^i -littjāh^i* the wrong direction

III **عاكس** *Ɛākasa v.tr.* |*3s* يعاكس *yuƐākis^u* | معاكسة *muƐākasa^t*| • contradict • harass, proposition

معاكسة *muƐākasa^t n.*↑ • contradiction, antithesis • harassment, proposition, improper advance

VII **انعكس** *inƐakasa v.intr.* |*7s* ينعكس *yanƐakis^u* | انعكاس *inƐikās*| • be reflected *in* على • have an effect *on* على, influence

انعكاس *inƐikās n.*↑ • reflection • repercussion, effect

علبة *Ɛulba^t n.* |*pl.* علب *Ɛulab*| • pack, tin, can

II **علب** *Ɛallaba v.tr.* |*2s* يعلب *yuƐallib^u* | تعليب *taƐlīb*| • package, can

معلب *muƐallab pass. part. adj.* • packaged, canned ▪ معلبات *muƐallabāt pl. n.* canned food

علاج *Ɛilāj n.* • treatment, remedy, therapy ▪ علاج بديل *Ɛilāj badīl* alternative therapy ▪ علاج جماعي *Ɛilāj jamāƐī^y* group therapy ▪ علاج طبي *Ɛilāj ṭibbī^y* medical treatment ▪ علاج طبيعي *Ɛilāj ṭabīƐī^y* physiotherapy, physical therapy

علاجي *Ɛilājī^y adj.* • therapeutic

III **عالج** *Ɛālaja v.tr.* |*3s* يعالج *yuƐālij^u* | علاج *Ɛilāj* or معالجة *muƐālaja^t*| • treat, remedy • handle, deal with

معالجة *muƐālaja^t n.*↑ • treatment, therapy

معالج *muƐālij act. part. n.* • therapist

علق *Ɛaliqa v.intr.* • |*1s4* يعلق *yaƐlaq^u* | علق *Ɛalaq*| become stuck *in* بـ *or* في, get caught *in* • stick *to* بـ *or* في, adhere *to* • |*1s4* يعلق *yaƐlaq^u* | علاقة *Ɛalāqa^t*| concern بـ, have to do *with*, be related *to*

علاقة *Ɛalāqa^t n.*↑ • relationship, connection, liaison ▪ علاقات ثنائية *Ɛalāqāt tunāʔīya^t pl. n.* bilateral relations ▪ علاقات دولية *Ɛalāqāt dawlīya^t pl. n.* international relations ▪ علاقات عامة *Ɛalāqāt Ɛāmma^t pl. n.* public relations ▪ له علاقة بـ *lahu Ɛalāqa^{tun} bi-* have a connection *to*, have to do *with* ◊ لا علاقة له بي. *It has nothing to do with me.* ▪ لا علاقة له بـ *lā Ɛalāqa^{ta} lahu bi-* have nothing to do *with* ▪ أقام علاقة مع *ʔaqāma Ɛalāqa^{tan} maƐa v.* have a relationship *with*

علاقي *Ɛalāqī^y adj.* • relevant

عالق *Ɛāliq act. part. adj.* • stuck, jammed, trapped • concerning بـ, related *to*

علق *Ɛalaq coll. n.* |*sing.* علقة *Ɛalaqa^t*| • leech

علاق *Ɛallāq*, علاقة *Ɛallāqa^t n.* • hanger ▪ علاق ملابس *Ɛallāq · malābis* coat hanger

عليق *Ɛullayq n.* • blackberry, raspberry

II **علق** *Ɛallaqa v.* |*2s* يعلق *yuƐalliq^u* | تعليق *taƐlīq*| • *v.tr.* attach *sth* ه *to* بـ *or* على, hang, affix • suspend, ban temporarily • *v.intr.* comment *on* على

تعليق *taƐlīq n.*↑ |*pl.* تعليقات *taƐlīqāt* or **dip.** تعاليق *taƐālīq*| • commentary ▪ لا تعليق *lā taƐlīq^a* no comment

معلق *muƐalliq act. part. n.* • commentator

تعليقة *taƐlīqa^t n.* • comment, annotation, remark

V **تعلق** *taƐallaqa v.intr.* |*5s* يتعلق *yataƐallaq^u* | تعلق *taƐalluq*| • be connected *to* بـ, be attached *to*, be affixed *to*, be hanging *from* • concern بـ, have to do *with*, be related *to* ▪ فيما يتعلق بـ *fī-mā yataƐallaq^u bi- prep.* with regard to, regarding, as for ▪ كل ما يتعلق بـ *kull mā yataƐallaq^u bi- prep.* all about • depend *on* بـ, be contingent *on*

ع

متعلق *mutaƐalliq act. part. adj.* |*elat.* أكثر تعلقا *ʔaktar taƐalluqan*| • concerning بـ, related *to*

علك *Ɛalaka v.tr.* |*1s3* يعلك *yaƐluk^u* | علك *Ɛalk*| • chew, masticate

علك *Ɛilk n.* • chewing gum

لعل *laƐalla*, عل *Ɛalla adv.* • [+ accusative noun or pronoun suffix] perhaps, maybe ◊ لعل الوقت حان لـ... *Maybe it is time to...* ◊ لعلك محق. *Maybe you are right.* ⓘ *The first person singular takes the possessive suffix, or less commonly, the object suffix:* ◊ لعلي *Maybe I...* ◊ لعلني *Maybe I...* ▪ لعل وعسى *laƐalla wa-Ɛasā*, لعله وعساه *laƐallahu wa-Ɛasāhu* [(+ accusative noun or object pronoun suffix) + subjunctive] perhaps, maybe, possibly ➡ ***Inna and Her Sisters p. 18***

علة *Ɛilla^t n.* |*pl.* علل *Ɛilal*| • disease, sickness

II **علل** *Ɛallala v.tr.* |*2s* يعلل *yuƐallil^u* | تعليل *taƐlīl*| • justify

تعليل *taƐlīl n.*↑ • justification

VIII **اعتل** *iƐtalla v.intr.* |*8g1* يعتل *yaƐtall^u* | اعتلال *iƐtilāl*| • be weak, be defective

معتل *muƐtall act. part. adj.* |*elat.* أكثر اعتلالا *ʔaktar iƐtilālan*| • weak, defective ▪ فعل معتل *fiƐl muƐtall (grammar)* weak verb, defective verb

علم *Ɛalima v.tr. & intr.* |*1s4* يعلم *yaƐlam^u* | علم *Ɛilm*| • know (بـ), realize ▪ علم أن *Ɛalima ʔanna* know that... ▪ على ما أعلم *Ɛalā mā ʔaƐlam^u* as far as I know ▪ لا يعلم __ إلا الله *lā yaƐlam^u __ illā -LLāh^u* only God knows __ • hear *of* • learn, find out

علم *Ɛilm n.*↑ |*pl.* علوم *Ɛulūm*| • knowledge ▪ العلم نور. *alƐilm^u nūr^un* *proverb* Knowledge is light. ▪ على علم بـ *Ɛalā ʔilm^in bi-* aware of ▪ العلم في الصدور، لا في السطور. *alƐilm^u fī -ṣṣudūr^i, lā fī -ssuṭūr^i* *proverb* One's knowledge lies is one's heart, and not in the lines (of a book). • science ▪ علم __ *Ɛilm · __* -ology, science of __ ▪ علم الآثار *Ɛilm · alʔātār^i* archeology ▪ علم الأحياء *Ɛilm · alʔaḥyāʔ^i* biology ▪ علم الاجتماع *Ɛilm · alijtimāƐ^i* sociology ▪ علم الأشعة *Ɛilm · alʔašiƐƐa^ti* radiology ▪ علم الاقتصاد *Ɛilm · aliqtiṣād^i* economics ▪ علم الإنسان *Ɛilm · alʔinsān^i* anthropology ▪ علم الأورام *Ɛilm · alʔawrām^i* oncology ▪ علم الفيزياء *Ɛilm · alfīzyāʔ^i* physics ▪ علم الكيمياء *Ɛilm · alkīmyāʔ^i* chemistry ▪ علم النفس *Ɛilm · annafs^i* psychology

علمي *Ɛilmī^y adj.* • scientific

عالم *Ɛālim act. part. n.* |*pl.* **dip.** علماء *Ɛulamāʔ*| • scientist, scholar, expert ▪ عالم أشعة *Ɛālim · ʔašiƐƐa^t* radiologist ▪ عالم أورام *Ɛālim · ʔawrām* oncologist ▪ عالم نفس *Ɛālim · nafs* psychologist ▪ لكل جواد كبوة ولكل عالم هفوة. *li-kull^i jawād^in kabwa^tun wa-li-kull^i Ɛālim^i hafwa^tun* *proverb* Every race horse (sometimes) stumbles, and every expert errs.

معلوم *maƐlūm pass. part. adj.* • definite, well-known ▪ من المعلوم أنّ *min^a -lmaƐlūm^i ʔanna* it is well known that ◊ من المعلوم أنه أخطأ. *We all know he was wrong.*

معلومة *maƐlūma^t n.* • piece of information, datum, fact ▪ معلومات *maƐlūmāt pl. n.* information, data

معلوماتي *maƐlūmātī^y adj.* • information-

معلوماتية *maƐlūmātīya^t n.* • information science, data processing, information technology (IT)

علم *Ɛalam n.* • |*pl.* أعلام *ʔaƐlām*| flag

علماني *Ɛalmānī^y* or *Ɛilmānī^y adj.* • secular

علمانية *Ɛalmānīya^t* or *Ɛilmānīya^t n.* • secularism

عالم *Ɛālam n.* |*pl.* **dip.** عوالم *Ɛawālim*| • world ▪ العالم العربي *alƐālam alƐarabī^y* the Arab World

عالمي *Ɛālamī^y adj.* • world-, global, worldwide, international

عالمية *Ɛālamīya^t* • *n.* internationalism

علامة *Ɛalāma^t n.* |*pl.* علامات *Ɛalāmāt* or علائم *Ɛalāʔim*| • label, mark, symbol, sign ▪ علامة استفهام *Ɛalāmat · istifhām* question mark ▪ علامة تشكيل *Ɛalāmat · taškīl* vowel mark, diacritic ▪ علامة تعجب *Ɛalāmat · taƐajjub* exclamation mark ▪ علامة مرور *Ɛalāmat · murūr* road sign • sign, indication

علامة *Ɛallāma^t n.* **m.** • expert, authority (on a subject)

عليم *Ɛalīm adj.* |*m. pl.* **dip.** علماء *Ɛulamāʔ* | *elat.* أعلم *ʔaƐlam*| • learned, knowledgeable

عولمة *Ɛawlama^t n.* • globalization ➡ عولم ***p. 218***

معلم *maƐlam n.* |*pl.* **dip.** معالم *maƐālim*| • landmark

II **علم** *Ɛallama v.tr.* |*2s* يعلم *yuƐallim^u* | تعليم *taƐlīm*| • teach *to* ∘ *sth* ∘ ◊ علمني العربية. *He taught me Arabic.* ▪ علمه أن *Ɛallamahu ʔanna* teach *sb* that... ▪ لا يُعلم *lā yuƐallam^u pass. v.* unteachable

تعليم *taƐlīm n.*↑ |*pl.* تعليمات *taƐlīmāt* or **dip.** تعاليم *taƐālīm*| • education ▪ تعليمات *taƐlīmāt pl. n.* instructions, directions

تعليمي *taƐlīmī^y adj.* • educational

معلم *muƐallim act. part. n.* • teacher

IV **أعلم** *ʔaƐlama v.tr.* |*4s* يعلم *yuƐlim^u* | إعلام *ʔiƐlām*| • notify, inform

إعلام *ʔiƐlām n.*↑ • information, communication ▪ وسائل إعلام *wasāʔil · ʔiƐlām* media

V **تعلم** *taƐallama v.tr.* |*5s* يتعلم *yataƐallam^u* | تعلم *taƐallum*| • learn

متعلم *mutaƐallim act. part. adj.* |*elat.* أكثر تعلما *ʔaktar taƐalluman*| • literate, educated ▪ غير متعلم *ɣayr · mutaƐallim* illiterate, uneducated

X **استعلم** *istaƐlama v.intr.* |*10s* يستعلم *yastaƐlim^u* | استعلام *istiƐlām*| • inquire *about* عن, ask *about*

استعلام *istiƐlām n.*↑ • inquiry ▪ استعلامات *istiƐlāmāt pl. n.* information

علن *Ɛalana v.intr.* |*1s3* يعلن *yaƐlun^u* | علانية *Ɛalānīya^t*| • become known, be disclosed

علانية *Ɛalānīya^t n.*↑ • openness, disclosure, publicness ▪ علانية *Ɛalānīyatan adv.* openly, publicly, in public

علن *Ɛalan n.* • candor, openness ▪ علنا *Ɛalanan adv.* in public, openly

علني *Ɛalanī^y adj.* |*elat.* أكثر علنية *ʔaktar Ɛalanīyatan* or أعلن *ʔaƐlan*| • public, open

IV **أعلن** *ʔaƐlana v.tr. & intr.* |*4s* يعلن *yuƐlin^u* | إعلان *ʔiƐlān*| • announce (عن), publicize, advertise, declare, disclose ▪ أعلن أنّ *ʔaƐlana ʔanna* announce that...

إعلان *ʔiƐlān n.*↑ • announcement, statement, declaration, disclosure ▪ إعلان حرب *ʔiƐlān · ḥarb* declaration of war • advertisement, commercial

معلن *muƐlin act. part. n.* • announcer

علا *Ɛalā v.intr.* |*1d3* يعلو *yaƐlū* | علو *Ɛulū^w*| • rise, ascend, become high • become loud

علو *Ɛulū^w n.*↑ • height, tallness

علوي *Ɛulwī^y adj.* • upper, overhead-

علاء *Ɛalāʔ n.* • loftiness, high moral standards ▪ علاء الدين *Ɛalāʔ · addīn^i man's name* Aladdin

عال *Ɛāl(in) act. part. adj.* **def.** • high, tall ▪ عالي الجودة *Ɛālī · -ljawda^t* high-quality • loud ▪ بصوت عال *bi-ṣawt^in Ɛāl(in) adv.* loudly

أعلى *ʔaƐlā* **invar.** • *adj. elat.* |*f.* **invar.** عليا *Ɛulyā* | *m & f pl.* **indecl.** على *Ɛul(an)*| higher, highest • *n.* |*pl.* **dip.** أعال *ʔaƐāl(in)*| top part ▪ إلى الأعلى *ʔilā -lʔaƐlā adv.* up, upward, above ▪ من أعلى *min ʔaƐlā prep.* above, from the top of ◊ قفز من أعلى البرج. *He jumped from the top of the tower.*

عالي *Ɛālī n.* ***f.* invar.** • *(city in Bahrain)* A'ali

➡ **map on p. 25**

علاوة *Ɛilāwa^t n.* • addition, increase ▪ علاوة على *Ɛilāwatan Ɛalā prep.* besides, in addition to • raise, bonus, pay raise

على *Ɛalā prep.* • on ▪ وعلى هذا *wa-Ɛalā hāđā*, وعلى ذلك *wa-Ɛalā đālika adv.* therefore, thus, hence ▪ على أنْ *Ɛalā ʔan* provided that..., on condition that... •عليه أنْ *Ɛalayhi ʔan*, يجب عليه أنْ *yajib^u Ɛalayhi ʔan* have to *(do)*, must *(do)* ◊ يجب عليه الذهاب إلى المكتب حالا. *He has to go to the office right away.* ▪ لا عليك *lā Ɛalayka* Don't worry!, That's okay! ▪ كان (يجب) عليه أنْ *kāna (yajib^u) Ɛalayhi ʔan* should have *(done)* ◊ كان عليَ أن أتناول وجبة الإفطار. *I should have eaten breakfast.* • for ◊ هذا صعب على الطلاب. *This is difficult for students.* • in spite of, despite ▪ على أنّ *Ɛalā ʔanna conj. (rare)* but, although • divided by ◊ ستة على ثلاثة يساوي اثنان. *Six divided by three equals two.*

علوي *Ɛulwī^y adj.* • upper-, overhead-

علي *3alayya*	علينا *3alaynā*	
عليك *3alayka*	عليكما *3alaykumā*	عليكم *3alaykum*
عليك *3alayki*		عليكن *3alaykunna*
عليه *3alayhi*	عليهما *3alayhimā*	عليهم *3alayhim*
عليها *3alayhā*		عليهن *3alayhinna*

علي *Ɛalī^y adj.* • supreme, exalted • *man's name* Ali

علوي *Ɛalawī^y adj. & n.* • Alawite

علية *Ɛullīya^t n.* |*pl.* علالي *Ɛalālī^y*| • attic

VI **تعالى** *taƐālā v.intr.* |*6d* يتعالى *yataƐālā* | **def.** تعال *taƐāl(in)*| • *(God)* be high, be exalted ▪ الله سبحانه وتعالى *aLLāh^u subḥān^ahu wa-taƐālā (exclamation of surprise or wonder)* Praise (be to) God! • *(imperative)* come ◊ تعال بسرعة! *Come quickly!*

VIII **اعتلى** *iƐtalā v.tr.* |*8d1* يعتلي *yaƐtalī* | اعتلاء *iƐtilāʔ*| • climb, scale, mount ▪ اعتلى العرش *iƐtalā alƐarš^a* ascend to the throne

ع

X **استعلى** *istaƐlā v.intr.* |*10d* يستعلي *yastaƐlī* | استعلاء *istiƐlā?*| • rise, ascend

استعلاء *istiƐlā? n.*↑ • superiority

عما *Ɛammā* |< عن + ما *?an + mā*| • from what
➡ عن **p. 214**

عمد *Ɛamada v.* |*1s2* يعمد *yaƐmidᵘ* | عمد *Ɛamd*| • *v.tr.* support • عمد إلى أنْ *Ɛamada ?ilā ?an v.intr.* intend to *(do), (do)* deliberately ▪ عمد إلى استخدام *Ɛamada ?ilā -stixdāmⁱⁿ* bring into play

عمد *Ɛamd n.*↑ • intention ▪ عمدا *Ɛamdan*, عن عمد *Ɛan Ɛamdⁱ adv.* intentionally, on purpose, deliberately

عمدة *Ɛumdaᵗ n.* **m.** or **f.** |*pl.* عمد *Ɛumad*| • mayor

عماد *Ɛimād n.* |*pl.* عمد *Ɛumud*| • major general • pillar, support • *(grammar)* copula • *man's name* Emad, Imad

عمود *Ɛamūd n.* |*pl.* أعمدة *?aƐmidaᵗ*| • post, pillar, column ▪ عمود نور *Ɛamūd nūr* lamp post ▪ عمود فقري *Ɛamūd faqrīʸ* backbone

عمودي *Ɛamūdīʸ adj.* • vertical, perpendicular ▪ طائرة عمودية *ṭā?iraᵗ Ɛamūdīyaᵗ n.* helicopter

عميد *Ɛamīd n.* |*pl.* **dip.** عمداء *Ɛumadā?*| • *(university)* dean • *(military)* brigadier general

معمودية *mawmūdīyaᵗ n.* • baptism

II **عمد** *Ɛammada v.tr.* |*2s* يعمد *yuƐammidᵘ* | تعميد *taƐmīd*| • baptize, christen

تعميد *taƐmīd n.*↑ • baptism

V **تعمد** *taƐammada v.intr.* |*5s* يتعمد *yataƐammadᵘ* | تعمد *taƐammud*| • تعمد أنْ *taƐammada ?an (do)* deliberately • تعمد أنْ *taƐammada ?an* intend *to (do)*, plan to *(do)*

متعمد *mutaƐammid act. part. adj.* • intentional, deliberate, premeditated

VI **متعامد** *mutaƐāmid act. part. adj.* • perpendicular

VIII **اعتمد** *iƐtamada v.* |*8s* يعتمد *yaƐtamidᵘ* | اعتماد *iƐtimād*| • *v.intr.* lean *on* على • rely *on* على, depend *on* ▪ لا يعتمد عليه *lā yuƐtamadᵘ Ɛalayhi pass. v.* unreliable • *v.tr.* authorize, accredit, approve • adopt, take up, implement

اعتماد *iƐtimād n.*↑ • reliance, dependence ▪ أوراق اعتماد *?awrāq · iƐtimād* credentials ▪ اعتماد على النفس *iƐtimād Ɛalā -nnafsⁱ* self-reliance • adoption, implementation

عمر *Ɛamara v.intr.* |*1s2/1s3* يعمر *yaƐmirᵘ* or *yaƐmurᵘ* | عمر *Ɛumr*| • live long, be prosperous

عمر *Ɛumr n.*↑ |*pl.* أعمار *?aƐmār*| • age ▪ عمر متوقع *Ɛumr mutawaqqaƐ* life expectancy ▪ طفل في الثامنة من عمره *ṭifl fī -ttāminaᵗⁱ min Ɛumrⁱhi* an eight-year-old boy ▪ كم عمرك؟ *kam Ɛumrᵘka* How old are you? • life, lifetime ▪ مرة في العمر *marraᵗᵃⁿ fī -lƐumrⁱ adv.* once in a lifetime ▪ طوال عمره *ṭawāla Ɛumrⁱhi adv.* all *one's* life • *man's name* Omar

عمري *Ɛumrīʸ adj.* • age-related

عمرو *Ɛamr man's name* • Amr

عامر *Ɛāmir act. part. adj.* |*m. pl.* عمار *Ɛummār* | *elat.* أعمر *?aƐmar*| • populous, inhabited • crowded, full, filled up

عمرة *Ɛumraᵗ n.* • umrah (the lesser pilgrimage to Mecca)

عمار *Ɛammār* • *adj.* pious, devout • *n.* contractor, builder, mason

عمارة *Ɛimāraᵗ n.* |*pl.* عمارات *Ɛimārāt* or **dip.** عمائر *Ɛimā?ir*| • building, structure ▪ عمارة شقق *Ɛimārat · šuqaq* apartment building (UK: block of flats) ▪ فن عمارة *fann · Ɛimāraᵗ* architecture

معمار *miƐmār n.* • architect ▪ فن معمار *fann · miƐmār* architecture

معماري *miƐmārīʸ adj.* • architectural

عمران *Ɛumrān n.* • construction • civilization, culture

عمراني *Ɛumrānīʸ adj.* • architectural

II **عمر** *Ɛammara v.tr.* |*2s* يعمر *yuƐammirᵘ* | تعمير *taƐmīr*| • *(of God)* grant a long life *to* • reconstruct, rebuild • fill out (a form, etc.), fill in

معمر *muƐammar pass. part.* • *adj.* senior, elderly, long-lived • *n.* senior citizen, elderly person • *man's name* Muammar

IV **أعمر** *?aƐmara v.tr.* |*4s* يعمر *yuƐmirᵘ* | إعمار *?iƐmār*| • construct, develop, build • populate

إعمار *?iƐmār n.*↑ • construction, development

X **استعمر** *istaƐmara v.* |*10s* يستعمر *yastaƐmirᵘ* | استعمار *istiƐmār*| • *v.intr.* settle *in* في • *v.tr.* colonize

استعمار *istiƐmār n.*↑ • colonization

استعماري *istiƐmārīʸ adj.* • colonial, imperialist

استعمارية *istiƐmārīyaᵗ n.* • colonialism, imperialism ▪ ما بعد الاستعمارية *mā baƐda -listiƐmārīyaᵗⁱ* post-colonialism

مستعمر *mustaƐmir act. part. n.* • colonist, settler

مستعمرة *mustaƐmaraᵗ pass. part. n.* • colony, settlement

عمق *Ɛumq n.* |*pl.* أعماق *?aƐmāq*| • depth

عميق *Ɛamīq adj.* |*elat.* أعمق *?aƐmaq*| • deep

▪ عميق الجذور *Ɛamīq · aljuđūri* deep-rooted

II **عمق** *Ɛammaqa v.tr.* |*2s* يعمق *yuƐammiqu* | تعميق *taƐmīq*| • deepen

V **تعمق** *taƐammaqa v.intr.* |*5s* يتعمق *yataƐammaqu* | تعمق *taƐammuq*| • delve deeply *into* في

عمل *Ɛamila v.intr.* |*1s4* يعمل *yaƐmalu* | عمل *Ɛamal*| • work ▪ عمل *Ɛamila* [+ indefinite accusative noun] work as a __ ◊ يعمل مدرسا. *He works as a teacher.* • work *at* على, strive *for*, try to *(do)* ◊ عمل على الحيلولة دون وقوع الكارثة. *He tried to prevent the disaster.*

عمل *Ɛamal n.* |*pl.* أعمال *ʔaƐmāl*| • work, job ▪ يوم عمل *yawm · Ɛamal* working day, work day ▪ أعمال بيت *ʔaƐmāl · bayt* housework •أعمال *ʔaƐmāl pl. n.* business, work ▪ رجل أعمال *rajul · ʔaƐmāl* businessman • work (of art, literature, etc.) • act, action ▪ عمل عنف *Ɛamal · Ɛunf* act of violence

عملي *Ɛamalīy adj.* • practical, realistic

عملية *Ɛamalīyat n.* • operation, process ▪ عملية (جراحية) *Ɛamalīyat (jirāħīyat)* surgery, operation ▪ عملية سلام *Ɛamalīyat · salām* peace process ▪ عملية عسكرية *Ɛamalīyat Ɛaskarīyat* military operation ▪ غرفة عمليات *ɣurfat · Ɛamalīyāt* operating room

عامل *Ɛāmil act. part.* • *adj.* active • *n.* |*pl.* عمال *Ɛummāl* or عاملون *Ɛāmilūna*| laborer, worker • |*pl.* **dip.** عوامل *Ɛawāmil*| factor, element

عمالي *Ɛummālīy adj.* • labor-

معمول *maƐmūl pass. part. adj.* • in use

عملة *Ɛumlat n.* • currency ▪ عملة معدنية *Ɛumlat maƐdinīyat* coin ▪ عملة ورقية *Ɛumlat waraqīyat* note, bill

عمالة *Ɛamālat n.* • employment, labor ▪ عمالة أطفال *Ɛamālat · ʔaṭfāl* child labor

عمولة *Ɛumūlat n.* • commission

عميل *Ɛamīl n.* |*pl.* **dip.** عملاء *Ɛumalāʔ*| • agent, representative • customer, client

معمل *maƐmal n.* |*pl.* **dip.** معامل *maƐāmil*| • lab, laboratory, workshop ▪ معمل حاسب *maƐmal ħāsib* computer lab ▪ معمل كيمياء *maƐmal · kīmiyāʔ* chemistry lab

III **عامل** *Ɛāmala v.tr.* |*3s* يعامل *yuƐāmilu* | معاملة *muƐāmalat*| • treat *sb/sth* ه *with* بـ, deal *with*, handle ▪ عامله باحترام *Ɛāmalahu bi-ħtirāmin* treat *sb* with respect ▪ عامله بالمثل *Ɛāmalahu bi-lmitli* reciprocate, treat in kind

معاملة *muƐāmalat n.*↑ • treatment • behavior, conduct

VI **تعامل** *taƐāmala v.intr.* |*6s* يتعامل *yataƐāmalu* | تعامل *taƐāmul*| • deal *with* مع • do business *with* مع

تعامل *taƐāmul n.*↑ • dealings, business, transaction

X **استعمل** *istaƐmala v.tr.* |*10s* يستعمل *yastaƐmilu* | استعمال *istiƐmāl*| • use, employ

استعمال *istiƐmāl n.*↑ • use, usage, application, employment

مستعمل *mustaƐmil act. part. n.* • user

مستعمل *mustaƐmal pass. part. adj.* • in use • applicable • used, second-hand

عملاق *Ɛimlāq* |*pl.* عمالقة *Ɛamāliqat*| • *n.* giant • *adj.* gigantic, enormous

عم *Ɛamma v.intr.* |*1g3* يعم *yaƐummu* | عموم *Ɛumūm*| • become prevalent, become common

عموم *Ɛumūm n.*↑ • generality ▪ عموما *Ɛumūman*, على العموم *Ɛalā -lƐumūmi*, في عمومه *fī Ɛumūmihi* *adv.* in general, generally speaking, overall

عمومي *Ɛumūmīy adj.* |*elat.* أكثر عمومية *ʔaktar Ɛumūmīyatan* or أكثر عموما *ʔaktar Ɛumūman*| • general, public

عام *Ɛāmm act. part. adj.* |*elat.* أعم *ʔaƐamm*| • general, common, prevalent ▪ بشكل عام *bi-šaklin Ɛāmmin*, بصورة عامة *bi-ṣūratin Ɛāmmatin* *adv.* generally, in general • public ▪ الرأي العام *arraʔy alƐāmm* public opinion

عامة *Ɛāmmat act. part. n.* • populace ▪ العامة *alƐāmat n.* the masses, the common people ▪ عامة *Ɛāmatan adv.* in general

عامي *Ɛāmmīy adj.* • colloquial

عامية *Ɛāmīyat n.* slang, colloquial language, colloquial Arabic ▪ العامية المصرية *alƐāmīyat almiṣrīyat* Egyptian Colloquial Arabic ⓘ

عم *Ɛamm n.* |*pl.* عموم *Ɛumūm*| • *(father's brother)* uncle ▪ ابن عم *ibn · Ɛamm (male)* cousin ▪ بنت عم *bint · Ɛamm (female)* cousin

عمة *Ɛammat n.* • *(father's sister)* aunt ▪ ابن عمة *ibn · Ɛammat (male)* cousin ▪ بنت عمة *bint · Ɛammat (female)* cousin

عمامة *Ɛimāmat n.* |*pl.* **dip.** عمائم *Ɛamāʔim*| • turban ➡ ***picture p. 214***

II **عمم** *Ɛammama v.tr.* |*2s* يعمم *yuƐammimu* | تعميم *taƐmīm*| • make public, make obtainable (to the public) • make general, generalize

تعميم *taƐmīm n.*↑ • generalization • flyer, pamphlet, circular

An Egyptian man wearing a turban

عمّان *Ɛammān n.* ***f. dip.*** • *(capital of Jordan)* Amman ➡ ***map on p. 8*** ⓘ *often written with shadda to disambiguate from* عُمان *Ɛumān (Oman).*

عُمان *Ɛumān n.* ***f. dip.*** • Oman ⓘ *often written with damma to disambiguate from* عمّان *Ɛammān (Amman).*

عماني *Ɛumānīy adj. & n.* • Omani

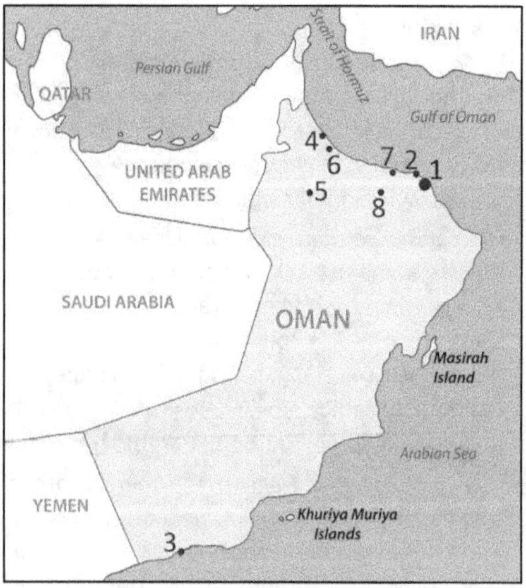

map of Oman

1. مسقط *masqaṭ* Muscat
2. السيب *assīb* Seeb
3. صلالة *ṣalāla* Salalah
4. صحار *ṣuḥār* Sohar
5. عبري *Ɛibrī* Ibri
6. صحم *ṣaḥam* Saham
7. بركاء *barkāʔ* Barka
8. الرستاق *arrustāq* Rustaq

عمي *Ɛamiya v.intr.* |*1d4* يعمى *yaƐmā* | ***indecl.*** عمى *Ɛam(an)* | • go blind

عمى *Ɛam(an) n.*↑ ***indecl.*** • blindness

أعمى *ʔaƐmā adj.* ***invar.*** |*m & f pl.* عمي *Ɛumy* or عميان *Ɛumyān* | *f.* ***dip.*** عمياء *Ɛamyāʔ* | *f. dual* عمياوان *Ɛamyāwān* | *f. pl.* عمياوات *Ɛamyāwāt* | • *adj.* blind • *n.* blind person

IV **أعمى** *ʔaƐmā v.tr.* |*4d* يعمي *yuƐmī* | إعماء *ʔiƐmāʔ* | • blind

عن *Ɛan(i) prep.* • about, concerning • from ▪ عن طريق *Ɛan ṭarīq prep.* by way of, via • on behalf of, for, instead of ◊ يتسلم الجائزة عن والده. *He's accepting the prize on behalf of his father.*

عما *Ɛammā* |< عن + ما *ʔan + mā*| • *interrogative* about what • from what ◊ ما قلته لا يختلف عما قلته أنا. *What you said doesn't differ from what I said.* • *conj.* about which • from which

عمن *Ɛamman(i)* |< عن + من *ʔan + man*| • *interrogative* about whom • from whom ◊ تختلف عمن قابلتهم من قبل. *She's different from those (whom) I've met before.* • *conj.* about whom • from whom

عني 3annī	عنا 3annā	
عنك 3anka	عنكما 3ankumā	عنكم 3ankum
عنك 3anki		عنكن 3ankunna
عنه 3anhu	عنهما 3anhumā	عنهم 3anhum
عنها 3anhā		عنهن 3anhunna

عنابة *Ɛannāba n.* ***dip.*** • *(city in Algeria)* Annaba ➡ ***map on p. 57***

عنب *Ɛinab coll. n.* |*sing.* عنبة *Ɛinaba* | *pl.* أعناب *ʔaƐnāb*| • grapes

عناب *Ɛunnāb n.*↑ |*sing.* عنابة *Ɛunnāba*| • jujube

عنبية *Ɛinabīya coll. n.* • blueberries

عنبر *Ɛanbar n.* |*pl.* عنابر *Ɛanābir*| • shed, storehouse • *(hospital, prison, etc.)* ward, wing, section • *(whale)* ambergris ▪ حوت عنبر *ḥūt · Ɛanbar* sperm whale

V **تعنت** *taƐannata v.intr.* |*5s* يتعنت *yataƐannat^{u}* | تعنت *taƐannut*| • become stubborn, become obstinate

تعنت *taƐannut n.*↑ • stubbornness, obstinacy

متعنت *mutaƐannit act. part. adj.* |*elat.* أكثر تعنتا *ʔakṯar taƐannu^{tan}*| • stubborn, obstinate

عند *Ɛinda prep.* • *(location)* at, near, by ◊ عند نهاية الشارع *at the end of the street* • have ▪ عنده *Ɛindahu* have ◊ عندي سؤال عن هذا. *I have a question about that.* ◊ عنده سيارة جديدة *He has a new car.* • with, in the company of, at the house of ◊ سأتناول العشاء عند خالي. *I'm having dinner at my uncle's (house).* • *(time)* in, on, at, at the time of ◊ عند بداية الشهر *at the beginning of the month*

عندما *Ɛindamā conj.* • when ◊ هاتفني عندما تصل. *Call me when you arrive.* • whenever ◊ تناول الغداء عندما تريد. *Eat your dinner whenever you want.*

عندئذ *Ɛindaʔiḏ^{in} adv.* • then, at that time ◊ كنت مغادرا، عندئذ رأيته. *I was leaving, and then I saw him.*

عندي 3indī	عندنا 3indanā	
عندكَ 3indaka	عندكما 3indakumā	عندكم 3indakum
عندكِ 3indaki		عندكن 3indakunna
عنده 3indahu	عندهما 3indahumā	عندهم 3indahum
عندها 3indahā		عندهن 3indahunna

عناد *Ɛinād n.* • stubbornness, obstinacy

عنيد *Ɛanīd adj.* |*m. pl.* عند *Ɛunud* | *elat.* أعند *ʔaƐnad*| • stubborn, inflexible, obstinate

III **عاند** *Ɛānada v.* |*3s* يعاند *yuƐānid^{u}* | معاندة *muƐānada^{t}*| • *v.intr.* become stubborn, become obstinate • *v.tr.* resist, set *oneself against*

عنصر *Ɛunṣur n.* |*pl.* **dip.** عناصر *Ɛanāṣir*| • element, component • race, ethnic group

عنصري *Ɛunṣurī^{y}* |*elat.* أكثر عنصرية *ʔakṯar Ɛunṣurīya^{tan}*| • *adj.* racial, ethnic • racist • *n.* racist

عنصرية *Ɛunṣurīya^{t} n.* • racism

عنف *Ɛanufa v.intr.* |*1s6* يعنف *yaƐnuf^{u}* | عنف *Ɛunf*| • become violent *toward* بـ

عنف *Ɛunf n.*↑ • violence, force ▪ عنف منزلي *Ɛunf manzalī^{y}* domestic violence ▪ بعنف *bi-Ɛunf^{in} adv.* violently, by force

عنفة *Ɛanafa^{t} n.* • turbine ▪ عنفة ريحية *Ɛanafa^{t} rīḥīya^{t}*, عنفة هوائية *Ɛanafa^{t} hawāʔīya^{t}* wind turbine

عنيف *Ɛanīf adj.* |*pl.* عنف *Ɛunuf* | *elat.* أعنف *ʔaƐnaf*| • violent, forceful

II **عنف** *Ɛannafa v.tr.* |*2s* يعنف *yuƐannif^{u}* | تعنيف *taƐnīf*| • scold, berate, rebuke

عنق *Ɛunq* or *Ɛunuq n.* |*pl.* أعناق *ʔaƐnāq*| • neck ▪ ربطة عنق *rabṭat · Ɛunq* necktie, tie ▪ عنق رحم *Ɛunq · raḥim* cervix (lit. neck of the uterus)

عناق *Ɛināq n.* • embrace, hug

III **عانق** *Ɛānaqa v.tr.* |*3s* يعانق *yuƐāniq^{u}* | معانقة *muƐānaqa^{t}*| • hug, embrace

معانقة *muƐānaqa^{t} n.*↑ • hug, embrace

VI **تعانق** *taƐānaqa v.intr.* |*6s* يتعانق *yataƐānaq^{u}* | تعانق *taƐānuq*| • hug each other, embrace each other

VIII **اعتنق** *iƐtanaqa v.intr.* |*8s* يعتنق *yaƐtaniq^{u}* | اعتناق *iƐtināq*| • take up, adopt, embrace

اعتناق *iƐtināq n.*↑ • adoption, embracement

عنقود *Ɛunqūd n.* |*pl.* **dip.** عناقيد *Ɛanāqīd*| • bunch, cluster ▪ عنقود عنب *Ɛunqūd · Ɛinab* bunch of grapes, grape bunch ▪ آخر العنقود *ʔāxir alƐunqūd^{i} idiom* youngest child (lit. the last grape bunch)

عنكبوت *Ɛankabūt n.* |*pl.* **dip.** عناكب *Ɛanākib*| • spider ▪ بيت عنكبوت *bayt · Ɛankabūt*, نسيج عنكبوت *nasīj · Ɛankabūt* spider web

عنان *Ɛanān coll. n.* |*sing.* عنانة *Ɛanāna^{t}*| • clouds⚠ ***كوفي عنان kōfī Ɛannān Kofi Annan (former Secretary-General of the United Nations)***

عنان *Ɛinān n.* |*pl.* أعنة *ʔaƐinna^{t}*| • reins, bridle

عنانة *Ɛanāna^{t} n.* • impotence, erectile dysfunction

عنين *Ɛinnīn adj.* • *(erectile dysfunction)* impotent

عنوة *Ɛanwa^{t} n.* |*pl.* عنوات *Ɛan(a)wāt*| • force, compulsion ▪ عنوة *Ɛanwatan adv.* forcibly, by force

QI **عنون** *Ɛanwana v.tr.* |*11s* يعنون *yuƐanwin^{u}* | عنونة *Ɛanwana^{t}*| • address, write an address *on* • give a title *to*, entitle, label

عنوان *Ɛunwān n.* |*pl.* **dip.** عناوين *Ɛanāwīn*|

ع

• address • title, headline ▪ بعنوان *bi-Ɛunwānⁱ prep.* under the title of, entitled ▪ عنوان فرعي *Ɛunwān farƐīʸ (secondary title)* subtitle

عنى *Ɛanā v.tr.* • |*1d2* يعني *yaƐnī* | عني *Ɛany*| mean ▪ يعني *yaƐnī* that is, that is to say, i.e. ▪ يعني أنّ *yaƐnī ʔanna* It means that... ▪ مما يعني أنّ *mimmā yaƐnī ʔanna* meaning that... • |*1d2* يعني *yaƐnī* | عناية *Ɛināyaᵗ*| concern, interest ◊ لا يعنيني. *It doesn't concern me.* ▪ عُني *Ɛuniya pass. v.* be concerned *with* بـ, take care *of*, care *for*, tend *to*

عناية *Ɛināyaᵗ n.*↑ • care, concern

عناء *Ɛanāʔ n.* • hardship, difficulty, toil

معنى *maƐn(an) n.* **indecl.** |*dual* معنيان *maƐnayānⁱ* | *pl.* **def.** معان *maƐān(in)*| • meaning, sense, significance, concept ▪ بمعنى أنّ *bi-maƐnan ʔanna* meaning that... ▪ وبمعنى آخر فإن *wa-bi-maƐnan ʔāxarᵃ fa-ʔinna* in other words,... ▪ أو بمعنى أدق *ʔaw bi-maƐnan ʔadaqqᵃ* ... or, more accurately, ... ▪ ما معنى كلمة __ ؟ *mā maƐnā kalimatⁱ* · __ What does (the word) __ mean? ◊ ما معنى هذه الكلمة بالإنجليزية؟ *What does this word mean in English?* ▪ لا معنى له *lā maƐnā lahu* meaningless ▪ ومعنى ذلك أنّ *wa-maƐnā · ḏālika ʔanna* which means that... ▪ بكل معنى الكلمة *bi-kullⁱ maƐnā -lkalimaᵗⁱ* in the full sense of the word

معنوي *maƐnawīʸ adj.* • semantic • spiritual, mental

III **عانى** *Ɛānā v.tr. & intr.* |*3d* يعاني *yuƐānī* | معاناة *muƐānāᵗ*| • suffer *from* (من)

معاناة *muƐānāᵗ n.*↑ • hardship

VIII **اعتنى** *iƐtanā v.intr.* |*8d1* يعتني *yaƐtanī* | اعتناء *iƐtināʔ*| • take care *of* بـ, look after, tend to • be interested *in* بـ, take an interest *in*

عهد *Ɛahida v.tr.* |*1s4* يعهد *yaƐhadᵘ* | عهد *Ɛahd*| • be familiar *with*, know

معهود *maƐhūd pass. part. adj.* • familiar

عهد *Ɛahd n.*↑ |*pl.* عهود *Ɛuhūd*| • promise, pledge, oath • familiarity *with* بـ, knowledge, experience ▪ حديث العهد بـ *ḥadīt · alƐahdⁱ bi-* new *at*, inexperienced *with*, novice *at* ▪ قديم العهد بـ *qadīm alƐahdⁱ bi-* familiar *with*, experienced *with* ▪ كعهده به *ka-Ɛahdᵃhu bi-hi* as before (lit. as in *sb's* experience) ◊ لا زالت جميلة كعهدي بها دائما. *She is still just as beautiful as always.* ◊ سيكون كعهدك به. *It will be just the same it was before.* • era, period ◊ في عهد الملكة كليوباترا *during the reign of Cleopatra* ▪ إلى عهد قريب *ʔilā Ɛahdⁱⁿ qarībⁱⁿ*, حتى عهد قريب *ḥattā Ɛahdⁱⁿ qarībⁱⁿ* until recently ▪ منذ عهد بعيد *munḏu Ɛahdⁱⁿ baƐīdⁱⁿ* long ago • reign, rule

معهد *maƐhad n.* |*pl.* **dip.** معاهد *maƐāhid*| • academy, institute ▪ معهد الفنون الجميلة *maƐhad · alfanūnⁱ -ljamīlⁱ* art academy ▪ معهد اللغات *maƐhad · alluɣātⁱ* language school ▪ معهد ماساتشوستس للتقنية *maƐhad · māsātšūsits li-ttiqnīyaᵗ* Massachusetts Institute of Technology (MIT) • *(university)* faculty

III **عاهد** *Ɛāhada v.tr.* |*3s* يعاهد *yuƐāhidᵘ* | معاهدة *muƐāhadaᵗ*| • enter into a contract *with* ه *regarding* على

معاهدة *muƐāhadaᵗ n.*↑ • treaty, pact ▪ معاهدة سلام *muƐāhadat · salām* peace treaty

V **تعهد** *taƐahhada v.intr.* |*5s* يتعهد *yataƐahhadᵘ* | تعهد *taƐahhud*| • undertake بـ, commit *oneself to*, pledge

تعهد *taƐahhud n.*↑ • commitment, pledge

متعهد *mutaƐahhid act. part. n.* • contractor

عاهرة *Ɛāhiraᵗ n.* • prostitute, whore ▪ يا ابن العاهرة *yā -bnᵘ -lƐāhiraᵗⁱ* You son of a bitch!

عاهل *Ɛāhil n.* |*pl.* **dip.** عواهل *Ɛawāhil*| • sovereign, monarch

أعوج *ʔaƐwaj adj.* **dip.** |*m & f pl.* عوج *Ɛūj* | *f. sing.* عوجاء *Ɛawjāʔ* | *f. dual* عوجاوان *Ɛawjāwānⁱ* | *f. pl.* عوجاوات *Ɛawjāwāt* | *elat.* أكثر اعوجاجا *ʔaktar iƐwijājan*| • crooked, twisted, distorted

عاج *Ɛāj n.* • ivory ▪ ساحل العاج *sāḥil · alƐājⁱ* **f.** Ivory Coast

عاد *Ɛāda v.intr.* |*1h3* يعود *yaƐūdᵘ* | عودة *Ɛawdaᵗ* or عود *Ɛawd*| • return *to*, go back *to* إلى ◊ منذ متى عدت لمصر؟ *How long have you been back in Egypt?* ▪ عاد إلى الحياة *Ɛāda ʔilā -lḥayāᵗⁱ* come back to life ▪ عاد الأمر إلى نصابه. *Ɛāda -lʔamrᵘ ʔilā niṣābⁱhⁱ proverb* Things always go back to where they came from. • [+ indicative] resume *(do)*ing ◊ توقف قليلا وعاد يقرأ الجريدة. *He stopped for a moment, then went back to reading the newspaper.* •عاد *Ɛāda*, عاد فـ *Ɛāda fa-*, عاد و *Ɛāda wa-* [+ indicative or perfect] *(do)* again, re- ◊ عاد وبنى قلعة الرمال من جديد. *He rebuilt the sand castle.* ▪ عاد إلى *Ɛāda ʔilā*, عاد لـ *Ɛāda li-* [+ masdar] re- ▪ عاد إلى الظهور *Ɛāda ʔilā -ẓẓuhūrⁱ* reappear, re-emerge; *(do)* back ◊ استيقظت ثم عدت للنوم. *I woke up, then went back to sleep.* • be traced (back) *to* إلى, date back *to* ◊ يعود تاريخ مصر إلى أكثر من خمسة آلاف سنة. *The history of Egypt goes back over five thousand years.* • [+ predicate in the accusative] become again, go back to being استيقظت ثم عدت نائما. ◊ *I woke up, then went back to sleep.* ▪ لم يعد *lam yaƐud*, ما عاد *mā Ɛāda* [+ predicate in the accusative] (be) no longer, not (be) anymore ◊ الأمر لم يعد مضحكا. *It's not funny anymore.*; [+ indicative] no longer *(do)*, not *(do)* anymore ◊ لم أعد أكلمها. *I don't talk to her anymore.*

عودة *Ɛawda^t*, عود *Ɛawd n.*↑ • return ◊ في العودة إلى بريطانيا *upon returning to Britain* ▪ تذكرة ذهاب وعودة *tađkirat · đahāb wa-Ɛawda^t* round-trip ticket ▪ العود أحمد *alƐawd^u ʔaħmad^u* Welcome back!

عائدة *Ɛāʔida^t act. part. n.* |*pl.* **dip.** عوائد *Ɛawāʔid*| • profit, gain

عادة *Ɛāda^t n.* • habit, practice, custom ▪ عادة *Ɛādatan adv.* usually, normally ◊ لا أفعل هذا عادة. *I don't usually do that.* ▪ كالعادة *ka-lƐāda^ti adv.* as usual ▪ كعادته *ka-Ɛādat^i__hi__* as is his custom ▪ على غير العادة *Ɛalā ɣayr^i -lƐāda^ti*, على غير عادته *Ɛalā ɣayr Ɛādat^i__hi__ adv.* unusually, uncharacteristically • custom ▪ عادات وتقاليد *Ɛādāt wa-taqālīd pl. n.* customs and traditions
عادي *Ɛādīy adj.* • ordinary, usual, average, normal

عود *Ɛūd n.* |*pl.* أعواد *ʔaƐwād*| • stick, rod ▪ عود كبريت *Ɛūd · kabrīt*, عود ثقاب *Ɛūd · tiqāb* match stick ▪ أعواد أكل *ʔaƐwād · ʔakl pl. n.* chopsticks ▪ عود أسنان *Ɛūd · ʔasnān* toothpick • oud, lute
ⓘ *The English word 'lute' has been borrowed from this Arabic word.*

A man playing an oud

عيادة *Ɛiyāda^t n.* • clinic, doctor's office

II **عود** *Ɛawwada v.tr.* |*2s* يعود *yuƐawwid^u* | تعويد *taƐwīd*| • accustom *sb* ∘ *to* على, make accustomed to ▪ عود نفسه على *Ɛawwada nafs^a__hu__ Ɛalā* get used *to*

IV **أعاد** *ʔaƐāda v.tr.* |*4h* يعيد *yuƐīd^u* | إعادة *ʔiƐāda^t*| • return, give back ▪ أعاد النظر في *ʔaƐāda -nnaẓar^a fī* review, revise, reconsider • restore, reinstate • redo, repeat, re- ▪ أعاد تدويره *ʔaƐāda tadwīr^a__hu__* recycle *sth* ◊ علينا أن نعيد تدوير كل هذا الورق. *We should recycle all this paper.* • resume

إعادة *ʔiƐāda^t n.*↑ • repetition ▪ جولة إعادة *jawlat · ʔiƐāda^t* run-off election • [+ genitive noun] re- ▪ إعادة انتخاب *ʔiƐādat · intixāb* reelection ▪ إعادة إعمار *ʔiƐādat · ʔiƐmār* reconstruction ▪ إعادة تدوير *ʔiƐādat · tadwīr* recycling • review, reconsideration ▪ بعد إعادة النظر *baƐda ʔiƐādat^i · -nnaẓar^i adv.* on second thought

V **تعود** *taƐawwada v.intr.* |*5s* يتعود *yataƐawwad^u* | تعود *taƐawwud*| • get used *to* على, become accustomed *to*

تعود *taƐawwud n.*↑ • habituation

متعود *mutaƐawwid act. part. adj.* |*elat.* أكثر تعودا *ʔaktar taƐawwudan*| • accustomed *to* على, used *to* ◊ هو متعود على الوحدة. *He's used to being alone.* ▪ متعود أنْ *mutaƐawwid ʔan* [+ subjunctive] in the habit of *(do)*ing, used to *(do)*ing, usually *(do)* ◊ أنا متعود أن أصحى مبكرا. *I'm used to getting up early.*

VIII **اعتاد** *iƐtāda v.intr.* |*8h1* يعتاد *yaƐtād^u* | اعتداد *iƐtidād*| • get used *to* على, make a habit *of*

اعتياد *iƐtiyād n.*↑ • habituation
اعتيادي *iƐtiyādīy adj.* |*elat.* أكثر اعتيادا *ʔaktar iƐtiyādan*| • common, regular, habitual, ordinary, customary

معتاد *muƐtād act. part. adj.* |*elat.* أكثر اعتيادا *ʔaktar iƐtiyādan*| • accustomed *to* على, used *to* ◊ هو معتاد على السهر مع أصدقائه كل ليلة. *He's in the habit of staying out with his friends every night.* ▪ معتاد أنْ *muƐtād ʔan* [+ subjunctive] in the habit of *(do)*ing, used to *(do)*ing, usually *(do)* ◊ هو معتاد أن يكون وحيدا. *He's used to being alone.* • usual, habitual ▪ كالمعتاد *ka-lmuƐtād^i adv.* as usual ▪ من المعتاد أنْ *min^a -lmuƐtād^i ʔan* it is customary to *(do)*

X **استعاد** *istaƐāda v.tr.* |*10h* يستعيد *yastaƐīd^u* | استعادة *istiƐāda^t*| • retrieve, recover

استعادة *istiƐāda^t n.*↑ • retrieval, recovery

عاذ *Ɛāđa v.intr.* |*1h3* يعوذ *yaƐūđ^u* | عياذ *Ɛiyāđ*| • take refuge *with* بـ *from* من ▪ عاذ بالله *Ɛāđa*

bi-LLāh^{i} take refuge with God ▪ أعوذ بالله ʔaƐūđ^{u} bi-LLāh^{i} God forbid!

عياذ Ɛiyāđ n.↑ • refuge ▪ عياذ الله Ɛiyāđ^{a} -LLāh^{i} God protect us!

II **عوذ** Ɛawwađa v.tr. |2s يعوذ yuƐawwiđ^{u} | تعويذ taƐwīđ| • protect (with an amulet)

X **استعاذ** istaƐāđa v.tr. |10h يستعيذ yastaƐīđ^{u} | استعاذة istiƐāđa^{t}| • take refuge *with*, seek protection *from*

أعور ʔaƐwar adj. **dip.** |m & f pl. عور Ɛūr | f. sing. عوراء Ɛawrāʔ | f. dual عوراوان Ɛawrāwān^{i} | f. pl. عوراوات Ɛawrāwāt| • one-eyed ▪ مصران أعور muṣrān · ʔaƐwar n. (anatomy) appendix ▪ الأعور في وسط العميان ملك. alʔaƐwar^{u} fī wasaṭ^{i} -lƐumyān^{i} malik^{un} proverb Among the blind, the one-eyed man is king.

IV **أعار** ʔaƐāra v.tr. |4h يعير yuƐīr^{u} | إعارة ʔiƐāra^{t}| • lend sth ∘ to لـ ▪ أعار اهتماما لـ ʔaƐāra ihtimāman li- give heed *to*

إعارة ʔiƐāra^{t} n.↑ • loan

معير muƐīr act. part. n. • lender

X **استعار** istaƐāra v.tr. |10h يستعير yastaƐīr^{u} | استعارة istiƐāra^{t}| • borrow sth ∘ from من

مستعير mustaƐīr act. part. n. • borrower, debtor

مستعار mustaƐār pass. part. adj. • borrowed • false, artificial ▪ اسم مستعار ism mustaƐār n. pseudonym, alias ▪ شعر مستعار šaƐr mustaƐār n. wig

عوض Ɛiwaḍ n. • substitute *for* عن ▪ عوضا عن Ɛiwaḍan Ɛan prep. , instead of, rather than • compensation ▪ عوضا عن Ɛiwaḍan Ɛan prep. in return for, in exchange for

عوض Ɛiwaḍa prep. • instead of, rather than • in return for, in exchange for

II **عوض** Ɛawwaḍa v.tr. |2s يعوض yuƐawwiḍ^{u} | تعويض taƐwīḍ| • compensate sb ∘ for عن, reimburse, repay • make up (a missed class, test, etc.)

تعويض taƐwīḍ n.↑ • compensation *for* عن, reimbursement

عاق Ɛāqa v.tr. |1h3 يعوق yaƐūq^{u} | عوق Ɛawq| • hinder sb ∘ from عن, obstruct • disable, handicap

عائق Ɛāʔiq, عائقة Ɛāʔiqa^{t} act. part. n. |pl. **dip.** عوائق Ɛawāʔiq| • obstacle, hurdle, hindrance

معوق maƐūq pass. part. • disabled, handicapped • n. disabled person, handicapped person

II **عوق** Ɛawwaqa v.tr. |2s يعوق yuƐawwiq^{u} | تعويق taƐwīq| • hinder sb ∘ from عن, obstruct • handicap, disable

معوق muƐawwiq act. part. n. • obstacle, hurdle, hindrance

IV **أعاق** ʔaƐāqa v.tr. |4h يعيق yuƐīq^{u} | إعاقة ʔiƐāqa^{t}| • hinder sb ∘ from عن, obstruct • handicap, disable

إعاقة ʔiƐāqa^{t} n.↑ • handicap

معاق muƐāq pass. part. • adj. |elat. أكثر إعاقة ʔaktar ʔiƐāqa^{tan}| disabled, handicapped • n. disabled person, handicapped person

عال Ɛāla v.tr. |1h3 يعول yaƐūl^{u} | عول Ɛawl| • provide *for* (*one's* family, etc.)

عائل Ɛāʔil n. • breadwinner, provider ◊ كان عائلهم الأساسي. *He was their primary bread winner.*

عائلة Ɛāʔila^{t} act. part. n. • family, extended family

عائلي Ɛāʔilī^{y} adj. • family-, domestic

IV **أعال** ʔaƐāla v.tr. |4h يعيل yuƐīl^{u} | إعالة ʔiƐāla^{t}| • provide *for* (*one's* family, etc.)

إعالة ʔiƐāla^{t} n.↑ • provision, support

معيل muƐīl act. part. n. • breadwinner, provider

QI **عولم** Ɛawlama v.tr. |11s يعولم yuƐawlim^{u} | عولمة Ɛawlama^{t}| • globalize

عولمة Ɛawlama^{t} n.↑ • globalization

عام Ɛāma v.intr. |1h3 يعوم yaƐūm^{u} | عوم Ɛawm| • swim, float

عام Ɛām n. |pl. أعوام ʔaƐwām| • year ▪ كل عام وأنت بخير kull^{u} Ɛām^{in} wa-ʔanta bi-xayr^{in} Happy Birthday!, Happy Holidays! ▪ العام الماضي alƐām^{a} -lmāḍī^{ya}, في العام الماضي fī -lƐām^{i} -lmāḍī adv. last year ▪ في عام fī Ɛām^{i}, عام Ɛāma prep. [+ genitive number] in the year ◊ في عام ألفين وثلاثة *in the year 2003*

II **عوم** Ɛawwama v.tr. |2s يعوم yuƐawwim^{u} | تعويم taƐwīm| • set afloat

عانة Ɛāna^{t} n. |pl. عانات Ɛānāt or عون Ɛūn| • pubic region, hypogastrium

عون Ɛawn n. |pl. أعوان ʔaƐwān| • aid, help ▪ قدم العون لـ qaddama alƐawn^{a} li- offer aid to

معونة maƐūna^{t} n. • assistance, aid

III **عاون** Ɛāwana v.tr. |3s يعاون yuƐāwin^{u} | معاونة muƐāwana^{t}| • help sb ∘ with في, aid

معاونة muƐāwana^{t} n.↑ • help, aid, assistance

معاون muƐāwin act. part. n. • helper, assistant

IV **أعان** ʔaƐāna v.tr. |4h يعين yuƐīn^{u} | إعانة ʔiƐāna^{t}|

• relieve *sb* ∘ *from* من, assist, support

إعانة *ʔiƐāna n.*↑ • relief, aid

VI **تعاون** *taƐāwana v.intr.* |*6s* يتعاون *yataƐāwanᵘ* | تعاون *taƐāwun*| • cooperate *with* مع, collaborate *with*

تعاون *taƐāwun n.*↑ • cooperation, collaboration

تعاوني *taƐāwunīʸ adj.* • cooperative

تعاونية *taƐāwunīyaᵗ n.* • cooperation

X **استعان** *istaƐāna v.intr.* |*10h* يستعين *yastaƐīnᵘ* | استعانة *istiƐānaᵗ*| • seek help *from* بـ

عوى *Ɛawā v.intr.* |*1d2* يعوي *yaƐwī* | عواء *Ɛuwāʔ*| • howl, whine, yelp

عيب *Ɛayb n.* |*pl.* عيوب *Ɛuyūb*| • shame, scandal • defect, imperfection, deformity

معيب *maƐīb adj.* • shameful, scandalous • defective

عيد *Ɛīd n.* |*pl.* أعياد *ʔaƐyād*| • holiday, festival ▪ عيد سنوي *Ɛīd sanawīʸ* anniversary ▪ عيد ميلاد *Ɛīd · mīlād* birthday ▪ عيد وطني *Ɛīd waṭanīʸ* national holiday ▪ عيد الأضحى *Ɛīd · alʔaḍḥā* Eid al-Adha (Feast of the Sacrifice), the Greater Eid ▪ عيد الفطر *Ɛīd · alfiṭrⁱ* Eid al-Fitr (Feast of Breaking the Fast), the Lesser Eid ▪ عيد الشكر *Ɛīd · aššukrⁱ* Thanksgiving ▪ عيد القيامة *Ɛīd · alqiyāmaᵗⁱ*, عيد الفصح *Ɛīd · alfiṣḥⁱ* Easter ▪ عيد الميلاد *Ɛīd · almīlādⁱ* Christmas ▪ عيد سعيد *Ɛīdᵘⁿ saƐīdᵘⁿ*, عيد مبارك *Ɛīd mubārak* Happy Holiday!

III **عايد** *Ɛāyada v.intr.* |*3s* يعايد *yuƐāyidᵘ* | معايدة *muƐāyadaᵗ*| • wish a happy holiday *to* على

معايدة *muƐāyadaᵗ n.*↑ • holiday greeting

عار *Ɛār n.* |*pl.* أعيار *ʔaƐyār*| • shame *on* على, disgrace

معيار *miƐyār n.* |*pl.* **dip.** معايير *maƐāyīr*| • standard, norm • gauge

عيسى *Ɛīsā* ***invar.*** *man's name* • Jesus

مدينة عيسى *madīnat · Ɛīsā n.* • *(city in Bahrain)* Isa Town ➥ ***map on p. 25***

عاش *Ɛāša v.* |*1h2* يعيش *yaƐīšᵘ* | عيش *Ɛayš*| • *v.intr.* live ◊ أين تعيش؟ *Where do you live?* ▪ عاش الملك *Ɛāša -lmalikᵘ* Long live the king! • *v.tr.* live through, survive

عيش *Ɛayš n.*↑ • life • bread ▪ عيش بلدي *Ɛayš baladīʸ* pita bread ➥ ***picture above***

عائش *Ɛāʔiš act. part. adj.* • prosperous, wealthy

عائشة *Ɛāʔišaᵗ* ***dip.*** *woman's name* • Aisha

معاش *maƐāš n.* • salary, wages ▪ معاش تقاعد *maƐāš · taqāƐud* pension • way of life

A man selling bread in Egypt

معيشة *maƐīšaᵗ n.* |*pl.* **dip.** معايش *maƐāyiš*| • livelihood ▪ غرفة معيشة *ɣurfat · maƐīšaᵗ* living room

معيشي *maƐīšīʸ adj.* • living-

VI **تعايش** *taƐāyaša v.intr.* |*6s* يتعايش *yataƐāyašᵘ* | تعايش *taƐāyuš*| • coexist

تعايش *taƐāyuš n.*↑ • coexistence

II **عيط** *Ɛayyaṭa v.intr.* |*2s* يعيط *yuƐayyiṭᵘ* | تعييط *taƐyīṭ*| • yell, shout, scream

عين *Ɛayn n.* ***f.*** |*pl.* عيون *Ɛuyūn* or *(rare)*أعيان *ʔaƐyān*| • eye ▪ عين جمل *Ɛayn · jamal* walnut ▪ على عيني (ورأسي) *Ɛalā Ɛaynī (wa-raʔsī)*, من عيني *min Ɛaynī (reply to request)* It's my pleasure., I'd be happy to do it. ▪ طب العيون *ṭibb · alƐuyūnⁱ* ophthalmology ▪ طبيب عيون *ṭabīb · Ɛuyūn* ophthalmologist ▪ في مرمى العين المجردة *fī marmā -lƐaynⁱ -lmujarradaᵗⁱ* visible with the naked eye • *(water)* spring ▪ العين *alƐayn* ***f.*** *(city in the U.A.E.)* Al Ain ➥ ***map on p. 15***

عيني *Ɛaynīʸ adj.* • eye-, ocular

عين *Ɛayn n.* |*pl.* أعيان *ʔaƐyān*| • prominent person,VIP

عين *Ɛayn n.* ***f.*** ➥ ع ***p. 195***

عيان *Ɛiyān n.* • eyesight ▪ شاهد عيان *šāhid Ɛiyān* eyewitness

عينة *Ɛayyinaᵗ n.* • sample, specimen

II **عين** *Ɛayyana v.tr.* |*2s* يعين *yuƐayyinᵘ* | تعيين *taƐyīn*| • appoint *sb* ∘ *sth* ∘, assign ◊ عينها الرئيس وزيرة

.الثقافة *The president appointed her Minister of Culture.*

تعيين *taƐyīn n.*↑ • appointment, assignment

معين *muƐayyan pass. part. adj.* • specific, certain, set

V **تعين** *taƐayyana v.intr.* |5s يتعين *yataƐayyan^u* | تعين *taƐayyun*| • be appointed, be assigned • be obligatory *for* على ▪ تعين عليه أن *taƐayyana Ɛalay<u>hi</u> ʔan* be incumbent *upon sb to (do)*, be obligated *to (do)*, have to *(do)*, must *(do)* ◊ .يتعين على الحكومة التعاطي مع الأزمة *The government must deal with the crisis.*

غ

غ *ɣayn n.* ***f.*** *|غين|* • *(nineteenth letter of the Arabic alphabet)* • *(numerical value)* 1000
➡ ***The Abjad Numerals p. 61***

غ *grām |abbreviation of* غرام*|* • gram (g.)

غاروي *gārōway n.* ***f. invar.*** • *(city in Somalia)* Garowe ➡ ***map on p. 177***

غاز *ɣāz n.* • (natural) gas ▪ غاز مسيل *ɣāz musayyil* tear gas

غازي *ɣāzīy adj.* • gaseous ▪ مشروب غازي *mašrūb ɣāzīy n.* soft drink

غانا *ɣānā n.* ***f. invar.*** • Ghana

غاني *ɣānīy adj. & n.* • Ghanaian

غبار *ɣubār n. |pl.* أغبرة *ʔaɣbirat|* • dust ▪ لا غبار عليه *lā ɣubāra Ɛalayhi* impeccable, flawless ▪ لا يشق له غبار *lā yušaqqu lahu ɣubārun pass. v.* unparalleled, unrivaled

غباري *ɣubārīy adj.* • dusty

أغبر *ʔaɣbar adj.* ***dip.*** *|m & f pl.* غبر *ɣubr | f. sing.* ***dip.*** غبراء *ɣabrāʔ|* • dingy • dust-colored

II **غبر** *ɣabbara v.tr. |2s* يغبر *yuɣabbiru |* تغبير *taɣbīr|* • make dusty, cover with dust

مغبر *muɣabbar pass. part. adj.* • dusty

غباء *ɣabāʔ n.* • stupidity, foolishness

غبي *ɣabīy |pl.* ***dip.*** أغبياء *ʔaɣbiyāʔ|* • *adj. |elat.* ***invar.*** أغبى *ʔaɣbā|* stupid, idiotic, silly, foolish • *n.* idiot, fool

غترة *ɣutrat n.* • ghutra (head cover worn by men) ➡ ***picture on p. 163***

غثيان *ɣatayān n.* • nausea

غدة *ɣuddat n. |pl.* غدد *ɣudad|* • gland ▪ غدد صماء *ɣudad ṣamāʔ* endocrine glands ▪ علم الغدد الصماء *Ɛilm · alɣudadi -ṣṣamāʔi* endocrinology ▪ عالم غدد صماء *Ɛālim · ɣudad ṣammāʔ* endocrinologist ▪ غدة لعابية *ɣuddat luƐābīyat* salivary gland ▪ غدة ليمفاوية *ɣuddat li-imfāwīyat* lymph node

غددي *ɣudadīy adj.* • glandular

غدر *ɣadara v.intr. |1s3* يغدر *yaɣduru |* غدر *ɣadr|* • deceive بـ, betray

غدر *ɣadr n.*↑ • deception, betrayal

غدار *ɣaddār adj. |elat.* أغدر *ʔaɣdar|* • disloyal, unfaithful

III **غادر** *ɣādara v.tr. |3s* يغادر *yuɣādiru |* مغادرة *muɣādarat|* • leave *somewhere* ∘ *for somewhere* إلى, depart ◊ غادر القطار باريس إلى بروكسل منذ ساعة. *The train left Paris for Brussels an hour ago.*

مغادرة *muɣādarat n.*↑ • departure

غدا *ɣadā v.intr. |1d3* يغدو *yaɣdū |* غدو *ɣudūw|* • [+ indicative] become, turn into, grow into

غد *ɣad n.* • tomorrow ▪ غدا *ɣadan adv.* tomorrow ▪ بعد غد *baƐda ɣadin adv.* the day after tomorrow

غداء *ɣadāʔ n. |pl.* أغدية *ʔaɣdiyat|* • lunch ▪ تناول الغداء *tanāwala alɣadāʔa v.* have lunch

V **تغدى** *taɣaddā v.intr. |5s* يتغدى *yataɣaddā |* ***def.*** تغد *taɣadd(in)|* • eat lunch, have lunch

غذاء *ɣiđāʔ n. |pl.* أغذية *ʔaɣđiyat|* • nourishment, foodstuff ▪ أغذية *ʔaɣđiyat pl. n.* food

غذائي *ɣiđāʔīy adj.* • nutritional, food-

II **غذى** *ɣađđā v.tr. |2d* يغذي *yuɣađđī |* تغذية *taɣđiyat|* • feed *sb* ∘ *sth* بـ, nourish • provide *sb/sth* ∘ *with* بـ, supply *with*

تغذية *taɣđiyat n.*↑ • nourishment, nutrition ▪ سوء تغذية *sūʔ · taɣđiyat* malnourishment, malnutrition • provision

مغذ *muɣađđ(in) act. part. adj.* ***def.*** • nutritious, nourishing

V **تغذى** *taɣađđā v.intr. |5d* يتغذى *yataɣađđā |* ***def.*** تغذ *taɣađđ(in)|* • be fed بـ • feed *on* على *or* بـ, live *on*

غرام *grām n. |abbreviated* غ *grām|* • gram

غرب *v.intr.* • *ɣaruba* or *ɣaraba (sun, moon) |1s6/1s3* يغرب *yaɣrubu |* غروب *ɣurūb|* set ◊ تغرب الشمس من الغرب. *The sun sets in the west.* • *ɣaruba |1s6* يغرب *yaɣrubu |* غرابة *ɣarābat|* be strange • *ɣaraba |1s3* يغرب *yaɣrubu |* غرب *ɣarb|* leave *sb or somewhere* عن, go away ◊ اغرب عن وجهي! *Get out of my face!*

غروب *ɣurūb n.*↑ • setting ▪ غروب شمس *ɣurūb · šams* sunset

غرابة *ɣarābat n.*↑ • strangeness, oddness

غرب *ɣarb n.* • west ▪ الغرب *alɣarb* the West ▪ غربا *ɣarban adv.* west, westward ▪ في غرب *fī ɣarbi prep.* in the west of ◊ يسكن في غرب البلد. *He lives in the west of the country.* ▪ في الغرب من *fī -lɣarbi min prep.* to the west of ◊ البحر في

.الغرب من المدينة *The sea is (to the) west of the city.*

غرب *ɣarba*, غربي *ɣarbīya prep.* • to the west of

غربي *ɣarbīy* • *adj.* western, west- ▪ شمالي غربي *šamālīy ɣarbīy* northwestern ▪ جنوبي غربي *janūbīy ɣarbīy* southwestern • *n.* westerner, Westerner

غربة *ɣurba^{t} n.* • exile, alienation

غراب *ɣurāb n.* |*pl.* غربان *ɣirbān*| • crow

غريب *ɣarīb* • *adj.* |*pl.* **dip.** غرباء *ɣurabāʔ* | *elat.* أغرب *ʔaɣrab*| strange, weird, alien • *n.* |*pl.* **dip.** أغراب *ʔaɣrāb*| stranger ◊ .هو غريب عنا *He's a stranger to us.*

مغرب *maɣrib n.* |*pl.* **dip.** مغارب *maɣārib*| • sunset ▪ في المغرب *fī -lmaɣrib^{i} adv.* at sunset ▪ صلاة المغرب *ṣalāt · almaɣrib^{i}* the Maghrib prayer, the sunset prayer • where the sun sets

المغرب *almaɣrib n.* **m.** • Morocco • the Maghreb (Arab countries west of Egypt), Northwest Africa

مغربي *maɣribīy adj. & n.* |*pl.* مغاربة *maɣāriba^{t}*| • Moroccan • North African

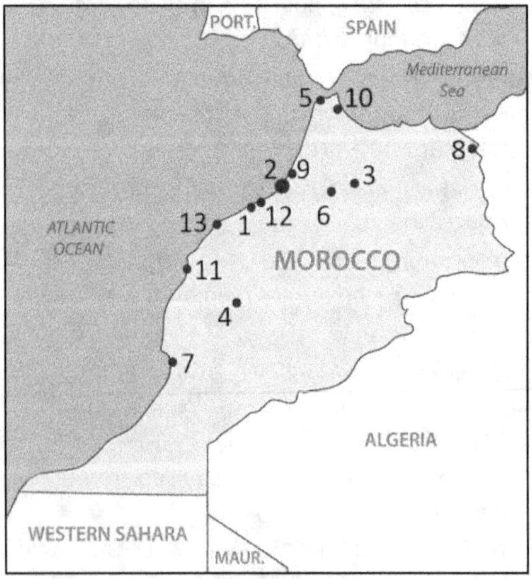

map of Morocco

1. الدار البيضاء *addār albayḍāʔ* Casablanca
2. الرباط *arribāṭ* or *arrabāṭ* Rabat
3. فاس *fās* Fez
4. مراكش *murrākuš* Marrakesh
5. طنجة *ṭanja^{t}* Tangier
6. مكناس *miknās* Meknes
7. أكادير *ʔakādīr* Agadir
8. وجدة *wijda^{t}* Oujda
9. القنيطرة *alqanīṭra^{t}* Kenitra
10. تطوان *teṭwān* Tétouan
11. آسفي *ʔāsfī* Safi
12. المحمدية *almuḥammadīya^{t}* Mohammedia
13. الجديدة *aljadīda^{t}* El Jadida

VIII **اغترب** *iɣtaraba v.intr.* |*8s* يغترب *yaɣtarib^{u}* | اغتراب *iɣtirāb*| • emigrate

X **استغرب** *istaɣraba v.intr.* |*10s* يستغرب *yastaɣrib^{u}* | استغراب *istiɣrāb*| • be surprised *at* من ▪ استغرب أن *istaɣraba ʔanna* [+ subjunctive] be surprised that... ◊ .استغرب أنها كانت مريضة *He was surprised that she was sick.* ▪ استغرب أنْ *istaɣraba ʔan* [+ subjunctive] be surprised if... ◊ .لا أستغرب أن يكون هذا شيئاً أراده *I wouldn't be surprised if this was something he wanted.*

الغردقة *alɣardaqa^{t} n.* **f.** • *(city in Egypt)* Hurghada ➡ **map on p. 287**

غر *ɣarra v.tr.* |*1g3* يغر *yaɣurr^{u}* | غرور *ɣurūr*| • mislead, deceive

غرور *ɣurūr n.*↑ • arrogance, vanity, conceit

مغرور *maɣrūr pass. part. adj.* |*elat.* أكثر غرورا *ʔaktar ɣurūran*| • arrogant, haughty, vain, conceited

غر *ɣirr adj.* |*m. pl.* أغرار *ʔaɣrār*| • inexperienced, naive

غرة *ɣirra^{t} n.* • inattention, absent-mindedness ▪ على حين غرة *ɛalā ḥīn^{i} ɣirra^{tin} adv.* suddenly, by surprise ▪ أخذه على حين غرة *ʔaxaḏahu ɛalā ḥīn^{i} ɣirra^{tin}* take *sb* by surprise, catch *sb* off guard

غرار *ɣirār n.* • hurry, haste ▪ على غرار *ɛalā ɣirār^{in} adv.* in a hurry ▪ على غرار *ɛalā ɣirār^{i} prep.* in the manner of, patterned on, just like

غرير *ɣarīr adj.* • inexperienced, naive

غرز *ɣaraza v.tr.* |*1s2* يغرز *yaɣriz^{u}* | غرز *ɣarz*| • prick, stick • stitch

غرزة *ɣurza^{t} n.* |*pl.* غرز *ɣuraz*| • stitch

غريزة *ɣarīza^{t} n.* |*pl.* **dip.** غرائز *ɣarāʔiz*| • instinct, disposition, nature

غريزي *ɣarīzīy adj.* • instinctive

II **غرز** *ɣarraza v.intr.* |*2s* يغرز *yuɣarriz^{u}* | تغريز *taɣrīz*| • get stuck (in sand, mud, etc.)

غرس *ɣarasa v.tr.* |*1s2* يغرس *yaɣris^{u}* | غرس *ɣars*| • plant (a tree, etc.) • implant *sth* ∘ *in(to)* في, insert

غرس *ɣars n.*↑ |*pl.* أغراس *ʔaɣrās*| • seedling

VII **انغرس** *inɣarasa v.intr.* |*7s* ينغرس *yanɣaris^{u}* | انغراس *inɣirās*| • be planted • be implanted, be inserted

غرض *ɣaraḍ n.* |*pl.* أغراض *ʔaɣrāḍ*| • purpose, aim ▪ أغراض *ʔaɣrāḍ pl. n.* necessities, stuff, things

QII **تغرغر** *taɣarɣara v.intr.* |**12s** يتغرغر *yataɣarɣar^u* | تغرغر *taɣarɣur*| • gargle

غرفة *ɣurfa^t n.* |*pl.* غرف *ɣuraf*| • room ▪ غرفة استقبال *ɣurfat · istiqbāl* reception room; living room, sitting room ▪ غرفة انتظار *ɣurfat · intiẓār* waiting room ▪ غرفة طعام *ɣurfat · ṭaƐām*, غرفة سفرة *ɣurfat · sufra^t* dining room ▪ غرفة جلوس *ɣurfat · julūs*, غرفة معيشة *ɣurfat · maƐīša^t*, غرفة صالون *ɣurfat · julūs* living room, sitting room ▪ غرفة نوم *ɣurfat · nawm* bedroom

غرق *ɣariqa v.intr.* |**1s4** يغرق *yaɣraq^u* | غرق *ɣaraq*| • *(of people)* drown • *(of ships, etc.)* sink • be absorbed *in* في, be immersed *in* ▪ غرق في النوم *ɣariqa fī -nnawm^i* fall asleep ▪ غرق في الديون *ɣariqa fī -dduyūn^i* drown in debt

غارق *ɣāriq act. part. adj.* • drowning • sinking ▪ سفينة غارقة *safīna^t ɣāriqa^t n.* shipwreck

II **غرق** *ɣarraqa v.tr.* |**2s** يغرق *yuɣarriq^u* | تغريق *taɣrīq*| • drown • sink

IV **أغرق** *ʔaɣraqa v.tr.* |**4s** يغرق *yuɣriq^u* | إغراق *ʔiɣrāq*| • drown • sink

X **استغرق** *istaɣraqa v.tr.* |**10s** يستغرق *yastaɣriq^u* | استغراق *istiɣrāq*| • take (time), last ◊ استغرقت الرحلة ساعتين. *The trip took two hours.* ▪ استغرق وقتا *istaɣraqa waqtan* take time ▪ كم يستغرق من الوقت لـ...؟ *kam yastaɣriq^u min^a -lwaqt^i li-* How long does it take to *(do)*? • be absorbed *in* في, be immersed *in*, be wholly engaged *in* ▪ استغرق في النوم *istaɣraqa fī -nnawm^i* fall asleep

غرام *ɣarām n.* • passion, desire

غرامي *ɣarāmīʸ adj.* • passionate ▪ موعد غرامي *mawƐid ɣarāmīʸ n. (romantic rendezvous)* date

غرامة *ɣarāma^t n.* • penalty, fine

غريم *ɣarīm n.* |*pl.* **dip.** غرماء *ɣuramāʔ*| • opponent, adversary

II **غرم** *ɣarrama v.tr.* |**2s** يغرم *yuɣarrim^u* | تغريم *taɣrīm*| • fine

IV **أغرم** *ʔuɣrima v.tr.* |**4s** يغرم *yuɣrim^u* | إغرام *ʔiɣrām*| • fine ▪ أغرم *ʔuɣrima pass. v.* be very fond *of* بـ, be in love *with*

غراء *ɣirāʔ n.* • glue

غروي *ɣirawīʸ adj.* |*elat.* أكثر غروية *ʔaktar ɣirawīya^tan*| • sticky

II **غرى** *ɣarrā v.tr.* |**2d** يغري *yuɣarrī* | تغرية *taɣriya^t*| • glue

IV **أغرى** *ʔaɣrā v.tr.* |**4d** يغري *yuɣrī* | إغراء *ʔiɣrāʔ*| • tempt *sb* ◦ *with* بـ, seduce ▪ أغري *ʔuɣriya pass. v.* be tempted *by* بـ, desire

إغراء *ʔiɣrāʔ n.*↑ • temptation, seduction

مغر *muɣr(in) act. part. adj.* **def.** |*elat.* أكثر إغراء *ʔaktar ʔiɣrāʔan*| • seductive, tempting, appealing, enticing

غرينبيس *grīnbīs n.* **invar.** • *(NGO)* Greenpeace

غرينيتش *grīnītš n.* **invar.** • Greenwich

غزارة *ɣazāra^t n.* • abundance, plenty ▪ بغزارة *bi-ɣazāra^tin adv.* in abundance

غزير *ɣazīr adj.* |*m. pl.* غزار *ɣizār* | *elat.* أغزر *ʔaɣzar*| • abundant, plentiful

غزة *ɣazza^t n.* **dip.** • *(city in Palestine)* Gaza (City), Ghazzah ➡ **map on p. 237** ▪ قطاع غزة *qiṭāƐ · ɣazza^t* the Gaza Strip

غزل *ɣazala v.tr.* |**1s2** يغزل *yaɣzil^u* | غزل *ɣazl*| • spin (thread, etc.)

غزال *ɣazāl n.* |*pl.* غزلان *ɣizlān*| • gazelle

مغزل *miɣzal n.* |*pl.* **dip.** مغازل *maɣāzil*| • spinning wheel

غزا *ɣazā v.tr.* |**1d3** يغزو *yaɣzū* | غزو *ɣazw*| • invade, conquer

غزو *ɣazw n.*↑ • conquest, invasion

غاز *ɣāz(in) act. part. n.* **def.** |*pl.* غزاة *ɣuzā^t*| • conqueror, invader

غزوة *ɣazwa^t n.* |*pl.* غزوات *ɣaz(a)wāt*| • conquest, invasion

غسق *ɣasaq n.* • dusk, twilight

غسل *ɣasala v.tr.* |**1s2** يغسل *yaɣsil^u* | غسل *ɣasl*| • wash ▪ غسل أسنانه *ɣasala ʔasnān^ahu* brush *one's* teeth

غسالة *ɣassāla^t n.* • washing machine ▪ غسالة أطباق *ɣassālat · ʔaṭbāq* dishwasher

غسول *ɣasūl n.* • lotion • *(liquid)* wash, soap ▪ غسول فم *ɣasūl · fam* mouthwash

غسيل *ɣasīl n.* • laundry, washing ▪ غسيل أموال *ɣasīl · ʔamwāl* money laundering

مغسلة *maɣsala^t*, مغسل *maɣsal n.* |*pl.* **dip.** مغاسل *maɣāsil*| • sink • launderette

غسان *ɣassān n.* • enthusiasm, zeal • *man's name* Ghassan

غش *ɣašša v.tr.* |**1g3** يغش *yaɣušš^u* | غش *ɣašš* or *ɣišš*| • cheat, deceive

غش *ɣašš* or *ɣišš n.*↑ • deception

غشاش *ɣaššāš n.* • cheater, deceiver

غ

غشي *ɣašiya v.tr.* |*1d4* يغشى *yaɣšā* | غشاوة *ɣašāwa*ᵗ| • cover, conceal ▪ غشي عليه *ɣušiya Ɛalayhi*, سقط مغشيا عليه *saqaṭa maɣšīyan Ɛalayhi (impersonal verb)* faint, pass out, lose consciousness ◊ غشي عليّ. *I fainted.*

VIII **اغتصب** *iɣtaṣaba v.tr.* |*8s* يغتصب *yaɣtaṣib*ᵘ | اغتصاب *iɣtiṣāb*| • rape, violate • extort *from* ◦ *sth* من, usurp

اغتصاب *iɣtiṣāb n.*↑ • rape, violation • extortion

مغتصب *muɣtaṣib act. part. n.* • rapist • extorter, usurper

غص *ɣaṣṣa v.intr.* |*1g3* يغص *yaɣuṣṣ*ᵘ | غصص *ɣaṣaṣ*| • choke *on* بـ

غضب *ɣaḍiba v.intr.* |*1s4* يغضب *yaɣḍab*ᵘ | غضب *ɣaḍab*| • become angry *at/with* من *or* على

غضب *ɣaḍab n.*↑ • anger ▪ غضبا *ɣaḍaban adv.* in anger, angrily ▪ استشاط غضبا *istašāṭa ɣaḍaban v.* explode with anger

غاضب *ɣāḍib act. part. adj.* |*elat.* أكثر غضبا *ʔaktar ɣaḍaban* or أغضب *ʔaɣḍab*| • angry *at/with* من *or* على, furious

غضبان *ɣaḍbān adj.* |*m. pl.* غضاب *ɣiḍāb* | *f. sing. **invar.*** غضبى *ɣaḍbā* | *elat.* أكثر غضبا *ʔaktar ɣaḍaban* or أغضب *ʔaɣḍab*| • angry (with A about B) *at/with* من *or* على, furious

IV **أغضب** *ʔaɣḍaba v.tr.* |*4s* يغضب *yuɣḍib*ᵘ | إغضاب *ʔiɣḍāb*| • anger, make angry, provoke

إغضاب *ʔiɣḍāb n.*↑ • provocation

غضروف *ɣuḍrūf n.* |*pl. **dip.*** غضاريف *ɣaḍārīf*| • cartilage

غض *ɣaḍḍa v.tr.* |*1g3* يغض *yaɣuḍḍ*ᵘ | غض *ɣaḍḍ*| • avert (*one's* eyes) ▪ غض طرفه *ɣaḍḍa ṭarf*ᵃ*hu*, غض بصره *ɣaḍḍa bāṣr*ᵃ*hu*, غض نظره *ɣaḍḍa naẓar*ᵃ*hu* lower *one's* gaze (out of modesty, respect, etc.) ▪ غض الطرف عن *ɣaḍḍa aṭṭarf*ᵃ *Ɛan*, غض البصر عن *ɣaḍḍa albaṣar*ᵃ *Ɛan*, غض النظر عن *ɣaḍḍa annaẓar*ᵃ *Ɛan* disregard, overlook, pay no attention to

غض *ɣaḍḍ n.*↑ • aversion (of the eyes) ▪ بغض النظر عن *bi-Ɛaḍḍ*ⁱ *-nnaẓar*ⁱ *Ɛan* without regard for, regardless of

غضن *ɣaḍan n.* |*pl.* غضون *ɣuḍūn*| • crease, wrinkle ▪ في غضون *fī ɣuḍūn*ⁱ *prep.* during, within ▪ في غضون ذلك *fī ɣuḍūn*ⁱ *ḏālika adv.* meanwhile, in the meantime

QI **غطرس** *ɣaṭrasa v.intr.* |*11s* يغطرس *yuɣaṭris*ᵘ | غطرسة *ɣaṭrasa*ᵗ| • be arrogant

غطرسة *ɣaṭrasa*ᵗ *n.*↑ • arrogance

QII **تغطرس** *taɣaṭrasa v.intr.* |*12s* يتغطرس *yataɣaṭras*ᵘ | تغطرس *taɣaṭrus*| • be arrogant

متغطرس *mutaɣaṭris act. part. adj.* |*elat.* أكثر تغطرسا *ʔaktar taɣaṭrusan*| • arrogant

غطس *ɣaṭasa v.intr.* |*1s2* يغطس *yaɣṭis*ᵘ | غطس *ɣaṭs*| • dive

غطاس *ɣaṭṭās n.* • diver

غط *ɣaṭṭa v.* |*1g2* يغط *yaɣiṭṭ*ᵘ | غطيط *ɣaṭīṭ*| • *v.intr.* snore • *v.tr.* dip, plunge ▪ غط في النوم *ɣaṭṭa fī -nnawm*ⁱ fall asleep

غطاء *ɣiṭāʔ n.* |*pl.* أغطية *ʔaɣṭīya*ᵗ| • lid, case, cover ▪ غطاء خلفي *ɣiṭāʔ xalfīʸ* cell phone case (lit. back cover) ▪ غطاء زجاج *ɣiṭāʔ · zujāj* glass lid ▪ غطاء سرير *ɣiṭāʔ · sarīr* bed cover ▪ غطاء سيارة *ɣiṭāʔ · sayyāra*ᵗ car cover ▪ غطاء طاولة *ɣiṭāʔ · ṭāwila*ᵗ table cloth ▪ غطاء محرك سيارة *ɣiṭāʔ · muḥarrak · sayyāra*ᵗ hood (UK: bonnet) ▪ غطاء وسادة *ɣiṭāʔ · wisāda*ᵗ pillow case

II **غطى** *ɣaṭṭā v.tr.* |*2d* يغطي *yuɣaṭṭī* | تغطية *taɣṭiya*ᵗ| • cover ◊ يغطي الفيل جسمه بتراب. *The elephant covers its body with dust.* ◊ سيغطي الصحفي الانتخابات. *The reporter will cover the elections.* ▪ غطى رأسه بـحجاب *Ɛaṭṭā raʔs*ᵃ*hu bi-ḥijāb*ⁱⁿ cover *one's* head with a hijab ▪ غطى مصاريف *ɣaṭṭā maṣārīf* cover expenses

تغطية *taɣṭiya*ᵗ *n.*↑ • *(news)* coverage

غفر *ɣafara v.tr.* |*1s2* يغفر *yaɣfir*ᵘ | مغفرة *maɣfira*ᵗ or غفران *ɣufrān*| • forgive *for* ◦ *sb* لـ, pardon ◊ لئن كانت الأم سعيدة بنجاح ابنها، فإنها لم تغفر له أبدا تجاهلها. *While the mother was happy to see her son succeed, she never forgave him for neglecting her.*

مغفرة *maɣfira*ᵗ *n.*↑ • forgiveness, pardon

مغفور *maɣfūr pass. part. adj.* • forgiven ▪ المغفور له *almaɣfūr lahu (deceased)* the late (lit. he who has been forgiven) ◊ المغفور له الملك حسين *the late King Hussein*

X **استغفر** *istaɣfara v.tr.* |*10s* يستغفر *yastaɣfir*ᵘ | استغفار *istiɣfār*| • ask *(God)* for forgiveness

غفل *ɣafala v.intr.* |*1s3* يغفل *yaɣful*ᵘ | غفلة *ɣafla*ᵗ| • neglect عن, ignore, overlook

غافل *ɣāfil act. part. adj.* |*elat.* أكثر غفلة *ʔaktar ɣaflatan* or أغفل *ʔaɣfal*| • negligent, neglectful

II **غفل** *ɣaffala v.tr.* |*2s* يغفل *yuɣaffil*ᵘ | تغفيل *taɣfīl*| • make mindless, make unaware

مغفل *muɣaffal pass. part. adj.* • stupid, foolish

III **غافل** *ɣāfala v.tr.* |*3s* يغافل *yuɣāfil*ᵘ | مغافلة *muɣāfala*ᵗ| • surprise, take by surprise

IV **أغفل** *ʔaɣfala v.tr.* |*4s* يغفل *yuɣfil^u* | إغفال *ʔiɣfāl*| • neglect, ignore, overlook

VI **تغافل** *taɣāfala v.intr.* |*6s* يتغافل *yataɣāfal^u* | تغافل *taɣāful*| • neglect عن, ignore, overlook

غفا *ɣafā v.intr.* |*1d3* يغفو *yaɣfū* | غفو *ɣafw*| • nap, take a nap

غفوة *ɣafwa^t n.* • nap

غلب *ɣalaba v.intr.* |*1s2* يغلب *yaɣlib^u* | غلب *ɣalb*| • defeat على, beat

غالب *ɣālib act. part.* |*elat.* أغلب *ʔaɣlab*| • *adj.* dominant, predominant ▪ طابع غالب *ṭābaƐ ɣālib* dominant characteristic ▪ في الغالب *fī -lɣālib^i adv.* mostly, mainly ▪ غالبا *ɣāliban adv.* mostly, mainly, generally, for the most part; most likely ▪ غالبا ما *ɣāliban mā adv.* mostly, almost always, usually ▪ في غالب الأحيان *fī ɣālib^i -lʔaħyān^i adv.* most of the time • *n.* |*pl.* غلبة *ɣalaba^t*| winner, victor

أغلب *ʔaɣlab adj. elat.* ***dip.*** • [+ definite genitive plural noun or pronoun suffix] most (of the) __ ▪ أغلبهم *ʔaɣlab^{u}hum* most of them ▪ أغلب الناس *ʔaɣlab · annās^i* most of the people; most people ▪ على الأغلب *Ɛalā -lʔaɣlab^i*, أغلب الوقت *ʔaɣlab^a -lwaqt^i*, أغلب الأحيان *ʔaɣlab^a -lʔaħyān^i adv.* most of the time, mostly, generally ▪ أغلب الظن *ʔaɣlab^a -ẓẓann^i*, في أغلب الظن *fī ʔaɣlab^i -ẓẓann^i adv.* most likely, most probably, in all probability

غالبية *ɣālibīya^t*, أغلبية *ʔaɣlabīya^t n.* • majority ▪ الغالبية (العظمى) من __ *alɣālibīya^t (alƐaẓmā) min* __ the (great) majority of __

V **تغلب** *taɣallaba v.intr.* |*5s* يتغلب *yataɣallab^u* | تغلب *taɣallub*| • overcome على, overpower, defeat

غلط *ɣaliṭa v.intr.* |*1s4* يغلط *yaɣlaṭ^u* | غلط *ɣalaṭ*| • be wrong, be mistaken, make a mistake

غلط *ɣalaṭ* |*pl.* أغلاط *ʔaɣlāṭ*| • *n.*↑ mistake, error • *adj.* |*elat.* أغلط *ʔaɣlaṭ*| wrong, incorrect

غلطة *ɣalṭa^t n.* |*pl.* غلطات *ɣal(a)ṭāt*| • mistake, error

غليظ *ɣalīẓ adj.* |*m. pl.* غلاظ *ɣilāẓ* | *elat.* أغلظ *ʔaɣlaẓ*| • *(of people)* burly, solid, fat • rough, harsh, mannerless • *(of things)* thick • rough, course

غلاف *ɣilāf n.* |*pl.* أغلفة *ʔaɣlifa^t* or غلف *ɣuluf*| • cover, case ▪ غلاف كتاب *ɣilāf · kitāb* book cover ▪ غلاف جوي *ɣilāf jawwī^y* atmosphere

II **غلف** *ɣallafa v.tr.* |*2s* يغلف *yuɣallif^u* | تغليف *taɣlīf*| • cover, wrap

IV **أغلق** *ʔaɣlaqa v.tr.* |*4s* يغلق *yuɣliq^u* | إغلاق *ʔiɣlāq*| • close, shut ▪ أغلق في عنف *ʔaɣlaqa fī Ɛunf^{in}* slam (shut) • turn off ▪ أغلق صوت *ʔaɣlaqa ṣawt ·* __ mute ◊ من فضلك، أغلقي صوت التلفاز. *Mute the TV, please.*

مغلق *muɣlaq pass. part. adj.* • closed, shut

أغلال *ʔaɣlāl pl. n.* • handcuffs, shackles, chains

X **استغل** *istaɣalla v.tr.* |*10g* يستغل *yastaɣill^u* | استغلال *istiɣlāl*| • exploit, take advantage *of*

استغلال *istiɣlāl n.*↑ • exploitation

غلام *ɣulām n.* |*pl.* غلمان *ɣilmān*| • boy, youth

غلا *ɣalā v.intr.* |*1d3* يغلو *yaɣlū* | غلاء *ɣalāʔ*| • be expensive

غلاء *ɣalāʔ n.*↑ • expensiveness, high cost ▪ غلاء أسعار *ɣalāʔ · ʔasƐār* rise in prices ▪ غلاء معيشة *ɣalāʔ · maƐīša^t* high cost of living

غال *ɣāl(in) act. part. adj.* ***def.*** |*m. pl.* غلاة *ɣulā^t* | *elat.* ***invar.*** أغلى *ʔaɣlā*| • expensive • dear, beloved

غلى *ɣalā v.intr.* |*1d2* يغلي *yaɣlī* | غلي *ɣaly* or غليان *ɣalayān*| • boil

غلاية *ɣallāya^t n.* • kettle

غليون *ɣalyūn n.* |*pl.* ***dip.*** غلايين *ɣalāyīn*| • *(smoking)* pipe

IV **أغلى** *ʔaɣlā v.tr.* |*4d* يغلي *yuɣlī* | إغلاء *ʔiɣlāʔ*| • boil

غمر *ɣamara v.tr.* |*1s3* يغمر *yaɣmur^u* | غمر *ɣamr*| • flood

III **غامر** *ɣāmara v.intr.* |*3s* يغامر *yuɣāmir^u* | مغامرة *muɣāmara^t*| • risk بـ, venture

مغامرة *muɣāmara^t n.*↑ • adventure

مغامر *muɣāmir act. part. n.* • adventurer

غمز *ɣamaza v.intr.* |*1s2* يغمز *yaɣmiz^u* | غمز *ɣamz*| •غمز بعينه *ɣamaza bi-Ɛayn^{i}hi* wink

غمزة *ɣamza^t n.* |*pl.* غمزات *ɣam(a)zāt*| • wink

غمس *ɣamasa v.tr.* |*1s2* يغمس *yaɣmis^u* | غمس *ɣams*| • plunge (into water), immerse, dip

غمض *ɣamuḍa v.intr.* |*1s6* يغمض *yaɣmuḍ^u* | غموض *ɣumūḍ*| • become dark • become obscure, be ambiguous, be vague

غموض *ɣumūḍ n.*↑ • darkness • obscurity, ambiguity, vagueness

غامض *ɣāmiḍ act. part. adj.* |*m. pl.* ***dip.*** غوامض *ɣawāmiḍ* | *elat.* أكثر غموضا *ʔaktar ɣumūḍan*| • dark • obscure, ambiguous, vague ◊ فكرة غامضة *a vague idea*

II **غمض** *ɣammaḍa v.tr.* |*2s* يغمض *yuɣammiḍ^u* | تغميض *taɣmīḍ*| • obscure

IV **أغمض** *ʔaɣmaḍa v.tr.* |*4s* يغمض *yuɣmiḍ^u* | إغماض

ʔiɣmāḍ | • أغمض عينيه *ʔaɣmaḍa Ɛaynayhi* close one's eyes

غامق *ɣāmiq adj.* **dip.** |*elat.* أغمق *ʔaɣmaq* | • dark

IV **أغمي** *ʔuɣmiya pass. v.* |*4d (passiv(d))* يغمى *yuɣmā* | إغماء *ʔiɣmāʔ* | • أغمي عليه *ʔuɣmiya Ɛalayhi* *(impersonal verb)* faint, pass out, lose consciousness ◊ أغمي عليها. *She fainted.*

إغماء *ʔiɣmāʔ n.*↑ • unconsciousness

مغمى *muɣm(an) pass. part. adj.* **indecl.** • مغمى عليه *muɣm(an) Ɛalayhi* unconscious

غنم *ɣanam coll. n.* |*sing.* غنمة *ɣanamaᵗ* | *pl.* أغنام *ʔaɣnām* | • sheep and/or goats

غني *ɣaniʸ adj.* |*m. pl.* **dip.** أغنياء *ʔaɣniyāʔ* | *elat.* **invar.** أغنى *ʔaɣnā* | • rich, wealthy • rich *in* بـ, full *of* • غني عن القول إن *ɣaniʸ Ɛanⁱ -lqawl ʔinna* it goes without saying that..., needless to say, ...

غنى *ɣin(an) n.* **indecl.** • wealth ▪ غنى النفس أفضل من غنى المال. *ɣinā -nnafsⁱ ʔafḍalᵘ min ɣinā -lmālⁱ* *proverb* One's inner wealth is better than one's financial wealth. • sufficiency *without* عن, contentment ▪ لا غنى عنه *lā ɣinā Ɛanhu* mandatory, necessary, indispensable ▪ في غنى عن *fī ɣinā Ɛan* not need, be able to do *without*

أغنية *ʔuɣniyaᵗ* or *ʔuɣnīyaᵗ n.* |*pl.* **def.** أغان *ʔaɣān(in)* | • song

II **غنى** *ɣannā v.intr.* |*2d* يغني *yuɣannī* | غناء *ɣināʔ* or تغنية *taɣniyaᵗ* | • sing

غناء *ɣināʔ n.*↑ • singing

مغن *muɣann(in) act. part. n.* **def.** |*pl.* مغنون *muɣannūnᵃ* | • singer

V **تغنى** *taɣannā v.intr.* |*5d* يتغنى *yataɣannā* | تغن *taɣann(in)* | • sing

X **استغنى** *istaɣnā v.intr.* |*10d* يستغني *yastaɣnī* | استغناء *istiɣnāʔ* | • not need عن, manage without, get along without

IV **أغاث** *ʔaɣāṯa v.tr.* |*4h* يغيث *yuɣīṯᵘ* | إغاثة *ʔiɣāṯaᵗ* | • help, aid

إغاثة *ʔiɣāṯaᵗ n.*↑ • aid, relief, assistance

X **استغاث** *istaɣāṯa v.tr. & intr.* |*10h* يستغيث *yastaɣīṯᵘ* | استغاثة *istiɣāṯaᵗ* | • ask for help *from* (بـ), seek aid

استغاثة *istiɣāṯaᵗ n.*↑ • call for help

غار *ɣāra v.intr.* |*1h3* يغور *yaɣūrᵘ* | غور *ɣawr* | • penetrate في, sink *into*

غار *ɣār* • *n.* |*pl.* غيران *ɣīrān* | cave, cavern, grotto • *coll. n.* laurel, bay

غارة *ɣāraᵗ n.* • raid *on* على, attack

مغارة *maɣāraᵗ n.* |*pl.* مغارات *maɣārāt* or **dip.** مغاور *maɣāwir* | • cave, cavern, grotto

IV **أغار** *ʔaɣāra v.intr.* |*4h* يغير *yuɣīrᵘ* | إغارة *ʔiɣāraᵗ* | • raid على, attack

إغارة *ʔiɣāraᵗ n.*↑ • raid *on* على, attack

مغير *muɣīr act. part. n.* • raider

غوريلا *ɣorilla* or *gorilla n.* **invar.** • gorilla

غاص *ɣāṣa v.intr.* |*1h3* يغوص *yaɣūṣᵘ* | غوص *ɣawṣ* | • dive, submerge

غوص *ɣawṣ n.*↑ • غوص تحت الماء *ɣawṣ taḥta -lmāʔⁱ* underwater diving ▪ غوص السكوبا *ɣawṣ · asskuba* scuba diving

غواص *ɣawwāṣ n.* • diver ▪ غواص لؤلؤ *ɣawwāṣ · luʔluʔ* pearl diver

غواصة *ɣawāṣaᵗ n.* • *(watercraft)* submarine

غول *ɣūl n.* **f.** |*pl.* غيلان *ɣīlān* or أغوال *ʔaɣwāl* | • ghoul, goblin ⓘ *The English word 'ghoul' has been borrowed from this Arabic word.*

VIII **اغتال** *iɣtāla v.tr.* |*8h1* يغتال *yaɣtālᵘ* | اغتيال *iɣtiyāl* | • assassinate

اغتيال *iɣtiyāl n.*↑ • assassination ▪ محاولة اغتيال *maḥālat · iɣtiyāl* assassination attempt

غوى *ɣawā v.tr.* |*1d2* يغوي *yaɣwī* | غواية *ɣawāyaᵗ* | • seduce

غواية *ɣawāyaᵗ n.*↑ • seduction

غاب *ɣāba v.intr.* |*1h2* يغيب *yaɣībᵘ* | غياب *ɣiyāb* | • be absent

غياب *ɣiyāb n.*↑ • absence

غائب *ɣāʔib act. part. adj.* • absent, away

غابة *ɣābaᵗ n.* • forest, jungle

غيبوبة *ɣaybūbaᵗ n.* • coma

V **تغيب** *taɣayyaba v.intr.* |*5s* يتغيب *yataɣayyabᵘ* | تغيب *taɣayyub* | • be absent ▪ تغيب عن المدرسة *taɣayyaba Ɛanⁱ -lmadrasaᵗⁱ* play hooky, cut class

غيبة *ɣaybaᵗ n.* • slander, defamation

غيتار *gītār n.* • guitar

غيث *ɣayṯ n.* |*pl.* أغياث *ʔaɣyāṯ* or غيوث *ɣuyūṯ* | • rain

غار *ɣāra v.intr.* |*1h1* يغار *yaɣārᵘ* | غيرة *ɣayraᵗ* | • be jealous *of* من • be passionate *about* على

غيرة *ɣayraᵗ n.*↑ • jealousy

غير *ɣayr n.* • [+ genitive noun or pronoun suffix] other than ▪ غيره *ɣayrᵘhu* others ◊ كغيرها من البنات تحلم بمنزل وأسرة وزوج. *Like other girls, she dreams of a home, family, and husband.* ▪ أحد غيره *ʔaḥad ɣayrᵘhu* someone else ▪ وغيره *wa-ɣayrᵘhu*, وغير ذلك *wa-ɣayrᵘ ḏālika* and so on, et cetera ▪ لا غير *lā ɣayrᵘ*, ليس غير *laysa ɣayrᵘ* and that is all, and nothing more • [+

genitive noun or pronoun suffix] non- ▪ غير ناطق بلغة *ɣayr · nāṭiq bi-luɣa^t^* non-native speaker ▪ غير مسلم *ɣayr · muslim* non-Muslim • [+ genitive adjective] not, un-, in-, non- ▪ غير حكومي *ɣayr · ḥukūmī^y^* nongovernmental, private ▪ غير قادر *ɣayr · qādir* incapable, unable ▪ غير مسبوق *ɣayr · masbūq* unprecedented • [negative +] except, but, just ▪ غير أنّ *ɣayr^a^ ʔanna conj.* however, but • من غير *min ɣayr^i^*, بغير *bi-ɣayr^i^ prep.* without ▪ من غير أنّ *min ɣayr^i^ ʔanna conj.* without *(do)*ing • *ɣayr^a^ (forms adverbs)* [+ indefinite genitive noun] ▪ غير مرة *ɣayr^a^ marra^tin^ adv.* more than once, several times

غيري *ɣayrī^y^ adj.* • selfless, altruist

غيور *ɣayūr adj.* |*m. pl.* غير *ɣuyur* | *elat.* أكثر غيرة *ʔaktar ɣayra^tan^*| • jealous *of* من • passionate *about* على, zealous

II **غير** *ɣayyara v.tr.* |*2s* يغير *yuɣayyir^u^* | تغيير *taɣyīr*| • change, modify • replace, change

تغيير *taɣyīr n.*↑ • change

III **غاير** *ɣāyara v.intr.* |*3s* يغاير *yuɣāyir^u^* | مغايرة *muɣāyara^t^*| • be dissimilar

مغايرة *muɣāyara^t^ n.*↑ • dissimilarity ▪ مغايرة جنسية *muɣāyara^t^ jinsīya^t^* heterosexuality

مغاير *muɣāyir act. part.* • dissimilar ▪ مغاير الجنس *muɣāyir · aljins^i^ adj. & n.* heterosexual

V **تغير** *taɣayyara v.intr.* |*5s* يتغير *yataɣayyar^u^* | تغير *taɣayyur*| • change, be changed, vary

تغير *taɣayyur n.*↑ • change, variation ▪ تغير مناخ *taɣayyur · munāx* climate change

VI **تغاير** *taɣāyara v.intr.* |*6s* يتغاير *yataɣāyar^u^* | تغاير *taɣāyur*| • vary, be diverse

تغاير *taɣāyur n.*↑ • contrast, difference, variation, variance

IV **أغاظ** *ʔaɣāẓa v.tr.* |*4h* يغيظ *yuɣīẓ^u^* | إغاظة *ʔiɣāẓa^t^*| • anger, vex

VIII **اغتاظ** *iɣtāẓa v.intr.* |*8h1* يغتاظ *yaɣtāẓ^u^* | اغتياظ *iɣtiyāẓ*| • become furious

اغتياظ *iɣtiyāẓ n.*↑ • fury

غيغابايت *gigabāyt*, غيغا *gigā n. **invar.*** • gigabyte

غام *ɣāma v.intr.* |*1h2* يغيم *yaɣīm^u^* | غيم *ɣaym*| • become cloudy, become overcast

غائم *ɣāʔim act. part. adj.* |*elat.* أغيم *ʔaɣyam*| • cloudy, overcast

غيم *ɣaym coll. n.* |*sing.* غيمة *ɣayma^t^* | *pl.* غيوم *ɣuyūm*| • clouds

غين *ɣayn n. f.* ➡ غ **p. 221**

غاية *ɣāya^t^ n.* • extreme, utmost ◊ كنت في غاية السعادة بحضور الاحتفال. *I was extremely happy to attend the ceremony.* ▪ لغاية *li-ɣāyat^i^ prep. (time)* until ◊ لغاية مايو *until May* ▪ لغاية الآن *li-ɣāyat^i^ -lʔān^i^* so far; *(place)* as far as, up to ▪ للغاية *li-lɣāya^ti^ adv.* [adjective +] extremely ◊ هو وسيم للغاية. *He's extremely handsome.* ▪ سري للغاية *sirrī^y^ li-lɣāya^ti^ adj.* top secret

ف

ف *faʔ n.* ***f.*** |فاء| • *(twentieth letter of the Arabic alphabet)* • *(numerical value)* 80 ➡ ***The Abjad Numerals p. 61***

فـ *fa- conj. prefix* • then, and • *(usually untranslated)* [conditional clause +] (then) • so, therefore • because, since ◊ لا تخف فأنا بخير. *Don't worry; I'm okay.* ▪ فإنّ *faʔinna conj.* for, because ▪ فقد *fa-qad* [+ perfect] for, because ◊ فقد لا تقلق فقد جاء الطبيب. *Don't worry; the doctor is here.* • but • [+ subjunctive] so that... ◊ حاولت أن أرفع صوتي فيسمعني الجميع. *I tried to raise my voice so that everyone could hear me.*

فلـ *fa-l- particle prefix* |< لـ + فـ *fa- + li-*| • [+ jussive] let, may ➡ ***compare with*** **لـ** ***li- p. 270*** ◊ فليذهب إلى الجحيم. *fal-yaðhab... May he go to hell!* ◊ فلتجلس معنا. *fal-tajlis... Let her sit with us.* ◊ فلأكن صريحاً معكم. *fal-ʔakun... Let me be frank with you.* • [+ plural first person jussive] let's ◊ فلنتكلم في شيء آخر. *fal-natakallam... Let's talk about something else.* ◊ فلنصل جميعا من اجله. *fal-nuṣalli... Let's all pray for him.*

فؤاد *fuʔād n.* |*pl.* أفئدة *ʔafʔida*ᵗ| • heart, mind • *man's name* Fuad, Fouad

فأر *faʔr coll. n.* |*sing.* فأرة *faʔra*ᵗ | *pl.* فئران *fiʔrān*| • mice ▪ فأرة حاسوب *faʔrat · ḥāsūb (computer)* mouse

فأس *faʔs n.* ***f.*** |*pl.* فؤوس *fuʔūs*| • axe

VI **تفاءل** *tafāʔala v.intr.* |*6s(b)* يتفاءل *yatafāʔal*ᵘ | تفاؤل *tafāʔul*| • be optimistic

تفاؤل *tafāʔul n.*↑ • optimism

تفاؤلي *tafāʔulī*ʸ *adj.* |*elat.* أكثر تفاؤلا *ʔaktar tafāʔulan*| • optimistic

متفائل *mutafāʔil act. part.* • *adj.* |*elat.* أكثر تفاؤلا *ʔaktar tafāʔulan*| optimistic • *n.* optimist

فئة *fiʔa*ᵗ *n.* • category • faction, party, group

فئوي *fiʔawī*ʸ *adj.* • categorical, factional

فئوية *fiʔawīya*ᵗ *n.* • factionalism

فاء *fāʔ n.* ***f.*** ➡ **ف** ***above***

فاتورة *fātūra*ᵗ *n.* |*pl.* ***dip.*** فواتير *fawātīr*| • invoice, bill

الفاتيكان *alvātīkān n.* ***f. invar.*** • the Vatican ▪ مدينة الفاتيكان *madīnat · alvātīkān* Vatican City

فاس *Fās n.* ***f. dip.*** • *(city in Morocco)* Fez, Fes ➡ ***map on p. 222***

فاصوليا *fāṣūliyā coll. n.* ***invar.*** • string beans, green beans, French beans ▪ فاصوليا أرقط *fāṣūliyā ʔarqaṭ* pinto beans

فاكس *fāks n.* • fax ▪ أرسل بالفاكس *ʔarsala bi-lfāks v.* fax ▪ أرسل فاكسا *ʔarsala fāksan* send a fax

الفالس *alfāls* or *alvāls n.* ***invar.*** • the Waltz

فانلة *fānilla*ᵗ *n.* • undershirt (UK: vest)

فانيلا *vanīllā n.* ***invar.*** • vanilla

فبراير *fabrāyir n.* ***dip.*** • February ➡ ***The Months p. 165***

فتات *futāt pl. n.* • crumbs

فتح *fataḥa v.tr.* |*1s1* يفتح *yaftaḥ*ᵘ | فتح *fatḥ*| • open ▪ فتح حسابا *fataḥa ḥasāban* open an account

فاتح *fātiḥ act. part. adj.* • |*elat.* أفتح *ʔaftaḥ*| *(color)* light ▪ فاتح البشرة *fātiḥ · albašara*ᵗⁱ fair(-skinned) ▪ أزرق فاتح *ʔazraq fātiḥ* light blue • |*elat.* أكثر انفتاحا *ʔaktar infitāḥan*| open

فاتحة *fātiḥa*ᵗ *act. part. n.* |*pl.* ***dip.*** فواتح *fawātiḥ*| • preface, introduction ▪ سورة الفاتحة *sūrat · alfātiḥa*ᵗⁱ Al-Fatiha (first chapter of the Quran, recited in prayers), The Opener

مفتوح *maftūḥ pass. part. adj.* |*elat.* أكثر انفتاحا *ʔaktar infitāḥan*| • open ▪ مفتوح نصف فتحة *maftūḥ niṣf*ᵃ *· fatḥa*ᵗ half-way open • pronounced with a short **a** (fatha)

فتحة *fatḥa*ᵗ *n.* |*pl.* فتحات *fat(a)ḥāt*| • *(grammar)* fatha (diacritic representing a short **a**)

فتحي *fatḥī*ʸ *man's name* • Fathi

فتحة *futḥa*ᵗ *n.* |*pl.* فتح *futaḥ*| • opening

فتاحة *fattāḥa*ᵗ *n.* • opener ▪ فتاحة زجاجات *fatāḥat · zujājāt* bottle opener ▪ فتاحة علب *fatāḥat · ʕulab* can opener ▪ فتاحة نبيذ *fatāḥat · nabīð* corkscrew, wine bottle opener

مفتاح *miftāḥ n.* |*pl.* ***dip.*** مفاتيح *mafātīḥ*| • key ▪ مفتاح إنجليزي *miftāḥ · ʔingilīzī*ʸ wrench (UK: spanner) ▪ مفتاح حذف *miftāḥ · ḥaðf* delete key ▪ لوحة مفاتيح *lawḥat · mafātīḥ* keyboard

V **تفتح** *tafattaḥa v.Intr.* |*5s* يتفتح *yatafattaḥ*ᵘ | تفتح *tafattuḥ*| • open up, unfold ◊ تفتحت الوردة. *The rose opened up.*

VII **انفتح** *infataḥa v.intr.* |7s ينفتح *yanfatiḥu* | انفتاح *infitāḥ*| • open up, unfold

VIII **افتتح** *iftataḥa v.intr.* |8s يفتتح *yaftatiḥu* | افتتاح *iftitāḥ*| • open, launch

افتتاح *iftitāḥ n.*↑ • grand opening, launch

افتتاحي *iftitāḥīy adj.* • introductory, inaugural

افتتاحية *iftitāḥīyat n.* • *(newspaper)* editorial • *(book)* introduction

فترة *fatrat n.* |*pl.* فترات *fat(a)rāt*| • period, time ▪ لفترة *li-fatratin* for a while, awhile ◊ ظل يكتب لفترة طويلة. *He continued to write for a long time.* ▪ فترة وجيزة *fatrat wajīzat* a short time ▪ منذ فترة ليست بالبعيدة *munḏu fatratin laysat bi-lbaƐīdati* not so long ago

II **فتّش** *fattaša v.tr.* |2s يفتش *yufattišu* | تفتيش *taftīš*| • inspect

تفتيش *taftīš n.*↑ |*pl.* **dip.** تفاتيش *tafātīš*| • inspection

مفتش *mufattiš act. part. n.* • inspector

فتك *fataka v.intr.* |1s3 يفتك *yaftuku* | فتك *fatk*| • decimate بـ, annihilate • kill بـ

فتاك *fattāk adj.* |*elat.* أفتك *ʔaftak*| • deadly, lethal

فتل *fatala v.intr.* |1s2 يفتل *yaftilu* | فتل *fatl*| • twist, curl, wind

مفتول *maftūl pass. part. adj.* • twisted, curved ▪ مفتول العضلات *maftūl · alƐaḍalāti* muscular

II **فتّل** *fattala v.tr.* |2s يفتل *yufattilu* | تفتيل *taftīl*| • twist, curl, wind

فتن *fatana v.tr.* |1s2 يفتن *yaftinu* | فتن *fatn* or فتون *futūn*| • charm, attract, seduce

فاتن *fātin adj.* |*m. pl.* **dip.** فواتن *fawātin* | *elat.* أفتن *ʔaftan*| • charming, attractive, seductive

فتنة *fitnat n.* |*pl.* فتن *fitan*| • discord, disorder, turmoil, disturbance, unrest • charm, seduction

IV **أفتن** *ʔaftana v.tr.* |4s يفتن *yuftinu* | إفتان *ʔiftān*| • fascinate, captivate

VIII **افتتن** *iftatana v.intr.* |8s يفتتن *yaftatinu* | افتتان *iftitān*| • be charmed, be seduced

فتاة *fatāt n.* **f.** |*pl.* فتيات *fatayāt*| • *(adolescent)* girl, young woman

فتوة *futuwwat n.* • adolescence, youth

فتوى *fatwā n.* **invar.** |*pl.* **invar.** فتاوى *fatāwā*| • fatwa (formal legal or religious judgment)

فتى *fat(an) n.* **indecl.** |*pl.* فتية *fityat* or فتيان *fityān*| • *(adolescent)* boy, lad, young man

فتي *fatīy adj.* • adolescent, young, youthful

IV **أفتى** *ʔaftā v.tr.* |4d يفتي *yuftī* | إفتاء *ʔiftāʔ*| • issue a fatwa *concerning*, give a formal legal or religious opinion *on*

إفتاء *ʔiftāʔ n.*↑ • office of mufti

مفت *muft(in) act. part. n.* **def.** |*pl.* مفتون *muftūna*| • mufti (Islamic scholar, lit. issuer of fatwas)

X **استفتى** *istaftā v.tr.* |10d يستفتي *yastaftī* | استفتاء *istiftāʔ*| • ask *sb's* opinion, poll • ask for *sb's* advice, seek *sb's* counsel

استفتاء *istiftāʔ n.*↑ • questionnaire, poll ▪ استفتاء شعبي *istiftāʔ šaƐbīy* referendum ▪ أجرى استفتاء *ʔajrā istiftāʔ v.* conduct a survey

فجأ *fajaʔa v.tr.* |1s1(b) يفجأ *yafjaʔu* | فجاءة *fujāʔat* or فجأة *fajʔat*| • surprise *sb* ∘ *with* بـ

فجأة *fajʔat n.*↑ • surprise ▪ فجأة *fajʔatan adv.* suddenly, all of a sudden

فجاءة *fujāʔat n.*↑ • surprise ▪ فجاءة *fujāʔatan adv.* suddenly, all of a sudden ◊ توقفت السيارة فجاءة. *The car stopped suddenly.*

فجائي *fujāʔīy adj.* |*elat.* أكثر فجائية *ʔaktar fujāʔīyatan*| • sudden, surprising ▪ بشكل فجائي *bi-šaklin fujāʔīyin*, بصورة فجائية *bi-ṣūratin fujāʔīyatin adv.* suddenly, out of the blue

III **فاجأ** *fājaʔa v.tr.* |3s(c) يفاجئ *yufājiʔu* | مفاجأة *mufājaʔat*| • surprise *sb* ∘ *with* بـ ▪ فوجئ بـ *fūjiʔa bi- pass. v.* be surprised by

مفاجأة *mufājaʔat n.* |*pl.* مفاجآت *mufājaʔāt*| • surprise

مفاجئ *mufājiʔ act. part. adj.* |*elat.* أكثر مفاجأة *ʔaktar mufājaʔatan*| • sudden, surprising

فجر *fajara v.intr.* |1s3 يفجر *yafjuru* | فجور *fujūr*| • work as a prostitute, whore • behave promiscuously, be immoral

فاجر *fājir act. part. adj.* |*elat.* أفجر *ʔafjar*| • obscene, immoral

فجر *fajr n.* • dawn ▪ صلاة الفجر *ṣalāt · alfajri* the Fajr prayer, the dawn prayer ▪ فجرا *fajran adv.* in the (early) morning

الفجيرة *alfujayrat n.* • *(city in the U.A.E.)* Fujairah ➡ ***map on p. 15***

II **فجّر** *fajjara v.tr.* |2s يفجر *yufajjiru* | تفجير *tafjīr*| • explode, blow up

تفجير *tafjīr n.*↑ • explosion

V **تفجّر** *tafajjara v.intr.* |5s يتفجر *yatafajjaru* | تفجر *tafajjur*| • explode, blow up

متفجر *mutafajjir act. part. adj.* |*elat.* أكثر تفجرا *ʔaktar tafajjuran*| • explosive ▪ متفجرات *mutafajjirāt pl. n.* explosives

VII **انفجر** *infajara v.intr.* |*7s* ينفجر *yanfajir^u* | انفجار *infijār*| • explode, blow up, go off • burst ◊ انفجرت ماسورة المياه. *The water pipe burst.*

انفجار *infijār n.*↑ • explosion, blast ▪ انفجار سكاني *infijār sukkānīʸ* population explosion

انفجاري *infijārīʸ adj.* |*elat.* أكثر انفجارا *ʔaktar infijāran*| • explosive

فجعان *fajƐān adj.* |*elat.* أفجع *ʔafjaƐ*| • gluttonous, voracious, ravenous

فجل *fujl coll. n.* |*sing.* فجلة *fujlaᵗ* | *pl.* فجول *fujūl*| • radishes

فجوة *fajwaᵗ n.* |*pl.* فجوات *faj(a)wāt*| • gap, breach

فحش *faḫuša v.intr.* |*1s6* يفحش *yafḫuš^u* | فحش *fuḫš*| • become obscene, become indecent

فحش *fuḫš n.*↑ • obscenity, indecency

فاحش *fāḫiš act. part. adj.* • |*elat.* أفحش *ʔafḫaš*| indecent, obscene ▪ غلاء فاحش *ɣalāʔ fāḫiš n.* exorbitant prices

فاحشة *fāḫišaᵗ n.* |*pl.* **dip.** فواحش *fawāḫiš*| • promiscuous woman, adulteress • prostitute, whore

فحص *faḫaṣa v.tr.* |*1s1* يفحص *yafḫaṣ^u* | فحص *faḫṣ*| • examine

فحص *faḫṣ n.*↑ |*pl.* فحوص *fuḫūṣ*| • examination, test, check-up ▪ فحص دم *faḫṣ · dam* blood test ▪ فحص نظر *faḫṣ · naẓar* eye exam

V **تفحص** *tafaḫḫaṣa v.intr.* |*5s* يتفحص *yatafaḫḫaṣ^u* | تفحص *tafaḫḫuṣ*| • inquire *about* عن, look *into*

فحم *faḫm coll. n.* |*sing.* فحمة *faḫmaᵗ* | *pl.* فحمات *faḫ(a)māt*| • coal ▪ فحمة *faḫmaᵗ sing. n.* lump of coal

فحوى *faḫwā n.* **invar.** |*pl.* **invar.** فحاوى *faḫāwā*| • meaning, sense • substance, contents

فخ *faxx n.* |*pl.* فخاخ *fixāx* or فخوخ *fuxūx*| • trap

II **فخخ** *faxxaxa v.tr.* |*2s* يفخخ *yufaxxix^u* | تفخيخ *tafxīx*| • booby-trap

مفخخ *mufaxxax pass. part. adj.* • booby-trapped ▪ سيارة مفخخة *sayyāraᵗ mufaxxaxaᵗ* car bomb (lit. booby-trapped car)

فخذ *faxiđ* or *faxđ n.* **f.** |*pl.* أفخاذ *ʔafxāđ*| • thigh ▪ مفصل فخذ *mafṣil · faxiđ* hip

فخر *faxr n.* • pride ▪ بفخر *bi-faxr^in adv.* proudly, with pride

فخار *faxxār n.* • pottery

فخور *faxūr adj.* |*elat.* أفخر *ʔafxar* or أكثر فخرا *ʔaktar faxran*| • proud *of* بـ

فاخر *fāxir adj.* |*elat.* أفخر *ʔafxar*| • lavish, luxurious, deluxe, fancy, chic • excellent, outstanding, perfect

III **فاخر** *fāxara v.intr.* |*3s* يفاخر *yufāxir^u* | مفاخرة *mufāxaraᵗ*| • boast *about* بـ, be proud *of*

VIII **افتخر** *iftaxara v.intr.* |*8s* يفتخر *yaftaxir^u* | افتخار *iftixār*| • boast *about* بـ, be proud *of*

افتخار *iftixār n.*↑ • pride, arrogance

فخم *faxm n.* |*elat.* أفخم *ʔafxam*| • magnificent, luxurious

فخامة *faxāmaᵗ n.* • luxury, excellence

فادح *fādiḫ adj.* |*elat.* أفدح *afdaḫ*| • serious, grave

فادحة *fādiḫaᵗ n.* |*pl.* **dip.** فوادح *fawādiḫ*| • disaster, misfortune, affliction

فدرالي *federālīʸ adj.* • federal

فدى *fadā v.tr.* |*1d2* يفدي *yafdī* | فداء *fidāʔ*| • sacrifice *for* ∘ *sth* بـ, ransom ◊ فداها بحياته. *He sacrificed his life for her.*

فداء *fidāʔ n.*↑ • sacrifice, ransom

فاد *fād(in) act. part. n.* **def.** • *(in reference to Jesus by Christians)* sacrificed one, redeemer • فادي *fādī man's name* Fady, Fadi

فدية *fidyaᵗ n.* |*pl.* فديات *fid(a)yāt*| • ransom

VI **تفادى** *tafādā v.tr.* |*6d* يتفادى *yatafādā* | **def.** تفاد *tafād(in)*| • avoid, evade

تفاد *tafād(in) n.*↑ **def.** • avoidance

VIII **افتدى** *iftadā v.tr.* |*8d1* يفتدي *yaftadī* | افتداء *iftidāʔ*| • sacrifice *for* ∘ *sth* بـ, ransom

فذ *fađđ adj.* |*m. pl.* أفذاذ *ʔafđāđ*| • single, sole • unique, extraordinary, unmatched

الفرات *alfurāt n.* • *(river)* the Euphrates (flows from Turkey through Syria and Iraq) ➡ ***map on p. 202***

فراولة *farawlaᵗ n.* • strawberry

فرج *farj n.* |*pl.* فروج *furūj*| • vulva

فرج *faraj n.* • relief

IV **أفرج** *ʔafraja v.intr.* |*4s* يفرج *yufrij^u* | إفراج *ʔifrāj*| • release عن, free, set free

V **تفرج** *tafarraja v.intr.* |*5s* يتفرج *yatafarraj^u* | تفرج *tafarruj*| • watch على, view

متفرج *mutafarrij act. part. n.* • viewer, onlooker

فرح *fariḫa v.intr.* |*1s4* يفرح *yafraḫ^u* | فرح *faraḫ*| • be glad ▪ فرح فرحا شديدا *fariḫa faraḫan šadīdan* be very happy, rejoice

فرح *faraḫ n.*↑ • joy, happiness, delight • |*pl.* أفراح *ʔafrāḫ*| party • **f. dip.** *woman's name* Farah

فرح *fariḫ adj.* |*elat.* أكثر فرحا *ʔaktar faraḫan*| • delighted *with* بـ, joyful, glad

فرحة *farḫaᵗ n.* • joy, happiness, delight

فرحات *farḫāt man's name* • Farhat

فرحان *farḫān adj.* |*elat.* أكثر فرحا *ʔaktar faraḫan*| • delighted *with* بـ, joyful, glad

II **فرّح** *farraḫa v.tr.* |*2s* يفرح *yufarriḫ^u* | تفريح *tafrīḫ*| • please, gladden, delight

مفرح *mufarriḫ act. part. adj.* |*elat.* أكثر إفراحا *ʔaktar ʔifrāḫan*| • cheerful, delightful

IV **أفرح** *ʔafraḫa v.tr.* |*4s* يفرح *yufriḫ^u* | إفراح *ʔifrāḫ*| • please, gladden, delight

مفرح *mufriḫ act. part. adj.* • cheerful, delightful

فرد *farada v.tr.* |*1s2* يفرد *yafrid^u* | فرد *fard*| • flatten • *(hair)* straighten

فرد *fard n.*↑ |*pl.* أفراد *ʔafrād*| • individual, person ▪ فرد عائلة *fard · Ɛāʔila^t* family member

فردي *fardī^y adj.* • individual, sole • *(not even)* odd

فريد *farīd adj.* • unique, lone

فريدة *farīda^t* **dip.** *woman's name* • Farida, Fareeda

IV **أفرد** *ʔafrada v.tr.* |*4s* يفرد *yufrid^u* | إفراد *ʔifrād*| • isolate, separate, single out

مفرد *mufrad pass. part. adj.* • single, individual, separate ▪ بمفرده *bi-mufrad^ihi* alone, by *oneself* • *(grammar)* singular

مفردة *mufrada^t n.* • word ▪ مفردات *mufradāt pl. n.* vocabulary

V **تفرد** *tafarrada v.intr.* |*5s* يتفرد *yatafarrad^u* | تفرد *tafarrud*| • withdraw, retire, isolate *oneself*

VII **انفرد** *infarada v.intr.* |*7s* ينفرد *yanfarid^u* | انفراد *infirād*| • withdraw, retire, isolate *oneself*

انفراد *infirād n.*↑ • withdrawal, isolation ▪ على انفراد *Ɛalā -nfirād^i adv.* in private

انفرادي *infirādī^y adj.* |*elat.* أكثر انفرادا *ʔaktar infirādan*| • individual

منفرد *munfarid act. part. adj.* • solo, lone ▪ عزف منفرد *Ɛazf munfarid n. (music)* solo ▪ منفردا *munfaridan adv.* alone

فردوس *firdaws n.* **f.** |*pl.* **dip.** فراديس *farādīs*| • paradise, heaven ▪ الفردوس *alfirdaws* Paradise, Heaven

فر *farra v.intr.* |*1g2* يفر *yafirr^u* | فرار *firār*| • run away *from* من, escape, flee

فرار *firār n.* • *n.*↑ escape, flight

مفر *mafarr n.* • refuge, retreat ▪ لا مفر منه *lā mafarr^a minhu* inevitable

فار *fārr act. part. n.* |*pl.* فارون *fārūn^a* or فارة *fāra^t*| • fugitive, refugee, runaway, escapee

فرز *faraza v.tr.* |*1s2* يفرز *yafriz^u* | فرز *farz*| • sort, tabulate ▪ فرز أصواتا *faraza ʔaṣwātan* count votes

فرس *faras n.* |*pl.* أفراس *ʔafrās*| • **m.** horse ▪ فرس بحر *faras · baḫr* seahorse ▪ فرس نهر *faras · nahr* hippopotamus ▪ فرس النبي *faras · annabī^yi* praying mantis • ***f.*** *(horse)* mare

فروسي *furūsī^y adj.* • equestrian

فروسية *furūsīya^t n.* • horsemanship, horseback riding

فريسة *farīsa^t n.* |*pl.* **dip.** فرائس *farāʔis*| • prey

فارس *fāris n.* • |*pl.* فرسان *fursān*| knight; horseman, rider

فارس *fāris n.* ***f.*** **dip.** • Persia

فارسي *fārisī^y* |*pl.* فرس *furs*| • *adj.* Persian, Farsi ▪ قط فارسي *qiṭṭ fārisī^y* Persian cat ▪ اللغة الفارسية *alluɣa^t alfārisīya^t* *(language)* Farsi • *n.* Persian

تفريسة *tafrīsa^t n.* • *(medical)* scan

VIII **افترس** *iftarasa v.tr.* |*8s* يفترس *yaftaris^u* | افتراس *iftirās*| • devour, prey *on*

مفترس *muftaris act. part.* • *adj.* |*elat.* أكثر افتراسا *ʔaktar iftirāsan*| fierce, ravenous, predatory • *n.* predator

فرش *faraša v.tr.* |*1s3* يفرش *yafruš^u* | فرش *farš*| • spread (out)

فرش *farš n.*↑ |*pl.* فروش *furūš*| • rug, carpet, floor mat

مفروش *mafrūš pass. part. adj.* • furnished

فرشة *farša^t n.* • mattress

فرشاة *furšā^t n.* |*pl.* فرش *furaš*| • brush ▪ فرشاة أسنان *furšāt · ʔasnān* toothbrush

فراش *farāš coll. n.* |*sing.* فراشة *farāša^t*| • butterflies

فراش *firāš n.* |*pl.* أفرشة *ʔafriša^t*| • bed ▪ أوى إلى الفراش *ʔawā ʔilā -lfirāš^i v.* go to bed

II **فرّش** *farraša v.tr.* |*2s* يفرش *yufarriš^u* | تفريش *tafrīš*| • brush • furnish

فرصة *furṣa^t n.* |*pl.* فرص *furaṣ*| • opportunity, chance ▪ فرصة سعيدة *furṣa^t saƐīda^t*, فرصة جميلة *furṣa^t jamīla^t* It is nice to meet you!, It was nice to meet you! ▪ فرصة لـ *furṣa^t li-* [+ masdar] opportunity to... ◊ كانت لديه فرصة للظهور. *He had a chance to stand out.* ▪ بأول فرصة *bi-ʔawwal^i furṣa^tin* at first chance, as soon as possible

فرض *faraḍa v.tr.* |*1s2* يفرض *yafriḍ^u* | فرض *farḍ*| • impose *sth* ٥ *on* على ▪ فرض عقوبات على *faraḍa Ɛuqūbāt Ɛalā* impose sanctions on

فرض *farḍ n.*↑ |*pl.* فروض *furūḍ*| • duty ▪ فروض

(مدرسية) *furūḍ (madrasīya^t) pl. n.* homework • premise, hypothesis

فرضي *farḍī^y adj.* • hypothetical

فرضية *farḍīya^t n.* • hypothesis

مفروض *mafrūḍ pass. part. adj.* • obligatory, required, necessary ▪ من المفروض أنْ *min^a -lmafrūḍ ʔan* be supposed to *(do)*, should *(do)* ▪ كان من المفروض أنْ *kāna min^a -lmafrūḍ ʔan* should have (done)

فريضة *farīḍa^t n.* |*pl.* **dip.** فرائض *farāʔiḍ*| • religious duty

VIII **افترض** *iftaraḍa v.tr.* |*8s* يفترض *yaftariḍ^u* | افتراض *iftirāḍ*| • suppose, assume, hypothesize ▪ يفترض أن *yuftaraḍ^u ʔan*, من المفترض أن *min^a -lmuftaraḍ ʔan pass. v. (impersonal verb)* be supposed to, should *(do)* • impose *sth* ه *on* على

فرط *faraṭa v.intr.* |*1s3* يفرط *yafruṭ^u* | فرط *farṭ*| • be excessive, go too far

فرط *farṭ n.*↑ • excess, hyper- ▪ فرط وزن *farṭ · wazn* being overweight

IV **أفرط** *ʔafraṭa v.intr.* |*4s* يفرط *yufriṭ^u* | إفراط *ʔifrāṭ*| • overdo في, be excessive *in*

إفراط *ʔifrāṭ n.*↑ • excess

مفرط *mufriṭ act. part. adj.* |*elat.* أكثر إفراطا *ʔaktar ʔifrāṭan*| • excessive ▪ جرعة مفرطة *jurɛa^t mufriṭa^t* overdose ▪ قوة مفرطة *quwwa^t mufriṭa^t* excessive force ▪ وزن مفرط *wazn mufriṭ* being overweight

فرع *farɛ n.* |*pl.* فروع *furūɛ* or أفرع *ʔafruɛ*| • *(tree)* branch, limb • *(subdivision)* branch, offshoot ▪ فرع من علم *farɛ min ɛilm* branch of science; *(location)* branch ▪ فرع بنك *farɛ · bank* bank branch

فرعي *farɛī^y adj.* • secondary, branch-, sub-

V **تفرع** *tafarraɛa v.intr.* |*5s* يتفرع *yatafarraɛ^u* | تفرع *tafarruɛ*| • branch out, be subdivided

فرعون *firɛawn n.* |*pl.* فراعنة *farāɛina^t*| • pharaoh ▪ لعنة الفراعنة *laɛnat · alfarāɛina^ti* curse of the pharaohs

فرعوني *firɛawnī^y adj.* • pharaonic

فرغ *faraɣa v.intr.* |*1s1* يفرغ *yafraɣ^u* | فراغ *farāɣ*| • be empty • run out, be exhausted, be depleted ▪ فرغ منه الوقود *faraɣa minhu alwaqūd^u* run out of gas • be finished *with* من, finish ◊ ما إن فرغت من أعمال البيت حتى استيقظ ولدها. *No sooner had she finished the housework than her child woke up.* ▪ فرغ من العمل *faraɣa min^a -lɛamal^i* finish work, get off work

فراغ *farāɣ n.*↑ • emptiness, (empty) space, vacuum, void, vacancy ▪ وقت فراغ *waqt · farāɣ* free time, leisure • gap, blank ▪ ملأ فراغا *malaʔa farāɣan v.* fill in a blank • completion ▪ بعد الفراغ من الصلاة *baɛda -lfarāɣ^i min^a -ṣṣalā^ti* after finishing praying

فارغ *fāriɣ act. part. adj.* |*m. pl.* فراغ *furrāɣ* | *elat.* أفرغ *ʔafraɣ*| • empty, blank, vacant • unoccupied, free • *(battery)* dead

II **فرغ** *farraɣa v.tr.* |*2s* يفرغ *yufarriɣ^u* | تفريغ *tafrīɣ*| • empty, pour out, unload

IV **أفرغ** *ʔafraɣa v.tr.* |*4s* يفرغ *yufriɣ^u* | إفراغ *ʔifrāɣ*| • empty, pour out, unload

V **تفرغ** *tafarraɣa v.intr.* |*5s* يتفرغ *yatafarraɣ^u* | تفرغ *tafarruɣ*| • have free time, be unoccupied • be dedicated *to* لـ, devote *oneself to*

متفرغ *mutafarriɣ act. part. adj.* |*elat.* أكثر تفرغا *ʔaktar tafarruɣan*| • dedicated *to* لـ, devoted *to* ▪ غير متفرغ *ɣayr · mutafarriɣ* part-time

X **استفرغ** *istafraɣa v.intr.* |*10s* يستفرغ *yastafriɣ^u* | استفراغ *istifrāɣ*| • vomit, throw up

فرق *v.intr.* • *faraqa* |*1s3* يفرق *yafruq^u* | فرق *farq*| differentiate *between* بين • *fariqa* |*1s1* يفرق *yafraq^u* | فرق *faraq*| be afraid *of* من, fear

فرق *farq n.*↑ |*pl.* فروق *furūq*| • difference ▪ لا فرق بين *lā farq^a bayna* there is no difference between...

فرق *faraq n.*↑ • fear

فارق *fāriq act. part.* • *adj.* distinctive, differentiating • *n.* |*pl.* **dip.** فوارق *fawāriq*| differential, difference, margin

فرقة *firqa^t n.* |*pl.* فرق *firaq*| • group, band, troupe ▪ فرقة موسيقية *firqa^t mūsīqīya^t* musical group, band • *(military)* division

فراق *firāq n.* • separation

فريق *farīq n.* • |*pl.* فروق *furūq*| team ▪ فريق كروي *farīq kurawī^y* • group, party • *(military)* troop, unit • |*pl.* **dip.** فرقاء *furaqāʔ*| *(military)* lieutenant general

فاروق *fārūq man's name* • Farooq, Farouk

II **فرق** *farraqa v.* |*2s* يفرق *yufarriq^u* | تفريق *tafrīq* or تفرقة *tafriqa^t*| • *v.tr.* divide, separate • *v.intr.* differentiate *between* بين

III **فارق** *fāraqa v.tr.* |*3s* يفارق *yufāriq^u* | مفارقة *mufāraqa^t*| • quit, leave, detach *oneself from* ▪ فارق الحياة *fāraqa alḥayā^ta* *(die)* pass away

IV **أفرق** *ʔafraqa v.tr.* |*4s* يفرق *yufriq^u* | إفراق *ʔifrāq*| • frighten, scare

V **تفرق** *tafarraqa v.intr.* |*5s* يتفرق *yatafarraq^u* | تفرق

tafarruq| • scatter, disperse

متفرق *mutafarriq act. part. adj.* |*elat.* أكثر تفرقا *ʔaktar tafarruqan*| • miscellaneous, diverse • sporadic, intermittent

VIII **افترق** *iftaraqa v.intr.* |*8s* يفترق *yaftariqᵘ* | افتراق *iftirāq*| • separate, break off

مفترق *muftaraq*, مفترق طرق *muftaraq · ṭuruq pass. part. n.* • intersection, crossroads, junction, fork

QI **فرقع** *farqaƐa v.intr.* |*11s* يفرقع *yufarqiƐᵘ* | فرقعة *farqaƐaᵗ*| • *(of noises)* bang, pop

فرقعة *farqaƐaᵗ n.*↑ • bang, pop

فرم *farama v.tr.* |*1s3* يفرم *yafrumᵘ* | فرم *farm*| • mince, grind

QI **فرمل** *farmala v.intr.* |*11s* يفرمل *yufarmilᵘ* | فرملة *farmalaᵗ*| • brake

فرملة *farmalaᵗ n.*↑ |*pl.* **dip.** فرامل *farāmil*| • brake ▪ فرملة يدوية *farmalaᵗ yadawīyaᵗ* parking brake, emergency brake, handbrake ▪ دواسة فرملة *dawwāsat · farmalaᵗ* brake pedal

فرن *furn n.* |*pl.* أفران *ʔafrān*| • oven, furnace • bakery

فران *farrān n.* • baker

فرنسا *faransā n.* ***f. invar.*** • France

فرنسي *faransīʸ* • *adj.* French • *n.* Frenchman • *(language)* French

فرنسية *faransīyaᵗ n.* • Frenchwoman

فرو *farw coll. n.* |*sing.* فروة *farwaᵗ* | *pl.* فراء *firāʔ*| • furs, pelts, skins

X **استفز** *istafazza v.tr.* |*10g* يستفز *yastafizzᵘ* | استفزاز *istifzāz*| • provoke

استفزاز *istifzāz n.*↑ • provocation

استفزازي *istifzāzīʸ adj.* |*elat.* أكثر استفزازا *ʔaktar istifzāzan*| • provocative

فزع *faziƐa v.intr.* |*1s1* يفزع *yafzaƐᵘ* | فزع *fazaƐ*| • be afraid *of* من, be scared, be frightened

فزع *fazaƐ n.*↑ |*pl.* أفزاع *ʔafzāƐ*| • fear, anxiety, panic

فزاعة *fazzāƐaᵗ n.* • scarecrow

II **فزع** *fazzaƐa v.tr.* |*2s* يفزع *yufazziƐᵘ* | تفزيع *tafzīƐ*| • scare, frighten

IV **أفزع** *ʔafzaƐa v.tr.* |*4s* يفزع *yufziƐᵘ* | إفزاع *ʔifzāƐ*| • scare, frighten

فستان *fustān n.* |*pl.* **dip.** فساتين *fasātīn*| • dress, gown ▪ فستان زفاف *fustān · zifāf* wedding dress

فستق *fustuq n.* • pistachio

فسيح *fasīḫ adj.* |*m. pl.* فساح *fisāḫ* | *elat.* أفسح *ʔafsaḫ*| • wide, spacious, roomy

IV **أفسح** *ʔafsaḫa v.tr.* |*4s* يفسح *yufsiḫᵘ* | إفساح *ʔifsāḫ*| • أفسح مكانا لـ *ʔafsaḫa makānan li-*, أفسح مجالا لـ *ʔafsaḫa majālan li-* clear the way *for*, make room *for*, step aside *for*

فسخ *fasaxa v.tr.* |*1s1* يفسخ *yafsaxᵘ* | فسخ *fasx*| • void, annul

فسخ *fasx n.*↑ • annulment

فسد *fasada v.intr.* |*1s2/1s3* يفسد *yafsidᵘ* or *yafsudᵘ* | فساد *fasād*| • decay, go bad • become corrupt

فساد *fasād n.*↑ • decay, deterioration • corruption

فاسد *fāsid act. part. adj.* |*f.* **invar.** فسدى *fasdā* | *elat.* أفسد *ʔafsad*| • rotten, decayed, spoiled • corrupt, harmful ▪ أفسد من السوس *ʔafsad minᵃ -ssūsⁱ idiom* more harmful than a woodworm (i.e. very harmful)

IV **أفسد** *ʔafsada v.tr.* |*4s* يفسد *yufsidᵘ* | إفساد *ʔifsād*| • spoil, foil, ruin

II **فسر** *fassara v.tr.* |*2s* يفسر *yufassirᵘ* | تفسير *tafsīr*| • clarify, explain, interpret

تفسير *tafsīr n.*↑ |*pl.* **dip.** تفاسير *tafāsīr*| • clarification, explanation, interpretation • tafsir, exegesis (interpretation of Quranic verses)

فسيلة *fasīlaᵗ n.* |*pl.* **dip.** فسائل *fasāʔil*| • sapling

فشار *fušār n.* • popcorn

الفاشر *alfāšir n.* ***f.*** • *(city in Sudan)* Al Fashir ➡ ***map on p. 151***

فشل *fašila v.intr.* |*1s4* يفشل *yafšalᵘ* | فشل *fašal*| • fail *(at)* في ◊ فشلت في الامتحان. *I failed the exam.* ◊ لن يفشل في تجارته. *He won't fail in his business.*

فشل *fašal n.*↑ • failure

فاشل *fāšil act. part. adj.* |*elat.* أفشل *ʔafšal*| • unsuccessful

IV **أفشى** *ʔafšā v.tr.* |*4d* يفشي *yufšī* | إفشاء *ʔifšāʔ*| • spread

V **تفشى** *tafaššā v.intr.* |*5d* يتفشى *yatafaššā* | **def.** تفش *tafašš(in)*| • become pandemic, become rampant, spread like wildfire

فصح *fiṣḫ*, عيد الفصح *Ɛīd · alfiṣḫⁱ n.* • Passover, Easter

فصاحة *faṣāḫaᵗ n.* • eloquence ▪ بفصاحة *bi-faṣāḫaᵗⁱⁿ adv.* eloquently

فصيح *faṣīḫ adj.* • eloquent, pure

أفصح *ʔafṣaḫ* ***m. elat.*** |*f. elat.* **invar.** فصحى *fuṣḫā*| ▪ الفصحى *alfuṣḫā n.* standard Arabic (as opposed to the dialects) ▪ فصحى التراث *fuṣḥā · -tturāt n.* Classical Arabic (CA), Quranic Arabic ▪ فصحى العصر *fuṣḥā · -lƐaṣr n.* Modern Stanard Arabic (MSA)

فص *faṣṣ n.* |*pl.* فصوص *fuṣūṣ*| • *(garlic)* clove • *(brain)* lobe

فصل *faṣala v.tr.* |*1s2* يفصل *yafṣilu*| فصل *faṣl*| • separate *sb/sth* ∘ *from* عن, divide • fire, make redundant, dismiss

فصل *faṣl n.*↑ |*pl.* فصول *fuṣūl*| • separation, division ▪ قال كلمة الفصل *qāla kalimata -lfaṣli v.* have the last word • season • classroom • semester, term • act (of a play), part, chapter ◊ الفصل الأول *part one*

فاصل *fāṣil act. part. n.* • interruption

فاصلة *fāṣilat act. part. n.* |*pl.* **dip.** فواصل *fawāṣil*| • comma ▪ فاصلة منقوطة *fāṣilat manqūṭat* semicolon

فصلة *faṣlat*, فاصلة *fāṣilat act. part. n.* |*pl.* **dip.** فواصل *fawāṣil*| • comma • *(decimal)* point

فصيلة *faṣīlat n.* |*pl.* **dip.** فصائل *faṣāʔil*| • group ▪ فصيلة دم *faṣīlat · dam* blood group • *(military)* platoon, squad

فيصل *fayṣal man's name* • Faisal

مفصل *mafṣil n.* |*pl.* **dip.** مفاصل *mafāṣil*| • *(anatomy)* joint ▪ مفصل فخذ *mafṣil · faxđ* hip

II **فصل** *faṣṣala v.tr.* |*2s* يفصل *yufaṣṣilu*| تفصيل *tafṣīl*| • divide, classify • detail

تفصيل *tafṣīl n.*↑ |*pl.* **dip.** تفاصيل *tafāṣīl*| • detail ▪ بالتفصيل *bi-ttafṣīli*, تفصيلا *tafṣīlan adv.* in detail

تفصيلي *tafṣīlīy adj.* |*elat.* أكثر تفصيلا *ʔaktar tafṣīlan*| • detailed, comprehensive, elaborate

مفصل *mufaṣṣal pass. part. adj.* |*elat.* أكثر تفصيلا *ʔaktar tafṣīlan*| • detailed, comprehensive, elaborate

III **فاصل** *fāṣala v.tr.* |*3s* يفاصل *yufāṣilu*| مفاصلة *mufāṣalat*| • separate *from*

VII **انفصل** *infaṣala v.intr.* |*7s* ينفصل *yanfaṣilu*| انفصال *infiṣāl*| • separate *from* عن, disconnect *from*

انفصال *infiṣāl n.*↑ • separation

انفصالي *infiṣālīy adj. & n.* • separatist

انفصالية *infiṣālīyat n.* • separatism

منفصل *munfaṣil act. part. adj.* |*elat.* أكثر انفصالا *ʔaktar infiṣālan*| • separate *from* عن, separated *from* ▪ منفصلا *munfaṣilan adv.* apart *from* عن, separately

فضح *faḍaḥa v.tr.* |*1s1* يفضح *yafḍaḥu*| فضح *faḍḥ*| • disgrace, shame, expose

فاضح *fāḍiḥ act. part. adj.* |*elat.* أفضح *ʔafḍaḥ*| • scandalous, disgraceful

فضيحة *faḍīḥat n.* |*pl.* **dip.** فضائح *faḍāʔiḥ*| • scandal, disgrace

VII **انفضح** *infaḍaḥa* |*7s* ينفضح *yanfaḍiḥu*| انفضاح *infiḍāḥ*| • *v.intr.* be disgraced

فض *faḍḍa v.tr.* |*1g3* يغض *yafuḍḍu*| غض *faḍḍ*| • drill, make a hole

فضة *fiḍḍat n.* • silver

فضي *fiḍḍīy adj.* • silver-, made of silver • silvery, silver-colored

VII **انفض** *infaḍḍa v.intr.* |*7g* ينفض *yanfaḍḍu*| انفضاض *infiḍāḍ*| • scatter, disperse, break up ▪ انفض من حول *infaḍḍa min ḥawli* move away from ◊ انفض الناس من حوله. *People moved away from him.*

فضفاض *faḍfāḍ adj.* • baggy, loose, flowing

فضل *faḍala v.intr.* |*1s3* يفضل *yafḍulu*| فضل *faḍl*| • be left over, remain • excel, be better

فضل *faḍl n.*↑ |*pl.* فضول *fuḍūl*| • kindness, grace ▪ من فضلك *min faḍlaka* please; excuse me (but...); thanks to you ▪ فضلا عن *faḍlan Ɛan prep.* besides, aside from, not to mention ▪ فضلا عن ذلك *faḍlan Ɛan đālika* moreover ▪ بفضل *bi-faḍli prep.* thanks to, due to

فاضل *fāḍil act. part.* • *adj.* |*pl.* **dip.** فضلاء *fuḍalāʔ* | *elat.* أفضل *ʔafḍal*| excellent, outstanding, very good • |*pl.* **dip.** فواضل *fawāḍil*| *adj.* remaining, left, left over; *n.* remainder, surplus, leftovers

فضلة *faḍlat n.* |*pl.* فضلات *faḍ(a)lāt*| • remainder, surplus, leftovers

فضول *fuḍūl n.* • curiosity

فضولي *fuḍūlīy adj.* • curious

فضيل *faḍīl adj.* |*m. pl.* **dip.** فضلاء *fuḍalāʔ*| • excellent, outstanding, very good ▪ من الأفضل أن *mina -lʔafḍali ʔan* it would be best to..., it is best that..., had better *(do)*

أفضل *ʔafḍal* **m.** *elat.* |*m. pl. elat.* **dip.** أفاضل *ʔafāḍil* | *f. sing. elat.* **invar.** فضلى *fuḍlā* | *f. dual elat.* فضليان *fuḍlayāni* | *f. pl. elat.* فضليات *fuḍlayāt*| ▪ .أفضل المعروف إغاثة الملهوف *ʔafḍalu -lmaƐrūfi ʔiyātatu -lmalhūfi proverb* There is no good deed like helping a man in need. • better, best

فضيلة *faḍīlat n.* |*pl.* **dip.** فضائل *faḍāʔil*| • virtue, merit

II **فضل** *faḍḍala v.tr.* |*2s* يفضل *yufaḍḍilu*| تفضيل *tafḍīl*| • prefer *sth* ∘ *to* على *or* من ◊ أفضل بدلا الكتابة باليد بدلا من الكتابة على الكمبيوتر. *I prefer* writing by hand to writing on the computer.

تفضيل *tafḍīl n.*↑ • preference

مفضل *mufaḍḍal pass. part. adj.* • favorite, preferable ◊ ما (هو) لونك المفضل؟ *What is your favorite color?* ◊ ما هو اللون المفضل لديك؟ *What is your favorite color?* ▪ من المفضل أنّ *minᵃ -lmufaḍḍalⁱ ʔan* It's preferable to *(do)*

V **تفضل** *tafaḍḍala v.intr.* |*5s* يتفضل *yatafaḍḍalᵘ* | تفضل *tafaḍḍul*| • تفضل مشكورا بـ *tafaḍḍala maškūran bi-* [+ masdar] be so kind as to ▪ تفضل *tafaḍḍal imperative* Please!, Here you are!, After you! ◊ تفضل بالدخول! *Come in!* ◊ تفضل معي! *Follow me, please!*

فضاء *faḍāʔ n.* • (outer)space ▪ رجل فضاء *rajul · faḍāʔ* astronaut

فضائي *faḍāʔīʸ adj.* • space-, satellite- ▪ مركبة فضائية *markabaᵗ faḍāʔīyaᵗ n.* spacecraft • *n.* astronaut

فاض *fāḍ(in) adj.* **def.** |*elat.* **invar.** أفضى *ʔafḍā*| • empty, vacant • free, unoccupied, not busy

فطر *faṭara v.intr.* |*1s3* يفطر *yafṭurᵘ* | فطور *fuṭūr*| • eat breakfast, have breakfast • break *one's* fast

فطور *fuṭūr n.*↑ • breakfast

فطر *fiṭr n.* • fast breaking, fitr ▪ عيد الفطر *Ɛīd · alfiṭrⁱ* Eid al-Fitr (Feast of Breaking the Fast), the Lesser Eid

فطر *fuṭr coll. n.* |*sing.* فطرة *fuṭraᵗ*| • mushrooms

فطيرة *faṭīraᵗ n.* |*pl.* **dip.** فطائر *faṭāʔir*| • pie, pastry

فطرة *fiṭraᵗ n.* |*pl.* فطر *fiṭar*| • nature, disposition, character ▪ فطرة *fiṭratan adv.* by nature

IV **أفطر** *ʔafṭara v.intr.* |*4s* يفطر *yufṭirᵘ* | إفطار *ʔifṭār*| • break *one's* fast • eat breakfast, have breakfast

إفطار *ʔifṭār n.*↑ • *(meal eaten after sunset to break the fast during Ramadan)* iftar

➡ ***compare with*** سحور ***suḥūr p. 140***

فاطمة *fāṭimaᵗ* **dip.** *woman's name* • Fatima, Fatma

فظ *faẓẓ* |*pl.* أفظاظ *ʔafẓāẓ*| • *adj.* |*elat.* أكثر فظاظة *ʔaktar faẓāẓaᵗᵃⁿ*| rude, impolite • *n.* walrus

فظاظة *faẓāẓaᵗ n.* • rudeness, impoliteness

فظاعة *faẓāƐaᵗ n.* |*pl.* **dip.** فظائع *faẓāʔiƐ*| • awfulness, repulsiveness

فظيع *faẓīƐ adj.* |*elat.* أفظع *ʔafẓaƐ*| • awful, repulsive, heinous, horrible

فعل *faƐala v.tr.* |*1s1* يفعل *yafƐalᵘ* | فعل *faƐl* or *fiƐl*| • do ▪ فعل بـ *faƐala bi-* do to ◊ ما الذي فعلته بأخيك؟ *What did you do to your brother?*

فعل *fiƐl n.*↑ |*pl.* أفعال *ʔafƐāl*| • deed, action ▪ فعلا *fiƐlan*, بالفعل *bi-lfiƐlⁱ adv.* really, truly, indeed ▪ الأفعال أبلغ من الأقوال. *alʔafƐālᵘ ʔablaɣᵘ minᵃ -lʔaqwālⁱ proverb* Actions speak louder than words. ▪ رد فعل *radd · fiƐl* reaction • effect, influence ▪ بفعل *bi-fiƐlⁱ prep.* because of, due to ◊ مات بفعل الاختناق. *He died of suffocation.* • *(grammar)* verb ▪ فعل أجوف *fiƐl ʔajwaf* hollow verb ▪ فعل ثلاثي *fiƐl talātīʸ* triliteral verb ▪ فعل رباعي *fiƐl rubāƐīʸ* quadriliteral verb ▪ فعل سالم *fiƐl sālim* sound verb ▪ فعل لازم *fiƐl lāzim* intransitive verb ▪ فعل لفيف *fiƐl lafīf* doubly weak verb ▪ فعل متعد *fiƐl mutaƐadd(in)* transitive verb ▪ فعل مثال *fiƐl mitāl* assimilated verb ▪ فعل مجرد *fiƐl mujarrad* form I verb, non-derived verb ▪ فعل مجهول *fiƐl majhūl* passive verb ▪ فعل مزيد *fiƐl mazīd* derived verb ▪ فعل مضاعف *fiƐl muḍāƐif* geminate verb ▪ فعل معتل *fiƐl muƐtall* weak verb, defective verb ▪ فعل معلوم *fiƐl maƐlūm* active verb ▪ فعل مهموز *fiƐl mahmūz* hamzated verb ▪ فعل ناقص *fiƐl nāqiṣ* defective verb

فعلي *fiƐlīʸ adj.* • actual, factual ▪ فعليا *fiƐlīyan adv.* really ◊ لم أقم بشيء فعليا. *I really didn't do anything.* • effective, efficient • *(grammar)* verbal ▪ جملة فعلية *jumlaᵗ fiƐlīyaᵗ* verbal sentence

فاعل *fāƐil act. part.* • efficient, effective, active ◊ هو عضو فاعل في المجموعة. *He's an active member of the group.* • *adj.* |*elat.* أكثر فاعلية *ʔaktar fāƐilīyaᵗᵃⁿ*| *(grammar)* active ▪ اسم فاعل *ism fāƐil* active participle • *n. (grammar)* doer, agent

فاعلية *fāƐilīyaᵗ n.* • efficiency, effectiveness • activity, event

مفعول *mafƐūl pass. part. n.* • |*pl.* **dip.** مفاعيل *mafāƐīl*| effect, influence • *(grammar)* object ▪ مفعول به *mafƐūl bi-hi* object (of a verb) ▪ مفعول مطلق *mafƐūl muṭlaq* absolute object, cognate accusative ▪ اسم مفعول *ism · mafƐūl* passive participle

فعال *faƐƐāl*, فعالي *faƐƐālīʸ adj.* |*elat.* أكثر فاعلية *ʔaktar fāƐilīyatan* or أفعل *ʔafƐal*| • efficient, effective

فعالية *faƐƐālīyaᵗ n.* • efficiency, effectiveness • activity, event

II **فعل** *faƐƐala v.tr.* |*2s* يفعل *yufaƐƐilᵘ* | تفعيل *tafƐīl*| • activate, put into effect

تفعيل *tafƐīl n.*↑ |*pl.* **dip.** تفاعيل *tafāƐīl*| • activation

VI **تفاعل** *tafāƐala v.intr.* |*6s* يتفاعل *yatafāƐalᵘ* | تفاعل

tafāEul | • interact *with* مع • react *to* على

تفاعل *tafāEul n.*↑ • interaction • reaction

تفاعلي *tafāEulīy* • *adj.* interactive

متفاعل *mutafāEil act. part. adj.* | *elat.* أكثر تفاعلا *ʔaktar tafāEulan* | • interactive

VII **انفعل** *infaEala v.intr.* | *7s* ينفعل *yanfaEil^u* | انفعال *infiEāl* | • become upset

منفعل *munfaEil act. part. adj.* | *elat.* أكثر انفعالا *ʔaktar infiEālan* | • upset ▪ غير منفعل *ɣayr · munfaEil* cool, unaffected

VIII **افتعل** *iftaEala v.tr.* | *8s* يفتعل *yaftaEil^u* | افتعال *iftiEāl* | • concoct, fabricate, make up

مفتعل *muftaEal pass. part. adj.* | *elat.* أكثر افتعالا *ʔaktar iftiEālan* | • artificial, false

IV **أفعم** *ʔafEama v.tr.* | *4s* يفعم *yufEim^u* | إفعام *ʔifEām* | • fill up *sth/sb* ∘ *with* بـ, cram ◊ أفعمني بأمل جديد. *It filled me with new hope.*

مفعم *mufEam pass. part. adj.* | *elat.* أكثر إفعاما *ʔaktar ʔifEāman* | • full *of* بـ, -ful, jam-packed *with*, crammed *with* ▪ مفعم بالأمل *mufEam bi-lʔamal^i* hopeful ▪ مفعم بالحيوية *mufEam bi-lħayawīya^ti* full of vitality

أفعى *ʔafEā n. **f. invar.*** | *pl. **def.*** أفاع *ʔafāE(in)* | • *(snake)* adder, viper

فقد *faqada v.tr.* | *1s2* يفقد *yafqid^u* | فقدان *fiqdān* or *fuqdān* or فقد *faqd* | • lose

فقدان *fiqdān* or *fuqdān*, فقد *faqd n.*↑ • loss, lack ▪ فقدان ذاكرة *fiqdān · đākira^t* amnesia

مفقود *mafqūd pass. part. adj.* • lost, missing

فقيد *faqīd adj.* • deceased, dead

VIII **افتقد** *iftaqada v.* | *8s* يفتقد *yaftaqid^u* | افتقاد *iftiqād* | • *v.tr.* miss ◊ لقد افتقدتك. *I've missed you.* • *v.intr.* examine إلى, study

V **تفقد** *tafaqqada v.tr.* | *5s* يتفقد *yatafaqqad^u* | تفقد *tafaqqud* | • go to see (a place), visit, inspect, examine

فقر *faqr n.* • poverty

فقرة *fiqra^t n.* | *pl.* فقرات *fiq(a)rāt* | • paragraph • *(anatomy)* vertebra

فقري *fiqrīy adj.* • spinal

فقار *faqār coll. n.* | *sing.* فقارة *faqāra^t* | • vertebra, spine

فقاري *faqārīy adj.* • spinal

فقير *faqīr adj.* | *m. pl. **dip.*** فقراء *fuqarāʔ* | *elat.* أفقر *ʔafqar* | • poor ◊ في الأحياء الفقيرة *in poor neighborhoods* ◊ الدول الأفقر في العالم *the poorest countries in the world* ◊ إحدى أفقر دول العالم *one of the poorest countries in the world* ◊ كل فرد من الملك إلى أفقر الفقراء *everyone from the king to the poorest of the poor* ▪ الفقراء *alfuqarāʔ pl. n.* the poor ▪ طبقة فقيرة *ṭabaqa^t faqīra^t n.* lower class

VIII **افتقر** *iftaqara v.intr.* | *8s* يفتقر *yaftaqir^u* | افتقار *iftiqār* | • be in need *of* إلى, lack

فقس *faqasa v.tr.* | *1s2* يفقس *yafqis^u* | فقس *faqs* | • hatch

فقط *faqaṭ adv.* • only, just ▪ فقط... بل... (أيضا) *faqaṭ... bal... (ʔayḍan)* [negative +] not only... but also... ◊ لم ينجح فقط بل تفوق أيضا. *Not only did he succeed, but he also excelled.*

III **فاقم** *fāqama v.tr.* | *3s* يفاقم *yufāqim^u* | مفاقمة *mufāqama^t* | • aggravate

مفاقمة *mufāqama^t n.*↑ • aggravation

VI **تفاقم** *tafāqama v.intr.* | *6s* يتفاقم *yatafāqam^u* | تفاقم *tafāqum* | • become aggravated

تفاقم *tafāqum n.*↑ • aggravation

فقه *fiqh n.* • fiqh (Islamic jurisprudence) ▪ أصول الفقه *ʔuṣūl · alfiqh^i* the sources of Islamic jurisprudence

فقيه *faqīh n.* | *pl. **dip.*** فقهاء *fuqahāʔ* | • jurist, legal expert

فكر *fikr n.* | *pl.* أفكار *ʔafkār* | • thought, idea • view, opinion

فكري *fikrīy adj.* • intellectual, mental

فكرة *fikra^t n.* | *pl.* فكر *fikar* | • idea, thought ◊ فكرة جميلة! *Good idea!* ▪ أخذ فكرة عن *ʔaxađa fikra^tan Ean v.* have an idea of ▪ على فكرة *Ealā fikra^tin adv.* by the way

II **فكر** *fakkara v.intr.* | *2s* يفكر *yufakkir^u* | تفكير *tafkīr* | • think *about* بـ *or* في, consider

تفكير *tafkīr n.*↑ • thought ▪ تفكير ناقد *tafkīr nāqid* critical thinking

مفكر *mufakkir act. part. n.* • thinker, intellectual

V **تفكر** *tafakkara v.intr.* | *5s* يتفكر *yatafakkar^u* | تفكر *tafakkur* | • reflect *on* في, speculate *about*

تفكر *tafakkur n.*↑ • reflection, speculation

VIII **افتكر** *iftakara v.tr.* | *8s* يفتكر *yaftakir^u* | افتكار *iftikār* | • remember, recall

مفكرة *mufakkira^t act. part. n.* • notebook, notepad

فك *fakka v.tr.* | *1g3* يفك *yafukk^u* | فك *fakk* | • untie, unfasten, unbutton

فك *fakk n.* | *pl.* فكوك *fukūk* | • *(anatomy)* jaw

فكة *fakka^t n.* • small change, coins

مفك *mifakk n.* • screwdriver

II **فكك** *fakkaka v.tr.* | *2s* يفكك *yufakkik^u* | تفكيك *tafkīk* |

• disassemble, dismantle

V **تفكك** *tafakkaka v.intr.* |*5s* يتفكك *yatafakkak^u* | تفكك *tafakkuk*| • disintegrate, break up

فكاهة *fukāha^t n.* • humor

فكاهي *fukāhī^y adj.* • humorous

فاكه *fākih adj.* |*elat.* أفكه *ʔafkah*| • funny, humorous

فاكهة *fākiha^t n.* |*pl.* **dip.** فواكه *fawākih*| • fruit ▪ فواكه بحر *fawākih · baḥr pl. n.* seafood

فلافل *falāfil n.* • falafel

فلامنكو *flamenko n.* ***invar.*** • flamenco

الفلبين *alfilibbīn n.* ***f.*** • the Philippines

فلبيني *filibbīnī^y adj. & n.* • Filipino

IV **أفلت** *ʔaflata v.intr.* |*4s* يفلت *yuflit^u* | إفلات *ʔiflāt*| • escape *from* من, get away *from*

إفلات *ʔiflāt n.*↑ • escape

الفلوجة *alfalūja^t n.* • *(city in Iraq)* Fallujah ➡ ***map on p. 202***

فلح *falaḥa v.tr.* |*1s1* يفلح *yaflaḥ^u* | فلح *falḥ*| • split, crack

فلاح *falāḥ n.* • prosperity, success

فلاح *fallāḥ n.* |*pl.* فلاحة *fallāḥa^t*| • peasant, farmer

IV **أفلح** *ʔaflaḥa v.intr.* |*4s* يفلح *yufliḥ^u* | إفلاح *ʔiflāḥ*| • prosper *in* في, succeed *at*

IV **أفلس** *ʔaflasa v.intr.* |*4s* يفلس *yuflis^u* | إفلاس *ʔiflās*| • go bankrupt

إفلاس *ʔiflās n.*↑ • bankruptcy

مفلس *muflis act. part. adj.* |*elat.* أكثر إفلاسا *ʔaktar ʔiflāsan*| • bankrupt, broke

U.A.E. 50 fils coins

فلس *fils pl. n.* |*pl.* فلوس *fulūs*| • fils ▪ فلس إماراتي *fils ʔimārātī^y* U.A.E. fils (100 fils = 1 U.A.E. dirham) ➡ ***picture above*** ▪ فلس بحريني *fils baḥraynī^y* Bahraini fils (1,000 fils = 1 Bahraini dinar) ▪ فلس كويتي *fils kuwaytī^y* Kuwaiti fils (1,000 fils = 1 Kuwaiti dinar) • فلوس *fulūs* money ⓘ فلوس *fulūs is dialect, not Modern Standard Arabic; however, you may hear native speakers use it even in more formal speech instead of the more correct* نقود *nuqūd.*

فلسطين *filasṭīn n.* ***f.*** • Palestine

فلسطيني *filasṭīnī^y adj. & n.* • Palestinian

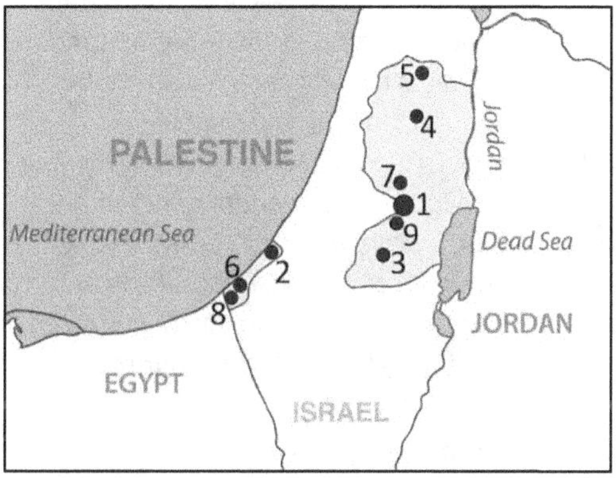

map of Palestine

1. قدس *quds* Jerusalem
2. غزة *ɣazza^t* Gaza City
3. الخليل *alxalīl* Hebron
4. نابلس *nāblus* Nablus
5. جنين *jinīn* Jenin
6. خان يونس *xān · yūnis* Khan Yunis
7. رام الله *rām · aLLāh^i* Ramallah
8. رفح *rafaḥ* Rafah
9. بيت لحم *baytalaḥm* Bethlehem

QI **فلسف** *falsafa v.intr.* |*11s* يفلسف *yufalsif^u* | فلسفة *falsafa^t*| • philosophize

فلسفة *falsafa^t n.*↑ • philosophy

فلسفي *falsafī^y adj.* • philosophical

فيلسوف *faylasūf n.* |*pl.* فلاسفة *falāsifa^t*| • philosopher

QI **فلفل** *falfala v.tr.* |*11s* يفلفل *yufalfil^u* | فلفلة *falfala^t*| • pepper

فلفل *fulful* or *filfil coll. n.* |*pl.* فلفلة *fulfula^t* or *filfila^t*| • peppers, capsicums ▪ فلفل أسود *fulful ʔaswad* black pepper

فلك *falak n.* |*pl.* أفلاك *ʔaflāk*| • orbit ▪ عالم فلك *ɛālim · falak n.* astronomer ▪ علم الفلك *ɛilm · alfalak^i* astronomy

فلكي *falakī^y adj.* • astronomical

فل *falla v.tr.* |*1g3* يفل *yafull^u* | فل *full*| • dent, notch

ف

فلان *fulān n.* • *(about people)* so-, so-and-so, such and such ◊ سألني هل تعرفت على فلان. *He asked me if I had met so-and-so.*

فلاني *fulānīy adj.* • so and so, such and such

فلين *fillīn n.* • *(material)* cork

فلوت *flūt n.* **invar.** • flute

فم *fam n.* |*pl.* أفواه *ʔafwāh*| • mouth ▪ ضحك ملء فيه *ḍaḥika malʔa fīhi*, ضحك ملء فمه *ḍaḥika malʔa famihi v.* laugh heartily ⓘ *In Modern Standard Arabic,* فم *fam is usually declined normally. However, occasionally you may see a throwback to Classical Arabic: When the first term in an idafa construction, or when suffixed by a pronoun (except for the first person singular pronoun suffix), the* ـم *-m drops and the case is marked with a written long vowel.* ◊ في فمك (في فيك) *in your mouth*

➡ **The Five Nouns p. 3**

فنجان *finjān n.* |*pl.* **dip.** فناجين *fanājīn*| • cup

فندق *funduq n.* |*pl.* **dip.** فنادق *fanādiq*| • hotel

فنار *fanār n.* • lighthouse

فنزويلا *venezwaylā n.* ***f.* invar.** • Venezuela

فنزويلي *venezwaylīy adj. & n.* • Venezuelan

فنلندا *finlandā n.* ***f.* invar.** • Finland

فنلندي *finlandīy* • *adj.* Finnish • *n.* Finn

فن *fann n.* |*pl.* فنون *funūn*| • art • technique

فني *fannīy adj.* • artistic • technical

فنان *fannān n.* • artist

فني *faniya v.intr.* |*1d4* يفنى *yafnā* | فناء *fanāʔ*| • *(die)* perish, pass away

فناء *fanāʔ n.*↑ • mortality

فان *fān(in) act. part. adj.* **def.** • mortal

فناء *fināʔ n.* |*pl.* أفنية *ʔafniya*| • courtyard

فهد *fahd n.* |*pl.* فهود *fuhūd*| • cheetah

فهرس *fihris n.* |*pl.* **dip.** فهارس *fahāris*| • table of contents, index

QI **فهرس** *fahrasa v.tr.* |*11s* يفهرس *yufahrisu* | فهرسة *fahrasa*| • index, catalog, tabulate

فهم *fahima v.tr.* |*1s4* يفهم *yafhamu* | فهم *fahm*| • understand, comprehend ◊ وإذا كنت قد فهمت بصورة صحيحة،... *If I understood correctly,...* ▪ على ما أفهم *Ɛalā mā ʔafhamu* as far as I understand ▪ لا يفهم *lā yufhamu pass. v.* incomprehensible

فهم *fahm n.*↑ |*pl.* أفهام *ʔafhām*| • understanding *of* لـ, comprehension, grasp ▪ ثقيل الفهم *taqīl alfahm*, بطيء الفهم *baṭīʔ · alfahmi adj.* thick in the head, stupid, slow

مفهوم *mafhūm pass. part.* • *adj.* understood, understandable ▪ من المفهوم أن *mina -lmafhūmi ʔanna* it is understood that... • *n.* |*pl.* **dip.** مفاهيم *mafāhīm*| concept, idea, notion

II **فهم** *fahhama v.tr.* |*2s* يفهم *yufahhimu* | تفهيم *tafhīm*| • make understand *sb* ه *sth* ه, explain ◊ فهمه المسألة. *He explained the problem to him.*

V **تفهم** *tafahhama v.tr.* |*5s* يتفهم *yatafahhamu* | تفهم *tafahhum*| • come to understand, begin to see

متفهم *mutafahhim act. part. adj.* |*elat.* أكثر تفهما *ʔaktar tafahhuman*| • understanding, sympathetic

VI **تفاهم** *tafāhama v.intr.* |*6s* يتفاهم *yatafāhamu* | تفاهم *tafāhum*| • understand each other

تفاهم *tafāhum n.*↑ • mutual understanding

X **استفهم** *istafhama v.intr.* |*10s* يستفهم *yastafhimu* | استفهام *istifhām*| • ask *about* عن, inquire *about*, question *about*

استفهام *istifhām n.*↑ • inquiry, query ▪ علامة استفهام *Ɛalāmat · istifhām* question mark ▪ اسم استفهام *ism · istifhām* *(grammar)* interrogative

فات *fāta v.* |*1h3* يفوت *yafūtu* | فوات *fawāt*| • *v.intr.* *(time)* pass, elapse ▪ فات الوقت *fāta alwaqtu*, فات الأوان *fāta alʔawānu* be too late ▪فاته *fātahu v.tr.* miss (lit. pass *sb* by) ⓘ *The subject of the English verb 'miss' is expressed as the object of the verb* فات *fāta:* ◊ سيفوتنا القطار. *We're going to miss the train. (lit. The train is going to pass us by.)* ▪ فاتته فرصة *fātathu furṣatun* miss an opportunity

فوات *fawāt n.*↑ • passage (of time) ▪ بعد فوات الأوان *baƐda fawāti -lʔawāni adv.* too late ▪ قبل فوات الأوان *qabla fawāti -lʔawāni adv.* before it is too late, in time

II **فوت** *fawwata v.tr.* |*2s* يفوت *yufawwitu* | تفويت *tafwīt*| • miss, let pass by ▪ فوت فرصة *fawwata furṣa* miss an opportunity

VI **تفاوت** *tafāwata v.intr.* |*6s* يتفاوت *yatafāwatu* | تفاوت *tafāwut*| • conflict, contrast • vary, be different, be unequal

تفاوت *tafāwut n.*↑ • variance, disparity

متفاوت *mutafāwit act. part. adj.* |*elat.* أكثر تفاوتا *ʔaktar tafāwutan*| • inconsistent, contradictory, clashing • varying, disparate, unequal

فوج *fawj n.* |*pl.* أفواج *ʔafwāj*| • group

فودكا *vodka n.* **invar.** • vodka

فار *fāra v.intr.* |*1h3* يفور *yafūru* | فوران *fawarān* or فور *fawr*| • boil, simmer • *(of springs, etc.)*

gush up, shoot up

فور *fawr n.*↑ • فورا *fawran*, من فوره *min fawrihi*, على الفور *Ƹalā -lfawri*, للفور *li-lfawri* *adv.* immediately, at once, right away, instantly

فور *fawra prep.* • immediately after ▪ فور ذلك *fawra đālika* immediately thereafter; [+ masdar] as soon as ◊ فور وصوله إلى العاصمة *as soon as he arrived in the capital*

فوري *fawrīy adj.* • immediate ▪ من فوري *min fawrīy adv.* immediately, at once, right away, instantly ◊ سأحضر من فوري. *I'll come right away.*

فاز *fāza v.intr.* |1h3 يفوز *yafūzu* | فوز *fawz* | • win بـ • defeat على, beat

فوز *fawz n.*↑ • victory *against* على, win

فائز *fāʔiz act. part.* • *adj.* victorious • *n.* winner

فوضى *fawḍā n.* ***f. invar.*** • chaos, anarchy

فوضوي *fawḍawīy adj.* • chaotic

II **فوض** *fawwaḍa v.tr.* |2s يفوض *yufawwiḍu* | تفويض *tafwīḍ* | • authorize *sb* ∘ *to (do)* بـ, deputize

مفوض *mufawwaḍ pass. part. n.* • commissioner, deputy ▪ مفوض سام *mufawwaḍ sām(in)* high commissioner

مفوضية *mufawwaḍīyat n.* • commisariat, legation

III **فاوض** *fāwaḍa v.tr.* |3s يفاوض *yufāwiḍu* | مفاوضة *mufāwaḍat* | • negotiate *with* ∘ *about* في

مفاوضة *mufāwaḍat n.*↑ • negotiation

مفاوض *mufāwiḍ act. part. n.* • negotiator

VI **تفاوض** *tafāwaḍa v.intr.* |6s يتفاوض *yatafāwaḍu* | تفاوض *tafāwuḍ* | • negotiate *with* مع

تفاوض *tafāwuḍ n.*↑ • negotiation

فوطة *fūṭat n.* |*pl.* فوط *fuwaṭ* | • towel • cloth ▪ فوطة صحية *fūṭat ṣiḥḥīyat* sanitary pad, menstrual pad • futah (traditional Yemeni garment for men wrapped around the waist) ***➡ picture to the right***

فاق *fāqa v.tr.* |1h3 يفوق *yafūqu* | فوق *fawq* | • surpass, exceed

فوق *fawq n.*↑ • top, upper part

فوق *fawqa prep.* • on; above, over; more than, over ◊ فوق سن الأربعين *over the age of forty* ▪ فوق ذلك *fawqa đālika*, وفوق هذا *wa-fawqa hāđā adv.* in addition, additionally

فوق *fawqu adv.* • above, on top

فوقي *fawqīy*, فوقاني *fawqānīy adj.* • upper

فائق *fāʔiq act. part. adj.* • superior, outstanding

II **فوق** *fawwaqa v.tr.* |2s يفوق *yufawwiqu* | تفويق *tafwīq* | • aim *sth* ∘ *at* إلى

V **تفوق** *tafawwaqa v.intr.* |5s يتفوق *yatafawwaqu* | تفوق *tafawwuq* | • outdo على, surpass ◊ تفوقت الشركة على منافسيها. *The company outdid its competitors.* • excel *in* في ◊ تفوقوا في دراساتهم. *They excelled in their studies.*

تفوق *tafawwuq n.*↑ • superiority, excellence

فول *fūl coll. n.* |*sing.* فولة *fūlat* | • beans ▪ فول سوداني *fūl sūdānīy* peanuts ▪ فول صويا *fūl · ṣūyā* soybeans, soya

فولت *volt n.* • volt

فولتية *voltīyat n.* • voltage

A Yemeni man wearing a futah

في *fī prep.* • in ***➡ compare with*** ***بـ bi- p. 23, ➡ table on p. 240*** ◊ في الغرفة *in the room* ⓘ *literally 'in', but may translate in English as 'at', 'on', etc., depending on the context:* ◊ في الساعة الثالثة *at three o'clock* ◊ في الفريق *on the team* ◊ أفكر فيه. *I'm thinking about it.* • [+ definite genitive noun + indefinite nominative noun] there is ◊ في الحديقة زهور جميلة. *There are beautiful flowers in the garden.* ◊ كان في السيارة شخصان. *There were two people in the car.* • per, a ◊ ثلاث مرات في اليوم *three times a day* • *(multiplication)* times ◊ ثلاثة في خمسة يساوي خمسة عشر. *Three times five equals fifteen.*

فيما *fī-mā conj.* • while ◊ فيما كنا نتناول الطعام، انقطعت الكهرباء. *While we were eating, the electricity went out.* ▪ فيما إذا *fī-mā ʔiđā* whether, if ◊ تشاورنا فيما إذا كنا سنذهب أو لا. *We discussed whether or not we were going.* • in which, in what ◊ استغرق فيما كان يفعله. *He was wholly engaged in what he was doing.* ▪ فيما بعد *fī-mā baƐd^{u} adv.* later ◊ أراك فيما بعد *See you later!* ▪ فيما مضى *fī-mā mađā adv.* in the past, formerly, earlier ▪ فيما أرى *fī-mā ʔarā* as I see it ▪ فيما عدا ذلك *fī-mā Ɛadā đālika* apart from that

فيَّ *fīya*	فينا *fīnā*	
فيكَ *fīka*	فيكما *fīkumā*	فيكم *fīkum*
فيكِ *fīki*		فيكن *fīkunna*
فيه *fīhi*	فيهما *fīhimā*	فيهم *fīhim*
فيها *fīhā*		فيهن *fīhinna*

فيتامين *vītāmīn n.* ***invar.*** • vitamin
فيتنام *viyatnām n.* ***f. invar.*** • Vietnam
فيتنامي *viyatnāmīy adj. & n.* • Vietnamese
فائدة *fāʔida^{t} n.* |*pl.* ***dip.*** فوائد *fawāʔid*| • usefulness, use, benefit ▪ ما الفائدة؟ *mā -lfāʔida^{t}* What's the use? • *(finance)* interest
IV **أفاد** *ʔafāda v.* |*4h* يفيد *yufīd^{u}* | إفادة *ʔifāda^{t}*| • *v.intr.* benefit, be useful *for* • benefit *from* من, profit *from*, utilize • *v.tr.* inform *sb* ∘ *of* بـ, notify, advise, report ▪ أفاد بأنّ *ʔafāda bi-ʔanna* report that...
إفادة *ʔifāda^{t} n.*↑ • advantage, benefit, usefulness • notification, statement
مفيد *mufīd act. part. adj.* |*elat.* أفيد *ʔafyad*| • useful *for* لـ
مفاد *mufād pass. part. n.* • contents, substance
X **استفاد** *istafāda v.* |*10h* يستفيد *yastafīd^{u}* | استفادة *istifāda^{t}*| • *v.intr.* benefit *from* من, profit *from*, utilize • *v.tr.* deduce *sth* ∘ *from* من, figure out ▪ استفاد منه أنّ *istafāda minhu ʔanna* gather from *sth* that...
استفادة *istifāda^{t} n.*↑ • use, utilization
مستفيد *mustafīd act. part. n.* • beneficiary
فيدرالي *fīdirālīy adj.* • federal
فيديو *vidyo* or *vīdiyo n.* ***invar.*** |*pl.* فيديوهات *vidyohāt*| • video
فيروز *fayrūz n.* • *(stone)* turquoise • ***f. dip.*** *woman's name* Feyrouz, Fairuz
فيروزي *fayrūzīy adj.* • *(color)* turquoise
فيروس *vayrūs n.* • virus
فيزا *vīzā n.* ***f. invar.*** • visa ▪ فيزا سياحية *vīzā siyāḫīya^{t}*
فيزياء *fīzyāʔ n.* • physics
فيزيائي *fīzyāʔīy* • *adj.* physical • *n.* physicist
فيس بوك *fays būk n.* ***invar.*** • Facebook™
فاض *fāđa v.intr.* |*1h2* يفيض *yafīđ^{u}* | فيضان *fayađān*| • flood • overflow ▪ فاضت روحه *fāđat rūḫ^{u}hu* die, pass away • be abundant, be plentiful
فيضان *fayađān n.*↑ • flood
فائض *fāʔiđ act. part. n.* |*pl.* ***dip.*** فوائض *fawāʔiđ*| • surplus
مفيض *mafīđ n.* • drain, outlet
فيل *fīl n.* |*pl.* أفيال *ʔafyāl*| • elephant • *(chess)* bishop
فيلا *villā n.* ***invar.*** |*pl.* فيلات *villāt* or فلل *vilal*| • villa
فيلم *film* or *filim n.* |*pl.* أفلام *ʔaflām*| • film, movie ▪ فيلم وثائقي *film waθāʔiqīy* documentary film
الفيوم *alfayyūm n.* ***f.*** • *(city in Egypt)* Faiyum
➡ ***map on p. 287***
فيينا *viyannā n.* ***f. invar.*** • *(capital of Austria)* Vienna

ق

ق *qāf* n. **f.** |قاف| • *(twenty-first letter of the Arabic alphabet)* • *(numerical value)* 100
➡ ***The Abjad Numerals p. 61***

قابيل *qābīl* **dip.** *man's name* • Cain ▪ قابيل و هابيل *qābīl wa-hābīl* Cain and Abel

قاف *qāf* n. **f.** ➡ ق ***above***

قامشلي *qāmišlī* n. **f. dip.** • *(city in Syria)* Qamishli
➡ ***map on p. 152***

قبة *qubba^t* n. |pl. قباب *qibāb* or قبب *qubab*| • dome ▪ مسجد قبة الصخرة *masjid qubbat^i -ṣṣaxra^ti* the Dome of the Rock

The Dome of the Rock in Jerusalem

قبح *qabuḥa* v.intr. |1s6 يقبح *yaqbuḥ^u* | قبح *qubḥ*| • be ugly

قبح *qubḥ* n.↑ • ugliness

قبيح *qabīḥ* adj. |m. pl. قباح *qibāḥ* | elat. أقبح *ʔaqbaḥ*| • ugly ▪ أقبح من قرد *ʔaqbaḥ min qird^in* *idiom* uglier than a monkey (i.e. very ugly)

قبر *qabr* n. |pl. قبور *qubūr*| • grave, tomb

مقبرة *maqbara^t* n. |pl. **dip.** مقابر *maqābir*| • cemetery

قبرص *qubruṣ* n. **f. dip.** • Cyprus

قبرصي *qubruṣī^y* adj. & n. • Cypriot

قابس *qābis* n. |pl. **dip.** قوابس *qawābis*| • *(connector)* plug ▪ قابس كهربائي *qābis kahrabāʔī^y* power plug ▪ أدخل قابسا في مأخذ *ʔadxala qābisan fī maʔxaḏ* v. plug in ▪ أخرج قابسا من مأخذ *ʔaxraja qābisan min maʔxaḏ* v. unplug

قابس *qābis* n. **f. dip.** • *(city in Tunisia)* Gabès
➡ ***map on p. 45***

VIII **اقتبس** *iqtabasa* v.tr. |8s يقتبس *yaqtabis^u* | اقتباس *iqtibās*| • quote, cite

اقتباس *iqtibās* n.↑ • quotation, citation

قبض *qabaḍa* v.intr. |1s2 يقبض *yaqbiḍ^u* | قبض *qabḍ*| • arrest على • grip على, hold, grab

قابض *qābiḍ* act. part. n. • clutch ▪ دواسة قابض *dawwāsat · qābiḍ* clutch pedal

قبضة *qabḍa^t* n. |pl. قبضات *qab(a)ḍāt*| • grip • fist

مقبض *miqbaḍ* n. |pl. **dip.** مقابض *maqābiḍ*| • handle ▪ مقبض باب *miqbaḍ · bāb* door knob

قبطي *qibṭī^y* |pl. أقباط *ʔaqbāṭ*| • *adj.* Coptic • *n.* Copt

قبطان *qubṭān* n. |pl. قباطنة *qabāṭina^t*| • captain

قبعة *qubbaƐa^t* n. • hat, cap ▪ قبعة بيسبول *qubbaƐat · baysbōl* baseball cap ▪ قبعة عالية *qubbaƐa^t Ɛāliya^t* top hat

قبل *qabila* v. |1s4 يقبل *yaqbal^u* | قبول *qabūl*| • *v.intr.* accept بـ, approve, agree *to*, consent *to* • *v.tr.* receive, approve *of*

قبول *qabūl* n.↑ • acceptance, approval • reception ▪ مكتب قبول *maktab · qabūl* *(university)* admissions office

قابل *qābil* act. part. adj. |elat. أكثر قابلية *ʔaktar qābilīya^tan*| • suitable *for* لـ, subject *to*, prone *to*, -able, -ible ▪ قابل للأكل *qābil li-lʔakl^i* edible ▪ قابل للتجديد *qābil li-ttajdīd^i* renewable ▪ قابل للتطبيق *qābil li-ttaṭbīq^i* applicable, feasible ▪ قابل للحياة *qābil li-lḥayā^ti* viable ▪ قابل للكسر *qābil li-lkasr^i* breakable, fragile ▪ قابل للتدوير *qābil li-ttadwīr^i*, قابل لإعادة التدوير *qābil li-ʔiƐādat^i -ttadwīr^i* adj. recyclable

قابلة *qābila^t* n. • midwife

قابلية *qābilīya^t* n. • suitability, -ability, -ibility ▪ قابلية للحياة *qābilīya^t li-lḥayā^t* viability

مقبول *maqbūl* pass. part. adj. |elat. أكثر قبولا *ʔaktar qabūlan*| • acceptable ▪ بشكل غير مقبول *bi-šakl^in ɣayr^i maqbūl^in* in an unacceptable manner

قبل *qabla* prep. • *(time)* before ▪ قبل ___ بـ *qabla ___ bi-* ... before ___ ◊ قبل الامتحان بيومين *two days before the test* ▪ قبل أنْ *qabla ʔan* conj. *(past, present, or future)* before ◊ قبل أن يموت بساعة *an hour before he died* ▪ قبلا *qablan* adv. formerly, previously, before ◊ أعتذر عما قلته قبلا. *I apologize for what I said before.* ▪ قبل كل شيء

qabla kull^{i} šay?^{in} adv. first of all ▪ قبل قليل *qabla qalīl^{in} adv.* just (now), a little while ago ▪ ما قبل *mā qabla (lit. that which was before)* before, pre- ◊ تكنولوجيا ما قبل عشر سنوات *ten-year-old technology* ◊ علاقات ما قبل الزواج *pre-marital relations* ▪ ما قبل التاريخ *mā qabla -ttārīx^{i}* prehistoric • ago ▪ قبل أيام *qabla ?ayyām^{in} adv.* a few days ago • *(location)* before ◊ قبل آخر الشارع بخمسين متر تقريبا *about fifty meters before the end of the street*

قبل *qablu adv.* • before, in the past ▪ من قبل *min qablu* already, before, earlier ◊ لم أرها من قبل. *I've never seen her before.*; ago ▪ من ذي قبل *min dī qablu* than before ◊ أحبك الآن أكثر من ذي قبل. *I love you more than before.*

قبلما *qablamā conj.* • before ◊ أسرع قبلما يغادر القطار. *Hurry before the train leaves.*

قبل *qibal n.* • *n.* ability ▪ من قبل *min qibal^{i} prep.* by, on the part of

قبل *qibala prep.* • in the direction of ◊ صوب الضابط المسدس قبل اللص. *The police officer aimed the gun in the direction of the thief.*

قبلة *qibla^{t} n.* • qiblah (the direction of Kaaba, which Muslims face during prayer), kiblah ▪ مسجد القبلتين *masjid · alqiblatayn^{i}* Mosque of the Two Qiblas (in Medina)

The Mosque of the Two Qiblas in Medina

قبلة *qubla^{t} n.* |*pl.* قبلات *qub(u)lāt*| • kiss

قبال *qibāla prep.* • opposite, facing, in front of ◊ توجه للمتجر قبال المحطة. *He headed toward the shop facing the station.*

قبالة *qabāla^{t} n.* • contract, agreement

قبالة *qubālata prep.* • opposite, facing, in front of

قبيل *qubayla prep. diminutive* • shortly before ▪ قبيل أنْ *qubayla ?an conj.* shortly before

قبيل *qabīl n.* • kind, sort, type

قبيلة *qabīla^{t} n.* |*pl.* **dip.** قبائل *qabā?il*| • tribe

قبلي *qabalī^{y} adj.* • tribal

II **قبل** *qabbala v.tr.* |*2s* يقبل *yuqabbil^{u}* | تقبيل *taqbīl*| • kiss

مقبلات *muqabbilāt act. part. pl. n.* • appetizers, side dishes, hors d'oeuvres

III **قابل** *qābala v.tr. & intr.* |*3s* يقابل *yuqābil^{u}* | مقابلة *muqābala^{t}*| • meet (بـ)

مقابلة *muqābala^{t} n.*↑ • interview

مقابل *muqābil act. part.* • *adj.* opposite لـ, across from, facing • *n.* recompense, remuneration, compensation ▪ في المقابل *fī -lmuqābil^{i}* in contrast

مقابل *muqābila prep.* • in exchange for, in return for ◊ طلب أموالا مقابل خدماته. *He asked for money in exchange for his services.* • opposite, facing • in comparison with, versus

IV **أقبل** *?aqbala v.intr.* |*4s* يقبل *yuqbil^{u}* | إقبال *?iqbāl*| • approach على • show up على, arrive

إقبال *?iqbāl n.*↑ • approach • turnout, participation ▪ إقبال على تصويت *?iqbāl Ɛalā taṣwīt* voter turnout

مقبل *muqbil act. part. adj.* • next, coming, future, forthcoming ◊ الثلاثاء المقبل *this coming Tuesday* ▪ في الأيام القليلة المقبلة *fī -l?ayyām^{i} -lqalīla^{ti} -lmuqbila^{ti} adv.* in the next few days

V **تقبل** *taqabbala v.tr.* |*5s* يتقبل *yataqabbal^{u}* | تقبل *taqabbul*| • receive, accept, welcome

تقبل *taqabbul n.*↑ • reception, acceptance, welcome

VI **تقابل** *taqābala v.intr.* |*6s* يتقابل *yataqābal^{u}* | تقابل *taqābul*| • get together *with* مع, meet

VIII **اقتبل** *iqtabala v.tr.* |*8s* يقتبل *yaqtabil^{u}* | اقتبال *iqtibāl*| • receive, accept, welcome

اقتبال *iqtibāl n.*↑ • reception, acceptance, welcome

مقتبل *muqtabal pass. part. adj.* • prime, early part ▪ في مقتبل العمر *fī muqtabal^{i} -lƐumr^{i}* in the prime of life

X **استقبل** *istaqbala v.tr.* |*10s* يستقبل *yastaqbil^{u}* | استقبال *istiqbāl*| • receive

استقبال *istiqbāl n.*↑ • reception ▪ موظف استقبال *muwaẓẓaf · istiqbāl* receptionist

مستقبل *mustaqbal pass. part.* • *adj.* future ▪ مستقبلا *mustaqbalan adv.* in the future • *n.* future ▪ في المستقبل القريب *fī -lmustaqbal^{i} -lqarīb^{i} adv.* in the

near future
مستقبلي *mustaqbalīy adj.* • prospective

قبو *qabw n.* |*pl.* أقبية *ʔaqbiya^t*| • vault, arched ceiling

قتل *qatala v.tr.* |*1s3* يقتل *yaqtul^u* | قتل *qatl*| • kill, murder ▪ قتل وقتا *qatala waqtan* kill time ▪ قتله الله *qatalahu aLLāh^u* may God kill *sb* ▪ قُتل *qutila pass. v.* be killed

قتل *qatl n.*↑ • murder, homicide

قاتل *qātil act. part.* |*pl.* قتلة *qatala^t* or قاتلون *qātilūn^a*| • *n.* killer, murderer • *adj.* |*elat.* أقتل *ʔaqtal*| lethal, deadly

قتال *qitāl n.* • combat, fight
قتالي *qitālīy adj.* • combative ▪ فنون قتالية *fanūn qitālīya^t pl. n.* martial arts

قتيل *qatīl* |*pl.* **invar.** قتلى *qatlā*| • *adj.* killed • *n.* casualty

مقتل *maqtal n.* • murder, homicide, killing

II **قتّل** *qattala v.tr.* |*2s* يقتّل *yuqattil^u* | تقتيل *taqtīl*| • slaughter, massacre, butcher

تقتيل *taqtīl n.*↑ • slaughter, massacre, butchery

III **قاتل** *qātala v.tr.* |*3s* يقاتل *yuqātil^u* | مقاتلة *muqātala^t*| • battle *against*, fight

مقاتلة *muqātala^t n.*↑ • battle, fight

مقاتل *muqātil act. part. n.* • fighter, combatant, warrior

VI **تقاتل** *taqātala v.intr.* |*6s* يتقاتل *yataqātal^u* | تقاتل *taqātul*| • battle (each other), fight

قتم *qatama v.intr.* |*1s3* يقتم *yaqtum^u* | قتامة *qatāma^t*| • darken, become dark

قاتم *qātim act. part. adj.* |*elat.* أقتم *ʔaqtam* or أكثر قتامة *ʔaktar qatāma^{tan}*| • dark, gloomy, murky

قحط *qaḫṭ n.* • drought

قاحل *qāḫil adj.* |*elat.* أقحل *ʔaqḫal*| • arid, dry ▪ شبه قاحل *šibh · qāḫil* semi-arid

VIII **اقتحم** *iqtaḫama v.tr.* |*8s* يقتحم *yaqtaḫim^u* | اقتحام *iqtiḫām*| • intrude, invade, break *into* ▪ اقتحم طابورا *iqtaḫama ṭābūran* cut in line (UK: jump queue)

اقتحام *iqtiḫām n.*↑ • intrusion, invasion
اقتحامي *iqtiḫāmīy adj.* • intrusive, invasive

مقتحم *muqtaḫim act. part. n.* • intruder

قد *qad(i) particle* • [+ imperfect] perhaps, maybe, may, might ◊ قد يكون ضروريا. *It may be necessary.* • قد *qad*, فقد *fa-qad*, لقد *la-qad*, وقد *wa-qad* [+ perfect] already ◊ لقد قلت ذلك قبل سنوات. *I said that years ago.* ▪ كان قد *kāna qad* [+ perfect] had *(done)* ◊ كانت قد تخرجت من الجامعة. *She had already graduated from college.* ▪ يكون قد *yakūn^u qad*, سيكون قد *sa-yakūn^u qad* [+ perfect] will have *(done)* ◊ بحلول ذلك الوقت سأكون قد انتهيت. *I will have finished by then.*

قدح *qadaḫ n.* |*pl.* أقداح *ʔaqdāḫ*| • tea glass • mug
➡ ***also picture on p. 155***

Tea is customarily served in small glasses.

قدّاحة *qaddāḫa^t n.* • lighter

قدر *qadira v.intr.* |*1s4* يقدر *yaqdar^u* | قدر *qadar*| • قدر على أنْ *qadira Ɛalā ʔan* be able to *(do)* ◊ لا أقدر على أن أتحدث عنه. *I can't talk about it.*

قدر *qadar n.* |*pl.* أقدار *ʔaqdār*| • fate, destiny

قادر *qādir act. part. adj.* |*elat.* أقدر *ʔaqdar*| • able *to* على, capable ▪ غير قادر *ɣayr · qādir* incapable

قدر *qadr n.* |*pl.* أقدار *ʔaqdār*| • amount, quantity ▪ بقدر *bi-qadr^i*, على قدر *Ɛalā qadr^i prep.* to the extent of ▪ قدر الإمكان *qadr^a -lʔimkān^i*, على قدر الإمكان *Ɛalā qadr^i -lʔimkān^i*, بقدر الإمكان *bi-qadr^i -lʔimkān^i* as much as possible ▪ بقدر ما *bi-qadr^i mā conj.* as much as ◊ تستطيع البقاء بقدر ما تريد. *You can stay as long as you want.* ▪ على قدر كبير من *Ɛalā qadr^{in} kabīr^{in} min* [+ masdar] very, extremely ▪ على قدر كبير من الأهمية *Ɛalā qadr^{in} kabīr^{in} min^a -lʔahammīya^{ti}* very important, of great importance
قدر *qadra prep.* • to the extent of ▪ قدر ما *qadra mā conj.* as much as ◊ تستطيع البقاء قدر ما تريد. *You can stay as long as you want.*

قدر *qidr n.* ***f.*** |*pl.* قدور *qudūr*| • cooking pot

قدرة *qudra^t n.* |*pl.* قدرات *qud(u)rāt*| • power, capacity, ability, strength

قدير *qadīr adj.* |*elat.* أقدر *ʔaqdar*| • capable, qualified

مقدرة *maqdara^t* or *maqdira^t n.* • power, capacity, ability, strength

مقدار *miqdār n.* |*pl.* **dip.** مقادير *maqādīr*| • quantity

• measure

II قدر *qaddara v.tr.* |2s يقدر *yuqaddir*[u] | تقدير *taqdīr*| • estimate *sth* ◦ *at* بـ, evaluate, assess • appreciate, value, cherish

تقدير *taqdīr n.*↑ • estimate, estimation, evaluation, assessment • esteem, respect, appreciation ▪ نال تقديره *nāla taqdīr*[a]*hu v.* earn *sb's* respect

مقدر *muqaddir act. part. n.* • appraiser

V تقدر *taqaddara v.intr.* |5s يتقدر *yataqaddar*[u] | تقدر *taqaddur*| • be estimated, be evaluated, be assessed

قدس *qadusa v.intr.* |1s6 يقدس *yaqdus*[u] | قدس *quds* or *qudus*| • be holy, be sacred

قدس *quds* or *qudus n.*↑ • holiness, sacredness ▪ الروح القدس *arrūḫ alqudus* the Holy Spirit, the Holy Ghost • |*pl.* أقداس *ʔaqdās*| sanctuary, holy site

قدسي *qudsīʸ adj.* |*elat.* أقدس *ʔaqdas*| • holy, sacred

القدس *alquds n.* ***f.*** • *(city disputedly in Palestine and/or Israel)* Jerusalem ▪ القدس الشرقية *alquds aššarqīya*[t] East Jerusalem ***➡ map on p. 237*** ▪ القدس العربي *alquds alƐarabīʸ n.* ***f.*** Al-Quds Al-Arabi (international Arabic language newspaper headquartered in London)

قداس *quddās n.* • *(religion)* mass

قديس *qiddīs n.* • saint ▪ عشية عيد القديسين *Ɛašīyat · Ɛīd · alqiddīsīn*[a] Halloween

II قدس *qaddasa v.tr.* |2s يقدس *yuqaddis*[u] | تقديس *taqdīs*| • deem holy, consider sacred

مقدس *muqaddas pass. part. adj.* |*elat.* أقدس *ʔaqdas*| • holy, sacred ▪ الأراضي المقدسة *alʔarāḏī -lmuqaddasa*[t] *pl. n.* the Holy Lands ▪ البيت المقدس *albayt almuqaddas* ***f.*** Jerusalem ***➡ map on p. 237*** ▪ الكتاب المقدس *alkitāb almuqaddas n.* the Bible ▪ موقع مقدس *mawqiƐ muqaddas n.* holy site

قدم *v.* • *qadima v.tr. & intr.* |1s4 يقدم *yaqdam*[u] | قدوم *qudūm*| arrive *at* (إلى *or* على), come *from* من • *qaduma v.intr.* |1s6 يقدم *yaqdum*[u] | قدم *qidam*| be old

قدم *qidam n.*↑ • olden times, distant past, antiquity ▪ منذ القدم *munḏu -lqidam*[i] *adv.* long ago

قدوم *qudūm n.*↑ • arrival

قادم *qādim act. part.* • *adj.* next, coming, future, forthcoming ◊ من هو الرئيس القادم؟ *Who will the next president be?* ◊ في القرن القادم *in the coming century* ▪ الثلاثاء القادم *attulātāʔ*[a] *-lqādim*[a] *adv.* next Tuesday ▪ العام القادم *alƐām*[a] *-lqādim*[a] *adv.* next year • coming *from* من ◊ عدد السياح القادمين من بريطانيا *the number of tourists (coming) from Britain* • *n.* arriver ▪ قادم جديد *qādim jadīd* new-comer

قدم *qadam n.* ***f.*** |*pl.* أقدام *ʔaqdām*| • foot ▪ كرة القدم *kurat · alqadam*[i] soccer (UK: football) ▪ مشى على قدمين حافيين *mašā Ɛalā qadamayn*[i] *ḫāfiyayn*[i] *v.* walk barefoot • *(animal)* paw, foot

قدما *quduman adv.* • forward ▪ مضى قدما *maḏā quduman*, سار قدما *sāra quduman* proceed, go on, go forward

قدام *quddām n.* • front ▪ من قدام *min quddām*[i] *prep.* in front of

قدام *quddāma prep.* • ◊ وقف قدام الباب. *He stood in front of the door.* in front of; toward

قديم *qadīm adj.* |*m. pl.* ***dip.*** قدماء *qudamāʔ* | *elat.* أقدم *ʔaqdam*| • old ▪ قديما *qadīman adv.* in the past, in the old days, once • ancient ▪ المصريون القدماء *almiṣrīyūn*[a] *-lqudamāʔ* the ancient Egyptians

II قدم *qaddama v.tr.* |2s يقدم *yuqaddim*[u] | تقديم *taqdīm*| • introduce *sb/sth* ◦ *to* إلى *or* لـ • present *sb/sth* ◦ *to* إلى *or* لـ, serve (food), offer, submit ◊ قدمت الطعام للضيوف. *She served food to the guests.* ▪ قدم عرضا *qaddama Ɛarḏan* make an offer ▪ قدم طلبا لـ *qaddama ṭalaban li-* apply *for/to* (a job, school, etc.) • precede

تقديم *taqdīm n.*↑ • presentation

مقدم *muqaddim act. part. n.* • presenter ▪ مقدم طلب *muqaddim · ṭalab* applicant

مقدم *muqaddam pass. part. adj.* • preceded ▪ مقدما *muqaddaman adv.* in advance

IV أقدم *ʔaqdama v.tr.* |4s يقدم *yuqdim*[u] | إقدام *ʔiqdām*| • undertake على, tackle, venture *upon*

إقدام *ʔiqdām n.*↑ • enterprise

V تقدم *taqaddama v.intr.* |5s يتقدم *yataqaddam*[u] | تقدم *taqaddum*| • progress, advance, develop ▪ كما تقدم *ka-mā taqaddama adv.* as previously mentioned • present *oneself* ▪ تقدم إلى امتحان *taqaddama ʔilā imtiḫān* take a test, sit for an examination • submit بـ ▪ تقدم باقتراح *taqaddama bi-qtirāḫ* submit a proposal ▪ تقدم بطلب لـ *taqaddama bi-ṭalab*[in] *li-* apply *for/to* (a job, school, etc.) ◊ هل تقدمت بطلب لهذه الوظيفة من قبل؟ *Have you applied for this position before?*

تقدم *taqaddum n.*↑ • progress ▪ حقق تقدما في *ḫaqqaqa taqadduman fī v.* make headway *into,*

make inroads *into*
تقدمي *taqaddumīʸ* *adj.* |*elat.* أكثر تقدما *ʔaktar taqadduman*| • progressive
متقدم *mutaqaddim* *adj.* • |*elat.* أكثر تقدما *ʔaktar taqadduman*| advanced, developed ▪ متقدم في السن *mutaqaddim fī -ssinnⁱ* advanced in years, old ▪ دولة متقدمة *dawlaᵗ mutaqaddimaᵗ* developed country • previous, former
X **استقدم** *istaqdama* *v.tr.* |*10s* يستقدم *yastaqdimᵘ* | استقدام *istiqdām*| • summon, call *for*, send *for*
مقدمة *muqaddimaᵗ* *act. part. n.* • introduction, preface
قدوة *qudwaᵗ* *n.* |*pl.* قدوات *qud(u)wāt*| • role model, example
قذر *qađir* *adj.* |*elat.* أقذر *ʔaqđar*| • dirty
قذارة *qađāraᵗ* *n.* • dirtiness
قاذورات *qāđūrāt* *pl. n.* • garbage (UK: rubbish), litter
أقذار *ʔaqđār* *pl. n.* • filth, dirt
قذف *qađafa* *v.tr. & intr.* |*1s2* يقذف *yaqđ**i**fᵘ* | قذف *qađf*| • throw (بـ), hurl, drop ▪ قذف بقنابل *qađafa bi-qanābilᵃ* bomb, shell ▪ قذف المني *qađafa almanīʸ* ejaculate, cum
قذف *qađf* *n.*↑ • defamation, slander, libel ▪ سب وقذف *sabb wa-qađf* *(legal)* libel and defamation • throwing ▪ قذف بقنابل *qađf bi-qanābilⁱⁿ* bombing, shelling ▪ قذف مني *qađf · manīʸ* ejaculation
قذفي *qađfīʸ* *adj.* • libelous, slanderous
قاذفة *qāđifaᵗ* *act. part. n.* • bomber plane
قذيفة *qađīfaᵗ* *n.* |*pl.* **dip.** قذائف *qađāʔif*| • bomb, shell, missile ▪ قذيفة أرض-أرض *qađīfat · ʔarḍ-ʔarḍ* surface-to-surface missile ▪ قذيفة أرض-جو *qađīfat · ʔarḍ-jaww* surface-to-air missile
قرأ *qaraʔa* *v.* |*1s1(b)* يقرأ *yaqr**a**ʔᵘ* | قراءة *qirāʔaᵗ*| • *v.tr.* read ▪ قرأ القرآن *qaraʔa alqurʔānᵃ* recite the Quran ▪ قرأ لـ *qaraʔa li-* *v.intr.* read (a writer) ◊ هل قرأت لنجيب محفوظ؟ *Have you read Naguib Mahfouz?*
قراءة *qirāʔaᵗ* *n.*↑ • recitation
قارئ *qāriʔ* *act. part. n.* |*pl.* قراء *qurrāʔ*| • reader
مقروء *maqrūʔ* *pass. part. adj.* • legible
القرآن *alqurʔān* *n.* • The Quran ▪ القرآن الكريم *alqurʔān alkarīm* The Holy Quran
قرآني *qurʔānīʸ* *adj.* • Quranic
IV **أقرأ** *ʔaqraʔa* *v.tr.* |*4s(c)* يقرئ *yuqriʔᵘ* | إقراء *ʔiqrāʔ*| • have read *sb* ∘ *sth* ∘
X **استقرأ** *istaqraʔa* *v.tr.* |*10s(c)* يستقرئ *yastaqriʔᵘ* | استقراء *istiqrāʔ*| • investigate, study, scrutinize, examine • ask to recite
قراصيا *qarāṣyā* *n.* ***invar.*** • prune
قرب *qaruba* *v.intr.* |*1s6* يقرب *yaqr**u**bᵘ* | قرب *qurb*| • approach من *or* إلى, draw near *to*
قرب *qurb* *n.*↑ • nearness, vicinity, proximity ▪ بالقرب من *bi-lqurbⁱ min* *prep.* near, close to ▪ عن قرب *Ɛan qurbⁱⁿ* *adv.* close up; intimately
قرب *qurba* *prep.* • near, close to, in the vicinity of ◊ منزلي قرب المستشفى. *My house is near the hospital.*
قارب *qārib* *act. part. n.* |*pl.* **dip.** قوارب *qawārib*| • boat
قرابة *qarābaᵗ* *n.* • relationship
قرابة *qurābata* *prep.* • [+ number] almost, nearly ◊ منذ قرابة عشرين عاما *almost twenty years ago*
قريب *qarīb* • *adj.* |*elat.* أقرب *ʔaqrab*| near, nearby, close ▪ قريبا *qarīban* *adv.* close *to* من, near ▪ أقرب إلى *ʔaqrab ʔilā* *adv.* more like, almost • *adj.* soon, near ▪ قريبا *qarīban*, عما قريب *Ɛammā qarībⁱⁿ*, في أقرب وقت *fī ʔaqrabᵃ waqtⁱⁿ* *adv.* soon ▪ في أقرب وقت ممكن *fī ʔaqrabᵃ waqtⁱⁿ mumkinⁱⁿ* *adv.* as soon as possible • |*pl.* **dip.** أقرباء *ʔaqribāʔ* or أقارب *ʔaqārib*| *(family)* *adj.* related; *n.* relative
II **قرب** *qarraba* *v.tr.* |*2s* يقرب *yuqarribᵘ* | تقريب *taqrīb*| • bring close
تقريب *taqrīb* *n.*↑ • approximation ▪ تقريبا *taqrīban* *adv.* [number +] approximately, about, around, almost, more or less ◊ منذ عشر سنوات تقريبا *about ten years ago*
تقريبي *taqrībīʸ* *adj.* • approximate
مقرب *muqarrab* *pass. part. adj.* |*elat.* أقرب *ʔaqrab*| • close, intimate
III **قارب** *qāraba* *v.intr.* |*3s* يقارب *yuqāribᵘ* | مقاربة *muqārabaᵗ*| • approach (من), come close *to* ◊ ...ما يقارب خمسين في المئة *...which is close to fifty percent*
VI **تقارب** *taqāraba* *v.intr.* |*6s* يتقارب *yataqārabᵘ* | تقارب *taqārub*| • approach each other
تقارب *taqārub* *n.*↑ • rapprochement, closeness
VIII **اقترب** *iqtaraba* *v.intr.* |*8s* يقترب *yaqtaribᵘ* | اقتراب *iqtirāb*| • approach من, get close *to*, draw near *to*
اقتراب *iqtirāb* *n.*↑ • approach
قرحة *qarħaᵗ* or *qurħaᵗ* *n.* |*pl.* قرح *qiraħ*| • blister, canker sore • ulcer ▪ قرحة المعدة *qurħaᵗ maƐidīyaᵗ* gastric ulcer, peptic ulcer

ق

VIII **اقترح** *iqtaraḥa v.tr.* |*8s* يقترح *yaqtariḥu* | اقتراح *iqtirāḥ*| • suggest *sth* ه *to* على, propose ▪ اقترح عليه أنْ *ʔiqtaraḥa ʕalayhi ʔan* suggest that *sb (do)*

اقتراح *iqtirāḥ n.*↑ • suggestion, proposal

مقترح *muqtaraḥ pass. part. n.* • suggestion, proposal ▪ من المقترح أنْ *mina -lmuqtaraḥi ʔan* it has been suggested that...

قرد *qird n.* |*pl.* قردة *qiradat* or قرود *qurūd*| • monkey, ape ▪ القرد في عين أمه غزال *alqurdu fī ʕayni ʔummihi ɣazālun proverb* A monkey in his mother's eyes is a gazelle. ▪ أقبح من قرد *ʔaqbaḥ min qurdin idiom* uglier than a monkey (i.e. very ugly)

قراد *qurād coll. n.* |*sing.* قردان *qirdān*| • *(insect)* ticks

قر *qarra v.intr.* • |*1g1* يقر *yaqarru* | قرار *qarār*| settle down, become settled • |*1g2* يقر *yaqirru* | قر *qarr*| be chilly, be cold

قر *qarr n.*↑ • cold, chilly weather

قرار *qarār n.*↑ • decision, resolution ▪ قرار محكمة *qarār · maḥkamat* ruling, judgment, court order • stability

قارة *qārrat act. part. n.* • continent

 قاري *qārrīy adj.* • continental

مقرور *maqrūr pass. part. adj.* • chilly, cold

قارورة *qarūrat n.* |*pl.* ***dip.*** قوارير *qawārīr*| • bottle

مقر *maqarr n.* |*pl.* مقار *maqārr*| • residence, abode • headquarters

II **قرر** *qarrara v.tr.* |*2s* يقرر *yuqarriru* | تقرير *taqrīr*| • decide *(on)*, settle ▪ قرر أنْ *qarrara ʔan* decide *to (do)* • report

تقرير *taqrīr n.*↑ |*pl.* ***dip.*** تقارير *taqārīr*| • report • decision, determination ▪ تقرير مصير *taqrīr · maṣīr* self-determination

مقرر *muqarrar pass. part.* • *adj.* certain, determined, decided upon ▪ من المقرر أنْ *mina -lmuqarrari ʔan* it has been decided that..., it is certain that... • *n.* agenda, plan, curriculum ▪ كتاب مقرر *kitāb · muqarrar* textbook, course book

IV **أقر** *ʔaqarra v.intr.* |*4g* يقر *yuqirru* | إقرار *ʔiqrār*| • ratify *to* بـ *or* في, endorse, uphold • consent *to* بـ *or* في, recognize ◊ هذه حقيقة أقرت بها الأمم المتحدة. *This is a fact which is recognized by the United Nations.* • confess *(to)* بـ, admit *to* ◊ أقر المتهم بجريمته. *The suspect confessed to his crime.*

إقرار *ʔiqrār n.*↑ • consent, endorsement, ratification

V **تقرر** *taqarrara v.intr.* |*5s* يتقرر *yataqarraru* | تقرر *taqarrur*| • be decided, be settled

X **استقر** *istaqarra v.intr.* |*10g* يستقر *yastaqirru* | استقرار *istiqrār*| • stabilize, become stable • settle down, reside

استقرار *istiqrār n.*↑ • stability ▪ عدم استقرار *ʕadam · istiqrār* instability

مستقر *mustaqirr act. part. adj.* |*elat.* أكثر استقرارا *ʔaktar istiqrāran*| • stable, steady, constant

قرش *qirš n.* |*pl.* قروش *qurūš*| • piastre, penny, qirsh ▪ قرش أردني *qirš ʔurdunnīy* Jordanian piastre (100 piastres = 1 Jordanian dinar) ▪ قرش سوداني *qirš sūdānīy* Sudanese piastre (100 piastres = 1 Sudanese pound) ▪ قرش مصري *qirš miṣrīy* Egyptian piastre (100 piastres = 1 Egyptian pound) • shark

Egyptian 50 piastre coin

قرص *qaraṣa v.tr.* |*1s3* يقرص *yaqruṣu* | قرص *qarṣ*| • sting, bite

قرص *qurṣ n.* |*pl.* أقراص *ʔaqrāṣ*| • disc, disk ▪ قرص مضغوط *qurṣ maḍɣūṭ*, قرص مدمج *qurṣ mudmaj*, قرص ضوئي *qurṣ ḍawʔīy* compact disc, CD ▪ قرص صلب *qurṣ ṣilb* hard disk (drive) ▪ DVD قرص *qurṣ · dīvīdī* DVD • tablet ▪ قرص طبي *qurṣ ṭibbīy* tablet, pill

قرصة *qarṣat n.* • sting, bite

قرض *qaraḍa v.tr.* |*1s2* يقرض *yaqriḍu* | قرض *qarḍ*| • clip • gnaw ▪ قرض الشعر *qaraḍa aššaʕra* write poetry

قرض *qarḍ n.*↑ |*pl.* قروض *qurūḍ*| • loan • poetic composition

قارض *qāriḍ act. part. adj.* |*m. pl.* قوارض *qawāriḍ*| • gnawing ▪ حيوان قارض *ḥayawān qāriḍ n.* rodent

مقراض *miqrāḍ n.* |*pl.* **dip.** مقاريض *maqārīḍ*| • (pair of) clippers ▪ مقرض أسلاك *maqriḍ · ʔaslāk* wire cutters

IV **أقرض** *ʔaqraḍa v.tr.* |*4s* يقرض *yuqriḍᵘ* | إقراض *ʔiqrāḍ*| • lend *sb* ∘ *sth* ∘ ◊ أقرضته شيئا من المال. *I lent him a little money*

مقرض *muqriḍ act. part. n.* • money lender

VII **انقرض** *inqaraḍa v.intr.* |*7s* ينقرض *yanqariḍᵘ* | انقراض *inqirāḍ*| • become extinct

انقراض *inqirāḍ n.*↑ • extinction

منقرض *munqariḍ act. part. adj.* • extinct

VIII **اقترض** *iqtaraḍa v.tr.* |*8s* يقترض *yaqtariḍᵘ* | اقتراض *iqtirāḍ*| • borrow *sth* ∘ *from* من

اقتراض *iqtirāḍ n.*↑ • loan

قرط *qurṭ n.* |*pl.* أقراط *ʔaqrāṭ*| • earring

قرطاس *qirṭās n.* |*pl.* **dip.** قراطيس *qarāṭīs*| • paper ▪ قرطاس بردي *qirṭās bardīʸ* papyrus paper • cone, cornet

قرطاسي *qirṭāsīʸ adj.* • paper- ▪ قرطاسية *qirṭāsīyaᵗ n.* stationery shop

قرع *qaraƐa v.tr.* |*1s1* يقرع *yaqra***Ɛ***ᵘ* | قرع *qarƐ*| • knock *on*, beat *on* ▪ قرع بابا *qaraƐa bāban* knock on a door • ring, sound ▪ قرع جرس خطر *qaraƐa jars · xaṭar* sound an alarm

قرع *qarƐ coll. n.* |*sing.* قرعة *qarƐaᵗ*| • squash, gourds, pumpkins

قرعة *qarƐaᵗ n.* |*pl.* قرعات *qar(a)Ɛāt*| • knock

قرعة *qurƐaᵗ n.* |*pl.* قرعات *qur(u)Ɛāt*| • lot, drawing ▪ سحب قرعة *saḥaba qurƐaᵗ*, أجرى قرعة *ʔajrā qurƐaᵗ v.* draw lots

أقرع *ʔaqraƐ adj.* **dip.** |*m. pl.* قرع *qurƐ* | *f.* قرعاء *qarƐāʔ*| • bald

VIII **اقترع** *iqtaraƐa v.intr.* |*8s* يقترع *yaqtariƐᵘ* | اقتراع *iqtirāƐ*| • vote *on* على *or* إلى

اقتراع *iqtirāƐ n.*↑ • vote *on* على ▪ صندوق اقتراع *ṣandūq · iqtirāƐ* ballot box ▪ مركز اقتراع *markaz · iqtirāƐ* polling station

قرف *qarifa v.tr.* |*1s4* يقرف *yaqra***f***ᵘ* | قرف *qaraf*| • loathe, feel disgust *for*, be disgusted *by*

قرف *qaraf n.*↑ • loathing, disgust

قرفة *qirfaᵗ n.* • cinnamon

قرفان *qarfān adj.* |*elat.* أكثر قرفا *ʔaktar qarafan* or أقرف *ʔaqraf*| • disgusted

IV **أقرف** *ʔaqrafa v.intr.* |*4s* يقرف *yuqrifᵘ* | إقراف *ʔiqrāf*| • disgust

مقرف *muqrif act. part. adj.* |*elat.* أقرف *ʔaqraf*| • disgusting

VIII **اقترف** *iqtarafa v.tr.* |*8s* يقترف *yaqtarifᵘ* | اقتراف *iqtirāf*| • commit (a crime, etc.)

QI **قرفص** *qarfaṣa v.intr.* |*11s* يقرفص *yuqarfiṣᵘ* | قرفصة *qarfaṣaᵗ*| • squat

قرميد *qirmīd coll. n.* |*sing.* قرميدة *qirmīdaᵗ* | *pl.* **dip.** قراميد *qarāmīd*| • bricks, tiles

قرمزي *qirmizīʸ adj.* • scarlet, crimson ⓘ *The English word 'crimson' has been borrowed from this Arabic word.*

قرموط *qurmūṭ n.* |*pl.* **dip.** قراميط *qarāmīṭ*| • catfish

قرن *qarn n.* |*pl.* قرون *qurūn*| • century ◊ في القرن التاسعي عشر ميلادي *in the nineteenth century* ▪ القرون الوسطى *alqurūn alwusṭā* the Middle Ages • horn, antler ▪ قرن استشعار *qurn · istišƐār* *(insect)* feeler, antenna

قرن *qirn n.* |*pl.* أقران *ʔaqrān*| • peer, equal

قران *qirān n.* • marriage, matrimony ▪ عقد قرانا *Ɛaqada qarnan v.* get married ▪ حفل عقد قران *ḥifl · Ɛaqd · qirān* wedding reception

قرنية *qarnīyaᵗ n.* • cornea

أقرن *ʔaqran adj.* **dip.** |*f.* قرناء *qarnāʔ*| • horned, pointy

III **قارن** *qārana v.intr.* |*3s* يقارن *yuqārinᵘ* | مقارنة *muqāranaᵗ*| • compare *sb/sth* بين *with* و *or* بين

مقارنة *muqāranaᵗ n.*↑ • comparison

قرنبيط *qarnabīṭ n.* • cauliflower

قرنفل *qaranful n.* • carnation

قرية *qaryaᵗ n.* |*pl.* **indecl.** قرى *qur(an)*| • village

قروي *qarawīʸ* • *adj.* rural, village- • *n.* villager

قزح *quzaḥ n.* •قوس قزح *qaws · quzaḥ* rainbow

قزحية *quzaḥīyaᵗ n.* • *(eye)* iris

قزم *qazam n.* |*pl.* أقزام *ʔaqzām*| • dwarf, midget, pigmy, little person

قسيس *qissīs n.* |*pl.* قساوسة *qasāwisaᵗ*| • priest, clergyman ▪ قساوسة *qasāwisaᵗ pl. n.* clergy

قسط *qisṭ n.* |*pl.* أقساط *ʔaqsāṭ*| • installment

قسم *qasama v.tr.* |*1s2* يقسم *yaqsi***m***ᵘ* | قسم *qasm*| • divide *sth* ∘ *by* على

مقسوم *maqsūm pass. part.* • *adj.* divided *by* على • *n.* dividend ▪ مقسوم عليه *maqsūm Ɛalayhi* divisor

قسم *qasam n.* |*pl.* أقسام *ʔaqsām*| • oath

قسم *qism n.* |*pl.* أقسام *ʔaqsām*| • part, section, department ▪ قسم أحذية *qism · ʔaḥđiyaᵗ (in department store)* shoe department • faculty, department ▪ قسم هندسة *qism · handasa*^{t} department of engineering

قسمة *qisma*^{t} *n.* |*pl.* قسم *qisam*| • fate, destiny, kismet

II **قسّم** *qassama v.tr.* |*2s* يقسم *yuqassim*^{u} | تقسيم *taqsīm*| • divide

تقسيم *taqsīm n.*↑ • division

III **قاسم** *qāsama v.tr.* |*3s* يقاسم *yuqāsim*^{u} | مقاسمة *muqāsama*^{t}| • share *with* ∘ *sth* ∘ ◊ .قاسمهم الطعام *He shared the food with them.*

IV **أقسم** *ʔaqsama v.tr.* |*4s* يقسم *yuqsim*^{u} | إقسام *ʔiqsām*| • swear, vow ▪ أقسم يمينا *ʔaqsama yamīnan* take an oath

VII **انقسم** *inqasama v.intr.* |*7s* ينقسم *yanqasim*^{u} | انقسام *inqisām*| • be divided *into* إلى, be split

انقسام *inqisām n.*↑ • division

قسنطينة *qusanṭīna*^{t} *n.* **dip.** • *(city in Algeria)* Constantine, Qasentina ➡ ***map on p. 57***

قسا *qasā v.intr.* |*1d3* يقسو *yaqsū* | قسوة *qaswa*^{t}| • be cruel *toward* على, be harsh, be merciless

قسوة *qaswa*^{t} *n.*↑ • harshness, mercilessness, cruelty, abuse

قاس *qās(in) adj.* **def.** |*m. pl.* قساة *qusā*^{t} | *elat.* **invar.** أقسى *ʔaqsā*| • severe, strict, harsh, cruel

قسي *qasī*^{y} *adj.* |*elat.* **invar.** أقسى *ʔaqṣā*| • hard, firm ▪ أقسى من صخر *ʔaqsā min ṣaxr*^{in}, أقسى من حجر *ʔaqsā min ḥajar*^{in} *idiom* harder than a rock (i.e. very hard, very tough) • harsh, merciless, cruel

II **قسّى** *qassā v.tr.* |*2d* يقسي *yuqassī* | تقسية *taqsiya*^{t}| • harden, stiffen

III **قاسى** *qāsā v.tr.* |*3d* يقاسي *yuqāsī* | مقاساة *muqāsā*^{t}| • suffer, endure

قشدة *qišda*^{t} *n.* • *(dairy)* cream

قشر *qašara v.tr.* |*1s2/1s3* يقشر *yaqšir*^{u} or *yaqšur*^{u} | قشر *qašr*| • peel, shell

قشرة *qišra*^{t} *n.* • *(fruit, nut, egg, etc.)* peel, rind, shell • dandruff

قشري *qišrī*^{y} *n.* • crustacean

قش *qašš coll. n.* |*sing.* قشة *qašša*^{t}| • straw, hay

مقشة *miqašša*^{t} *n.* • broom

قشطة *qašṭa*^{t} *n.* • *(dairy)* cream

QIII **اقشعر** *iqšaƐarra v.intr.* |*13s* يقشعر *yaqšaƐirr*^{u} | اقشعرار *iqšiƐrār*| • shiver, have goose bumps

قشعريرة *qušaƐrīra*^{t} *n.* • shivering, chills, goose bumps

قصب *qaṣab coll. n.* |*sing.* قصبة *qaṣaba*^{t}| • reeds, canes ▪ قصب هندي *qaṣab hindī*^{y} bamboo ▪ قصب سكر *qaṣab · sukkar* sugarcane ▪ قصبة ساق *qaṣabat · sāq* shin ▪ قصبة هوائية *qaṣaba*^{t} *hawāʔīya*^{t} windpipe

قصبة *qaṣaba*^{t} *n.* • kasbah (fortified city), citadel • old quarter, old city

Ait Benhaddou kasbah in Morocco

قصاب *qaṣṣāb n.* • butcher

قصابة *qiṣāba*^{t} *n.* • butchery

قصد *qaṣada v.tr.* |*1s2* يقصد *yaqṣid*^{u} | قصد *qaṣd*| • intend *sth* ∘ *by* بـ, mean ◊ ماذا تقصد بذلك؟ *What do you mean by that?* ▪ قصد أن *qaṣada ʔan* mean to *(do)* ◊ .قصد أن يوقظها *He meant to wake her up.* • head *for* ◊ .قصد العاصمة *He headed for the capital.*

قصد *qaṣd n.*↑ • intention, intent ▪ دون قصد *dūna qaṣd*^{in} *adv.* accidentally ▪ قصدا *qaṣdan*, عن قصد *Ɛan qaṣd*^{in} *adv.* intentionally, on purpose, deliberately

قصدي *qaṣdī*^{y} *adj.* • intentional

مقصود *maqṣūd pass. part.* • *adj.* intentional, deliberate • *n.* intention, intent

قصيدة *qaṣīda*^{t} *n.* |*pl.* **dip.** قصائد *qaṣāʔid*| • poem, qasidah

مقصد *maqṣid n.* |*pl.* **dip.** مقاصد *maqāṣid*| • intention, aim

VIII **اقتصد** *iqtaṣada v.intr.* |*8s* يقتصد *yaqtaṣid*^{u} | اقتصاد *iqtiṣād*| • save في, economize

اقتصاد *iqtiṣād n.*↑ • economy, economics • economization *with* في, thrift

اقتصادي *iqtiṣādī*^{y} • *adj.* economic ▪ اقتصاديا *iqtiṣādīyan adv.* economically • *n.* economist

مقتصد *muqtaṣid act. part. adj.* |*elat.* أكثر اقتصادا *ʔaktar iqtiṣādan*| • economical, thrifty, frugal ▪ مقتصد للطاقة *muqtaṣid li-ṭṭāqa*^{ti} energy-saving

قصدير *qaṣdīr n.* • *(material)* tin

قصر *v.* • *qaṣura v.intr.* |*1s6* يقصر *yaqṣuru* | قصر *qaṣr*| become short • *qaṣara v.tr.* |*1s3* يقصر *yaqṣuru* | قصر *qaṣr*| limit *sth* ∘ *to* على, restrict ◊ .قصر الدعوة على الأهل *He limited the invitation to relatives.*

قصر *qaṣr n.*↑ • shortness • limitation, restriction • |*pl.* قصور *quṣūr*| castle, palace

القصرين *alqaṣrayn n.* ***f.*** • *(city in Tunisia)* Kasserine ➡ ***map on p. 45***

مقصور *maqṣūr pass. part. adj.* |*elat.* أكثر اقتصارا *ʔaktar iqtiṣāran*| • restricted *to* على, exclusive ▪ ألف مقصورة *ʔalif maqṣūrat* shortened alif

مقصورة *maqṣūrat n.* |*pl.* ***dip.*** مقاصير *maqāṣīr*| • compartment, cubicle ▪ مقصورة حمام *maqṣūrat · ḥammām* toilet stall ▪ مقصورة طائرة *maqṣūrat · ṭāʔirat* *(airplane)* cabin

قصر *qiṣar n.* • shortness ▪ قصر النظر *qiṣar · annaẓari* myopia

قصارى *quṣārā n.* ***invar.*** • بذل قصارى جهده لـ *badala quṣārā juhdihi li-* [+ masdar or subjunctive] do *one's* best to (do) ◊ سأبذل قصارى جهدي لأكمل ما بدأته. *I'll try my best to finish what I've started.*

قصور *quṣūr n.* • shortcoming, deficiency

قصير *qaṣīr adj.* |*m. pl.* قصار *qiṣār* | *elat.* أقصر *ʔaqṣar*| • short ▪ قصير القامة *qaṣīr · alqāmati* short of stature ▪ قصير النظر *qaṣīr · annaẓari* myopic, nearsighted

الأقصر *alʔuqṣur n.* • *(city in Egypt)* Luxor (lit. 'the Castles') ➡ ***map on p. 287***

II **قصر** *qaṣṣara v.* |*2s* يقصر *yuqaṣṣiru* | تقصير *taqṣīr*| • *v.tr.* shorten • bleach • *v.intr.* neglect في, be negligent *in*, default *on*

اقتصر *iqtaṣara v.intr.* |*8s* يقتصر *yaqtaṣiru* | اقتصار *iqtiṣār*| • be restricted *to* على, be limited, be confined

قص *qaṣṣa v.tr.* • |*1g3* يقص *yaquṣṣu* | قصص *qaṣaṣ*| tell, narrate • |*1g3* يقص *yaquṣṣu* | قص *qaṣṣ*| cut, trim, snip, clip, prune

قاص *qāṣṣ act. part. n.* |*pl.* قصاص *quṣṣāṣ*| • novelist, fictionist, storyteller

قصة *qaṣṣat n.* • cut ▪ قصة شعر *qaṣṣat · šaʕr* haircut

قصة *qiṣṣat n.* |*pl.* قصص *qiṣaṣ*| • story

قصصي *qiṣaṣīy* • *adj.* narrative • *n.* storyteller, novelist

قصة *quṣṣat n.* |*pl.* قصص *quṣaṣ*| • *(hair)* bangs (UK: fringe), lock, tuft

قصاص *qaṣṣāṣ n.* • novelist, fictionist, storyteller

قصاص *qiṣāṣ n.* • retaliation • punishment

قصاص *quṣāṣ coll. n.* |*sing.* قصاصة *quṣāṣat*| • slips (of paper), clippings ▪ قصاصة من جريدة *quṣāṣat min jarīdat* newspaper clipping

قصاصة *quṣṣāṣat n.* • cutter(s) ▪ قصاصة أظافر *quṣṣāṣat · ʔaẓāfir* (pair of) fingernail clippers

مقص *miqaṣṣ n.* |*pl.* مقاص *maqāṣṣ*| • (pair of) scissors

III **قاص** *qāṣṣa v.tr.* |*3g* يقاص *yuqāṣṣu* | مقاصة *muqāṣṣat*| • retaliate *against*, take vengeance on

قصف *qaṣafa v.* |*1s2* يقصف *yaqṣifu* | قصف *qaṣf*| • *v.tr.* bomb, shell • feast, party

مقصف *maqṣaf n.* |*pl.* ***dip.*** مقاصف *maqāṣif*| • cafeteria, canteen, snack bar

قصي *qaṣīy adj.* |*m. pl.* أقصاء *ʔaqṣāʔ*| • far *from* من, remote

أقصى *ʔaqṣā adj. elat.* ***invar.*** |*m. pl. elat.* ***def.*** أقاص *ʔaqāṣ(in)* | *f. elat.* ***invar.*** قصوى *quṣwā*| • further, farther, more remote • furthest, farthest ▪ المسجد الاقصى *almasjid alʔaqṣā* Al-Aqsa Mosque ▪ الشرق الأقصى *aššarq alʔaqṣā* the Far East ▪ بأقصى ما يستطيع *bi-ʔaqṣā mā yastaṭīʕu* as fast as *one* can

IV **أقصى** *ʔaqṣā v.tr.* |*4d* يقصي *yuqṣī* | إقصاء *ʔiqṣāʔ*| • remove *sb/sth* ∘ *from* عن, eliminate

إقصاء *ʔiqṣāʔ n.*↑ • removal, elimination

قضيب *qaḍīb n.* |*pl.* قضبان *quḍbān*| • bar, stick ▪ وراء القضبان *warāʔa -lquḍbāni adv.* behind bars • penis

VIII **اقتضب** *iqtaḍaba v.tr.* |*8s* يقتضب *yaqtaḍibu* | اقتضاب *iqtiḍāb*| • summarize, outline

اقتضاب *iqtiḍāb n.*↑ • summary, outline

مقتضب *muqtaḍab pass. part. adj.* |*elat.* أكثر اقتضابا *ʔaktar iqtiḍāban*| • short, terse, concise

VII **انقض** *inqaḍḍa v.intr.* |*7g* ينقض *yanqaḍḍu* | انقضاض *inqiḍāḍ*| • pounce *on* على, storm, rush

قضى *qaḍā v.* |*1d2* يقضي *yaqḍī* | قضاء *qaḍāʔ*| • *v.tr.* spend, pass ◊ .قضى الليلة في منزل خاله *He spent the night at his uncle's house.* ▪ قضى وقتا ممتعا *qaḍā waqtan mumtiʕan* have a great time ▪ قضى وقتا في *qaḍā waqtan fī* [+ masdar] spend time *(do)ing* • judge, pass judgment *on* ▪ قضى أنْ *qaḍā ʔan* order that... ◊ قضى القاضي أن يتم حبس المجرم. *The judge ordered that the convict be detained.* • *v.intr.* destroy على, wipe out, put an end *to* ◊ .قضى المبيد على البراغيث *The insecticide wiped out the fleas.*

ق

قضاء *qaḍāʔ n.↑* • judgment • fate ▪ قضاء الله *qaḍāʔ · aLLāh^i* death • destruction *of* على
قضائي *qaḍāʔīy adj.* • judicial, legal ▪ عملية قضائية *Ɛamalīya^t qiḍāʔīya^t n.* legal process ▪ نظام قضائي *niẓām qiḍāʔīy n.* judicial system

قاض *qāḍ(in) act. part. n.* **def.** |*pl.* قضاة *quḍā^t*| • judge

قضية *qaḍīya^t n.* |*pl.* **invar.** قضايا *qaḍāyā*| • issue, matter, cause, affair ▪ القضية الفلسطينية *alqaḍīya^t alfilastīnīya^t* the Israeli–Palestinian conflict • case, suit ▪ رفع قضية ضد *rafaƐa qaḍīya^t ḍidda v.* bring a case against

III **قاضى** *qāḍā v.tr.* |*3d* يقاضي *yuqāḍī* | مقاضاة *muqāḍā^t*| • prosecute, take legal action *against*

VI **تقاضى** *taqāḍā v.tr.* |*6d* يتقاضى *yataqāḍā* | **def.** تقاض *taqāḍ(in)*| • charge (a price, fee, etc.) • litigate

VII **انقضى** *inqaḍā v.intr.* |*7d* ينقضي *yanqaḍī* | انقضاء *inqiḍāʔ*| • expire, run out

انقضاء *inqiḍāʔ n.↑* • expiration

VIII **اقتضى** *iqtaḍā v.tr.* |*8d1* يقتضي *yaqtaḍī* | اقتضاء *iqtiḍāʔ*| • require, demand ▪ اقتضى أنْ *iqtaḍā ʔan* require that..., demand that...

اقتضاء *iqtiḍāʔ n.↑* • requirement ▪ عند الاقتضاء *Ɛinda -liqtiḍāʔ^i adv.* if necessary

قطب *quṭb n.* |*pl.* أقطاب *ʔaqṭāb*| • axis, pole ▪ القطب الجنوبي *alquṭb aljanūbīy* the South Pole ▪ القطب الشمالي *alquṭb aššamālīy* the North Pole
قطبي *quṭbīy adj.* • polar ▪ المنطقة القطبية الشمالية *almintaqa^t alquṭbīya^t aššamālīya^t n.* the Arctic

X **استقطب** *istaqṭaba v.tr.* |*10s* يستقطب *yastaqṭib^u* | استقطاب *istiqṭāb*| • attract, draw • polarize

استقطاب *istiqṭāb n.↑* • attraction • polarization *between* بين

قطر *qaṭara v.intr.* |*1s3* يقطر *yaqṭur^u* | قطر *qaṭr* or قطران *qaṭarān*| • drip, trickle

قطر *qaṭr* • *n.↑* dripping • *coll. n.* |*sing.* قطرة *qaṭra^t* | *pl.* قطرات *qaṭ(a)rāt*| drops ▪ قطرة مطر *qaṭrat · maṭar* rain drop

قاطرة *qāṭira^t act. part. n.* • trailer • train

قطر *qaṭar n.* **f. dip.** • Qatar ➡ ***map on the right***
قطري *qaṭarīy adj. & n.* • Qatari

قطر *quṭr n.* |*pl.* أقطار *ʔaqṭār*| • region, district, quarter ▪ قطر دائرة *quṭr · dāʔira^t* diameter ▪ نصف قطر *nuṣf · quṭr* radius
قطري *quṭrīy adj.* • regional
قطرية *quṭrīya^t n.* • regionalism

قطار *qiṭār n.* |*pl.* قطارات *qiṭārāt* or قطر *quṭur*| • train, locomotive

قطارة *qaṭṭāra^t n.* • dropper

قطيرة *quṭayra^t n. diminutive* • droplet

II **قطر** *qaṭṭara v.tr.* |*2s* يقطر *yuqaṭṭir^u* | تقطير *taqṭīr*| • distill, strain, purify • drip, dribble

V **تقطر** *taqaṭṭara v.intr.* |*5s* يتقطر *yataqaṭṭar^u* | تقطر *taqaṭṭur*| • drip

قط *qaṭṭ^u adv.* • only • [negative +] have never *(done)*, had never *(done)* ◊ لم أر قط شيئا كهذا. *I have never seen anything like this.*

قط *qiṭṭ n.* |*pl.* قطط *qiṭaṭ*| • cat, tomcat
قطة *qiṭṭa^t n.* • *(female)* cat

قطيطة *quṭayṭa^t n. diminutive* • kitten

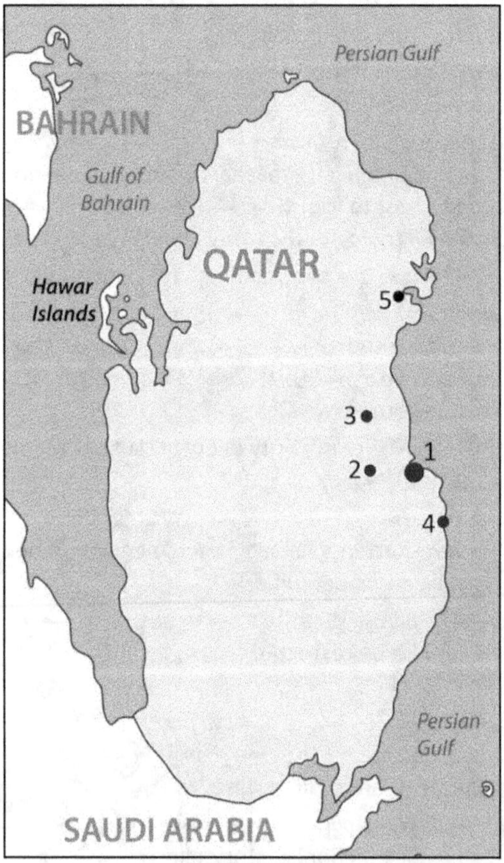

map of Qatar

1. الدوحة *addawḥa^t* Doha
2. الريان *arrayyān* Al Rayyan
3. أم صلال *ʔumm · ṣalāl* Umm Salal Mohammed
4. الوكرة *alwakra^t* Al Wakrah
5. الخور *alxawr* Al Khor

ق

قطع *qaṭaƐa v.* |*1s1* يقطع *yaqṭaƐ*[u] | قطع *qaṭƐ*| • cut ▪ قطع إلى نصفين *qaṭaƐa ʔilā niṣfiayn*[i] cut into halves ▪ قطع رأسه *qaṭaƐa raʔs*[a]*hu* behead • be certain *of* بـ, say with certainty ▪ قطع بأن *qaṭaƐa bi-ʔanna* be sure that... ◊ قطع بأن الخادم هو السارق. *He was sure that the butler is the thief.*

قطع *qaṭƐ n.*↑ • cutting ▪ قطعا *qaṭƐan adv.* definitely, for certain ◊ نعم، قطعا! *Yes, definitely!* ◊ قطعا لا! *Certainly not!* ▪ بقطع النظر عن *bi-qaṭƐ*[i] *-nnaẓar*[i] *Ɛan* without regard for, regardless of

قاطع *qāṭiƐ act. part.* • *n.* |*pl.* **dip.** قواطع *qawāṭiƐ*| incisor • *adj.* decisive

قطعة *qiṭƐa*[t] *n.* |*pl.* قطع *qiṭaƐ*| • piece ▪ قطعة قطعة *qiṭƐatan qiṭƐatan adv.* piece by piece

قطعة *quṭƐa*[t] *n.* |*pl.* قطعات *quṭ(u)Ɛāt*| • *(land)* plot, lot, parcel

قطاع *qiṭāƐ n.* • sector, industry ▪ قطاع خاص *qiṭāƐ xāṣṣ* private sector ▪ قطاع عام *qiṭāƐ Ɛāmm* public sector ▪ قطاع غزة *qiṭāƐ · ɣazza*[t] the Gaza Strip ➡ ***map on p. 237***

قطيع *qaṭīƐ n.* |*pl.* قطعان *quṭƐān*| • group (of animals), flock, herd, etc.

مقطع *maqṭaƐ n.* |*pl.* **dip.** مقاطع *maqāṭiƐ*| • part, section ▪ مقطع لفظي *maqṭaƐ lafẓī*[y] *(grammar)* syllable

II **قطع** *qaṭṭaƐa v.tr.* |*2s* يقطع *yuqaṭṭiƐ*[u] | تقطيع *taqṭīƐ*| • cut up, chop up

III **قاطع** *qāṭaƐa v.tr.* |*3s* يقاطع *yuqāṭiƐ*[u] | مقاطعة *muqāṭaƐa*[t]| • dissociate *oneself from* • boycott • interrupt

مقاطعة *muqāṭaƐa*[t] *n.*↑ • district, county, province • boycott • interruption

IV **أقطع** *ʔaqṭaƐa v.tr.* |*4s* يقطع *yuqṭiƐ*[u] | إقطاع *ʔiqṭāƐ*| • assign *to* ∘ *sth* ∘

إقطاع *ʔiqṭāƐ n.*↑ • feudalism, feudal system

إقطاعي *ʔiqṭāƐī*[y] *adj.* • feudal

إقطاعية *ʔiqṭāƐīya*[t] *n.* • feudalism

V **تقطع** *taqaṭṭaƐa v.intr.* |*5s* يتقطع *yataqaṭṭaƐ*[u] | تقطع *taqaṭṭuƐ*| • be cut, break apart

متقطع *mutaqaṭṭiƐ act. part. adj.* |*elat.* أكثر تقطعا *ʔaktar taqaṭṭuƐan*| • intermittent, irregular, choppy

VI **تقاطع** *taqāṭaƐa v.tr.* |*6s* يتقاطع *yataqāṭaƐ*[u] | تقاطع *taqāṭuƐ*| • intersect

تقاطع *taqāṭuƐ n.*↑ • intersection, junction, crossroads

VII **انقطع** *inqaṭaƐa v.intr.* |*7s* ينقطع *yanqaṭiƐ*[u] | انقطاع *inqiṭāƐ*| • be severed, be cut, be interrupted ◊ انقطعت الكهرباء عن البيت ليلة أمس. *The house lost power last night.*

انقطاع *inqiṭāƐ n.*↑ • severance, shutdown, cut ▪ انقطاع كهرباء *inqiṭāƐ · kahrabāʔ (electricity)* power cut

VIII **اقتطع** *iqtaṭaƐa v.tr.* |*8s* يقتطع *yaqtaṭiƐ*[u] | اقتطاع *iqtiṭāƐ*| • remove *sth* ∘ *from* من, take away

قطف *qaṭafa v.tr.* |*1s2* يقطف *yaqṭif*[u] | قطف *qaṭf*| • pick (flowers, fruit, etc.) • reap, harvest

القطيف *alqaṭīf n.* **f. dip.** • *(city in Saudi Arabia, just north of Dammam)* Qatif ➡ ***map on p. 144***

VIII **اقتطف** *iqtaṭafa v.tr.* |*8s* يقتطف *yaqtaṭif*[u] | اقتطاف *iqtiṭāf*| • select, choose • pick (flowers, fruit, etc.)

مقتطف *muqtaṭaf pass. part. n.* • excerpt, clip

قطن *quṭn n.* |*pl.* أقطان *ʔaqṭān*| • cotton ⓘ *The English word 'cotton' has been borrowed from this Arabic word.*

قاطن *qāṭin n.* • resident

يقطين *yaqṭīn n.* • squash, pumpkin

قعد *qaƐada v.intr.* |*1s3* يقعد *yaqƐud*[u] | قعود *quƐūd*| • sit, sit down, be seated

قاعدة *qāƐida*[t] *n.* |*pl.* **dip.** قواعد *qawāƐid*| • basis, base, foundation ▪ القاعدة *alqāƐida*[t] Al-Qaeda • rule, standard ▪ قواعد *qawāƐid pl. n.* grammar

قعدة *qaƐda*[t] *n.* • ذو القعدة *đū -lqaƐda*[ti] Dhu Al Qa'da (eleventh month of the Islamic calendar) ▪ ذو الحجة *đū -lḥijja*[ti] Dhu Al Hijja (twelfth month of the Islamic calendar) ➡ ***The Islamic Calendar p. 315***

مقعد *maqƐad n.* |*pl.* **dip.** مقاعد *maqāƐid*| • seat

IV **أقعد** *ʔaqƐada v.tr.* |*4s* يقعد *yuqƐid*[u] | إقعاد *ʔiqƐād*| • seat, make sit down

VI **تقاعد** *taqāƐada v.intr.* |*6s* يتقاعد *yataqāƐad*[u] | تقاعد *taqāƐud*| • retire

تقاعد *taqāƐud n.*↑ • retirement ▪ معاش تقاعد *maƐāš · taqāƐud* pension

VI **تقاعس** *taqāƐasa v.intr.* |*6s* يتقاعس *yataqāƐas*[u] | تقاعس *taqāƐus*| • refrain *from* عن

قفير *qafīr n.* |*pl.* **dip.** قفائر *qafāʔir*| • beehive

قفز *qafaza v.intr.* |*1s2* يقفز *yaqfiz*[u] | قفز *qafz*| • jump ▪ قفز بالمظلة *qafaza bi-lmaẓalla*[ti] *v.* parachute, skydive

قفزة *qafza*[t] *n.* |*pl.* قفزات *qaf(a)zāt*| • jump

قفاز *quffāz n.* • glove, mitten ▪ زوج من القفازات *zawj min*[a] *-lquffāzāt* pair of gloves

ق

قفص *qafaṣ n.* |*pl.* أقفاص *ʔaqfāṣ*| • cage ▪ قفص صدري *qafaṣ ṣadrīʸ* rib cage

قفصة *qafṣaᵗ n.* **dip.** • *(city in Tunisia)* Gafsa
➡ **map on p. 45**

قفطان *quftān n.* |*pl.* **dip.** قفاطين *qafāṭīn*| • caftan

قفل *qufl n.* |*pl.* أقفال *ʔaqfāl*| • lock, padlock ▪ فتح قفلباب *fataḥa qufl · bāb v.* unlock a door

قافلة *qāfilaᵗ n.* |*pl.* **dip.** قوافل *qawāfil*| • convoy, caravan ▪ قافلة جمال *qāfilat · jamāl* camel train

IV **أقفل** *ʔaqfala v.tr.* |*4s* يقفل *yuqfilᵘ* | إقفال *ʔiqfāl*| • lock

قفا *qafā v.tr.* |*1d3* يقفو *yaqfū* | قفو *qafw*| • follow, chase

قفا *qafā n.* **m.** or **f. invar.** |*pl.* أقفية *ʔaqfiyaᵗ* or أقفاء *ʔaqfāʔ*| • nape of the neck, back of the head

قافية *qāfiyaᵗ act. part. n.* |*pl.* **def.** قواف *qawāf(in)*| • rhyme • pun, double entendre

قلب *qalaba v.tr.* |*1s2* يقلب *yaqlibᵘ* | قلب *qalb*| • invert, turn over, turn upside down, tip over • turn inside out • turn backward • topple, overthrow, ouster, subvert

قلب *qalb n.*↑ |*pl.* قلوب *qulūb*| • heart ▪ طب القلب (والأوعية الدموية) *ṭibb · alqalbⁱ (wa-lʔawƐīyaᵗⁱ addamawīyaᵗⁱ)* cardiology ▪ طبيب قلب (وأوعية دموية) *ṭabīb · qalb (waʔawƐīyaᵗ damawīyaᵗ)* cardiologist ▪ طيب القلب *ṭayyib · alqalbⁱ*, أبيض القلب *ʔabyaḍ · alqalbⁱ adj.* kind-hearted

قلبي *qalbīʸ adj.* • heart-, cardiac, cardio- ▪ قلبي وعائي *qalbīʸ wiƐāʔīʸ* cardiovascular

قالب *qālib n.* |*pl.* **dip.** قوالب *qawālib*| • mold, template

مقلوب *maqlūb*, بالمقلوب *bi-lmaqlūb pass. part. adj.* •مقلوب (رأسا على عقب) *maqlūb (raʔsan Ɛalā Ɛaqb)* upside down • inside out • backward

II **قلب** *qallaba v.tr.* |*2s* يقلب *yuqallibᵘ* | تقليب *taqlīb*| • invert, turn (over), turn upside down, tip over ▪ قلب صفحات *qallaba ṣafaḥāt* turn pages • turn inside out • turn backward • topple, overthrow, ouster, subvert • stir

V **تقلب** *taqallaba v.intr.* |*5s* يتقلب *yataqallabᵘ* | تقلب *taqallub*| • fluctuate, change, be volatile • move restlessly, toss and turn (in bed)

تقلب *taqallub n.*↑ • fluctuation

متقلب *mutaqallib act. part. adj.* |*elat.* أكثر تقلبا *ʔaktar taqalluban*| • changeable, fluctuating, volatile

VII **انقلب** *inqalaba v.intr.* |*7s* ينقلب *yanqalibᵘ* | انقلاب *inqilāb*| • overturn, capsize, be turned upside down • be toppled, be overthrown, be subverted

انقلاب *inqilāb n.*↑ • coup, revolution, revolt

انقلابي *inqilābīʸ adj.* • subversive ▪ محاولة انقلابية *muḥāwalaᵗ inqilābīyaᵗ* attempted coup

قلاح *qulāḥ n.* • *(tooth)* plaque

قلادة *qilādaᵗ n.* |*pl.* **dip.** قلائد *qalāʔid*| • necklace

II **قلد** *qallada v.tr.* |*2s* يقلد *yuqallidᵘ* | تقليد *taqlīd*| • imitate, copy • decorate *sb* ∘ *with (a medal, etc.)* ه, award ◊ قلده وساما. *They awarded him with a trophy.*

تقليد *taqlīd n.*↑ |*pl.* **dip.** تقاليد *taqālīd*| • tradition ▪ عادات وتقاليد *Ɛādāt wataqlīd pl. n.* customs and traditions • imitation, copy, fake

تقليدي *taqlīdīʸ adj.* • traditional

قلص *qalaṣa v.intr.* |*1s2* يقلص *yaqliṣᵘ* | قلوص *qulūṣ*| • shrink

II **قلص** *qallaṣa v.tr.* |*2s* يقلص *yuqalliṣᵘ* | تقليص *taqlīṣ*| • contract, constrict • shrink

V **تقلص** *taqallaṣa v.intr.* |*5s* يتقلص *yataqallaṣᵘ* | تقلص *taqalluṣ*| • contract, constrict • shrink

تقلص *taqalluṣ n.*↑ • contraction, constriction • shrinkage

قلع *qalaƐa v.tr.* |*1s1* يقلع *yaqlaƐᵘ* | قلع *qalƐ*| • take off (clothes) • pull out, extract ▪ قلع سنا *qalaƐa sinnan* pull a tooth

قلعة *qalƐaᵗ n.* |*pl.* قلاع *qilāƐ*| • castle, citadel, fortress ▪ قلعة رمال *qalƐat · rimāl* sand castle • *(chess)* rook

IV **أقلع** *ʔaqlaƐa v.tr.* |*4s* يقلع *yuqliƐᵘ* | إقلاع *ʔiqlāƐ*| • leave, take off, set sail ▪ أقلعت طائرة *ʔaqlaƐat ṭāʔiraᵗᵘⁿ* an airplane took off ▪ أقلعت سفينة *ʔaqlaƐat safīnaᵗᵘⁿ* a ship set sail • quit عن, give up ▪ أقلع عن التدخين *ʔaqlaƐa Ɛanⁱ -ttadxīnⁱ* quit smoking

VIII **اقتلع** *iqtalaƐa v.tr.* |*8s* يقتلع *yaqtaliƐᵘ* | اقتلاع *iqtilāƐ*| • uproot, pull out

مقلع *maqlāƐ n.* |*pl.* **dip.** مقالع *maqāliƐ*| • quarry ▪ مقلع حجارة *maqlaƐ · ḥajāraᵗ* stone quarry

مقلاع *miqlāƐ n.* |*pl.* **dip.** مقاليع *maqālīƐ*| • slingshot

قلفة *qulfaᵗ n.* |*pl.* قلف *qulaf*| • foreskin

قلق *qaliqa v.intr.* |*1s4* يقلق *yaqlaqᵘ* | قلق *qalaq*| • worry *about* على ◊ لا تقلق! *Don't worry!*

قلق *qalaq n.*↑ • worry, anxiety

قلق *qaliq adj.* |*elat.* أكثر قلقا *ʔaktar qalaqan*| • worried, anxious

IV **أقلق** *ʔaqlaqa v.tr.* |*4s* يقلق *yuqliqᵘ* | إقلاق *ʔiqlāq*| • worry, make anxious

قل *qalla v.intr.* |*1g2* يقل *yaqill*^{u} | قلة *qilla*^{t} or قل *qill*| • be less *than* عن ▪ لا يقل عن *lā yaqill*^{u} *Ɛan* no less than • decrease, diminish

قلما *qallamā adv.* • rarely, seldom ◊ قلما يخطئ. *He rarely makes a mistake.* • hardly, barely

قلة *qilla*^{t} *n.*↑ |*pl.* قلل *qilal*| • lack, scarcity ▪ قلة أدب *qillat · ʔadab* impoliteness, rudeness ▪ قلة اهتمام *qillat · ihtimām* lack of interest ▪ قلة خبرة *qillat · xibra*^{t} inexperience

قليل *qalīl adj.* |*m. pl.* **dip.** قلائل *qalāʔil* or **dip.** أقلاء *ʔaqilāʔ* | *elat.* أقل *ʔaqall*| • little, few ▪ قليل الحظ *qalīl · alħazz*^{i} unlucky ▪ قليل الخبرة *qalīl · alxibra*^{ti} inexperienced ▪ قليل الذكاء *qalīl · aďďakāʔ*^{i} unintelligent ▪ قليلا *qalīlan adv.* a little, not much ▪ قليلا قليلا *qalīlan qalīlan adv.* little by little ▪ قليلا ما *qalīlan mā adv.* rarely, seldom ▪ القليل من __ *alqalīl min* __ a few __ ▪ بقليل *bi-qalīl*^{in} *adv.* by very little, just over ◊ بعد شهرين بقليل *just over two months ago* ◊ بعد سنة بقليل *in just over a year*; [elative +] a little more ◊ أكثر بقليل *a little more* ▪ بعد قليل *baƐda qalīl*^{in} *adv.* after a while ▪ قبل قليل *qabla qalīl*^{in} just (now), a little while ago ▪ في الأيام القليلة المقبلة *fī -lʔayyām*^{i} *-lqalīla*^{ti} *-lmuqbila*^{ti} *adv.* in the next few days ▪ في السنوات القليلة الماضية *fī -ssanawāt*^{i} *-lqalīla*^{ti} *-lmāḍiya*^{ti} *adv.* in the last few years

أقل *ʔaqall elat.* • less, least ⓘ *In English, 'less' and 'the least' can precede adjectives. In Arabic, the equivalent is conveyed with an indefinite accusative masdar:* ◊ أقل إثارة *ʔaqall ʔitāratan less exciting* ◊ في البلدان الأقل نماء *fī -lbuldān*^{i} *-lʔaqall*^{i} *namāʔan in less developed countries* • fewer, fewest ▪ الأقلون *alʔaqallūn*^{a} *plural n.* the minority ▪ على الأقل *Ɛalā -lʔaqall*^{i} *adv.* at least • *n.* minimum

أقلية *ʔaqallīya*^{t} *n.* • minority

II **قلل** *qallala v.tr. & intr.* |*2s* يقلل *yuqallil*^{u} | تقليل *taqlīl*| • reduce (من), lessen, minimalize

تقليل *taqlīl n.*↑ • reduction, decrease

X **استقل** *istaqalla v.* |*10g* يستقل *yastaqill*^{u} | استقلال *istiqlāl*| • *v.intr.* become independent • *v.tr.* consider too little, find insufficient • board, get in/on, catch, take ◊ استقللت طائرة من القاهرة متجها إلى طوكيو عن طريق دبي. *I took a flight from Cairo to Tokyo via Dubai.*

استقلال *istiqlāl n.*↑ • independence

مستقل *mustaqill act. part. adj.* |*elat.* أكثر استقلالا *ʔakṯar istiqlālan*| • independent

قلم *qalam n.* |*pl.* أقلام *ʔaqlām*| • pen ▪ قلم حبر *qalam · ħibr* fountain pen ▪ قلم حبر جاف *qalam · ħibr jāff* ballpoint pen ▪ قلم رصاص *qalam · raṣāṣ* pencil ▪ بقلم __ *bi-qalam*^{i} __ written by __ ▪ قلم خطاط *qalam · xaṭṭāṭ* marker pen, felt-tip pen

مقلمة *miqlama*^{t} *n.* |*pl.* **dip.** مقالم *maqālim*| • pencil case

II **قلم** *qallama v.tr.* |*2s* يقلم *yuqallim*^{u} | تقليم *taqlīm*| • clip, trim • stripe

مقلم *muqallam pass. part. adj.* • striped

قلنسوة *qalansuwa*^{t} *n.* |*pl.* قلنسوات *qalansuwāt* or **dip.** قلانس *qalānis*| • *(hat)* cap

قلى *qalā v.tr.* |*1d2* يقلي *yaqlī* | قلي *qaly*| • fry

مقلي *maqlīy pass. part. adj.* • fried ▪ بيض مقلي *bayḍ maqlīy* fried eggs

قلاية *qallāya*^{t} *n.* • deep fryer

مقلاة *miqlā*^{t} *n.* |*pl.* **def.** مقال *maqāl(in)*| • frying pan

ق م *qabla -lmīlād*^{i} |*abbreviation of* قبل الميلاد| • B.C.

قمح *qamħ n.* • wheat

قمر *qamar n.* |*pl.* أقمار *ʔaqmār*| • moon, satellite ▪ القمر *alqamar* the Moon ▪ قمر صناعي *qamar ṣināƐīy* artificial satellite

قمري *qamarīy adj.* • lunar, moon- ▪ تقويم قمري *taqwīm qamarīy n.* lunar calander ▪ حرف قمري *ħarf qamarīy* moon letter ➡ ***Sun and Moon Letters p. 11***

جزر القمر *juzur · alqumur*^{i} *n. f.* • the Comoros

قمري *qumurīy adj. & n.* • Comorian

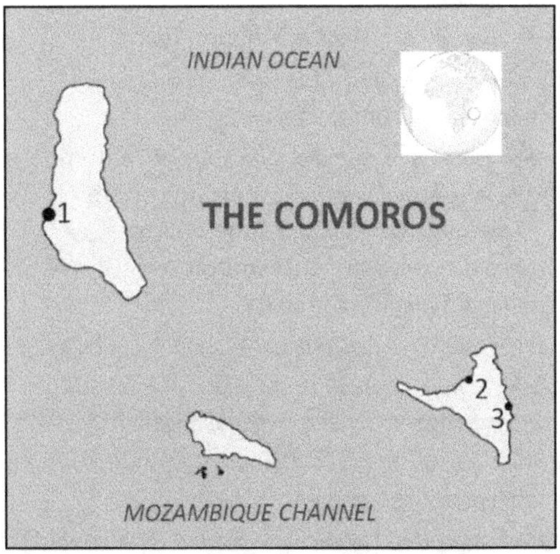

map of the Comoros

1. موروني *mōrōnī* Moroni

2. موتسامودو *mutsamūdū* Mutsamudu
3. دوموني *dōmōnī* Domoni

قمرة *qamraᵗ n.* |*pl.* قمرات *qam(a)rāt*| • cabin ▪ قمرة قيادة *qamrat · qiyādaᵗ* cockpit
قمار *qimār n.* • gambling
III **قامر** *qāmara v.tr.* |*3s* يقامر *yuqāmirᵘ* | مقامرة *muqāmaraᵗ*| • gamble *with*
مقامر *muqāmir act. part. n.* • gambler
VI **تقامر** *taqāmara v.intr.* |*6s* يتقامر *yataqāmarᵘ* | تقامر *taqāmur*| • gamble with each other
قاموس *qāmūs n.* |*pl.* **dip.** قواميس *qawāmīs*| • dictionary
قماش *qumāš n.* |*pl.* أقمشة *ʔaqmišaᵗ*| • cloth, fabric
قميص *qamīṣ n.* |*pl.* قمصان *qumṣān*| • shirt ▪ قميص نوم *qamīṣ · nawm* nightgown
قمع *qamaƐa v.tr.* |*1s1* يقمع *yaqmaƐᵘ* | قمع *qamƐ*| • suppress, repress, restrain
قمع *qamƐ n.*↑ • , suppression, repression, retreat
قمل *qaml coll. n.* |*sing.* قملة *qamlaᵗ*| • lice
قمة *qimmaᵗ n.* |*pl.* قمم *qimam*| • summit, peak, apex • *(meeting)* summit ▪ قمة ثلاثية *qimmaᵗ tulātīyaᵗ* trilateral summit
قمامة *qumāmaᵗ n.* • garbage, waste ▪ صندوق قمامة *ṣandūq · qumāmaᵗ* garbage can (UK: rubbish bin), dumpster ▪ كوم قمامة *kawm · qumāmaᵗ* pile of trash (UK: rubbish heap), garbage heap ▪ مكب قمامة *mikabb · qumāmaᵗ* landfill
قنا *qinā n.* ***f. invar.*** • *(city in Egypt)* Qena ➡ ***map on p. 287***
قنب *qinnab* or *qunnab n.* • hemp, flax
QI **قنبل** *qanbala v.tr.* |*11s* يقنبل *yuqanbilᵘ* | قنبلة *qanbalaᵗ*| • bomb, shell
قنبلة *qunbulaᵗ n.* |*pl.* **dip.** قنابل *qanābil*| • bomb ▪ قنبلة ذرية *qunbulaᵗ đarrīyaᵗ* atomic bomb ▪ قنبلة موقوتة *qunbulaᵗ mawqūtaᵗ* time bomb ▪ قنبلة نووية *qunbulaᵗ nawawīyaᵗ* nuclear bomb ▪ قنبلة يدوية *qunbulaᵗ yadawīyaᵗ* grenade
قندس *qundus n.* |*pl.* **dip.** قنادس *qanādis*| • beaver
قنديل *qandīl* or *qindīl n.* |*pl.* **dip.** قناديل *qanādīl*| • lantern ▪ قنديل بحر *qandīl · baḥr* jellyfish
قناص *qannāṣ n.* |*pl.* قناصة *qannāṣaᵗ*| • marksman, sharpshooter, sniper
قنصل *qunṣul n.* |*pl.* **dip.** قناصل *qanāṣil*| • consul
قنصلي *qunṣulīʸ adj.* • consular
قنصلية *qunṣulīyaᵗ n.* • consulate

قنطرة *qanṭaraᵗ n.* |*pl.* **dip.** قناطر *qanāṭir*| • arch
قنطار *qinṭār n.* |*pl.* **dip.** قناطير *qanāṭīr*| • *(unit of weight)* qintar
القنيطرة *alqanīṭraᵗ n.* • *(city in Morocco)* Kenitra ➡ ***map on p. 222***
قنع *qaniƐa v.intr.* |*1s4* يقنع *yaqnaƐᵘ* | قناعة *qanāƐaᵗ*| • be satisfied *with* بـ, be content
قناعة *qanāƐaᵗ n.*↑ • satisfaction
قانع *qāniƐ act. part. adj.* |*elat.* أقنع *ʔaqnaƐ* or أكثر قناعة *ʔaktar qanāƐaᵗᵃⁿ*| • satisfied *with* بـ, content
قناع *qināƐ n.* |*pl.* أقنعة *ʔaqniƐaᵗ*| • mask
II **قنع** *qannaƐa v.tr.* |*2s* يقنع *yuqanniƐᵘ* | تقنيع *taqnīƐ*| • mask, conceal
تقنيع *taqnīƐ n.*↑ • concealment
IV **أقنع** *ʔaqnaƐa v.tr.* |*4s* يقنع *yuqniƐᵘ* | إقناع *ʔiqnāƐ*| • persuade, convince ▪ أقنع بأنْ *ʔaqnaƐa<u>hu</u> bi-ʔan* persuade *sb to (do)* ▪ أقنعه بأنّ *ʔaqnaƐa<u>hu</u> bi-ʔanna* convince *sb* that...
إقناع *ʔiqnāƐ n.*↑ • persuasion
مقنع *muqniƐ act. part. adj.* |*elat.* أكثر إقناعا *ʔaktar iqnāƐan*| • persuasive
VIII **اقتنع** *iqtanaƐa v.intr.* |*8s* يقتنع *yaqtaniƐᵘ* | اقتناع *iqtināƐ*| • be satisfied *with* بـ, be content
اقتناع *iqtināƐ n.*↑ • satisfaction, contentment
مقتنع *muqtaniƐ act. part. adj.* |*elat.* أكثر اقتناعا *ʔaktar iqtināƐan*| • satisfied *with* بـ, content
قنفذ *qunfuđ n.* |*pl.* **dip.** قنافذ *qanāfiđ*| • hedgehog ▪ قنفذ بحر *qunfuđ · baḥr* sea urchin
قن *qunn n.* |*pl.* قنان *qinān*| • chicken coop
قنينة *qinnīnaᵗ n.* |*pl.* **def.** قنان *qanān(in)*| • bottle ▪ قنينة بلاستيك *qinnīnat · blāstīk* plastic bottle
قانون *qānūn n.* |*pl.* **dip.** قوانين *qawānīn*| • law • *(musical instrument)* kanun, zither ➡ ***picture on p. 255 left***
قانوني *qānūnīʸ adj.* • legal, lawful ▪ غير قانوني *ɣayr · qānūnīʸ* illegal, against the law ▪ قانونيا *qānūnīyan adv.* legally
قانونية *qānūnīyaᵗ n.* • legality
قناة *qanāᵗ n.* ***f.*** |*pl.* قنوات *qanawāt*| • *(water)* canal, channel ▪ القناة الإنجليزية *alqanāᵗ alʔingilīzīyaᵗ* the English Channel • *(TV)* channel ▪ قناة فضائية *qanāᵗ faḍāʔīyaᵗ* satellite channel
ق هـ *qabla -lhijraᵗⁱ* |*abbreviation of* قبل الهجرة| • B.H. (Before Hijra)
قهر *qahara v.tr.* |*1s1* يقهر *yaqharᵘ* | قهر *qahr*| • conquer, defeat • subdue, overpower,

overwhelm

قاهر *qāhir act. part.* • *adj.* victorious, triumphant • *n.* victor, conqueror

القاهرة *alqāhirat n.* • *(capital of Egypt)* Cairo ➡ ***map on p. 287***

قاهري *qāhirīy adj. & n.* • Cairene

قهوة *qahwat n.* |*pl.* قهوات *qah(a)wāt*| • coffee ▪ قهوة عربية *qahwat Ɛarabīyat* Arabic coffee, Turkish coffee ▪ قهوة سادة *qahwat sādat* Turkish coffee with no sugar ▪ قهوة على الريحة *qahwat Ɛalā -rrīḫat* Turkish coffee with litle sugar ▪ قهوة مظبوطة *qahwat maẓbūṭat* Turkish coffee with sugar ▪ قهوة سكر زيادة *qahwat · sukkar · ziyādat* Turkish coffee with extra sugar ⓘ *The English word 'coffee' has indirectly been borrowed from this Arabic word via Turkish.*

مقهى *maqh(an) n.* ***indecl.*** |*dual* مقهيان *maqhayāni* | *pl.* ***def.*** مقاه *maqāh(in)*| • café, coffee shop

قات *qāta v.tr.* |*1h3* يقوت *yaqūtu* | قوت *qūt*| • feed on

قوت *qūt n.*↑ |*pl.* أقوات *ʔaqwāt*| • food, nourishment

قات *qāt n.* • qat, khat ➡ ***picture on the right*** ▪ مضغ قاتا *maḍaɣa qātan*, خزن قاتا *xazzana qātan v.* chew qat

قيادة *qiyādat n.*↑ • leadership ▪ بقيادة *bi-qiyādati prep.* under the leadership of • steering ▪ عجلة قيادة *Ɛajalat · qiyādat* steering wheel

قيادي *qiyādīy adj.* • leading, main

قائد *qāʔid act. part. n.* |*pl.* قادة *qādat*| • leader

Illustration of a man playing the kanun

IV **أقات** *ʔaqāta v.tr.* |*4h* يقيت *yuqītu* | إقاتة *ʔiqātat*| • nourish, feed • support

VIII **اقتات** *iqtāta v.intr.* |*8h1* يقتات *yaqtātu* | اقتيات *iqtiyāt*| • feed *on* على *or* بـ, eat • be supported *by* من

قاد *qāda v.tr.* |*1h3* يقود *yaqūdu* | قيادة *qiyādat*| • lead, guide • drive (a vehicle) ▪ قاد طائرة *qāda ṭāʔirat* fly a plane

Men in Yemen relaxing and chewing qat

مقود *miqwad n.* |*pl.* ***dip.*** مقاود *maqāwid*| • steering wheel ▪ مقود دراجة *miqwad · darrājat* handlebars

VII **انقاد** *inqāda v.intr.* |*7h* ينقاد *yanqādu* | انقياد *inqiyād*| • obey لـ, follow • be led *by* لـ, be guided

انقياد *inqiyād n.*↑ • obedience

VIII **اقتاد** *iqtāda v.tr.* |*8s* يقتاد *yaqtādu* | اقتياد *iqtiyād*| • lead, guide

قواد *qawwād n.* • pimp

قوس *qaws n.* |*pl.* أقواس *ʔaqwās*| • arch, arc ▪ قوس قزح *qaws · quzaḥ* rainbow • parenthesis ▪ بين قوسين *bayna qawsayni adv.* in parentheses • برج القوس *burj · alqawsi* *(astrology)* Sagittarius ▪ أنا من برج القوس. *ʔana min burji -lqawsi* I'm a Sagittarius.

II **قوس** *qawwasa v.tr.* |*2s* يقوس *yuqawwisu* | تقويس *taqwīs*| • bend

V **تقوس** *taqawwasa v.intr.* |*5s* يتقوس *yataqawwasu* | تقوس *taqawwus*| • be bent, bend, curve

قاع *qāƐ n.* |*pl.* قيعان *qīƐān*| • bottom ▪ قاع بحر *qāƐ · baḥr* seabed • plain, lowland

قاعة *qāƐat n.* • hall, auditorium ▪ قاعة اجتماعات *qāƐat · ijtimāƐāt* ▪ قاعة إفراح *qāƐat · ʔifrāḥ* wedding hall ▪ قاعة محاضرات *qāƐat · muḥāḍarāt* lecture hall ▪ قاعة محكمة *qāƐat · maḥkamat*

courtroom ▪ قاعة مزادات *qāƐat · mazādāt* auction hall ▪ قاعة مؤتمرات *qāƐat · muʔtamarāt* conference room

قوقع *qawqaƐ coll. n.* |*sing.* قوقعة *qawqaƐa*^{t} | *pl.* ***dip.*** قواقع *qawāqiƐ*| • shells • snails

قال *qāla v.tr.* |*1h3* يقول *yaqūl*^{u} | قول *qawl*| • say *sth* ه *to* لـ ▪ قال إن *qāla ʔinna*, قال أنّ *qāla ʔanna* say that..., tell *sb* that... ▪ قال له أنْ *qāla lahu ʔan* tell *sb to (do)* ◊ قلت لها أن تأتي. *I told her to come.* ▪ قيل إن *qīla ʔinna pass. v.* be said that... • ask ◊ قال لي هل أريد هذا حقا. *He asked me if I really wanted that.*

قول *qawl n.*↑ |*pl.* أقوال *ʔaqwāl*| • speech, utterance ▪ أدلى بأقواله *ʔadlā bi-ʔiqwāl*^{i}*hi v.* testify, give testimony

قائل *qāʔil act. part. n.* |*pl.* قول *quwwal*| • speaker, person talking

مقولة *maqūla*^{t} *pass. part. n.* • statement, proposition

قيل وقال *qīl wa-qāl n.* • gossip

مقال *maqāl*, مقالة *maqāla*^{t} *n.* • article • essay, composition

III **قاول** *qāwala v.tr.* |*3s* يقاول *yuqāwil*^{u} | مقاولة *muqāwala*^{t}| • make a deal *with*, make a contract

مقاول *muqāwil act. part. n.* • contractor

قام *qāma v.intr.* |*1h3* يقوم *yaqūm*^{u} | قيام *qiyām*| • stand up, get up ▪ قام من النوم *qāma min*^{a} *-nnawm*^{i} wake up • do بـ, carry out, undertake, complete ▪ قام برحلة *qāma bi-riħla*^{tin} make a trip ▪ قام بزيارة *qāma bi-ziyāra*^{tin} pay a visit ▪ قام بنشاط *qāma bi-našāṭ*^{in} undertake an activity ▪ قام بواجبات *qāma bi-wājibāt*^{in} do homework • start ▪ قامت ثورة *qāmat ṯawra*^{tun} a revolution took place ▪ قامت حرب *qāmat ħarb*^{un} a war broke out • be based *on* على ◊ قامت الثورة على مبادئ المساواة. *The revolution was based on the principles of equality.*

قيام *qiyām n.*↑ • performance *of* بـ • occurrence

قائم *qāʔim act. part. adj.* |*m. pl.* قوام *quwwām*| • standing • located, situated • existing

قائمة *qāʔima*^{t} *act. part. n.* |*pl.* ***dip.*** قوائم *qawāʔim*| • list ▪ قائمة طعام *qāʔimat · ṭaƐām* menu • *(furniture, animal)* leg

قامة *qāma*^{t} *n.* • stature, build ▪ طويل القامة *ṭawīl alqāma*^{ti} *adj.* tall ▪ قصير القامة *qaṣīr alqāma*^{ti} *adj.* short

قوم *qawm n.* |*pl.* أقوام *ʔaqwām*| • people, nation • group

قومي *qawmī*^{y} • *adj.* national, people's • *n.* nationalist

قومية *qawmīya*^{t} *n.* • nationalism

قيم *qayyim adj.* • |*elat.* أقيم *ʔaqyam*| valuable • |*elat.* أقوم *ʔaqwam*| straight, right

قيمة *qīma*^{t} *n.* |*pl.* قيم *qiyam*| • value, worth, quality ▪ قيم *qiyam pl. n.* morals, ethics ▪ ذو قيمة *ḏū qīma*^{tin}, له قيمة *la-hu qīma*^{tun} of value ▪ لا قيمة له *lā qīma*^{ta} *lahu* worthless

قيمي *qīmī*^{y} *adj.* |*elat.* أقيم *ʔaqyam*| • value-

قيامة *qiyāma*^{t} *n.* • resurrection ▪ عيد القيامة *Ɛīd · alqiyāma*^{ti} Easter ▪ يوم القيامة *yawm · alqiyāma*^{ti} Judgment Day

مقام *maqām n.* • location, site, setting ▪ لكل مقام مقال. *li-kull*^{i} *maqām*^{in} *maqāl*^{un} *proverb* For every situation, there is a saying. • *(mathematics)* denominator

II **قوم** *qawwama v.tr.* |*2s* يقوم *yuqawwim*^{u} | تقويم *taqwīm*| • arrange, set up • estimate *sth* ه *at* بـ, value, rate, appraise

تقويم *taqwīm n.*↑ |*pl.* ***dip.*** تقاويم *taqāwīm*| • calendar • arrangement, set-up

مقوم *muqawwim act. part. n.* • constituent, component

II **قيم** *qayyama v.tr.* |*2s* يقيم *yuqayyim*^{u} | تقييم *taqyīm*| • value, assess

تقييم *taqyīm n.*↑ • evaluation, assessment

III **قاوم** *qāwama v.tr.* |*3s* يقاوم *yuqāwim*^{u} | مقاومة *muqāwama*^{t}| • resist, oppose, fight, stand up *to*

مقاومة *muqāwama*^{t} *n.*↑ • resistance, counteraction

مقاوم *muqāwim act. part. n.* • antagonist, opponent

IV **أقام** *ʔaqāma v.* |*4h* يقيم *yuqīm*^{u} | إقامة *ʔiqāma*^{t}| • *v.intr.* reside *in* في *or* بـ • stay *in/at* في *or* بـ ▪ أقام في فندق *ʔaqāma fī funduq* stay in a hotel • *v.tr.* hold ▪ أقام احتفالا *ʔaqāma iħtifālan* hold a celebration ▪ أقام حفلة *ʔaqāma ħafla*^{t} hold a party, throw a party ▪ أقام مباراة *ʔaqāma mubārā*^{t} hold a game, hold a match ▪ أقيم *ʔuqīma pass. v.* be held ◊ أقيمت الألعاب الأولمبية في بكين سنة ٢٠٠٨. *The Olympics were held in Beijing in 2008.* • set up, erect, establish

إقامة *ʔiqāma*^{t} *n.*↑ • stay • residency ▪ مكان إقامة *makān · ʔiqāma*^{t} place of residence

مقيم *muqīm act. part. n.* • resident, inhabitant

X **استقام** *istaqāma v.intr.* |*10h* يستقيم *yastaqīmᵘ* | استقامة *istiqāmaᵗ*| • stand upright, straighten up

استقامة *istiqāmaᵗ n.*↑ • straightness

مستقيم *mustaqīm act. part.* |*elat.* أكثر استقامة *ʔaktar istiqāmaᵗᵃⁿ*| • *adj.* upright, straight • *n.* rectum

قوي *qawiya v.intr.* |*1d4* يقوى *yaqwā* | قوة *quwwaᵗ*| • become strong

قوة *quwwaᵗ n.*↑ |*pl.* قوات *quwwāt* or ***indecl.*** قوى *quw(an)*| • strength, force ▪ قوى عاملة *quwā · Ɛāmilaᵗ pl. n.* workforce ▪ قوات *quwwāt pl. n.* forces ▪ قوات جوية *quwwāt jawwīyaᵗ* air force ▪ قوات حماية مدنية *quwwāt ɧimāyat · madīnaᵗ* fire brigade ▪ قوات أمن *quwwāt · ʔamn* security forces ▪ بالقوة *bi-lquwwaᵗⁱⁿ adv.* by force ▪ في قوة *fī quwwaᵗⁱⁿ* strongly; loudly ▪ لا حول ولا قوة إلا بالله *lā ɧawlᵃ wa-lā quwwaᵗᵃ ʔillā bi-LLāhⁱ* There is no power nor strength except in God.

II **قوى** *qawwā v.tr.* |*2d* يقوي *yuqawwī* | تقوية *taqwiyaᵗ*| • strengthen, fortify, reinforce ▪ ورق مقوى *waraq muqaww(an) n.* cardboard

تقوية *taqwiyaᵗ n.*↑ • fortification, reinforcement

V **تقوى** *taqawwā v.intr.* |*5d* يتقوى *yataqawwā* | ***def.*** تقو *taqaww(in)*| • become strong

قوي *qawīʸ adj.* |*m. pl.* ***dip.*** أقوياء *ʔaqwiyāʔ* | *elat.* ***invar.*** أقوى *ʔaqwā*| • strong, powerful

قيء *qayʔ n.* • vomit, throw-up

V **تقيأ** *taqayyaʔa v.intr.* |*5s(c)* يتقيأ *yataqayyaʔᵘ* | تقيؤ *taqayyuʔ*| • vomit, throw up

قيد *qayd n.* |*pl.* قيود *quyūd*| • shackle, bond, chain • restriction ▪ فرض قيودا على *faraḍa quyūdan Ɛalā v.* impose restrictions *on* ▪ بقي على قيد الحياة *baqiya Ɛalā qaydⁱ -lɧayāᵗⁱ v.* survive, continue to live • record, entry ▪ قيد يومية *qayd · yawmīyaᵗ* diary entry

قيد *qayda prep.* • in the process of, under ▪ قيد الإنشاء *qayda -lʔinšāʔⁱ adv.* under construction ▪ قيد التوقيف *qayda -ttawfīqⁱ adv.* under arrest

II **قيد** *qayyada v.tr.* |*2s* يقيد *yuqayyidᵘ* | تقييد *taqyīd*| • bind, tie up • restrict, confine, limit

تقييد *taqyīd n.*↑ • restriction, confinement, limitation

V **تقيد** *taqayyada v.intr.* |*5s* يتقيد *yataqayyadᵘ* | تقيد *taqayyud*| • be bound *by* بـ • be restricted

تقيد *taqayyud n.*↑ • restriction

القيروان *alqayrawān n. **f.*** • *(city in Tunisia)* Kairouan ➡ ***map on p. 45***

قاس *qāsa v.tr.* |*1h2* يقيس *yaqīsᵘ* | قياس *qiyās*| • measure

قياس *qiyās n.*↑ |*pl.* أقيسة *ʔaqyisaᵗ*| • measurement, size ▪ قياسا بـ *qiyāsan bi- prep.* in comparison with ▪ غرفة قياس *ɣurfat · qiyās* fitting room • qiyas (method of Islamic analogy)

قياسي *qiyāsīʸ adj.* • comparable, analogous ▪ رقم قياسي *raqm qiyāsīʸ n.* record

مقاس *maqās n.* • size

مقياس *miqyās n.* |*pl.* ***dip.*** مقاييس *maqāyīs*| • measurement ▪ __ مقياس *miqyās · __* __-meter ▪ مقياس حرارة *miqyās · ɧarāraᵗ* thermometer ▪ مقياس ريختر *miqyās · rīxtar* the Richter scale • measure, standard

مقياسي *miqyāsīʸ adj.* • to scale ▪ منوذج مقياسي *namūḏaj miqyāsīʸ n.* scale model

IV **أقال** *ʔaqāla v.tr.* |*4s* يقيل *yuqīlᵘ* | إقالة *ʔiqālaᵗ*| • dismiss, fire

إقالة *ʔiqālaᵗ n.*↑ • dismissal

X **استقال** *istaqāla v.intr.* |*10h* يستقيل *yastaqīlᵘ* | استقالة *istiqālaᵗ*| • resign *from* عن, quit

استقالة *istiqālaᵗ n.*↑ • resignation

ك

ك kāf n. **f.** |كاف| • *(twenty-second letter of the Arabic alphabet)* • *(numerical value)* 20
➡ ***The Abjad Numerals p. 61***

كـ *ka- particle prefix* • as, like, such as ▪ كالتالي *ka-ttālīy adv.* as follows ▪ كلا *ka-llā* No!
كأن *ka-ʔanna*, وكأن *wa-ka-ʔanna*, كأنما *ka-ʔannamā conj.* [+ accusative noun or pronoun suffix] • as if, as though ▪ كأن شيئا لم يكن *ka-anna šayʔan lam yakun* as if nothing had happened
كذا *ka-ḏā adv.* • like this, this way, thus, so ▪ أليس كذا؟ *ʔa-laysa ka-ḏā* Isn't that right?, ..., right? • also, too, as well • [noun +] so and so, such and such ▪ كذا وكذا *ka-ḏā wa-ka-ḏā* so and so, such and such ◊ ثم قال كذا وكذا. *Then he said so and so.*
كذلك *ka-ḏālika*, وكذلك *wa-ka-ḏālika adv.* • this way, like this, thus, so • also, too, as well, likewise, additionally ◊ كان رياضيا وكذلك كان أخوه. *He was athletic, and so was his brother.*
كما *ka-mā*, كما أن *ka-mā ʔanna conj.* • (just) as, like ◊ كانت تضحك كما يضحك الأطفال. *She laughed just like children do.* ▪ كما ترى *ka-mā turā* as you see ▪ كما هو *ka-mā huwa* as is ▪ كما أنا *ka-mā ʔana* as I am ▪ كما تريد *ka-mā turīdᵘ* as you want ▪ كما يأتي *ka-mā yaʔtī* as follows ▪ كما لو *ka-mā law*, كما لو أن *ka-mā law ʔanna* as if, as though • also, additionally, moreover, likewise, similarly ◊ سلم اللص نفسه للشرطة، كما أقر بجريمته. *The theif surrendered himself to the police. Moreover, he admitted to his crime.*

ـك *-ka sing.* **m.** *second-person possessive pronoun suffix* • [noun +] your ◊ بيتك *your house* • *sing.* **m.** *second-person personal pronoun suffix* [verb or preposition +] you ◊ أحبك. *I love you.* ◊ منك *from you* ➡ ***Suffixed Personal Pronouns p. 182***

ـكِ *-ki sing.* **f.** *second-person possessive pronoun suffix* • [noun +] your ◊ بيتكِ *your house* • *sing.* **f.** *second-person personal pronoun suffix* [verb or preposition +] you ◊ أحبكِ. *I love you.* ◊ إليكِ *to you* ➡ ***Suffixed Personal Pronouns p. 182***

كئب *kaʔiba v.intr.* |1s4(b) يكأب *yakʔabᵘ* | كآبة *kaʔābaᵗ*| • become depressed *about* على, become melancholy
كآبة *kaʔābaᵗ n.*↑ • depression, gloom, melancholy
كئيب *kaʔīb adj.* |*elat.* أكأب *ʔakʔab*| • depressed, gloomy, cheerless, down
IV **أكأب** *ʔakʔaba v.tr.* |4s(b) يكئب *yakʔibᵘ* | إكآب *ʔikʔāb*| • depress, sadden
VIII **اكتأب** *iktaʔaba v.intr.* |8s(b) يكتئب *yaktaʔibᵘ* | اكتئاب *iktiʔāb*| • become depressed *about* على
اكتئاب *iktiʔāb n.*↑ • depression ▪ تغلب على الاكتئاب *taɣallaba ʕalā -liktiʔābⁱ v.* overcome depression
مكتئب *muktaʔib act. part. adj.* |*elat.* أكثر اكتئابا *ʔakṯar iktiʔāban*| • depressed, melancholy, down

كأس *kaʔs n.* **f.** |*pl.* كؤوس *kuʔūs*| • cup, drinking glass • cup, trophy, tournament ▪ كأس العالم لكرة القدم *kaʔs · alʕālamⁱ li-kuratⁱ -lqadamⁱ* the Football World Cup

كابتشينو *kābutšīnō n.* ***invar.*** • cappuccino

كابتن *kābtin n.* • captain

كابل *kābl n.* • cable

كابول *kābūl n.* **f.** • *(capital of Afghanistan)* Kabul

كاتدرائية *kātidrāʔīyaᵗ n.* • cathedral

كاثوليكي *kātūlīkīy adj. & n.* • Catholic
كاثوليكية *kātūlīkīyaᵗ n.* • Catholicism

كاجو *kājū n.* ***invar.*** |*pl.* كاجوهات *kājūhāt*| • cashew

كادر *kādir n.* |*pl.* **dip.** كوادر *kawādir*| • cadre

كاروانسرا *kārawānsirā n.* ***invar.*** • caravanserai (historically, roadside inn for travelers and stables for their horses or camels)

Khan al-Umdan caravanserai in Acre, Israel

كاريبي *kārībīy adj.* • Caribbean ▪ الكاريبي *alkārībīy* *n.* the Caribbean

كاريكاتوري *kārīkātūrīy adj.* • cartoon-, animated ▪ رسم كاريكاتوري *rasm kārīkātūrīy n.* caricature, cartoon ▪ فيلم كاريكاتوري *film kārīkātūrīy n.* cartoon, animated film

كاز *kāz n.* • kerosene

كازينو *kāzīnō n. **invar.*** |*pl.* كازينوهات *kāzīnōhāt*| • casino

كاسيت *kāsīt*, كاست *kāsitt n.* • cassette

كاشو *kāšū n. **invar.*** |*pl.* كاشوهات *kāšūhāt*| • cashew

كاف *kāf n. f.* ➡ ك *p. 258*

كافتيريا *kāfetayriyā n. **invar.*** • cafeteria

كاكاو *kākāw n. **invar.*** • cocoa

كاميرا *kāmerā n. **invar.*** • camera ▪ كاميرا رقمية *kāmerā raqmīya^t* digital camera

الكاميرون *alkāmīrūn n.* • Cameroon

كاميروني *kāmīrūnīy adj. & n.* • Cameroonian

كباب *kabāb n.* • kebab

مكب *mikabb n.* • spool ▪ مكب نفايات *mikabb · nufāyyāt*, مكب قمامة *mikabb · qumāma^t* landfill

II **كبب** *kabbaba v.tr.* |*2s* يكبب *yukabbib^u* | تكبيب *takbīb*| • form a ball out of, agglomerate

VII **انكب** *inkabba v.intr.* |*7g* ينكب *yankabb^u* | انكباب *inkibāb*| • dedicate *oneself to* على, devote *oneself to*, concentrate *on*, pour all of *one's* time *into*

انكباب *inkibāb n.*↑ • dedication *to* على, devotion

كبح *kabaḫa v.intr.* |*1s1* يكبح *yakbaḫ^u* | كبح *kabḫ*| • restrain *from* عن, hold back • *(vehicle)* brake

كبح *kabḫ n.*↑ • restraint ▪ دواسة كبح *dawwāsat · kabḫ* brake pedal

مكبح *mikbaḫ n.* |*pl. **dip.*** مكابح *makābiḫ*| • brakes

كبد *kabd* or *kabid n.* |*pl.* أكباد *ʔakbād* or كبود *kubūd*| • liver

كبر *v.* • *kabura v.intr.* |*1s6* يكبر *yakbur^u* | كبر *kibar*| grow, get bigger • become great • *kabira v.intr.* |*1s4* يكبر *yakbar^u* | كبر *kibar*| grow old • *v.tr.* be older *than* ه *by* بـ ◊ تزوجت من رجل يكبرها بعشر سنوات. *She married a man who is ten years older than her.*

كبر *kibar n.*↑ • largeness • old age

كبر *kibr n.* • pride, arrogance • greatness

كبير *kabīr* |*pl.* كبار *kibār* | *elat.* أكبر *ʔakbar*| • *adj.* big, large • old ▪ كبير السن *kabīr · assinn^i*, كبير سنا *kabīr sinnan* old, elderly ▪ كبار السن *kibār · assinn* *pl. n.* the elderly • important • adult • *n.* senior ▪ كبير مسؤولين *kabīr · masʔūlīn^a* high-ranking official

أكبر *ʔakbar elat.* |*m. pl. **dip.*** أكابر *ʔakābir* | *f. sing. elat. **invar.*** كبرى *kubrā* | *f. dual elat.* كبريان *kubrayān^i* | *f. pl.* كبريات *kubrayāt*| • great ▪ الإسكندر الأكبر *alʔiksandar alʔakbar* Alexander the Great ▪ الصحراء الكبرى *aṣṣaḥrāʔ alkubrā* The Sahara Desert

II **كبر** *kabbara v.* |*2s* يكبر *yukabbir^u* | تكبير *takbīr*| • *v.tr.* enlarge, magnify • *v.intr.* call out 'God is great!' (الله أكبر)

تكبير *takbīr n.*↑ • enlargement, magnification • takbir (the phrase 'Allahu akbar') ⓘ *The phrase* الله أكبر *aLLāhu ʔakbar (God is Great) is used during prayer and in the call to prayer. It is also an exclamation shouted out in various situations (as a battle cry, in celebration, etc.).*

مكبر *mukabbir act. part. n.* • amplifier ▪ مكبر صوت *mukabbir · ṣawt* loudspeaker

مكبرة *mukabbira^t*, عدسة مكبوة *ɛadasa^t mukabbira^t* *n.* • magnifying glass

مكبرة *mukabbira^t*, عدسة مكبوة *ɛadasa^t mukabbira^t* *act. part. n.* • magnifying glass

V **تكبر** *takabbara v.intr.* |*5s* يتكبر *yatakabbar^u* | تكبر *takabbur*| • be arrogant, be proud

تكبر *takabbur n.*↑ • arrogance, pride

متكبر *mutakabbir act. part. adj.* |*elat.* أكثر تكبرا *ʔaktar takabburan*| • arrogant, proud

X **استكبر** *istakbara v.intr.* |*10s* يستكبر *yastakbir^u* | استكبار *istikbār*| • become arrogant

كبريت *kibrīt* • *n.* sulfur • *coll. n.* |*sing.* كبريتة *kibrīta^t*| matches ▪ عود كبريت *ɛūd · kibrīt* match stick

كبريتات *kibrītāt n.* • sulfate

كبس *kabasa v.intr.* |*1s2* يكبس *yakbis^u* | كبس *kabs*| • squeeze على, press, put pressure *on*

كبس *kabs n.*↑ • squeeze, pressure

كابوس *kābūs n.* |*pl. **dip.*** كوابيس *kawābīs*| • nightmare

كبيس *kabīs adj.* • pickled

كبسولة *kabsūla^t n.* • capsule ▪ كبسولة زمن *kabsūlat · zaman* time capsule

كبش *kabš n.* |*pl.* أكباش *ʔakbāš* or كباش *kibāš*| • *(animal)* ram ▪ كبش فداء *kabš · fidāʔ* scapegoat

كبل *kabl n.* |*pl.* كبلات *kablāt* or كبول *kubūl*| • cable

كبوة *kabwa^t n.* • blunder, misstep

ك

كتب *kataba v.tr.* |*1s3* يكتب *yaktub*ᵘ | كتابة *kitāba*ᵗ| • write *sth* ∘ *to* لـ, write down ◊ كتبت له رسالة طويلة. *I wrote him a long letter.* ▪ كتب بالحروف اللاتينية *kataba bi-lḥurūf*ⁱ *-llātīnīya*ⁱⁱ Romanize (lit. write in Latin letters) • write, author, compose, pen

كتابة *kitāba*ᵗ *n.*↑ • script, writing • essay, (piece of) writing

كتابي *kitābī*ʸ *adj.* • written, in writing, clerical ▪ امتحان كتابي *imtiḥān kitābī*ʸ written test ▪ خطأ كتابي *xaṭa? kitābī*ʸ clerical error

كاتب *kātib act. part. n.* |*pl.* كتاب *kuttāb*| • writer, author • clerk

مكتوب *maktūb pass. part. n.* • |*pl.* **dip.** مكاتيب *makātīb*| letter

كتاب *kitāb n.* |*pl.* كتب *kutub*| • book ▪ كتاب مدرسي *kitāb madrasī*ʸ textbook

كتيب *kutayyib n. diminutive* • booklet, handbook

كتيبة *katība*ᵗ *n.* |*pl.* **dip.** كتائب *katā?ib*| • battalion

مكتب *maktab n.* |*pl.* **dip.** مكاتب *makātib*| • office ▪ في المكتب *fī -lmaktaba*ⁱⁱ in the office ▪ مكتب بريد *maktab · barīd* post office • desk ▪ على المكتب *Ɛalā -lmaktab*ⁱ on the desk

مكتبة *maktaba*ᵗ *n.* • library • bookstore

II **كتب** *kattaba v.tr.* |*2s* يكتب *yukattib*ᵘ | تكتيب *taktīb*| • make write

III **كاتب** *kātaba v.tr.* |*3s* يكاتب *yukātib*ᵘ | مكاتبة *mukātaba*ᵗ| • correspond *with*, write letters *to*

VI **تكاتب** *takātaba v.intr.* |*6s* يتكاتب *yatakātab*ᵘ | تكاتب *takātub*| • write to each other

كتف *katif* or *kitif* or *kitf n.* **f.** |*pl.* أكتاف *?aktāf*| • shoulder

كتكوت *katkūt n.* |*pl.* **dip.** كتاكيت *katākīt*| • *(animal)* chick

كتلة *kutla*ᵗ *n.* |*pl.* كتل *kutal*| • *(weight)* mass • lump, chunk • bloc, coalition

II **كتل** *kattala v.tr.* |*2s* يكتل *yukattil*ᵘ | تكتيل *taktīl*| • amass, pile together

V **تكتل** *takattala v.intr.* |*5s* يتكتل *yatakattal*ᵘ | تكتل *takattul*| • gather in a group • form a bloc, form a coalition

تكتل *takattul n.*↑ • bloc

كتوم *katūm adj.* • discreet

كتان *kattān n.* • flax

كثب *katab n.* • nearness, closeness, proximity, vicinity ▪ عن كثب *Ɛan katab*ⁱⁿ *adv.* close(ly), from a short distance

كثيب *katīb n.* |*pl.* كثبان *kutbān*| • dune

كثر *katura v.intr.* |*1s6* يكثر *yaktur*ᵘ | كثرة *katra*ᵗ| • abound, be numerous, be plentiful ▪ كثر خيره *katura xayr*ᵘ*hu* may *sb's* blessings abound • increase

كثرة *katra*ᵗ *n.* • abundance, great number, large amount ▪ كثرة من *katra*ᵗ *min* a lot of __ • increase

كثر *kutr n.* • abundance, great number, large amount

كثير *katīr adj.* |*m. pl.* كثار *kitār* | *elat.* أكثر *?aktar*| • a lot (of), many, much ▪ كثير عددا *katīr Ɛadadan* numerous ▪ كثيرا *katīran adv.* a lot; often, frequently, a lot ▪ كثيرا ما *katīran mā adv.* generally; frequently, often ▪ الكثير من __ *alkatīr min* __, __ كثير من *katīr min* __ a lot of __ ▪ بكثير *bi-katīr*ⁱⁿ [elative +] far more, much more, a lot more ◊ أسرع بكثير *much faster* ◊ أكبر بكثير *far bigger*

أكثر *?aktar elat.* • more *than* من, -er *than* ◊ أكثر بقليل *a little more* ▪ أكثر مما ينبغي *?aktar mimmā yanbaɣī*, أكثر مما يجب *?aktar mimmā yajib*ᵘ too much, more than it should be • the most __, the __-est ▪ على الأكثر *Ɛalā -l?aktar*ⁱ at most ▪ الأكثرون *al?aktarūn*ᵃ *plural n.* the majority ▪ ما أكثر ما... *mā ?aktar*ᵃ *mā* How often...! ⓘ *The elative form of many adjectives, especially those which do not have their own elative forms, can be formed with* أكثر *?aktar + indefinite accusative masdar:* ◊ أكثر تعقيدا *more complicated* ◊ أكثر تشددا *harsher* ◊ أكثر استقرارا *more stable* ➡ ***compare with* أشد *?ašadd* p. 157**

أكثرية *?aktarīya*ᵗ *n.* • majority

IV **أكثر** *?aktara v.intr.* |*4s* يكثر *yuktir*ᵘ | إكثار *?iktār*| • [+ masdar] *(do)* frequently من, *(do)* constantly ◊ يكثر من الكلام. *He talks non-stop.* ◊ أكثرت من الأكل في رمضان. *I ate too much during Ramadan.*

VI **تكاثر** *takātara v.tr.* |*6s* يتكاثر *yatakātar*ᵘ | تكاثر *takātur*| • reproduce, proliferate, multiply

تكاثر *takātur n.*↑ • reproduction, proliferation

تكاثري *takāturī*ʸ *adj.* • reproductive ▪ جهاز تكاثري *jihāz takāturī*ʸ *n.* reproductive system

كثف *katufa v.intr.* |*1s6* يكثف *yaktuf*ᵘ | كثافة *katāfa*ᵗ| • thicken, become condensed

كثافة *katāfa*ᵗ *n.*↑ • density, thickness ▪ كثافة سكانية *katāfa*ᵗ *sukkanīya*ᵗ population density • intensity

كثيف *katīf adj.* |*m. pl.* كثاف *kitāf* | *elat.* أكثف *?aktaf*|

• dense, thick • intense, intensive

II **كثّف** *kattafa v.tr.* |*2s* يكثّف *yukattif*^{u} | تكثيف *taktīf*| • make thick, thicken, make dense, compress, concentrate, condense • consolidate

تكثيف *taktīf n.*↑ • compression, condensation

مكثّف *mukattaf pass. part. adj.* • thick, condensed, concentrated • intensive

V **تكثّف** *takattafa v.intr.* |*5s* يتكثّف *yatakattaf*^{u} | تكثّف *takattuf*| • thicken, become condensed

كحّ *kaḥḥa v.intr.* |*1g3* يكحّ *yakuḥḥ*^{u} | كحّة *kuḥḥa*^{t}| • cough

كحّة *kuḥḥa*^{t} *n.* • cough

كحل *kuḥl n.* |*pl.* أكحال *ʔakḥāl*| • kohl, eyeliner ▪ يسرق الكحل من العين. *yasriq*^{u} *-lkuḥl*^{a} *min*^{a} *-lƐayn*^{i} *proverb* (He's so deft that) he can steal the kohl off a woman's eyes.

كحلي *kuḥlī*^{y} *adj.* • navy blue

كاحل *kāḥil n.* |*pl.* ***dip.*** كواحل *kawāḥil*| • ankle

كحول *kuḥūl n.* • alcohol ⓘ *The English word 'alcohol' has been borrowed from this Arabic word.*

كحولي *kuḥūlī*^{y} *adj.* • alcoholic

كدح *kadaḥa v.intr.* |*1s1* يكدح *yakdaḥ*^{u} | كدح *kadḥ*| • toil, labor, exert *oneself*

كدح *kadḥ n.*↑ • toil, labor, exertion

II **كدّس** *kaddasa v.tr.* |*2s* يكدّس *yukaddis*^{u} | تكديس *takdīs*| • accumulate, amass

V **تكدّس** *takaddasa v.intr.* |*5s* يتكدّس *yatakaddas*^{u} | تكدّس *takaddus*| • accumulate, amass

كدم *kadama v.intr.* |*1s2/1s3* يكدم *yakdim*^{u} or *yakdum*^{u} | كدم *kadm*| • bruise

كدمة *kadma*^{t} *n.* |*pl.* كدمات *kad(a)māt*| • bruise

كذب *kađaba v.intr.* |*1s2* يكذب *yakđib*^{u} | كذب *kiđb*| • lie *to* على, tell a lie

كذب *kiđb n.*↑ • lie ▪ الكذب داء والصدق شفاء. *alkiđb*^{u} *dāʔ*^{un} *wa-ṣṣidq*^{u} *šifāʔ*^{un} *proverb* Lying is an illness; truthfulness its remedy.

كاذب *kāđib act. part.* |كاذبون *kāđibūn*^{a} or كذبة *kađaba*^{t}| • *n.* liar • *adj.* |*elat.* أكذب *ʔakđab*| untruthful

كذّاب *kađđāb n.* • liar

كذوب *kađūb adj.* |*pl.* كذب *kuđub*| • dishonest

أكذوبة *ʔukđūba*^{t} *n.* |*pl.* ***dip.*** أكاذيب *ʔakāđīb*| • lie

كراتشي *karātšī n.* ***f. invar.*** • *(city in Pakistan)* Karachi

كراكاس *karākās n.* ***f. invar.*** • *(capital of Venezuela)* Caracas

كربلاء *karbalāʔ n.* ***f. dip.*** • *(city in Iraq)* Karbala

➡ ***map on p. 202***

كربون *karbōn n.* • carbon

كارث *kārit adj.* |*elat.* أكثر كارثية *ʔaktar kārit̄īya*^{tan}| • disastrous, catastrophic, tragic

كارثة *kārita*^{t} *n.* |*pl.* ***dip.*** كوارث *kawārit*| • disaster, catastrophe, tragedy ▪ كارثة طبيعية *kārita*^{t} *ṭabīƐīya*^{t} natural disaster

كارثي *kāritī*^{y} *adj.* • disastrous, catastrophic, tragic

كردستان *kurdistān n.* • Kurdistan

كردستاني *kurdistānī*^{y} *adj.* • Kurdistani

كردي *kurdī*^{y} |*pl.* كرد *kurd* or أكراد *ʔakrād*| • *adj.* Kurdish • *n.* Kurd

كرّة *karra*^{t} *n.* • *(occurrence)* time ▪ كرّة *karratan adv.* once ▪ كرّتين *karratayn*^{i} *adv.* twice

II **كرّر** *karrara v.tr.* • |*2s* يكرّر *yukarrir*^{u} | تكرار *takrār* or تكرير *takrīr*| repeat, do again • |*2s* يكرّر *yukarrir*^{u} | تكرير *takrīr*| refine, purify, filter

تكرار *takrār n.*↑ • repetition ▪ تكرارا *takrāran adv.* repeatedly ▪ مرارا وتكرارا *mirāran wa-takrāran adv.* time and again, over and over

تكرير *takrīr n.*↑ • refinement, purification • repetition

مكرّر *mukarrar pass. part. adj.* • duplicate

V **تكرّر** *takarrara v.intr.* |*5s* يتكرّر *yatakarrar*^{u} | تكرّر *takarrur*| • be repeated, recur

تكرّر *takarrur n.*↑ • recurrence

متكرّر *mutakarrir act. part. adj.* • frequent

كرز *karaz coll. n.* |*sing.* كرزة *karaza*^{t}| • cherries

كرسي *kursī*^{y} *n.* |*pl.* كراسي *karāsī*^{y}| • chair ▪ كرسي متحرك *kursī*^{y} *mutaḥarrik*, كرسي نقال *kursī*^{y} *naqqāl* wheelchair ▪ كرسي هزاز *kursī*^{y} *hazzāz* rocking chair • *(grammar)* chair (for hamza), seat

كرّاسة *kurrāsa*^{t} *n.* |*pl.* كراسات *kurrāsāt* or ***dip.*** كراريس *karārīs*| • notebook • exercise book

II **كرّس** *karrasa v.tr.* |*2s* يكرّس *yukarris*^{u} | تكريس *takrīs*| • dedicate *sth* ه *to* لـ, devote

تكريس *takrīs n.*↑ • dedication, devotion

كرفس *karafs n.* • celery

كركي *kurkī*^{y} *n.* |*pl.* ***dip.*** كراكي *karākī*^{y}| • *(bird)* crane

الكرك *alkarak n.* ***f.*** • *(city in Jordan)* Al Karak

➡ ***map on p. 8***

كركدن *karkaddan n.* • rhinoceros

كركديه *karkadayh n.* • karkadeh, roselle

ك

كركم *kurkum n.* • turmeric

كركند *karkand n.* • lobster

كركوك *kirkūk n.* ***f. dip.*** • *(city in Iraq)* Kerkuk
➡ ***map on p. 202***

كرم *karm n.* |*pl.* كروم *kurūm*| • vineyard

كرم *karam n.* • generosity

كرامة *karāmaᵗ n.* • dignity, respect, esteem ▪ كرامة إنسانية *karāmaᵗ ʔinsānīyaᵗ* human dignity

كريم *karīm adj.* |*m. pl.* كرام *kirām* | *elat.* أكرم *ʔakram*| • generous • noble • holy ▪ الرسول الكريم *arrasūl alkarīm* the Holy Prophet (i.e. Muhammad) ▪ القرآن الكريم *alqurʔān alkarīm* the Holy Quran • *man's name* Karim, Kareem ▪ كريمة *karīmaᵗ* ***dip.*** *woman's name* Karima, Kareema

كارم *Kārim man's name* • Karem, Karim

II **كرم** *karrama v.tr.* |*2s* يكرم *yukarrimᵘ* | تكريم *takrīm*| • bestow of honors *upon* ه *with* بـ, honor, tribute, venerate ▪ كرمه الله *karramahu aLLāhᵘ* may God honor *sb*

مكرم *mukarram pass. part. adj.* • honored, revered ▪ مكة المكرمة *makkaᵗ almukarramaᵗ n.* Mecca

IV **أكرم** *ʔakrama v.tr.* |*4s* يكرم *yukrimᵘ* | إكرام *ʔikrām*| • welcome warmly, treat with hospitality • honor, tribute, venerate

إكرام *ʔikrām n.*↑ • honor, veneration ▪ إكراما لـ *ʔikrāman li- prep.* in honor of, for the sake of

إكرامية *ʔikrāmīyaᵗ n.* • tip, gratuity, bonus

كرنب *kurnub coll. n.* |*sing.* كرنبة *kurnubaᵗ*| • cabbage ▪ كرنبة *kurnubaᵗ sing. n.* head of lettuce

كره *kariha v.tr.* |*1s4* يكره *yakrahᵘ* | كره *kurh* or *karh*| • hate, dislike

كره *kurh* or *karh n.*↑ • hate, hatred

كاره *kārih act. part. adj.* |*elat.* أكثر كرها *ʔaktar kurhan*| • averse, hateful

مكروه *makrūh pass. part.* • *n.* misfortune, adversity, mishap, accident • *adj.* |*elat.* أكره *ʔakrah*| repulsive, disagreeable

كريه *karīh adj.* |*elat.* أكره *ʔakrah*| • repulsive, disagreeable

كراهية *karāhiyaᵗ n.* • hate, hatred ▪ كراهية أجانب *karāhiyat · ʔajānib* xenophobia

IV **أكره** *ʔakraha v.tr.* |*4s* يكره *yukrihᵘ* | إكراه *ʔikrāh*| • force *sb* ه *to* على

إكراه *ʔikrāh n.*↑ • coercion, duress

إكراهي *ʔikrāhīʸ adj.* • compulsory

كرة *kuraᵗ n.* |*pl.* ***indecl.*** كرات *kurāt* or كرى *kur(an)*| • ball ▪ كرة السلة *kurat · assallaᵗ* basketball ▪ كرة الطائرة *kurat · aṭṭāʔiraᵗⁱ* volleyball ▪ كرة القدم الأمريكية *kurat · alqadamⁱ -lʔamrīkīyaᵗⁱ* football (UK: American football) ▪ كرة القاعدة *kurat · alqāƐidaᵗⁱ* baseball ▪ كرة القدم *kurat · alqadamⁱ* soccer (UK: football) ▪ كرة مضرب *kurat · miḍrab* tennis • sphere ▪ نصف كرة *niṣf · kuraᵗ* hemisphere

كروي *kurawīʸ adj.* • round, spherical • soccer-

كرواتيا *krowātiyā n.* ***f. invar.*** • Croatia

كرواتي *krowātīʸ adj. & n.* • Croatian

كروم *krōm n.* • chrome

III **كارى** *kārā v.tr.* |*3d* يكاري *yukārī* | مكاراة *mukārāᵗ*| • rent out

مكار *mukār(in) act. part. adj.* ***def.*** |*pl.* مكارون *mukārūnᵃ*| • muleteer, donkey driver

كريكت *krīkit n.* • *(sport)* cricket

كريم *krīm n.* • *(food, cosmetic)* cream ▪ كريم مضاد للشمس *krīm muḍādd li-ššams* sunblock ▪ كريم جلد *krīm · jild* lotion, moisturizer

كريمة *krīmaᵗ n.* • *(food)* cream

كزبرة *kuzbaraᵗ n.* • coriander, cilantro

كسب *kasaba v.tr.* |*1s2* يكسب *yaksibᵘ* | كسب *kasb*| • earn, gain

كسب *kasb n.*↑ • earnings

مكسب *maksab n.* |*pl.* ***dip.*** مكاسب *makāsib*| • gain, profit

VIII **اكتسب** *iktasaba v.tr.* |*8s* يكتسب *yaktasibᵘ* | اكتساب *iktisāb*| • acquire

اكتساب *iktisāb n.*↑ • acquisition

كستناء *kastanāʔ coll. n.* |*sing.* كستناءة *kastanāʔaᵗ*| • chestnuts

كستنائي *kastanāʔīʸ adj.* • *(color)* chestnut, reddish brown

كسح *kasaḫa v.tr.* |*1s1* يكسح *yaksaḫᵘ* | كسح *kasḫ*| • sweep

VIII **اكتسح** *iktasaḫa v.tr.* |*8s* يكتسح *yaktasiḫᵘ* | اكتساح *iktisāḫ*| • sweep *through/over/across*, crush, overrun, devastate

كسد *kasada v.intr.* |*1s3* يكسد *yaksudᵘ* | كساد *kasād*| • become stagnant, slump

كساد *kasād n.*↑ • *(sales)* stagnation, slump • *(economy)* depression, recession

كسر *kasara v.tr.* |*1s2* يكسر *yaksirᵘ* | كسر *kasr*| • break

كسر *kasr n.*↑ |*pl.* كسور *kusūr*| • break, fracture • fraction

مكسور *maksūr pass. part. adj.* • broken ▪ مكسور القلب *maksūr · alqalb^i* broken-hearted • pronounced with a short **i** (kasra)

كسرة *kasra^t n.* |*pl.* كسرات *kas(a)rāt*| • *(diacritic representing a short i)* kasra

كسرة *kisra^t n.* • |*pl.* كسرات *kis(a)rāt* or كسر *kisar*| chunk, fragment

II **كسّر** *kassara v.tr.* |*2s* يكسّر *yukassir^u* | تكسير *taksīr*| • shatter, break apart, break into pieces

تكسير *taksīr n.*↑ • fragmentation

مكسرات *mukassarāt pl. n.* • nuts

VII **انكسر** *inkasara v.intr.* |*7s* ينكسر *yankasir^u* | انكسار *inkisār*| • break, get broken

كسف *kasafa v.tr.* |*1s2* يكسف *yaksif^u* | كسوف *kusūf*| • eclipse

كسوف *kusūf n.*↑ • solar eclipse

كسل *kasila v.intr.* |*1s4* يكسل *yaksal^u* | كسل *kasal*| • become lazy

كسل *kasal n.*↑ • laziness

كسول *kasūl adj.* |*elat.* أكسل *ʔaksal*| • lazy

كسلان *kaslān adj.* |*m. pl.* ***invar.*** كسالى *kasālā* | *f.* ***invar.*** كسلى *kaslā* | *elat.* أكسل *ʔaksal*| • lazy

كسلا *kasalā n.* ***f. invar.*** • *(city in Sudan)* Kassala

➡ ***map on p. 151***

كسا *kasā v.tr.* |*1d3* يكسو *yaksū* | كسو *kasw*| • cover, blanket ◊ كان الثلج يكسو الأرض. *Snow covered the ground.*

كساء *kisāʔ n.* |*pl.* أكسية *ʔaksiya^t*| • garment

VIII **اكتسى** *iktasā v.tr.* |*8d1* يكتسي *yaktasī* | اكتساء *iktisāʔ*| • be covered *with* بـ ◊ كانت الأرض تكتسي بالثلج. *The ground was covered with snow.*

كشط *kašaṭa v.tr.* |*1s2* يكشط *yakšiṭ^u* | كشط *kašṭ*| • scrape (off), rub (off)

كشف *kašafa v.intr.* |*1s2/1s3* يكشف *yakšif^u* or *yakšuf^u* | كشف *kašf*| • discover عن, uncover • expose (عن), reveal, divulge • *(medical)* examine على

كشف *kašf n.*↑ |*pl.* كشوف *kušūf*| • exposure • كشف حساب *kašf · ḥisāb* bank statement

مكشوف *makšūf pass. part. adj.* • open(-air), exposed ▪ سيارة مكشوفة *sayyāra^t makšūfa^t n. (car)* convertible

كشاف *kaššāf n.* |*pl.* كشافة *kaššāfa^t*| • explorer • scout, boy scout

VII **انكشف** *inkašafa v.intr.* |*7s* ينكشف *yankašif^u* | انكشاف *inkišāf*| • be uncovered

VIII **اكتشف** *iktašafa v.tr.* |*8s* يكتشف *yaktašif^u* | اكتشاف *iktišāf*| • discover ▪ اكتشف أنّ *iktašafa ʔanna* discover that...

اكتشاف *iktišāf n.*↑ • discovery

X **استكشف** *istakšafa v.tr.* |*10s* يستكشف *yastakšif^u* | استكشاف *istikšāf*| • explore

استكشاف *istikšāf n.*↑ • exploration

استكشافي *istikšāfī^y* • *adj.* exploratory

كشك *kušk n.* |*pl.* أكشاك *ʔakšāk*| • kiosk, stand, stall, booth

VIII **اكتظ** *iktaẓẓa v.intr.* |*8s* يكتظ *yaktaẓẓ^u* | اكتظاظ *iktiẓāẓ*| • become overcrowded *with* بـ, become overpopulated *with*, become congested *with*

مكتظ *muktaẓẓ act. part. adj.* |*elat.* أكثر اكتظاظا *ʔaktar iktiẓāẓan*| • overcrowded *with* بـ, overpopulated *with*, congested *with*

كعب *kaƐb n.* |*pl.* كعوب *kuƐūb* or كعاب *kiƐāb*| • heel ▪ حذاء بكعب عال *ḥiḏāʔ bi-kaƐb^in Ɛāl(in)*, كعب عال *kaƐb Ɛāl(in)* high heeled shoes, high heels

الكعبة *alkaƐba^t n.* • the Kaaba (in Mecca)

Worshippers around the Kaaba in Mecca

II **كعّب** *kaƐƐaba v.tr.* |*2s* يكعّب *yukaƐƐib^u* | تكعيب *takƐīb*| • cube, dice, cut into cubes

مكعب *mukaƐƐab pass. part.* • *n.* cube • *adj.* cubic

كعك *kaƐk coll. n.* |*sing.* كعكة *kaƐka^t*| • pastries, cakes ▪ كعكة شعر *kaƐkat · šaƐr (hair)* bun

كغم *kilogrām* |*abbreviation of* كيلوغرام| • kg (kilogram)

كفء *kufʔ adj.* |*m. pl.* أكفاء *ʔakfāʔ* | *elat.* أكفأ *ʔakfaʔ*| • adequate, suitable • efficient, competent

كفاءة *kafāʔa^t n.* • adequacy, suitability, qualification • efficiency, competence

III **كافأ** *kāfaʔa v.tr.* |*3s(c)* يكافئ *yukāfiʔ^u* | مكافأة *mukāfaʔa^t*| • reward *sb* ه *for* لـ, recompense

ك

مكافأة *mukāfaʔaᵗ n.*↑ • bonus, reward, compensation

VII **انكفأ** *inkafaʔa v.intr.* |7s(a) ينكفئ *yankafiʔᵘ* | انكفاء *inkifāʔ*| • retreat, withdraw

انكفاء *inkifāʔ n.*↑ • retreat, withdrawal

كفاح *kifāḥ n.* • struggle *against* ضد, strife

III **كافح** *kāfaḥa v.tr.* |3s يكافح *yukāfiḥᵘ* | مكافحة *mukāfaḥaᵗ*| • struggle *against*

مكافحة *mukāfaḥaᵗ n.*↑ • struggle *against* ضد

كفر *kafara v.intr.* |1s2 يكفر *yakfirᵘ* | كفر *kufr* or كفران *kufrān*| • be an infidel, be atheist ▪ كفر بالله *kafara bi-LLāhⁱ* not believe in God

كفر *kufr*, كفران *kufrān n.*↑ • kufr (rejection of Islam)

كافر *kāfir act. part. n.* |*pl.* كفار *kuffār*| • kafir, non-believer, infidel, atheist

كفر الدوار *kafr addawwār n. **f. dip.*** • *(city in Egypt)* Kafr el-Dawwar ➡ ***map on p. 287***

كف *kaffa v.intr.* |1g3 يكف *yakuffᵘ* | كف *kaff*| • abstain *from* عن, stop, cease, give up

كافة *kāffaᵗ act. part. n.* • [+ genitive noun] all ◊ في كافة الدول العربية *in all Arab countries* ▪ كافة *kāffatan adv.* altogether

كف *kaff n. **f.*** |*pl.* أكف *ʔakuff* or كفوف *kufūf*| • palm (of the hand)

كفاف *kafāf n.* • sufficiency

كفاف *kifāf n.* • edge

كفيف *kafīf adj.* |*pl. **dip.*** أكفاء *ʔakiffāʔ*| • blind ▪ كفيف البصر *kafīf · albaṣarⁱ* blind

كفل *kafala v.tr.* |1s3 يكفل *yakfulᵘ* | كفالة *kafālaᵗ*| • vouch *for*, sponsor, guarantee

كفالة *kafālaᵗ n.*↑ • guaranty, security, bail

كفيل *kafīl* |*pl. **dip.*** كفلاء *kufalāʔ*| • *adj.* |*elat.* أكفل *ʔakfal*| responsible *for* بـ • *n.* guarantor, sponsor

II **كفّل** *kaffala v.tr.* |2s يكفل *yukaffilᵘ* | تكفيل *takfīl*| • appoint *sb* as guarantor

كفى *kafā v.tr.* |1d2 يكفي *yakfī* | كفاية *kifāyaᵗ*| • be enough *for*, be sufficient *for* ◊ هذا يكفي! *That's enough!*

كفاية *kifāyaᵗ n.*↑ • sufficiency, adequacy ▪ بما فيه الكفاية *bi-mā fīhi -lkifāyaᵗ* [verb +] enough ◊ قد سمعت بما فيه الكفاية حول ذلك. *I've already heard enough about that.*; [adjective +] enough ◊ جيد بما فيه الكفاية *good enough* ◊ لست شجاعا بما فيه الكفاية للأكل هناك. *I wasn't brave enough to eat there.*

كاف *kāf(in) act. part. adj. **def.*** |*m. pl.* كفاة *kufāᵗ* | *elat. **invar.*** أكفى *ʔakfā*| • enough, sufficient, adequate

VIII **اكتفى** *iktafā v.intr.* |8d1 يكتفي *yaktafī* | اكتفاء *iktifāʔ*| • be content *with* بـ, be satisfied *with*

اكتفاء *iktifāʔ n.*↑ • satisfaction

كلا *kilā dual n. **m.*** |*f. dual* كلتا *kiltā*| • [+ definite dual noun or pronoun suffix] both ⓘ كلا *kilā* *agrees in gender with the following noun or pronoun:* ◊ *(two men or a man and a woman)* كلانا *both of us* ◊ *(two women)* كلتانا *both of us* ⓘ *It does not reflect the case of the noun it qualifies, but does reflect the case of a suffixed pronoun, taking the accusative/genitive forms* كلي- *kilay-* كلتي- *kiltay-*: ◊ بكلتا يديه *with both of his hands* ◊ بكلتيهما *with both of them* ◊ من كلا الطرفين *from both sides* ◊ من كليهما *from both of them* ⓘ *When a pronoun is suffixed, singular verb agreement is required:* ◊ كلانا يريد نفس الشيء. *We both want the same thing.*

كلاسيكي *klāsīkīʸ adj.* • classical

كلب *kalb n.* |*pl.* كلاب *kilāb*| • dog

كلبي *kalbīʸ adj.* • canine

كلفة *kulfaᵗ n.* |*pl.* كلف *kulaf*| • cost, expense

تكلفة *taklifaᵗ n.* |*pl. **dip.*** تكاليف *takālīf*| • cost, expense

II **كلف** *kallafa v.tr.* |2s يكلف *yukallifᵘ* | تكليف *taklīf*| • cost • assign *sb* ∘ *sth* بـ, entrust

تكليف *taklīf n.*↑ |*pl. **dip.*** تكاليف *takālīf*| • cost, expenditure

مكلف *mukallif act. part. adj.* |*elat.* أكثر تكليفا *ʔakṯar taklīfan* or أكثر كلفة *ʔakṯar kulfaᵗᵃⁿ*| • costly

كل *kull n.* • each (one) ▪ الكل *alkull* all, everything, everybody ▪ كل ما *kull mā* everything that..., all that... ◊ هذا كل ما أريد. *That's all I want.* ▪ كل من *kull man* everyone who... ▪ كل من __ *kull min* __ [+ definite genitive noun or pronoun suffix] each (one) of __ ◊ كل منا *each of us* ▪ كل واحد من __ *kull · wāḥidⁱⁿ min* __ [+ definite genitive noun or pronoun suffix] each and every one of __ ◊ كل واحد من المدرسين *each and every one of the teachers* • [+ indefinite genitive singular noun] every, each ▪ كل شيء *kull · šayʔⁱⁿ* everything ▪ كل واحد *kull · wāḥidⁱⁿ* everyone, each one ▪ كل يوم *kulla · yawmⁱⁿ adv.* every day ▪ في كل مكان *fī kullⁱ makānⁱⁿ adv.* everywhere ▪ كل وقت *kullᵃ · waqtⁱⁿ* any time • [+ definite genitive plural noun or pronoun suffix] all (of) ◊ كل المدرسين *all of the teachers* ▪ كله ___ *kullᵘhu* [definite plural noun +] all of ___ ◊ المدرسون كلهم *all of the teachers* • [+ definite genitive singular noun] all, whole, entire ◊ كل الكيك *the whole cake* ▪ كل اليوم *kullᵃ yawmⁱⁿ adv.* all day, the entire day ▪ كله ___ *kullᵘhu* [definite singular noun +] all of ___, the entire ___ ◊ الكيك كله *the whole cake* •بكل *bi-kullⁱ adv. (forms an adverb)* [+ indefinite genitive noun] ___ly ▪ بكل سرور *bi-kullⁱ surūrⁱⁿ adv.* gladly ▪ بكل أسف *bi-kullⁱ ʔasafⁱⁿ adv.* unfortunately ▪ بكل معنى الكلمة *bi-kullⁱ maƐnā -lkalimatⁱ adv.* in the full sense of the word

كلما *kullamā conj.* [+ perfect] ▪ كلما أمكن *kullamā ʔamkana* whenever possible • whenever ◊ كلما رأيتها أذوب. *Whenever I see her, I melt.* • كلما... *kullamā... kullamā...* the more... the more... ◊ كلما أكثرت من النشويات، كلما زاد وزنك. *The more you eat carbs, the more you gain weight.*

كلي *kullīʸ adj.* • entire, whole, total, complete ▪ كليا *kullīyan adv.* entirely, wholly, completely

كلية *kullīyaᵗ n.* • faculty, school ▪ كلية الآداب *kullīyat · alʔādābⁱ* faculty of arts and letters ▪ كلية العلوم *kullīyat · alƐulūmⁱ* faculty of science • entirety, wholeness ▪ كلية *kullīyatan*, بكليته *bi-kullīyatⁱhi adv.* entirely, wholly

كليل *kalīl adj.* • tired, exhausted • blunt, dull

إكليل *ʔiklīl n.* |*pl.* **dip.** أكاليل *ʔakālīl*| • rosemary • wreath, torse ▪ إكليل من الزهر *ʔiklīl minᵃ -zzahrⁱ* wreath of flowers

كلمة *kalimaᵗ n.* • word ▪ كلمة سر *kalimat · sirr*, كلمة مرور *kalimat · murūr* password ▪ كلمة كلمة *kalimaᵗᵃⁿ kalimaᵗᵃⁿ adv.* word for word, verbatim ▪ ألقى كلمة *ʔalqā kalimaᵗ v.* give a speech *to* أمام, address ◊ ألقى الرئيس كلمة أمام المجلس. *The president gave a speech before parliament.* ▪ قال كلمة الفصل *qāla kalimatᵃ -lfaṣlⁱ v.* have the last word

كلام *kalām n.* • what one says, utterance, words, speech ▪ كلام فارغ *kalām fāriɣ* idle talk (lit. empty words), nonsense; Nonsense!, I don't buy that! ▪ قال كلاما صحيحا *qāla kalāman ṣaḫīḫan v.* speak the truth

كلامي *kalāmīʸ adj.* • spoken, oral, verbal

II **كلم** *kallama v.tr.* |*2s* يكلم *yukallimᵘ* | تكليم *taklīm*| • speak *with* ∘ *about* عن, talk ▪ كلم نفسه *kallama nafsᵃhu* talk to *oneself*; say to *oneself*

III **كالم** *kālama v.tr.* |*3s* يكالم *yukālimᵘ* | مكالمة *mukālamaᵗ*| • speak *with*, have a conversation *with* • speak *to*, give a speech *to*

مكالمة *mukālamaᵗ n.*↑ • phone call • conversation, dialog • speech

V **تكلم** *takallama v.* |*5s* يتكلم *yatakallamᵘ* | تكلم *takallum*| • *v.intr.* speak *with* مع *about* عن, talk • *v.tr.* speak (a language) ◊ هل تتكلم اللغة العربية؟ *Do you speak Arabic?*

متكلم *mutakallim act. part. n.* • speaker, spokesperson

كلية *kulyaᵗ n.* |*pl.* **indecl.** كلى *kulᵃⁿ*| • kidney

كلوي *kulwīʸ* • kidney-, renal

كليب *klīb*, فيديو كليب *vidyo klīb n.* • music video

كليشيه *klīšayh n.* • cliché

كم *kīlūmitr* |*abbreviation of* كيلومتر| • km (kilometer) ▪ ²كم *kīlūmitr murabbaƐ* |*abbreviation of* كيلومتر مربع *kīlūmitr murabbaƐ*| square kilometer

كم *-kum(u) plural* **m.** *second-person possessive pronoun suffix* • [noun +] your ◊ بيتكم *your house* • *plural* **m.** *second-person personal pronoun suffix* [verb or preposition +] you ◊ أشكركم. *I thank you.* ◊ عليكم *on you* ⓘ كم- *-kum can also be used to show deference to an individual in very formal situations:* ◊ أود أن أشكركم، يا سيادة الرئيس. *I would like to thank you, Mr. President.* ▪ السلام عليكم *assalāmᵘ Ɛalaykum (greeting)* Hello! ⓘ *This greeting is generally invariable, retaining the plural masculine second-person possessive pronoun suffix regardless of who is being addressed.*

➥ ***Suffixed Personal Pronouns p. 182***

كما *-kumā dual* **m. f.** *second-person possessive pronoun suffix* • [noun +] your ◊ بيتكما *your house* • *dual* **m. f.** *second-person personal pronoun suffix* [verb or preposition +] you (two), both of you ◊ رأيتكما. *I saw you two.* ◊ ضدكما *against both of you* ➥ ***Suffixed Personal Pronouns p. 182***

كمان *kamān n.* • violin

كمبوديا *kambōdiyā n.* ***f. invar.*** • Cambodia

كمبودي *kambōdīʸ adj. & n.* • Cambodian

كمبيوتر *kombyūtar n.* • computer ▪ كمبيوتر محمول *kombyūtar maḫmūl* laptop

كمثرى *kummatrā coll. n.* ***invar.*** |*sing.* كمثرة *kummatraᵗ* | *pl.* كمثريات *kumatrayāt*| • pears

كمل *kamala* or *kamula v.intr.* |*1s1/1s6* يكمل *yakmalᵘ* or *yakmulᵘ* | كمال *kamāl* or كمول *kumūl*|

• be completed, be finished • be perfect

كمال *kamāl n.*↑ • completion • perfection • *man's name* Kamal

كامل *kāmil act. part. adj.* |*elat.* أكمل *ʔakmal*| • entire, whole, complete, full ◊ عاما كاملا *for a whole year* ▪ بالكامل *bi-lkāmili*, بكاملها *bi-kāmilihā* totally, completely, wholly, absolutely, in full ◊ أوافق بالكامل على كلامه. *I completely agree with what he says.* ▪ امتثال كامل *imtitāl kāmil n.* full compliance • perfect • *man's name* Kamel, Kamil

II **كمل** *kammala v.tr.* |*2s* يكمل *yukammilu* | تكميل *takmīl*| • complete, finish • perfect • supplement

مكمل *mukammil act. part.* • *adj.* supplementary • *n.* supplement

IV **أكمل** *ʔakmala v.tr.* |*4s* يكمل *yukmilu* | إكمال *ʔikmāl*| • complete, finish • perfect • supplement

إكمال *ʔikmāl n.*↑ • completion

VI **تكامل** *takāmala v.intr.* |*6s* يتكامل *yatakāmalu* | تكامل *takāmul*| • be finished, be complete • become integral, be comprehensive • become perfect

تكامل *takāmul n.*↑ • integration

متكامل *mutakāmil act. part. adj.* • integral, comprehensive • perfect

VIII **اكتمل** *iktamala v.intr.* |*8s* يكتمل *yaktamilu* | اكتمال *iktimāl*| • be finished, be complete • become integral, be comprehensive • become perfect

اكتمال *iktimāl n.*↑ • completion

X **استكمل** *istakmala v.tr.* |*10s* يستكمل *yastakmilu* | استكمال *istikmāl*| • complete • fulfill, carry out

استكمال *istikmāl n.*↑ • completion

كم *kam(i)* • *interrogative* how much?, how?, what? ◊ كم مرتب هذه الوظيفة؟ *How much does this job pay?* ▪ كم سعر __؟ *kam siƐr* __ [+ genitive noun or pronoun suffix] How much is __? (lit. What is the price of __?) ◊ كم سعر القميص بعد التخفيض؟ *What is the price of the shirt after the discount?* ▪ بكم *bi-kam* (prices) how much ◊ بكم إشتريت سيارتك؟ *How much did you buy your car for?* ▪ بكم هذا؟ *bi-kam hāđā* How much is this? ▪ كم عمره؟ *kam Ɛumruhu* How old is *one*? ▪ كم الساعة؟ *kami -ssāƐatu* What time is it? ▪ كم الحساب؟ *kami -lħisābu* How much is the bill? ▪ كم طولك؟ *kam ţūluka* How tall are you? ▪ كم المسافة من __ إلى __؟ *kami -lmasāfatu min* __ *ʔilā* __ How far is it from __ to __? ▪ كم...! *kam(i)*, كم إن *kam ʔinna* How...! ◊ آه كم أحبك! *Oh, how I love you!* ◊ كم إني مشتاقة إلى أسرتي! *I really miss my family!*; [+ indefinite accusative singular noun] how much __?, how many __? ◊ كم كتابا قرأت هذه السنة؟ *How many books have you read this year?* ▪ كم من *kam min* [+ indefinite genitive noun] how much __?, how many __? ▪ كم من الوقت؟ *kam mina -lwaqti* how long? ◊ كم من الوقت سيستغرق ذلك؟ *How long will it take?* ▪ كم مرة؟ *kam marratan* how often? ◊ كم مرة تمارس الرياضة؟ *How often do you play sports?*; [+ singular masculine adjective] how? ▪ كم يبعد __ عن هنا؟ *kam yabƐudu* __ *Ɛan hunā* How far is __ from here? • *conj.* how much, how many, what, how ◊ لا أعرف كم من الوقت سيستغرق ذلك. *I don't know how long it will take.* •كم *kam*, لكم *la-kam interjection* [+ verb] How...! ◊ كم أتمنى لو كنت غنيا. *How I wish I were rich!* ◊ لكم يسرني أن اكون هنا. *I'm so pleased to be here! (lit. How it pleases me to be with you!)*

كم *kumm n.* |*pl.* أكمام *ʔakmām*| • sleeve ▪ كم كامل *kum kāmil* long-sleeved ▪ نصف كم *nişf · kum* short-sleeved

كمية *kammīyat n.* • quantity, amount ◊ كميات كبيرة من الماء *large quantities of water* ▪ الكمية والقيمة *alkammīyat wa-lqīmat* the quantity and quality

كمامة *kimāmat n.* |*pl.* **dip.** كمائم *kamāʔim*| • muzzle

كمن *kamana v.intr.* |*1s3* يكمن *yakmunu* | كمون *kumūn*| • be hidden, be concealed

كامن *kāmin act. part. adj.* |*elat.* أكمن *ʔakman*| • hidden, concealed ▪ سر كامن *sirr kāmin* hidden secret

كمين *kamīn n.* |*pl.* **dip.** كمائن *kamāʔin*| • ambush, trap, surprise attack

كمون *kammūn n.* • cumin

كميون *kamiyōn n.* • truck

كن *-kunna plural **f.** second-person possessive pronoun suffix* • [noun +] your ◊ بيتكن *your house* • *plural **f.** second-person personal pronoun suffix* [verb or preposition +] you ◊ أشكركن. *I thank you.* ◊ لكن *to you* ➡ ***Suffixed Personal Pronouns p. 182***

كنبة *kanabat n.* • sofa

كندا *kanadā n. **f. invar.*** • Canada

كندي *kanadīy adj. & n.* • Canadian

كنز *kanz n.* |*pl.* كنوز *kunūz*| • treasure

كنزة *kanzat n.* • sweater

كنس *kanasa v.tr.* |*1s3* يكنس *yaknusu* | كنس *kans*|

• sweep

كناس *kannās n.* • street sweeper

كنيسة *kanīsaᵗ n.* |*pl.* ***dip.*** كنائس *kanāʔis*| • church

مكنسة *miknasaᵗ n.* |*pl.* ***dip.*** مكانس *makānis*| • broom ▪ مكنسة كهربائية *miknasaᵗ kahrabāʔīyaᵗ* vacuum cleaner

مكناس *maknās n.* ***f. dip.*** • *(city in Morocco)* Meknes ➡ ***map on p. 222***

كنغر *kanɣar n.* • kangaroo

كن *kanna v.tr.* |*1g3* يكن *yakunnᵘ* | كنون *kunūn*| • hide, conceal, harbor ◊ يظهر الحب ويكن الكراهية. *He shows love and conceals hatred.*

كنة *kannaᵗ n.* |*pl.* ***dip.*** كنائن *kanāʔin*| • daughter-in-law, sister-in-law

كانون *kānūn n.* ***dip.*** •كانون الأول *kānūn alʔawwal* December ▪ كانون الثاني *kānūn attānīʸ* January ➡ ***The Months p. 165***

IV **أكن** *ʔakanna v.tr.* |*4g* يكن *yukinnᵘ* | إكنان *ʔiknān*| • hide, conceal

كنية *kunyaᵗ n.* |*pl.* ***indecl.*** كنى *kun(an)*| • teknonym ⓘ *A teknonym is an honorific 'nickname' consisting of* أبو *ʔabū- (father of) or* أم *ʔumm (mother of) plus the first born son's name.*

الكنيست *alkinīsat n.* • the Knesset (legislative branch of the Israeli government)

QI **كهرب** *kahraba v.tr.* |*11s* يكهرب *yukahribᵘ* | كهربة *kahrabaᵗ*| • electrify

كهرب *kahrab n.* |*pl.* ***dip.*** كهارب *kahārib*| • electron

كهرباء *kahrabāʔ n.* ***f.*** • electricity ◊ انقطعت الكهرباء عن البيت ليلة أمس. *The house lost power last night.*

كهربائي *kahrabāʔīʸ* • *adj.* electric(al) • *n.* electrician

QII **تكهرب** *takahraba v.intr.* |*12s* يتكهرب *yatakahrabᵘ* | تكهرب *takahrub*| • become electrified, become charged with electricity

كهف *kahf n.* |*pl.* كهوف *kuhūf*| • cave

كوب *kūb n.* |*pl.* أكواب *ʔakwāb*| • cup, drinking glass

كوبا *kūbā n.* ***f. invar.*** • Cuba

كوبي *kūbīʸ adj. & n.* • Cuban

كوبرا *kūbrā n.* ***invar.*** • cobra

كوبري *kūbrīʸ n.* ***invar.*** |*pl.* ***invar.*** كباري *kabārī*| • bridge

كوبنهاغن *kōpenhāgen n.* ***f. dip.*** • *(capital of Denmark)* Copenhagen

الكويت *alkuwayt n.* ***f.*** • Kuwait ▪ مدينة الكويت *madīnat · alkuwaytⁱ (capital of Kuwait)* Kuwait City

كويتي *kuwaytīʸ adj. & n.* • Kuwaiti

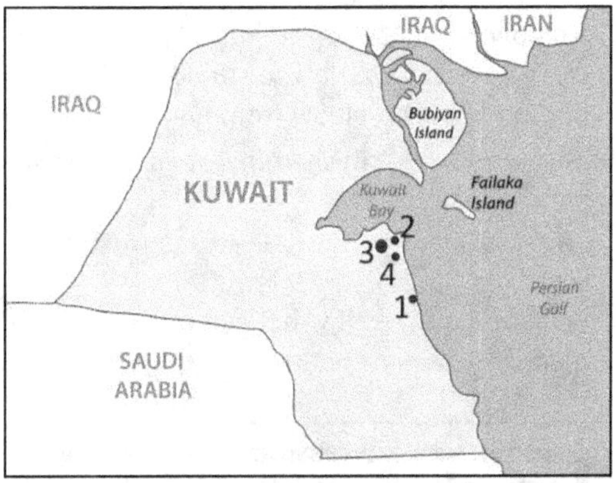

map of Kuwait

1. الأحمدي *alʔaḥmadīʸ* Al Ahmadi
2. السالمية *assālimīyaᵗ* Salmiyah
3. مدينة الكويت *madīnat · alkuwaytⁱ* Kuwait City
4. صباح السالم *ṣabāḥ · assālimⁱ* Sabah Al Salem

الكوت *alkūt n.* ***f.*** • *(city in Iraq)* Kut ➡ ***map p. 202***

كوخ *kūx n.* |*pl.* أكواخ *ʔakwāx*| • cabin, hut

كاد *kāda v.intr.* |*1h1* يكاد *yakādᵘ* | كيد *kayd*| • [+ indicative] be about to *(do)*, almost ▪ كاد أن *kāda ʔan* be about to *(do)*; almost ◊ كدنا أن نصل إلى البيت. *We're almost home.* ◊ كدت أن أموت. *I almost died.* • [+ negative indicative] hardly, barely ◊ أكاد لا أعرفك. *I hardly recognize you.* ◊ أكاد لا أسمعك. *I can hardly hear you.* ▪ ما كاد *mā kāda* hardly, barely ◊ ما كدت أنتهي من عملي. *I had barely finished my work.* ▪ ما كاد ... حتى *mā kāda... ḥattā* no sooner... than... ◊ ما كدت أجلس على مكتبي حتى دق جرس الهاتف. *No sooner had I sat down at my desk than the phone rang.*

بالكاد *bi-lkād adv.* • almost, nearly, barely, hardly ◊ إنه هنا بالكاد منذ ساعة. *He's hardly been here an hour.*

كوريا *kūriyā n.* ***f. invar.*** • Korea ▪ كوريا الجنوبية *kūriyā -ljanūbīyaᵗ* South Korea ▪ كوريا الشمالية *kūriyā -ššamālīyaᵗ* North Korea ▪ الكوريتان *alkūriyatānⁱ dual noun* the Koreas ▪ حرب الكوريتين *ḥarb · alkūriyataynⁱ* the Korean War

كوري *kūrīʸ adj. & n.* • Korean

كوسا *kūsā coll. n.* ***invar.*** |*sing.* كوساة *kūsāᵗ*| • zucchini (UK: courgettes)

ك

كوستاريكا *kostārīkā n.* ***f. invar.*** • Costa Rica

كوستاريكي *kostārīkīʸ adj. & n.* • Costa Rican

كوستي *kostī n.* ***f. invar.*** • *(city in Sudan)* Kosti ➡ ***map on p. 151***

كوع *kūƐ n.* |*pl.* كيعان *kīƐān* or أكواع *ʔakwāƐ*| • elbow ▪ لا يعرف الكوع من البوع. *lā yaƐrif^u -lkūƐ^a min^a -lbūƐ^a proverb* (He's so stupid that) he doesn't know his elbow from his foot.

الكوفة *alkūfa^t n.* • *(city in Iraq, just east of Najaf)* Kufa ➡ ***map on p. 202***

كوفي *kūfiʸ adj.* • Kufic ▪ خط كوفي *xaṭṭ kūfiʸ* Kufic script

كوفية *kūfiya^t n.* • keffiyeh (head cover worn by men) ➡ ***picture on p. 163***

The Shahadahs: لا إله إلا الله محمد رسول الله *('There is no God but God and Mohammad is the messenger of God) in Kufic sript*

كوكايين *kōkāyīn n.* • cocaine

كوكب *kawkab n.* |*pl.* ***dip.*** كواكب *kawākib*| • planet

كويكب *kuwaykib n. diminutive* • asteroid, planetoid

كولا *kōlā n.* ***invar.*** • cola

الكولوسيوم *alkolōsiyum n.* ***invar.*** • the Colosseum

كولومبيا *kolōmbiyā n.* ***f. invar.*** • Colombia

كولومبي *kolōmbiʸ adj. & n.* • Colombian

كوم *kawm*, كومة *kawma^t n.* |*pl.* أكوام *ʔakwām*| • pile, heap

II **كوم** *kawwama v.tr.* |*2s* يكوم *yukawwim^u* | تكويم *takwīm*| • pile up

V **تكوم** *takawwama v.intr.* |*5s* يتكوم *yatakawwam^u* | تكوم *takawwum*| • pile up

كوميدية *komidīya^t n.* • comedy

كان *kāna v.intr.* |*1h3* يكون *yakūn^u* | كون *kawn*| [+ predicate in the accusative] • be (am, is, are, was, were, been) ◊ كان مريضا. *He was sick.* ◊ أريد أن أكون مليونيرا. *I want to be a millionaire.* ▪ كان *kāna* [+ indicative] used to *(do)*, would *(do)* ◊ كنا نعيش في الرياض. *We used to live in Riyadh.* ◊ في طفولتي كنت ألعب مع أصدقائي في الحديقة. *When I was a child, I would play in the garden with my friends.*; was *(do)*ing ◊ أنا كنت أقرأ كتابا عندما رن الهاتف. *I was reading a book when the phone rang.* ▪ كان *kāna* [+ active participle] was *(do)*ing ◊ بينما كنت نائما *while you were sleeping* ▪ كان (قد) *kāna (qad)* [+ perfect] had *(done)* ◊ قبضت الشرطة على الرجل الذي كان قد سرق حقيبتي. *The police arrested the man who had stolen my bag.* ▪ كان سـ *kāna sa* [+ indicative] was going to *(do)* ◊ هذا بالذات ما كنت سأقوله. *That's precisely what I was going to say.*; would have *(done)* ▪ سيكون *sa-yakūn^u* [+ indicative or active participle] will be *(do)*ing ◊ ستكون تعمل حتى الساعة السادسة. *She will be working until 6 o'clock.* ◊ ستكونون نائمين عندما نصل. *You will be sleeping when we arrive.* ▪ يكون (قد) *yakūn^u (qad)*, سيكون (قد) *sa-yakūn^u qad* [+ perfect] will have *(done)* ◊ سأكون قد أكملت المشروع قبل الموعد النهائي. *I will have finished the project by the deadline.* ▪ كان ما كان *kāna mā kāna* once upon a time

كان وأخواتها *kāna wa-ʔaxawāt^uhā pl. n.* • Kāna and her sisters

Kāna and Her Sisters

This group of verbs requires that the predicate be in the accusative case:

كان *kāna* be

ليس *laysa* not be

صار *ṣāra* become

أصبح *ʔaṣbaḫa* become

أضحى *ʔaḍḫā* become

أمسى *ʔamsā* become

ظل *ẓalla* become

بات *bāta* become

كون *kawn n.*↑ |*pl.* أكوان *ʔakwān*| • existence, being • cosmos, universe ▪ الكون *alkawn* the universe

كوني *kawniʸ adj.* • universal, cosmic

كائن *kāʔin act. part. adj.* • existing • *n.* being, creature ▪ كائن حي *kāʔin ḫayy* (living) creature

كيان *kiyān* or *kayān n.* • entity ▪ الكيان الصهيوني *alkiyān aṣṣahyūniʸ* the Zionist Entity

مكان *makān n.* |*pl.* أماكن *ʔamākin*| • place

مكان *makāna prep.* • where __ is ◊ ضع المفاتيح مكان الحافظة. *Put the keys where the wallet is.* • in the place of, instead of

مكانة *makāna^t n.* • status, rank, position, place ▪ احتل مكانة مرموقة في *iḫtalla makāna^t marmūqa^t fī* hold a significant place in

II **كون** *kawwana v.tr.* |2s يكون *yukawwin*ᵘ | تكوين *takwīn*| • form, create • make *sb* ∘ *sth* ∘

تكوين *takwīn n.*↑ |*pl.* **dip.** تكاوين *takāwīn*| • composition • formation

مكون *mukawwan pass. part.* • *adj.* consisting *of* من, composed *of*, made up *of* • *n.* component, element ▪ مكونات مادية *mukawwanāt mādīya*ᵗ *pl. n.* hardware

V **تكون** *takawwana v.intr.* |5s يتكون *yatakawwana*ᵘ | تكون *takawwun*| • consist *of* من, be made up *of* ◊ يتكون العالم العربي من أكثر من عشرين دولة. *The Arab World consists of more than twenty countries.* • be formed, be created ◊ كيف يتكون الثلج؟ *How is snow formed?*

تكون *takawwun n.*↑ • formation

X **استكان** *istakāna v.intr.* |10h يستكين *yastakīn*ᵘ | استكانة *istikāna*ᵗ| • resign *oneself to* إلى *or* لـ, succumb *to*

استكانة *istikāna*ᵗ *n.*↑ • resignation

كونغرس *kongris n.* • congress ▪ الكونغرس الأمريكي *alkonɣris alʔamrīkīʸ* United States Congress

كونفوشيوس *konfušyus n.* **invar.** • Confucius

كونفوشيوسي *konfušyusīʸ adj. & n.* • Confucian

الكونفوشيوسية *alkonfušyusīya*ᵗ *n.* • Confucianism

كوى *kawā v.tr.* |1d2 يكوي *yakwī* | كي *kayy*| • iron • cauterize, burn

مكواة *mikwā*ᵗ *n.* |*pl.* **def.** مكاو *makāw(in)*| • iron ▪ مكواة بالبخار *mikwāᵗ bi-lbuxār*ⁱ, مكواة بخارية *mikwā*ᵗ *buxārīya*ᵗ steam iron

كي *kay*, لكي *li-kay*, كيما *kaymā*, لكيما *li-kaymā conj.* [+ subjunctive] • in order to, so that ◊ ذهب إلى لندن لكي يدرس الطب. *He went to London to study medicine.* ▪ كي لا *kay lā*, كيلا *kaylā*, لكي لا *li-kay lā*, لكيلا *li-kaylā* in order not to, lest ◊ وضعت الكتاب في حقيبتي لكي لا أنساه غدا. *I put the book in my bag so I don't forget it tomorrow.*

كاد *kāda v.* |1h2 يكيد *yakīd*ᵘ | كيد *kayd* or مكيدة *makīda*ᵗ| • *v.tr.* deceive, cheat, defraud • *v.intr.* conspire *against* لـ

كيد *kayd n.*↑ |*pl.* **dip.** كياد *kiyād*| • scheme, plot, trick

مكيدة *makīda*ᵗ *n.*↑ |*pl.* **dip.** مكائد *makāʔid* or مكايد *makāyid*| • scheme, plot, trick

كيروسين *kīrūsīn n.* • kerosene

كيس *kīs n.* • |*pl.* أكياس *ʔakyās*| bag, pouch ▪ كيس زبالة *kīs · zubāla*ᵗ garbage bag (UK: bin bag) ▪ كيس بلاستيكي *kīs blāstīkīʸ* plastic bag • case ▪ كيس وسادة *kīs · wisāda*ᵗ pillow case

كيس *kayyis* • *adj.* |*elat.* أكيس *ʔakyas*| skillful • chic, stylish

كيسة *kīsa*ᵗ *n.* • cyst

كيسمايو *kīsmāyū n.* **f. invar.** • *(city in Somalia)* Kismayo ➡ ***map on p. 177***

كيف *kayfa interrogative* • how? ◊ كيف حال الجو؟ *How's the weather?* ◊ كيف جئت هنا؟ *How did you get here?* ◊ كيف تجد لغتي العربية؟ *What do you think of my Arabic? (lit. How do you find my Arabic?)* ▪ كيف؟ *kayf*ᵃ What?! ▪ كيف حالك؟ *kayfa ḥālᵘka*, كيف الحال؟ *kayfa -lḥāl*ᵘ How are you? • *conj.* how ◊ لا أعرف كيف أصفه. *I don't know how to describe it.* ◊ سأعلمك كيف تلعب الشطرنج. *I'll teach you how to play chess.*

كيفما *kayfamā conj.* • [+ perfect or indicative] however ◊ تمتع بإجازتك كيفما شئت/تشاء. *Enjoy your vacation however you want.*

كيفية *kayfīya*ᵗ *n.* • manner, mode, method, way ▪ كيفية استعمال *kayfīyat · istiƐmāl* directions for use

II **كيف** *kayyafa v.tr.* |2s يكيف *yukayyif*ᵘ | تكييف *takyīf*| • regulate, adjust, modify

تكييف *takyīf n.*↑ • regulation, adjustment, modification ▪ تكييف (هواء) *takyīf (· hawāʔ)* air-conditioning

مكيف *mukayyif act. part. n.* • conditioner ▪ مكيف (هواء) *mukayyif (· hawāʔ)* air-conditioner ▪ مكيف شعر *mukayyif · šaƐr (hair)* conditioner

مكيف *mukayyaf pass. part. adj.* • conditioned, regulated • air-conditioned

V **تكيف** *takayyafa v.intr.* |5s يتكيف *yatakayyaf*ᵘ | تكيف *takayyuf*| • be regulated, be adjusted, be modified

كيك *kayk n.* **invar.** • cake

كيلو *kīlū n.* **invar.** |*pl.* كيلو *kīlū*| • kilo(gram)

كيلوغرام *kīlūgrām, also spelled* كيلو غرام *kīlū grām n.* • kilogram

كيلومتر *kilūmitr, also spelled* كيلو متر *kilū mitr n.* • kilometer ▪ كيلومتر مربع (كم²) *kīlūmitr murabbaƐ* square kilometer

كيمياء *kīmiyāʔ n.* • chemistry

كيماوي *kīmāwīʸ*, كيميائي *kīmiyāʔīʸ* • *adj.* chemical • *n.* chemist

كينيا *kīniyā n.* **f. invar.** • Kenya

كيني *kīnīʸ adj. & n.* • Kenyan

كييف *kiyaf n.* **f. invar.** • *(capital of Ukraine)* Kiev

ل

ل *lām n.* ***f.*** |لام| • *(twenty-third letter of the Arabic alphabet)* • *(numerical value)* 30 ➡ ***The Abjad Numerals p. 61***

لـ *li- prefix* • *prep.* to ◊ يذهبوا للمدرسة. *They go to school.* • *(score)* to ◊ كانت نتيجة المباراة اثنان لواحد. *The final score of the game was two to one.* • *(reason)* because of, due to ▪ لأجل *li-ʔajlⁱ* because of ▪ لذلك *li-ḏālika*, لهذا *li-hāḏā adv.* so, thus, in this way • *(purpose)* for, intended for ◊ اشتريت لك هدية. *I bought a present for you.* ◊ فتح لها الباب. *He opened the door for her.* ▪ لأجل *li-ʔajlⁱ* for • *conj.* [+ masdar] in order to *(do)*, to, so that... ◊ ذهبت إلى القاهرة للدراسة في الجامعة. *She went to Cairo to study at university.* • *(time)* for ◊ للمرة الأولى *for the first time* • [indefinite noun +] a __ of ◊ هذه صورة لأسرتي. *This is a picture of my family.* ◊ صديق لي *a friend of mine* • have ◊ هل لك أقارب هناك؟ *Do you have any relatives there?* • by ◊ مسرحية لشكسبير *a play by Shakespeare* •له أنْ *lahu ʔan* be able to *(do)*, can *(do)* ◊ كيف كان لي أن أعرف؟ *How could I have known?* • *conj.* [+ subjunctive] in order to *(do)*, to *(do)*, so that... ◊ ذهبت إلى القاهرة لتدرس في الجامعة. *She went to Cairo to study at university.* •لـ *li-*, فلـ *fal-* | فـ + لـ < *fa-* + *li-*| ⓘ *Notice that the -i is elided in* فلـ *fa-l-. particle* [+ third person or singular first person jussive] let *(do)*, may *(do)* ◊ ليذهب إلى الجحيم. *May he go to hell!* ◊ فلتجلس معنا. *Let her sit with us.* ◊ فلأكن صريحاً معكم. *Let me be frank with you.*; [+ plural first person jussive] let's *(do)* ◊ لنتكلم في شيء آخر. *Let's talk about something else.* ◊ فلنصل جميعا من اجله. *Let's all pray for him.* ⓘ *Notice the three meanings of* لـ *li- in the following sentence:* ◊ ذهبت للسوبرماركت لشراء خبز لأطفالي. *I went to the supermarket to buy some bread for my children.*

لأنّ *li-ʔanna conj.* • [+ accusative noun or pronoun suffix] because ◊ ذهبت إلى الطبيب لأني لا أشعر بخير. *I saw the doctor because I don't feel well.*

لأنْ *li-ʔan*, لأجل أن *li-ʔajlⁱ ʔan conj.* • [+ subjunctive] in order to *(do)*, so that... ◊ حان الوقت لأن يتغير العالم. *The time has come for the world to change.*

لئلا *li-ʔallā conj.* |لـ + أن+ لا < *li-* + *ʔan* + *lā*| • [+ subjunctive] in order not to *(do)*, so as not to *(do)*, lest ◊ أراجع الدرس لئلا أنسى. *I'm reviewing the lesson so that I don't forget.*

لكي *li-kay conj.* • [+ subjunctive] in order to *(do)*, so that... ◊ ذهب إلى لندن لكى يدرس الطب. *He went to London to study medicine.* ▪ لكي لا *li-kay lā*, لكيلا *li-kaylā* in order not to, lest ◊ وضعت الكتاب في حقيبتي لكي لا أنساه غدا. *I put the book in my bag so I don't forget it tomorrow.*

لماذا *li-māḏā*, لما *li-mā*, لم *li-ma* • *interrogative* why? • *conj.* why

لي *lī*	**لنا** *lanā*	
لكَ *laka*	**لكما** *lakumā*	**لكم** *lakum*
لكِ *laki*		**لكن** *lakunna*
له *lahu*	**لهما** *lahumā*	**لهم** *lahum*
لها *lahā*		**لهن** *lahunna*

لـ *la- particle* •لو ... لـ *law... la-* if... (then)... ◊ لو عرفت لقلت ذلك. *If I had known, (then) I would have said so.* •إنه لـ *ʔinnahu la-* truly, really ◊ إني لمشتاقة إلى أسرتي! *I really miss my family!*

لقد *la-qad(i)* • *(emphasizes past tense)* [+ perfect] already ◊ لقد قلت ذلك قبل سنوات. *I said that years ago.* ➡ قد ***qad(i) p. 243***

لكم *la-kam(i) interjection* • How...! ◊ آه لكم أحبك! *Oh, how I love you!*⚠ **لكم** ***lakum to you***

لئن *la-ʔin(i)*, ولئن *wa-la-ʔin(i) conj.* • whereas, while ◊ لئن كانت الأم سعيدة بنجاح ابنها، فإنها لم تغفر له أبدا تجاهلها. *While the mother was happy to see her son succeed, she never forgave him for neglecting her.* • if ◊ لئن لم تنته لأعاقبك. *If you don't stop, I will punish you.*

ملك *malak*, ملاك *malāk n.* |*pl.* ملائكة *malāʔikaᵗ* or **dip.** ملائك *malāʔik*| • angel • ملك *malak* ***f. dip.*** *woman's name* Malak

ملائكي *malāʔikīʸ adj.* • angelic

لؤلؤ *luʔluʔ coll. n.* |*sing.* لؤلؤة *luʔluʔaᵗ*| • pearls ▪ أم لؤلؤ *ʔumm · luʔluʔ*, عرق اللؤلؤ *ɛirq · luʔluʔ* mother of pearl

لأم *laʔama v.tr.* |*1s1(a)* يلأم *yalʔamᵘ* | لأم *laʔm*| • bandage, dress (a wound)

III **لاءم** *lāʔama v.tr.* |*3s(b)* يلائم *yulāʔimᵘ* | ملاءمة *mulāʔamaᵗ*| • fit, be suitable *for*

ملائم *mulāʔim act. part. adj.* |*elat.* أكثر ملاءمة *ʔaktar mulāʔamaᵗᵃⁿ*| • convenient, suitable, appropriate

VI **تلاءم** *talāʔama v.intr.* |*6s(b)* يتلاءم *yatalāʔamᵘ* | تلاؤم *talāʔum*| • comply *with* مع

لا *lā* • *interjection* no ▪ كلا *ka-lā* No way!, Not at all!, Absolutely not! ▪ ...لا ... ولا *lā... wa-lā...* neither... nor... ◊ لا أنا ولا أنت *neither me nor you* • *particle (forms negative imperfect)* [+ indicative] not, don't, doesn't ◊ .لا أكتب *I don't write. / I'm not writing.* • *(forms negative imperative)* [+ second person jussive] don't ◊ .لا تنس موعدنا *Don't forget our appointment.* • *(in wishes and curses)* [+ perfect] may...not ◊ .لا رحمك الله *May God not have mercy on you.* • [+ accusative indefinite noun without nunation] (there is) no ▪ لا أحد *lā ʔaḩadᵃ* no one, nobody ▪ .لا إله إلا الله *lā ʔilāhᵃ ʔillā -LLāhᵘ* There is no god but God. ▪ لا شيء *lā šayʔᵃ* nothing ▪ ولا *wa-lā*, بلا *bi-lā prep.* without ▪ لا __ له *lā __ lahu* have no ◊ .لا عقل له *He has no brains.* • *(less commonly written as a prefix)* [+ adjective or noun] un-, -less, anti- ◊ نوم لا أحلامي *dreamless sleep* ▪ لا ديني *lā dīnīʸ adj.* non-religious; antireligious ▪ لا مركزي *lā markazīʸ adj.* decentralized ▪ لا نهاية *lā nihāyaᵗ n.* infinity ▪ لا وعي *lā waɛy n.* unconsciousness, the subconscious

لاتفيا *lātfiyā n.* ***f. invar.*** • Latvia

لاتفي *lātfīʸ adj. & n.* • Latvian

لاتيني *lātīnīʸ adj.* • Latin ▪ اللاتينية *allātīnīyaᵗ n.* *(language)* Latin

لاتيه *lātayh n.* ***invar.*** • latte

اللاذقية *allāđiqīyaᵗ n.* • *(city in Syria)* Latakia

➡ ***map on p. 152***

لاغوس *lāɣōs n.* ***f. invar.*** • *(city in Nigeria)* Lagos

لام *lām n. f.* ➡ ل ***p. 270***

لاوس *lāwos n.* ***f. invar.*** • Laos

لاوسي *lāwosīʸ adj. & n.* • Laotian

لبؤة *labuʔaᵗ n.* • lioness

لب *lubb n.* |*pl.* لبوب *lubūb*| • kernel, core

لبث *labiṯa v.intr.* |*1s4* يلبث *yalbaṯᵘ* | لبث *labṯ*| • linger • [+ predicate in the accusative] continue, remain ◊ .لبثنا واقفين *We remained standing.* • [+ imperfect] continue *(do)ing*, keep *(do)ing* ◊ .لبثت أنتظره بعد موعدنا بساعة *I continued waiting for him for an hour after our appointment time.* ▪ ما لبث أن *mā labiṯa ʔan*, لم يلبث أن *lam yalbaṯ ʔan* [+ perfect] *(impersonal verb)* soon, it wasn't long before, immediately, at once ◊ .لكنه ما لبث أن فارق الحياة *But it wasn't long before he passed away.* ◊ لم يلبث أن رد هو قائلا... *He immediately replied...*

II **لبد** *labbada v.tr.* |*2s* يلبد *yulabbidᵘ* | تلبيد *talbīd*| • لبد بالغيوم *labbada bi-lɣuyūmⁱ* cover with clouds

ملبد *mulabbad pass. part. adj.* • overcast

V **تلبد** *talabbada v.intr.* |*5s* يتلبد *yatalabbadᵘ* | تلبد *talabbud*| • تلبد بالغيوم *talabbada bi-lɣuyūmⁱ* become overcast, cloud over

لبس *labisa v.* |*1s4* يلبس *yalbasᵘ* | لبس *lubs*| • *v.tr.* wear, put on ◊ .لبس بدلة جديدة *He put a new suit on.* ◊ .كانت تلبس ثوبا أزرق *She was wearing blue.* • *v.intr.* get dressed

لبس *libs n.* |*pl.* لبوس *lubūs*| • garment, clothes, clothing

لباس *libās n.* |*pl.* ألبسة *ʔalbisaᵗ*| • garment, clothes, clothing

ملبس *malbas n.* |*pl.* **dip.** ملابس *malābis*| • garment ▪ ملابس *malābis pl. n.* clothes ▪ ملابس متسخة *malābis muttasixaᵗ* dirty laundry ▪ ملابس داخلية *malābis dāxilīyaᵗ pl. n.* underwear

II **لبس** *labbasa v.tr.* |*2s* يلبس *yulabbisᵘ* | تلبيس *talbīs*| • dress, clothe

لبق *labiq adj.* |*elat.* ألبق *ʔalbaq* or أكثر لباقة *ʔaktar labāqaᵗᵃⁿ*| • tactful

لباقة *labāqaᵗ n.* • tact, decorum, eloquence

لبلاب *lablāb n.* • ivy

لبن *laban n.* |*pl.* ألبان *ʔalbān*| • milk ▪ ألبان *ʔalbān pl. n.* dairy products • yoghurt

لبني *labanīʸ adj.* • milky • lactic, milk- • *(color)* baby blue

لبنة *labinaᵗ n.* • adobe brick • strained yoghurt

لبان *libān n.* • chewing gum

لبان *lubān n.* • frankincense

لبان *labbān n.* • milkman

ل

لبنان *lubnān n.* ***m. dip.*** • Lebanon

لبناني *lubnānī̄ adj. & n.* • Lebanese

map of Lebanon

1. بيروت *bayrūt* Beirut
2. طرابلس *ṭarābulus* Tripoli
3. صيضا *ṣaydā* Sidon
4. جونية *jūniya^t* Jounieh
5. زحلة *zaḫla^t* Zahleh

II **لبى** *labbā v.tr.* |*2d* يلبي *yulabbī* | تلبية *talbiya^t*| • comply *with*, respond *to*, meet (needs)

تلبية *talbiya^t n.*↑ • compliance, response ▪ تلبية لـ *talbiyatan li-* in response to, in compliance with

لتر *litr n.* • liter

II **لثم** *lattama v.tr.* |*2s* يلثم *yulattim^u* | تلثيم *taltīm*| • cover, veil, mask

ملثم *mulattam pass. part. adj.* • veiled, masked ▪ مسلح ملثم *musallaḫ mulattam n.* masked gunman

لثة *lita^t n.* |*pl.* ***indecl.*** لثى *lit(an)*| • *(anatomy)* gum(s), gingiva ▪ التهاب اللثة *iltihāb · allita^ti* gingivitis

لثوي *litawī̄ adj.* • gingival

لجأ *laja?a v.intr.* |*1s1(b)* يلجأ *yalja?^u* | لجوء *lujū?*| • resort *to* إلى • take shelter, seek asylum

لجوء *lujū? n.*↑ • asylum, shelter ▪ لجوء سياسي *lujū? siyāsī̄* political asylum ▪ طالب لجوء *ṭālib · lujū?* asylum seeker

لاجئ *lāji? act. part. n.* |*pl.* لاجئون *lāji?ūn^a*| • refugee

ملجأ *malja? n.* |*pl.* ***dip.*** ملاجئ *malāji?*| • shelter, refuge, bunker ▪ ملجأ أيتام *malja? · ?aytām* orphanage

IV **ألجأ** *?alja?a v.tr.* |*4s* يلجئ *yulji?^u* | إلجاء *?iljā?*| • shelter

QI **لجلج** *lajlaja v.tr.* |*11s* يلجلج *yulajlij^u* | لجلجة *lajlaja^t*| • stammer, stutter • repeat

لجام *lijām n.* |*pl.* ألجمة *?aljima^t*| • reins, harness, bridle

IV **ألجم** *?aljama v.tr.* |*4s* يلجم *yuljim^u* | إلجام *?iljām*| • rein in, curb, regulate

لجنة *lajna^t n.* |*pl.* لجان *lijān*| • committee, council, board ▪ لجنة عليا *lajna^t εulyā* supreme council

IV **ألح** *?alaḫḫa v.tr.* |*4g* يلح *yuliḫḫ^u* | إلحاح *?ilḫāḫ*| • urge, implore

إلحاح *?ilḫāḫ n.*↑ • urgency

ملح *muliḫḫ act. part. adj.* |*elat.* أكثر إلحاحا *?aktar ?ilḫāḫan*| • urgent, critical

لحس *laḫisa v.tr.* |*1s4* يلحس *yalḫas^u* | لحس *laḫs*| • lick

لحظة *laḫẓa^t n.* |*pl.* لحظات *laḫ(a)ẓāt*| • moment, instant ▪ لحظة، من فضلك. *laḫẓa^tan min faḍlak^a* Just a moment, please. ▪ اللحظة *allaḫẓa^ta adv.* immediately, right now ▪ بين اللحظة والأخرى *bayna -llaḫẓa^ti wa-l?uxrā adv.* from moment to moment ▪ في اللحظة الأخيرة *fī -llaḫẓa^ti -l?axīra^ti*, في آخر لحظة *fī ?āxir^i laḫẓa^tin adv.* at the last minute ▪ في أي لحظة *fī ?ayy^i laḫẓa^tin adv.* at any moment ▪ في تلك اللحظة *fī tilka -llaḫẓa^ti*, لحظتها *laḫẓat^ahā adv.* at that moment, just then ▪ في التو واللحظة *fī -ttaww^i wa-llaḫẓa^ti adv.* right away ◊ سأحضر في التو واللحظة. *I'll be there right away.* ▪ منذ لحظة *munḏu laḫẓa^tin adv.* just (now)

لحظة *laḫẓata conj.* • the moment (that...), as soon as

ملحوظ *malḫūẓ adj.* • notable, remarkable, distinct, noticeable

III **لاحظ** *lāḫaẓa v.tr.* |*3s* يلاحظ *yulāḫiẓ^u* | ملاحظة *mulāḫaẓa^t*| • notice, observe, remark ▪ لاحظ أن *lāḫaza ?anna* notice that... ▪ يلاحظ أنّ *yulāḫaẓ^u ?anna (impersonal verb)* it is noticeable that...

ملاحظة *mulāḫaẓa^t n.*↑ • observation, remark, note

لحاف *liḫāf n.* |*pl.* لحف *luḫuf* or ألحفة *?alḫifa^t*| • cover, blanket, comforter, quilt

لحق *laḫiqa v.tr.* |*1s4* يلحق *yalḫaq^u* | لحاق *laḫāq*| • follow بـ, come after

لاحق *lāḫiq act. part. adj.* • later, subsequent ▪ لاحقا *lāḫiqan*, في وقت لاحق *fī waqt^{in} lāḫiq^{in} adv.* later (on), subsequently ◊ !أراك لاحقا *See you later!*

III **لاحق** *lāḫaqa v.tr.* |*3s* يلاحق *yulāḫiq^{u}* | ملاحقة *mulāḫaqa^{t}*| • pursue, chase

ملاحقة *mulāḫaqa^{t} n.*↑ • pursuit

IV **ألحق** *ʔalḫaqa v.tr.* |*4s* يلحق *yulḫiq^{u}* | إلحاق *ʔilḫāq*| • attach *sth* ∘ *to* بـ, append, affix ▪ ألحق ضررا بـ *ʔalḫaqa ḍararan bi-* inflict damage on

إلحاق *ʔilḫāq n.*↑ • attachment

ملحق *mulḫaq pass. part. n.* • appendix, addendum, supplement

VIII **التحق** *iltaḫaqa v.intr.* |*8s* يلتحق *yaltaḫiq^{u}* | التحاق *iltiḫāq*| • join بـ, enter ▪ التحق بجامعة *iltaḫaqa bi-jāmiƐa^{t}* get into college ▪ التحق بالجيش *iltaḫaqa bi-ljayš^{i}* join the army

التحاق *iltiḫāq n.*↑ • entrance *to* بـ

لحم *laḫm coll. n.* |*sing.* لحمة *laḫma^{t}* | *pl.* لحوم *luḫūm*| • meat ▪ لحمة *laḫma^{t} sing. n.* piece of meat ▪ لحم ___ *laḫm* · ___ ___ meat ▪ لحم بقر *laḫm · baqar* beef ▪ لحم خروف *laḫm · xurūf*, لحم ضأني *laḫm · ḍaʔnī^{y}* lamb, mutton ▪ لحم خنزير *laḫm · xanzīr* pork ▪ لحم دجاج *laḫm · dajāj* chicken

ملحمة *malḫama^{t} n.* |*pl.* **dip.** ملاحم *malāḫim*| • slaughterhouse • *(poetry)* epic

لحن *laḫn n.* |*pl.* ألحان *ʔalḫān*| • melody

II **لحن** *laḫḫana v.tr.* |*2s* يلحن *yulaḫḫin^{u}* | تلحين *talḫīn*| • compose

تلحين *talḫīn n.*↑ |*pl.* **dip.** تلاحين *talāḫīn*| • *(music)* composition

ملحن *mulaḫḫin act. part. n.* • composer

لحاء *liḫāʔ n.* • *(tree)* bark

لحية *liḫya^{t} n.* |*pl.* **indecl.** لحى *luḫ(an)*| • beard

II **لخص** *laxxaṣa v.tr.* |*2s* يلخص *yulaxxiṣ^{u}* | تلخيص *talxīṣ*| • summarize, abridge

تلخيص *talxīṣ n.*↑ • summary, synopsis

لدغ *ladaɣa v.tr.* |*1s1* يلدغ *yaldaɣ^{u}* | لدغ *ladɣ*| • sting, bite

لدغة *ladɣa^{t} n.* • sting, bite

لدى *ladā prep.* • at, with • have ◊ .ليس لدي أي مشكلة معه *I don't have any problems with him.* • with, in the company of • *(time)* when, at the time of ◊ .رحب بصديقه لدى وصوله *He welcomed his friend when he arrived.* ➡ ***table on the right***

لذة *lađđa^{t} n.* • pleasure, delight, enjoyment

لذيذ *lađīđ adj.* |*elat.* ألذ *ʔalađđ*| • delicious • wonderful, magnificent ▪ ما ألذ أنْ *mā ʔalađđ^{a} ʔan* how wonderful to *(do)*

لذع *lađaƐa v.tr.* |*1s3* يلذع *yalđaƐ^{u}* | لذع *lađƐ*| • burn, scorch, char • *(of words)* bite, sting

لاذع *lāđiƐ act. part. adj.* |*elat.* ألذع *lāđiƐ*| • cutting, sharp, pungent, stinging ▪ جواب لاذع *jawāb lāđiƐ* (witty) comeback ▪ ألم لاذع *ʔalam lāđiƐ* sharp pain

لزج *lazij adj.* |*elat.* ألزج *ʔalzaj*| • sticky

لزق *laziqa v.tr.* |*1s4* يلزق *yalzaq^{u}* | لزوق *luzūq*| • adhere *sth* ∘ *to* بـ, stick

لزقة *lazqa^{t} n.* • adhesive bandage

لزم *lazima v.intr.* |*1s4* يلزم *yalzam^{u}* | لزوم *luzūm*| • be necessary

لزوم *luzūm n.*↑ |*pl.* **dip.** لوازم *lawāzim*| • necessity, need ▪ لوازم *lawāzim pl. n.* necessities, requirements, equipment

لازم *lāzim act. part. adj.* |*elat.* ألزم *ʔalzam*| • necessary ▪ من اللازم أنْ *min^{a} -llāzim^{i} ʔan* it is necessary to *(do)*, it is necessary that... • intransitive ▪ فعل لازم *fiƐl lāzim n.* intransitive verb

لزام *lizām adj.* |*elat.* ألزم *ʔalzam*| • necessary ▪ كان لزاما عليه أنْ *kāna lizāman Ɛalayhi ʔan* have to *(do)*

IV **ألزم** *ʔalzama v.tr.* |*4s* يلزم *yulzim^{u}* | إلزام *ʔilzām*| • force, compel, coerce

إلزام *ʔilzām n.*↑ • compulsion, coercion
إلزامي *ʔilzāmī^{y} adj.* • forced, compulsory, obligatory

ملزم *mulzam pass. part. adj.* • [+ masdar] obligated *to* (do) بـ, have to *(do)*

لدي *ladayya*	لدينا *ladaynā*	
لديك *ladayka*	لديكما *ladaykumā*	لديكم *ladaykum*
لديك *ladayki*		لديكن *ladaykunna*
لديه *ladayhi*	لديهما *ladayhimā*	لديهم *ladayhim*
لديها *ladayhā*		لديهن *ladayhinna*

ل

VIII **التزم** *iltazama v.tr.* |*8s* يلتزم *yaltazim^u* | التزام *iltizām*| • be obligated *to (do)*, obliged • persist *in*

التزام *iltizām n.*↑ • obligation

X **استلزم** *istalzama v.tr.* |*10s* يستلزم *yastalzim^u* | استلزام *istilzām*| • require

لسع *lasaƐa v.tr.* |*1s1* يلسع *yalsaƐ^u* | لسع *lasƐ*| • sting, bite

لسعة *lasƐa^t n.* • sting, bite

لسان *lisān n.* |*pl.* ألسنة *ʔalsina^t*| • tongue ▪ طويل اللسان *ṭawīl · allisān adj.* insolent, using abusive language ▪ زلة لسان *zallat · lisān* slip of the tongue • language

لشبونة *lišbūna^t n.* ***f. invar.*** • *(capital of Portugal)* Lisbon

لص *liṣṣ n.* |*pl.* لصوص *luṣūṣ*| • thief, robber

لصق *laṣiqa v.intr.* |*1s4* يلصق *yalṣaq^u* | لصق *laṣq*| • stick, cling

لاصق *lāṣiq act. part. adj.* • adhesive ▪ عدسة لاصقة *Ɛadasa^t lāṣiqa^t n.* contact lens ▪ شريط لاصق *šarīṭ lāṣiq n.* adhesive tape

لصوق *laṣūq n.* • adhesive bandage

IV **ألصق** *ʔalṣaqa v.tr.* |*4s* يلصق *yulṣiq^u* | إلصاق *ʔilṣāq*| • attach *sth* ∘ *to* على, affix, stick

ملصق *mulṣaq pass. part. n.* • poster

لطخة *laṭxa^t n.* |*pl.* لطخات *laṭ(a)xāt*| • stain, spot

II **لطخ** *laṭṭaxa v.tr.* |*2s* يلطخ *yulaṭṭix^u* | تلطيخ *talṭīx*| • stain

V **تلطخ** *talaṭṭaxa v.intr.* |*5s* يتلطخ *yatalaṭṭax^u* | تلطخ *talaṭṭux*| • become stained ▪ لا يتلطخ *lā yatalaṭṭax^u* stainless

لطف *laṭafa* or *laṭufa v.intr.* |*1s3/1s6* يلطف *yalṭuf^u* | لطف *luṭf* or لطافة *laṭāfa^t*| • be kind, be polite, be nice

لطف *luṭf n.*↑ • kindness, politeness ▪ بلطف *bi-luṭfⁱⁿ adv.* politely

لطافة *laṭāfa^t n.*↑ • kindness, politeness

لطيف *laṭīf adj.* |*m. pl.* ***dip.*** لطفاء *luṭafāʔ* | *elat.* ألطف *ʔalṭaf*| • nice, pleasant ◊ جو لطيف *nice weather* • kind, nice ◊ أنت لطيف جدا. *You're very kind.* ◊ أشكرك على كلامك اللطيف. *I thank you for your kind words.*

III **لاطف** *lāṭafa v.tr.* |*3s* يلاطف *yulāṭif^u* | ملاطفة *mulāṭafa^t*| • stroke, pet • flatter, compliment

لطم *laṭama v.tr.* |*1s2* يلطم *yalṭim^u* | لطم *laṭm*| • slap

لطمة *laṭma^t n.* |*pl.* لطمات *laṭ(a)māt*| • slap

لعب *laƐiba v.* |*1s4* يلعب *yalƐab^u* | لعب *laƐb* or *laƐib* or *liƐb*| • *v.tr.* play ◊ يلعب كرة القدم جيدا. *He plays soccer well.* ◊ أحب أن ألعب الشطرنج مع والدي. *I like to play chess with my father.* ◊ يلعب الاطفال فى الحديقة. *The children are playing in the park* ▪ لعب دورا في *laƐiba dawran fī* play a role in ▪ لعب لعبة *laƐiba luƐba^t* play a game • *v.intr.* play *with* بـ ◊ كانت تلعب بالدمى كل يوم. *She used to play with dolls every day.* • play (an instrument) ◊ هل تستطيع أن تلعب على البيانو؟ على *Can you play the piano?*

لعب *laƐb* or *laƐib* or *liƐb n.* |*pl.* ألعاب *ʔalƐāb*| • game, sport ▪ الألعاب الأولمبية *alʔalƐāb alʔolimbīya^t pl. n.* the Olympic Games, the Olympics

لاعب *lāƐib act. part. n.* • player ▪ لاعب رياضي *lāƐib riyāḍī^y* athlete

لعبة *luƐba^t n.* |*pl.* لعب *luƐab*| • toy • game ▪ لعبة طاولة النرد *luƐbat · ṭāwilat · annard* backgammon ▪ لعبة لوحية *luƐba^t lawḥīya^t* board game

لعاب *luƐāb n.* • saliva

لعوب *laƐūb adj.* • playful, mischievous • flirtatious

ملعب *malƐab n.* |*pl.* ***dip.*** ملاعب *malāƐib*| • playground • stadium, court, playing field

VI **تلاعب** *talāƐaba v.intr.* |*6s* يتلاعب *yatalāƐab^u* | تلاعب *talāƐub*| • play *with* بـ, tamper *with*, cheat, rig

ملعقة *milƐaqa^t n.* |*pl.* ***dip.*** ملاعق *malāƐiq*| • spoon

لعن *laƐana v.tr.* |*1s1* يلعن *yalƐan^u* | لعن *laƐn*| • curse, damn ▪ لعنه الله *laƐana<u>hu</u> aLLāh^u* may God damn *sb* ▪ اللعنة *allaƐna^{tu}* Damn it!

ملعون *malƐūn pass. part. adj.* |*m. pl.* ***dip.*** ملاعين *malāƐīn* | *elat.* ألعن *ʔalƐan*| • cursed, damned

لعنة *laƐna^t n.* |*pl.* لعنات *laƐ(a)nāt*| • curse ▪ لعنة الفراعنة *laƐnat · alfarāƐina^t* curse of the pharaohs

لعين *laƐīn adj.* |*pl.* ***dip.*** لعناء *luƐanāʔ* | *elat.* ألعن *ʔalƐan*| • cursed, damned

لغز *luɣz n.* |*pl.* ألغاز *ʔalɣāz*| • puzzle, riddle, enigma

لغم *luɣm* or *laɣam n.* |*pl.* ألغام *ʔalɣām*| • *(explosive device)* mine ▪ لغم أرضي *luɣm ʔarḍī^y* land mine ▪ لغم بحري *luɣm baḥarī^y* naval mine

لغة *luɣa^t n.* • language ◊ لغتك العربية جيدة جدا. *Your Arabic is very good.* ▪ اللغة العربية *alluɣa^t alƐarabīya^t* Arabic ▪ لغة أجنبية *luɣa^t ʔajnabīya^t* foreign language ▪ لغة إشارة *luɣat · ʔišāra^t*, لغة صم *luɣat · ṣumm* sign language ▪ لغة أم *luɣat · ʔumm*

mother tongue, native language
لغوي *luɣawīʸ* • *adj.* linguistic ▪ لغويات *luɣawīyāt* *pl. n.* linguistics • *n.* linguist

IV **ألغى** *ʔalɣā v.tr.* |*4d* يلغي *yulɣī* | إلغاء *ʔilɣāʔ*| • cancel, call off • annul, nullify, void • abolish

إلغاء *ʔilɣāʔ n.*↑ • cancellation • annulment, nullification • abolishment, abolition

لفت *lafata v.tr.* |*1s2* يلفت *yalfitᵘ* | لفت *laft*| • turn *sth* ∘ *toward* إلى, tilt, incline ▪ لفت النظر إلى *lafata annaẓar ʔilā* turn *one's* attention toward

لافتة *lāfitaᵗ act. part. n.* • sign, placard, banner

لفت *lift coll. n.* |*sing.* لفتة *liftaᵗ*| • turnips

IV **ألفت** *ʔalfata v.tr.* |*4s* يلفت *yulfitᵘ* | إلفات *ʔilfāt*| • attract, interest

VIII **التفت** *iltafata v.intr.* |*8s* يلتفت *yaltafitᵘ* | التفات *iltifāt*| • turn *toward* إلى, turn around

لفح *lafaḥa v.tr.* |*1s1* يلفح *yalfaḥᵘ* | لفح *lafḥ*| • burn, scorch, char

لفح *lafḥ n.*↑ • burn ▪ لفح شمس *lafḥ · šams* sunburn

لفظ *lafaẓa v.tr.* |*1s2* يلفظ *yalfiẓᵘ* | لفظ *lafẓ*| • pronounce • expel, eject, throw out

لفظ *lafẓ n.*↑ |*pl.* ألفاظ *ʔalfāẓ*| • pronunciation • utterance, words • expulsion, ejection

لفظة *lafẓaᵗ n.* |*pl.* لفظات *laf(a)ẓāt*| • word, utterance

V **تلفظ** *talaffaẓa v.intr.* |*5s* يتلفظ *yatalaffaẓᵘ* | تلفظ *tafalluẓ*| • pronounce بـ

تلفظ *talaffuẓ n.*↑ • pronunciation

لف *laffa v.tr.* |*1g3* يلف *yaluffᵘ* | لف *laff*| • wrap *sth* ∘ *with* بـ, fold ▪ لف عنقه بشال *laffa Ɛunqᵃhu bi-šāl v.* wrap a scarf around *one's* neck • wind, coil • revolve, go around, spin, rotate ▪ لف ودار *laffa wa-dāra* go around, be out and about ▪ لف ودار حول نفس الموضوع *laffa wa-dāra ḥawla nafsⁱ -lmawḍūƐⁱ* quibble, beat a dead horse • turn

ملفوف *malfūf pass. part. n.* • cabbage

لفافة *lifāfaᵗ n.* |*pl.* **dip.** لفائف *lafāʔif*| • roll ▪ لفافة منديل *lifāfat · mandīl* toilet paper roll ▪ لفافة بانجو *lifāfat · bāngo (marijuana cigarette)* joint

لفيف *lafīf adj.* • gathered, assembled ▪ فعل لفيف *fiƐl lafīf n. (grammar)* doubly weak verb

ملف *milaff n.* • file, folder ▪ ملف نووي *milaff nawawīʸ* nuclear program

VIII **التف** *iltaffa v.intr.* |*8g1* يلتف *yaltaffᵘ* | التفاف *iltifāf*| • intertwine, become tangled

II **لفق** *laffaqa v.tr.* |*2s* يلفق *yulaffiqᵘ* | تلفيق *talfīq*| • fabricate, make up, invent

لقب *laqab n.* |*pl.* ألقاب *ʔalqāb*| • nickname • surname, last name • title (Dr., Mr., Prof., etc.)

II **لقب** *laqqaba v.tr.* |*2s* يلقب *yulaqqibᵘ* | تلقيب *talqīb*| • address *sb* ∘ *by* بـ, call, nickname

لقاح *laqāḥ n.* • vaccine • pollen

II **لقح** *laqqaḥa v.tr.* |*2s* يلقح *yulaqqiḥᵘ* | تلقيح *talqīḥ*| • vaccinate *sb* ∘ *against* ضد, inoculate *against* • pollinate • inseminate, impregnate

تلقيح *talqīḥ n.*↑ • vaccination, inoculation • pollination • insemination, impregnation

IV **ألقح** *ʔalqaḥa v.tr.* |*4s* يلقح *yulqiḥᵘ* | إلقاح *ʔilqāḥ*| • pollinate • inseminate, impregnate

إلقاح *ʔilqāḥ n.*↑ • pollination • insemination, impregnation

لقد ➡ قد ***qad(i)* p. 243**

ملقط *milqaṭ n.* |*pl.* **dip.** ملاقط *malāqiṭ*| • (pair of) tweezers • forceps

VIII **التقط** *iltaqaṭa v.tr.* |*8s* يلتقط *yaltaqiṭᵘ* | التقاط *iltiqāṭ*| • receive • catch ◊ التقط الكرة. *He caught the ball.* • take (pictures, video, etc.) ▪ التقط صورة *iltaqaṭa ṣūraᵗ* take a picture

لقلق *laqlaq n.* |*pl.* **dip.** لقالق *laqāliq*| • stork

لقمة *luqmaᵗ n.* |*pl.* لقم *luqam*| • bite, morsel

II **لقن** *laqqana v.tr.* |*2s* يلقن *yulaqqinᵘ* | تلقين *talqīn*| • teach *sb* ∘ *sth* ∘ ▪ لقنه درسا *laqqanahu darsan* teach *sb* a lesson

لقي *laqiya v.tr.* |*1d4* يلقى *yalqā* | لقاء *liqāʔ*| • meet ▪ لقي مصرعه *laqiya maṣraƐᵃhu*, لقي حتفه *laqiya ḥatfᵃhu* die, meet *one's* end

لقاء *liqāʔ n.*↑ • meeting ▪ إلى اللقاء *ʔilā -lliqāʔⁱ* Good-bye!
لقاء *liqāʔa prep.* • in return for, in exchange for ◊ أعطاه الدراجة لقاء مبلغ مالي. *He gave him the bike in exchange for money.*

تلقاء *tilqāʔa prep.* • opposite, in front of ▪ من تلقاء نفسه *min tilqāʔⁱ nafsⁱhi adv.* automatically, spontaneously
تلقائي *tilqāʔīʸ adj.* |*elat.* أكثر تلقائية *ʔakṯar tilqāʔīyaᵗᵃⁿ*| • automatic ▪ تلقائيا *tilqāʔīyan adv.* automatically • spontaneous

III **لاقى** *lāqā v.tr.* |*3d* يلاقي *yulāqī* | ملاقاة *mulāqāᵗ*| • meet, encounter ▪ لاقى حتفه *lāqā ḥatfᵃhu* die, meet *one's* end • experience, undergo

IV **ألقى** *ʔalqā v.tr. & intr.* |*4d* يلقي *yulqī* | إلقاء *ʔilqāʔ*| • throw *sth* ∘ *or sth* بـ *at* على, cast ▪ ألقى الضوء على *ʔalqa aḍḍawʔᵃ Ɛalā* shed light on ▪ ألقى القبض

على *ʔalqa alqaydᵃ* *Ɛalā* arrest, apprehend ◊ ألقت الشرطة القبض على اللص. *The police arrested the thief.* ▪ ألقى نظرة على *ʔalqā naẓraᵗᵃⁿ Ɛalā* take a look at • throw away • *(idiomatic)* give, make ▪ ألقى كلمة *ʔalqā kalimaᵗ*, ألقى خطابا *ʔalqā xiṭāban* give a speech *to* أمام, address ◊ ألقى الرئيس كلمة أمام المجلس. *The president gave a speech before parliament.* ▪ ألقى محاضرة *ʔalqā muḥāḍaraᵗ* give a lecture ▪ ألقى بيانا *ʔalqā bayānan* make an announcement • recite ◊ عليها أن تلقي قصيدة في الصف غدا. *She has to recite a poem in class tomorrow.*

V **تلقى** *talaqqā v.tr.* |*5d* يتلقى *yatalaqqā* | **def.** تلق *talaqq(in)* | • receive, acquire, obtain ▪ تلقى اتصالا من *talaqqā ittiṣālan min* receive a phone call *from* ▪ تلقى تعليما *talaqqā taƐlīman* receive an education

تلق *talaqq(in) n.*↑ **def.** • reception, acquisition

متلق *mutalaqq(in) act. part. n.* **def.** • recipient

VIII **التقى** *iltaqā v.intr.* |*8d1* يلتقي *yaltaqī* | التقاء *iltiqāʔ*| • meet بـ *or* مع, become acquainted *with*

ملتقى *multaq(an) pass. part. n.* **indecl.** |*dual* ملتقيان *multaqayānⁱ* | *pl.* ملتقيات *multaqayāt*| • forum, meeting, retreat • meeting place, rendezvous

X **استلقى** *istalqā v.intr.* |*10d* يستلقي *yastalqī* | استلقاء *istilqāʔ*| • lie down

لكم *lakama v.tr.* |*1s3* يلكم *yalkumᵘ* | لكم *lakm*| • punch

لكمة *lakmaᵗ n.* |*pl.* لكمات *lak(a)māt*| • punch

III **لاكم** *lākama v.tr.* |*3s* يلاكم *yulākimᵘ* | ملاكمة *mulākamaᵗ*| • *(sport)* box with

ملاكمة *mulākamaᵗ n.*↑ • *(sport)* boxing

ملاكم *mulākim act. part. n.* • *(sport)* boxer

لكن *conj.* • *lākin(i)* [+ verb, etc.] but, however ◊ حاولت لكن فشلت. *I tried but failed.* • *lākinna* [+ accusative noun or pronoun suffix] but, however ◊ كان هنا لكنه غادر *He was here, but he left.* ➡ ***table on the right*** ⓘ *Notice that the long ā of* لكن *lākin(i)* and *lākinna is unwritten.* ➡ ***Inna and Her Sisters p. 18***

لكنة *luknaᵗ n.* |*pl.* لكنات *luk(u)nāt*| • accent

لكي *li-kay conj.* • in order to *(do)*, so that... ◊ ذهب إلى لندن لكي يدرس الطب. *He went to London to study medicine.* ▪ لكي لا *li-kay lā*, لكيلا *li-kaylā* in order not to, lest ◊ وضعت الكتاب في حقيبتي لكي لا أنساه غدا. *I put the book in my bag so I don't forget it tomorrow.*

لم *lam(i) particle* [+ jussive] • *(forms negative past tense)* didn't ◊ لم أفعله. *I didn't do it.* ▪ ألم *ʔa-lam* didn't? ◊ ألم تر ذلك؟ *Didn't you see that?* ◊ ألم أقل لك من قبل؟ *Didn't I tell you that before?* ▪ لم... بعد *lam... baƐdu* haven't... yet ◊ لم أفعله بعد. *I haven't done it yet.*

لم *li-ma* • *interrogative* why? ◊ لم غادرت الفصل؟ *Why did you leave the classroom?* • *conj.* why

لما *lammā conj.* • when • because, since • *particle* not yet ◊ لما أفعله. *I haven't done it yet.*

لما *li-mā* • *interrogative* why? • *conj.* why

لماذا *li-māḏā* • *interrogative* why? • *conj.* why

لمبة *lambaᵗ n.* • lamp

لمح *lamaḥa v.intr.* |*1s1* يلمح *yalmaḥᵘ* | لمح *lamḥ*| • glance *at* إلى

لمح *lamḥ n.*↑ • glance ▪ في لمح البصر *fī lamḥⁱ -lbaṣarⁱ*, بلمح البصر *bi-lamḥⁱ -lbaṣarⁱ adv.* at a glance

ملمح *malmaḥ n.* |*pl.* **dip.** ملامح *malāmiḥ*| • [usually plural] characteristic, peculiarity, feature

II **لمح** *lammaḥa v.intr.* |*2s* يلمح *yulammiḥᵘ* | تلميح *talmīḥ*| • hint *at* إلى, insinuate, allude *to*

تلميح *talmīḥ n.*↑ |*pl.* تلميحات *talmīḥāt* or **dip.** تلاميح *talāmīḥ*| • hint, implication, insinuation

IV **ألمح** *ʔalmaḥa v.intr.* |*4s* يلمح *yulmiḥᵘ* | إلماح *ʔilmāḥ*| • glance *at* إلى

لمس *lamasa v.tr.* |*1s2/1s3* يلمس *yalmisᵘ* or *yalmusᵘ* | لمس *lams*| • touch

ملموس *malmūs pass. part. adj.* • tangible

لمسة *lamsaᵗ n.* |*pl.* لمسات *lam(a)sāt*| • touch

لكنني (لكني) *lākinnanī (lākinnī)*	لكننا *lākinnanā*	
لكنك *lākinnaka*	لكنكما *lākinnakumā*	لكنكم *lākinnakum*
لكنك *lākinnaki*		لكنكن *lākinnakunna*
لكنه *lākinnahu*	لكنهما *lākinnahumā*	لكنهم *lākinnahum*
لكنها *lākinnahā*		لكنهن *lākinnahunna*

VIII **التمس** *iltamasa v.tr.* |*8s* يلتمس *yaltamisᵘ* | التماس *iltimās*| • request *sth* ∘ *from* من, ask *for*, beg, implore

لمع *lamaƐa v.intr.* |*1s1* يلمع *yalmaƐᵘ* | لمع *lamƐ* or لمعان *lamaƐān*| • shine

لامع *lāmiƐ act. part. adj.* |*elat.* ألمع *ʔalmaƐ*| • shiny, brilliant ▪ غير لامع *ɣayr · lāmiƐ* matte

II **لمّع** *lammaƐa v.tr.* |*2s* يلمع *yulammiƐᵘ* | تلميع *talmīƐ*| • polish

لمّ *lamma v.tr.* |*1g3* يلم *yalummᵘ* | لم *lamm*| • collect, gather

لمّ *lamm n.*↑ • collection, gathering ▪ حفلة لم الشمل *ɦaflat · lammⁱ -ššamlⁱ* *(party)* reunion

لن *lan(i) particle* [+ subjunctive] • *(forms the negative future)* will not, won't ◊ لن أفعله. *I won't do it.*

لندن *landan*, لندرة *landraᵗ n. **f. dip.*** • *(capital of England and the U.K.)* London

لهب *lahab*, لهيب *lahīb n.* • flame, blaze

IV **ألهب** *ʔalhaba v.tr.* |*4s* يلهب *yulhibᵘ* | إلهاب *ʔilhāb*| • kindle, set on fire

V **تلهّب** *talahhaba v.intr.* |*5s* يتلهب *yatalahhabᵘ* | تلهب *talahhub*| • blaze, be ablaze

VIII **التهب** *iltahaba v.intr.* |*8s* يلتهب *yaltahibᵘ* | التهاب *iltihāb*| • become inflamed

التهاب *iltihāb n.*↑ • inflammation

التهابي *iltihābīʸ adj.* |*elat.* أكثر التهابا *ʔaktar iltihāban*| • inflammatory

لهث *lahata v.intr.* |*1s1* يلهث *yalhatᵘ* | لهاث *luhāt* or لهث *laht*| • pant

لهجة *lahjaᵗ n.* |*pl.* لهجات *lah(a)jāt*| • dialect

لهفة *lahfaᵗ n.* |*pl.* لهفات *lah(a)fāt*| • eagerness ▪ في لهفة لأنّ *fī lahfaᵗⁱⁿ li-ʔann* eager to *(do)*

V **تلهّف** *talahhafa v.intr.* |*5s* يتلهف *yatalahhafᵘ* | تلهف *talahhuf*| • yearn *for* على, long (for) • be eager *to* لـ, be anxious

تلهّف *talahhuf n.*↑ • eagerness, anxiety ▪ بتلهف *bi-talahhufⁱⁿ adv.* eagerly, anxiously

متلهّف *mutalahhif act. part. adj.* |*elat.* أكثر تلهفا *ʔaktar talahhufan*| • eager *to* لـ, anxious

ملهوف *malhūf pass. part. adj.* • sad, dejected

IV **ألهم** *ʔalhama v.tr.* |*4s* يلهم *yulhimᵘ* | إلهام *ʔilhām*| • inspire

إلهام *ʔilhām n.*↑ • inspiration

VIII **التهم** *iltahama v.tr.* |*8s* يلتهم *yaltahimᵘ* | التهام *iltihām*| • devour, gobble up

X **استلهم** *istalhama v.tr.* |*10s* يستلهم *yastalhimᵘ* | استلهام *istilhām*| • seek inspiration *from*, by inspired *by*

لهو *lahw n.* • fun, amusement, entertainment

ملهى *malh(an) n. **indecl.*** |*pl. **def.*** ملاه *malāh(in)*| •ملهى ليلي *malh(an) laylīʸ* night club

IV **ألهى** *ʔalhā v.tr.* |*4d* يلهي *yulhī* | إلهاء *ʔilhāʔ*| • amuse, entertain

مله *mulh(in) act. part. adj. **def.*** |*elat.* أكثر إلهاء *ʔaktar ʔilhāʔan*| • enjoyable, amusing, entertaining

لو *law(i)*, لو أنّ *law ʔanna conj.* • [+ perfect] if ◊ لو كان أبي رأى هذا كان سيغضب. *If dad had seen this, he would've become angry.* ◊ ماذا تفعل لو كنت غنيا؟ *What would you do if you were rich?* ⓘ *The following clause often begins with* لـ *la-:* ◊ لو كنت غنيا لاشتريت قصرا *If I were rich, I would buy a palace.* ▪ لولا *lawlā* [+ nominative noun or pronoun suffix] if not (for) ▪ لولا ذلك *lawlā đālika adv.* otherwise ◊ كنت مريضا، لولا ذلك لكنت نجحت. *I was sick; otherwise, I would have succeeded.* ▪ كما لو *ka-mā law* as if, as though ◊ رباها كما لو كان أباها. *He raised her as if he were her father.* ▪ ولو *wa-law*, حتى لو *ɦatā law* even if, even though ◊ لن أقبل حتى لو توسلت إلي. *I won't agree even if you beg me.* ▪ ولو قليلا *wa-lāw qalīlan* even (if just) a little ◊ أتمنى أن تتغير ولو قليلا. *I hope you change, even if just a little.* • if only ▪ تمنى لو (أنّ) *tamannā law (ʔanna)*, ود لو (أنّ) *wadda law (ʔanna)* wish that... ◊ أتمنى لو كنت غنيا. *I wish I were rich.*

لوبياء *lūbiyāʔ*, ***invar.*** لوبيا *lūbiyā coll. n.* • green beans, string beans, black-eyed peas

II **لوّث** *lawwata v.tr.* |*2s* يلوث *yulawwitᵘ* | تلويث *talwīt*| • pollute

V **تلوّث** *talawwata v.intr.* |*5s* يتلوث *yatalawwatᵘ* | تلوث *talawwut*| • become polluted

تلوّث *talawwut n.*↑ • pollution

لوجستي *lojistīʸ adj.* • logistic

لوجستية *lojistīyaᵗ n.* • logistics

لوح *lawɦ n.* |*pl.* ألواح *ʔalwāɦ*| • board, panel ▪ لوح خشبي *lawɦ xašbīʸ* wooden board, plank

لوحة *lawɦaᵗ n.* |*pl.* لوحات *law(a)ɦāt*| • sign • board ▪ لوحة مفاتيح *lawɦat · mafātīɦ* keyboard, keypad ▪ لوحة رقم سيارة *lawɦat · raqm · sayyāraᵗ* license plate (UK: number plate) • painting, picture ▪ لوحة زيتية *lawɦaᵗ zaytīyaᵗ* oil painting

لائحة *lāʔiɦaᵗ n.* |*pl.* لوائح *lawāʔiɦ*| • regulation, rule

ل

II **لوح** *lawwaḥa v.tr.* |*2s* يلوح *yulawwiḥ*^{u} | تلويح *talwīḥ*| • wave, beckon, signal

لاذ *lāḏa v.intr.* |*1h3* يلوذ *yalūḏ*^{u} | لوذ *lawḏ*| • seek refuge ▪ لاذ بالفرار *lāḏa bi-lfirār* run away ◊ أول ما رأى اللص الشرطي لاذ بالفرار. *The thief ran away as soon as he saw the policeman.* • resort to بـ

ملاذ *malāḏ n.* • refuge, shelter, sanctuary • recourse ▪ كملاذ أخير *ka-malāḏ*^{in} *ʔaxīr*^{in} as a last resort

لورد *lord n.* • *(title)* lord ▪ اللورد __ *allord* __ Lord __

لوز *lawz coll. n.* |*sing.* لوزة *lawza*^{t}| • almonds ▪ لوزتان *lawzatān*^{i} *dual noun* tonsils

لوس أنجلس *lōs ʔanjilis n. **f. invar.*** • *(city in the U.S.)* Los Angeles

لوط *lūṭ **dip.** man's name* • Lot

لوطي *lūṭī*^{y} *adj.* • sodomite

لواط *liwāṭ n.* • sodomy

لوفة *lūfa*^{t} *n.* • *(sponge)* loofah, luffa ⓘ *The English word 'loofah' has been borrowed from this Arabic word.*

لوكسمبورغ *lūksimburg n. **f. invar.*** • Luxembourg

لوكسمبورغي *lūksimburgī*^{y} *adj. & n.* • Luxembourger

لولب *lawlab n.* • spiral, helix

لولبي *lawlabī*^{y} *adj.* • spiral

لام *lāma v.tr.* |*1h3* يلوم *yalūm*^{u} | لوم *lawm*| • blame sb ∘ for على

لوم *lawm n.*↑ • blame ▪ وضع اللوم عليه عن *waḍaƐa allawm*^{a} *Ɛalayhi Ɛan*, ألقى اللوم عليه عن *ʔalqā -llawm Ɛalayhi Ɛan* blame *sb* for

X **استلام** *istalāma v.intr.* |*10h* يستليم *yastalīm*^{u} | استلامة *istilāma*^{t}| • deserve blame, be blameworthy

لون *lawn n.* |*pl.* ألوان *ʔalwān*| • color

لوني *lawnī*^{y} *adj.* • colorful • color-

II **لون** *lawwana v.tr.* |*2s* يلون *yulawwin*^{u} | تلوين *talwīn*| • color

ملون *mulawwan pass. part. adj.* |*elat.* أكثر تلونا *ʔaktar talawwunan*| • colored, colorful, multi-colored

لوى *lawā v.tr.* |*1d2* يلوي *yalwī* | لوي *luwī*^{y}| • twist, turn, bend

ملوي *malwī*^{y} *pass. part. adj.* • bent, curved

لواء *liwāʔ n.* |*pl.* ألوية *ʔalwiya*^{t}| • *(military)* major general • *(military)* brigade • flag, banner • province

II **لوى** *lawwā v.tr.* |*2d* يلوي *yulawwī* | تلوية *talwiya*^{t}| • bend, twist

V **تلوى** *talawwā v.intr.* |*5d* يتلوى *yatalawwā* | ***def.*** تلو *talaww(in)*| • bend, twist, wriggle

VIII **التوى** *iltawā v.intr.* |*8d1* يلتوي *yaltawī* | التواء *iltiwāʔ*| • be bent, be curved, be crooked

ملتو *multaw(in) act. part. adj. **def.*** |*elat.* أكثر التواء *ʔaktar iltiwāʔan*| • bent, curved, crooked

ليبرالي *lībrālī*^{y} *adj.* • liberal

ليبرالية *lībrālīya*^{t} *n.* • liberalism

ليبيا *lībiyā n. **f. invar.*** • Libya

ليبي *lībī*^{y} *adj. & n.* • Libyan

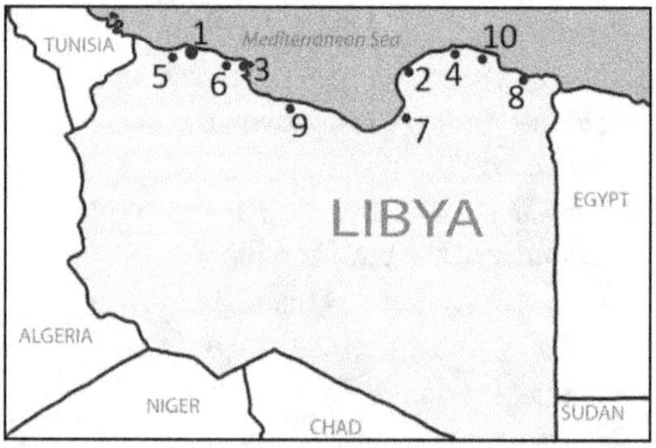

map of Libya

1. طرابلس *ṭarābulus* Tripoli
2. بنغازي *banɣāzī* Benghazi
3. مصراتة *miṣrāta*^{t} Misrata
4. البيضاء *albayḍāʔ* Bayda
5. الزاوية *azzāwiya*^{t} Zawiya
6. زليتن *zlītan* Zliten
7. أجدابيا *ʔajdābiyā* Ajdabiya
8. طبرق *ṭubruq* Tobruk
9. سرت *sirt* Sirte
10. درنة *darna*^{t} Derna

ليت *layta*, يا ليت *yā layta particle* [+ accusative noun or pronoun suffix] • [+ perfect] I wish __ *(did)*/had *(done)*..., If only __ *(did)*/had *(done)*... ◊ ليتني عرفت الحقيقة. *I wish I had known the truth.* ◊ ليت الأمر كان بهذة السهولة. *If only it were that easy.* • [+ indicative] I wish __ would *(do)*..., If only __ would *(do)*... ◊ يا ليته يقرأ رسالتي. *I wish he'd read my letter.* ▪ ليت شعري *layta šiƐrī*^{y} I wish I knew... ◊ يا ليت شعري ما يكون جوابه. *I wish I knew what his answer was.* ▪ يا ليت *yā layta* If only!, I wish! ➡ ***Inna and Her Sisters p. 18***

ليتوانيا *lītuwāniyā n. **f. invar.*** • Lithuania

ليتواني *lītuwānī*^{y} *adj. & n.* • Lithuanian

ليث *layt n.* |*pl.* ليوث *luyūt*| • lion

ليرة *līra^{t} n.* • lira ▪ ليرة سورية *līra^{t} sūrīya^{t}* |*abbreviated* ل.س| Syrian pound (SYP) ▪ ليرة لبنانية *līra^{t} lubnānīya^{t}* |*abbreviated* ل.ل| Lebanese pound (LL)

ليزر *layzer n.* • laser

ليس *laysa v.intr.* [+ predicate in the accusative] • is not ◊ هذا ليس صحيحا. *That's not correct.* ◊ أنا لست طبيبا. *I'm not a doctor.* ⓘ *The predicate can also be governed by the preposition* بـ *bi-:* ◊ هذا ليس بالشيء الجديد. *This is nothing new.* ▪ أليس *ʔa-laysa* isn't it...? ▪ أليس كذلك؟ *ʔa-laysa ka-ḏālika* ..., right?, ..., isn't it? ▪ لست أدري. *lastu ʔadrī* I don't know. ▪ ليس فقط... ولكن أيضا... *laysa faqaṭ... wa-lākin ʔayḍan...* is not only... but also... ▪ ليس هناك *laysa hunāka* there is not, there are not

One Is Not...

The following translate as 'am not', 'is not' or 'are not'.

لست *lastu*	لسنا *lasnā*	
لستَ *lasta*	لستما *lastumā*	لستم *lastum*
لستِ *lasti*		لستن *lastunna*
ليس *laysa*	ليسا *laysā*	ليسوا *laysū*
ليست *laysat*	ليستا *laysatā*	لسن *lasna*

ليف *līf coll. n.* |*sing.* ليفة *līfa^{t}* | *pl.* ألياف *ʔalyāf*| • fibers ▪ ألياف غذائية *ʔalyāf ɣiḏāʔīya^{t}* dietary fiber

لاق *lāqa v.intr.* |*1h2* يليق *yalīq^{u}* | ليق *layq*| • fit بـ, suit, be appropriate *for*, be suitable

لائق *lāʔiq act. part. adj.* |*elat.* أليق *ʔalyaq*| • suitable *for* بـ, appropriate *for* ▪ غير لائق *ɣayr lāʔiq* unbecoming

لياقة *liyāqa^{t} n.* • fitness ▪ باللياقة *bi-lliyāqa^{ti}* fit, in shape

ليل *layl,* ليلة *layla^{t} n.* |*pl.* ***def.*** ليال *layāl(in)*| • night ▪ ليلا *laylan,* بالليل *bi-llayl^{i},* في الليل *fī- layl^{i} adv.* at night ▪ الليلة *allayla^{ta},* هذه الليلة *hāḏihi -llayla^{ta} adv.* tonight ▪ ليلة ليلة *laylatan laylatan adv.* night after night ▪ ليلتها *laylat^{a}hā adv.* (on) that night ▪ ليلة أمس *laylat^{a} ʔams^{i} adv.* last night ▪ ليلة سعيدة *layla^{ta} saƐīda^{ta} adv.* Good night! ▪ ليل نهار *layl^{a} nahār^{a},* ليلا ونهارا *laylan wa-nahāran adv.* day and night ◊ يعمل بجد ليلا ونهارا. *He works hard day and night.* ▪ ألف ليلة وليلة *ʔalf^{u} layla^{tin} wa-layla^{tin} n.* One Thousand and One Nights ▪ ذات ليلة *ḏāt^{a} layla^{ta} adv.* that very night ▪ في وقت متأخر من الليل *fī waqt^{in} mutaʔaxxir^{in} min^{a} -llayl^{i} adv.* late at night

ليلي *laylīʸ adj.* • night-, nocturnal

ليلتئذ *laylat^{a}ʔiḏin,* ليلتذاك *laylat^{a}ḏāka* • (on) that night

ليلى *laylā* ***f. invar.*** *woman's name* • Layla

ليلك *laylak n.* • lilac

ليما *līmā n.* ***f. invar.*** • *(capital of Peru)* Lima

ليمان *līmān n.* • prison

ليمون *laymūn coll. n.* |*sing.* ليمونة *laymūna^{t}*| • lemons ▪ ليمون حامض *laymūn ḥāmiḍ* limes

ليموني *laymūnīʸ adj.* • أخضر ليموني *ʔaxḍar laymūnīʸ* lime-green ▪ أصفر ليموني *ʔaṣfar laymūnīʸ* lemon-yellow

ليموناضة *laymūnāḍa^{t},* ليمونادة *laymūnāda^{t} n.* • lemonade

لين *layyin adj.* |*elat.* ألين *ʔalyan*| • flexible ▪ لا تكن لينا فتعصر ولا يابسا فتكسر. *lā takun layyinan fa-tuƐṣar^{u} wa-lā yābisan fa-tukassar^{u} proverb* Don't be soft or you'll be squeezed; and don't be hard or you'll be broken.

ليان *layān n.* • softness, gentleness • ***f. dip.*** *woman's name* Layan, Lian

II **لين** *layyana v.tr.* |*2s* يلين *yulayyin^{u}* | تليين *talyīn*| • soften

ملين *mulayyin act. part. n.* • laxative

م

م *mīm n. f.* |ميم| • *(twenty-fourth letter of the Arabic alphabet)* • *(numerical value)* 40
➡ ***The Abjad Numerals p. 61***

م • *mīlādī^y* |*abbreviation of* ميلادي| A.D. • *masāʔan* |*abbreviation of* مساء| p.m. ◊ من الساعة العاشرة ص إلى الثامنة م *from ten a.m. until eight p.m.*

ـم *-ma interrogative or conjunction* • what ▪ بم *bi-ma* with what ▪ إلام *ʔilā-ma* to where ▪ لم *li-ma* why ▪ عم *Ɛamma* |< عن + م *Ɛan* + *ma*| about what ◊ عم كان يسألك؟ *What was he asking you about?*; from what ▪ مم *mimma* |< من + م *min* + *ma*| from what, of what ◊ عم كان يسألك؟ *What are you scared of?* ➡ ***compare with*** **ما** ***mā below***

مأن *maʔana v.tr.* |*1s1(a)* يمأن *yamʔan^u* | مأن *maʔn*| • provide supplies *to*

مؤونة *maʔūna^t pass. part. n.* |*pl.* مؤن *muʔan*| • provision, supply ▪ مؤن *muʔan pl. n.* provisions, supplies

مائة *miʔa^t*, *also spelled* مئة *miʔa^t number* |*pl.* مئات *miʔāt* | *as numeral, written* ١٠٠| • [+ indefinite genitive singular noun] (one) hundred
ⓘ *When a noun immediately follows* مائة *miʔa^t, it takes the indefinite genitive singular form. In compound numbers, the form of the noun is determined by the number which immediately precedes it:* ◊ مائة بيت *one hundred houses* ◊ ثلاثمائة بيت *three hundred houses* ◊ مائة وخمسة بيوت *one hundred and* ***five*** *houses* ◊ مائة وعشرين بيتا *one hundred and* ***twenty*** *houses* ▪ في المائة *fī -lmiʔa^ti*, بالمائة *bi-lmiʔa^ti* |*abbreviated* ٪| percent ⓘ *The percent sign is written to the left of the number.* ◊ ٪٥٠ *50%* ▪ مئات __ *miʔāt* __, المئات من __ *almiʔāt min* __ [+ definite genitive plural noun] hundreds of __ ◊ المئات من بيوت *hundreds of houses* ◊ مئات الأشخاص *hundreds of people* ▪ مئات الآلاف من __ *miʔāt alʔālāf^i min* __ hundreds of thousands of __ ▪ مئات الملايين من __ *miʔāt almalāyīn^i min* __ hundreds of millions of __ • *adj. (ordinal number)* [agrees for case but not for gender] hundredth ◊ اليوم المائة *the one-hundredth day* ◊ المرة المائة *the one-hundredth time*

مائتان *miʔatān^i dual* |*acc. and gen.* مائتين *miʔatayn^i* | *as numeral, written* ٢٠٠| • two hundred ▪ مائتا *miƐatā* [+ indefinite genitive singular noun] |*acc. gen.* مائتي *miʔatay*| two hundred ◊ مائتا إنسان أو ثلاثمائة *two or three hundred people*

ثلاثمائة *talāt^u miʔa^tin*, ثلاثمئة |*as numeral, written* ٣٠٠| • three hundred

أربعمائة *ʔarbaƐ^u miʔa^tin*, أربعمئة |*as numeral, written* ٤٠٠| • four hundred

خمسمائة *xams^u miʔa^tin*, خمسمئة |*as numeral, written* ٥٠٠| • five hundred

ستمائة *sitt^u miʔa^tin*, ستمئة |*as numeral, written* ٦٠٠| • six hundred

سبعمائة *sabƐ^u miʔa^tin*, سبعمئة |*as numeral, written* ٧٠٠| • seven hundred

ثمانمائة *tamānī miʔa^tin*, ثمانمئة |*as numeral, written* ٨٠٠| • eight hundred ⓘ *When written together as one word, the* ـي *-ī of* ثماني *is unwritten, yet still pronounced.*

تسعمائة *tisƐ^u miʔa^tin*, تسعمئة |*as numeral, written* ٩٠٠| • nine hundred

مئوي *miʔawī^y adj.* • hundred(th)-, centi- ▪ __ درجة مئوية __ *daraja^t miʔawīya^t n.* __ degrees Celsius ▪ نسبة مئوية *nisba^t miʔawīya^t n.* percentage

ما *mā* • *interrogative* [in nominal clauses] what? ◊ ما هذا؟ *What's this?* ◊ ما الفائدة؟ *What's the use?* ◊ ما هي الحقيقة؟ *What's the truth?* ▪ ماذا *mādā* what? ➡ **ماذا** ***mādā p. 281*** ▪ ما له؟ *mā lahu*, ما به؟ *mā bi-hi* What is the matter with *sb*? ◊ ما لك؟ *What's wrong with you?* ▪ بما *bi-mā* with what? ▪ فيما *fī-mā* in what?; concerning what? ▪ لما *li-mā* why?; to what? ▪ عما *Ɛammā* | عن + ما < *Ɛan* + *mā*| about what?; from what? ▪ مما *mimmā* |< من + ما *min* + *mā*| from what? • *conj.* what ▪ إذا ما *ʔiđā mā* if ▪ أول ما *ʔawwala mā*, بمجرد ما *bi-mujarrad^i mā*, سرعان ما *surƐāna mā* as soon as ◊ تفاجأت في البداية ولكن سرعان ما استعدت توازني. *First I was surprised, but I soon gained back my balance.* ◊ أول ما رأى اللص الشرطي لاذ بالفرار. *The thief ran away as soon as he saw the policeman.* ◊ تذكرته بمجرد ما رأيت وجهه. *I remembered him as soon as I saw his face.* ▪ بما *bi-mā* with what, with which ▪ بما أنْ... فـ *bi-mā ʔan... fa-*, بما أنّ... فـ *bi-mā ʔanna...*

fa- because, since ◊ بما أنك غير مشغول، فلنخرج سويا. *Since you're not busy, let's go out.* ▪ بما في ذلك *bi-mā fī đālika*, بما فيها *bi-mā fīhā* including... ◊ التدخين مضر للجميع، بما في ذلك الأطفال. *Smoking is harmful to everyone, including children.* ◊ كل الإحتمالات مطروحة، بما فيها الاستسلام. *All possibilities are up for debate, including surrender.* ▪ فيما *fī-mā* in what, in which; concerning what, concerning which ▪ فيما عدا *fī-mā Ɛadā prep.* with the exception of, except ◊ يمكن إعطاء هذا الدواء لأي شخص فيما عدا الحوامل. *This medication can be prescribed to anyone except pregnant women.* ◊ حضر كل الطلبة الحصة فيما عدا أحمد. *All the studens came to class except Ahmed.* ▪ عما *Ɛammā* |< عن + ما *Ɛan + mā*| about what, about which; from what, from which ▪ قدر ما *qadra mā*, بقدر ما *bi-qadr*^{i} *mā* as much as ◊ تستطيع البقاء قدر ما تريد. *You can stay as long as you want.* ▪ كل ما *kull mā* everything that... ◊ ساعدني ولك كل ما تريد. *Help me and take everything that you want.* ◊ أعرف كل ما تريد قوله. *I know everything that you want to say.* ▪ كما *ka-mā* as, like ➡ **كـ *ka-* p. 258** ▪ لما *li-mā* why; to what, to which ▪ ما لم *mā lam(i)* [+ jussive] unless ◊ سأفصلك ما لم تتبع القواعد. *I will fire you unless you follow the rules.* ▪ مما *mimmā* |< من + ما *min + mā*| from what, from which ◊ سأحميك مما تخافه. *I will protect you from what you fear.*; *(referring to entire preceding clause)* which ▪ ما بين *mā bayna prep.* between ▪ ما بعد *mā baƐda prep. (lit. that which is after)* after, post- ◊ ليبيا ما بعد الثورة *post-revolutionary Libya* ◊ ما بعد الاستعمارية *post-colonialism* ▪ ما قبل *mā qabla prep. (lit. that which is before)* before, pre- ◊ تكنولوجيا ما قبل عشر سنوات *ten-year-old technology* ◊ علاقات ما قبل الزواج *pre-marital relations* ▪ وما إلى ذلك *wa-mā ʔilā đālika* et cetera (etc.) • *(forms conjunctions)* [+ perfect tense (usually)] -ever ▪ أينما *ʔaynamā conj.* wherever, no matter where ◊ أينما ذهبت، رأيته. *Wherever I go, I see him.* ▪ حيثما *ɧaytumā conj.* wherever ◊ يمكنك السفر حيثما شئت. *You can travel wherever you want.*; whenever ▪ كيفما *kayfamā conj.* however ◊ رتب غرفتك كيفما تحب. *Organize your room however you'd like.* ▪ متى ما *matā mā*, كلما *kullamā conj.* whenever ◊ متى ما تذكرت الحادث أشعر بالحزن. *Whenever I remember the accident, I feel sad.* ◊ كلما فكرت فيك ابتسمت. *Whenever I think of you, I smile.* • *(forms adverbs)* [+ perfect] -ly ▪ غالبا ما *ɣāliban mā adv.* mostly, almost always, usually ▪ قليلا ما *qalīlan mā adv.* rarely, seldom ▪ كثيرا ما *katīran mā adv.* generally; frequently, often ▪ نوعا ما *nawƐan mā adv.* more or less • a certain __, some __ (or other) ▪ شيء ما *šayʔ mā* a certain something ▪ في زمن ما *fī zaman*^{in} *mā adv.* at one time (in the past) ▪ لسبب ما *li-sabab*^{in} *mā adv.* for some reason ▪ يوما ما *yawman mā* some day • ما *mā*, يا ما *yā mā interjection* [+ accusative elative + accusative definite noun or pronoun suffix] What (a) __!, How...! ◊ ما أجمل مدينة دمشق! *mā ʔajmal*^{a} *madīna*^{ta} *damašq*^{u} *What a beautiful city Damascus is!* ◊ ما أسعدني! *How happy I am! / I'm so happy!* ◊ ما أجمل العودة! *It's so good to be back!* ▪ ما... أن *mā... ʔan*, ما... ما *mā... mā* [+ accusative elative] How...! ◊ ما أجمل أن يكون لي صديق مثلك. *How nice it is to have a friend like you. / It's so nice to have a friend like you.* ▪ ما أكثر ما... *mā ʔaktar*^{a} *mā* How often...! ◊ ما أكثر ما تذهب للتسوق! *You go shopping so often!* • *particle (forms negative past tense)* [+ perfect] did not ◊ ما فعله. *He didn't do it.* ◊ ما كنت أعرف وقتها أني سأندم. *I didn't know at that time that I was going to regret it.* ➡ **compare with لم *lam* p. 276**; not, no ▪ ما من __ *mā min* __ there is (absolutely) no __ ▪ ما من أحد *mā min ʔaɧad*^{in} nobody, no one ▪ ما... حتى... *mā... ɧattā...*, ما كاد... حتى... *mā kāda... ɧattā...*, ما أنْ... حتى... *mā ʔan... ɧattā...*, ما إنْ... حتى... *mā ʔin... ɧattā...* [+ perfect or subjunctive] no sooner had... than..., as soon as ◊ ما رأى الجثة حتى سقط مغشيا عليه. *As soon as he saw the corpse, he fainted.* ◊ ما كاد ينتهي من عمله حتى هاتفه رئيسه. *No sooner had he finished his work than his boss called him.* ◊ ما إن طلبوا النجدة حتى وصلت سيارة الإسعاف. *No sooner had they called 911 than the ambulance arrived.* ◊ ما إن فرغت من أعمال البيت حتى استيقظ ولدها. *No sooner had she finished the housework than her child woke up.*

ماجستير *mājistīr n.* • Master's Degree, M.A. ▪ ماجستير إدارة الأعمال *mājistīr · ʔidārat*^{i} *· -lʔaƐmāl*^{i} Master of Business Administration, M.B.A.

ماذا *māđā interrogative* • [in verbal clauses] what ◊ ماذا أفعل الآن؟ *What should I know now?* ◊ عن ماذا تتكلم؟ *What are you talking about?* ▪ ماذا؟! *māđā* What?! ▪ لماذا *li-māđā* why ▪ بماذا *bi-māđā* by what, with what ▪ ماذا بك؟ *māđā bi-ka* What's the matter?, What's wrong with you? ▪ ماذا عنه؟ *māđā Ɛanhu* What about sb/sth? ◊ ماذا عن

المستقبل؟ *What about the future?* ▪ ماذا لو *māđā law* what if ◊ ماذا لو كان على حق؟ *What if he was right?* • *conj.* what ◊ لا أدري ماذا أفعل. *I don't know what to do.*

مارس *māris n.* **dip.** • *(month)* March ➡ ***The Months p. 165***

ماركسي *mārksīʸ adj. & n.* • Marxist

ماركسية *mārksīyaᵗ* • *n.* Marxism

ماس *mās n.* • diamond

ماسي *māsīʸ adj.* • diamond-

ماسنجر *māsinjir n.* **invar.** • *(computer chat program)* messenger ▪ دردش على الماسنجر *dardaša Ɛalā -lmāsinjir* to chat on messenger

ماسورة *māsūraᵗ n.* |*pl.* **dip.** مواسير *mawāsīr*| • pipe, pipeline • *(gun)* barrel

مافيا *māfiyā n.* ***f.*** ***invar.*** • mafia

ماك *māk n.* ***invar.*** • Mac™

ماكينة *mākīnaᵗ n.* |*pl.* ماكينات *mākīnaᵗ* or **dip.** مكائن *makāʔin*| • machine ▪ ماكينات *mākīnāt pl. n.* machinery

مالطا *mālṭā n.* ***f.*** ***invar.*** • Malta

مالطي *mālṭīʸ adj. & n.* • Maltese

ماليزيا *mālayziyā n.* ***f.*** ***invar.*** • Malaysia

ماليزي *mālayzīʸ adj. & n.* • Malaysian

مانجو *mango n.* ***invar.*** • mango

مانشستر *mānšistir n.* ***f.*** ***invar.*** • *(city in England)*

مانيلا *mānīlā n.* ***f.*** ***invar.*** • *(capital of the Philippines)* Manila

مايكروسوفت *maykrosoft n.* • Microsoft™ ▪ مايكروسوفت أوفيس *maykrosoft ōfis* Microsoft Office™ ▪ مايكروسوفت ويندوز *maykrosoft windoz* Microsoft Windows™

مايو *māyū n.* ***invar.*** • *(month)* May ➡ ***The Months p. 165***

مايونيز *māyūnīz n.* • mayonnaise

مايوه *māyō(h) n.* • bathing suit, swimsuit

متر *mitr n.* |*pl.* أمتار *ʔamtār*| • meter

متري *mitrīʸ adj.* • metric

مترو *metro n.* ***invar.*** |*pl.* مترو هات *metrohāt*| • subway (UK: underground)

متعة *mutƐaᵗ n.* |*pl.* متع *mutaƐ*| • pleasure ▪ وجد متعة بـ *wajada mutƐaᵗᵃⁿ bi- v.* find pleasure *in*

متاع *matāƐ n.* |*pl.* أمتعة *ʔamtiƐaᵗ*| • belongings, property ▪ أمتعة سفر *ʔamtiƐat · safar pl. n.* luggage, baggage

IV **أمتع** *ʔamtaƐa v.tr.* |*4s* يمتع *yumtiƐᵘ* | إمتاع *ʔimtāƐ*| • let *sb* enjoy, please ◊ أمتعني العرض المسرحي. *This show pleases me.*

ممتع *mumtiƐ act. part. adj.* |*elat.* أمتع *ʔamtaƐ*| • great, wonderful, excellent

V **تمتع** *tamattaƐa v.intr.* |*5s* يتمتع *yatamattaƐᵘ* | تمتع *tamattuƐ*| • enjoy بـ

تمتع *tamattuƐ n.*↑ • enjoyment

X **استمتع** *istamtaƐa v.intr.* |*10s* يستمتع *yastamtiƐᵘ* | استمتاع *istimtāƐ*| • enjoy بـ

استمتاع *istimtāƐ n.*↑ • enjoyment, pleasure

متن *matuna v.intr.* |*1s6* يمتن *yamtunᵘ* | متانة *matānaᵗ*| • be sturdy, be solid, be tough, be durable

متانة *matānaᵗ n.*↑ • toughness, durability

متن *matn n.* |*pl.* متون *mutūn*| • text • back ▪ على متن *Ɛalā matnⁱⁿ adv.* aboard, on (board) ◊ اشتريت تذكرتي على متن القطار. *I bought my ticket on the train.*

متين *matīn adj.* |*elat.* أمتن *ʔamtan*| • sturdy, solid, tough, durable • husky, chubby

II **متن** *mattana v.tr.* |*2s* يمتن *yumattinᵘ* | تمتين *tamtīn*| • fortify

تمتين *tamtīn n.*↑ • fortification

متى *matā* • *interrogative* when? ▪ إلى متى *ʔilā matā,* حتى متى *ḫattā matā* until when?, how long? ▪ منذ متى *munđu matā* since when? • *conj.* when ◊ قم للصلاة متى سمعت صوت الأذان. *Go pray when you hear the call to prayer.* ▪ متى ما *matā mā* [+ perfect] whenever, when ◊ اطلب النجدة متى ما سمعت إشارتي. *Dial 911 when you hear my signal.* ◊ أشعر بالسعادة متى ما رأيته. *I feel happy whenever I see him.*

مثل *matala v.intr.* |*1s3* يمثل *yamtulᵘ* | مثول *mutūl*| • appear *before* أمام ▪ مثل أمام المحكمة *matala ʔamāma -lmaḫkamaᵗⁱ* appear in court

مثول *mutūl n.*↑ • appearance

مثل *matal n.* |*pl.* أمثال *ʔamtāl*| • example ▪ مثلا *matalan adv.* for example • proverb, saying

مثل *mitl n.* |*pl.* أمثال *ʔamtāl*| • similarity, likeness ⓘ مثل *mitl* ***never occurs as an independent noun. It is always the first term in an idafa construction.*** ▪ أمثال *ʔamtāl plural* [+ genitive noun or pronoun suffix] the likes of __, such __ ◊ الدول المتقدمة أمثال ألمانيا وأمريكا تتمتع باقتصاد قوي. *Developed countries such as Germany and the USA possess strong economies.* ◊ العظماء أمثال غاندى لا يموتون. *Great people like Ghandi never (really) die.*

مثل *mitla prep.* • [+ genitive noun or pronoun suffix] like, as, similar to ▪ مثلما *mitlamā conj.* as,

like ▪ مثلما... ...أيضا. *mitlamā... ... ʔayḍan* just as... so too.. ◊ مثلما تعامل الناس يعاملونك أيضا. *Just as you treat people, so will they treat you.*
مثلي *mitlīʸ adj. & n.* • homosexual, gay
مثلية *mitlīyaᵗ* •مثلية *mitlīyaᵗ*, مثلية جنسية *mitlīyaᵗ jinsīyaᵗ n.* homosexuality • *adj. & n.* lesbian
مثال *mitāl n.* |*pl.* أمثلة *ʔamtilaᵗ*| • pattern, example, model; ideal, epitome, typical example ▪ فعل مثال *fiƐl · mitāl (grammar)* assimilated verb
مثالي *mitālīʸ adj.* • exemplary, model, ideal
مثالية *mitālīyaᵗ n.* • idealism
مثّال *mattāl n.* • sculptor
مثيل *matīl n.* |*pl.* مثل *mutul* or أمثال *ʔamtāl*| • match, equal ▪ ليس له مثيل *laysa lahu matīlᵃ* like no other, incomparable
أمثل *ʔamtal adj.* **dip.** |*m. pl.* **dip.** أماثل *ʔamātil* | *f. sing.* **invar.** مثلى *mutlā*| • ideal, optimum
تمثال *timtāl n.* |*pl.* **dip.** تماثيل *tamātīl*| • statue ▪ تمثال الحرية *timtāl · alḥurrīyaᵘ* the Statue of Liberty
II **مثّل** *mattala v.tr.* |*2s* يمثّل *yumattilᵘ* | تمثيل *tamtīl*| • represent • act, portray, perform ▪ مثّل دورا *mattala dawran* play a part, portray a role
تمثيل *tamtīl n.*↑ • performance
تمثيلي *tamtīlīʸ adj.* • theatrical
تمثيلية *tamtīlīyaᵗ n.* • play, drama, performance
ممثّل *mumattil act. part. n.* • actor • representative
ممثّلة *mumattilaᵗ n.* • actress
III **ماثل** *mātala v.tr.* |*3s* يماثل *yumātilᵘ* | مماثلة *mumātalaᵗ*| • resemble, look like
مماثلة *mumātalaᵗ n.*↑ • resemblance
مماثل *mumātil act. part. adj.* • similar, analogous
V **تمثّل** *tamattala v.intr.* |*5s* يتمثّل *yatamattalᵘ* | تمثّل *tamattul*| • take the form *of* بـ *or* في, follow the model *of*
VI **تماثل** *tamātala v.intr.* |*6s* يتماثل *yatamātalᵘ* | تماثل *tamātul*| • match, go together, resemble each other • recover, recuperate ◊ تماثل المريض للشفاء. *The patient was recovering.*
متماثل *mutamātil act. part. adj.* |*elat.* أكثر تماثلا *ʔaktar tamātulan*| • similar, analogous, symmetrical ▪ غير متماثل *ɣayr · mutamātil* asymmetrical
مثانة *matānaᵗ n.* • bladder
مجد *majd n.* |*pl.* أمجاد *ʔamjād*| • glory
مجيد *majīd adj.* |*elat.* أمجد *ʔamjad*| • glorious • *man's name* Majeed
ماجد *mājid man's name* • Majid, Maged
المجر *almajar n. f.* • Hungary
مجري *majarīʸ adj. & n.* • Hungarian
مجان *majjān n.* •مجانا *majjānan*, بالمجان *bi-lmajjānⁱ adv.* free, for free, free of charge
مجاني *majjānīʸ adj.* • free, complimentary
II **محّص** *maḥḥaṣa v.tr.* |*2s* يمحّص *yumaḥḥisᵘ* | تمحيص *tamḥīs*| • examine closely, scrutinize
تمحيص *tamḥīṣ n.*↑ • close examination, scrutiny
محض *maḥḍ adj.* |*m. pl.* محض *maḥḍ* | *f. sing.* محض *maḥḍ*| • pure, unmixed • [+ indefinite genitive noun] sheer, absolute, utter ◊ ما تقوله هو محض هراء. *What you're saying is utter nonsense.* ⓘ *invariable for gender.*
المحلة الكبرى *almaḥallaᵗ alkubrā n.* • *(city in Egypt)* Al-Mahalla Al-Kubra ➡ **map on p. 287**
محنة *miḥnaᵗ n.* |*pl.* محن *miḥan*| • distress, ordeal, calamity, tribulation
VIII **امتحن** *imtaḥana v.tr.* |*8s* يمتحن *yamtaḥinᵘ* | امتحان *imtiḥān*| • test, put to the test
امتحان *imtiḥān n.*↑ • examination, test ▪ تقدم إلى امتحان *taqqadama ʔilā imtiḥān v.* take a test (UK: sit for an examination) ▪ عند الامتحان يكرم المرء أو يهان. *Ɛinda -limtiḥānⁱ yukramᵘ -lmarʔᵘ ʔaw yuhānᵘ proverb* On the day of the examination, one faces either praise or humiliation. (i.e. The proof of the pudding is in the eating.)
محا *maḥā v.tr.* |*1d3* يمحو *yamḥū* | محو *maḥw*| • erase • eradicate
محو *maḥw n.*↑ • erasure • eradication
محّاية *maḥḥāyaᵗ n.* • eraser (UK: rubber)
ممحاة *mimḥāᵗ n.* |*pl.* **def.** مماح *mamāḥ(in)*| • eraser (UK: rubber)
مخ *muxx n.* |*pl.* مخاخ *mixāx*| • brain
مخي *muxxīʸ adj.* • cerebral
مخض *maxiḍa v.intr.* |*1s4* يمخض *yamxaḍᵘ* | مخاض *maxāḍ*| • *(childbirth)* be in labor
مخاض *maxāḍ n.*↑ • *(childbirth)* labor ▪ حث مخاضا *hatta maxāḍan v.* induce labor
مخط *maxaṭa v.intr.* |*1s3* يمخط *yamxuṭᵘ* | مخط *maxṭ*| • blow *one's* nose
مخاط *muxāṭ n.*↑ • mucus, snot
مدام *madām n. f.* • madam
مدح *madaḥa v.tr.* |*1s1* يمدح *yamdaḥᵘ* | مدح *madḥ*| • commend, praise
مدح *madḥ n.*↑ |*pl.* أمداح *ʔamdāḥ*| • praise

مد *madda v.tr.* |*1g3* يمد *yamuddu* | مد *madd*| • stretch, extend, prolong ▪ مد الله في عمره *madda -LLāhu fī Ɛumrihi* may God prolong *sb's* life

مد *madd n.*↑ • extension, expansion • *(opp. ebb)* rise, flood ▪ مد وجزر *madd wa-jazr* tide

مدي *maddīy adj.* • tidal

مادة *māddat act. part. n.* |*pl.* مواد *mawādd*| • matter, material ▪ مادة تبييض *māddat · tabyīḍ* bleach ▪ مواد خام *mawādd xām pl. n.* raw materials ▪ مواد غذائية *mawādd ɣiḏāʔīyat pl. n.* foodstuffs • subject (of study)

مادي *māddīy adj.* • material • materialistic

مادية *māddīyat n.* • materialism

ممدود *mamdūd pass. part. adj.* • outstretched • *(grammar)* ending in ـاء

مدة *maddat n.* • *(grammar)* madda (diacritic resembling a tilde which can occur over alif)

مدة *muddat n.* |*pl.* مدد *mudad*| • period, duration ▪ لمدة *li-muddati*, مدة *muddata prep.* for ◊ كنت في دبي لمدة سنة. *I was in Dubai for a year.* ▪ لمدة طويلة *li-muddatin ṭawīlatin adv.* for a long time ▪ لمدة قصيرة *li-muddatin qaṣīratin adv.* for a while, awhile ▪ بعد __ بمدة طويلة *baƐda __ bi-muddatin ṭawīlatin* long after __ ▪ بعد __ بمدة قصيرة *baƐda __ bi-muddat qaṣīrat* shortly after __ ▪ قبل __ بمدة طويلة *qabla __ bi-muddatin ṭawīlatin* long before __ ▪ قبل __ بمدة قصيرة *qabla __ bi-muddatin qaṣīratin* shortly before __

مدد *madad n.* |*pl.* أمداد *ʔamdād*| • assistance, help

مديد *madīd adj.* |*m. pl.* مدد *mudud*| • *(time)* long • outstretched

II **مدد** *maddada v.tr.* |*2s* يمدد *yumaddidu* | تمديد *tamdīd*| • extend, stretch out

تمديد *tamdīd n.*↑ • extension

IV **أمد** *ʔamadda v.tr.* |*4g* يمد *yumiddu* | إمداد *ʔimdād*| • help *sb* ه *with* بـ • supply *sb* ه *with* بـ

إمداد *ʔimdād n.*↑ • aid, help • supply ▪ إمداد نفط *ʔimdād · nafṭ* oil supply

V **تمدد** *tamaddada v.intr.* |*5s* يتمدد *yatamaddadu* | تمدد *tamaddud*| • stretch • lie down

VIII **امتد** *imtadda v.intr.* |*8g1* يمتد *yamtaddu* | امتداد *imtidād*| • extend *from* من *to* إلى, reach

امتداد *imtidād n.*↑ • extension, scope, range

X **استمد** *istamadda v.intr.* |*10g* يستمد *yastamiddu* | استمداد *istimdād*| • derive *from* من

مدريد *madrīd n.* ***f. dip.*** • *(capital of Spain)*

مدلية *madalyat n.* • medal

مدينة *madīnat n.* |*pl.* مدن *mudun*| • city ▪ المدينة المنورة *almadīnat almunawwarat (city in Saudi Arabia)* Medina ➡ ***map on p. 144***

مدني *madanīy* • *adj.* civil, civilized • *n.* civilian

مدنية *madanīyat n.* • civilization

مدى *mad(an) n.* ***indecl.*** • extent, reach ▪ على مدى السمع *Ɛalā madā · -ssamƐi adv.* within earshot • *(time)* period, duration ▪ على مدى *Ɛalā madā prep. (time)* for, over (a period of) ▪ على المدى الطويل *Ɛalā -lmadā -ṭṭawīli*, على المدى البعيد *Ɛalā -lmadā -lbaƐīd adv.* in the long term ▪ على المدى القصير *Ɛalā -lmadā -qaṣīri*, على المدى القريب *Ɛalā -lmadā -qarīb adv.* in the short term

مذ *muḏ(u) conj.* • since ◊ لم أره مذ تخرجنا. *I haven't seen him since we graduated.*

مروءة *murūʔat n.* • manliness

مريء *marīʔ* • *adj.* manly • *n.* |*pl.* أمرئة *ʔamriʔat*| esophagus

امرء *imraʔ n.* |***def.*** المرء *almarʔ*| • man, person ⓘ امرء *imraʔ is used only in the singular.* ▪ المرء بخليله. *almarʔu bi-xalīlihi proverb* (You can judge) a man by his friends. • المرء *almarʔ (acts as a generic pronoun)* one ⓘ *The initial alif is dropped when the definite article is added.* • امرؤ القيس *imruʔ alqaysi* Imru' al-Qais (6th century poet)

امرأة *imraʔat n.* |***def.*** المرأة *almarʔat* | *pl.* نساء *nisāʔ* or نسوة *niswat*| • woman ▪ المرأة *almarʔat* the woman ⓘ *The initial alif is dropped when the definite article is added.*

مراكش *murrākuš n.* ***f. dip.*** • *(city in Morocco)* Marrakesh ➡ ***map on p. 222***

ماراثون *mārātōn n.* • marathon

مرج *marj n.* |*pl.* مروج *murūj*| • meadow

مرجان *marjān n.* • coral

مرجاني *marjānīy adj.* • coral- ▪ شعب مرجاني *šiƐb marjānīy n.* coral reef

مرح *mariḥa v.intr.* |*1s4* يمرح *yamraḥu* | مرح *maraḥ*| • be cheerful, have fun

مرح *maraḥ n.*↑ • cheerfulness, glee

مرح *mariḥ adj.* |*m. pl.* ***invar.*** مرحى *marḥā* | *elat.* أكثر مرحا *ʔaktar maraḥan* or أمرح *ʔamraḥ*| • cheerful, jolly

المريخ *almirrīx n.* • *(planet)* Mars

V **تمرد** *tamarrada v.intr.* |*5s* يتمرد *yatamarradu* | تمرد *tamarrud*| • disobey على, rebel *against*, revolt *against*

تمرد *tamarrud n.*↑ • disobedience, rebellion,

revolt

متمرد *mutamarrid act. part.* • *adj.* |*elat.* أكثر تمردا *ʔaktar tamarrudan*| disobedient, rebellious • *n.* insurgent, rebel, guerrilla

مر *marra v.intr.* • |*1g3* يمر *yamurr^u* | مر *marr* or مرور *murūr*| pass على, pass by, cross • |*1g1/1g3* يمر *yamarr^u* or *yamurr^u* | مرارة *marāra^t*| become bitter

مر *marr n.*↑ • *(time)* passage, passing ▪ على مر *Ɛalā marr^i prep.* with the passage of, over the course of ◊ تغيرت المدينة على مر القرون. *The city has changed over the centuries* ▪ على مر الزمن *Ɛalā marr^i -zzaman^i adv.* over time

مرور *murūr n.*↑ • traffic • passage, passing ▪ بمرور الزمن *bi-murūr^i -zzaman^i*, مع مرور الوقت *maƐa murūr^i -lwaqt^i adv.* with the passing of time, over the course of time ▪ كلمة مرور *kalimat · murūr* password

مروري *murūrī^y adj.* • traffic-

مرارة *marāra^t n.*↑ • bitterness • gallbladder

مار *mārr act. part. n.* |*pl.* مارة *mārra^t*| • pedestrian

مر *murr adj.* |*m. pl.* أمرار *ʔamrār* | *elat.* أمر *ʔamarr*| • bitter

مرة *marra^t n.* |*pl.* مرات *marrāt* or مرار *mirār*| • *(occurrence)* time ▪ مرة *marratan adv.* once, one time; *(in the past)* once, at one time ▪ مرتين *marratayn^i adv.* twice, two times ▪ ثلاث مرات *talāt^a marrāt^in adv.* three times ▪ مرة أخرى *marra^tan ʔuxrā adv.* again ▪ مرة في العمر *marra^tan fī- lƐumr^i adv.* once in a lifetime ▪ مرات ومرات *marrāt wa-marrāt*, مرارا *mirāran*, مرارا وتكرارا *mirāran wa-takrāran adv.* many times, time and again, over and over ▪ مرة واحدة *marra^tan wāḥida^tan* all at once, in one go ▪ المرة تلو المرة *almarra^ta tilwa -lmarra^ti adv.* time after time, time and again ▪ بالمرة *bi-lmarra^ti adv.* [negative +] never; (not) at all ▪ في المرة السابقة *fī -lmarra^ti -ssābiqa^ti adv.* last time • *(multiples)* [elative +] times as ▪ بـمرتين ___ *bi-marratayn^i* twice as ___ ◊ هذا العدد أكبر بمرتين مما كان يعتقد من قبل. *This number is twice as big as previously believed.* ▪ بثلاث مرات *bi-talāt^i marrāt* three times as ___ ◊ هذا أغلى بثلاث مرات من ذلك. *This one is three times as expensive as that one.*

ممر *mamarr n.* • corridor, hallway, aisle, passageway

II **مرر** *marrara v.tr.* |*2s* يمرر *yumarrir^u* | تمرير *tamrīr*| • pass ▪ مرر قانونا *marrara qanūnan* pass a law

IV **أمر** *ʔamarra v.tr.* |*4g* يمر *yumirr^u* | إمرار *ʔimrār*| • make pass, let go by

X **استمر** *istamarra v.intr.* |*10g* يستمر *yastamirr^u* | استمرار *istimrār*| • continue في ◊ لم يستمر طويلا. *It won't last long.* ◊ استمر الوضع في التدهور. *The situation continued to deteriorate.*; *(used in perfect tense only)* [+ indicative] continue *(do)*ing, keep *(do)*ing ◊ استمرت تعمل في تلك الشركة حتى التقاعد. *She kept working at that company until she retired.*

استمرار *istimrār n.*↑ • continuation, permanence ▪ باستمرار *bi-stimrār^in adv.* continually, continuously, constantly, always ◊ ظل يلومها باستمرار. *He constantly kept blaming her.*

مستمر *mustamirr act. part. adj.* |*elat.* أكثر استمرارا *ʔaktar istimrāran*| • continuous, constant ▪ مستمرا *mustamirran adv.* continually, continuously, constantly, always ◊ تناول هذا الدواء مستمرا. *Keep taking this medicine.*

مرس *maris adj.* |*m. pl.* أمراس *ʔamrās*| • experienced, veteran

III **مارس** *mārasa v.tr.* |*3s* يمارس *yumāris^u* | ممارسة *mumārasa^t*| • practice, exercise, engage *in* ▪ مارس الجنس مع *mārasa aljins^a maƐa* have sex *with*

ممارسة *mumārasa^t n.*↑ • practice, exercise ▪ في واقع الممارسة *fī wāqiƐ^i -lmumārasa^ti adv.* in practice

V **تمرس** *tamarrasa v.intr.* |*5s* يتمرس *yatamarras^u* | تمرس *tamarrus*| • practice بـ, be experienced *in*

تمرس *tamarrus n.*↑ • practice

متمرس *mutamarris act. part. adj.* |*elat.* أكثر تمرسا *ʔaktar tamarrusan*| • experienced, veteran

مرض *mariḍa v.intr.* |*1s4* يمرض *yamraḍ^u* | مرض *maraḍ*| • become ill, get sick ▪ مرض مرضا شديدا *mariḍa maraḍan šadīdan* get very sick

مرض *maraḍ n.*↑ |*pl.* أمراض *ʔamrāḍ*| • disease, illness ▪ مرض سكري *maraḍ sukkarī^y* diabetes ▪ مرض عقلي *maraḍ Ɛaqlī^y*, مرض نفسي *maraḍ nafsī^y* mental illness

مرضي *maraḍī^y adj.* • pathological

مريض *marīḍ* |*pl.* **invar.** مرضى *marḍā* | *elat.* أكثر مرضا *ʔaktar maraḍan*| • *adj.* sick, ill • *n.* patient, sick person ▪ مريض خارجي *marīḍ xārijī^y* outpatient

II **مرض** *marraḍa v.tr.* |*2s* يمرض *yumarriḍ^u* | تمريض

tamrīḍ| • nurse

ممرض *mumarriḍ act. part. n.* • nurse

ممرضة *mumarriḍa^t n.* • *(female)* nurse

IV **أمرض** *ʔamraḍa v.tr.* |*4s* يمرض *yumriḍ^u* | إمراض *ʔimrāḍ*| • sicken, make ill

VI **تمارض** *tamāraḍa v.intr.* |*6s* يتمارض *yatamāraḍ^u* | تمارض *tamāruḍ*| • feign illness, pretend to be sick

مرق *maraqa v.intr.* |*1s3* يمرق *yamruq^u* | مروق *murūq*| • shoot by, dart by, fly by

مرق *maraq*, مرقة *maraqa^t n.* • gravy, broth, stew, stock

QI **مركز** *markaza v.tr.* |*11s* يمركز *yumarkiz^u* | مركزة *markaza^t*| • centralize

QII **تمركز** *tamarkaza v.intr.* |*12s* يتمركز *yatamarkaz^u* | تمركز *tamarkuz*| • focus *on* في, center, centralize

مركة *marka^t n.* **f. dip.** • *(city in Somalia)* Merca

➡ **map on p. 177**

مرن *marana v.intr.* |*1s3* يمرن *yamrun^u* | مرونة *murūna^t*| • be flexible, be elastic

مرونة *murūna n.*↑ • flexibility, elasticity

مرن *marin adj.* |*elat.* أكثر مرونة *ʔaktar marūnatan* or أمرن *ʔamran*| • flexible, elastic

II **مرن** *marrana v.intr.* |*2s* يمرن *yumarrin^u* | تمرين *tamrīn*| • train, coach • make *sb* get accustomed *to* على

تمرين *tamrīn n.*↑ |*pl.* تمرينات *tamrīnāt* or **dip.** تمارين *tamārīn*| • exercise, practice ▪ تمارين ضغط *tamārīn · ḍaɣṭ pl. n.* push-ups

V **تمرن** *tamarrana v.intr.* |*5s* يتمرن *yatamarran^u* | تمرن *tamarrun*| • practice على, exercise, train

مرو *marw n.* • quartz

مروان *marwān man's name* • Marwan

مريم *maryam* **f. dip.** *woman's name* • Maryam, Mary

مزج *mazaja v.tr.* |*1s3* يمزج *yamzuj^u* | مزج *mazj*| • mix

مزاج *mizāj n.* |*pl.* أمزجة *ʔamzija^t*| • temper, disposition, mood ▪ حسن المزاج *ħasan · almizājⁱ* in a good mood ▪ سيء المزاج *sayyiʔ · almizājⁱ* in a bad mood

مزيج *mazīj n.* • mixture, mix, combination

III **مازج** *māzaja v.intr.* |*3s* يمازج *yumāzij^u* | ممازجة *mumāzaja^t*| • be a mixture *of* بين *or* مع, be a combination

مزح *mazaħa v.intr.* |*1s1* يمزح *yamzaħ^u* | مزاح *muzāħ* or مزح *mazħ*| • joke, kid around, banter

مزح *mazħ n.*↑ |*pl.* مزاح *muzāħ*| • jest, fun ▪ مزحا *mazħan adv.* in jest, in fun

مازح *māziħ act. part. adj.* |أكثر مزاحا *ʔaktar muzāħan*| • jocular, playful

مزق *mazaqa v.tr.* |*1s2* يمزق *yamziq^u* | مزق *mazq*| • tear, rip

مزق *mazq n.*↑ • tear, rip

II **مزق** *mazzaqa v.tr.* |*2s* يمزق *yumazziq^u* | تمزيق *tamzīq*| • tear up, rip up

V **تمزق** *tamazzaqa v.intr.* |*5s* يتمزق *yatamazzaq^u* | تمزق *tamazzuq*| • tear, be torn

مزية *mazīya^t n.* |*pl.* **invar.** مزايا *mazāyā*| • merit, advantage

مساس *misās n.* • violation *of* بـ, infringement *on*

مستر *mister n.* • *(title for Western men)* Mister

مسح *masaħa v.tr.* |*1s1* يمسح *yasmaħ^u* | مسح *masħ*| • wipe • scan • mop (up)

ماسح *māsiħ act. part.* •ماسح ضوئي *māsiħ ḍawʔīʸ n.* scanner

ماسحة *māsiħa^t act. part. n.* • wiper, windshield wiper (UK: windscreen wiper) ▪ ماسحة تصوير *māsiħat · taṣwīr*, ماسحة ضوئية *māsiħa^t ḍawʔīya^t* scanner

مسحة *masħa^t n.* • tinge, shade, trace, touch

مساح *massāħ n.* • surveyor

مساحة *misāħa^t n.* • area, space

المسيح *almasīħ n.* • Christ, the Messiah

مسيحي *masīħīʸ adj.* • Christian

المسيحية *almasīħīya^t n.* • Christianity

ممسحة *mimsaħa^t n.* |*pl.* **dip.** مماسح *mamāsiħ*| • mop

تمساح *timsāħ n.* |*pl.* **dip.** تماسيح *tamāsīħ*| • alligator, crocodile

II **مسد** *massada v.tr.* |*2s* يمسد *yumassid^u* | تمسيد *tamsīd*| • stroke, caress

مس *massa v.tr.* |*1g1* يمس *yamass^u* | مس *mass* or مساس *misās*| • touch, contact ◊ لم أمس الخمر أبدا. *I've never touched alcohol.* • *(of demons)* possess • concern ◊ هذا الموضوع يمس الأمن القومي. *The matter concerns national security.* • violate, infringe *upon*

مساس *misās n.*↑ • violation *of* بـ, infringement

ماس *māss act. part. adj.* |*elat.* أمس *ʔamass*| • urgent, pressing ▪ في أمس الحاجة لـ *fī ʔamassⁱ -lħāja^{ti} li- prep.* in dire need of

مسقط *masqaṭ n.* **f. dip.** • *(capital of Oman)*

Muscat ➡ ***map on p. 214***

مسك *masaka v.intr.* |*1s3/1s2* يمسك *yasmuk^u* or *yasmik^u* | مسك *mask*| • hold بـ, grab

مسك *misk n.* • *(animal and odor)* musk

IV **أمسك** *ʔamsaka v.intr.* |*4s* يمسك *yumsik^u* | إمساك *ʔimsāk*| • hold بـ, grab ▪ أمسك بيده *ʔamsaka bi-yad^ihi* hold in *one's* hand

V **تمسك** *tamassaka v.intr.* |*5s* يتمسك *yatamassak^u* | تمسك *tamassuk*| • persist *in* بـ, stick *to*, be committed *to*

تمسك *tamassuk n.*↑ • persistence, commitment

مسكرة *maskara^t n.* • mascara

مساء *masāʔ n.* |*pl.* أمسية *ʔamsiya^t*| • evening ▪ مساء *masāʔan adv.* in the evening, p.m. ▪ مساء الخير *masāʔ^a -lxayr^a*, مساء النور *masāʔ^a -nnūr^a* Good evening! ▪ مساء أمس *masāʔ^a · ʔams^i adv.* yesterday evening ▪ مساء الخميس *masāʔ^a · -lxamīs^i adv.* on Thursday evening ▪ في المساء *fī -lmasāʔ^i adv.* in the evening ▪ هذا المساء *hađā -lmasāʔ^a* this evening

مسائي *masāʔīy adj.* • nocturnal, night-

IV **أمسى** *ʔamsā v.intr.* |*4d* يمسي *yumsī* | إمساء *ʔimsāʔ*| • [+ predicate in the accusative] become • [+ indicative] begin to *(do)* ➡ ***Kāna and Her Sisters p. 268***

مشط *mušṭ n.* |*pl.* أمشاط *ʔamšāṭ*| • comb • *(foot)* instep, arch

II **مشط** *maššaṭa v.tr.* |*2s* يمشط *yumaššiṭ^u* | تمشيط *tamšīṭ*| • comb

مشمش *mišmiš coll. n.* |*sing.* مشمشة *mišmiša^t*| • apricots

مشمشي *mišmišīy adj.* • *(color)* peach

مشى *mašā v.intr.* |*1d2* يمشي *yamšī* | مشي *mašy*| • walk ▪ مشيا *mašyan adv.* on foot, walking

ماش *māš(in) act. part. n.* |*pl.* مشاة *mušā^t*| • pedestrian • foot soldier ▪ مشاة *mušā^t pl. n.* infantry

ماشية *māšiya^t n.* |*pl.* **def.** مواش *mawāš(in)*| • livestock, cattle

ممشى *mamšā n.* **invar.** |*pl.* **def.** مماش *mamāš(in)*| • path, pathway, footpath

V **تمشى** *tamaššā v.intr.* |*5d* يتمشى *yatamaššā* | **def.** تمش *tamašš(in)*| • stroll, go for a walk

مصر *miṣr n. f. dip.* • Egypt ▪ مصر العليا *miṣr alƐulyā*, صعيد مصر *ṣaƐīd · miṣr^a* Upper Egypt ▪ مصر الجديدة *miṣr aljadīda^t* *(district in Cairo)* Heliopolis

مصري *miṣrīy* • *adj. & n.* Egyptian ▪ المصريون القدماء *almiṣrīyūn^a -lqudamāʔ* the ancient Egyptians

مصريات *miṣrīyāt pl. n.* • علم المصريات *Ɛilm · almiṣrīyāt^i* Egyptology ▪ عالم مصريات *Ɛālim · miṣrīyāt* Egyptologist

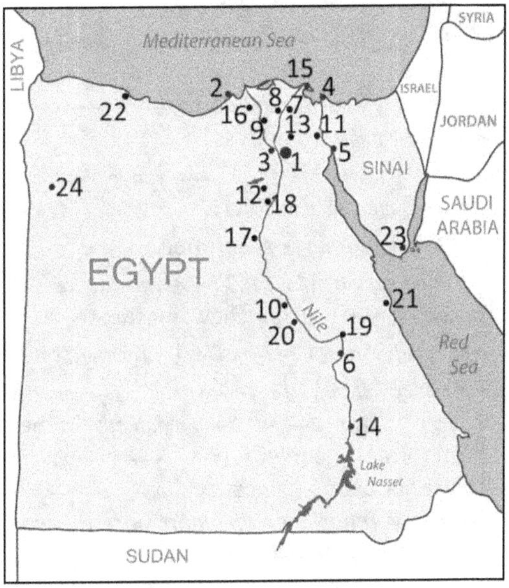

map of Egypt

1. القاهرة *alqāhira^t* Cairo
2. الإسكندرية *alʔiskandarīya^t* Alexandria
3. الجيزة *aljīza^t* Giza
4. بورسعيد *būrsaƐīd* Port Said
5. السويس *assuways* Suez
6. الأقصر *alʔuqṣur* Luxor
7. المنصورة *almanṣūra^t* Mansoura
8. المحلة الكبرى *almaḩalla^t alkubrā* Al-Mahalla Al-Kubra
9. طنطا *ṭanṭā* Tanta
10. أسيوط *ʔasyūṭ* Asyut
11. الإسماعيلية *alʔismāƐīlīya^t* Ismaïlia
12. الفيوم *alfayyūm* Faiyum
13. الزقازيق *azzaqāzīq* Zagazig
14. أسوان *ʔaswān* Aswan
15. دمياط *damyāṭ* Damietta
16. دمنهور *damanhūr* Damanhur
17. المنيا *alminyā* Minya
18. بنى سويف *banī swayf* Beni Suef
19. قنا *qinā* Qena
20. سوهاج *sūhāj* Sohag
21. الغردقة *alɣardaqa^t* Hurghada
22. مرسى مطروح *marsā maṭrūḩ* Mersa Matruh
23. شرم الشيخ *šarm · aššayx^i* Sharm el-Sheikh
24. سيوة *sīwa^t* Siwa

مصران *muṣrān n.* • internal organ, guts ▪ مصران أعور *muṣrān · ʔaƐwar n.* *(anatomy)* appendix

مصراتة *miṣrātaᵗ n.* **dip.** • *(city in Libya)* Misrata
➡ **map on p. 278**

مص *maṣṣa v.tr.* |1g1/1g3 يمص *yamaṣṣᵘ* or *yamuṣṣᵘ* | مص *maṣṣ*| • suck

مصاص *maṣṣāṣ n.* • مصاص دماء *maṣṣāṣ · dimāʔ* vampire
مصاصة *maṣṣāṣaᵗ n.* • lollipop • مصاصة دماء *maṣṣāṣat · dimāʔ* vampiress

VIII **امتص** *imtaṣṣa v.tr.* |8g1 يمتص *yamtaṣṣᵘ* | امتصاص *imtiṣāṣ*| • absorb

امتصاص *imtiṣāṣ n.*↑ • absorption

مضغ *maḍaɣa v.tr.* |1s1/1s3 يمضغ *yamḍaɣᵘ* or *yamḍuɣᵘ* | مضغ *maḍɣ*| • chew, masticate

مضغة *muḍɣaᵗ n.* |*pl.* مضغ *muḍaɣ*| • morsel, bite

مضى *maḍā v.intr.* |1d2 يمضي *yamḍī* | مضي *muḍīʸ*| • pass, go by ▪ فيما مضى *fī-mā maḍā adv.* in the past, formerly, earlier ▪ مضت __ على *maḍat __ Ɛalā* it has been __ since... ◊ مضت عشر سنوات على الحرب. *It has been ten years since the war.* ▪ لم يمض (عليه) __ حتى... *lam yamḍi (Ɛalayhi) __ ḥattā* it had hardly been __ (since *sth*) when... ◊ لم يمض على التقاءهما شهر واحد حتى تزوجا. *It had hardly been a month since they'd met when they got married.* ▪ منذ __ مضت *munḏu __ maḍat __* ago ◊ منذ أكثر من عشر سنوات مضت *more than ten years ago* • continue ▪ مضى قدما في *maḍā quduman* move forward, make progress • perform على, carry out • *(used in perfect tense only)* [+ indicative] continue *(do)*ing, go on to *(do)* ◊ مضى يقول... *He went on to say...*

ماض *māḍ(in) act. part.* **def.** |*pl.* **def.** مواض *mawāḍ(in)*| • *adj.* past, last ▪ فعل ماض *fiƐl māḍ(in) n.* past-tense verb • |*elat.* **invar.** أمضى *ʔamḍā*| effective • sharp ▪ أمضى من السيف *ʔamḍā minᵃ -ssayfⁱ idiom* more cutting than a sword (i.e. very sharp) • *n.* past ▪ الماضي *almāḍī* the past; *(grammar)* the past tense

IV **أمضى** *ʔamḍā v.tr.* |4d يمضي *yumḍī* | إمضاء *ʔimḍāʔ*| • sign • *(time)* spend, pass ◊ أمضى اليوم قارئا في المقهى. *He spent the day reading in the café.*

إمضاء *ʔimḍāʔ n.*↑ • signature

مطر *maṭar n.* |*pl.* أمطار *ʔamṭār*| • rain ▪ مطر شديد *maṭar šadīd* heavy rain

مطر *maṭir adj.* |*elat.* أكثر إمطارا *ʔaktar ʔimṭāran*| • rainy

ماطر *māṭir adj.* |*elat.* أكثر إمطارا *ʔaktar ʔimṭāran*| • rainy

IV **أمطر** *ʔamṭara v.intr.* |4s يمطر *yumṭirᵘ* | إمطار *ʔimṭār*| • أمطرت السماء *ʔamṭaratⁱ -ssamāʔᵘ* rain ◊ ستمطر السماء غدا. *It's going to rain tomorrow. (lit. The sky is going to rain tomorrow.)*

ممطر *mumṭir act. part. adj.* |*elat.* أكثر إمطارا *ʔaktar ʔimṭāran*| • rainy ◊ في ليلة ممطرة باردة *on a cold and rainy night*

X **استمطر** *istamṭara v.tr.* |10s يستمطر *yastamṭirᵘ* | استمطار *istimṭār*| • pray for rain *to*

مطرح *maṭraḥ n.* **f. dip.** • *(city in Oman)* Muttrah
➡ **map on p. 214**

مطاط *maṭṭāṭ n.* • rubber
مطاطي *maṭṭāṭīʸ adj.* • rubber-

V **تمطط** *tamaṭṭaṭa v.intr.* |5s يتمطط *yatamaṭṭaṭᵘ* | تمطط *tamaṭṭuṭ*| • stretch

V **تمطى** *tamaṭṭā v.intr.* |5d يتمطى *yatamaṭṭā* | **def.** تمط *tamaṭṭ(in)*| • stretch

مع *maƐa prep.* • with, along with, together with ▪ معا *maƐan adv.* together; both ▪ مع الأسف *maƐa -lʔasafⁱ adv.* unfortunately ▪ مع السلامة *maƐa -ssalāmaᵗⁱ* Good bye! • with, on the side of ◊ أنا معك. *I am on your side.* • have (on *one's* person) ◊ لم يكن معه نقود كثيرة. *He didn't have much money on him.* • despite, even with ▪ مع ذلك *maƐa đālika*, مع هذا *maƐa hāđā adv.* nevertheless, despite this ◊ لم يكن قويا ولكن مع هذا نجح في حمل الصندوق. *He wasn't strong. Nevertheless, he managed to carry the box.*
➡ **table on p. 289** ▪ مع أنّ *maƐa ʔanna*, مع أن... إلى أن... *maƐa ʔanna... ʔilā ʔanna... conj.* although, even though ◊ نجح فى الاختبار مع أنه لم يكن مستعدا له. *He passed the test even though he wasn't ready for it.*

معدة *maƐidaᵗ* or *miƐdaᵗ n.* |*pl.* معد *miƐad*| • stomach ▪ ألم في المعدة *ʔalam fī -lmaƐidaᵗⁱ* stomach ache
معدي *maƐidīʸ* or *miƐdīʸ adj.* • gastric

معز *maƐz coll. n.* |*sing.* معزة *maƐzaᵗ* | *pl.* معيز *maƐīz*| • goats

ماعز *māƐiz n.* |*pl.* **dip.** مواعز *mawāƐiz*| • goat

VIII **امتعض** *imtaƐaḍa v.tr.* |8s يمتعض *yamtaƐiḍᵘ* | امتعاض *imtiƐāḍ*| • resent

امتعاض *imtiƐāḍ n.*↑ • resentment

ممتعض *mumtaƐiḍ act. part. adj.* |*elat.* أكثر امتعاضا *ʔaktar imtiƐāḍan*| • resentful

أمعاء *ʔamƐāʔ pl. n.* |*sing.* **indecl.** معى *miƐ(an)*|

• intestine(s), guts, entrails, tripe ▪ أمعاء غليظة *ʔamƐāʔ ɣalīẓa^t*, أمعاء كبرى *ʔamƐāʔ kubrā* large intestines ▪ أمعاء دقيقة *ʔamƐāʔ daqīqa^t*, أمعاء صغرى *ʔamƐāʔ ṣuɣrā* small intestines

معوي *miƐawī^y adj.* • intestinal

مغ *miligrām* |*abbreviation of* مليغرام| • milligram

مغص *maɣaṣ n.* • stomach ache, abdominal pain

II **مغط** *maɣɣaṭa v.tr.* |*2s* يمغط *yumaɣɣiṭ^u* | تمغيط *tamɣīṭ*| • stretch, expand

V **تمغط** *tamaɣɣaṭa v.intr.* |*5s* يتمغط *yatamaɣɣaṭ^u* | تمغط *tamaɣɣuṭ*| • stretch, be expanded

متمغط *mutamaɣɣiṭ act. part. adj.* • elastic

مغناطيس *maɣnāṭīs n.* • magnet

مغناطيسي *maɣnāṭīsī^y adj.* • magnetic

مقدونس *maqdūnis n.* • parsley

مقديشو *maqadīšū n.* ***f. invar.*** • *(capital of Somalia)* Mogadishu ➡ ***map on p. 177***

مقديشوي *maqadīšuwī^y adj. & n.* • Mogadishan

معي *ma3ī*	معنا *ma3anā*	
معك *ma3aka*	معكما *ma3akumā*	معكم *ma3akum*
معك *ma3aki*		معكن *ma3akunna*
معه *ma3ahu*	معهما *ma3ahumā*	معهم *ma3ahum*
معها *ma3ahā*		معهن *ma3ahunna*

مقلة *muqla^t n.* |*pl.* مقل *muqal*| • مقلة عين *muqlat · Ɛayn* eyeball

مكث *makaṯa v.intr.* |*1s3* يمكث *yamkuṯ^u* | مكوث *mukūṯ* or مكث *makṯ*| • remain, stay

مكار *makkār adj.* |*elat.* أمكر *ʔamkar*| • sly, scheming, cunning, deceitful

ماكر *mākir adj.* |*m. pl.* مكرة *makara^t* | *elat.* أمكر *ʔamkar*| • sly, scheming, cunning, deceitful

المكسيك *almaksīk n.* ***f. invar.*** • Mexico

مدينة مكسيكو *madīnat · maksīkō n.* ***f. invar.*** • *(capital of Mexico)* Mexico City

مكسيكي *maksīkī^y adj. & n.* • Mexican

مكة *makka^t*, مكة المكرمة *makka^t almukarrama^t n.* ***dip.*** • *(city in Saudi Arabia)* Mecca ➡ ***map p. 144***

مكي *makkī^y adj. & n.* • Meccan

مكوك *makkūk n.* |*pl.* ***dip.*** مكاكيك *makākīk*| • shuttle ▪ مكوك فضائي *makkūk faḍāʔī^y* space shuttle

المكلا *almukallā n.* ***f.*** • *(city in Yemen)* Al Mukalla ➡ ***map on p. 342***

II **مكن** *makkana v.tr.* |*2s* يمكن *yumakkin^u* | تمكين *tamkīn*| • enable *sb* ∘ *to (do)* من

IV **أمكن** *ʔamkana v.tr. & intr.* |*4s* يمكن *yumkin^u* | إمكان *ʔimkān*| • be possible *for* (لـ) ▪ يمكنه أنْ *yumkin^{u}hu ʔan*, يمكن له أنْ *yumkin^u lahu ʔan* *(impersonal verb)* be able to *(do)*, can *(do)* ◊ هل يمكنك مساعدتي؟ *Can you help me?*; could, might ◊ يمكن للمشروع أن يستغرق ستة أشهر. *The project might take six months.* ▪ لا يمكن *lā yumkin^u* impossible, no way

إمكان *ʔimkān n.*↑ • possibility ▪ بإمكانه *bi-ʔimkān^{i}hi* [+ masdar] be able to *(do)*, can *(do)* ◊ هل بإمكانك مساعدتي؟ *Can you help me?* • ability

إمكانية *ʔimkānīya^t n.* • possibility, potential

ممكن *mumkin act. part. adj.* |*elat.* أكثر إمكانا *ʔakṯar ʔimkānan*| • possible ▪ من الممكن أنْ *min^a -lmumkin^i ʔan* It's possible that..., can ◊ من الممكن أن يتغير الوضع. *The situation can change.*

V **تمكن** *tamakkana v.intr.* |*5s* يتمكن *yatamakkan^u* | تمكن *tamakkun*| • [+ masdar] be able to *(do)* من, can *(do)* ◊ لم أتمكن من فهم السؤال. *I couldn't understand the question.*

مكناس *maknās n.* ***f. dip.*** • *(city in Morocco)* Meknes ➡ ***map on p. 222***

مكياج *mikyāj n.* • makeup

ملأ *malaʔa v.tr.* |*1s1(b)* يملأ *yamlaʔ^u* | ملء *malʔ*| • fill

ملء *malʔ n.*↑ • being full ▪ ملء *malʔa*, بملء *bi-malʔ^i* *(forms adverbs)* __ly ▪ تنفس ملء صدره *tanaffasa malʔa ṣadr^{i}hi* breathe deeply ▪ ضحك ملء فيه *ḍaḥika malʔa fīhi*, ضحك ملء فمه *ḍaḥika malʔa fam^{i}hi* laugh heartily

مملوء *mamlūʔ pass. part. adj.* • full *of* بـ

ملآن *malʔān adj.* |*m. pl.* ملاء *milāʔ* | *f.* ***invar.*** ملأى *malʔā* or ملآنة *malʔāna^t*| • full *of* بـ, filled *with*

ملاءة *malāʔa^t n.* • solvency ▪ ملاءة مالية *malāʔa^t mālīya^t* financial solvency

ملاءة *mulāʔa^t n.* |*pl.* ملاآت *mulaʔāt*| • sheet, bed sheet

مليء *malīʔ adj.* • full *of* بـ, filled *with* • solvent, well off, well to do

III **مالأ** *mālaʔa v.tr.* |*3s(c)* يمالئ *yumāliʔ^u* | ممالأة *mumālaʔa^t*| • help, support

IV **أملأ** *ʔamlaʔa v.tr.* |*4s(c)* يملئ *yumliʔᵘ* | إملاء *ʔimlāʔ*| • fill

VIII **امتلأ** *imtalaʔa v.intr.* |*8s(c)* يمتلئ *yamtaliʔᵘ* | امتلاء *imtilāʔ*| • be filled *with* بـ, become full *of*

امتلاء *imtilāʔ n.*↑ • fullness

ممتلئ *mumtaliʔ act. part. adj.* |*elat.* أكثر امتلاء *ʔaktar imtilāʔan*| • full *of* بـ, filled *with* • stocky, corpulent, stout

ملاريا *malāriyā n.* ***f. invar.*** • malaria

ملح *malaḫa v.tr.* |*1s3* يملح *yamluḫᵘ* | ملاحة *malāḫaᵗ* or ملوحة *mulūḫaᵗ*| • salt

ملاحة *malāḫaᵗ*, ملوحة *mulūḫaᵗ n.*↑ • saltiness, salinity

مالح *māliḫ act. part. adj.* |*elat.* أملح *ʔamlaḫ* or أكثر ملوحة *ʔaktar mulūḫaᵗᵃⁿ*| • salty, savory

ملح *milḫ n.* |*pl.* أملاح *ʔamlāḫ*| • salt ▪ ملح طعام *milḫ · ṭaƐām* table salt

ملحي *milḫīʸ adj.* |*elat.* أملح *ʔamlaḫ* or أكثر ملحية *ʔaktar milḫīyaᵗᵃⁿ*| • salty

ملاح *mallāḫ n.* • sailor, navigator ▪ من كثرة الملاحين غرقت السفينة. *min katratⁱ -lmallāḫīnᵃ ɣariqatⁱ -ssafīnaᵗᵘ proverb* Too many sailors sank the ship. (i.e. Too many cooks in the kitchen.)

ملاحة *milāḫaᵗ n.* • navigation

ملاحي *milāḫīʸ adj.* • nautical

ملخ *malaxa v.tr.* |*1s1* يملخ *yamlaxᵘ* | ملخ *malx*| • dislocate, disjoint

ملخ *malx n.*↑ • dislocation ▪ ملخ رقبة *malx · raqabaᵗ* whiplash

ملس *malusa v.intr.* |*1s3* يملس *yamlusᵘ* | ملاسة *malāsaᵗ*| • be smooth, be slick

ملاسة *malāsaᵗ n.*↑ • smoothness

أملس *ʔamlas adj.* |*m & f pl.* ملس *muls* | *f. sing.* ***dip.*** ملساء *malsāʔ* | *f. dual* ملساوان *malsāwānⁱ* | *f. pl.* ملساوات *malsāwāt*| • smooth, sleek, slick

ملك *malaka v.tr.* |*1s2/1s3* يملك *yamlikᵘ* or *yamlukᵘ* | ملك *mulk*| • have, possess ▪ لا يملك إلا أنْ *lā yamlikᵘ ʔillā ʔan* can do nothing other than

مالك *mālik act. part. n.* |*pl.* ملاك *mullāk*| • owner ▪ مالك شقة *mālik · šaqqaᵗ* landlord

ملك *milk n.* |*pl.* أملاك *ʔamlāk*| • property ▪ كان ملكه *kāna milkᵘhu* belong to *sb*

ملكية *milkīyaᵗ n.* • property

ملك *malik*, مليك *malīk n.* |*pl.* ملوك *mulūk*| • king • *(chess)* king

ملكة *malikaᵗ*, مليكة *malīkaᵗ n.* • queen ▪ ملكة جمال *malikat · jamāl* beauty queen ▪ ملكة جمال العالم *malikat · jamālⁱ -lƐālamⁱ* Miss World • ***dip.*** *woman's name* Malika

ملكي *malakīʸ adj.* • royal

ملكية *malakīyaᵗ n.* • monarchy

ملك *malak*, ملاك *malāk n.* |*pl.* ملائكة *malāʔikaᵗ* or ***dip.*** ملائك *malāʔik*| • angel ⓘ *The actual root is* ل ء ك. • ملك *malak* ***f. dip.*** *woman's name* Malak

ملائكي *malāʔikīʸ adj.* • angelic

ملاك *mallāk n.* • owner, proprietor

مملكة *mamlakaᵗ n.* |*pl.* ***dip.*** ممالك *mamālik*| • kingdom ▪ المملكة المتحدة *almamlakaᵗ almuttaḫidaᵗ* the United Kingdom (the U.K.)

VIII **امتلك** *imtalaka v.tr.* |*8s* يمتلك *yamtalikᵘ* | امتلاك *imtilāk*| • have, possess, own • seize

امتلاك *imtilāk n.*↑ • possession • seizure

ممتلك *mumtalak pass. part. n.* • possession ▪ ممتلكات *mumtalakāt pl. n.* belongings

مل *malla v.tr.* |*1g1* يمل *yamallᵘ* | ملل *malal*| • become bored *with*

ملل *malal n.*↑ • boredom ▪ شعر بالملل *šaƐara bi-lmalalⁱ v.* feel bored

ملول *malūl adj.* |*elat.* أمل *ʔamall*| • bored

IV **أمل** *ʔamalla v.* |*4g* يمل *yumillᵘ* | إملال *ʔimlāl*| • *v.tr.* bore, annoy • *v.intr.* become boring, be tedious

ممل *mumill act. part. adj.* |*elat.* أمل *ʔamall*| • boring, uninteresting

QI **ململ** *malmala v.intr.* |*11s* يململ *yumalmilᵘ* | ململة *malmalaᵗ*| • hurry, hasten

QII **تململ** *tamalmala v.tr.* |*12s* يتململ *yatamalmalᵘ* | تململ *tamalmul*| • be restless

متململ *mutamalmil act. part. adj.* |*elat.* أكثر تململا *ʔaktar tamalmulan*| • restless

ملي *malīʸ n.* • long time ▪ مليا *malīyan adv.* for a long time

IV **أملى** *ʔamlā v.tr.* |*4d* يملي *yumlī* | إملاء *ʔimlāʔ*| • dictate *sth* ∘ *to* على

إملاء *ʔimlāʔ n.*↑ • dictation

مليار *milyār n. number* |*pl.* ***dip.*** مليارات *milyārāt* or ملايير *malāyīr*| • [+ indefinite genitive singular noun] billion ◊ نصف مليار دولار *half a billion dollars* ◊ مليون دولار *a billion dollars* ◊ مليارا دولار *two billion dollars* ◊ ثلاثة مليار دولار *three billion dollars* ◊ عشرون مليار دولار *twenty billion dollars*

مليغرام *miligrām n.* |*abbreviated* مغ| • milligram

مليم *millīm* • *n. (money)* millime (1,000 millimes = 1 Tunisian dinar)

مليون *milyōn n. number* |*pl.* **dip.** ملايين *malāyīn*|
• [+ indefinite genitive singular noun] million ◊ نصف مليون دولار *half a million dollars* ◊ مليون دولار *a million dollars* ◊ مليونا دولار *two million dollars* ◊ ثلاثة ملايين دولار *three million dollars* ◊ عشرون مليون دولار *twenty million dollars* ▪ عشرات الملايين من __ *Ꜫašarāt almalāyīn^i min* __ [+ definite genitive plural noun] tens of millions of __ ◊ عشرات الملايين من الأشخاص *tens of millions of people* ▪ مئات الملايين من __ *miʔāt almalāyīn^i min* __ [+ definite genitive plural noun] hundreds of millions of __ ◊ مئات الملايين من الأشخاص *hundreds of millions of people*

مليونير *milyōnayr n.* • millionaire

من *man(i)* • *interrogative* who? ▪ من يتكلم معي؟ *man yatakallam^u maꜪī* *(on telephone)* Who am I speaking with? ▪ لمن *li-man* to whom?; whose? ◊ لمن تلك الحقيبة؟ *Whose bag is that?*; [noun +] whose __? ◊ دور من؟ *Whose turn is it?* • *conj.* who, the one who, someone who, those who ▪ بمن فيهم *bi-man fīhim* including ▪ هناك من... *hunāka man...* there is someone *(do)*ing ▪ من جد وجد. *man jadda wajada proverb* He who works hard will find (what he is looking for).; [+ jussive or perfect] whoever

من *min(i) / min(a) prep.* • from ▪ من __ إلى __ *min __ ʔilā __* from __ to __ ◊ من باب إلى باب *from door to door* ▪ من دون *min dūna prep.* without ▪ منها *minha*, من بينها *min baynahā* from among which • by, through ◊ دخل من النافذة. *He came in through the window.* • *(time)* from __ on, starting __ ◊ سأقلع عن التدخين من الغد. *I'll stop smoking starting tomorrow.* ▪ من اليوم *min^a -lyawm^i adv.* from today on, starting today ▪ من الآن *min^a -lʔān^i adv.* from now on • *(time)* since, for, ago ◊ أعمل هنا من ثلاث سنوات. *I've been working here for three years.* ▪ من زمان *min zamān^in adv.* a long time ago; for quite a while • *(contents, material, quantities)* of ◊ سلة من الخضراوات *a basket of vegetables* ◊ من الخشب *made of wood* ◊ كيلوغرام من اللحم *a kilogram of meat* ▪ الكثير من __ *alkatīr min* __ a lot of __, many __ ◊ [+ definite noun] هناك الكثير من الناس الذين... *There are a lot of people who...* • *(reason)* of, from ▪ مات من __ *māta min* __ die of __ ◊ سأموت من الجوع! *I'm going to die of hunger!* ◊ ماتت من السرطان. *She died of cancer.* ▪ من أجل *min ʔajl^i* for (the sake of) ◊ أنا سعيد من أجلك. *I'm happy for you.* ◊ افعل شيئا من أجلي. *Do something for me.* • *(in comparisons)* [elative +] than ◊ هذا البيت أكبر من ذلك البيت. *This house is bigger than that house.* ▪ من أنْ *min ʔan* [elative +] too __ to *(do)* ◊ هذا أجمل من أن يكون حقيقة. *It's too good to be true.* ◊ أصبحت أكبر من أن أتغير. *I'm too old to change.* • من الـ__ أنْ *min^a -l__ ʔan* [+ singular masculine active or passive participle with definite article +] it is __ that..., it is __ to *(do)* ▪ من الممكن أنْ *min^a -lmumkin^i ʔan* It's possible that... • [+ definite genitive plural noun] one of (the) __ ◊ أنت منهم. *You're one of them.* ◊ هو من الأسباب الرئيسية. *It's one of the main reasons.* ▪ في يوم من الأيام *fī yawm^in min^a -lʔayyām^i* One day,... • [+ definite genitive singular noun] some of (the) __ ◊ هناك من الأشخاص الذين... *Some people...* • [negative + من *min* + indefinite genitive plural noun] not a single, absolutely no ◊ ليس لك من حق أن... *You have absolutely no right to...* ▪ ما من *mā min* There's not a single __, There is absolutely no __ ◊ ما من فائدة *There is absolutely no use.* ⓘ من *min is only followed by the helping vowel fatha before the definite article:* ◊ من البيت *min^a -lbayt^i from the house*

مني *minnī*	منا *minnā*	
منك *minka*	منكما *minkumā*	منكم *minkum*
منكِ *minki*		منكن *minkunna*
منه *minhu*	منهما *minhumā*	منهم *minhum*
منها *minhā*		منهن *minhunna*

مما *mimmā*, مم *mimma* |< من + ما *min + mā*|
• *interrogative* from what? ◊ مم أنت خائف؟ *What are you afraid of?* • *conj.* *(referring to entire preceding clause)* which ◊ إنها لا تقول شكرا أبدا، مما يثير غضبي. *She never says thank you, which makes me angry.* • than what

ممن *mimmman* |< من + من *min + man*|
• *interrogative* from whom? ◊ ممن اشتريت تلك الساعة؟ *Who did you buy that watch from?* • *conj.* from whom ◊ كنت واحدا ممن ساعدتهم. *I*

was one of those whom you've helped. ◊ أخاف ممن يرتدون الأسود. *I'm scared of people who dress in black.*

منجنيق *manjanīq n.* • catapult

منح *manaḫa v.tr.* |*1s1* يمنح *yamnaḫ^u* | منح *manḫ*| • provide *sth* ∘ *to* لـ, grant, award, confer

مانح *māniḫ act. part. n.* • donor

منحة *minḫa^t n.* |*pl.* منح *minaḫ*| • grant, scholarship

منديل *mandīl n.* |*pl.* **dip.** مناديل *manādīl*| • handkerchief, tissue ▪ منديل ورقي *mandīl waraqī^y* facial tissue, paper handkerchief, Kleenex

منذ *munđu* • *prep.* since, for ◊ أنا أدرس العربية منذ أكثر من سنة. *I've been studying Arabic for over a year.* ◊ لم أرك منذ وقت طويل. *Long time no see. (lit. I haven't seen you for a long time.)* ▪ منذ متى؟ *munđu matā* since when?, how long? ▪ منذ *munđu*, منذ أنْ *munđu ʔan conj.* [+ perfect] since ◊ لم أقابله منذ أن تزوج. *I haven't seen him since he got married.* ◊ لم تتغير منذ رأيتك. *You haven't changed since I saw you.* • ago ▪ منذ سنوات *munđu sanawāt* years ago • *(future time)* from __ on, starting __ ▪ منذ الغد *munđu -lɣad^i adv.* from tomorrow on, starting tomorrow ◊ سأقلع عن التدخين منذ الغد. *I'll stop smoking starting tomorrow.* •منذ *munđu*, مذ *muđ(u) conj.* [+ perfect] since

منذئذ *munduʔiđ^in adv.* • from then on, since that time, ever since ◊ غادر البلاد ولم أره منذئذ. *He left the country, and I haven't seen him ever since.*

منع *manaƐa v.* • *v.tr.* |*1s1* يمنع *yamnaƐ^u* | منع *manƐ*| forbid *sb* ∘ *from* عن, prohibit • prevent *sth* ∘ *from* عن ▪ منع نشوب صراع *manaƐa nušūb · ṣirāƐ* prevent conflict • *v.intr.* |*1s3* يمنع *yamnuƐ^u* | مناعة *manāƐa^t*| become immune

منع *manƐ n.*↑ • prohibition ▪ منع تجول *manƐ · tajawwul* curfew

مناعة *manāƐa^t n.*↑ • resistance, immunity

مانع *māniƐ act. part. n.* |*pl.* **dip.** موانع *mawāniƐ*| • obstacle, objection ▪ لا مانع *lā māniƐ^a* Why not? ▪ لا مانع من *lā māniƐ^a min* There's no obstacle to __ ▪ لا مانع لديه *lā māniƐ^a ladayhi*, ليس لديه مانع *laysa ladayhi māniƐ* have no objection

ممنوع *mamnūƐ pass. part. adj.* • forbidden, prohibited ▪ من الممنوع أنْ *min^a -lmamnūƐ^i ʔan* it is forbidden to *(do)* ▪ الممنوع مرغوب *almamnūƐ^u marɣūb^un proverb* We covet what we cannot have. (lit. The forbidden is desired.) • *(on signs)* [+ masdar] no ◊ ممنوع التدخين *No Smoking*

منيع *manīƐ adj.* |*m. pl.* **dip.** منعاء *munaƐāʔ* | *elat.* أمنع *ʔamnaƐ*| • forbidding, impervious, impregnable, inviolable, impenetrable ▪ غير منيع *ɣayr · manīƐ* vulnerable • immune

II **منّع** *mannaƐa v.tr.* |*2s* يمنّع *yumanniƐ^u* | تمنيع *tamnīƐ*| • immunize

III **مانع** *mānaƐa v.intr.* |*3s* يمانع *yumāniƐ^u* | ممانعة *mumānaƐa^t*| • object *to* في, oppose, mind, have a problem *with* ◊ هل تمانع في إغلاق الباب خلفك؟ *Would you mind closing the door behind you?* ◊ من ناحيتي، لا أمانع في عمل المرأة. *As far as I'm concerned, I have no problem with women working.* ▪ لا أمانع *lā ʔumāniƐ^u* I don't mind!

VIII **امتنع** *imtanaƐa v.intr.* |*8s* يمتنع *yamtaniƐ^u* | امتناع *imtināƐ*| • refrain *from* عن

منغوليا *mongōliyā n.* ***f.* invar.** • Mongolia

منغولي *mongōlī^y adj. & n.* • Mongol, Mongolian

منّ *manna v.intr.* |*1g3* يمنّ *yamunn^u* | منّ *mann*| • bestow *sb* على *with* بـ, grant

ممنون *mamnūn pass. part. adj.* |*elat.* أكثر امتنانا *ʔaktar imtinānan*| • grateful, thankful

VIII **امتنّ** *imtanna v.intr.* |*8g1* يمتنّ *yamtann^u* | امتنان *imtinān*| • bestow *sb* على *with* بـ, grant

امتنان *imtinān n.*↑ • gratitude, indebtedness

منى *minā n.* ***f.* invar.** • Mina (valley of Mecca)

منى *min(an) n.* **indecl.** • sperm, semen

مني *manī^y n.* • sperm, semen ▪ قذف المني *qađafa almanī^y v.* ejaculate, cum

أمنية *ʔumnīya^t n.* |*pl.* **def.** أمان *ʔamān(in)*| • wish, hope

V **تمنّى** *tamannā v.tr.* |*5d* يتمنى *yatamannā* | **def.** تمن *tamann(in)*| • hope ▪ أتمنى ذلك. *ʔatamannā đālika* I hope so. ▪ تمنى أنْ *tamannā ʔan* hope that... ◊ أتمنى أن تكون بخير. *I hope you are well.* • wish ▪ أتمنى لك... *ʔatamannā laka...* I wish you (a)... ◊ أتمنى لك التوفيق. *I wish you success.* ◊ أتمنى لك نهارا سعيدا. *Have a nice day.* ▪ تمنى لو (أنّ) *tamannā law (ʔanna)* wish that... ◊ كم أتمنى لو كنت غنيا! *How I wish I were rich!*

تمن *tamann(in) n.*↑ **def.** • wish, desire ▪ تمنيات *tamannīyāt pl. n.* regards ▪ تمنياتي الطيبة *tamanniyātī -ṭṭayyiba^t* Best wishes!

X **استمنى** *istamnā v.intr.* |*10d* يستمني *yastamnī* | استمناء *istimnāʔ*| • masturbate

استمناء *istimnāʔ n.*↑ • masturbation

المنيا *alminyā n.* ***f.*** • *(city in Egypt)* Minya ***➡ map on p. 287***

مهجة *muhja^{t} n.* |*pl.* مهج *muhaj*| • heart, soul

مهد *mahd n.* |*pl.* مهود *muhūd*| • cradle

II **مهد** *mahhada v.tr.* |*2s* يمهد *yumahhid^{u}* | تمهيد *tamhīd*| • prepare, make ready ▪ مهد الطريق أمام *mahhada aṭṭarīq^{a} ʔamāma* pave the way *for*, pioneer

تمهيد *tamhīd n.*↑ • preface, foreword • preparation

تمهيدي *tamhīdī^{y} adj.* • introductory, preliminary

مهر *mahr n.* |*pl.* مهور *muhūr*| • dowry

مهر *muhr n.* |*pl.* أمهار *ʔamhār*| • *(horse)* colt

مهارة *mahāra^{t} n.* • skill, proficiency

ماهر *māhir adj.* |*m. pl.* مهرة *mahara^{t}* | *elat.* أمهر *ʔamhar*| • skillful

مهرجان *mihrajān n.* • festival, fair

مهل *mahl n.* • leisure ▪ على مهلك *Ɛalā mahlak^{a}* Take your time!, No hurry! ▪ مهلا *mahlan*, على مهل *Ɛalā mahl^{in} adv.* leisurely, in no hurry, slowly ◊ مهلا *Wait a minute!*

V **تمهل** *tamahhala v.intr.* |*5s* يتمهل *yatamahhal^{u}* | تمهل *tamahhul*| • be leisurely, take *one's* time

تمهل *tamahhul n.*↑ • leisure ▪ بتمهل *bi-tamahhul^{in} adv.* leisurely

متمهل *mutamahhil act. part. adj.* |*elat.* أكثر تمهلا *ʔakṯar tamahhulan*| • leisurely

مهما *mahmā conj.* • [+ jussive or perfect] whatever, no matter what ▪ مهما يكن *mahmā yakun* whatever it may be⚠ **مهما** ***muhimman important p. 320***

مهنة *mihna^{t} n.* |*pl.* مهن *mihan*| • career, occupation, profession

مهني *mihnī^{y} adj.* • professional

ماء *māʔa v.intr.* |*1h3(b)* يموء *yamūʔ^{u}* | مواء *muwāʔ* or موء *mawʔ*| • meow

مات *māta v.intr.* |*1h3* يموت *yamūt^{u}* | موت *mawt*| • die ▪ مات من الجوع *māta min^{a} -ljūƐ^{i}* starve to death ▪ مات شوقا لـ *māta šawqan li-* be dying to *(do)* ◊ إني أموت شوقا للقياك. *I'm dying to meet you.* ▪ مات موتا طبيعيا *māta mawtan ṭabīƐīyan* die a natural death, die from natural causes

موت *mawt n.*↑ • death ▪ حتى الموت *ḥattā -lmawt^{i} adv.* to death ◊ أخافه حتى الموت. *I'm scared to death of him.*

ميت *mayyit* |*pl.* ***invar.*** موتى *mawtā* or أموات *ʔamwāt*| • *adj.* dead • *n.* dead person ▪ الموتى *almawtā pl. n.* the dead

ميتة *mīta^{t} n.* • death

IV **أمات** *ʔamāta v.tr.* |*4h* يميت *yumīt^{u}* | إماتة *ʔimāta^{t}*| • kill

مميت *mumīt act. part. adj.* • deadly, lethal, fatal, terminal

X **استمات** *istamāta v.intr.* |*10h* يستميت *yastamīt^{u}* | استماتة *istimāta^{t}*| • risk *one's* life, defy death

موتسامودو *mutsamūdū n.* ***f. invar.*** • *(city in the Comoros)* Mutsamudu ***➡ map on p. 253***

موج *mawj coll. n.* |*sing.* موجة *mawja^{t}* | *pl.* أمواج *ʔamwāj*| • waves ▪ موجة حارة *mawja^{t} ḥāra^{t}* heat wave

II **موج** *mawwaja v.tr.* |*2s* يموج *yumawwij^{u}* | تمويج *tamwīj*| • *(hair)* wave, crimp, curl, perm

تمويج *tamwīj n.*↑ • تمويج شعر *tamwīj · šaƐr* *(hair)* perm

مموج *mumawwaj pass. part. adj.* |*elat.* أكثر تموجا *ʔakṯar tamawwujan*| • *(hair)* wavy

V **تموج** *tamawwaja v.intr.* |*5s* يتموج *yatamawwaj^{u}* | تموج *tamawwuj*| • ripple, roll

متموج *mutamawwij act. part. adj.* |*elat.* أكثر تموجا *ʔakṯar tamawwujan*| • *(hair)* wavy

مودم *modem n.* • modem

موديل *model n.* • model

موروني *mūrūnī n.* ***f. invar.*** • *(capital of the Comoros)* Moroni ***➡ map on p. 253***

موريتانيا *mawrītāniyā n.* ***f. invar.*** • Mauritania

موريتاني *mawrītānī^{y} adj. & n.* • Mauritanian

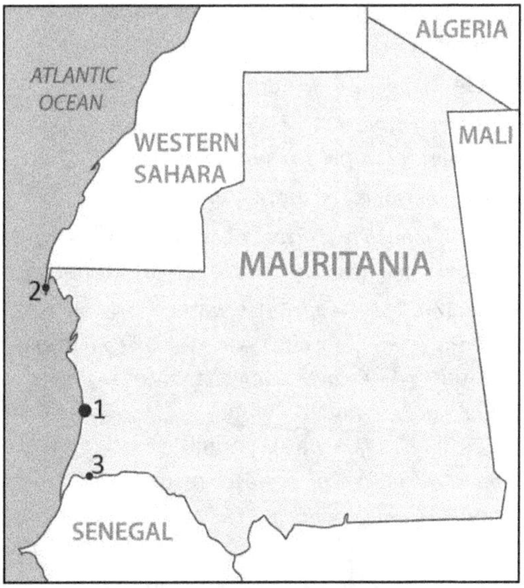

map of Mauritania

1. نواكشوط *nawākšūṭ* Nouakchott
2. نواذيبو *nuwāḏībū* Nouadhibou
3. روصو *roṣṣo* Rosso

موز *mawz coll. n.* |*sing.* موزة *mawza^t*| • bananas

موزامبيق *mōzāmbīq n.* ***f. dip.*** • Mozambique

موزامبيقي *mōzāmbīqīy adj. & n.* • Mozambican

موسكو *moskō n.* ***f. invar.*** • *(capital of Russia)* Moscow

موسى *mūsā n.* • ***f.*** |*pl.* أمواس *ʔamwās*| razor • ***m. invar.*** *man's name* Musa, Moses ▪ جبل موسى *jabal · mūsā* Mount Sinai

موسيقار *mūsīqār n.* • musician

موسيقى *mūsīqā n.* ***f. invar.*** • music

موسيقي *mūsīqīy* • *adj.* musical ▪ آلة موسيقية *ʔālat mūsīqīyat* musical instrument • *n.* musician

موضة *mōḍat n.* • fashion ▪ على الموضة *Ɛalā -lmōḍati*, آخر موضة *ʔāxir mōḍatin* trendy, in fashion

مال *māl n.* |*pl.* أموال *ʔamwāl*| • money ▪ أموال *ʔamwāl pl. n.* funds

مالي *mālīy adj.* • financial, monetary

مالية *mālīyat n.* • finance

II **مول** *mawwala v.tr.* |*2s* يمول *yumawwilu* | تمويل *tamwīl*| • fund, finance

تمويل *tamwīl n.*↑ • finance

تمويلي *tamwīlīy adj.* • financial

مولدوفا *moldōvā n.* ***f. invar.*** • Moldova

مولدوفي *moldōvīy adj. & n.* • Moldovan

مومباي *mūmbāy n.* ***f. invar.*** • *(city in India)* Mumbai

مومياء *mūmiyāʔ n.* • mummy

II **مون** *mawwana v.tr.* |*2s* يمون *yumawwinu* | تموين *tamwīn*| • supply *sb* ∘ *with* بـ, provide

تموين *tamwīn n.*↑ • supply, provision

موناكو *mōnākō n.* ***f. invar.*** • Monaco ▪ إمارة موناكو *ʔimārat · mōnākō* the Principality of Monaco

ماء *māʔ n.* |*pl.* مياه *miyāh*| • water ▪ ماء أبيض *māʔ ʔabyaḍ* *(eye)* cataract ▪ ماء عذب *māʔ Ɛaḏb* fresh water ▪ ماء مالح *māʔ māliḥ* salt water ▪ ماء معدني *māʔ maƐdinīy* mineral water

مائي *māʔīy adj.* • water-, aquatic ▪ موارد مائية *mawārid māʔīyat pl. n.* water resources ▪ رياضات مائية *riyāḍāt māʔīyat pl. n.* aquatic sports

ميانمار *miyānmār n.* ***f. invar.*** • Myanmar

ميجا *mega n.* • megabyte

ميدان *maydān* or *mīdān n.* |*pl.* ***dip.*** ميادين *mayādīn*| • square, plaza ▪ ميدان التحرير *maydān · attaḥrīri* Tahrir Square (in Cairo) • area, field ◊ تفوقت الدولة في شتى ميادين العلم. *The country excelled in various scientific fields.*

مائدة *māʔidat n.* |*pl.* ***dip.*** موائد *mawāʔid*| • table

ميدالية *mīdālyat n.* • medal

ميزة *mīzat n.* • advantage, merit

II **ميز** *mayyaza v.tr.* |*2s* يميز *yumayyizu* | تمييز *tamyīz*| • differentiate *between* بين *or sb/sth* ∘ *from* عن, distinguish • characterize • discriminate *against* ضد • honor, prefer

تمييز *tamyīz n.*↑ • distinction *between* بين • discrimination ▪ تمييز عنصري *tamyīz Ɛunṣurīy* racial discrimination • *(grammar)* accusative of specification

مميز *mumayyaz pass. part. adj.* |*elat.* أكثر تميزا *ʔakṯar tamayyuzan* or أميز *ʔamyaz*| • distinctive, differentiating, unique, distinct

V **تميز** *tamayyaza v.intr.* |*5s* يتميز *yatamayyazu* | تميز *tamayyuz*| • be distinguished *by* بـ, be characterized, be prominent

متميز *mutamayyiz act. part. adj.* • prominent, distinguished

VIII **امتاز** *imtāza v.intr.* |*8h1* يمتاز *yamtāzu* | امتياز *imtiyāz*| • be distinguished *by* بـ, be characterized

امتياز *imtiyāz n.*↑ • distinction ▪ بامتياز *bi-mtiyāzin adv.* with distinction, with honors

ممتاز *mumtāz act. part. adj.* |*elat.* أكثر امتيازا *ʔakṯar imtiyāzan* or أميز *ʔamyaz*| • excellent, superb • special

ميغابايت *megabayt*, ميجا *mega n.* • megabyte

ميكانيكي *mīkānīkī* • *adj.* mechanical • *n.* mechanic

ميكروفون *mīkrofōn n.* • microphone

مال *māla v.intr.* |*1h2* يميل *yamīlu* | ميل *mayl*| • lean *against* على • tend *toward* إلى, favor

ميل *mayl n.*↑ |*pl.* ***dip.*** ميول *muyūl*| • tendency ▪ ميول انتحارية *muyūl intiḥārīyat pl. n.* suicidal tendencies

ميل *mīl n.* |*pl.* ***dip.*** أميال *ʔamyāl*| • mile

مائل *māʔil act. part. adj.* |*elat.* أميل *ʔamyal*| • inclined, slanting ▪ مائل إلى *māʔil ʔilā* tending toward, -ish ◊ أخضر مائل إلى الزرقة *bluish-green*

ميليشيا *mīlīšyā*, مليشيا *milīšyā n.* ***invar.*** • militia

ميم *mīm n.* ***f.*** ➡ م ***p. 280***

ن

ن *nūn* n. **f.** |نون| • *(twenty-fifth letter of the Arabic alphabet)* • *(numerical value)* 50
➡ ***The Abjad Numerals p. 61***

ـن *-na plural* **f.** *third-person perfect-tense suffix* • they *(did)* ◊ فعلن *faƐalna* they did ⓘ *If the final radical of the verb is* ن*, only one* ن *is written:* ◊ سكنّ *sakanna* they lived

نـ *na-/nu- dual plural* **m. f.** *first-person imperfect-tense prefix* • we *(do)* ◊ نفعل *nafƐal^u* we do ◊ ندرك *nudrik^u* we realize

ـنا *-nā dual plural* **m. f.** *first-person perfect-tense suffix* • we *(did)* ◊ فعلنا *faƐalnā* we did ⓘ *If the final radical of the verb is* ن*, only one* ن *is written:* ◊ سكنّا *sakannā* we lived ➡ ***Suffixed Personal Pronouns p. 182***

نابلس *nāblus* n. **f. dip.** • *(city in Palestine)* Nablus
➡ ***map on p. 237***

الناتو *annātō* n. **invar.** • NATO (The North Atlantic Treaty Organization)

نارجيل *nārajīl* n. • coconut

نارجيلة *nārgīla^t* n. • narghile (waterpipe for smoking), hookah ➡ **شيشة *šīša^t* p. 167**

نازي *nāzī* adj. & n. • Nazi
نازية *nāzīya^t* n. • Nazism ▪ نازية جديدة *nāzīya^t jadīda^t* neo-Nazism

ناي *nāy* n. • ney (wooden flute)

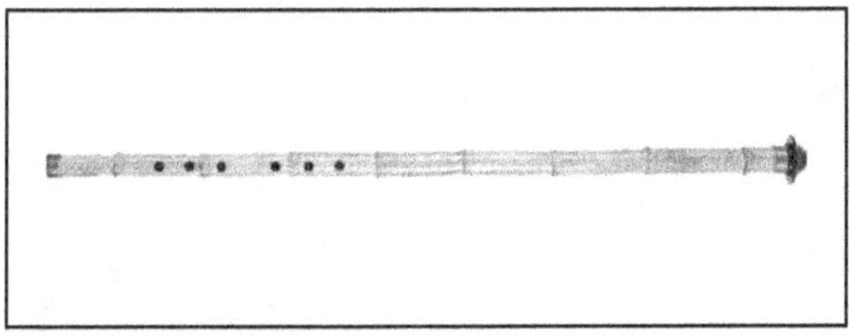

A wooden ney

نبأ *nabaʔ* n. |pl. أنباء *ʔanbāʔ*| • report, information ▪ أنباء *ʔanbāʔ* pl. n. news ▪ وكالة أنباء *wikālat · ʔanbāʔ* news agency ▪ نشرة أنباء *našrat · ʔanbāʔ* newscast, news bulletin

نبوءة *nubūʔa^t* n. • prophecy

V **تنبأ** *tanabbaʔa* v.intr. |5s(c) يتنبأ *yatanabbaʔ^u* | تنبؤ *tanabbuʔ*| • predict بـ, forecast

IV **أنبأ** *ʔanbaʔa* v.tr. |4s(c) ينبئ *yubiʔ^u* | إنباء *ʔinbāʔ*| • inform *sb* ∘ *about* بـ, notify ▪ أنبأه بأنّ *ʔanbaʔahu bi-ʔanna* inform *sb* that...

تنبؤ *tanabbuʔ* n.↑ • prediction, forecast

أنبوب *ʔunbūb*, أنبوبة *ʔunbūba^t* n. |pl. **dip.** أنابيب *ʔanābīb*| • pipe, tube

نبت *nabata* v.intr. |1s3 ينبت *yanbut^u* | نبت *nabt*| • grow

نبتة *nabta^t* n. • plant

نبات *nabāt* coll. n. • plants, vegetation
نباتي *nabātī* • adj. vegetal, botanical • adj. & n. vegetarian

نبتون *nabtūn* n. • *(planet)* Neptune

نبح *nabaḥa* v.intr. |1s1 ينبح *yanbaḥ^u* | نباح *nubāḥ*| • *(dog)* bark *at* على

نباح *nubāḥ* n.↑ • *(dog)* bark

نبذ *nabaḏa* v.tr. |1s2 ينبذ *yanbiḏ^u* | نبذ *nabḏ*| • discard, throw away

نبيذ *nabīḏ* n. |pl. أنبذة *ʔanbiḏa^t*| • wine ▪ نبيذ أبيض *nabīḏ ʔabyaḍ* white wine ▪ نبيذ أحمر *nabīḏ ʔaḥmar* red wine

نبر *nabara* v.tr. |1s2 ينبر *yanbir^u* | نبر *nabr*| • emphasize, stress

نبر *nabr* n.↑ • emphasis, stress

نبرة *nabra^t* n. |pl. نبرات *nab(a)rāt*| • tone, inflection

منبر *minbar* n. |pl. **dip.** منابر *manābir*| • minbar (pulpit in a mosque) ➡ ***also picture on p. 71***

A wooden minbar to the right of the mihrab

ن

نبض *nabaḍa v.intr.* |*1s2* ينبض *yanbiḍ^u* | نبض *nabḍ*| • beat, throb, pulsate, palpitate

نبض *nabḍ n.* |*pl.* أنباض *ʔanbāḍ*| • pulse ▪ نبض قلبي *nabḍ qalbīʸ* heartbeat

نبضة *nabḍaᵗ n.* |*pl.* نبضات *nab(a)ḍāt*| • beat

نبع *nabaƐa v.intr.* |*1s2* ينبع *yanbiƐ^u* | نبع *nabƐ* or نبوع *nubūƐ*| • well up, gush • stem *from* من, originate

منبع *manbaƐ n.* |*pl.* **dip.** منابع *manābiƐ*| • source • *(water)* spring

ينبوع *yanbūƐ n.* |*pl.* **dip.** ينابيع *yanābīƐ*| • *(water)* spring

نبل *nubl n.* • nobility

نبيل *nabīl adj.* |*m. pl.* **dip.** نبلاء *nubalāʔ* | *elat.* أنبل *ʔanbal*| • noble • *man's name* Nabil, Nabeel ▪ نبيلة *nabīlaᵗ* *woman's name* Nabila, Nabeela

نبيه *nabīh adj.* |*m. pl.* **dip.** نبهاء *nubahāʔ* | *elat.* أنبه *ʔanbah*| • noble, highborn

II **نبه** *nabbaha v.tr.* |*2s* ينبه *yunabbih^u* | تنبيه *tanbīh*| • warn *sb* ∘ *about* إلى, caution • stimulate, excite • awaken, wake *sb* up

تنبيه *tanbīh n.*↑ • caution, warning, note • stimulation

منبه *munabbih act. part. n.* • alarm clock, timer • stimulant

V **تنبه** *tanabbaha v.intr.* |*5s* يتنبه *yatanabbah^u* | تنبه *tanabbuh*| • notice إلى, realize • wake up

متنبه *mutanabbih act. part. adj.* |*elat.* أكثر تنبها *ʔakṯar tanabbuhan*| • alert, awake, vigilant

VIII **انتبه** *intabaha v.intr.* |*8s* ينتبه *yantabih^u* | انتباه *intibāh*| • beware *of* إلى, pay attention *to* • notice إلى, take note *of*

انتباه *intibāh n.*↑ • attention ▪ بانتباه *bi-ntibāh^in* *adv.* carefully

منتبه *muntabih act. part. adj.* |*elat.* أكثر تنبها *ʔakṯar tanabbuhan*| • alert, awake, vigilant

نبوة *nubuwwaᵗ n.* • prophethood

نبي *nabīʸ n.* |*pl.* **dip.** أنبياء *ʔanbiyāʔ*| • prophet

نبوي *nabawīʸ adj.* • prophetic ▪ المسجد النبوي *almasjid annabawīʸ*, مسجد النبوي *masjid · annabawīʸⁱ* Al-Masjid an-Nabawi, the Prophet's Mosque (in Medina) ➡ *picture to the right*

نتأ *nataʔa v.intr.* |*1s1(b)* ينتأ *yantaʔ^u* | نتوء *nutūʔ*| • protrude, stick out, bulge

نتج *nataja v.intr.* |*1s2* ينتج *yantij^u* | نتاج *nitāj*| • result *from* عن *or* من

نتاج *nitāj n.*↑ • yield, fruits, turnout, revenue • harvest, crop

نتيجة *natījaᵗ n.* |*pl.* **dip.** نتائج *natāʔij*| • result, effect, outcome ▪ نتيجة لـ *natījatan li- prep.* as a result of ▪ ونتيجة لهذا *wa-natījatan li-hāḏā*, ونتيجة لذلك *wa-natījatan li-ḏālika adv.* as a result, consequently

نتيجة *natījata prep.* • as a result of ◊ مرض نتيجة إهمال صحته. *He fell ill as a result of neglecting his health.*

IV **أنتج** *ʔantaja v.tr.* |*4s* ينتج *yuntij^u* | إنتاج *ʔintāj*| • produce, manufacture • cause, give rise to, provoke

إنتاج *ʔintāj n.*↑ • production, output

إنتاجي *ʔintājīʸ adj.* |*elat.* أكثر إنتاجية *ʔakṯar ʔintājīyaᵗᵃⁿ*| • productive

منتج *muntij act. part.* • *adj.* |*elat.* أكثر إنتاجا *ʔakṯar ʔintājan*| productive • *n.* manufacturer • *(film)* producer

منتج *muntaj pass. part.* •منتجات *muntajāt pl. n.* products

X **استنتج** *istantaja v.tr.* |*10s* يستنتج *yastantij^u* | استنتاج *istintāj*| • infer *sth* ∘ *from* من, deduce, conclude, draw a conclusion

استنتاج *istintāj n.*↑ • inference, deduction, conclusion

نتن *natin adj.* |*elat.* أنتن *ʔantan*| • rotten-smelling, rancid, smelly

IV **أنتن** *ʔantana v.intr.* |*4s* ينتن *yuntin^u* | إنتان *ʔintān*| • stink • rot, decay

نثر *naṯara v.tr.* |*1s3* ينثر *yanṯur^u* | نثر *naṯr*| • scatter, strew, sprinkle • write prose

نثر *naṯr n.*↑ • prose

نثري *naṯrīʸ adj.* • prosaic

نثير *naṯīr adj.* • scattered, strewn about

The Prophet's Mosque in Medina

IV **أنجب** *ʔanjaba v.tr.* |*4s* ينجب *yunjibᵘ* | إنجاب *ʔinjāb*| • beget, father • give birth *to*, have (a child), bear

نجيب *najīb adj.* |*m. pl.* نجباء *nujabāʔ* | *elat.* أنجب *ʔanjab*| • highborn, of noble descent • *man's name* Najib, Naguib

نجح *najaḥa v.intr.* |*1s1* ينجح *yanjaḥᵘ* | نجاح *najāḥ*| • succeed *in* في, manage to *(do)*

نجاح *najāḥ n.*↑ • success ▪ بنجاح *bi-najāḥⁱⁿ adv.* successfully

ناجح *nājiḥ act. part. adj.* |*elat.* أنجح *ʔanjaḥ*| • successful

نجدة *najdaᵗ n.* |*pl.* نجدات *naj(a)dāt*| • relief, help ▪ النجدة *annajdaᵗ* Help! ▪ طلب النجدة *ṭalaba annajdaᵗᵃ* call 911 ◊ اطلب النجدة متى ما سمعت إشارتي. *Dial 911 when you hear my signal.*

II **نجد** *najjada v.tr.* |*2s* ينجد *yunajjidᵘ* | تنجيد *tanjīd*| • upholster

تنجيد *tanjīd n.*↑ • upholstery

X **استنجد** *istanjada v.intr.* |*10s* يستنجد *yastanjidᵘ* | استنجاد *istinjād*| • call out for the help *of* بـ, seek aid *from*

نجار *najjār n.* • carpenter

نجران *najrān n.* ***f. dip.*** • *(city in Saudi Arabia)* Najran ➡ ***map on p. 144***

IV **أنجز** *ʔanjaza v.tr.* |*4s* ينجز *yunjizᵘ* | إنجاز *ʔinjāz*| • achieve, accomplish, carry out

إنجاز *ʔinjāz n.*↑ • achievement, accomplishment

النجف *annajaf n.* ***f.*** • *(city in Iraq)* Najaf ➡ ***map on p. 202***

نجل *najl n.* |*pl.* أنجال *ʔanjāl*| • descendant, offspring, son

نجيل *najīl n.* |*pl.* نجل *nujul*| • Bermuda grass

أنجل *ʔanjal adj.* ***dip.*** |*m & f pl.* نجل *nujl* | *f. sing.* ***dip.*** نجلاء *najlāʔ* | *f. dual* نجلاوان *najlāwānⁱ* | *f. pl.* نجلاوات *najlāwāt*| • *(eyes)* big, wide ◊ لها عينان نجلاوان ملائكيتان. *She has large, angelic eyes.*

نجم *najama v.intr.* |*1s3* ينجم *yanjumᵘ* | نجوم *nujūm*| • stem *from* من, originate *from*

نجم *najm n.* |*pl.* نجوم *nujūm*| • *(astronomy)* star ▪ فندق خمسة نجوم *funduq · xamsaᵗⁱ nujūmⁱⁿ* five-star hotel ▪ نجم بحر *najm · baḥr* starfish • star, actor, celebrity • *man's name* Najm, Najem

نجمة *najmaᵗ n.* |*pl.* نجمات *naj(a)māt*| • star, actress ▪ نجمة بحر *najmat · baḥr* starfish

منجم *manjam n.* |*pl.* ***dip.*** مناجم *manājim*| • mine, pit

II **نجم** *najjama v.intr.* |*2s* ينجم *yunajjimᵘ* | تنجيم *tanjīm*| • practice astrology

تنجيم *tanjīm n.*↑ • astrology

منجم *munajjim act. part. n.* • astrologer, fortune teller

نجا *najā v.intr.* |*1d3* ينجو *yanjū* | نجاة *najāᵗ*| • survive من, escape *from*, be saved *from* ◊ يقينا سننجو من هذا. *We will certainly survive this.*

نجاة *najāᵗ n.*↑ • survival, rescue

ناج *nāj(in) act. part. n.* ***def.*** |*m. pl.* ناجون *nājūnᵃ*| • survivor *of* من

II **نجى** *najjā v.tr.* |*2d* ينجي *yunajjī* | تنجية *tanjiyaᵗ*| • rescue *sb* ∘ *from* من, save

III **ناجى** *nājā v.tr.* |*3d* يناجي *yunājī* | مناجاة *munājāᵗ*| • whisper *to* ∘ *sth* بـ ▪ ناجى نفسه *nājā nafsᵃhu* talk to *oneself*

نحب *naḥaba v.intr.* |*1s1/1s2* ينحب *yanḥabᵘ* or *yanḥibᵘ* | نحب *naḥb* or نحيب *naḥīb*| • weep, sob, wail

VIII **انتحب** *intaḥaba v.intr.* |*8s* ينتحب *yantaḥibᵘ* | انتحاب *intiḥāb*| • weep, sob, wail

نحت *naḥata v.tr.* |*1s2/1s3* ينحت *yanḥitᵘ* or *yanḥutᵘ* | نحت *naḥt*| • sculpt, carve, chisel

نحت *naḥt n.*↑ • *(grammar)* compound word

ⓘ *A compound word consists of two words written together without a space to create a new word:* ➡ ***رأسمال raʔsmāl capital p. 114***, ***برمائي barmāʔīʸ amphibian p. 28***

نحات *naḥḥāt n.* • sculptor

منحت *minḥat n.* |*pl.* ***dip.*** مناحت *manāḥit*| • chisel

VIII **انتحر** *intaḥara v.intr.* |*8s* ينتحر *yantaḥirᵘ* | انتحار *intiḥār*| • commit suicide

انتحار *intiḥār n.*↑ • suicide ▪ انتحار بمساعدة الطبيب *intiḥār bi-musāƐadatⁱ -ṭṭabībⁱ* doctor-assisted suicide ▪ حاول الانتحار *ḥāwala alintiḥārᵃ* attempt suicide

انتحاري *intiḥārīʸ adj.* • suicidal ◊ أنا لست انتحاريا. أنا أحب الحياة. *I'm not suicidal; I love life.* ▪ ميول انتحارية *muyūl intiḥārīyaᵗ pl. n.* suicidal tendencies ▪ هجوم انتحاري *hujūm intiḥārīʸ n.* suicide attack

نحس *naḥasa v.tr.* |*1s1* ينحس *yanḥasᵘ* | نحس *naḥas*| • jinx, hex, bring bad luck *to*

منحوس *manḥūs pass. part. adj.* |*m. pl.* ***dip.*** مناحيس *manāḥīs* | *elat.* أنحس *ʔanḥas* or أكثر نحسا *ʔaktar naḥasan*| • unlucky, ominous

نحاس *nuḥās n.* • copper ▪ نحاس أصفر *nuḥās ʔaṣfar* brass

ن

نحف *naḫufa v.intr.* |*1s6* ينحف *yanḫuf*[u] | نحافة *naḫāfa*[t] | • lose weight, become thin

نحيف *naḫīf adj.* |*m. pl.* نحاف *niḫāf* or **dip.** نحفاء *nuḫafāʔ* | *elat.* أنحف *ʔanḫaf*| • skinny, gaunt, emaciated • thin, slim

نحل *naḫl coll. n.* |*sing.* نحلة *naḫla*[t]| • bees

نحال *naḫḫāl n.* • beekeeper

نحالة *niḫāla*[t] *n.* • beekeeping, apiculture

نحيل *naḫīl adj.* |*m. pl.* **invar.** نحلى *naḫlā* | *elat.* أنحل *ʔanḫal*| • thin, slim • skinny, gaunt, emaciated

نحن *naḫnu dual plural* **m. f.** *first-person personal pronoun* • we ▪ نحن الاثنان *naḫnu -litnān*[i] we both

نحو *naḫw n.* |*pl.* أنحاء *ʔanḫāʔ*| • direction, side ▪ أنحاء *ʔanḫāʔ pl. n.* parts ◊ قد انتشر السرطان في مختلف أنحاء جسمه. *The cancer has spread to different parts of his body.* ▪ في جميع أنحاء العالم *fī jamīƐ ʔanḫāʔ*[i] *-lƐālam*, في كل أنحاء العالم *fī kull*[i] *ʔanḫāʔ*[i] *-lƐālam*[i] all over the world, around the world • *(grammar)* syntax

نحو *naḫwa prep.* • toward, in the direction of ◊ اتجهت نحو المستشفى. *I headed toward the hospital.* ▪ ونحو ذلك *wa-naḫwa đālika* et cetera (etc.) • nearly, almost ◊ نحو عشر سنوات *almost ten years* ◊ في نحو التاسعة صباحا *just before nine in the morning*

نحوي *naḫwī*[y] *adj.* • *(grammar)* syntactic

ناحية *nāḫiya*[t] *n.* |*pl.* **def.** نواح *nawāḫ(in)*| • side, direction • point of view ▪ من ناحية... من ناحية أخرى... *min nāḫiya*[tin]*... min nāḫiya*[tin] *ʔuxrā...* on (the) one hand... on the other hand... ▪ من ناحية أخرى *min nāḫiya*[tin] *ʔuxrā adv.* on the other hand ▪ من ناحية *min nāḫiyat*[i] *prep.* from the point of view of, with regard to ◊ كلامك صحيح من ناحية المنطق. *What you say is correct from a logical point of view.* ▪ من ناحيتي *min nāḫiyatī* as far as I'm concerned ◊ من ناحيتي، لا أمانع في عمل المرأة. *As far as I'm concerned, I have no problem with women working.*

نخب *naxb n.* |*pl.* أنخاب *ʔanxāb*| • *(honor)* toast ▪ شرب نخبه *šariba naxb*[a]<u>*hu*</u> *v.* toast *sb*

نخبة *nuxba*[t] *n.* |*pl.* نخب *nuxab*| • *(the best)* elite group, select group, draft

نخبي *naxabī*[y] • *adj.* elite • *n.* elitist

ناخب *nāxib n.* • voter ▪ ناخبون *nāxibūn*[a] *pl. n.* electorate

VIII **انتخب** *intaxaba v.tr.* |*8s* ينتخب *yantaxib*[u] | انتخاب *intixāb*| • elect

انتخاب *intixāb n.*↑ • election ▪ انتخابات رئاسية *intixābāt riʔāsīya*[t] *pl. n.* presidential elections ▪ انتخابات نصفية *intixābāt niṣfīya*[t] *pl. n.* midterm elections

انتخابي *intixābī*[y] *adj.* • electoral

منتخب *muntaxab pass. part. n.* • team

نخر *naxr n.* |*pl.* نخور *nuxūr*| • decay, rot ▪ نخر أسنان *naxr · ʔasnān* tooth decay, cavity

نخر *naxir adj.* • rotten, decayed

منخر *manxir n.* |*pl.* **dip.** مناخر *manāxir*| • nostril

نخاع *nuxāƐ*, نخاع شوكي *nuxāƐ šawkī*[y] *n.* |*pl.* نخع *nuxuƐ*| • spinal cord, spinal column ▪ نخاع عظم *nuxāƐ · Ɛaẓm* bone marrow

نخل *naxl*, نخيل *naxīl coll. n.* |*sing.* نخلة *naxla*[t] or نخيلة *naxīla*[t]| • palm trees, date palms

ندب *nadaba v.tr.* |*1s3* يندب *yandub*[u] | ندب *nadb*| • mourn, lament, weep over ◊ ندب حظه العاثر. *He lamented his bad luck.* • send *sb* as a delegate ◊ ندب الرئيس وزير الخارجية. *The president sent the foreign minister as a delegate.*

نادب *nādib act. part. n.* |*pl.* **dip.** نوادب *nawādib*| • mourner

مندوب *mandūb pass. part. n.* • delegate, representative, envoy

ندبة *nadba*[t], ندب *nadab n.* |*pl.* ندبات *nad(a)bāt* or أنداب *ʔandāb*| • scar

II **ندد** *naddada v.tr.* |*2s* يندد *yunaddid*[u] | تنديد *tandīd*| • criticize *sb* ∘ *for* بـ

تنديد *tandīd n.*↑ • criticism

ندر *nadara v.intr.* |*1s3* يندر *yandur*[u] | ندر *nadr* or ندور *nudūr*| • be rare, be scarce

نادر *nādir act. part. adj.* |*elat.* أندر *ʔandar*| • rare, uncommon, unusual ▪ نادرا *nādiran*, نادرا ما *nādiran mā adv.* rarely, seldom ▪ من النادر أنّ *min*[a] *-nnādir*[i] *ʔan* it is rare that...

ندرة *nadra*[t] *n.* • scarcity

نادل *nādil n.* |*pl.* ندل *nudul*| • waiter, server

نادلة *nādila*[t] *n.* • waitress

ندم *nadima v.intr.* |*1s4* يندم *yandam*[u] | ندم *nadam*| • regret على

ندم *nadam n.*↑ • regret, remorse

نادم *nādim act. part. adj.* |*m. pl.* نادمون *nādimūn*[a] or ندام *nuddām* | *elat.* أندم *ʔandam*| • regretful

نديم *nadīm n.* |*pl.* **dip.** ندماء *nudamāʔ*| • close friend, pal • *man's name* Nadeem, Nadim

نداء *nidāʔ n.* • call, summons

ندى *nad(an) n.* **indecl.** |*pl.* أنداء *ʔandāʔ*| • dew

ندوة *nadwa*[t] *n.* |*pl.* ندوات *nad(a)wāt*| • seminar, council, panel

ناد *nād(in)* n. **def.** |pl. أندية *ʔandiyaᵗ* or **def.** نواد *nawād(in)*| • club ▪ ناد ليلي *nād(in) laylīʸ* night club

نادية *nādiyaᵗ* **dip.** *woman's name* • Nadia

III **نادى** *nādā* v. |3d ينادي *yunādī* | مناداة *munādāᵗ*| • *v.tr.* call out *to*, call • *v.intr.* call *for* بـ, advocate

VIII **انتدى** *intadā* v.intr. |8d1 ينتدي *yantadī* | انتداء *intidāʔ*| • gather, assemble, meet together

منتدى *muntad(an)* pass. part. n. **indecl.** |dual منتديان *muntadayānⁱ* | pl. منتديات *muntadayāt*| • forum ▪ منتدى إنترنت *muntadā · ʔinternet* internet forum, message board

IV **أنذر** *ʔanđara* v.tr. |4s ينذر *yunđirᵘ* | إنذار *ʔinđār*| • warn *sb* ∘ *about* بـ, alarm

إنذار *ʔinđār* n.↑ • warning, alarm ▪ صفارة إنذار *ṣaffārat · ʔinđār* siren

نذير *nađīr* n. |pl. نذر *nuđur*| • alarm • *man's name* Nadir

نذل *nađl* |pl. أنذال *ʔanđāl*| • *adj.* villainous, vile • *n.* scoundrel, villain

نرجس *narjis* coll. n. |sing. نرجسة *narjisaᵗ*| • daffodils

نرجسي *narjisīʸ* • *adj.* |elat. أكثر نرجسية *ʔaktar narjisīyaᵗᵃⁿ*| vain, narcissistic • *n.* narcissist

نرجسية *narjisīyaᵗ* n. • vanity, narcissism

نرد *nard* n. • النرد *annard*, لعبة طاولة النرد *luƐbat · ṭāwilatⁱ · -nnardⁱ* backgammon • حجر نرد *ħajar · nard* *(singular of dice)* die

النرويج *annurwīj* n. **f.** • Norway

نرويجي *nurwījīʸ* adj. & n. • Norwegian

نزح *nazaħa* v.intr. |1s1/1s2 ينزح *yanzaħᵘ* or *yanziħᵘ* | نزوح *nuzūħ*| • migrate *to* إلى, emigrate, immigrate

نزوح *nuzūħ* n.↑ • migration, emigration, immigration

نازح *nāziħ* act. part. n. • migrant, emigrant, immigrant

نزع *nazaƐa* v.tr. |1s1 ينزع *yanzaƐᵘ* | نزع *nazƐ*| • remove *sth* ∘ *from* من, take away

نزع *nazƐ* n.↑ • removal

نزعة *nazƐaᵗ* n. • inclination, tendency

نزاع *nizāƐ* n. • struggle, fight, conflict, dispute

III **نازع** *nāzaƐa* v.tr. |3s ينازع *yunāziƐᵘ* | منازعة *munāzaƐaᵗ*| • struggle *with*, fight *with*

منازعة *munāzaƐaᵗ* n.↑ • struggle, fight

VIII **انتزع** *intazaƐa* v.tr. |8s ينتزع *yantaziƐᵘ* | انتزاع *intizāƐ*| • snatch *sth* ∘ *from* من

نزف *nazafa* v.intr. |1s2 ينزف *yanzifᵘ* | نزف *nazf*| • bleed

نزيف *nazīf* n. • hemorrhage, bleeding ▪ نزيف أنف *nazīf · ʔanf* nosebleed

نزل v.intr. • *nazala* |1s2 ينزل *yanzilᵘ* | نزول *nuzūl*| descend, go down ▪ نزل الثلج *nazala attaljᵘ* snow ▪ نزل وزنه *nazala waznᵘhu* lose weight ◊ نزل وزني خمسة كيلو. *I lost five kilos.* • get off, get out of, disembark • *nazila* |1s4 ينزل *yanzalᵘ* | نزلة *nazlaᵗ*| stay *at* في or عند ◊ سأنزل في الفندق مؤقتا. *I will stay in the hotel for the time being.* • surrender *to* على, yield, give in

نزول *nuzūl* n.↑ • descent ▪ نزولا *nuzūlan* adv. down, downward • surrender, compliance ▪ نزولا على *nuzūlan Ɛalā* prep. in accordance with ▪ نزولا على طلبه *nuzūlan Ɛalā ṭalabⁱhi*, نزولا على رغبته *nuzūlan Ɛinda raɣbatⁱhi* adv. at *sb's* request

نزلة *nazlaᵗ* n.↑ |pl. نزلات *naz(a)lāt*| • arrival, stopover • catarrh ▪ نزلة برد *nazlat · bard* cold

نزيل *nazīl* n. |pl. **dip.** نزلاء *nuzalāʔ*| • guest, lodger

نازل *nāzil* act. part. n. |pl. **dip.** نوازل *nawāzil*| • guest, lodger

نزل *nazl* n. |pl. نزول *nuzūl*| • inn, motel, hotel

منزل *manzil* n. |pl. **dip.** منازل *manāzil*| • house, home, residence ▪ في المنزل *fī -lmanzilⁱ* adv. (at) home

منزلي *manzilīʸ* adj. • domestic, household

منزلة *manzilaᵗ* n. |pl. **dip.** منازل *manāzil*| • status, position

II **نزل** *nazzala* v.tr. |2s ينزل *yunazzilᵘ* | تنزيل *tanzīl*| • download • lower, decrease

تنزيل *tanzīl* n. • discount • *(computers)* download

IV **أنزل** *ʔanzala* v.tr. |4s ينزل *yunzilᵘ* | إنزال *ʔinzāl*| • cause to descend, bring down

VI **تنازل** *tanāzala* v.intr. |6s يتنازل *yatanāzalᵘ* | تنازل *tanāzul*| • relinquish *sth* عن *to* لـ, forgo, abdicate, renounce, abandon, surrender, back down *from* ▪ تنازل عن العرش لـ *tanāzala Ɛanⁱ -lƐaršⁱ li-* abdicate the throne to

نزهة *nuzhaᵗ* n. |pl. نزه *nuzah*| • stroll, walk; excursion, trip ▪ في نزهة *fī nuzhaᵗ* on a walk; on a trip

نزاهة *nazāhaᵗ* n. • integrity

نزيه *nazīh* adj. |m. pl. **dip.** نزهاء *nuzahāʔ* | elat. أنزه

ن

ʔanzah| • honest, morally upright

V **تنزه** *tanazzaha v.intr.* |*5s* يتنزه *yatanazzah*^{u} | تنزه *tanazzuh*| • stroll, go for a walk, go for a drive, go for a ride • go on a picnic

تنزه *tanazzuh n.*↑ • stroll, walk, ride, drive • picnic, excursion, outing

متنزه *mutanazzah pass. part. n.* • park

نسب *nasaba v.tr.* |*1s3/1s2* ينسب *yans**u**b*^{u} or *yans**i**b*^{u} | نسبة *nisba*^{t} or نسب *nasab*| • refer *sth* ه *to* إلى, relate

نسب *nasab n.*↑ |*pl.* أنساب *ʔansāb*| • lineage, descent, origin • relationship, kinship

نسبة *nisba*^{t} *n.*↑ |*pl.* نسب *nisab*| • connection, relationship ▪ بالنسبة لـ *bi-nnisba*^{ti} *li-*, بالنسبة إلى *bi-nnisba*^{ti} *ʔilā prep.* as for, regarding, according to, with regard to; in comparison with ▪ بالنسبة لي *bi-nnisba*^{ti} *lī* As for me, ... • rate, ratio ▪ نسبة مئوية *nisba*^{t} *miʔawīya*^{t} percentage • *(grammar)* nisba adjective, relative adjective

نسبي *nisbī*^{y} *adj.* |*elat.* أكثر نسبية *ʔaktar nisbīya*^{tan}| • relative ▪ نسبيا *nisbīyan adv.* relatively ◊ هذا الأمر مضمون نسبيا. *The issue is relatively guaranteed.*

منسوب *mansūb pass. part.* |*pl.* ***dip.*** مناسيب *manāsīb*| • *adj.* regarding, related *to* • *n.* level ▪ منسوب مياه *mansūb · miyāh* water level

نسيب *nasīb n.* |*pl.* أنسباء *ʔansibāʔ* or ***dip.*** نسباء *nusabāʔ*| • relative, kinsman

III **ناسب** *nāsaba v.tr.* |*3s* يناسب *yunāsib*^{u} | مناسبة *munāsaba*^{t}| • fit, suit, correspond *with*

مناسبة *munāsaba*^{t} *n.*↑ • *n.* occasion, opportunity • properness, appropriateness

مناسب *munāsib act. part. adj.* |*elat.* أنسب *ʔansab*| • convenient • proper, appropriate ▪ في الوقت المناسب *fī -lwaqt*^{i} *-lmunāsib*^{i} *adv.* at the right time • fitting, suitable

VI **تناسب** *tanāsaba v.intr.* |*6s* يتناسب *yatanāsab*^{u} | تناسب *tanāsub*| • be compatible *with* مع, be commensurate

تناسب *tanāsub n.*↑ • proportion

متناسب *mutanāsib act. part. adj.* |*elat.* أكثر تناسبا *ʔaktar tanāsuban*| • proportionate, commensurate

VIII **انتسب** *intasaba v.intr.* |*8s* ينتسب *yantasib*^{u} | انتساب *intisāb*| • belong *to* إلى, be associated *with*

منتسب *muntasib act. part.* • *adj.* |*elat.* أكثر انتسابا *ʔaktar intisāban*| belonging *to* • *n.* member *of*, affiliate *of*

نستعليق *nastaƐlīq n.* •خط النستعليق *xatt · annastaƐlīq*^{i} Nastaleeq script (style of calligraphy)

نسج *nasaja v.tr.* |*1s3* ينسج *yans**u**j*^{u} | نسج *nasj*| • weave, spin ▪ نسج على منواله *nasaja Ɛalā minwāl*^{i}*hi* follow *sb's* example; take after *sb*

نسيج *nasīj n.*↑ |*pl.* أنسجة *ʔansija*^{t}| • textile, fabric ▪ النسيج الاجتماعي *annasīj alijtimāƐī*^{y} social fabric • texture • tissue ▪ نسيج جلدي *nasīj jildī*^{y} skin tissue • web ▪ نسيج عنكبوت *nasīj · Ɛankabūt* spider web

منسج *minsaj n.* • loom

نسخ *nasaxa v.tr.* |*1s1* ينسخ *yans**a**x*^{u} | نسخ *nasx*| • copy, reproduce • transcribe, transliterate • photocopy

نسخ *nasx n.*↑ • reproduction • transcription ▪ نسخ حرفي *nasx ɧarfī*^{y} transliteration ▪ خط النسخ *xatt · annasx*^{i} Naskh script (the most commonly used style for printing Arabic, and the style used throughout this book) ➡ ***compare with picture on p. 124***

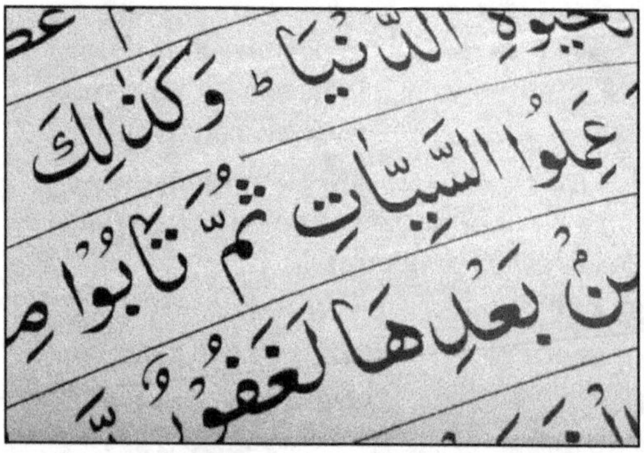

A sample of Naskh script from the Quran

ناسخة *nāsixa*^{t} *act. part. n.* • photocopier, copy machine

نسخة *nusxa*^{t} *n.* |*pl.* نسخ *nusax*| • copy, reproduction, replica ▪ نسخة مصورة *nusxa*^{t} *muṣawwara*^{t} photocopy

نساخ *nassāx n.* |*pl.* نساخة *nassāxa*^{t}| • transcriber, scribe

نسر *nasr n.* |*pl.* نسور *nusūr*| • vulture

نسف *nasafa v.tr.* |*1s2* ينسف *yans**i**f*^{u} | نسف *nasf*| • blow up • torpedo

ناسف *nāsif act. part. adj.* |*elat.* أكثر نسفا *ʔaktar nasfan*| • explosive ▪ عبوة ناسفة *Ɛubūwa*^{t} *nāsifa*^{t} *n.*

improvised explosive device (IED), makeshift explosive ▪ حزام ناسف *ḥizām nāsif n.* suicide belt, explosive belt

نسيفة *nasīfa*ᵗ *n.* |*pl.* **dip.** نسائف *nasāʔif*| • bomb

II **نسق** *nassaqa v.tr.* |2s ينسق *yunassiq*ᵘ | تنسيق *tansīq*| • coordinate, arrange

تنسيق *tansīq n.* • coordination, arrangement, alignment

منسق *munassiq act. part. n.* • coordinator

VI **تناسق** *tanāsaqa v.intr.* |6s يتناسق *yatanāsaq*ᵘ | تناسق *tanāsuq*| • be coordinated, be harmonious

تناسق *tanāsuq n.*↑ • coordination, harmony

نسق *nasaq n.* • system, method

ناسك *nāsik n.* |*pl.* نساك *nussāk*| • hermit, recluse • monk

نسل *nasl n.* |*pl.* أنسال *ʔansāl*| • offspring, descendants

VI **تناسل** *tanāsala v.intr.* |6s يتناسل *yatanāsal*ᵘ | تناسل *tanāsul*| • reproduce, breed

تناسل *tanāsul n.*↑ • reproduction, sex

تناسلي *tanāsulīʸ adj.* • reproductive, sexual ▪ جهاز تناسلي *jihāz tanāsulīʸ n.* reproductive system

نسمة *nasama*ᵗ *n.* • *(demographics)* person, individual ◊ يبلغ عدد سكان الأرض سبعة مليارات نسمة. *The population of the world has surpassed seven billion (people).*

نسيم *nasīm n.* |*pl.* **dip.** نسائم *nasāʔim*| • breeze ▪ شم النسيم *šam annasīm* Sham el-Nessim (Egyptian holiday)

نساء *nisāʔ*, نسوة *niswa*ᵗ ***f.*** *pl. n.* |*sing.* امرأة *imraʔa*ᵗ| • women

نسائية *nisāʔīya*ᵗ, نسوية *niswīya*ᵗ *n.* • feminism

نسائي *nisāʔīʸ*, نسوي *niswīʸ* • *adj.* women's ◊ فريق نسائي لكرة السلة *women's basketball team* • *adj. & n.* feminist

نسي *nasiya v.tr.* |1d4 ينسى *yansā* | نسيان *nisyān* or نسي *nasy*| • forget ▪ نسي أن *nasiya ʔan* forget to *(do)* ◊ نسيت تناول الدواء. *I forgot to take the medicine.* ▪ نسي أن *nasiya ʔanna* forget that... ◊ نسيت أني تناولت الدواء *I forgot that I had taken the medicine.* ▪ علينا ألا ننسى... *ɛalaynā ʔallā nansā* Let's not forget...

نسيان *nisyān n.*↑ • forgetfulness ▪ كثير النسيان *katīr · annisyān*ⁱ *adj.* forgetful

IV **أنسى** *ʔansā v.tr.* |4d ينسي *yunsī* | إنساء *ʔinsāʔ*| • make *sb* ∘ forget *sth* ∘

نشأ *našaʔa v.intr.* |1s1(b) ينشأ *yanšaʔ*ᵘ | نشأة *našʔa*ᵗ or نشوء *nušūʔ*| • grow up • evolve *from* عن, result *from*

نشوء *nušūʔ n.*↑ • growth • evolution

ناشئ *nāšiʔ act. part. adj.* • beginning, emergent, startup- ▪ شركة ناشئة *šarika*ᵗ *nāšiʔa*ᵗ *n.* startup company

منشأة *munšaʔa*ᵗ *n.* |*pl.* منشآت *munšaʔāt*| • foundation, establishment, institution

IV **أنشأ** *ʔanšaʔa v.tr.* |4s(c) ينشئ *yunšiʔ*ᵘ | إنشاء *ʔinšāʔ*| • build, construct • establish, found, set up • write, author

إنشاء *ʔinšāʔ n.*↑ |*pl.* إنشاءات *ʔinšāʔāt*| • construction • establishment, foundation

إنشائي *ʔinšāʔīʸ adj.* • structural

نشب *našiba v.intr.* |1s4 ينشب *yanšab*ᵘ | نشوب *nušūb*| • break out, arise ▪ نشبت حرب *našibat ḥarb*ᵘⁿ war breaks out ▪ نشب حريق *našiba ḥarīq*ᵘⁿ fire breaks out

نشوب *nušūb n.*↑ • outbreak, eruption

نشد *našada v.tr.* |1s3 ينشد *yanšud*ᵘ | نشد *našd*| • pursue, seek

نشيد *našīd*, أنشودة *ʔunšūda*ᵗ *n.* |*pl.* **dip.** أناشيد *ʔanāšīd*| • anthem ▪ نشيد وطني *našīd waṭanīʸ* national anthem

III **ناشد** *nāšada v.tr.* |3s يناشد *yunāšid*ᵘ | مناشدة *munāšada*ᵗ| • plead *with* ∘ *for* ∘ *or* في, appeal, implore, request urgently ▪ ناشده أن *nāšadahu ʔan* implore *sb* to *(do)*

مناشدة *munāšada*ᵗ *n.*↑ • appeal, urgent request

نشر *našara v.tr.* |1s3 ينشر *yanšur*ᵘ | نشر *našr*| • spread • publish, issue • announce, decree • saw

نشر *našr n.*↑ • spread • publication, issuance • announcement, declaration

ناشر *nāšir act. part. n.* • publisher

منشور *manšūr pass. part. n.* • publication, pamphlet, brochure

نشرة *našra*ᵗ *n.* |*pl.* نشرات *naš(a)rāt*| • publication, newsletter, pamphlet ▪ نشرة شهرية *našra*ᵗ *šahrīya*ᵗ monthly publication • announcement, decree ▪ نشرة أخبار *našrat · ʔaxbār* news broadcast

منشار *minšār n.* |*pl.* **dip.** مناشير *manāšīr*| • saw

VIII **انتشر** *intašara v.intr.* |8s ينتشر *yantašir*ᵘ | انتشار *intišār*| • spread • become well-known, become common

انتشار *intišār n.*↑ • spread • popularity,

prevalence

منتشر *muntašir act. part. adj.* |*elat.* أكثر انتشارا *ʔaktar intišāran*| • widespread, prevalent

نشط *našiṭa v.intr.* |*1s4* ينشط *yanšaṭu* | نشاط *našāṭ*| • become active, become energetic

نشاط *našāṭ n.*↑ |*pl.* أنشطة *ʔanšiṭa*| • activity

ناشط *nāšiṭ act. part.* |*pl.* **dip.** نشطاء *nušaṭāʔ* or ناشطون *nāšiṭūna*| • *n.* activist ▪ ناشط سياسي *nāšiṭ siyāsī* political activist • *adj.* |*elat.* أنشط *ʔanšaṭ*| active, dynamic, energetic

نشط *našiṭ adj.* |*elat.* أنشط *ʔanšaṭ*| • active, dynamic, energetic

نشيط *našīṭ adj.* |*m. pl.* نشاط *nišāṭ* | *elat.* أنشط *ʔanšaṭ*| • active, dynamic, energetic

II **نشط** *naššaṭa v.tr.* |*2s* ينشط *yunaššiṭu* | تنشيط *tanšīṭ*| • energize, stimulate ▪ نشط الاقتصاد *naššaṭa aliqtiṣād* stimulate the economy

تنشيط *tanšīṭ n.*↑ • stimulation

منشط *munaššiṭ act. part. n.* • stimulus, stimulant ▪ منشط اقتصادي *munaššiṭ iqtiṣādī* economic stimulus ▪ منشط جنسي *munaššiṭ jinsī* *(drug)* sexual stimulant

نشف *našifa v.intr.* |*1s4* ينشف *yanšafu* | نشف *našaf*| • dry out, dehydrate

منشفة *minšafa n.* |*pl.* **dip.** مناشف *manāšif*| • towel

II **نشف** *naššafa v.tr.* |*2s* ينشف *yunaššifu* | تنشيف *tanšīf*| • dry

V **تنشق** *tanaššaqa v.intr.* |*5s* يتنشق *yatanaššaqu* | تنشق *tanaššuq*| • inhale

تنشق *tanaššuq n.*↑ • inhalation

X **استنشق** *istanšaqa v.intr.* |*10s* يستنشق *yastanšiqu* | استنشاق *istinšāq*| • inhale

استنشاق *istinšāq n.*↑ • inhalation ▪ جهاز استنشاق *jihāz · istinšāq* inhaler

نشل *našala v.tr.* |*1s3* ينشل *yanšulu* | نشل *našl*| • pickpocket, snatch

نشال *naššāl n.* • pickpocket

نشوان *našwān adj.* |*m. pl.* **invar.** نشاوى *našāwā* | *f. sing.* **invar.** نشوى *našwā* | *elat.* أكثر نشوة *ʔaktar našwatan* or **invar.** أنشى *ʔanšā*| • drunk, intoxicated, high

نشوة *našwa n.* • intoxication • ecstasy

نصب *naṣaba v.tr.* |*1s3* ينصب *yanṣubu* | نصب *naṣb*| • cheat, dupe, deceive • install, appoint • erect, set up ◊ نصب الكشاف الخيمة. *The scout set the tent up.*

نصب *naṣb n.* • fraud, deception • installation, appointment • *(grammar)* accusative case ▪ حرف نصب *ḥarf · naṣb* accusative particle

منصوب *manṣūb pass. part. adj.* • *(grammar)* accusative • *(grammar)* subjunctive, conjunctive ▪ المضارع المنصوب *almuḍāriɛ almanṣūb n.* the subjunctive mood, the conjunctive mood

نصب *nuṣb* or *nuṣub n.* |*pl.* أنصاب *ʔanṣāb*| • *n.* monument, statue, idol ▪ نصب تذكاري *nuṣb taḏkārī* monument, memorial

نصب *nuṣba prep.* • in front of, before ▪ نصب عيني *nuṣba ɛaynayya* before my eyes ▪ وضعه نصب عينيه *waḍaɛahu nuṣba ɛaynayhi* direct *one's* attention to *sth*

نصاب *niṣāb n.* • origin, beginning, original condition

نصاب *naṣṣāb n.* • crook, cheat, imposter, fraud, swindler

نصيب *naṣīb n.* |*pl.* نصب *nuṣub*| • fate, destiny • share, portion ▪ نصيب صغير *naṣīb ṣaγīr* small serving, small portion • dividend, quota

يانصيب *yānaṣīb n.* • lottery, raffle, sweepstakes

منصب *manṣib n.* |*pl.* **dip.** مناصب *manāṣib*| • *(employment)* post, position

II **نصب** *naṣṣaba v.tr.* |*2s* ينصب *yunaṣṣibu* | تنصيب *tanṣīb*| • nominate, appoint

تنصيب *tanṣīb n.*↑ • nomination, appointment

IV **أنصت** *ʔanṣata v.intr.* |*4s* ينصت *yunṣitu* | إنصات *ʔinṣāt*| • listen *to* لـ, pay attention *to*

V **تنصت** *tanaṣṣata v.tr.* |*5s* يتنصت *yatanaṣṣatu* | تنصت *tanaṣṣut*| • eavesdrop, wiretap (a telephone)

نصح *naṣaḥa v.tr.* |*1s1* ينصح *yanṣaḥu* | نصح *naṣḥ* or *nuṣḥ* or نصيحة *naṣīḥa*| • advise *sb* ∘ *on* بـ ▪ نصحه أن *naṣaḥahu ʔan*, نصحه بأن *naṣaḥa bi-ʔan* advise *sb* to *(do)*

نصيحة *naṣīḥa n.*↑ |*pl.* **dip.** نصائح *naṣāʔiḥ*| • advice

ناصح *nāṣiḥ act. part. n.* |*pl.* نصاح *nuṣṣāḥ*| • adviser, counselor

نصر *naṣara v.tr.* |*1s3* ينصر *yanṣuru* | نصر *naṣr* or نصرة *nuṣra*| • aid, assist, save ▪ نصره الله *naṣarahu aLLāhu* may God help *sb*

نصر *naṣr n.*↑ • triumph, victory

ناصر *nāṣir act. part. n.* |*pl.* أنصار *ʔanṣār*| • follower, enthusiast, proponent • helper, protector • *man's name* Nasir ▪ جمال عبد الناصر *gamāl ɛabd annāṣir* Gamal Abdel Nasser

(second president of Egypt)
الناصرة *annāṣira^{t} n.* • *(city in Israel)* Nazareth
الناصرية *annāṣirīya^{t} n.* • *(city in Iraq)* Nasiriyah
➡ ***map on p. 202***

منصور *manṣūr pass. part. adj.* • triumphant, victorious • *man's name* Mansur, Mansoor
المنصورة *almanṣūra^{t} n.* • *(city in Egypt)* Mansoura ➡ ***map on p. 287***

نصرة *nuṣra^{t} n.* |*pl.* نصرات *nuṣ(u)rāt*| • help, assistance

نصراني *naṣrānī^{y} adj. & n.* |*pl.* ***invar.*** نصارى *naṣārā*| • Christian
نصرانية *naṣrānīya^{t} n.* • Christianity

نصير *naṣīr n.* |*pl.* ***dip.*** نصراء *nuṣarā?* or أنصار *?anṣār*| • supporter, ally

II **نصّر** *naṣṣara v.tr.* |**2s** ينصر *yunaṣṣir^{u}* | تنصير *tanṣīr*| • convert to Christianity

تنصير *tanṣīr n.*↑ • conversion to Christianity

VIII **انتصر** *?intaṣara v.intr.* |**8s** ينتصر *yantaṣir^{u}* | انتصار *intiṣār*| • triumph *over* على, be victorious

انتصار *intiṣār n.*↑ • triumph, victory

منتصر *muntaṣir act. part.* • *adj.* |*elat.* أكثر انتصارا *?aktar intiṣāran*| victorious • *n.* victor

نصّ *naṣṣa v.intr.* |**1g3** ينص *yanuṣṣ^{u}* | نص *naṣṣ*| • stipulate على, determine, specify

نصّ *naṣṣ n.*↑ |*pl.* نصوص *nuṣūṣ*| • text

منصّة *minaṣṣa^{t} n.* • podium, counter • platform • diving board ▪ منصة متحركة *minaṣṣa^{t} mutaḥḥarika^{t}* springboard ▪ منصة ثابتة *minaṣṣa^{t} tābita^{t}* firm board, diving platform

نصف *niṣf n.* |*pl.* أنصاف *?anṣāf*| • half ▪ نصف ساعة *niṣf · sāɛa^{t}* half an hour ▪ والنصف *wa-nniṣf* [hour +] *(time)* half past ◊ الساعة التاسعة والنصف *half past nine (9:30)* ▪ ونصف *wa-niṣf* [+ genitive noun] and a half ◊ سنتان ونصف سنة *two and a half years (lit. two years and a half year)* ▪ مفتوح نصف فتحة *maftūḥ niṣf^{a} fatḥa^{tin}* half-way open ▪ نصف كرة *niṣf · kura^{t}* hemisphere
نصفي *niṣfī^{y} adj.* • semi- ▪ صداع نصفي *ṣudāɛ niṣfī^{y} n.* migraine ▪ انتخابات نصفية *intixābāt niṣfīya^{t} pl. n.* midterm elections

II **نصّف** *naṣṣafa v.tr.* |**2s** ينصف *yunaṣṣif^{u}* | تنصيف *tanṣīf*| • halve

IV **أنصف** *?anṣafa v.tr.* |**4s** ينصف *yunṣif^{u}* | إنصاف *?inṣāf*| • treat justly, be fair *with*

إنصاف *?inṣāf n.*↑ • justice, fairness

منصف *munṣif act. part. adj.* |*elat.* أكثر إنصافا *?aktar ?inṣāfan*| • fair, just

VIII **انتصف** *intaṣafa v.intr.* |**8s** ينتصف *yantaṣif^{u}* | انتصاف *intiṣāf*| • be halfway over ▪ عندما انتصف الليل *ɛindamā -ntaṣafa -llayl^{u}* in the middle of the night ▪ ثم انتصف القرن العشرون *tumma -ntaṣafa -lqarn^{u} -lɛišrūn^{a}* in the mid-twentieth century

منتصف *muntaṣaf pass. part. n.* • middle, halfway, mid- ▪ منتصف الأسبوع *muntaṣaf · al?usbūɛ^{i}* midweek ▪ منتصف الليل *muntaṣaf · allayl^{i}* midnight ▪ في منتصف الطريق *fī muntaṣaf^{i} -ṭṭarīq^{i} adv.* halfway, midway ▪ في منتصف القرن العشرين *fī muntaṣaf^{i} -lqarn^{i} -lɛišrīn^{a}* in the mid-twentieth century ▪ في منتصف فبراير *fī muntaṣaf^{i} fabrāyir^{a}* in mid-February ▪ منذ منتصف الثمانينات *munḏu muntaṣaf^{i} -ttamānīnāt* since the mid-eighties

نصل *naṣl n.* |*pl.* نصال *niṣāl* or نصول *nuṣūl*| • blade

ناصية *nāṣiya^{t} n.* |*pl.* ***def.*** نواص *nawāṣ(in)*| • *(street)* corner ▪ في الناصية *fī -nnāṣiya^{ti}* on the corner ▪ منطقة ناصية *minṭaqat · nāṣiya^{t} (brain)* frontal lobe

نضج *naḍija v.intr.* |**1s4** ينضج *yanḍaj^{u}* | نضج *nuḍj*| • ripen, mature • be well-cooked

نضج *nuḍj n.*↑ • maturity

ناضج *nāḍij act. part. adj.* |*elat.* أنضج *?anḍaj*| • ripe, mature ▪ غير ناضج *ɣayr · nāḍij adj.* unripe, immature

نضيج *naḍīj adj.* |*elat.* أنضج *?anḍaj* or أكثر نضجا *?aktar nuḍjan*| • *(meat)* well-done ▪ غير نضيج *ɣayr · naḍīj* rare

منضدة *minḍada^{t} n.* |*pl.* ***dip.*** مناضد *manāḍid*| • table • desk • stand • workbench

نضال *niḍāl n.* • struggle • defense

III **ناضل** *nāḍala v.tr.* |**3s** يناضل *yunāḍil^{u}* | مناضلة *munāḍala^{t}*| • struggle *with* • defend *against* ◦ *sb* عن

مناضلة *munāḍala^{t} n.*↑ • struggle • defense

مناضل *munāḍil act. part. n.* • combatant, militant

ناطحة *nāṭiḥa^{t} act. part.* |*pl.* ***dip.*** نواطح *nawāṭiḥ*| • ناطحة سحاب *nāṭiḥat · saḥāb n.* skyscraper

نطّ *naṭṭa v.intr.* |**1g3** ينط *yanuṭṭ^{u}* | نط *naṭṭ*| • spring, leap, jump

نطّ *naṭṭ n.*↑ • نط الحبل *naṭṭ · alḥabl^{i} (game)* jump rope ▪ لعب نط الحبل *laɛiba naṭṭ^{a} -lḥabl^{i} v.* jump rope

نطفة *nuṭfa^{t} n.* |*pl.* نطف *nuṭaf*| • sperm

نطق *naṭaqa v.intr.* |**1s3** ينطق *yanṭuq^{u}* | نطق *nuṭq*| • pronounce بـ, articulate • talk, speak ▪ نطق

ن

بالحق *naṭaqa bi-lḥaqqⁱ* speak the truth

نطق *nuṭq n.*↑ • pronunciation ▪ طريقة نطق *ṭarīqat · nuṭq* accent

ناطق *nāṭiq act. part. n.* • speaker, spokesperson

نطاق *niṭāq n.* |*pl.* نطق *nuṭuq*| • range, limit, zone ▪ واسع النطاق *wāsiƐ · anniṭāqⁱ adj.* wide-ranging ▪ في نطاق الرؤية *fī niṭāqⁱ -rruʔyaᵗⁱ adv.* in sight • belt, ring

منطق *manṭiq n.* • logic ▪ من المنطق أنْ *minᵃ -lmanṭiqⁱ ʔan* it is logical that...

منطقي *manṭiqīʸ adj.* |*elat.* أكثر منطقية *ʔakṯar manṭiqīyaᵗᵃⁿ*| • logical, rational ▪ من المنطقي أنْ *minᵃ -lmanṭiqīʸⁱ ʔan* it is logical that...

منطقة *minṭaqaᵗ n.* |*pl.* **dip.** مناطق *manāṭiq*| • region, area, zone ▪ منطقة زمنية *minṭaqaᵗ zamanīyaᵗ* time zone ▪ منطقة ناصية *minṭaqat · nāṣiyaᵗ (brain)* frontal lobe

نظر *naẓara v.intr.* |*1s3* ينظر *yanẓurᵘ* | نظر *naẓar*| • look *at* إلى

نظر *naẓar n.*↑ |*pl.* أنظار *ʔanẓār*| • eyesight, vision ▪ بعد النظر *buƐd · annaẓarⁱ* hyperopia, farsightedness ▪ بعيد النظر *baƐīd · annaẓarⁱ* forward-looking, wise; hyperopic, farsighted ▪ طويل النظر *ṭawīl · annaẓarⁱ* hyperopic, farsighted ▪ قصر النظر *qaṣr · annaẓarⁱ* myopia ▪ قصير النظر *qaṣīr · annaẓarⁱ* myopic, nearsighted • view, opinion, observation ▪ في نظري *fī naẓarī* in my opinion ▪ نظرا لـ *naẓaran li- prep.* because of, due to ◊ لن يحضر نظرا لمرضه. *He's not coming due to his illness.* ▪ نظرا لأنّ *naẓaran li-ʔanna conj.* because, seeing as how ◊ لست قلقا نظرا لأنك هنا. *I'm not worried since you are here.*; with regard to, in view of ◊ لن أعاتبك نظرا لظروفك الصعبة. *In view of your difficult circumstances, I will not blame you.*

نظري *naẓarīʸ* • *adj.* theoretical

نظرية *naẓarīyaᵗ n.* • theory, theorem

ناظر *nāẓir act. part. n.* |*pl.* نظار *nuẓẓār*| • principal, head master

منظور *manẓūr pass. part. n.* • perspective

نظرة *naẓraᵗ n.* |*pl.* نظرات *naẓ(a)rāt*| • look, view ▪ ألقى نظرة سريعة على *ʔalqā naẓraᵗᵃⁿ sarīƐaᵗᵃⁿ Ɛalā* glance at, take a quick look at

نظارة *naẓẓāraᵗ n.* • (pair of) eyeglasses ▪ نظارة شمس *naẓārat · šams* sunglasses ▪ نظارة قراءة *naẓārat · qirāʔaᵗ* reading glasses ▪ نظارة ثنائية البؤرة *naẓāraᵗ tunāʔīyatⁱ · lbuʔraᵗⁱ* bifocals ▪ ارتدى نظارة *irtadā naẓẓāraᵗ v.* wear glasses ⓘ *The dual and plural forms are sometimes also used to refer to a single pair of eyeglasses:* ◊ يرتدي نظارات. *He's wearing glasses.*

نظير *naẓīr* • *adj.* |*pl.* **dip.** نظراء *nuẓarāʔ*| similar, corresponding • *n.* |*pl.* **dip.** نظراء *nuẓarāʔ*| counterpart, peer • *n.* |*pl.* **dip.** نظائر *naẓāʔir*| isotope

نظير *naẓīra prep.* • for, in return for, in exchange for ◊ أعطته سيارتها نظير مبلغ مالي. *She gave him her car in exchange for money.*

منظر *manẓar n.* |*pl.* **dip.** مناظر *manāẓir*| • view, scenery, panorama

منظار *minẓār n.* |*pl.* **dip.** مناظير *manāẓīr*| • telescope

VIII **انتظر** *intaẓara v.tr.* |*8s* ينتظر *yantaẓirᵘ* | انتظار *intiẓār*| • wait *for*, await ▪ انتظر حتى *intaẓara ḥattā* wait until... • expect

انتظار *intiẓār n.*↑ • wait ▪ كان في الانتظار *kāna fī -lintiẓār v.* be waiting • expectation

منتظر *muntaẓar pass. part. adj.* • expected, anticipated ▪ من المنتظر أنْ *minᵃ -lmuntaẓarⁱ ʔan* it is expected that...

نظافة *naẓāfaᵗ n.* • cleanness, cleanliness • hygiene

نظيف *naẓīf adj.* |*m. pl.* نظاف *niẓāf* | *elat.* أنظف *ʔanẓaf*| • clean

II **نظف** *naẓẓafa v.tr.* |*2s* ينظف *yunaẓẓifᵘ* | تنظيف *tanẓīf*| • clean

منظف *munaẓẓif act. part. n.* • cleaner, detergent ▪ منظف فم *munaẓẓif · fam* mouthwash • cleaning person, cleaner

V **تنظف** *tanaẓẓafa v.intr.* |*5s* يتنظف *yatanaẓẓafᵘ* | تنظف *tanaẓẓuf*| • be cleaned, become clean • clean *oneself*

نظم *naẓama v.tr.* |*1s2* ينظم *yanẓimᵘ* | نظم *naẓm* or نظام *niẓām*| • arrange, organize

نظم *naẓm n.*↑ • verse • arrangement, organization

نظام *niẓām n.*↑ |*pl.* نظم *nuẓum* or أنظمة *ʔanẓimaᵗ*| • system, order ▪ نظام الحزب الواحد *niẓām · alḥizbⁱ -lwāḥidⁱ* one-party system • regime

نظامي *niẓāmīʸ* • regular, orderly, systematic, methodical

منظوم *manẓūm pass. part. n.* • poem

منظومة *manẓūmaᵗ n.* • system

II **نظم** *naẓẓama v.tr.* |*2s* ينظم *yunaẓẓimᵘ* | تنظيم *tanẓīm*| • arrange, organize

تنظيم *tanẓīm n.*↑ • arrangement, organization

تنظيمي *tanẓīmīʸ adj.* |*elat.* أكثر تنظيما *ʔakṯar*

tanzīman| • controlling, regulatory

منظم *munazzim act. part. n.* • organizer

منظمة *munazzama[t] pass. part. n.* • organization ▪ منظمة إرهابية *munazzama[t] ʔirhābīya[t]* terrorist organization ▪ منظمة التحرير الفلسطينية *munazzamat · attaḥrīr[i] -lfilasṭīnīya[ti]* The Palestine Liberation Organization (PLO) ▪ منظمة التعاون الإسلامي *munazzamat · attaƐāwun[i] -lʔislāmī[yi]* The Organization of Islamic Cooperation (IOC) ▪ منظمة السلام الأخضر *munazzamat · assalām[i] -lʔaxḍar[i]* Greenpeace ▪ منظمة العفو الدولية *munazzamat · alƐafw[i] -dduwalīya[ti]* Amnesty International ▪ منظمة التجارة العالمية *munazzamat · attijāra[ti] -lƐālamīya[ti]* The World Trade Organization (WTO)

VIII **انتظم** *intazama v.intr.* |*8s* ينتظم *yantazim[u]* | انتظام *intizām*| • become arranged, become organized

انتظام *intizām n.*↑ • order, regularity ▪ بانتظام *bi-ntizām[in] adv.* regularly, in a regular manner

منتظم *muntazim act. part. adj.* |*elat.* أكثر انتظاما *ʔakṯar intizāman*| • regular, systematic ▪ غير منتظم *ɣayr · muntazim* irregular

نعت *naƐata v.tr.* |*1s1* ينعت *yanƐ**a**t[u]* | نعت *naƐt*| • characterize *sb/sth* ه *as* بـ, describe

نعت *naƐt n.*↑ |*pl.* نعوت *nuƐūt*| • adjective

نعجة *naƐja[t] n.* • ewe ▪ من صار نعجة أكله الذئب. *man ṣāra naƐja[tan] ʔakala__hu__ -ḏḏiʔb[u] proverb* He who becomes a lamb will be devoured by wolves.

نعس *naƐasa v.intr.* |*1s1/1s3* ينعس *yanƐ**a**s[u]* or *yanƐ**u**s[u]* | نعاس *nuƐās* or نعس *naƐs*| • become sleepy, become drowsy, be half asleep

نعاس *nuƐās n.*↑ • sleepiness, drowsiness

ناعس *nāƐis act. part. adj.* |*elat.* أنعس *ʔanƐas*| • sleepy, drowsy

نعسان *naƐsān adj.* **dip.** |*m & f pl.* نعاس *niƐās* | *elat.* أنعس *ʔanƐas*| • sleepy, drowsy

IV **أنعش** *ʔanƐaša v.tr.* |*4s* ينعش *yunƐiš[u]* | إنعاش *ʔinƐāš*| • revive, resuscitate • refresh

إنعاش *ʔinƐāš n.*↑ • resuscitation

منعش *munƐiš act. part. adj.* |*elat.* أكثر إنعاشا *ʔakṯar ʔinƐāšan* or أنعش *ʔanƐaš*| • refreshing

نعل *naƐl n.* |*pl.* نعال *niƐāl*| • (pair of) sandals • footwear • *(shoe)* sole

نعم *v.intr.* • *naƐama* |*1s3* ينعم *yanƐ**u**m[u]* | نعمة *naƐma[t]*| enjoy بـ, take pleasure *in* • *naƐuma* |*1s3* ينعم *yanƐum[u]* | نعومة *nuƐūma[t]*| be soft, be smooth

نعمة *naƐma[t] n.*↑ |*pl.* نعمات *naƐ(a)māt*| • enjoyment, pleasure

نعومة *nuƐūma[t] n.*↑ • softness, smoothness ▪ منذ نعومة أظفاره *munḏu nuƐūmat[i] ʔaẓfār[i]__hi__ adv.* since *one's* early childhood

ناعم *nāƐim act. part. adj.* |*elat.* أنعم *ʔanƐam*| • soft, smooth • *(hair)* straight

نعم *naƐam interjection* • yes ▪ نعم؟ *naƐam* Yes?, Sorry? ⓘ نعم *naƐam is generally used as an answer to an affirmative questions.*

➥ ***compare with*** **بلى** ***balā p. 36***

نعم *niƐma interjection* • [+ definite nominative noun] what a wonderful...! ◊ نعم الرجال أنتم! *What wonderful men you are!* ◊ نعم الثواب! *How wonderful is the recompense!* ◊ كنت نعم الزوجة له. *I was such a wonderful wife to him.* ⓘ *Less commonly, you may see the form* نعمت *niƐmati preceding a feminine noun.* ▪ نعم ما *niƐma mā* it is wonderful what... ◊ نعم ما فعلت! *What you did was wonderful!, Well done!*

نعمة *niƐma[t] n.* |*pl.* نعم *niƐam*| • blessing, grace ▪ بنعمة الله *bi-niƐmat[i] -LLāh[i] adv.* by the grace of God

نعام *naƐām coll. n.* |*sing.* نعامة *naƐāma[t]*| • ostriches

نعيم *naƐīm n.* • comfort, luxury ▪ نعيما *naƐīman* Blessings! ▪ عاش في نعيم *Ɛāša fī naƐīm[in] v.* live in luxury

II **نعم** *naƐƐama v.tr.* |*2s* ينعم *yunaƐƐim[u]* | تنعيم *tanƐīm*| • soften, smooth out

IV **أنعم** *ʔanƐama v.intr.* |*4s* ينعم *yunƐim[u]* | إنعام *ʔinƐām*| • bestow *upon* على *sth* بـ ▪ أنعم الله عليه بنعمة *ʔanƐama -LLāh[u] Ɛalay__hi__ bi-niƐma[tin]* May God bestow his blessings upon *sb*

نعناع *naƐnāƐ n.* • mint, peppermint

II **نغص** *naɣɣaṣa v.tr.* |*2s* ينغص *yunaɣɣiṣ[u]* | تنغيص *tanɣīṣ*| • upset, disturb

منغص *munaɣɣiṣ act. part. adj.* |*elat.* أكثر تنغيصا *ʔakṯar tanɣīṣan*| • upsetting

منغص *munaɣɣaṣ pass. part. adj.* |*elat.* أكثر تنغصا *ʔakṯar tanaɣɣuṣan*| • upset

نغم *naɣm* or *naɣam n.* |*pl.* أنغام *ʔanɣām*| • note, tone

نغمة *naɣma[t]* or *naɣama[t] n.* |*pl.* نغمات *naɣ(a)māt*| • note, tone

نفاثة *naffāta[t]*, طائرة نفاثة *ṭāʔira[t] naffāta[t] n.* • jet plane

نفخ *nafaxa v.tr.* |*1s3* ينفخ *yanf**u**x[u]* | نفخ *nafx*|

• inflate, blow up

VIII **انتفخ** *intafaxa v.intr.* |*8s* يَنتفخ *yantafix^u* | انتفاخ *intifāx*| • swell up, bloat, become inflated, become puffy

منتفخ *muntafix act. part. adj.* |*elat.* أكثر انتفاخا *ʔaktar intifāxan*| • swollen, puffy, bulging ▪ عينان منتفختان *Ɛaynān muntafixatān^i dual noun* puffy eyes

نفد *nafida v.intr.* |*1s4* ينفد *yanfad^u* | نفاد *nafād*| • run out, be depleted

نفاد *nafād n.*↑ • depletion ▪ نفاد صبر *nafād · ṣabr* impatience

نافد *nāfid act. part. adj.* • depleted, out of __ ▪ نافد الصبر *nāfid · aṣṣabr^i* impatient

X **استنفد** *istanfada v.tr.* |*10s* يستنفد *yastanfid^u* | استنفاد *istinfād*| • deplete, use up, exhaust

استنفاد *istinfād n.*↑ • depletion, exhaustion

نفذ *nafađa v.* |*1s3* ينفذ *yanfuđ^u* | نفاذ *nafāđ*| • *v.tr.* penetrate, pierce • *v.intr.* lead *to* إلى

نافذ *nāfiđ act. part. adj.* |*elat.* أنفذ *ʔanfađ*| • effective ▪ أنفذ من السهم *idiom* more piercing than an arrow (i.e. very effective)

نافذة *nāfiđa^t act. part. n.* |*pl.* **dip.** نوافذ *nawāfiđ*| • window

نفوذ *nufūđ n.* • authority, influence

منفذ *manfađ n.* |*pl.* **dip.** منافذ *manāfiđ*| • passage, passageway • exit, way out

II **نفذ** *naffađa v.tr.* |*2s* ينفذ *yunaffiđ^u* | تنفيذ *tanfīđ*| • implement, execute, perform, carry out, apply, impose ▪ نفذ أمرا *naffađa ʔamran* fulfill an order ▪ نفذ برنامجا *naffađa barnāmajan* implement a program ▪ نفذ خطة *naffađa xiṭṭa^t* execute a plan

تنفيذ *tanfīđ n.* • implementation, execution, performance

تنفيذي *tanfīđīʸ adj.* • executive ▪ مدير تنفيذي *mudīr tanfīđīʸ n.* executive director

نفر *nafar n.* |*pl.* أنفار *ʔanfār*| • private, soldier

نافورة *nāfūra^t n.* |*pl.* **dip.** نوافير *nawāfīr*| • fountain

II **نفر** *naffara v.tr.* |*2s* ينفر *yunaffir^u* | تنفير *tanfīr*| • alienate, estrange • drive away, scare away • repel, disgust

X **استنفر** *istanfara v.tr.* |*10s* يستنفر *yastanfir^u* | استنفار *istinfār*| • alert • mobilize

استنفار *istinfār n.*↑ • alert • mobilization

نفس *nafas n.* |*pl.* أنفاس *ʔanfās*| • breath

نفس *nafs n. f.* |*pl.* أنفس *ʔanfus*| • self ▪ بنفسه *bi-nafs^{i}hi* oneself, by oneself ▪ بنفسي أن... *bi-nafsī ʔan* I hope that... • [+ definite genitive noun] the same __ ▪ نفس الشيء *nafs · aššayʔ^i* the same thing ▪ في نفس الوقت *fī nafs^i -lwaqt^i adv.* at the same time, simultaneously

Oneself...

The forms listed below are in the nominative case. For declensions of personal suffixes, ***➡ p. 182***

نفسي *nafsī*	**نفسانا** *nafsānā*	**أنفسنا** *ʔanfus^{u}nā*
نفسك *nafs^{u}ka*	**نفساكما** *nafsākumā*	**أنفسكم** *ʔanfus^{u}kum*
نفسك *nafs^{u}ki*		**أنفسكن** *ʔanfus^{u}kunna*
نفسه *nafs^{u}hu*	**نفساهما** *nafsāhumā*	**أنفسهم** *ʔanfus^{u}hum*
نفسها *nafs^{u}hā*		**أنفسهن** *ʔanfus^{u}hunna*

نفس *nafs n. f.* |*pl.* نفوس *nufūs*| • soul, psyche ▪ علم النفس *Ɛilm · annafs^i* psychology ▪ عالم نفس *Ɛālim · nafs* psychologist

نفسي *nafsīʸ*, نفساني *nafsānīʸ adj.* • psychological, mental ▪ الطب النفسي *aṭṭibb annafsīʸ* psychiatry ▪ طبيب نفسي *ṭabīb nafsīʸ*, طبيب نفساني *ṭabīb nafsānīʸ* psychiatrist

نفسية *nafsīya^t n.* • psyche, state of mind, disposition

نفيس *nafīs adj.* |*elat.* أنفس *ʔanfas*| • valuable, costly

III **نافس** *nāfasa v.tr.* |*3s* ينافس *yunāfis^u* | منافسة *munāfasa^t*| • compete *with/against* ه *for* على, vie

منافسة *munāfasa^t n.*↑ • competition, rivalry

منافس *munāfis act. part.* • *adj.* |*elat.* أكثر منافسة *ʔaktar munāfasa^{tan}*| competitive • *n.* competitor, rival

V **تنفس** *tanaffasa v.intr.* |*5s* يتنفس *yatanaffas^u* | تنفس *tanaffus*| • breathe, respire

تنفس *tanaffus n.*↑ • respiration, breath

تنفسي *tanaffusīʸ adj.* • respiratory ▪ جهاز تنفسي *jihāz tanaffusīʸ* respiratory system

VI **تنافس** *tanāfasa v.intr.* |*6s* يتنافس *yatanāfas^u* | تنافس *tanāfus*| • compete *with/against* مع *for* على
تنافس *tanāfus n.*↑ • competition
تنافسي *tanāfusī^y adj.* • competitive
نفض *nafaḍa v.tr.* |*1s3* ينفض *yanfuḍ^u* | نفض *nafḍ*| • dust (off) ▪ نفض سيجارة *nafaḍa sīgāra^t* ash a cigarette, flick ash
منفضة *minfaḍa^t n.* |*pl.* **dip.** منافض *manāfiḍ*| • منفضة سجائر *minfaḍat · sajāʔir* ashtray ▪ منفضة غبار *minfaḍat · ɣubār* duster
VIII **انتفض** *intafaḍa v.intr.* |*8s* ينتفض *yantafiḍ^u* | انتفاض *intifāḍ*| • shake, tremble
انتفاضة *intifāḍa^t n.* • uprising, rebellion, revolution, intifada
نفط *nafṭ n.* • oil, petroleum ▪ نفط خام *nafṭ xām* crude oil
نفطي *nafṭī^y adj.* • oil-
نفع *nafaƐa v.tr.* |*1s1* ينفع *yanfaƐ^u* | نفع *nafƐ*| • be useful *to*, be helpful
نفع *nafƐ n.*↑ • usefulness, use
نفعة *nafƐa^t n.* • usefulness, use
نافع *nāfiƐ act. part. adj.* |*elat.* أنفع *ʔanfaƐ*| • useful, beneficial ▪ غير نافع *ɣayr · nāfiƐ* useless
منفعة *manfaƐa^t n.* |*pl.* **dip.** منافع *manāfiƐ*| • utility
VIII **انتفع** *intafaƐa v.intr.* |*8s* ينتفع *yantafiƐ^u* | انتفاع *intifāƐ*| • benefit *from* بـ, profit
انتفاع *intifāƐ n.*↑ • benefit, use
نفق *nafaq n.* |*pl.* أنفاق *ʔanfāq*| • tunnel
نفقة *nafaqa^t n.* • expense, expenditure ▪ على نفقته *Ɛalā nafaqat^i hi* at *sb's* expense ▪ دفع نفقات *dafaƐa nafaqāt v.* pay expenses
نفاق *nifāq n.* • hypocrisy
III **نافق** *nāfaqa v.intr.* |*3s* ينافق *yunāfiq^u* | منافقة *munāfaqa^t*| • be a hypocrite
منافقة *munāfaqa^t n.*↑ • hypocrisy
منافق *munāfiq act. part.* • *adj.* |*elat.* أكثر نفاقا *ʔaktar nifāqan*| hypocritical • *n.* hypocrite
IV **أنفق** *ʔanfaqa v.tr.* |*4s* ينفق *yunfiq^u* | إنفاق *ʔinfāq*| • spend (time or money) *on* على
نفى *nafā v.tr.* |*1d2* ينفي *yanfī* | نفي *nafy*| • deny, dismiss, reject, refute • banish, exile
نفي *nafy n.*↑ • denial
نفايات *nufāyāt pl. n.* • garbage (UK: rubbish), waste ▪ مكب نفايات *mikabb · nufāyyāt* landfill ▪ تدوير النفايات *tadwīr · annufāyāt^i* recycling
منفى *manf(an) n.* **indecl.** |*dual* منفيان *manfayān^i* | *pl.* **def.** مناف *manāf(in)*| • exile ▪ ذهب إلى المنفى *ḏahaba ʔilā -lmanfā v.* go into exile ▪ عاش في المنفى *Ɛāša fī -manfā v.* live in exile
نقاب *niqāb n.* • niqab (cloth which covers a woman's hair and face, except the eyes)
نقابية *niqābīya^t adj. & n.* • *(derogatory)* (woman) wearing a niqab

Women wearing niqabs in Yemen

نقابة *niqāba^t n.* • syndicate, (trade) union
نقابي *niqābī^y adj.* • union-
نقيب *naqīb n.* |*pl.* **dip.** نقباء *nuqabāʔ*| • *(military)* captain • union boss
II **نقب** *naqqaba v.intr.* |*2s* ينقب *yunaqqib^u* | تنقيب *tanqīb*| • drill *for* عن • delve *into* عن, investigate
منقب *munaqqab act. part. adj.* • wearing a niqab
VIII **انتقب** *intaqaba v.intr.* |*8s* ينتقب *yantaqib^u* | انتقاب *intiqāb*| • wear a veil
منتقب *muntaqib act. part. adj.* • wearing a veil
II **نقح** *naqqaḥa v.tr.* |*2s* ينقح *yunaqqiḥ^u* | تنقيح *tanqīḥ*| • revise
تنقيح *tanqīḥ n.*↑ • revision
نقد *naqada v.tr.* |*1s3* ينقد *yanqud^u* | نقد *naqd*| • criticize • critique, review
نقد *naqd n.*↑ • criticism • critique, review • |*pl.* نقود *nuqūd*| cash ▪ نقود *nuqūd pl. n.* money ▪ نقدا *naqdan adv.* in cash
نقدي *naqdī^y adj.* • monetary • critical
ناقد *nāqid* |*pl.* نقاد *nuqqād* | *elat.* أكثر نقدا *ʔaktar naqdan*| • *adj.* critical ▪ تفكير ناقد *tafkīr nāqid n.* critical thinking • *n.* critic
VIII **انتقد** *intaqada v.tr.* |*8s* ينتقد *yantaqid^u* | انتقاد *intiqād*| • criticize
انتقاد *intiqād n.*↑ • criticism
انتقادي *intiqādī^y adj.* |*elat.* أكثر انتقادا *ʔaktar intiqādan*| • critical
IV **أنقذ** *ʔanqaḏa v.tr.* |*4s* ينقذ *yunqiḏ^u* | إنقاذ *ʔinqāḏ*|

• rescue *sb* ∘ *from* من, save ▪ أنقذه الله *ʔanqaḏahu aLLāh^u* may God save *sb*

إنقاذ *ʔinqāḏ n.*↑ • rescue, salvation

منقار *minqār n.* |*pl.* **dip.** مناقير *manāqīr*| • *(bird)* beak, bill

نقش *naqaša v.tr.* |*1s3* ينقش *yunquš^u* | نقش *naqš*| • engrave *sth* ∘ *in* على, carve

نقاش *niqāš n.* • discussion, debate, argument

III **ناقش** *nāqaša v.tr.* |*3s* يناقش *yunāqiš^u* | مناقشة *munāqaša^t*| • discuss *sth* ∘ *with* مع, debate, argue

مناقشة *munāqaša^t n.*↑ • discussion, debate, argument

VI **تناقش** *tanāqaša v.intr.* |*6s* يتناقش *yatanāqaš^u* | تناقش *tanāquš*| • debate (with each other) *about* في

نقص *naqaṣa v.tr.* |*1s3* ينقص *yanquṣ^u* | نقص *naqṣ* or نقصان *nuqṣān*| • *v.intr.* decrease, diminish •نقصه *naqaṣahu v.tr. sb* lacks, *sb* is short of
ⓘ *The subject and object are inversed from the English translations:* ◊ تنقصني الثقة بنفسي. *I lack confidence in myself.*

نقص *naqṣ*, نقصان *nuqṣān n.*↑ • decrease • shortage, deficit, deficiency, lack ▪ نقص أدلة *naqṣ · ʔadilla^t* lack of evidence ▪ نقصان عقل *nuqṣān · Ɛaql* weak-mindedness

ناقص *nāqiṣ act. part.* |*pl.* نقص *nuqqaṣ* | *elat.* أنقص *ʔanqaṣ*| • *adj.* insufficient, incomplete ▪ فعل ناقص *fiƐl nāqiṣ n. (grammar)* defective verb • *prep.* minus ◊ تسعة ناقص ستة يساوي ثلاثة. *Nine minus six equals three.*

II **نقّص** *naqqaṣa v.tr.* |*2s* ينقص *yunaqqiṣ^u* | تنقيص *tanqīṣ*| • reduce, decrease, diminish, lessen

IV **أنقص** *ʔanqaṣa v.tr.* |*4s* ينقص *yunqiṣ^u* | إنقاص *ʔinqāṣ*| • reduce, decrease, diminish, lessen ▪ أنقص الوزن *ʔanqaṣa alwazan* lose weight

إنقاص *ʔinqāṣ n.*↑ • reduction

نقض *naqaḍa v.tr.* |*1s3* ينقض *yanquḍ^u* | نقض *naqḍ*| • rescind, veto, annul, nullify

نقض *naqḍ n.*↑ • veto, annulment, invalidation

III **ناقض** *nāqaḍa v.tr.* |*3s* يناقض *yunāqiḍ^u* | مناقضة *munāqaḍa^t*| • contradict

مناقضة *munāqaḍa^t n.*↑ • contradiction, paradox

VI **تناقض** *tanāqaḍa v.intr.* |*6s* يتناقض *yatanāqaḍ^u* | تناقض *tanāquḍ*| • clash *with* مع, contrast

تناقض *tanāquḍ n.*↑ • contrast, contradiction

نقطة *nuqṭa^t n.* |*pl.* نقط *nuqaṭ* or نقاط *niqāṭ*| • point, dot ◊ التاء عليه نقطتان. *(The letter)* ت *has two dots over it.* ▪ نقطة تحول *nuqṭat · taḥawwul* turning point • period (UK: full stop)

لانقطية *lānuqṭīya^t n.* • astigmatism

II **نقّط** *naqqaṭa v.tr.* |*2s* ينقط *yunaqqiṭ^u* | تنقيط *tanqīṭ*| • dot ◊ نقط حرف الفاء بنقطة واحدة من فوقها. *Put a single dot over the letter* ف.

IV **أنقع** *ʔanqaƐa v.tr.* |*4s* ينقع *yunqiƐ^u* | إنقاع *ʔinqāƐ*| • soak

X **استنقع** *istanqaƐa v.intr.* |*10s* يستنقع *yastanqiƐ^u* | استنقاع *istinqāƐ*| • become stagnant

مستنقع *mustanqaƐ pass. part. n.* • swamp

نقّ *naqqa v.intr.* |*1g2* ينق *yaniqq^u* | نقيق *naqīq*| • *(frog)* croak

نقل *naqala v.tr.* |*1s3* ينقل *yanqul^u* | نقل *naql*| • transport, move • transfer ▪ نقل السلطة إلى *naqala assulṭa^t ʔilā* transfer power to • communicate, convey • cite عن, quote ▪ نقل عنه قوله إن *naqala Ɛanhu qawlahu ʔinna* quote *sb* as saying... ◊ نقلت الصحيفة عنه قوله إنه... *The newspaper quoted him as saying that he...*

نقل *naql n.*↑ • transportation ▪ نقل عام *naql Ɛāmm* public transportation ▪ وسيلة نقل *wasīlat · naql* means of transportation • transfer ▪ نقل دم *naql dam* blood transfusion • account, report ▪ نقلا عن *naqlan Ɛan prep.* according to

نقلي *naqlī^y adj.* • transport-

نقليات *naqlīyāt pl. n.* • transport, transportation company, transportation services

ناقل *nāqil act. part. n.* • *(person, company)* transporter, carrier, shipper

ناقلة *nāqila^t n.* • *(vehicle)* carrier ▪ ناقلة نفط *nāqilat · nafṭ* oil tanker

منقول *manqūl pass. part. adj.* • movable, mobile ▪ منقولات *manqūlāt pl. n.* personal property

نقّال *naqqāl adj.* • portable, mobile ▪ هاتف نقال *hātif naqqāl* cell phone (UK: mobile phone)

V **تنقّل** *tanaqqala v.intr.* |*5s* يتنقل *yatanaqqal^u* | تنقل *tanaqqul*| • be transported • be transferred

تنقّل *tanaqqul n.*↑ • transportation • transfer

VIII **انتقل** *intaqala v.intr.* |*8s* ينتقل *yantaqil^u* | انتقال *intiqāl*| • *(residence)* move ◊ سننتقل إلى شقة أكبر. *We're going to move into a bigger apartment.* • move, be transported

انتقال *intiqāl n.*↑ • change of residence • transition, movement

انتقالي *intiqālī^y adj.* • transitional ▪ حكومة انتقالية *ḥukūma^t intiqālīya^t n.* transitional government

نقمة *niqmaᵗ n.* |*pl.* نقم *niqam*| • resentment, grudge, spite

VIII **انتقم** *intaqama v.intr.* |*8s* ينتقم *yantaqimᵘ* | انتقام *intiqām*| • get revenge *on* من, avenge لـ

انتقام *intiqām n.*↑ • revenge, vengeance, reprisal ▪ انتقاما من *intiqāman min* in reprisal for

نقي *naqīʸ adj.* |*m. pl.* **dip.** أنقياء *ʔanqiyāʔ* | *elat.* أنقى *ʔanqā*| • pure, clear

II **نقى** *naqqā v.tr.* |*2d* ينقي *yunaqqī* | تنقية *tanqiyaᵗ*| • purify, refine, cleanse

تنقية *tanqīyaᵗ n.*↑ • purification, refinement

VIII **انتقى** *intaqā v.tr.* |*8d1* ينتقي *yantaqī* | انتقاء *intiqāʔ*| • select, pick out, cull, choose

انتقاء *intiqāʔ n.*↑ • selection

انتقائي *intiqāʔīʸ adj.* |*elat.* أكثر انتقائية *ʔaktar intiqāʔīyaᵗᵃⁿ*| • selective

نكتة *nuktaᵗ n.* |*pl.* نكت *nukat*| • joke ◊ هذه نكتة جيدة! *That's a good one!* • witty remark, quip

نكاح *nikāḥ n.* • marriage • marriage contract

نكرة *nakiraᵗ n.* • *(grammar)* indefinite noun

II **نكر** *nakkara v.tr.* |*2s* ينكر *yunakkirᵘ* | تنكير *tankīr*| • disguise

IV **أنكر** *ʔankara v.tr.* |*4s* ينكر *yunkirᵘ* | إنكار *ʔinkār*| • deny

إنكار *ʔinkār n.* • denial

منكر *munkar pass. part.* • *adj.* reprehensible • *n.* vice

V **تنكر** *tanakkara v.intr.* |*5s* يتنكر *yatanakkarᵘ* | تنكر *tanakkur*| • be disguised, be in disguise

تنكر *tanakkur n.*↑ • disguise

X **استنكر** *istankara v.intr.* |*10s* يستنكر *yastankirᵘ* | استنكار *istinkār*| • disapprove *of*

استنكار *istinkār n.*↑ • disapproval

منكر *munakkar pass. part. adj.* • *(grammar)* indefinite

X **استنكر** *istankara v.tr.* |*10s* يستنكر *yastankirᵘ* | استنكار *istinkār*| • condemn

نكسة *naksaᵗ n.* |*pl.* نكسات *nak(a)sāt*| • relapse, setback

VIII **انتكس** *intakasa v.intr.* |*8s* ينتكس *yantakisᵘ* | انتكاس *intikās*| • relapse

انتكاس *intikās n.*↑ • relapse

نكاف *nukāf n.* • mumps

نكهة *nakhaᵗ n.* • flavor

نمر *namir n.* |*pl.* نمور *numūr*| • panther, big cat ▪ نمر صياد *namir · ṣayyād* cheetah (lit. hunter panther) ▪ نمر مرقط *namir muraqqaṭ* leopard (lit. spotted panther) • tiger

ناموس *nāmūs* • *coll. n.* |*sing.* ناموسة *nāmūsaᵗ*| mosquitoes • *n.* |*pl.* **dip.** نواميس *nawāmīs*| law

النمسا *annimsā n.* ***f. invar.*** • Austria

نمساوي *nimsāwīʸ adj. & n.* • Austrian

نمش *namaš coll. n.* |*sing.* نمشة *namašaᵗ*| • freckles

نمط *namaṭ n.* |*pl.* أنماط *ʔanmāṭ*| • way, manner ▪ نمط حياة *namaṭ · ḥayāᵗ* way of life, lifestyle

نمطي *namaṭīʸ adj.* |*elat.* أكثر نمطية *ʔaktar namaṭīyaᵗᵃⁿ*| • stereotyped, typical, standard

نمل *naml coll. n.* |*sing.* نملة *namlaᵗ* | *pl.* نمال *nimāl*| • ants

نم *namma v.intr.* |*1g2* ينم *yanimmᵘ* | نم *namm*| • reveal عن, show, display, represent, reflect, be a reflection *of* • slander على

نميمة *namīmaᵗ n.* • slander, libel

QI **نمنم** *namnama v.intr.* |*11s* ينمنم *yunamnimᵘ* | نمنمة *namnamaᵗ*| • miniaturize

نمنمة *namnamaᵗ n.*↑ • miniaturization

نمنمة *nimnimaᵗ n.* • wren

نما *namā v.intr.* |*1d3* ينمو *yanmū* | نماء *namāʔ* or نمو *numūʷ*| • develop, grow

نمو *numūʷ n.*↑ • development, growth

نام *nām(in) act. part. adj.* **def.** |*elat.* أكثر نموا *ʔaktar namūwan* or ***invar.*** أنمى *ʔanmā*| • developing, growing ▪ دولة نامية *dawlaᵗ nāmiyaᵗ n.* developing country ▪ العالم النامي *alƐālam annāmīʸ* third world countries

نموذج *namūḏaj n.* |*pl.* **dip.** نماذج *namāḏij*| • model, replica, example ▪ نموذجا *namūḏajan adv.* typically

نموذجي *namūḏajīʸ adj.* • typical

II **نمى** *nammā v.tr.* |*2d* ينمي *yunammī* | تنمية *tanmiyaᵗ*| • develop, advance, cultivate, further

تنمية *tanmiyaᵗ n.*↑ • development, advancement, cultivation

تنموي *tanmawīʸ adj.* • development-

IV **أنمى** *ʔanmā v.tr.* |*4d* ينمي *yunmī* | إنماء *ʔinmāʔ*| • increase, augment

إنماء *ʔinmāʔ n.*↑ • increase, augmentation

VIII **انتمى** *intamā v.intr.* |*8d1* ينتمي *yantamī* | انتماء *intimāʔ*| • be affiliated *with* إلى, be a member *of*, belong *to* • stem *from* إلى

انتماء *intimāʔ n.*↑ • membership, affiliation

نهب *nahaba v.tr.* |*1s1/1s3* ينهب *yanhabᵘ* or *yanhubᵘ* | نهب *nahb*| • plunder, ravage

ن

نهج *nahaja v.tr.* |*1s1* ينهج *yanhaj*[u] | نهج *nahj*| • pursue, follow ▪ نهج على منواله *nahaja Ɛalā minwāl[i]hi* follow *sb's* example

نهج *nahj n.*↑ |*pl.* نهوج *nuhūj*| • method, procedure, approach

منهج *manhaj n.* |*pl.* **dip.** مناهج *manāhij*| • method, approach, system, program ▪ منهج تعليم *manhaj · taƐlīm* curriculum, syllabus

منهجي *manhajīy adj.* |*elat.* أكثر منهجية *ʔakṯar manhajīya[tan]*| • methodological

منهجية *manhajīya[t] n.* • methodological

منهاج *minhāj n.* |*pl.* **dip.** مناهيج *manāhīj*| • method, approach, system, program

نهد *nahd n.* |*pl.* نهود *nuhūd*| • *(of a woman)* breasts, bust

ناهد *nāhid act. part. adj.* • *(breasts)* full, swelling • **dip.** *woman's name* Nahed

V **تنهد** *tanahhada v.intr.* |*5s* يتنهد *yatanahhad*[u] | تنهد *tanahhud*| • sigh

تنهيدة *tanhīda[t] n.* • sigh ▪ أطلق تنهيدة *ʔaṭlaqa tanhīda[t] v.* sigh, let out a sigh

نهر *nahr n.* |*pl.* أنهار *ʔanhār*| • river ▪ فرس نهر *faras · nahr* hippopotamus

نهار *nahār n.* |*pl.* أنهر *ʔanhar*| • day, daytime ▪ نهارا *nahāran adv.* by day, in the daytime ▪ آخر النهار *ʔāxir[a] · -nnahār[i] adv.* at the end of the day ▪ ليل نهار *layl[a] nahār[a]*, ليلا ونهارا *laylan wa-nahāran* day and night ◊ يعمل بجد ليلا ونهارا. *He works hard day and night.* ▪ النهار *annahār n. f.* Annahar (Lebanese newspaper)

نهاري *nahārīy adj.* • day-, daytime

VIII **انتهز** *intahaza v.tr.* |*8s* ينتهز *yantahiz*[u] | انتهاز *intihāz*| • exploit, take advantage of, make the most of ▪ انتهز فرصة *intahaza furṣa[t]*, انتهز مناسبة *intahaza munāsaba[t]* seize an opportunity

انتهاز *intihāz n.*↑ • exploitation

انتهازي *intihāzīy* • *adj.* |*elat.* أكثر انتهازية *ʔakṯar intihāzīya[tan]*| opportunistic • *n.* opportunist

انتهازية *intihāzīya[t] n.* • opportunism

نهش *nahaša v.tr.* |*1s2* ينهش *yanhiš*[u] | نهش *nahš*| • bite

نهض *nahaḍa v.intr.* |*1s1* ينهض *yanhaḍ*[u] | نهوض *nuhūḍ* or نهض *nahḍ*| • get up *from* عن, rise ▪ نهض عن السرير *nahaḍa Ɛan[i] -ssarīr[i]* get out of bed • advance بـ, promote, take up ▪ نهض بدور في *nahaḍa bi-dawr[in] fī* play a role in ▪ نهض بمسؤولياته *nahaḍa bi-masʔūlīyāt[i]hi* live up to *one's* responsibilities, shoulder *one's* responsibilities

نهوض *nuhūḍ n.*↑ • promotion, advancement

نهضة *nahḍa[t] n.* • rebirth ▪ عصر النهضة *Ɛaṣr · annahḍa[ti]* the Renaissance

III **ناهض** *nāhaḍa v.tr.* |*3s* يناهض *yunāhiḍ*[u] | مناهضة *munāhaḍa[t]*| • oppose, resist, defy, withstand

مناهضة *munāhaḍa[t] n.*↑ • active opposition *to* لـ, resistance, defiance

نهق *nahaqa* or *nahiqa v.intr.* |*1s1/1s4* ينهق *yanhaq*[u] | نهيق *nahīq*| • bray, hee-haw

VIII **انتهك** *intahaka v.tr.* |*8s* ينتهك *yantahik*[u] | انتهاك *intihāk*| • violate, infringe *on* ▪ انتهك حقوقه *intahaka ḥuqūq[a]hu* violate *sb's* rights ▪ انتهك قانونا *intahaka qānūnan* break a law

انتهاك *intihāk n.*↑ • violation, infringement

نهى *nahā v.tr.* |*1d1* ينهى *yanhā* | نهي *nahy*| • forbid *sb* ∘ *from* عن ▪ لا تنه عن خلق وتأتي مثله. *lā tanhi Ɛan xuluq wa-taʔtī miṯl[i]h[i] proverb* Practice what you preach.

نهاية *nihāya[t] n.* • end ▪ في النهاية *fī -nnihāya[ti]*, نهاية *nihāyatan adv.* finally ◊ ونهاية أقول لك، احذر الغرور. *And finally, I tell you, beware of ignorance.* ▪ إلى ما لا نهاية *ʔilā mā lā nihāya[ta] adv.* forever, without end, endlessly

نهائي *nihāʔīy adj.* • final, last ▪ نهائيا *nihāʔīyan adv.* finally; completely, absolutely, once and for all ▪ لا نهائي *lā nihāʔīy* infinite

IV **أنهى** *ʔanhā v.tr.* |*4d* ينهي *yunhī* | إنهاء *ʔinhāʔ*| • finish, complete

إنهاء *ʔinhāʔ n.*↑ • completion

VI **تناهى** *tanāhā v.intr.* |*6d* يتناهى *yatanāhā* | **def.** تناه *tanāh(in)*| • come to an end • reach إلى ▪ تناهى إلى سمعه *tanāhā ʔilā samƐ[i]hi*, تناهى إلى مسمعه *tanāhā ʔilā mismaƐ[i]hi*, تناهى إلى علمه *tanāhā ʔilā Ɛilm[i]hi* come to the knowledge of (lit. come to *one's* ear)

متناه *mutanāh(in) act. part. adj.* **def.** • extreme, utmost ▪ متناه في الصغر *mutanāh(in) fī -ṣṣiɣar[i]*, متناهي الصغر *mutanāhī · -ṣṣiɣar[i]* minute, extremely small, tiny ◊ دكان متناه في الصغر *a tiny little shop*; micro-, nano- ▪ تكنولوجيا متناهية الصغر *teknōlōjiyā mutanāhīyat · aṣṣiɣar[i]* nanotechnology

VIII **انتهى** *intahā v.intr.* |*8d1* ينتهي *yantahī* | انتهاء *intihāʔ*| • end, finish, come to an end • finish من, complete ◊ انتظرت إلى أن انتهى من كلامه. *I waited until he was finished speaking.*

انتهاء *intihāʔ n.*↑ • end, conclusion

منتهى *muntah(an) pass. part. adj.* ***indecl.*** • extreme ▪ في منتهى البساطة *fī muntahā -lbasāṭa*[ti] extremely basic ▪ بمنتهى الجدية *bi-muntahā -ljiddīya*[ti], في منتهى الخطورة *fī muntahā -lxuṭūra*[ti] *adv.* extremely serious, in all earnest

ناء *nāʔa v.intr.* |*1h3(b)* ينوء *yanūʔ*[u] | نوء *nawʔ*| • be weighed down *by* بـ, be burdened *by*

III **ناوأ** *nāwaʔa v.tr.* |*3s(c)* يناوئ *yunāwiʔ*[u] | مناوأة *munāwaʔa*[t]| • oppose, resist, withstand

مناوئ *munāwiʔ act. part. n.* • opponent

نواذيبو *nuwāḏībū n.* ***f. dip.*** • *(city in Mauritania)* Nouadhibou ➡ ***map on p. 293***

نواكشوط *nawākšūṭ n.* ***f. dip.*** • *(capital of Mauritania)* Nouakchott ➡ ***map on p. 293***

ناب *nāba v.intr.* |*1h3* ينوب *yanūb*[u] | نيابة *niyāba*[t]| • represent عن

نيابة *niyāba*[t] *n.*↑ • representation ▪ نيابة عن *niyābatan Ɛan prep.* on behalf of • *(lawyers)* prosecution ▪ وكيل نيابة *wakīl · niyāba*[t] prosecutor, prosecuting attorney

نيابي *niyābīy adj.* • representative

نائب *nāʔib act. part. n.* |*pl.* نواب *nuwwāb*| • deputy, vice- ▪ نائب رئيس *nāʔib · raʔīs* vice-president • representative, member of parliament ▪ مجلس نواب *majlis · nuwwāb* parliament, house of representatives

ناب *nāb n.* |*pl.* أنياب *ʔanyāb*| • fang

نوبة *nawba*[t] *n.* |*pl.* نوب *nuwab*| • *(work)* shift • fit, attack ▪ نوبة قلبية *nawba*[t] *qalbīya*[t] heart attack ▪ نوبة سعال *nawbat · suƐāl* coughing fit

نوبي *nūbīy adj. & n.* • Nubian

III **ناوب** *nāwaba v.tr.* |*3s* يناوب *yunāwib*[u] | مناوبة *munāwaba*[t]| • alternate, take turns *with*

مناوبة *munāwaba*[t] *n.*↑ • alternation, rotation, shift

مناوب *munāwib act. part. adj.* • on duty

VI **تناوب** *tanāwaba v.intr.* |*6s* يتناوب *yatanāwab*[u] | تناوب *tanāwub*| • [+ masdar] take turns *(do)ing* على, alternate

متناوب *mutanāwib act. part. adj.* • alternate

VIII **انتاب** *intāba v.tr.* |*8h1* ينتاب *yantāb*[u] | انتياب *intiyāb*| • befall, happen *to*

نوبل *nobel n.* • Nobel ▪ جائزة نوبل للسلام *jāʔizat · nobel li-ssalām*[i] Nobel Peace Prize

نوح *nūḥ* ***dip.*** *man's name* • Noah

مناخ *munāx* or *manāx n.* • climate, atmosphere ▪ مناخ شبه قاحل *munāx šibh · qāḥil* semi-arid climate ▪ تغير مناخ *taɣayyur · munāx* climate change

مناخي *munāxīy* or *manāxīy adj.* • climatic, climate-

نار *nār n.* ***f.*** |*pl.* نيران *nīrān*| • fire • gunfire ▪ فتح النار على *fataḥa annār*[a] *Ɛalā* open fire on • النار *annār* hell

ناري *nārīy adj.* • fire- ▪ سلاح ناري *silāḥ nārīy n.* firearm

نور *nūr n.* |*pl.* أنوار *ʔanwār*| • light ▪ نور الدين *nūr · addīn*[i] *man's name* Nuruddin • *man's name* Nur, Noor • ***f. dip.*** *woman's name* Nur, Noor

نوار *nuwwār coll. n.* |*sing.* نوارة *nuwwāra*[t] | *pl.* ***dip.*** نواوير *nawāwīr*| • blossoms

منارة *manāra*[t] *n.* • lighthouse • minaret

II **نور** *nawwara v.tr.* |*2s* ينور *yunawwir*[u] | تنوير *tanwīr*| • illuminate • enlighten • bloom

تنوير *tanwīr n.*↑ • illumination • enlightenment ▪ عصر التنوير *Ɛaṣr · attanwīr*[i] the Age of Enlightenment • bloom

III **ناور** *nāwara v.intr.* |*3s* يناور *yunāwir*[u] | مناورة *munāwara*[t]| • maneuver

مناورة *munāwara*[t] *n.*↑ • maneuver

IV **أنار** *ʔanāra v.tr.* |*4h* ينير *yunīr*[u] | إنارة *ʔināra*[t]| • illuminate, shed light *on*

منير *munīr act. part. adj.* • luminous, well-lit • *man's name* Munir ▪ منيرة *munīra*[t] ***dip.*** *woman's name* Munira, Mounira

X **استنار** *istanāra v.intr.* |*10h* يستنير *yastanīr*[u] | استنارة *istināra*[t]| • be enlightened *by* بـ

نورس *nawras coll. n.* |*sing.* نورسة *nawrasa*[t] | *pl.* ***dip.*** نوارس *nawāris*| • gulls, seagulls

ناص *nāṣa v.intr.* |*1h3* ينوص *yanūṣ*[u] | مناص *manāṣ*| • avoid من *or* عن

مناص *manāṣ n.*↑ • avoidance ▪ لا مناص منه *lā manāṣ*[a] *minhu* inevitable ▪ لا مناص أنّ *lā manāṣ*[a] *ʔan*, لا مناص من *lā manāṣ*[a] *min* [+ masdar] have no choice but to *(do)* ◊ لا مناص من الإستسلام. *We have no choice but to surrender.*

نوع *nawƐ n.* |*pl.* أنواع *ʔanwāƐ*| • kind, sort, type ▪ نوعا ما *nawƐan mā adv.* more or less, somewhat • species ▪ أصل الأنواع *ʔaṣl · alʔanwāƐ* *(book title)* On the Origin of Species

نوعي *nawƐīy adj.* • specific, characteristic

نوعية *nawƐīya*[t] *n.* • quality

II **نوع** *nawwaƐa v.tr.* |*2s* ينوع *yunawwiƐ*[u] | تنويع *tanwīƐ*| • diversify, vary

تنويع *tanwīƐ n.*↑ • diversification

ن

V **تنوع** *tanawwaƐa v.intr.* |*5s* يتنوع *yatanawwaƐ*ᵘ | تنوع *tanawwuƐ*| • become diverse, be varied

تنوع *tanawwuƐ n.*↑ • diversity, variety ▪ تنوع بيولوجي *tanawwuƐ bīyūlūjīʸ* biodiversity

متنوع *mutanawwiƐ act. part. adj.* |*elat.* أكثر تنوعا *ʔaktar tanawwuƐan*| • diverse, various

ناف *nāfa v.intr.* |*1h3* ينوف *yanūf*ᵘ | نوف *nawf*| • exceed عن *or* على, be more *than*

نيف *nayyif n.* • excess ▪ ونيف *wa-nayyif*, نيف و *nayyif wa-* [+ noun with number] [noun with number +] over, more than, above, __ some, __ odd ◊ لمدة شهرين ونيف *for more than two months* ◊ قبل عقد ونيف *over a decade ago* ◊ عشرون شخصا ونيف *twenty some people* ▪ نيف و *nayyif wa-* [+ noun with number] over, more than, above ◊ منذ نيف وسبعة أعوام *for more than seven years*

نوفمبر *novembir n.* ***dip.*** • November ➡ ***The Months p. 165***

ناقة *nāqa*ᵗ *n.* |*pl.* نوق *nūq* or نياق *niyāq*| • female camel, she-camel

نيق *nayyiq adj.* • choosy, picky, fussy

نول *nawl n.* |*pl.* أنوال *ʔanwāl*| • loom

منوال *minwāl n.* • way ▪ ... وعلى نفس المنوال، *wa-Ɛalā nafs*ⁱ *-lminwāl*ⁱ, وعلى المنوال نفسه *wa-Ɛalā -lminwāl*ⁱ *nafs*ⁱ*hi*, وعلى ذات المنوال *wa-Ɛalā đāt*ⁱ *-lminwāl*ⁱ, وعلى المنوال ذاته *wa-Ɛalā -lminwāl*ⁱ *đāt*ⁱ*hi* Similarly, ..., Likewise, ..., In that way, ... ▪ نسج على منواله *nasaja Ɛalā minwāl*ⁱ*hi*, نهج على منواله *nahaja Ɛalā minwāl*ⁱ*hi v.* follow *sb's* example; take after *sb*

III **ناول** *nāwala v.tr.* |*3s* يناول *yunāwil*ᵘ | مناولة *munāwala*ᵗ| • submit *to* ه *sth* ه, hand over, turn in

VI **تناول** *tanāwala v.tr.* |*6s* يتناول *yatanāwal*ᵘ | تناول *tanāwul*| • deal with, treat ◊ يتناول الفيلم موضوع الحرب. *The film deals with the subject of war.* • eat, have, take ▪ تناول وجبة *tanāwala wajba*ᵗ eat a meal ▪ تناول طعاما *tanāwala ṭaƐāman* eat food ▪ تناول الفطور *tanāwala alfuṭūr*ᵃ have breakfast ▪ تناول الغداء *tanāwala alɣadāʔ*ᵃ have lunch ▪ تناول العشاء *tanāwala alƐašāʔ*ᵃ have dinner ▪ تناول قهوة *tanāwala qahwa*ᵗ have coffee ▪ تناول حبة *tanāwala ḫabba*ᵗ, تناول دواء *tanāwala dawāʔ* take a pill/medicine

تناول *tanāwul n.*↑ • treatment

نام *nāma v.intr.* |*1h1* ينام *yanām*ᵘ | نوم *nawm*| • sleep • go to bed

نوم *nawm n.*↑ • sleep ▪ ذهب إلى النوم *đahaba ʔilā -nnawm*ⁱ *v.* go to bed ▪ في النوم *fī -nnawm*ⁱ *adv.* asleep ▪ استغرق في النوم *istaɣraqa fī -nnawm*ⁱ *v.* fall asleep, doze off

نائم *nāʔim act. part. adj.* • asleep

منام *manām n.* • sleeping place

المنامة *almanāma*ᵗ *n.* • *(capital of Bahrain)* Manama ➡ ***map on p. 25***

II **نوم** *nawwama v.tr.* |*2s* ينوم *yunawwim*ᵘ | تنويم *tanwīm*| • put to bed, make sleep, induce sleep • hypnotize

تنويم *tanwīm n.*↑ • hypnosis

منوم *munawwim act. part. adj.* |*elat.* أكثر تنويما *ʔaktar tanwīman*| • sleep-inducing ▪ حبة منومة *ḫabba*ᵗ *munawwima*ᵗ *n.* sleeping pill

نون *nūn n.* ***f.*** ➡ ***ن p. 295***

II **نون** *nawwana v.tr.* |*2s* ينون *yunawwin*ᵘ | تنوين *tanwīn*| • *(grammar)* add nunation *to*

تنوين *tanwīn n.*↑ • *(grammar)* nunation

II **نوه** *nawwaha v.intr.* |*2s* ينوه *yunawwih*ᵘ | تنويه *tanwīh*| • point out بـ *or* إلى, mention, note ▪ نوه إلى أنَّ *nawwaha ʔilā ʔanna*, نوه بأنَّ *nawwaha bi-ʔanna* mention that...

نوى *nawā v.tr.* |*1d2* ينوي *yanwī* | نية *nīya*ᵗ| • *(grammar)* plan *(on)* ▪ نوى أنْ *nawā ʔan* intend to *(do)*

نية *nīya*ᵗ *n.*↑ |*pl.* ***invar.*** نوايا *nawāyā*| • intention, aim

نواة *nawā*ᵗ *n.* |*pl.* نويات *nawayāt*| • nucleus • kernel, pit

نووي *nawawīʸ adj.* • nuclear, atomic ▪ أسلحة نووية *ʔasliḫa*ᵗ *nawawīya*ᵗ *pl. n.* nuclear weapons

ـني *-nī sing.* ***m. f.*** *first-person personal pronoun suffix* • [verb +] me ➡ ***Suffixed Personal Pronouns p. 182***

ناء *nāʔa v.intr.* |*1h2(a)* ينيء *yanīʔ*ᵘ | نيء *nayʔ* or نيوء *nuyūʔ*| • be raw

نيء *nīʔ*, ني *nīʸ adj.* • raw, uncooked

ناب *nāb n.* ***f.*** |*pl.* أنياب *ʔanyāb*| • *(tooth)* canine

النيبال *annībāl n.* ***f.*** • Nepal

نيبالي *nībālīʸ adj. & n.* • Nepali

النيجر *annījir n.* ***f.*** • Niger

نيجري *nījirīʸ adj. & n.* • Nigerien

نيجيريا *nījīriyā n.* ***f. invar.*** • Nigeria

نيجيري *nījīrīʸ adj. & n.* • Nigerian

نيروبي *nayrōbī n.* ***f. invar.*** • *(capital of Kenya)* Nairobi

نيزك *nayzak n.* |*pl.* **dip.** نيازك *nayāzik*| • falling star, meteor, meteoroid, meteorite

نيسان *nīsān n.* **dip.** • April ➡ ***The Months p. 165***

ناك *nāka v.tr.* |*1h2* ينيك *yanīk^u* | نيك *nayk*| • *(vulgar)* fuck, screw

نيكاراجوا *nīkārāguwā n.* ***f. invar.*** • Nicaragua

نيكاراجواني *nīkārāguwānīy adj. & n.* • Nicaraguan

نال *nāla v.* |*1h1* ينال *yanāl^u* | نيل *nayl* or منال *manāl*| • *v.tr.* win, gain, get ▪ نال جائزة *nāla jāʔiza^t* win a prize ▪ نال تقديره *nāla taqdīr^a hu* earn *sb's* respect ▪ نال شهرة *nāla šahra^t* gain fame ▪ سهل المنال *sahl · ammanāl^i* (easily) accessible ▪ صعب المنال *ṣaƐb · ammanāl^i* inaccessible, out of reach • *v.intr.* catch من, get ◊ نال الأسد من الفريسة. *The lion caught the prey.* • harm من, damage, undermine, erode, jeopardize

النيل *annīl n.* • *(river)* the Nile ➡ ***map on p. 287***

نيلي *nīlīy adj.* • Nile-

نيلة *nīla^t n.* • *(color)* indigo

نيلي *nīlīy adj.* • indigo

نيلون *naylon n.* • nylon

نيو زيلاندا *nyū zīlandā n.* ***f. invar.*** • New Zealand

نيو زيلاندي *nyū zīlandīy adj.* • New Zealand- • *n.* New Zealander

نيودلهي *nyūdelhī n.* ***f. invar.*** • *(capital of India)* New Delhi

نيون *nīyon n.* • neon

نيويورك *nyūyork n.* ***f. dip.*** • New York

ه

ه *hāʔ n.* ***f.*** *|*هاء*|* • *(twenty-sixth letter of the Arabic alphabet)* • *(numerical value)* 5 ➡ ***The Abjad Numerals p. 61*** • *(point of information)* E., V.

ـه *-hu* and *-hi* • *sing.* ***m.*** *third-person possessive pronoun suffix* [noun +] his, its ◊ هذا كتابه. *hāḏā kitābᵘ**hu*** *This is his book.* ◊ في كتابه *fī kitābⁱ**hi*** *in his book* • *sing.* ***m.*** *third-person personal pronoun suffix* [verb or preposition +] him, it ◊ أعرفه. *ʔaƐrifᵘ**hu*** *I know him.* ◊ فيه *fī**hi*** *in it*
ⓘ *pronounced -hi directly after a kasra (i) or yaa (y); otherwise, pronounced -hu.*
➡ ***Suffixed Personal Pronouns p. 182***

هـ *hijrīʸ |abbreviation of* هجري*|* • *(Islamic calendar)* A.H. (After Hijra) ◊ توفي ابن سينا عام ٤٢٨ هـ. *Ibn Sina died in 428 A.H.* ➡ **هجري** ***hijrīʸ p. 315***

هؤلاء *hāʔulāʔi plural* ***m.*** *or* ***f.*** *demonstrative* • these ◊ [+ animate indefinite plural noun] **هؤلاء** مدرسون. *These are teachers.* ◊ هؤلاء بنات. *These are girls.* ◊ [+ animate plural noun with definite article] هؤلاء الرجال *these men* ◊ هؤلاء البنات *these girls* ▪ هؤلاء هم *hāʔulāʔi hum* These are (the) __ ◊ [+ animate plural noun with definite article] هؤلاء هم المدرسون الذين أخبرتك عنهم. *These are the teachers I told you about.* ⓘ *Notice that the first long ā of* هؤلاء *hāʔulāʔi is unwritten.* ⓘ *Demonstratives cannot precede an idafa construction. When* هؤلاء *hāʔulāʔi modifies the first term of an idafa construction, it must follow the entire construction:* ◊ رجال الأعمال هؤلاء *these businessmen* ⓘ *When modifying the second term of an idafa construction, it precedes the second term:* ◊ مدرسة هؤلاء الطلاب *these students' school* ➡ ***This and These p. 317***

ها *hā interjection* • Look!, Here... ▪ ها هو __ *hā huwa* __ Here is __ ◊ ها هي النقود! *Here's the money!* • Ha!

ـها *-hā* • *sing.* ***f.*** *third-person possessive pronoun suffix* [noun +] her, its ◊ هذا كتابها. *This is her book.* • *sing.* ***f.*** *third-person personal pronoun suffix* [verb or preposition +] her, it ◊ أعرفها. *I know her.* ◊ فيها *in it* • *suffix (forms adverbs)* then, at that time ▪ ليلتها *laylatᵃhā adv.* (on) that night ▪ يومها *yawmᵃhā adv.* (on) that day ▪ أيامها *ʔayyāmᵃhā adv.* in those days, at that time ▪ لحظتها *laḥẓatᵃhā adv.* at that moment ▪ وقتها *waqtᵃhā adv.* at that time, then ▪ بعدها *baƐdahā adv.* after that, afterward ➡ ***Suffixed Personal Pronouns p. 182***

هاء *hāʔ n.* ***f.*** ➡ **ه above**

هابيل *hābīl* **dip.** *man's name* • Abel ▪ قابيل وهابيل *qābīl wa-hābīl* Cain and Abel

هات *hāt(i) imperative |f. sing.* هاتي *hātī | m. pl.* هاتوا *hātū|* • give, bring

هاتان *hātānⁱ dual* ***f.*** *demonstrative |acc. and gen.* هاتين *hātaynⁱ|* • these (two), both of these ◊ [+ indefinite dual feminine noun] **هاتان** مدرستان. *Both of these (women) are teachers.* ◊ [+ dual feminine noun with definite article] هاتان المدرستان *these two teachers* ◊ من هاتين البنتين *from these two girls* ▪ هاتان هما *hātānⁱ humā* These (women) are (the) __ ◊ [+ animate plural masculine noun with definite article] هاتان هما المدرستان اللتان أخبرتك عنهما. *These are the (two) teachers I told you about.*
ⓘ *Demonstratives cannot precede an idafa construction. When* هاتان *modifies the first term of an idafa construction, it must follow the entire construction:* ◊ طبيبتان الأسنان هاتان *these two dentists* ⓘ *When modifying the second term of an idafa construction, it precedes the second term. Remember that the second term of an idafa construction (and its demonstrative) take the genitive:* ◊ مدرسة هاتين الطالبتين *these two students' school* ➡ ***This and These p. 317***

هارون *hārūn* **dip.** *man's name* • Harun, Aaron

الهالووين *alhālōwīn n.* • Halloween

هانوي *hānōy n.* ***f. invar.*** • *(capital of Vietnam)* Hanoi

هاون *hāwun n. |pl.* **dip.** هواوين *hawāwīn|* • mortar

هايتي *hāytī n.* ***f. invar.*** • Haiti

هايتي *hāytīʸ adj. & n.* • Haitian

هب *habba v.intr. |1g3* يهب *yahubbᵘ |* هب *habb|* • blow ▪ هبت ريح *habbat rīḥᵘⁿ* wind blew ◊ كانت ريح شديدة تهب. *A strong wind was blowing.*

هبوب *habūb n.* • dust storm

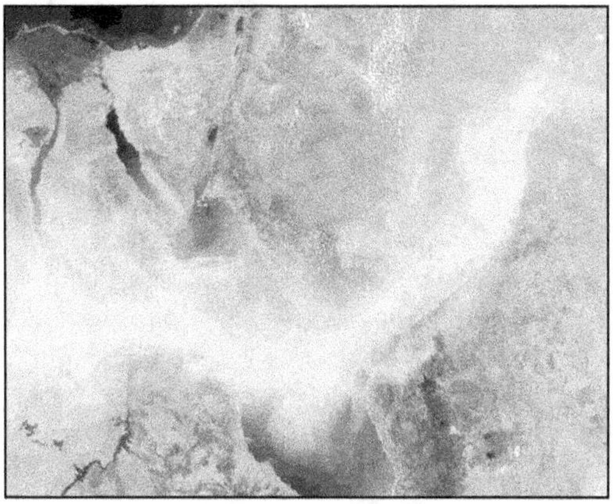

Dust storm over Saudi Arabia, the Red Sea, and Egypt

هبط *habaṭa v.intr.* |1s2/1s3 يهبط *yahbiṭᵘ* or *yahbuṭᵘ* | هبوط *hubūṭ*| • descend • *(airplane)* land

هبوط *hubūṭ n.*↑ • descent, fall • landing

أهبل *ʔahbal* |m & f pl. هبل *hubl* | f. **dip.** هبلاء *hablāʔ* | f. dual هبلاوان *hablāwān* | f. pl. هبلاوات *hablāwāt* | elat. أكثر هبلا *ʔaktar hublan*| • *adj.* idiotic • *n.* idiot

مهبل *mahbal n.* |pl. **dip.** مهابل *mahābil*| • vagina

مهبلي *mahbalīʸ adj.* • vaginal

هباء *habāʔ n.* |pl. أهباء *ʔahbāʔ*| • dust

III **هاتر** *hātara v.tr.* |3s يهاتر *yuhātirᵘ* | مهاترة *muhātaraᵗ*| • abuse, insult, call names

مهاترة *muhātaraᵗ n.*↑ • abuse, insult, name-calling

هتف *hatafa v.tr. & intr.* |1s2 يهتف *yahtifᵘ* | هتاف *hutāf*| • chant (بـ), shout, cry out, exclaim ◊ هتف المتظاهرون ارحل ارحل. *The demonstrators chanted 'Out! Out!'.*

هتاف *hutāf n.*↑ • chant, clamor

هاتف *hātif act. part. n.* |pl. **dip.** هواتف *hawātif*| • telephone ▪ هاتف خلوي *hātif xalawīʸ*, هاتف نقال *hātif naqqāl*, هاتف جوال *hātif jawwāl*, هاتف محمول *hātif maḥmūl* cell phone ▪ على الهاتف *Ɛalā -lhātifⁱ* adv. on the phone ▪ بالهاتف *bi-lhātifⁱ*, عبر الهاتف *Ɛabra -lhātifⁱ* adv. by phone ▪ رن جرس هاتف *ranna jarasᵘ · hātif*, دق جرس هاتف *daqqa jarasᵘ · hātif* v. a phone rang ▪ خط هاتف *xatt · hātif* telephone line

هاتفي *hātifīʸ adj.* • telephone- ▪ اتصال هاتفي *ittiṣāl hātifīʸ n.* phone call ▪ هاتفيا *hātifīyan adv.* by phone ◊ اتصلت به هاتفيا. *I reached him by phone.*

III **هاتف** *hātafa v.tr.* |3s يهاتف *yuhātifᵘ* | مهاتفة *muhātafaᵗ*| • telephone, call

هجر *hajara v.tr.* |1s3 يهجر *yahjurᵘ* | هجر *hajr*| • abandon

مهجور *mahjūr pass. part. adj.* • desolate, bleak • deserted, abandoned

هجرة *hijraᵗ n.* • migration, emigration, immigration • الهجرة *alhijraᵗ* The Hijra (the flight of Muhammad and his followers from Mecca to Medina in 622 A.D.)

هجري *hijrīʸ adj.* • A.H. (After Hijra) • of the Hijra ▪ تقويم هجري *taqwīm hijrīʸ* Islamic calendar, Muslim calendar

The Islamic Calendar

1.	المحرم *almuḥarram*
2.	صفر *ṣafar*
3.	ربيع الأول *rabī3 alʔawwal*
4.	ربيع الثاني *rabī3 attānī* (ربيع الآخر) *(rabī3 alʔāxar)*
5.	جمادى الأولى *jumādā -lʔūlā*
6.	جمادى الثانية *jamādā –ttāniyaᵗ*
7.	رجب *rajab*
8.	شعبان *ša3aban*
9.	رمضان *ramaḍān*
10.	شوال *šawwāl*
11.	ذو القعدة *ḏū -lqa3daᵗ*
12.	ذو الحجة *ḏū -lḥijjaᵗ*

III **هاجر** *hājara v.intr.* |3s يهاجر *yuhājirᵘ* | مهاجرة *muhājaraᵗ*| • migrate, emigrate *from* من, immigrate *to* إلى

مهاجرة *muhājaraᵗ n.*↑ • migration, emigration, immigration

مهاجر *muhājir act. part.* • *adj.* migratory • *n.* migrant, emigrant, immigrant ▪ مهاجر غير شرعي *muhājir ɣayr · šarƐīʸ* illegal immigrant

هاجس *hājis n.* |pl. هواجس *hawājis*| • worry, apprehension

هجم *hajama v.intr.* |1s3 يهجم *yahjumᵘ* | هجوم *hujūm*| • attack على

هجوم *hujūm n.*↑ • attack *on* على ▪ هجوم انتحاري *hujūm intiḥārīʸ* suicide attack

هجومي *hujūmīʸ adj.* • aggressive, hostile

هجمة *hajmaᵗ n.* |pl. هجمات *haj(a)māt*| • attack ▪ هجمة ارهابية *hajmaᵗ irhābīyaᵗ* terrorist attack ▪ هجمات ١١ سبتمبر *hajamāt · alḥādīᵃ Ɛašrᵃ*

sibtambir[a] the September 11 attacks
هجمي *hajmīʸ adj.* • aggressive, hostile

III هاجم *hājama v.tr.* |*3s* يهاجم *yuhājim*[u] | مهاجمة *muhājama*[t] | • attack

مهاجمة *muhājama*[t] *n.*↑ • attack

مهاجم *muhājim act. part. n.* • assailant • *(soccer)* striker

X استهجن *istahjana v.tr.* |*10s* يستهجن *yastahjin*[u] | استهجان *istihjān*| • disapprove *of*, condemn • boo, hiss

استهجان *istihjān n.*↑ • disapproval, condemnation

هجاء *hijāʔ n.* • spelling • alphabet ▪ حروف الهجاء *hurūf · alhijāʔ*[i] letters of the alphabet
هجائي *hijāʔīʸ adj.* • alphabetical

II هجى *hajjā v.tr.* |*2d* يهجي *yuhajjī* | تهجية *tahjiya*[t]| • spell

تهجية *tahjiya*[t] *n.*↑ • spelling

V تهجى *tahajjā v.tr.* |*5d* يتهجى *yatahajjā* | ***def.*** تهج *tahajj(in)*| • spell

تهج *tahajj(in) n.*↑ ***def.*** • spelling

هدأ *hadaʔa v.intr.* |*1s1(b)* يهدأ *yahdaʔ*[u] | هدوء *hudūʔ*| • calm down, be tranquil, subside ▪ هدأ من روعه *hadaʔa min rawƐhi* calm down, chill out

هدوء *hudūʔ n.*↑ • calmness, calm, quiet ▪ بهدوء *bi-hudūʔ*[in], في هدوء *fī hudūʔ*[in] *adv.* in peace, quietly ◊ أريد فقط أن أقرأ في هدوء. *I just want to read in peace*

هادئ *hādiʔ act. part. adj.* |*elat.* أهدأ *ʔahdaʔ*| • calm, quiet ▪ المحيط الهادئ *almuhīt alhādiʔ n.* the Pacific Ocean

II هدأ *haddaʔa v.tr.* |*2s(c)* يهدئ *yuhaddiʔ*[u] | تهدئة *tahdiʔa*[t]| • calm, pacify, tranquilize ▪ هدأ من روعه *haddaʔa min rawƐhi* calm *sb* down

تهدئة *tahdiʔa*[t] *n.*↑ • pacification, tranquilization

مهدئ *muhaddiʔ act. part. n.* • tranquilizer, sedative

هدب *hudb coll. n.* |*sing.* هدبة *hudba*[t] | *pl.* أهداب *ʔahdāb*| • eyelashes

II هدد *haddada v.tr.* |*2s* يهدد *yuhaddid*[u] | تهديد *tahdīd*| • threaten *sb* ه *with* بـ, menace

تهديد *tahdīd n.*↑ • threat, menace ▪ تحت التهديد *tahta -ttahdīd*[i], تحت تهديد السلاح *tahta tahdīd*[i] *-ssilāh adv.* at gunpoint, at knifepoint
تهديدي *tahdīdīʸ adj.* |*elat.* أكثر تهديدا *ʔaktar tahdīdan*| • threatening

مهدد *muhaddad pass. part. adj.* |*elat.* أكثر تهددا *ʔaktar tahaddudan*| • in danger, at risk

هدر *hadara v.intr.* |*1s2* يهدر *yahdir*[u] | هدر *hadr* or هدير *hadīr*| • *(of lions, etc.)* roar • *(of thunder, etc.)* rumble • clamor, be noisy

هدير *hadīr n.*↑ • roar • clamor

هدف *hadafa v.tr.* |*1s2* يهدف *yahdif*[u] | هدف *hadf*| • aim *at* إلى

هدف *hadaf n.* |*pl.* أهداف *ʔahdāf*| • aim, goal, target ▪ بهدف *bi-hadaf*[i] *prep.* [+ masdar] with the aim of *(do)*ing, with a view to *(do)*, so as to *(do)* ◊ اشترى أرضا بهدف الاستثمار. *He bought land with the aim of investment*

هداف *haddāf n.* • *(soccer)* scorer • marksman, sharpshooter, sniper

X استهدف *istahdafa v.tr.* |*10s* يستهدف *yastahdif*[u] | استهداف *istihdāf*| • have in mind, make *one's* goal, target ▪ أستهدف *ustuhdifa pass. v.* be susceptible *to* إلى *or* لـ, be exposed *to*, be open *to*, be targeted

هدم *hadama v.tr.* |*1s2* يهدم *yahdim*[u] | هدم *hadm*| • demolish, wreck

هدم *hadm n.*↑ • demolition

II هدم *haddama v.tr.* |*2s* يهدم *yuhaddim*[u] | تهديم *tahdīm*| • demolish, wreck

هدنة *hudna*[t] *n.* • truce, armistice

هدى *hadā v.tr.* |*1d2* يهدي *yahdī* | ***indecl.*** هدى *hud(an)*| • guide, lead

هدى *hud(an) n.*↑ ***indecl.*** • guidance ▪ الهدى *alhudā (religion)* the right path

مهدي *mahdīʸ pass. part. man's name* • Mahdi (lit. guided one), Mehdi

هدية *hadīya*[t] *n.* |*pl.* ***invar.*** هدايا *hadāyā*| • gift, present

IV أهدى *ʔahdā v.tr.* |*4d* يهدي *yuhdī* | إهداء *ʔihdāʔ*| • give (as a present) *sth* ه *to* إلى *or* لـ ▪ أهدى تحياته إلى *ʔahdā tahīyāt*[a]*hu Ɛalayhi* give *sb's* regards to ◊ إهد تحياتي إلى أسرتك. *Give my regards to your family.* • dedicate *a book, etc.* ه *to* إلى *or* لـ

إهداء *ʔihdāʔ n.*↑ • *(book)* dedication

VIII اهتدى *ihtadā v.intr.* |*8d1* يهتدي *yahtadī* | اهتداء *ihtidāʔ*| • be guided *by* بـ, be led

هذا *hādā sing. m. demonstrative* • this ◊ ما هذا؟ *What's this?* ◊ [+ indefinite singular masculine noun] هذا كتاب. *This is a book.* ◊ هذا رجل. *This is a man.* ◊ [singular masculine noun with definite article +] هذا الكتاب *this book* ◊ هذا الرجل *this man* ⓘ *Notice that the first long ā of* هذا

hāđā is unwritten. ⓘ *Demonstratives cannot precede an idafa construction. When* هذا *hāđā modifies the first term of an idafa construction, it must follow the entire construction:* ◊ رجل الأعمال هذا *this businessman* ⓘ *When modifying the second term of an idafa construction, it precedes the second term:* ◊ صاحب هذا البيت *the owner of this house* ▪ هذا هو *hāđā huwa* This is (the) __ ◊ [+ singular masculine noun with definite article] هذا هو الفيلم الذي أخبرتك عنه. *This is the movie I told you about.* ▪ لا هذا ولا ذاك *lā hāđā wa-lā đāka* neither this nor that ▪ لهذا *li-hāđā adv.* so, thus, in this way ◊ لقد زاد وزني كثيرا، لهذا أتبع حمية. *I've gained a lot of weight, so I'm dieting.* ▪ كهذا *ka-hāđā adv.* like this ◊ لم أر شيئا كهذا من قبل. *I've never seen anything like this before.* ▪ مع هذا *maƐa hāđā adv.* Nevertheless, ..., Despite this, ... ◊ حذرتك ومع هذا كررت الخطأ. *I've warned you. Despite this, you've repeated the mistake.* ▪ هذا و *hāđā wa-* Moreover, ..., Furthermore, ..., What's more, ... ◊ هذا وقد صرح الوزير أن... *Moreover, the minister declared that...*

This and These

		masculine	feminine
singular		**هذا** *hāđā*	**هذه** *hāđihi*
dual	nom.	**هذان** *hāđānⁱ*	**هاتان** *hātānⁱ*
	acc./ gen.	**هذين** *hāđaynⁱ*	**هاتين** *hātaynⁱ*
plural		**هؤلاء** *hāʔulāʔⁱ*	

هذان *hāđāni dual **m.** demonstrative* |*acc. and gen.* هذين *hađayni*| • these (two), both of these ◊ [+ indefinite dual masculine noun] **هذان** مدرسان. *Both of these (people) are teachers.* ◊ [+ dual masculine noun with definite article] هذان المدرسان *these two teachers* ◊ هذان الرجلان *these two men* ▪ هذان هما *hāđānⁱ humā* These (people) are (the) __ ◊ [+ animate plural masculine noun with definite article] هذان هما المدرسان اللذان أخبرتك عنهما. *These are the (two) teachers I told you about.* ⓘ *Notice that the first long ā of* هذان *hāđāni is unwritten.* ⓘ *Demonstratives cannot precede an idafa construction. When* هذان *hāđāni modifies the first term of an idafa construction, it must follow the entire construction:* ◊ رجلا الأعمال هذان *these two businessmen* ⓘ *When modifying the second term of an idafa construction, it precedes the second term. Remember that the second term of an idafa construction (and its demonstrative) take the genitive:* ◊ مدرسة هذين الطالبين *these two students' school* **➡ *This and These below left***

هذب II *hađđaba v.tr.* |*2s* يهذب *yuhađđib^u* | تهذيب *tahđīb*| • educate, edify • polish, refine

مهذب *muhađđab pass. part. adj.* |*elat.* أهذب *ʔahđab* or أكثر تهذبا *ʔaktar tahađđuban*| • educated • civil • polished, refined ▪ غير مهذب *ɣayr muhađđab* rough

هذه *hāđihi sing. **f.** demonstrative* • this ◊ [+ indefinite singular feminine noun] **هذه** سيارة. *This is a car.* ◊ [+ singular feminine noun with definite article] هذه السيارة *this car* ◊ هذه البنت *this girl* ▪ هذه هي *hāđihi hiya* This is (the) __ ◊ [+ singular feminine noun with definite article] هذه هي المدرسة التي أخبرتك عنها. *This is the teacher I told you about.* ▪ هذه بتلك *hāđihi bi-tilka* tit for tat • these ◊ [+ inanimate indefinite plural noun] **هذه** سيارات. *These are cars.* ◊ [+ inanimate plural noun with definite article] هذه البيوت *these houses* ◊ هذه السيارات *these cars* ▪ هذه هي *hāđihi hiya* These are (the) __ ◊ [+ inanimate plural noun with definite article] هذه هي الكتب التي أخبرتك عنها. *These are the books I told you about.* ⓘ *Notice that the long ā of* هذه *hāđihi is unwritten.* ⓘ *Demonstratives cannot precede an idafa construction. When* هذه*modifies the first term of an idafa construction, it must follow the entire construction:* ◊ طبيبة الأسنان هذه *this dentist* ⓘ *When modifying the second term of an idafa construction, it precedes the second term:* ◊ صاحب هذه السيارة *the owner of this car* **➡ *This and These on the left***

هراء *hurāʔ n.* • nonsense, drivel ◊ ما تقوله هو محض هراء. *What you're saying is utter nonsense.*

هرب *haraba v.intr.* |*1s3* يهرب *yahrub*^{u} | هروب *hurūb* or هرب *harab*| • flee *from* من, escape ▪ هرب من السجن *haraba min*^{a} *-ssijn*^{i} break out of prison ▪ هرب من البيت *haraba min*^{a} *-lbayt*^{i} run away (from home)

هروب *hurūb*, هرب *harab n.*↑ • escape

هارب *hārib act. part. n.* • fugitive, escapee

مهرب *mahrab n.* |*pl.* ***dip.*** مهارب *mahārib*| • refuge, escape

II **هرب** *harraba v.tr.* |*2s* يهرب *yuharrib*^{u} | تهريب *tahrīb*| • smuggle, traffic • help escape

مهرب *muharrib act. part. n.* • smuggler, trafficker

V **تهرب** *taharraba v.intr.* |*5s* يتهرب *yataharrab*^{u} | تهرب *taharrub*| • evade من

تهرب *taharrub n.*↑ • evasion ▪ تهرب ضريبي *taharrub ḍarībī*^{y} tax evasion

II **هرج** *harraja v.intr.* |*2s* يهرج *yuharrij*^{u} | تهريج *tahrīj*| • behave in a silly way, clown around

مهرج *muharrij act. part. n.* • clown

هرجيسا *hargaysā n.* ***f. invar.*** • *(city in Somalia)* Hargeisa ➡ ***map on p. 177***

هر *harra v.intr.* |*1g2* يهر *yahirr*^{u} | هرير *harīr*| • growl

هر *hirr n.* |*pl.* هررة *hirara*^{t}| • cat

هريرة *hurayra*^{t} *n. diminutive* • kitten

هرس *harasa v.tr.* |*1s3* يهرس *yahrus*^{u} | هرس *hars*| • squash, mash, tenderize • prune, trim

هرع *haraƐa v.intr.* |*1s1* يهرع *yahraƐ*^{u} | هرع *haraƐ*| • hurry *to* إلى, rush

هرم *haram n.* |*pl.* أهرام *ʔahrām*| • pyramid ▪ أهرام الجيزة *ʔahrām · aljīza*^{ti}, الأهرامات *alʔahrāmāt pl. n.* the Great Pyramids of Giza ▪ الأهرام *alʔahrām* ***f.*** *n.* Al-Ahram (Egyptian newspaper)

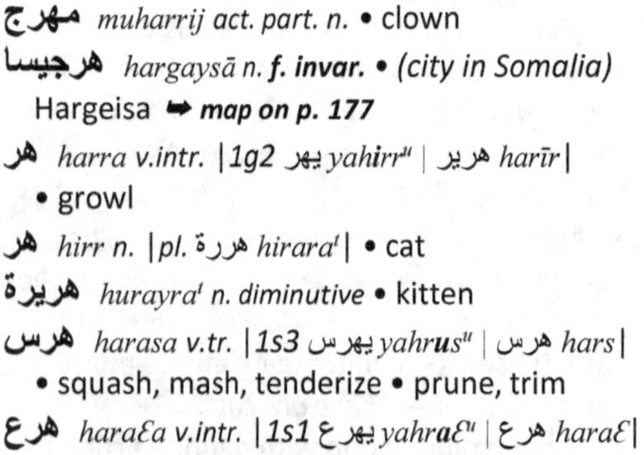

Copies of Al-Ahram newspaper

هرم *harim adj.* • elderly, old

هرمون *hormōn n.* • hormone

QI **هرول** *harwala v.intr.* |*11s* يهرول *yuharwil*^{u} | هرولة *harwala*^{t}| • rush *to* إلى, hurry

هرولة *harwala*^{t} *n.*↑ • haste, hurry

هزأ *hazaʔa v.intr.* |*1s1(b)* يهزأ *yahzaʔ*^{u} | هزء *huzʔ*| • mock من *or* بـ, make fun *of*

هزء *huzʔ n.*↑ • mockery

هازئ *hāziʔ act. part. adj.* • mocking, scornful

V **تهزأ** *tahazzaʔa v.intr.* |*5s(c)* يتهزأ *yatahazzaʔ*^{u} | تهزؤ *tahazzuʔ*| • make fun *of* من *or* بـ, mock

X **استهزأ** *istahzaʔa v.intr.* |*10s(c)* يستهزئ *yastahziʔ*^{u} | استهزاء *istihzāʔ*| • make fun *of* من *or* بـ, mock

استهزاء *istihzāʔ n.*↑ • mockery

هز *hazza v.tr.* |*1g3* يهز *yahuzz*^{u} | هز *hazz*| • shake, convulse ▪ هز رأسه *hazza raʔs*^{a}*hu* shake *one's* head

هزة *hazza*^{t} *n.* • tremor, convulsion ▪ هزة أرضية *hazza*^{t} *ʔarḍīya*^{t} earthquake, tremor ▪ هزة سياسية *hazza*^{t} *siyāsīya*^{t} political shake-up ▪ هزة جماع *hazzat · jimāƐ* orgasm, climax

VIII **اهتز** *ihtazza v.intr.* |*8g1* يهتز *yahtazz*^{u} | اهتزاز *ihtizāz*| • shake, tremble

هزاز *hazzāz adj.* • shaking, rocking ▪ كرسي هزاز *kursīy hazzāz n.* rocking chair

هزل *hazala v.intr.* |*1s2* يهزل *yahzil*^{u} | هزل *hazl*| • become skinny, waste away • joke, say jokingly

هزل *hazl n.*↑ • jest ▪ بين الجد والهزل *bayna -ljidd*^{i} *wa-lhazl*^{i} *adv.* half-joking(ly)

هزلي *hazlī*^{y} *adj.* |*elat.* أكثر هزلا *ʔakṯar hazlan*| • funny

مهزول *mahzūl pass. part. adj.* |*m. pl.* ***dip.*** مهازيل *mahāzīl*| • degenerate, weak

هزل *hazil adj.* |*elat.* أكثر هزلا *ʔakṯar hazlan*| • funny

هزيل *hazīl adj.* |*m. pl.* ***invar.*** هزلى *hazlā* | *elat.* أهزل *ʔahzal*| • thin, skinny

هزم *hazama v.tr.* |*1s2* يهزم *yahzim*^{u} | هزم *hazm*| • defeat

هزيمة *hazīma*^{t} *n.* |*pl.* ***dip.*** هزائم *hazāʔim*| • defeat

هستيري *histīrī*^{y} *adj.* • hysterical ▪ ضحك هستيري *ḍaḥk histīrī*^{y} *n.* hysterical laughter ▪ بكاء هستيري *bukāʔ histīrī*^{y} *n.* hysterical crying

هستيريا *histīriyā n.* ***invar.*** • hysteria

هش *hašš adj.* |*elat.* أهش *ʔahašš* or أكثر هشاشة *ʔakṯar hašāša*^{tan}| • crispy, crumbly

هش *hušš interjection* • Shh!, Hush!
هشاشة *hašāšaᵗ n.* • crispiness
هاشم *hāšim n.* • Hashim ▪ بنو هاشم *banū · hāšim* the clan of Hashim
  هاشمي *hāšimīʸ adj.* • Hashemite
II **هشّم** *haššama v.tr.* |2s يهشّم *yuhaššimᵘ* | تهشيم *tahšīm*| • destroy, crush, smash
V **تهشّم** *tahaššama v.tr.* |5s يتهشّم *yatahaššamᵘ* | تهشّم *tahaššum*| • be destroyed, be crushed, be smashed
هضبة *haḍbaᵗ n.* |pl. هضاب *hiḍāb*| • plateau ▪ هضبة الجولان *haḍbat · aljawlānⁱ* The Golan Heights
هضم *haḍama v.tr.* |1s2 يهضم *yahḍimᵘ* | هضم *haḍm*| • digest
هضم *haḍm n. n.*↑ • digestion ▪ سوء هضم *sūʔ · haḍm* indigestion
  هضمي *haḍmīʸ adj.* • digestive ▪ جهاز هضمي *jihāz haḍmīʸ* digestive system
هفا *hafā v.intr.* |1d3 يهفو *yahfū* | هفو *hafw*| • err, slip up
هفوة *hafwaᵗ n.* |pl. هفوات *haf(a)wāt*| • lapse, slip
هكتار *hiktār n.* • hectare
هكذا *hākaḏā adv.* • like this, this way ▪ وهكذا *wa-hākaḏā*, وهكذا دواليك *wa-hākaḏā dawālayka* et cetera (etc.), and so on • consequently, thus, so ⓘ *Notice that the first long ā of* هكذا *hākaḏā is unwritten.*
V **تهكّم** *tahakkama v.intr.* |5s يتهكّم *yatahakkamᵘ* | تهكّم *tahakkum*| • make fun *of* على *or* بـ, mock
تهكّم *tahakkum n.*↑ • mockery, sarcasm
  تهكّمي *tahakkumīʸ adj.* |elat. أكثر تهكما *ʔaktar tahakkuman*| • sarcastic, mocking
متهكّم *mutahakkim act. part. adj.* |elat. أكثر تهكما *ʔaktar tahakkuman*| • sarcastic, mocking
هل *hal(i) particle* • *interrogative (untranslated; precedes a yes/no question)* ◊ هل تعرف أين هو؟ *Do you know where he is?* ◊ هل هناك شخص ما؟ *Is anyone there?* ◊ هل قرأت هذا الكتاب؟ *Have you read this book?* ◊ هل عندهما أولاد؟ *Do they have children?* ▪ هلا *hallā* |< لا + هل *hal + lā*| don't...? ◊ هلا تحبني؟ *Don't you love me?; (making requests and suggestions)* [+ perfect] why don't...?, shall we...?, would you (mind)...? ◊ هلا ساعدني أحد؟ *Can somebody help me?* ◊ هلا كررت ذلك؟ *Could you repeat that?* ◊ هلا ساعدتني؟ *Would you help me?* ▪ هل لي بـ *hal lī bi-* [+ noun] *(in requests)* May I (have)...? ◊ هل لي بكلمة معك؟ *May I have a word with you?* ◊ هل لي بقهوة، من فضلك؟ *Can I have some coffee, please?* ▪ هل لي أنْ *hal lī ʔan (in requests)* May I *(do)...?* ◊ هل لي أن أسألك سؤالا؟ *May I ask you a question?* ▪ هل لك أنْ *hal laka ʔan (in requests)* Can you *(do)...?* ◊ هل لك أن تخبرني ماذا حدث؟ *Could you tell me what happened?* • *conj.* whether, if ◊ لا أعرف هل أريده أم لا. *I don't know if I want it or not.* ➥ ***compare with*** أ ***ʔa p. 1***
هلك *halaka v.intr.* |1s2 يهلك *yahlikᵘ* | هلاك *halāk*| • be ruined, be destroyed • perish, die
هلاك *halāk n.*↑ • ruin, destruction, doom
IV **أهلك** *ʔahlaka v.tr.* |4s يهلك *yuhlikᵘ* | إهلاك *ʔihlāk*| • destroy, ruin
X **استهلك** *istahlaka v.tr.* |10s يستهلك *yastahlikᵘ* | استهلاك *istihlāk*| • consume, use
استهلاك *istihlāk n.*↑ • consumption
  استهلاكي *istihlākīʸ adj.* • consumer- ▪ سلع استهلاكية *silaɛ istihlākīyaᵗ* consumer goods ▪ إنفاق استهلاكي *ʔinfāq istihlākīʸ* consumer spending
مستهلك *mustahlik act. part. n.* • consumer
هللة *halalaᵗ n.* • halala (100 halalas = 1 Saudi rial)
هلال *hilāl n.* |pl. أهلة *ʔahillaᵗ* or **dip.** أهاليل *ʔahālīl*| • crescent ▪ الهلال الأحمر *alhilāl alʔaḥmar* the Red Crescent • *man's name* Hilal
X **استهلّ** *istahalla v.tr.* |10g يستهل *yastahillᵘ* | استهلال *istihlāl*| • start, initiate
هلام *hulām n.* • jelly, gelatin
  هلامي *hulāmīʸ adj.* • gelantinous
هلمّ *halumma imperative* • come *to* إلى ◊ هلمي إلى هنا! *Get over here!* ▪ هلم بنا *hallumma bi-nā* Come on!, Let's go! ◊ هلم بنا إلى البيت! *Come on, let's go home!* ◊ هلم بنا نلعب لعبة. *Let's play a game!* • bring ▪ وهلم جرا *wa-halumma jarran, also spelled* وهلمجرا *wa-halummajarran* et cetera (etc.), and so on
QI **هلوس** *halwasa v.intr.* |11s يهلوس *yuhalwisᵘ* | هلوسة *halwasaᵗ*| • hallucinate
هلوسة *halwasaᵗ n.*↑ • hallucination
هليكوبتر *helikobter n.* • helicopter
هليون *hilyawn* or *halyūn n.* • asparagus
هم *hum(u) plural* ***m.*** *third-person personal pronoun* • they
ـهم *-hum(u)* and *-him(i) plural* ***m.*** *third-person possessive pronoun suffix* • [noun +] their ◊ هذا كتابهم. *hāḏā kitābᵘ**hum** This is their book.* ◊ في كتابهم *fī kitābⁱ**him** in their book* • *plural* ***m.***

ه
third-person personal pronoun suffix [verb or preposition +] them ◊ أعرفهم. *ʔaƐrif^u**hum** I know them.* ◊ إليهم *ʔilāy**him** to them*
ⓘ *pronounced -him directly after kasra (i) or yaa (y); otherwise, pronounced -hum.*
➡ ***Suffixed Personal Pronouns p. 182***

هما *humā dual **m.** or **f.** third-person personal pronoun* • they, they both

ـهما *-humā* and *-himā dual **m.** or **f.** third-person possessive pronoun suffix* • [noun +] their ◊ هذا كتابهما. *hāđā kitāb^u**humā** This is their book.* ◊ في كتابهما *fī kitāb^i**himā** in their book* • *dual **m. f.** third-person personal pronoun suffix* [verb or preposition +] them ◊ أعرفهما. *ʔaƐrif^u**humā** I know them.* ◊ إليهما *ʔalay**himā** to them*
ⓘ *pronounced -himā directly after kasra (i) or yaa (y); otherwise, pronounced -humā.*
➡ ***Suffixed Personal Pronouns p. 182***

VII **انهمر** *inhamara v.intr.* |*7s* ينهمر *yanhamir^u* | انهمار *inhimār*| • pour down, fall heavily ▪ انهمر مطر *inhamara maṭar^un* *(rain)* pour ◊ انهمر المطر هذا الصباح. *It poured this morning.* ▪ انهمرت الدموع من عينيه *inhamarat addumūƐ^u min Ɛaynay<u>hi</u>* tears streamed down *one's* face

همز *hamaza v.tr.* |*1s2/1s3* يهمز *yahmiz^u* or *yahmuz^u* | همز *hamz*| • *(grammar)* hamzate

مهموز *mahmūz pass. part. adj.* • *(grammar)* hamzated ▪ فعل مهموز *fiƐl mahmūz n.* hamzated verb

همزة *hamza^t n.* |*pl.* همزات *ham(a)zāt*| • *(grammar)* hamza ▪ همزة قطع *hamzat · qaṭƐ* strong hamza, cutting hamza ▪ همزة وصل *hamzat · waṣl* weak hamza, elidable hamza
➡ ***The Orthography of Hamza p. 1***

ع

همس *hamasa v.intr.* |*1s2* يهمس *yahmis^u* | همس *hams*| • whisper ◊ همس في أذني. *He whispered in my ear.*

همس *hams n.*↑ • whisper ▪ همسا *hamsan adv.* in whispers

VI **تهامس** *tahāmasa v.intr.* |*6s* يتهامس *yatahāmas^u* | تهامس *tahāmus*| • whisper to each other

هامش *hāmiš n.* |*pl.* ***dip.*** هوامش *hawāmiš*| • margin

هامشي *hāmišī^y adj.* • marginal

II **همش** *hammaša v.tr.* |*2s* يهمش *yuhammiš^u* | تهميش *tahmīš*| • marginalize

IV **أهمل** *ʔahmala v.tr.* |*4s* يهمل *yuhmil^u* | إهمال *ʔihmal*| • neglect, ignore

إهمال *ʔihmāl n.*↑ • negligence, neglect

مهمل *muhmil act. part. adj.* |*elat.* أكثر إهمالا *ʔakṯar ʔihmālan*| • negligent, careless

مهمل *muhmal pass. part. adj.* |*elat.* أكثر إهمالا *ʔakṯar ʔihmālan*| • discarded, useless, obsolete ▪ مهملات *muhmalāt pl. n.* trash (UK: rubbish), garbage, waste ▪ سلة مهملات *sallat · muhmalāt n.* garbage can (UK: rubbish bin), waste paper basket

هم *hamma v.* |*1g3* يهم *yahumm^u* | هم *hamm*| • *v.tr.* worry, concern, trouble, make anxious ◊ همني الموضوع كثيرا. *I was very concerned about the issue. (lit. The issue troubled me a lot.)* • be important *to*, matter •هم بأنْ *hamma bi-ʔan* be about to *(do)*, be going to *(do)*, intend to *(do)* ◊ هممت بأن أتصل بك. *I was going to call you.*

هم *hamm n.*↑ |*pl.* هموم *humūm*| • worry, concern, interest • intention, plan • importance

مهموم *mahmūm pass. part. adj.* • anxious, worried, troubled

هام *hāmm act. part. adj.* |*elat.* أهم *ʔahamm*| • important, significant, major ▪ غير هام *ɣayr · hāmm* minor, unimportant

هم *himm adj.* |*pl.* أهمام *ʔahmām*| • decrepit, senile

همة *himma^t n.* |*pl.* همم *himam*| • energy, vigor, liveliness

أهمية *ʔahammīya^t n.* • importance, significance ▪ على جانب كبير من الأهمية *Ɛalā jānib^in kabīr^in min^a -lʔahammīya^ti* of great importance

مهمة *mahamma^t n.* |*pl.* مهام *mahāmm*| • mission, assignment, function, task

IV **أهم** *ʔahamma v.tr.* |*4g* يهم *yuhimm^u* | إهمام *ʔihmām*| • be important *to*, matter *to*, interest, concern, count ▪ لا يهمني. *lā yahumm^unī* I don't care. ▪ أهمه أنْ *ʔahamma<u>hu</u> ʔan* be important to *sb* to *(do)*, be important that... ◊ يهمني أن تفهم ما أقول. *It's important (to me) that you understand what I'm saying.* ◊ ما يهم في الحياة أن... *What counts in life is...*

مهم *muhimm act. part. adj.* |*elat.* أهم *ʔahamm*| • important, significant ▪ من المهم أنْ *min^a -lmuhimm^i ʔan* it is important that..., it is important to *(do)* ▪ ليس مهما *laysa muhimman* Never mind! ⚠ **مهما** ***mahmā p. 293***

مهمة *muhimma^t n.* • important matter, requirement ▪ مهمات *muhimmāt pl. n.* supplies

VIII **اهتم** *ihtamma v.intr.* |*8g1* يهتم *yahtamm^u* | اهتمام *ihtimām*| • be interested *in* بـ *or* في, take an interest *in* • worry *about* بـ *or* في

اهتمام *ihtimām n.*↑ • interest, attention, concern
مهتم *muhtamm pass. part. adj.* |*elat.* أكثر اهتماما *ʔaktar ihtimāman*| • interested *in* في *or* بـ, concerned *with*
QI **همهم** *hamhama v.intr.* |*11s* يهمهم *yuhamhim^u*| همهمة *hamhama^t*| • mumble, mutter
هن *hunna plural* ***f.*** *third-person personal pronoun* • they
ـهن -*hunna* and -*hinna plural* ***f.*** *third-person possessive pronoun suffix* • [noun +] their ◊ هذا كتابهن. *hāđā kitāb^u**hunna*** *This is their book.* ◊ في كتابهن *fī kitāb^i**hinna*** *in their book* • *plural* ***f.*** *third-person personal pronoun suffix* [verb or preposition +] them ◊ أعرفهن. *ʔaƐrif^u**hunna*** *I know them.* ◊ إليهن *ʔalay**hinna*** *to them*
ⓘ *pronounced* -*hinna directly after a kasra (i) or yaa (y); otherwise, pronounced* -*hunna.*
➡ ***Suffixed Personal Pronouns p. 182***
هنئ *haniʔa v.intr.* |*1s4(c)* يهنأ *yahnaʔ^u*| هناء *hanāʔ* or هنأ *hanaʔ*| • be delighted *with* بـ, be pleased *by*
هناء *hanāʔ n.*↑ • good health, well being ▪ بالهناء والشفاء *bi-lhanāʔ^i wa-ššifāʔ^i* Enjoy your meal! • ***dip.*** *woman's name* Hana
هانئ *hāniʔ act. part.* |*elat.* أهنأ *ʔahnaʔ*| • *adj.* delighted, glad •هاني *hānī man's name* Hani
هنيء *hanīʔ adj.* |*elat.* أهنأ *ʔahnaʔ*| • healthful, wholesome ▪ هنيئا لـ *hanīʔan li-* Congratulations to __! ▪ هنيئا *hanīʔan*, هنيئا لك *hanīʔan laka* Enjoy your meal! ▪ هنيئا مريئا *hanīʔan marīʔan* I hope you enjoyed your meal. ▪ نوما هنيئا *nawman hanīʔan* Sleep tight!
II **هنأ** *hannaʔa v.tr.* |*2s(c)* يهنئ *yuhanniʔ^u*| تهنئة *tahniʔa^t*| • congratulate *sb* ∘ *on* بـ
تهنئة *tahniʔa^t n.*↑ |*pl.* ***dip.*** تهانئ *tahāniʔ* or تهان *tahān(in)*| • congratulation
هنا *hunā adv.* • here ▪ هنا وهناك *hunā wa-hunāka* here and there, about ▪ ومن هنا *wa-min hunā* therefore, so, thus, hence • *(time)* at this point
هناك *hunāka adv.* • there • there is, there are ▪ ليس هناك *laysa hunāka* there is not, there are not
هنالك *hunālika adv.* • over there
الهند *alhind n.* ***f.*** • India
هندي *hindī^y adj. & n.* |*pl.* هنود *hunūd*| • Indian ▪ هندي أحمر *hindī^y ʔaħmar*, هندي أمريكي *hindī^y ʔamrīkī^y* Native American, American Indian

QI **هندس** *handasa v.tr.* |*11s* يهندس *yuhandis^u*| هندسة *handasa^t*| • engineer
هندسة *handasa^t n.*↑ • engineering • geometry
هندسي *handasī^y adj.* • engineering- • geometric
مهندس *muhandis act. part. n.* • engineer ▪ مهندس مدني *muhandis madanī^y* civil engineer ▪ مهندس طيران *muhandis · ṭayrān* aeronautical engineer ▪ مهندس معماري *muhandis miƐmārī^y* architect ▪ مهندس ديكور *muhandis · dīkōr* interior designer
هندوراس *hondūrās n.* ***f. invar.*** • Honduras
هندوراسي *hondūrāsī^y adj. & n.* • Honduran
هندوسي *hindūsī^y adj. & n.* |*pl.* هندوس *hindūs*| • Hindu
الهندوسية *alhindūsīya^t n.* • Hinduism
هنيهة *hunayha^t n. diminutive* • a (short) while ▪ هنيهة *hunayhatan adv.* for a (short) while ◊ انتظر هنيهة. *Hold on a minute.*
هه *hah interjection* • hey, wow
هو *huwa sing.* ***m.*** *third-person personal pronoun* • he, it ▪ ما هو الـ__ *mā huwa -l-*__ What's the __? ◊ ما هو الفرق بينهما؟ *What's the difference between them?* ▪ هذا هو *hāđā huwa* That's that!
هوية *huwīya^t n.* • identity
هور *hawr n.* |*pl.* أهوار *ʔahwār*| • marsh, wetland
هير *hayyir adj.* • inconsiderate, thoughtless
V **تهور** *tahawwara v.intr.* |*5s* يتهور *yatahawwar^u*| تهور *tahawwur*| • be rash, be careless
تهور *tahawwur n.*↑ • rashness, carelessness
متهور *mutahawwir act. part. adj.* |*elat.* أكثر تهورا *ʔaktar tahawwuran*| • rash, careless, reckless
VII **انهار** *inhāra v.intr.* |*7h* ينهار *yanhār^u*| انهيار *inhiyār*| • collapse, fall down, cave in
انهيار *inhiyār n.*↑ • collapse ▪ انهيار جليدي *inhiyār jalīdī^y* avalanche ▪ انهيار طيني *inhiyār ṭīnī^y* mudslide
هوس *hawas n.* • mania, craze
مهووس *mahwūs adj.* |*elat.* أكثر هوسا *ʔaktar hawasan*| • maniacal, infatuated, obsessed
هوكي *hōkī n.* ***invar.*** • hockey ▪ هوكي الجليد *hōkī -ljalīd^i* ice hockey ▪ هوكي الحقل *hōkī -lħaql^i* field hockey
هال *hāla v.tr.* |*1h3* يهول *yahūl^u*| هول *hawl*| • frighten, scare, terrify, horrify
هول *hawl n.*↑ |*pl.* أهوال *ʔahwāl*| • terror, horror ▪ أبو الهول *ʔabū · -lhawl^i* the Sphinx ➡ ***picture on p. 322***

The Sphinx in Giza, Egypt

هائل *hāʔil act. part. adj.* • frightening, scary • terrible, awful • huge, immense, enormous

هال *hāl n.* • cardamom

هالة *hālaᵗ n.* • halo • ***dip.*** *woman's name* Hala

II **هول** *hawwala v.tr.* |*2s* يهول *yuhawwilᵘ* | تهويل *tahwīl*| • intimidate, bully, browbeat • exaggerate

تهويل *tahwīl n.*↑ |*pl.* ***dip.*** تهاويل *tahāwīl*| • intimidation • exaggeration ▪ تهاويل *pl. n.* embellishments, (ornamental) flourishes

هولندا *hōlandā n.* ***f. invar.*** • Holland, the Netherlands

هولندي *hōlandīʸ* • *adj.* Dutch • *n.* Dutchman

هولندية *hōlandīyaᵗ n.* • Dutchwoman

هان *hāna v.intr.* |*1h3* يهون *yahūnᵘ* | هون *hawn*| • be easy *for* على

هون *hawn n.* • ease

هين *hayyin adj.* |*elat.* أهون *ʔahwan*| • easy, simple, effortless ▪ أمر هين *ʔamr hayyin* piece of cake

أهون *ʔahwan adj.* ***dip.*** • |*m & f pl.* هون *hūn* | *f. sing.* ***dip.*** هوناء *hawnāʔ* | *f. dual* هوناوان *hawnāwānⁱ* | *f. pl.* هوناوات *hawnāwāt*| easy, simple, effortless • *elat.* easier, simpler

II **هون** *hawwana v.* |*2s* يهون *yuhawwinᵘ* | تهوين *tahwīn*| • *v.tr.* make easy *sth* ه *for* على, facilitate • *v.intr.* go easy *on* على ▪ هون على نفسك *hawwin ɛalā nafsⁱka* Take it easy!

II **هين** *hayyana v.tr.* |*2s* يهين *yuhayyinᵘ* | تهيين *tahyīn*| • verbally abuse, belittle

IV **أهان** *ʔahāna v.tr.* |*4h* يهين *yuhīnᵘ* | إهانة *ʔihānaᵗ*| • insult, offend

إهانة *ʔihānaᵗ n.*↑ • insult, offense

X **استهان** *istahāna v.intr.* |*10h* يستهين *yastahīnᵘ* | استهانة *istihānaᵗ*| • consider easy بـ, take lightly • underestimate بـ

هونغ كونغ *hong kong n.* ***f. invar.*** • *(city in China)*

هوى *hawā v.intr.* |*1d2* يهوي *yahwī* | هوي *huwīʸ*| • fall down, tumble

هوي *hawiya v.tr.* |*1d4* يهوى *yahwā* | ***indecl.*** هوى *haw(an)*| • love, like, fancy, be fond *of*

هوى *huw(an) n.*↑ ***indecl.*** |*pl.* أهواء *ʔahwāʔ* or ***invar.*** هوايا *hawāyā*| • love ▪ على هواه *ɛalā huwāhu adv.* as one pleases ◊ استمتع بالبوفيه على هواك. *Help yourself to the buffet. (lit. Enjoy the buffet as you please.)* • passion, affection

هاو *hāw(in) act. part. n.* ***def.*** |*pl.* هواة *huwāᵗ*| • amateur

هاوية *hāwiyaᵗ n.* • cliff, precipice

هواء *hawāʔ n.* |*pl.* أهوية *ʔahwiyaᵗ*| • air ▪ على الهواء *ɛalā -lhawāʔⁱ adv. (TV)* on air

هوائي *hawāʔīʸ adj.* • aerial • whimsical • wind- ▪ آلة هوائية *ʔālaᵗ hawāʔīyaᵗ* wind instrument

هوة *huwwaᵗ n.* • abyss, chasm

هواية *hawāyaᵗ n.* • hobby, pastime

II **هوى** *hawwā v.tr.* |*2d* يهوي *yuhawwī* | تهوية *tahwiyaᵗ*| • ventilate, air out

تهوية *tahwiyaᵗ n.*↑ • ventilation

هي *hiya sing.* ***f.*** *third-person personal pronoun* • she, it ▪ ما هي الـ__ *mā hiya al__* What's the __? ◊ ما هي الحقيقة؟ *What's the truth?* • *(inanimate)* they

هيئة *hayʔaᵗ n.* • organization, institution ▪ هيئة محلفين *hayʔat · muḥallifīn* jury

II **هيأ** *hayyaʔa v.tr.* |*2s(c)* يهيئ *yuhayyiʔᵘ* | تهيئة *tahyiʔaᵗ*| • prepare, arrange

تهيئة *tahyiʔaᵗ n.*↑ • preparation, arrangement

هيا *hayyā particle* •(بنا) هيا *hayyā (bi-nā)* [+ jussive] come on, hurry up, let's go, let's *(do)* ◊ هيا إلى البيت! *Come on, let's go home!* ◊ هيا نتكلم. *Let's talk.* ◊ هيا بنا إلى العمل. *Hurry up, let's get to work.* ⓘ *The prefix* فلـ *fa-l- or* لـ *li- can precede the jussive verb.* ◊ هيا نأكل. *Let's eat.* ◊ هيا فلنشاهد التلفاز قليلا. *Let's watch TV a little.*

هاب *hāba v.tr.* |*1h1* يهاب *yahābᵘ* | هيبة *haybaᵗ* or مهابة *mahābaᵗ*| • fear, be afraid *of* • revere

هيبة *haybaᵗ n.*↑ • fear • reverence • prestige

مهوب *mahūb pass. part. adj.* • dreadful

مهيب *mahīb adj.* |*elat.* أكثر مهابة *ʔaktar mahābaᵗᵃⁿ*| • solemn, grave, dignified • magnificent, awe-inspiring

أهاب *ʔahāba v.tr.* |*4h* يهيب *yuhībᵘ* | إهابة *ʔihābaᵗ*| • frighten, scare

مهاب *muhāb pass. part. n.* • object of reverence

II **هيج** *hayyaja v.tr.* |*2s* يهيج *yuhayyij^u* | تهييج *tahyīj*|
• agitate

IV **أهاج** *ʔahāja v.tr.* |*4h* يهيج *yuhīj^u* | إهاجة *ʔihāja^t*|
• agitate

هيروين *hirowīn n.* ***invar.*** • *(narcotic)* heroin

هيكل *haykal*, هيكلة *haykala^t n.* |*pl.* ***dip.*** هياكل *hayākil*| • frame, framework, structure ▪ هيكل عظمي *haykal ɛaẓmīy* skeleton

هيكلي *haykalīy adj.* • structural • skeletal

QI **هيمن** *haymana v.intr.* |*11s* يهيمن *yuhaymin^u* | هيمنة *haymana^t*| • keep an eye *on* على, watch, guard • dominate على

هيمنة *haymana^t n.*↑ • oversight, supervision
• supremacy, domination

هيهات *hayhāti* or *hayhāta particle* • not even close, not even in the slightest ▪ هيهات أنْ *hayhāti ʔan* It's out of the question that... ◊ هيهات أن أنسى ما حدث. *There's no way I'll ever forget what happened.*

هيوستن *hyūston n.* ***f. invar.*** • *(city in the U.S.)* Houston

و

و *wāw n. **f.*** |واو| • *(twenty-seventh letter of the Arabic alphabet)* • *(numerical value)* 6 • *(point of information)* F.,VI. ➡ ***The Abjad Numerals p. 61***

و *wa- conj. prefix* • and ⓘ *Not unlike 'and' in English,* و *wa- connects words of the same part of speech, as well as clauses and sentences. However, it is used more frequently in Arabic, often left untranslated in English. Its usage is also somewhat broader than 'and', at times best translated using another conjunction, such as 'but' or 'so'.* ▪ ولا *wa-lā* without; [negative +] nor • *(heads a circumstantial clause)* while, as, when, *(do)*ing ◊ هذه صورة لي وأنا في الجامعة. *This is a picture of me when I was in college.* ◊ دخل الطالب الفصل وفي يده بعض الكتب. *The student entered the classroom carrying some books.*; *(heads a parenthetical clause)* who, which ◊ سألت أخي وهو طبيب عن هذا الدواء. *I asked my brother (who is a doctor) about this medicine.* • *(time)* past (the hour) ▪ والثلث *wa-ttult (time)* twenty past (hour +) ◊ الساعة الخامسة والثلث *twenty past five (5:20)* ▪ والربع *wa-rrubƐ (time)* a quarter past (hour +) ◊ الساعة الثالثة والربع *a quarter past three (3:15)* ▪ وخمس دقائق *wa-xams^a daqāʔiq^a* five past, oh five (hour +) ◊ إنها الساعة الثالثة وخمس دقائق *It's five past three (3:05).* • *(in oaths)* [+ genitive noun] by ▪ والله *wa-LLāh^i* by God!

ـوا *-ū plural **m.** third-person perfect-tense suffix* • they *(did)* ◊ فعلوا *faƐal**ū*** they did ⓘ *The final* ا *drops when a pronoun suffix is added:* ◊ فعلوه *they did it*

واحة *wāḥa^t n.* • oasis

وارسو *wārsō n. **f. invar.*** • *(capital of Poland)* Warsaw

واشنطن *wāšinṭōn n. **f. dip.*** • *(capital of the United States)* Washington ▪ واشنطن العاصمة *wāšinṭōn alƐāṣima^t* Washington, D.C. (lit. Washington the capital) •ولاية واشنطن *wilāyat · wāšinṭōn* Washington State

واو *wāw n. **f.*** ➡ و ***above***

وباء *wabāʔ n.* |*pl.* أوبئة *ʔawbiʔa^t*| • epidemic, pandemic

II **وبخ** *wabbaxa v.intr.* |*2s* يوبخ *yuwabbix^u* | توبيخ *tawbīx*| • scold *for* على, reprimand *for*

توبيخ *tawbīx n.*↑ • reprimand

وبر *wabr n.* |*pl.* وبور *wubūr* or وبار *wibār*| • hyrax (cat-sized mammal found in the Middle East and Africa), dassie ▪ وبر صخري *wabr ṣaxrī^y* rock hyrax

A rock hyrax

وبر *wabar coll. n.* |*sing.* وبرة *wabara^t* | *pl.* أوبار *ʔawbār*| • *(camel)* hair

وبر *wabir adj.* • fluffy, fuzzy

وابل *wābil n.* • shower, downpour ▪ تحت وابل كثيف من النيران *taḥta wābil^in katīf^in min^a -nnīrān^i* under heavy fire

وتد *watad* or *watid n.* |*pl.* أوتاد *ʔawtād*| • stake, peg

وتر *watar n.* |*pl.* أوتار *ʔawtār*| • *(music, archery)* string, cord • tendon ▪ وتر أخيل *watar ʔaxīl*, وتر عرقوب *watar · Ɛuqūb* Achilles tendon

وتر *watr adj.* • odd, uneven ▪ وترا *watran adv.* singly, separately

وتيرة *watīra^t n.* |*pl.* **dip.** وتائر *watāʔir*| • manner, style • method, procedure

V **توتر** *tawattara v.intr.* |*5s* يتوتر *yatawattar^u* | توتر *tawattur*| • become tense, become anxious

توتر *tawattur n.*↑ • tension, strain, anxiety ▪ خفف التوتر *xaffafa attawattur v.* ease tensions *between* بين

متوتر *mutawattir act. part. adj.* |*elat.* أكثر توترا *ʔaktar tawatturan*| • tense, anxious, stressed-out, upset

VI **تواتر** *tawātara v.intr.* |*6s* يتواتر *yatawātar^u* | تواتر *tawātur*| • recur, appear from time to time • become strained

تواتر *tawātur n.*↑ • recurrence, frequency • tension, strain, stress

وثأ *wataʔa v.tr.* |*1a1(a)* يثأ *yataʔ^u* | وثء *watʔ*| • sprain

وثء *watʔ n.*↑ • sprain

وثب *wataba v.intr.* |*1a2* يثب *yatib^u* | وثب *watb*| • hop, skip, bounce

وثبة *watba^t n.* |*pl.* وثبات *wat(a)bāt*| • hop, bounce

وثق *v.intr.* • *watiqa* |*1a2* يثق *yatiq^u* | ثقة *tiqa^t*| trust بـ • *watuqa* |*1s6* يوثق *yawtuq^u* | وثاقة *watāqa^t*| be firm; be reliable

ثقة *tiqa^t n.*↑ • confidence *in* بـ *or* في, trust ▪ ثقة بالنفس *tiqa^t bi-nnafs^i* self-confidence ▪ بثقة *bi-tiqa^tin*, في ثقة *fī tiqa^tin adv.* confidently, with confidence ▪ بثقة كبيرة *bi-tiqa^tin kabīra^tin adv.* with great confidence ▪ بثقة كاملة *bi-tiqa^tin kāmila^tin adv.* with complete confidence

وثاقة *watāqa^t n.*↑ • firmness • reliability

واثق *wātiq act. part. n.* |*elat.* أوثق *ʔawtaq*| • confident *about* من

موثوق *mawtūq pass. part. adj.* •موثوق به *mawtūq bi-hi* trustworthy, reliable

وثيق *watīq adj.* |*m. pl.* وثاق *witāq* | *elat.* أوثق *ʔawtaq*| • firm, close ▪ علاقة وثيقة *Ɛalāqa^t watīqa^t* close relationship • reliable, trustworthy

وثيقة *watīqa^t n.* |*pl.* **dip.** وثائق *watāʔiq*| • document

وثائقي *watāʔiqīy adj.* • documentary ▪ فيلم وثائقي *film watāʔiqīy n.* documentary (film)

وثائقية *watāʔiqīya^t n.* • documentation

ميثاق *mītāq n.* |*pl.* **dip.** مواثيق *mawātīq*| • treaty, pact, charter

II **وثق** *wattaqa v.tr.* |*2s* يوثق *yuwattiq^u* | توثيق *tawtīq*| • document, notarize, authenticate

توثيق *tawtīq n.*↑ • documentation, notarization, authentication

وثن *watan n.* |*pl.* أوثان *ʔawtān*| • idol

وثني *watanīy adj. & n.* • pagan

وثنية *watahnīya^t n.* • paganism

وجب *wajaba v.tr.* |*1a2* يجب *yajib^u* | وجوب *wujūb*| •وجب عليه *wajaba Ɛalayhi* be necessary for *sb* ▪ يجب (عليه) أنْ *yajib^u (Ɛalayhi) ʔan (impersonal verb)* must *(do)*, have to *do* ◊ يجب أن أتكلم معك في هذا الموضوع. *I have to talk to you about this.* ▪ لا يجب (عليه) أنْ *lā yajib^u (Ɛalayhi) ʔan*, يجب (عليه) ألا *yajib^u (Ɛalayhi) ʔallā* must not *(do)*, should not *(do)* ◊ لا يجب أن نغفل هذا. *We mustn't overlook this.* ▪ كان يجب (عليه) أنْ *kāna yajib^u (Ɛalayhi) ʔan* should have *(done)* ◊ كان يجب عليك أن تخبرني بذهابك. *You should have told be you were going.*⚠ لم يجب *lam yujib* ***he didn't answer p. 64***

وجوب *wujūb n.*↑ • necessity, obligation, duty

واجب *wājib act. part.* • *n.* duty, obligation ▪ لا شكر على واجب *lā šukr^a Ɛalā wājib^in* You're welcome! ▪ من الواجب أنْ *min^a -lwājib^i ʔan* it is necessary to *(do)*, it is necessary that... • task, assignment, homework ▪ واجب منزلي *wājib manzilīy* homework • *adj.* |*elat.* أوجب *ʔawjab*| necessary, obligatory, required

وجبة *wajba^t n.* |*pl.* وجبات *waj(a)bāt*| • meal

IV **أوجب** *ʔawjaba v.intr.* |*4a1* يوجب *yūjib^u* | إيجاب *ʔījāb*| • obligate على, require ▪ أوجب عليه أنْ *ʔawjaba Ɛalayhi ʔan* require *sb* to *(do)*, require that *sb (do)*

إيجاب *ʔījāb n.*↑ • affirmation ▪ أجاب بالإيجاب *ʔajāba bi-lʔījāb^i* answer in the affirmative, give an affirmative answer • obligation

إيجابي *ʔījābīy adj.* |*elat.* أكثر إيجابية *ʔaktar ʔījābīya^tan*| • affirmative, positive ▪ نتيجة إيجابية *natīja^t ʔījābīya^t n.* positive outcome

موجب *mūjib act. part. n.* • reason, motive ▪ بموجب *bi-mūjib^i prep.* in accordance with, according to ◊ لا بد من حماية اللاجئين بموجب قانون حقوق الإنسان. *Refugees should be protected in accordance with the human rights' law.*

V **توجب** *tawajjaba v.intr.* |*5s* يتوجب *yatawajjab^u* | توجب *tawajjub*| •توجب عليه *tawajjaba Ɛalayhi* be necessary *for sb* ▪ يتوجب (عليه) أنْ *yatawajjab^u (Ɛalayhi) ʔan (impersonal verb)* must *(do)*, have to *(do)* ◊ يتوجب أن أتكلم معك في هذا الموضوع. *I have to talk to you about this.* ▪ لا يجب (عليه) أنْ *lā yajib^u (Ɛalayhi) ʔan*, يجب (عليه) ألا *yajib^u (Ɛalayhi) ʔallā* must not *(do)*, should not *(do)*

X **استوجب** *istawjaba v.tr.* |*10s* يستوجب *yastawjib^u* | استيجاب *istījāb*| • require

وجد *wajada v.tr.* |*1a2* يجد *yajid^u* | وجود *wujūd*| • find, discover, come across ▪ وجد أنّ *wajada ʔanna* find that... ▪ وُجد *wujida pass. v.* exist, be found ▪ يوجد *yūjad^u* there is, there are ▪ لا يوجد *lā yūjad^u* there is not, there are not
ⓘ *Although* يوجد *yūjad^u can remain invariable regardless of the gender of the following noun, it can optionally take the feminine form* توجد *tūjad^u when followed by a feminine noun:* ◊ يوجد مشاكل كثيرة. = توجد مشاكل كثيرة. *There are many problems.* ▪ كان يوجد *kāna yūjad^u* there

was, there were ▪ لم يكن يوجد *lam yakun yūjad*^{u}, لم يوجد *lam yūjad* there was not, there were not ▪ وجد عنده *wujida Ɛindahu*, وجد لديه *wujida ladayhi* have ◊ يوجد لدينا أماكن جميلة جدا في بلدنا. *We have some beautiful places in our country.* • find *sb/sth* ∘ *acc. adj.* ∘, think ◊ وجدته صعبا في البداية. *I found it difficult in the beginning.* ◊ كيف تجد لغتي العربية؟ *What do you think of my Arabic?*

وجود *wujūd n.*↑ • existence • presence

موجود *mawjūd pass. part. adj.* • existing • present ▪ غير موجود *ɣayr · mawjūd* absent

وجد *wajd n.* • affection, passion

وجدة *wijda*^{t} *n.* **dip.** • *(city in Morocco)* Oujda ➡ **map on p. 222**

وجدان *wijdān n.* • conscience

IV **أوجد** *ʔawjada v.tr.* |*4a1* يوجد *yūjid*^{u} | إيجاد *ʔījād*| • create, produce, bring about

إيجاد *ʔījād n.*↑ • creation, production

VI **تواجد** *tawājada v.intr.* |*6s* يتواجد *yatawājad*^{u} | تواجد *tawājud*| • exist, be found • be present • be available

تواجد *tawājud n.*↑ • presence • existence

متواجد *mutawājid act. part. adj.* |*elat.* أكثر تواجدا *ʔaktar tawājudan*| • present • existent • available

وجيز *wajīz adj.* |*elat.* أوجز *ʔawjaz* or أكثر إيجازا *ʔaktar ʔījāzan*| • brief, short ▪ لفترة وجيزة *li-fatra*^{tin} *wajīza*^{tin} *adv.* for a short time, briefly

IV **أوجز** *ʔawjaza v.tr.* |*4a1* يوجز *yūjiz*^{u} | إيجاز *ʔījāz*| • abridge, condense

إيجاز *ʔījāz n.* • abridgment, condensation ▪ بإيجاز *bi-ʔījāz*^{i} *adv.* concisely, briefly;

موجز *mūjaz pass. part. adj.* |*elat.* أوجز *ʔawjaz* or أكثر إيجازا *ʔaktar ʔījāzan*| • abridged, condensed, concise

وجع *wajiƐa v.tr.* |*1s4* يوجع *yawjaƐ*^{u} | وجع *wajaƐ*| • hurt, cause pain *to*

وجع *wajaƐ n.*↑ |*pl.* أوجاع *ʔawjāƐ*| • ache, pain ▪ وجع ساعة ولا كل ساعة. *wajaƐ*^{u} *sāƐa*^{tin} *wa-lā kull*^{u} *sāƐa*^{tin} *proverb* A hour of pain is better than hours of pain.

IV **أوجع** *ʔawjaƐa v.tr.* |*4a1* يوجع *yūjiƐ*^{u} | إيجاع *ʔījāƐ*| • hurt, cause pain *to*

موجع *mūjiƐ act. part. adj.* |*elat.* أوجع *ʔawjaƐ*| • painful

V **توجع** *tawajjaƐa v.intr.* |*5s* يتوجع *yatawajjaƐ*^{u} | توجع *tawajjuƐ*| • agonize *over* لـ, lament

توجع *tawajjuƐ n.*↑ • agony, anguish

وجم *wajama v.intr.* |*1a2* يجم *yajim*^{u} | وجوم *wujūm*| • be silent, be speechless

وجوم *wujūm n.*↑ • silence, speechlessness ▪ في وجوم *fī wujūm*^{in} *adv.* silently, in silence

واجم *wājim act. part. adj.* |*elat.* أكثر وجوما *ʔaktar wujūman* or أوجم *ʔawjam*| • silent, speechless

وجه *wajh n.* |*pl.* وجوه *wujūh* or أوجه *ʔawjuh*| • face ▪ وجه الأرض *wajh · alʔarḍ*^{i} the face of the earth ▪ الوجه البحري *alwajh albaħrī*^{y} Lower Egypt, the Nile Delta region • aspect, standpoint ▪ على وجه *Ɛalā wajh*^{i} *prep.* in the manner of ▪ على وجه التحديد *Ɛalā wajh*^{i} *-ttaħdīd*^{i}, على وجه الدقة *Ɛalā wajh*^{i} *-ddiqqa*^{ti} *adv.* exactly, precisely ▪ على وجه الخصوص *Ɛalā wajh*^{i} *-lxuṣūṣ*^{i} *adv.* mainly ▪ على هذا الوجه *Ɛalā hāđā -lwajh*^{i} *adv.* this way, thus

وجهة *wijha*^{t} or *wujha*^{t} *n.* • respect, regard ▪ وجهة نظر *wijhat · naẓar* point of view • direction

واجهة *wājiha*^{t} *n.* • front, facade

جهة *jiha*^{t} *n.* • direction, side ▪ من جهة... من جهة أخرى *min jiha*^{tin}*... min jiha*^{tin} *ʔuxrā* on (the) one hand... on the other hand ▪ من جهة أخرى *min jiha*^{tin} *ʔuxrā* on the other hand; by another (party) • party, side • authority, body • region, area, locality, district, province, territory

جهوي *jihawī*^{y} *adj.* • regional, provincial

تجاه *tujāha prep.* • facing, in front of, toward ◊ حرك العربة تجاه البوابة. *He moved the car toward the gate.* • with regard to, toward

II **وجه** *wajjaha v.tr.* |*2s* يوجه *yuwajjih*^{u} | توجيه *tawjīh*| • guide *sb* ∘ *to* إلى, direct, orientate, aim ▪ وجه اتهامات ضد *wajjaha ittihāmāt ḍidda* press charges against • send ▪ وجه دعوة *wajjaha daƐwa*^{t} invite • steer (a vehicle)

توجيه *tawjīh n.*↑ • guidance, direction • *(vehicle)* steering

توجيهي *tawjīhī*^{y} *adj.* • instructional

III **واجه** *wājaha v.tr.* |*3s* يواجه *yuwājih*^{u} | مواجهة *muwājaha*^{t}| • face, confront, encounter

مواجهة *muwājaha*^{t} *n.*↑ • encounter, confrontation, clash

مواجه *muwājih act. part. adj.* • opposite لـ

V **توجه** *tawajjaha v.intr.* |*5s* يتوجه *yatawajjah*^{u} | توجه *tawajjuh*| • head *for/to* إلى *or* لـ

توجه *tawajjuh n.*↑ • attitude, orientation ▪ توجه جنسي *tawajjuh jinsī*^{y} sexual orientation

VIII **اتجه** *ittajaha v.intr.* |*8a1* يتجه *yattajih*^{u} | اتجاه *ittijāh*| • turn *to* لـ *or* إلى ◊ إتجه إلى الإجرام. *He* *turned to crime.* ▪ اتجه إلى اليمين *ittajaha ʔilā -lyamīn*^{i} turn right, make a right turn ▪ اتجه إلى اليسار *ittajaha ʔilā -lyasār*^{i} turn left, make a left turn ▪ اتجه إلى الأسوأ *ittajaha ʔilā -lʔaswaʔ*^{i} take a turn for the worse • head *for* إلى *or* نحو • aim *for* لـ

اتجاه *ittijāh n.*↑ • direction ▪ في اتجاه آخر *fī -ttijāh*^{i} *ʔāxar*^{a} *adv.* away ▪ باتجاه *bi-ttijāh*^{i} *prep.* toward ▪ شارع باتجاه واحد *šāriƐ bi-ttijāh*^{in} *wāħid*^{in} one-way street • trend, current

وحد *waħd n.* •وحده *waħd*^{a}*hu*, لوحده *li-waħd*^{i}*hi adv.* alone, by *oneself* ◊ اتركني لوحدي! *Leave me alone!* ◊ هو وحده المسؤول عن ذلك. *He alone is responsible for that.*

وحدي *waħdīʸ adj.* • alone

By Oneself

وحدي (لوحدي) *waħdī* *(li-waħdī)*	وحدنا (لوحدنا) *waħd*^{a}*nā* *(li-waħd*^{i}*nā)*	
وحدك (لوحدك) *waħd*^{a}*ka* *(li-waħd*^{i}*ka)*	وحدكما (لوحدكما) *waħd*^{a}*kumā* *(li-waħd*^{i}*kumā)*	وحدكم (لوحدكم) *waħd*^{a}*kum* *(li-waħd*^{i}*kum)*
وحدك (لوحدك) *waħd*^{a}*ki* *(li-waħd*^{i}*ki)*		وحدكن (لوحدكن) *waħd*^{a}*kunna* *(li-waħd*^{i}*kunna)*
وحده (لوحده) *waħd*^{a}*hu* *(li-waħd*^{i}*hi)*	وحدهما (لوحدهما) *waħd*^{a}*humā* *(li-waħd*^{i}*himā)*	وحدهم (لوحدهم) *waħd*^{a}*hum* *(li-waħd*^{i}*him)*
وحدها (لوحدها) *waħd*^{a}*hā* *(li-waħd*^{i}*hā)*		وحدهن (لوحنهن) *waħd*^{a}*hunna* *(li-waħd*^{i}*hinna)*

وحدة *waħda*^{t} *n.* • unit, chapter • unity, harmony ▪ وحدة وطنية *waħda*^{t} *waṭanīya*^{t} national unity • union, league • solitude, seclusion ▪ الوحدة خير من جليس السوء. *alwaħda*^{tu} *xayr*^{un} *min jalīs*^{i} *-ssūʔ*^{i} *proverb* Solitude is better than an evil companion. • loneliness ▪ شعر بالوحدة *šaƐara bi-lwaħda*^{ti} *v.* feel lonely

وحداني *waħdānīʸ adj.* • solitary • unique, singular

وحدانية *waħdānīya*^{t} *n.* • oneness, unity

وحدوي *waħdawīʸ adj.* • unitary • centralized, federalist

وحيد *waħīd adj.* |*elat.* أوحد *ʔawħad*| • single, sole, only ▪ وحيدا *waħīdan adv.* alone ▪ وحيد قرن *waħīd · qarn n.* rhinoceros

أوحد *ʔawħad adj. elat.* • solitary, alone

واحد *wāħid* **m.** *number* |*f.* واحدة *wāħida*^{t} | *as numeral, written* ١ | • one ⓘ واحد *wāħid behaves like an adjective, following the noun it modifies and agreeing with it in case and gender:* ◊ بيت واحد *one house* ◊ سيارة واحدة *one car* ▪ واحد من __ *wāħid min* __ [+ definite genitive plural] one of (the) __ ◊ واحد من البيوت *one of the houses* ◊ واحدة من السيارات *one of the cars* ▪ كل واحد *kull wāħid*^{in} each one, everyone ▪ للواحد *li-lwāħid*^{i} apiece, each ▪ واحدا واحدا *wāħidan wāħidan adv.* |*f.* واحدة واحدة *wāħidatan wāħidatan*| one at a time, one by one; little by little, bit by bit ▪ الساعة الواحدة *assāƐa*^{t} *alwāħida*^{t} one o'clock (1:00) • the same __ ◊ ندرس في جامعة واحدة. *We study at the same university.*

'1': House number

و

حدة *ḫidaᵗ n.* • solitude ▪ على حدة *Ɛalā ḫidaᵗⁱⁿ*, كل على حدة *kullᵃ Ɛalā ḫiddaᵗⁱⁿ adv.* alone, isolated, individually ◊ دخل الطلبة الفصل كل على حدة. *The students entered the classroom one after another.*

حادي *ḫādīʸ adj.* • الحادي عشر *alḫādīʸᵃ Ɛašrᵃ* |*f.* الحادية عشرة *alḫādiyaᵗᵃ Ɛašaraᵗᵃ*| *(always accusative)* the eleventh ◊ اليوم الحادي عشر *the eleventh day* ◊ المرة الحادية عشرة *the eleventh time* ▪ الساعة الحادية عشرة *assāƐaᵗ alḫādiyaᵗᵃ Ɛašaraᵗᵃ (time)* eleven o'clock (11:00)

أحد *ʔaḫad n.* |*pl.* آحاد *ʔāḫād* | *f.* **invar.** إحدى *ʔiḫdā*| • someone, somebody • [negative +] no one, nobody ▪ لا أحد *lā ʔaḫadᵃ*, ما من أحد *mā min ʔaḫadⁱⁿ* no one, nobody ◊ من جاء؟ - لا أحد. *Who came? - No one.* • one ▪ أحد *ʔaḫad* [+ definite genitive dual or plural noun or pronoun] one of (the) __ ◊ أحد البيوت *one of the houses* ◊ إحدى السيارات *one of the cars* ◊ أحدكما *one of you two* ◊ إحداهن *one of them* • Sunday ◊ في أول أحد من كل شهر *on the first Sunday of every month* ▪ الأحد *alʔaḫadᵃ*, يوم الأحد *yawmᵃ -lʔaḫadⁱ adv.* (on) Sunday(s) ▪ كل أحد *kullᵃ ʔaḫadⁱⁿ adv.* every Sunday

أحد عشر *ʔaḫadᵃ Ɛašrᵃ*, ١١ |*f.* احدى عشرة *iḫdā Ɛašaraᵗᵃ*| • [+ indefinite accusative singular noun] eleven ◊ أحد عشر بيتا *eleven houses* ◊ احدى عشرة سيارة *eleven cars* • [plural noun +] the eleven ◊ البيوت الأحد عشر *the eleven houses* ◊ السيارات الاحدى عشرة *the eleven cars* ⓘ *Both numbers in the number eleven are always accusative. When definite, only the first word takes the definite article.*

أحادي *ʔuḫādīʸ adj.* • uni-, mono-, unilateral

II **وحد** *waḫḫada v.tr.* |*2s* يوحد *yuwaḫḫidᵘ* | توحيد *tawḫīd*| • unite, unify ▪ وحد الله *waḫḫada aLLāhᵃ* profess that there is only one God

توحيد *tawḫīd n.*↑ • unity, union ▪ توحيد أمة *tawḫīd · ʔummaᵗ* national unity • monotheism, (belief in the) oneness of God

V **توحد** *tawaḫḫada v.intr.* |*5s* يتوحد *yatawaḫḫadᵘ* | توحد *tawaḫḫud*| • unite, unify, come together

توحد *tawaḫḫud n.*↑ • autism ▪ مصاب بمرض التوحد *muṣāb bi-marḍⁱ -ttawaḫḫudⁱ adj.* autistic

VIII **اتحد** *ittaḫada v.intr.* |*8a1* يتحد *yattaḫidᵘ* | اتحاد *ittiḫād*| • become united, unite, combine

اتحاد *ittiḫād n.*↑ • unification • union ▪ اتحاد طلاب *ittiḫād · ṭullāb n.* student union ▪ الاتحاد الأوروبي *alittiḫād alʔūrūbīʸ* The European Union ▪ الاتحاد *alittiḫād n.* ***f.*** Al-Ittihad (Emirati newspaper)

اتحادي *ittiḫādīʸ adj.* • federal

وحش *waḫš n.* |*pl.* وحوش *wuḫūš*| • wild beast • monster

وحشي *waḫšīʸ adj.* |*elat.* أوحش *ʔawḫaš*| • wild, untamed, ferocious, savage, brutal

وحشية *waḫšīyaᵗ n.* • ferocity

V **توحش** *tawaḫḫaša v.intr.* |*5s* يتوحش *yatawaḫḫašᵘ* | توحش *tawaḫḫuš*| • become savage, become barbaric, become wild • *(place)* become desolate, become deserted

متوحش *mutawaḫḫiš act. part. adj.* |*elat.* أكثر توحشا *ʔaktar tawaḫḫušan*| • savage, barbaric, wild

وحل *waḫl n.* |*pl.* أوحال *ʔawḫāl*| • mud

وحلي *waḫlīʸ adj.* • muddy

وحمة *waḫmaᵗ n.* |*pl.* وحمات *waḫ(a)māt*| • birthmark

IV **أوحى** *ʔawḫā v.intr.* |*4d(b)* يوحي *yūḫī* | إيحاء *ʔīḫāʔ*| • give an impression of بـ, suggest ▪ أوحى بأنّ *ʔawḫā bi-ʔanna* suggest that... • inspire بـ ▪ أوحى إليه بأنْ *ʔawḫā ʔilayhi bi-ʔan* inspire *sb* to *(do)*

إيحاء *ʔīḫāʔ n.*↑ • suggestion • inspiration

إيحائي *ʔīḫāʔīʸ adj.* |*elat.* أكثر إيحاء *ʔaktar ʔīḫāʔan*| • suggestive, hypnotic ▪ تنويم إيحائي *tanwīm ʔīḫāʔīʸ n.* hypnosis

وخز *waxaza v.tr.* |*1a2* يخز *yaxizᵘ* | وخز *waxz*| • prick

وخيم *waxīm adj.* |*elat.* أوخم *ʔawxam*| • adverse, unfavorable, harmful, fatal

ود *wadda v.tr.* |*1g1* يود *yawaddᵘ* | ود *wadd* or *wudd* or *widd* or وداد *wadād*| • want, wish ◊ لا أود هذا حتى لأسوأ أعدائي. *I wouldn't wish this on my worst enemies.* ◊ قال لي هل تود هذا حقا. *He asked me if I really wanted that.* ▪ ود أنْ *wadda ʔan*, ود لو أنْ *wadda law ʔan* want to *(do)*, wish that... ◊ أود أن أشكر كل واحد منكم. *I would like to thank each and every one of you.* ▪ كان يود أنْ *kān yawaddᵘ ʔan* would have liked to *(do)*, wish one could have *(done)* ◊ كنت أود أن أهنئ الفائز. *I would have liked to congratulate the winner.*

ود *wadd* or *wudd* or *widd n.*↑ • wish, desire ▪ بوده أنْ *bi-waddⁱhi ʔan* want to *(do)*..., wish that... ◊ بودي أن أهاتف صديقتي. *I want to call my girlfriend.* • friendliness, amicability

ودي *wuddīy* or *widdiy adj.* |*elat.* أكثر ودية *ʔaktar wuddīyaᵗᵃⁿ*| • friendly, amicable

ودية *wuddīyaᵗ* or *widdīyaᵗ n.* • friendliness, amicability

ودود *wadūd adj.* |*elat.* أكثر ودا *ʔaktar waddan*| • friendly

مودة *mawadda^t n.* • friendship, affection

ودع *wadaƐa v.tr.* |*1a1* يدع *yadaƐ^u* | ودع *wadƐ*| • leave, deposit • [+ indicative] let ▪ دعني *daƐnī* let me *(do)* ◊ .دعني أساعدك *Let me help you.* ▪ دعنا *daƐnā* let's *(do)* ◊ دعنا نذهب *Let's go!* ◊ دعنا .لا نفكر في الغد *Let's not think about tomorrow.* • *(in imperatives)* desist *from* من ◊ .دعنا من الكلام *Let's just drop it.* ▪ دعك من هذا *daƐka min hāḏā* Knock it off!, Cut it out!; Forget it!, It's not important!

وداع *wadāƐ n.* • farewell, goodbye ▪ حفلة وداع *ḥaflat · wadāƐ* farewell party ▪ وداعا *wadāƐan* Farewell!

وديعة *wadīƐa^t n.* |*pl.* **dip.** ودائع *wadāʔiƐ*| • deposit

II **ودع** *waddaƐa v.tr.* |*2s* يودع *yuwaddiƐ^u* | توديع *tawdīƐ*| • say goodbye *to*, bid farewell *to* ◊ .ودعته أمه متمنية له رحلة طيبة *His mother said goodbye to him, wishing him a good trip.*

IV **أودع** *ʔawdaƐa v.tr.* |*4a1* يودع *yūdiƐ^u* | إيداع *ʔīdāƐ*| • deposit *sth* ∘ *into* في ▪ أودع في حساب *ʔawdaƐa fī ḥisāb^in* deposit into an account • put *sb* ∘ *somewhere* ∘ ◊ .أودع أمه دار المسنين *He put his mother in a nursing home.* ▪ أودعه السجن *ʔawdaƐahu assijn^a* put *sb* in prison

X **استودع** *istawdaƐa v.tr.* |*10s* يستودع *yastawdiƐ^u* | استيداع *istīdāƐ*| • entrust *sb/sth* ∘ *to* ∘ ▪ أستودعك الله *ʔastawdiƐ^uka aLLāh^a* May God be with you!, Farewell! (lit. I entrust you to God!) • store, warehouse

مستودع *mustawdaƐ n.* • warehouse, storage, depository ▪ مستودع مطبخ *mustawdaƐ · maṭbax* kitchen pantry

ودمدني *wadmadanī n.* ***f. invar.*** • *(city in Sudan)* Wad Madani ➡ ***map on p. 151***

واد *wād(in) n.* ***def.*** |*pl.* وديان *widyān* or أودية *ʔawdiya^t*| • valley

ورث *warita v.tr.* |*1a4* يرث *yarit^u* | ورث *wirt* or إرث *ʔirt*| • inherit *sth* ∘ *from* من *or* عن

ورث *wirt,* إرث *ʔirt n.*↑ • inheritance • legacy

وارث *wārit act. part. n.* |*pl.* ورثة *warata^t*| • inheritor, heir

وراثة *wirāta^t n.* • heredity

وراثي *wirātī^y adj.* • hereditary, genetic

وريث *warīt n.* |*pl.* **dip.** ورثاء *wuratāʔ*| • heir

وريثة *warīta^t n.* • heiress

تراث *turāt n.* • heritage, legacy

تراثي *turātī^y adj.* • heritage-, traditional, historical

ميراث *mīrāt n.* |*pl.* **dip.** مواريث *mawārīt*| • inheritance

II **ورث** *warrata v.tr.* |*2s* يورث *yuwarrit^u* | توريث *tawrīt*| • leave (in *one's* will) *to* ∘ *sth* ∘, bequeath • make heir

ورد *warada v.intr.* |*1a2* يرد *yarid^u* | ورود *wurūd*| • arrive *in/at* إلى • be mentioned ◊ وردت تلك .الكلمة في صفحة ١٠ *This word is mentioned on page 10.*

ورود *wurūd n.*↑ • arrival

وارد *wārid act. part. adj.* • |*m. pl.* وراد *wurrād*| arriving ▪ البريد الوارد *albarīd alwārid n.* incoming mail, inbox ▪ وارد الحدوث *wārid · alḥudūt^i* possible • واردات *wāridāt pl. n.* imports, imported goods ▪ الصادرات والواردات *aṣṣādirāt wa-lwāridāt* imports and exports

ورد *ward coll. n.* |*sing.* وردة *warda^t* | *pl.* ورود *wurūd*| • roses

وردي *wardī^y adj.* • rosy • pink

وريد *warīd n.* |*pl.* أوردة *ʔawrida^t*| • vein ▪ حبل وريد *ḥabl · warīd* jugular vein ▪ وريد وداجي *warīd widājī^y*

مورد *mawrid n.* |*pl.* **dip.** موارد *mawārid*| • source, resource ▪ موارد اقتصادية *mawārid iqtiṣādīya^t pl. n.* economic resources ▪ موارد بشرية *mawārid bašarīya^t pl. n.* human resources ▪ موارد طبيعية *mawārid ṭabīƐīya^t pl. n.* natural resources • spring, well

II **ورد** *warrada v.* |*2s* يورد *yuwarrid^u* | توريد *tawrīd*| • *v.intr.* blossom, bloom • *v.tr.* import, export • provide, furnish, supply

توريد *tawrīd n.*↑ • provision, supply ▪ سلسلة توريد *salsalat · tawrīd* supply chain

مورد *muwarrad pass. part. adj.* • *(color)* rosy

IV **أورد** *ʔawrada v.tr.* |*4a1* يورد *yūrid^u* | إيراد *ʔīrād*| • cite, quote

إيراد *ʔīrād n.*↑ • citation, quotation ▪ إيرادات *ʔīrādāt pl. n.* revenue, proceeds

X **استورد** *istawrada v.tr.* |*10s* يستورد *yastawrid^u* | استيراد *istīrād*| • import

استيراد *istīrād n.*↑ • importation

مستوردات *mustawradāt pass. part. pl. n.* • imported goods

ورشة *warša^t n.* |*pl.* ورش *wiraš* or ورشات *war(a)šāt*| • workshop

ورطة *warṭa^t n.* |*pl.* ورطات *war(a)ṭāt*| • dilemma

▪ في ورطة *fī warṭa^tin^ adv.* in a pickle, suffering from a dilemma

II **ورّط** *warraṭa v.tr.* |2s يورط *yuwarriṭ^u^* | توريط *tawrīṭ*| • involve, embroil

V **تورّط** *tawarraṭa v.intr.* |5s يتورط *yatawarraṭ^u^* | تورط *tawarruṭ*| • become involved *in* في, become embroiled *in*

تورط *tawarruṭ n.*↑ • involvement

ورق *waraq coll. n.* |*sing.* ورقة *waraqa^t^* | *pl.* أوراق *ʔawrāq*| • paper ▪ ورقة *waraqa^t^ sing. n.* piece of paper, sheet ▪ أوراق مالية *ʔawrāq mālīya^t^ pl. n.* *(finance)* securities ▪ ورق حائط *waraq · ḥāʔiṭ* wallpaper ▪ ورق حمام *waraq · ḥammām* toilet paper

ورقي *waraqī^y^ adj.* • paper- ▪ منديل ورقي *mandīl waraqī^y^* tissue paper

ورك *wark n.* ***f.*** |*pl.* أوراك *ʔawrāk*| • hip • *(meat)* ▪ ورك دجاج *wark · dajāj* chicken leg (including thigh)

ورم *waram n.* |*pl.* أورام *ʔawrām*| • swelling, bump, lump • tumor ▪ علم الأورام *Ɛilm · alʔawrām^i^* oncology ▪ عالم أورام *Ɛālim · ʔawrām* oncologist

V **تورّم** *tawarrama v.intr.* |5s يتورم *yatawarram^u^* | تورم *tawarrum*| • swell up, become swollen

متورم *mutawarrim act. part. adj.* |*elat.* أكثر تورما *ʔakṯar tawarruman*| • swollen, tumid

وراء• وراء *warāʔa*, من وراء *min warāʔ^i^ prep.* behind, beyond ▪ وراء الستار *warāʔa -ssitār^i^ adv.* behind the scenes ▪ إلى الوراء *ʔilā -lwarāʔ^i^ adv.* back, backward, behind ▪ جرى وراء *jarā warāʔa*, ركض وراء *rakaḍa warāʔa v.* chase after

وراء *warāʔu adv.* • behind, at the back

ورائي *warāʔī^y^ adj.* • rear, back

وزير *wazīr n.* |*pl.* ***dip.*** وزراء *wuzarāʔ*| • minister, (US government) secretary ▪ وزير اقتصاد *wazīr · iqtiṣād* finance minister, minister of economy, secretary of the treasury ▪ وزير خارجية *wazīr · xārijīya^t^* foreign minister, secretary of state ▪ رئيس وزراء *raʔīs · wuzarāʔ* prime minister • *(chess)* queen

وزارة *wizāra^t^ n.* • ministry, (US government) department ▪ وزارة داخلية *wizārat · dāxilīya^t^* ministry of interior, (US) department of homeland security ▪ وزارة خارجية *wizārat · xārijīya^t^* foreign ministry, (US) department of state

وزاري *wizārī^y^ adj.* • ministerial, departmental, cabinet-

II **وزّع** *wazzaƐa v.tr.* |2s يوزع *yuwazziƐ^u^* | توزيع *tawzīƐ*| • distribute *sth* ∘ *among* على, deliver, give out

توزيع *tawzīƐ n.*↑ • distribution, delivery

موزع *muwazziƐ act. part. n.* • distributor

V **توزّع** *tawazzaƐa v.intr.* |5s يتوزع *yatawazzaƐ^u^* | توزع *tawazzuƐ*| • be distributed, be delivered

وزن *wazana v.tr.* |1a2 يزن *yazin^u^* | وزن *wazn*| • weigh • balance

وزن *wazn n.*↑ |*pl.* أوزان *ʔawzān*| • weight ▪ رفع أوزان *rafƐ · ʔawzān* weightlifting • balance • *(grammar)* pattern, measure

ميزان *mīzān n.* |*pl.* ***dip.*** موازين *mawāzīn*| • scale, balance •برج الميزان *burj · almīzān^i^ (astrology)* Libra ▪ .أنا من برج الميزان *ʔana min burj^i^ -lmīzān^i^* I'm a Libra.

ميزانية *mīzānīya^t^ n.* • budget

III **وازن** *wāzana v.intr.* |3s يوازن *yuwāzin^u^* | موازنة *muwāzana^t^*| • balance *sth* بين *and* و • make a comparison *between* بين *and* و

موازنة *muwāzana^t^ n.*↑ • budget

VI **توازن** *tawāzana v.intr.* |6s يتوازن *yatawāzan^u^* | توازن *tawāzun*| • balance, be balanced ▪ توازن على يده *tawāzana Ɛalā yad^i^hi* do a handstand, stand on *one's* hands

توازن *tawāzun n.*↑ • balance ▪ توازن بين العمل والحياة *tawāzun bayna -lƐamal^i^ wa-lḥayā^ti^* work-life balance

VIII **اتزن** *ittazana v.intr.* |8a1 يتزن *yattazin^u^* | اتزان *ittizān*| • be weighed • be steady, be stable, be balanced • be mentally balanced, be of sound mind

اتزان *ittizān n.*↑ • balance, equilibrium, harmony

III **وازى** *wāzā v.tr.* |3d يوازي *yuwāzī* | موازاة *muwāzā^t^*| • parallel, be parallel *to* • correspond *to*

VI **توازى** *tawāzā v.intr.* |6d يتوازى *yatawāzā* | ***def.*** تواز *tawāz(in)*| • be parallel • correspond (to each other)

موازاة *muwāzā^t^ n.*↑ • parallelism ▪ بموازاة *bi-muwāzāt^i^ prep.* parallel to, in line with, in keeping with ▪ بموازاة ذلك *bi-muwāzāt^i^ đālika adv.* in parallel, in turn • equivalence

متواز *mutawāz(in) act. part. adj.* ***def.*** |*elat.* أكثر توازيا *ʔakṯar tawāziyan*| • parallel

وسخ *wasixa v.intr.* |1s4 يوسخ *yawsax^u^* | وسخ *wasax*| • become dirty

وسخ *wasax n.*↑ |*pl.* أوساخ *ʔawsāx*| • dirtiness, filth

وسخ *wasix adj.* |*elat.* أوسخ *ʔawsax*| • dirty

وساخة *wasāxaᵗ n.* • dirtiness, filth

II **وسّخ** *wassaxa v.tr.* |*2s* يوسّخ *yuwassixᵘ* | توسيخ *tawsīx*| • make dirty, dirty, soil

VIII **اتسخ** *ittasaxa v.intr.* |*8a1* يتسخ *yattasixᵘ* | اتساخ *ittisāx*| • become dirty

وسادة *wisādaᵗ n.* |*pl.* **dip.** وسائد *wasāʔid*| • pillow, cushion ▪ كيس وسادة *kīs · wisādaᵗ* pillow case

وسط *wasaṭ* • *n.* |*pl.* أوساط *ʔawsāṭ*| center, middle ▪ وسط مدينة *wasaṭ · madīnaᵗ n.* downtown, city center ◊ .نعمل في وسط المدينة *She works downtown.* ▪ أوساط *ʔawsāṭ pl. n. (people)* circles, classes ▪ حل وسط *ḥall · wasaṭ n.* compromise ▪ الوسط *alwasaṭ n. f.* Al-Wasat (Bahraini newspaper) • *adj.* central, middle

وسط *wasṭa prep.* • in the center of ▪ وسط المدينة *wasṭa -lmadīnaᵗⁱ adv.* in the center of the city • among, amid, in the midst of ◊ .تركها وسط المشاكل *He left her in the midst of trouble.*

وساطة *wisāṭaᵗ n.* • mediation, intervention

وسيط *wasīṭ* |*pl.* **dip.** وسطاء *wusaṭāʔ*| • *adj.* |*elat.* أوسط *ʔawsaṭ*| middle • average, median • *n.* agent, broker, middleman, intermediary

واسطة *wāsiṭaᵗ n.* |*pl.* **dip.** وسائط *wasāʔiṭ*| • means, way, medium ▪ بواسطة *bi-wāsiṭatⁱ prep.* by means of, through • moderator, intermediary

أوسط *ʔawsaṭ adj.* **dip.** |*m. pl.* **dip.** أواسط *ʔawāsiṭ* | *f. sing.* **invar.** وسطى *wusṭā*| • middle, central ▪ الشرق الأوسط *aššarq alʔawsaṭ n.* the Middle East ▪ أمريكا الوسطى *ʔamrīkā -lwusṭā n.* Central America

وسطى *wusṭā n. f.* **invar.** • middle finger

V **توسط** *tawassaṭa v.intr.* |*5s* يتوسط *yatawassaṭᵘ* | توسط *tawassuṭ*| • mediate *between* بين

توسط *tawassuṭ n.*↑ • mediation

متوسط *mutawassiṭ act. part. adj.* |*elat.* أكثر توسطا *ʔaktar tawassuṭan*| • medium, moderate, intermediate ▪ مرحلة متوسطة *marḥalaᵗ mutawassiṭaᵗ n.* intermediate level • average, median ▪ متوسط الطول *mutawassiṭ · aṭṭūlⁱ* of average height • middle, central ▪ البحر الأبيض المتوسط *albaḥr alʔabyaḍ almutawassiṭ n.* the Mediterranean Sea

وسع *wasiƐa v.* • *v.intr.* |*1a3* يسع *yasaƐᵘ* | سعة *saƐaᵗ*| be wide, be spacious • *v.tr.* |*1a3* يسع *yasaƐᵘ* | وسع *wusƐ*| be possible *for* ▪ لا يسعني أنْ *lā yasaƐᵘ-nī ʔan* I cannot *(do)* ◊ آسف، لا يسعني أن أساعدك. *Sorry, I can't help you.* ▪ لا يسعني إلا أنْ *lā yasaƐᵘ-nī ʔillā ʔan* I can only *(do)*..., I must *(do)* ◊ لا يسعني إلا أن اتفق معه. *I can only agree with him.* ◊ ولا يسعني إلا أن أؤكد على أهميتها. *I cannot stress enough the importance of this.*

سعة *saƐaᵗ* or *siƐaᵗ n.*↑ • spaciousness, capacity, volume

وسع *wusƐ n.*↑ • ability, capability ▪ بوسعه أنْ *bi-wusƐhi ʔan* be able to *(do)*, can *(do)* ◊ لم يكن بوسع أحد منا أن يتخيل هذا. *None of us could have imagined that.* ▪ ليس بوسعه إلا أنْ *laysa bi-wusƐhi ʔillā ʔan* must *(do)* ▪ لم يعد بوسعه أنْ *lam yaƐdᵘ bi-wusƐhi ʔan* can no longer *(do)*

واسع *wāsiƐ act. part. adj.* |*elat.* أوسع *ʔawsaƐ*| • wide, broad • extensive, spacious ▪ واسع النطاق *wāsiƐ · anniṭāqⁱ* far-reaching ▪ بشكل واسع *bi-šaklⁱⁿ wāsiƐⁱⁿ*, بصورة واسعة *bi-ṣūraᵗⁱⁿ wāsiƐaᵗⁱⁿ adv.* extensively

موسوعة *mawsūƐaᵗ pass. part. n.* • encyclopedia

وسيع *wasīƐ adj.* |*elat.* أوسع *ʔawsaƐ*| • wide, broad • extensive, spacious

II **وسّع** *wassaƐa v.tr.* |*2s* يوسّع *yuwassiƐᵘ* | توسيع *tawsīƐ*| • widen, expand ▪ وسع رقعة *wassaƐa ruqƐat · __ v.* expand, enlarge, broaden

توسيع *tawsīƐ n.*↑ • expansion

V **توسع** *tawassaƐa v.intr.* |*5s* يتوسع *yatawassaƐᵘ* | توسع *tawassuƐ*| • widen, expand, be expanded

توسع *tawassuƐ n.*↑ • expansion

VIII **اتسع** *ittasaƐa v.intr.* |*8a1* يتسع *yattasiƐᵘ* | اتساع *ittisāƐ*| • expand, widen ▪ اتسع الخرق على الراتق. *ittasaƐa -xarqᵘ Ɛalā -rrātiqⁱ proverb* When a rip becomes too wide, it cannot be mended. • dilate • have room *for* لـ, accommodate, seat

اتساع *ittisāƐ n.*↑ • expansion • dilation

متسع *muttasiƐ act. part. adj.* |*elat.* أكثر اتساعا *ʔaktar ittisāƐan*| • spacious

VIII **اتسق** *ittasaqa v.intr.* |*8a1* يتسق *yattasiqᵘ* | اتساق *ittisāq*| • be uniform, be consistent • harmonize

اتساق *ittisāq n.*↑ • uniformity, consistency • harmony

متوسق *mutawassiq act. part. adj.* |*elat.* أكثر توسقا *ʔaktar tawassuqan*| • uniform, consistent • harmonious

وسكي *wiskī n.* • *whisky*

وسيلة *wasīlaᵗ n.* |*pl.* **dip.** وسائل *wasāʔil*| • means, way, method, tool ▪ وسيلة نقل *wasīlat · naql* means of transportation ▪ وسيلة اتصال *wasīlat · ittiṣāl* means of communication ▪ وسيلة لـ *wasīlaᵗ li-* [+ masdar] a tool for *(do)*ing, a way to *(do)* ◊ ما هي أفضل وسيلة لتعلم لغة جديدة؟ *What's the best way to learn a new language?*

V **توسل** *tawassala v.intr.* |5s يتوسل *yatawassalᵘ* | توسل *tawassul*| • beg *sb* إلى *for* بـ, implore

وسم *v.* • *wasama v.tr.* |1a2 يسم *yasimᵘ* | وسم *wasm*| mark, label, brand, stamp • *wasuma v.intr.* |1s6 يوسم *yawsumᵘ* | وسامة *wasāmaᵗ*| be handsome

وسم *wasm n.*↑ • mark, insignia • tag, label

وسامة *wasāmaᵗ n.*↑ • good-looks, handsomeness

وسام *wisām n.* |*pl.* أوسمة *ʔawsimaᵗ*| • badge, medal, decoration, trophy

وسيم *wasīm adj.* |*m. pl.* **dip.** وسماء *wusamāʔ* or وسام *wisām* | *elat.* أوسم *ʔawsam*| • attractive, good-looking

سمة *simaᵗ n.* • characteristic, feature

موسم *mawsim n.* |*pl.* **dip.** مواسم *mawāsim*| • season ⓘ *The English word 'monsoon' has been borrowed from this Arabic word.* **موسمي** *mawsimīʸ adj.* • seasonal

QI **وسوس** *waswasa v.intr.* |11s يوسوس *yuwaswisᵘ* | وسوسة *waswasaᵗ*| • whisper, speak under *one's* breath

وشاح *wišāḥ* or *wušāḥ n.* |*pl.* أوشحة *ʔawšiḥaᵗ*| • scarf, sash ▪ وشاح رأس *wišāḥ · raʔs* headscarf ➥ ***picture on p. 68*** • *(geology)* mantle

VIII **اتشح** *ittašaḥa v.tr.* |8a1 يتشح *yattašiḥᵘ* | اتشاح *ittišāḥ*| • don, sport, wear

وشك *wašk n.* • speed, swiftness ▪ على وشك أنْ *ɛalā waškⁱ ʔan* about to *(do)*, on the verge of *(do)*ing ◊ كنت على وشك الخروج. *I was about to go out.*

وشيك *wašīk adj.* • imminent, close at hand, forthcoming

IV **أوشك** *ʔawšaka v.intr.* |4a1 يوشك *yūšikᵘ* | إيشاك *ʔīšāk*| • أوشك أنْ *ʔawšaka ʔan*, أوشك على *ʔawšaka ɛalā* [+ masdar] be about to *(do)*, be on the verge of *(do)*ing, almost *(do)* ◊ كنت أوشك أن أقول ذلك. *I was just about to say that.*

وشم *wašm n.* |*pl.* وشوم *wušūm* or وشام *wišām*| • tattoo

II **وشم** *waššama v.tr.* |2s يوشم *yuwaššimᵘ* | توشيم *tawšīm*| • tattoo

V **توشم** *tawaššama v.intr.* |5s يتوشم *yatawaššamᵘ* | توشم *tawaššum*| • get a tattoo

IV **أوصد** *ʔawṣada v.tr.* |4a1 يوصد *yūṣidᵘ* | إيصاد *ʔīṣād*| • close, shut • lock, bolt

وصف *waṣafa v.tr.* • |1a2 يصف *yaṣifᵘ* | وصف *waṣf*| describe *sb/sth* ∘ *as* بـ, depict, portray • |1a2 يصف *yaṣifᵘ* | وصفة *waṣfaᵗ*| prescribe *sth* ∘ *to* لـ ◊ وصف الطبيب دواء للمريض. *The doctor prescribed medicine to the patient.*

وصف *waṣf n.*↑ |*pl.* أوصاف *ʔawṣāf*| • description, account, depiction, portrayal ▪ بوصفه *bi-waṣfⁱhi* [+ accusative noun] as, in the capacity of ◊ تكلم بوصفه عضوا في اللجنة. *He spoke as a member of the committee.*

وصفة *waṣfaᵗ n.*↑ • prescription • recipe

صفة *ṣifaᵗ n.* • characteristic, peculiarity ▪ بصفة *bi-ṣifaᵗⁱⁿ* [+ adjective] *(forms adverbs)* __-ly, in a __ way ▪ بصفة دائمة *bi-ṣifaᵗⁱⁿ dāʔimaᵗⁱⁿ*, بصفة مستمرة *bi-ṣifaᵗⁱⁿ mustamirraᵗⁱⁿ* permanently ▪ بصفة شخصية *bi-ṣifaᵗⁱⁿ šaxṣīyaᵗⁱⁿ* personally ▪ بصفة عامة *bi-ṣifaᵗⁱⁿ ɛāmmaᵗⁱⁿ adv.* generally, in general ▪ بصفة غير رسمية *bi-ṣifaᵗⁱⁿ ɣayrⁱ rasmīyaᵗⁱⁿ* unofficially; in the capacity of, (acting) as ▪ بصفة استشارية *bi-ṣifaᵗⁱⁿ istišārīyaᵗⁱⁿ* in an advisory capacity, as an advisor • *(grammar)* adjective

III **واصف** *wāṣafa v.tr.* |3s يواصف *yuwāṣifᵘ* | مواصفة *muwāṣafaᵗ*| • specify

مواصفة *muwāṣafaᵗ n.* • specification, description ▪ مواصفة عمل *muwāṣafat · ɛamal* job description

VIII **اتصف** *ittaṣafa v.intr.* |8a1 يتصف *yattaṣifᵘ* | اتصاف *ittiṣāf*| • be characterized *by* بـ, be distinguished *by*

X **استوصف** *istawṣafa v.tr.* |10s يستوصف *yastawṣifᵘ* | استيصاف *istīṣāf*| • consult (a doctor)

مستوصف *mustawṣaf pass. part. n.* • clinic

وصل *waṣala v.* • *v.intr.* |1a2 يصل *yaṣilᵘ* | وصول *wuṣūl*| arrive *in/at* إلى, reach ▪ وصل إلى السلطة *waṣala ʔilā -ssulṭaᵗⁱ* come to power • *v.tr.* be received *by* ◊ وصلته رسالة من صديقه. *He received a letter from his friend. (lit. A letter from his friend arrived him.)* • *v.intr.* |1a2 يصل *yaṣilᵘ* | وصل *waṣl* or صلة *ṣilaᵗ*| connect بـ *or* بين ◊ الجسر بين البحرين والسعودية. يصل *The bridge connects Bahrain and Saudi Arabia.*

وصل *waṣl n.*↑ • |*pl.* أوصال *ʔawṣāl*| connection, link, tie • |*pl.* وصول *wuṣūl*| receipt

وصول *wuṣūl n.*↑ • arrival

موصول *mawṣūl pass. part. adj.* • اسم موصول *ism*

mawṣūl n. (grammar) relative pronoun

وصل wuṣl n. |pl. أوصال ʔawṣāl| • (body) limb • (meat) joint

صلة ṣila^t n.↑ • connection between بين, link, tie ▪ له صلة بـ lahu ṣila^{tun} bi- have something to do with ▪ لا صلة له lā ṣila^{ta} lahu unrelated ▪ لا صلة له بـ lā ṣila^{ta} lahu bi- have nothing to do with

الموصل almawṣil n. f. • (city in Iraq) Mosul ➡ map on p. 202

II **وصّل** waṣṣala v.tr. |2s يوصل yuwaṣṣil^u | توصيل tawṣīl| • deliver, take, bring, give a ride to

توصيل tawṣīl n.↑ • delivery

توصيلة tawṣīla^t n. • cord, extension cord

III **واصل** wāṣala v.tr. & intr. |3s يواصل yuwāṣil^u | مواصلة muwāṣala^t| • continue (في), proceed, persist in, keep on • resume, recommence

مواصلة muwāṣala^t n.↑ • continuation • resumption • مواصلات muwāṣalāt pl. n. transportation

IV **أوصل** ʔawṣala v.tr. |4a1 يوصل yūṣil^u | إيصال ʔīṣāl| • deliver sth ∘ to إلى, transport • give a ride sb ∘ to إلى, drop off sb ∘ at إلى ◊ أوصلها أبوها إلى المدرسة. *Her father dropped her off at school.* • convey, communicate

إيصال ʔīṣāl n.↑ • delivery • receipt, voucher

V **توصّل** tawaṣṣala v.intr. |5s يتوصل yatawaṣṣal^u | توصل tawaṣṣul| • reach إلى, arrive at

توصّل tawaṣṣul n.↑ • arrival • achievement

VI **تواصل** tawāṣala v.tr. |6s يتواصل yatawāṣal^u | تواصل tawāṣul| • continue, be continuous • be interconnected

تواصل tawāṣul n.↑ • continuance, duration

متواصل mutawāṣil act. part. adj. |elat. أكثر تواصلا ʔaktar tawāṣulan| • continuous, uninterrupted, incessant

VIII **اتصل** ittaṣala v.intr. |8a1 يتصل yattaṣil^u | اتصال ittiṣāl| • call بـ, telephone • contact بـ, communicate with

اتصال ittiṣāl n.↑ • communication ▪ اتصال هاتفي ittiṣāl hātifī^y n. phone call ▪ بقي على اتصال معا baqiya Ɛalā -ttiṣāl^i maƐan v. keep in touch

متصل muttaṣil act. part. adj. |elat. أكثر اتصالا ʔaktar ittiṣālan| • continuous • connected ▪ متصل بالإنترنت muttaṣil bi-lʔinternet adj. online • related to بـ, concerning

وصاية wiṣāya^t n. • guardianship, trusteeship

وصي waṣī^y n. |pl. dip. أوصياء ʔawṣiyāʔ| • guardian, trustee, caretaker

وصية waṣīya^t n. |pl. invar. وصايا waṣāyā| • will, testament ▪ كتب وصية kataba waṣīya^t v. make a will

II **وصّى** waṣṣā v.tr. |2d يوصي yuwaṣṣī | توصية tawṣiya^t| • advise sb ∘ to (do) بـ, recommend, suggest ▪ وصاه بأنْ waṣṣāhu bi-ʔan advise sb to (do), recommend that sb (do)

توصية tawṣiya^t n.↑ • advice, recommendation, suggestion

IV **أوصى** ʔawṣā v.tr. |4d(b) يوصي yūṣī | إيصاء ʔīṣāʔ| • recommend to ∘ sth بـ, advise, suggest ▪ أوصاه بأنْ ʔawṣāhu bi-ʔan advise sb to (do), recommend that sb (do) • entrust, appoint as guardian

وضوء wuḍūʔ n. • ablution (ritual washing) ▪ حوض وضوء ḥawḍ · wuḍūʔ ablution fountain

Men performing ablution before prayer in Syria

II **وضّب** waḍḍaba v.tr. |2s يوضب yuwaḍḍib^u | توضيب tawḍīb| • arrange, put in order, pack

توضيب tawḍīb n.↑ • arrangement

وضح waḍaḥa v.intr. |1a2 يضح yaḍiḥ^u | وضوح wuḍūḥ| • become clear, become evident

وضوح wuḍūḥ n.↑ • clarity ▪ بوضوح bi-wuḍūḥ^{in} adv. clearly ◊ أسمعك بوضوح. *I hear you clearly.*

واضح wāḍiḥ act. part. adj. |elat. أوضح ʔawḍaḥ| • clear, apparent, obvious ▪ من الواضح أنّ min^a -lwāḍiḥ^i ʔanna it is clear that... • clear, neat, legible ▪ خط واضح xaṭṭ wāḍiḥ neat handwriting

وضح *waḍaḥ n.* |*pl.* أوضاح *ʔawḍāḥ*| • brightness, light ▪ في وضح النهار *fī waḍaḥi -nnahāri adv.* in broad daylight

II **وضّح** *waḍḍaḥa v.tr.* |*2s* يوضح *yuwaḍḍiḥu* | توضيح *tawḍīḥ*| • clarify, clear up, make clear, explain • point out, show, demonstrate, illustrate

توضيح *tawḍīḥ n.*↑ • clarification, explanation ▪ تطلب مزيدا من التوضيح *taṭallaba mazīdan mina -ttawḍīḥi v.* require further clarification • demonstration, illustration

IV **أوضح** *ʔawḍaḥa v.tr.* |*4a1* يوضح *yūḍiḥu* | إيضاح *ʔīḍāḥ*| • clarify, clear up, make clear ▪ أوضح أنّ *ʔawḍaḥa ʔanna* explain that... • point out, show

إيضاح *ʔīḍāḥ n.*↑ • clarification, explanation

V **توضّح** *tawaḍḍaḥa v.intr.* |*5s* يتوضح *yatawaḍḍaḥu* | توضح *tawaḍḍuḥ*| • become clear, become evident

VIII **اتضح** *ittaḍaḥa v.intr.* |*8a1* يتضح *yattaḍiḥu* | اتضاح *ittiḍāḥ*| • become clear, become evident

X **استوضح** *istawḍaḥa v.tr.* |*10s* يستوضح *yastawḍiḥu* | استيضاح *istīḍāḥ*| • ask for clarification *sb* ه *about* عن

وضع *waḍaʕa v.tr.* |*1a1* يضع *yaḍaʕu* | وضع *waḍʕ*| • put, place, set ▪ وضع نهاية لـ *waḍaʕa nihāyatan li-*, وضع حدا لـ *waḍaʕa ḥaddan li-* put an end to ▪ وضع خطة *waḍaʕa xiṭṭa* put a plan forward, develop a blueprint, formulate a plan ▪ وضع وليدا *waḍaʕa walīdan* give birth

وضع *waḍʕ n.*↑ |*pl.* أوضاع *ʔawḍāʕ*| • position, situation • condition, situation, state ▪ وضع راهن *waḍʕ rāhin* status quo • childbirth, labor, delivery

وضعي *waḍʕīy adj.* • positive ▪ قانون وضعي *qānūn waḍʕīy n.* positive law

موضوع *mawḍūʕ pass. part. n.* |*pl.* **dip.** مواضيع *mawāḍīʕ* or موضوعات *mawḍūʕāt*| • subject, topic, theme, issue • essay ▪ موضوع إنشاء *mawḍūʕ · ʔinšāʔ* essay

موضوعي *mawḍūʕīy adj.* • objective

موضوعية *mawḍūʕīya n.* • objectivity

وضاعة *waḍāʕa n.* • lowness, inferiority

وضيع *waḍīʕ adj.* |*m. pl.* **dip.** وضعاء *wuḍaʕāʔ* | *elat.* أوضع *ʔawḍaʕ* or أكثر وضاعة *ʔaktar waḍāʕatan*| • low, lowly, inferior

وضعية *waḍʕīya n.* • situation, status, position

موضع *mawḍiʕ n.* |*pl.* **dip.** مواضع *mawāḍiʕ*| • location, position

VI **تواضع** *tawāḍaʕa v.intr.* |*6s* يتواضع *yatawāḍaʕu* | تواضع *tawāḍuʕ*| • behave modestly, be humble

تواضع *tawāḍuʕ n.*↑ • modesty, humility ▪ بكل تواضع *bi-kulli tawāḍuʕin adv.* humbly, in all modesty

متواضع *mutawāḍiʕ act. part. adj.* |*elat.* أكثر تواضعا *ʔaktar tawāḍuʕan*| • modest, humble

وطئ *waṭiʔa v.tr.* |*1a3(a)* يطأ *yaṭaʔu* | وطء *waṭʔ*| • tread *on*, step *on*, trample

واطئ *wāṭiʔ act. part. adj.* |*elat.* أوطأ *ʔawṭaʔ*| • low

وطأة *waṭʔa n.* • coercion, force

وطيد *waṭīd adj.* |*elat.* أوطد *ʔawṭad*| • solid, firm, sturdy, stable

II **وطّد** *waṭṭada v.tr.* |*2s* يوطد *yuwaṭṭidu* | توطيد *tawṭīd*| • stabilize

توطيد *tawṭīd n.*↑ • stabilization

موطد *muwaṭṭad pass. part. adj.* |*elat.* أوطد *ʔawṭad* or أكثر توطدا *ʔaktar tawaṭṭudan*| • stable, sturdy

وطن *waṭan n.* |*pl.* أوطان *ʔawṭān*| • nation, country, homeland ▪ الوطن العربي *alwaṭan alʕarabīy* the Arab world ▪ الوطن *alwaṭan n. f.* Al-Watan (Saudi newspaper); Al-Watan (Qatari newspaper)

وطني *waṭanīy* • *adj.* national • home-, native • nationalist, patriotic • *n.* nationalist, patriot

وطنية *waṭanīya n.* • nationalism, patriotism

موطن *mawṭin n.* |*pl.* **dip.** مواطن *mawāṭin*| • hometown, homeland ▪ بلد موطن *balad · mawṭin* home country • habitat • residence, domicile •موطن قوة *mawṭin · quwwa* forte, strong suit

III **مواطنة** *muwāṭana n.*↑ • citizenship

مواطن *muwāṭin act. part. n.* • citizen, national

X **استوطن** *istawṭana v.tr.* |*10s* يستوطن *yastawṭinu* | استيطان *istīṭān*| • settle, settle down *in*

استيطان *istīṭān n.*↑ • settlement

استيطاني *istīṭānīy adj.* • settlement-

مستوطن *mustawṭin act. part. n.* • settler

مستوطنة *mustawṭana pass. part. n.* • settlement

وطواط *waṭwāṭ n.* |*pl.* **dip.** وطاويط *waṭāwīṭ*| • *(animal)* bat ▪ وطواط بحر *waṭwāṭ · baḥr* stingray

III **واظب** *wāẓaba v.intr.* |*3s* يواظب *yuwāẓibu* | مواظبة *muwāẓaba*| • persist *in* على, persevere *in* ▪ واظب على أنّ *wāẓaba ʕalā ʔan (do)* regularly, persist in *(do)*ing

مواظبة *muwāẓabaᵗ n.↑* • persistence, perseverance

مواظب *muwāẓib act. part. adj.* |*elat.* أكثر مواظبة *ʔaktar muwāẓabaᵗᵃⁿ*| • persistent

وظيفة *waẓīfaᵗ n.* |*pl.* **dip.** وظائف *waẓāʔif*| • job, position, post ▪ وظيفة شاغرة *waẓīfaᵗ šāɣiraᵗ*, وظيفة خالية *waẓīfaᵗ xāliyaᵗ* vacant post • function • *(school)* assignment, homework

وظيفي *waẓīfīʸ adj.* • functional, practical

II **وظف** *waẓẓafa v.tr.* |*2s* يوظف *yuwaẓẓifᵘ* | توظيف *tawẓīf*| • employ, hire

توظيف *tawẓīf n.↑* • employment

موظف *muwaẓẓaf pass. part. n.* • employee, office worker ▪ موظفون *muwaẓẓafūnᵃ pl. n.* staff • civil servant

X **استوعب** *istawɛaba v.tr.* |*10s* يستوعب *yastawɛibᵘ* | استيعاب *istīɛāb*| • absorb, grasp, understand, comprehend

استيعاب *istīɛāb n.↑* • comprehension, grasp

وعد *waɛada v.tr.* |*1a2* يعد *yaɛidᵘ* | وعد *waɛd*| • promise *sb* ∘ *sth* بـ, make a promise ▪ وعده بأنْ *waɛadahu bi-ʔan* promise (*sb*) to *(do)* ◊ أعدك بأن أحبك للأبد. *I promise to love you forever.*

وعد *waɛd n.↑* |*pl.* وعود *wuɛūd*| • promise ▪ وعد الحر دين عليه. *waɛdᵘ -lħurrⁱ daynᵘⁿ ɛalayhⁱ proverb* One's word is one's bond.

واعد *wāɛid act. part. adj.* • promising ▪ مستقبل واعد *mustaqbal wāɛid n.* a promising future

موعد *mawɛid n.* |*pl.* **dip.** مواعد *mawāɛid*| • appointment, rendezvous • date, appointed time ▪ موعد نهائي *mawɛid nihāʔīʸ* deadline ▪ في موعده *fī mawɛidⁱhi*, في الموعد *fī -lmawɛidⁱ adv.* on time

ميعاد *mīɛād n.* |*pl.* **dip.** مواعيد *mawāɛīd*| • appointment, rendezvous • appointed time, deadline ▪ في الميعاد *fī -lmīɛādⁱ* on time

III **واعد** *wāɛada v.tr.* |*3s* يواعد *yuwāɛidᵘ* | مواعدة *muwāɛadaᵗ*| • arrange to meet, set up an appointment *with* • go on a date *with*, date

وعورة *wuɛūraᵗ n.* • roughness, unevenness

وعير *waɛīr*, وعر *waɛr adj.* |*elat.* أوعر *ʔawɛar*| • rugged, rough, uneven

وعظ *waɛaẓa v.tr.* |*1a2* يعظ *yaɛiẓᵘ* | وعظ *waɛẓ* or عظة *ɛiẓaᵗ*| • preach *to*

وعظ *waɛẓ*, عظة *ɛiẓaᵗ n.↑* • sermon

وعظي *waɛẓīʸ adj.* • preachy, hortatory

وعى *waɛā v.tr.* |*1d2(b)* يعى *yaɛī* | وعي *waɛy*| • perceive, be conscious *of*, become aware *of* • contain, hold

وعي *waɛy n.↑* • awareness *of* بـ, consciousness, alertness ▪ وعى الذات *waɛy · aḋḋātⁱ* self-awareness ▪ لا وعي *lā waɛy* unconsciousness, the subconscious ▪ زاد الوعي بـ *zāda alwaɛy bi-*, أزكى الوعي بـ *ʔazkā alwaɛyᵃ bi- v.* raise awareness about

واع *wāɛ(in) act. part. adj.* **def.** |*elat.* **invar.** أوعى *ʔawɛā*| • conscious, aware, alert

وعاء *wiɛāʔ n.* |*pl.* أوعية *ʔawɛiyaᵗ*| • container, vessel, pot, bowl ▪ وعاء دموي *wiɛāʔ damawīʸ* blood vessel

وعائي *wiɛāʔīʸ adj.* • vascular ▪ قلبي وعائي *qalbīʸ wiɛāʔīʸ* cardiovascular ▪ طبيب قلب وأوعية دموية *ṭabīb qalb (wa-ʔawɛīyaᵗ damawīyaᵗ) n.* cardiologist ▪ طب القلب (والأوعية الدموية) *ṭibb alqalbⁱ (wa-lʔawɛīyaⁱⁱ addamawīyaⁱⁱ) n.* cardiology

II **وعى** *waɛɛā v.tr.* |*2d* يوعي *yuwaɛɛī* | توعية *tawɛiyaᵗ*| • make aware *sb* ∘ *of* بـ, enlighten, educate • caution *sb* ∘ *against* من, warn

توعية *tawɛiyaᵗ n.↑* • *n.* enlightenment, education

وغد *waɣd* |*pl.* أوغاد *ʔawɣād*| • *adj.* villainous, vile • *n.* scoundrel, villain

وفد *wafada v.intr.* |*1a2* يفد *yafidᵘ* | وفود *wufūd*| • come *to* إلى, arrive

وفود *wufūd n.↑* • arrival

وافد *wāfid act. part. adj.* • newcomer-, immigrant

وفد *wafd n.* |*pl.* وفود *wufūd*| • delegation

IV **أوفد** *ʔawfada v.tr.* |*4s* يوفد *yūfidᵘ* | إيفاد *ʔīfād*| • send *sb* ∘ *to* إلى, dispatch, deploy ▪ أوفد بعثة إلى *ʔawfada baɛtaᵗ ʔilā v.* send a delegation to

إيفاد *ʔīfād n.↑* • dispatch, delegation

وفرة *wafraᵗ n.* • abundance

وافر *wāfir*, وفير *wafīr adj.* |*elat.* أوفر *ʔawfar*| • abundant, ample, plentiful

II **وفر** *waffara v.tr.* |*2s* يوفر *yuwaffirᵘ* | توفير *tawfīr*| • save, economize • provide, make available, furnish, fulfill • increase, augment

توفير *tawfīr n.↑* • fulfillment • increase, augmentation

V **توفر** *tawaffara v.intr.* |*5s* يتوفر *yatawaffarᵘ* | توفر *tawaffur*| • be fulfilled, be met • be available, be abundant

متوفر *mutawaffir act. part. adj.* |*elat.* أكثر توفرا *ʔaktar tawaffuran* or أوفر *ʔawfar*| • available, abundant

VI **توافر** *tawāfara v.intr.* |*6s* يتوافر *yatawāfarᵘ* | توافر

و

tawāfur| • be fulfilled, be met • be available, be abundant

توافر *tawāfur n.*↑ • availability, abundance

وفق *wafiqa v.intr.* |1a4 يفق *yafiq*ᵘ | وفق *wafq*| • be suitable, be appropriate, be right

وفق *wafq n.*↑ • agreement, accordance ▪ وفقا لـ *wafqan li- prep.* according to ◊ عمالة الأطفال ممنوعة وفقا لقانون حقوق الإنسان. *Child labor is prohibited addording to the human rights' law.*

وفق *waqfa prep.* • according to, in accordance with, in conformity with

وفاق *wifāq n.* • unity • agreement, common ground ▪ وفاقا لـ *wifāqan li-* in accordance with

II **وفق** *waffaqa v.* |2s يوفق *yuwaffiq*ᵘ | توفيق *tawfīq*| • *v.intr.* reconcile *sth* بين *with* و • *v.tr. (of God)* bestow success *upon* ه *in* في ▪ وفقك الله *waffaqaka aLLāh* Good luck! ▪ وُفق *wuffiqa pass. v.* succeed *in* في, have the good fortune *to (do)*

توفيق *tawfīq n.*↑ • success ▪ كل التوفيق *kull attawfīq*, أتمنى لك التوفيق *ʔatamannā laka attawfīq*ᵃ Good luck!, Best of luck! • reconciliation

توفيقي *tawfīqīʸ adj.* • conciliatory • successful

موفق *muwaffiq act. part. n.* • *(of God)* grantor of success ▪ والله الموفق *wa-LLāh*ᵘ *-lmuwaffiq*ᵘ God Bless! (at the end of a letter)

موفق *muwaffaq pass. part. adj.* |*elat.* أكثر توفقا *ʔaktar tawaffuqan*| • fortunate • successful

III **وافق** *wāfaqa v.tr.* |3s يوافق *yuwāfiq*ᵘ | موافقة *muwāfaqa*ᵗ| • agree *with* ه *on* على *or* في, approve *of*, consent *to*

موافقة *muwāfaqa*ᵗ *n.*↑ • agreement, approval, consent

موافق *muwāfiq act. part. adj.* |*elat.* أكثر موافقة *ʔaktar muwāfaqa*ᵗᵃⁿ| • in agreement ▪ أنا موافق. *ʔana muwāfiq* I agree.

VI **توافق** *tawāfaqa v.intr.* |6s يتوافق *yatawāfaq*ᵘ | توافق *tawāfuq*| • conform *to* مع, be in agreement *with*

توافق *tawāfuq n.*↑ • conformity, agreement

متوافق *mutawāfiq act. part. adj.* • in agreement, in line, compatible

VIII **اتفق** *ittafaqa v.intr.* |8a1 يتفق *yattafiq*ᵘ | اتفاق *ittifāq*| • come to pass, happen by chance • agree *on* على ▪ اتفق على أنْ *ittafaqa Ɛalā ʔan* agree to *(do)* ▪ اتفق على أنّ *ittafaqa Ɛalā ʔanna* agree that...

اتفاق *ittifāq n.*↑ • accident, chance ▪ اتفاقا *ittifāqan adv.* accidentally, by chance • deal, agreement, settlement, treaty ▪ اتفاق شفوي *ittifāq šafawīʸ* verbal agreement ▪ وقع اتفاقا *waqqaƐa ittifāqan v.* sign an agreement, sign an treaty

اتفاقي *ittifāqīʸ adj.* |*elat.* أكثر اتفاقا *ʔaktar ittifāqan*| • accidental, chance

اتفاقية *ittifāqīya*ᵗ *n.* • agreement, treaty ▪ وفق اتفاقية *waffaqa ittifāqīya*ᵗ *v.* make a treaty

متفق *muttafiq act. part. adj.* |*elat.* أكثر اتفاقا *ʔaktar ittifāqan*| • in agreement *with* مع ◊ انا متفق معك. *I agree with you.*

وفى *wafā v.intr.* |1d2(b) يفي *yafī* | وفاء *wafāʔ*| • keep بـ, fulfill ▪ وفى بوعده *wafā bi-waƐdihi* keep a promise • repay بـ • be sufficient, be enough

وفاء *wafāʔ n.*↑ • loyalty, fidelity • sufficiency

واف *wāf(in) act. part. adj.* **def.** |*elat.* **invar.** أوفى *ʔawfā*| • loyal, faithful • complete, thorough, full • ample, abundant

وفاة *wafā*ᵗ *n.*↑ |*pl.* وفيات *wafayāt*| • death, demise

وفي *wafīʸ adj.* |*m. pl.* **dip.** أوفياء *ʔawfiyāʔ* | *elat.* **invar.** أوفى *ʔawfā*| • loyal, faithful

V **توفى** *tawaffā v.tr.* |5d يتوفى *yatawaffā* | **def.** توف *tawaff(in)*| • توفاه الله *tawaffāhu aLLāh*ᵘ *(die)* pass away (lit. God takes *sb*) ▪ تُوفي *tuwuffiya pass. v. (die)* pass away

X **استوفى** *istawfā v.tr.* |10d يستوفي *yastawfī* | استيفاء *istīlāʔ*| • receive, collect • fulfill, satisfy

وقت *waqt n.* |*pl.* أوقات *ʔawqāt*| • time ▪ الوقت *alwaqta adv.* now ▪ وقت لـ *waqt li-* time for ▪ وقتا سعيدا *waqtan saƐīdan* Have a good time! ▪ وقت فراغ *waqt farāɣ* free time ▪ أوقات دوام *ʔawqāt dawām* working hours, business hours ▪ في أي وقت *fī ʔayy*ⁱ *waqt*ⁱⁿ *adv.* (at) any time ▪ في الوقت الحاضر *fī -lwaqt*ⁱ *-lħāḍir*ⁱ *adv.* at present ▪ في الوقت المناسب *fī -lwaqt*ⁱ *-lmunāsib*ⁱ *adv.* in time (before it's too late); at the right time, when appropriate ▪ في بعض الأوقات *fī baƐḍ*ⁱ *-lʔawqāt*ⁱ *adv.* sometimes ▪ في نفس الوقت *fī nafs*ⁱ *-lwaqt*ⁱ, في الوقت ذاته *fī -lwaqt*ⁱ *đāt*ⁱ*h*ⁱ *adv.* at the same time ▪ من وقت إلى آخر *min waqt*ⁱⁿ *ʔilā ʔāxar*ᵃ *adv.* from time to time ▪ الوقت من ذهب *alwaqt*ᵘ *min đahab*ⁱⁿ *proverb* Time is money.

وقتما *waqtamā conj.* • whenever ▪ وقتما شاء *waqtamā šāʔa* whenever *one* wants

وقتذاك *waqtađāka*, وقتئذ *waqtaʔiđin*, وقتها *waqtahā adv.* • at that time ◊ ما كنت أعرف وقتها أني سأندم. *I didn't know at that time that I was going to*

regret it.

II **وقت** *waqqata v.tr.* |*2s* يوقت *yuwaqqit*^u | توقيت *tawqīt*| • schedule • time

توقيت *tawqīt n.*↑ • time ▪ توقيت عالمي منسق *tawqīt Ɛālamīy munassaq* Universal Coordinated Time (UTC) ▪ توقيت جرينيتش *tawqīt grīnītš* Greenwich Mean Time (GMT) ◊ في الساعة الثالثة بتوقيت جرينيتش *at three o'clock GMT* ▪ توقيت صيفي *tawqīt ṣayfīy* daylight savings time (DST), summer time ▪ توقيت محلي *tawqīt maḥallīy* local time ▪ ساعة توقيت *sāƐat · tawqīt* stopwatch

مؤقت *muʔaqqat*, موقت *muwaqqat pass. part. adj.* • temporary, interim ▪ مؤقتا *muʔaqqatan adv.* temporarily, for now, for the time being, for a while ◊ سأنزل في الفندق مؤقتا. *I will stay in the hotel for the time being.*

وقح *waquḥa v.intr.* |*1s6* يوقح *yawquḥ*^u | وقاحة *waqāḥa*^t| • be insolent, be cheeky

وقاحة *waqāḥa*^t *n.*↑ • insolence, cheekiness

وقيح *waqīḥ*, وقح *waqiḥ adj.* |*elat.* أوقح *ʔawqaḥ*| • insolent, cheeky

وقود *waqūd n.* • fuel

موقد *mawqid n.* |*pl.* ***dip.*** مواقد *mawāqid*| • stove (UK: cooker)

X **استوقد** *istawqada v.tr.* |*10s* يستوقد *yastawqid*^u | استيقاد *istīqād*| • ignite, burn

مستوقد *mustawqad pass. part. n.* • fireplace

وقار *waqār n.* • gravity, solemnness

وقور *waqūr adj.* |*elat.* أوقر *ʔawqar* or أكثر وقارا *ʔaktar waqāran*| • grave, solemn

II **وقر** *waqqara v.tr.* |*2s* يوقر *yuwaqqir*^u | توقير *tawqīr*| • revere, respect

توقير *tawqīr n.*↑ • reverence

وقع *waqaƐa v.intr.* |*1a1* يقع *yaqaƐ*^u | وقوع *wuqūƐ*| • fall ▪ وقع في الحب *waqaƐa fī -lḥubb*^i fall in love *with* مع ▪ الطيور على أشكالها تقع. *aṭṭuyūr*^u *Ɛalā ʔaškāl*^i*hā taqaƐ*^u *proverb* Birds of a feather flock together. • happen, occur ▪ الذي وقع هو... *allaḏī waqaƐa huwa...* what happened was... • be located *in* في ◊ تقع موريتانيا في قارة أفريقيا. *Mauritania is located in Africa.*

وقوع *wuqūƐ n.*↑ • occurrence, happening, incidence

واقع *wāqiƐ act. part.* • *n.* reality ▪ الواقع أن *alwāqiƐ*^u *ʔanna* in fact, indeed, it is a fact that... ▪ في الواقع *fī -lwāqiƐ*^i *adv.* actually, in reality, as a matter of fact, really ▪ في واقع الممارسة *fī wāqiƐ*^i *-lmumārasa*^ti *adv.* in practice • *adj.* located, situated

واقعة *wāqiƐa*^t *n.* |*pl.* ***dip.*** وقائع *waqāʔiƐ*| • incident, occurrence

واقعي *wāqiƐīy adj.* • actual, real, factual • realistic ▪ غير واقعي *ɣayr · wāqiƐīy* unrealistic

واقعية *wāqiƐīya*^t *n.* • reality, realism

وقعة *waqƐa*^t *n.* |*pl.* وقعات *waq(a)Ɛāt*| • fall, tumble

وقيعة *waqīƐa*^t *n.* |*pl.* ***dip.*** وقائع *waqāʔiƐ*| • incident, event, occurrence ▪ وقائع *waqāʔiƐ pl. n.* happenings, findings, facts ▪ وقائع اجتماع *waqāʔiƐ · ijtimāƐ* minutes (of a meeting)

موقع *mawqiƐ n.* |*pl.* ***dip.*** مواقع *mawāqiƐ*| • site, location ▪ موقع إنترنت *mawqiƐ · ʔinternet*, موقع ويب *mawqiƐ · web*, موقع الكتروني *mawqiƐ ʔelektrōnīy* website ▪ موقع جغرافي *mawqiƐ joɣrāfīy* geographic location

II **وقع** *waqqaƐa v.* |*2s* يوقع *yuwaqqiƐ*^u | توقيع *tawqīƐ*| • *v.tr. & intr.* sign (على) ▪ وقع عقدا *waqqaƐa Ɛaqdan*, وقع على عقد *waqqaƐa Ɛalā Ɛaqd*^in sign a contract ▪ وقع اتفاقا *waqqaƐa ittifāqan* sign an treaty ▪ وقع مستندا *waqqaƐa mustanadan* sign a document • *v.tr.* drop, let fall • inflict *sth* ∘ *upon* على ◊ وقع القاضي العقوبة على السارق. *The judge inflicted the sentence on the thief.*

توقيع *tawqīƐ n.*↑ • signature • infliction

IV **أوقع** *ʔawqaƐa v.tr.* |*4s* يوقع *yūqiƐ*^u | إيقاع *ʔīqāƐ*| • drop

إيقاع *ʔīqāƐ n.*↑ • rhythm, beat

إيقاعي *ʔīqāƐīy adj.* • rhythmic

V **توقع** *tawaqqaƐa v.tr.* |*5s* يتوقع *yatawaqqaƐ*^u | توقع *tawaqquƐ*| • expect, anticipate ▪ توقع أن *tawwaqaƐa ʔan* expect that..., expect to *(do)*

توقع *tawaqquƐ n.*↑ • expectation

متوقع *mutawaqqaƐ pass. part. adj.* |*elat.* أكثر توقعا *ʔaktar tawaqquƐan*| • expected, predictable ▪ من المتوقع أن *min*^a *-lmutawaqqaƐ*^i *ʔan* it is expected that... ▪ عمر متوقع *Ɛumr mutawaqqaƐ n.* life expectancy

وقف *waqafa v.intr.* |*1a2* يقف *yaqif*^u | وقوف *wuqūf* or وقف *waqf*| • stop, halt, come to a stop • stand, stand up ▪ وقف ضد *waqafa ḍidda* stand up against, oppose ▪ وقف في طابور *waqafa fī ṭābūr*^in wait in line, stand in line

وقف *waqf n.*↑ |*pl.* أوقاف *ʔawqāf*| • stop, suspension ▪ وقف إطلاق نار *waqf · ʔiṭlāq · nār* ceasefire • *(religious endowment)* waqf, wakf • *(grammar)* pause form

واقف *wāqif act. part. adj.* • upright • stationary

وقفة *waqfaᵗ n.* • stance, position, attitude ▪ وقفة احتجاجية *waqfaᵗ iḥtijājīyaᵗ* protest

موقف *mawqif n.* |*pl.* **dip.** مواقف *mawāqif*| • stance *on* من, position, attitude • stop ▪ موقف باص *mawqif · bāṣ* bus stop ▪ موقف سيارات *mawqif · sayyārāt* parking lot (UK: car park), garage

II **وقف** *waqqafa v.tr.* |*2s* يوقف *yuwaqqifᵘ* | توقيف *tawqīf*| • arrest

توقيف *tawqīf n.*↑ • arrest ▪ قيد التوقيف *qayda -ttawfīqⁱ adv.* under arrest

IV **أوقف** *ʔawqafa v.tr.* |*4a1* يوقف *yūqifᵘ* | إيقاف *ʔīqāf*| • stop • park • arrest, detain

V **توقف** *tawaqqafa v.intr.* |*5s* يتوقف *yatawaqqafᵘ* | توقف *tawaqquf*| • quit عن, stop ◊ توقفت عن كتابة روايات. *She stopped writing novels.* • depend *on* على

متوقف *mutawaqqif act. part. adj.* • dependent

X **استوقف** *istawqafa v.tr.* |*10s* يستوقف *yastawqifᵘ* | استيقاف *istīqāf*| • ask *sb* to stop • give pause, captivate

وقى *waqā v.tr.* |*1d2(b)* يقي *yaqī* | وقي *waqy* or وقاية *wiqāyaᵗ*| • protect *sb/sth* ∘ *from* من, prevent من, preserve

وقاية *wiqāyaᵗ n.*↑ • protection, precaution, prevention

واق *wāq(in) act. part. adj.* |*elat.* أكثر وقاية *ʔaktar wiqqayaᵗᵃⁿ*| • protective *against* ضد, resistant ▪ واق ضد الشمس *wāq(in) ḍidda -ššamsⁱ* protective against the sun ▪ واق ذكري *wāq(in) đakarīʸ n.* condom

وقاء *waqāʔ n.* • prevention • protection

وقائي *waqāʔīʸ adj.* • preventive, preventative

أوقية *ʔūqīyaᵗ n.* • *(unit of weight)* uqiya, oka, ounce

VIII **اتقى** *ittaqā* |*8d2* يتقي *yattaqī* | اتقاء *ittiqāʔ*| • beware *of* ▪ اتق شر الحليم إذا غضب *ittaqi šarrᵃ -lḥalīmⁱ ʔiđā ɣaḍaba proverb* Beware of the anger of a patient man.

VIII **اتكأ** *ittakaʔa v.intr.* |*8a1(a)* يتكئ *yattakiʔᵘ* | اتكاء *ittikāʔ*| • lean *on* على

موكب *mawkib n.* |*pl.* **dip.** مواكب *mawākib*| • procession, motorcade

III **واكب** *wākaba v.tr.* |*3s* يواكب *yuwākibᵘ* | مواكبة *muwākabaᵗ*| • accompany, escort

مواكبة *muwākabaᵗ n.*↑ • escort, convoy

وكر *wakr n.* |*pl.* أوكار *ʔawkār*| • hideout, den, lair

الوكرة *alwakraᵗ n.* • *(city in Qatar)* Al Wakrah

➡ ***map on p. 250***

وكالة *wikālaᵗ* or *wakālaᵗ n.* • agency ▪ وكالة أنباء *wikālat · ʔanbāʔ* press agency ▪ الوكالة الدولية للطاقة الذرية *alwikālaᵗ adduwalīyaᵗ li-ṭṭāqaᵗ ađđarrīyaᵗ* The International Atomic Energy Agency (IAEA)

وكيل *wakīl n.* |*pl.* **dip.** وكلاء *wukalāʔ*| • agent, representative

VIII **اتكل** *ittakala v.intr.* |*8a1* يتكل *yattakilᵘ* | اتكال *ittikāl*| • rely *on* على, depend

اتكال *ittikāl n.*↑ • reliance *on* على

متكل *muttakil act. part. adj.* |*elat.* أكثر اتكالا *ʔaktar ittikālan*| • reliant *on* على, dependent

ولد *walada v.tr.* |*1a2* يلد *yalidᵘ* | ولادة *wilādaᵗ*| • bear, give birth *to* ▪ وُلد *wulida pass. v.* be born

ولادة *wilādaᵗ n.*↑ • birth

ولادي *wilādīʸ adj.* • natal

والد *wālid act. part. n.* • father ▪ والدان *wālidānⁱ dual noun* parents ▪ والدان بالتبني *wālidān bi-ttabannī* adoptive parents

والدة *wālidaᵗ n.* • mother

مولود *mawlūd pass. part. n.* |*pl.* **dip.** مواليد *mawālīd*| • newborn infant

ولد *walad n.* |*pl.* أولاد *ʔawlād*| • boy, child

وليد *walīd n.* |*pl.* ولدان *wildān*| • infant, newborn

وليد *wulayd n. diminutive* • small child

مولد *mawlid n.* |*pl.* **dip.** موالد *mawālid*| • birthplace • birth

ميلاد *mīlād n.* |*pl.* **dip.** مواليد *mawālīd*| • birth ▪ عيد ميلاد *Ɛīd · mīlād* birthday ▪ عيد الميلاد *Ɛīd · almīlādⁱ* Christmas ▪ قبل الميلاد *qabla -lmīlādⁱ* B.C. ▪ للميلاد *li-lmīlādⁱ*, بعد الميلاد *baƐda -lmīlādⁱ* A.D. ◊ في عام ٢٠٠٠ للميلاد *in the year 2000 A.D.* ▪ شهادة ميلاد *šahādat · mīlād* birth certificate ▪ محل ميلاد *maḥall · mīlād* birthplace

ميلادي *mīlādīʸ adj.* |*abbreviated* م| • Gregorian ▪ تقويم ميلادي *taqwīm mīlādīʸ n.* the Gregorian Calendar • *(when used with a number)* A.D. ◊ القرن الثاني عشر الميلادي *the twelfth century A.D.*

II **ولد** *wallada v.tr.* |*2s* يولد *yuwallidᵘ* | توليد *tawlīd*| • generate, produce, create ▪ ولد كهرباء *wallada kahrabāʔ* produce electricity • breed • help *sb* give birth

توليد *tawlīd n.*↑ • generation, production, create ▪ توليد وظائف *tawlīd · waẓāʔif* job creation • طب التوليد *ṭibb · attawlīdⁱ* obstetrics ▪ طبيب توليد *ṭabīb · tawlīd* obstetrician

مولد *muwallid act. part.* • *n.* generator • *adj.* obstetric ▪ طبيب مولد *ṭabīb muwallid n.* obstetrician

VI **توالد** *tawālada v.intr.* |*6s* يتوالد *yatawālad*[u] | توالد *tawālud*| • reproduce, propagate, procreate

توالد *tawālud n.*↑ • reproduction, procreation

ولع *waliɛa v.intr.* |*1s4* يولع *yawlaɛ*[u] | ولع *walaɛ* or ولوع *walūɛ*| • catch fire, burn • be infatuated *with* بـ

ولاعة *wallāɛa*[t] *n.* • lighter

وليمة *walīma*[t] *n.* |*pl.* **dip.** ولائم *walāʔim*| • banquet

ولي *waliya v.intr.* |*1d5* يلي *yalī* | ولاية *wilāya*[t]| • follow, come next ▪ ما يلي *mā yalī* the following ▪ كما يلي *ka-mā yalī* as follows, like this ▪ فيما يلي *fī-mā yalī* hereinafter, hereafter • be in charge *of* على, control, rule, manage, direct, run

ولاية *wilāya*[t] *n.*↑ • state, province ▪ الولايات المتحدة *alwilāyāt almuttaḫida*[t] the United States ▪ ولاية نيويورك *wilāyat · nyūyork* New York State

وال *wāl(in) act. part. n.* **def.** |*pl.* ولاة *wulā*[t]| • provincial governor, ruler, wali

ولاء *walāʔ n.* • loyalty *to* لـ, allegiance, fidelity

ولي *walīy n.* |*pl.* **dip.** أولياء *ʔawliyāʔ*| • guardian, sponsor ▪ ولي شرعي *walīy šarɛīy* legal guardian ▪ ولي عهد *walīy · ɛahd* crown prince, heir apparent

مولى *mawl(an) n.* **indecl.** |*dual* موليان *mawlayān*[i] | *pl.* **def.** موال *mawāl(in)*| • master, protector ▪ مولاي *mawlāya*, مولانا *mawlānā* my Lord

ملا *mullā n.* **invar.** |*pl.* ملالي *malālīy*| • mullah

II **ولى** *wallā v.intr.* |*2d* يولي *yuwallī* | تولية *tawliya*[t]| • *(of time)* pass, go by, elapse

IV **أولى** *ʔawlā v.tr.* |*4d(b)* يولي *yūlī* | إيلاء *ʔīlāʔ*| • entrust *sth* ∘ *to* لـ ▪ أولاه اهتماما *ʔawlāhu ihtimāman* give *sb* attention

V **تولى** *tawallā v.tr.* |*5d* يتولى *yatawallā* | **def.** تول *tawall(in)*| • take over, take control *of*, hold, occupy ▪ تولى الخلافة *tawallā alxilāfa*[ta] assume the caliphate, become caliph ▪ تولى الرئاسة *tawallā arriʔāsa*[t] occupy the presidency ▪ تولى السلطة *tawallā assulṭa*[ta] hold power

VI **توالى** *tawālā v.intr.* |*6d* يتوالى *yatawālā* | **def.** توال *tawāl(in)*| • follow in succession, be continuous

متوال *mutawāl(in) act. part. adj.* **def.** • successive, consecutive, uninterrupted

X **استولى** *istawlā v.intr.* |*10d* يستولي *yastawlī* | استيلاء *istīlāʔ*| • seize على, take possession *of*, capture, overpower

استيلاء *istīlāʔ n.*↑ • seizure

IV **أومأ** *ʔawmaʔa v.tr.* |*4a1(a)* يومئ *yūmiʔ*[u] | إيماء *ʔīmāʔ*| • point *to* إلى, refer *to*, suggest, convey, signal ▪ أومأ إلى أنَّ *ʔawmaʔa ʔilā ʔanna* suggest that...

إيماءة *ʔīmāʔa*[t] *n.* • gesture, signal, sign ▪ إيماءة رمزية *ʔīmāʔa*[t] *ramzīya*[t] symbolic gesture

ومض *wamaḍa v.intr.* |*1a2* يمض *yamiḍ*[u] | وميض *wamīḍ*| • flash, blink

ومضة *wamḍa*[t] *n.* |*pl.* ومضات *wam(a)ḍāt*| • spark, flash

ميناء *mīnāʔ n.* **f.** |*pl.* موانئ *mawāniʔ*| • port, harbor • ميناء سن *mīnāʔ · sinn* tooth enamel

وهب *wahaba v.tr.* |*1a1* يهب *yahab*[u] | وهب *wahb*| • grant *sth* ∘ *to* لـ, give, donate ▪ وهب حياته لـ *wahaba ḥayāt*[a]*hu li-* devote *one's* life to

موهوب *mawhūb pass. part. adj.* |*elat.* أكثر موهبة *ʔaktar mawhiba*[tan]| • talented, gifted

هبة *hiba*[t] *n.* • grant, gift, donation

موهبة *mawhiba*[t] *n.* |*pl.* **dip.** مواهب *mawāhib*| • talent, gift, knack

وهبي *wahhabīy adj. & n.* • Wahhabi

وهابية *wahābīya*[t] *n.* • Wahhabism

V **توهج** *tawahhaja v.intr.* |*5s* يتوهج *yatawahhaj*[u] | توهج *tawahhuj*| • glow

متوهج *mutawahhij act. part. adj.* |*elat.* أكثر توهجا *ʔaktar tawahhujan*| • red-hot, glowing

وهران *wahrān n.* **f. dip.** • *(city in Algeria)* Oran

➡ ***map on p. 57***

وهلة *wahla*[t] *n.* • moment ▪ لأول وهلة *li-ʔawwal*[i] *wahla*[ti] at first glance

وهم *wahm n.* |*pl.* أوهام *ʔawhām*| • delusion, illusion, false notion

وهمي *wahmīy adj.* • fanciful, imaginary

تهمة *tuhma*[t] *n.* |*pl.* تهم *tuham*| • accusation, charge ▪ بتهم *bi-tuham*[i] *prep.* on charges of, on __ charges ▪ وجه تهمة إلى *wajjaha tuhma*[tan] *ʔilā* file charges against

VIII **اتهم** *ittahama v.tr.* |*8a1* يتهم *yattahim*[u] | اتهام *ittihām*| • accuse *sb* ∘ *of* بـ • *(legal)* charge *sb* ∘ *with* بـ

اتهام *ittihām n.*↑ • accusation • charge ▪ وجه اتهامات ضد *wajjaha ittihāmāt ḍidda v.* press charges against

متهم *muttaham pass. part.* • *adj.* accused, suspected ▪ متهم بأن *mutahham bi-ʔanna* accused of *(do)ing* • *n.* defendant

واهن *wāhin |elat.* أوهن *ʔawhan|* • *act. part. adj.* feeble, frail ▪ أوهن من بيت العنكبوت. *ʔawhan min bayt^i -lƐankabūt^i proverb* Frailer than a spider web.

الويب *alweb n.* • *(computers)* the Web ▪ متصفح ويب *mutaṣaffiḥ · web* web browser

ويسكي *wiskī n.* • whisky

ويل *wayl n.* • woe, distress
 ويل *wayla*, يا ويل *yā wayla prep.* • woe unto ▪ يا ويلي *yā waylī* Woe is me!

ويلز *waylz n. **f. invar.*** • Wales
 ويلزي *waylzīʸ* • *adj.* Welsh • *n.* Welshman

ويندوز *windoz n.* • *(Microsoft)* Windows™

ي

ي *yāʔ* n. **f.** |ياء| • *(twenty-eighth letter of the Arabic alphabet)* • *(numerical value)* 10 • *(point of information)* J., X. ➡ ***The Abjad Numerals p. 61***

يـ *ya-/yu-* *sing.* **m.** *third-person imperfect-tense prefix* • he *(does)* ◊ يفعل ***yafƐal**^u* he does ◊ يحب ***yu**ḫibb^u* he likes

يـ ـان *ya-/yu- -ān^i dual* **m.** *third-person imperfect-tense prefix |jussive and subjunctive* يـ ـا *ya-/yu- -ā|* • they *(do)* ◊ يفعلان ***ya**fƐal**ūn**^a* they do ◊ يحبون ***yu**ḫibb**ūn**^a* they like

يـ ـون *ya-/yu- -ūn^a plural* **m.** *third-person imperfect-tense prefix |jussive and subjunctive* يـ ـوا *ya-/yu- -ū|* • they *(do)* ◊ يفعلون ***ya**fƐal**ūn**^a* they do ◊ يحبون ***yu**ḫibb**ūn**^a* they like

يـ ـن *ya-/yu- -na plural* **f.** *third-person imperfect-tense prefix suffix* • they *(do)* ◊ يفعلن ***ya**fƐal**na*** they do ◊ يحببن ***yu**ḫbib**na*** they like

ـي *-ī / -ya sing.* **m. f.** *first-person possessive pronoun suffix* • [noun +] my • [prep +] me ▪ لي *lī* to me, for me ▪ فيّ *fīya* in me ▪ عليّ *Ɛalayya* on me ▪ إليّ *ʔilayya* to me ⓘ *When following a long vowel,* ـي *is pronounced -ya.* ⓘ *The noun's inflectional vowel drops before* ـي*, making nouns with this suffix invariable for case:* ◊ *(nom., acc., gen.)* بيتي *baytī* my house ◊ والداي *wālidāya* my parents ➡ ***Suffixed Personal Pronouns p. 182***

يئس *yaʔisa v.intr.* |1s4(b) ييأس *yayʔas^u* | يأس *yaʔs*| • give up hope *on* من, feel desperate *about*, despair over

يأس *yaʔs n.*↑ • hopelessness, desperation, despair

يائس *yāʔis act. part. adj.* |*elat.* أيأس *ʔayʔas* or أكثر يأسا *ʔaktar yaʔsan*| • desperate, hopeless

يا *yā particle* • *(vocative, that is, for addressing someone; usually untranslated)* [+ definite nominative noun without definite article] ◊ يا أولاد! *yā ʔawlād^u* *Children!* ◊ يا حسن، كيف حالك؟ *Hassan, how are you?* ◊ لا، يا صديقي! *No, my friend!* • يا رب *yā rabb^u*, يا إلهي *yā ʔilāhī*, يا الله *yā -LLāh^u* My God!, Oh, God! •يا له من *yā lahu min*, يا لـ *yā li-* What a __! ◊ يا له من يوم جميل! *What a beautiful day!* ◊ يا لها من رائحة جميلة! *What nice perfume!* ◊ يا لها من مباراة! *What a game!* ◊ يا لها من تجربة! *What an experience!* ◊ يا لها من نهاية حزينة! *What a sad ending!* ◊ يا لهم من أغبياء! *What idiots (they are)!*

ياء *yāʔ n.* **f.** ➡ ***ي on the left***

اليابان *alyābān n.* **f.** • Japan

ياباني *yābānīy adj. & n.* • Japanese

ياردة *yārda^t n.* • *(unit of length)* yard

ياسمين *yāsamīn n.* • jasmine ⓘ *The English word 'jasmine' has been borrowed from this Arabic word.*

ياقة *yāqa^t n.* • collar

ياقوت *yāqūt coll. n.* |*sing.* ياقوتة *yāqūta^t* | *pl.* **dip.** يواقيت *yawāqīt*| • rubies ▪ ياقوت أزرق *yāqūt ʔazraq* sapphires

يانسون *yānsūn n.* • anise

ياهو *yāhū n.* ***invar.*** • Yahoo™

يابس *yābis adj.* • rigid, hard, stiff

ينبع البحر *yanbuƐ · albaḫr^i n.* **f.** • *(city in Saudi Arabia)* Yanbu ➡ ***map on p. 144***

يتيم *yatīm n.* |*pl.* أيتام *ʔaytām*| • orphan ▪ دار أيتام *dār · ʔaytām* orphanage

يحيى *yaḫyā* ***invar.*** *man's name* • Yahya, John

يخت *yaxt n.* |*pl.* يخوت *yuxūt*| • yacht

يخنة *yaxna^t n.* • stew

يد *yad n.* **f.** |*pl.* **def.** أياد *ʔayād(in)* or **def.** أيد *ʔayd(in)*| • hand ▪ بيده *bi-yad^i hi adv.* in one's hand ▪ ماذا بيدي أن أفعل؟ *māḏā bi-yadī ʔan ʔafƐal^u* What can I do? ▪ يد عاملة *yad Ɛāmila^t* workforce ▪ على يده *Ɛalā yad^i hi adv.* with sb's help

يدوي *yadawīy adj.* • manual

يسر *yusr n.* • ease, easiness ▪ بيسر *bi-yusr^in adv.* comfortably

يسرة *yasra^t n.* • left side ▪ يسرة *yasratan adv.* on the left ▪ يمنة ويسرة *yamnatan wa-yasratan adv.* on the left and right

يسار *yasār n.* • *(not right)* left ▪ على اليسار *Ɛala -lyasār^i*, عن اليسار *Ɛan^i -lyasār^i adv.* on the left

يساري *yasārīy adj. & n.* • *(politics)* leftist, left-wing(er)

يسير *yasīr adj.* |*elat.* أيسر *ʔaysar*| • easy *for* على ▪ من اليسير أنْ *min^a -lyasīr^i ʔan* it is easy to *(do)*

ي

أيسر *ʔaysar adj.* **dip.** |*f. sing.* **invar.** يسرى *yusrā*| • *(not right)* left ▪ على الجانب الأيسر *Ɛala -ljānib^{i} -lʔaysar^{i} adv.* on the left side ▪ قدم يسرى *qadam yusrā n.* left foot • left-handed

II **يسر** *yassara v.tr.* |*2s* ييسر *yuyassir^{u}* | تيسير *taysīr*| • make easy, ease, facilitate ▪ يسره الله *yassara<u>hu</u> aLLāh^{u}* may God pave *sb's* way

III **ياسر** *yāsara v.tr.* |*3s* يياسر *yuyāsir^{u}* | مياسرة *mayāsara^{t}*| • indulge, humor

V **تيسر** *tayassara v.intr.* |*5s* يتيسر *yatayassar^{u}* | تيسر *tayassur*| • become easy • be possible *for* لـ • become successful

متيسر *mutayassir act. part. adj.* |*elat.* أكثر تيسرا *ʔaktar tayassuran* or أيسر *ʔaysar*| • available • successful

يسوع *yusūƐ* **dip.** *man's name* • Jesus

يافطة *yāfiṭa^{t} n.* • sign, billboard

يقظ *yaqiẓa v.intr.* |*1s4* ييقظ *yayqaẓ^{u}* | يقظ *yaqaẓ*| • be alert, be awake

يقظ *yaqiẓ adj.* |*m. pl.* أيقاظ *ʔayqāẓ* | *elat.* أكثر يقظة *ʔaktar yaqẓa^{tan}*| • alert, awake

يقظة *yaqẓa^{t} n.* • wakefulness, alertness

IV **أيقظ** *ʔayqaẓa v.tr.* |*4a2* يوقظ *yūqiẓ^{u}* | إيقاظ *ʔīqāẓ*| • wake up, arouse

X **استيقظ** *istayqaẓa v.intr.* |*10s* يستيقظ *yastayqiẓ^{u}* | استيقاظ *istīqāẓ*| • wake up

مستيقظ *mustayqiẓ act. part. adj.* • awake

يقين *yaqīn n.* • certainty, conviction ▪ يقينا *yaqīnan adv.* certainly, for sure ◊ أعرف يقينا أنه لم يفعل هذا. *I know for sure that he didn't do this.* ▪ على يقين أنّ *Ɛalā yaqīn^{in} ʔanna* certain that..., convinced that...

V **تيقن** *tayaqqana v.intr.* |*5s* يتيقن *yatayaqqan^{u}* | تيقن *tayaqqun*| • be certain *of* بـ, be sure

متيقن *mutayaqqin act. part. adj.* |*elat.* أكثر تيقنا *ʔaktar tayaqqunan* or أيقن *ʔayqan*| • certain *of* بـ, sure

يمام *yamām coll. n.* |*sing.* يمامة *yamāma^{t}*| • pigeons, doves

اليمن *alyaman n.* **m.** • Yemen ➡ ***map on the right***

يمني *yamanīʸ adj. & n.* • Yemeni

يمنة *yamna^{t} n.* • right side ▪ يمنة *yamnatan adv.* on the right ▪ يمنة ويسرة *yamnatan wa-yasratan adv.* on the left and right

يمين *yamīn n.* ***f.*** • |*pl.* أيمن *ʔaymun*| oath • |*pl.* أيمان *ʔaymān*| *(not left)* right ▪ على اليمين *Ɛalā -lyamīn^{i}*, عن اليمين *Ɛan^{i} -lyamīn^{i} adv.* on the right (side) ▪ يمينا *yamīnan adv.* to the right ▪ يمينا وشمالا *yamīnan wa-šimālan adv.* to the left and right

يميني *yamīnīʸ adj. & n.* • rightist, right-wing(er)

يمين *yamīna prep.* • to the right of

أيمن *ʔayman adj.* **dip.** |*m. pl.* **dip.** أيامن *ʔayāmin* | *f. sing.* **invar.** يمنى *yumnā*| • *(not left)* right ▪ على الجانب الأيمن *Ɛala -ljānib^{i} -lʔayman^{i} adv.* on the right side ▪ قدم يمنى *qadam yumnā n.* right foot • right-handed • **dip.** *man's name* Ayman, Aimen

ين *yen n.* • yen

يناير *yanāyir n.* **dip.** • January ➡ ***The Months p. 165***

يانع *yāniƐ adj.* |*elat.* أينع *ʔaynaƐ*| • ripe, mature

يهودي *yahūdīʸ* |*m. pl.* يهود *yahūd*| • *adj.* Jewish • *n.* Jew

اليهودية *alyahūdīya^{t} n.* • Judaism

يوجا *yōgā*, يوغا *yōgā n.* **invar.** • yoga

يوحنا *yūḫanā* **invar.** *man's name* • John

يورانيوم *yūrāniyūm n.* • uranium

يورو *yurō n.* **invar.** |*pl.* يوروهات *yurōhāt*| • euro

يوسف *yūsuf* **dip.** *man's name* • Yusuf, Joseph

يوسفي *yūsufīʸ n.* • tangerine, Mandarin orange

يوليو *yūlyū n.* **invar.** • July ➡ ***The Months p. 165***

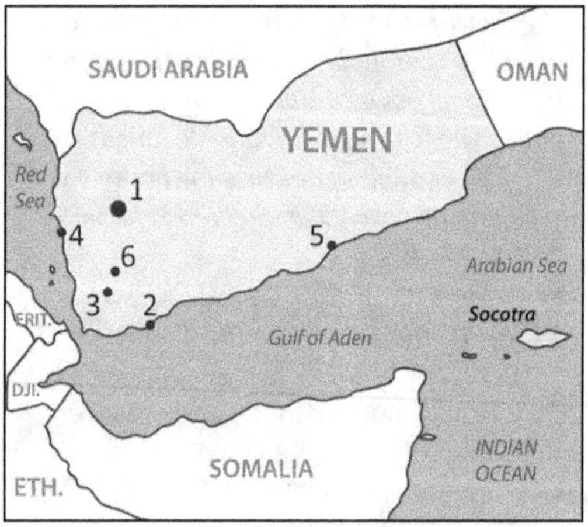

map of Yemen

1. صنعاء *ṣanƐāʔ* Sana'a
2. عدن *Ɛadan* Aden
3. تعز *taƐizz* Ta'izz
4. الحديدة *alḫudayda^{t}* Hudaida
5. المكلا *almukallā* Al Mukalla
6. إب *ʔibb* Ibb

يوم *yawm n.* |*pl.* أيام *ʔayyām*| • day ▪ اليوم *alyawm*^{a} *adv.* today ▪ اليوم خمر وغدا أمر. *alyawm*^{a} *xamr*^{un} *wa-γadan ʔamr*^{un} *proverb* Today we drink, tomorrow we battle. ▪ يوما *yawman adv.* (for) one day; *(in the past)* once, at one time; [negative +] never ▪ يوما سعيدا *yawman saƐīdan* Have a nice day! ▪ يوما ما *yawman mā adv.* some day ▪ طول اليوم *ṭūla -lyawm*^{i} *adv.* all day ▪ كل يوم *kull*^{a} *yawm*^{in} *adv.* every day ▪ في يوم من الأيام *fī yawm*^{in} *min*^{a} *-lʔayyām*^{i} *adv.* one day ▪ في يوم من أيام الشتاء *fī yawm*^{in} *min ʔayyām*^{i} *-ššitāʔ*^{i} *adv.* one winter day ▪ يوما... ويوما آخر *yawman... wa-yawman ʔāxar*^{a} *adv.* one day... and the next (day)... ▪ يوما يوما *yawman yawman adv.* day after day ▪ يومها *yawm*^{a}*hā adv.* (on) that day ▪ هذه الأيام *hāđihi -lʔayyām*^{a} *adv.* these days, nowadays ▪ يوم عمل *yawm · Ɛamal* working day, work day ▪ الأيام *alʔayyām n.* ***f.*** Al Ayam (Bahraini newspaper) ▪ في الأيام القليلة المقبلة *fī -lʔayyām*^{i} *-lqalīla*^{ti} *-lmuqbila*^{ti} *adv.* in the next few days

يوم *yawma conj.* • *conj.* the day (when) ◊ هاتفني يوم تنه مهمتك. *Call me the day you finish your mission.*

يومئذ *yawm*^{a}*ʔiđ*^{in}, يومذاك *yawm*^{a}*đāka*, يومها *yawm*^{a}*hā adv.* • on that day ▪ أيامئذ *ʔayyāmaʔiđ*^{in}, أيامها *ʔayyāmahā* in those days, at that time

يومي *yawmīy adj.* • daily, everyday ▪ يوميا *yawmīyan adv.* every day, per day ◊ كم ساعة يوميا؟ *How many hours a day?*

يومية *yawmīya*^{t} *n.* • diary, journal ▪ قيد يومية *qayd · yawmīya*^{t} diary entry, journal entry

Days of the Week

The days of the week are usually used as adverbs of time, ending in the accusative -a: الأحد *alʔaɦad*^{a} *(on Sunday). They can also be preceded by* يوم *yawm*^{a}*, creating an idafa construction:* يوم الأحد *yawm*^{a} *-lʔaɦad*^{i} *(on Sunday)*

الأحد *alʔaɦad* Sunday
الاثنين *alitnayn*^{i} Monday
الثلاثاء *attulātāʔ* Tuesday
الأربعاء *alʔarbaƐāʔ* or *alʔarbiƐāʔ* or *alʔarbuƐāʔ* Wednesday
الخميس *alxamīs* Thursday
الجمعة *aljumƐa*^{t} Friday
السبت *assabt* Saturday

اليونان *alyūnān n.* ***f.*** • Greece

يوناني *yūnānīy adj. & n.* |*pl.* يونان *yūnān*| • Greek

يونس *yūnus* ***dip.*** *man's name* • Yunus, Jonas

يونسكو *yūneskō n.* ***invar.*** • UNESCO

اليونيسف *alyūnīsef n.* ***invar.*** • UNICEF (United Nations Children's Emergency Fund)

يونيو *yūnyū n.* ***invar.*** • June ➡ ***The Months p. 165***

notes

notes

notes

Difficult to Find Roots

It can sometimes be difficult to determine all of the radicals of a root in order to look up a word. This list contains difficult cases, including those containing hamza (ء), weak consonants (و and ي) that do not appear in the word, and geminates.

word	root
ابتداء	بدء
ابتدأ	بدء
ابتز	بزز
ابتغى	بغي
ابن	بن
ابنة	بن
اتجاه	وجه
اتجه	وجه
اتحاد	وحد
اتحد	وحد
اتخذ	ءخذ
اتزان	وزن
اتزن	وزن
اتساع	وسع
اتساق	وسق
اتسخ	وسخ
اتسع	وسع
اتسق	وسق
اتشح	وشح
اتصال	وصل
اتصف	وصف
اتصل	وصل
اتضح	وضح
اتفاق	وفق
اتفق	وفق
اتقى	وقي
اتكال	وكل
اتكأ	وكء
اتكل	وكل
اتهام	وهم
اتهم	وهم
اثنان	ثني
اجتاح	جوح
اجتاز	جوز
اجتث	جثث
اجتياح	جوح
احتاج	حوج
احتار	حير
احتاط	حوط
احتال	حول
احتج	حجج
احتذى	حذو
احتر	حرر
احتفاء	حفي
احتفى	حفي
احتك	حكك
احتل	حلل
احتمى	حمي
احتوى	حوي
احتياج	حوج
احتياط	حوط
احتيال	حول
اختار	خير
اختبأ	خبء
اختص	خصص
اختفاء	خفي
اختفى	خفي
ادخار	ذخر
ادخر	ذخر
ادعاء	دعو
ادعى	دعو
ارتاب	ريب
ارتاح	روح
ارتاد	رود
ارتج	رجج
ارتد	ردد
ارتدى	ردي
ارتشاء	رشو
ارتشى	رشو
ارتقاء	رقي
ارتقى	رقي
ارتياح	روح
ازداد	زيد
است	ستت
استاء	سوء
استأجر	ءجر
استأذن	ءذن
استأنف	ءنف
استأهل	ءهل
استبد	بدد
استبقى	بقي
استثناء	ثني
استثنى	ثني
استجاب	جوب
استجابة	جوب
استجار	جور
استجد	جدد
استجم	جمم
استحال	حول
استحالة	حول
استحق	حقق
استحم	حمم
استحيا	حيي
استخف	خفف
استدار	دور
استدام	دوم
استدعاء	دعو
استدعى	دعو
استراح	روح
استراحة	روح
استرأف	رءف
استرخاء	رخو
استرخى	رخو
استرد	ردد
استساغ	سوغ
استشار	شور
استشارة	شور
استشاط	شيط
استشفاء	شفي
استشفى	شفي
استضاء	ضوء
استضاف	ضيف
استطاع	طوع
استطاعة	طوع
استطال	طول
استعاد	عود
استعادة	عود
استعاذ	عوذ
استعار	عور
استعان	عون
استعد	عدد
استعدى	عدو
استعلاء	علو
استعلى	علو
استغاث	غوث
استغاثة	غوث
استغل	غلل
استغنى	غني
استفاد	فيد
استفادة	فيد
استفتاء	فتي
استفتى	فتي
استفز	فزز
استقال	قيل
استقالة	قيل

ءلف	**ائتلاف**
ءلف	**ائتلف**
ءمن	**ائتمان**
ءمر	**ائتمر**
ءمن	**ائتمن**
ءبب	**إب**
ءبي	**إباء**
بوح	**إباحي**
بيد	**إبادة**
بيض	**إباضة**
ءبن	**إبان**
بين	**إبانة**
ءبر	**إبرة**
ءبط	**إبط**
بقي	**إبقاء**
ءبل	**إبل**
ثور	**إثارة**
ءثر	**إثر**
ءثم	**إثم**
جوب	**إجابة**
جوز	**إجازة**
جري	**إجراء**
جلو	**إجلاء**
حصو	**إحصاء**
حيي	**إحياء**
خصص	**إخصائي**
دور	**إدارة**
دين	**إدانة**
ءذ	**إذ**
ءذا	**إذا**
ذيع	**إذاعة**
ءذا	**إذن**
ءذن	
رود	**إرادة**
روق	**إراقة**
ءربد	**إربد**
رجء	**إرجاء**
رخو	**إرخاء**
ءزي	**إزاء**
ءزر	**إزار**
زول	**إزالة**
سوء	**إساءة**

ميز	**امتاز**
مدد	**امتد**
مصص	**امتص**
ملء	**امتلاء**
ملء	**امتلأ**
منن	**امتن**
مرء	**امرء**
مرء	**امرأة**
بغي	**انبغى**
نوب	**انتاب**
ندو	**انتدى**
نقي	**انتقاء**
نقي	**انتقى**
نمي	**انتماء**
نمي	**انتمى**
نهي	**انتهاء**
نهي	**انتهى**
حوز	**انحاز**
حنو	**انحنى**
حوز	**انحياز**
سدد	**انسد**
شقق	**انشق**
ضمم	**انضم**
طود	**انطاد**
طفء	**انطفأ**
طوي	**انطواء**
طوي	**انطوى**
فضض	**انفض**
قود	**انقاد**
قضض	**انقض**
قضي	**انقضاء**
قضي	**انقضى**
قود	**انقياد**
كبب	**انكب**
كفء	**انكفاء**
كفء	**انكفأ**
هور	**انهار**
هور	**انهيار**
ءه	**ـاه**
هدي	**اهتدى**
هزز	**اهتز**
همم	**اهتم**

صيد	**اصطاد**
صيف	**اصطاف**
صفو	**اصطفى**
ضرر	**اضطر**
طمءن	**اطمأن**
طمءن	**اطمئنان**
عود	**اعتاد**
عدد	**اعتد**
عدو	**اعتداء**
عدو	**اعتدى**
علل	**اعتل**
علو	**اعتلى**
عني	**اعتنى**
عود	**اعتياد**
غيظ	**اغتاظ**
غول	**اغتال**
غول	**اغتيال**
فدي	**افتدى**
قوت	**اقتات**
قود	**اقتاد**
قضي	**اقتضاء**
قضي	**اقتضى**
كءب	**اكتأب**
كسو	**اكتسى**
كظظ	**اكتظ**
كفي	**اكتفاء**
كفي	**اكتفى**
كءب	**اكتئاب**
ءل	**الـ**
ءبيض	**الأبيض**
ءردن	**الأردن**
ءجل	**الآجلة**
لفف	**التف**
لقي	**التقى**
لوي	**التوى**
ءلتي	**التي**
ءلذي	**الذي**
رقق	**الرقة**
روي	**الريان**
قرء	**القرآن**
ءله	**الله**
نوم	**المنامة**

قوم	**استقام**
قوم	**استقامة**
قرر	**استقر**
قرء	**استقرأ**
قلل	**استقل**
كون	**استكان**
كون	**استكانة**
لوم	**استلام**
لقي	**استلقى**
موت	**استمات**
ءمر	**استمارة**
مدد	**استمد**
مرر	**استمر**
منو	**استمناء**
منو	**استمنى**
نور	**استنار**
هون	**استهان**
هزء	**استهزاء**
هزء	**استهزأ**
هلل	**استهل**
سوي	**استواء**
وفي	**استوفى**
ولي	**استولى**
سوي	**استوى**
سوء	**استياء**
ورد	**استيراد**
وطن	**استيطان**
وعب	**استيعاب**
ولي	**استيلاء**
ءنف	**استئناف**
سمي	**اسم**
شوق	**اشتاق**
شدد	**اشتد**
شري	**اشتراء**
شري	**اشترى**
شكو	**اشتكى**
شمم	**اشتم**
شهو	**اشتهاء**
شهو	**اشتهى**
شرءب	**اشرأب**
شمءز	**اشمأز**
شمءز	**اشمئزاز**

ءخر	**أخير**
ءدي	**أداء**
ءدو	**أداة**
دور	**أدار**
دين	**أدان**
ءدب	**أدب**
دلو	**أدلى**
دمو	**أدمى**
ءدي	**أدى**
ءدب	**أديب**
ءدم	**أديم**
ذوب	**أذاب**
ذيع	**أذاع**
ءذن	**أذان**
ذلل	**أذل**
ءذن	**أذن**
ءذي	**أذى**
ريب	**أراب**
روح	**أراح**
رود	**أراد**
روق	**أراق**
رجء	**أرجأ**
ءرجح	**أرجوحة**
ءرخ	**أرخ**
رخو	**أرخى**
ءرز	**أرز**
ءرض	**أرض**
رضي	**أرضى**
ءرغن	**أرغن**
ءرق	**أرق**
ءرنب	**أرنب**
ءرم	**أرومة**
روي	**أروى**
رءي	**أرى**
ءزز	**أز**
زيح	**أزاح**
زول	**أزال**
ءزر	**أزر**
ءزف	**أزف**
زكو	**أزكى**
ءزل	**أزل**
ءزم	**أزمة**

ءثث	**أثاث**
ثور	**أثار**
ءثث	**أثث**
ءثر	**أثر**
ءثم	**أثم**
ثني	**أثنى**
ءثم	**أثيم**
جوب	**أجاب**
جود	**أجاد**
جوز	**أجاز**
ءجج	**أجج**
جدد	**أجد**
جدو	**أجدى**
ءجر	**أجر**
ءجر	**أجرة**
جري	**أجرى**
ءجل	**أجل**
جلل	
جلو	**أجلى**
جنن	**أجن**
ءجند	**أجندة**
ءجر	**أجير**
وحد	**أحادي**
حوط	**أحاط**
حول	**أحال**
حبب	**أحب**
وحد	**أحد**
حسس	**أحس**
حشو	**أحشاء**
حصو	**أحصى**
حكك	**أحك**
حلل	**أحل**
حمي	**أحمى**
حيي	**أحيا**
ءخو	**أخ**
ءخذ	**أخاذ**
خوف	**أخاف**
ءخو	**أخت**
ءخذ	**أخذ**
ءخر	**أخر**
خطء	**أخطأ**
خفي	**أخفى**
ءخو	**أخوة**

نشء	**إنشاء**
نمي	**إنماء**
نهي	**إنهاء**
هون	**إهانة**
هدي	**إهداء**
ءوزة	**إوز**
ءيا	**إيا**
ءوب	**إياب**
ءثر	**إيثار**
وجب	**إيجاب**
وجد	**إيجاد**
ءجر	**إيجار**
وجز	**إيجاز**
وحي	**إيحاء**
ءذي	**إيذاء**
ورد	**إيراد**
وصل	**إيصال**
وضح	**إيضاح**
وفد	**إيفاد**
وقع	**إيقاع**
ومء	**إيماءة**
ءمن	**إيمان**
ءبو	**أب**
بوح	**أباح**
بيد	**أباد**
بيض	**أباض**
بين	**أبان**
ءبجد	**أبجدية**
ءبد	**أبد**
بدو	**أبدى**
ءبر	**أبر**
بطء	**أبطأ**
بقي	**أبقى**
بكي	**أبكى**
ءبل	**أبل**
ءبن	**أبن**
ءبو	**أبوة**
ءبي	**أبى**
تيح	**أتاح**
تمم	**أتم**
ءتن	**أتون**
ءتي	**أتى**

شيد	**إشادة**
شور	**إشارة**
شيع	**إشاعة**
صوب	**إصابة**
ضوء	**إضاءة**
ضيع	**إضاعة**
ضيف	**إضافة**
ءطر	**إطار**
ءطر	**إطارة**
طوع	**إطاعة**
طفء	**إطفاء**
عود	**إعادة**
عور	**إعارة**
عوق	**إعاقة**
عول	**إعالة**
عون	**إعانة**
عدو	**إعداء**
عطو	**إعطاء**
عفو	**إعفاء**
غوث	**إغاثة**
غور	**إغارة**
غرو	**إغراء**
غمي	**إغماء**
فيد	**إفادة**
فتي	**إفتاء**
قيل	**إقالة**
قوم	**إقامة**
قصي	**إقصاء**
ءقلم	**إقليم**
ءلا	**إلا**
ءلخ	**إلخ**
لغو	**إلغاء**
ءله	**إله**
ءلي	**إلى**
ءما	**إما**
ءمر	**إمارة**
ءمم	**إمام**
مضي	**إمضاء**
ملو	**إملاء**
ءن	**إن**
ءني	**إناء**
ءنس	**إنسان**

ءنت	**أنتم**
ءنت	**أنتما**
ءنت	**أنتن**
ءنث	**أنث**
ءنث	**أنثى**
نسي	**أنسى**
نشء	**أنشأ**
ءنف	**أنف**
نمي	**أنمى**
نهي	**أنهى**
ءنث	**أنوثة**
ءنق	**أنيق**
ءنن	**أنين**
هيب	**أهاب**
هيج	**أهاج**
هون	**أهان**
ءهب	**أهب**
هدي	**أهدى**
ءهل	**أهل**
ءهل	**أهلية**
همم	**أهم**
همم	**أهمية**
ءو	**أو**
ءون	**أوان**
ءوبك	**أوبك**
وحي	**أوحى**
ءوف	**أوف**
ءوكي	**أوكي**
ءول	**أول**
ءول	**أولوية**
ولي	**أولى**
ومء	**أومأ**
ءونس	**أونس**
ءوه	**أوه**
ءوي	**أوى**
ءي	**أي**
ءير	**أيار**
ءيد	**أيد**
ءيدز	**أيدز**
ءيض	**أيضا**
ءول	**أيل**
ءين	**أين**

ءلن	**ألن**
لهو	**ألهى**
ءلي	**ألية**
ءليس	**أليس**
ءلف	**أليف**
ءلم	**أليم**
ءمم	**أم**
ءم	**أم**
موت	**أمات**
ءمم	**أمام**
ءمن	**أمانة**
ءمم	**أمة**
ءمد	**أمد**
مدد	
ءمر	**أمر**
مرر	
ءمرك	**أمرك**
ءمرك	**أمريكا**
ءمس	**أمس**
مسو	**أمسى**
ءمس	**أمسية**
مضي	**أمضى**
معي	**أمعاء**
ءمل	**أمل**
ملل	
ملء	**أملأ**
ملو	**أملى**
ءمم	**أمم**
ءمن	**أمن**
منو	**أمنية**
ءمم	**أمومة**
ءموي	**أموي**
ءمر	**أمير**
ءمن	**أمين**
ءنن	**أن**
ءن	**أن**
ءنا	**أنا**
نور	**أنار**
ءنق	**أناقة**
ءنب	**أنب**
نبء	**أنبأ**
ءنت	**أنت**

عور	**أعار**
عوق	**أعاق**
عول	**أعال**
عون	**أعان**
عدد	**أعد**
عدو	**أعدى**
عزز	**أعز**
عشو	**أعشى**
عطو	**أعطى**
عفو	**أعفى**
عمي	**أعمى**
غوث	**أغاث**
غور	**أغار**
غيظ	**أغاظ**
غرو	**أغرى**
غلي	**أغلى**
فيد	**أفاد**
فتي	**أفتى**
فشو	**أفشى**
فعو	**أفعى**
ءفق	**أفق**
قوت	**أقات**
قيل	**أقال**
قوم	**أقام**
قرر	**أقر**
قرء	**أقرأ**
قصي	**أقصى**
ءقلم	**أقلم**
كءب	**أكأب**
ءكد	**أكد**
ءكر	**أكر**
ءكل	**أكل**
كنن	**أكن**
ءكد	**أكيد**
ءلا	**ألا**
لجء	**ألجأ**
لحح	**ألح**
لغو	**ألغى**
ءلف	**ألف**
ءلف	**ألفة**
لقي	**ألقى**
ءلم	**ألم**

سوء	**أساء**
ءسس	**أساس**
ءسد	**أسد**
ءسر	**أسر**
سرر	
ءسر	**أسرة**
ءسس	**أسس**
ءسف	**أسف**
ءسقف	**أسقف**
سمي	**أسمى**
ءسي	**أسوة**
ءسي	**أسى**
ءسي	**أسي**
ءسر	**أسير**
شيد	**أشاد**
شور	**أشار**
شيع	**أشاع**
شجي	**أشجى**
ءشر	**أشر**
شعع	**أشع**
شلل	**أشل**
صوب	**أصاب**
صحو	**أصحى**
صدي	**أصدى**
صرر	**أصر**
ءصل	**أصل**
صمم	**أصم**
ءصل	**أصيل**
ضوء	**أضاء**
ضيع	**أضاع**
ضيف	**أضاف**
ضحو	**أضحى**
ضحو	**أضحية**
ضرر	**أضر**
طوع	**أطاع**
طوق	**أطاق**
طول	**أطال**
طفء	**أطفأ**
طلل	**أطل**
ءطلس	**أطلس**
ظلل	**أظل**
عود	**أعاد**

ءلق	تألق
ءلم	تألم
ءلف	تأليف
ءمرك	تأمرك
ءمل	تأمل
ءمم	تأميم
ءمن	تأمين
ءني	تأنى
ءهب	تأهب
ءهل	تأهل
ءهل	تأهيل
ءوه	تأوه
ءيد	تأييد
ءخو	تآخى
ءلف	تآلف
ءمر	تآمر
بري	تبارى
برء	تبرئة
بقي	تبقى
بن	تبنى
تلو	تتالى
ثءب	تثاءب
ثءب	تثاؤب
ثني	تثنى
وجه	تجاه
جزء	تجزأ
جزء	تجزئة
جلو	تجلى
حدي	تحد
حدي	تحدى
حري	تحر
حري	تحرى
حلو	تحلية
حيي	تحية
خطو	تخطى
خلو	تخل
خلو	تخلى
دعو	تداع
دعو	تداعى
دوي	تداو
دوي	تداوى
دفء	تدفئة

بلو	بلاء
بلو	بلي
بنن	بن
بن	
بني	بناء
بن	بنت
بن	بنو
بني	بنى
بهو	بهي
بءبء	بؤبؤ
بءر	بؤرة
بءس	بؤس
بدو	بيداء
بوء	بيئة
بءر	بئر
بءس	بئس
توب	تاب
توج	تاج
تور	تارة
ءرخ	تاريخ
تلو	تال
تمم	تام
توه	تاه
توب	تائب
تيه	تائه
ءبد	تأبيد
ءبن	تأبين
ءثر	تأثر
ءثر	تأثير
ءجج	تأجج
ءجل	تأجيل
ءخر	تأخر
ءخر	تأخير
ءدب	تأديب
ءرجح	تأرجح
ءسس	تأسس
ءسف	تأسف
ءسس	تأسيس
ءشر	تأشيرة
ءقلم	تأقلم
ءكد	تأكد
ءكد	تأكيد
ءلف	تألف

بوس	باس
بيض	باض
بيع	باع
بقي	باق
بوق	باقة
بول	بال
كود	بالكاد
بلو	بالى
بين	بان
بهو	باهى
بءس	بائس
بيع	بائع
بين	بائن
بءس	بأس
بتت	بت
بتت	بتة
بثث	بث
بدد	بد
بدء	بدء
بدو	بدا
بدء	بداية
بدء	بدأ
بذو	بذاء
برر	بر
برء	براءة
برء	برأ
برر	برمائي
بري	برى
برء	بريء
برء	برئ
بزز	بزة
سمي	بسملة
بطط	بط
بطء	بطء
بطء	بطأ
بطء	بطؤ
بطء	بطيء
بغي	بغاء
بغي	بغى
بقي	بقاء
بكي	بكى
بلل	بل

ءيها	أيها
ءوب	آب
ءب	آب
ءتي	آت
ءتي	آتى
ءثر	آثر
ءثم	آثم
ءجر	آجر
ءجل	آجل
ءخذ	آخذ
ءخر	آخر
ءدم	آدم
ءذر	آذار
ءذي	آذى
ءرق	آرق
ءزر	آزر
ءسف	آسف
ءسيا	آسيا
ءشور	آشور
ءوف	آفة
ءكل	آكل
ءول	آل
ءول	آلة
ءلم	آلم
ءلو	آلو
ءمر	آمر
ءمن	آمن
ءمن	آمين
ءون	آن
ءنس	آنسة
ءوه	آه
ءه	
ءوه	آهة
ءوي	آوى
ءي	آية
بوب	باب
بيت	بات
بوح	باح
بوح	باحة
بدو	بادية
بدء	بادئ
بري	بارى

جني	**جنى**
جنن	**جني**
وجه	**جهة**
جوو	**جو**
جود	**جيد**
جيء	**جيئة**
حاء	**حاء**
حجج	**حاج**
حوج	**حاجة**
حدد	**حاد**
وحد	**حادي**
حرر	**حار**
حير	
حور	**حارة**
حسس	**حاسة**
حشو	**حاشية**
حيض	**حاض**
حفي	**حاف**
حوف	**حافة**
حوك	**حاك**
حكي	**حاكى**
حول	**حال**
حول	**حالة**
حمي	**حام**
حمي	**حامى**
حين	**حان**
حين	**حانة**
حوي	**حاو**
حير	**حائر**
حيض	**حائض**
حوط	**حائط**
حول	**حائل**
حبب	**حب**
حثث	**حث**
حجج	**حج**
حجج	**حجة**
حدد	**حد**
حدد	**حدة**
وحد	**حدة**
حذو	**حذاء**
حرر	**حر**
حرر	**حرية**

جيء	**جاء**
جوب	**جاب**
جدد	**جاد**
جدد	**جادة**
جري	**جار**
جور	
جوز	**جاز**
جوع	**جاع**
جفف	**جاف**
جول	**جال**
جلو	**جالية**
جني	**جان**
جور	**جائر**
جوز	**جائزة**
جوع	**جائع**
جبب	**جبة**
جثث	**جث**
جثث	**جثة**
جدد	**جد**
جدد	**جد**
جدد	**جدة**
جرر	**جر**
جرر	**جراء**
جري	**جراء**
جرء	**جرأة**
جرء	**جرؤ**
جري	**جرى**
جرء	**جريء**
جزز	**جز**
جزء	**جزء**
جزي	**جزاء**
جزء	**جزأ**
جزي	**جزى**
جزء	**جزيء**
جصص	**جص**
جفف	**جف**
جلل	**جل**
جلو	**جلا**
جلو	**جلى**
جلو	**جلي**
جنن	**جن**
جنن	**جنة**

تلو	**تلا**
لءم	**تلاءم**
لقي	**تلق**
لقي	**تلقاء**
لقي	**تلقى**
لوي	**تلوى**
تمم	**تم**
مشي	**تمشى**
مطو	**تمطى**
منو	**تمن**
منو	**تمنى**
تنن	**تن**
نهي	**تناهى**
نبء	**تنبأ**
نبء	**تنبؤ**
هجو	**تهج**
هجو	**تهجى**
هجو	**تهجية**
هدء	**تهدئة**
هزء	**تهزأ**
وهم	**تهمة**
هنء	**تهنئة**
هيء	**تهيئة**
توو	**توا**
وزي	**توازى**
ولي	**توالى**
تءم	**توأم**
وفي	**توفى**
ولي	**تولى**
ثاء	**ثاء**
ثور	**ثار**
ثني	**ثان**
ثور	**ثائر**
ثءر	**ثأر**
ثرو	**ثراء**
ثرو	**ثري**
ثرو	**ثريا**
وثق	**ثقة**
ثمم	**ثم**
ثمم	**ثمة**
ثني	**ثناء**
ثني	**ثنى**

دنو	**تدن**
دنو	**تدنى**
ورث	**تراث**
رءس	**ترأس**
ربو	**تربى**
ربو	**تربية**
رفي	**ترقوة**
سءل	**تساءل**
سوي	**تساوى**
سءل	**تساؤل**
سلو	**تسلى**
سلو	**تسلية**
سنو	**تسنى**
شءم	**تشاءم**
شءم	**تشاؤم**
شكو	**تشكى**
صدي	**تصد**
صدي	**تصدى**
صفو	**تصفية**
ضءل	**تضاءل**
ضدد	**تضاد**
ضحو	**تضحية**
عطو	**تعاطى**
عفو	**تعافى**
علو	**تعالى**
عبء	**تعبئة**
عدو	**تعدى**
عشو	**تعشى**
غدو	**تغدى**
غذو	**تغذى**
غذو	**تغذية**
غني	**تغنى**
فءل	**تفاءل**
فدي	**تفاد**
فدي	**تفادى**
فءل	**تفاؤل**
فشو	**تفشى**
قضي	**تقاضى**
تقي	**تقوى**
قوي	
قيء	**تقيأ**
قوم	**تقييم**

رود	**راد**
رضي	**راض**
رعي	**راع**
روع	
رعي	**راعى**
رقي	**راق**
روق	
روم	**رام**
روي	**راو**
رءي	**راية**
روج	**رائج**
روح	**رائحة**
رود	**رائد**
روع	**رائع**
رءس	**رأس**
رءس	**رأسمال**
رءف	**رأفة**
رءي	**رأى**
ربب	**رب**
ربب	**رب**
ربو	**ربا**
ربب	**ربما**
ربو	**ربى**
رثث	**رث**
رثو	**رثا**
رجج	**رج**
رجو	**رجا**
رجو	**رجاء**
رخخ	**رخ**
ردد	**رد**
ردي	**رداء**
ردد	**ردة**
ردء	**رديء**
رشش	**رش**
رضض	**رض**
رضي	**رضاء**
رعي	**رعى**
رغو	**رغا**
رفف	**رف**
رفء	**رفاء**
رقق	**رقة**
رقي	**رقى**
رمم	**رمة**

دبب	**دبا**
درر	**در**
درء	**درأ**
دري	**درى**
دعو	**دعا**
دعو	**دعاء**
دعو	**دعاية**
دفء	**دفء**
دفء	**دفاية**
دفء	**دفأ**
دفء	**دفئ**
دقق	**دق**
دقق	**دقة**
دكك	**دكان**
دكك	**دكة**
دلل	**دل**
دلو	**دلاية**
دلل	**دلة**
دلو	**دلى**
دمو	**دم**
دمو	**دمي**
دنو	**دني**
دهي	**دهاء**
دهي	**دهى**
دوي	**دواء**
دوي	**دواة**
دءب	**دؤوب**
ذوب	**ذاب**
ذو	**ذات**
ذوق	**ذاق**
ذرر	**ذر**
ذرو	**ذرة**
ذكو	**ذكاء**
ذكو	**ذكي**
ذلل	**ذل**
ذمم	**ذمة**
ذوي	**ذوى**
ذءب	**ذئب**
راء	**راء**
روج	**راج**
روح	**راح**
روح	**راحة**

خيم	**خام**
خون	**خان**
خيب	**خائب**
خوف	**خائف**
خون	**خائن**
خبء	**خبأ**
خدد	**خد**
خسس	**خس**
خسء	**خسأ**
خصص	**خص**
خطط	**خط**
خطو	**خطا**
خطء	**خطأ**
خطط	**خطة**
خطء	**خطيئة**
خطء	**خطئ**
خفي	**خفاء**
خفف	**خفة**
خلل	**خل**
خلو	**خلا**
خلو	**خلاء**
خلو	**خلى**
خلو	**خلية**
خون	**خيانة**
دوء	**داء**
دبب	**دابة**
دري	**دار**
دور	
دور	**دارة**
دوس	**داس**
دعو	**داع**
دفء	**دافئ**
دمو	**دام**
دوم	
دين	**دان**
دهي	**داه**
دءب	**دائب**
دوخ	**دائخ**
دور	**دائرة**
دوم	**دائم**
دين	**دائن**
دءب	**دأب**
دبب	**دب**

حسس	**حس**
حسو	**حساء**
حشو	**حشا**
حصص	**حصة**
حصو	**حصى**
حطط	**حط**
حظظ	**حظ**
حفف	**حف**
حقق	**حق**
حكك	**حك**
حكي	**حكى**
حلل	**حل**
حلو	**حلا**
حلل	**حلة**
حلو	**حلى**
حمي	**حمو**
حمم	**حمى**
حمي	
حنن	**حن**
حنو	**حنا**
حنء	**حناء**
حنء	**حنأ**
حوي	**حوى**
حيي	**حي**
حيي	**حيا**
حيي	**حياء**
حيي	**حياة**
حول	**حيال**
حيي	**حية**
حوز	**حيز**
حول	**حيلة**
حيي	**حيوان**
خاء	**خاء**
خيب	**خاب**
خور	**خار**
خصص	**خاص**
خصص	**خاصة**
خصص	**خاصية**
خوض	**خاض**
خطء	**خاطئ**
خوف	**خاف**
خلو	**خال**
خول	

شرر	**شر**
شري	**شراء**
شفو	**شفا**
شفي	**شفاء**
شفه	**شفة**
شفي	**شفى**
شقق	**شق**
شقي	**شقاء**
شقق	**شقة**
شكك	**شك**
شكو	**شكا**
شلل	**شل**
شمم	**شم**
شم	**شم**
شنن	**شن**
شهو	**شهية**
شوي	**شوى**
شيء	**شيء**
شوق	**شيق**
صحو	**صاح**
صيح	
صيد	**صاد**
صير	**صار**
صوغ	**صاغ**
صفو	**صاف**
صوم	**صام**
صون	**صان**
صوغ	**صائغ**
صوم	**صائم**
صبب	**صب**
صبو	**صباء**
صبو	**صبي**
صحح	**صح**
صحو	**صحا**
صحح	**صحة**
صحو	**صحى**
صدد	**صد**
صدي	**صدى**
صدء	**صدئ**
صفف	**صف**
صفو	**صفا**
وصف	**صفة**

سنو	**سنة**
سنن	
سهو	**سهى**
سوء	**سوء**
سوي	**سواء**
سوي	**سوى**
سءل	**سؤال**
سءر	**سؤرة**
سوح	**سياحة**
سود	**سيادة**
سوس	**سياسة**
سوق	**سياق**
سود	**سيد**
سوس	**سيس**
سوي	**سيما**
سوء	**سيئ**
سءم	**سئم**
شيء	**شاء**
شبب	**شاب**
شوه	**شاة**
شذذ	**شاذ**
شري	**شار**
شور	**شارة**
شوش	**شاش**
شوش	**شاشة**
شطء	**شاطئ**
شيع	**شاع**
شقق	**شاق**
شكك	**شاك**
شاف	**شال**
شيم	**شامة**
شين	**شان**
شوب	**شائبة**
شيع	**شائع**
شيع	**شائعة**
شوق	**شائق**
شوك	**شائك**
شءن	**شأن**
شبب	**شب**
شتو	**شتاء**
شدد	**شد**
شدد	**شدة**

سوس	**ساس**
سعي	**ساع**
سوع	**ساعة**
سوق	**ساق**
سيل	**سال**
سمم	**سام**
سمو	
سوي	**ساوى**
سوح	**سائح**
سود	**سائد**
سءر	**سائر**
سوق	**سائق**
سيل	**سائل**
سءل	**سأل**
سبب	**سب**
ستت	**ست**
ستت	**ستة**
ستت	**ستون**
سخو	**سخا**
سخو	**سخاء**
سخو	**سخي**
سدد	**سد**
سرر	**سر**
سرر	**سرة**
سري	**سرى**
سطو	**سطا**
وسع	**سعة**
سعي	**سعى**
سقي	**سقى**
سكك	**سك**
سكك	**سكة**
سلل	**سلة**
سلو	**سلى**
سمم	**سم**
سمو	**سما**
سمو	**سماء**
وسم	**سمة**
سمي	**سمى**
سمو	**سمي**
سنن	**سن**
سنو	**سنا**
سنو	**سناء**

رمي	**رمى**
رنن	**رن**
رنن	**رنة**
روي	**روى**
رءي	**رؤيا**
رءي	**رؤية**
روي	**ري**
روض	**رياضة**
روح	**ريح**
روح	**ريحان**
رءس	**رئاسة**
رءي	**رئة**
رءس	**رئيس**
زاء	**زاء**
زيد	**زاد**
زور	**زار**
زيف	**زاف**
زول	**زال**
زيل	
زني	**زان**
زهو	**زاه**
زيد	**زائد**
زيد	**زائدة**
زور	**زائر**
زيف	**زائف**
زول	**زائل**
زءر	**زأر**
زجج	**زج**
زرر	**زر**
زكو	**زكاة**
زكو	**زكي**
زني	**زناء**
زني	**زنى**
زيي	**زي**
زور	**زيارة**
سوء	**ساء**
سءل	**ساءل**
سوح	**ساح**
سوح	**ساحة**
سود	**ساد**
سرر	**سار**
سير	

غيي	غاية
غيب	غائب
غيم	غائم
غبو	غباء
غبو	غبي
غدو	غد
غدو	غدا
غدو	غداء
غدد	غدة
غذو	غذاء
غذو	غذى
غرر	غر
غرو	غراء
غرر	غرة
غرو	غرى
غزو	غزا
غزز	غزة
غشش	غش
غصص	غص
غضض	غض
غطط	غط
غطي	غطاء
غطي	غطى
غفو	غفا
غلو	غلا
غلو	غلاء
غلي	غلى
غني	غناء
غني	غنى
غوي	غوى
فاء	فاء
فوت	فات
فجء	فاجأ
فدي	فاد
فرر فور	فار
فوز	فاز
فضو قيض	فاض
فوق	فاق
فني	فان
فيد	فائدة
فوز	فائز

عبء	عبء
عبء	عباءة
عبء	عبأ
عدد	عد
عدو	عدا
عدو	عداء
عدد	عدة
عري	عرى
عزز	عز
عزو	عزاء
عسي	عسى
عشش	عش
عشو	عشاء
عشو	عشي
عشو	عشية
عصو	عصا
عصي	عصى
عضض	عض
عضض	عضة
عطو	عطاء
عفو	عفا
علو	علا
علو	علاء
علل	علة
علو	على
علو	علي
علو	علية
عمم	عم
عمي	عمى
عني	عناء
عني	عنى
عوي	عوى
عود	عيادة
عوذ	عياذ
غيب	غاب
غيب	غابة
غور غير	غار
غور	غارة
غزو	غاز
غوص	غاص
غلو	غال
غيم	غام

طير	طائرة
طيش	طائش
طوف	طائفة
طول	طائل
طبب	طب
طرء	طرأ
طرو	طري
طلي	طلاء
طلي	طلى
طمءن	طمأن
طمءن	طمأنينة
طنن	طن
طوي	طوى
طوي	طي
طول	طيلة
ظاء	ظاء
ظلل	ظل
ظلل	ظلة
ظنن	ظن
عوج	عاج
عود	عاد
عود	عادة
عدو	عادى
عوذ	عاذ
عري عير	عار
عيش	عاش
عصي	عاص
عفو	عافى
عفو	عافية
عوق	عاق
علو	عال
عول عمم عوم	عام
عمم	عامة
عون	عانة
عني	عانى
عود	عائدة
عيش	عائش
عوق	عائق
عول	عائل
عول	عائلة

صفو	صفى
صلو	صلاة
وصل	صلة
صلو	صلى
صوغ	صياغة
صون	صيانة
صوغ	صيغة
ضجج	ضاج
ضحو	ضاحية
ضرر	ضار
ضيع	ضاع
ضيق	ضاق
ضلل	ضال
ضيع	ضائع
ضءن	ضأن
ضءل	ضآلة
ضجج	ضج
ضجج	ضجة
ضحو	ضحى
ضحو	ضحية
ضخخ	ضخ
ضدد	ضد
ضرر	ضر
ضفف	ضفة
ضلل	ضل
ضمم	ضم
ضمم	ضمة
ضوء	ضوء
ضءل	ضؤل
ضوء	ضياء
ضءل	ضئيل
طاء	طاء
طيب	طاب
طير	طار
طرء	طارئ
طرء	طارئة
طيش	طاش
طوع	طاعة
طغي	طاغ
طوق	طاقة
طول	طال
طول	طالما

لغو	**لغة**
لفف	**لف**
لقي	**لقاء**
لمم	**لم**
لوي	**لواء**
لوي	**لوى**
لءلء	**لؤلؤ**
موء	**ماء**
موه	**ماء**
موت	**مات**
مدد	**مادة**
مرر	**مار**
مسس	**ماس**
مشي	**ماش**
مضي	**ماض**
مول	**مال**
ميل	
ملء	**مالأ**
مءي	**مائة**
ميد	**مائدة**
ميل	**مائل**
ءتم	**مأتم**
ءخذ	**مأخذ**
ءدب	**مأدبة**
ءذن	**مأذون**
ءرب	**مأرب**
ءزق	**مأزق**
ءسي	**مأساة**
ءكل	**مأكول**
ءلف	**مألوف**
ءمر	**مأمور**
ءمل	**مأمول**
ءمن	**مأمون**
مءن	**مأن**
ءوي	**مأوى**
بوح	**مباح**
بري	**مباراة**
بلو	**مبال**
بلو	**مبالاة**
بدء	**مبتدأ**
بدء	**مبتدئ**
بدء	**مبدأ**

كءس	**كأس**
كءب	**كآبة**
كحح	**كح**
كحح	**كحة**
كرر	**كرة**
كرو	
كسو	**كسا**
كسو	**كساء**
كفف	**كف**
كفء	**كفء**
كفء	**كفاءة**
كفي	**كفى**
كلل	**كل**
كلو	**كلية**
كمم	**كم**
كمم	**كمية**
كنن	**كن**
كنن	**كنة**
كوي	**كوى**
كون	**كيان**
كءب	**كئب**
كءب	**كئيب**
لءم	**لاءم**
لجء	**لاجئ**
لوذ	**لاذ**
ليق	**لاق**
لقي	**لاقى**
لوم	**لام**
لوح	**لائحة**
ليق	**لائق**
لءم	**لأم**
لبب	**لب**
لبء	**لبؤة**
لبي	**لبى**
لثو	**لثة**
لجء	**لجأ**
لجء	**لجوء**
لحو	**لحاء**
لحو	**لحية**
لدي	**لدى**
لذذ	**لذة**
لصص	**لص**

قوم	**قام**
قوم	**قامة**
قود	**قائد**
قول	**قائل**
قوم	**قائم**
قوم	**قائمة**
قبب	**قبة**
قرر	**قر**
قرء	**قراءة**
قرء	**قرأ**
قسو	**قسا**
قسو	**قسى**
قسو	**قسي**
قشش	**قش**
قصص	**قص**
قصص	**قصة**
قضي	**قضاء**
قضي	**قضى**
قطط	**قط**
قفو	**قفا**
قلل	**قل**
قلل	**قلة**
قلي	**قلى**
قمم	**قمة**
قنن	**قن**
قنو	**قناة**
قوي	**قوة**
قوي	**قوى**
قيء	**قيء**
قود	**قيادة**
قوم	**قيام**
قوم	**قيامة**
قوم	**قيم**
قوم	**قيمة**
كود	**كاد**
كيد	
كري	**كارى**
كفي	**كاف**
كفء	**كافأ**
كفف	**كافة**
كون	**كان**
كون	**كائن**

فيض	**فائض**
فوق	**فائق**
فءر	**فأر**
فءس	**فأس**
فتي	**فتاة**
فتي	**فتوة**
فتي	**فتوى**
فتي	**فتى**
فجء	**فجاءة**
فجء	**فجأ**
فجء	**فجأة**
فخخ	**فخ**
فدي	**فداء**
فدي	**فدى**
فذذ	**فذ**
فرر	**فر**
فصص	**فص**
فضض	**فض**
فضو	**فضاء**
فضض	**فضة**
فظظ	**فظ**
فكك	**فك**
فكك	**فكة**
فلل	**فل**
فنن	**فن**
فني	**فناء**
فءد	**فؤاد**
فءي	**فئة**
قوت	**قات**
قود	**قاد**
قرر	**قارة**
قرء	**قارئ**
قسو	**قاس**
قيس	
قسو	**قاسى**
قصص	**قاص**
قضي	**قاض**
قضي	**قاضى**
قوع	**قاع**
قوع	**قاعة**
قفو	**قافية**
قول	**قال**

شفي	**مستشفى**
طوع	**مستطاع**
طول	**مستطيل**
عور	**مستعار**
عدد	**مستعد**
عور	**مستعير**
قرر	**مستقر**
قلل	**مستقل**
قوم	**مستقيم**
مرر	**مستمر**
سوي	**مستو**
سوي	**مستوى**
سحي	**مسحاة**
سرر	**مسر**
سعي	**مسعى**
سلو	**مسل**
سلل	**مسلة**
سمي	**مسمى**
سنن	**مسن**
سءل	**مسؤول**
سوء	**مسيء**
شور	**مشار**
شوق	**مشتاق**
شري	**مشتر**
شري	**مشترى**
شهو	**مشته**
شتو	**مشتى**
شجي	**مشج**
شدد	**مشد**
شعع	**مشع**
شقق	**مشقة**
شمءز	**مشمئز**
شوي	**مشواة**
شءم	**مشؤوم**
مشي	**مشى**
شور	**مشير**
شيء	**مشيئة**
مصص	**مص**
صوب	**مصاب**
صبب	**مصب**
صرر	**مصر**
صفو	**مصطفى**

رءي	**مرآة**
ربو	**مرب**
ربو	**مربى**
مرر	**مرة**
روح	**مرتاح**
رود	**مرتاد**
رشو	**مرتش**
رسو	**مرساة**
رسو	**مرسى**
رضي	**مرض**
رعي	**مرعى**
رفء	**مرفأ**
رمي	**مرمى**
مرء	**مروءة**
روي	**مروى**
مرء	**مريء**
روح	**مريح**
رود	**مريد**
رءي	**مرئي**
زيد	**مزاد**
زور	**مزار**
زول	**مزيل**
مسس	**مس**
مسو	**مساء**
سير	**مسار**
سوف	**مسافة**
سوي	**مساو**
سوي	**مساواة**
سءل	**مسألة**
ءجر	**مستأجر**
ءهل	**مستأهل**
بدد	**مستبد**
جدد	**مستجد**
حيي	**مستح**
حول	**مستحيل**
دوم	**مستدام**
دور	**مستدير**
دوم	**مستديم**
رخو	**مسترخ**
روح	**مستريح**
سوغ	**مستساغ**
شور	**مستشار**

حكي	**محاكاة**
حول	**محال**
حول	**محالة**
حمي	**محام**
حمي	**محاماة**
محو	**محاية**
حبب	**محب**
حبب	**محبة**
حوج	**محتاج**
حير	**محتار**
حجج	**محتج**
حلل	**محتل**
حوي	**محتوى**
حطط	**محطة**
حلل	**محل**
حلل	**محلة**
حوط	**محيط**
مخخ	**مخ**
خوف	**مخافة**
خبء	**مخبأ**
خير	**مختار**
خصص	**مختص**
خفي	**مختفى**
خدد	**مخدة**
خطء	**مخطئ**
خوف	**مخيف**
مدد	**مد**
دور	**مدار**
دين	**مدان**
مدد	**مدة**
ذخر	**مدخرات**
دعو	**مدع**
دعو	**مدعى**
دفء	**مدفأة**
مدي	**مدى**
دور	**مدير**
ذوق	**مذاق**
مرر	**مر**
رود	**مراد**
رعي	**مراعاة**
رءب	**مرأب**
رءي	**مرأى**

بري	**مبراة**
بكي	**مبك**
بني	**مبنى**
تيح	**متاح**
ءخر	**متأخر**
ءسف	**متأسف**
ءكد	**متأكد**
ءلق	**متألق**
ءهب	**متأهب**
ءلف	**متآلف**
بقي	**متبق**
تلو	**متتال**
حدي	**متحد**
سوي	**متساو**
وسع	**متسع**
شءم	**متشائم**
وصل	**متصل**
عدو	**متعد**
عضو	**متعض**
فءل	**متفائل**
وفق	**متفق**
وكل	**متكل**
لقي	**متلق**
نهي	**متناه**
وهم	**متهم**
وزي	**متواز**
ولي	**متوال**
ثوب	**مثابة**
ثور	**مثار**
ثني	**مثنى**
ثوي	**مثوى**
ثور	**مثير**
جوز	**مجاز**
جوع	**مجاعة**
جول	**مجال**
جدد	**مجد**
جدو	
جري	**مجرى**
جلل	**مجلة**
جوب	**مجيب**
محو	**محا**
حور	**محار**
حكي	**محاك**

ءذي	مؤذ
ءذن	مؤذن
ءرخ	مؤرخ
ءسس	مؤسس
ءسس	مؤسسة
ءسف	مؤسف
ءشر	مؤشر
وقت	مؤقت
ءكد	مؤكد
ءلف	مؤلف
ءلم	مؤلم
ءمن	مؤمن
ءنث	مؤنث
ءهل	مؤهل
ءهل	مؤهلات
مءن	مؤونة
ءيد	مؤيد
موت	ميت
موت	ميتة
وثق	ميثاق
ورث	ميراث
وزن	ميزان
وعد	ميعاد
ولد	ميلاد
وني	ميناء
ءذن	مئذنة
ءزر	مئزر
نوء	ناء
نيء	
نوب	ناب
نيب	ناب
نجو	ناج
نجو	ناجى
نحو	ناحية
ندو	ناد
ندو	نادى
نور	نار
نشء	ناشئ
نوص	ناص
نوف	ناف
نوق	ناقة
نيك	ناك

ملء	ممتلئ
محو	ممحاة
مرر	ممر
مشي	ممشى
ملل	ممل
ملء	مملوء
موت	مميت
منن	من
نوخ	مناخ
نور	منارة
نوص	مناص
نوم	منام
ندو	منتدى
نهي	منتهى
حوز	منحاز
حنو	منحنى
نشء	منشأة
شقق	منشق
نصص	منصة
طود	منطاد
نفي	منفى
نوء	منوئ
منو	منى
منو	مني
نور	منير
هيب	مهاب
هدء	مهدئ
هيب	مهوب
وزي	موازاة
ودد	مودة
ولي	مولى
ءتي	مؤات
ءزر	مؤازرة
ءمر	مؤامرة
ءبد	مؤبد
ءمر	مؤتمر
ءثر	مؤثر
ءجر	مؤجر
ءخر	مؤخر
ءخر	مؤخرة
ءدي	مؤد
ءدب	مؤدب

فجء	مفاجئ
فيد	مفاد
فتي	مفت
فرر	مفر
فكك	مفك
قيس	مقاس
قول	مقال
قوم	مقام
قرر	مقر
قرء	مقروء
قشش	مقشة
قصص	مقص
قلي	مقلاة
قهو	مقهى
قوم	مقيم
كري	مكار
كفء	مكافأة
كون	مكان
كون	مكانة
كبب	مكب
مكك	مكة
كظظ	مكتظ
كءب	مكتئب
كوي	مكواة
ملل	مل
ملء	ملء
ملء	ملاءة
لوذ	ملاذ
لءم	ملائم
ملء	ملأ
ملء	ملآن
لقي	ملتقى
لوي	ملتو
لجء	ملجأ
لحح	ملح
لفف	ملف
لءك	ملك
لهو	مله
لهو	ملهى
ملو	ملي
ملء	مليء
ميز	ممتاز

صفو	مصفاة
صلو	مصل
صوب	مصيبة
ضدد	مضاد
ضيف	مضاف
ضخخ	مضخة
ضرر	مضر
ضرر	مضطر
مضي	مضى
طير	مطار
طوف	مطاف
طبب	مطب
طفء	مطفأة
طفء	مطفآة
طمءن	مطمئن
طوع	مطيع
ظلل	مظلة
عدو	معاد
عدو	معاداة
عيش	معاش
عطو	معاطاة
عوق	معاق
عني	معاناة
عود	معتاد
عدد	معتد
عدو	
علل	معتل
عدد	معد
عدو	
عدو	معدية
عطو	معطى
عفو	معفى
عني	معنى
عور	معير
عول	معيل
غور	مغارة
غذو	مغذ
غرو	مغر
غمي	مغمى
غني	مغن
غور	مغير
فجء	مفاجأة

وعي	**واع**
وفي	**واف**
وقي	**واق**
ولي	**وال**
وبء	**وباء**
وثء	**وثء**
وثء	**وثأ**
ودد	**ود**
وري	**وراء**
وضء	**وضوء**
وطء	**وطأة**
وطء	**وطئ**
وعي	**وعاء**
وعي	**وعى**
وفي	**وفاء**
وفي	**وفاة**
وفي	**وفى**
وقي	**وقاء**
وقي	**وقى**
ولي	**ولاء**
ولي	**ولى**
ياء	**ياء**
يءس	**يائس**
يءس	**يأس**
يءس	**يئس**

هدء	**هدوء**
هدي	**هدى**
هرر	**هر**
هرء	**هراء**
هزز	**هز**
هزء	**هزء**
هزء	**هزأ**
هزز	**هزة**
هشش	**هش**
هفو	**هفا**
همم	**هم**
همم	**همة**
هنء	**هناء**
هنء	**هنأ**
هنء	**هنيء**
هنء	**هنئ**
هوي	**هواء**
هوي	**هوة**
هوي	**هوى**
هيء	**هيأ**
هور	**هير**
هون	**هين**
هيء	**هيئة**
ودي	**واد**
وزي	**وازى**
وطء	**واطئ**

نمي	**نمى**
نهي	**نهى**
نوي	**نواة**
نوي	**نوى**
نيء	**نيء**
نوب	**نيابة**
نوي	**نية**
نوف	**نيف**
نوق	**نيق**
هاء	**هاء**
هيب	**هاب**
هدء	**هادئ**
هزء	**هازئ**
هول	**هال**
هول	**هالة**
همم	**هام**
هون	**هان**
هنء	**هانئ**
هوي	**هاو**
هول	**هائل**
هبب	**هب**
هبو	**هباء**
وهب	**هبة**
هجو	**هجاء**
هجو	**هجى**
هدء	**هدأ**

نيل	**نال**
نوم	**نام**
نوء	**ناوأ**
نوب	**نائب**
نوم	**نائم**
نبء	**نبأ**
نبء	**نبوءة**
نبو	**نبي**
نتء	**نتأ**
نجو	**نجا**
نجو	**نجاة**
نجو	**نجى**
ندو	**نداء**
ندو	**ندى**
ءنس نسو	**نساء**
نشء	**نشأ**
نشء	**نشوء**
نصص	**نص**
نطط	**نط**
نطط	**نط**
نفي	**نفى**
نقق	**نق**
نقي	**نقى**
نمم	**نم**
نمو	**نما**

Modern Standard Arabic Verbs

Conjugation Tables

MSA Verbs (ISBN-10: 0985816031) is the companion book to the **Arabic Learner's Dictionary**. Every verb entry in the dictionary contains a reference to a table from MSA Verbs which lays out the conjugation pattern for the verb in all persons, tenses, and moods. The first table (1s1) is presented for your convenience on the following page.

sound measure I *perfect vowel:* **a** *imperfect vowel:* **a**		و	ي	ء	other	**1s1**
	R1				✓	
	R2				✓	
	R3				✓	

perfect

	singular	dual	plural
1	فَعَلْتُ fa3altu	فَعَلْنَا fa3alnā	
2m	فَعَلْتَ fa3alta	فَعَلْتُمَا fa3altumā	فَعَلْتُمْ fa3altum
2f	فَعَلْتِ fa3alti		فَعَلْتُنَّ fa3altunna
3m	فَعَلَ fa3ala	فَعَلَا fa3alā	فَعَلُوا fa3alū
3f	فَعَلَتْ fa3alat	فَعَلَتَا fa3alatā	فَعَلْنَ fa3alna

indicative

	singular	dual	plural
1	أَفْعَلُ ?af3alu	نَفْعَلُ naf3alu	
2m	تَفْعَلُ taf3alu	تَفْعَلَانِ taf3alāni	تَفْعَلُونَ taf3alūna
2f	تَفْعَلِينَ taf3alīna		تَفْعَلْنَ taf3alna
3m	يَفْعَلُ yaf3alu	يَفْعَلَانِ yaf3alāni	يَفْعَلُونَ yaf3alūna
3f	تَفْعَلُ taf3alu	تَفْعَلَانِ taf3alāni	يَفْعَلْنَ yaf3alna

subjunctive

	singular	dual	plural
1	أَفْعَلَ ?af3ala	نَفْعَلَ naf3ala	
2m	تَفْعَلَ taf3ala	تَفْعَلَا taf3alā	تَفْعَلُوا taf3alū
2f	تَفْعَلِي taf3alī		تَفْعَلْنَ taf3alna
3m	يَفْعَلَ yaf3ala	يَفْعَلَا yaf3alā	يَفْعَلُوا yaf3alū
3f	تَفْعَلَ taf3ala	تَفْعَلَا taf3alā	يَفْعَلْنَ yaf3alna

jussive

	singular	dual	plural
1	أَفْعَلْ ?af3al	نَفْعَلْ naf3al	
2m	تَفْعَلْ taf3al	تَفْعَلَا taf3alā	تَفْعَلُوا taf3alū
2f	تَفْعَلِي taf3alī		تَفْعَلْنَ taf3alna
3m	يَفْعَلْ yaf3al	يَفْعَلَا yaf3alā	يَفْعَلُوا yaf3alū
3f	تَفْعَلْ taf3al	تَفْعَلَا taf3alā	يَفْعَلْنَ yaf3alna

imperative

	singular	dual	plural
2m	اِفْعَلْ if3al	اِفْعَلَا if3alā	اِفْعَلُوا if3alū
2f	اِفْعَلِي if3alī		اِفْعَلْنَ if3alna

participles

active	passive
فَاعِل fā3il	مَفْعُول maf3ūl

passive

perfect	imperfect
فُعِلَ fu3ila	يُفْعَلُ yuf3alu

Egyptian Arabic Diaries
Arabic Voices 1
Mido in Modern Standard Arabic
Levantine Arabic Verbs
Conjugation Tables and Grammar
Tunisian Colloquial Arabic Vocabulary
Egyptian Colloquial Arabic Verbs
Mido in Levantine Arabic
Levantine Colloquial Arabic Vocabulary
Egyptian Colloquial Arabic Verbs
Arabic Voices 2
Modern Standard Arabic Verbs
Conjugation Tables
Mido in Egyptian Arabic
Arabic Learner's Dictionary
Vocabulaire de l'Arabe Dialectal Égyptien
Side by Side Arabic Dialogues
Shuwayya 'An Nafsi
شوية عن نفسي
Egyptian Arabic Voices
The Big Fat Book of Egyptian Arabic Verbs
Egyptian Colloquial Arabic Vocabulary

www.ingramcontent.com/pod-product-compliance
Lightning Source LLC
Chambersburg PA
CBHW080117020526
44112CB00037B/2766

* 9 7 8 0 9 8 5 8 1 6 0 2 5 *